K-IFRS

원 가 관 리 회 계

김동필 · 차상권

머 리 말

한국회계기준원(KAI)과 국제회계기준도입준비단은 '회계기준의 글로벌화'라는 세계적 추세를 반영하여 2007년 3월 15일에 우리나라의 회계기준 역사에 큰 획을 긋는 국제회계기준의 전면 도입을 위한 로드맵을 발표하였다. 이 로드맵에 따라, 국제회계기준위원회(IASB)가 발표한 국제회계기준(IFRS)을 근거로 한국회계기준원의 회계기준위원회(KASB)가 '한국채택국제회계기준(K-IFRS)'을 제정하였다. 한국채택국제회계기준은 '주식회사 등의 외부감사에 관한 법률'에서 정하는 한국채택국제회계기준 의무적용대상 주식회사의 회계처리에 적용한다. 또한 한국채택국제회계기준은 재무제표의 작성과 표시를 위해 한국채택국제회계기준의 적용을 선택하거나 다른 법령 등에서 적용을 요구하는 기업의 회계처리에도 적용한다. 한국채택국제회계기준을 적용하게 되어, 전 세계적인 회계처리기준 단일화 추세에 적극 동참하게 되었고, 우리나라 기업의 재무제표와 외국 기업의 재무제표 간의 비교가능성이 높아져서 국제사회에서 우리나라 회계투명성에 대한 신뢰도가 향상되고 있다.

"회계학을 좀 더 쉽게 배우고 또 가르칠 수 없을까?" 하는 것은 회계학을 배우고 있는 사람이나 가르치는 사람 모두의 공통된 바람일 것이다. 저자들은 해마다 이와 같은 염원을 가지고 주어진 내용을 이 방법 저 방법으로 가르치면서 그 결과 중에서 가장 유용한 것들을 선택하였다. 좀 더 나은 [예제]가 생각나면 이를 일일이 메모하고, 좀 더 쉬운 표현이나 올바른 용어가 발견되면 이를 하나하나 교정 보완하였다. 이해를 쉽게 할 수 있는 [예제]가 만들어져 반응이 좋으면 이를 새로이 추가하였다. 이에 본서를 개정하게 되었다.

본서는 원가관리회계를 처음 접하는 독자들에게 유용한 내용을 포함하고 있으며, 이에 본서의 주요 특징은 다음과 같다.

첫째, 한국채택국제회계기준을 기조로 하여, '재무보고를 위한 개념체계'를 유기적으로 절충시키면서 쉽고 간결하게 설명하였다. 특히, 한국채택국제회계기준의 내용 중 본서와 관련된 부분(기업회계기준서 제1001호 재무제표 표시, 기업회계기준서 제1002호 재고자산, 재무정보의 질적특성, 기업회계기준서 제1118호 재무제표 표시와 공시)은 충실히 반영하였다.

둘째, 본문의 내용과 [예제]는 원가관리회계를 공부하는 독자들이 반드시 알아야 하는 기본적인 내용을 중심으로 기술하였다. 본문에서 다루기에 다소 어려움이 있는 내용은 별도로 [보론]으로 제시하였다. 특히, 제1장의 [보론 1]에서는 상품매매기업의 회계순환과정을, [보론 2]에서는 상품의 매입과 매출 및 매출원가에 관한 내용을, [보론 3]에서는 부가가치세를, [보론 4]에서는 재무제표의 상호 관련성을 제시하였다. 제4장의 [보론]에서는 원가배부에 관한 내용을 제시하였다. 제6장의 [보론 1]에서는 정상공손 및 비정상공손을, [보론 2]에서는 작업별 종합원가계산에 관한 내용을 제시하였다. 제7장의 [보론]에서는 국가계약법 및 예정가격작성기준에 관한 내용을 제시하였다.

셋째, 원가관리회계의 新潮流이면서 중요성이 부각되고 있는 이론들(예 : 활동기준원가계산, 제품수명주기원가계산, 카이젠원가계산, 초변동원가계산, 확률분포-균등분포, 제약이론, 전사적 자원관리, 경제적 부가가치, 균형성과표 등)을 소개하였다. 이들 이론을 보다 체계적으로 이해시킴으로써, 이들 이론이 기존의 이론들과 어떠한 관계를 갖는지를 명확히 이해할 수 있도록 하였다.

넷째, 회계시스템의 원활한 이해를 위해서 한국채택국제회계기준과 일반기업회계기준 및 중소기업회계기준의 재무제표 [양식]을 부록으로 함께 제시하였다. 부록으로 제시하는 재무제표 [양식]은 독자들의 혼란을 최소화시킬 수 있다고 믿는다.

마지막으로, 본서 「K-IFRS 원가관리회계」 및 본서의 자매지인 「K-IFRS 회계원리」, 「K-IFRS 재무회계」, 「K-IFRS 재무제표론」, 「K-IFRS 고급재무회계」, 「재무분석 및 가치평가」를 함께 하다 보면 독자들의 회계 지식이 튼튼한 기조와 함께 상당한 수준에 도달해 있음을 느낄 수 있으리라 믿는다.

한정된 지면과 시간의 제약에서 집필하다 보니, 부족한 점이 많이 있으면서 예상치 못한 오류도 있을 것이다. 그러나 본서를 통하여 독자들에게 원가관리회계의 필요성을 주지시키고 회계학의 저변 확대를 도모하는 데에 조금이나마 보탬이 된다면, 저자들로서는 더 이상의 바람은 없을 것이다. 향후 독자들의 요구를 충분히 수렴하여 지속해서 수정 · 보완해 나갈 것을 약속드린다. 독자들의 아낌없는 질책과 격려를 부탁드린다.

2025년 8월

공저자 일동

■ 차례

제 I 편 제품원가회계

제Ⅱ편 관리를 위한 원가정보

제Ⅲ편 원가정보의 관리적 활용

I

제품원가회계

제1장

회계의 본질 : 원가관리회계

경제학이나 경영학의 궁극적 과제는 희소한 자원의 효율적인 분배(efficient distribution of scarce resources)에 있다. 회계학도 마찬가지로, 궁극적 과제는 희소한 자원의 효율적인 분배에 있다. 이는 곧 희소한 자원의 효율적인 분배를 전제로 하는 「의사결정에 유용한 정보의 제공」에 초점이 맞추어진다. 「의사결정에 유용한 정보의 제공」이라는 것이 바로 회계학이 추구하는 바이다.

제1절 회계의 정의와 분류

회계(accounting, 모일 會 셀 計)라는 말은 우리의 고유한 말로 「셈」을 뜻한다. 따라서 「회계를 한다」는 말은 「셈을 한다」, 「계산을 한다」는 말로 표현할 수 있으며, 이것은 궁극적으로 「측정한다」는 말로 대신할 수도 있다. 그러나 회계에서의 셈·계산 또는 측정이란 경제주체[1]의 경제활동을 기본적인 대상으로 하고 있다는 점에서, 일반적인 개념의 계산·측정과는 근본적으로 차이가 있다. 회계가 경제주체의 경제활동을 측정하는 것이라고 한다면, 어떤 목적에서 어떤 측면을 어떤 방법에 의하여 측정할 것인가 하는 문제가 제기된다. 여기에서 회계목적을 설정하고 회계대상을 확정하며 회계기준을 수립하는 절차가 요구되며, 그 결과 회계학의 이론적 부분과 기술적 부분을 결합시켜 조직적인 지식체계를 형성하는 과정이 필요하게 된다. 이것은 회계를 단순한 기술적 절차가 아닌, 이론적 구조를 갖춘 사회과학의 한 분야로 정립시키기 위한 필수적인 과정이 된다.

경제주체의 경제활동을 측정하는 것이 회계의 본원적인 기능이라고 하였지만, 회계의 정의 또는 기능은 시간의 흐름에 따라 달리 인식되어 왔다. 즉 회계의 정의 또는 기능은 회

1) 경제주체 즉 경제적 실체(economic entities)란 개인기업, 법인형태의 기업 및 비영리 공공단체 모두를 지칭한다. 기업을 실체라고 할 때 개별기업이 실체일 수도 있고 지배·종속관계가 있는 모든 기업을 포함하여 하나의 실체로 볼 수도 있으며, 한 기업의 특정 사업부를 실체로 볼 수도 있다. 따라서 법률적 실체와는 비교되는 개념으로 경제적 실체라는 용어를 사용한다.

계목적에 따라 달리 규정되어야 하는 것인데, 회계목적은 시대의 변천에 따라 달라지는 것이기 때문에 결국 회계란 '**시대의 산물**'이라고 할 수 있는 것이다. 달리 말하자면, 시대의 변천에 따라 회계환경이 변화하고 그에 따라 목적이 변하는 것이기 때문에 회계를 '**환경의 산물**'이라고 할 수 있다. 실제로 회계의 정의 또는 기능은 시간의 흐름에 따라 달리 이루어져 온 것이 사실이다. 오늘날의 회계는 일반적으로 정보지향회계(information oriented accounting) 또는 의사결정회계(accounting for decision making)라고 하여 회계정보이용자(=이해관계자)들의 의사결정에 유용한 정보를 제공하는 것을 그 목적으로 하고 있지만, 한때는 단순히 외부보고용의 재무제표[financial statements : F/S, 재무(財務)와 관련된 모든(諸) 표(表)라는 뜻이다] 작성 그 자체를 회계의 기능 또는 목적으로 간주한 적도 있었다.

회계 기능 또는 목적의 변천은, 다음과 같은 두 가지의 대표적인 회계 정의를 살펴봄으로써 파악할 수 있다.

① 미국공인회계사회(AICPA, 1941년)에서 발표한 「회계용어공보(ATB)」 제1호에서는 회계를 다음과 같이 정의하였다.

"**회계는 재무적 성격을 갖는 거래나 사상을 화폐단위에 의해 의미 있는 방법으로 기록 · 분류 · 요약하고 해석하는 기술이다.**"

이는 결국 1960년대 이전에 지배하였던 회계思考, 즉 전통회계의 본질을 가장 잘 요약한 것이라고 할 수 있다. 즉 회계란 기업(경제실체)의 재무적 활동을 일정한 원리에 따라 기록 · 분류 · 요약하고 해석하는 기술이며, 동시에 반드시 화폐라는 수단으로 그 결과를 표시하는 절차라고 정의하고 있다. 또한 이 언급은 경제주체의 경제활동을 측정한다는 회계의 기능을 기술적인 측면에서 정의한 것이라고 볼 수 있다. 현행 회계의 兩大 支流를 재무회계와 관리회계(이에 관해서는 이어서 설명한다)로 구분할 때, 이와 같은 회계의 정의는 **재무회계**(financial accounting)에 초점을 맞추고 있는 것이라고 할 수 있다. 따라서 회계목적 자체도 기업의 재무상태 및 재무성과 등을 나타내는 재무제표의 작성 그 자체에 두고 있었다고 할 수 있다.

② 그러나 미국회계학회(AAA, 1966년)에서 발표한 「기초적 회계이론에 관한 보고서(ASOBAT)」의 내용을 살펴볼 때, 이에서 언급한 회계 정의는 회계의 영역을 훨씬 더 확장하고 있다. 이를 달리 해석하면, 과거와는 전혀 다른 회계 기능을 기술하고 있다고도 볼 수 있다.

"회계란 정보의 이용자가 정보에 입각한 판단이나 의사결정을 할 수 있도록, 경제적 정보를 식별 · 측정하고 이를 전달하는 과정이다."

이에서 볼 때, 회계의 가장 기본적인 기능은 역시 경제적 정보(거래나 사상)를 식별 · 분류 · 요약하여 이를 재무제표에다 표시하는 재무회계의 과정이 되고 있음은 부인할 수 없다. 그러나 이러한 회계의 전통적 기능 이외에, ASOBAT에서는 회계란 정보이용자[2)]들의 의사결정에 유용한 정보를 제공하는 것이어야 한다는 추가적인 기능까지도 언급하고 있다. 즉 경제주체의 경제활동을 측정하여 보고하는 것을 기본적인 기능으로 삼되, 정보이용자들의 의사결정 유용성을 증대시킬 수 있는 측정치의 유도기능을 새로이 부각시키고 있다. 이와 같은 추가적인 기능은 그 표현상으로는 간단한 것처럼 보이지만, 실제 회계의 영역을 대폭적으로 확장하고 있을 뿐만 아니라 회계학이 학문으로서의 구조를 갖출 수 있는 이론적인 기반까지도 마련하는 역할을 하고 있다.[3)] 이의 내용을 좀 더 구체적으로 살펴보고자 한다.

첫째, 재무제표의 이용자는 크게 외부이용자와 내부이용자로 구분할 수 있다. 이 중 외부이용자라고 함은 주주 · 채권자 · 거래처 · 소비자 · 정부 등과 같이 기업 외부에서 재무제표를 해석하는 과정을 통하여 의사결정을 수행하는 집단을 말하며, 내부이용자라고 함은 주로 경영자를 지칭하는 것으로서 기업 내부에서 재무(원가)자료를 이용하여 관리의사결정을 수행하는 집단을 말하는 것이다. 전통적인 회계 기능은 외부보고용의 재무제표 작성 그 자체에 초점을 맞추고 있기 때문에 바로 외부이용자만을 위한 것으로 간주할 수 있지만,

---

2) 본서에서는 '이용자, 정보이용자, 재무제표이용자, 이해관계자' 용어를 각 문장의 문맥에 따라 혼용하여 사용할 것이다. 이의 명확한 구별은 큰 실익이 없다. 한편, 언어의 본질은 인간이 일반적인 의사소통의 수단으로 사용하는 체계이다. 즉 의사소통하기 위해서는 언어가 필요하며, 의사소통은 상대방을 이해하거나 일을 함에 있어 올바른 방향으로 나아가기 위해 꼭 필요한 것이다. 그렇기 때문에 기업을 이해하기 위해서는 기업의 언어로 의사소통해야 한다. 흔히 회계를 기업의 언어라고 한다. 회계를 통하여 서로 간의 의사소통이 가능하므로 누구나 회계를 어느 정도는 알아야 자기 업무를 제대로 할 수가 있다. 회계는 이해관계자들에게 일정기간의 재무성과와 일정시점에서의 재무상태를 알려주어 그들이 경제적 의사결정을 하는데 유용한 정보를 제공하는 것이다. 그런데 일반적으로 회계를 아주 전문적이고 어려운 영역으로 생각하고 있고, 될 수 있으면 피하려고 한다. 회계는 그렇게 어렵거나 골치 아픈 것은 아니다. 궁극적으로, 회계를 알아야 하는 이유는 기업의 언어이기 때문이다.

3) 복식부기는 기록상으로는 1494년 11월 이탈리아의 학자인 루카 파치올리(Lucas pacioli)에 의해 출판된 책(산술, 기하, 비 및 비례 총람)에서 언급되어 있는 것이 처음이다. 그러나 복식부기는 그 이전부터 그 사고방식이 존재해 왔고 유럽의 중세 상업이 발달하기 시작한 14세기경에 어느 정도 정리되기 시작한 것으로 오늘날에 이르기까지 계속 발전해 오면서 세계 각국에서 널리 통용되고 있는 것이다. (우리나라의 경우 : 四介松都治簿法) [단식부기와 복식부기] 單式簿記(single entry bookkeeping)는 재산의 변동을 단순히 가감하여 나타내는 장부기입방식이며, 複式簿記(double entry bookkeeping)는 자산 · 부채 · 자본 · 수익 · 비용의 변동을 왼쪽과 오른쪽에 같은 금액으로 이중 기입하는 장부기입방식이다. 단식부기로는 자산 · 부채 · 자본 · 수익 · 비용이 포함된 재무제표를 작성할 수 없으므로, 반드시 복식부기를 사용하여야 한다.

ASOBAT에서는 경영자의 관리의사결정에 필요한 정보까지 제공하여야 한다는 내부이용자를 위한 회계 기능까지도 복합적으로 시사하고 있다. 즉 회계의 영역을 재무회계 뿐만 아니라 **관리회계**(managerial accounting) 분야까지도 확대시키고 있다는 것이다.

	구 분	종 류	회계영역
재무제표의 이용자	외부이용자	주주 · 채권자 등	재무회계
	내부이용자	경영자	관리회계

둘째, 재무제표 이용자의 판단이나 의사결정에 유용한 정보를 제공해야 한다고 하여, 단순한 재무제표의 작성 그 자체보다는 그 속에 있는 정보의 유용성(가치)을 증대시키는 방향으로 회계 기능이 수행되어야 한다는 것이다. 이처럼 회계정보가 지니는 유용성을 증대시키기 위해서는 재무제표의 작성과 관련되는 과정만이 중요시되어서는 안 되며, 정보의 유용성을 증대시키기 위한 제 방법론 또는 회계개념 등이 함께 고려되어야 한다. 이러한 측면에서 바로 회계학의 학문적 구조를 수립할 필요성이 대두하게 되었다.

오늘날의 회계를 정보지향회계 또는 의사결정회계라고 하는 이유도, 바로 회계목적 자체가 실무적인 과정을 통한 재무제표의 작성보다는 그와 같은 재무제표의 작성과정을 통하여 '의사결정에 유용한 정보의 제공 또는 그 유용성의 증대'를 지향하고 있기 때문이다. 결론적으로 현행 회계를 정의하자면, '**회계**란 기업실체(보고기업, 보고실체)의 모든 이해관계자에게 그들의 경제적 의사결정에 유용한 정보를 제공하는 절차 및 그 정보가 지니는 유용성을 증대시키기 위한 제 방법론 또는 과정'이라고 할 수 있다. 1966년 ASOBAT의 회계정의가 이루어진 이래 회계의 목적 또는 기능에 대하여는 여러 가지의 정의(예 미국공인회계사회, 1970년[4])가 계속적으로 이루어져 왔지만, 그 표현에 약간의 차이점이 있을 뿐 본질적인 면에 있어서는 ASOBAT의 내용과 크게 다를 바가 없다. 결과적으로, 오늘날의 회계란 하나의 정보시스템으로서 그 영역이 점점 확대되어 나가고 있을 뿐만 아니라, 과거 그 어느 때 보다도 사회과학 분야에서 회계학이 차지하는 비중 또한 커지고 있다는 것은 그 누구도 부인할 수 없는 엄연한 현실이다. 또한 회계정보는 여러 가지 사회적 기능(예 사회적 자원의 효율적 배분, 수탁책임 보고, 그 밖의 사회적 통제의 합리화 등)의 합리적이고 능률적인 수행을 위하여 이용하기 때문에 자본주의 경제에서 회계의 중요성은 아무리 강조해도 지나치지 않다.[5] [6] [7]

4) 1970년에 미국공인회계사회에서는 미국회계학회의 영향을 받아 1941년의 회계 정의를 정보이용자와 의사결정의 관점을 반영해서 다음과 같이 수정하였다. "회계는 서비스 활동이다. 회계의 기능은 여러 대체안 중 합리적인 선택을 하는데 있어서, 경제적 의사결정을 하는데 유용하도록 경제 실체에 관한, 주로 재무적 성격을 지닌 양적 정보를 제공하는 것이다."

5) 기업의 사회적 책임(CSR, corporate social responsibility)이란 기업이 한 사회의 일원으로서 책임의식을 가지고 행동하는 것을 의미한다. 즉 기업의 사회적 책임이란 기업이 지속적으로 존속하기 위한 이

제2절 재무회계와 관리회계

회계는 관점에 따라서 여러 가지 형태로 분류될 수 있다. 그러나 회계의 목적이 '의사결정에 유용한 정보의 제공'이라는 점에서 볼 때, 회계정보의 이용자가 누구인가에 따른 분류가 가장 중요하다고 할 수 있다. 실제로 이에 따른 분류가 오늘날의 회계思潮에 따른 회계분류 중에서 가장 보편적이면서도 의미가 있다. 재무회계와 관리회계는 각각 독립적인 기능을 수행하지만, 동시에 상호보완적인 관계에 있다. 기업이 지속가능하고 장기적 성장을 이루기 위해서는, 재무회계를 통한 투명한 정보 제공과 관리회계를 통한 전략적 의사결정 지원이 균형을 이루어야 한다.

1. 재무회계

기업 외부이용자들이 경제적 의사결정을 수행하는 과정에서 필요로 하는 정보를 제공하는 것을 목적으로 하는 회계분야이다. 따라서 이의 궁극적인 목표는 정확한 재무제표의 작성을 통한 외부보고라고 할 수 있는데, 이는 회계의 가장 기본적인 과제이며 모든 회계의 골격이 된다고 하여 일반회계(general accounting)라고 지칭하기도 하며,

2. 관리회계

기업 내부경영자들이 경영활동을 계획 · 지휘 · 통제하는 과정에서 필요로 하는 정보를 제공하는 것을 목적으로 하는 회계분야이다. 따라서 이의 궁극적인 목표는 경영활동의 합리화를 달성하기 위한 내부정보의 제공이라고 할 수가 있으며, 그 결과 관리회계의 내용은 주로 원가(cost)와 관련된 정보의 활용이 주류를 이루게 된다.

이렇게 재무회계와 관리회계를 정의하면, 이들 사이에는 개념적인 차이가 발생하게 되는데 이를 간단히 요약 · 비교하면 다음과 같다.

윤추구활동 이외에 법령과 윤리를 준수하고, 기업 이해관계자의 요구에 적절히 대응함으로써 사회에 긍정적 영향을 미치는 책임 있는 활동을 말한다.

6) 회계는 이용자의 의사결정에 유용한 정보를 제공하는 것이다. 의사결정에 유용한 정보를 제공함으로써 정보불균형(information asymmetry, 정보비대칭)으로 인한 의사결정의 왜곡과 부작용을 줄일 수 있다면, 그리고 이로 인한 효익이 관련 비용보다 크다면, 회계는 여러 가지 사회적 가치를 창출하는 것이다.

7) 재무정보는 한정된 경제적 자원이 자본시장을 통하여 효율적으로 배분되도록 지원하는 기능을 하는 자본주의 시장경제체제의 중요한 하부구조의 하나이다. 재무정보는 자본시장에 존재할 수 있는 역선택(adverse selection)의 문제와 기업 경영자의 도덕적 해이(moral hazard)의 문제를 완화하는 기능을 갖는다. 여기에서 역선택이란 품질이나 특성에 대한 정보 부족으로 저질의 재화나 용역이 거래되고 양질의 재화나 용역이 시장에서 사라지는 시장실패(market failure)가 발생하는 현상을 말하며, 도덕적 해이란 기업 경영자가 자신의 효용을 극대화하는 행동을 할 것이며 이들의 행동을 관찰할 수 없기 때문에 주주나 채권자의 효용이 감소하는 현상을 말한다.

	재 무 회 계	관 리 회 계
• 목적(내용)	외부정보이용자를 위한 외부보고	내부경영자를 위한 내부보고
• 이익의 실현단위	경제실체 전체 (economic entity)	경제실체를 구성하는 구성단위 (sub-entity)
• 보고기간	정기적으로 보고(보통 연 1회)	수시 필요에 따라 보고
• 보고형식	대체로 일정한 형식을 가짐 (재무제표)	일정형식을 갖출 필요가 없이 자유로운 형식으로 보고 가능
• 회계원칙	수많은 이해관계자를 위한 외부보고용이므로, GAAP에 의해 구속되고 그에 의해 보고서가 작성	GAAP에 의해 영향을 받지 아니하고, 관리·통제를 위한 회계절차에 의해 보고서가 작성
• 측 정	반드시 화폐단위에 의한 측정을 내용으로 함	내부 의사결정에 필요한 정보제공이 목적이므로, 화폐를 위시한 모든 계량적 수단에 의한 측정이 가능함
• 시 점	과거지향적	미래지향적

※ 일반적으로 인정된 회계원칙(GAAP : generally accepted accounting principles)
과거부터 회계실무에서 재무제표를 작성하는데 적용하여 왔던 회계개념과 회계관습, 회계절차 등을 종합한 것으로서 다음과 같은 특징(속성, attributes)을 지니고 있다. 여기서 '일반적으로 인정된'이란 다수의 권위 있는 지지(substantial authoritative supports)를 의미한다.
① 회계행위의 지침이며 회계실무를 이끌어가는 지도원리이다.
② 보편타당성과 이해관계자집단의 이해조정적 성격을 지니고 있다.
③ 경제적 환경의 변화에 따라 변화한다. (회계원칙 → 회계기준)

※ GAAP의 원천
한국채택국제회계기준((K-IFRS, 「주식회사 등의 외부감사에 관한 법률」에서 정하는 한국채택국제회계기준 의무적용대상 주식회사의 회계처리에 관한 기준), **일반기업회계기준**(「주식회사 등의 외부감사에 관한 법률」의 적용대상기업 중 한국채택국제회계기준에 따라 회계처리하지 아니하는 기업의 회계와 감사인의 감사에 통일성과 객관성을 부여하기 위하여 동 기업의 회계처리 및 보고에 관한 기준), **중소기업회계기준**(「주식회사 등의 외부감사에 관한 법률」 대상이 아닌 주식회사를 위해 법무부장관이 고시하는 별도의 회계기준), **특수분야회계기준**, 질의회신, 회계기준적용의견서 등이 GAAP의 주요 원천이 된다.

※ GAAP와 회계투명성(transparency)
투명성이란 '속까지 비치어 환하다'라는 말이며, 투명한 회계란 사실을 거짓으로 꾸미지 아니하고 사실대로 적정하게 작성된 회계를 말한다. 적정한 회계란 GAAP에 따라 작성하여야 하며, GAAP에 따라 작성된 것이면 투명한 회계로 인정된 것이다. 결국 회계투명성의 제고는 회계가 GAAP에 따라 작성되었는가의 여부에 달려 있는 것이며, 공인회계사의 기본기능은 기업회계가 GAAP에 따라 작성되었는가의 여부를 독립적이고 객관적인 입장에서 확인해 주는 일이다.

이상과 같이 재무회계와 관리회계 사이에는 개념적인 차이가 존재하고 있다고 하더라도, 별개의 회계시스템으로 파악하여서는 곤란하다. 다만 동일한 회계정보를 어떻게 사용하느냐 하는 기능적인 측면에서 구별하여야 한다. 즉 동일한 회계시스템을 기능적으로 달리 분류하고 달리 사용하는 과정에서 회계영역이 분리되는 것으로 파악하여야 한다는 것이다.

제3절 원가회계와 관리회계

원가회계는 전통적으로 제조기업의 **재고자산 평가**와 이익 측정을 위한 **매출원가 산출**을 중심으로 발전하여 왔다(**참조** : 기업회계기준서 제1002호 재고자산). 그러나 오늘날에는 경영자가 의사결정과 성과평가를 하는데 유용한 정보제공의 관점을 더욱 강조한다. 따라서 원가회계는 원가정보를 이용하고 평가하는 목적에 따라 재무회계와 관리회계라는 두 가지 회계영역과 모두 밀접한 관련성을 지니게 된다. 이때 원가회계와 관리회계의 구분은 매우 어려운 문제에 속한다. 즉 관리회계는 재무회계와 대별되는 것으로 회계思潮에 따른 회계분류인데 비해, 원가회계는 여러 회계정보 중에서 원가정보를 측정 · 전달하는 회계시스템이다. 그러나 매출원가 산출에서 발전한 원가회계는 그 초점을 계획과 통제에 두었고, 또한 원가정보를 이용하고 평가하는 목적이 의사결정 및 성과평가기능과 결합됨으로써 오늘날 원가회계는 관리회계와 거의 동일한 의미로 혼용되고 있다. 이에 원가회계와 관리회계를 **원가관리회계**로 통칭하는 것이 일반적인 추세이다.

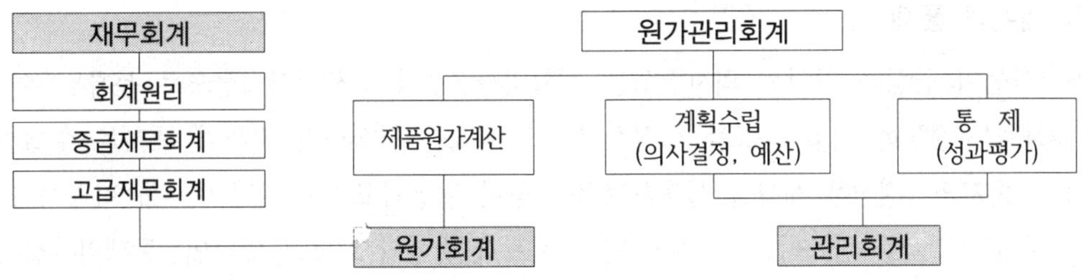

1. 원가회계

원가회계는 주로 주주 · 채권자 · 투자자 등의 외부정보이용자를 위한 재무제표 작성에 필요한 원가자료를 수집 · 요약 · 보고한다. 원가자료는 (ⅰ) **재고자산 평가**와 (ⅱ) 이익 측정을 위한 **매출원가 산출**과 같은 문제를 결정하는데 이용된다. 그러면 '어떤 원가가 재고자산과 매출원가에 포함되어야 할 것인가'를 어떻게 파악해야 하는가? 이러한 문제들은 GAAP에 준거하여 결정되고 있다. 그러나 오늘날 기업 환경 변화와 더불어 GAAP도 아울러 변화(과거에는 기업회계기준, 업종별 회계처리준칙, 기업회계기준 등에 관한 준칙, 기업회계기준서, 기업회계기준해석서, 기업회계기준적용사례, 질의회신, 회계기준적용의견서, 재무보고에 관한 실무의견서, 법령에 의한 회계규정 등이 GAAP의 원천이었다)하게 되지만, 이러한 변화는 특정 국가의 회계기준 제정 · 개정기관(우리나라의 경우는 한국회계기준원[8])에 해당됨)에 의해 공식화된다. 어쨌든 원가

8) 「주식회사 등의 외부감사에 관한 법률 및 법률 시행령」에 의해, 금융위원회(www.fsc.go.kr)는 「회계처리기준의 제정 또는 개정, 회계처리기준 해석 및 관련 질의에 대한 회신, 그 밖에 회계처리기준과 관

회계정보는 GAAP에 준거해야 하므로 재고자산회계의 주요 목표는 수익에 원가를 대응시키는 과정을 통하여 이익을 적정하게 결정하는 것이다. 수익·비용 대응 개념은 만약 원가와 수익이 인과관계가 있다면, 이들을 동일 기간의 포괄손익계산서에 수익(결과)과 원가(원인)로 보고함으로써 대응시켜야 한다는 것이다. 재무제표 작성을 위해 재고자산에 할당되는 원가는, 어떤 재고자산 품목을 현재 상태로 유지하기 위하여 직·간접적으로 이용되는 모든 자원의 원가이다(제조원가명세서와 손익계산서 및 재무상태표의 상호 관련성 **참조**). 그리고 원가회계에서는 회계정보가 GAAP에 준거하여야 하기 때문에, 신뢰성을 유지하기 위하여 역사적 원가를 정보로서 이용한다. 이는 의사결정에의 목적적합성에 준거하여 미래원가 또는 미래수익을 정보로서 이용하는 관리회계와 구별되는 점이기도 하다.

2. 관리회계

관리회계는 경영자의 경영관리를 위하여 계획 및 통제활동에 목적적합한 정보를 제공하여야 한다. 경영자의 특수의사결정(장·단기)에 필요한 정보를 수집·요약·보고한다.

1) 계획과 통제

경영자들이 관심을 가지는 의사결정은 계획의사결정과 통제의사결정으로 분류될 수 있다. **계획**의사결정은 기업 목표를 설정하고, 그 목표를 달성하기 위하여 계획을 수립하는 것이다. **통제**의사결정은 계획을 실행하여 목표들이 달성되고 있는지의 여부를 파악하기 위하여 실제의 결과를 감독하는 것이다. 만약 목표가 달성되지 않고 있다면, 통제의사결정은 업무 자체를 서로 다르게 수정하거나 또는 계획과 목표를 달성 가능한 방향으로 수정하도록 이루어져야 한다.

관리회계정보가 요구되는 전형적인 계획의사결정의 [예]는 다음과 같다.

- 어떤 신제품 품목을 개발·판매할 것인가?
- 어떤 기존 제품품목의 제조와 판매를 종료할 것인가?
- 금년도 각 제품 생산량은 어느 정도 수준으로 정할 것인가?
- 생산설비를 확충 또는 축소할 것인가?
- 외부구입과 자가제조 중 어느 쪽이 더 경제적인가?
- 광고선전비 및 연구개발비 소요액을 어느 정도로 정할 것인가?
- 연간 현금 필요액은 어느 정도 수준으로 유지하며, 자금회전을 위해 은행대출 한도액을 어느 정도로 조정할 것인가?

련하여 금융위원회가 정하는 업무」를 한국회계기준원(www.kasb.or.kr)에 위탁하고 있다.

이에서 열거한 계획의사결정은 미래원가의 추정치와 경우에 따라서는 미래수익 추정치까지도 아울러 요구한다. 계획의사결정은 기업이 목표 달성을 위하여 따라야 할 행동과정을 설정해 준다. 이러한 의사결정들은 경영자가 미래 발생할 것으로 기대하는 바에 근거하며, 과거 발생되었던 것에 근거하지 않는다. 그러나 역사적 원가자료도 미래원가를 추정하기 위하여 좋은 기준을 제공하기도 한다는 점 또한 인식해야 할 것이다.

관리회계정보가 요구되는 전형적인 통제의사결정의 [예]는 다음과 같다.

- 실제 매출액을 예산 매출액에 일치시키기 위하여 어떤 조치를 취할 수 있는가?
- 실제원가가 계획원가를 초과하지 않도록 노동력을 보다 효율적으로 이용할 수 있는가?
- 계획된 결과를 달성하기 위하여 연구개발에 어떤 변화가 요구되는가?
- 실제 생산량을 계획 생산량에 일치하도록 변동시킬 필요가 있는가?

이에서 열거한 통제의사결정은 실제 결과와 경영자의 계획의사결정의 예측 결과를 비교할 것을 요구한다. 실제 결과란 계획 실행 중 실제 발생한 사상으로부터 수집된 자료이다. 실제 결과와 예측 결과의 이러한 비교는 원초의 계획을 달성하기 위하여 또는 당면하고 있는 실제의 상황에 적응하기 위하여, 원초의 계획을 수용성 있는 방법으로 수정하기 위한 추가적인 경영의사결정을 요구할 수도 있다.

2) 목적적합성

경영자는 경영관리를 위한 의사결정에 있어서 다양한 회계정보를 필요로 하고 있다. 그러면 기업의 회계담당자는 경영자들의 계획 및 통제의사결정을 돕기 위하여 어떠한 정보를 선택·보고할 것인지를 어떻게 파악하는가? 회계담당자는 먼저 경영자의 특수의사결정 목적과 이를 위한 의사결정모형 또는 기법 등을 식별하고, 다음으로 목적적합한 정보를 결정하여 경영자에게 보고될 정보를 선택한다. **목적적합성**(relevance)이란 회계정보가 유용하기 위하여 지녀야 할 속성으로 회계정보기준 중에서 표현충실성과 함께 가장 중요한 기준이다.[9] 회계정보가 목적적합하다고 하는 것은 정보이용자의 의도된 행동 또는 얻으려고 하는 결과와 관련이 있다는 뜻이 된다.[10] 따라서 목적적합성은 동일한 회계정보일지라도 상황에 따라 다를 수도 있다. 예컨대 어떤 건물을 회계상 취득시의 구입원가인 역사적 원가와 공정가치(시장가격)를 반영하는 현행원가로 나타낼 수 있다고 가정하자. 이때 역사적 원가는 과세소득계산의 경우에 유용하며 동시에 목적적합한 정보가 될 수도 있다. 그러나

9) 「재무보고를 위한 개념체계」 재무정보의 질적특성 : 근본적 질적특성(목적적합성, 표현충실성), 보강적 질적특성(비교가능성, 검증가능성, 적시성, 이해가능성)

10) 이에 대한 자세한 내용은 「재무보고를 위한 개념체계」를 참고하길 바란다. 또한 재무회계에서 소개되는 목적적합성을 관리회계에서는 관련성 혹은 관련원가(relevant cost, 후술함)이라고 표현한다.

건물의 상각이나 처분 또는 화재 발생시에 건물소유주가 건물의 매매가격과 보험청구액을 계산하는 경우에 있어서 역사적 원가는 더 이상 목적적합한 정보가 되지 못한다. 이 경우에는 오히려 공정가치를 반영하는 현행원가가 보다 목적적합한 정보라고 할 수 있다. 이처럼 동일한 회계정보라 하더라도 어떤 목적에는 유용할 수 있지만 다른 목적에는 유용하지 못할 수도 있다. 이것이 바로 정보를 수집하기 이전에 먼저 의사결정자의 특정 목적이나 또는 의사결정 성격을 파악해야 하는 중요한 이유이기도 하다. 즉 목적적합한 정보만이 의사결정을 개선시킬 수 있다. 정보는 (ⅰ) 의사결정자의 목적 달성에 영향을 주는 경우 또는 (ⅱ) 의사결정자의 의사결정 또는 선택의 결과에 따라 변화할 경우에 목적적합하다고 할 수 있다. 목적적합성은 관리회계에 있어서 대단히 중요한 것인데, 이는 목적적합성이 회계담당자가 무엇을 해야 하며, 어떤 정보를 수집·보고하여야 할 것인가를 결정하는 주요한 기준이 되기 때문이다.

결국, **관리회계**란 '경영자들의 계획 및 통제의사결정을 위하여 유용한 회계정보를 식별하고 보고하는 것'이라고 할 수 있다. 따라서 관리회계에서 회계정보의 식별·보고는 정보가 특수의사결정에 목적적합한 것인가의 여부에 따라 결정된다.

지금까지 원가회계와 관리회계의 차이점에 대하여 살펴보았다. 이들 차이점을 간단히 요약·비교하면 다음과 같다.

	원 가 회 계	관 리 회 계
• 목적(내용)	재고자산 평가 및 매출원가 산출 등을 위한 정보의 제공	경영자의 경영관리목적에 필요한 여러 가지 의사결정을 위한 정보의 제공
• 보고기간	정기적으로 보고(보통 1개월)	수시 필요에 따라 보고
• 보고형식	대체로 일정한 형식을 가짐 (제조원가명세서)	일정형식을 갖출 필요가 없이 자유로운 형식으로 보고 가능
• 회계원칙	수많은 이해관계자를 위한 외부보고용이므로, GAAP에 의해 구속되고 그에 의해 보고서가 작성	GAAP에 의해 영향을 받지 아니하고, 관리·통제를 위한 회계절차에 의해 보고서가 작성(목적적합성)
• 정보성격	과거정보, 지출적 원가정보	미래정보, 계산적 원가정보

※ 오늘날 원가회계는 그 이용자의 이용목적에 따라 서로 다른 두 가지 측면에서 원가자료를 분석·보고하도록 변화되었다. 특히 최근, 그 중에서도 경영자의 경영관리를 위한 관리회계분야로의 확대 발전은 원가회계의 주요한 특징이 되고 있다. 그러나 한편으로는 원가회계와 관리회계는 상당한 정도로 동일한 자료베이스(data base)를 이용하고 있다는 공통점도 아울러 지니고 있다. 즉 원가회계보고서를 작성하기 위하여 이용되는 자료는 또한 관리회계보고서를 작성하기 위해서도 이용되고 있다.

※ 당기에 제품제조를 위하여 제조공정에 투입된 생산요소와 재공품계정의 증감을 일목요연하게 파악할 수 있도록 제조원가명세서를 작성한다. 제조원가명세서에서 계산된 당기제품제조원가는 포괄손익계산서에서 매출원가를 계산하는 과정에 포함되므로, 기업의 제조활동과 판매활동을 표시하게 된다. 제조원가명세서는 제조원가를 재료비, 노무비, 경비로 구분하고 있으나, 직

접재료비, 직접노무비, 직접경비, 제조간접비로 구분할 수도 있다. 직접경비의 경우 실무적으로 금액이 적거나 발생하지 않는 때가 많다. 다만, 기업에 따라 직접경비가 금액적으로 중요하다면 별도의 원가로 구분하여 처리한다.

※ 기업 전체의 원가계산시스템을 구축할 때 활용할 수 있는 원가계산제도는 7가지 정도이다, 제품의 생산형태에 따라 '개별원가계산과 종합원가계산'으로, 원가계산의 시점에 따라 '실제원가계산과 정상원가계산 및 표준원가계산'으로, 제품원가의 범위에 따라 '전부원가계산과 변동원가계산'으로 구분된다. 실무적으로 적용되는 대표적인 원가계산제도는 위와 같이 7가지 정도를 [예]로 들 수 있는데, 여기에서 주의해야 할 점은 기업 전체의 원가계산시스템을 구축할 때 위의 7가지 원가계산제도 중 하나를 선택하는 것이 아니라 각각의 구분 중 하나를 선택하여 서로 결합하여 완성된 기업 전체의 원가계산시스템을 구축하는 것이다. 예를 들어, 특정 기업에서 원가계산시스템으로, 제품의 생산형태에 따른 구분에서는 '종합원가계산'을 선택하고, 원가계산의 시점에 따른 구분에서는 '정상원가계산'을 선택하고, 제품원가의 범위에 따른 구분에서는 '전부원가계산'을 선택하여, '종합원가계산+정상원가계산+전부원가계산'의 조합을 설정할 수 있다. 따라서 원가계산제도를 구축하려는 기업의 상황에 따라 다양한 원가계산제도의 조합이 가능하며 이는 기업의 제조형태, 관리시스템 및 내부의사결정시스템의 운용 여부 등에 따라 결정하게 될 것이다. 한편, '변동원가계산'은 주로 의사결정회계에서 사용되는 방법으로, 직접재료비, 직접노무비, 변동제조간접비를 제품원가에 포함하고, 고정제조간접비는 기간비용으로 처리하는 원가계산제도이다. 회계기준에서 인정하지 않는 방법이므로 외부공표용 재무제표를 작성할 때는 적용할 수 없다. 그러나 기업 내부적으로 각종 의사결정이나 성과평가에 적용하기에는 매우 유용한 원가계산제도이다.

※ 기업은 제조원가를 계속적으로 수집 · 측정 · 배분 · 보고하기 위한 계산절차로서 실제원가계산제도 또는 표준원가계산제도를 확립하여야 한다. 기업이 채택한 원가계산제도는 매기 계속하여 적용하여야 하며, 정당한 이유 없이 이를 변경하여서는 안 된다. 원가계산기간은 기업의 회계연도와 일치하여야 한다. 다만, 필요한 때는 월별 또는 분기별 등으로 세분하여 원가계산을 실시할 수 있다.

3. 정보의 원가-효익

일반적으로 원가회계와 관리회계를 **원가관리회계**로 통칭한다. 원가관리회계 정보를 선택함으로써 발생할 정보의 원가와 정보의 효익을 고려하여야 한다. 어떤 정보가 목적적합성 개념이나 GAAP에 준거한다 하더라도, 실제 이 정보를 선택함으로써 발생할 원가가 정보를 이용함으로써 기대되는 효익을 초과한다면 이 정보는 유용한 정보가 될 수 없는 것이다. 정보의 원가-효익 개념은 원가보다 높은 효익을 가져오는 정보를 선택해야 한다는 것으로, 대안들 중 최선의 방법을 선택하기 위한 지침이 된다. 원가-효익의 관점에서 볼 때, 정보의 원가-효익 개념은 정보를 제품처럼 취급하여 제품의 생산원가와 판매수익을 비교 · 분석하는 것과 유사하게, 정보선택에 있어서도 정보원가와 정보효익을 비교 · 분석하여 최선의 것을 선택하기 위한 정보경제성 평가방법 또는 기준이라고 할 수 있다. 또한 이 개념은 과거와는 달리, 기업 내외의 수많은 정보이용자의 경제적 의사결정 목적을 위해, 최선의 회계정보를 선택 · 보고하는 과정에서 고려하여야 할 회계정보의 경제성 평가기준이기도 한 것이다.

제조원가명세서와 손익계산서 및 재무상태표의 상호 관련성

(표준)제조원가명세서

Ⅰ. 재료비
1. 기초재료재고액
2. 당기재료매입액
3. 기말재료재고액

Ⅱ. 노무비
1. 급여
가. 임원급여
나. 직원급여
다. 임원상여금
라. 직원상여금
2. 일용급여
3. 퇴직급여(충당금전입액포함)
가. 임원퇴직급여
나. 직원퇴직급여

Ⅲ. 경비
1. 전력비
2. 가스 · 수도 · 유류비
3. 운임
4. 감가상각비
5. 수선비
6. 소모품비
7. 세금과공과
8. 임차료
9. 보험료
10. 복리후생비
11. 여비교통비
12. 통신비
13. 차량유지비
14. 외주가공비
15. 특허권사용료
16. 경상개발비
17. 연구비
18. 포장비
19. 기업업무추진비
20. 지급수수료
21. 교육훈련비
22. 인쇄비
23. 보관료
24. 기타

Ⅳ. 당기총제조비용
Ⅴ. 기초재공품원가
Ⅵ. 합계
Ⅶ. 기말재공품원가
Ⅷ. 타계정대체액
Ⅸ. 당기제품제조원가

(표준)손익계산서(기능별 분류)

Ⅰ. 매출액
Ⅱ. 매출원가
1. 기초재고액
2. 당기총원가
3. 기말재고액
4. 타계정대체액
Ⅲ. 매출총손익
Ⅳ. 판매비와관리비
1. 급여
2. 퇴직급여
3. 보험료
4. 복리후생비
5. 여비교통비
6. 임차료
7. 기업업무추진비
8. 유형자산감가상각비
9. 무형자산상각비
10. 세금과공과
11. 광고선전비(판매촉진비 포함)
12. 견본비
13. 차량유지비(유류비 포함)
14. 연구비
15. 경상개발비
16. 대손상각비(충당금전입액포함)
17. 미분양주택관리비
18. 수주비
19. 자문료
20. 지급수수료
21. 판매수수료
22. 소모품비
23. 통신비
24. 운반비
25. 보관료
26. 건물 · 시설관리비(수선비 제외)
27. 수선비
28. 수도광열비(전기료 제외)
29. 전기료
30. 인쇄비
31. 교육훈련비
32. 특허권등 사용료
33. 수출입제비용
34. 해외시장개척비
35. 외주용역비
Ⅴ. 영업손익
Ⅵ. 영업외수익
Ⅶ. 영업외비용
Ⅷ. 법인세비용차감전손익
Ⅸ. 법인세비용
Ⅹ. 당기순손익

손익계산서(성격별 분류)

매출액
제품의 변동
재공품의 변동
원재료의 매입액
소모품의 매입액
종업원급여
감가상각비와 기타 상각비 등
영업손익

※ 비용의 기능별 분류 또는 성격별 분류에 대한 선택은 역사적, 산업적 요인과 기업의 성격에 따라 다르다. 각 방법이 상이한 유형의 기업별로 장점이 있기 때문에, 신뢰성 있고 보다 목적적합한 표시방법을 경영진이 선택하도록 하고 있다. 그러나 비용의 성격에 대한 정보가 미래현금흐름을 예측하는데 유용하기 때문에, 비용을 기능별로 분류하는 경우에는 성격별 분류에 따른 추가 공시가 필요하다.

(표준)재무상태표

Ⅰ. 유동자산
(1) 당좌자산
1. 현금및현금성자산
2. 단기예금
3. 유가증권
4. 매출채권
5. 단기대여금
6. 미수금
7. 선급금
8. 기타당좌자산
(2) 재고자산
1. 상품
2. 제품
3. 반제품
4. 재공품
5. 부산물
6. 원재료(원자재)
가. 원재료
나. 부재료
다. 기타원재료
7. 가설재
8. 저장품
9. 미착상품(미착재료)
10. 완성주택
11. 미완성주택
12. 용지(건설업)
13. 완성공사(주택외)
14. 미완성공사(주택외)
15. 기타재고자산

(이하 제시 생략)

출처 : 법인세법 시행규칙 [별지 제3호의 2 서식] [별지 제3호의 3 서식], 기업회계기준서 제1001호(재무제표 표시)

* 본서에서 '공장'과 '본사'라는 용어가 자주 사용된다. 예를 들어, '감가상각비 ₩9,000(이 중 40%는 영업부이다)'라는 의미는, 즉 '감가상각비 ₩9,000 중 ₩3,600(= ₩9,000×40%)은 영업부이다'는 본사 감가상각비(판매관리비항목)가 ₩3,600이라는 의미이다. 나머지 ₩5,400(= ₩9,000×60%)은 제조부로서, 공장 감가상각비(경비항목)이다. 한편, 회계처리시에, '감가상각비'라는 표시는 판매관리비항목이고, '감가상각비(제조)'라는 표시는 경비항목이다.

4. 본서의 구성

원가관리회계에 대한 주요 개념과 흐름을 쉽게 이해하고 활용할 수 있도록, 본서는 크게 다음과 같은 세 부분으로 구성하였다.

첫째, 제품원가회계(제1장 ~ 제5장) : 회계의 본질, 원가회계의 기초개념, 요소별 · 부문별 · 개별원가계산, 활동기준원가계산

둘째, 관리를 위한 원가정보(제6장 ~ 제7장) : 종합원가계산, 표준원가계산

셋째, 원가정보의 관리적 활용(제8장 ~ 제14장) : 전부원가계산과 변동원가계산, 원가-조업도-이익분석, 특수의사결정 및 계량적 접근방법, 가격정책과 원가정보, 자본예산, 종합예산, 책임회계와 성과평가

한편, 재무제표의 작성을 원활히 하기 위해서, 한국채택국제회계기준과 일반기업회계기준 및 중소기업회계기준의 재무제표 [양식]을 「부록」에서 제시하고 있다.

[한국채택국제회계기준, 일반기업회계기준, 중소기업회계기준]

기업이 적용할 수 있는 회계기준으로 「주식회사 등의 외부감사에 관한 법률」 대상인 주식회사를 위해 한국회계기준원이 제정한 「한국채택국제회계기준(K-IFRS)」과 「일반기업회계기준」이 있고, 「주식회사 등의 외부감사에 관한 법률」 대상이 아닌 주식회사를 위해 법무부장관이 고시한 「중소기업회계기준」이 있다.

한국의 회계기준 체계 3Tier

회계기준	적용대상	외부감사	관련법령
한국채택국제회계기준	주권상장법인 및 금융회사	의무	주식회사 등의 외부감사에 관한 법률
일반기업회계기준	외부감사대상 주식회사		
중소기업회계기준	외부감사대상 이외의 주식회사	면제	상법

「한국채택국제회계기준(K-IFRS)」 한국회계기준원과 국제회계기준도입준비단은 2007년 3월 15일 국제회계기준 도입 로드맵 발표회에서 국제회계기준을 우리나라 기업회계기준으로 도입할 것을 선언하였다. 이를 「한국채택국제회계기준」이라 한다. 로드맵에 따라, 원칙적으로 모든 상장법인은 2011년부터 국제회계기준을 적용하고 있다. 한국채택국제회계기준은 「주식회사 등의 외부감사에 관한 법률」에서 정하는 한국채택국제회계기준 의무적용대상 주식회사의 회계처리에 적용한다. 또한 재무제표의 작성과 표시를 위해 한국채택국제회계기준의 적용을 선택하거나 다른 법령 등에서 적용을 요구하는 기업의 회계처리에도 적용한다.

「일반기업회계기준」 한국회계기준원의 회계기준위원회는 과거의 기업회계기준을 수정 · 보완한 편람식 회계기준인 「일반기업회계기준」을 2009년 11월 27일자로 제정하였다. 일반기업회계기준은 2011년부터 시행하고 있다. 일반기업회계기준은 「주식회사 등의 외부감사에 관한 법률」의 적용대상기업 중 한국채택국제회계기준에 따라 회계처리하지 아니하는 기업의 회계와 감사인의 감사에 통일성과 객관성을 부여하기 위하여 동 기업의 회계처리 및 보고에 관한 기준을 정한 것이다.

「중소기업회계기준」 상법(제446조의2) 및 상법 시행령(제15조 제3호)에 의해, 「주식회사 등의 외부감사에 관한 법률」 대상이 아닌 주식회사를 위해 법무부장관이 고시하는 별도의 회계기준인 「중소기업회계기준」이 제정되었다. (2014년부터 적용하고 있다) 중소기업회계기준은 일반기업회계기준과 내용의 일관성을 기초로 하되, 회계정보의 유용성을 크게 떨어뜨리지 않는 범위에서 회계처리의 단순화와 법인세법 등과의 조화를 고려하는 것을 원칙으로 하였다.

▌보론 1 ▌상품매매기업의 회계순환과정

기업은 이윤을 추구한다. 기업은 그 주요 영업활동에 따라, 도·소매업과 같이 상품매매를 주요 영업목적으로 하는 상품매매기업과 원재료를 가공하여 생산한 제품의 판매를 주요 영업목적으로 하는 제조기업 그리고 용역의 제공을 주요 영업목적으로 하는 용역제공기업으로 분류해 볼 수 있다. 상품매매기업의 가장 주된 활동은 상품 등의 재고자산을 매입하고, 매입한 상품을 판매하는 활동이라고 할 수 있다.

회계순환과정(accounting cycle process)이란 회계기록의 대상이 되는 경제적 사상을 식별하여 장부상에 기록하는 것을 출발점으로 하여, 정보이용자들에게 회계정보를 제공해 주는 수단인 회계보고서(재무제표)를 작성하기까지의 일련의 과정을 말한다. 이러한 회계순환과정은 일정한 복식부기의 원리에 의하여 이루어진다.

[회계순환과정]

기록 : 거래의 식별 → 분개(분개장, 전표) → 전기(총계정원장) →
결산 : 시산표, 결산정리분개, 정산표, 장부 마감, 재무제표 작성 →
보고 : 재무제표(재무상태표, 포괄손익계산서, 자본변동표, 현금흐름표, 주석)

[부기와 회계]

회계의 영역이 아무리 확대된다 하더라도 가장 기본이 되는 회계분야는 재무회계가 되고 있다. 簿記(bookkeeping)란 '장부기입'의 준말로, 바로 재무회계의 최종목표가 되는 재무제표를 작성하는 과정에서 회계기록의 대상이 되는 거래를 식별하고 분류·요약하는 일련의 기술적인 절차이다. 부기란 회계의 가장 기본적인 전제가 될 뿐이며, 그 자체로서 회계의 전부가 될 수는 없다. 기계적이고 반복적인 부기과정을 쉽게 이해할 수 있다고 하여, 결코 회계의 전부를 알고 있는 것으로 착각하여서는 곤란하다. 결국 회계란 단순히 재무제표를 작성하기 위한 기계적·반복적인 기술만 될 수는 없으며, 인접학문과의 관련성하에서 이론적이고 학문적인 체계가 있어야 하는 것이다. 그렇더라도 회계의 가장 기본이 되는 분야가 재무회계이고 재무회계의 출발점이 부기가 된다는 측면에서 볼 때는, 부기의 중요성을 아무리 강조해도 지나치지 않는다.

[단식부기와 복식부기]

單式簿記(single entry bookkeeping)는 재산의 변동을 단순히 가감하여 나타내는 장부기입방식이며, 複式簿記(double entry bookkeeping)는 자산·부채·자본·수익·비용의 변동을 왼쪽과 오른쪽에 같은 금액으로 이중 기입하는 장부기입방식이다. 단식부기로는 자산·부채·자본·수익·비용이 포함된 재무제표를 작성할 수 없으므로, 반드시 복식부기를 사용하여야 한다.

※ 부기란 '장부기입'의 준말로, '거래의 식별 → 거래의 분개 → 전기 → 시산표(수정전, 수정후)의 작성 → 재무제표의 작성'이라는 일련의 과정(부기과정)을 통하여, 기계적·반복적으로 계정기입을 행하는 기술이다.

※ 단식부기는 돈의 흐름(입금과 출금)만 나타내는 방식으로, 가계부나 용돈기입장에 나타내는 것이다. 반면에 복식부기는 돈의 흐름뿐만 아니라 돈의 출처와 사용 목적을 동시에 기입하는 것이다.

※ 단식부기는 거래의 한 측면, 대체로 현금의 증감만 기입하는 것이다. 복식부기는 거래의 양 측면 즉 주고 받는 양 측면을 함께 기입하므로, 현금의 증감 이외에도 자산 · 부채 · 자본 · 수익 · 비용 등 재무상태와 재무성과를 모두 기입하는 것이다.

※ 단식부기는 이익 즉 돈을 얼마나 벌었는가를 따질 필요가 없는 비영리조직에서 주로 사용한다. 복식부기는 이익을 따질 필요가 있는 기업과 같은 영리조직에서 주로 사용한다. 최근에는 비영리조직에서도 복식부기를 사용하고 있다(비영리조직회계기준, 2017년 7월 제정, 법률에 따라 의무적으로 적용되는 회계기준이 아니므로, 실제 적용은 자발적 선택에 맡긴다).

※ '회계'는 돈 계산만을 위한 것인가? 그렇지 않다. '회계'는 돈으로 표시할 수 없는 것도 모두 대상으로 하고 있으며, 이러한 정보를 여러 의사결정에 도움이 되도록 제공하는 것이다. 결국 '회계'는 여러 의사결정에 도움이 되도록 회계정보를 생산하고 이용하는 것인데, 이 중에서 특히 복식부기의 원리에 의한 회계정보의 생산에만 집중되어 있는 것을 '부기'라고 한다. 오늘날에는 '부기'라는 말보다는 '회계'라는 말을 더 많이 쓰는데, 그 이유는 회계정보의 생산뿐만 아니라 이용에 이르기까지 더 포괄적인 의미의 개념이 필요하기 때문이다. 그래서 회계정보의 생산에만 치중하고 있는 '부기'라는 말보다는 회계정보의 이용까지를 포함하는 더 광범위한 내용을 갖는 개념인 '회계'라는 말을 오늘날에 더 많이 사용하게 되었다.

※ 기업의 언어는 회계이다. 즉 회계 없이는 기업의 경제활동을 표현할 수 없다. 회계가 기업의 언어로서 역할을 충실히 할 수 있을 때, 비로소 회계로서의 존재 의미가 있다. 기업이 현재에 어떤 상태이고 미래에 어떻게 될 것인지는 회계순환과정에서 산출되는 재무제표에서 그 해답을 얻을 수 있다. 재무제표를 작성하기 위해, 기업의 회계처리는 복식부기를 바탕으로 한다.

1. 회계상의 거래

회계상의 거래(accounting transactions)는 회계순환과정의 출발점이다. 회계상의 거래란 기업의 자산 · 부채 · 자본의 증가 또는 감소, 수익 · 비용의 발생 또는 소멸을 일으키는 모든 사건(events)을 말한다.

[회계상의 거래와 일반적인 거래]

- 회계상의 거래와 일반적인 거래는 대부분 일치하지만, 반드시 일치하는 것은 아니다. 일반적인 거래가 회계상의 거래에 해당하지 않는 경우가 있고, 일반적인 거래가 아니지만 회계상의 거래에 해당하는 경우도 있다.
- 일반적인 거래는 대부분 자산 · 부채 · 자본 · 수익 · 비용이 변동하므로, 회계상의 거래에 해당한다. 그러나 재해 · 도난 · 가치하락 · 파손 등은 일반적인 거래에 해당하지 않지만, 발생시점에 자산이 감소하거나 부채가 증가하므로 회계상의 거래로 본다.
- 계약 · 담보제공 · 주문 · 채용 등의 미이행계약은 일반적인 거래에 해당하지만, 거래시점에 자산 · 부채 · 자본 · 수익 · 비용의 변동을 즉시 수반하지 않는다. 즉 미이행계약은 실제 계약내용이 이행되기 전까지 자산 · 부채 등이 변동한 것으로 보지 아니하며, 이행되는 시점에 회계상의 거래로 인식한다.

※ **본서**에서는 '회계상의 거래'의 약어로써 '**거래**'라는 용어를 사용하기도 한다.

공통예제

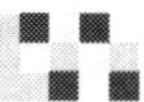

4월 중 거래내용이다. 회계상의 거래가 되지 못한 것들은 어느 것인지 식별하시오.

일	자	거 래 내 용
4	1	현금 ₩400,000(단기차입금 ₩200,000 포함), 건물 ₩500,000을 출자하여 상품매매업을 시작하다.
	2	차량운반구 ₩30,000을 현금으로 구입하다.
	3	개업 안내장을 발송하다. 인쇄비 및 우표구입비 ₩10,000을 현금으로 지급하다.
	5	종업원을 ₩100,000에 고용하여 사무에 종사시키다.
	6	복사기를 다음 날부터 ₩300,000에 임차사용하기로 계약을 체결하다.
	7	B기업에서 甲상품 ₩120,000을 매입하고, 대금 중 ₩80,000은 현금으로 지급하고 잔액은 외상으로 하다. 단, 별도로 인수운임은 없다.
	8	홍길동에게 현금 ₩50,000을 단기대여하다.
	9	C기업에 甲상품 ₩100,000(원가 ₩80,000)을 매출하고, 대금은 외상으로 하다.
	12	D기업으로부터 甲상품 ₩280,000을 매입하고, 대금은 외상으로 하다. 별도로 인수운임 ₩1,000을 현금으로 지급하다.
	16	거래처로부터 상품 ₩200,000의 주문을 받아 견적서를 송부하다.
	17	E기업에 甲상품 ₩250,000(원가 ₩200,000)을 매출하고, 대금 중 1/2은 현금으로 받고 잔액은 외상으로 하다.
	25	C기업으로부터 외상매출금 중 ₩70,000을 현금으로 회수하다.
	27	D기업에 대한 외상매입금 중 ₩200,000을 현금으로 지급하다.
	29	홍길동으로부터 단기대여금 ₩50,000과 이에 대한 이자 ₩250을 현금으로 받다.
	30	종업원급여 ₩15,000을 현금으로 지급하다. 단, 지급시에 예수금계정은 고려하지 않는다.

해답

∴ 회계상의 거래가 아닌 것 : 5일, 6일, 16일

종업원을 고용한다는 사실(5일), 복사기의 임대차계약(6일), 상품주문을 받은 사실(16일)만으로는 자산, 부채, 자본에 아무런 영향을 미치지 않는다. 따라서 회계상의 거래가 아니다.

[*주의*] 기업설립시([공통예제]의 경우, 4월 1일)에 주식이 발행되는데, 학습목적상 주식발행비는 ₩0이라고 가정한다.

2. 거래의 요소와 결합형태

회계상의 거래는 이중성(거래의 양면성 : 원인과 결과)을 가지고 있기 때문에 자산 · 부채 · 자본항목에 이중의 영향을 미치되, 자산과 부채 · 자본 간에는 등식관계가 항상 유지될 수 있게끔 양쪽에 동일한 영향을 미친다.

> **[거래의 이중성과 차변 · 대변]**
> 자산 · 부채 · 자본의 구성항목이나 금액을 변화시키는 거래에는 원인과 결과라는 두 가지 속성이 함께 들어 있는데, 이를 **거래의 이중성**이라고 한다. 즉 복식부기에서는 하나의 거래가 발생하면 반드시 계정의 왼쪽, 즉 **차변**(debit : Dr)에 기입함과 동시에 다른 계정의 오른쪽, 즉 **대변**(credit : Cr)에 기입한다.

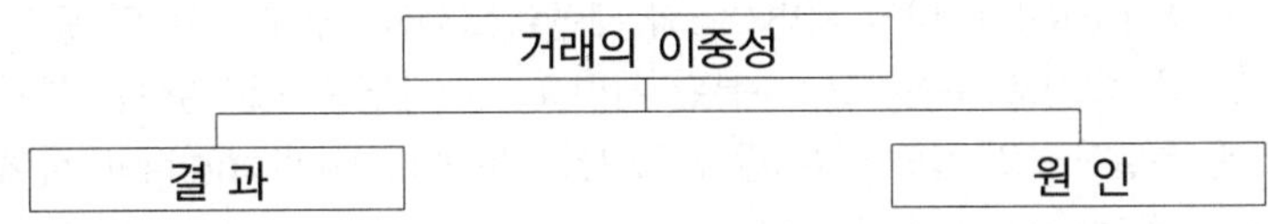

거래의 내용이 되는 자산 · 부채 · 자본항목의 증가 또는 감소, 수익 · 비용의 발생을 **거래의 요소**(elements of transaction)라고 하며, 아래와 같은 8가지로 구분할 수 있다. 또한 이들 구성요소의 결합은 차변요소 4가지와 대변요소 4가지가 상호 어우러져 발생한다. 따라서 어떠한 경우라도 차변요소끼리의 결합 또는 대변요소끼리의 결합은 결코 발생하지 않는다.

> **[차변 · 대변의 개념]**
> 차변 또는 대변이란, 회계상의 약속에 의하여 자산 · 부채 · 자본 · 수익 · 비용의 증감 변동을 기록하기 위한 위치를 결정하는 개념으로서 그 이상의 다른 의미는 지니지 않는다.

거래요소의 결합형태는 16가지(4×4)이지만, 아래의 표에서 점선으로 표시된 결합형태는 특수한 경우 이외에는 거의 발생하지 않는다. 반드시 차변요소 한 개와 대변요소 한 개의 결합으로만 거래가 이루어지지는 않으며, 복수의 차변요소와 복수의 대변요소끼리의 결합도 얼마든지 발생할 수 있다.

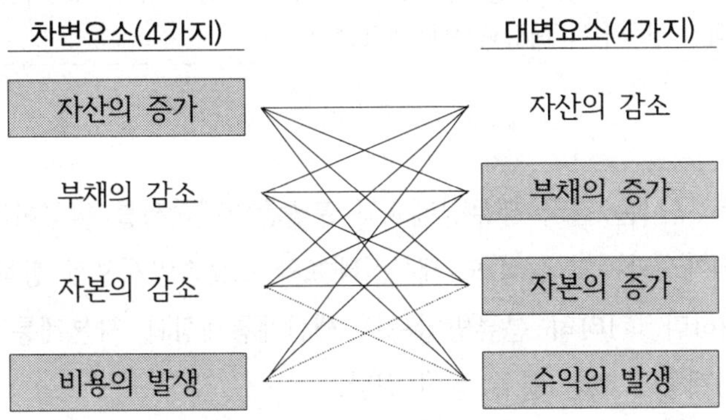

3. 계정과 분개

회계상의 거래가 식별되면, 다음으로 이 거래의 내용을 어떻게 정리할 것인가? 하는 문제가 발생한다.

> **[계정과 분개 및 전기]**
> 거래의 내용을 거래의 8요소에 따라 차변요소와 대변요소(자산 · 부채 · 자본의 증가 및 감소, 수익 · 비용의 발생 및 소멸)로 구분하고, 구분된 차변요소와 대변요소를 일정한 부기상의 양식인 **계정**(account)에 통일적으로 집합 · 정리한다. 전자를 **분개**(journalizing)라고 하며, 후자를 계정에의 기입 또는 **전기**(posting)라고 한다.

1) 계정

(1) 계정의 의의

재무상태표와 포괄손익계산서는 자산 · 부채 · 자본항목과 수익 · 비용항목을 구성요소로 하여 작성된다. 그러나 회계기간 말에 작성되는 이들 재무제표의 수치는 회계기간 중에 발생한 모든 거래의 결과를 하나의 잔액으로 요약한 것이기 때문에, 기중 거래가 있을 때마다의 재무제표 변동내용은 전혀 표시되지 않는다.

실제로는 회계기간 중에 자산 · 부채 · 자본의 증가 또는 감소 및 수익 · 비용의 발생 또는 소멸이 수없이 야기되고 있기 때문에, 이들 변동내용을 항목별로 기록하여 차후 재무제표의 작성에 대비하기 위한 부기상의 특수양식이 필요하게 된다. 이것이 바로 계정(account)이며 계정의 명칭을 **계정과목**이라 하고, 실제 증감 변동의 기록을 위해 마련된 장소(지면)를 계정계좌라고 한다.

> **[계정과 계정과목]**
> 동일한 성격이나 동일한 종류의 자산 · 부채 · 자본 · 수익 · 비용의 항목별로 일정기간 그들의 증감 변동내용을 기록 · 계산하기 위한 부기상의 양식이 계정이며, 이때 자산 · 부채 · 자본 · 수익 · 비용의 구체적인 항목명이 계정과목에 해당한다.

(2) 계정의 분류

계정을 설정하는 목적은 결국 재무상태표와 포괄손익계산서를 작성하기 위한 것이기 때문에, 계정의 분류(계정과목의 설정)도 재무상태표와 포괄손익계산서 항목을 중심으로 설정하는 것이 바람직하다. 기타의 분류방법으로 재산계통계정과 자본계통계정에 의한 분류, 인명계정과 비인명계정에 의한 분류 등이 있다.

[재무상태표 계정(실질계정)과 포괄손익계산서 계정(명목계정)]

- 재무상태표 계정(자산, 부채, 자본계정)은 회계실체가 존속하는 한 계속적으로 존재하는 계정이라는 의미에서 실질계정(real a/c), 영구계정이라고 한다. 상품 · 토지 등은 형태가 있어 존재사실을 실물로 확인할 수 있고 매출채권 · 매입채무 등은 거래상대방에 조회 · 확인할 수 있으므로 그 계정은 '실제로 존재'한다는 것이다.
- 포괄손익계산서 계정(수익, 비용계정)은 한 회계기간의 손익계산을 위하여 일시적으로 설정되고 실질계정의 증감원인을 표시하는 기능만 가진다는 의미에서 명목계정(nominal a/c), 일시계정이라고 한다. 수익 · 비용은 실제로 존재하는 계정이 아니라 가상으로 설정한 것이다. 즉 순자산의 증가 또는 감소 결과는 재무상태표에 의하여 확인될 수 있으나 그 변동 원인을 기록해두지 않으면 기억하기 어려우므로 포괄손익계산서계정을 임시 설정한 것이다.

어떤 방식으로 계정과목의 분류가 이루어져 있다 하더라도, 그것은 어디까지나 기본적인 항목을 나열한 것이지 반드시 그와 같은 과목을 설정하여야 한다는 것을 의미하지는 않는다. 원칙적으로 그를 준용하기는 하되, 회계실체의 실정에 맞는 적절한 과목으로 통합 · 변경 · 추가할 수 있다.

(3) 계정의 형식

장부의 양식에는 표준식과 잔액식 두 가지가 있다. 그 기입방법은 거래의 8요소에서와 같이 각각의 계정요소에 기입하면 된다.

(표준식)

○○계정

일 자		적 요	분면	금 액	일 자		적 요	분면	금 액

(잔액식)

○○계정

일 자		적 요	분면	차 변	대 변	차 또는 대	잔 액

위의 계정 형식 중 학습목적상 많이 사용되는 것은 표준식 장부의 약식인 T계정 양식을 많이 사용한다. 계정양식에서 보듯이 계정은 좌우 두 개의 계산 장소로 나누어져 있으며, 계정의 왼쪽을 차변, 오른쪽을 대변이라고 한다.

계정명칭

차변	대변

2) 계정의 대차기입원리

실제 거래가 발생하였을 때, 각 계정에 해당 거래의 내용을 어떻게 기입할 것인가 하는 것이 계정의 대차기입원리이다.

[계정의 대차기입원리]
자산계정은 증가를 차변에, 감소를 대변에 기입하며, 잔액은 차변에 남는다. 부채계정은 증가를 대변에, 감소를 차변에 기입하며, 잔액은 대변에 남는다. 자본계정은 증가를 대변에, 감소를 차변에 기입하며, 잔액은 대변에 남는다. 수익계정은 발생을 대변에, 소멸을 차변에 기입하며, 잔액은 대변에 남는다. 비용계정은 발생을 차변에, 소멸을 대변에 기입하며, 잔액은 차변에 남는다.

물론 이와 같은 계정에의 기입은 반드시 분개과정을 통하여 이루어지는 것이며, 회계원리상 계정의 종류별로 차변과 대변에 기재되는 것은 불변의 원리이나 사회적인 약속으로 한쪽에 원인을, 다른 한쪽에 결과를 기록하며 이는 나라마다 왼쪽과 오른쪽이 다를 수 있다.[11)]

3) 거래의 이중성과 대차평균의 원리

자산 · 부채 · 자본의 구성항목이나 금액을 변화시키는 거래에는 원인과 결과라는 두 가지 속성이 함께 들어 있는데, 이를 **거래의 이중성**(또는 양면성)이라고 것은 이미 밝혔다. 즉 복식부기에서는 하나의 거래가 발생하면 반드시 계정의 왼쪽, 즉 차변에 기입함과 동시에 다른 계정의 오른쪽, 즉 대변에 기입하면 된다.

대차평균의 원리(principle of equilibrium[12)])란 계정과목 전체의 차변합계와 대변합계는 항상 일치한다는 원리를 말한다. 즉 아무리 많은 거래를 기입하더라도 일정기간에 기록된 전체 계정의 차변금액의 합계와 대변금액의 합계는 반드시 일치한다.

[대차평균의 원리 또는 대차균형의 원리]
복식부기는 거래의 이중성에 따라 항상 동일한 금액을 차변과 대변에 동시 기입하므로 대차평균의 원리가 당연히 적용되며 이 원리에 따라 **자기검증기능**을 수행한다. 모든 계정과목의 차변합계와 대변합계를 비교하여 거래의 누락이나 오기 등을 파악할 수 있다. 자기검증기능은 복식부기가 가지고 있는 최대의 장점으로 인정받고 있다.

11) 이 원리는 회계상의 약속으로서 만들어진 것이다. 회계의 기본구조가 변동되지 않는다면, 한쪽에 원인을, 다른 한쪽에 결과를 기록하는 약속된 원리는 지속적으로 준수되는 것으로 전제하여야 한다.
12) 「equilibrium」은 평형 또는 균형이라고 번역한다. 그러나 본서는 관습적인 용어를 그대로 사용하였다.

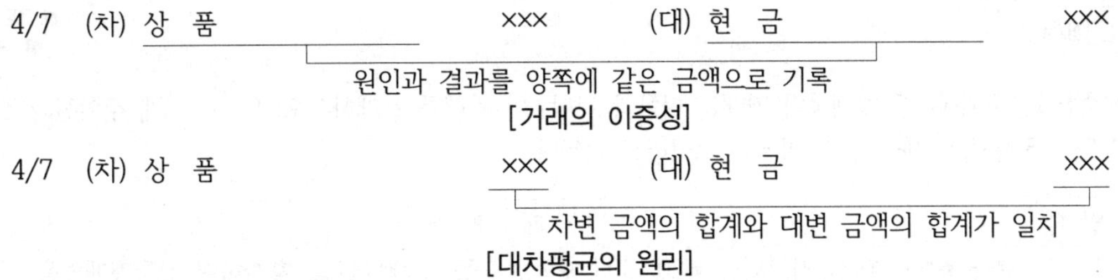

4) 분개와 분개장

회계기간 중에 거래가 발생할 때마다 그로 인한 영향을 계정의 대차기입원리에 의거 반드시 해당 계정에 표시해야 한다. 그러나 실제 거래의 발생시에는 그와 같은 영향을 직접 해당 계정에 기입하기 전에, 어떤 계정의 증감 변동이 어느 정도 발생하였는가를 먼저 인식·분류하는 절차가 필요하게 된다. 이러한 확인·분류절차가 바로 **분개**(journalizing)이며, 그 결과를 기록하는 장부가 분개장(journal)이다. 한편, 분개장의 내용을 기계적으로 해당 계정의 차·대변에 옮겨 적는 절차를 **전기**(posting)라고 한다.

(1) 분개

분개란 거래발생시 거래의 내용을 (ⅰ) 어떤 계정의 (ⅱ) 어느 변에 (ⅲ) 얼마의 증감 변동으로 기입할 것인가를 결정하는 절차를 말한다.

분개의 법칙	분개요령
자산의 증가는 차변에, 감소는 대변에	계정과목을 결정
부채의 증가는 대변에, 감소는 차변에	차변 또는 대변을 결정
자본의 증가는 대변에, 감소는 차변에	금액을 결정
수익의 발생은 대변에, 비용의 발생은 차변에	

※ 모든 회계장부는 분개에 의하여 최초로 기록되게 되므로 분개가 잘못되면, 회계측정이 잘못되어 결국은 회계보고가 잘못되게 된다. 분개는 회계순환과정에서 시작이며 회계원리 학습에서 매우 중요하다.[13) 14)]

13) 많은 기업들이 전산시스템을 이용하여 회계업무를 수행하고 있지만, 컴퓨터가 모든 회계업무를 대신해 줄 수는 없다. '분개'는 컴퓨터가 대신해 줄 수는 없다. 그러므로 회계 학습자는 거래를 분개하는데 익숙해질 수 있도록 일정한 노력을 투입해야 한다.

14) 분개장은 거래사실을 순서대로 파악할 수 있는 장부이다. 분개장 대신에 전표를 이용할 수도 있다. 전표 양식은 과거 기업의 수입 및 지출이 대부분 현금이었던 시절에 고안된 것으로 현금 입금은 입금전표를, 현금 출금은 출금전표를, 기타 모든 거래는 대체전표를 사용하도록 되어 있다. 그러나 요즈음 기업의 대부분 거래는 인터넷뱅킹, 폰뱅킹 등의 확산으로 기업의 입출금거래는 대부분 보통예금을 통하여 이루어지므로 현금 입금 및 출금의 발생 건수는 점차 감소하고 있어 입금전표 및 출금전표를 별도로 작성하는 실익은 별로 없다. 따라서 최근에는 입금전표, 출금전표, 대체전표를 별도 구분함이 없이 분개내용을 그대로 기입하는 분개전표를 주로 사용하는 것이 일반적이다. 한편, 지출결의서는 소규모기업이 출금에 관한 내용만을 기록하는 출금전표 대용으로 작성하는 것이다.

예제

전술한 [공통예제] 중 회계상의 거래는 다음과 같다. 이 거래를 분개하시오. 단, (   )에 주어진 계정만을 사용하시오. 세금 관련 비용은 고려하지 않는다.

일	자	거 래 내 용
4	1	현금 ₩400,000(단기차입금 ₩200,000 포함), 건물 ₩500,000을 출자하여 상품매매업을 시작하다. (자산의 증가-현금, 자산의 증가-건물, 부채의 증가-단기차입금, 자본의 증가-자본금)
	2	차량운반구 ₩30,000을 현금으로 구입하다. (자산의 증가-차량운반구, 자산의 감소-현금)
	3	개업 안내장을 발송하다. 인쇄비 및 우표구입비 ₩10,000을 현금으로 지급하다. (비용의 발생-영업비, 자산의 감소-현금)
	7	B기업에서 甲상품 ₩120,000을 매입하고, 대금 중 ₩80,000은 현금으로 지급하고 잔액은 외상으로 하다. 단, 별도로 인수운임은 없다. (자산의 증가-상품, 부채의 증가-외상매입금, 자산의 감소-현금)
	8	홍길동에게 현금 ₩50,000을 단기대여하다. (자산의 증가-단기대여금, 자산의 감소-현금)
	9	C기업에 甲상품 ₩100,000(원가 ₩80,000)을 매출하고, 대금은 외상으로 하다. (자산의 증가-외상매출금, 수익의 발생-매출)
	12	D기업으로부터 甲상품 ₩280,000을 매입하고, 대금은 외상으로 하다. 별도로 인수운임 ₩1,000을 현금으로 지급하다. (자산의 증가-상품, 부채의 증가-외상매입금, 자산의 감소-현금)
	17	E기업에 甲상품 ₩250,000(원가 ₩200,000)을 매출하고, 대금 중 1/2은 현금으로 받고 잔액은 외상으로 하다. (자산의 증가-현금, 자산의 증가-외상매출금, 수익의 발생-매출)
	25	C기업으로부터 외상매출금 중 ₩70,000을 현금으로 회수하다. (자산의 증가-현금, 자산의 감소-외상매출금)
	27	D기업에 대한 외상매입금 중 ₩200,000을 현금으로 지급하다. (부채의 감소-외상매입금, 자산의 감소-현금)
	29	홍길동으로부터 단기대여금 ₩50,000과 이에 대한 이자 ₩250을 현금으로 받다. (자산의 증가-현금, 자산의 감소-단기대여금, 수익의 발생-이자수익)
	30	종업원급여 ₩15,000을 현금으로 지급하다. 단, 지급시에 예수금계정은 고려하지 않는다. (비용의 발생-종업원급여, 자산의 감소-현금)

※ 1) 학습 편의상, 본 [공통예제]의 경우에는 상품매입시에 상품계정을 사용하였다. 이를 자산처리법이라 한다. 자산처리법에서는, 상품 매입시에 상품이라는 자산이 증가하므로 상품계정 차변에 취득원가를 기입한다. 이에 대한 자세한 내용에 대해서는 본장의 [보론 2]를 참고하길 바란다.

2) 학습 편의상, 4월 3일의 거래분개시, 인쇄비 및 우표구입비는 영업비계정으로 회계처리한다.

3) 학습 편의상, 특별한 언급이 있는 부분을 제외하고는 본서 전반적으로 세금 관련 비용은 고려하지 않았음을 밝힌다. [저자 주]

해답

1일	(차) 현 금	400,000	(대) 단기차입금	200,000
	건 물	500,000	자본금	700,000

* 현금 ₩400,000과 건물 ₩500,000을 출자하여 상품매매업을 시작했다는 것은 개인이 기업이라는 법인에게 현금과 건물을 넘겨주었다는 것을 의미한다. 즉 개인이 기업에 투자하게 되면 이젠 개인의 재산이 아니고 법인인 기업의 재산이 되는 것이다. 그러므로 이제부터 기업회계를 한다는 것은 법인인 기업의 입장에서 한다는 점을 명심하길 바란다.

2일	(차) 차량운반구	30,000	(대) 현 금	30,000
3일	(차) 영업비	10,000	(대) 현 금	10,000
7일	(차) 상 품	120,000	(대) 외상매입금	40,000
			현 금	80,000

* 상품계정은 다른 계정들과는 달리 이중적 성격을 지니고 있다. 상품을 매입한 경우에는 상품의 증가라는 자산 증가와 매입이라는 비용 발생의 결과가 동시에 나타나고, 상품을 매출한 경우에는 상품의 감소라는 자산 감소와 매출이라는 수익 발생의 결과가 동시에 나타나서, 이를 상품계정의 이중적 성격이라고 한다. 즉 포괄손익계산서의 대표적인 수익·비용인 매출액과 매출원가는 상품의 매입과 매출에 따라 지속적으로 발생하며, 자산의 증가 및 감소와 동시에 발생하는 성격을 가지고 있다. 이에 단일계정인 상품계정으로만 회계처리하면 그 내용을 정확하게 보고할 수 없으므로, 상품계정을 분할하여 회계처리할 필요가 있다. 즉 상품계정을 「상품계정과 매출계정으로 분할하는 방법」과 「상품계정, 매입계정, 매출계정으로 분할하는 방법」이 있다. 상품을 매입할 때에 상품계정(자산처리법)을 사용하여 회계처리할 것인지 아니면 매입계정(비용처리법)을 사용하여 회계처리할 것인지를 선택해야 한다. 이에 대한 자세한 내용에 대해서는 [보론 2]를 참고하길 바란다.

8일	(차) 단기대여금	50,000	(대) 현 금	50,000
9일	(차) 외상매출금	100,000	(대) 매 출	100,000
12일	(차) 상 품	281,000	(대) 외상매입금	280,000
			현 금	1,000

* 상품의 매입원가는 매입가격에 매입부대비용을 가산한 금액을 말한다. 이때 매입부대비용이란 수입관세와 제세금(과세당국으로부터 추후 환급받을 수 있는 금액은 제외), 매입운임, 하역료 그리고 완제품, 원재료 및 용역의 취득과정에 직접 관련된 기타 원가를 포함한다. 매입할인, 리베이트 및 기타 유사한 항목은 매입원가를 결정할 때 차감한다.
* 외상거래는 일반적 상거래인 영업에서 발생하였는지, 아니면 부수적 상거래에서 발생하였는지에 따라 회계처리를 달리한다. 일반적 상거래란 제조 및 판매 등의 영업활동에서 발생하는 거래를 말한다. (외상매출금 · 외상매입금, 받을어음 · 지급어음) 부수적 상거래란 일반적 상거래 이외의 활동에서 발생한 거래를 의미한다. (미수금 · 미지급금, 대여금 · 차입금)

17일	(차) 현 금	125,000	(대) 매 출	250,000
	외상매출금	125,000		

* [원가흐름의 가정 : 개별법, 선입선출법, 후입선출법, 평균법(총평균법, 이동평균법)] 개별법은 식별되는 재고자산별로 특정한 원가를 부과하는 방법이다. 선입선출법은 먼저 매입 또는 생산된 재고자산이 먼저 판매되고 결과적으로 기말에 재고로 남아 있는 항목은 가장 최근에 매입 또는 생산된 항목이라고 가정하는 방법이다. 평균법은 기초 재고자산과 회계기간 중에 매입 또는 생산된 재고자산의 원가를 가중평균하여 재고항목의 단위원가를 결정하는 방법이다.

25일	(차) 현 금	70,000	(대) 외상매출금	70,000
27일	(차) 외상매입금	200,000	(대) 현 금	200,000
29일	(차) 현 금	50,250	(대) 단기대여금	50,000
			이자수익	250
30일	(차) 종업원급여	15,000	(대) 현 금	15,000

* 종업원급여 지급시에 예수금계정을 고려하여야 하지만, 학습 편의상 예수금계정을 고려하지 않음을 밝힌다. 만약 종업원급여 지급시에 예수금계정을 고려한다면, 후술하는 '[**참조**] 종업원급여 및 예수금'과 같이 회계처리하면 된다.

* [참조] 종업원급여 및 예수금

1) 종업원의 인건비를 다음과 같은 급여대장에 따라서 K은행 보통예금으로 지급하다.

구 분	종업원급여	국민연금	건강보험	고용보험	소득세	지방소득세	공제 계	실지급액
사무직	₩1,900,000	₩40,500	₩27,000	₩5,850	₩20,000	₩2,000	₩95,350	₩1,804,650
생산직	2,100,000	49,500	33,000	7,150	30,000	3,000	122,650	1,977,350
계	₩4,000,000	₩90,000	₩60,000	₩13,000	₩50,000	₩5,000	₩218,000	₩3,782,000

(차) 급 여	1,900,000	(대) 예수금(국민연금)	90,000
임 금*	2,100,000	예수금(건강보험)	60,000
		예수금(고용보험)	13,000
		예수금(소득세)	50,000
		예수금(지방소득세)	5,000
		보통예금	3,782,000

* 만약 생산직 직원이 일용직 사원이라면 임금이 아닌 잡급이 된다.

2) 1)의 4대 보험료 및 소득세와 지방소득세가 보통예금 통장에서 인출되다. 단, 사업주 부담분 중 고용보험료는 사무직 ₩9,000 및 생산직 ₩11,000이고, 산재보험료는 사무직 ₩13,500 및 생산직 ₩16,500이다.

(차) 예수금(국민연금)	90,000	(대) 보통예금	180,000
세금과공과	40,500		
세금과공과(제조)	49,500		

* 사업주 부담분과 종업원 부담분은 각각 1/2이다.
* 세금과공과 대신에 복리후생비로도 회계처리할 수 있다.

(차) 예수금(건강보험)	60,000	(대) 보통예금	120,000
복리후생비	27,000		
복리후생비(제조)	33,000		

* 사업주 부담분과 종업원 부담분은 각각 1/2이다.

(차) 예수금(고용보험)	13,000	(대) 보통예금	33,000
복리후생비	9,000		
복리후생비(제조)	11,000		

* 사업주 부담분은 고용보험요율에 따른 금액이다. 고용보험료 중 실업급여의 경우 사업주 부담분과 종업원 부담분은 각각 1/2이다. 고용보험료 중 고용안정 및 직업능력 개발사업의 경우는 사업주 전액 부담이다.
* 법인 대표이사는 고용보험과 산재보험의 적용을 받지 않기 때문에 가입할 필요가 없다. 법인 대표이사는 국민연금과 건강보험에는 가입해야 하지만, 고용보험과 산재보험의 경우에는 비록 법인이기는 하지만 고용주라는 개념으로 해석하기 때문이다. 즉 임금은 사용자가 근로의 대상으로 근로자에게 지급하는 일체의 금품이다. 임금의 해당 여부는 근로자가 임금을 목적으로 사용자의 관리·감독하에 근로를 제공하고 그 대가로 받는 일체의 금품을 말하므로, 대표이사는 임금을 목적으로 근로를 제공하는 것이 아니기 때문에 근로자로 볼 수 없으며 그 임금은 임금총액에 포함되지 않는다. 법인 대표이사는 고용보험이나 산재보험 대상에서 제외되는 것이다.

(차) 세금과공과	13,500	(대) 보통예금	30,000
세금과공과(제조)	16,500		

* 사업주 부담분은 산재보험요율에 따른 금액이다. 산재보험료는 사업주 전액 부담이다.
* 세금과공과 대신에 복리후생비로도 회계처리할 수 있다.

(차) 예수금(소득세)	50,000	(대) 보통예금	55,000
예수금(지방소득세)	5,000		

(2) 분개장

분개는 회계의 최초 기록이 되는 만큼, 주요장부의 하나인 분개장(journal)에 항상 그 결과를 기록하여야 한다. 분개장은 발생한 거래가 최초로 기록되는 장부이기 때문에 원시기입장이라고도 하며, 일련의 거래내용을 일자별로 기록함으로써 거래 사실을 순서대로 파악할 수 있는 장부이다.

> **[전표]**
> 기업들은 분개장 대신에 전표(slip)를 이용할 수도 있다. 전표(입금전표, 출금전표, 대체전표)란 발생한 거래내용을 한 건씩 기록하는 종이쪽지를 말한다.

예제

전술한 [공통예제]의 거래를 분개한 결과를 이용하여, 분개장을 작성하면 다음과 같다.

해답

분 개 장

일	자	적 요	원 면	차 변	대 변
4	1	(제 좌)			
		현 금	1	400,000	
		건 물 (제 좌)	6	500,000	
		단기차입금	8		200,000
		자본금	9		700,000
		(출자로 인한 영업개시)			
	2	차량운반구	5	30,000	
		현 금	1		30,000
		(차량운반구 구입)			
	3	영업비	12	10,000	
		현 금	1		10,000
		(인쇄비 및 우표구입비 현금지급)			
	7	상 품 (제 좌)	4	120,000	
		외상매입금	7		40,000
		현 금	1		80,000
		(상품매입, 일부 외상)			
	8	단기대여금	3	50,000	
		현 금	1		50,000
		(현금 단기대여)			
	9	외상매출금	2	100,000	
		매 출	10		100,000
		(상품 외상매출)			
	12	상 품 (제 좌)	4	281,000	
		외상매입금	7		280,000
		현 금	1		1,000
		(상품매입, 일부 외상)			

4	17	(제 좌)			
		현 금	1	125,000	
		외상매출금	2	125,000	
		매 출	10		250,000
		(상품매출, 일부 외상)			
	25	현 금	1	70,000	
		외상매출금	2		70,000
		(외상매출금 중 일부 현금회수)			
	27	외상매입금	7	200,000	
		현 금	1		200,000
		(외상매입금 중 일부 현금지급)			
	29	현 금 (제 좌)	1	50,250	
		단기대여금	3		50,000
		이자수익	11		250
		(단기대여금 원금 회수)			
	30	종업원급여	13	15,000	
		현 금	1		15,000
		(종업원급여 지급)			

※ 위의 분개장은 병립식 분개장이다. 일반적으로는 학습목적상 'T계정'이라는 간편한 양식을 사용한다.

4. 전기와 총계정원장

전기란 분개장에 기록된 분개의 내용(계정과목 · 차변 대변 구분 · 금액)을 실제로 원장(ledger) 또는 총계정원장(general ledger)이라고 지칭하는 주요장부에서 해당 계정을 찾아 옮겨 적는 기술적이고 반복적인 절차이다.[15)]

> **[주요장부와 보조장부]**
> 주요장부라고 하는 분개장 및 총계정원장 이외에 보조장부(보조기입장, 보조원장)가 있다. 총계정원장은 모든 거래를 빠짐없이 기록하는 기본 장부이며, 재무상태표와 포괄손익계산서에 표시되는 계정과목을 나타낸다. 보조장부는 총계정원장의 부족한 부분을 보충하거나 상세한 내용을 기입하는 장부이다.

15) 분개장과 총계정원장의 기본적인 차이점은 무엇일까? 분개장은 거래중심으로 발생순서대로 기록하는 것이지만, 총계정원장은 계정중심으로 기록한다는 점에 차이가 있다. 분개장에서는 매일매일 거래가 발생하면 계정이 몇 개와 관련이 되든 하나의 거래로 보고 발생순서대로 기록하는데 반하여, 총계정원장은 매일매일 발생한 거래를 각 계정별로 작성한 것이다. 총계정원장은 각 계정과목별로 작성되기 때문에, 재무제표를 작성하는 경우에는 총계정원장에 기록되어 있는 각 계정과목들을 자산, 부채, 자본, 수익, 비용 등의 회계요소별로 모아놓기만 하면 된다.

※ 1) 계정기입은 총계정원장과 보조장부에 동시에 이루어지며, 보조장부에 기록된 금액의 합계는 총계정원장의 금액과 반드시 일치하여야 한다.
2) 보조장부에는 거래가 발생한 순서대로 기입하는 보조기입장과 총계정원장의 내용을 보충해 기록해 주는 보조원장이 있다. 보조기입장에는 현금출납장, 당좌예금출납장, 매입장, 매출장, 받을어음기입장, 지급어음기입장 등이 있다. 보조원장에는 상품재고장, 매입처원장, 매출처원장 등이 있다.

<분개>

4/7	(차) 상 품	120,000	(대) 외상매입금	40,000
			현 금	80,000

<전기>

상 품

차변			대변
4/7	제좌*	120,000	

외상매입금

차변	대변		
	4/7	상품*	40,000

현 금

차변	대변		
	4/7	상품*	80,000

※ 전기할 때, 상대 계정과목을 기입하면 거래 내용을 알 수 있으므로 편리하다. 한편, 관련 있는 상대 계정과목이 두 개 이상인 경우에는 '제좌'라고 기입한다.

예제

전술한 [공통예제]의 거래를 분개한 결과를 이용하여, 해당 계정에 전기하시오.

해답

총계정원장

현 금 No.1

일	자	적 요	분면	금 액	일	자	적 요	분면	금 액
4	1	제 좌	1	400,000	4	2	차 량 운 반 구	1	30,000
	17	매 출	1	125,000		3	영 업 비	1	10,000
	25	외 상 매 출 금	1	70,000		7	상 품	1	80,000
	29	제 좌	1	50,250		8	단 기 대 여 금	1	50,000
						12	상 품	1	1,000
						27	외 상 매 입 금	1	200,000
						30	종 업 원 급 여	1	15,000

외상매출금 No.2

일	자	적 요	분면	금 액	일	자	적 요	분면	금 액
4	9	매 출	1	100,000	4	25	현 금	1	70,000
	17	매 출	1	125,000					

단기대여금 No.3

일	자	적 요	분면	금 액	일	자	적 요	분면	금 액
4	8	현 금	1	50,000	4	29	현 금	1	50,000

상 품 No.4

일 자		적 요	분면	금 액	일 자		적 요	분면	금 액
4	7	제 좌	1	120,000					
	12	제 좌	1	281,000					

차량운반구 No.5

일 자		적 요	분면	금 액	일 자		적 요	분면	금 액
4	2	현 금	1	30,000					

건 물 No.6

일 자		적 요	분면	금 액	일 자		적 요	분면	금 액
4	1	제 좌	1	500,000					

외상매입금 No.7

일 자		적 요	분면	금 액	일 자		적 요	분면	금 액
4	27	현 금	1	200,000	4	7	상 품	1	40,000
						12	상 품	1	280,000

단기차입금 No.8

일 자		적 요	분면	금 액	일 자		적 요	분면	금 액
					4	1	제 좌	1	200,000

자본금 No.9

일 자		적 요	분면	금 액	일 자		적 요	분면	금 액
					4	1	제 좌	1	700,000

매 출 No.10

일 자		적 요	분면	금 액	일 자		적 요	분면	금 액
					4	9	외 상 매 출 금	1	100,000
						17	제 좌	1	250,000

이자수익 No.11

일 자		적 요	분면	금 액	일 자		적 요	분면	금 액
					4	29	현 금	1	250

영업비 No.12

일 자		적 요	분면	금 액	일 자		적 요	분면	금 액
4	3	현 금	1	10,000					

종업원급여 No.13

일 자		적 요	분면	금 액	일 자		적 요	분면	금 액
4	30	현 금	1	15,000					

5. 시산표

시산표(trial balance : T/B)란 총계정원장에 설정되어 있는 각 계정과목들을 일목요연하게 하나의 표에 집약시킨 것으로서, 대차평균의 원리를 이용하여 회계기간 중의 회계기록에 오류가 있는가의 여부를 확인하기 위하여 작성하는 표이다. 시산표는 거래가 많은 경우 매월(월계표), 매주(주계표) 또는 매일(일계표) 작성하기도 한다.

[시산표 등식]
시산표의 계정과목은 자산 · 부채 · 자본 · 수익 · 비용계정의 순서로 배열하는 것이 바람직하다. 시산표를 작성하면 자산 · 비용계정은 시산표의 차변에, 부채 · 자본 · 수익계정은 대변에 나타나게 되어, '자산 + 비용 = 부채 + 자본 + 수익'의 등식이 성립하게 된다.

시산표는 재무상태표와 포괄손익계산서를 작성하는 기초자료이며, 시산표로부터 재무제표가 작성된다는 것을 알 수 있다. 즉 시산표의 자산 · 부채 · 자본과 수익 · 비용을 분리하여 각각 표를 작성하면 재무상태표와 포괄손익계산서를 작성할 수 있다.

시산표는 작성방법에 따라 합계시산표, 잔액시산표, 합계잔액시산표로 구분한다. 시산표는 작성단계에 따라 수정전시산표, 수정후시산표, 이월시산표로 구분한다.[16)]

1) 합계시산표

각 계정과목의 차변합계와 대변합계를 집계하여 작성한 시산표이다. 각 계정과목의 차변합계는 시산표의 차변에 기입하고, 각 계정과목의 대변합계는 시산표의 대변에 기입하여 작성하는 시산표이다. 분개상의 차변금액과 대변금액은 항상 일치하므로, 이를 집계한 시산표의 차변금액과 대변금액은 반드시 일치하여야 한다. 차변의 합계금액과 대변의 합계금액은 작성기간의 거래 총금액을 의미하며, 각 계정의 기초 잔액에 분개장의 금액을 합산한 금액과 시산표의 합계를 대조하여 누락되거나 중복 기록된 거래를 발견할 수 있다. 각 계정잔액은 차변의 합계금액과 대변의 합계금액의 차액으로 파악할 수 있다.

2) 잔액시산표

각 계정과목의 잔액만을 표시하는 시산표이다. 즉 각 계정과목의 차변합계와 대변합계를 서로 상계시킨 잔액만으로 작성하는 시산표이다. 따라서 자산 · 비용계정은 시산표의 차변에 잔액이 나타나고, 부채 · 자본 · 수익계정은 대변에 잔액이 나타난다. 잔액시산표는 각 계

16) 결산정리분개를 반영하지 이전에 작성되는 시산표를 수정전시산표라 하는데, 이는 관습적인 용어로서 보다 정확한 용어는 정리전시산표이다. 마찬가지로 수정후시산표는 정리후시산표에 해당된다.

정과목의 거래 규모(합계)를 알 수 없다는 단점이 있지만, 재무제표 작성에 필요한 잔액만을 간단히 표시한다.[17] (즉 재무상태표 · 포괄손익계산서에 공시되는 각 계정과목의 금액은 항상 차 · 대변의 합계를 서로 상계시킨 최종 잔액이 되기 때문에)

3) 합계잔액시산표

각 계정과목의 합계뿐만 아니라 잔액까지 한꺼번에 표시하는 시산표이다. 차변의 합계금액과 대변의 합계금액이 일치하는 것과 마찬가지로, 잔액의 합계도 일치한다. 각 계정과목의 잔액은 재무상태표와 포괄손익계산서의 구성요소이므로, 이를 통해 기업의 재무상태와 재무성과 등을 개략적으로 파악할 수 있다. 기업실무에서 합계시산표보다는 합계잔액시산표를 주로 사용한다.

합계잔액시산표

차 변		원면	계 정 과 목	대 변	
잔 액	합 계			합 계	잔 액

한편, 수작업으로 재무제표를 작성하던 과거에는 시산표가 회계기록을 검증하는 수단이었으나,[18] [19] 전산화된 환경에서는 그런 의미로 볼 수 없다. 왜냐하면, 분개와 전기에 있어서 차변과 대변금액은 항상 일치하도록 프로그램이 설계되어 있으므로 시산표의 차변과 대변금액이 일치하는 것은 당연하기 때문이다. 그럼에도 불구하고 대부분의 기업들이 재무제표를 작성하기 직전에 반드시 시산표를 작성하는 것은 금액의 일치여부를 확인하는 의미

17) 한편, 재무상태표와 포괄손익계산서의 차변금액과 대변금액은 당기순이익만큼 차이가 나타나며, 이를 당기순이익으로 별도 기입하여 두 금액을 일치시킨다. 이때 당기순이익이 포괄손익계산서에는 차변에 기록되고, 재무상태표에는 대변에 기록된다. (정산표 참조)

18) 시산표의 차변합계와 대변합계가 일치하지 않을 때에는 거래에 대한 분개로부터 시산표를 작성할 때까지의 절차를 역으로 조사하여 그 불일치의 원인을 파악한 다음 정정분개를 하여야 한다. 시산표상 오류의 발견순서는 다음과 같다. ① 시산표의 차변합계와 대변합계를 검산한다. ② 총계정원장의 계정과목별 금액이 시산표에 정확히 옮겨 적었는지 확인한다. ③ 총계정원장의 계정과목별 합계액 또는 잔액이 정확히 집계되었는지 확인한다. ④ 분개장에서 총계정원장에 전기가 정확했는지 확인한다. ⑤ 거래에 대한 분개가 정확한지 확인한다.

19) 만약 차변합계와 대변합계가 일치하지 않는다면, 장부기입에 오류가 발생한 것이므로 오류를 파악하여 이를 정정해야 한다. 그러나 거래를 중복하여 분개하거나 차변과 대변 모두에 이중으로 전기한 경우, 분개시 차변과 대변이 바뀐 경우, 거래 전체의 분개나 전기가 누락된 경우, 차변과 대변에서 동일 금액의 오류가 우연히 상쇄되거나 분개 또는 전기된 경우와 같이 차변과 대변에서 동일 금액의 오류가 발생한 경우에는 차변합계와 대변합계는 일치하므로 시산표를 이용하여 오류를 발견할 수 없다.

보다는 요약된 재무제표를 사전에 검토한다는 의미이다.

예제

전술한 [공통예제]의 거래를 해당 계정에 전기한 결과를 이용하여, 결산정리분개를 반영하기 전의 합계시산표 · 잔액시산표 · 합계잔액시산표를 각각 작성하시오.

해답 •••

합계시산표

차 변	원면	계 정 과 목	대 변
645,250	1	현 금	386,000
225,000	2	외 상 매 출 금	70,000
50,000	3	단 기 대 여 금	50,000
401,000	4	상 품	
30,000	5	차 량 운 반 구	
500,000	6	건 물	
200,000	7	외 상 매 입 금	320,000
	8	단 기 차 입 금	200,000
	9	자 본 금	700,000
	10	매 출	350,000
	11	이 자 수 익	250
10,000	12	영 업 비	
15,000	13	종 업 원 급 여	
2,076,250			2,076,250

잔액시산표

차 변	원면	계 정 과 목	대 변
259,250	1	현 금	
155,000	2	외 상 매 출 금	
0	3	단 기 대 여 금	
401,000	4	상 품	
30,000	5	차 량 운 반 구	
500,000	6	건 물	
	7	외 상 매 입 금	120,000
	8	단 기 차 입 금	200,000
	9	자 본 금	700,000
	10	매 출	350,000
	11	이 자 수 익	250
10,000	12	영 업 비	
15,000	13	종 업 원 급 여	
1,370,250			1,370,250

합계잔액시산표

차변 잔액	차변 합계	원면	계정과목	대변 합계	대변 잔액
259,250	645,250	1	현금	386,000	
155,000	225,000	2	외상매출금	70,000	
0	50,000	3	단기대여금	50,000	
401,000	401,000	4	상품		
30,000	30,000	5	차량운반구		
500,000	500,000	6	건물		
	200,000	7	외상매입금	320,000	120,000
		8	단기차입금	200,000	200,000
		9	자본금	700,000	700,000
		10	매출	350,000	350,000
		11	이자수익	250	250
10,000	10,000	12	영업비		
15,000	15,000	13	종업원급여		
1,370,250	2,076,250			2,076,250	1,370,250

6. 결산정리분개와 정산표

1) 결산정리분개

회계기간에 발생한 수익과 비용(따라서 순이익)을 정확히 계상하고 동시에 결산시점 현재의 자산, 부채 및 자본을 정확히 측정하여야 한다. 이처럼 정확한 결산을 위하여 총계정원장 각 계정의 잔액과 실제 잔액을 일치시키는 분개를 하여야 하는데, 이를 **결산정리분개**(year-end adjusting entries)라 한다.[20] 대표적인 결산정리분개로는 상품계정의 정리([보론 2] 참조), 대손충당금의 설정, 감가상각비의 계상, 손익의 결산정리(수익·비용의 계상, 수익·비용의 이연, 소모품), 유가증권(당기손익공정가치측정금융자산, 기타포괄손익공정가치측정금융자산, 상각후원가측정금융자산 등)의 평가 등을 들 수 있다.[21]

[결산정리분개를 하는 이유]

결산시점에서 정리분개를 하는 것은 발생기준 회계를 적용하여 당해 기간의 수익과 비용, 그리고 결산시점 현재의 자산, 부채 및 자본의 크기를 최종적으로 측정하려는 것이다. 여기에서 명심해야 할 것은 결산시점에서 아무런 현금수입·지출이 없어도 결산정리분개를 해서 수익·비용을 인식하고 자산·부채의 증감을 기록해야 한다는 점이다.

20) 결산정리를 위한 분개를 정리분개(adjusting entries) 또는 관습적인 용어로서 수정분개라고 한다. 정리분개는 오류를 수정하는 정정분개(correcting entries)와 혼동되기 쉬우나 다른 것이다. 또 정리분개는 결산시에 수행하는 마감분개(closing entries)와도 구별되는데, 마감분개는 결산시 수익·비용계정을 마감하여 집합손익계정으로 대체하는 분개를 말한다.

21) 결산정리분개에 대한 자세한 설명은 본서 자매지인 「K-IFRS 회계원리」를 참고하길 바란다.

예제

전술한 [공통예제]의 거래를 이용한다. 아래에 제시된 결산정리사항을 분개한 다음, 해당 계정에 전기하시오. 또한 결산정리분개를 반영하기 후의 합계잔액시산표를 각각 작성하시오.

<결산정리사항>

상품재고장(= 재고자산수불부)에 의해 파악된 월말상품재고액 : ₩121,000
외상매출금 기말 잔액에 대한 기대신용손실(대손상각비) 추정액 : ₩1,550
건물에 대한 감가상각비 : ₩3,750
차량운반구에 대한 감가상각비 : ₩450
단기차입금에 대한 미지급이자비용 : ₩1,200

해답

매출원가 및 기말상품재고액

(차) 매출원가	280,000	(대) 상 품	280,000

* 상품계정의 정리([보론 2] 참조)
  ₩120,000(4월 7일) + ₩281,000(4월 12일) - ₩121,000(월말상품재고액) = ₩280,000
* 매출원가의 산출과 관련된 계정은 상품계정이다. 매출원가는 매출을 창출하는데 직접적으로 희생된 비용으로 상품매매기업에서 가장 중요한 비중을 차지하는 비용이다. 그러나 아직도 수정전시산표에는 매출원가라는 계정이 나타나지 않고 있다. 따라서 결산일에 상품계정 및 상품의 기말실사를 통해 기말상품재고액을 파악한 다음 매출원가를 산출하여야 한다. 매출원가의 관점에서 기초상품재고액과 당기상품매입액은 정(+)의 영향을, 기말상품재고액은 부(-)의 영향을 미치는 계산요소이며, 이 중에서 당기상품매입액이 매출원가의 주된 요소임을 알 수 있다.
* 재고자산을 순실현가능가치로 감액한 평가손실과 모든 감모손실은 감액이나 감모가 발생한 기간에 비용으로 인식한다. 단, 본 [공통예제]는 평가손실과 감모손실은 없다고 가정한다.

대손상각비

(차) 외상매출금 대손상각비	1,550	(대) 외상매출금 대손충당금	1,550

* 기업의 주요한 영업활동과 관련하여 상품이나 제품을 매출(매입)하거나 용역을 수수하는 과정, 즉 일반적 상거래에서 발생한 채권과 채무를 매출채권(외상매출금과 받을어음)과 매입채무(외상매입금과 지급어음)라고 하며, 기타 영업활동에서 발생한 채권과 채무를 기타채권(대여금, 미수금 등)과 기타채무(차입금, 미지급금 등)라고 한다. 재무상태표일 후부터 12개월 또는 정상영업주기 이내에 만기가 도래하는 것은 유동자산과 유동부채로, 그 이후에 도래하는 것은 비유동자산과 비유동부채로 표시한다.
* [일반기업회계기준] 회수가 불가능한 채권은 대손충당금과 상계하고, 대손충당금이 부족한 경우에는 그 부족액을 대손상각비로 처리한다. 회수가 불확실한 금융자산(유가증권은 제외)은 합리적이고 객관적인 기준에 따라 산출한 대손추산액을 대손충당금으로 설정한다. 대손추산액에서 대손충당금 잔액을 차감한 금액을 대손상각비로 계상한다. 이 경우 상거래에서 발생한 매출채권에 대한 대손상각비는 판매관리비항목으로 처리하고, 기타채권에 대한 대손상각비는 기타비용항목(기타의대손상각비계정)으로 처리한다. 구체적으로, 결산시점에서 기대신용손실에 해당하는 금액으로 기말 대손충당금 추정액을 먼저 측정한 후, 결산정리사항 수정 전 대손충당금 잔액과 비교하여 부족분을 추가 설정하고 반대의 경우에는 잉여분을 환입한다. 이를 보충법이라 한다.
  · 기말 대손충당금 추정액 > 결산정리사항 수정 전 대손충당금 잔액

(차) 대손상각비	×××	(대) 대손충당금	×××

  · 기말 대손충당금 추정액 < 결산정리사항 수정 전 대손충당금 잔액

(차) 대손충당금	×××	(대) 대손충당금환입	×××

  * [주의] 대손충당금환입은 판매관리비의 부(-)의 금액으로 표시한다.

감가상각비

(차) 건물 감가상각비	3,750	(대) 건물 감가상각누계액	3,750
(차) 차량운반구 감가상각비	450	(대) 차량운반구 감가상각누계액	450

* 유형자산에 있어서 토지 · 건설중인자산 등과 같은 특수한 자산을 제외하고는, 시간이 흐름에 따라 사용 · 진부화 등 여러 가지 원인으로 인하여 그 물리적으로나 경제적으로 그 가치가 점차 감소되어 간다. 따라서 정확한 기간손익을 계산하기 위해서는, 유형자산의 취득원가 중에서 당기에 가치가 소멸되어 비용화된 부분과 아직 가치가 남아 있어 미래의 효익을 제공할 수 있는 부분을 구분하는 절차가 필요하게 된다. 이러한 회계절차를 감가상각이라고 한다. 감가상각은 유형자산의 취득원가(또는 장부금액)에서 잔존가치를 차감한 잔액을 그 자산의 경제적효익이 발생하는 기간(내용연수)에 걸쳐 체계적이고 합리적으로 배분하는 과정인 것이다. 즉 감가상각은 유형자산의 취득원가(또는 장부금액)에서 잔존가치를 차감한 잔액을 그 자산의 추정내용연수에 걸쳐 인위적인 방법으로 배분하는 과정을 의미한다. 모든 유형자산은 보유기간 중 감가상각하는 것이 원칙이지만, 토지와 건설중인자산은 예외이다. 토지는 사용기간 중 경제적 효익이 감소하지 아니하므로, 건설중인자산은 아직 사용하지 않아 수익이 발생하지 아니하므로 감가상각을 하지 아니한다. 즉 건설중인자산은 수익 · 비용의 합리적인 대응을 위하여 감가상각을 보류하는 것이므로, 건설이 완료되어 건물 등으로 대체하면 감가상각을 시작하여야 한다. 채석장이나 매립지 등을 제외하고는 토지는 내용연수가 무한하므로 감가상각하지 아니한다. 한편, 경우에 따라서는 토지의 내용연수가 한정될 수 있다. 이 경우에는 관련 경제적효익이 유입되는 형태를 반영하는 방법으로 토지를 감가상각한다.
* 감가상각을 수행하는데 필요한 요소는 취득원가(또는 장부금액), 잔존가치, 내용연수이다. 취득원가는 유형자산의 최초 구입가격 또는 제작금액에다, 이를 본래의 목적에 사용가능하도록 하는데 소요된 일체의 부대비용을 합계한 금액으로 결정하여야 한다. 또한 유형자산 취득 또는 완성 후에 발생하는 자본적 지출도 그 시점에서 미상각된 채 남아 있는 장부금액에 가산하여야 한다. 잔존가치란 자산이 이미 오래되어 내용연수 종료시점에 도달하였다는 가정하에 자산의 처분으로부터 현재 획득할 금액에서 처분부대원가(예 법률원가, 인지세 및 이와 유사한 거래세, 자산제거원가 등)를 차감한 금액의 추정치를 말한다. 취득원가(또는 장부금액)에서 잔존가치를 차감한 금액이 자산의 존속기간에 걸쳐 비용으로 상각처리할 감가상각대상금액이 된다. 내용연수란 기업이 자산을 사용할 것으로 예상하는 기간이나 자산에서 얻을 것으로 예상하는 생산량 또는 이와 비슷한 단위수량을 말한다. 내용연수는 반드시 시간적인 단위로만 추정되는 것이 아니라, 생산량 또는 활동능력(예 기계운전시간)으로 측정될 수도 있다. 또한 오늘날에는 기능적 감가요인이 강하게 작용하는 자산(예 컴퓨터 등의 전자제품)이 많기 때문에 이 요인도 추정과정에 충분히 고려하여야 한다. 또는 법적이나 계약상으로 정해진 연수에 의해 결정되기도 한다.
* 감가상각의 계산방법에는 정액법 · 체감잔액법(예 정률법 · 이중체감법 · 연수합계법) · 생산량 비례법 등이 있다. 유형자산의 감가상각방법은 자산의 미래경제적효익이 소비될 것으로 예상되는 형태를 반영한다. 유형자산의 감가상각방법은 해당 자산에 내재되어 있는 미래경제적효익의 예상 소비형태를 가장 잘 반영하는 방법을 선택하고, 예상 소비형태가 달라지지 않는 한 매 회계기간에 일관성 있게 적용한다. 한편, 새로 취득한 유형자산에 대한 감가상각방법도 동종의 기존 유형자산에 대한 감가상각방법과 일치시켜야 한다. 유형자산의 감가상각방법은 적어도 매 회계연도 말에 재검토한다. 자산에 내재된 미래경제적효익의 예상되는 소비형태가 유의적으로 달라졌다면, 달라진 소비형태를 반영하기 위하여 감가상각방법을 변경한다.
* 각 기간의 감가상각비는 일반적으로 당기손익으로 인식한다. 즉 감가상각비를 기록할 때는 차변에 감가상각비계정을 기록하고 대변에 유형자산을 기록하지 않고 감가상각누계액계정을 기록한다. 이때 감가상각누계액은 자산의 평가계정으로서 자산에서 차감하는 형식으로 재무상태표에 기재되며, 매년 계상되는 감가상각비만큼 누적되어 다음 회계연도로 이월된다. 그러나 이 계정금액은 감가상각으로 확보된 현금을 의미하지 않는다. 한편, 유형자산의 취득원가에서 감가상각누계액을 차감한 잔액을 유형자산의 장부금액이라고 한다.
* 유형자산은 본래 판매를 목적으로 취득한 자산은 아니다. 유형자산의 장부금액은 처분하거나 사용 또는 처분을 통하여 미래경제적효익이 기대되지 않을 때 제거한다. 유형자산의 순매각금액과 장부금액(취득원가 - 감가상각누계액)의 차액을 유형자산처분손익으로 인식하여 기타수익(= 영업외수익)항목이나 기타비용(= 영업외수익)항목으로 회계처리한다.

미지급비용

(차) 이자비용 1,200 (대) 미지급이자비용 1,200

* 손익의 결산정리(수익 · 비용의 계상, 수익 · 비용의 이연, 소모품) : 발생 · 이연항목인 미수수익과 미지급비용(또는 선수수익과 선급비용)은 포괄손익계산서에 기록하는 수익 및 비용항목과 관련하여 결산일에만 발생하고, 미수금과 미지급금(또는 선급금과 선수금)은 재무상태표에 기록하는 자산 및 부채항목과 관련하여 회계기간 중에 실제 거래가 발생할 때마다 회계처리한다는 점이 근본적인 차이이다. 따라서 결산일 현재 정리분개를 해 주어야 할 것은 미수수익과 미지급비용(또는 선수수익과 선급비용)이다.

<수익 · 비용의 계상, 수익 · 비용의 이연>

상황 \ 계정과목		미수수익	미지급비용	선수수익		선급비용	
				수익→부채	부채→수익	비용→자산	자산→비용
당기 수취 / 지급	차변	-	-	현 금	현 금	임차료	선급임차료
	대변			임대료	선수임대료	현 금	현 금
결산정리분개 (당기 12/31)	차변	미수임대료	임차료	임대료	선수임대료	선급임차료	임차료
	대변	임대료	미지급임차료	선수임대료	임대료	임차료	선급임차료
기초재수정분개 (차기 1/1)	차변	임대료	미지급임차료	선수임대료	-	임차료	-
	대변	미수임대료	임차료	임대료		선급임차료	
차기 수취 / 지급	차변	현 금	임차료	-	-	-	-
	대변	임대료	현 금				

* 미수수익 [예] (자산항목) 미수이자수익, 미수임대료, 미수수수료수익 등
  미지급비용 [예] (부채항목) 미지급이자비용, 미지급임차료, 미지급수수료비용 등
  선수수익 [예] (부채항목) 선수이자수익, 선수임대료, 선수수수료수익 등
  선급비용 [예] (자산항목) 선급이자비용, 선급임차료, 선급수수료비용, 선급보험료, 소모품 등

* 기초재수정분개란 당기 초에 전기 말에 행한 결산정리분개를 역으로 행하는 것을 말하며, 취소분개 또는 역분개(reversing entries)라고도 한다. 기초재수정분개의 목적은 전기에 행한 결산정리분개가 당기의 회계처리를 복잡하게 하는 경우가 발생하는데, 이러한 영향을 없애주기 위한 것이다. 기초재수정분개의 활용은 전기 말의 결산정리분개를 고려하여야 하는 불편함을 제거하여 준다. 수많은 거래가 이루어지는 기업의 경우 기초재수정분개는 회계처리의 간편성과 일관성을 가져다주는 장점이 있다. 기초재수정분개는 반드시 행하여야 하는 것은 아니며 선택적인 것이다. 또한 모든 결산정리분개에 대하여 기초재수정분개를 해야 되는 것은 아니다. 결산정리분개 중에서 발생 · 이연항목(미수수익, 미지급비용, 선수수익, 선급비용, 소모품)이 기초재수정분개의 대상이 되며, 추정항목의 경우는 기초재수정분개를 행하지 않는다. 그리고 발생 · 이연항목이라 하여도 최초 분개시 수익이나 비용으로 회계처리한 경우에만 기초재수정분개를 행하게 되며, 최초 분개시 자산이나 부채로 회계처리를 수행한 경우에는 기초재수정분개를 할 필요가 없다.

상 품 No.4

일	자	적 요	분면	금 액	일	자	적 요	분면	금 액
4	7	제 좌	1	120,000	4	30	매 출 원 가	2	280,000
	12	제 좌	1	281,000					

매출원가 No.14

일	자	적 요	분면	금 액	일	자	적 요	분면	금 액
4	30	상 품	2	280,000					

대손상각비 No.15

일	자	적 요	분면	금 액	일	자	적 요	분면	금 액
4	30	대 손 충 당 금	2	1,550					

대손충당금 No.16

일	자	적 요	분면	금 액	일	자	적 요	분면	금 액
					4	30	대 손 상 각 비	2	1,550

감가상각비 No.17

일	자	적 요	분면	금 액	일	자	적 요	분면	금 액
4	30	감가상각누계액	2	3,750					
		감가상각누계액	2	450					

감가상각누계액 No.18

일	자	적 요	분면	금 액	일	자	적 요	분면	금 액
					4	30	감 가 상 각 비	2	3,750
							감 가 상 각 비	2	450

이자비용 No.19

일	자	적 요	분면	금 액	일	자	적 요	분면	금 액
4	30	미지급이자비용	2	1,200					

미지급이자비용 No.20

일	자	적 요	분면	금 액	일	자	적 요	분면	금 액
					4	30	이 자 비 용	2	1,200

수정후합계잔액시산표

차 변		원면	계 정 과 목	대 변	
잔 액	합 계			합 계	잔 액
259,250	645,250	1	현 금	386,000	
155,000	225,000	2	외 상 매 출 금	70,000	
0	50,000	3	단 기 대 여 금	50,000	
121,000	401,000	4	상 품	280,000	
30,000	30,000	5	차 량 운 반 구		
500,000	500,000	6	건 물		
	200,000	7	외 상 매 입 금	320,000	120,000
		8	단 기 차 입 금	200,000	200,000
		9	자 본 금	700,000	700,000
		10	매 출	350,000	350,000
		11	이 자 수 익	250	250
10,000	10,000	12	영 업 비		
15,000	15,000	13	종 업 원 급 여		
280,000	280,000	14	매 출 원 가		
1,550	1,550	15	대 손 상 각 비		
		16	대 손 충 당 금	1,550	1,550
4,200	4,200	17	감 가 상 각 비		
		18	감 가 상 각 누 계 액	4,200	4,200
1,200	1,200	19	이 자 비 용		
		20	미 지 급 이 자 비 용	1,200	1,200
1,377,200	2,363,200			2,363,200	1,377,200

2) 정산표

정산표(work sheet, W/S)는 수정전시산표에 결산정리분개를 반영하여 재무제표가 작성되는 과정을 일목요연하게 파악할 수 있도록 집계한 일람표(一覽表)를 말한다.

> [정산표]
> 정산표는 효율적인 결산을 위한 도구일 뿐이며, 결산 이후 상당 기간 보존하여야 할 영구적인 회계장부에 해당하지 아니한다. 결산이 복잡한 경우에만 작성해 보는 서식이므로 정산표의 작성은 선택적 절차에 불과하다. 즉 정산표의 작성은 계정 마감 절차와는 별개이며, 계정 마감 후 작성된 재무제표와 정산표를 비교함으로써 회계기록의 정확성을 검증할 수 있다.

정산표의 작성절차를 파악하는 것은 결산정리분개로 인하여 수정된 금액이 재무제표에 기록되는 과정을 이해하는데 있다. 결산정리분개를 포함하여 작성한 정산표가 완전한 형태이며, 대차균형의 원리를 이용하여 결산과정에서 발생할 수 있는 계산오류를 방지하고 결산과정을 한눈에 파악하기 위하여 작성하는 서식이다.

《정산표의 양식》
정산표의 양식에는 금액을 기입하는 欄의 수에 따라 6위식 · 8위식 · 10위식 등이 있으나, 결산절차의 오류를 가능한 한 방지하여 정확한 재무제표를 작성하기 위해서는 10위식 정산표를 사용하는 것이 바람직하다. 10위식 정산표의 양식은 다음과 같으며, 이 중에서 수정후시산표란을 제거하면 8위식 정산표가 되고, 결산정리분개란까지 제거하면 6위식 정산표가 된다.

정 산 표
(20××. ×.×. ~×.×)

계정과목	원면	수정전시산표		결산정리분개		수정후시산표		포괄손익계산서		재무상태표	
		차 변	대 변	차 변	대 변	차 변	대 변	차 변	대 변	차 변	대 변

《정산표의 작성》

① 총계정원장의 각 계정과목과 원면을 정산표상에 옮겨 적고, 각 계정과목의 잔액은 '수정전시산표'란의 해당 변에 기재한다. 이미 설명한 수정전시산표의 작성방법에 준하면 된다.

② 재고조사표[22]에 의한 결산정리분개 내용은, 분개요령에 준거하여 '결산정리분개'란의 해당 과

22) 재고조사표(inventory sheet)란 원장 각 계정의 차변 또는 대변 잔액이 기말시점에서 진실된 가치나 실제의 상황을 제대로 반영하지 못하고 있는 경우, 그를 수정하는데 필요한 사항을 기재하고 있는 표이다. 따라서 재고조사표에 기재되는 내용은 진실된 가치를 표시하기 위하여 결산기말에 수정할 필요가 있는 사항, 즉 자산 · 부채 · 자본 · 수익 · 비용항목의 결산정리사항의 일체를 포괄하는 것이다. 여기에 기재되는 사항을 근거로 결산정리분개가 이루어지고 그 결과가 재무제표의 작성에 반영이 되면, 보

목을 찾아 기입한다. 이때 '수정전시산표'란에 설정되어 있는 계정과목 이외의 별도 계정과목이 추가될 때에는, 이를 '결산정리분개'란 하단에 신규로 설정한다.

③ '수정전시산표'와 '결산정리분개'란의 기입내용을 참조로 하여 수정후시산표를 작성한다. 즉 동일한 계정과목이 같은 변에 기재된 금액끼리는 서로 합계하여 표시하고, 반대 변에 기재된 금액끼리는 서로 상계시킨 잔액만을 기재한다. 이때 '수정후시산표'란의 계정과목이 비록 자산 · 부채 · 자본 · 수익 · 비용의 일반적 순서로 배열되지 않는다 하더라도 전혀 개의할 필요가 없다.

④ '수정후시산표'란의 잔액을 근거로 재무상태표와 포괄손익계산서를 작성한다. 이때는 '수정후시산표'란의 각 계정과목을 재무상태표계정(자산 · 부채 · 자본계정)과 포괄손익계산서계정(수익 · 비용계정)으로 구별하여 단순히 옮겨 적기만 해 주면 된다. 결과적으로 포괄손익계산서와 재무상태표에는 동일한 당기순손익 금액이 계산되어 대차평균이 이루어지게 된다.

예제

전술한 [공통예제]의 수정후합계잔액시산표를 이용하여, 8위식 정산표를 작성하시오.

해답

정 산 표
(4. 1~4. 30.)

계 정 과 목	원면	수정전시산표		결산정리분개		포괄손익계산서		재무상태표	
		차 변	대 변	차 변	대 변	차 변	대 변	차 변	대 변
현 금	1	259,250						259,250	
외 상 매 출 금	2	155,000						155,000	
상 품	4	401,000			280,000			121,000	
차 량 운 반 구	5	30,000						30,000	
건 물	6	500,000						500,000	
외 상 매 입 금	7		120,000						120,000
단 기 차 입 금	8		200,000						200,000
자 본 금	9		700,000						700,000
매 출	10		350,000				350,000		
이 자 수 익	11		250				250		
영 업 비	12	10,000				10,000			
종 업 원 급 여	13	15,000				15,000			
		1,370,250	1,370,250						
매 출 원 가	14			280,000		280,000			
대 손 상 각 비	15			1,550		1,550			
대 손 충 당 금	16				1,550				1,550
감 가 상 각 비	17			4,200		4,200			
감가상각누계액	18				4,200				4,200
이 자 비 용	19			1,200		1,200			
미지급이자비용	20				1,200				1,200
당 월 순 이 익						38,300			38,300
						350,250	350,250	1,065,250	1,065,250

다 정확한 당기순손익의 계산이 가능하게 된다.

7. 재무상태표 및 포괄손익계산서의 작성

정산표를 작성하면 회계순환과정의 대부분이 완료된 것이다. 이제 남은 절차는 정산표의 '포괄손익계산서'란과 '재무상태표'란을 잘 정리하여 포괄손익계산서와 재무상태표를 작성하는 것이다. 정산표에서 포괄손익계산서와 재무상태표에 옮겨 적을 때, 수익과 비용은 포괄손익계산서에, 자산 · 부채 · 자본은 재무상태표에 각각 적는다.

재무상태표(statement of financial position : SFP)는 재무상태표일 현재 기업의 자산 · 부채 및 자본의 금액과 구성을 표시하는 재무보고서로서, 기업의 경제적자원 · 재무구조 · 유동성과 재무건전성 및 기업 환경변화에 적응할 수 있는 능력 등 재무상태를 파악하는데 유용한 정보를 제공한다. 즉 재무상태표는 일정시점 현재 기업실체가 보유하고 있는 경제적자원인 자산과 경제적 의무인 부채, 그리고 자본에 대한 정보를 제공하는 재무보고서이다. 이를 대차대조표(balance sheet : B/S)라고도 한다. 일정시점 현재 기업실체의 재무상태에 대한 정보를 제공하는 재무상태표의 기본요소는 자산, 부채 및 자본이다.

포괄손익계산서(statement of comprehensive income : SCI)는 한 회계기간에 속하는 수익과 이에 대응하는 비용을 적정하게 표시하기 위한 재무보고서로서, 당해 회계기간의 재무성과를 나타낼 뿐만 아니라 기업의 미래현금흐름과 수익창출능력 등의 예측에 유용한 정보를 제공한다. 즉 포괄손익계산서는 일정기간 기업실체의 재무성과에 대한 정보를 제공하는 재무보고서이다. 일정기간 기업실체의 재무성과에 대한 재무정보를 제공하는 포괄손익계산서의 기본요소는 수익 및 비용이다.

예제

전술한 [공통예제]의 정산표를 이용하여, 재무상태표와 포괄손익계산서를 각각 작성하시오. 단, 법인세비용은 없다고 가정한다.

해답

재무상태표

차변	금액	대변	금액
현금	259,250	외상매입금	120,000
외상매출금	155,000	단기차입금	200,000
대손충당금	(1,550)	미지급이자비용	1,200
상품	121,000	자본금	700,000
차량운반구	29,550	이익잉여금	38,300
건물	496,250	(당월순이익 38,300)	
	1,059,500		1,059,500

※ 외부보고용 재무제표
현금 → 현금및현금성자산, 외상매출금 → 매출채권, 외상매입금 → 매입채무
학습목적상, 차량운반구 및 건물은 감가상각누계액을 차감한 후의 잔액으로 표시하였음

포괄손익계산서

매 출 원 가	280,000	매 출	350,000
영 업 비	10,000	이 자 수 익	250
종 업 원 급 여	15,000		
대 손 상 각 비	1,550		
감 가 상 각 비	4,200		
이 자 비 용	1,200		
당 월 순 이 익	38,300		
	350,250		350,250

※ 외부보고용 재무제표
매출 → 매출액

※ 재무상태표 등식 : 기말자산 - 기말부채 = 기말자본
포괄손익계산서접근법(손익법 : 수익 > 비용) : 수익 = 비용 + 당기순이익
재무상태표접근법(재산법 : 기말자본 > 기초자본) : 기말자본 - 기초자본 = 당기순이익

※ 재무제표 작성순서 : 포괄손익계산서 → 재무상태표 → 자본변동표 → 현금흐름표 → 주석

8. 계정 마감 및 이월시산표의 작성

재무상태표와 포괄손익계산서를 중심으로 하는 재무제표가 작성되면, (1) 총계정원장의 모든 계정과 (2) 기타 주요장부 및 보조장부를 마감하여 다음 회계기간의 회계기록에 대비하는 절차가 필요하게 된다. (마감 표시 : 본장 [보론 2]의 [예제] 참조)

1) 마감분개

마감분개(closing entries)란 재무상태표와 포괄손익계산서를 작성하기 위한 기초적 자료가 마련된 뒤, 총계정원장의 모든 계정을 대차균형시켜 마감하기 위한 인위적인 분개이다. 마감분개의 내용은 어떠한 결산법(대륙식과 영미식)을 사용하는가에 따라 다소 차이가 있다. 비교적 간편하면서 일반적으로 많이 사용하고 있는 결산법은 영미식 결산법이다.

(1) 포괄손익계산서계정의 마감

포괄손익계산서계정을 마감하기 위해서는, 회계기간 중 발생한 수익·비용의 거래내용만을 총괄적으로 집계하기 위한 별도의 계정을 설정할 필요가 있다. 이것이 손익계정 또는 집합손익계정(summary of revenue and expense a/c)이 된다.

[포괄손익계산서계정의 마감]

별도 설정된 (집합)손익계정의 차변에는 회계기간 중 발생한 비용의 내용을 전부 집계하고 (집합)손익계정의 대변에는 회계기간 중 발생한 수익의 내용을 전부 집계하여, 이들을 대비시킴으로써 기간순손익(당기순손익)을 계산한다. 따라서 손익계정에서 계산된 순손익의 크기가 실제 포괄손익계산서의 순손익 크기와 동일하게 산출된다.

총계정원장의 수익·비용계정 잔액을 전부 집합손익계정으로 대체시키게 되면, 수익·비용계정은 자동적으로 대차균형이 되어 마감된다. 이 상태에서 포괄손익계산서계정에 대해서는 더 이상의 회계기록이 필요치 않게 되는데, 그것은 수익·비용계정이 손익계산을 위해 한 회계기간만 나타났다 사라지는 명목계정이기 때문이다. 다만 한 가지, 손익계정에서 계산된 기간순손익(즉 당기순이익)을 **자본계정**(개인기업의 경우에는 자본금계정, 주식회사의 경우에는 이익잉여금계정)에 대체시켜 주는 회계처리만 수행해 주면 된다.

수익계정의 마감 :	(차) 수익항목	×××	(대) 집합손익	×××
비용계정의 마감 :	(차) 집합손익	×××	(대) 비용항목	×××
당기순이익 발생 :	(차) 집합손익(당기순이익)	×××	(대) 자본금(또는 이익잉여금)	×××
당기순손실 발생 :	(차) 자본금(또는 이익잉여금)	×××	(대) 집합손익(당기순손실)	×××

⑵ 재무상태표계정의 마감(이월)

영미식 결산법에서 재무상태표계정의 마감은 비교적 간단하다. 즉 재무상태표계정은 일시적인 계정이 아니고 기업 내에 실제 존재하는 항목을 표시하는 영구계정이기 때문에, 차기로 이월되는 금액만 정확히 표시해 주면 된다는 것이다.

[재무상태표계정의 마감]

포괄손익계산서계정에 있어서처럼 잔액을 별도로 다른 계정에 대체할 필요가 없다. 다만 ㉠ 결산일(20××.12. 31.)에는 잔액이 생긴 해당 계정의 반대 변에 그 잔액과 동일한 금액으로 「차기이월」이라 朱記하여 일단 대차를 평균시키고 해당 계정을 마감한 후, ㉡ 차기의 영업개시일에 원래 잔액이 생긴 변에 「전기이월」이라 표시하고 동일한 금액을 기재하여 새로운 거래의 기록에 대비하면 된다.

한편, 당기순이익이 마감분개를 통해 이익잉여금으로 대체되는 것처럼, 포괄손익계산서계정인 기타포괄손익 항목을 재무상태표계정인 기타포괄손익누계액 항목으로 대체시켜 주는 회계처리도 수행하면 된다.[23] 결국 기말 재무상태표에는 기타포괄손익의 누계액이 표시된다.

기타포괄이익 발생 :	(차) ××자산	×××	(대) 기타포괄이익	×××
	(차) 기타포괄이익	×××	(대) 기타포괄손익누계액	×××
기타포괄손실 발생 :	(차) 기타포괄손실	×××	(대) ××자산	×××
	(차) 기타포괄손익누계액	×××	(대) 기타포괄손실	×××

23) [포괄손익계산서] 총포괄손익 = 당기순손익±기타포괄손익

2) 기타 장부의 마감

총계정원장의 재무상태표계정과 포괄손익계산서계정이 마감되면, 기타의 회계장부를 마감하여 한 회계기간의 회계기록을 최종적으로 종결시킬 필요가 있다. 이 경우 대상이 되는 기타 장부로서는 주요장부인 분개장과 보조장부인 보조원장 및 보조기입장이 있다.

3) 이월시산표의 작성

결산분개와 관련 계정기입의 내용이 정확히 이루어졌는가를 최종적으로 점검하고, 차기 영업활동의 기초 자료가 되는 계정 잔액을 확인해 볼 필요가 있다. 이를 위하여 작성하는 시산표가 이월시산표(post-closing trial balance)이며, 이의 작성이 완료되면 실질적으로 한 회계기간의 회계절차는 종료하게 된다.

[이월시산표]

이월시산표란 마감분개를 하고, 모든 포괄손익계산서계정이 마감된 후에 작성되는 시산표이다. 이월시산표는 회계순환과정에서 작성되는 시산표 중 마지막으로 작성되는 것이다. 이월시산표에는 자산 · 부채 · 자본계정만이 기재되고, 수익 · 비용계정은 제외된다. 이는 수익 · 비용계정은 이미 손익계정으로 대체되고 수익 · 비용의 차이인 당기순이익은 이익잉여금계정으로 대체되어 재무상태표계정으로 변하였기 때문이다. 이월시산표는 재무상태표와 동일한 것이라고 할 수 있으므로 작성하지 않는 경우가 대부분이다. 즉 작성이 선택적이다. 한편, 이월시산표는 원장에 이월기입이 끝난 후에 작성하는 것이 원칙이지만, 원장을 마감하기 전에 작성하여 대차가 일치하는가를 먼저 확인한 후에 원장마감을 하기도 한다. 이것은 오류를 줄이고 결산정리절차를 쉽게 하기 위한 편법이라고 할 수 있다. 마감후시산표라고도 한다.

이월합계잔액시산표

차변		원면	계정과목	대변	
잔액	합계			합계	잔액
259,250	645,250	1	현금	386,000	
155,000	225,000	2	외상매출금	70,000	
		16	대손충당금	1,550	1,550
0	50,000	3	단기대여금	50,000	
121,000	401,000	4	상품	280,000	
30,000	30,000	5	차량운반구		
		18	감가상각누계액	450	450
500,000	500,000	6	건물		
		18	감가상각누계액	3,750	3,750
	200,000	7	외상매입금	320,000	120,000
		8	단기차입금	200,000	200,000
		20	미지급이자비용	1,200	1,200
		9	자본금	700,000	700,000
		21	이익잉여금	38,300	38,300
1,065,250	2,051,250			2,051,250	1,065,250

▌보론 2 ▌상품의 매입과 매출 및 매출원가

상품매매기업의 가장 주된 활동은 상품 등의 재고자산을 매입하고, 매입한 상품을 판매하는 활동이다. 상품의 매입 · 매출에 관한 거래가 회계기간 중에 발생하는 대표적인 주요 거래이다. 상품매매거래가 발생하면 거래금액을 매입자는 매입으로, 판매자는 매출로 동시에 기록하게 된다(계속기록법과 실지재고조사법, 혼합법). 매입자는 이후 매입한 상품을 매출할 것이고, 판매자는 과거 매입한 상품을 매출하는 것이므로, 이들은 때로는 매입자 입장에서 때로는 판매자 입장에서 매입과 매출을 기록하게 된다.[24)]

상품의 매입 · 매출 인식은 발생기준을 적용하여야 한다. 수익(매출)은 발생기준에 따라 실현되는 시점에 인식하여야 한다. 상품의 매입 · 매출 측정은 역사적 원가를 적용하여야 한다. 매입액은 상품의 취득원가를 의미하며, 상품매입의 대가로 지급한 현금(또는 예금) 유출액 및 매입채무(trade payables, 외상매입금과 지급어음의 합계액) 발생 금액을 말한다. 그리고 매출액은 상품매출로 인하여 받을 대가(즉 판매대가)의 공정가치로 측정한다. 판매대가는 현금(또는 예금) 및 매출채권(trade receivables, 외상매출금과 받을어음의 합계액)이므로 거래 당시 현금(또는 예금) 유입액 및 매출채권 발생 금액을 말한다.

상품계정은 다른 계정들과는 달리 이중적 성격을 지니고 있다. 상품을 매입한 경우에는 상품의 증가라는 자산 증가와 매입이라는 비용 발생의 결과가 동시에 나타나고, 상품을 매출한 경우에는 상품의 감소라는 자산 감소와 매출이라는 수익 발생의 결과가 동시에 나타나서, 이를 **상품계정의 이중적 성격**이라고 한다. 즉 포괄손익계산서의 대표적인 수익 · 비용인 매출액과 매출원가는 상품의 매입과 매출에 따라 지속적으로 발생하며, 자산의 증가 및 감소와 동시에 발생하는 성격을 가지고 있다. 상품계정은 다른 계정과는 달리 이중적 성격을 가지고 있어서 단일계정인 상품계정으로만 회계처리하면 그 내용을 정확하게 보고할 수 없으므로, 상품계정을 분할하여 회계처리할 필요가 있다. 즉 상품계정을 「상품계정과 매출계정으로 분할하는 방법」과 「상품계정, 매입계정, 매출계정으로 분할하는 방법」이 있다. 상품을 매입할 때에 상품계정(자산처리법)을 사용하여 회계처리할 것인지 아니면 매입계정(비용처리법)을 사용하여 회계처리할 것인지를 선택하여야 한다.

---

24) 재고자산이란 통상적인 영업과정에서 외부에서 매입하여 재판매하기 위하여 보유하거나 생산과정에 있는 자산과 생산 또는 용역 제공 과정에 투입될 자산을 말한다. [제품과 상품의 구분] 재무제표상의 매출액과 재고자산에서 제품과 상품을 구분하여 표시한다. 제품은 원재료를 사용하여 무엇인가를 만드는 제조과정을 반드시 거쳐야 하며, 사고 파는 개념이 아니라 그런 제조과정을 거친 물건 자체를 가리킨다. 그러나 상품은 제조과정과 관련이 있는 것이 아니라 일정한 가치를 인정받아서 사고 팔 수 있느냐 없느냐로 따지기 때문에 반드시 물건이 아니더라도 상품이 될 수 있다.

[상품매매거래의 장부기록방법]

재고자산 금액은 '수량×단가'로 파악된다. 상품매매거래의 장부기록방법에는 계속기록법과 실지재고조사법이 있다.

▸ 계속기록법은 재고자산을 매입할 때 상품의 증가로 하고, 매출할 때는 수익(매출)의 발생으로 인식하며, 매출할 때마다 상품을 감소시키고 매출원가를 인식한다. 이 방법을 적용하면 언제든지 특정 기간의 매출원가와 재고자산 금액을 파악할 수 있다는 장점이 있다. 계속기록법을 적용하면 상품을 매출할 때마다 보유 재고자산을 감소시키고 매출원가를 인식하기 때문에 상품재고장에는 회계기간 중의 증가·감소 금액이 계속해서 반영된다. 따라서 특정 시점 현재 상품재고장에 계상되어 있는 재고자산 금액이 곧 그 시점의 재고자산 금액이 된다. 계속기록법을 사용하면 매출원가가 먼저 결정되고 기말재고자산 금액이 사후적으로 결정된다. 계속기록법을 사용할 경우 장부상의 기말재고자산 금액을 실제 보유하는 재고자산 금액이라고 확신할 수 있을까? 만약 도난, 파손, 분실, 감손 등의 이유로 재고자산의 일부가 없어졌다면 재고자산이 장부상 수량과 실제수량 간에 차이가 발생한다. 따라서 재고자산 감모여부를 파악하지 않고 장부상 재고자산 금액을 재무상태표의 기말재고자산으로 결정한다면 재고자산이 과대계상될 수 있다. 이러한 문제점을 보완하기 위해서 결산시에 실지재고조사(즉 실사)를 병행해야 감모수량을 파악할 수 있다.

▸ 실지재고조사법은 재고자산을 매입 또는 매출할 때마다 해당 재고자산을 증가 또는 감소시키는 회계처리를 하지 않는 방법이다. 대신 재고자산을 매입할 때 비용(매입)의 발생으로 하고, 매출할 때는 수익(매출)의 발생으로 인식한다. 매출원가는 상품을 매출할 때마다 인식하지 않고, 결산일에 실사를 통하여 기말재고자산 금액을 결정함으로써 매출원가가 사후적으로 결정된다. 실지재고조사법을 사용하면 상품을 매출할 때마다 매출원가를 기록해야 하는 계속기록법의 번거로움을 피할 수 있다. 그러나 상품에 대하여 실사를 하지 않는 한 특정 시점 현재 재고자산 금액이 얼마인지, 특정 시점까지 발생한 매출원가는 얼마인지 파악할 수 없는 문제점이 있다. 매출할 때마다 상품의 원가를 추적해야 하는 번거로움을 고려하지 않는다면 재고자산에 대한 관리목적상 계속기록법이 실지재고조사법보다 더 바람직한 방법이라고 할 수 있다. 왜냐하면 계속기록법을 적용해야 기업경영자에게 특정 시점의 재고자산 금액과 그때까지 발생한 매출원가에 대한 정보를 적시에 제공할 수 있기 때문이다. 실지재고조사법에서는 실사과정에서 존재하지 않는 재고를 모두 매출한 것으로 간주(즉 매출원가로 간주)하기 때문에 상품의 매입 및 매출거래가 발생할 때마다 수량(금액이 아님)에 대한 기록을 병행해야 재고자산 감모에 대한 통제가 가능하다.

※ 계속기록법은 상품의 입고와 출고시마다 수량과 금액을 장부상 계속 기록하여 판매된 상품의 원가(=수량×단가)를 먼저 확인한 다음 그 결과를 기본자료로 하여 기말상품재고액을 결정하는 방법이다. 한편, 실지재고조사법은 기말에 재고조사를 실시하여 보유하고 있는 기말상품의 원가(=수량×단가)를 먼저 결정한 다음 그 결과를 기본자료로 하여 판매된 상품의 원가(매출원가)를 산출하는 방법이다.

※ 혼합법이란 계속기록법과 실지재고조사법을 병행하는 방법으로 계속기록법에 의하여 상품재고장의 기록을 유지하고, 특정 시점에서 실지재고조사도 실시하는 방법이다. 계속기록법에 의한 장부상의 기말재고수량과 실지재고조사를 통해 확인된 기말실지재고수량 간에 도난이나 파손 등의 이유로 차이(즉 재고감모수량)가 있을 수 있는데, 이러한 재고감모수량을 파악하는 방법으로 혼합법을 사용한다.

[상품매매에 관한 기록(단일계정에 의한 상품매출손익의 계산)]

상품매매에 관한 기록을 단일계정인 상품계정 하나에 총괄적으로 기록하고, 그에 관한 상품별 명세는 별도의 보조장부에 기입하는 방법이다. 이 방법을 사용하게 되면 기초상품재고액 · 당기 상품매입액 · 당기상품매출액 · 기말상품재고액 등에 관한 기록이 전부 단일의 상품계정에서 이루어지기 때문에, 수개의 계정에 분할하여 기록해야 한다는 불편은 덜 수 있을지 몰라도 실무적인 방법은 되지 못한다. 이는 분기법과 총기법으로 나눈다.

▸ **분기법** : 상품계정을 단일계정으로 설정하여 상품매출손익을 계산하되, 상품계정에서는 항상 현재의 순수한 상품재고액이 표시될 수 있도록 하는 방법이다. 즉 상품의 기초재고액과 당기 매입액은 상품계정의 차변에 기록하지만, 매출액에 대해서는 원가와 이익을 분리시켜 매출원가만 상품계정의 대변에 기록하고 이익은 별도의 상품매출이익계정에 기록한다. 결국 상품계정에는 현재의 상품재고액이 항상 잔액으로 남게 되는데, 이때의 상품계정을 순수한 자산액만을 표시한다고 하여 **순수계정**이라 하고 이러한 회계처리 방법을 분기법이라고 한다. 분기법을 사용하여 상품매매거래를 기록하게 되면 달리 매출이익은 계산할 필요가 없다. 그것은 매 상품의 매출거래가 있을 때마다, 상품매출이익은 별도로 분리되어 상품매출이익계정에 기록되어 있기 때문이다.

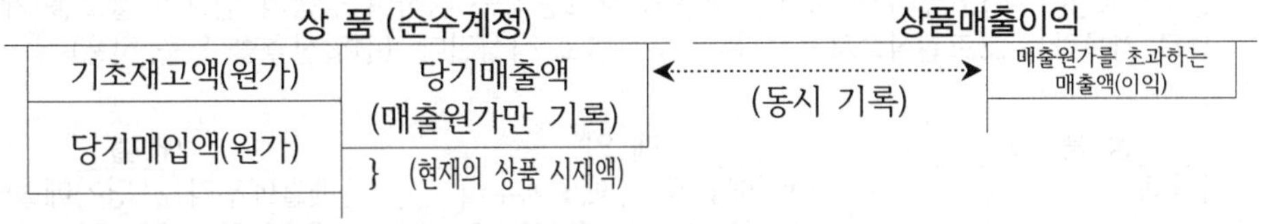

상 품 (순수계정)

차변	대변
기초재고액(원가)	당기매출액 (매출원가만 기록)
당기매입액(원가)	} (현재의 상품 시재액)

상품매출이익

차변	대변
	매출원가를 초과하는 매출액(이익)

(동시 기록)

▸ **총기법** : 분기법에 있어서와 마찬가지로, 상품계정을 단일계정으로 설정하여 상품매출손익을 계산하되, 상품의 매출시에 원가와 이익을 분리시켜 기록하지 않고 판매가격에 의한 매출액을 그대로 기재하는 방법이다. 즉 상품의 기초재고액과 당기매입액은 상품계정의 차변에 원가로 기장하고, 매출액은 상품계정의 대변에 판매가격으로 기록한다. 따라서 상품계정의 잔액을 기말재고상품의 원가로 간주할 수가 없기 때문에, 결산시점에서는 별도로 기말재고액을 파악하고 상품계정의 대변에 기록한다. 이렇게 되면 상품계정의 차변과 대변합계는 반드시 차이가 생기게 되는데, 이 차액이 바로 한 회계기간의 상품매출손익이 된다. 결국 상품계정은 상품의 시재액과 매출손익을 동시에 표시하기 때문에 자산계정과 손익계정의 이중성을 지니게 된다. 그러한 의미에서 이때의 상품계정을 **혼합계정**이라고 하며, 이처럼 이익이 포함된 판매가격으로 매출액을 일괄 기록하는 방법을 총기법이라고 한다.

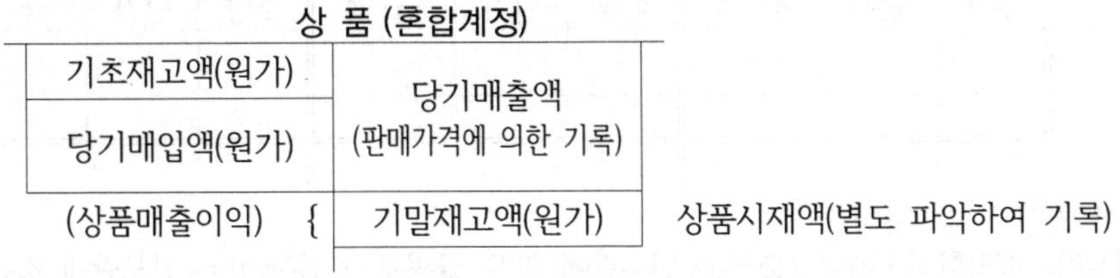

상 품 (혼합계정)

차변	대변	
기초재고액(원가)	당기매출액 (판매가격에 의한 기록)	
당기매입액(원가)		
(상품매출이익) {	기말재고액(원가)	상품시재액(별도 파악하여 기록)

※ 상품매매에 관하여 위와 같이 기록한다면 상품매출이익만을 알 수 있을 뿐이다. 이에 상품매출이익을 기말 결산시에 일괄해서 처리해야 편리하다. 가능한 범위내에서 상품계정을 분할하여 회계처리하는 것이다(3분법 등). 상품계정을 분할하게 되면 상품거래의 계정기입 내용을 간소화할 수 있을 뿐 아니라 상품매매활동을 구분하여 관찰하는데 유용한 정보를 얻을 수가 있다.

[3분법]

▸ 상품계정은 재무상태표상 상품의 기초 잔액(전기이월 잔액)과 기말 잔액을 표시하는 자산계정의 역할만을 수행하며, 상품매입과 상품매출은 여기에 기록하지 아니한다.

▸ 매입계정은 상품매입액을 기록하는 비용계정이며, 매출계정은 상품매출액을 기록하는 수익계정이다.

▸ 상품매입과 상품매출에 따른 이중적 성격 중에서 자산 증가 · 자산 감소는 생략하고 비용 발생 · 수익 발생으로만 기록한다. 즉 상품매입은 자산 증가보다는 비용 발생으로, 상품매출은 자산 감소보다는 수익 발생으로 간주한다는 것이다.

※ 상품의 매입과 매출 내용을 상세히 기록하는 보조장부(매입장, 매출장, 상품재고장)가 필요하다.

- 매입장은 상품매입에 관한 자세한 내용을 거래일자 순서로 기입하기 위한 보조기입장이며, 매입장을 통해 매입계정(총계정원장)에 나타나지 않는 상세한 정보를 얻을 수 있다. 매입계정 잔액과 매입장의 잔액은 항상 일치하여야 한다.
- 매출장은 상품매출에 관한 자세한 내용을 거래일자 순서로 기입하기 위한 보조기입장이며, 매출장을 통해 매출계정(총계정원장)에 나타나지 않는 상세한 정보를 얻을 수 있다. 매출계정 잔액과 매출장의 잔액은 항상 일치하여야 한다.
- 상품재고장(= 재고자산수불부)이란 상품의 재고관리를 위하여 상품의 입고와 출고를 계속적으로 기록하는 보조원장으로서 상품의 종류별로 작성된다. (선입선출법 등을 적용)

상 품	
전기이월액	

매 입	
당기매입액 (부대비용 포함)	매입에누리 매입환출 매입할인

매 출	
매출에누리 매출환입 매출할인	당기매출액

매입장

월 일	적요	수량	단가	금 액
합계				

매출장

월 일	적요	수량	단가	금 액
합계				

상품재고장

일 자	적 요	인 수			인 도			잔 고		
		수량	단가	금 액	수량	단가	금 액	수량	단가	금 액

※ 상품재고장 기입시 유의사항

- 매입에누리 · 매입할인 · 매입환출액은 인수란에 붉은 글씨로 기입하거나, 인도란에 검은 글씨로 기입한다.
- 매출환입액은 인도란에 붉은 글씨로 기입하거나, 인수란에 검은 글씨로 기입한다.
- 매출에누리 · 매출할인과 매출운임은 상품재고장에 기입하지 않는다.
- 상품재고장을 마감할 때는 인수란과 인도란에 붉은 글씨로 기입한 것을 차감한다.

[자산처리법과 비용처리법의 비교 : 기능별 분류방법]

기초상품재고액 ₩200, 기중외상매입 ₩400, 기중외상매출 ₩670(원가 ₩370), 기말상품재고액 ₩230

자산처리법 (이론적 접근법)

기중

차변	금액	대변	금액
(차) 상　품	400	(대) 외상매입금	400
(차) 외상매출금	670	(대) 매　출	670
매출원가	370	상　품	370

수정전시산표

차변	금액	대변	금액
상품	230	매출	670
매출원가	370		

기말 결산

결산정리분개 필요 없음

수정후시산표

차변	금액	대변	금액
상품	230	매출	670
매출원가	370		

자산처리법 (실무적 접근법)

기중

차변	금액	대변	금액
(차) 상　품	400	(대) 외상매입금	400
(차) 외상매출금	670	(대) 매　출	670

수정전시산표

차변	금액	대변	금액
상품	600	매출	670

기말 결산

차변	금액	대변	금액
(차) 매출원가	370	(대) 상　품	370

수정후시산표

차변	금액	대변	금액
상품	230	매출	670
매출원가	370		

비용처리법 (매입계정 접근법)

기중

차변	금액	대변	금액
(차) 매　입	400	(대) 외상매입금	400
(차) 외상매출금	670	(대) 매　출	670

수정전시산표

차변	금액	대변	금액
상품	200	매출	670
매입	400		

기말 결산

차변	금액	대변	금액
(차) 매　입	200	(대) 상품(기초)	200
(차) 상품(기말)	230	(대) 매　입	230

수정후시산표

차변	금액	대변	금액
상품	230	매출	670
매입	370		

비용처리법 (매출원가계정 접근법)

기중

차변	금액	대변	금액
(차) 매　입	400	(대) 외상매입금	400
(차) 외상매출금	670	(대) 매　출	670

수정전시산표

차변	금액	대변	금액
상품	200	매출	670
매입	400		

기말 결산

차변	금액	대변	금액
(차) 매출원가	200	(대) 상품(기초)	200
(차) 매출원가	400	(대) 매　입	400
(차) 상품(기말)	230	(대) 매출원가	230

수정후시산표

차변	금액	대변	금액
상품	230	매출	670
매출원가	370		

※ [상품 매입]

자산처리법에서는 상품이라는 자산이 증가하므로 상품계정 차변에 취득원가를 기입한다.
비용처리법에서는 매입이라는 비용이 발생하므로 매입계정 차변에 취득원가를 기입한다.

※ [상품 매출]

자산처리법에서는 상품을 판매할 때마다 매출원가를 산출한다면 매출된 상품의 원가를 상품계정 대변에 기입하여 감소시키면서 매출원가계정 차변에 기입하는데, 차변에 기입된 매출원가는 대변에 기입된 매출액과 대응되어 비용으로 인식되는 것이다.

비용처리법에서는 상품을 판매할 때마다 상품계정을 감소시키지는 않지만 기말 결산정리분개를 통해 매출원가를 일괄적으로 인식한다.

※ [재고자산에 관한 결산 회계처리]

재고자산의 순실현가능가치가 장부금액 이하로 하락하여 발생한 평가손실은 매출원가에 가산한다. 재고자산의 장부상 수량과 실제 수량과의 차이에서 발생하는 정상적 감모손실은 매출원가에 가산한다. (후술함)

[재고자산에 관한 결산 회계처리 정리]

기말 결산 〈자료 1〉

기초상품재고액 : ₩200
당기상품매입액 : ₩400
기말상품재고액 : 장부상 금액 ₩230
평가손실을 반영한 순실현가능가치 ₩210
← 평가손실 ₩20

매입계정 접근법

(차) 매 입	200	(대) 상품(기초)	200
(차) 상품(기말)	210	(대) 매 입	210

매출원가계정 접근법

(차) 매출원가	200	(대) 상품(기초)	200
(차) 매출원가	400	(대) 매 입	400
(차) 상품(기말)	210	(대) 매출원가	210

매출원가

차변	금액	대변	금액
상품(기초)	200	상품(기말)	210
매 입	400	재고자산평가손실	20
		판매목적으로 소비한 상품	370
	600		600

※ 매출원가(당기에 비용으로 인식한 재고자산)
= 재고자산평가손실 + 판매목적으로 소비한 상품
= ₩20 + ₩370 = ₩390

기말 결산 〈자료 2〉

기초상품재고액 : ₩200
당기상품매입액 : ₩400
기말상품재고액 : 장부상 금액 ₩230
감모손실을 반영한 순실현가능가치 ₩210
← 감모손실 ₩20(정상감모)

매입계정 접근법

(차) 매 입	200	(대) 상품(기초)	200
(차) 상품(기말)	210	(대) 매 입	210

매출원가계정 접근법

(차) 매출원가	200	(대) 상품(기초)	200
(차) 매출원가	400	(대) 매 입	400
(차) 상품(기말)	210	(대) 매출원가	210

매출원가

차변	금액	대변	금액
상품(기초)	200	상품(기말)	210
매 입	400	재고자산감모손실	20
		판매목적으로 소비한 상품	370
	600		600

※ 매출원가(당기에 비용으로 인식한 재고자산)
= 재고자산감모손실 + 판매목적으로 소비한 상품
= ₩20 + ₩370 = ₩390

[재고자산에 관한 결산 회계처리 정리]

기말 결산 〈자료 3〉

기초상품재고액 : ₩200
당기상품매입액 : ₩400
기말상품재고액 : 장부상 금액 ₩230
평가손실과 감모손실을 반영한 순실현가능가치 ₩189
← 감모손실 ₩20(정상감모), 평가손실 ₩21

매입계정 접근법

(차) 매 입	200	(대) 상품(기초)	200
(차) 상품(기말)	189	(대) 매 입	189

매출원가계정 접근법

(차) 매출원가	200	(대) 상품(기초)	200
(차) 매출원가	400	(대) 매 입	400
(차) 상품(기말)	189	(대) 매출원가	189

매출원가

상품(기초)	200	상품(기말)	189
매 입	400	재고자산감모손실	20
		재고자산평가손실	21
		판매목적으로 소비한 상품	370
	600		600

※ 재고자산감모손실 : (23개 - 21개)×@₩10 = ₩20
재고자산평가손실 : 21개×(@₩10 - @₩9) = ₩21
※ 매출원가(당기에 비용으로 인식한 재고자산)
= 재고자산감모손실 + 재고자산평가손실 + 판매목적으로 소비한 상품
= ₩20 + ₩21 + ₩370 = ₩411

재무상태표

유동자산		
상 품	189	

포괄손익계산서(기능별)

매출액		670
매출원가		411
기초상품재고액	200	
당기상품매입액	400	
기말상품재고액	(189)	
매출총이익		259

[참조]
재고자산평가충당금을 설정하는 경우의 결산정리분개

(차) 매출원가	200	(대) 상품(기초)	200
(차) 매출원가	400	(대) 매 입	400
(차) 상품(기말)	230	(대) 매출원가	230
(차) 매출원가	20	(대) 상품(기말)	20
(차) 매출원가(재고자산평가손실)	21	(대) 재고자산평가충당금	21

1년 후의 상황을 가정하자. 당기 말 재고자산평가충당금이 ₩18이다. 전기 말 재고자산평가충당금 ₩21이 당기 말 재고자산평가충당금 ₩18을 초과하므로, 초과액 ₩3 만큼 재고자산평가충당금을 감소시키고 매출원가에서 차감한다.

(차) 재고자산평가충당금	3	(대) 매출원가(재고자산평가손실환입)	3

예제

전술한 [보론 1]의 [공통예제]에 제시된 거래(결산정리사항 포함)를 분개한 것이다. 단, 4월 7일 및 4월 12일의 거래를 분개할 때, 상품계정을 비용처리법(매출원가계정 접근법)으로 처리하였다.

<기중분개>

일자		차변	금액		대변	금액
1일	(차)	현 금	400,000	(대)	단기차입금	200,000
		건 물	500,000		자본금	700,000
2일	(차)	차량운반구	30,000	(대)	현 금	30,000
3일	(차)	영업비	10,000	(대)	현 금	10,000
7일	(차)	매 입	120,000	(대)	외상매입금	40,000
					현 금	80,000

* 상품계정은 다른 계정들과는 달리 이중적 성격을 지니고 있다. 상품계정을 「상품계정과 매출계정으로 분할하는 방법」과 「상품계정, 매입계정, 매출계정으로 분할하는 방법」이 있다. 상품을 매입할 때에 상품계정(자산처리법)을 사용하여 회계처리할 것인지 아니면 매입계정(비용처리법)을 사용하여 회계처리할 것인지를 선택해야 한다. [보론 1]에서는 자산처리법(실무적 접근법)으로 회계처리하였다.

일자		차변	금액		대변	금액
8일	(차)	단기대여금	50,000	(대)	현 금	50,000
9일	(차)	외상매출금	100,000	(대)	매 출	100,000
12일	(차)	매 입	281,000	(대)	외상매입금	280,000
					현 금	1,000
17일	(차)	현 금	125,000	(대)	매 출	250,000
		외상매출금	125,000			
25일	(차)	현 금	70,000	(대)	외상매출금	70,000
27일	(차)	외상매입금	200,000	(대)	현 금	200,000
29일	(차)	현 금	50,250	(대)	단기대여금	50,000
					이자수익	250
30일	(차)	종업원급여	15,000	(대)	현 금	15,000

<결산정리분개>

일자		차변	금액		대변	금액
30일	(차)	매출원가	0	(대)	상품(기초)	0
	(차)	매출원가	401,000	(대)	매 입	401,000
	(차)	상품(기말)	121,000	(대)	매출원가	121,000
30일	(차)	외상매출금 대손상각비	1,550	(대)	외상매출금 대손충당금	1,550
30일	(차)	건물 감가상각비	3,750	(대)	건물 감가상각누계액	3,750
	(차)	차량운반구 감가상각비	450	(대)	차량운반구 감가상각누계액	450
30일	(차)	이자비용	1,200	(대)	미지급이자비용	1,200

물음

총계정원장(T계정 양식)부터 재무제표까지 모두 작성하시오. 단, 총계정원장을 작성할 때 기중분개와 결산정리분개를 함께 전기하고, 마감한다. 세금 관련 비용은 고려하지 않는다.

해답 ···

<총계정원장(기중분개 + 결산정리분개)>

현 금 No.1

4/ 1	제좌	400,000	4/ 2	차량운반구	30,000
17	매출	125,000	3	영업비	10,000
25	외상매출금	70,000	7	매입	80,000
29	제좌	50,250	8	단기대여금	50,000
			12	매입	1,000
			27	외상매입금	200,000
			30	종업원급여	15,000

외상매출금 No.2

4/ 9	매출	100,000	4/ 25	현금	70,000
17	매출	125,000			

단기대여금 No.3

4/ 8	현금	50,000	4/ 29	현금	50,000

매 입 No.4

4/ 7	제좌	120,000	4/ 30	매출원가	401,000
12	제좌	281,000			

차량운반구 No.5

4/ 2	현금	30,000			

건 물 No.6

4/ 1	제좌	500,000			

외상매입금 No.7

4/ 27	현금	200,000	4/ 7	매입	40,000
			12	매입	280,000

단기차입금 No.8

			4/ 1	제좌	200,000

자본금 No.9

			4/ 1	제좌	700,000

매 출 No.10

			4/ 9	외상매출금	100,000
			17	제좌	250,000

이자수익 No.11

			4/ 29	현금	250

영업비 No.12

4/ 3	현금	10,000			

종업원급여 No.13

4/ 30	현금	15,000			

상 품 No.21

4/ 30	매출원가	121,000	4/ 30	매출원가	0

매출원가 No.14

4/30	상품	0	4/30	상품	121,000
30	매입	401,000			

대손상각비 No.15

4/30	대손충당금	1,550			

대손충당금 No.16

			4/30	대손상각비	1,550

감가상각비 No.17

4/30	감가상각누계액	3,750			
	감가상각누계액	450			

감가상각누계액 No.18

			4/30	감가상각비	3,750
				감가상각비	450

이자비용 No.19

4/30	미지급이자비용	1,200			

미지급이자비용 No.20

			4/30	이자비용	1,200

수정후합계잔액시산표

차변		원면	계정과목	대변	
잔액	합계			합계	잔액
259,250	645,250	1	현금	386,000	
155,000	225,000	2	외상매출금	70,000	
0	50,000	3	단기대여금	50,000	
0	401,000	4	매입	401,000	
30,000	30,000	5	차량운반구		
500,000	500,000	6	건물		
	200,000	7	외상매입금	320,000	120,000
		8	단기차입금	200,000	200,000
		9	자본금	700,000	700,000
		10	매출	350,000	350,000
		11	이자수익	250	250
10,000	10,000	12	영업비		
15,000	15,000	13	종업원급여		
121,000	121,000	21	상품	0	
280,000	401,000	14	매출원가	121,000	
1,550	1,550	15	대손상각비		
		16	대손충당금	1,550	1,550
4,200	4,200	17	감가상각비		
		18	감가상각누계액	4,200	4,200
1,200	1,200	19	이자비용		
		20	미지급이자비용	1,200	1,200
1,377,200	2,605,200			2,605,200	1,377,200

정 산 표
(4. 1~4. 30.)

계 정 과 목	원면	수정전시산표		결산정리분개		포괄손익계산서		재무상태표	
		차 변	대 변	차 변	대 변	차 변	대 변	차 변	대 변
현 금	1	259,250						259,250	
외 상 매 출 금	2	155,000						155,000	
매 입	4	401,000			401,000				
차 량 운 반 구	5	30,000						30,000	
건 물	6	500,000						500,000	
외 상 매 입 금	7		120,000						120,000
단 기 차 입 금	8		200,000						200,000
자 본 금	9		700,000						700,000
매 출	10		350,000				350,000		
이 자 수 익	11		250				250		
영 업 비	12	10,000				10,000			
종 업 원 급 여	13	15,000				15,000			
		1,370,250	1,370,250						
상 품	21			121,000				121,000	
매 출 원 가	14			401,000	121,000	280,000			
대 손 상 각 비	15			1,550		1,550			
대 손 충 당 금	16				1,550				1,550
감 가 상 각 비	17			4,200		4,200			
감가상각누계액	18				4,200				4,200
이 자 비 용	19			1,200		1,200			
미지급이자비용	20				1,200				1,200
당 월 순 이 익						38,300			38,300
						350,250	350,250	1,065,250	1,065,250

재무상태표

현 금	259,250	외 상 매 입 금	120,000
외 상 매 출 금	155,000	단 기 차 입 금	200,000
대 손 충 당 금	(1,550)	미 지 급 이 자 비 용	1,200
상 품	121,000	자 본 금	700,000
차 량 운 반 구	29,550	이 익 잉 여 금	38,300
건 물	496,250	(당월순이익 38,300)	
	1,059,500		1,059,500

포괄손익계산서

매 출 원 가	280,000	매 출	350,000
영 업 비	10,000	이 자 수 익	250
종 업 원 급 여	15,000		
대 손 상 각 비	1,550		
감 가 상 각 비	4,200		
이 자 비 용	1,200		
당 월 순 이 익	38,300		
	350,250		350,250

<총계정원장(마감분개)>

현 금 No.1

날짜	적요	금액	날짜	적요	금액
4/ 1	제 좌	400,000	4/ 2	차량운반구	30,000
17	매 출	125,000	3	영 업 비	10,000
25	외상매출금	70,000	7	매 입	80,000
29	제 좌	50,250	8	단기대여금	50,000
			12	매 입	1,000
			27	외상매입금	200,000
			30	종업원급여	15,000
			30	차 월 이 월	259,250
		645,250			645,250
5/ 1	전 월 이 월	259,250			

외상매출금 No.2

날짜	적요	금액	날짜	적요	금액
4/ 9	매 출	100,000	4/ 25	현 금	70,000
17	매 출	125,000	30	차 월 이 월	155,000
		225,000			225,000
5/ 1	전 월 이 월	155,000			

단기대여금 No.3

날짜	적요	금액	날짜	적요	금액
4/ 8	현 금	50,000	4/ 29	현 금	50,000
		50,000			50,000

매 입 No.4

날짜	적요	금액	날짜	적요	금액
4/ 7	제 좌	120,000	4/ 30	매 출 원 가	401,000
12	제 좌	281,000			
		401,000			401,000

차량운반구 No.5

날짜	적요	금액	날짜	적요	금액
4/ 2	현 금	30,000	4/ 30	차 월 이 월	30,000
		30,000			30,000
5/ 1	전 월 이 월	30,000			

건 물 No.6

날짜	적요	금액	날짜	적요	금액
4/ 1	제 좌	500,000	4/ 30	차 월 이 월	500,000
		500,000			500,000
5/ 1	전 월 이 월	500,000			

외상매입금 No.7

날짜	적요	금액	날짜	적요	금액
4/ 27	현 금	200,000	4/ 7	매 입	40,000
30	차 월 이 월	120,000	12	매 입	280,000
		320,000			320,000
			5/ 1	전 월 이 월	120,000

단기차입금 No.8

날짜	적요	금액	날짜	적요	금액
4/ 30	차 월 이 월	200,000	4/ 1	제 좌	200,000
		200,000			200,000
			5/ 1	전 월 이 월	200,000

자본금 No.9

4/ 30	차 월 이 월	738,300	4/ 1	제 좌	700,000
			30	집 합 손 익	38,300
		738,300			738,300
			5/ 1	전 월 이 월	738,300

매 출 No.10

4/ 30	집 합 손 익	350,000	4/ 9	외 상 매 출 금	100,000
			17	제 좌	250,000
		350,000			350,000

이자수익 No.11

4/ 30	집 합 손 익	250	4/ 29	현 금	250
		250			250

영업비 No.12

4/ 3	현 금	10,000	4/ 30	집 합 손 익	10,000
		10,000			10,000

종업원급여 No.13

4/ 30	현 금	15,000	4/ 30	집 합 손 익	15,000
		15,000			15,000

상 품 No.21

4/ 30	매 출 원 가	121,000	4/ 30	매 출 원 가	0
			30	차 월 이 월	121,000
		121,000			121,000
5/ 1	전 월 이 월	121,000			

매출원가 No.14

4/ 30	상 품	0	4/ 30	상 품	121,000
30	매 입	401,000	30	집 합 손 익	280,000
		401,000			401,000

대손상각비 No.15

4/ 30	대 손 충 당 금	1,550	4/ 30	집 합 손 익	1,550
		1,550			1,550

대손충당금 No.16

4/ 30	차 월 이 월	1,550	4/ 30	대 손 상 각 비	1,550
		1,550			1,550
			5/ 1	전 월 이 월	1,550

감가상각비 No.17

4/ 30	감 가 상 각 누 계 액	3,750	4/ 30	집 합 손 익	4,200
	감 가 상 각 누 계 액	450			
		4,200			4,200

감가상각누계액 No.18

4/30	차월이월	4,200	4/30	감가상각비	3,750
				감가상각비	450
		4,200			4,200
			5/1	전월이월	4,200

이자비용 No.19

4/30	미지급이자비용	1,200	4/30	집합손익	1,200
		1,200			1,200

미지급이자비용 No.20

4/30	차월이월	1,200	4/30	이자비용	1,200
		1,200			1,200
			5/1	전월이월	1,200

집합손익

4/30	매출원가	280,000	4/30	매출	350,000
30	영업비	10,000	30	이자수익	250
30	종업원급여	15,000			
30	대손상각비	1,550			
30	감가상각비	4,200			
30	이자비용	1,200			
30	자본금	38,300			
		350,250			350,250

이월합계잔액시산표

차변 잔액	차변 합계	원면	계정과목	대변 합계	대변 잔액
259,250	645,250	1	현금	386,000	
155,000	225,000	2	외상매출금	70,000	
		16	대손충당금	1,550	1,550
0	50,000	3	단기대여금	50,000	
121,000	121,000	21	상품	0	
30,000	30,000	5	차량운반구		
		18	감가상각누계액	450	450
500,000	500,000	6	건물		
		18	감가상각누계액	3,750	3,750
	200,000	7	외상매입금	320,000	120,000
		8	단기차입금	200,000	200,000
		20	미지급이자비용	1,200	1,200
		9	자본금	700,000	700,000
		22	이익잉여금	38,300	38,300
1,065,250	1,771,250			1,771,250	1,065,250

[기말재고자산 평가시 고려사항]

재고자산 평가에 있어서 고려해야 할 사항은 보고기간 말 현재 재고자산의 장부금액을 적절하게 결정하는 것이다. 재무상태표일 현재 자산(매출채권, 기말재고), 부채(매입채무) 및 포괄손익계산서에 표시될 매출액과 매출원가를 적정하게 계산하기 위해서는 어떤 회계기간의 매입 또는 매출인지를 결정하여야 한다. 즉 상품의 매입과 매출거래는 연속적으로 이루어지기 때문에 결산일 전후에 발생한 거래에 있어서 어느 회계기간의 매입·매출 거래인지를 결정하여야만 정확한 매출액과 매출원가 및 재고자산을 파악할 수 있다. 한편, 일반기업회계기준에서는 '특정 수량의 재고자산을 기말 장부금액에 포함할 것인지의 여부는 '수익인식(일반기업회계기준 제16장 수익 제1절 참조)'에서 규정하고 있는 재화의 판매나 용역의 제공으로 인한 수익인식기준에 의해서 결정한다.'라고 규정하고 있다. 특정 수량의 재고자산을 기말 장부금액에 포함할 것인지의 여부에 관한 구체적인 [예]는 다음과 같다. (일반기업회계기준 제7장 재고자산 실무지침)

- 미착상품 : 운송 중에 있어 아직 도착하지 않은 미착상품은 법률적인 소유권의 유무에 따라서 재고자산 포함 여부를 결정한다. 법률적인 소유권 유무는 매매계약상의 거래조건에 따라서 다르다. 선적지 인도조건인 경우에는 상품이 선적된 시점에 소유권이 매입자에게 이전되기 때문에 미착상품은 매입자의 재고자산에 포함된다. 그러나 목적지 인도조건인 경우에는 상품이 목적지에 도착하여 매입자가 인수한 시점에 소유권이 매입자에게 이전되기 때문에 매입자의 재고자산에 포함되지 않는다.
- 시송품 : 시송품은 매입자로 하여금 일정기간 사용한 후에 매입 여부를 결정하라는 조건으로 판매한 상품을 말한다. 시송품은 비록 상품에 대한 점유는 이전되었으나 매입자가 매입의사표시를 하기 전까지는 판매되지 않은 것으로 보아야 하기 때문에 판매자의 재고자산에 포함한다.
- 적송품 : 적송품은 위탁자가 수탁자에게 판매를 위탁하기 위하여 보낸 상품을 말한다. 적송품은 수탁자가 제3자에게 판매를 할 때까지 비록 수탁자가 점유하고 있으나 단순히 보관하고 있는 것에 불과하므로 소유권이 이전된 것이 아니다. 따라서 적송품은 수탁자가 제3자에게 판매하기 전까지는 위탁자의 재고자산에 포함한다.
- 저당상품 : 금융기관 등으로부터 자금을 차입하고 그 담보로 제공된 저당상품은 저당권이 실행되기 전까지는 담보제공자가 소유권을 가지고 있다. 따라서 저당권이 실행되어 소유권이 이전되기 전에는 단순히 저당만 잡힌 상태이므로 담보제공자의 재고자산에 속한다.
- 반품률이 높은 재고자산 : 반품률이 높은 상품의 판매에 있어서는 반품률의 합리적 추정가능성 여부에 의하여 재고자산 포함 여부를 결정한다. 반품률을 과거의 경험 등에 의하여 합리적으로 추정가능한 경우에는 상품 인도시에 반품률을 적절히 반영하여 판매된 것으로 보아 판매자의 재고자산에서 제외한다. 그러나 반품률을 합리적으로 추정할 수 없을 경우에는 구매자가 상품의 인수를 수락하거나 반품기간이 종료된 시점까지는 판매자의 재고자산에 포함한다.
- 할부판매상품 : 재고자산을 고객에게 인도하고 대금의 회수는 미래에 분할하여 회수하기로 한 경우 대금이 모두 회수되지 않았다고 하더라도 상품의 판매시점에서 판매자의 재고자산에서 제외한다.

예제

[Case 1]

다음은 (주)장안이 20×1년 12월 31일에 실시한 재고자산 조사결과이다. 이때 창고에 보관 중인 기말재고자산의 원가는 ₩2,000,000으로 파악되다. 이 금액에는 아래에 나열된 거래들이 포함되어 있지 않다. 결산일은 12월 31일이다. 결산일 현재 (주)장안의 올바른 기말재고자산 금액은 얼마인가?

(1) 20×1년 12월 29일에 (주)장안은 선적지 인도기준으로 상품을 구입하였는데, 이 상품의 선적일은 12월 30일이나 결산일 현재 미도착된 상태이다. 이 상품의 매입가격은 ₩150,000이고 운임은 ₩1,500이다.

(2) 20×1년 12월 23일에 도착지 인도기준으로 구입한 상품이 결산일에 (주)장안에 도착하였으나, 매입처로부터 송장을 받지 못하여 아직 장부에 미기록 상태이고 실지재고조사에도 미포함되다. 이 상품의 송장가격은 ₩170,000이고 운임은 ₩2,000이다.

(3) (주)장안은 위탁판매도 하고 있는데, 결산일 현재 수탁업자들이 보유하고 있는 (주)장안의 상품원가는 ₩700,000이다. (주)장안은 이 상품을 적송하는데 ₩7,000의 운임을 지급하였으며, 이 상품의 판매가격은 ₩1,000,000이다.

(4) (주)장안이 시용판매를 하기 위하여 거래처에 발송한 시송품은 ₩2,000,000(판매가격)으로 이 중 결산일 현재 거래처에서 매입하겠다는 통지를 한 것은 ₩1,700,000(판매가격)이다. (주)장안은 시용품의 판매가격을 원가의 20% 가산으로 책정하고 있다.

(5) (주)장안은 상품 중 ₩300,000을 금융기관에 담보로 제공하고 운영자금 ₩300,000을 차입하다. 차입계약에 따르면 담보로 제공된 상품을 판매하게 되면 동 상품의 판매가격을 우선적으로 차입금 상환에 사용하여야 한다. (주)장안은 동 상품 중 ₩100,000을 판매하고 매출로 기록하였으나 남은 상품 ₩200,000은 담보로 제공되어 있으므로 실제 재고조사에 미포함시키다.

해답 •••

실제 재고조사액(창고에 보관 중인 기말재고자산의 원가)	₩2,000,000
조정액	
(1) 선적지 인도기준(₩150,000 + ₩1,500)	151,500
(2) 도착지 인도기준	170,000
(3) 위탁판매(₩700,000 + ₩7,000)	707,000
(4) 시용판매[(₩2,000,000 - ₩1,700,000)×(1÷1.2)]	250,000
(5) 저당상품	200,000
올바른 기말재고자산 금액	₩3,478,500

[창고 보관 중]

포괄손익계산서	
기말상품재고액	2,000,000

[올바른 금액]

포괄손익계산서	
기말상품재고액	3,478,500

* 도착지 인도기준인 경우의 운임 ₩2,000은 판매운임으로써, 판매자가 부담한다.

[참조]

1) 20×1년 12월 31일에 선적지 인도기준으로 고객에게 대금을 청구한 상품이 기말재고실사에 포함되어 있다. 이 상품은 고객이 인수해 가도록 (주)장안의 하역장에 별도로 보관되고 있다. 이러한 경우에 (주)장안은 다음과 같이 회계처리하여야 한다. 선적지 인도기준의 매출이라도 20×1년 12월 31일까지 선적되지 않았으므로 (주)장안은 20×1년의 매출로 기록하여서는 안 되며, 20×1년의 기말재고에 포함시켜야 한다.

2) 20×1년 12월 28일에 도착지 인도기준으로 고객에게 선적한 상품이 20×1년 12월 31일 현재 운송 중에 있다. 20×2년 1월 2일에 고객에게서 상품을 인수하였다는 통보를 받고 (주)장안은 매출을 기록하였다. 이러한 경우에 (주)장안은 다음과 같이 회계처리하여야 한다. 도착지 인도기준으로 고객에게 선적한 상품이 운송 중에 있으므로 상품에 대한 소유권은 (주)장안에 있으므로, 20×1년의 기말재고에 포함시켜야 한다.

[Case 2]

다음은 20×7년 1월 1일부터 12월 31일까지 (주)서울의 재고자산과 관련된 자료를 요약한 것이다. 아래의 자료를 이용하여 (주)서울의 매출원가를 계산하면 얼마인가?

항 목	금 액 (취득원가기준)	비 고
기초재고자산	₩100,000	
당기 매입액	500,000	
기말재고자산 실사액	50,000	창고 보유분
미착상품	30,000	도착지 인도조건으로 현재 운송 중
적송품(위탁판매)	100,000	60% 판매 완료
시송품(시용판매)	30,000	고객이 매입의사표시를 한 금액 : ₩10,000
저당상품	20,000	차입금에 대하여 담보로 제공되어 있고, 기말재고자산 실사액에는 포함되어 있지 않음
반품가능판매	35,000	반품액의 합리적인 추정 불가

해답

기말재고자산 : 기말재고자산 실사액 ₩50,000 + 적송품 ₩40,000[= ₩100,000×(1 - 0.6)] + 시송품 ₩20,000[= ₩30,000 - ₩10,000] + 저당상품 ₩20,000 + 반품가능판매 ₩35,000 = ₩165,000

매출원가 : 기초재고자산 ₩100,000 + 당기 매입액 ₩500,000 - 기말재고자산 ₩165,000 = ₩435,000

포괄손익계산서

매출원가		435,000
기초재고자산	100,000	
당기 매입액	500,000	
기말재고자산	(165,000)	

▌보론 3 ▌부가가치세

부가가치세란 재화[재산 가치가 있는 물건 및 권리]의 거래나 용역[재화 외에 재산 가치가 있는 모든 역무(役務)와 그 밖의 행위]의 제공과정에서 얻어지는 모든 거래단계에서 생성되는 부가가치를 과세대상으로 하는 간접세를 말한다. 즉 부가가치세는 재화 또는 용역의 최종 소비자가 부담하게 되며, 제조업자나 유통업자는 단순히 세금을 중간에서 징수하여 납부하는 역할만을 담당하게 된다. 현재 우리나라에서 사용하고 있는 부가가치세 산정방식은 전단계세액공제법(invoice method)이다.

[부가가치세 : 일반과세, 영세율, 면세, 간이과세]

부가가치세의 기본세율은 10%이다. 특정한 재화 또는 용역의 공급에 대해서는 기본세율 대신에 영(零) 퍼센트의 세율(이하 영세율이라 한다)을 적용하고 있으며, 기본세율과 영세율 이외에도 부가가치세의 납세의무가 없는 면세제도가 있으며, 면세의 의미는 부가가치세법상 과세대상거래가 아니라는 뜻이다[**참조** : 부가가치세법에 의해서, 재화의 수출, 용역의 국외공급, 외국항행용역의 공급, 외화 획득 재화 또는 용역의 공급에 대하여는 영세율을 적용한다. 또한 부가가치세법에서는 면세에 해당되는 재화 또는 용역의 공급, 재화의 수입에 대해 열거하고 있다. 부가가치세법에 의해서, 영세율은 과세사업자(간이과세자 포함)에 한하여 적용한다. 부가가치세법에 의해서, 사업자는 면세의 포기를 신고함으로써 영세율을 적용받을 수 있다.]

※ 부가가치세 납부세액 = (매출액×적용세율) - 매입세액 = 매출세액 - 매입세액
간이과세자 납부세액 = (공급대가×업종별 부가가치율×10%) - (매입세액×업종별 부가가치율)
* 매입세액이란 세금계산서에 기재된 금액을 말함

※ 간이과세대상자는 직전 연도의 재화와 용역의 공급대가(= 공급가액 + 부가가치세)의 합계액이 8,000만원부터 8,000만원의 130%(즉 1억 4백만원)에 해당하는 금액까지의 범위에서 대통령령이 정하는 금액(8,000만원, 2024년 7월 이후부터는 1억 4백만원으로 상향 조정)에 미달하는 개인사업자로 한다.

부가가치세법상 과세기간은 원칙적으로 1년을 제1기(1월 1일 ~ 6월 30일), 제2기(7월 1일 ~ 12월 31일)로 구분하여 운용하고 있다. 사업자는 예정신고기간의 종료 후 25일 이내에 각 예정신고기간에 대한 과세표준과 납부세액(또는 환급세액)을 납세지 관할 세무서장에게 신고하여야 한다. 사업자는 각 과세기간에 대한 과세표준과 납부세액(또는 환급세액)을 당해 과세기간 종료 후 25일(외국법인은 50일) 이내에 납세지 관할 세무서장에게 신고(확정신고)하고 그 납부세액을 납부(환급세액의 경우에는 신고만 하면 됨)하여야 한다.

과세기간		신고 · 납부기한
제1기(1월 1일 ~ 6월 30일)	예정신고기간 : 1월 1일 ~ 3월 31일	4월 25일
	확정신고기간 : 1월 1일 ~ 6월 30일	7월 25일
제2기(7월 1일 ~ 12월 31일)	예정신고기간 : 7월 1일 ~ 9월 30일	10월 25일
	확정신고기간 : 7월 1일 ~ 12월 31일	익년 1월 25일

[참조]
회계상 거래를 인식하는 과정에서 각 거래단계별로 과세되는 부가가치세를 반드시 고려하여 부가가치세 과세 여부를 파악하여야 한다. 각 거래단계에서 일반과세 적용대상 거래인지, 영세율 적용대상 거래인지, 면세 적용대상 거래인지 여부에 따라 거래징수와 매입세액 공제 여부 및 세율 적용 등 과세체계를 달리 파악하여야 한다.
제조업자는 제조단계에서 창출한 부가가치 ₩10,000에 재화를 도매업자에게 공급하고, 도매업자는 이전 거래단계인 제조업자로부터 10,000원에 매입하여 도매단계에서 창출한 부가가치 ₩3,000을 더하여 소매업자에게 공급한다. 소매업자는 이전 거래단계인 도매업자로부터 ₩13,000에 매입하여 소매단계에서 창출한 부가가치 ₩2,000을 더하여 최종 소비자에게 공급하게 된다.
한편, 도매업자와 소매업자(일반과세) 사이의 거래를 살펴보면, 도매업자가 재화를 공급하면서 소매업자에게 매출세액을 거래징수하며, 소매업자는 재화를 공급받으면서 도매업자에게 매입세액을 거래징수 당한다. 이러한 과정에서 거래징수 및 매입세액 공제 여부에 대한 근거로서 거래증빙인 세금계산서를 주고받게 된다.

			일반과세	영세율	면세
거래단계	제조업자	도매업자	소매업자(10%)	소매업자(0%)	소매업자(면세)
부가가치	10,000	3,000	2,000	2,000	2,000
매출	10,000	13,000	15,000	15,000	16,300
매출세액	1,000	1,300	1,500	0	0
매입	0	10,000	13,000	13,000	13,000
매입세액	0	1,000	1,300	1,300	1,300
납부세액	1,000	300	200	△1,300	0
최종 소비자의 구입액(공급대가)			16,500	15,000	16,300

- 제조업자
  - 매출

(차) 현 금	11,000	(대) 매 출	10,000
		부가가치세예수금	1,000

  - 매입(설명 편의상, 제조업자 입장에서의 매입 관련 회계처리는 없다고 가정함)
  - 매출세액(부가가치세예수금 ₩1,000)
  - 매입세액(부가가치세대급금 ₩0)
  - 부가가치세 납부세액(₩1,000 - ₩0 = ₩1,000)

- 도매업자
  - 매출

(차) 현 금	14,300	(대) 매 출	13,000
		부가가치세예수금	1,300

  - 매입

(차) 매 입	10,000	(대) 현 금	11,000
부가가치세대급금	1,000		

  - 매출세액(부가가치세예수금 ₩1,300)
  - 매입세액(부가가치세대급금 ₩1,000)
  - 부가가치세 납부세액(₩1,300 - ₩1,000 = ₩300)

• 소매업자(일반과세)

- 매출

(차) 현 금	16,500	(대) 매 출	15,000
		부가가치세예수금	1,500

- 매입

(차) 매 입	13,000	(대) 현 금	14,300
부가가치세대급금	1,300		

- 매출세액(부가가치세예수금 ₩1,500)
- 매입세액(부가가치세대급금 ₩1,300)
- 부가가치세 납부세액(₩1,500 - ₩1,300 = ₩200)
- 소매업자(일반과세)는 이전 거래단계인 도매업자에게서 매입한 ₩13,000과 소매단계에서 창출한 부가가치 ₩2,000을 더하여 최종 소비자에게 공급하게 되며, 도매업자에게 거래징수 당한 매입세액 ₩1,300은 최종 소비자에게 거래징수한 매출세액 ₩1,500(= ₩15,000×10%)에서 공제 가능하다. 따라서 부가가치세 납부세액 ₩200(= ₩1,500 - ₩1,300)을 납부하게 된다. 한편, 과세당국 입장에서 보면, 동 거래로 인하여 과세하는 부가가치세 ₩1,500은 제조업자에게서 ₩1,000, 도매업자에게서 ₩300, 소매업자에게서 ₩200을 징수하게 된다.

• 소매업자(영세율)

- 매출

(차) 현 금	15,000	(대) 매 출	15,000

- 매입

(차) 매 입	13,000	(대) 현 금	14,300
부가가치세대급금	1,300		

- 매출세액(부가가치세예수금 ₩0, 영세율이 적용되므로 매출세액 ₩0이 됨)
- 매입세액(부가가치세대급금 ₩1,300, 도매단계에서 과세된 부가가치세가 공제됨)
- 부가가치세 납부세액(₩0 - ₩1,300 = △₩1,300, 환급)
- 소매업자(영세율)는 이전 거래단계인 도매업자에게서 매입한 ₩13,000과 소매단계에서 창출한 부가가치 ₩2,000을 더하여 최종 소비자에게 공급하게 되며, 최종 소비자에게 거래징수한 매출세액은 ₩0(= ₩15,000×0%)이며, 도매업자에게 거래징수 당한 매입세액 ₩1,300(= ₩0 - ₩1,300)은 공제받으므로 결국 매입세액 ₩1,300을 환급받게 된다.

• 소매업자(면세)

- 매출

(차) 현 금	16,300	(대) 매 출	16,300

- 매입

(차) 매 입	14,300	(대) 현 금	14,300

- 매출세액(부가가치세예수금 ₩0, 면세가 적용되므로 매출세액 발생하지 않음)
- 매입세액(부가가치세대급금 ₩0, 도매단계에서 과세된 부가가치세가 공제되지 않으며, 취득원가로 계상됨)
- 부가가치세 납부세액(₩0 - ₩0 = ₩0)
- 소매업자(면세)는 이전 거래단계인 도매업자에게서 매입한 ₩13,000과 소매단계에서 창출한 부가가치 ₩2,000을 더하여 최종 소비자에게 공급하게 되며, 소매업자(면세)는 부가가치세 납세의무가 없으므로 매출세액은 발생하지 않으며 도매업자에게 거래징수 당한 매입세액 ₩1,300은 공제받지 못하므로, 결국 매입세액 ₩1,300을 매출액 ₩16,300(= ₩15,000 + ₩1,300)에 포함시켜 최종 소비자가 부담하게 된다. 즉 공제받지 못한 매입세액 ₩1,300이 취득원가로 계상되어 최종 소비자가 부담하게 된다.

형성평가

[문 1] 포괄손익계산서(기능별)의 매출총손익 계산과 관련된 항목들이다. 이들 상호 간의 관계를 고려하여 ①~⑩에 적절한 금액을 기입하시오.

항목 \ 기업	기업 I	기업 II	기업 III	기업 IV	기업 V
총 매 출 액	₩350,000	③	₩410,000	₩270,300	₩536,200
매 출 환 입	1,000	₩0	1,600	3,100	⑨
매 출 에 누 리	2,000	1,500	800	1,600	1,900
기 초 재 고 액	43,000	65,000	⑤	67,200	86,000
총 매 입 액	270,000	④	425,000	240,000	572,000
매 입 운 임	5,000	4,000	2,000	⑦	10,000
매 입 환 출	12,000	2,000	1,700	5,000	2,400
기 말 재 고 액	28,000	30,000	42,000	46,000	⑩
매 출 원 가	①	240,000	⑥	275,000	460,000
매 출 총 손 익	②	52,000	△56,500	⑧	72,000

* 단, 세금 관련 비용은 모두 반영되어 있다고 가정한다. 한편, 손실은 △ 표시한다.

[문 2] 재무상태표와 포괄손익계산서에 관련된 항목들이다. 이들 상호 간의 관계를 고려하여 ①~⑪에 적절한 금액을 기입하시오. 단, 기타수익 및 기타비용은 없다고 가정한다.

항목 \ 기업	기업 I	기업 II	기업 III	기업 IV
기 초 자 산	₩10,000		⑥	₩8,200
기 초 부 채	6,000		₩2,000	4,000
기 초 자 본		₩8,000		⑨
기 말 자 산	11,000			9,600
기 말 부 채	①			6,000
기 말 자 본	5,000		10,000	
순 매 출 액		15,000	14,000	20,000
기 초 재 고 액		6,000	⑦	
순 매 입 액		10,000	6,000	
기 말 재 고 액		7,000	7,000	
매 출 원 가		③	⑧	⑩
매 출 총 이 익		④	6,000	
판 매 관 리 비		4,000	4,000	5,000
당 기 순 이 익	②	⑤		⑪

* 단, 법인세비용은 ₩0이라고 가정한다. 한편, 손실은 △ 표시한다.

정답 및 해설

[문 1] 포괄손익계산서(기능별)의 매출총손익 계산과 관련된 항목들

[사전지식]
총매출액 - 매출에누리 - 매출환입 - 매출할인 = 순매출액
순매출액 - 매출원가 = 매출총이익
매출원가 = 기초재고액 + 순매입액 - 기말재고액
순매입액 = 총매입액 - 매입에누리 - 매입환출 - 매입할인 + 매입운임

기업Ⅰ : ① 278,000 ② 69,000
기업Ⅱ : ③ 293,500 ④ 203,000
기업Ⅲ : ⑤ 80,800 ⑥ 464,100
기업Ⅳ : ⑦ 18,800 ⑧ △9,400
기업Ⅴ : ⑨ 2,300 ⑩ 205,600

[계산근거] (단위 : 원)
기업Ⅰ : ① 43,000 + (270,000 + 5,000 - 12,000) - 28,000 = ① ∴ ① = 278,000
② (350,000 - 1,000 - 2,000) - 278,000(① 참조) = ② ∴ ② = 69,000

포괄손익계산서

매출액	350,000 - 1,000 - 2,000 =	×××
매출원가		(①)
기초상품재고액	43,000	
당기상품매입액	270,000 + 5,000 - 12,000 = ×××	
기말상품재고액	(28,000)	
매출총이익		②

기업Ⅱ : ③ (③ - 0 - 1,500) - 240,000 = 52,000 ∴ ③ = 293,500
④ 65,000 + (④ + 4,000 - 2,000) - 30,000 = 240,000 ∴ ④ = 203,000

포괄손익계산서

매출액	③ - 0 - 1,500 =	×××
매출원가		(240,000)
기초상품재고액	65,000	
당기상품매입액	④ + 4,000 - 2,000 = ×××	
기말상품재고액	(30,000)	
매출총이익		52,000

기업Ⅲ : ⑥ 410,000 - 1,600 - 800 = 407,600(순매출액)
407,600 - (△56,500) = ⑥ ∴ ⑥ = 464,100
⑤ ⑤ + (425,000 + 2,000 - 1,700) - 42,000 = 464,100(⑥ 참조) ∴ ⑤ = 80,800

포괄손익계산서

매출액	410,000 - 1,600 - 800 =	×××
매출원가		(⑥)
기초상품재고액	⑤	
당기상품매입액	425,000 + 2,000 - 1,700 = ×××	
기말상품재고액	(42,000)	
매출총이익		△56,500

기업Ⅳ : ⑦ 67,200 + (240,000 + ⑦ - 5,000) - 46,000 = 275,000 ∴ ⑦ = 18,800
⑧ (270,300 - 3,100 - 1,600) - 275,000 = ⑧ ∴ ⑧ = △9,400

포괄손익계산서

매출액	270,300 - 3,100 - 1,600 =	×××
매출원가		(275,000)
기초상품재고액	67,200	
당기상품매입액	240,000 + ⑦ - 5,000 = ×××	
기말상품재고액	(46,000)	
매출총이익		⑧

기업Ⅴ : ⑨ (536,200 - ⑨ - 1,900) - 460,000 = 72,000 ∴ ⑨ = 2,300
⑩ 86,000 + (572,000 + 10,000 - 2,400) - ⑩ = 460,000 ∴ ⑩ = 205,600

포괄손익계산서

매출액	536,200 - ⑨ - 1,900 =	×××
매출원가		(460,000)
기초상품재고액	86,000	
당기상품매입액	572,000 + 10,000 - 2,400 = ×××	
기말상품재고액	(⑩)	
매출총이익		72,000

[문 2] 재무상태표와 포괄손익계산서에 관련된 항목들

[사전지식]
기말자산 = 기말부채 + 기초자본 + (순매출액 - 매출원가 - 판매관리비)

기업Ⅰ : ① 6,000 ② 1,000
기업Ⅱ : ③ 9,000 ④ 6,000 ⑤ 2,000
기업Ⅲ : ⑥ 10,000 ⑦ 9,000 ⑧ 8,000
기업Ⅳ : ⑨ 4,200 ⑩ 15,600 ⑪ △600

[계산근거] (단위 : 원)
기업Ⅰ : ① 11,000 = ① + 5,000 ∴ ① = 6,000
② 10,000 - 6,000 = 4,000(기초자본)
5,000(기말자본) - 4,000(기초자본) = ② ∴ ② = 1,000

재무상태표(기초)

자산	10,000	부채	6,000
		자본	

재무상태표(기말)

자산	11,000	부채	①
		자본	5,000

포괄손익계산서

매출액		
매출원가		
기초상품재고액		
당기상품매입액		
기말상품재고액		
매출총이익		
판매관리비		
영업이익		
당기순이익		②

기업Ⅱ : ③ 6,000 + 10,000 - 7,000 = ③ ∴ ③ = 9,000
④ 15,000 - 9,000(③ 참조) = ④ ∴ ④ = 6,000
⑤ 6,000(④ 참조) - 4,000 = ⑤ ∴ ⑤ = 2,000

재무상태표(기초)

자산		부채	
		자본	8,000

재무상태표(기말)

자산		부채	
		자본	

포괄손익계산서

매출액		15,000
매출원가		(③)
기초상품재고액	6,000	
당기상품매입액	10,000	
기말상품재고액	(7,000)	
매출총이익		④
판매관리비		(4,000)
영업이익		
당기순이익		⑤

기업Ⅲ : ⑧ 14,000 - ⑧ = 6,000 ∴ ⑧ = 8,000
⑦ ⑦ + 6,000 - 7,000 = 8,000(⑧ 참조) ∴ ⑦ = 9,000
⑥ 6,000 - 4,000 = 2,000(당기순이익)
10,000 - 2,000(당기순이익) = 8,000(기초자본)
2,000(기초부채) + 8,000(기초자본) = ⑥ ∴ ⑥ = 10,000

재무상태표(기초)

자산	⑥	부채	2,000
		자본	

재무상태표(기말)

자산		부채	
		자본	10,000

포괄손익계산서

매출액		14,000
매출원가		(⑧)
기초상품재고액	⑦	
당기상품매입액	6,000	
기말상품재고액	(7,000)	
매출총이익		6,000
판매관리비		(4,000)
영업이익		
당기순이익		

기업Ⅳ : ⑨ 8,200 - 4,000 = ⑨ ∴ ⑨ = 4,200
⑪ 9,600 - 6,000 = 3,600(기말자본)
3,600(기말자본) - 4,200(⑨ 참조) = ⑪ ∴ ⑪ = △600
⑩ 5,000 + (△600) = 4,400(매출총이익)
20,000 - ⑩ = 4,400(매출총이익) ∴ ⑩ = 15,600

재무상태표(기초)

자산	8,200	부채	4,000
		자본	⑨

재무상태표(기말)

자산	9,600	부채	6,000
		자본	

포괄손익계산서

매출액		20,000
매출원가		(⑩)
기초상품재고액		
당기상품매입액		
기말상품재고액		
매출총이익		
판매관리비		(5,000)
영업이익		
당기순이익		⑪

제2장

원가회계의 기초개념

제1절 재고자산

재고자산(기업회계기준서 제1002호) 회계에서 중요한 주제는 자산으로 인식하고 이와 관련된 수익이 인식될 때까지 장부에 표시하는 원가 금액을 적절하게 결정하는 것이다.[1] 재고자산의 원가결정 및 순실현가능가치로 감액하는 것을 포함한 후속적 비용인식에 대한 지침을 제공하며, 재고자산의 원가를 배분하는 원가공식에 대한 지침도 제공한다.

1. 재고자산의 정의

재고자산이란 통상적인 영업과정에서 판매를 위하여 보유 중인 자산, 통상적인 영업과정에서 판매를 위하여 생산 중인 자산, 생산이나 용역제공에 사용될 원재료나 소모품 등을 말한다.[2] 재고자산은 외부에서 매입하여 재판매하기 위해 보유하는 상품, 토지와 그 밖의 자산을 포함한다. 재고자산은 완제품이나 생산 중인 재공품도 포함하며, 생산에 투입될 원재료와 소모품도 포함한다. 일반적으로 재고자산은 상품, 소모품, 원재료, 재공품, 제품 등으로 분류한다.

2. 재고자산의 취득원가

재고자산의 취득원가는 매입원가, 전환원가 및 재고자산을 현재의 장소에 현재의 상태로 이르게 하는 데 발생한 기타 원가 모두를 포함한다.

---

1) [기업회계기준서 제1118호 재무제표 표시와 공시 문단 B95] 영업주기는 영업활동을 위한 자산의 취득 시점부터 그 자산이 현금이나 현금성자산으로 실현되는 시점까지 소요되는 기간이다. 정상영업주기를 명확히 식별할 수 없는 경우에는 그 기간이 12개월인 것으로 가정한다. 유동자산은 보고기간 후 12개월 이내에 실현될 것으로 예상되지 않는 경우에도 재고자산과 매출채권과 같이 정상영업주기의 일부로서 판매, 소비 또는 실현되는 자산을 포함한다. 또한 유동자산은 주로 단기매매 목적으로 보유하고 있는 자산과, 비유동금융자산의 유동성 대체 부분을 포함한다.

2) [일반기업회계기준] 재고자산은 정상적인 영업과정에서 판매를 위하여 보유하거나 생산과정에 있는 자산 및 생산 또는 서비스 제공과정에 투입될 원재료나 소모품의 형태로 존재하는 자산을 말한다.

[재고자산의 취득원가]

[매입원가]
재고자산의 매입원가는 매입가격에 수입관세와 제세금(과세당국으로부터 추후 환급받을 수 있는 금액은 제외), 매입운임, 하역료 그리고 완제품, 원재료 및 용역의 취득과정에 직접 관련된 기타 원가를 가산한 금액이다. 매입할인, 리베이트 및 기타 유사한 항목은 매입원가를 결정할 때 차감한다.

[전환원가]
재고자산의 전환원가는 직접노무원가 등 생산량과 직접 관련된 원가를 포함한다. 또한 원재료를 완제품으로 전환하는데 드는 고정 및 변동 제조간접원가의 체계적인 배부액도 포함한다. 고정제조간접원가란 생산과정에서 사용되는 공장 건물, 기계장치, 사용권자산의 감가상각비 및 수선유지비와 공장 관리비처럼 생산량과는 상관없이 비교적 일정한 수준을 유지하는 간접 제조원가를 말한다. 변동제조간접원가는 간접재료원가나 간접노무원가처럼 생산량에 따라 직접적으로 또는 거의 직접적으로 변동되는 간접 제조원가를 말한다.
고정제조간접원가는 생산설비의 정상조업도에 기초하여 전환원가에 배부하는데, 실제조업도가 정상조업도와 유사한 경우에는 실제조업도를 사용할 수 있다. 정상조업도는 정상적인 상황에서 상당한 기간동안 평균적으로 달성할 수 있을 것으로 예상되는 생산량을 말하는데, 계획된 유지활동에 따른 조업도 손실을 고려한 것을 말한다. 생산단위당 고정제조간접원가 배부액은 낮은 조업도나 유휴설비로 인해 증가되지 않으며, 배부되지 않은 고정제조간접원가는 발생한 기간의 비용으로 인식한다. 그러나 비정상적으로 많은 생산이 이루어진 기간에는, 재고자산이 원가 이상으로 측정되지 않도록 생산단위당 고정제조간접원가 배부액을 감소시켜야 한다. 한편, 변동제조간접원가는 생산설비의 실제 사용에 기초하여 각 생산단위에 배부한다.
연산품이 생산되거나 주산물과 부산물이 생산되는 경우처럼 하나의 생산과정을 통하여 동시에 둘 이상의 제품이 생산될 수도 있다. 이 경우, 제품별 전환원가를 분리하여 식별할 수 없다면, 전환원가를 합리적이고 일관성 있는 방법으로 각 제품에 배부한다. 예를 들어, 각 제품을 분리하여 식별가능한 시점 또는 완성 시점의 제품별 상대적 판매가치를 기준으로 배부할 수 있다. 한편 대부분의 부산물은 본래 중요하지 않은데, 이 경우 부산물은 흔히 순실현가능가치로 측정하며 주산물의 원가에서 차감된다. 따라서 주산물의 장부금액은 원가와 중요한 차이가 없다.

[기타 원가]
기타 원가는 재고자산을 현재의 장소에 현재의 상태로 이르게 하는데 발생한 범위 내에서만 취득원가에 포함된다. 예를 들어 특정한 고객을 위한 비제조 간접원가 또는 제품 디자인원가를 재고자산의 원가에 포함하는 것이 적절할 수도 있다.

※ 표준원가법 등의 원가측정방법은 그러한 방법으로 평가한 결과가 실제 원가와 유사한 경우에 편의상 사용할 수 있다. (후술함)

※ [기간비용] 재고자산의 취득원가에 포함할 수 없으며 발생기간의 비용으로 인식하여야 하는 원가의 [예]는 「(1) 재료원가, 노무원가 및 기타 제조원가 중 비정상적으로 낭비된 부분 (2) 후속 생산단계에 투입하기 전에 보관이 필요한 경우 이외의 보관원가 (3) 재고자산을 현재의 장소에 현재의 상태로 이르게 하는데 기여하지 않은 관리간접원가 (4) 판매원가」가 있다.

※ [배부(配付)와 배분(配分)의 구분] 배부는 주로 물리적인 대상(서류, 음식, 물품 등)을 여러 사람에게 전달하는 행위에 사용된다. 배분은 전체를 일정한 기준이나 비율에 따라 나누는 것으로, 물리적 전달이 아닌, 비율, 양, 기준 등이 중요할 때 사용된다. 배부와 배분은 비슷해 보이지만, 사용되는 맥락과 의미에서 차이가 있다. 그러나 본서에서는 이를 혼용하고자 한다.

예제

12월 말 결산법인인 (주)백설의 20×1년 원가계산에 관한 자료이다. (주)백설은 기능별 분류방법의 포괄손익계산서를 작성하고 있다.

기초제품재고	₩500,000	기말제품재고	₩600,000
직접재료원가	2,500,000	직접노무원가	1,500,000
변동제조간접원가	1,200,000	고정제조간접원가	1,000,000
정상조업도(개)	10,000	실제조업도(개)	8,000

물음

20×1년 포괄손익계산서에서 비용으로 인식될 총액은 얼마인가? 단, 정상조업도와 실제조업도는 유의적인 차이가 있으며, 기초재공품과 기말재공품은 없다고 가정한다.

해답

₩1,000,000(고정제조간접원가)÷10,000개(정상조업도) = @₩100(단위당 고정제조간접원가)

@₩100×8,000개(실제조업도) = ₩800,000(재고자산의 원가로 인식되는 고정제조간접원가)

₩1,000,000 - ₩800,000 = ₩200,000(재고자산의 원가가 아닌 비용으로 인식되는 고정제조간접원가)

₩2,500,000 + ₩1,500,000 + ₩1,200,000 + ₩800,000 = ₩6,000,000(당기총제조비용)

₩500,000 + ₩6,000,000 - ₩600,000 = ₩5,900,000(매출원가)

∴ ₩5,900,000 + ₩200,000(재고자산의 원가가 아닌 비용으로 인식되는 고정제조간접원가)
= ₩6,100,000

[참조]

기업이 생산활동을 위해 지출하는 고정제조간접원가는 일반적으로 제품이 생산되면 재고자산의 원가로 인식된다. 당기 발생한 고정제조간접원가가 1,000,000원이고, 정상조업도가 10,000개라면 단위당 고정제조간접원가 배부액은 100원이다. 그러나 실제조업도가 정상조업도보다 현저히 낮은 8,000개라면, 재고자산의 원가로 인식되는 금액은 800,000원(= 100원×8,000개)이 된다. 이때 배부되지 않은 고정제조간접원가 200,000원(= 1,000,000원 - 800,000원)은 재고자산의 원가가 아닌 당기비용(매출원가 외 비용인 기타비용)으로 인식한다. 즉 배부되지 않은 고정제조간접원가는 정상조업도 기준으로 원가를 배부할 때, 실제조업도가 정상조업도보다 현저히 낮아 일부 고정제조간접원가가 재고자산의 원가로 인식되지 못한 금액을 말한다.

(차) 고정제조간접원가	1,000,000	(대) 현　금	1,000,000
(차) 재고자산	800,000	(대) 고정제조간접원가	1,000,000
기타비용	200,000		

3. 단위원가의 결정방법

통상적으로 상호 교환될 수 없는 재고자산항목의 원가와 특정 프로젝트별로 생산되고 분리되는 재화 또는 용역의 원가는 개별법을 사용하여 결정한다. 개별법은 식별되는 재고자산별로 특정한 원가를 부과하는 방법이다. 개별법이 적용되지 않는 재고자산의 단위원가는 선입선출법이나 가중평균법을 사용하여 결정한다.[3)]

3) [기업회계기준서 제1002호 재고자산 문단 BC9 ~ 문단 BC10] IASB는 후입선출법을 사용하는 대안적 회

[원가흐름의 가정]

개별법은 외부 매입이나 자가제조를 불문하고, 특정 프로젝트를 위해 분리된 항목에 적절한 방법이다. 그러나 통상적으로 상호교환 가능한 대량의 재고자산 항목에 개별법을 적용하는 것은 적절하지 아니하다. 그러한 경우에는 기말재고로 남아 있는 항목을 선택하는 방식을 이용하여 손익을 자의적으로 조정할 수도 있기 때문이다. 한편, 성격과 용도 면에서 유사한 재고자산에는 동일한 단위원가 결정방법을 적용하여야 하며, 성격이나 용도 면에서 차이가 있는 재고자산에는 서로 다른 단위원가 결정방법을 적용할 수 있다. 예를 들어, 동일한 재고자산이 동일한 기업 내에서 영업부문에 따라 서로 다른 용도로 사용되는 경우도 있다. 그러나 재고자산의 지역별 위치나 과세방식이 다르다는 이유만으로 동일한 재고자산에 다른 단위원가 결정방법을 적용하는 것이 정당화될 수는 없다. 선입선출법은 먼저 매입 또는 생산된 재고자산이 먼저 판매되고 결과적으로 기말에 재고로 남아 있는 항목은 가장 최근에 매입 또는 생산된 항목이라고 가정하는 방법이다. 가중평균법은 기초 재고자산과 회계기간 중에 매입 또는 생산된 재고자산의 원가를 가중평균하여 재고항목의 단위원가를 결정하는 방법이다. 이 경우 평균은 기업의 상황에 따라 주기적으로 계산하거나 매입 또는 생산할 때마다 계산할 수 있다.

4. 재고자산의 측정

재고자산은 취득원가와 순실현가능가치 중 낮은 금액으로 측정한다. 「(1) 물리적으로 손상된 경우, (2) 완전히 또는 부분적으로 진부화된 경우, (3) 판매가격이 하락한 경우, (4) 완성하거나 판매하는데 필요한 원가가 상승한 경우」의 경우에는 재고자산의 원가를 회수하기 어려울 수 있다. 이때 순실현가능가치란 통상적인 영업과정의 예상 판매가격에서 예상되는 추가 완성원가와 판매비용을 차감한 금액을 말한다. 재고자산을 취득원가 이하의 순실현가능가치로 감액하는 저가법은 자산의 장부금액이 판매나 사용으로부터 실현될 것으로 기대되는 금액을 초과하여서는 아니 된다는 견해와 일관성이 있다. 재고자산을 순실현가능가치로 감액하는 저가법은 항목별로 적용한다. 그러나 경우에 따라서는 서로 비슷하거나 관련된 항목들을 통합하여 적용하는 것이 적절할 수 있다. 그러나 재고자산의 분류(예 완제품)나 특정 영업부문에 속하는 모든 재고자산에 기초하여 저가법을 적용하는 것은 적절하지 않다. 순실현가능가치를 추정할 때에는 재고자산으로부터 실현가능한 금액에 대하여 추정일 현재 사용가능한 가장 신뢰성 있는 증거에 기초하여야 한다. 또한 보고기간 후 사건이 보고기간 말 존재하는 상황에 대하여 확인하여 주는 경우에는, 그 사건과 직접 관련된 가격이나 원가의 변동을 고려하여 추정하여야 한다. 순실현가능가치를 추정할 때 재고자산의

계처리방법을 삭제하기로 결정하였다. 후입선출법은 재고자산 중 가장 최근의 품목이 우선 판매된 것으로 처리하여 결과적으로 재고자산에 남아 있는 품목은 가장 오래된 것처럼 인식한다. 일반적으로 이러한 방식은 실제의 재고자산흐름을 신뢰성있게 표시하지 않는다. 한편, 일반기업회계기준에서는 '후입선출법을 사용하여 재고자산의 원가를 결정한 경우에는 대차대조표가액과, 선입선출법 또는 평균법에 저가법을 적용하여 계산한 재고자산평가액과의 차이를 주석으로 기재한다.'라고 규정하고 있다.

보유 목적도 고려하여야 한다. 예를 들어 확정판매계약 또는 용역계약을 이행하기 위하여 보유하는 재고자산의 순실현가능가치는 계약가격에 기초한다. 완성될 제품이 원가 이상으로 판매될 것으로 예상하는 경우에는 그 생산에 투입하기 위해 보유하는 원재료 및 기타 소모품을 감액하지 아니한다. 그러나 원재료 가격이 하락하여 제품의 원가가 순실현가능가치를 초과할 것으로 예상된다면 해당 원재료를 순실현가능가치로 감액한다. 이 경우 원재료의 현행대체원가는 순실현가능가치에 대한 최선의 이용가능한 측정치가 될 수 있다.

5. 비용의 인식

재고자산의 판매시, 관련된 수익을 인식하는 기간[4]에 재고자산의 장부금액을 비용으로 인식한다.[5] 재고자산을 순실현가능가치로 감액한 평가손실과 모든 감모손실은 감액이나 감모가 발생한 기간에 비용으로 인식한다. 순실현가능가치의 상승으로 인한 재고자산 평가손실의 환입은 환입이 발생한 기간의 비용으로 인식된 재고자산 금액의 차감액으로 인식한다.[6] [7]

[순실현가능가치의 재평가]

매 후속기간에 순실현가능가치를 재평가한다. 재고자산의 감액을 초래했던 상황이 해소되거나 경제상황의 변동으로 순실현가능가치가 상승한 명백한 증거가 있는 경우에는 최초의 장부금액을 초과하지 않는 범위 내에서 평가손실을 환입한다. 그 결과 새로운 장부금액은 취득원가와 수정된 순실현가능가치 중 작은 금액이 된다. 판매가격의 하락 때문에 순실현가능가치로 감액한 재고항목을 후속기간에 계속 보유하던 중 판매가격이 상승한 경우가 이에 해당한다.

---

4) [기업회계기준서 제1118호 재무제표 표시와 공시 문단 B93] 자산과 부채의 실현 예정일에 대한 정보는 기업의 유동성과 부채상환능력을 평가하는데 유용하다. 자산과 부채가 유동 또는 비유동으로 구분되는지의 여부와 관계없이, 재고자산과 같은 비화폐성 자산의 회수 예정일에 대한 정보도 역시 유용하다. 예를 들어, 기업은 보고기간 후 12개월 후에 회수될 것으로 기대되는 재고자산 금액을 공시한다.

5) [기업회계기준서 제1002호 재고자산 문단 38~문단 39] 당기에 비용으로 인식하는 재고자산 금액은 일반적으로 **매출원가**로 불리우며, 판매된 재고자산의 원가와 배분되지 않은 제조간접원가 및 제조원가 중 비정상적인 부분의 금액으로 구성된다. 또한 기업의 특수한 상황에 따라 물류원가와 같은 다른 금액들도 포함될 수 있다. 일부 기업은 당기에 비용으로 인식하는 재고자산원가 대신에 다른 금액을 표시하는 방식으로 손익계산서의 영업 범주에 성격별로 비용을 분류한다. 그러한 경우에는 당기의 재고자산 순변동액과 함께 비용으로 인식한 원재료 및 소모품, 종업원급여와 기타원가를 표시한다.

6) [일반기업회계기준] 재고자산은 이를 판매하여 수익을 인식한 기간에 매출원가로 인식한다. 재고자산의 시가(순실현가능가치)가 장부금액 이하로 하락하여 발생한 평가손실은 재고자산의 차감계정으로 표시하고 매출원가에 가산한다. 재고자산의 장부상 수량과 실제 수량과의 차이에서 발생하는 감모손실의 경우 정상적으로 발생한 감모손실은 매출원가에 가산하고 비정상적으로 발생한 감모손실은 영업외비용으로 분류한다.

7) [기업회계기준서 제1118호 재무제표 표시와 공시 문단 45] 재고자산에 대한 재고자산평가충당금을 차감하여 관련 자산을 순액으로 측정하는 것은 상계표시에 해당하지 아니한다.

제2절 원가의 본질

1. 원가의 개념

원가(cost)란 경영활동의 주목적인 給付[8](재화나 용역)의 생산을 위하여 소비된 재화나 용역의 경제적 가치를 화폐가치로 표시한 것이다. 이 경우의 화폐가치는 시장가격 또는 매매당사자 간에 합의된 교환가격으로 결정한다. 이렇게 본다면, 원가란 '일정기간에 수익을 창출하기 위하여 소비한 재화나 용역의 총가치'를 지칭하는 광의의 개념으로 해석될 수 있다.[9] 그러나 일반적으로 원가란 '급부의 생산을 위하여 소비된 재화나 용역의 화폐가치'를 지칭하는 협의의 개념으로 이해하는 것이 보편적이다. 즉 원가관리회계 측면에서 원가개념을 제조원가(manufacturing cost)로서 해석하는 것이 보편적이라는 것이다.[10] 이러한 협의의 원가개념은 그 본질에 있어서 다음과 같은 특징을 지니고 있다.

(1) 원가란 화폐가치로 표시된 경제적 가치의 소비이다.

원가는 반드시 경제적 가치를 지닌 재화나 용역의 소비이며, 여기에서의 경제적 가치란 화폐액으로 표시 가능한 교환가치를 의미한다. 따라서 경제적 가치가 없는 재화나 용역의 소비(㉠ 공기, 바닷물 등) 또는 경제적 가치가 있다 하더라도 화폐적 가치를 지니고 있지 않은 재화나 용역의 소비는 원가가 될 수 없다.

(2) 원가는 반드시 급부의 생산과 관련하여 발생한다.

경영과정에서 소비되는 모든 재화나 용역의 경제적 가치가 원가로 되는 것이 아니고, 반드시 급부(재화나 용역)의 생산에 소비된 재화나 용역의 가치만이 원가로 인식될 뿐이다. 예를 들어, 제품의 판매과정에서 소비된 재화나 용역의 가치인 판매비용(㉠ 광고비, 판매원 급여 등) 또는 재무활동에 소요된 재무비용(㉠ 이자, 할인료 등)은 제품의 생산과 직접 관련된 것이 아니기 때문에 원가가 될 수 없다.

---

8) 급부(給付)는 채권의 내용이 되는 채무자의 특정한 행위를 말하는 법률용어이다. 급부에 대한 대가를 반대급부라고 한다.

9) 오늘날의 원가는 과거와 다른 다양한 원가정보 이용목적 또는 원가계산 목적에 따라, 서로 다른 내용이나 기능을 수반하는 보다 포괄적인 것으로 이해되어야 한다. 원가개념의 이와 같은 전개는 '상이한 목적을 위한 상이한 원가(different costs for different purposes)'라는 말로서 표현되어 왔지만, 이는 단순히 원가개념을 분류하는 말이 아니라 다양한 의사결정 목적에 맞는 원가체계 및 시스템의 재구성을 의미하는 것이다. 오늘날 원가계산시스템의 전개를 위한 여러 가지 원가에 공통적으로 적용되는 일반적인 개념으로서의 원가에 대한 정의는 아직까지 부분적으로 또는 서로 다르게 전개되고 있다.

10) 제품의 생산과 관련하여 발생한 원가를 '제조원가'라 한다. 제조원가는 제품의 생산과 관련하여 소비된 경제적 자원의 가치만 포함하며, 비정상적으로 발생한 경제적 자원의 소비는 제조원가에 포함하지 아니한다. 한편, 한국회계기준원에 의해 원가계산준칙(2002년 8월 25일 개정)이 일반기업회계기준(주로 제7장 재고자산에서 언급하고 있음)으로 대체(2012년 7월 20일)되었다.

(3) 원가는 정상적인 상태에서의 가치 소비이다.

원가는 정상적인 경영과정에서 발생된 가치의 소비이며, 비정상적 또는 우발적으로 발생한 가치의 감소 또는 과다소비는 원가에 포함시키지 않는다. 여기에서 정상적이란 계속적 · 반복적으로 발생한다는 것을 의미하며, 비정상적 또는 우발적이란 천재지변 · 전쟁 · 파업 등과 같이 우발적으로 발생하고 다시 반복되리라 기대되지 아니한다는 것을 의미한다.

2. 원가와 지출 · 비용

원가는 급부(재화나 용역)의 생산을 위하여 소비된 재화나 용역의 경제적 가치를 화폐가치로 표시한 것이지만, 지출(expenditure)은 단순한 현금의 유출을 의미한다. 따라서 이 두 가지는 직접적인 관련성이 전혀 없는 개념이다. 또한 원가와 비용(expense)은 흔히 혼동하여 사용하고 있으나, 이들은 명확히 구분되는 개념이다. 비용은 일정기간 수익을 창출하는 과정에서 소비된 재화나 용역의 경제적 가치를 의미한다. 따라서 대부분의 원가는 비용의 개념에 포함될 수 있지만, 모든 비용이 전부 원가가 되는 것은 아니다. 결론적으로 원가와 비용은 서로 중복되는 부분이 많기는 하여도, 일치하는 개념은 아니다.[11)]

3. 원가의 발생 · 변형 · 소멸

원가의 발생 · 변형 · 소멸은 제조원가의 흐름(= 제조원가의 순환)을 설명하는 개념이다. 이 개념은 제품이 생산되고 판매되기까지의 전 과정에서 원가가 어떻게 이동하고 변화하는지를 추적한다. 원가의 발생 · 변형 · 소멸에 따라 원가 관련 개념을 살펴보면, 원가는 일차적으로 생산요소를 구매하는 과정에서 발생한다. 기업 경영활동에 필요한 재화나 용역을 대개 외부로부터 취득하게 되는데, 이 과정에서 지출되는 대가는 재화나 용역의 취득원가를 구성한다. 그리고 원가는 생산과정에서 다른 형태로 변형된다. 제품원가계산(제3장 ~ 제6장)에서는 이 변형과정을 중심과제로 설정하는데, 이 단계까지의 원가흐름은 재공품 계정에 나타난다. 그런 다음, 기업의 최종 생산물은 판매과정에서 유출되고 아울러 집합된 원가는 소멸된다.

11) 현실에서는 돈이 나가면 곧바로 비용으로 생각하지만, 회계에서는 돈이 나가면 (즉 원가가 발생하면) 일단 자산으로 처리하고, 그 자산을 사용하여 효익을 누림에 따라 그에 대응하는 만큼을 비용으로 처리한다. 즉 회계에서 비용은 수익이 창출되는 과정에서 발생한다고 보는데, 이를 '수익-비용 대응'이라고 한다. 실무에서는 '-원가'라는 용어 대신에 '-비'라는 용어를 주로 사용한다. 가령, 재료원가 대신에 재료비라고 부르는 것이다. 오랫동안 재료비, 노무비, 경비라는 용어가 사용되어 온 까닭에, 현행 교과서에서도 혼용하고 있다(제조원가명세서의 용어도 마찬가지임). 이론적으로는 제조원가에 속하는 모든 원가는 '-원가'라는 용어를 사용하고, 이들 제품이 판매되어 수익과 대응되는 경우에만 '-비'이라는 용어를 사용해야 하지만 실무에서는 매출비용을 매출원가로 그리고 각종 '-원가'라는 용어 대신에 다소 짧게 느껴지는 '-비'라는 용어를 주로 사용한다. 본서에서는 용어를 선택적으로 강조할 필요가 있을 경우에는 가급적 '-원가'를 사용하고 나머지 경우에는 실무에서처럼 '-비'를 사용하고자 한다.

제3절 원가의 분류 및 구성

1. 원가의 분류

재화나 용역의 제조원가를 구성하는 요소는 그 분류관점에 따라 여러 가지로 분류될 수가 있다. 이것은 모두 제품원가계산의 기초가 되는 공통적인 개념으로서 사용된다.

1) 발생형태에 따른 분류

원가는 그 발생형태(type)에 따라 보통 **재료비** · **노무비** · **경비**의 세 가지로 분류한다. 이는 원가의 분류 중 가장 기본적인 것으로서 원가의 3요소라고 지칭되기도 한다. 재료비의 보다 적합한 표현은 재료원가이지만 관습상 재료비라고 쓰는 것이 일반적이다. 노무비와 경비의 경우도 마찬가지이다. (제3장 참조)

① 재료비(material cost)

제품제조를 위하여 소비된 제품의 원가, 즉 물품(원료, 재료, 부분품 등)의 소비에 따라 발생하는 원가이다.

② 노무비(labor cost)

제품제조를 위하여 소비된 노동의 가치, 즉 노동력을 사용(소비)함으로써 발생하는 원가이다.

③ 경비(manufacturing cost)

그 종류가 많고 다양하기 때문에 획일적으로 정의하기가 어려우나, 일반적으로 제품의 제조를 위하여 소비된 원가요소 중 재료비와 노무비를 제외한 일체의 원가요소이다.[12)]

2) 추적가능성에 따른 분류

발생된 원가를 특정 원가대상(제품 등)과 관련시켜 직접적으로 추적할 수 있는가의 여부에 따라 직접비와 간접비로 구분한다.[13)] 이러한 원가의 분류는 원가대상과 관련시켜 생각

12) 경비(=제조경비, manufacturing cost)와 판매관리비(selling & administrative expense)는 모두 기업활동 중 발생하는 비용이지만, 성격과 목적이 완전히 다르다. 경비는 제품을 생산하는 과정에서 발생한 간접비용이고, 판매관리비는 제품 판매 및 기업 운영 전반에서 발생하는 운영비용이다. 경비는 제품을 생산하는데 소요되는 비용으로, 제조원가명세서에 표시되며, 제품이 완성되면 재고자산에 포함되었다가 판매 시점에 매출원가로 인식된다. 판매관리비는 제품의 판매 및 관리를 위해 발생하는 비용으로, 손익계산서에 표시되며, 발생한 시점에 즉시 비용으로 처리된다.

13) 이러한 분류의 내용은 원가대상을 어떻게 선정하느냐에 따라 그 결과가 달라질 수도 있다. 예를 들어, 제품을 원가대상으로 하였을 때에는 제조간접비로 분류된 원가라 하더라도, 부문을 원가대상으로 하게 되면 직접비로 바뀔 수도 있다. 즉 제품과 관련이 없는 원가도 부문비의 계산시에는 부문개별비(직접비)와 부문공통비(간접비)로 분류될 수 있는데, 이때 부문개별비는 그 부문에 대해서는 직접비의 성격을 지니게 된다는 것이다. (후술함)

하지 않으면 무의미한 것이 된다.

① **직접비**(direct cost)

특정 원가대상에 대하여 직접 발생한 원가의 추적이 가능하여, 관련 제품 또는 부문에 직접 부과시킬 수 있는 원가이다.

② **간접비**(indirect cost)

직접적인 발생원가의 추적이 불가능하여 특정 제품 또는 부문에 직접 부과할 수 없기 때문에, 반드시 일정한 기준에 의하여 인위적으로 배부하지 않으면 안 되는 원가이다. 일반적으로는 제조간접비(manufacturing overhead cost)라는 용어로 사용하고 있다.

이러한 분류는 제품원가계산에서 가장 많이 사용되는 분류내용으로서, 앞에서 설명한 형태별 분류와 관련시켜 양자의 관계를 정리해 보면 다음과 같다.14)

분 류	재 료 비	노 무 비	경 비
직 접 비	직접재료비	직접노무비	직접경비
(제조)간접비	간접재료비	간접노무비	간접경비

구 분	합 계	직접재료비	직접노무비	직접경비	제조간접비
재료비	×××	×××			×××
노무비	×××		×××		×××
경 비	×××			×××	×××
계	×××	×××	×××	×××	×××

직접재료비 · 직접노무비 및 직접경비의 합계를 **기본원가** 또는 기초원가(prime cost)라고 하고, 직접재료비 이외의 제조원가인 직접노무비 · 직접경비 및 제조간접비의 합계를 총칭하여 **가공비** 또는 전환원가(conversion cost)라고 지칭한다.

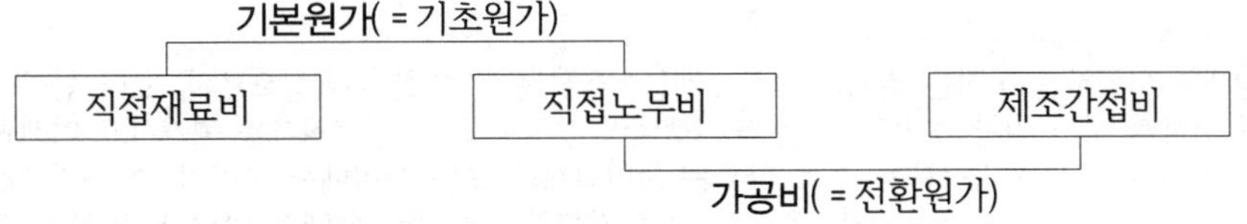

* 직접노무비는 기본원가이면서 가공비이다.
직접경비에는 외주가공비, 특허권사용료, 설계비, 특정 제품의 포장비 등이 속한다.

14) 제조원가요소는 재료비 · 노무비 · 경비로 분류하거나, 기업이 채택하고 있는 원가계산방법에 따라 직접재료비 · 직접노무비 · 직접경비 · 제조간접비로 분류할 수 있다.

3) 원가행태에 따른 분류

특정 원가대상의 **조업도**(activity or volume)가 변하는 정도에 따라 발생원가가 어떻게 변동하는가에 의하여 즉 원가행태(cost behavior)에 따라 변동비와 고정비로 구분한다.[15] 여기에서 조업도라 함은 경영생산능력이 일정한 경우에 그 생산능력의 이용도를 지칭하는 것으로서, 상황에 따라 생산량, 판매량, 직접노동시간, 기계작업시간, 임금지급액, 환자의 수 등과 같은 여러 가지의 지표에 의하여 측정될 수 있다.

(1) 변동비 또는 변동원가

변동비(variable cost)란 조업도의 변화와 더불어 변동하는 원가이며, 그 변동의 방향과 정도에 따라 비례비 · 체증비 · 체감비로 세분할 수 있다.[16]

① 비례비

조업도의 증감에 따라 발생원가도 동일한 비율로 증감 변동하는 원가로서, 직접재료비 · 직접노무비 · 직접경비 등의 직접비가 이에 속한다. 이때 유의할 것은 조업도에 따라 변동하는 것은 총원가이며, 조업도 단위당의 원가는 항상 일정하다는 것이다.

조업도	총원가	단위당 원가
100시간	₩500	@₩5.0
200	1,000	5.0
500	2,500	5.0
1,000	5,000	5.0

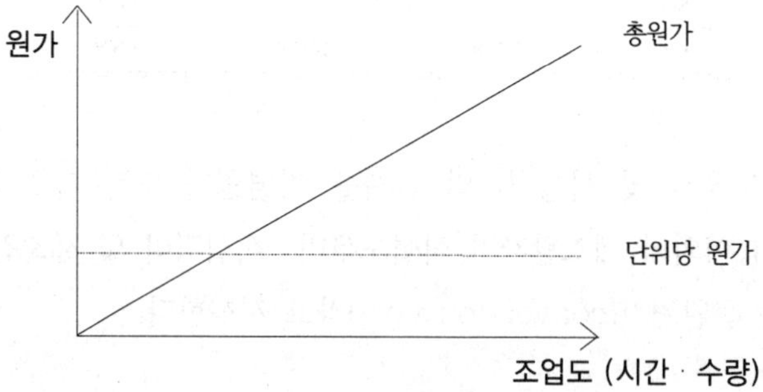

15) 원가행태를 파악하는 목적은 원가의 측정 · 배분 · 추정 등에 이를 이용함으로써, 보다 합리적인 원가의 계획과 통제를 하기 위한 것이다. 이는 원가행태의 설정이 과거 발생원가를 평가하고 미래원가를 예측하는데 뿐만 아니라 원가문제를 주로 다루는 관리회계의 모든 분야에서 유용할 수 있기 때문이다. 그러나 회계에서 이용될 수 있는 원가행태란 실제 발생의 모든 원가행태가 아니라, 일정한 가정을 전제로 하여 설정되는 원가행태이다.

16) 한편, 준변동비(semi-variable cost)란 조업도의 변화와 관계없이 발생하는 일정액의 고정비와 조업도가 변화함에 따라 단위당 일정비율로 증가하는 변동비의 두 부분으로 구성된 원가이며, 혼합원가(mixed cost)라고도 한다. 준변동비는 조업도가 0일 때도 고정비 부분만큼의 원가가 발생하며, 조업도가 증가함에 따라 비례해서 선형으로 증가한다. 예를 들어, 전화요금 · 전기료 · 수도료 · 수선유지비 등이 이에 속한다. 본서의 제8장 제1절에서 언급하고 있는 내용들이 혼합원가와 그것의 고정 및 변동요소를 분리하는 기법을 설명하고 있다.

② 체증비

조업도의 증감보다도 더 큰 비율로 증감 변동하는 원가로서, 야간 작업시 지급되는 할증임금이나 초과 작업으로 인한 기계의 특별감가상각비 등이 이에 속한다. 이러한 체증변동비는 흔히 발생하는 원가항목은 아니다. 체증비에 있어서 조업도 단위당의 원가는 총원가와 마찬가지로 조업도가 증가함에 따라 체증하는 성격을 지닌다.

조업도	총원가	단위당 원가
100시간	₩500	@₩5.0
200	1,100	5.5
500	3,100	6.2
1,000	6,500	6.5

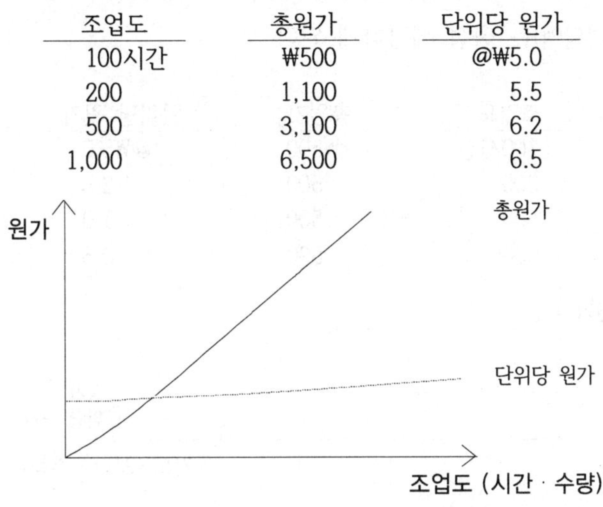

③ 체감비

조업도의 증감보다도 더 작은 비율로 증감 변동하는 원가로서, 연료비 · 동력비 · 수도료 · 보조재료비 및 기타경비 등 대부분의 원가항목이 이에 속한다. 체감비의 경우에 조업도 단위당의 원가는 조업도가 증가함에 따라 체감하는 성격을 지닌다.

조업도	총원가	단위당 원가
100시간	₩500	@₩5.0
200	960	4.8
500	2,100	4.2
1,000	3,400	3.4

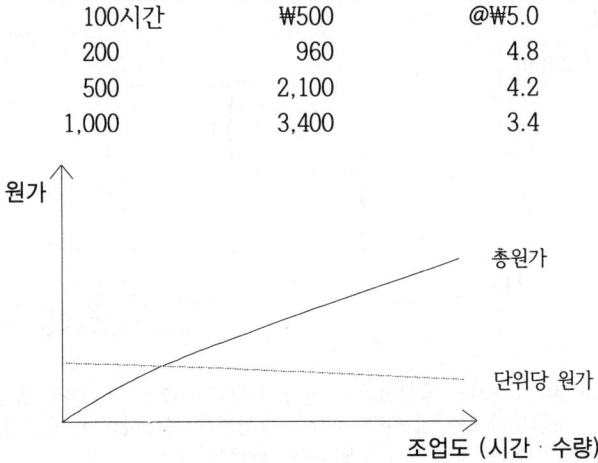

원가

총원가

단위당 원가

조업도 (시간 · 수량)

⑵ 고정비 또는 고정원가

고정비(fixed cost)란 일정기간 조업도의 변동에 관계없이 항상 일정액으로 발생하는 원가로서, 유형자산의 감가상각비 · 경영자의 급여 · 보험료 · 세금과공과 · 임차료 등이 이에 속한다. 이와 같은 고정비는 엄격히 말하여 일정한 기간에 일정한 조업도의 범위에서만 고정적인데, 이때의 일정한 조업도 범위를 **관련범위**(relevant range)라고 한다.[17) 18)] 고정비의 경우에 관련범위 내에서 그 발생액은 항상 일정하기 때문에, 조업도가 증가하면 할수록 단위당 원가(고정비 부담액)는 점점 체감하게 된다.

조업도	총원가	단위당 원가
100시간	₩500	@₩5.0
200	500	2.5
500	500	1.0
1,000	500	0.5

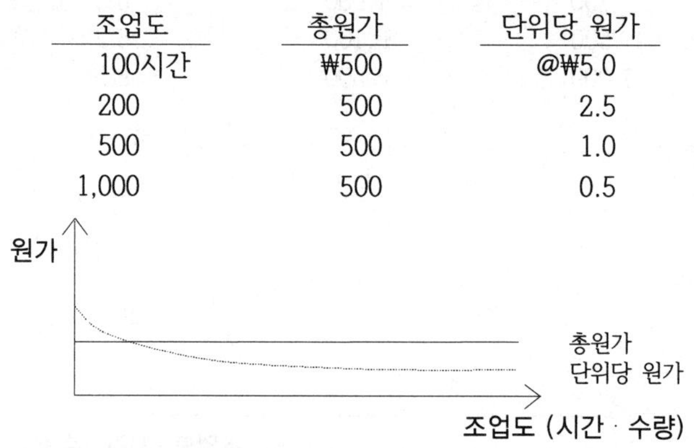

대량생산의 경영구조에서 '규모의 경제(economy of scale)'가 있다고 하는 것은, 생산량이 증가할수록 생산량 단위당 부담되는 고정비의 크기가 감소하기 때문이다.

---

17) 따라서 어떤 항목에 있어서는 관련범위가 바뀌게 되면 고정비의 발생액도 변동할 수 있다. 예를 들어, 공장감독자의 급여가 그것인데, 일정한 작업량(시간)까지는 일정금액이 발생하지만 그 조업도를 초과하는 경우에는 공장감독자의 추가적인 채용이 필요하게 되고, 그 결과 추가적인 급여가 발생하게 된다. 이러한 성격의 고정비를 준고정비(semi-fixed cost) 또는 계단형 원가(step cost)라고 하여 불변고정비와 구분하고 있다.

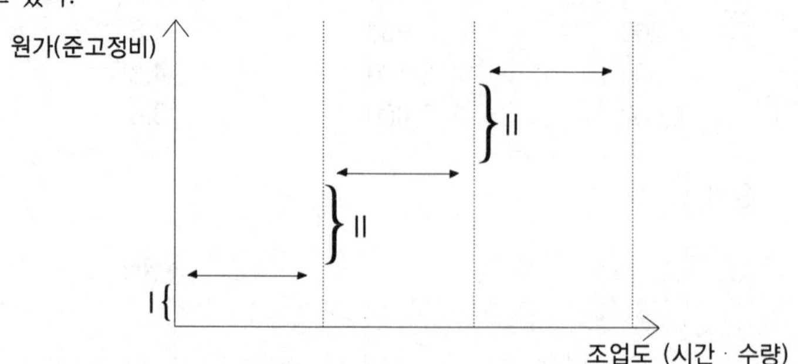

↔ : 관련범위
Ⅰ : 휴업원가(shutdown cost) … 생산활동을 전혀 수행하지 않는 경우에도 발생하는 고정비
Ⅱ : 계단형 원가 … 조업도의 증가에 따라 추가로 발생하는 고정비로서, 준고정비의 경우에는 관련범위의 변동에 따라 이러한 비약원가의 발생이 필연적이다.

18) 관련범위란 정상조업도 범위라고도 한다.

4) 수익에 대응되는 시기에 따른 분류

기업에 대하여 미래가치를 가지는 원가는 자산(**미소멸원가**)으로 기록되며, 자산의 미래가치가 소멸하면 그 소멸분은 비용(**소멸원가**)으로 전환된다.[19] 이러한 관점에서 원가가 어느 시점에서 비용화하여 수익에 대응되는가에 따라 제품원가와 기간원가로 구분할 수 있다.[20]

제품원가(product cost)란 일정단위의 제품에 부과되어 재고자산으로 계상된 후, 그 재고자산이 판매되는 시점에서 매출원가화하여 비용으로서 수익에 대응되는 원가이다. 따라서 제품원가는 재고가능원가(inventoriable cost)라고도 지칭하며, 제조원가명세서의 모든 원가는 제품원가가 된다.[21]

기간원가(period cost)란 발생과 동시에 전액 수익에 대응되는 비용항목으로서, 판매관리비가 이에 속한다.[22]

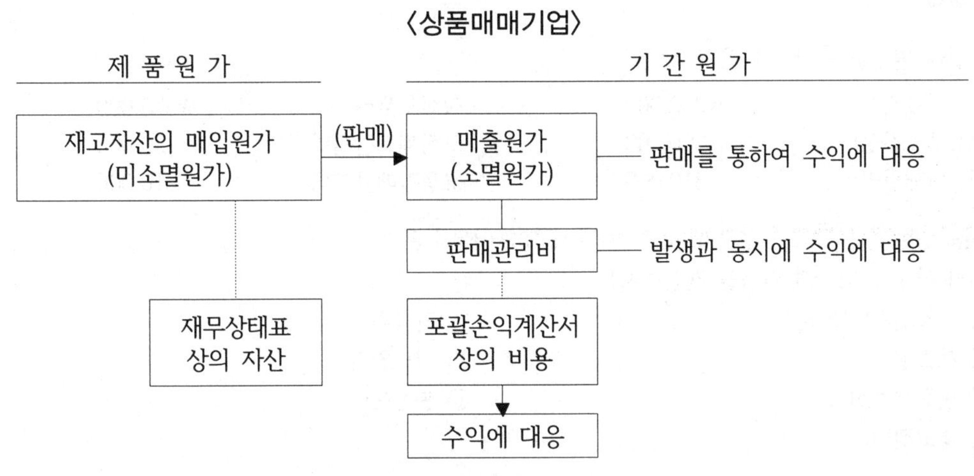

19) 소멸원가 중에서 수익을 창출하는데 기여한 소멸원가는 비용(expense)이라고 하고, 수익을 창출하는데 기여하지 못하고 소멸한 원가는 손실(loss)이라고 한다.

20) 원가는 제조활동과의 관련성에 따라 제조원가와 판매관리비로 구분하여 집계한다. 다만, 그 구분이 명확하지 아니한 경우에는 발생원가를 비목별로 집계한 후, 일정한 기준에 따라 제조원가와 판매관리비로 구분하여 배부할 수 있다.
※ 제조원가 = 직접재료비 + 직접노무비 + 변동제조간접비 + 고정제조간접비
변 동 비 = 직접재료비 + 직접노무비 + 변동제조간접비 + 변동판매관리비

21) 제조원가(제품을 제조하는 과정에서 사용되어 소멸되는 모든 원가)와 제품원가는 외부보고를 위한 제품원가계산(전부원가계산)에서는 동일한 개념으로 이해하여도 무방하다. 그러나 내부관리목적의 변동원가계산에서는 구별되는 개념이다.

22) 제품원가 이외의 원가는 지출과 관련해서 미래에 발생할지도 모르는 경제적효익을 객관적으로 측정하기 어렵기 때문에 실무편의상 미래기간으로 이연하지 않고 발생시점에서 비용으로 인식한다. 즉 기간원가는 개별 제품의 생산 및 판매와 어떠한 관련을 맺고 있는지를 확인하기가 매우 어렵기 때문에 특정 제품에 부과하기보다는 발생시점에서 즉시 비용으로 인식한다. 기간원가를 그것들이 발생한 기간에 비용으로 처리하는 방법은 비용을 수익에 대응시키는 것이다. 따라서 기간원가는 재고불능원가라고도 한다.

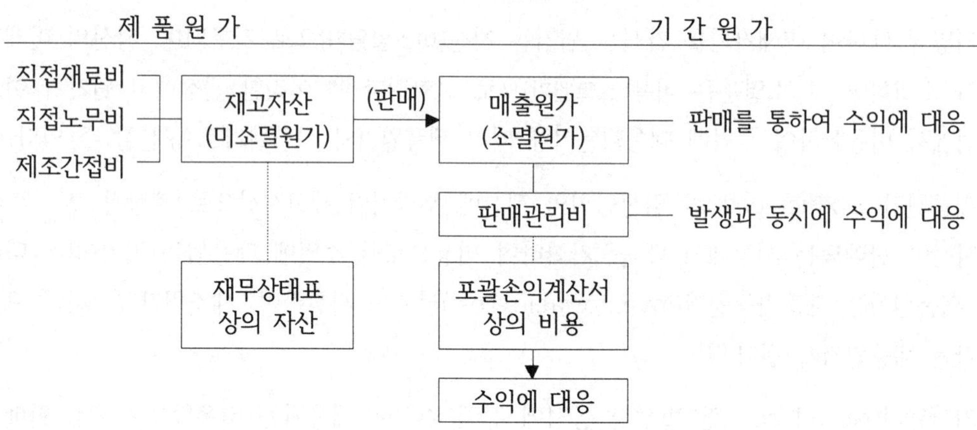

예제

당월에 발생한 원가는 다음과 같다.23)

직접재료비	₩300,000	직접노무비	₩320,000
변동제조간접비	200,000	고정제조간접비	150,000
변동판매관리비	310,000	고정판매관리비	210,000

물음 (2010 회계사 유사, 2013 세무사 유사)

위의 자료에 의하여 다음을 계산하시오.

① 기초원가(기본원가) ② 가공비
③ 제조원가 ④ 기간원가
⑤ 변동제조원가 ⑥ 총변동비
⑦ 총고정비

해답

① 기초원가 : ₩300,000 + ₩320,000 = ₩620,000
② 가공비 : ₩320,000 + ₩200,000 + ₩150,000 = ₩670,000
③ 제조원가 : ₩300,000 + ₩320,000 + ₩200,000 + ₩150,000 = ₩970,000
④ 기간원가 : ₩310,000 + ₩210,000 = ₩520,000
⑤ 변동제조원가 : ₩300,000 + ₩320,000 + ₩200,000 = ₩820,000
⑥ 총변동비 : ₩300,000 + ₩320,000 + ₩200,000 + ₩310,000 = ₩1,130,000
⑦ 총고정비 : ₩150,000 + ₩210,000 = ₩360,000

---

23) [일반기업회계기준] 고정제조간접원가는 생산설비의 정상조업도에 기초하여 제품에 배부하며, 실제 생산수준이 정상조업도와 유사한 경우에는 실제조업도를 사용할 수 있다. 단위당 고정제조간접원가 배부액은 비정상적으로 낮은 조업도나 유휴설비로 인하여 증가하여서는 아니된다. 그러나 실제조업도가 정상조업도보다 높은 경우에는 실제조업도에 기초하여 고정제조간접원가를 배부함으로써 재고자산이 실제원가를 반영하도록 한다. 변동제조간접원가는 생산설비의 실제 사용에 기초하여 각 생산단위에 배부한다.

5) 의사결정과의 관련성에 따른 분류

의사결정과의 관련성에 따라 원가는 다음과 같이 분류된다.

① 관련원가(relevant cost)[24)]와 매몰원가(sunk cost)[25)]

의사결정 대안 간에 차이가 나는 원가로서 의사결정에 필요한 원가를 관련원가라고 하며, 과거의 의사결정으로 인하여 이미 발생한 원가로서 대안 간에 차이가 발생하지 않는 원가를 매몰원가라고 한다.

② 회피가능원가(avoidable cost)와 회피불능원가(unavoidable cost)

특정 대안을 선택하지 않음으로써 절약되는 원가를 회피가능원가라고 하며, 특정 대안을 선택하지 않아도 계속 발생하는 원가를 회피불능원가라고 한다.

③ 기회원가(opportunity cost)와 현금지출원가(outlay cost)

선택한 대안 이외의 다른 대안 중 최선의 대안을 선택하였더라면 얻을 수 있었던 최대 이익 또는 최대 비용을 기회원가라고 하며, 특정 대안을 선택함으로써 발생하는 실제 현금 지출액을 현금지출원가라고 한다.

6) 통제가능성에 따른 분류

특정 경영자에게 특정 원가를 관리할 수 있는 권한이 있는지의 여부에 따라 원가를 통제가능원가(controllable cost)와 통제불능원가(uncontrollable cost)로 분류한다. 특정 기간에 특정 경영자가 발생에 영향을 미칠 수 있는 원가를 통제가능원가라고 하며, 이는 그 특정 경영자의 성과를 평가할 때 반드시 고려하여야 한다. 한편, 특정 경영자가 발생을 통제할 수 없는 원가를 통제불능원가라고 하며, 이는 그 특정 경영자의 성과를 평가할 때 배제하여야 한다. 여기서 통제가능하다고 하는 것은 특정 경영자가 특정 원가를 관리할 수 있는 권한을 가지고 있다는 것, 즉 특정 경영자가 원가 발생액을 통제할 수 있는 재량권을 가지고 있음을 의미한다. 예컨대, 특정 사업부의 관리책임자의 경우에 당해 사업부에서 발생한 원가는 통제가능원가이지만, 본사 관리부서에서 발생한 원가는 통제불능원가가 된다.

---

24) 관련원가란 '의사결정자의 목표수행에 영향을 미치고 의사결정의 결과에 변화를 초래하는 원가정보'로서, 「(1) 관련원가란 아직 발생되지 않은 원가(미발생원가)이다. (2) 관련원가란 의사결정을 위한 대안 간에 차이가 있는 원가이다. (3) 관련원가란 계량적 원가자료뿐만 아니라 질적 자료도 포함하는 개념이다.」와 같은 특성을 포함한다.

25) 관련원가의 [예]로는 여러 대안들과 실제 선택된 의사결정 대안 사이에서 발생하는 원가의 차이인 차액원가를 들 수 있으며, 비관련원가의 [예]로는 이미 발생하였으므로 의사결정에 아무런 영향을 주지 못하는 역사적 원가(기발생원가)를 들 수 있다. 의사결정시 고려대상이 되는 관련원가는 대부분 차액원가에 속하며, 기발생원가란 이미 발생한 원가로서 현재 또는 미래의 의사결정과 관련이 없는 원가로서 매몰원가 또는 역사적 원가라고도 한다.

7) 계산된 시점에 따른 분류

실제발생액을 계산의 대상으로 하느냐 또는 발생하리라 예상되는 금액을 계산의 대상으로 하느냐에 따라 다음과 같이 분류할 수 있다.

① 실제원가(actual cost)

제품의 제조가 완료된 후에 실제로 발생한 소비액에 의하여 산출된 원가로서, 사후원가 또는 역사적 원가(ex-post or historical cost)[26]라고도 한다. 대부분의 일반적인 원가계산은 이러한 실제원가를 자료로 하여 이루어지는 것이다.

② 예정원가(predetermined or budgeted cost)

과거의 경험을 기초로 하여 미래에 실제 발생하리라고 추정한 원가이다.[27]

③ 표준원가(standard cost)

예정원가보다도 엄격한 개념으로서, 과학적인 근거에서 기업이 표준적인 작업 활동을 하는 경우에 발생하리라고 예상한 원가이다. 이러한 표준원가는 전술한 예정원가와 더불어 경영자의 능률측정이나 원가관리 목적에 대단히 유용한 개념이 되고 있다.

2. 원가의 구성

전술한 여러 가지 형태의 원가요소가 실제의 판매가격으로 형성되기까지의 단계(과정)을 살펴보면 다음과 같다.

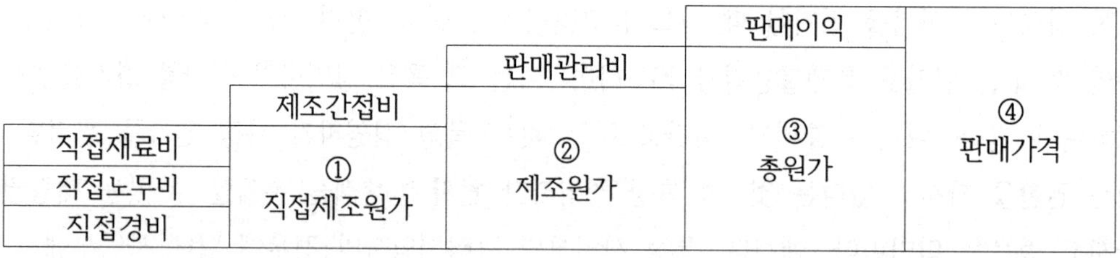

<table>
<tr><td></td><td></td><td></td><td>판매이익</td><td rowspan="6">④
판매가격</td></tr>
<tr><td></td><td></td><td>판매관리비</td><td rowspan="5">③
총원가</td></tr>
<tr><td></td><td>제조간접비</td><td rowspan="4">②
제조원가</td></tr>
<tr><td>직접재료비</td><td rowspan="3">①
직접제조원가</td></tr>
<tr><td>직접노무비</td></tr>
<tr><td>직접경비</td></tr>
</table>

26) 실무에서는 역사적 원가를 실제원가라고도 하는데, 실제라는 말이 정확한 용어가 아니기 때문에 회계에 익숙하지 못한 일반인에게는 오해를 불러일으킬 소지가 많다. 비록 실제원가가 특정 사상이 발생한 후에 기록되는 것은 사실이지만 감가상각, 감모상각 등의 원가는 추정을 포함하고 있는 개념이기 때문에 엄밀한 의미에서는 실제원가라고 할 수 없다. 역사적 원가는 과거에 발생한 사건에 근거해서 결정되기 때문에 객관적이며 검증가능하다.

27) 예정원가 또는 예측원가는 특정 사상이 발생하기 전에 분석과 예측을 통하여 결정되는 원가로서, 이미 발생한 사건이 아니라 미래에 발생할 것으로 예상되는 사건에 의해 결정되는 원가이다. 따라서 예정원가를 미래원가라고도 한다. 이처럼 예정원가는 불확실한 미래의 상황과 개인의 주관적 판단을 반영하므로 발생예상금액이 주관적일 뿐만 아니라 검증하기가 어렵다.

① 직접제조원가

직접제조원가(direct manufacturing cost)는 원가요소 중에서 직접재료비, 직접노무비, 직접경비의 합계이다. 이러한 직접제조원가는 제품원가의 기초가 된다.

② 제품제조원가

제품제조원가(product manufacturing cost)는 직접제조원가에다 일정한 배부기준에 의하여 산출된 제조간접비를 합한 금액으로서, 제품제조를 위하여 소비된 모든 원가요소를 포함하는 개념이다. 따라서 제품원가(product cost)라는 용어를 사용하기도 한다.

③ 총원가

총원가(total cost)는 제품제조원가에다 판매관리비의 배분액을 가산한 것으로서, 제품이 제조되어 그것이 판매가능한 상태에 이르기까지 발생한 모든 원가요소를 포함하는 개념이다.

④ 판매가격

판매가격(selling price)은 총원가에다 기업에서 임의로 결정한 판매이익을 가산한 것으로서, 제품이 시장에서 판매되는 가격이다. 이것이 바로 매출액이다. 이러한 판매가격은 기업 외부의 시장조건(수요와 공급)에 의하여 결정되는 것이 일반적이지만, 주문생산이나 신제품 생산 또는 정부 납품을 위한 제품생산의 경우에는 기업에서 임의로 결정한 판매이익을 총원가에 가산하여 판매가격을 결정하기도 한다.

예제 1

다음 원가구성도의 (　　)에 들어가는 ①~⑦ 금액을 계산하시오.

<table>
<tr><td></td><td></td><td></td><td>판매이익
(⑥)</td><td rowspan="6">판매가격
(⑦)</td></tr>
<tr><td></td><td></td><td>판매관리비
(④)</td><td rowspan="5">총원가
(⑤)</td></tr>
<tr><td></td><td>제조간접비
(②)</td><td rowspan="4">제조원가
(③)</td></tr>
<tr><td>직접재료비
₩10,000</td><td rowspan="3">직접제조원가
(①)</td></tr>
<tr><td>직접노무비
₩12,000</td></tr>
<tr><td>직접경비
₩5,000</td></tr>
</table>

<추가사항>

- 판매가격에는 총원가의 20%에 해당하는 판매이익이 포함되어 있다.
- 판매관리비는 제조원가의 20%이다.
- 판매가격은 직접제조원가의 2배에 해당한다.

해답

① 직접제조원가 : ₩10,000 + ₩12,000 + ₩5,000 = ₩27,000
⑦ 판매가격 : ₩27,000×2 = ₩54,000
⑤ 총원가 : 판매가격÷(1 + 총원가에 대한 이익률) = ₩54,000÷1.2 = ₩45,000[₩54,000 - ₩9,000(⑥에서)]
⑥ 판매이익 : ₩45,000×20% = ₩9,000
③ 제조원가 : ₩45,000÷1.2 = ₩37,500
④ 판매관리비 : ₩37,500×20% = ₩7,500
② 제조간접비 : ₩37,500 - ₩27,000 = ₩10,500

예제 2

다음 자료를 이용하여 원가구성도를 완성하시오. 단, 판매이익은 총원가의 20%이다.

직접재료비	₩32,000	직접노무비	₩25,000
직접경비	3,000	공장 경비원 급여	10,000
공장 수도광열비	6,000	공장 소모품비	4,000
판매관리비	10,000		

			( ) (₩)	판매가격 (₩)
		( ) (₩)	총원가 (₩)	
	( ) (₩)	제조원가 (₩)		
( ) (₩)	직접제조원가 (₩)			
( ) (₩)				
직접경비 (₩)				

해답

			판매이익 ₩18,000	판매가격 ₩108,000
		판매관리비 ₩10,000	총원가 ₩90,000	
	제조간접비 ₩20,000	제조원가 ₩80,000		
직접재료비 ₩32,000	직접제조원가 ₩60,000			
직접노무비 ₩25,000				
직접경비 ₩3,000				

제4절 원가계산의 목적 및 분류

원가계산이란 일정한 급부(재화나 용역)를 생산하기 위하여 소비된 경제적 가치를 급부 단위별로 인식·분류·종합하여, 급부 단위당의 제조원가를 계산하는 절차이다.[28] 이러한 원가계산의 절차는 어떤 원가계산제도를 사용하는가에 불구하고 기본적으로 다음과 같은 세 가지의 단계를 거친다. (제3장~제6장 참조)

① 요소별 원가계산 … 일정기간에 제품제조를 위하여 발생한 재료비·노무비·경비를 집계한다. 그러나 기업에 따라서는 각 원가의 요소를 직접재료비, 직접노무비, 제조간접비로 구분하여 집계하기도 한다.

② 부문별 원가계산 … 원가요소별 집계액을 직접비와 제조간접비로 구분하고, 관련되는 원가 발생부문에 대하여 적절히 배부함으로써 원가부문별로 발생원가를 집계한다. 직접비는 제품별로 직접 부과할 수 있기 때문에 부문별 원가계산을 필요로 하지 않는다. 그러나 제조간접비는 특정 제품에 직접 부과할 수 없기 때문에 제조간접비를 그 발생 장소인 원가 부문별로 구분하여 집계한 다음, 다시 일정한 기준에 따라 해당 제품에 배부하는 절차를 거쳐야 한다.

③ 제품별 원가계산 … 부문별로 집계된 원가(직접비와 간접비)를 제품에 직접 배부하여 특정 제품의 단위당 제조원가를 계산한다. 즉 요소별 원가계산에서 집계한 직접비는 해당 제품에 직접 부과하는 동시에, 부문별 원가계산에서 집계한 제조간접비를 일정한 기준에 따라 해당 제품별로 배부하여 특정 제품의 단위당 제조원가를 계산한다.

이렇게 보면 원가계산이란 제품의 제조원가만을 계산하는 것으로 이해하기가 쉬우나, 오늘날에는 원가계산의 영역이 확대되면서 판매관리비까지도 원가계산의 영역에 포함시키기도 한다.

1. 원가계산의 목적

오늘날 원가계산의 내용은 단순한 제품의 실제원가계산이라는 전통적인 영역에서 벗어나, 원가정보를 이용한 의사결정이라는 관리회계 측면에까지 그 영역이 확대되고 있다. 따라서 원가계산의 목적도 그에 따라서 함께 확대될 수밖에 없다.[29]

---

28) 제조기업에서의 원가계산기간은 보통 1개월 단위로 한다. 원가계산을 1개월마다 실시하는 이유는 가능한 한 원가자료를 신속히 파악하여 원가통제에 유용한 정보를 얻기 위해서이다.

29) 이러한 관점에서 오늘날에는 협의의 제품원가계산을 의미하는 원가계산이라는 용어보다도, 관리회계의 영역까지 포함시키는 원가회계라는 용어를 보다 보편적으로 사용하고 있다.

일반적으로 원가계산의 목적으로 ① 재무제표 작성에 필요한 원가자료의 제공, ② 원가관리에 필요한 원가자료의 제공, ③ 경영계획 설정에 필요한 원가자료의 제공, ④ 판매가격 결정에 필요한 원가자료의 제공, ⑤ 예산편성 및 통제에 필요한 원가자료의 제공 등을 들 수 있다.30)

① 재무제표 작성

원가계산의 결과로 주어지는 자료는 외부에 공표하는 재무제표의 작성에 필요한 자료를 제공한다. 즉 원가계산이 제공하는 원가자료는 재무상태표에 있어서 제품·재공품 등의 재고자산 원가와 포괄손익계산서에서 매출원가를 산출할 수 있는 근거를 마련해 준다. 그러한 면에서 원가계산은 재무회계와 유기적인 관련성을 지닌다. (제3장~제6장 참조)

② 원가관리

원가계산은 각 계층의 경영관리자에게 원가관리에 필요한 기초자료를 제공해 준다. 이 점에서 원가회계의 영역은 관리회계의 영역으로까지 확대될 수 있으며, 특히 이러한 관점에서는 예정원가나 표준원가 자료가 보다 유용하게 사용될 수 있다. (제7장 참조)

③ 경영계획 설정

원가계산은 기업의 장·단기 이익계획31)을 수립하는데 필요한 정보를 제공하여, 장래의 경영활동에 관한 의사결정에 기여한다. 여기에서 특수원가의 조사가 필요하게 된다. (제8장~제10장 참조)

④ 판매가격 결정

주문생산이나 신제품을 생산하는 경우에는, 그 제품에 대한 시장가격이 형성되어 있지 않은 것이 일반적이다. 이러한 상황에서 원가계산은 제품의 판매가격 결정을 위한 기초 자료를 제공한다. (제11장 참조)

⑤ 예산편성 및 통제

기업에서는 예산을 종합적인 활동지표로서 편성하고, 그 예산과 실적을 비교함으로써 경영능률을 평가한다. 원가계산은 이와 같은 예산편성 및 경영능률의 평가에 필요한 자료를 제공한다. (제12장~제14장 참조)

---

30) 미국회계학회의 원가위원회에서는 원가계산의 목적을 ① 일반 재무제표 작성에 필요한 원가의 집계, ② 각 계층 경영자들의 원가관리에 필요한 원가자료의 제공, ③ 경영자들의 각종 의사결정과 정책수립에 필요한 원가자료의 제공 등으로 구분하고 있다.

31) 경영활동은 계획과 통제의 연속과정이며 동전의 양면처럼 서로 연계되는 것이다. 계획이란 사전적으로 기업의 목표를 설정하는 과정으로, 기업의 구체적인 활동에 앞서 수립되는 것으로 기업의 목표를 반영하여야 한다. 통제란 계획단계에서 수립한 목표를 실제의 성과와 비교하는 과정으로, 당초 목표에서 벗어난 상태를 조기에 시정하거나(사전통제) 계획과 실적을 대비하여 성과평가(사후통제)를 하고 이를 다시 미래의 계획수립에 반영하게 된다.

2. 원가계산의 분류

원가계산은 근본적으로 기업 내부의 경영계산이기 때문에 관점에 따라 여러 가지로 분류될 수 있으나, 여기에서는 가장 보편적인 몇 가지에 대해서만 언급하기로 한다.

1) 개별원가계산과 종합원가계산 - 제품의 생산형태에 따라 -

개별원가계산(job-order costing)이란 제조지시서별 원가계산이라고도 하며 제조되는 제품의 생산량 단위별로 발생원가를 별도로 계산하는 방법이다. 이 방법은 종류나 규격을 달리하는 제품을 독립적으로 개별 생산하는 기업 형태에 적합한 원가계산방법으로서, 기계제조업 · 항공업 · 조선업 · 건축업 등의 업종에 주로 이용되고 있다. (제5장 참조)

종합원가계산(process costing)이란 일정기간에 발생한 총원가를 산출하고, 이것을 그 기간의 총 제품생산량으로 나누어 제품 단위당의 원가를 계산하는 방법이다. 이 방법은 종류와 성격이 동일한 제품을 연속적으로 대량생산하는 경영의 형태에 적합한 원가계산방법으로서, 화학공업 · 방직업 · 제지업 · 제분업 · 철강업 등의 업종에 주로 이용되고 있다. (제6장 참조)

결론적으로, 개별원가계산과 종합원가계산의 구분은 근본적으로 제품원가를 계산하는 방법상의 차이에 의해 야기되는 것이다. 이를 보다 자세히 비교해 보이면 다음과 같다.

	개별원가계산	종합원가계산
• 의 의	생산량 단위별로 발생원가를 별도로 계산	일정기간의 총발생원가를 집계하고, 이것을 동 기간의 총생산량으로 나누어 제품 단위당 원가를 계산
• 생산형태	종류 · 규격 등이 서로 다른 제품을 독립적으로 개별생산	종류와 규격이 동일한 제품을 연속적으로 대량생산
• 원가계산 방 법	특정 제조지시서별로 직접비와 간접비를 배부하여 제품원가를 산출	원가요소(재료비 · 노무비 · 경비)를 기간단위로 집계하여 동 기간의 총생산량으로 나누어 제품원가를 산출
• 원가의 구 분	모든 원가요소를 직접비와 간접비로 구분	직접비와 간접비의 구분은 필요없으며, 발생된 원가를 동 기간의 총생산량과 대응시키면 됨
• 재공품 평 가	원칙적으로 재공품 평가가 문제되지 않으며, 기말시점까지 미완성된 제조지시서 금액이 기말재공품이 됨	동일 제품의 연속생산을 전제하므로 기초재공품원가와 당기총제조비용을 고려하여 기말재공품을 별도 평가
• 적용가능 업 종	기계제조업, 항공업, 조선업, 건축업 등에서 사용	화학공업, 제지업, 방직업, 철강업 등에서 사용

2) 사전원가계산과 사후원가계산 - 원가계산의 시점에 따라 -

사전원가계산(ex-ante cost accounting)이란 제품제조에 착수하기 이전에 발생하리라 예상되는 원가를 미리 추정하는 원가계산방법이다. 예정원가계산 또는 추정원가계산이라고도 한다. 사전원가계산의 일종인 표준원가계산은 특히 원가관리를 목적으로 하는 원가계산방법으로서, 과학적 · 통계적인 방법에 의하여 미리 표준이 되는 원가를 설정하고 차후에 실제원가와 비교하여 그 차이를 분석함으로써 원가관리에 필요한 정보를 얻는다. (제7장 참조)

사후원가계산(ex-post cost accounting)은 실제원가계산이라고도 하는 것으로서, 생산을 개시한 후에 실제 발생된 원가를 집계하는 원가계산방법이다. 일반적으로 원가계산이라고 하면 이 실제원가계산을 말한다. 특히 제품제조에 착수하기 이전에 예정배부하는 제조간접비 예정배부액과 생산을 개시한 후에 실제 발생된 원가인 직접재료비 및 직접노무비를 집계하는 원가계산방법을 정상원가계산 또는 평준화원가계산이라고 한다. (제3장~제6장 참조)

3) 전부원가계산과 부분원가계산 - 원가계산에 포함되는 원가범위에 따라 -

전부원가계산(full costing or absorption costing)이란 생산에 소요된 모든 원가요소를 전부 산입하여 제품원가를 계산하는 방법이며(제3장~제7장 참조), 부분원가계산이란 발생된 모든 원가요소 중 일부분만을 집계하여 제품원가를 산출하는 방법이다. 특히 부분원가계산은 계산목적에 따라 여러 가지의 형태로 고려할 수 있으나, 이 중 가장 일반적으로 사용되는 부분원가계산방법은 변동비만을 제품원가에 포함시키는 변동원가계산(제8장 참조)이다.[32]

제5절 원가의 흐름과 계정체계

1) 상품매매기업의 원가흐름과 계정체계

상품매매기업의 원가흐름은 비교적 간단하다. 즉 상품의 구입에 따르는 구입가격과 부대비용의 합계(취득원가)가 재무상태표에서 제품원가로 계상되었다가, 판매되는 시점에서 매출원가화하여 포괄손익계산서의 기간원가로 전환된다.

(1) 상품의 구입 : 구입된 상품의 원가는 재무상태표에서 재고자산으로 계상된다.

(2) 매출원가의 계산 : 재무상태표의 재고자산 중 당기에 판매된 상품의 원가를 지칭하며, 「기초상품재고액+당기상품매입액-기말상품재고액」의 산식으로 산출된다.

---

32) 본서 전반부에서 설명되어지는 제품원가계산에서 기본전제로 하는 원가계산방식이 바로 전부원가계산방식이다. 그러나 제품원가의 계산요소 중 고정제조간접비에 대한 서로 다른 논쟁으로 인하여 도입된 것이 변동원가계산방식이다. 기업 내부에서 원가관리목적으로 변동원가계산방식이 선호되고 있지만, 외부보고용 재무제표의 작성에 사용되는 방식은 전부원가계산방식임을 기억하길 바란다.

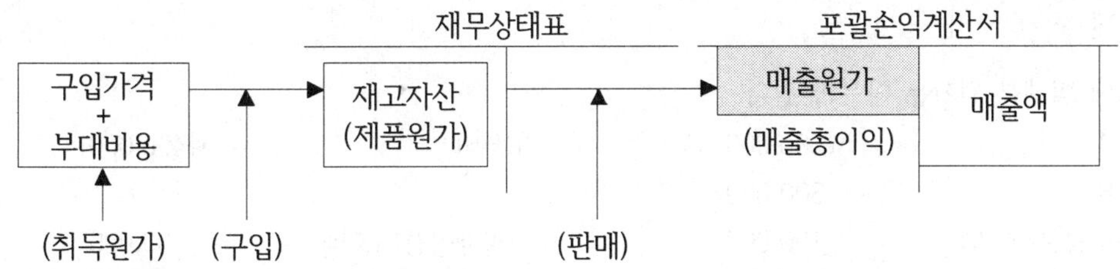

2) 제조기업의 원가흐름과 계정체계

제조기업의 경우에는 원료나 재료를 매입하고 노동력과 기타 용역을 투입하여 제품을 제조하는 과정이 추가되기 때문에, 원가의 흐름과 계정체계는 비교적 복잡해진다.[33)]

(1) 원료·재료의 구입 및 사용(소비) … 구입된 원재료의 원가는 재무상태표에서 재고자산으로 계상되었다가, 사용(소비)된 부분만큼이 재료비라는 원가요소로 전환된다.
「재료비 사용액 = 기초재료재고액 + 당기재료매입액[34)] - 기말재료재고액」

(2) 노무비의 발생 … 제조 작업에 직·간접으로 종사한 종업원에 대한 임금이나 급여의 지급액(당기소비액)이다.

(3) 경비의 발생 … 재료비나 노무비를 제외한 기타 경제가치의 당기소비액이다.[35)]

(4) 당기총제조비용의 계산 … 당기 소비된 재료비·노무비·경비의 합계로서 제조(재공품) 계정에 표시된다. 개별원가계산의 경우에는 이 과정에서 원가요소를 직접비와 간접비로 구분하고, 간접비에 대해서는 각 제품별로 별도 배부할 필요가 있다.

(5) 당기제품제조원가의 계산 … 당기의 완성된 제품의 원가로서, 제조(재공품) 계정에서 「기초재공품재고액 + 당기총제조비용 - 기말재공품재고액」의 산식으로 산출된다. 개별원가계산의 경우에는 당기제품제조원가가 각 제품별로 계산되기 때문에 별다른 문제가 없으나, 종합원가계산의 경우에는 현재 제조과정에 있는 기말재공품원가의 계산이 주요 과제가 된다. 이를 보고식으로 작성한 명세서를 **제조원가명세서**라고 한다.

(6) 매출원가의 계산 … 당기에 판매된 제품의 원가로서, 제품계정에서 「기초제품재고액 + 당기제품제조원가 - 기말제품재고액」의 산식으로 산출된다.

---

33) [중소기업회계기준] 제품, 반제품 및 재공품 등 재고자산의 제조원가는 보고기간말까지 제조과정에서 발생한 직접재료원가, 직접노무원가, 제조와 관련된 변동 및 고정 제조간접원가의 체계적인 배부액을 포함한다. 재공품은 반제품을 포함한다. 반제품은 현재 상태로 판매가능한 재공품을 말한다.

34) 당기재료매입액은 총매입액에서 매입에누리, 매입환출, 매입할인을 차감하고 매입운임을 가산한 후의 금액이다.

35) 일반적으로 '판매관리비'도 '경비'라고 한다. 제품제조과정에서 발생하는 경비를 '제조경비'라 하여 '판매관리비'와 구별하기 때문에, 학습 편의에 따라 본서에서도 '제조경비' 또는 '경비'라는 용어를 사용하고 있음을 밝힌다. [저자 주]

예제

당기에 발생한 원가는 다음과 같다.

재료비	₩500,000	노무비	₩400,000
경 비	300,000		
기초재공품재고액	100,000	기말재공품재고액	200,000
기초제품재고액	150,000	기말제품재고액	250,000

물음

위의 자료에 의하여 다음을 계산하시오.

① 당기총제조비용
② 당기제품제조원가
③ 매출원가

해답

① 당기총제조비용 : ₩500,000 + ₩400,000 + ₩300,000 = ₩1,200,000
② 당기제품제조원가 : ₩100,000 + ₩1,200,000(①) - ₩200,000 = ₩1,100,000
③ 매출원가 : ₩150,000 + ₩1,100,000(②) - ₩250,000 = ₩1,000,000

3) 계정에의 반영을 위한 회계처리

제조기업의 경우, 계정에의 반영을 위한 회계처리는 다음과 같다.

(1) 원가요소의 소비 및 발생

(차) 재료비	×××	(대) 재료, 현금 등	×××
노무비	×××		
경 비	×××		

(2) 원가요소 발생액의 제조계정 대체(당기총제조비용) :

개별원가계산의 경우에 간접비 배부과정이 한 단계 더 필요하지만, 제조간접비도 결국에는 제조계정으로 대체된다.

(차) 제조(재공품)	×××	(대) 재료비	×××
		노무비	×××
		경 비	×××

(3) 완성된 제품의 제품계정 대체(당기제품제조원가)

(차) 제 품	×××	(대) 제조(재공품)	×××

(4) 판매된 제품의 매출원가계정 대체(매출원가)

(차) 매출원가	×××	(대) 제 품	×××

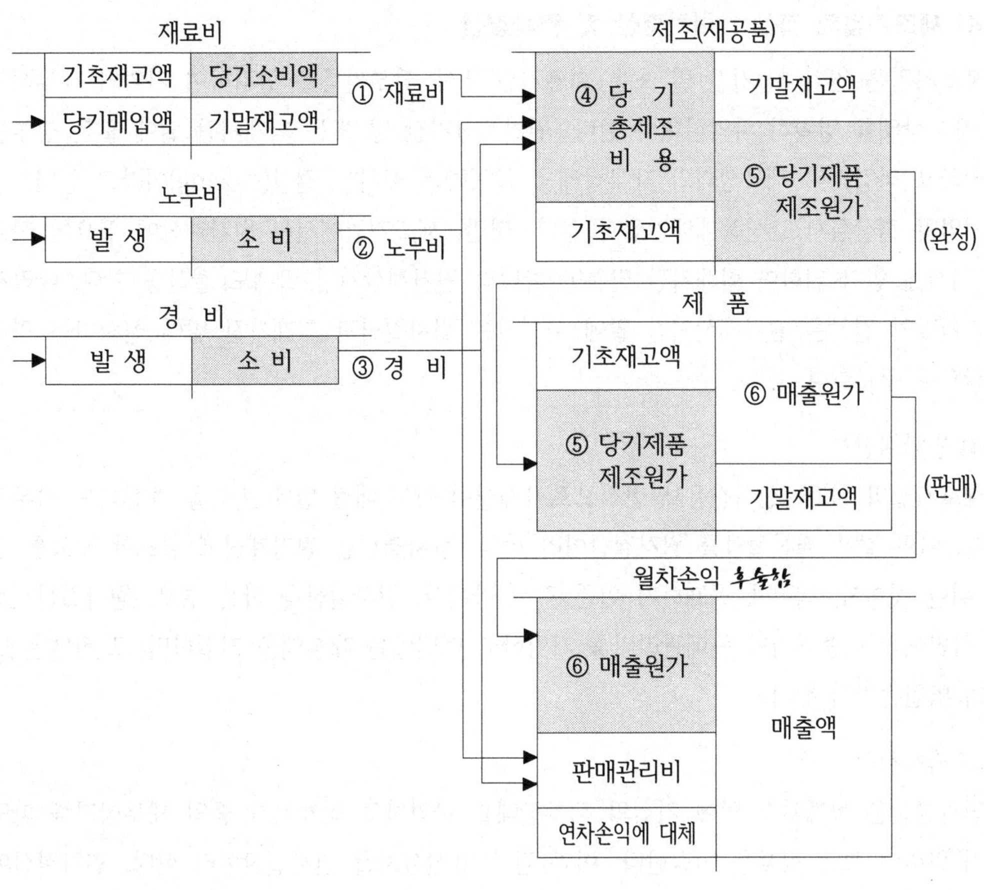

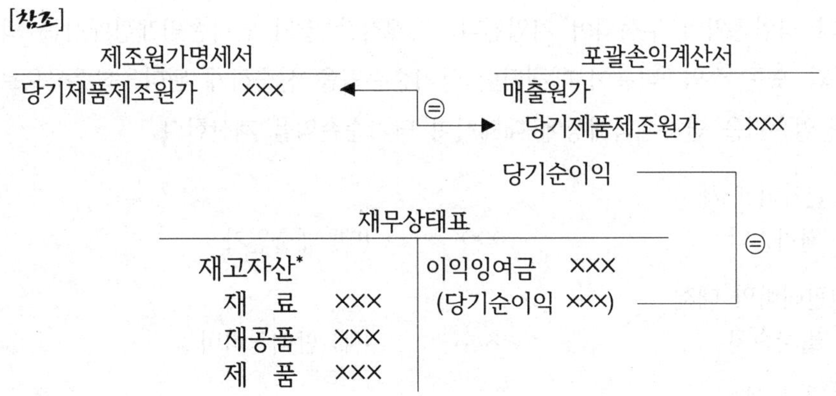

* 각 계정의 기말재고액을 표시하고 있는 것임.

노무비 또는 경비

전기 선급액	×××	전기 미지급액	×××
당기 지급액	×××	당기 소비(발생)액	×××
당기 미지급액	×××	당기 선급액	×××

4) 제조기업의 결산 : 월차결산 및 연차결산

제조기업은 원가계산기간 말 또는 회계기간 말에 장부기록을 정리하여 기업의 재무성과와 재무상태를 명확히 파악하여야 한다. 원가계산기간 말 또는 회계기간 말에 모든 장부를 정리하고 마감하여 재무성과와 재무상태를 확정하는 절차를 결산(closing)이라고 한다. 제조기업의 결산절차도 상품매매기업과 같다. 다만, 제조기업에서는 원가계산에 필요한 자료를 적시에 얻기 위하여 회계기간 말뿐만 아니라 원가계산기간 말에도 결산을 한다. 따라서 제조기업의 결산은 원가계산기간 말에 실시하는 월차결산과 회계기간 말에 실시하는 연차결산으로 구분한다.

⑴ 월차결산

제조기업의 원가계산기간은 일반적으로 1개월이므로, 매월 말에 손익을 계산하는 경우가 많다. 이와 같은 결산절차를 월차결산이라 한다. 월차결산은 원가계산에 필요한 자료를 얻기 위한 것이지, 외부에 공표하기 위한 것은 아니다. 월차결산을 하는 경우, 월차결산계정의 차변에는 매출원가와 판매관리비를 기입하고 대변에는 매출액을 기입하며 그 잔액은 당월의 영업손익이 된다.

⑵ 연차결산

연차결산은 회계기간 말에 기업의 재무상태를 파악하고 회계기간 중의 재무성과를 파악하기 위하여 모든 장부를 마감한다. 이와 같은 결산절차를 연차결산이라 한다. 연차결산에 의하여, 매월의 영업손익은 월차손익계정에서 연차손익계정으로 대체되고 연차손익계정에는 매월의 영업손익이 누적되어 기입된다. 회계기간 말의 연차손익계정에서는 회계기간의 영업손익과 모든 수익, 비용이 대체되어 당기순손익을 산출하게 된다. 최종적으로, 당기에 발생한 영업손익을 연차손익계정에 대체하여 당기순손익을 계산한다.

• 매출원가의 대체

(차) 월차손익	×××	(대) 매출원가	×××

• 판매관리비의 대체

(차) 월차손익	×××	(대) 판매관리비	×××

• 매출액의 대체

(차) 매　출	×××	(대) 월차손익	×××

• 영업이익의 대체

(차) 월차손익	×××	(대) 연차손익	×××

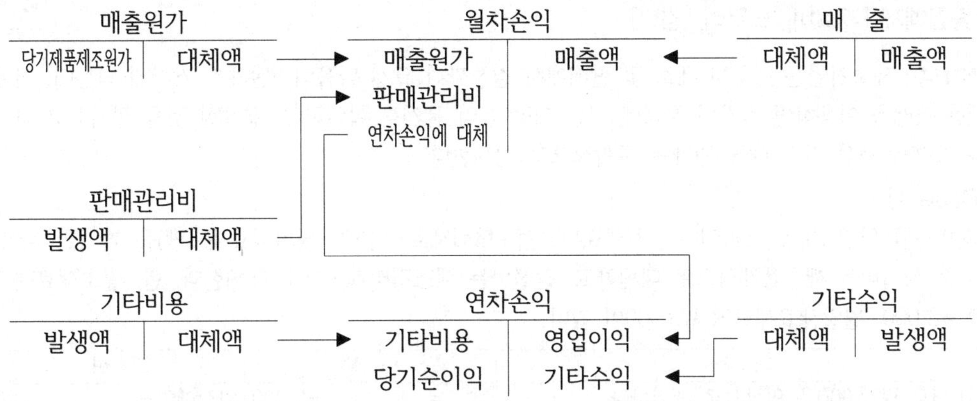

제조기업은 상품매매기업과 달리 외부 판매를 위해 자체적으로 생산한 제품의 제조원가를 산출해야만 재무제표를 작성할 수 있다. 제조원가요소는 재료비 · 노무비 · 경비로 분류하거나, 기업이 채택하고 있는 원가계산방법에 따라 직접재료비 · 직접노무비 · 제조간접비 등으로 분류할 수 있다.

제조원가명세서
(재료비, 노무비, 경비로 분류한 경우)

재료비 ⓐ		×××
월초재료재고액	×××	
당월재료매입액	×××	
월말재료재고액 ㉠	(×××)	
노무비 ⓑ		×××
경 비 ⓒ		×××
당월총제조비용 ⓓ		×××
월초재공품재고액		×××
월말재공품재고액 ㉡		(×××)
당월제품제조원가		×××

⊜

제조원가명세서
(직접재료비, 직접노무비, 제조간접비로 분류한 경우)

직접재료비		×××
월초재료재고액	×××	
당월재료매입액	×××	
월말재료재고액 ㉠	(×××)	
직접노무비		×××
직접경비		×××
제조간접비		×××
당월총제조비용		×××
월초재공품재고액		×××
월말재공품재고액 ㉡		(×××)
당월제품제조원가		×××

⊜

포괄손익계산서

매출액		×××
매출원가		(×××)
월초제품재고액	×××	
당월제품제조원가	×××	
월말제품재고액 ㉢	(×××)	
매출총이익		×××
판매관리비		(×××)
××비	×××	
××비	×××	
영업이익		×××
기타수익		×××
기타비용		(×××)
당월순이익		×××

구 분	합 계	직접재료비	직접노무비	직접경비	제조간접비
재료비	××× ⓐ	×××			×××
노무비	××× ⓑ		×××		×××
경 비	××× ⓒ			×××	×××
계	××× ⓓ	×××	×××	×××	×××

재무상태표(재고자산 부분)

재고자산		
재 료 ㉠	×××	
재공품 ㉡	×××	
제 품 ㉢	×××	

종합예제 [재료비, 노무비, 경비]

[저자 주] 제조기업은 제품의 제조 및 판매에서 결산까지 크게 다음의 7단계를 거치게 되는데, 이에 대한 거래를 이용하여 원가의 흐름에 대한 계정 간의 분개를 확인하고, 분개한 것을 전기하고 마감을 하면서 계정 간의 대체 관계를 종합적으로 이해한다.

[Case 1]

[제1단계] 당월 재료 소비액(=월초재료재고액+당월재료매입액-월말재료재고액)을 파악한 다음, 이 중 직접비는 재공품계정으로 대체하고, 간접비는 제조경비계정으로 대체한다. 단, 월초재료재고액 ₩8,000, 월말재료재고액 ₩5,000이 있다.

거 래	차 변		대 변	
① 재료 ₩37,000을 외상으로 매입하다.	재 료	37,000	외상매입금	37,000
② 재료 ₩40,000을 작업 현장에 출고·투입하다. 이 금액이 재료 소비액이다.	재료비	40,000	재 료	40,000
③ 재료 소비액 ₩40,000 중 직접 소비액은 ₩25,000이고 나머지는 간접 소비액이다.	재공품 제조간접비	25,000 15,000	재료비	40,000

재 료

전월이월	8,000	② 재료비	40,000
① 외상매입금	37,000	차월이월	5,000
	45,000		45,000

재료비

② 재료	40,000	③ 제좌	40,000

[제2단계] 당월 노무비 발생액(=당월 지급액+당월 미지급액-전월 미지급액)을 계산한 다음, 이 중 직접비는 재공품계정으로 대체하고, 간접비는 제조경비계정으로 대체한다. 단, 전월 말 급여 미지급액 ₩7,000이 있다. [저자 주 : 학습목적상 예수금계정은 고려하지 않았음을 밝힌다.]

거 래	차 변		대 변	
④ 급여 ₩30,000을 종업원의 보통예금계좌로 이체하다.	급 여	30,000	보통예금	30,000
⑤ 당월 말에 급여 미지급액 ₩5,000이 있다.	급 여	5,000	미지급급여	5,000
⑥ 노무비 발생액은 ₩28,000이다.	노무비	28,000	급 여	28,000
⑦ 노무비 발생액 ₩28,000 중 직접 발생액은 ₩20,000이고 나머지는 간접 발생액이다.	재공품 제조간접비	20,000 8,000	노무비	28,000

급 여

④ 보통예금	30,000	전월 미지급액	7,000
⑤ 당월 미지급액	5,000	⑥ 노무비	28,000
	35,000		35,000

노무비

⑥ 급여	28,000	⑦ 제좌	28,000

[제3단계] 당월 경비 발생액(=당월 지급액+전월 선급액-당월 선급액)을 계산한 다음, 이 중 직접비는 재공품계정으로 대체하고, 간접비는 제조경비계정 또는 판매관리비계정으로 대체한다. 단, 전월 경비 선급액 ₩1,500이 있다.

거 래	차 변		대 변	
⑧ 경비 ₩10,000을 현금으로 지급하다.	경 비	10,000	현 금	10,000
⑨ 당월 말에 경비 선급액 ₩2,500이 있다.	선급경비	2,500	경 비	2,500
⑩ 경비 발생액 ₩9,000 중 ₩6,000은 제조경비이고, 나머지는 판매관리비이다.	제조경비 월차손익	6,000 3,000	경 비	9,000
⑪ 제조경비 발생액 ₩6,000 중 ₩1,000은 직접 발생액이고 나머지는 간접 발생액이다.	재공품 제조간접비	1,000 5,000	제조경비	6,000

경 비

차변	금액	대변	금액
전월 선급액	1,500	⑩ 제좌	9,000
⑧ 현금	10,000	⑨ 당월 선급액	2,500
	11,500		11,500

제조경비

차변	금액	대변	금액
⑩ 경비	6,000	⑪ 제좌	6,000

[제4단계] 당월 제조간접비 발생액을 재공품계정으로 대체하면서 마감한다.

거 래	차 변		대 변	
⑫ 제조간접비 실제발생액은 ₩28,000이다.	재공품	28,000	제조간접비	28,000

제조간접비

차변	금액	대변	금액
③ 재료비	15,000	⑫ 재공품	28,000
⑦ 노무비	8,000		
⑪ 제조경비	5,000		
	28,000		28,000

재공품

차변	금액	대변	금액
전월이월	×××	제품	×××
③ 재료비	25,000	차월이월	×××
⑦ 노무비	20,000		
⑪ 제조경비	1,000		
⑫ 제조간접비	28,000		

[제5단계] 당월총제조비용을 계산한 다음, 이에 월초재공품재고액을 가산한 금액에서 월말재고액재고액을 차감하여 계산한 당월제품제조원가를 제품계정에 대체하면서 마감한다. 단, 월초재공품재고액 ₩8,000, 월말재공품재고액 ₩10,000이 있다.

거 래	차 변		대 변	
⑬ 당월 완성된 제품 제조원가는 ₩72,000이다.	제 품	72,000	재공품	72,000

재공품

차변	금액	대변	금액
전월이월	8,000	제품	72,000
③ 재료비	25,000	차월이월	10,000
⑦ 노무비	20,000		
⑪ 제조경비	1,000		
⑫ 제조간접비	28,000		
	82,000		82,000

제 품

차변	금액	대변	금액
전월이월	×××	매출원가	×××
⑬ 재공품	72,000	차월이월	×××

[제6단계] 매출원가를 제품계정에서 산출하고, 이를 매출원가계정으로 대체하면서 마감한다. 이때 매출액에 대한 분개도 함께 기입한다. 단, 월초제품재고액 ₩15,000, 월말제품재고액 ₩7,000이 있다. (계속기록법 적용)

거 래	차 변		대 변	
⑭ 제품 ₩96,000을 외상매출하다. 단, 당월 판매된 제품의 원가는 ₩80,000이다.	외상매출금 매출원가	96,000 80,000	매 출 제 품	96,000 80,000

제 품

차변	금액	대변	금액
전월이월	15,000	⑭ 매출원가	80,000
⑬ 재공품	72,000	차월이월	7,000
	87,000		87,000

매출원가

차변	금액	대변	금액
⑭ 제품	80,000		

매 출

차변	금액	대변	금액
		⑭ 외상매출금	96,000

[제7단계] 원가계산기간 말에 1개월 동안의 매출총손익, 영업손익을 파악하기 위하여 월차손익계정을 설정한 다음, 매출액과 매출원가, 판매관리비에 속하는 항목을 월차손익계정에 대체한다.

Ⓐ 월차손익계정

월차손익이란 원가계산기간 말에 1개월의 손익을 계산하기 위하여 설정하는 계정으로서, 월말에 월차 영업손익을 계산하여 연차 영업손익계정에 대체하고 마감한다. 이처럼 월차손익계정을 사용하는 이유는 경영관리에 필요한 회계자료를 획득하는 목적뿐만 아니라 연차 결산의 준비로서 이루어지는 것이며, 외부에 공표하기 위한 것은 아니다. [저자 주 : 여러 가지 경비 항목들(예 감가상각비 등)이 존재하나, 학습목적상 제시된 항목 이외에는 고려하지 않았음을 밝힌다.]

거 래	차 변		대 변	
⑮ 매출계정 잔액 ₩96,000을 월차손익계정에 대체하다.	매 출	96,000	월차손익	96,000
⑯ 매출원가계정 잔액 ₩80,000을 월차손익계정에 대체하다.	월차손익	80,000	매출원가	80,000
⑰ 경비 발생액 ₩9,000 중 판매관리비에 속하는 ₩3,000을 월차손익계정에 대체하다.	월차손익	3,000	경 비	3,000

매출원가

차변		대변	
⑭ 제품	80,000	⑮ 월차손익	80,000

매 출

차변		대변	
⑮ 월차손익	96,000	⑭ 외상매출금	96,000

월차손익

차변		대변	
⑯ 매출원가	80,000	⑮ 매출	96,000
⑰ 경비	3,000		
연차손익에 대체	13,000		

Ⓑ 연차손익계정

연차손익이란 회계기간 말에 기업의 당기순손익을 파악하기 위하여 설정되는 집합손익계정이다. 월차 결산에 의하여 매월 월차손익계정에서 계산한 영업손익을 연차손익계정에 대체함으로써, 당기 말에 당기순손익을 계산할 수 있다.

거 래	차 변		대 변	
⑱ 월차손익계정에서 계산한 영업이익 ₩13,000을 연차손익계정으로 대체하다.	월차손익	13,000	연차손익	13,000

월차손익

차변		대변	
⑯ 매출원가	80,000	⑭ 매출	96,000
⑰ 경비	3,000		
⑱ 연차손익에 대체	13,000		
	96,000		96,000

연차손익

차변		대변	
기타비용	×××	⑱ 월차손익	13,000
당기순이익	×××	기타수익	×××

[참조] [제조원가명세서와 포괄손익계산서 및 재무상태표]

제조원가명세서
(재료비, 노무비, 경비로 분류한 경우)

재료비		40,000
월초재료재고액	8,000	
당월재료매입액	37,000	
월말재료재고액	(5,000)	
노무비		28,000
경 비		6,000
당월총제조비용		74,000
월초재공품재고액		8,000
월말재공품재고액		(10,000)
당월제품제조원가		72,000

제조원가명세서
(직접재료비, 직접노무비, 제조간접비로 분류한 경우)

직접재료비	25,000
직접노무비	20,000
직접경비	1,000
제조간접비	28,000
당월총제조비용	74,000
월초재공품재고액	8,000
월말재공품재고액	(10,000)
당월제품제조원가	72,000

* ₩15,000 + ₩8,000 + ₩5,000 = ₩28,000
* [주의] 월초재료재고액과 월말재료재고액에서 직접재료비와 간접재료비의 구분 제시가 없기에, 제시된 재료비(소비액)을 이용하여 직접재료비 ₩25,000(총액)만 표시하였음

포괄손익계산서

매출액		96,000
매출원가		(80,000)
월초제품재고액	15,000	
당월제품제조원가	72,000	
월말제품재고액	(7,000)	
매출총이익		16,000
판매관리비		(3,000)
제 비용	3,000	
영업이익		13,000

구 분	합 계	직접재료비	직접노무비	직접경비	제조간접비
재료비	40,000	25,000			15,000
노무비	28,000		20,000		8,000
경 비	6,000			1,000	5,000
계	74,000	25,000	20,000	1,000	28,000

재무상태표(재고자산 부분)

재고자산		
재 료	5,000	
재공품	10,000	
제 품	7,000	

[Case 2]

다음의 자료를 이용하여 필요한 분개를 제시하고 계정에 기입하시오.

[제1단계] 재료계정 및 재료비계정

월초재료재고액	₩5,000	재료의 외상매입액	₩33,000
월말재료재고액	6,000		

단, 소비액 중 ₩27,000은 직접비이고, 나머지는 간접비이다.

거 래	차 변	대 변
① 외상매입		
② 출고 · 투입		
③ 소비		

재 료	

재료비	

[제2단계] 급여계정 및 노무비계정

전월 말 급여 미지급액	₩2,300	당월 중 급여 현금지급액	₩8,500
당월 말 급여 미지급액	3,000		

단, 발생액 중 ₩6,500은 직접비이고, 나머지는 간접비이다.

거 래	차 변	대 변
④ 지급		
⑤ 미지급액		
⑥ 발생액		
⑦ 발생		

급 여	

노무비	

[제3단계] 경비계정 및 제조경비계정

전월 말 경비 선급액	₩3,000	당월 중 경비 현금지급액	₩8,000
당월 말 경비 선급액	1,500		

단, 발생액 중 ₩6,000(전액 간접비)은 제조경비이고, 나머지는 판매관리비이다.

거 래	차 변	대 변
⑧ 지급		
⑨ 선급액		
⑩ 발생액		
⑪ 발생		

경 비

제조경비

[제4단계] 및 [제5단계] 제조간접비계정 및 재공품계정

[제1단계], [제2단계], [제3단계]에 의하여 계정에 기입하고 분개한다.
단, 월초재공품재고액은 ₩2,300이고, 월말재공품재고액은 ₩3,500이다.
당월 완성된 제품 제조원가는 ₩46,000이다.

거 래	차 변	대 변
⑫ 제조간접비		
⑬ 제품제조원가		

제조간접비

재공품

[제6단계] 및 [제7단계] 제품계정, 매출원가계정, 월차손익계정

[제1단계], [제2단계], [제3단계]에 의하여 계정에 기입하고 분개한다. (계속기록법 적용)
단, 월초제품재고액은 ₩7,500이고, 월말제품재고액은 ₩5,000이다.
당월 외상매출액은 ₩65,000이며, 당월에 판매된 제품의 원가는 ₩48,500이다.

거 래	차 변	대 변
⑭ 매출액 매출원가		
⑮ 대체분개		

제 품

매출원가

매 출

월차손익

연차손익

기타비용	×××	월차손익	?
당기순이익	×××	기타수익	×××

해답 ...

[제1단계] 재료계정 및 재료비계정

거 래	차 변		대 변	
① 외상매입	재 료	33,000	외상매입금	33,000
② 출고·투입	재료비	32,000	재 료	32,000
③ 소비	재공품	27,000	재료비	32,000
	제조간접비	5,000		

재 료

전월이월	5,000	재료비	32,000
외상매입금	33,000	차월이월	6,000
	38,000		38,000

재료비

재료	32,000	제좌	32,000

[제2단계] 급여계정 및 노무비계정

거 래	차 변		대 변	
④ 지급	급 여	8,500	현 금	8,500
⑤ 미지급액	급 여	3,000	미지급급여	3,000
⑥ 발생액	노무비	9,200	급 여	9,200
⑦ 발생	재공품	6,500	노무비	9,200
	제조간접비	2,700		

급 여

현금	8,500	전월 미지급액	2,300
당월 미지급액	3,000	노무비	9,200
	11,500		11,500

노무비

급여	9,200	제좌	9,200

[제3단계] 경비계정 및 제조경비계정

거 래	차 변		대 변	
⑧ 지급	경 비	8,000	현 금	8,000
⑨ 선급액	선급경비	1,500	경 비	1,500
⑩ 발생액	제조경비	6,000	경 비	9,500
	월차손익	3,500		
⑪ 발생	제조간접비	6,000	제조경비	6,000

경 비

전월 선급액	3,000	제좌	9,500
현금	8,000	당월 선급액	1,500
	11,000		11,000

제조경비

경비	6,000	제조간접비	6,000

[제4단계] 및 [제5단계] 제조간접비계정 및 재공품계정

거 래	차 변		대 변	
⑫ 제조간접비	재공품	13,700	제조간접비	13,700
⑬ 제품제조원가	제 품	46,000	재공품	46,000

제조간접비

재료비	5,000	재공품	13,700
노무비	2,700		
제조경비	6,000		
	13,700		13,700

재공품

전월이월	2,300	제품	46,000
재료비	27,000	차월이월	3,500
노무비	6,500		
제조간접비	13,700		
	49,500		49,500

[제6단계] 및 [제7단계] 제품계정, 매출원가계정, 월차손익계정

거 래	차 변		대 변	
⑭ 매출액	외상매출금	65,000	매 출	65,000
매출원가	매출원가	48,500	제 품	48,500
⑮ 대체분개	매 출	65,000	월차손익	65,000
	월차손익	48,500	매출원가	48,500
	월차손익	3,500	경 비	3,500

제 품

전월이월	7,500	매출원가	48,500
재공품	46,000	차월이월	5,000
	53,500		53,500

매출원가

제품	48,500	월차손익	48,500

매 출

월차손익	65,000	외상매출금	65,000

월차손익

매출원가	48,500	매출	65,000
경 비	3,500		
연차손익에 대체	13,000		
	65,000		65,000

연차손익

기타비용	×××	월차손익	13,000
당기순이익	×××	기타수익	×××

[참조] [제조원가명세서와 포괄손익계산서 및 재무상태표]

제조원가명세서
(재료비, 노무비, 경비로 분류한 경우)

재료비		32,000
월초재료재고액	5,000	
당월재료매입액	33,000	
월말재료재고액	(6,000)	
노무비		9,200
경 비		6,000
당월총제조비용		47,200
월초재공품재고액		2,300
월말재공품재고액		(3,500)
당월제품제조원가		46,000

제조원가명세서
(직접재료비, 직접노무비, 제조간접비로 분류한 경우)

직접재료비	27,000
직접노무비	6,500
직접경비	0
제조간접비	13,700
당월총제조비용	47,200
월초재공품재고액	2,300
월말재공품재고액	(3,500)
당월제품제조원가	46,000

* ₩5,000 + ₩2,700 + ₩6,000 = ₩13,700
* [주의] 월초재료재고액과 월말재료재고액에서 직접재료비와 간접재료비의 구분 제시가 없기에, 제시된 재료비(소비액)을 이용하여 직접재료비 ₩27,000(총액)만 표시하였음

포괄손익계산서

매출액		65,000
매출원가		(48,500)
월초제품재고액	7,500	
당월제품제조원가	46,000	
월말제품재고액	(5,000)	
매출총이익		16,500
판매관리비		(3,500)
제 비용	3,500	
영업이익		13,000

구 분	합 계	직접재료비	직접노무비	직접경비	제조간접비
재료비	32,000	27,000			5,000
노무비	9,200		6,500		2,700
경 비	6,000				6,000
계	47,200	27,000	6,500	0	13,700

재무상태표(재고자산 부분)

재고자산	
재 료	6,000
재공품	3,500
제 품	5,000

형성평가

[문 1] (주)백설의 원가자료이다. 이를 이용하여 제조원가명세서 · 포괄손익계산서 · 재무상태표(재고자산 부분)를 작성하시오.

월초재료재고액	₩1,000	당월재료매입액	₩13,000
월말재료재고액	2,000	노무비	4,000
경 비	6,000	월초재공품재고액	7,000
월말재공품재고액	9,000	월초제품재고액	10,000
월말제품재고액	12,000	매출액	23,500

[문 2] (주)장안의 원가자료이다. 이를 이용하여 제조원가명세서 · 포괄손익계산서 · 재무상태표(재고자산 부분)를 작성하시오. 단, 매출액은 ₩96,000이고, 당월재료매입액은 ₩37,000이다.

당월 재고자산 내용

	월 초	월 말
재 료	₩8,000	₩5,000
재공품	8,000	10,000
제 품	15,000	7,000

재료비 ₩40,000 (직접재료비 ₩25,000, 간접재료비 ₩15,000)
노무비 발생액 ₩28,000 (직접노무비 ₩20,000, 간접노무비 ₩8,000)
경 비 발생액 ₩6,000 (직접경비 ₩1,000, 간접경비 ₩5,000)
판매관리비 ₩3,000 (감가상각비 ₩1,500, 수도광열비 ₩1,000, 기타 ₩500)

[문 3] 다음은 제조기업의 제품제조 및 판매와 관련된 계정들이다. 이들 계정의 상호관계를 고려하여 빈칸(각 기업의 ①~④)에 알맞은 금액을 기입하시오. 단, 세금 관련 비용은 모두 반영되어 있다고 가정한다. 한편, 손실은 △ 표시한다.

항목 \ 기업	기업Ⅰ	기업Ⅱ	기업Ⅲ	기업Ⅳ
직 접 재 료 비	₩60,000	①	₩100,000	₩1,300,000
직 접 노 무 비	100,000	₩800,000	400,000	①
제 조 간 접 비	①	400,000	30,000	600,000
당월총제조비용	200,000	②	①	3,600,000
월초재공품재고액	1,400,000	400,000	②	1,200,000
월말재공품재고액	②	600,000	430,000	②
당월제품제조원가	1,300,000	2,000,000	1,100,000	③
월초제품재고액	800,000	400,000	③	1,700,000
월말제품재고액	③	③	500,000	1,200,000
매 출 원 가	④	1,600,000	1,200,000	④
매 출 액	2,100,000	④	2,300,000	6,000,000
매 출 총 이 익	400,000	600,000	④	1,700,000

[문 4] 아래 자료를 이용하여 기초원가(직접원가)의 합계액은 얼마로 계산되는가?

제품의 판매가격	:	₩112,500
판매가격에 포함된 이익률	:	총원가의 25%
판매관리비	:	제조원가의 20%
기초원가	:	제조원가의 2/3

[문 5] 아래 자료를 이용하여 제조간접비를 구하면 얼마인가? 단, 기초 및 기말 재고자산은 ₩0이라고 가정한다.

직접재료비	₩300,000	직접노무비	₩200,000
제조간접비	?	판매가격	₩1,152,000

판매관리비는 제조원가의 20%이고, 판매이익은 총원가의 20%이다.

[문 6] 아래 자료를 이용하여 판매가격을 구하면 얼마인가? 단, 기초 및 기말 재고자산은 ₩0이라고 가정한다.

직접재료비	₩200,000	직접노무비	₩300,000
직접제조경비	100,000	제조간접비	400,000
판매가격	?		

판매관리비는 제조원가의 10%이고, 판매이익은 총원가의 20%이다.

[문 7] 20×1년 초에 제조업을 시작한 (주)갑의 20×1년 자료이다.

직접재료	기초 ₩0 매입 ₩70,000 기말 ₩30,000(1,000개, 단위당 취득원가 ₩30) 기말 실사수량 900개 기말 단위당 순실현가능가치는 ₩25이며, 원재료 감모손실 중 50%는 정상적인 것으로 판단된다.
직접노무원가	₩60,000
고정제조간접원가	₩40,000

정상조업도는 5,000개이고 실제조업도는 4,000개(비정상적으로 낮은 조업도)일 경우, 20×1년에 단위당 제조원가와 당기비용으로 처리될 금액은? 단, 20×2년부터 제품의 판매가 시작된다. (2012 회계사)

[문 8] 다음은 제조업을 영위하는 (주)대한의 20×1년도 기말재고자산과 관련된 자료이다.

재고자산	장부재고	실지재고	단위당 원가	단위당 순실현가능가치
원재료	500kg	400kg	₩50/kg	₩45/kg
제 품	200개	150개	₩300/개	₩350/개

(주)대한은 재고자산감모손실과 재고자산평가손실(환입)을 매출원가에서 조정하고 있다. 재고자산평가충당금(제품)의 기초 잔액이 ₩3,000 존재할 때, (주)대한의 20×1년도 매출원가에서 조정될 재고자산감모손실과 재고자산평가손실(환입)의 순효과는 얼마인가? 단, (주)대한은 단일 제품만을 생산 · 판매하고 있으며, 기초재공품과 기말재공품은 없다. (2018 회계사, 2016 회계사 유사)

정답 및 해설

[문 1] 제조원가명세서 · 포괄손익계산서 · 재무상태표(재고자산 부분) 작성

재료비(소비액) : ₩1,000 + ₩13,000 - ₩2,000 = ₩12,000

당월총제조비용 : ₩12,000 + ₩4,000 + ₩6,000 = ₩22,000

당월제품제조원가 : ₩7,000 + ₩22,000 - ₩9,000 = ₩20,000

매출원가 : ₩10,000 + ₩20,000 - ₩12,000 = ₩18,000

매출총이익 : ₩23,500 - ₩18,000 = ₩5,500

제조원가명세서

재료비		12,000
월초재료재고액	1,000	
당월재료매입액	13,000	
월말재료재고액	(2,000)	
노무비		4,000
경　비		6,000
당월총제조비용		22,000
월초재공품재고액		7,000
월말재공품재고액		(9,000)
당월제품제조원가		20,000

포괄손익계산서(일부)

매출액		23,500
매출원가		(18,000)
월초제품재고액	10,000	
당월제품제조원가	20,000	
월말제품재고액	(12,000)	
매출총이익		5,500

재무상태표(재고자산 부분)

재고자산		
재　료	2,000	
재공품	9,000	
제　품	12,000	

[참조] 성격별 분류방법

(차) 제　품	2,000	(대) 제품의 변동	2,000
(차) 재공품	2,000	(대) 재공품의 변동	2,000

* 제품의 변동 : ₩12,000 - ₩10,000 = ₩2,000　재공품의 변동 : ₩9,000 - ₩7,000 = ₩2,000

(차) 재료 소비액	12,000	(대) 재　료	12,000

[문 2] 제조원가명세서 · 포괄손익계산서 · 재무상태표(재고자산 부분) 작성

재료비(소비액) : ₩8,000 + ₩37,000 - ₩5,000 = ₩40,000

제조간접비 : ₩15,000(간접재료비) + ₩8,000(간접노무비) + ₩5,000(간접경비) = ₩28,000

제조원가명세서
(재료비, 노무비, 경비로 분류한 경우)

재료비		40,000
월초재료재고액	8,000	
당월재료매입액	37,000	
월말재료재고액	(5,000)	
노무비		28,000
경　비		6,000
당월총제조비용		74,000
월초재공품재고액		8,000
월말재공품재고액		(10,000)
당월제품제조원가		72,000

제조원가명세서
(직접재료비, 직접노무비, 제조간접비로 분류한 경우)

직접재료비	25,000
직접노무비	20,000
직접경비	1,000
제조간접비	28,000
당월총제조비용	74,000
월초재공품재고액	8,000
월말재공품재고액	(10,000)
당월제품제조원가	72,000

* [주의] 월초재료재고액과 월말재료재고액에서 직접재료비와 간접재료비의 구분 제시가 없기에, 제시된 재료비(소비액)을 이용하여 직접재료비 ₩25,000(총액)만 표시하였음

포괄손익계산서(일부)

매출액		96,000
매출원가		(80,000)
월초제품재고액	15,000	
당월제품제조원가	72,000	
월말제품재고액	(7,000)	
매출총이익		16,000
판매관리비		(3,000)
감가상각비	1,500	
수도광열비	1,000	
기 타	500	
영업이익		13,000

구 분	합 계	직접재료비	직접노무비	직접경비	제조간접비
재료비	40,000	25,000			15,000
노무비	28,000		20,000		8,000
경 비	6,000			1,000	5,000
계	74,000	25,000	20,000	1,000	28,000

재무상태표(재고자산 부분)

재고자산		
재 료	5,000	
재공품	10,000	
제 품	7,000	

[문 3] 제품제조 및 판매 관련 계정들의 상호관계

기업 I : ① ₩200,000 - ₩60,000 - ₩100,000 = ₩40,000(제조간접비)

② ₩200,000 + ₩1,400,000 - ₩1,300,000 = ₩300,000(월말재공품재고액)

④ ₩2,100,000 - ₩400,000 = ₩1,700,000(매출원가)

③ ₩1,300,000 + ₩800,000 - ₩1,700,000(④) = ₩400,000(월말제품재고액)

[참조] 제조원가명세서

직접재료비	60,000
직접노무비	100,000
제조간접비	40,000
당월총제조비용	200,000
월초재공품재고액	1,400,000
월말재공품재고액	(300,000)
당월제품제조원가	1,300,000

포괄손익계산서(일부)

매출액		2,100,000
매출원가		(1,700,000)
월초제품재고액	800,000	
당월제품제조원가	1,300,000	
월말제품재고액	(400,000)	
매출총이익		400,000

기업 II : ② ₩2,000,000 + ₩600,000 - ₩400,000 = ₩2,200,000(당월총제조비용)

① ₩2,200,000(②) - ₩800,000 - ₩400,000 = ₩1,000,000(직접재료비)

③ ₩2,000,000 + ₩400,000 - ₩1,600,000 = ₩800,000(월말제품재고액)

④ ₩1,600,000 + ₩600,000 = ₩2,200,000(매출액)

[참조] 제조원가명세서

직접재료비	1,000,000
직접노무비	800,000
제조간접비	400,000
당월총제조비용	2,200,000
월초재공품재고액	400,000
월말재공품재고액	(600,000)
당월제품제조원가	2,000,000

포괄손익계산서(일부)

매출액		2,200,000
매출원가		(1,600,000)
월초제품재고액	400,000	
당월제품제조원가	2,000,000	
월말제품재고액	(800,000)	
매출총이익		600,000

기업 III : ① ₩100,000 + ₩400,000 + ₩30,000 = ₩530,000(당월총제조비용)

② ₩1,100,000 + ₩430,000 - ₩530,000(①) = ₩1,000,000(월초재공품재고액)

③ ₩1,200,000 + ₩500,000 - ₩1,100,000 = ₩600,000(월초제품재고액)

④ ₩2,300,000 - ₩1,200,000 = ₩1,100,000(매출총이익)

[참조]

제조원가명세서	
직접재료비	100,000
직접노무비	400,000
제조간접비	30,000
당월총제조비용	530,000
월초재공품재고액	1,000,000
월말재공품재고액	(430,000)
당월제품제조원가	1,100,000

포괄손익계산서(일부)		
매출액		2,300,000
매출원가		(1,200,000)
월초제품재고액	600,000	
당월제품제조원가	1,100,000	
월말제품재고액	(500,000)	
매출총이익		1,100,000

기업Ⅳ : ① ₩3,600,000 - ₩1,300,000 - ₩600,000 = ₩1,700,000(직접노무비)

④ ₩6,000,000 - ₩1,700,000 = ₩4,300,000(매출원가)

③ ₩4,300,000(④) + ₩1,200,000 - ₩1,700,000 = ₩3,800,000(당월제품제조원가)

② ₩3,600,000 + ₩1,200,000 - ₩3,800,000(③) = ₩1,000,000(월말재공품재고액)

[참조]

제조원가명세서	
직접재료비	1,300,000
직접노무비	1,700,000
제조간접비	600,000
당월총제조비용	3,600,000
월초재공품재고액	1,200,000
월말재공품재고액	(1,000,000)
당월제품제조원가	3,800,000

포괄손익계산서(일부)		
매출액		6,000,000
매출원가		(4,300,000)
월초제품재고액	1,700,000	
당월제품제조원가	3,800,000	
월말제품재고액	(1,200,000)	
매출총이익		1,700,000

[문 4] 기초원가

총원가 = 판매가격÷(1 + 총원가에 대한 이익률) = ₩112,500÷(1 + 0.25) = ₩90,000

판매이익 : ₩112,500 - ₩90,000 = ₩22,500

제조원가 = 총원가 - 판매관리비 = ₩90,000 - 제조원가×0.2

∴ 제조원가 = ₩75,000

기초원가 = 제조원가×2/3 = ₩75,000×2/3

∴ 기초원가(직접원가) = ₩50,000

[참조]

<table>
<tr><td></td><td></td><td>판매이익 ₩22,500</td><td rowspan="3">판매가격
₩112,500</td></tr>
<tr><td></td><td>판매관리비 ₩15,000</td><td rowspan="2">총원가
₩90,000</td></tr>
<tr><td>기초원가 ₩50,000
제조간접비 ₩25,000</td><td>제조원가
₩75,000</td></tr>
</table>

[문 5] 제조간접비

₩1,152,000(판매가격)÷1.2 = ₩960,000(총원가)

₩960,000×0.2 = ₩192,000(판매관리비)

₩960,000÷1.2 = ₩800,000(제조원가)

₩300,000 + ₩200,000 + 제조간접비 = ₩800,000(제조원가)

∴ 제조간접비 : ₩300,000

[참조]

<table>
<tr><td></td><td></td><td>판매이익 ₩192,000</td><td rowspan="3">판매가격
₩1,152,000</td></tr>
<tr><td></td><td>판매관리비 ₩160,000</td><td rowspan="2">총원가
₩960,000</td></tr>
<tr><td>직접재료비 ₩300,000
직접노무비 ₩200,000
제조간접비 ₩300,000</td><td>제조원가
₩800,000</td></tr>
</table>

[문 6] 판매가격

제조원가 : ₩200,000 + ₩300,000 + ₩100,000 + ₩400,000 = ₩1,000,000

판매관리비 : ₩1,000,000×0.1 = ₩100,000

판매이익 : (₩1,000,000 + ₩100,000)×0.2 = ₩220,000

판매가격 : ₩1,100,000 + ₩220,000 = ₩1,320,000

[문 7] 비용으로 인식될 총액

(1,000개 - 900개)×@₩30 = ₩3,000(재고자산감모손실)

900개×(@₩30 - @₩25) = ₩4,500(재고자산평가손실)

₩40,000(고정제조간접원가)÷5,000개(정상조업도) = @₩8(단위당 고정제조간접원가)

@₩8×4,000개(실제조업도) = ₩32,000(재고자산의 원가로 인식되는 고정제조간접원가)

₩40,000 - ₩32,000 = ₩8,000(재고자산의 원가가 아닌 비용으로 인식되는 고정제조간접원가)

직접재료

차변	금액	대변	금액
기초	0	재공품, 제품[1]	40,000
		감모손실	3,000
		평가손실	4,500
매입	70,000	기말[2]	22,500
	70,000		70,000

재공품, 제품

차변	금액	대변	금액
기초	0	매출원가[3]	0
직접재료원가	40,000		
직접노무원가	60,000		
고정제조간접원가	32,000	기말	132,000
	132,000		132,000

* 1) ₩0 + ₩70,000 - ₩30,000 = ₩40,000
  2) 900개×@₩25 = ₩22,500
  3) 20×2년부터 제품의 판매가 시작되므로, 20×1년 매출원가는 ₩0이다.
* 당기총제조비용 : ₩40,000 + ₩60,000 + ₩32,000 = ₩132,000

∴ ₩132,000(당기총제조비용)÷4,000개(실제조업도) = @₩33(단위당 제조원가)

₩3,000(재고자산감모손실) + ₩4,500(재고자산평가손실) + ₩8,000(재고자산의 원가가 아닌 비용으로 인식되는 고정제조간접원가) = ₩15,500(당기비용)

[문 8] 재고자산감모손실과 재고자산평가손실환입

재고자산감모손실 : (500kg - 400kg)×@₩50 + (200개 - 150개)×@₩300 = ₩20,000

당기 말 재고자산평가충당금 : ₩0

(∵ 제품의 순실현가능가치가 원가를 초과하여, 제품에 투입되는 원재료는 저가평가하지 아니함)

재고자산평가손실환입 : ₩3,000 - ₩0 = ₩3,000

∴ ₩20,000(재고자산감모손실) - ₩3,000(재고자산평가손실환입) = ₩17,000(매출원가 가산)

(∵ 순실현가능가치의 상승으로 인한 재고자산평가손실의 환입은 환입이 발생한 기간의 비용으로 인식된 재고자산 금액의 차감액으로 인식함)

제3장

요소별 원가계산

제품의 원가계산을 수행하면서, 계산시점에 따라 실제원가계산과 정상원가계산 및 표준원가계산으로, 생산형태에 따라 개별원가계산과 종합원가계산으로 구분한다고 하였다. 제품원가계산은 어떤 원가계산제도를 사용하는가에 불구하고 기본적으로 요소별(=비목별) 원가계산 → 부문별 원가계산 → 제품별 원가계산의 단계를 거쳐 이루어진다.

일정기간에 제품제조를 위하여 발생한 재료비 · 노무비 · 경비를 집계하는 요소별 원가계산을 한다. 원가요소별 집계액을 직접비와 제조간접비로 구분하고, 관련되는 원가 발생부문에 대하여 적절히 배부함으로써 원가부문별로 발생원가를 집계하는 부문별 원가계산을 한다. 그리고 부문별로 집계된 원가(직접비와 간접비)를 제품에 직접 배부하여 특정 제품의 단위당 제조원가를 계산하는 제품별 원가계산을 하는데, 요소별 원가계산에서 집계한 직접비는 해당 제품에 직접 부과하는 동시에, 부문별 원가계산에서 집계한 제조간접비를 일정한 기준에 따라 해당 제품별로 배부하여 특정 제품의 단위당 제조원가를 계산한다.

요소별 원가계산은 제품별 원가계산의 기초자료를 마련하기 위한 것으로서, 원가의 3요소인 재료비 · 노무비 · 경비의 개별적인 계산을 의미하는 것이다.

제1절 재료비

1. 재료비의 의의 및 분류

재료비(material cost)란 외부로부터 구입한 원재료가 제품제조(생산)과정에 소비될 때의 그 소비가치이다. 따라서 원재료인 자산계정으로부터 소비를 통하여 제조원가로 전환되는 것이 재료비이기 때문에, 재료비란 자산으로서의 재료 자체와는 엄격히 구별되는 개념이다.

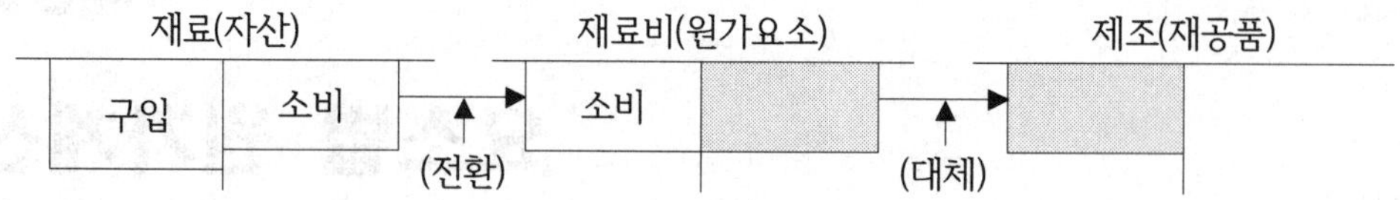

이와 같은 재료[1)]는 생산과정에 투입되는 형태에 따라 주요재료 · 부분품 · 보조재료 및 소모공구기구비품으로 구분되며, 재료의 소비가치가 재료비이다. 또 다른 경우에는 특정 제품과의 관련성 여부에 따라 직접재료비와 간접재료비로 분류되기도 한다.

① 주요재료(main materials) … 제품의 생산에 직접 소비되어 완성품의 기본적 실체가 되는 재료 [예] 기계 제작용 강철, 제지용 펄프, 가구제조용 목재 등

② 부분품(parts)[2)] … 원형 그대로 제품에 부착되어 제품의 일부를 구성하는 재료 [예] 자동차의 타이어, 선박의 엔진 등

③ 보조재료(subsidiary materials) … 제품을 생산하는데 간접적 · 보조적으로 사용되어 제품의 실체를 형성하지 않는 소모성 재료 [예] 동력용 연료, 포장용 재료 등

④ 소모공구기구비품 … 내용연수가 1년 미만이거나 또는 가격이 일정액 미만인 공구 · 기구 · 비품 등[3)] [예] 드라이버, 망치, 온도계, 전력계, 의자, 책상 등

⑤ **직접재료비**(direct materials) … 특정 제품의 제조에 직접적으로 소비된 재료의 소비가치로서, 일반적으로 주요재료와 부분품의 소비가치가 이에 속한다. 경우에 따라서는 보조재료도 특정 제품의 제조에 직접 소비된 경우에는 직접재료비가 될 수 있다.

⑥ **간접재료비**(indirect materials) … 여러 제품의 제조에 공통적으로 소비된 재료의 가치이며, 일반적으로 직접재료에 속하지 않는 보조재료와 소모공구기구비품의 소비가치가 이에 속한다. 이와 같은 간접재료비는 제조간접비로 집계하여 인위적인 배분과정을 통하여 제품별로 배분된다.

---

1) 재료는 생산과정에 아직 투입되지 않은 것을 지칭하는데 반하여, 재료비는 생산과정에 투입된 것을 지칭하는 용어이다. 그러나 실무적으로는 재료와 재료비 계정을 구별하여 사용하지 않고, 「재료」계정을 단일계정으로 설정하여 자산으로서의 재료와 제조원가로서의 재료비를 복합적으로 표시하는 것이 일반적이다.

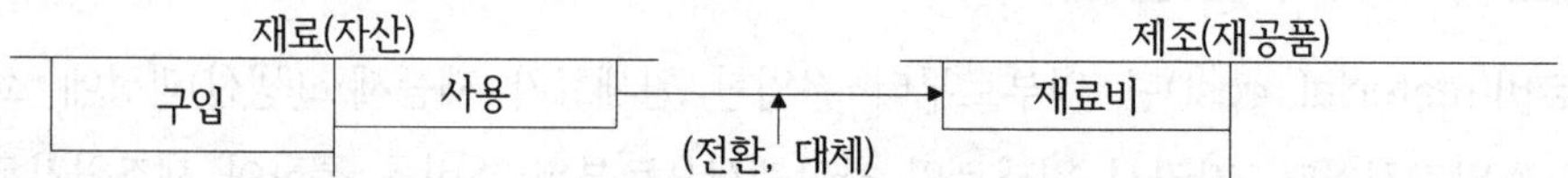

2) 기업은 제조가 완성되지 않은 반제품을 판매하는 경우도 있다. 반제품에는 자가제조한 중간제품과 부분품이 포함된다. [일반기업회계기준 : 반제품은 현재 상태로 판매가능한 재공품을 말한다.]

3) 소모공구기구비품 중 그 내용연수가 1년을 넘는 것은 이론상 유형자산으로 분류하여 감가상각을 수행하여야 하지만, 1년이 넘는 것이라 하더라도 그 금액이 일정액 미만일 때에는 일괄적으로 재료비로 처리할 수 있다. [일반기업회계기준 : 재고자산에 포함되는 공구 및 비품은 당기 생산과정에 소비 또는 투입될 품목에 한하며, 한 회계기간 이상 사용할 것으로 예상되는 품목이면 유형자산으로 분류한다.]

2. 재료의 매입 및 입고·출고

재료를 적정 재고수준으로 유지하는 것은 기업에 있어 매우 중요한 일이다. (제10장의 재고관리모형 참조) 일반적인 재료의 매입 및 입출고 절차는 다음과 같다. 창고부서에서 재료매입청구서를 작성하여 구매부서에 보내고, 구매부서는 주문서를 작성하여 거래처에 주문한다. 그 후 재료가 도착하면 검수부서가 검수하고, 창고부서에 인도한다. 창고부서는 재료의 입고와 출고 및 현재 재고량을 파악하기 위하여 재료현장카드에, 구매부서는 재료매입장에, 회계부서는 재료원장(=재고자산수불부)에 기입한다. 생산부서의 출고 요구에 따라 재료출고전표 또는 재료출고청구서를 작성하여 창고부서에 인도한다. 이 청구서를 기초로 한 원가계산표는 재료분개장에 기입한다.

3. 재료의 매입원가 계산

재료의 소비액을 산출하는데 기초가 되는 가액은 재료의 매입원가이며, 이 원가는 재료主費와 재료副費로 구성된다.

㉠ 재료主費 … 재료의 매입원가를 구성하는 요소 가운데서 주요 부분을 차지하는 것으로, 재료의 매입가격 그 자체이다. 그러나 매입에누리나 매입할인이 있는 경우에는 재료주비의 계산과정에서 그를 고려하여야 한다. 재료의 매입에누리나 매입할인은 재료의 매입원가에서 차감하여야 한다.

㉡ 재료副費 … 재료의 매입에 관련하여 발생하는 매입수수료 · 인수운임 · 하역비 · 운반비 · 보험료 · 광고비 등으로서, 외부재료부비와 내부재료부비의 두 가지가 있다.

외부재료부비 … 외부에 지급되는 부대비용(예 매입수수료, 인수운임, 하역비, 보험료 등)

내부재료부비 … 내부에서 발생하는 부대비용(예 구매부의 경비, 공장 내 운반비 등)

재료主費와 재료副費 중에서 재료의 매입원가를 계산할 때에 어느 범위까지를 포함시키는가? 하는 문제가 발생할 수 있다. 그 방법으로서 고려할 수 있는 것은, (ⅰ) 재료주비만 매입원가에 산입시키고 재료부비는 전액 경비로 취급하는 방법, (ⅱ) 재료주비와 외부재료부비만 매입원가에 산입시키고 내부재료부비는 경비로 취급하는 방법, (ⅲ) 재료주비와 재료부비의 전부를 매입원가에 산입시키는 방법의 세 가지가 있다. 실무에서는 원칙적으로 (ⅱ)의 방법을 사용하도록 하고 있으나, 이론상으로 가장 타당한 방법은 (ⅲ)의 방법이 된다. 그러나 (ⅲ)의 방법에서도 내부재료부비를 각 재료에 배부할 만한 적절한 기준이 없기 때문에 공정한 배부가 어렵다는 문제점은 있다.[4)]

---

4) [일반기업회계기준] 재고자산의 매입원가는 매입금액에 매입운임, 하역료 및 보험료 등 취득과정에서 정상적으로 발생한 부대원가를 가산한 금액이다. 매입과 관련된 할인, 에누리 및 기타 유사한 항목은 매입원가에서 차감한다.

4. 재료비의 계산

재료는 자산항목이기 때문에, 재료소비액(재료비)의 크기는 (재료소비량×재료소비단가)의 산식으로 계산할 수 있다.

1) 재료소비량의 결정

재료소비량의 결정방법으로는 재무회계분야의 「재고자산의 평가」에서 언급되는 바와 같이 기본적으로 계속기록법과 실지재고조사법의 두 가지(제1장 [보론 2] 참조)가 있으나, 재료의 경우에 특별히 역계산법이라는 것이 있다.

(1) 계속기록법 또는 장부기록법(perpetual or book inventory method) … 재료의 구입량과 소비량을 계속적으로 기록하여 장부상에서 소비량과 기말재고량을 산출한다.

기초재고수량 + 당기매입수량 - 당기소비량 = 기말재고수량

(2) 실지재고조사법 또는 실사법(physical inventory method) … 재료의 구입량만 계속적으로 기록하였다가, 실사를 통하여 확인된 기말재고량을 차감한 잔액을 소비량으로 파악한다.

기초재고수량 + 당기매입수량 - 기말재고수량 = 당기소비량

(3) 역산법(reverse method) … 추정에 의한 재료소비량의 결정방법으로서, 특정 제품의 제조에 소요되는 재료의 표준수량을 미리 정해 두었다가 실제 생산된 제품수량에 비례하여 재료의 소비량을 추정한다. 이 방법은 재무보고를 위한 정확한 자료의 산출시에는 사용하기가 어려우며, 주로 다른 방법으로 계산된 결과의 확인을 위하여 보조적으로 사용되는 방법이다.

당기완성품수량 × 제품 단위당 표준소비량 = 당기추정소비량

2) 재료소비단가의 결정

재료의 구입단가가 시간이 경과함에 따라 변동한다면, 실제 소비된 재료의 소비단가는 어느 시점의 구입가격으로 할 것인가 하는 문제가 발생한다. 이러한 재료소비단가의 결정방법도 재무회계분야의 「재고자산의 평가」에서 언급한 일반적인 재고자산의 소비단가 결정방법(㉔ 개별법, 선입선출법, 후입선출법, 총평균법, 이동평균법 등)을 그대로 준용한다.[5] 그런데 물가변동이 심하거나 제조기술상 재료의 입출이 빈번한 경우에는 시장가격, 예정가격, 표준가격 등으로 소비단가를 결정할 수도 있다.

---

5) 기업회계기준서 제1002호 재고자산에서는 후입선출법을 인정하지 않는다.

5. 재료의 매입 및 소비에 따르는 회계처리

(1) 재료의 매입(지급) … 재료매입장 및 재료원장에 기록

(차) 주요재료	×××	(대) 현　금	×××
부분품	×××	외상매입금 등	×××
보조재료	×××		
소모공구기구비품	×××		

(2) 재료의 소비(사용) : 실제재료비에 의하는 경우 … 재료분개장에 기록

(차) 재료비	×××	(대) 주요재료	×××
		부분품	×××
		보조재료	×××
		소모공구기구비품	×××

(차) 제조(재공품)	×××	(대) 재료비	×××
제조간접비	×××		

(3) 재료의 소비(사용) : 예정재료비를 사용하는 경우6)

· 예정소비액의 계상(예정가격)

(차) 제조(재공품)	×××	(대) 소비재료(재료비)	×××
제조간접비	×××		

· 실제소비액의 계상(실제원가)

(차) 소비재료	×××	(대) 주요재료	×××
		보조재료	×××
		부분품	×××
		소모공구기구비품	×××

· 예정가격과 실제원가의 차이조정

(차) 소비재료	×××	(대) 재료비 가격차이	×××
		… 유리한 차이(예정 > 실제)	
(차) 재료비 가격차이	×××	(대) 소비재료	×××
		… 불리한 차이(예정 < 실제)	

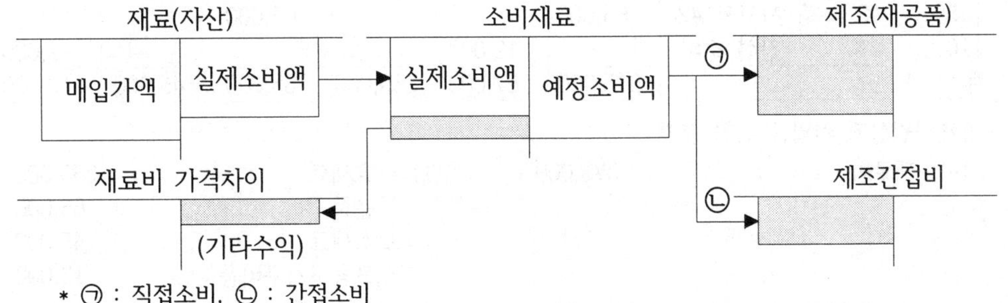

* ㉠ : 직접소비, ㉡ : 간접소비

6) 재료비의 예정배부에 대한 [예제]는 [형성평가] 문제를 참고하길 바란다.

예제 1

다음 자료에 의하여 재료매입장 및 재료분개장을 작성하고, 합계분개를 제시하시오.

〈상황 1〉 다음 자료에 의하여 4월의 재료매입장에 기입하여 마감하고, 합계분개를 표시하시오.

1일 A기업에서 주요재료 ₩850,000을 외상매입하다. (송품장 #1)

3일 B기업에서 부분품 ₩70,000과 보조재료 ₩100,000을 현금매입하다. (송품장 #2)

5일 C기업에서 주요재료 ₩600,000, 부분품 ₩30,000, 공장소모품 ₩90,000을 매입하다. 그 대금 중 ₩300,000은 현금 지급하고 잔액은 외상으로 하다. (송품장 #3)

해답

(1) 재료매입장 (단위 : 원)

일 자		송품장 번호	매입처	적 요	차 변				대 변	
					주요재료	부분품	보조재료	공장소모품	현 금	외상매입금
4	1	#1	A기업	외상	850,000					850,000
	3	#2	B기업	현금		70,000	100,000		170,000	
	5	#3	C기업	현금/외상	600,000	30,000		90,000	300,000	420,000
계					1,450,000	100,000	100,000	90,000	470,000	1,270,000

(2) 총계정원장에 기입을 위한 분개

(차)	주요재료	1,450,000	(대) 현 금	470,000
	부분품	100,000	외상매입금	1,270,000
	보조재료	100,000		
	소모공구기구비품	90,000		

〈상황 2〉 다음 자료에 의하여 4월의 재료분개장에 기입하여 마감하고, 합계분개를 표시하시오.

7일 주요재료 ₩250,000을 소비하다. (출고전표 #1, 제조지시서 #1)

10일 보조재료 ₩45,000을 간접 소비하다. (출고전표 #2)

15일 부분품 ₩65,000을 소비하다. (출고전표 #3, 제조지시서 #2)

20일 공장소모품 ₩12,000을 간접 소비하다. (출고전표 #4)

해답

(1) 재료분개장 (단위 : 원)

일 자		출고전표 번호	적 요	차 변		대 변			
				제 조	제조간접비	주요재료	부분품	보조재료	공장소모품
4	7	#1	지시서 #1	250,000		250,000			
	10	#2	간접 소비		45,000			45,000	
	15	#3	지시서 #2	65,000			65,000		
	20	#4	간접 소비		12,000				12,000
계				315,000	57,000	250,000	65,000	45,000	12,000

(2) 총계정원장에 기입을 위한 분개

(차)	재료비	372,000	(대) 주요재료	250,000
			부분품	65,000
			보조재료	45,000
			소모공구기구비품	12,000
(차)	제조(재공품)	315,000	(대) 재료비	372,000
	제조간접비	57,000		

예제 2

계속기록법으로 재료소비단가 결정방법에 의해, 4월의 재료 소비액을 계산하면 각각 얼마인가?

4/1 전월이월 A재료 200개 @₩200 ₩40,000
4/4 입 고 A재료 300개 @₩210 ₩63,000
4/7 출 고 A재료 400개
4/17 입 고 A재료 300개 @₩220 ₩66,000
4/25 출 고 A재료 200개

해답 •••

재료원장 (선입선출법)

일자		적요	인수			인도			잔고		
			수량	단가	금액	수량	단가	금액	수량	단가	금액
4	1	전월이월	200	200	40,000				200	200	40,000
	4	입 고	300	210	63,000				200	200	40,000
									300	210	63,000
	7	출 고				200	200	40,000	100	210	21,000
						200	210	42,000			
	17	입 고	300	220	66,000				100	210	21,000
									300	220	66,000
	25	출 고				100	210	21,000	200	220	44,000
						100	220	22,000			
	30	차월이월				200	220	44,000			
			800		169,000	800		169,000			
5	1	전월이월	200	220	44,000				200	220	44,000

∴ 재료 소비액 600개 : (200개×@₩200)+(300개×@₩210)+(100개×@₩220) = ₩125,000

제조원가명세서

재료비		125,000
월초재료재고액	40,000	
당월재료매입액	129,000	
월말재료재고액	(44,000)	

재무상태표(재고자산 부분)

재고자산		
재 료	44,000	
재공품	×××	
제 품	×××	

재료원장 (이동평균법)

일자		적요	인수			인도			잔고		
			수량	단가	금액	수량	단가	금액	수량	단가	금액
4	1	전월이월	200	200	40,000				200	200	40,000
	4	입 고	300	210	63,000				500	206	103,000
	7	출 고				400	206	82,400	100	206	20,600
	17	입 고	300	220	66,000				400	216.5	86,600
	25	출 고				200	216.5	43,300	200	216.5	43,300
	30	차월이월				200	216.5	43,300			
			800		169,000	800		169,000			
5	1	전월이월	200	216.5	43,300				200	216.5	43,300

* 이동평균단가(4월 4일) : (₩40,000+₩63,000)÷(200개+300개) = @₩206
이동평균단가(4월 17일) : (₩20,600+₩66,000)÷(100개+300개) = @₩216.5

∴ 재료 소비액 600개 : (400개×@₩206)+(200개×@₩216.5) = ₩125,700

제조원가명세서

재료비		125,700
월초재료재고액	40,000	
당월재료매입액	129,000	
월말재료재고액	(43,300)	

재무상태표(재고자산 부분)

재고자산	
재 료	43,300
재공품	×××
제 품	×××

재료원장 총평균법

일자		적요	인수			인도			잔고		
			수량	단가	금 액	수량	단가	금 액	수량	단가	금 액
4	1	전월이월	200	200	40,000				200	200	40,000
	4	입 고	300	210	63,000				500		
	7	출 고				400	211.25	84,500	100		
	17	입 고	300	220	66,000				400		
	25	출 고				200	211.25	42,250	200	211.25	42,250
	30	차월이월				200	211.25	42,250			
			800		169,000	800		169,000			
5	1	전월이월	200	211.25	42,250				200	211.25	42,250

* 총평균단가(4월 말) : ₩169,000÷800개 = @₩211.25

∴ 재료 소비액 600개 : (400개×@₩211.25) + (200개×@₩211.25) = ₩126,750

제조원가명세서

재료비		126,750
월초재료재고액	40,000	
당월재료매입액	129,000	
월말재료재고액	(42,250)	

재무상태표(재고자산 부분)

재고자산	
재 료	42,250
재공품	×××
제 품	×××

재료원장 후입선출법

일자		적요	인수			인도			잔고		
			수량	단가	금 액	수량	단가	금 액	수량	단가	금 액
4	1	전월이월	200	200	40,000				200	200	40,000
	4	입 고	300	210	63,000				200	200	40,000
									300	210	63,000
	7	출 고				300	210	63,000	100	200	20,000
						100	200	20,000			
	17	입 고	300	220	66,000				100	200	20,000
									300	220	66,000
	25	출 고				200	220	44,000	100	200	20,000
									100	220	22,000
	30	차월이월				100	200	20,000			
						100	220	22,000			
			800		169,000	800		169,000			
5	1	전월이월	100	200	20,000				100	200	20,000
			100	220	22,000				100	220	22,000

∴ 재료 소비액 600개 : (300개×@₩210) + (100개×@₩200) + (200개×@₩220) = ₩127,000

제조원가명세서

재료비		127,000
월초재료재고액	40,000	
당월재료매입액	129,000	
월말재료재고액	(42,000)	

재무상태표(재고자산 부분)

재고자산	
재 료	42,000
재공품	×××
제 품	×××

6. 재료감모손실과 재료평가손실

1) 재료감모손실

재료의 입고와 출고를 정확히 기록한다면, 장부상 재고수량과 창고에 실제 보관 중인 재고수량은 서로 일치해야만 한다. 그러나 창고에 보관 중인 재료가 도난, 파손 부패, 증발 등의 여러 가지 원인으로 인하여 장부상 재고액보다 실제 재고액이 부족한 경우가 발생한다. 이 차액을 재고감모손실이라 한다. 재료감모손실은 월말 시점의 장부상 재료수량과 실제 재료수량의 차이에다 단가를 곱한 금액으로서, 재료감모손실 중 정상적으로 발생한 것이면 제품의 제조과정에서 회피할 수 없는 손실로서, 원가성을 가지고 있기 때문에 제조간접비계정으로 대체하여 제조원가에 포함시킨다. 그러나 도난 등과 같이 비정상적으로 발생한 것이라면, 원가성을 가지지 못하므로 기타비용(일반기업회계기준에서는 영업외비용)으로 분류한 후 손익계정에 대체하며, 포괄손익계산서의 기타비용항목인 재료감모손실로 회계처리한다.[7)]

(차) 재료감모손실	×××	(대) 재료(주요재료 등)	×××
(차) 제조간접비	×××	(대) 재료감모손실(정상감모)	×××
(차) 기타비용	×××	(대) 재료감모손실(비정상감모)	×××

예제
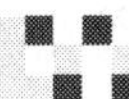

1. 당월 재료와 관련된 자료이다. 비정상적인 재료감모손실은 얼마인가?

월초 재고수량 : 200개　　　　당월 매입수량 : 1,500개
당월 소비수량 : 1,400개　　　　월말 실제수량 : 200개

단, 당월 재료의 단위당 취득원가는 모두 ₩30이며, 재료감모수량 중 30%는 정상적이고, 나머지는 비정상적인 것(금액 중요)으로 간주한다.

해답

200개 + 1,500개 - 1,400개 = 300개(월말 장부상 수량)
300개(월말 장부상 수량) - 200개(월말 실제수량) = 100개(재료감모수량)
100개×@₩30 = ₩3,000(재료감모손실)
← 30개×@₩30 = ₩900(정상감모, 제조간접비), 70개×@₩30 = ₩2,100(비정상감모, 기타비용)

<회계처리>

(차) 재료감모손실	3,000	(대) 재　료	3,000
(차) 제조간접비	900	(대) 재료감모손실	3,000
기타비용	2,100		

7) 기업회계기준서 제1002호 '재고자산'에서, 감모손실은 발생한 기간의 비용으로 인식해야 하지만, 이를 반드시 매출원가에 포함하라고 명시하고 있지는 않다. 따라서 일반기업회계기준의 관련 내용을 함께 검토해야 한다. 일반기업회계기준에서는 비정상적으로 발생한 재고자산감모손실의 경우, 이를 영업외비용으로 분류하도록 규정하고 있다.

2. 당월 재료와 관련된 자료이다. 재료감모손실은 얼마인가? 단, 감모액은 정상적인 것이다.

월초 재고액 : ₩290,000 　　　　당월 매입액 : ₩600,000
당월 소비액 : ₩610,000 　　　　월말 재고액 : ₩260,000

해답

(₩290,000 + ₩600,000 - ₩260,000) - ₩610,000 = ₩20,000(정상감모, 제조간접비)

2) 재료평가손실

회계기간 말 현재 보유하고 있는 재고자산에 대해서 공정가치로 평가하여 공시하는 것이 정보이용자들에게 보다 목적적합한 정보가 되겠지만, 신뢰성(신중성)의 관점에서는 저가법을 적용하는 것이 일반적이다. 기업회계기준서 제1002호에서도 재고자산을 **저가법**[취득원가와 순실현가능가치(net realizable value) 중 낮은 금액으로 측정한다]으로 평가하도록 규정하고 있다.[8] 순실현가능가치란 통상적인 영업과정의 예상 판매가격에서 예상되는 추가완성원가와 판매비용을 차감한 금액이다. 즉 저가법이란 순실현가능가치가 취득원가보다 더 큰 경우에는 취득원가로 측정되지만, 순실현가능가치가 취득원가보다 더 작을 경우에는 순실현가능가치로 측정한다. 재고자산을 순실현가능가치로 감액하는 저가법은 항목별로 적용한다. 그러나 경우에 따라서는 서로 유사하거나 관련있는 항목들을 통합하여 적용하는 것이 적절할 수 있다.[9] 완성될 제품이 원가 이상으로 판매될 것으로 예상하는 경우에는 그 생산에 투입하기 위해 보유하는 원재료 및 기타 소모품을 감액하지 아니한다. 그러나 원재료 가격이 하락하여 제품의 원가가 순실현가능가치를 초과할 것으로 예상된다면 해당 원재료를 순실현가능가치로 감액한다. 이 경우 원재료의 현행대체원가는 순실현가능가치에 대한 최선의 이용가능한 측정치가 될 수 있다. 재고자산의 감액을 초래했던 상황이 해소되거나 경제상황의 변동으로 순실현가능가치가 상승한 명백한 증거가 있는 경우에는 최초의 장부금액을 초과하지 않는 범위 내에서 평가손실을 환입한다. 그 결과 새로운 장부금액은 취득원가와 수정된 순실현가능가치 중 작은 금액이 된다.

(차) 재료평가손실	×××	(대) 재료평가충당금	×××

* 재료평가손실이란 재고자산으로 남아 있는 실제 재료의 순실현가능가치가 취득원가보다 하락한 경우에 그 차액이며, 이때의 평가손실은 재료의 장부금액에서 차감계정으로 표시하고 재료 소비액에 가산한다. (직접법 가능)

(차) 재료평가충당금	×××	(대) 재료평가충당금환입	×××

8) [저가법 적용 사유] 다음의 경우에는 재고자산의 원가를 회수하기 어려울 수 있다. ① 물리적으로 손상된 경우 ② 완전히 또는 부분적으로 진부화된 경우 ③ 판매가격이 하락한 경우 ④ 완성하거나 판매하는데 필요한 원가가 상승한 경우

9) 기업회계기준서 제1002호 재고자산에서는 총계기준을 인정하지 않는다.

예제

다음 각각의 상황에 따라 기말재고액을 구하시오.

[상황 1]

	취득원가	현행대체원가	순실현가능가치
제 품	₩1,000	-	₩800
원재료	500	₩400	-

[상황 2]

	취득원가	현행대체원가	순실현가능가치
제 품	₩1,000	-	₩1,200
원재료	500	₩400	-

해답

[상황 1]

	취득원가	현행대체원가	순실현가능가치	기말재고액(저가법)	
제 품	₩1,000	-	₩800	₩800	
원재료	500	₩400	-	400	₩1,200

<회계처리>

(차) 재료평가손실 100 (대) 재료평가충당금 100

* ₩500 - ₩400=₩100

(차) 제품평가손실 200 (대) 제품평가충당금 200

* ₩1,000 - ₩800=₩200

[참고] 제조업의 재고자산은 일반적으로 원재료, 재공품, 제품, 부산물 등으로 구분된다. 이 중 원재료와 제품의 평가손실에 대한 회계처리는 서로 다르므로 이에 유의할 필요가 있다. 제품의 평가손실은 매출원가에 가산하여 처리한다. 반면, 원재료의 경우에는 평가손실이 발생하더라도 반드시 이를 인식하는 것은 아니다. 원재료에 대한 평가손실은 제품(완성품)에서도 평가손실이 발생할 것으로 예상되는 경우에만 인식한다. 즉, 원재료의 평가손실은 해당 원재료를 투입하여 완성할 제품에서도 평가손실이 예상될 때에만 회계적으로 반영된다.

[상황 2]

	취득원가	현행대체원가	순실현가능가치	기말재고액(저가법)	
제 품	₩1,000	-	₩1,200	₩1,000	
원재료	500	₩400	-	500	₩1,500

<회계처리> 없음

[주의] 원재료를 투입하여 완성할 제품의 순실현가능가치(₩1,200)가 취득원가(₩1,000)보다 높을 때에는 원재료에 대하여 저가법을 적용하지 않는다.

[참고] 저가법 적용 시, 원재료와 제품, 재공품 간의 구분에 주의해야 한다. 원재료는 궁극적으로 제품 생산을 위한 재고자산이므로, 해당 원재료를 투입하여 완성할 제품이 원가 이상으로 판매될 것으로 예상되는 경우에는, 설령 원재료의 현행대체원가(₩400)가 취득원가(₩500)보다 낮더라도 평가손실을 인식하지 않는다. 이는 최종 제품이 높은 가격(순실현가능가치 ₩1,200)에 판매될 것이므로, 원재료의 가치 하락이 실제로는 제품의 판매가격에서 보전된다는 의미다. 한편, 재공품은 제품을 생산하기 위한 중간단계의 재고자산으로, 제품과는 명확히 구별되어야 한다. (재공품은 아직 완성되지 않았기 때문에 제품에 포함시켜 저가법을 판단해서는 안된다) 원재료에 대한 저가법 적용은 오직 제품과의 관계를 기준으로 판단해야 하며, 재공품이 원가 이상으로 판매될 수 있을지 여부는 고려 대상이 아니다. 또한, 제품이 원가 이상으로 판매될 것으로 예상된다고 해서 재공품에 저가법을 적용하지 않아도 된다는 의미는 아니다. 재공품은 제품과는 별개의 자산으로 보아, 독립적으로 저가법 적용 여부를 판단해야 한다.

제2절 노무비

1. 노무비의 의의 및 분류

노무비(labor cost)란 제품의 제조(생산)과정에 사용된 노동력의 대가를 화폐가치로 표시한 것이다. 노무비는 발생[10]과 동시에 원가화하여 제조계정으로 대체되는 원가요소이기 때문에, 일단 자산계정으로 유보되었다가 소비와 동시에 원가화하는 재료비와는 그 성격이 약간 다르다.

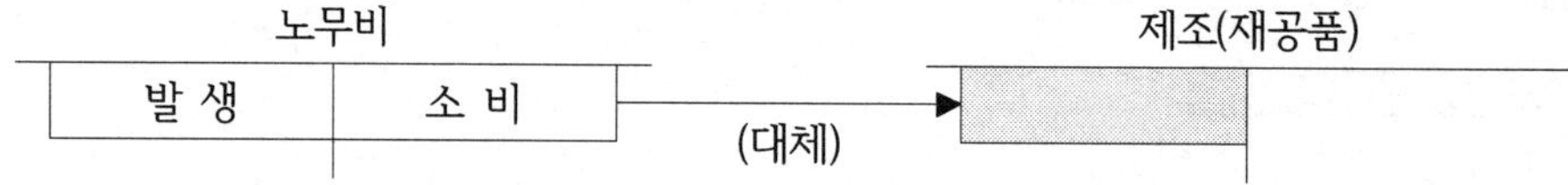

이와 같은 노무비는 지급형태에 따라 임금 · 급여 · 잡급 · 제 수당 등으로 구분되며,[11] 또 다른 경우에는 특정 제품과의 관련성 여부에 따라 직접노무비와 간접노무비로 구분되기도 한다.

① 임금(wages) … 제조 작업에 직접 종사하는 작업원의 노동가치로서, 여기에는 기본급 이외에 시간외수당 · 특수작업수당 등의 加給金이 포함됨

② 급여(salaries) … 제조 작업에 종사하지 않는 일반사무원의 노동가치 [예] 공장장, 기사, 행정사무원의 월급 등

③ 잡급(miscellaneous wages and salaries) … 임시고용인 또는 외부인부들에 대한 노동가치

④ 종업원상여금 및 제 수당(bonus and allowances) … 종업원에게 정상적으로 지급되는 정기상여금 · 특별상여금 및 기타 제 수당 [예] 보너스, 가족수당, 물가수당 등

⑤ **직접노무비**(direct labor cost) … 특정 제품의 제조에 직접 종사한 工員들의 노동력에 대한 대가

---

10) 이때 "발생"이라는 의미는 실제 지급된 금액을 지칭하는 것이 아니라, 발생주의회계에 의한 주어진 기간의 실제발생액을 의미하는 것이다.

11) 여기에서 언급되는 임금 · 급여 · 수당 등의 노무비 형태는 전부 제품 제조 작업과 직 · 간접으로 관련이 있는 노무主費의 성격을 지닌다. 그러나 이외에도 제품 제조 작업과는 전혀 관련이 없이 노동력의 확보 · 보전 · 관리과정에서 발생하는 노무비가 있을 수 있는데, 이를 노무副費라고 한다. (예 종업원 모집광고비, 연수비, 복지시설관리비 등)

노무비
- 노무주비(노무비 계상) — 직접노무비 / 간접노무비 — 임금 · 급여 · 잡급 · 제 수당 등
- 노무부비(경비 계상) — 노동력의 모집 · 관리비용 등

⑥ **간접노무비**(indirect labor cost) … 특정 제품의 제조에 직접 종사하지 않고 여러 제품이나 부문에 대하여 공통적으로 기여한 노동력에 대한 대가

이들 중에서 임금의 대부분은 직접노무비로 파악될 수 있으나, 나머지 급여·잡급·수당 등은 간접비의 성격을 띠는 경향이 많기 때문에 간접노무비로 파악되는 것이 일반적이다. 그러나 노무비의 경우에는 재료비에 있어서처럼 지급형태에 따른 종류를 제품과의 관련성에 따라 직접노무비·간접노무비로 획일적으로 구분하기가 사실상 어렵다. 따라서 특정 제조의 성격과 노동형태를 관련시켜 상황에 따라 적절히 분류하여야 한다.

2. 노무비의 계산

노무비를 계산할 때에는 먼저 선급분(미경과분)·미지급분의 가감계산을 다음과 같이 수행하여, 원가계산기간의 소비액(발생액)을 산출해 내어야 한다.

노무비

전기 선급액	×××	전기 미지급액	×××
당기 지급액(지급임금)	×××	당기 소비액(소비임금)	×××
당기 미지급액	×××	당기 선급액	×××

	선급액	미지급액	합 계
당기 지급액(지급임금)			×××
전기 말	+ ×××	- ×××	± ×××
당기 말	- ×××	+ ×××	± ×××
당기 소비액(소비임금)			×××

노무비 중 급여는 월정액으로 고정되어 있고 잡급은 임금이나 급여에 준하여 계산되기 때문에, 노무비 계산의 중심이 되는 것은 임금의 계산이다. 임금의 개념으로는 지급임금과 소비임금이 있다.

1) 지급임금의 계산

지급임금이란 종업원 각자에게 임금지급일에 실제 지급하는 금액이다.

지급임금액 = 각 종업원의 노동량 × 계약임률

이 산식에서 '**각 종업원의 노동량**'이란 일급제의 경우에는 작업일수, 시간급제의 경우에는 작업시간수, 또 성과급제의 경우에는 완성수량이다. 또 '**계약임률**'이란 일급의 경우에는 1일당의 지급임금액, 시간급의 경우에는 1시간당의 지급임금액 그리고 성과급제의 경우에는 완성품 1개당의 지급임금액을 가리킨다. 이때 계약임률은 각 종업원의 연령·성별·학

력·기술의 유무 등에 의하여 개별적으로 달리 결정되며, 각 종업원의 노동량은 급여형태에 따라 적당한 방법으로 계산한다.

2) 소비임금의 계산

지급임금은 종업원 각자에게 지급할 임금을 지칭하는 것이지만, 소비임금이란 제품의 제조비용으로 계산한 원가로서의 임금액을 의미한다.[12] 제품의 제조원가로서의 소비임금액은 다음과 같이 계산된다.

(1) 시간급의 경우 … **작업시간보고서**에 의하여 개별 제품의 총작업시간수를 계산하고, 이에 작업시간당 평균임률을 곱하여 계산한다.

$$\text{소비임금액} = \text{특정 제품을 위한 총작업시간수} \times \text{소비임률}$$

$$\text{소비임률} = \text{작업시간당 평균임률} = \frac{\text{동 기간의 임금총액}}{\text{원가계산기간의 총작업시간수}}$$

이때의 소비임률은 다음과 같은 점에서 지급임률(=계약임률)과 차이가 있다.

첫째, 지급임률은 주로 기본임금액을 계산하기 위한 임률이지만, 소비임률은 기본임금에 가급금·제 수당 등이 포함되어 계산된 임률이다. 그러므로 소비임률이 지급임률보다 높은 것이 일반적이다.

둘째, 지급임률은 常業과 잔업의 구별에 따라 달리 책정되는 것이 일반적이지만, 소비임률은 항상 그들은 평균한 개념이 된다.

셋째, 지급임률은 각 종업원의 실제작업시간에 곱해져서 지급액이 계산되지만, 소비임률은 각 종업원이 특정한 제조 작업에 직접 종사한 노동시간에 곱해져서 임금액이 산출된다. 이때 노동시간은 실제작업시간보다 짧은 것이 일반적인데, 그 차이는 휴식·식사·수선 등에 소요된 부동시간(idle time)이 된다. (즉, 노동시간 = 실제작업시간 - 부동시간)

넷째, 지급임률은 각 종업원의 성별·연령·능력·근속년수 등에 따라 차이가 있으나, 소비임률은 그들을 전혀 고려하지 않고 평균적인 개념으로서 사용된다.

(2) 작업량급의 경우 … **작업량보고서(생산량보고서)**에 의하여 개별 제품의 총완성량을 계산하고, 이에 작업량 단위당 실제임률을 곱하여 계산한다.

$$\text{소비임금액} = \text{특정 제품의 총작업량(완성수량)} \times \text{작업량 임률}$$

$$\text{작업량 임률} = \text{작업량 단위당 실제임률} = \text{실제계약에 의하여 결정}$$

12) 이러한 소비임금액과 지급임금액의 별도 계산은 개별원가계산의 경우에만 특별한 의미가 있다. 종합원가계산에 있어서는 지급임금과 소비임금의 계산기간이 대체로 일치하면서 그 금액도 동일하기 때문에, 두 가지 임금액의 별도 계산이 별다른 의미가 없다.

지금까지 설명한 전술한 지급임금과 소비임금의 관계를 요약하면 다음과 같다. 여기서 유의해야 할 것은 지급임금과 소비임금이 반드시 일치하지는 않는다는 점이다. 실무에서는 지급임금 계산기간과 소비임금 계산기간이 다를 수 있기 때문이다.

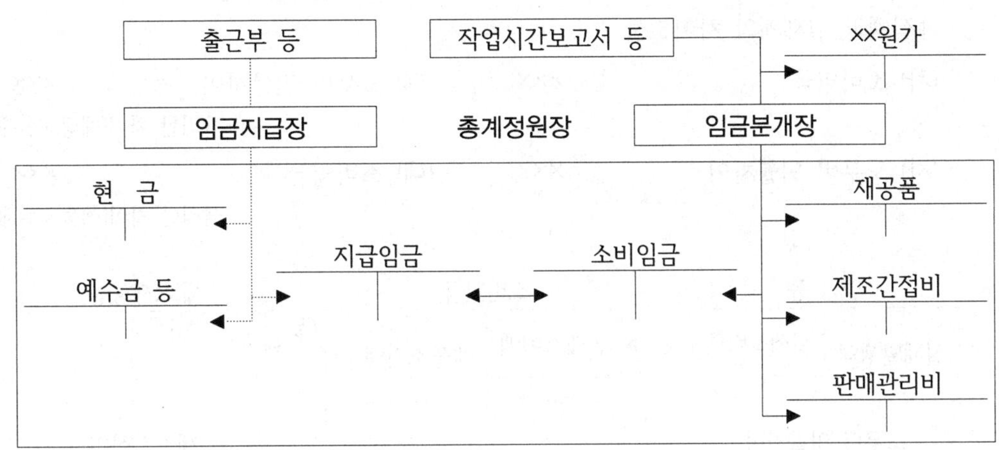

3. 노무비의 발생 및 소비에 따르는 회계처리

(1) 노무비의 발생(지급) … 임금지급장에 기록

차변	금액	대변	금액
(차) 임 금	×××	(대) 현 금	×××
급 여	×××	미지급임금 등	×××
잡 급	×××		
종업원상여수당	×××		

(2) 노무비의 소비(발생) : 실제노무비에 의하는 경우 … 임금분개장에 기록

차변	금액	대변	금액
(차) 노무비	×××	(대) 임 금	×××
		급 여	×××
		잡 급	×××
		종업원상여수당	×××
(차) 제조(재공품)	×××	(대) 노무비	×××
제조간접비	×××		

(3) 노무비의 소비(발생) : 예정노무비에 의하는 경우[13]

· 예정노무비의 계상(예정소비임률)

차변	금액	대변	금액
(차) 제조(재공품)	×××	(대) 소비임금(노무비)	×××
제조간접비	×××		

13) 노무비의 예정배부에 대한 [예제]는 [형성평가] 문제를 참고하길 바란다.

· 실제발생액의 대체(실제소비임률)

(차) 소비임금	×××	(대) 임　금	×××
		급　여	×××
		잡　급	×××
		종업원상여수당	×××

· 예정액과 실제액의 차이조정

(차) 소비임금	×××	(대) 노무비 임률차이	×××
		… 유리한 차이(예정 > 실제)	
(차) 노무비 임률차이	×××	(대) 소비임금	×××
		… 불리한 차이(예정 < 실제)	

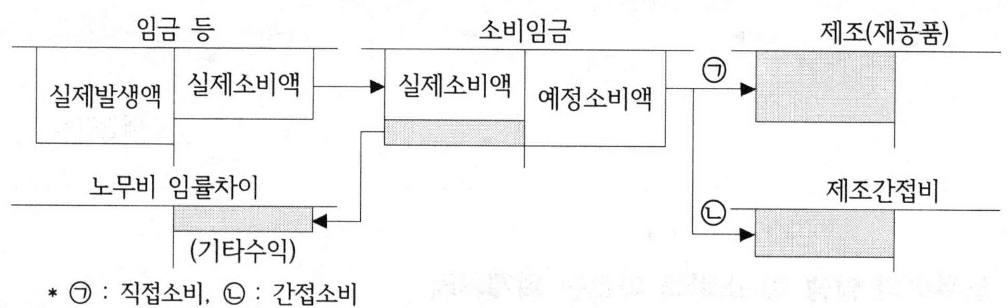

* ㉠ : 직접소비, ㉡ : 간접소비

예제 1

노무비계정의 대변에 전기 미지급액이 기입되는 것은 원가계산기간과 급여계산기간의 불일치 때문인가? 단, 임금지급일은 매월 25일이라고 가정한다.

해답

그렇다. 이 경우 원가계산기간은 매월 1일부터 31일까지이고, 임금계산기간은 매월 26일부터 익월(다음 달) 25일까지이다. 이때 매월 26일부터 31일까지의 소비임금은 원가계산일(말일) 현재로 미지급인 상태이다. 바로 이 미지급액이 익월 25일이 되어야 지급되므로 임금지급일에 임금계정의 대변에 기입되는 것이다. 예를 들어, 임금지급일이 10월 25일이라면, 지급임금 계산기간은 9/26 ~ 10/25이고, 소비임금 계산기간은 10/1 ~ 10/31이다. 즉 「소비임금(10월 소비액, 10월 1일 ~ 10월 31일) = 지급임금(10월 지급액, 9월 26일 ~ 10월 25일) + 10월 미지급임금(10월 26일 ~ 10월 31일) - 9월 미지급임금(9월 26일 ~ 9월 30일)」이다.

노무비

당월 지급액(9/26 ~ 10/25)(지급임금)	×××	전월 미지급액(9/26 ~ 9/30)	×××
당월 미지급액(10/26 ~ 10/31)	×××	당월 소비액(10/1 ~ 10/31)(소비임금)	×××

예제 2

다음은 지급임금과 소비임금에 관한 자료이다. 이 지료에 의하여 임금지급장 및 임금분개장에 기입하여 마감하고, 각각의 합계분개를 표시하시오. 단, 임금소비액은 실제 평균임률에 의한다.

· 전월 말 임금 미지급액 ₩198,000
· 당월 임금 지급 내용

성 명	지시서번호 또는 작업현장	작업시간	시간당 임률	소득세	보험료	국민연금
A	#1	150	@₩7,000	₩150,000	₩110,000	₩150,000
	#2	300				
B	#1	200	@₩6,000	80,000	60,000	100,000
	수선부	100				

* 소득세(지방소득세 포함), 보험료(건강보험, 고용보험 포함)

· 당월 말 임금 미지급액 ₩528,000
· 당월 작업시간 수 : 직접작업 680시간, 간접작업 120시간

해답 •••

(1) 임금지급장 (단위 : 원)

성 명	작업시간	임 률	총지급액	차감액				순지급액
				소득세	보험료	국민연금	계	
A	450	7,000	3,150,000	150,000	110,000	150,000	410,000	2,740,000
B	300	6,000	1,800,000	80,000	60,000	100,000	240,000	1,560,000
계	750		4,950,000	230,000	170,000	250,000	650,000	4,300,000

(2) 임금분개장 (단위 : 원)

일 자		지시서번호 또는 작업시간	차 변			대 변	
			제 조	제조간접비	판매관리비	임 금	급 여
			4,488,000	792,000	-	5,280,000	-

(3) 총계정원장에 기입을 위한 분개

(차) 임 금	4,950,000	(대) 소득세예수금	230,000
		보험료예수금	170,000
		국민연금예수금	250,000
		현 금	4,300,000
(차) 임 금	528,000	(대) 미지급임금	528,000
(차) 노무비	5,280,000	(대) 임 금	5,280,000

* ₩4,950,000÷750시간 = @₩6,600(작업시간당 평균임률 = 소비임률)
₩4,950,000(지급임금) + ₩528,000(당월 미지급액) - ₩198,000(전월 미지급액)
= ₩5,280,000(소비임금)

(차) 제조(재공품)	4,488,000	(대) 노무비	5,280,000
제조간접비	792,000		

* (680시간 + 120시간)×@₩6,600 = ₩5,280,000
680시간×@₩6,600 = ₩4,488,000(직접노무비, 제조)
120시간×@₩6,600 = ₩792,000(간접노무비, 제조간접비)

제3절 경비

1. 경비의 의의 및 분류

경비(manufacturing cost or expense, 제조경비)란 제품제조를 위하여 소비된 원가요소 중 재료비와 노무비를 제외한 나머지 일체의 원가요소로서, 재료비 · 노무비와 같이 어떤 특정한 대상이 없고 그 내용도 일정하지 않다. 따라서 재료비와 노무비의 범위를 넓히게 되면 자연히 그에 따라 경비의 범위는 좁아지며, 반대로 축소시키면 그 범위는 확대될 수밖에 없다.[14)]

경비 중에는 물적 요소를 가지는 것(감가상각비 · 재료감모손실)과 인적 요소를 가지는 것(복리후생비)이 모두 포함되고 있으며, 그들의 일반적인 항목은 다음과 같다. (제1장 참조)

가스수도비	보험료	수선비	인쇄비	지급수수료
감가상각비	복리후생비	여비교통비	임차료	차량유지비
경상개발비	설계비	연구비	재료감모손실	통신비
교육훈련비	세금과공과	외주가공비	전력비(전기료)	특허권사용료
보관료	소모품비	운반비	접대비	포장비 등

* 복리후생비, 보험료, 세금과공과에는 종업원급여 지급시에 사업주가 부담하는 4대 보험료가 포함되어 있다.

이러한 경비요소들은 그것이 몇 가지 원가요소로 이루어졌는가에 따라 다음과 같이 구분한다. 그러나 어떤 종류의 경비이든 제품의 제조원가에 산입되는 과정은 동일하다.

(1) **단순경비**(simple expense) : 단 한 종류의 원가요소로서 이루어지는 경비항목으로서 대부분의 경비가 이에 속한다.

(2) **복합경비**(compound expense) : 성격이 다른 두 종류 이상의 원가요소가 합쳐서 이루어지는 경비항목으로서, 수선비(재료+수선공의 임금) · 운반비 등이 이에 속한다.

또한 경비는 그것이 특정 제품의 제조에 직접적으로 소비되는가 또는 간접적으로 소비되는가에 따라 직접경비와 간접경비로 구분한다. 그러나 경비 중에는 특정 제품의 포장비 · 외주가공비[15)] · 특허권사용료 · 설계비 등을 제외하면 대부분 간접경비의 성격을 지니기 때문에, 경우에 따라서 모든 경비항목을 전부 제조간접비에 산입시키기도 한다.

---

14) 예를 들면, 재료의 운반 · 정리 · 보관 등에 소요된 비용을 재료비에 산입하면 그들은 재료비로서 취급되며 경비에서는 제외될 것이고, 또 종업원의 복리후생비 같은 노무부비를 노무비에서 제외시키면 경비의 규모는 그 만큼 커지게 된다.

15) [한국은행 기업경영분석] 외주가공비는 하청업자에게 생산, 가공을 사급(원부자재를 공급하여 제품 또는 반제품의 생산을 의뢰) 또는 임가공(일부 공정에 대해 단순 조립 또는 가공을 의뢰) 방식으로 위탁하여 생산하는 경우에 발생하는 비용을 말한다. OEM(주문자 상표부착생산)의 경우에는 외주가공비에 해당되지 않고 제품 또는 상품 매입비로 계상된다.

2. 경비의 계산

경비소비액은 그 경비가 가지는 성격에 따라 다음과 같이 분류를 달리하여 계산한다.

(1) 월할경비

이것은 발생액이 1년 또는 6개월 등과 같이 일정기간을 단위로 하여 결정되는 비용으로서, 대표적으로 감가상각비 · 보험료 · 세금과공과 · 임차료 · 특허권사용료 등이 이에 속한다. 이들 월할경비는 한 기간의 발생액을 그 기간에 대한 원가계산기간의 비율만큼 계산하여 원가계산기간의 소비액으로 계상한다.

(2) 측정경비

이것은 원가계산기간 중에 발생한 소비액을 공장에 비치되어 있는 계량기에 의해 측정하고, 이 수치를 그대로 원가계산기간의 경비액으로 삼는 비용이다. 이에 속하는 대표적인 비용으로는 가스수도비 · 전력비 등이 있다.

(3) 지급경비

이것은 원가계산기간 중에 실제 발생하여 지급한 금액을 그 기간의 경비액으로 삼는 비용이며, 이에 속하는 대표적인 비용으로는 보관료 · 복리후생비 · 수선비 · 여비교통비 · 외주가공비 · 운반비 · 접대비 · 잡비 등이 있다.

(4) 발생경비

이것은 재료감모손실[16]과 같이 현금의 지출을 수반하지 않는 내부거래에서 발생하는 비용으로서, 그 발생액을 원가계산기간의 소비액으로 삼는다. 이와 같은 재료감모손실은 이미 언급한 바와 같이 재료의 장부금액과 실제 재고액의 차액으로서, 정상적인 것은 제조원가(제조간접비)에 산입한다.

경비를 계산할 때에는 먼저 선급분(미경과분) · 미지급분의 가감계산을 다음과 같이 수행하여, 원가계산기간의 소비액(발생액)을 산출해 내어야 한다.

경 비

전기 선급액	×××	전기 미지급액	×××
당기 지급액	×××	당기 소비액	×××
당기 미지급액	×××	당기 선급액	×××

16) 만일 재료감모손실을 일정기간의 것으로 미리 결정해 놓고 원가계산기간의 재료감모손실은 그 중의 일부 금액으로 분할하여 측정하는 경우, 그때의 재료감모손실은 발생경비가 아닌 전술한 월할경비로서의 성격을 가지며, 따라서 경비의 구체적인 측정방법도 그에 준하면 된다.

3. 경비의 발생 및 소비에 따르는 회계처리

(1) 경비의 발생(지급) … 일반분개장에 기록

(차) 보험료	×××	(대) 현 금	×××
전력비	×××	미지급경비 등	×××
수선비 등	×××		

(2) 경비의 소비(발생) : 직접소비 또는 간접소비의 구별 … 경비분개장에 기록

(차) 경 비	×××	(대) 보험료	×××
		전력비	×××
		수선비 등	×××
(차) 제조(재공품)	×××	(대) 경 비	×××
제조간접비	×××		

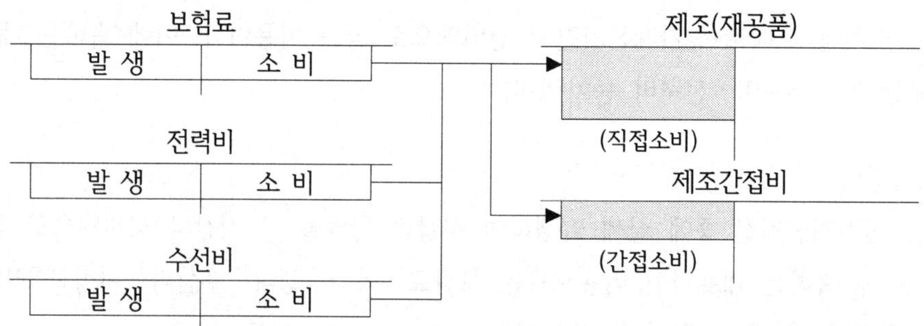

예제 1

당월의 경비 소비액(발생액)은 얼마인가?

전월 미지급액	₩20,000	당월 미지급액	₩40,000
전월 선급액	30,000	당월 선급액	50,000
당월 지급액	270,000		

해답

경 비

전월 선급액	30,000	전월 미지급액	20,000
당월 지급액	270,000	당월 소비액	270,000
당월 미지급액	40,000	당월 선급액	50,000

또는

	선급액	미지급액	합 계
당월 지급액			₩270,000
전월 말	+₩30,000	-₩20,000	+10,000
당월 말	-50,000	+40,000	-10,000
당월 소비액			₩270,000

예제 2

다음 자료는 K기업의 4월 중 발생한 제조경비의 내용이다. K기업의 4월 중 제조경비의 발생액은 얼마인가?

전력비	당월 지급액	₩4,588,960
	전월 미지급액	1,270,800
	당월 미지급액	1,530,000
세금과공과	당월 지급액	920,690
임차료	당월 지급액	6,720,000
	전월 미지급액	2,400,000
	당월 미지급액	1,950,000
보험료	당월 지급액	8,720,060
	5월분 선급액	3,651,800

해답

전력비	: ₩4,588,960 + ₩1,530,000 - ₩1,270,800 =	₩4,848,160
세금과공과	:	920,690
임차료	: ₩6,720,000 + ₩1,950,000 - ₩2,400,000 =	6,270,000
보험료	: ₩8,720,060 - ₩3,651,800 =	5,068,260
		₩17,107,110

예제 3

4월 중의 제조경비 발생액(소비액)은 얼마인가?

(1) 기초에 기계장치에 대한 1년분 화재보험료 ₩360,000을 지급하였으며, 화재보험료는 월별로 균등하게 배분한다.

(2) 4월 초의 전기 계량기 검침량은 1,200kW/h이고, 4월 말의 전기 계량기 검침량은 2,000kW/h이다. 1kW/h당 전기사용료는 ₩100이다.

(3) 4월 중에 수선비 ₩40,000을 지급하다. 수선비 전월 미지급액은 ₩20,000이며, 수선비 당월 미지급액은 ₩40,000이다.

(4) 4월 중에 재료감모손실 ₩4,000이 발생하였는데, 이 중에서 정상적인 원인으로 ₩3,000, 비정상적인 원인으로 ₩1,000이 발생한 것으로 판명되다. 정상적인 감모손실은 제조경비에 포함되며, 비정상적 감모손실은 기타비용으로 처리된다.

해답

보험료	: ₩360,000÷12개월 =	₩30,000
전기료(전력비)	: (2,000kW/h - 1,200kW/h)×@₩100 =	80,000
수선비	: ₩40,000 + ₩40,000 - ₩20,000 =	60,000
재료감모손실	: (정상감모)	3,000
		₩173,000

예제 4

다음 자료에 의하여 경비분개장에 기입하여 마감하고, 합계분개를 표시하시오. 단, 회계연도는 6개월, 원가계산기간은 1개월, 경비 배분은 직접비와 재료감모손실을 제외하고 제조부에 60%, 영업부에 40%로 한다.

(1) 감가상각비 : ₩240,000 (6개월분)
(2) 보험료 : ₩360,000 (1년 선급분)
(3) 세금과공과 : ₩300,000 (1년 추산액)
(4) 전력비 : 당월 지급액 ₩80,000, 당월 측정액 ₩160,000
(5) 운반비 : 당월 지급액 ₩50,000, 당월 미지급액 ₩10,000
(6) 여비교통비 : 당월 지급액 ₩50,000
(7) 재료감모손실 (각자 계산. 단, 정상적인 감모손실임)
월초재고액 ₩290,000, 당월 매입액 ₩600,000, 당월 소비액 ₩610,000, 월말재고액 ₩260,000
(8) 외주가공비 (단, 제조로 분류함)
당월 지급액 ₩100,000, 전월 미지급액 ₩20,000, 당월 미지급액 ₩40,000

해답

(1) 경비분개장 (단위 : 원)

분 류	비 목	차 변			대 변
		제 조	제조간접비	판매관리비	
월할경비	감가상각비		24,000	16,000	40,000
월할경비	보험료		18,000	12,000	30,000
월할경비	세금과공과		15,000	10,000	25,000
측정경비	전력비		96,000	64,000	160,000
지급경비	운반비		36,000	24,000	60,000
지급경비	여비교통비		30,000	20,000	50,000
발생경비	재료감모손실		20,000		20,000
기 타	외주가공비	120,000			120,000
계		120,000	239,000	146,000	505,000

* 경비(제조간접비 배분액만 계산근거 제시함)
감가상각비 : (₩240,000÷6개월)×60% = ₩24,000
보험료 : (₩360,000÷12개월)×60% = ₩18,000
세금과공과 : (₩300,000÷12개월)×60% = ₩15,000
전력비 : ₩160,000×60% = ₩96,000
운반비 : (₩50,000 + ₩10,000)×60% = ₩36,000
여비교통비 : ₩50,000×60% = ₩30,000
재료감모손실 : (₩290,000 + ₩600,000 − ₩260,000) − ₩610,000 = ₩20,000
외주가공비 : ₩100,000 + ₩40,000 − ₩20,000 = ₩120,000

(2) 총계정원장에 기입을 위한 분개

(차) 경비 항목	505,000	(대) 현금 등	505,000
(차) 제조(재공품)	120,000	(대) 경비 항목	505,000
제조간접비	239,000		
판매관리비	146,000		

제4절 원가흐름 : 재료비 노무비 경비

종합예제 1

[상황 1]

주어진 자료에 의하여 다음을 계산하다. 이들의 흐름을 계정상으로 도식화하여 제조원가명세서 및 포괄손익계산서를 작성하시오.

① 월초재료재고액	₩30,000	② 전월 노무비 미지급액	₩10,000
③ 당월 노무비 지급액	60,000	④ 월말재료재고액	20,000
⑤ 당월 노무비 미지급액	20,000	⑥ 당월재료매입액	120,000
⑦ 월초재공품재고액	200,000	⑧ 월초제품재고액	100,000
⑨ 월말재공품재고액	180,000	⑩ 월말제품재고액	120,000
⑪ 당월 경비 발생액	60,000		

해답 •••

(1) 재료비 : ₩30,000(①) + ₩120,000(⑥) - ₩20,000(④) = ₩130,000

(2) 노무비 : ₩60,000(③) + ₩20,000(⑤) - ₩10,000(②) = ₩70,000

(3) 당월총제조비용 : ₩130,000((1)) + ₩70,000((2)) + ₩60,000(⑪) = ₩260,000
　당월제품제조원가 : ₩200,000(⑦) + ₩260,000((3)) - ₩180,000(⑨) = ₩280,000

(4) 매출원가 : ₩100,000(⑧) + ₩280,000((4)) - ₩120,000(⑩) = ₩260,000`

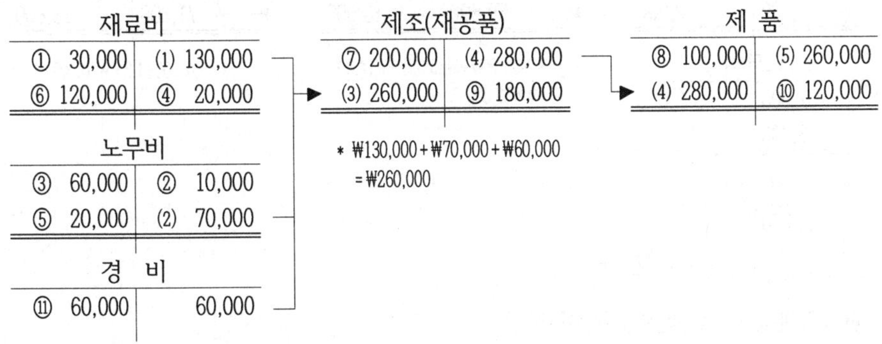

(5) 제조원가명세서 및 포괄손익계산서 작성

제조원가명세서

재료비		130,000
월초재료재고액	30,000	
당월재료매입액	120,000	
월말재료재고액	(20,000)	
노무비		70,000
경 비		60,000
당월총제조비용		260,000
월초재공품재고액		200,000
월말재공품재고액		(180,000)
당월제품제조원가		280,000

포괄손익계산서(일부)

매출액		×××
매출원가		(260,000)
월초제품재고액	100,000	
당월제품제조원가	280,000	
월말제품재고액	(120,000)	
매출총이익		×××

[상황 2]

당월 매출액이 ₩91,000이고 원가에 30%의 이익을 가산하여 판매를 수행한다고 전제한다. 제조원가명세서 및 포괄손익계산서를 작성하시오.

월초 :	재료재고액	₩1,200	재공품재고액	₩21,000
	제품재고액	12,000	노무비 미지급액	2,000
월중 :	재료 매입액	₩21,800	노무비 지급액	₩32,000
	경비 지급액	15,200		
월말 :	재료재고액	₩2,000	재공품재고액	₩18,000
	노무비 미지급액	3,000	경비 선급액	400

해답

(1) 재료비 : ₩1,200 + ₩21,800 - ₩2,000 = ₩21,000

(2) 노무비 : ₩32,000 + ₩3,000 - ₩2,000 = ₩33,000

(3) 경　비 : ₩15,200 - ₩400 = ₩14,800

(4) 당월총제조비용 : (1) + (2) + (3) = ₩68,800

당월제품제조원가 : ₩21,000 + ₩68,800 - ₩18,000 = ₩71,800

(5) 매출원가 = 매출액÷(1 + 총원가에 대한 이익률)

₩91,000÷1.3 = ₩70,000

₩70,000 = ₩12,000 + ₩71,800 - x

∴ x = ₩13,800(월말제품재고액)

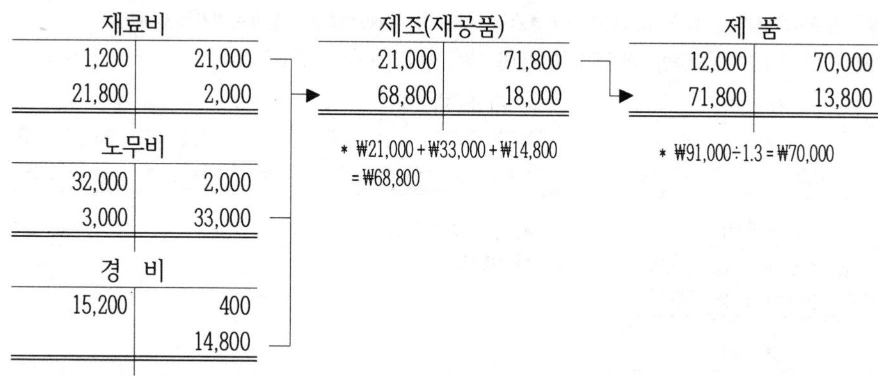

(6) 제조원가명세서 및 포괄손익계산서 작성

제조원가명세서

재료비		21,000
월초재료재고액	1,200	
당월재료매입액	21,800	
월말재료재고액	(2,000)	
노무비		33,000
경　비		14,800
당월총제조비용		68,800
월초재공품재고액		21,000
월말재공품재고액		(18,000)
당월제품제조원가		71,800

포괄손익계산서(일부)

매출액		91,000
매출원가		(70,000)
월초제품재고액	12,000	
당월제품제조원가	71,800	
월말제품재고액	(13,800)	
매출총이익		21,000

종합예제 2

다음 각각의 [문제]는 독립적이다.

1. (주)장안의 원가자료이다. 기업은 월차손익을 파악하기 위해 매월 원가계산을 실시하고 있다. 4월의 제조원가명세서 및 포괄손익계산서를 작성하시오. (2024 세무사 유사)

직접재료 매입액	₩240,000	판매원 급여	₩110,000
직접노무비	320,000	관리비	130,000
간접노무비	72,000	기타 제조간접비	200,000
공장건물 감가상각비	80,000	매출액	1,300,000

당월 재고자산 내용

	4월 초	4월 말
직접재료	₩45,000	₩21,000
재공품	30,000	17,000
제 품	20,000	8,000

해답

제조원가명세서

직접재료비		264,000
월초재료재고액	45,000	
당월재료매입액	240,000	
월말재료재고액	(21,000)	
직접노무비		320,000
제조간접비		352,000
간접노무비	72,000	
공장건물 감가상각비	80,000	
기타 제조간접비	200,000	
당월총제조비용		936,000
월초재공품재고액		30,000
월말재공품재고액		(17,000)
당월제품제조원가		949,000

포괄손익계산서

매출액		1,300,000
매출원가		(961,000)
월초제품재고액	20,000	
당월제품제조원가	949,000	
월말제품재고액	(8,000)	
매출총이익		339,000
판매관리비		(240,000)
판매원 급여	110,000	
관리비	130,000	
영업이익		99,000

2. 본사와 공장이 동일 건물에 소재하는 (주)대한의 3월 중 발생한 비용과 재고자산 자료는 다음과 같다. 3월 중 직접재료 매입액은 ₩120,000이며, 매출액은 ₩740,000이다. (주)대한의 1월 초부터 3월 말까지의 영업이익은 얼마인가? (2009 세무사)

<u>3월 중 발생비용</u> (총액 : ₩440,000)

직접노무비	₩300,000
공장감독자 급여	₩10,000
전기료(공장 60%, 본사 40% 배부)	20,000
감가상각비(공장 80%, 본사 20% 배부)	50,000
기타 제조간접비	20,000
본사의 기타 판매관리비	40,000

	3월 초	3월 말
직접재료	₩100,000	₩80,000
재공품	30,000	10,000
제 품	70,000	40,000

해답

제조원가명세서

직접재료비		140,000
월초재료재고액	100,000	
당월재료매입액	120,000	
월말재료재고액	(80,000)	
직접노무비		300,000
제조간접비		82,000
공장감독자 급여	10,000	
전기료	12,000	
감가상각비	40,000	
기타 제조간접비	20,000	
당월총제조비용		522,000
월초재공품재고액		30,000
월말재공품재고액		(10,000)
당월제품제조원가		542,000

포괄손익계산서(일부)

매출액		740,000
매출원가		(572,000)
월초제품재고액	70,000	
당월제품제조원가	542,000	
월말제품재고액	(40,000)	
매출총이익		168,000
판매관리비		(58,000)
전기료	8,000	
감가상각비	10,000	
기타 판매관리비	40,000	
영업이익		11,000

* 전기료 : ₩20,000×60% = ₩12,000(공장) ₩20,000×40% = ₩8,000(본사)
감가상각비 : ₩50,000×80% = ₩40,000(공장) ₩50,000×20% = ₩10,000(본사)

별해)

₩100,000 + ₩30,000 + ₩70,000 = ₩200,000(월초재고자산)

₩80,000 + ₩10,000 + ₩40,000 = ₩130,000(월말재고자산)

₩440,000(3월 중 발생비용) + ₩120,000(직접재료 매입액) = ₩560,000(발생비용 등)

(매출원가 + 판매관리비) - ₩130,000 = ₩200,000(월초재고자산) + ₩560,000(발생비용 등)

∴ 매출원가 + 판매관리비 : ₩630,000

매출액 ₩740,000 - (매출원가 + 판매관리비) ₩630,000 = 영업이익 ₩110,000

3. 다음의 잔액시산표와 원가계산 자료에 의하여, 제조원가명세서와 포괄손익계산서, 재무상태표를 각각 작성하시오. 단, 법인세비용은 없다고 가정한다.

잔액시산표

현금	49,000	외상매입금	55,000
외상매출금	65,000	자본금	640,000
원재료	172,000	매출	550,000
재공품	64,000		
제품	65,000		
건물	110,000		
기계장치	200,000		
공기구비품	85,000		
임금	180,000		
급여	50,000		
전력비	60,000		
운반비	30,000		
보험료	25,000		
감가상각비	40,000		
잡비	50,000		
	1,245,000		1,245,000

* 원재료 ₩172,000의 내용은 기초재료재고액 ₩12,000과 당기재료매입액 ₩160,000이다.

원가계산자료(12. 31.)

① 원재료 소비액 ₩104,000

② 노무비 소비액 ₩190,000(임금 ₩180,000, 급여 ₩10,000)

③ 제조경비 및 판매관리비 소비액

비 목	제조경비	판매관리비
전 력 비	₩45,000	₩15,000
운 반 비	10,000	20,000
보 험 료	20,000	5,000
감가상각비	30,000	10,000
잡 비	20,000	30,000
계	₩125,000	₩80,000

④ 기말재고액 : 원재료 ₩68,000 재공품 ₩34,000 제품 ₩92,000

해답

제조원가명세서

재료비		104,000
기초재료재고액	12,000	
당기재료매입액	160,000	
기말재료재고액	(68,000)	
노무비		190,000
임 금	180,000	
급 여	10,000	
경 비		125,000
전력비	45,000	
운반비	10,000	
보험료	20,000	
감가상각비	30,000	
잡 비	20,000	
당기총제조비용		419,000
기초재공품재고액		64,000
기말재공품재고액		(34,000)
당기제품제조원가		449,000

[주의]

* 잔액시산표 급여 ₩50,000
  = 제조원가명세서 급여 ₩10,000(간접노무비)
  + 판매관리비 급여 ₩40,000
* 잔액시산표상의 건물, 기계장치, 공기구비품은 감가상각누계액을 차감한 후의 순액임

포괄손익계산서

매출액		550,000
매출원가		(422,000)
기초제품재고액	65,000	
당기제품제조원가	449,000	
기말제품재고액	(92,000)	
매출총이익		128,000
판매관리비		(120,000)
급 여	40,000	
전력비	15,000	
운반비	20,000	
보험료	5,000	
감가상각비	10,000	
잡 비	30,000	
당기순이익		8,000

재무상태표

현 금	49,000	외상매입금	55,000
외상매출금	65,000	자본금	640,000
원재료	68,000	당기순이익	8,000
재공품	34,000		
제 품	92,000		
건 물	110,000		
기계장치	200,000		
공기구비품	85,000		
	703,000		703,000

종합예제 3

(주)장안은 원가를 직접재료비, 직접노무비, 제조간접비로 분류하고 있다. 다음 각각의 자료를 이용하여, 각각의 [물음]에 답하시오. 제조원가명세서 및 포괄손익계산서(일부)를 완성하시오.

1. 제조간접비는 얼마인가?

직접재료비	₩500,000	직접노무비	₩300,000
제조간접비	?	기초재공품재고액	100,000
기말재공품재고액	120,000	당기제품제조원가	900,000

[참조]

제조원가명세서	
직접재료비	500,000
직접노무비	300,000
제조간접비	?
당기총제조비용	
기초재공품재고액	100,000
기말재공품재고액	(120,000)
당기제품제조원가	900,000

2. 기초재공품재고액은 얼마인가?

직접재료비	₩290,000	직접노무비	₩180,000
제조간접비	240,000	기초재공품재고액	?
기말재공품재고액	150,000	당기제품제조원가	720,000

[참조]

제조원가명세서	
직접재료비	290,000
직접노무비	180,000
제조간접비	240,000
당기총제조비용	
기초재공품재고액	?
기말재공품재고액	(150,000)
당기제품제조원가	720,000

3. 기말재공품재고액은 얼마인가?

직접재료비	₩120,000	직접노무비	₩140,000
당기총제조비용	400,000	기초재공품재고액	220,000
기말재공품재고액	?	당기제품제조원가	500,000

[참조]

제조원가명세서	
직접재료비	120,000
직접노무비	140,000
제조간접비	
당기총제조비용	400,000
기초재공품재고액	220,000
기말재공품재고액	(?)
당기제품제조원가	500,000

4. 당기제품제조원가는 얼마인가?

직접재료 구입액은 ₩200,000이고, 기말 잔액은 기초 잔액에 비하여 ₩10,000 증가하다.
직접노무비는 ₩300,000이고, 제조간접비는 ₩430,000이다.
당기 재고자산 내용

	기 초	기 말
재공품	₩20,000	₩15,000

[참조] 제조원가명세서

직접재료비		
기초재료재고액	0	
당기재료매입액	200,000	
기말재료재고액	(10,000)	
직접노무비		300,000
제조간접비		430,000
당기총제조비용		
기초재공품재고액		20,000
기말재공품재고액		(15,000)
당기제품제조원가		?

5. 당기제품제조원가는 얼마인가?

직접재료 구입액	₩200,000	기초원가	₩370,000
가공원가	310,000		

당기 재고자산 내용

	기 초	기 말
작접재료	₩100,000	₩80,000
재공품	120,000	150,000

[참조] 제조원가명세서

직접재료비		
기초재료재고액	100,000	
당기재료매입액	200,000	
기말재료재고액	(80,000)	
직접노무비		
제조간접비		
당기총제조비용		
기초재공품재고액		120,000
기말재공품재고액		(150,000)
당기제품제조원가		?

6. 매출원가는 얼마인가?

직접재료 구입액	₩400,000	직접노무비	₩800,000
제조간접비	700,000		

당기 재고자산 내용

	기 초	기 말
직접재료	₩140,000	₩150,000
재공품	150,000	200,000
제 품	250,000	350,000

[참조]

제조원가명세서		
직접재료비		
기초재료재고액	140,000	
당기재료매입액	400,000	
기말재료재고액	(150,000)	
직접노무비		800,000
제조간접비		700,000
당기총제조비용		
기초재공품재고액		150,000
기말재공품재고액		(200,000)
당기제품제조원가		

포괄손익계산서(일부)		
매출액		×××
매출원가		(?)
기초제품재고액	250,000	
당기제품제조원가		
기말제품재고액	(350,000)	
매출총이익		×××

7. 매출원가는 얼마인가? 단, 기초 및 기말재공품은 없다.

직접재료의 증가(기초 잔액 대비)	₩20,000
제품의 증가(기초 잔액 대비)	40,000
직접재료 매입액	400,000
직접노무비 발생액	300,000

제조간접비 배부액은 직접노무비 발생액의 60%이다.

[참조]

제조원가명세서		
직접재료비		
기초재료재고액	0	
당기재료매입액	400,000	
기말재료재고액	(20,000)	
직접노무비		300,000
제조간접비(직접노무비×60%)		180,000
당기총제조비용		
기초재공품재고액		0
기말재공품재고액		(0)
당기제품제조원가		

포괄손익계산서(일부)		
매출액		×××
매출원가		(?)
기초제품재고액	0	
당기제품제조원가		
기말제품재고액	(40,000)	
매출총이익		×××

8. 기초제품재고액은 얼마인가? 단, 매출총이익률은 15%이다. 매출총이익률은 '매출총이익÷매출액×100'으로 산출한다.

매출액	₩800,000	기초재공품재고액	₩20,000
직접재료비	200,000	기말재공품재고액	50,000
직접노무비	250,000	기초제품재고액	?
제조간접비	230,000	기말제품재고액	20,000

[참조]

제조원가명세서	
직접재료비	200,000
직접노무비	250,000
제조간접비	230,000
당기총제조비용	
기초재공품재고액	20,000
기말재공품재고액	(50,000)
당기제품제조원가	

포괄손익계산서(일부)		
매출액		800,000
매출원가		
기초제품재고액	?	
당기제품제조원가		
기말제품재고액	(20,000)	
매출총이익		

9. 당기총제조비용은 ₩680,000이다. 매출액은 얼마인가? 단, 매출총이익률은 40%이다.

	기초재고액	기말재고액
재공품	₩50,000	₩160,000
제 품	130,000	100,000

[참조]

제조원가명세서(일부)	
당기총제조비용	680,000
기초재공품재고액	50,000
기말재공품재고액	(160,000)
당기제품제조원가	

포괄손익계산서(일부)		
매출액		?
매출원가		
기초제품재고액	130,000	
당기제품제조원가		
기말제품재고액	(100,000)	
매출총이익		

10. 매출총이익은 얼마인가?

당기 매출액 ₩3,000,000 당기제품제조원가 ₩2,300,000

당기 재고자산 내용

	기 초	기 말
재공품	₩140,000	₩220,000
제 품	360,000	270,000

[참조]

제조원가명세서(일부)	
당기총제조비용	
기초재공품재고액	140,000
기말재공품재고액	(220,000)
당기제품제조원가	2,300,000

포괄손익계산서(일부)		
매출액		3,000,000
매출원가		
기초제품재고액	360,000	
당기제품제조원가	2,300,000	
기말제품재고액	(270,000)	
매출총이익		?

<정답 및 해설은 다음 페이지에>

[정답 및 해설]

1. 당기총제조비용 + ₩100,000 - ₩120,000 = ₩900,000(당기제품제조원가)

∴ 당기총제조비용 = ₩920,000

₩500,000 + ₩300,000 + 제조간접비 = ₩920,000(당기총제조비용)

∴ 제조간접비 = ₩120,000

[참조]

제조원가명세서	
직접재료비	500,000
직접노무비	300,000
제조간접비	120,000
당기총제조비용	920,000
기초재공품재고액	100,000
기말재공품재고액	(120,000)
당기제품제조원가	900,000

2. ₩290,000 + ₩180,000 + ₩240,000 = ₩710,000(당기총제조비용)

₩710,000 + 기초재공품재고액 - ₩150,000 = ₩720,000(당기제품제조원가)

∴ 기초재공품재고액 = ₩160,000

[참조]

제조원가명세서	
직접재료비	290,000
직접노무비	180,000
제조간접비	240,000
당기총제조비용	710,000
기초재공품재고액	160,000
기말재공품재고액	(150,000)
당기제품제조원가	720,000

3. ₩120,000 + ₩140,000 + 제조간접비 = ₩400,000(당기총제조비용)

∴ 제조간접비 = ₩140,000

₩400,000 + ₩220,000 - 기말재공품재고액 = ₩500,000(당기제품제조원가)

∴ 기말재공품재고액 = ₩120,000

[참조]

제조원가명세서	
직접재료비	120,000
직접노무비	140,000
제조간접비	140,000
당기총제조비용	400,000
기초재공품재고액	220,000
기말재공품재고액	(120,000)
당기제품제조원가	500,000

4. ₩200,000 + ₩0 - ₩10,000 = ₩190,000(직접재료비)

* '기말 잔액은 기초 잔액에 비하여 ₩10,000 증가하다.' 의미는? 기초 잔액이 ₩0이라면, 기말 잔액은 ₩10,000이라는 것이다.

₩190,000 + ₩300,000 + ₩430,000 = ₩920,000(당기총제조비용)

₩920,000 + ₩20,000 - ₩15,000 = ₩925,000(당기제품제조원가)

[참조] 제조원가명세서

직접재료비		190,000
기초재료재고액	0	
당기재료매입액	200,000	
기말재료재고액	(10,000)	
직접노무비		300,000
제조간접비		430,000
당기총제조비용		920,000
기초재공품재고액		20,000
기말재공품재고액		(15,000)
당기제품제조원가		925,000

5. ₩100,000 + ₩200,000 - ₩80,000 = ₩220,000(직접재료비)
   ₩370,000(기초원가) - ₩220,000(직접재료비) = ₩150,000(직접노무비)
   ₩310,000(가공원가) - ₩150,000(직접노무비) = ₩160,000(제조간접비)
   ₩220,000 + ₩150,000 + ₩160,000 = ₩530,000(당기총제조비용)
   ₩530,000 + ₩120,000 - ₩150,000 = ₩500,000(당기제품제조원가)

[참조] 제조원가명세서

직접재료비		220,000
기초재료재고액	100,000	
당기재료매입액	200,000	
기말재료재고액	(80,000)	
직접노무비		150,000
제조간접비		160,000
당기총제조비용		530,000
기초재공품재고액		120,000
기말재공품재고액		(150,000)
당기제품제조원가		500,000

6. ₩140,000 + ₩400,000 - ₩150,000 = ₩390,000(직접재료비)
   ₩390,000 + ₩800,000 + ₩700,000 = ₩1,890,000(당기총제조비용)
   ₩1,890,000 + ₩150,000 - ₩200,000 = ₩1,840,000(당기제품제조원가)
   ₩250,000 + ₩1,840,000 - ₩350,000 = ₩1,740,000(매출원가)

[참조] 제조원가명세서

직접재료비		390,000
기초재료재고액	140,000	
당기재료매입액	400,000	
기말재료재고액	(150,000)	
직접노무비		800,000
제조간접비		700,000
당기총제조비용		1,890,000
기초재공품재고액		150,000
기말재공품재고액		(200,000)
당기제품제조원가		1,840,000

포괄손익계산서(일부)

매출액		×××
매출원가		(1,740,000)
기초제품재고액	250,000	
당기제품제조원가	1,840,000	
기말제품재고액	(350,000)	
매출총이익		×××

7. ₩400,000 - ₩20,000 = ₩380,000(직접재료비)
   * '기초 잔액 대비 ₩20,000' 의미는? 기초 잔액이 ₩0이라면, 기말 잔액은 ₩20,000이라는 것이다.
   ₩380,000 + ₩300,000 + ₩300,000×60% = ₩860,000(당기총제조비용)
   ₩860,000 - ₩40,000 = ₩820,000(매출원가)

[참조]

제조원가명세서		
직접재료비		380,000
기초재료재고액	0	
당기재료매입액	400,000	
기말재료재고액	(20,000)	
직접노무비		300,000
제조간접비(직접노무비×60%)		180,000
당기총제조비용		860,000
기초재공품재고액		0
기말재공품재고액		(0)
당기제품제조원가		860,000

포괄손익계산서(일부)		
매출액		×××
매출원가		(820,000)
기초제품재고액	0	
당기제품제조원가	860,000	
기말제품재고액	(40,000)	
매출총이익		×××

8. ₩800,000×(1 - 0.15) = ₩680,000(매출원가)
   ₩200,000 + ₩250,000 + ₩230,000 = ₩680,000(당기총제조비용)
   ₩680,000 + ₩20,000 - ₩50,000 = ₩650,000(당기제품제조원가)
   기초제품재고액 + ₩650,000 - ₩20,000 = ₩680,000(매출원가)
   ∴ 기초제품재고액 = ₩50,000
   * 매출액 - 매출원가 = 매출총이익
   매출총이익률 = 매출총이익÷매출액×100
   매출총이익률이 높은 기업일수록 이익을 많이 내고 있다는 의미이다.

[참조]

제조원가명세서	
직접재료비	200,000
직접노무비	250,000
제조간접비	230,000
당기총제조비용	680,000
기초재공품재고액	20,000
기말재공품재고액	(50,000)
당기제품제조원가	650,000

포괄손익계산서(일부)		
매출액		800,000
매출원가		(680,000)
기초제품재고액	50,000	
당기제품제조원가	650,000	
기말제품재고액	(20,000)	
매출총이익		120,000

9. ₩680,000 + ₩50,000 - ₩160,000 = ₩570,000(당기제품제조원가)
   ₩130,000 + ₩570,000 - ₩100,000 = ₩600,000(매출원가)
   ₩600,000÷(1 - 0.4) = ₩1,000,000(매출액)

[참조]

제조원가명세서(일부)	
당기총제조비용	680,000
기초재공품재고액	50,000
기말재공품재고액	(160,000)
당기제품제조원가	570,000

포괄손익계산서(일부)		
매출액		1,000,000
매출원가		(600,000)
기초제품재고액	130,000	
당기제품제조원가	570,000	
기말제품재고액	(100,000)	
매출총이익		400,000

10. ₩360,000 + ₩2,300,000 - ₩270,000 = ₩2,390,000(매출원가)
₩3,000,000 - ₩2,390,000 = ₩610,000(매출총이익)

[참조]

제조원가명세서(일부)	
당기총제조비용	2,380,000
기초재공품재고액	140,000
기말재공품재고액	(220,000)
당기제품제조원가	2,300,000

포괄손익계산서(일부)		
매출액		3,000,000
매출원가		(2,390,000)
기초제품재고액	360,000	
당기제품제조원가	2,300,000	
기말제품재고액	(270,000)	
매출총이익		610,000

형성평가

[문 1] 3월 중에 42,000단위의 제품K를 제조할 계획을 수립하다. 제품K의 1단위 제조를 위한 원재료A의 소요량이 3kg이고, 월초와 월말시점에서 제품K와 재료A의 실제재고량 및 필요재고량이 다음과 같다. 월초와 월말시점에서 제품K의 재공품은 존재하지 않는다고 가정할 때, 3월 중에 구입하여야 할 재료A의 수량은 얼마인가?

	3월 초	3월 말
재료A	100,000kg	110,000kg
제품K	22,000단위	24,000단위

[문 2] 직접재료를 전액 외상으로 매입하고 있다. 당기의 직접재료비는 얼마인가?

외상매입금 전기이월액 : ₩9,300
외상매입금 차기이월액 : ₩8,500
외상매입금 지급액 : ₩47,500
단, 직접재료 차기이월액은 전기이월액 + ₩5,250

[문 3] 어느 원가계산기간 중 집계된 원가자료가 다음과 같다.

재료의 사용 : 직접재료(A · B제품) 300kg, 간접재료 100kg
실제작업시간 : 직접작업(A · B제품) 100시간, 간접작업 20시간
재료의 실제가격 : ₩980/kg　　재료의 예정가격 : ₩1,000/kg
실제소비임률 : ₩4,200/시간　　예정소비임률 : ₩4,000/시간

물음

(1) 재료비와 노무비의 예정배부
(2) 실제 발생(소비)된 금액의 계상
(3) 예정액과 실제액의 배부차액에 대한 회계처리를 각각 예시하시오.

[문 4] 다음은 12월 중에 발생한 원가요소의 일부를 정리한 것이다. 주어진 자료만에 의할 때, 12월의 제조경비는 얼마로 계산되는가?

보험료 : ₩600,000(연간)
감가상각비 : ₩1,200,000(연간)

외주가공비	현금 지급액	₩800,000
	당월 미지급액	100,000
전력비	현금 지급액	₩720,000
	전월 미지급액	8,000
	당월 측정액	74,000

재료감모손실 : ₩15,000(정상적)

지급수수료	현금 지급액	₩42,000
	당월 선급액	10,000
	전월 미지급액	12,000

[문 5] 다음의 자료를 이용하여, 제조원가명세서와 포괄손익계산서를 각각 작성하시오.

(1) 매출액 : ₩190,000

(2) 직접재료 매입액 : ₩35,000

(3) 급 여 ─┬─ 본사 관리직원 ₩16,000
　　　　　└─ 생산 감독자 4,000

(4) 감가상각비 ─┬─ 공 장 ₩5,000
　　　　　　　└─ 본 사 4,000

(5) 수도광열비 ─┬─ 공 장 ₩5,000
　　　　　　　└─ 본 사 1,000

(6) 재고자산 관련 자료

	직접재료	재공품	제 품
월 초	₩5,000	₩2,000	₩8,000
월 말	4,000	3,000	9,000

(7) 추가 자료

· 생산직 종업원의 기본임률은 시간당 ₩12이다.

· 당월 중에 생산직 종업원들의 실제작업시간은 5,000시간이다.

· 제조간접비는 직접노무비의 70%로 제품에 일괄배부한다.

[문 6] 특정 회계연도의 제조간접비에 관한 자료이다. 이에 의할 때, 당기의 재공품 계정에 대체될 제조간접비는 얼마로 계산되는가?

	전기 말	당기 중	당기 말
선 급	₩100,000		₩240,000
현금 지급		₩3,600,000	
미지급	150,000		100,000

[문 7] 다음은 (주)세무의 당기 및 전기 제조간접비에 관련된 자료이다. 이 자료에 의할 때 (주)세무의 당기 제조간접비 발생액은? (2019 세무사)

	당기 지급액	당기 말 잔액		전기 말 잔액	
		선급비용	미지급비용	미지급비용	선급비용
공장관리비	₩250,000	₩150,000	-	₩25,000	-
수도광열비	300,000	-	₩100,000	25,000	-
복리후생비	150,000	-	100,000	-	₩35,000

[문 8] (주)세무의 20×1년 재고자산 및 전환원가에 관련된 자료는 다음과 같다. 20×1년 직접재료 매입액은 ₩90,000이며, 매출액은 ₩300,000이다. (주)세무의 20×1년 매출총이익은? (2025 세무사)

	직접재료	재공품	제 품
기 초	₩20,000	₩25,000	₩44,000
기 말	30,000	34,000	20,000

	당기 지급액	기 초		기 말	
		미지급비용	선급비용	선급비용	미지급비용
직접노무비	₩25,000	₩2,500	-	₩1,500	-
수도광열비	30,000	2,500	-	-	₩10,000
복리후생비	15,000	-	₩3,500	-	8,000

[문 9] (주)세무는 제품A와 제품B를 생산하고 있다. 기초재공품은 없으며, 제품이 모두 기말에 완성되었다. (주)세무의 20×1년 원가자료는 다음과 같다. 제조간접원가를 직접노무원가 발생액에 비례하여 배부하는 경우, 제품A와 제품B의 제조원가는? 단, 제조간접원가는 ₩30,000이다. (2020 세무사)

	제품A	제품B		제품A	제품B
직접재료원가			직접노무원가		
기초재고액	₩20,000	₩10,000	전기 말 미지급액	₩22,000	₩30,000
당기매입액	40,000	30,000	당기 지급액	45,000	60,000
기말재고액	10,000	15,000	당기 말 미지급액	20,000	27,000

[문 10] 다음은 장안기업의 20×1년 3월 중 원가자료이다. 제조간접비와 당기총제조비용을 각각 계산하시오. (2024 회계사 유사)

직접재료비	₩2,100	직접노무비	₩3,000
기계장치 감가상각비	2,400	공장 건물 감가상각비	1,500
본사 건물 감가상각비	1,200	공장 감독자 급여	2,000
본사 임원 급여	3,000	판매수수료	1,600
본사 건물 화재보험료	1,300	공장 건물 화재보험료	1,800

[문 11] 다음은 대한기업의 20×7년 3월 중 원가자료이다.

	3월 1일	3월 31일
직접재료	₩20,000	₩25,000
재공품	35,000	30,000
제 품	100,000	110,000

대한기업의 20×7년 3월 중의 직접재료 매입액은 ₩125,000이고, 제조간접비는 직접노무비의 50%이었으며, 매출원가는 ₩340,000이었다. 직접재료비, 당기제품제조원가, 당기총제조비용, 기본원가는 각각 얼마로 계산되는가? (2007 세무사 수정)

[문 12] 아래 자료를 사용하여 당기제품제조원가를 계산하시오.

직접재료비는 ₩50,000이며, 당기총제조비용의 25%이다.
제조간접비는 가공비의 30%를 차지한다.
기초재공품재고액은 당기총제조비용의 20%이다.
기말재공품재고액은 기초재공품재고액의 1.2배이다.

[문 13] 아래 자료를 사용하여 당기제품제조원가를 계산하시오. 단, 제조간접비는 직접노무비의 1.5배만큼 비례하여 발생한다.

기초재공품재고액	₩10,000	기초원가	₩40,000
기말재공품재고액	15,000	가공원가	50,000

[문 14] 매출총이익은 ₩120,000이며, 매출총이익률은 30%이다. 기말제품재고는 기초제품재고에 비해 ₩50,000 감소하다. 당기제품제조원가는 얼마인가? (2012 세무사)

[문 15] 6월의 원가 및 재고자산에 관련된 자료이다. 6월의 제품제조원가는 얼마인가? (1993 회계사)

	6. 1. 재고	6월 중 매입	6. 30. 재고
직접재료	₩45,000	₩360,000	₩75,000
직접노무비 발생	-	200,000	-
제조간접비 발생	-	255,000	-
재공품	60,000	-	70,000
제 품	75,000	-	90,000

[문 16] 10월 중의 생산활동 결과이다. 10월 중 생산활동에 투입한 직접노무비는 ₩13,500이고, 제조간접비는 ₩16,000이다. 10월 중 매출액이 ₩62,000이었다면, 동 기간의 매출총이익은 얼마로 계산되는가?

	직접재료	재공품	제 품
월초재고액	₩1,500	₩8,000	₩15,000
월중매입액	14,500	-	-
월말재고액	2,000	7,500	12,000

[문 17] 다음은 장안기업의 20×1년 4월 중 원가자료이다. 기초원가, 가공비, 매출원가는 각각 얼마로 계산되는가?

직접재료 구입액	₩50,000	직접노무비	₩60,000
시간당 직접노무비	5	시간당 제조간접비 배부율	7

당월 재고자산 내용

	기 초	기 말
직접재료	₩36,000	₩30,000
재공품	18,000	12,000
제 품	54,000	72,000

[문 18] 아래 자료를 이용하여 영업이익은 얼마로 계산되는가?

매출액 : ₩200,000
기초재고액 : 재공품 ₩20,000, 제품 ₩30,000
기중 직접노무비는 기초원가의 50%, 가공비의 40%로 발생하다.
기중 제조간접비 발생액 : ₩60,000
기말재고액 : 재공품(매년 20%씩 증가), 제품 ₩50,000
기중 판매관리비는 영업이익의 300%로 발생하다.

[문 19] 재료, 재공품, 제품의 기말재고액은 각각 얼마인가?

기초재료재고액	₩15,000	매출액	₩187,500
기초재공품재고액	25,000	직접노무비	50,000
기초제품재고액	30,000	기초원가	90,000
직접재료 구입액	35,000	판매가능액	200,000
제조간접비	가공비의 60%	매출총이익률	20%

[문 20] (주)신궁의 20×4년 기초 재고자산은 다음과 같다.

직접재료	재공품	제 품
₩39,000	₩52,000	₩40,000

20×4년 중 직접재료 매입액은 ₩150,000, 직접노무비 발생액은 실제 가공원가의 60%이며 제조간접비 실제발생액은 ₩50,000이다. 기중 매출액은 ₩500,000이며 실제 매출총이익률은 25%이다. 20×4년 기말재고자산(직접재료 + 재공품 + 제품)의 총합계는 얼마인가?

[문 21] (주)세무의 기초 및 기말 재고자산은 다음과 같다.

	기초 잔액	기말 잔액
직접재료	₩27,000	₩9,000
재공품	30,000	15,000
제 품	35,000	28,000

원재료의 제조공정 투입금액은 모두 직접재료비이며 당기 중 매입한 원재료는 ₩83,000이다. 기초원가는 ₩306,000이고, 전환원가의 50%가 제조간접비이다. (주)세무의 당기제품제조원가와 당기 매출원가는? (2019 세무사, 2014 세무사 유사)

[문 22] 특정 회계연도의 원가자료가 다음과 같이 제시되어 있다. 이에 의할 때, 당기에 발생한 직접노무비는 얼마인가? 단, 직접재료의 구입액은 ₩33,600이고, 제조간접비 배부율은 직접노무비의 60%이며, 당기제품제조원가는 ₩73,600이다.

	기초재고	기말재고
직접재료	₩7,500	₩8,500
재공품	8,000	3,000
제 품	9,000	11,000

[문 23] (주)세무의 20×1년 1월의 재고자산 자료는 다음과 같다.

	직접재료	재공품	제 품
20×1. 1. 1.	₩80,000	₩100,000	₩125,000
20×1. 1. 31.	60,000	75,000	80,000

20×1년 1월 중 직접재료의 매입액은 ₩960,000이고, 직접노무비는 제조간접비의 40%이다. 1월의 매출액은 ₩2,500,000이며, 매출총이익률은 16%이다. 20×1년 1월의 기본원가(prime costs)는? (2022 세무사)

[문 24] (주)대한의 20×1년 재고자산과 관련된 자료는 다음과 같다.

구 분	원재료	재공품	제 품
기초금액	₩23,000	₩30,000	₩13,000
기말금액	12,000	45,000	28,000

20×1년 원재료 매입액은 ₩55,000이며, 가공원가는 ₩64,000이다. 이 경우 (주)대한의 20×1년 당기제품제조원가에서 매출원가를 차감한 금액은 얼마인가? (2021 회계사)

[문 25] 다음의 (주)한국제조 손익계산서는 회계지식이 부족한 인턴직원이 작성한 것이다. 20×1년도 (주)한국제조의 정확한 당기제품제조원가와 영업이익은 각각 얼마인가? (2015 회계사)

손익계산서

(주)한국제조	20×1. 1. 1 ~ 20×1. 12. 31	(단위 : ₩)
매출액		900,000
영업비용		
직접노무원가	140,000	
간접노무원가	24,000	
수도광열비	30,000	
감가상각비(공장설비)	42,000	
감가상각비(본사 건물)	36,000	
당기 원재료 매입액	330,000	
보험료	8,000	
임차료	100,000	
판매 및 관리부서의 직원급여	64,000	
광고선전비	150,000	924,000
영업이익		(24,000)

그러나 위의 손익계산서에 표시된 매출액 및 영업비용 내용은 모두 올바른 자료이다. 만약 당신이 (주)한국제조의 20×1년도 손익계산서를 정확하게 작성하고자 하는 경우 필요한 추가 자료는 다음과 같다.

(1) 수도광열비의 60%, 보험료의 75%와 임차료의 80%는 공장설비와 관련된 것이며, 나머지는 판매 및 일반관리활동과 관련하여 발생한 것이다.

(2) 20×1년도 재고자산의 기초 및 기말 잔액은 다음과 같다.

구 분	기 초	기 말
직접재료	₩16,000	₩26,000
재공품	32,000	42,000
제 품	80,000	120,000

[문 26] (주)국세의 4월 매출액은 ₩20,000이며, 매출총이익률은 30%이다. (주)국세의 공장에서 4월에 발생한 원가 자료는 다음과 같다.

• 재고자산 현황

일 자	직접재료	재공품	제 품
4월 1일	₩1,000	?	₩3,000
4월 30일	2,000	₩3,000	4,000

• 4월에 매입한 직접재료금액은 ₩4,500이다.
• 4월 1일 미지급임금은 ₩2,000이며, 4월 30일 미지급임금은 ₩4,000이다.
• 4월에 지급한 임금은 ₩6,000이다.
• (주)국세의 공장에서 발생한 임금의 50%는 생산직 종업원의 임금이다.
• 4월에 발생한 제조간접원가 중 임금을 제외한 나머지 부분은 ₩1,500이다.

물음 (2011 세무사)

(주)국세의 4월 1일 재공품 금액은 얼마인가?

[문 27] (주)대한은 의료장비를 생산하고 있으며, 20×1년 2월 원가 관련 자료는 다음과 같다.

- 재료 구입액은 ₩4,000, 재료 기말재고액은 ₩1,400이다.
- 노무원가는 공장에서 발생한 것이며, 노무원가의 80%는 생산직 종업원의 임금이다.
- 지급한 노무원가는 ₩3,700, 기초 미지급노무원가는 ₩200, 기말 미지급노무원가는 ₩500이다.
- 기본원가(기초원가, prime costs)는 ₩5,700이다.
- 제조경비는 ₩2,100이며, 전액 제조간접원가이다.

물음 (2022 회계사)

20×1년 2월 (주)대한의 제조간접원가는 얼마인가? 단, 기초재고자산은 없다.

정답 및 해설

[문 1] 재료A의 구입수량

42,000단위의 제품제조에 필요한 재료소비량	: 42,000단위×3kg =	126,000kg
재료A의 월말재고량이 월초재고량을 초과하는 수량	:	10,000
제품K의 월말재고량이 월초재고량을 초과하는 수량	: 2,000단위×3kg =	6,000
3월 중 구입 필요량	:	142,000kg

* 재료 A : 110,000kg - 100,000kg = 10,000kg(초과수량)
  제품 K : 24,000단위 - 22,000단위 = 2,000단위(초과단위)

[문 2] 직접재료비

외상매입금

차변		대변	
지급액	47,500	전기이월	9,300
차기이월	8,500	매입액	46,700

→ 직접재료

차변		대변	
전기이월	0	소비액	41,450
매입액	46,700	차기이월	5,250

∴ 직접재료비 : ₩41,450

[문 3] 재료비와 노무비의 예정배부

(1)	(차)	제조(A · B)	700,000	(대) 소비재료	400,000
		제조간접비	180,000	소비임금	480,000

* (300kg×@₩1,000) + (100시간×@₩4,000) = ₩700,000
  400kg×@₩1,000 = ₩400,000 120시간×@₩4,000 = ₩480,000

(2)	(차)	소비재료	392,000	(대) 재 료	392,000
		소비임금	504,000	임 금	504,000

* 400kg×@₩980 = ₩392,000 120시간×@₩4,200 = ₩504,000

(3)	(차)	소비재료	8,000	(대) 재료비 가격차이	8,000
		노무비 임률차이	24,000	소비임금	24,000

* ₩400,000 - ₩392,000 = ₩8,000 ₩480,000 - ₩504,000 = - ₩24,000

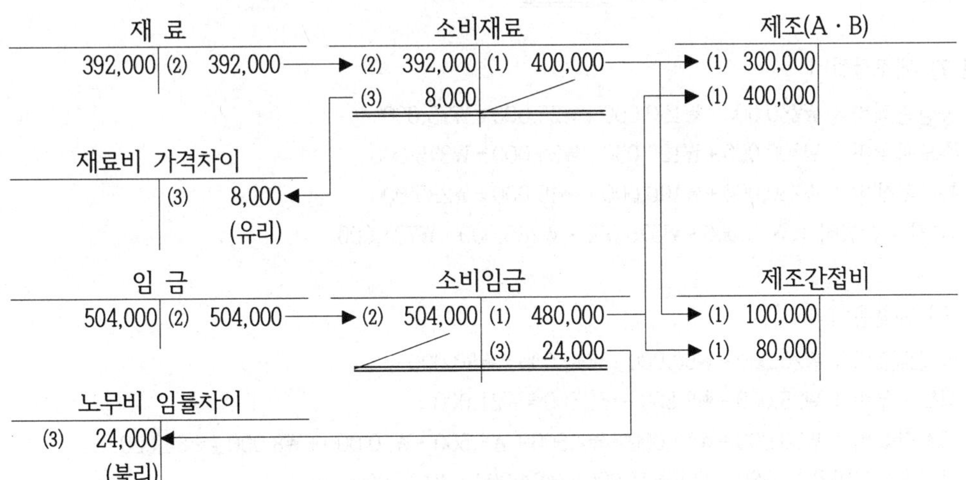

[문 4] 제조경비

보험료	₩50,000	(= ₩600,000÷12개월)
감가상각비	100,000	(= ₩1,200,000÷12개월)
외주가공비	900,000	(= ₩800,000 + ₩100,000)
전력비	74,000	(측정액 그 자체)
재료감모손실	15,000	
지급수수료	20,000	(= ₩42,000 - ₩10,000 - ₩12,000)
	₩1,159,000	

[문 5] 제조원가명세서 및 포괄손익계산서

제조원가명세서

직접재료비		36,000
월초재료재고액	5,000	
당월재료매입액	35,000	
월말재료재고액	(4,000)	
직접노무비[1]		60,000
제조간접비[2]		42,000
당월총제조비용		138,000
월초재공품재고액		2,000
월말재공품재고액		(3,000)
당월제품제조원가		137,000

* 1) 5,000시간×@₩12
2) 직접노무비의 70%

포괄손익계산서(일부)

매출액		190,000
매출원가		(136,000)
월초제품재고액	8,000	
당월제품제조원가	137,000	
월말제품재고액	(9,000)	
매출총이익		54,000
판매관리비		(21,000)
관리직원 급여	16,000	
감가상각비	4,000	
수도광열비	1,000	
영업이익		33,000

[문 6] 제조간접비

	선급액	미지급액	계
현금 지급			₩3,600,000
전기 말	+₩100,000	-₩150,000	- 50,000
당기 말	- 240,000	+ 100,000	- 140,000
발생액			₩3,410,000

제조간접비

전기 선급액	100,000	전기 미지급액	150,000
당기 현금 지급	3,600,000	당기 발생액	3,410,000
당기 미지급액	100,000	당기 선급액	240,000

[문 7] 제조간접비

공장관리비 : ₩250,000 - ₩150,000 - ₩25,000 = ₩75,000
수도광열비 : ₩300,000 + ₩100,000 - ₩25,000 = ₩375,000
복리후생비 : ₩150,000 + ₩100,000 + ₩35,000 = ₩285,000
∴ 제조간접비 : ₩75,000 + ₩375,000 + ₩285,000 = ₩735,000

[문 8] 매출총이익

직접재료비 : ₩20,000 + ₩90,000 - ₩30,000 = ₩80,000
직접노무비 : ₩25,000 - ₩2,500 - ₩1,500 = ₩21,000
제조간접비 : ₩30,000 + ₩15,000 - ₩2,500 + ₩3,500 + ₩10,000 + ₩8,000 = ₩64,000
당기총제조비용 : ₩80,000 + ₩21,000 + ₩64,000 = ₩165,000
매출원가 : ₩165,000 + ₩25,000 + ₩44,000 - ₩34,000 - ₩20,000 = ₩180,000
∴ 매출총이익 : ₩300,000 - ₩180,000 = ₩120,000

[참조]

제조원가명세서

직접재료비		80,000
기초재료재고액	20,000	
당기재료매입액	90,000	
기말재료재고액	(30,000)	
직접노무비		21,000
제조간접비		64,000
당기총제조비용		165,000
기초재공품재고액		25,000
기말재공품재고액		(34,000)
당기제품제조원가		156,000

포괄손익계산서(일부)

매출액		300,000
매출원가		(180,000)
기초제품재고액	44,000	
당기제품제조원가	156,000	
기말제품재고액	(20,000)	
매출총이익		120,000

[문 9] 당기제품제조원가

제품A의 제조원가

직접재료원가 : ₩20,000 + ₩40,000 - ₩10,000 = ₩50,000

직접노무원가 : ₩45,000 + ₩20,000 - ₩22,000 = ₩43,000

제조간접원가 : ₩30,000×₩43,000÷(₩43,000 + ₩57,000) = ₩12,900

∴ ₩50,000 + ₩43,000 + ₩12,900 = ₩105,900

제품B의 제조원가

직접재료원가 : ₩10,000 + ₩30,000 - ₩15,000 = ₩25,000

직접노무원가 : ₩60,000 + ₩27,000 - ₩30,000 = ₩57,000

제조간접원가 : ₩30,000×₩57,000÷(₩43,000 + ₩57,000) = ₩17,100

∴ ₩25,000 + ₩57,000 + ₩17,100 = ₩99,100

[참조]

제품A의 직접노무원가

	미지급액	계
현금 지급		₩45,000
전기 말	- ₩22,000	- 22,000
당기 말	+ 20,000	+ 20,000
발생액		₩43,000

제품B의 직접노무원가

	미지급액	계
현금 지급		₩60,000
전기 말	- ₩30,000	- 30,000
당기 말	+ 27,000	+ 27,000
발생액		₩57,000

[문 10] 제조간접비와 당기총제조비용

제조간접비 : ₩2,400 + ₩1,500 + ₩2,000 + ₩1,800 = ₩7,700

당월총제조비용 : ₩2,100 + ₩3,000 + ₩7,700(제조간접비) = ₩12,800

[참조]

제조원가명세서

직접재료비		2,100
직접노무비		3,000
제조간접비		7,700
기계장치 감가상각비	2,400	
공장 건물 감가상각비	1,500	
공장 감독자 급여	2,000	
공장 건물 화재보험료	1,800	
당월총제조비용		12,800
월초재공품재고액		×××
월말재공품재고액		(×××)
당월제품제조원가		×××

포괄손익계산서(일부)

매출액		×××
매출원가		(×××)
매출총이익		×××
판매관리비		(7,100)
본사 건물 감가상각비	1,200	
본사 임원 급여	3,000	
판매수수료	1,600	
본사 건물 화재보험료	1,300	
영업이익		×××

[문 11] 기본원가 등

직접재료비 : ₩20,000 + ₩125,000 - ₩25,000 = ₩120,000

당월제품제조원가 : ₩110,000 + ₩340,000 - ₩100,000 = ₩350,000

당월총제조비용 : ₩30,000 + ₩350,000 - ₩35,000 = ₩345,000

₩120,000 + 직접노무비 + 제조간접비(= 직접노무비×50%) = ₩345,000

∴ 직접노무비 = ₩150,000

기본원가 : 직접재료비 + 직접노무비 = ₩120,000 + ₩150,000 = ₩270,000

[참조]

제조원가명세서

직접재료비		120,000
월초재료재고액	20,000	
당월재료매입액	125,000	
월말재료재고액	(25,000)	
직접노무비		150,000
제조간접비(직접노무비×50%)		75,000
당월총제조비용		345,000
월초재공품재고액		35,000
월말재공품재고액		(30,000)
당월제품제조원가		350,000

포괄손익계산서(일부)

매출액		×××
매출원가		(340,000)
월초제품재고액	100,000	
당월제품제조원가	350,000	
월말제품재고액	(110,000)	
매출총이익		×××

[문 12] 당기제품제조원가

₩50,000(직접재료비) = 당기총제조비용×25%

∴ 당기총제조비용 = ₩200,000

가공비 : ₩200,000 - ₩50,000(직접재료비) = ₩150,000

₩150,000×70% = ₩105,000(직접노무비)

₩150,000×30% = ₩45,000(제조간접비)

기초재공품재고액 : ₩200,000×20% = ₩40,000

기말재공품재고액 : ₩40,000×1.2배 = ₩48,000

당기제품제조원가 = ₩40,000 + ₩200,000 - ₩48,000

∴ 당기제품제조원가 : ₩192,000

[참조]

제조원가명세서

직접재료비	50,000
직접노무비	105,000
제조간접비	45,000
당월총제조비용	200,000
월초재공품재고액	40,000
월말재공품재고액	(48,000)
당월제품제조원가	192,000

[문 13] 당기제품제조원가

직접노무비를 x라고 하면, $x + 1.5x$ = ₩50,000(가공원가)이므로, 따라서 x는 ₩20,000이 된다. 직접노무비가 ₩20,000이면 직접재료비는 ₩20,000(= 기초원가 ₩40,000 - 직접노무비 ₩20,000)이 되고, 제조간접비는 ₩30,000(= 가공원가 ₩50,000 - 직접노무비 ₩20,000)이 된다.

당기총제조비용 : ₩20,000 + ₩20,000 + ₩30,000 = ₩70,000

당기제품제조원가 : ₩10,000 + ₩70,000 - ₩15,000 = ₩65,000

[참조] 제조원가명세서

직접재료비	20,000
직접노무비	20,000
제조간접비	30,000
당월총제조비용	70,000
월초재공품재고액	10,000
월말재공품재고액	(15,000)
당월제품제조원가	65,000

[문 14] 당기제품제조원가

기초제품재고액

* '기말제품재고는 기초제품재고에 비해 ₩50,000 감소하다.' 의미는? 기말제품재고가 ₩0이라면, 기초제품재고는 ₩50,000이라는 것이다.

₩120,000(매출총이익)÷30% = ₩400,000(매출액)

₩400,000 - ₩120,000 = ₩280,000(매출원가)

₩280,000 - ₩50,000 = ₩230,000(당기제품제조원가)

[참조] 포괄손익계산서(일부)

매출액		400,000
매출원가		(280,000)
기초제품재고액	50,000	
당기제품제조원가	230,000	
기말제품재고액	(0)	
매출총이익		120,000

[문 15] 당월제품제조원가

(₩45,000 + ₩60,000) + (₩360,000 + ₩200,000 + ₩255,000) - (₩75,000 + ₩70,000) = ₩775,000

[참조] 제조원가명세서

직접재료원가		330,000
월초재료재고액	45,000	
당월재료매입액	360,000	
월말재료재고액	(75,000)	
직접노무원가		200,000
제조간접원가		255,000
당월총제조비용		785,000
월초재공품재고액		60,000
월말재공품재고액		(70,000)
당월제품제조원가		775,000

포괄손익계산서(일부)

매출액		×××
매출원가		(760,000)
월초제품재고액	75,000	
당월제품제조원가	775,000	
월말제품재고액	(90,000)	
매출총이익		×××

[문 16] 매출총이익

직접재료비 : ₩1,500 + ₩14,500 - ₩2,000 = ₩14,000

당월총제조비용 : ₩14,000 + ₩13,500 + ₩16,000 = ₩43,500

당월제품제조원가 : ₩8,000 + ₩43,500 - ₩7,500 = ₩44,000

매출원가 : ₩15,000 + ₩44,000 - ₩12,000 = ₩47,000

매출총이익 : ₩62,000 - ₩47,000 = ₩15,000

[참조]

제조원가명세서		
직접재료원가		14,000
월초재료재고액	1,500	
당월재료매입액	14,500	
월말재료재고액	(2,000)	
직접노무원가		13,500
제조간접원가		16,000
당월총제조비용		43,500
월초재공품재고액		8,000
월말재공품재고액		(7,500)
당월제품제조원가		44,000

포괄손익계산서(일부)		
매출액		62,000
매출원가		(47,000)
월초제품재고액	15,000	
당월제품제조원가	44,000	
월말제품재고액	(12,000)	
매출총이익		15,000

[문 17] 매출원가 등

직접재료비 : ₩36,000 + ₩50,000 - ₩30,000 = ₩56,000

기초원가 : ₩56,000 + ₩60,000 = ₩116,000

가공비 : ₩60,000÷@₩5 = 12,000시간

12,000시간×@₩7 = ₩84,000(제조간접비)

₩60,000 + ₩84,000 = ₩144,000

당월총제조비용 : ₩56,000 + ₩60,000 + ₩84,000 = ₩200,000

당월제품제조원가 : ₩18,000 + ₩200,000 - ₩12,000 = ₩206,000

매출원가 : ₩54,000 + ₩206,000 - ₩72,000 = ₩188,000

[문 18] 영업이익

당기총제조비용 : ① + ② + ③ = ₩140,000

① 제조간접비 : ₩60,000

② 직접노무비 = 0.4×(₩60,000 + 직접노무비)

∴ 직접노무비 = ₩40,000

③ 직접재료비 = 0.5×(₩40,000 + 직접재료비)

∴ 직접재료비 = ₩40,000

당기제품제조원가 : ₩20,000 + ₩140,000 - (₩20,000×1.2) = ₩136,000

매출원가 : ₩30,000 + ₩136,000 - ₩50,000 = ₩116,000

영업이익 : ① - ② = ₩21,000

① 매출총이익 : ₩200,000 - ₩116,000 = ₩84,000

② 판매관리비 = 300%×(₩84,000 - 판매관리비)

∴ 판매관리비 = ₩63,000

[참조]

제조원가명세서	
직접재료비	40,000
직접노무비	40,000
제조간접비	60,000
당기총제조비용	140,000
기초재공품재고액	20,000
기말재공품재고액	(24,000)
당기제품제조원가	136,000

포괄손익계산서(일부)		
매출액		200,000
매출원가		(116,000)
기초제품재고액	30,000	
당기제품제조원가	136,000	
기말제품재고액	(50,000)	
매출총이익		84,000
판매관리비		(63,000)
영업이익		21,000

[문 19] 기말재고자산

기초재고자산 + 직접재료매입액 + 직접노무비 + 제조간접비 = 매출원가 + 기말재고자산

₩70,000* + ₩35,000 + ₩50,000 + [(₩50,000÷0.4)×0.6] = [₩187,500×(1 - 0.2)] + 기말재고자산

* ₩15,000 + ₩25,000 + ₩30,000 = ₩70,000

∴ 기말재고자산(기말재료재고액 + 기말재공품재고액 + 기말제품재고액) : ₩80,000

별해)

₩90,000(기초원가) - ₩50,000(직접노무비) = ₩40,000(직접재료비)

₩15,000 + ₩35,000 - 기말재료재고액 = ₩40,000(직접재료비)

∴ 기말재료재고액 = ₩10,000

₩50,000(직접노무비)÷(1 - 0.6) = ₩125,000(가공비)

₩125,000 - ₩50,000(직접노무비) = ₩75,000(제조간접비)

₩40,000 + ₩50,000 + ₩75,000 = ₩165,000(당기총제조비용)

₩200,000(판매가능액) - ₩30,000(기초제품재고액) = ₩170,000(당기제품제조원가)

₩165,000 + ₩25,000 - 기말재공품재고액 = ₩170,000(당기제품제조원가)

∴ 기말재공품재고액 = ₩20,000

₩187,500×(1 - 0.2) = ₩150,000(매출원가)

₩200,000(판매가능액) - 기말제품재고액 = ₩150,000(매출원가)

∴ 기말제품재고액 = ₩50,000

[참조]

제조원가명세서		
직접재료비		40,000
기초재료재고액	15,000	
당기재료매입액	35,000	
기말재료재고액	(10,000)	
직접노무비		50,000
제조간접비(가공비의 60%)		75,000
당기총제조비용		165,000
기초재공품재고액		25,000
기말재공품재고액		(20,000)
당기제품제조원가		170,000

포괄손익계산서(일부)		
매출액		187,500
매출원가		(150,000)
기초제품재고액	30,000	
당기제품제조원가	170,000	
기말제품재고액	(50,000)	
매출총이익		37,500

또는

가공비 : ₩50,000(직접노무비)÷0.4 = ₩125,000

제조간접비 : ₩125,000×0.6 = ₩75,000

매출원가 : ₩187,500×(1 - 0.2) = ₩150,000

직접재료			
기초	15,000	직접재료비	㉠
매입	35,000	기말	?
	45,000		45,000

재공품			
기초	25,000	제조원가	㉡
직접재료비	㉠		
직접노무비	50,000		
제조간접비	75,000	기말	?
	?		?

제 품			
기초	30,000	매출원가	150,000
제조원가	㉡	기말	?
	?		?

모든 재고자산(직접재료 + 재공품 + 제품)의 차변과 대변을 모두 합하면 다음과 같다.

₩230,000* + ㉠ + ㉡ = ㉠ + ㉡ +₩150,000 + 기말재고자산

* ₩15,000 + ₩35,000 + ₩25,000 + ₩50,000 + ₩75,000 + ₩30,000 = ₩230,000

∴ 기말재고자산(기말재료재고액 + 기말재공품재고액 + 기말제품재고액) : ₩80,000

[문 20] 기말재고자산

기초재고자산 + 직접재료매입액 + 직접노무비 + 제조간접비 = 매출원가 + 기말재고자산

₩131,000* + ₩150,000 + [(₩50,000÷0.4)×0.6] + ₩50,000 = [₩500,000×(1 - 0.25)] + 기말재고자산

* ₩39,000 + ₩52,000 + ₩40,000 = ₩131,000

∴ 기말재고자산(기말재료재고액 + 기말재공품재고액 + 기말제품재고액) : ₩31,000

[문 21] 당기제품제조원가와 매출원가

직접재료비 : ₩27,000 + ₩83,000 - ₩9,000 = ₩101,000

직접노무비 : ₩306,000(기초원가) - ₩101,000(직접재료비) = ₩205,000

제조간접비 = (₩205,000 + 제조간접비)×50%

∴ 제조간접비 = ₩205,000

당기총제조비용 : ₩101,000 + ₩205,000 + ₩205,000 = ₩511,000

당기제품제조원가 : ₩30,000 + ₩511,000 - ₩15,000 = ₩526,000

매출원가 : ₩35,000 + ₩526,000 - ₩28,000 = ₩533,000

[참조]

제조원가명세서		
직접재료비		101,000
기초재료재고액	27,000	
당기재료매입액	83,000	
기말재료재고액	(9,000)	
직접노무비		205,000
제조간접비		205,000
당기총제조비용		511,000
기초재공품재고액		30,000
기말재공품재고액		(15,000)
당기제품제조원가		526,000

포괄손익계산서(일부)		
매출액		×××
매출원가		(533,000)
기초제품재고액	35,000	
당기제품제조원가	526,000	
기말제품재고액	(28,000)	
매출총이익		×××

[문 22] 직접노무비

₩73,600 = ₩8,000 + 당기총제조비용 - ₩3,000

∴ 당기총제조비용 = ₩68,600

직접재료비 : ₩7,500 + ₩33,600 - ₩8,500 = ₩32,600

₩68,600 = ₩32,600 + 직접노무비 + (0.6×직접노무비)

∴ 직접노무비 = ₩22,500

[참조]

제조원가명세서		
직접재료비		32,600
기초재료재고액	7,500	
당기재료매입액	33,600	
기말재료재고액	(8,500)	
직접노무비		22,500
제조간접비(직접노무비× 60%)		13,500
당기총제조비용		68,600
기초재공품재고액		8,000
기말재공품재고액		(3,000)
당기제품제조원가		73,600

포괄손익계산서(일부)		
매출액		×××
매출원가		(71,600)
기초제품재고액	9,000	
당기제품제조원가	73,600	
기말제품재고액	(11,000)	
매출총이익		×××

[문 23] 기본원가

재공품

월초	100,000	제조원가	2,055,000[2)]
직접재료비	980,000[1)]		
직접노무비	0.4×x[3)]		
제조간접비	x[3)]	월말	75,000
	2,130,000		2,130,000

* 1) ₩80,000 + ₩960,000 - ₩60,000 = ₩980,000(직접재료비)

2) ₩2,500,000×(1-16%) = ₩2,100,000(매출원가)

₩2,100,000(매출원가) + ₩80,000 - ₩125,000 = ₩2,055,000(당월제품제조원가)

3) 제조간접비를 x라 하자.

₩100,000 + ₩980,000 + 0.4x + x = ₩2,055,000 + ₩75,000

1.4x = ₩1,050,000

∴ x(제조간접비) = ₩750,000

별해)

제조간접비를 x라고 하면, 직접노무비와 제조간접비의 합계액은 1.4x이다.

₩980,000 + 1.4x + ₩100,000 - ₩75,000 = ₩2,500,000×(1-16%) + ₩80,000 - ₩125,000

∴ x(제조간접비) = ₩750,000

직접노무비 : ₩750,000(제조간접비)×40% = ₩300,000

∴ 기본원가 : 직접재료비 ₩980,000 + 직접노무비 ₩300,000 = ₩1,280,000

[참조]

제조원가명세서

직접재료비		980,000
월초재료재고액	80,000	
당월재료매입액	960,000	
월말재료재고액	(60,000)	
직접노무비(제조간접비×40%)		300,000
제조간접비		750,000
당월총제조비용		2,030,000
월초재공품재고액		100,000
월말재공품재고액		(75,000)
당월제품제조원가		2,055,000

포괄손익계산서(일부)

매출액		2,500,000
매출원가		(2,100,000)
월초제품재고액	125,000	
당월제품제조원가	2,055,000	
월말제품재고액	(80,000)	
매출총이익		400,000

[문 24] 기본원가 등

₩23,000 + ₩55,000 - ₩12,000 = ₩66,000(직접재료비)

₩66,000 + ₩64,000(가공원가) = ₩130,000(당기총제조비용)

₩30,000 + ₩130,000 - ₩45,000 = ₩115,000(당기제품제조원가)

₩13,000 + ₩115,000 - ₩28,000 = ₩100,000(매출원가)

∴ ₩115,000(당기제품제조원가) - ₩100,000(매출원가) = ₩15,000

직접재료

기초	23,000	직접재료비	66,000
매입	55,000	기말	12,000
	78,000		78,000

재공품

기초	30,000	제조원가	115,000
직접재료비	66,000		
직접노무비 제조간접비	64,000	기말	45,000
	160,000		160,000

제 품

기초	13,000	매출원가	100,000
제조원가	115,000	기말	28,000
	128,000		128,000

[참조]

제조원가명세서		
직접재료비		66,000
기초재료재고액	23,000	
당기재료매입액	55,000	
기말재료재고액	(12,000)	
직접노무비 제조간접비		64,000
당기총제조비용		130,000
기초재공품재고액		30,000
기말재공품재고액		(45,000)
당기제품제조원가		115,000

포괄손익계산서(일부)		
매출액		×××
매출원가		(100,000)
기초제품재고액	13,000	
당기제품제조원가	115,000	
기말제품재고액	(28,000)	
매출총이익		×××

[문 25] 원가계산 및 원가흐름

직접재료원가	₩16,000 + ₩330,000 - ₩26,000 =	₩320,000
직접노무원가		140,000
간접노무원가		24,000
수도광열비	30,000×60% =	18,000
감가상각비		42,000
보험료	8,000×75% =	6,000
임차료	100,000×80% =	80,000
당기총제조비용		₩630,000
기초재공품재고액		32,000
기말재공품재고액		42,000
당기제품제조원가		₩620,000
매출액		₩900,000
매출원가	₩80,000 + ₩620,000 - ₩120,000 =	580,000
수도광열비	30,000×40% =	12,000
감가상각비		36,000
보험료	8,000×25% =	2,000
임차료	100,000×20% =	20,000
직원급여		64,000
광고선전비		150,000
영업이익		₩36,000

[참조]

제조원가명세서		
직접재료원가		320,000
기초재료재고액	16,000	
당기재료매입액	330,000	
기말재료재고액	(26,000)	
직접노무원가		140,000
제조간접원가		170,000
간접노무원가	24,000	
수도광열비	18,000	
감가상각비(공장설비)	42,000	
보험료	6,000	
임차료	80,000	
당기총제조비용		630,000
기초재공품재고액		32,000
기말재공품재고액		(42,000)
당기제품제조원가		620,000

포괄손익계산서(일부)		
매출액		900,000
매출원가		(580,000)
기초제품재고액	80,000	
당기제품제조원가	620,000	
기말제품재고액	(120,000)	
매출총이익		320,000
판매관리비		(284,000)
수도광열비	12,000	
감가상각비(본사 건물)	36,000	
보험료	2,000	
임차료	20,000	
직원급여	64,000	
광고선전비	150,000	
영업이익		36,000

[문 26] 기초재공품재고액

직접재료원가 : ₩1,000 + ₩4,500 - ₩2,000 = ₩3,500

직접노무원가 : (₩6,000 + ₩4,000 - ₩2,000)×50% = ₩4,000

[계산근거]

직접노무원가

전월 선급액	×××	전월 미지급액	2,000
당월 지급액(지급임금)	6,000	당월 소비액(소비임금)	8,000
당월 미지급액	4,000	당월 선급액	×××

	선급액	미지급액	계
현금 지급			₩6,000
전월 말	+ ₩0	- ₩2,000	- 2,000
당월 말	- 0	+ 4,000	+ 4,000
발생액			₩8,000

제조간접원가 : ₩4,000(간접노무원가, ₩8,000 - ₩4,000) + ₩1,500 = ₩5,500

당월총제조비용 : ₩3,500 + ₩4,000 + ₩5,500 = ₩13,000

₩20,000×(1 - 0.3) = ₩14,000(매출원가)

₩3,000 + 당월제품제조원가 - ₩4,000 = ₩14,000

∴ 당월제품제조원가 : ₩15,000

월초재공품재고액 + ₩13,000 - ₩3,000 = ₩15,000

∴ 월초재공품재고액 : ₩5,000

[참조]

제조원가명세서

직접재료원가		3,500
월초재료재고액	1,000	
당월재료매입액	4,500	
월말재료재고액	(2,000)	
직접노무원가		4,000
제조간접원가		5,500
당월총제조비용		13,000
월초재공품재고액		5,000
월말재공품재고액		(3,000)
당월제품제조원가		15,000

포괄손익계산서(일부)

매출액		20,000
매출원가		(14,000)
월초제품재고액	3,000	
당월제품제조원가	15,000	
월말제품재고액	(4,000)	
매출총이익		6,000

[문 27] 제조간접원가

구 분	합 계	직접재료원가	직접노무원가	제조간접원가
재료원가	₩2,600 1)	₩2,500 4)		₩100
노무원가	4,000 2)		₩3,200 3)	800
제조경비	2,100			2,100
계	₩8,700	₩2,500	₩3,200	₩3,000

* 1) 재료 구입액 ₩4,000 - 월말재료재고액 ₩1,400 = ₩2,600(재료원가 소비액)

2) 노무원가 당월 지급액 ₩3,700 + 당월 말 미지급액 ₩500 - 전월 말(당월 초) 미지급액 ₩200 = ₩4,000(노무원가 발생액)

노무원가

전월 선급액	×××	전월 미지급액	200
당월 지급액(지급임금)	3,700	당월 소비액(소비임금)	4,000
당월 미지급액	500	당월 선급액	×××

3) ₩4,000(노무원가 발생액)×80% = ₩3,200(직접노무원가, 생산직 종업원의 임금)

4) 기본원가 ₩5,700 - 직접노무원가 ₩3,200 = ₩2,500(직접재료원가)

∴ 제조간접원가 : ₩100(간접재료원가) + ₩800(간접노무원가) + ₩2,100(제조경비) = ₩3,000

제조원가명세서

재료비		2,600
월초재료재고액	0	
당월재료매입액	4,000	
월말재료재고액	(1,400)	
노무비		4,000
제조경비		2,100
당월총제조비용		8,700

제조원가명세서

직접재료비		2,500
직접노무비		3,200
제조간접비		3,000
간접재료원가	100	
간접노무원가	800	
제조경비	2,100	
당월총제조비용		8,700

제4장

부문별 원가계산

요소별 원가계산 후의 단계로써 부문별 원가계산이란 재료비 · 노무비 · 경비 등 각 원가요소의 소비액을 원가부문별로 분류 · 집계한 다음, 원가부문을 통과하는 제품에 배부하기까지의 과정이다. 이때 **원가부문**(cost department)이란 원가대상(cost object)이라고도 하며, 원가요소인 재료비 · 노무비 · 경비의 발생액을 그 발생장소에 따라 분류하기 위한 계산상의 구분이다. 부문별 원가계산의 대상이 되는 것은 개별원가계산의 경우에는 **제조간접비** 뿐이며, 종합원가계산에 있어서는 모든 제조원가요소 또는 직접재료비를 제외한 모든 원가요소가 된다.

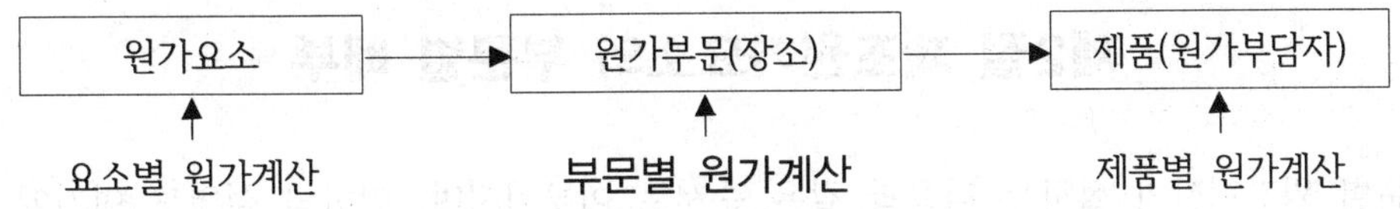

제1절 원가부문의 설정

원가부문을 설정하는 원리는 기업의 규모나 제조형태 등에 따라 다르지만, 원가계산상 원칙적으로 다음 두 가지 사항을 고려하여야 한다.

첫째, 가능한 한 각 원가요소가 특정 부문에 대해서만 단독으로 발생하는 것이 될 수 있도록 부문을 설정해야 한다. 모든 원가요소 중 어떤 특정 부문에만 단독으로 발생하는 것을 **부문개별비**라 하며, 두 개 이상의 부문에 공통으로 발생하는 것을 **부문공통비**라 한다. 따라서 부문은 되도록 부문개별비가 많이 발생하도록 설정하여야 한다는 것이다. 이것은 부문공통비의 부문별 배부에 따르는 원가계산의 부정확을 방지하기 위해서이다.

둘째, 동일한 부문에서 이루어지는 작업의 종류는 가능한 동일할 수 있도록 부문을 설정하여야 한다. 이것은 부문비를 최종적으로 제품에 배부할 때 제품별 배부기준의 선정을 용이하게 하기 위해서이다.[1)]

일반적으로 원가부문은 원가요소를 분류 · 집계하는 계산상의 구분으로서 다음과 같이 제조부문과 보조부문으로 구분한다.

(1) 제조부문(producing department) … 제품의 제조활동을 직접 수행하는 부문 [예] 선반부, 조립부 등

(2) 보조부문(auxiliary department) … 제품의 제조에 직접 관계하지 않으면서 제조부문에 대하여 간접적인 용역을 제공하는 부문

보조경영부문 … 제조부문의 제품제조 활동에 필요한 용역을 제공(동력부, 수선부, 운반부, 검사부 등)

공장관리부문 … 공장 전반에 관한 사무관리를 담당(복리후생부, 공장사무부 등)

부문비 계산 절차에 의하면 보조부문비는 직접배부법(=직접배분법) · 단계배부법(=단계배분법=계제식 배부법) · 상호배부법(=상호배분법) 등을 적용하여 각 제조부문에 합리적으로 배부되고, 제조부문에 집계된 원가요소는 그 부문을 통과한 제품에 대하여 일정기준(가액법, 시간법, 수량법 등)에 의하여 다시 배부가 이루어진다.2)

제2절 제조원가요소의 부문별 배부

부문별 원가계산의 절차는 다음과 같은 순서로 이루어지며, 이하의 설명도 여기에 제시된 번호순으로 진행한다.3) 4)

---

1) 주어진 두 가지 고려사항은 상호 이율배반적인 면을 지닌다. 즉 첫 번째 고려사항에 의하면 부문을 가능한 큰 범위로 설정할 필요가 있으며, 두 번째 고려사항에 의하면 부문을 가능한 작은 범위로 설정할 필요가 있다. 따라서 두 가지의 고려사항을 적절히 조정하여 부문을 설정하여야 한다.

2) 제조간접비를 개별 제품에 배부하는 방법에는 먼저 공장전체 제조간접비 배부율과 부문별 제조간접비 배부율이 있다. 공장전체에서 발생한 제조간접비를 단일 배부기준으로 배부하는 것(공장전체 제조간접비 배부율의 경우)보다 각 제조부문별로 별도의 배부기준을 사용하는 것(부문별 제조간접비 배부율의 경우)이 보다 정확한 원가배부가 될 것이다. 공장전체 제조간접비 배부율을 사용할 경우에는 발생한 모든 제조간접비를 집계한 후 단일 배부기준(가액법, 시간법, 수량법 등)에 의하여 개별 제품에 배부하면 될 뿐, 이를 굳이 부문별로 집계하여 보조부문비를 제조부문에 배부할 필요는 없다. 한편, 부문별 제조간접비 배부율을 사용하는 경우에는 보조부문비를 여러 가지 배부법(직접배부법, 단계배부법, 상호배부법) 중 어떠한 방법에 의하여 배부하느냐에 따라 각 제조부문에 집계된 제조간접비가 달라지게 된다. 결국 보조부문비를 제조부문에 배부하는 문제는 부문별 제조간접비 배부율을 사용할 경우에 한해서 고려되는 것이다. 이에 대한 자세한 내용은 본장의 [보론]을 참고하길 바란다.

3) 원가배부에 관한 일반적인 내용을 설명하고 있는 본장의 [보론]을 먼저 습득한 후에, 보조부문비의 배부에 관한 내용을 학습하면 더욱 효과적일 것이다.

4) 부문별 원가계산은 본장의 [보론]에서 설명하고 있는 내용 중 실제조업도를 기준으로 한 '부문별 제조간접비 배부율'과 '단일배부율'을 전제로 하여 설명되고 있음에 주의하여야 한다.

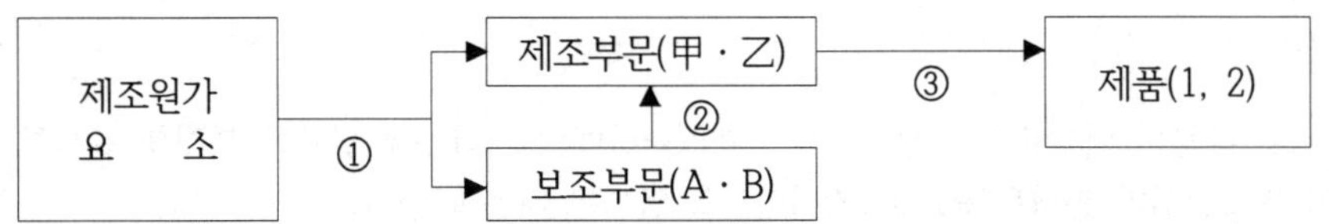

① 제조원가요소의 부문별 배부(부문개별비와 부문공통비의 구분) … 여기 제2절에서 설명
② 보조부문비의 제조부문에의 배부 … 제3절에서 설명
③ 제조부문비의 제품에의 배부 … 제4절에서 설명

요소별로 집계된 원가를 부문별로 배부하기 위해서는, 발생한 원가의 직접적인 집계가능성 여부에 따라 먼저 원가를 **부문개별비**와 **부문공통비**로 구분한다.[5] 이 중에서 부문개별비는 특정 부문에 관해서만 개별적으로 발생한 것이므로 이것은 당해 부문에 직접 부과한다. 그러나 부문공통비는 두 개 이상 부문의 작업을 위하여 공통해서 발생된 것이므로, 특정 부문에의 직접 추적이 어려워 인과관계 또는 효익관계 등을 감안한 합리적인 배부기준에 의하여 각 부문에 배부하게 된다. 부문공통비는 배부과정에서 사용되는 배부기준에는 대표적으로 다음과 같은 것이 있다.

부문공통비	배부기준
간접재료비	각 부문의 추정소비량 또는 직접재료비
간접노무비	각 부문에 있어서의 종업원수, 작업시간수 또는 직접노무비
감가상각비	건물 - 각 부문이 차지하는 면적, 기계장치 - 각 부문의 기계가격
보험료	각 부문이 차지하는 면적
전력비	각 부문의 작업시간수, 추정소비량 또는 실제소비량
가스수도비	각 부문의 추정소비량 또는 실제소비량
세금과공과	각 부문이 차지하는 면적
운 임	각 부문에 있어서의 운반횟수

원칙적으로 제품과 직접적인 관련성이 없는 원가요소는 제조간접비 계정으로 대체하지만, 여기에서는 제조간접비를 각 부문별로 배부하고 있기 때문에 제조간접비 계정을 별도로 설정하지 않고 부문비 계정으로 대체시켜도 상관없다.

<원가요소의 부문별 배부에 대한 회계처리>

(차)	A제조부문비	×××	(대)	재료비	×××
	B제조부문비	×××		노무비	×××
	동력비	×××		경 비	×××
	수선비 등	×××			

5) 어떤 원가요소를 부문개별비 혹은 부문공통비로 구분하는 것은 각 기업의 원가부문 설정방법에 따라 달라진다. 예를 들면, 특정 부문의 특정 기계에 대한 감가상각비와 보험료는 부문개별비로 파악될 수 있다. 그러므로 부분개별비와 부문공통비는 원가의 본질에 의하여 구분되는 것은 아니고, 원가의 추적가능성에 따라 구분된다.

공통예제

다음 자료로 부문비 배부표를 작성한 뒤, 총계정원장에 전기하는데 필요한 분개를 표시하시오.
3월 중의 제조간접비 총액은 ₩170,000이며, 그 명세는 다음과 같다.

1. 부문개별비

비 용	합 계	제조부문			보조부문			
		A부문	B부문	C부문	동력부	수선부	운반부	공장사무부
간접재료비	₩15,000	₩6,000	₩3,000	₩5,000	₩300	₩600	₩100	₩0
간접임금	50,000	16,000	12,000	14,000	1,000	2,500	3,000	1,500

2. 부문공통비(각 부문의 숫자는 배부율을 표시한다)

비 용	합 계	제조부문			보조부문			
		A부문	B부문	C부문	동력부	수선부	운반부	공장사무부
간접재료비	₩10,000	40%	25%	15%	6%	14%	0%	0%
간접임금	35,000	46	20	10	4	8	4	8
간접급여	15,000	30	24	16	4	4	2	20
감가상각비	25,000	20	34	24	10	6	2	4
보험료	5,000	30	26	14	12	6	2	10
전력비	9,000	35	30	25	5	5	0	0
세금과공과	4,000	40	20	20	2	6	2	10
운 임	2,000	10	15	25	15	35	0	0

해답

(1) 부문비 배부표 (단위 : 원)

비 용	합 계	배부기준	제조부문			보조부문			
			A부문	B부문	C부문	동력부	수선부	운반부	공장사무부
부문개별비									
간접재료비	15,000		6,000	3,000	5,000	300	600	100	0
간접임금	50,000		16,000	12,000	14,000	1,000	2,500	3,000	1,500
계	65,000		22,000	15,000	19,000	1,300	3,100	3,100	1,500
부문공통비									
간접재료비	10,000	추정소비량	4,000	2,500	1,500	600	1,400	0	0
간접임금	35,000	종업원수	16,100	7,000	3,500	1,400	2,800	1,400	2,800
간접급여	15,000	종업원수	4,500	3,600	2,400	600	600	300	3,000
감가상각비	25,000	면 적	5,000	8,500	6,000	2,500	1,500	500	1,000
보험료	5,000	면 적	1,500	1,300	700	600	300	100	500
전력비	9,000	작업시간수	3,150	2,700	2,250	450	450	0	0
세금과공과	4,000	면 적	1,600	800	800	80	240	80	400
운 임	2,000	운반횟수	200	300	500	300	700	0	0
계	105,000		36,050	26,700	17,650	6,530	7,990	2,380	7,700
부문비 합계	170,000		58,050	41,700	36,650	7,830	11,090	5,480	9,200

※ **산출근거** : 각 부문에의 부분공통비 배부액 = 배부총액×배부율
[예] A부문에의 간접재료비 배부액은 ₩10,000×40% = ₩4,000으로 산출되어진다.
A부문에의 간접임금 배부액은 ₩35,000×46% = ₩16,100으로 산출되어진다.
A부문에의 간접급여 배부액은 ₩15,000×30% = ₩4,500으로 산출되어진다.

⑵ 총계정원장에 기입을 위한 분개

(차)	제조간접비*	170,000	(대) 재료비	25,000
			노무비	100,000
			경 비	45,000
(차)	A제조부문비	58,050	(대) 제조간접비*	170,000
	B제조부문비	41,700		
	C제조부문비	36,650		
	동력비	7,830		
	수선비	11,090		
	운반비	5,480		
	공장사무비	9,200		

* 이때 제조간접비계정은 대차 동일한 금액으로 나타나기 때문에, 서로 상계시킨 후 별도로 설정하지 않아도 무방하다.

제3절 보조부문비의 제조부문에의 배부

1. 배부기준의 선택

각 부문에 배부된 제조간접비는 최종적으로 제품별로 배부해야 하는데, 이 경우에 보조부문에서는 직접 제조 작업을 하는 것이 아니기 때문에 이 부문비를 그대로 특정 제품에 부담시키기는 불가능하다. 그러므로 제품별 배부에 앞서서 부문비 중에서 보조부문비를 각 제조부문에 대체시키는 것이 필요하게 된다. 이때에도 부문공통비의 배부에 있어서처럼, 각 제조부문이 보조부문으로부터 받은 용역의 크기에 비례하여 배부되도록 보조부문비마다 합리적인 배부기준을 사용하여야 한다. 일반적으로 보조부문비를 제조부문에 배부하는 과정에서 널리 사용되고 있는 배부기준으로서는 다음과 같은 것들이 있다.

보조부문비	배부기준
재료비	각 제조부문에 대한 출고재료의 가격 · 갯수 · 중량
용수비	각 제조부문의 용수소비량
동력비	각 제조부문의 동력소비량 또는 기계장치의 마력수×운전시간
수선비	각 제조부문의 수선액
운반비	각 제조부문의 운반물품의 중량 · 운반거리 · 운반횟수
사무비	각 제조부문의 임금 · 종업원수

이 이외의 기타 보조부문비는 일반적으로 각 제조부문에 있어서의 직접노동시간수를 기준으로 하는 것이 합리적이다. 이상은 일반적인 배부기준의 몇 가지를 제시한 것에 불과하므로, 실제는 그 기업의 실정에 가장 알맞은 배부기준을 선택하여 사용하면 된다.

2. 보조부문비의 배부방법

보조부문비를 제조부문에 배부할 때, 보조부문은 제조부문에만 용역을 제공하는 것은 아니기 때문에 보조부문 상호 간의 용역수수도 고려할 필요가 있게 된다. 예를 들어, 수선부문은 동력부문이 제공하는 동력의 일부를 사용하고 있으며, 반대로 동력부문은 수선부문으로부터 기계의 수리라는 용역을 제공받고 있다.[6)]

보조부문 상호 간의 용역수수를 어떻게 고려하는가에 따라, 보조부문비의 배부방법으로서는 ① 직접배부법(direct distribution method), ② 단계배부법(=계제식 배부법, step-wise distribution method), ③ 상호배부법(reciprocal distribution method)을 고려할 수 있다.[7)]

<보조부문비의 제조부문배부에 대한 회계처리>

(차)	A제조부문비	×××	(대)	동력비	×××
	B제조부문비	×××		수선비	×××
	C제조부문비	×××		운반비	×××
				공장사무비	×××

(1) 직접배부법

보조부문 상호 간에 이루어지는 용역의 수수 관계를 전혀 무시하고 보조부문비를 직접 제조부문에만 배부하는 방법이다. 보조부문 상호 간의 용역수수 관계가 없거나 그 다지 중요하지 않은 경우에는 적절한 배부방법이나, 보조부문 상호 간의 용역수수 관계가 많은 경우에 사용하게 되면 배부액의 부정확성이 크다는 단점이 있다.[8)]

(2) 단계배부법(=계제식 배부법)

직접배부법과 상호배부법의 중간적인 형태로서, 보조부문 중에서 가장 많은 수의 부문에 용역을 제공하는 순서대로 보조부문비를 배부하여 단계적으로 보조부문비의 배부가 완결되도록 하는 방법이다. 이를 위해서는 부문비 대체표에서 가장 많은 수의 부문에 용역을 제공하는 보조부문의 배열을 우→좌로 재배열해야 한다. 따라서 보조부문의 배부순서에 따

---

6) 보조부문이 자기가 생산한 용역의 일부를 스스로 소비하는 경우가 있다. 그 용역은 다른 부문에 용역을 제공하기 위해 사용한 것이므로 그로 인한 원가도 용역을 사용하는 다른 부문에 배부하여야 한다. 이러한 자기부문 소비용역을 다른 부문의 용역사용량에 따라 자연스럽게 배부하기 위해서는 용역제공비율 계산시 이를 무시하면 된다. 예를 들어, 동력부문에서는 다른 부문에 동력을 공급하기 위하여 동력의 일부를 사용한다.

7) 어느 배부방법을 이용하느냐에 따라 제품원가가 달라지나, 기업의 매출총이익은 동일하다. 이들 배부방법 중에서 경제적 실질을 가장 정확하게 반영하는 방법인 상호배부법은 다른 배부방법들에 비해 상대적으로 더 정확하다.

8) 직접배부법의 변형으로서, 보조부문비 중 보조경영부문비만을 제조부문에 배부하고 공장관리부문비는 직접 특정 제품에 배부하는 방법인 일부직접배부법도 있다. 이것은 공장관리부문비가 근본적으로 제품의 성격이나 종류에 따라서 부담(배부)액이 달라지는 경우가 많다는 점을 고려한 방법이다.

라 배부액이 달라질 수 있다.[9)]

(3) 상호배부법

보조부문 상호 간에 이루어지는 용역의 수수에 대해서도 엄격하게 대체 계산을 수행하는 방법이다. 보조부문 상호 간의 용역수수 관계를 전부 반영하기에, 보조부문 상호 간의 대체 계산은 용역의 수수가 전제되는 한, 한없이 되풀이 될 수 있다. 일반적으로는 보조부문 상호 간의 대체(제1차 배부)를 단 한번으로 한정하고, 그 결과로서 집계된 보조부문비는 직접배부법(제2차 배부)에 의하여 각 제조부문에 배부하는 방법이 사용된다.[10)]

예제 1

[공통예제]를 이용한다. 3개의 제조부문과 4개의 보조부문을 가지고 있으며, 각 부문의 발생원가와 각 부문에 대한 배부율은 아래와 같다.

부문비 배부표 (단위 : 원)

	합 계	제조부문			보조부문			
		A부문	B부문	C부문	동력부	수선부	운반부	공장사무부
부문비 합계	170,000	58,050	41,700	36,650	7,830	11,090	5,480	9,200

용역사용 / 용역제공	제조부문			보조부문				합 계
	A부문	B부문	C부문	동력부	수선부	운반부	공장사무부	
동력비	30%	30%	20%	-	10%	5%	5%	100%
수선비	25	20	30	10%	-	10	5	100
운반비	35	20	30	5	5	-	5	100
공장사무비	20	20	30	15	10	5	-	100

물음 (2013 회계사 유사, 2017 세무사 유사)

부문비 배부표의 보조부문비를 각 배부방법(직접배부법 · 단계배부법 · 상호배부법)에 의하여 제조부문에 배부하시오.

---

9) 특정 보조부문의 발생원가(보조부문비)를 제조부문뿐만 아니라 다른 보조부문에도 배부한다. 그러나 특정 보조부문의 발생원가가 일단 다른 보조부문에 배부된 다음에는 다른 보조부문에 역으로 재배부되지 않는다는 점에서 보조부문 상호 간의 원가 관련성을 완전하게 인식하는 방법은 아니다. 즉 정확한 원가배부를 기대할 수는 없다. 따라서 이 방법에서는 보조부문비의 배부순서를 합리적으로 결정하는 것이 매우 중요하다. 배부되는 부문의 순서를 결정하는 데에는 여러 방법이 사용될 수 있지만 가장 일반적인 방법은 가장 많은 수의 보조부문에 용역을 제공하는 부문을 첫 번째 부문으로 선정하거나 혹은 다른 보조부문에 제공하는 용역의 비율이 가장 큰 부문을 첫 번째 부문으로 선정하는 것이다. 구체적인 절차를 살펴보면, 먼저 첫 번째로 배부되는 보조부문이 선정되어야 한다. 이 부문의 원가는 다른 보조부문을 포함하여 각 부문에 제공된 용역의 비율대로 배부된다. 그리고 나서 두 번째 보조부문이 선정된다. 이 부문의 원가(첫 번째 부문으로부터 배부받은 원가 포함)는 첫 번째의 보조부문을 제외한 다른 각 부문에 배부된다. 모든 보조부문의 원가가 배부될 때까지 이러한 과정이 계속된다.

10) 상호배부법에서는 배부가 끝난 보조부문이라 할지라도, 다른 보조부문으로부터 받은 잔액이 남게 되므로, 이것을 다시 재배부하여야 한다. 이와 같은 과정을 거쳐 보조부문비가 ₩0이 될 때까지 계속 배부하는 방법을 연속상호배부법 또는 완전상호배부법이라고 한다. ([보론] 및 [형성평가] 참조)

해답 •••

[직접배부법]

[사전지식] 보조부문 상호 간의 배부율은 완전히 무시하고, 각 제조부문이 사용한 용역의 상대적 비율에 따라 보조부문의 발생원가를 제조부문에 직접적으로 배부한다.

부문비 대체표 (단위 : 원)

	합 계	제조부문			보조부문			
		A부문	B부문	C부문	동력부	수선부	운반부	공장사무부
부문비 합계	170,000	58,050	41,700	36,650	7,830	11,090	5,480	9,200
동력비	7,830	2,936	2,936	1,958				
수선비	11,090	3,697	2,957	4,436				
운반비	5,480	2,257	1,289	1,934				
공장사무비	9,200	2,629	2,629	3,942				
계		69,569	51,511	48,920				

※ 산출근거 : 각 제조부문에의 보조부문비 배부액 = 배부총액×배부율

[예] A제조부문에의 보조부문 배부액

₩7,830×0.3÷(0.3 + 0.3 + 0.2) = ₩2,936

₩11,090×0.25÷(0.25 + 0.2 + 0.3) = ₩3,697

₩5,480×0.35÷(0.35 + 0.2 + 0.3) = ₩2,257

₩9,200×0.2÷(0.2 + 0.2 + 0.3) = ₩2,629

(차)			(대)		
	A제조부문비	11,519		동력비	7,830
	B제조부문비	9,811		수선비	11,090
	C제조부문비	12,270		운반비	5,480
				공장사무비	9,200

* ₩69,569 - ₩58,050 = ₩11,519, ₩51,511 - ₩41,700 = ₩9,811, ₩48,920 - ₩36,650 = ₩12,270

[결론] 각 보조부문의 발생원가(보조부문비)는 각 제조부문이 사용한 용역의 상대적 비율에 따라서 단지 제조부문에만 직접적으로 배부된다. 예를 들면, 동력부문은 30%의 용역을 A부문에, 30%의 용역을 B부문에, 20%의 용역을 C부문에 제공하였다. 따라서 동력부문의 원가 ₩7,830 중 3/8은 A부문에, 3/8은 B부문에, 2/8은 C부문에 배부된다. 수선부문, 운반부문, 공장사무부문에 제공된 용역은 무시되었음에 주의해야 한다. 이 배부법의 문제점은 다른 보조부문에 제공된 용역의 원가가 원인관계에 따라서 배부되지 않는다는 것이다.

[단계배부법]

[사전지식] 보조부문의 배부순서를 합리적으로 결정하는 것이 매우 중요하다. 배부되는 부문의 순서를 결정하는 가장 일반적인 방법은 가장 많은 수의 보조부문에 용역을 제공하는 부문을 첫 번째 부문으로 선정하거나 혹은 다른 보조부문에 제공하는 용역의 비율이 가장 큰 부문을 첫 번째 부문으로 선정하는 것이다.

[상황 1] '공장사무부 → 수선부 → 동력부 → 운반부'의 순서로 배부한다.

부문비 대체표 (단위 : 원)

	합 계	제조부문			보조부문			
		A부문	B부문	C부문	운반부	동력부	수선부	공장사무부
부문비 합계	170,000	58,050	41,700	36,650	5,480	7,830	11,090	9,200
공장사무비	9,200	1,840	1,840	2,760	460	1,380	920	9,200
수선비	12,010	3,161	2,528	3,793	1,264	1,264	12,010	
동력비	10,474	3,697	3,697	2,464	616	10,474		
운반비	7,820	3,220	1,840	2,760	7,820			
계		69,968	51,605	48,427				

※ '공장사무부→수선부→동력부→운반부'의 순서로 배부하기 위해 각 부문에 대한 배부율을 재배열한다.

용역사용 / 용역제공	제조부문			보조부문			
	A부문	B부문	C부문	운반부	동력부	수선부	공장사무부
공장사무비	20%	20%	30%	5%	15%	10%	-
수선비	25	20	30	10	10	-	5%
동력비	30	30	20	5	-	10	5
운반비	35	20	30	-	5	5	5

※ **산출근거** : 각 제조부문에의 보조부문비 배부액 = 배부총액×배부율

[예] A제조부문에의 보조부문 배부액

₩9,200×0.2÷(0.2 + 0.2 + 0.3 + 0.05 + 0.15 + 0.1) = ₩1,840

₩12,010×0.25÷(0.25 + 0.2 + 0.3 + 0.1 + 0.1) = ₩3,161

₩10,474×0.3÷(0.3 + 0.3 + 0.2 + 0.05) = ₩3,697

₩7,820×0.35÷(0.35 + 0.2 + 0.3) = ₩3,220

(차) A제조부문비	11,918	(대) 동력비	7,830
B제조부문비	9,905	수선비	11,090
C제조부문비	11,777	운반비	5,480
		공장사무비	9,200

[상황 2] '동력부→운반부→공장사무부→수선부'의 순서로 배부한다.

부문비 대체표 (단위 : 원)

	합 계	제조부문			보조부문			
		A부문	B부문	C부문	수선부	공장사무부	운반부	동력부
부문비 합계	170,000	58,050	41,700	36,650	11,090	9,200	5,480	7,830
동력비	7,830	2,349	2,349	1,565	783	392	392	7,830
운반비	5,872	2,164	1,236	1,854	309	309	5,872	
공장사무비	9,901	2,475	2,475	3,713	1,238	9,901		
수선비	13,420	4,473	3,579	5,368	13,420			
계		69,511	51,339	49,150				

※ '동력부→운반부→공장사무부→수선부'의 순서로 배부하기 위해 각 부문에 대해 배부율을 재배열한다.

용역사용 / 용역제공	제조부문			보조부문			
	A부문	B부문	C부문	수선부	공장사무부	운반부	동력부
동력비	30%	30%	20%	10%	5%	5%	-
운반비	35	20	30	5	5	-	5%
공장사무비	20	20	30	10	-	5	15
수선비	25	20	30	-	5	10	10

※ **산출근거** : 각 제조부문에의 보조부문비 배부액 = 배부총액×배부율

[예] A제조부문에의 보조부문 배부액

₩7,830×0.3÷(0.3 + 0.3 + 0.2 + 0.1 + 0.05 + 0.05) = ₩2,349

₩5,872×0.35÷(0.35 + 0.2 + 0.3 + 0.05 + 0.05) = ₩2,164

₩9,901×0.2÷(0.2 + 0.2 + 0.3 + 0.1) = ₩2,475

₩13,420×0.25÷(0.25 + 0.2 + 0.3) = ₩4,473

(차) A제조부문비	11,461	(대) 동력비	7,830
B제조부문비	9,639	수선비	11,090
C제조부문비	12,500	운반비	5,480
		공장사무비	9,200

[결론] 가장 많은 수의 보조부문에 용역을 제공하는 부문을 첫 번째 부문으로 선정한다면, 모두 6개의 다른 보조부문에 용역을 제공하고 있으므로 그 배부순서를 결정할 수가 없다. 따라서 다른 보조부문에 제공하는 용역의 비율이 가장 큰 부문을 첫 번째 부문으로 선정하였다. [상황 1]에서는 '공장사무부→수선부→동력부→운반부'의 순서로 배부하였고, [상황 2]에서는 배부순서를 약간 변형하여 '동력부→운반부→공장사무부→수선부'의 순서로 배부하였다.

[상호배부법]

[사전지식] 연속상호배부법은 1차 상호배부 계산을 반복하여 보조부문비가 ₩0이 될 때까지 연속적으로 배부하는 방법이다. 연속상호배부법은 원가배부의 정확성은 있으나, 계산 노력과 계산 원가에 비하여 얻은 계산 효익이 더 적을 수 있다. 연속상호배부법의 문제를 연립방정식으로 설정하여 대입법, 가감법, 행렬식(행렬대수) 등을 이용하여 연립방정식의 해를 계산한다. 일반적으로, 보조부문의 수가 2~3개라면 대입법이나 가감법을 이용하나, 보조부문의 수가 4개 이상이라면 행렬식(형렬대수)을 이용한다. 보조부문의 수가 4개 이상이라고 할 때, 연속상호배부법의 문제를 연립방정식으로 설정하여 연립방정식의 해와 보조부문비의 배부액을 수작업으로 계산한다는 것은 쉽지 않다. 이에 대한 풀이과정 제시는 생략하였다. 연속상호배부법의 문제를 행렬식으로 설정하고 역행렬과 형렬승을 컴퓨터에 의해 계산하여 연립방정식의 해와 보조부문비의 배부액을 계산하면 편리하지만, 이는 여기에서의 범위를 벗어나므로 이에 대한 풀이과정은 [보론 : 상호배부법(행렬대수 등)]에서 제시하였다. 따라서 보조부문의 수가 4개 이상인 경우에 이용하는 일반적인 상호배부법에 의하면, 1차 배부는 상호배부법으로 하고 2차 배부는 직접배부법을 이용하는 경우가 많다. 일반적인 상호배부법은 연속상호배부법에 비해 계산이 상대적으로 단순하면서 연속상호배부법과 유사한 결과를 얻을 수 있다. 본 [예제]는 일반적인 상호배부법을 이용하여 보조부문비의 배부액을 계산하였다.

부문비 대체표 (단위 : 원)

	합 계	제조부문			보조부문			
		A부문	B부문	C부문	동력부	수선부	운반부	공장사무부
부문비 합계	170,000	58,050	41,700	36,650	7,830	11,090	5,480	9,200
동력비	7,830	2,349	2,349	1,565	0	783	392	392
수선비	11,090	2,773	2,218	3,327	1,109	0	1,109	554
운반비	5,480	1,918	1,096	1,644	274	274	0	274
공장사무비	9,200	1,840	1,840	2,760	1,380	920	460	0
					2,763	1,977	1,961	1,220
동력비	2,763	1,036	1,036	691				
수선비	1,977	659	527	791				
운반비	1,961	808	461	692				
공장사무비	1,220	349	349	522				
계		69,782	51,576	48,642				

※ 산출근거 : 각 제조부문에의 보조부문비 배부액 = 배부총액×배부율

[예] A제조부문에의 보조부문 배부액

[1차 배부 : 상호배부법]

₩7,830×0.3 = ₩2,349

₩11.090×0.25 = ₩2,773

₩5,480×0.35 = ₩1,918

₩9,200×0.2 = ₩1,840

[2차 배부 : 직접배부법]

₩2,763×0.3÷(0.3 + 0.3 + 0.2) = ₩1,036

₩1,977×0.25÷(0.25 + 0.2 + 0.3) = ₩659

₩1,961×0.35÷(0.35 + 0.2 + 0.3) = ₩808

₩1,220×0.2÷(0.2 + 0.2 + 0.3) = ₩349

(차)			(대)		
(차)	A제조부문비	11,732	(대)	동력비	7,830
	B제조부문비	9,876		수선비	11,090
	C제조부문비	11,992		운반비	5,480
				공장사무비	9,200

예제 2

각 부문의 발생원가와 각 부문에 대한 배부율은 아래와 같다. 직접배부법, 단계배부법, 상호배부법을 각각 사용하여 보조부문비를 제조부문에 배부하시오.

부문비 배부표 (단위 : 원)

	합 계	제조부문		보조부문		
		P_1	P_2	S_1	S_2	S_3
부문비 합계	131,580	40,000	50,000	9,240	18,480	13,860

용역사용 / 용역제공	제조부문		보조부문			합 계
	P_1	P_2	S_1	S_2	S_3	
S_1	40%	30%	-	10%	20%	100%
S_2	50	20	10%	-	20	100
S_3	10	60	30	-	-	100

해답 (2018 세무사 유사)

[직접배부법]

	제조부문		보조부문		
	P_1	P_2	S_1	S_2	S_3
각 부문의 발생원가	₩40,000	₩50,000	₩9,240	₩18,480	₩13,860
보조부문비 배부					
S_1	5,280[1]	3,960	(9,240)		
S_2	13,200[2]	5,280		(18,480)	
S_3	1,980[2]	11,880			(13,860)
계	₩60,460	₩71,120	₩0	₩0	₩0

* 1) ₩9,240×0.4÷(0.4 + 0.3) = ₩5,280
2) ₩18,480×0.5÷(0.5 + 0.2) = ₩13,200
3) ₩13,860×0.1÷(0.1 + 0.6) = ₩1,980

[결론] 각 보조부문의 발생원가(보조부문비)는 각 제조부문이 사용한 용역의 상대적인 비율에 따라서 단지 제조부문에만 직접적으로 배부된다. 예를 들면, S_1부문은 40%의 용역을 P_1부문에, 30%의 용역을 P_2부문에 제공하였다. 따라서 S_1부문의 원가 ₩9,240 중 4/7는 P_1부문에, 3/7은 P_2부문에 배부된다. S_2부문, S_3부문에 제공된 용역은 무시되었음에 주의해야 한다. 이 배부법의 문제점은 다른 보조부문에 제공된 용역의 원가가 원인관계에 따라서 배부되지 않는다는 것이다.

[단계배부법]

[상황 1] S_1, S_2, S_3의 순서로 배부한다.

	제조부문		보조부문		
	P_1	P_2	S_3	S_2	S_1
각 부문의 발생원가	₩40,000	₩50,000	₩13,860	₩18,480	₩9,240
보조부문비 배부					
S_1	3,696[1]	2,772	1,848	924	(9,240)
S_2	10,780[2]	4,312	4,312	(19,404)	
S_3	2,860[3]	17,160	(20,020)		
계	₩57,336	₩74,244	₩0	₩0	₩0

* S_1, S_2, S_3의 순서로 배부하기 위해 각 부문에 대한 배부율을 재배열한다.

용역제공 \ 용역사용	제조부문		보조부문		
	P_1	P_2	S_3	S_2	S_1
S_1	40%	30%	20%	10%	-
S_2	50	20	20	-	10%
S_3	10	60	-	-	30

* 1) ₩9,240×0.4÷(0.4+0.3+0.2+0.1)=₩3,696
  2) ₩19,404×0.5÷(0.5+0.2+0.2)=₩10,780
  3) ₩20,020×0.1÷(0.1+0.6)=₩2,860

[상황 2] S_2, S_3, S_1의 순서로 배부한다.

	제조부문		보조부문		
	P_1	P_2	S_1	S_3	S_2
각 부문의 발생원가	₩40,000	₩50,000	₩9,240	₩13,860	₩18,480
보조부문비 배부					
S_2	9,240[1]	3,696	1,848	3,696	(18,480)
S_3	1,756[2]	10,533	5,267	(17,556)	
S_1	9,346[3]	7,009	(16,355)		
계	₩60,342	₩71,238	₩0	₩0	₩0

* S_2, S_3, S_1의 순서로 배부하기 위해 각 부문에 대한 배부율을 재배열한다.

용역제공 \ 용역사용	제조부문		보조부문		
	P_1	P_2	S_1	S_3	S_2
S_2	50%	20%	10%	20%	-
S_3	10	60	30	-	-
S_1	40	30	-	20	10%

* 1) ₩18,480×0.5÷(0.5+0.2+0.1+0.2)=₩9,240
  2) ₩17,556×0.1÷(0.1+0.6+0.3)=₩1,756
  3) ₩16,355×0.4÷(0.4+0.3)=₩9,346

[상황 3] S_3, S_1, S_2의 순서로 배부한다.

	제조부문		보조부문		
	P_1	P_2	S_2	S_1	S_3
각 부문의 발생원가	₩40,000	₩50,000	₩18,480	₩9,240	₩13,860
보조부문비 배부					
S_3	1,386[1]	8,316	-	4,158	(13,860)
S_1	6,699[2]	5,024	1,675	(13,398)	
S_2	14,396[3]	5,759	(20,155)		
계	₩62,481	₩69,099	₩0	₩0	₩0

* S_3, S_1, S_2의 순서로 배부하기 위해 각 부문에 대한 배부율을 재배열한다.

용역제공 \ 용역사용	제조부문		보조부문		
	P_1	P_2	S_2	S_1	S_3
S_3	10%	60%	-	30%	-
S_1	40	30	10%	-	20%
S_2	50	20	-	10	20

* 1) ₩13,860×0.1÷(0.1+0.6+0.3)=₩1,386
  2) ₩13,398×0.4÷(0.4+0.3+0.1)=₩6,699
  3) ₩20,155×0.5÷(0.5+0.2)=₩14,396

[**결론**] 모든 보조부문들(S_1, S_2, S_3)이 다른 보조부문들(S_1, S_2, S_3)에 총용역의 30%를 제공하고 있으므로 순서를 결정할 수가 없다. 가장 많은 수의 보조부문에 용역을 제공하는 부문을 첫 번째로 사용한다면 S_3는 제외되지만, S_1과 S_2는 용역 수가 동일하므로 이 중에서의 선택은 어렵다. 따라서 [상황 1]에서는 S_1, S_2, S_3의 순서로 배부하였다. 추가로, [상황 2]에서는 S_2, S_3, S_1의 순서로 배부하였으며, [상황 3]에서는 S_3, S_1, S_2의 순서로 배부하였다. 어떤 순서로 배부하느냐에 따라 각 제조부문에 배부되는 원가가 서로 다르다는 점에 주의해야 한다.

[상호배부법]

[연립방정식(대입법)] S_1, S_2, S_3를 3개 보조부문의 배부 후 원가라고 하자. 예를 들면 S_1은 ₩9,240에다 S_2, S_3로부터 배부받은 원가를 가산한 금액이 된다. 즉 S_1은 S_2 원가의 10%를 배부받아야 하며, S_3 원가의 30%를 배부받아야 한다. 따라서 S_1에 대한 방정식을 다음과 같이 설정한다.

S_1 = ₩9,240 + $0.1S_2 + 0.3S_3$ ⋯ ①

동일한 방법으로 S_2, S_3에 대한 방정식을 다음과 같이 설정한다.

S_2 = ₩18,480 + $0.1S_1$ ⋯ ②

S_3 = ₩13,860 + $0.2S_1 + 0.2S_2$ ⋯ ③

이제 S_1, S_2, S_3를 구하기 위해 3개의 연립방정식이 사용된다.

②, ③를 ①에 대입하면,

S_1 = ₩9,240 + 0.1(₩18,480 + $0.1S_1$) + 0.3(₩13,860 + $0.2S_1 + 0.2S_2$)

이어서 괄호를 풀어서 정리하면,

S_1 = ₩9,240 + ₩1,848 + $0.01S_1$ + ₩4,158 + $0.06S_1 + 0.06S_2$

S_1 = ₩15,246 + $0.07S_1 + 0.06S_2$ ⋯ ④

④의 우변 S_2에 '₩18,480 + $0.1S_1$'을 대입하면

S_1 = ₩15,246 + $0.07S_1$ + 0.06(₩18,480 + $0.1S_1$)

S_1 = ₩16,354.8 + $0.076S_1$

따라서 $0.924S_1$ = ₩16,354.8이고, S_1 = ₩17,700이다.

이제 S_1 = ₩17,700을 ②에 대입하면

'S_2 = ₩18,480 + 0.1(₩17,700)'으로, S_2 = ₩20,250이다.

또한 S_1 = ₩17,700과 S_2 = ₩20,250을 ③에 대입하면,

'S_3 = ₩13,860 + 0.2(₩17,700) + 0.2(₩20,250)'으로, S_3 = ₩21,450이다.

마지막으로, 보조부문의 원가는 배부 후의 각 부문비를 나타내는 S_1 = ₩17,700, S_2 = ₩20,250, S_3 = ₩21,450을 이용하여 다른 부문에 배부된다.

	제조부문		보조부문		
	P_1	P_2	S_1	S_2	S_3
각 부문의 발생원가	₩40,000	₩50,000	₩9,240	₩18,480	₩13,860
보조부문비 배부					
S_1	7,080[1]	5,310	(17,700)	1,770	3,540
S_2	10,125[2]	4,050	2,025	(20,250)	4,050
S_3	2,145[3]	12,870	6,435	-	(21,450)
계	₩59,350	₩72,230	₩0	₩0	₩0

* 1) ₩17,700×0.4 = ₩7,080
2) ₩20,250×0.5 = ₩10,125
3) ₩21,450×0.1 = ₩2,145

[상호배부법]

[연립방정식(가감법)] S_1, S_2, S_3를 3개 보조부문의 배부 후 원가라고 하자.

S_1 = ₩9,240 + $0.1S_2 + 0.3S_3$ … ①

S_2 = ₩18,480 + $0.1S_1$ … ②

S_3 = ₩13,860 + $0.2S_1 + 0.2S_2$ … ③

①, ②, ③을 ④, ⑤, ⑥과 같이 재배열한다.

$S_1 - 0.1S_2 - 0.3S_3$ = ₩9,240 … ④

$-0.1S_1 + S_2$ = ₩18,480 … ⑤

$-0.2S_1 - 0.2S_2 + S_3$ = ₩13,860 … ⑥

⑤의 양변에 '×10'을 한 다음, ④와 더해서 S_1을 소거한다.

$S_1 - 0.1S_2 - 0.3S_3$ = ₩9,240

$-S_1 + 10S_2$ = ₩184,800

$9.9S_2 - 0.3S_3$ = ₩194,040 … ⑦

⑥의 양변에 '×5'을 한 다음, ④와 더해서 S_1을 소거한다.

$S_1 - 0.1S_2 - 0.3S_3$ = ₩9,240

$-S_1 - S_2 + 5S_3$ = ₩69,300

$-1.1S_2 + 4.7S_3$ = ₩78,540 … ⑧

이렇게 하여 ④와 ⑤ 및 ④와 ⑥에 있는 S_1을 소거하였다. 다음에는 ⑦과 ⑧에 있는 S_2를 소거하자. ⑦의 양변에 '×1.1'를 하고, ⑧의 양변에 '×9.9'를 하여 S_2를 소거한다.

$10.89S_2 - 0.33S_3$ = ₩213,444

$-10.89S_2 + 46.53S_3$ = ₩777,546

$46.20S_3$ = ₩990,990

따라서 S_3 = ₩21,450이다. ⑦의 S_3에 ₩21,450을 대입하면 '$9.9S_2$ - 0.3(₩21,450) = ₩194,040'으로 S_2 = ₩20,250이다. ①의 S_2에 ₩20,250을, S_3에 ₩21,450을 대입하면 'S_1 = ₩9,240 + 0.1(₩20,250) + 0.3(₩21,450)'으로 S_1 = ₩17,700이다.

마지막으로, 보조부문의 원가는 배부 후의 각 부문비를 나타내는 S_1 = ₩17,700, S_2 = ₩20,250, S_3 = ₩21,450을 이용하여 다른 부문에 배부된다.

	제조부문		보조부문		
	P_1	P_2	S_1	S_2	S_3
각 부문의 발생원가	₩40,000	₩50,000	₩9,240	₩18,480	₩13,860
보조부문비 배부					
S_1	7,080[1)]	5,310	(17,700)	1,770	3,540
S_2	10,125[2)]	4,050	2,025	(20,250)	4,050
S_3	2,145[3)]	12,870	6,435	-	(21,450)
계	₩59,350	₩72,230	₩0	₩0	₩0

* 1) ₩17,700×0.4 = ₩7,080

2) ₩20,250×0.5 = ₩10,125

3) ₩21,450×0.1 = ₩2,145

[결론] 모든 배부가 이루어진 후의 결과를 이용해서 각 보조부문비를 계산하기 위해 연립방정식을 설정한다. 이 연립방정식의 해(대입법, 가감법 이용)를 사용하면, 각 보조부문비를 독립적으로 모든 제조부문에 배부할 수 있다. ([보론] 참조)

예제 3

각 부문의 발생원가와 각 부문에 대한 배부율은 아래와 같다. 직접배부법, 단계배부법, 상호배부법을 각각 사용하여 보조부문비를 제조부문에 배부하시오.

부문비 배부표 (단위 : 원)

	합 계	제조부문		보조부문	
		P_1	P_2	S_1	S_2
부문비 합계	258,000	80,000	70,000	20,000	88,000

용역제공 \ 용역사용	제조부문		보조부문		합 계
	P_1	P_2	S_1	S_2	
S_1	20%	50%	-	30%	100%
S_2	40	40	20%	-	100

해답

[직접배부법]

	제조부문		보조부문	
	P_1	P_2	S_1	S_2
각 부문의 발생원가	₩80,000	₩70,000	₩20,000	₩88,000
보조부문비 배부				
S_1	5,714[1)]	14,286	(20,000)	
S_2	44,000[2)]	44,000		(88,000)
계	₩129,714	₩128,286	₩0	₩0

* 1) ₩20,000×0.2÷(0.2+0.5) = ₩5,714
2) ₩88,000×0.4÷(0.4+0.4) = ₩44,000

[단계배부법] (S_2부터 먼저 배부한다)

	제조부문		보조부문	
	P_1	P_2	S_1	S_2
각 부문의 발생원가	₩80,000	₩70,000	₩20,000	₩88,000
보조부문비 배부				
S_2	35,200[1)]	35,200	17,600	(88,000)
S_1	10,743[2)]	26,857	(37,600)	
계	₩125,943	₩132,057	₩0	₩0

* 1) ₩88,000×0.4÷(0.4+0.4+0.2) = ₩35,200
2) (₩20,000+₩17,600)×0.2÷(0.2+0.5) = ₩10,743

[상호배부법]

[연립방정식(대입법)] 보조부문(S_1, S_2) 간에 다음과 같은 연립방정식을 설정한다.

S_1 = ₩20,000 + 0.2×S_2 … ①

S_2 = ₩88,000 + 0.3×S_1 … ②

②를 ①에 대입하여 정리해 보면,

S_1 = ₩20,000 + 0.2×(₩88,000 + 0.3×S_1)

S_1 = ₩20,000 + ₩17,600 + 0.06×S_1

0.94×S_1 = ₩37,600으로, S_1 = ₩40,000이다.

②의 S_1에 ₩40,000을 대입하면, 'S_2 = ₩88,000 + 0.3×₩40,000'으로 S_2 = ₩100,000이다.

	제조부문		보조부문	
	P_1	P_2	S_1	S_2
각 부문의 발생원가	₩80,000	₩70,000	₩20,000	₩88,000
보조부문비 배부				
S_1	8,000	20,000	(40,000)	12,000
S_2	40,000	40,000	20,000	(100,000)
계	₩128,000	₩130,000	₩0	₩0

* P_1 : ₩40,000×0.2 = ₩8,000　P_2 : ₩40,000×0.5 = ₩20,000　S_2 : ₩40,000×0.3 = ₩12,000
  P_1 : ₩100,000×0.4 = ₩40,000　P_2 : ₩100,000×0.4 = ₩40,000　S_1 : ₩100,000×0.2 = ₩20,000

[주의]
연립방정식 정리 결과, S_1 = ₩40,000, S_2 = ₩100,000이 된다. 그 다음에 S_1 = ₩40,000을 P_1, P_2, S_2에 20%, 50%, 30%의 비율로 배부하고, S_2 = ₩100,000을 P_1, P_2, S_1에 40%, 40%, 20%의 비율로 배부하면 된다.

예제 4

1. (주)세무는 제조부문(금형, 조립)과 보조부문(유지, 동력)을 이용하여 제품을 생산하고 있다. 유지부문원가는 기계시간, 동력부문원가는 전력량을 기준으로 단계배부법을 사용하여 보조부문원가를 제조부문에 배부한다. 보조부문원가를 배부하기 위한 20×1년의 원가자료와 배부기준은 다음과 같다. 단, 부문공통원가는 ₩200,000으로서 전액 임차료이며, 점유면적을 기준으로 각 부문에 배부한다. 보조부문원가는 유지부문, 동력부문의 순으로 배부한다. 20×1년 (주)세무의 배부 후, 금형부문의 총원가는? (2020 세무사)

	보조부문		제조부문	
	유 지	동 력	금 형	조 립
부문개별원가(₩)	120,000	80,000	200,000	300,000
기계시간(시간)	-	200	400	400
전력량(kW)	100	-	300	200
점유면적(㎡)	10	20	30	40

해답

	보조부문		제조부문		합 계
	유 지	동 력	금 형	조 립	
부문개별원가	₩120,000	₩80,000	₩200,000	₩300,000	₩700,000
부문공통원가 배부	20,000	40,000	60,000	80,000	200,000
배부 전	₩140,000	₩120,000	₩260,000	₩380,000	₩900,000
유지	(140,000)	28,000	56,000	56,000	0
동력		(148,000)	88,800	59,200	0
배부 후	₩0	₩0	₩404,800	₩495,200	₩900,000

* 부문공통원가 ₩200,000의 배부
  [예] 유지 : ₩200,000×10㎡÷(10㎡ + 20㎡ + 30㎡ + 40㎡) = ₩20,000
  [예] 동력 : ₩200,000×20㎡÷(10㎡ + 20㎡ + 30㎡ + 40㎡) = ₩40,000
* ₩140,000×200시간÷(200시간 + 400시간 + 400시간) = ₩28,000
  ₩148,000×300kW÷(300kW + 200kW) = ₩88,800

∴ 금형부문의 총원가 : ₩404,800

2. (주)대한은 두 개의 보조부문 A(전력부문)와 B(수선부문), 그리고 두 개의 생산부문 C와 D를 이용하여 제품을 생산하고 있다. 20×1년 2월의 각 부문에 대한 자료는 다음과 같다. (주)대한이 C부문에서 생산하는 갑제품의 판매가격을 제품제조원가의 120%인 ₩12,000으로 결정할 경우, 갑제품의 단위당 직접노무원가는 얼마인가? (2024 회계사)

사용 / 제공	보조부문		생산부문		합 계
	A	B	C	D	
A	400kW	400kW	800kW	400kW	2,000kW
B	320시간	400시간	480시간	800시간	2,000시간

- A부문과 B부문에 집계된 제조간접원가는 각각 ₩240,000과 ₩200,000이다.
- 보조부문의 원가는 A, B 순으로 단계배부법을 사용하여 생산부문에 배분한다.
- C부문에서 생산하는 갑제품에 대한 단위당 직접재료원가는 ₩4,825이며, 생산단위는 100단위이다.
- 갑제품에 대한 월초 및 월말재공품은 없다.

해답

사용 / 제공	보조부문		생산부문		합 계
	A	B	C	D	
A	-	400kW	800kW	400kW	1,600kW
	-	25%	50%	25%	100%
B	320시간	-	480시간	800시간	1,600시간
	20%	-	30%	50%	100%

	보조부문		생산부문		합 계
	A	B	C	D	
배부 전	₩240,000	₩200,000			₩440,000
A	(240,000)	60,000	₩120,000	₩60,000	0
B		(260,000)	97,500	162,500	0
배부 후	₩0	₩0	₩217,500	₩222,500	₩440,000

* ₩240,000×400kW÷(400kW + 800kW + 400kW) = ₩60,000
₩260,000×480시간÷(480시간 + 800시간) = ₩97,500

∴ 갑제품의 단위당 제품제조원가 : ₩12,000÷120% = ₩10,000
갑제품의 단위당 제조간접원가 : ₩217,500÷100단위 = @₩2,175
갑제품의 단위당 직접노무원가 : ₩10,000 - ₩4,825 - ₩2,175 = ₩3,000

3. (주)대한은 두 개의 보조부문 A와 B, 그리고 두 개의 생산부문 C와 D를 이용하여 제품을 생산하고 있다. 20×3년 2월의 각 부문에 대한 자료는 다음과 같다. 갑제품의 단위당 원가는 얼마인가? (2023 회계사)

제공 부문	보조부문		생산부문		합 계
	A	B	C	D	
A	200시간	800시간	800시간	400시간	2,200시간
B	4,000kW	1,000kW	2,000kW	2,000kW	9,000kW

- 제조간접원가는 A부문에서 시간당 ₩100, B부문에서 kW당 ₩20의 변동원가가 발생하며, C부문과 D부문에서 각각 ₩161,250과 ₩40,000이 발생하였다.
- 보조부문의 원가는 상호배부법을 사용하여 생산부문에 배분한다.

• C부문에서 생산하는 갑제품에 대한 단위당 기초원가는 ₩10,000이며, 생산단위는 50단위이다.

• 갑제품에 대한 월초 및 월말재공품은 없다.

해답

보조부문 A의 발생원가 : 2,200시간×@₩100 = ₩220,000

보조부문 B의 발생원가 : 9,000kW×@₩20 = ₩180,000

제공 부문	보조부문		생산부문		합 계
	A	B	C	D	
발생원가	₩220,000	₩180,000	₩161,250	₩40,000	₩601,250
A	- -	800시간 40%	800시간 40%	400시간 20%	2,000시간 100%
B	4,000kW 50%	- -	2,000kW 25%	2,000kW 25%	8,000kW 100%

보조부문(A, B) 간에 다음과 같은 연립방정식을 설정한다.

A = ₩220,000 + 0.5×B … ①

B = ₩180,000 + 0.4×A … ②

②를 ①에 대입하여 정리해 보면,

A = ₩220,000 + 0.5×(₩180,000 + 0.4×A)

A = ₩220,000 + ₩90,000 + 0.2×A

0.8×A = ₩310,000으로, A = ₩387,500이다.

②의 A에 ₩387,500을 대입하면, 'B = ₩180,000 + 0.4×₩387,500'으로 B = ₩335,000이다.

	보조부문		생산부문		합 계
	A	B	C	D	
배부 전	₩220,000	₩180,000	₩161,250	₩40,000	₩601,250
A	(387,500)	155,000	155,000	77,500	0
B	167,500	(335,000)	83,750	83,750	0
배부 후	₩0	₩0	₩400,000	₩201,250	₩601,250

* B : ₩387,500×40% = ₩155,000　C : ₩387,500×40% = ₩155,000　D : ₩387,500×20% = ₩77,500
  A : ₩335,000×50% = ₩167,500　C : ₩335,000×25% = ₩83,750　D : ₩335,000×25% = ₩83,750

[주의]
연립방정식 정리 결과, A = ₩387,500, B = ₩335,000이 된다. 그 다음에 A = ₩387,500을 B, C, D에 40%, 40%, 20%의 비율로 배부하고, B = ₩335,000을 A, C, D에 50%, 25%, 25%의 비율로 배부하면 된다.

∴ 갑제품의 단위당 원가 : ₩10,000(기초원가) + [₩400,000(제조간접원가)÷50단위] = ₩18,000

4. (주)대한은 두 개의 제조부문(절단부문, 조립부문)과 두 개의 지원부문(전력부문, 수선부문)을 통해 제품을 생산한다. (주)대한은 상호배부법을 사용하여 지원부문의 원가를 제조부문에 배부하고 있다. 원가배부 기준은 전력부문은 전력(kW)이며, 수선부문은 수선(시간)이다. 제조부문에 배부된 원가 및 배부기준과 관련된 내역은 다음과 같다. 전력부문에서 발생한 부문원가는 얼마인가? (2020 회계사)

구 분	제조부문		지원부문	
	절단부문	조립부문	전력부문	수선부문
배부받은 원가(₩)	7,400	4,200		
전력(kW)	100	60	50	40
수선(시간)	60	30	60	30

해답 ···

	제조부문		지원부문		합 계
	절단부문	조립부문	전력부문	수선부문	
배부받은 원가(₩)	7,400	4,200			
전력	100kW 50%	60kW 30%	- -	40kW 20%	200kW 100%
수선	60시간 40%	30시간 20%	60시간 40%	- -	150시간 100%

먼저, 전력부문을 S_1라 하고, 수선부문을 S_2라고 하자. 보조부문 S_1에서 배부되는 원가를 S_1, 보조부문 S_2에서 배부되는 원가를 S_2라고 한다.

절단부문에 배부된 원가는 ₩7,400 = $0.5 \times S_1 + 0.4 \times S_2$ … ①

조립부문에 배부된 원가는 ₩4,200 = $0.3 \times S_1 + 0.2 \times S_2$ … ②

②를 'S_2 = ₩21,000 - $1.5 \times S_1$'으로 재배열한다.

재배열한 ②를 ①에 대입하여 정리해 보면,

₩7,400 = $0.5 \times S_1 + 0.4 \times$(₩21,000 - $1.5 \times S_1$)

₩7,400 = $0.5 \times S_1$ + ₩8,400 - $0.6 \times S_1$

$0.1 \times S_1$ = ₩1,000으로, S_1 = ₩10,000이다.

①의 S_1에 ₩10,000을 대입하면, '₩7,400 = 0.5×₩10,000 + $0.4 \times S_2$'로 S_2 = ₩6,000이다.

보조부문 S_1의 배부 전 집계된 원가를 A, 보조부문 S_2의 배부 전 집계된 원가를 B라고 한다.

₩10,000 = A + 0.4×₩6,000 … ③

₩6,000 = B + 0.2×₩10,000 … ④

∴ ③과 ④를 정리하면, A = ₩7,600, B = ₩4,000 이다.

	제조부문		지원부문		합 계
	절단부문	조립부문	전력부문	수선부문	
배부 전			₩7,600	₩4,000	₩11,600
전력	₩5,000	₩3,000	(10,000)	2,000	0
수선	2,400	1,200	2,400	(6,000)	0
배부 후	₩7,400	₩4,200	₩0	₩0	₩11,600

* 절단 : ₩10,000×50% = ₩5,000 조립 : ₩10,000×30% = ₩3,000 수선 : ₩10,000×20% = ₩2,000
절단 : ₩6,000×40% = ₩2,400 조립 : ₩6,000×20% = ₩1,200 전력 : ₩6,000×40% = ₩2,400

[주의]
연립방정식 정리 결과, S_1 = ₩10,000, S_2 = ₩6,000이 된다. 그 다음에 S_1 = ₩10,000을 절단부문, 조립부문, 수선부문에 50%, 30%, 20%의 비율로 배부하고, S_2 = ₩6,000을 절단부문, 조립부문, 전력부문에 40%, 20%, 40%의 비율로 배부하면 된다.

∴ 전력부문에서 발생한 부문원가 : ₩7,600

5. (주)세무는 두 개의 제조부문(P_1, P_2)과 두 개의 보조부문(S_1, S_2)을 운영하고 있으며, 보조부문원가를 상호배부법에 의해 제조부문에 배분하고 있다. 각 부문의 용역수수관계는 다음과 같다.

용역사용 / 용역제공	제조부문		보조부문		합 계
	P_1	P_2	S_1	S_2	
S_1	40%	30%	-	30%	100%
S_2	40	40	20%	-	100

두 개의 보조부문(S_1, S_2)으로부터 제조부문 P_1, P_2에 배분된 금액이 각각 ₩140,000과 ₩130,000일 경우, 보조부문원가를 배분하기 이전의 보조부문 S_1에 집계된 원가는? (2025 세무사)

해답

보조부문 S_1에서 배부되는 원가를 S_1, 보조부문 S_2에서 배부되는 원가를 S_2라고 한다.

P_1에 배부된 원가는 ₩140,000 = 0.4×S_1 + 0.4×S_2 … ①

P_2에 배부된 원가는 ₩130,000 = 0.3×S_1 + 0.4×S_2 … ②

②를 'S_2 = ₩325,000 - 0.75×S_1'으로 재배열한다.

재배열한 ②를 ①에 대입하여 정리해 보면,

₩140,000 = 0.4×S_1 + 0.4×(₩325,000 - 0.75×S_1)

₩140,000 = 0.4×S_1 + ₩130,000 - 0.3×S_1

0.1×S_1 = ₩10,000으로, S_1 = ₩100,000이다.

①의 S_1에 ₩100,000을 대입하면, '₩140,000 = 0.4×₩100,000 + 0.4×S_2'로 S_2 = ₩250,000이다.

보조부문 S_1의 배부 전 집계된 원가를 A, 보조부문 S_2의 배부 전 집계된 원가를 B라고 한다.

₩100,000 = A + 0.2×₩250,000 … ③

₩250,000 = B + 0.3×₩100,000 … ④

∴ ③과 ④를 정리하면, A = ₩50,000, B = ₩220,000 이다.

6. (주)세무는 세 개의 제조부문(P_1, P_2, P_3)과 두 개의 보조부문(S_1, S_2)을 운영하고 있으며, 보조부문원가를 상호배부법에 의해 제조부문에 배분하고 있다. 각 부문의 용역수수관계는 다음과 같다.

사용 / 제공	제조부문			보조부문	
	P_1	P_2	P_3	S_1	S_1
S_1	40%	20%	20%	-	20%
S_2	30%	30%	30%	10%	-

두 개의 보조부문(S_1, S_2)으로부터 제조부문 P_1, P_2, P_3에 배분된 금액이 각각 ₩150,000, ₩120,000, ₩120,000일 경우, 보조부문원가를 배분하기 이전의 각 보조부문 S_1과 S_2에 집계된 원가는? (2018 세무사)

해답

보조부문 S_1에서 배부되는 원가를 S_1, 보조부문 S_2에서 배부되는 원가를 S_2라고 한다.

P_1에 배부된 원가는 ₩150,000 = 0.4×S_1 + 0.3×S_2 … ①

P_2에 배부된 원가는 ₩120,000 = 0.2×S_1 + 0.3×S_2 … ②

②를 'S_1 = ₩600,000 - 1.5×S_2'로 재배열한다.

재배열한 ②를 ①에 대입하여 정리해 보면,

₩150,000 = 0.4×(₩600,000 - 1.5×S_2) + 0.3×S_2

₩150,000 = ₩240,000 - 0.6×S_2 + 0.3×S_2

0.3×S_2 = ₩90,000으로, S_2 = ₩300,000이다.

①의 S_2에 ₩300,000을 대입하면, '₩150,000 = 0.4×S_1 + 0.3×₩300,000'로 S_1 = ₩150,000이다.

보조부문 S_1의 배부 전 집계된 원가를 A, 보조부문 S_2의 배부 전 집계된 원가를 B라고 한다.

₩150,000 = A + 0.1×₩300,000 … ③

₩300,000 = B + 0.2×₩150,000 … ④

∴ ③과 ④를 정리하면, A = ₩120,000, B = ₩270,000 이다.

제4절 제조부문비의 제품에의 배부

제조부문에 집계된 제조간접비를 특정 제품에 배부하는 경우에도, 특정 제품이 제조간접비로부터 받은 용역의 크기에 비례하여 제조간접비가 배부되도록 하여야 한다. 이 과정에서 가장 보편적으로 사용되는 배부기준에는 가액법, 시간법, 수량법 등이 있다.11) 12)

1. 가액법

가액법이란 특정 제품의 제조에 소비된 원가를 배부기준으로 하여 제조간접비를 배부하는 방법이다.

(1) 직접재료비 배부법

직접재료비 배부법(direct material cost method)은 특정 제품의 제조에 소비된 직접재료비의 크기를 배부기준으로 하여 제조간접비를 배부하는 방법이다. 즉 원가계산기간에 발생한 제조간접비 총액을 동 기간의 직접재료비 총액으로 나누어서 직접재료비 단위당의 배부율을 결정하고, 이 배부율을 특정 제품의 직접재료비에 곱해서 특정 제품의 제조간접비 배부액을 결정하는 방법이다.

$$\text{제조간접비 배부율} = \frac{\text{동 기간의 제조간접비 총액}}{\text{원가계산기간의 직접재료비 총액}}$$

$$\text{특정 제품의 직접재료비} \times \text{제조간접비 배부율} = \text{각 제품의 제조간접비 배부액}$$

(2) 직접노무비 배부법(= 직접임금 배부법)

직접노무비 배부법(direct labor cost method)은 직접재료비 배부법과 동일한 원리로 제품별로 제조간접비를 배부하되, 직접재료비 대신에 직접노무비를 배부기준으로 대체하면 된다.

$$\text{제조간접비 배부율} = \frac{\text{동 기간의 제조간접비 총액}}{\text{원가계산기간의 직접노무비 총액}}$$

$$\text{특정 제품의 직접노무비} \times \text{제조간접비 배부율} = \text{각 제품의 제조간접비 배부액}$$

---

11) 제조부문비를 개별 제품에 공정하게 배부하기 위하여 별도의 배부기준을 선택하는 문제는 주로 개별원가계산과 관련이 있다. 종합원가계산에서는 기말재공품의 원가를 공정별 원가에서 차감하고 나머지를 제품의 제조원가로 계산하기 때문에, 제품에의 배부를 위한 별도의 배부기준을 선택하는 문제는 고려되지 않는다.

12) 제조부문비는 특정 제품에만 국한되어 발생하는 비용이 아니기 때문에, 이를 각 제품에 공정하게 배부하는 것이 필요하다. 이는 제품별 정확한 원가계산, 적정한 판매가격 설정, 이익분석 및 경영 의사결정을 위한 기초 자료 제공, 효율적인 원가통제 및 예산관리 등을 위해 수반되어야 하는 과정이다.

(3) 직접원가 배부법(= 주원가 배부법)

직접원가 배부법(direct cost method)은 직접원가(직접재료비 · 직접노무비 · 직접경비의 합계액)를 배부기준으로 하여 제조간접비를 배부하는 방법이다.

$$\text{제조간접비 배부율} = \frac{\text{동 기간의 제조간접비 총액}}{\text{원가계산기간의 직접원가 총액}}$$

특정 제품의 직접원가 × 제조간접비 배부율 = 각 제품의 제조간접비 배부액

지금까지 언급한 세 가지의 가액법(직접재료비 배부법, 직접노무비 배부법, 직접원가 배부법)은 반드시 제조간접비의 발생과 반드시 비례관계를 있다고 볼 수는 없다.

2. 시간법

시간법이란 특정 제품의 제조에 소요된 작업시간을 배부기준으로 하여 제조간접비를 배부하는 방법이다. 실제 많은 제조간접비 항목이 전술한 가액법보다는 작업시간에 비례하여 발생하는 경향이 있기 때문에, 시간법은 가액법보다 더 합리적이고 우월한 배부 방식으로 간주된다.[13)]

(1) 직접노동시간 배부법

직접노동시간 배부법(direct labor hour method)은 특정 제품의 제조에 소요된 종업원의 직접노동시간을 배부기준으로 하여 제조간접비를 배부하는 방법이다. 그 계산원리는 전술한 가액법의 경우에 있어서와 같다.

$$\text{제조간접비 배부율} = \frac{\text{동 기간의 제조간접비 총액}}{\text{원가계산기간의 직접노동시간 총수}}$$

특정 제품의 직접노동시간 × 제조간접비 배부율 = 각 제품의 제조간접비 배부액

(2) 기계운전시간 배부법

기계운전시간 배부법(machine hour method)은 특정 제품의 제조에 사용된 기계운전시간을 배부기준으로 하여 제조간접비를 배부하는 방법이다. 이 방법은 기계작업을 주로 하고 있는 경영환경에 적합한 방법이다. 기계운전시간을 기준으로 하여 제조간접비를 배부할 때에도, ① 각종 기계의 특성을 전혀 무시하고 일률적으로 순운전시간을 산출하는 방법과 ② 기계의 종류별로 운전시간을 별도로 산출하는 방법의 두 가지가 있다. 전자를 단순

13) 특정 제품의 제조에 소요된 작업시간을 제조간접비 배부기준으로 하며, 제조간접비가 직접노무비에 비례하여 발생하는 경우에 적합하다. 작업시간법으로 합당한 비용 항목으로는 감가상각비, 임차료비용, 보험료, 세금과공과, 동력비, 급여 등을 들 수 있다.

기계시간법, 후자를 과학적 기계시간법이라 한다. 이 중 과학적 기계시간법에 있어서는 먼저 종류·성능 등이 서로 다른 기계마다 계산단위를 설정하는데, 이것을 생산중심점이라고 부른다. 이 기계계산단위(생산중심점)별로 원가계산기간에 발생한 제조간접비를 집계하여 각종 기계가 부담한 제조간접비의 금액을 산출한 다음, 이를 각 기계의 동 기간에 있어서의 총운전시간으로 나누어서 운전시간 1시간당의 제조간접비 배부액을 산출한다.[14)]

$$\text{제조간접비 배부율} = \frac{\text{동 기간의 제조간접비 총액}}{\text{원가계산기간의 기계운전시간 총수}}$$

특정 제품의 기계운전시간 × 제조간접비 배부율 = 각 제품의 제조간접비 배부액

3. 수량법

수량법이란 특정 제품의 개수·중량·면적·용적 등과 같은 수량을 배부기준으로 하여 제조간접비를 배부하는 방법이다. 그러나 실제로 제조간접비가 이와 같은 수량에 비례해서 발생하는 경우는 드물기 때문에, 특별한 경우를 제외하고는 이 방법에 의한 제조간접비의 배부계산은 이루어지지 않는다.

$$\text{제조간접비 배부율} = \frac{\text{동 기간의 제조간접비 총액}}{\text{원가계산기간의 생산량 총수}}$$

특정 제품의 생산량 × 제조간접비 배부율 = 각 제품의 제조간접비 배부액

4. 회계처리

지금까지 언급한 어떤 방법(가액법, 시간법, 수량법)을 사용하여 제조부문비를 제품별로 배부하든, 그 결과에 대한 회계처리는 다음과 같이 이루어진다.

(차) 甲제조(재공품)	×××	(대) 제조간접비	×××
乙제조(재공품)	×××		
(차) 甲제품	×××	(대) 甲제조(재공품)	×××
乙제품	×××	乙제조(재공품)	×××

	甲제조	乙제조	합 계
직접재료비	×××	×××	×××
직접노무비	×××	×××	×××
제조간접비	×××	×××	×××
계	×××	×××	×××

14) 이것을 기계율(machine hour rate)이라 한다.

예제 1

[공통예제]를 이용한다. 甲 · 乙제품이 부담하는 제조간접비의 금액을 각각 계산하고, 그 회계처리를 예시하시오.

• 원가계산기간의 제조간접비 총액 ₩170,000이 부문비 계산 절차에 의하여 각 제조부문에 다음과 같이 집계되다. (상호배부법 적용)

부문비 대체표 (단위 : 원)

	합 계	제조부문		
		A부문	B부문	C부문
부문비 합계	170,000	69,782	51,576	48,642

• 각 제조부문비의 제품에의 배부

A제조부문 : 직접재료비 배부법

B제조부문 : 직접노무비 배부법

C제조부문 : 직접노동시간 배부법

• 원가자료 (계산에 필요한 수치만 제공함)

	A제조부문			B제조부문			C제조부문		
	甲제품	乙제품	계	甲제품	乙제품	계	甲제품	乙제품	계
직접재료비(₩)	209,346	69,782	279,128						
직접노무비(₩)				240,688	103,152	343,840			
직접노동시간							300	300	600

해답

1. 각 제조부문에 있어서의 배부율

A제조부문 : ₩69,782÷₩279,128 = ₩0.25

B제조부문 : ₩51,576÷₩343,840 = ₩0.15

C제조부문 : ₩48,642÷600시간 = ₩81.07

2. 甲 · 乙제품이 부담하는 제조간접비

제조부문	甲제품		乙제품	
A	₩209,346×@₩0.25 =	₩52,336.5	₩69,782×@₩0.25 =	₩17,445.5
B	₩240,688×@₩0.15 =	36,103.2	₩103,152×@₩0.15 =	15,472.8
C	300시간×@₩81.07 =	24,321.0	300시간×@₩81.07 =	24,321.0
		₩112,760.7		₩57,239.3

3. 제조부문비의 제품에의 배부

(차)	甲제조(재공품)	112,760.7	(대) A제조부문비	69,782
	乙제조(재공품)	57,239.3	B제조부문비	51,576
			C제조부문비	48,642

별해)

甲제조 배부액 : [(₩69,782×₩209,346)÷₩279,128] + [(₩51,576×₩240,688)÷₩343,840]
+ [(₩48,642×300시간)÷600시간] = ₩112,760.7

乙제조 배부액 : [(₩69,782×₩69,782)÷₩279,128] + [(₩51,576×₩103,152)÷₩343,840]
+ [(₩48,642×300시간)÷600시간] = ₩57,239.3

	甲제조	乙제조	합 계
직접재료비	₩209,346.0	₩69,782.0	₩279,128
직접노무비	240,688.0	103,152.0	343,840
제조간접비	112,760.7	57,239.3	170,000
계	₩562,794.7	₩230,173.3	₩792,968

예제 2

10월 중에 甲제품과 乙제품을 생산하면서 발생한 제조간접비 합계액은 ₩40,000이다. 다른 원가자료는 다음과 같다.

	합 계	甲제조	乙제조
직접재료비	₩80,000	₩35,000	₩45,000
직접노무비	80,000	30,000	50,000
직접노동시간	10,000시간	4,000시간	6,000시간
기계운전시간	4,000	1,500	2,500
생산량	16,000개	6,500개	9,500개

물음 …

제조간접비 배부는 다음 각각의 기준에 따라 행하시오. 단, 기말재공품은 없다고 가정한다.

1. 가액법 : ① 직접재료비법 ② 직접노무비법 ③ 직접원가법
2. 시간법 : ① 직접노동시간법 ② 기계작업시간법
3. 수량법(생산량으로)

해답 …

1. 가액법

① 직접재료비법

배부율 : ₩40,000÷₩80,000 = ₩0.5/직접재료비

甲제조 : @₩0.5×₩35,000 = ₩17,500

乙제조 : @₩0.5×₩45,000 = ₩22,500

(차)	甲제조(재공품)	17,500	(대) 제조간접비	40,000
	乙제조(재공품)	22,500		

② 직접노무비법

배부율 : ₩40,000÷₩80,000 = ₩0.5/직접노무비

甲제조 : @₩0.5×₩30,000 = ₩15,000

乙제조 : @₩0.5×₩50,000 = ₩25,000

(차)	甲제조(재공품)	15,000	(대) 제조간접비	40,000
	乙제조(재공품)	25,000		

③ 직접원가법

배부율 : ₩40,000÷(₩80,000 + ₩80,000) = ₩0.25/직접원가

甲제조 : @₩0.25×(₩35,000 + ₩30,000) = ₩16,250

乙제조 : @₩0.25×(₩45,000 + ₩50,000) = ₩23,750

(차) 甲제조(재공품)	16,250	(대) 제조간접비	40,000
乙제조(재공품)	23,750		

	① 직접재료비법		② 직접노무비법		③ 직접원가법	
	甲제조	乙제조	甲제조	乙제조	甲제조	乙제조
직접재료비	₩35,000	₩45,000	₩35,000	₩45,000	₩35,000	₩45,000
직접노무비	30,000	50,000	30,000	50,000	30,000	50,000
제조간접비	17,500	22,500	15,000	25,000	16,250	23,750
계	₩82,500	₩117,500	₩80,000	₩120,000	₩81,250	₩118,750

2. 시간법

① 직접노동시간법

배부율 : ₩40,000÷10,000시간 = ₩4/직접노동시간

甲제조 : @₩4×4,000시간 = ₩16,000

乙제조 : @₩4×6,000시간 = ₩24,000

(차) 甲제조(재공품)	16,000	(대) 제조간접비	40,000
乙제조(재공품)	24,000		

② 기계운전시간법

배부율 : ₩40,000÷4,000시간 = ₩10/기계운전시간

甲제조 : @₩10×1,500시간 = ₩15,000

乙제조 : @₩10×2,500시간 = ₩25,000

(차) 甲제조(재공품)	15,000	(대) 제조간접비	40,000
乙제조(재공품)	25,000		

	① 직접노동시간법		② 기계운전시간법	
	甲제조	乙제조	甲제조	乙제조
직접재료비	₩35,000	₩45,000	₩35,000	₩45,000
직접노무비	30,000	50,000	30,000	50,000
제조간접비	16,000	24,000	15,000	25,000
계	₩81,000	₩119,000	₩80,000	₩120,000

3. 수량법

배부율 : ₩40,000÷16,000개 = ₩2.5/개

甲제조 : @₩2.5×6,500개 = ₩16,250

乙제조 : @₩2.5×9,500개 = ₩23,750

(차) 甲제조(재공품)	16,250	(대) 제조간접비	40,000
乙제조(재공품)	23,750		

	수량법	
	甲제조	乙제조
직접재료비	₩35,000	₩45,000
직접노무비	30,000	50,000
제조간접비	16,250	23,750
계	₩81,250	₩118,750

예제 3

다음 자료에 의하여 기계비 계산표를 작성하고, 丙제품에 대한 제조간접비 배부액을 계산하시오.

• 기계 개별비

비 목	합 계	A기계	B기계	C기계
직접공 임금	₩500,000	₩180,000	₩170,000	₩150,000
기계 수선비	150,000	50,000	60,000	40,000
기계 감가상각비	80,000	35,000	25,000	20,000

• 기계 공통비

간접공 임금 ₩300,000 건물 감가상각비 ₩250,000 동력비 ₩400,000 기계 보험료 ₩200,000

• 배부기준

기 계	인원수	면적(%)	마력수	운전시간	가격(₩)
A기계	5	50	10	2,500	800,000
B기계	3	20	6	1,500	700,000
C기계	2	30	6	1,000	500,000

• 丙제품 제조를 위한 각 기계의 1개월간 운전시간(기계운전시간)

A기계 400시간 B기계 300시간 C기계 200시간

해답

기계비 계산표 (단위 : 원)

비 목	배부기준	합 계	A기계	B기계	C기계
기계 개별비					
직접공 임금		500,000	180,000	170,000	150,000
기계 수선비		150,000	50,000	60,000	40,000
기계 감가상각비		80,000	35,000	25,000	20,000
기계 공통비					
간접공 임금	인원수	300,000	150,000	90,000	60,000
건물 감가상각비	면적	250,000	125,000	50,000	75,000
동력비	마력수×운전시간	400,000	250,000	90,000	60,000
기계 보험료	가격	200,000	80,000	70,000	50,000
계		1,880,000	870,000	555,000	455,000
기계운전시간			2,500시간	1,500시간	1,000시간
기계율			₩348	₩370	₩455

* 인원수 : 5명 + 3명 + 2명 = 10명
면적 : 50㎡ + 20㎡ + 30㎡ = 100㎡
마력수×운전시간 : 10마력×2,500시간 + 6마력×1,500시간 + 6마력×1,000시간 = 40,000시간
가격 : ₩800,000 + ₩700,000 + ₩500,000 = ₩2,000,000
기계율 계산 [예] A기계 : ₩870,000÷2,500시간 = @₩348

∴ 丙제품에 대한 제조간접비 배부액

= 400시간×@₩348 + 300시간×@₩370 + 200시간×@₩455 = ₩341,200

(차)			(대)	
	甲제조(재공품)	×××	A기계	870,000
	乙제조(재공품)	×××	B기계	555,000
	丙제조(재공품)	341,200	C기계	455,000

▌보론 ▌상호배부법(행렬대수 등)

연속상호배부법의 문제를 연립방정식으로 설정하여 대입법, 가감법, 행렬식(행렬대수) 등을 이용하여 연립방정식의 해를 계산한다. 일반적으로, 보조부문의 수가 2~3개라면 대입법이나 가감법을 이용하나, 보조부문의 수가 4개 이상이라면 행렬식(형렬대수)을 이용한다. 보조부문의 수가 4개 이상이라고 할 때, 연속상호배부법의 문제를 연립방정식으로 설정하여 연립방정식의 해와 보조부문비의 배부액을 수작업으로 계산한다는 것은 쉽지 않다. 이에 연속상호배부법의 문제를 행렬식(행렬대수 이용)으로 설정하고 역행렬과 형렬승을 컴퓨터에 의해 계산하여 연립방정식의 해와 보조부문비의 배부액을 계산하면 된다.15)

예제 1

각 부문의 발생원가와 각 부문에 대한 배부율은 아래와 같다.

부문비 배부표 (단위 : 원)

	합 계	제조부문		보조부문		
		P_1	P_2	S_1	S_2	S_3
부문비 합계	91,000	20,000	40,000	8,000	18,000	5,000

용역제공 \ 용역사용	제조부문		보조부문			합 계
	P_1	P_2	S_1	S_2	S_3	
S_1	40%	40%	-	10%	10%	100%
S_2	10	80	-	-	10	100
S_3	30	20	10%	40	-	100

계수행렬의 역행렬은 다음과 같다.

$$\begin{pmatrix} 1 & 0 & 0.4542 & 0.1401 & 0.4015 \\ 0 & 1 & 0.5458 & 0.8599 & 0.5985 \\ 0 & 0 & 1.0116 & 0.0105 & 0.1054 \\ 0 & 0 & 0.1475 & 1.0432 & 0.4320 \\ 0 & 0 & 0.1159 & 0.1504 & 1.0537 \end{pmatrix}$$

물음

1. 부문비 배부표의 보조부문비를 상호배부법(연립방정식 이용)에 의하여 제조부문에 배부하시오.
2. 부문비 배부표의 보조부문비를 상호배부법(행렬대수 이용)에 의하여 제조부문에 배부하시오.

해답

1. 연립방정식(대입법) 이용

S_1, S_2, S_3를 3개 보조부문의 배부 후 원가라고 하자. S_1, S_2, S_3에 대한 연립방정식을 설정한다.

---

15) 계수행렬의 역행렬은 인터넷에서의 검색 결과(https://matrixcalc.org/ko/slu.html)인 「연립선형방정식 풀기」 계산기를 활용하였다.

S_1 = ₩8,000 + 0.1S_3 ⋯ ①

S_2 = ₩18,000 + 0.1S_1 + 0.4S_3 ⋯ ②

S_3 = ₩5,000 + 0.1S_1 + 0.1S_2 ⋯ ③

①, ②를 ③에 대입하고, 이어서 괄호를 풀어서 정리하면

S_3 = ₩5,000 + 0.1(₩8,000 + 0.1S_3) + 0.1(₩18,000 + 0.1S_1 + 0.4S_3)

S_3 = ₩5,000 + ₩800 + 0.01S_3 + ₩1,800 + 0.01S_1 + 0.04S_3

S_3 = ₩7,600 + 0.01S_1 + 0.05S_3 ⋯ ④

④의 우변 S_1에 '₩8,000 + 0.1S_3'을 대입하면

S_3 = ₩7,600 + 0.01(₩8,000 + 0.1S_3) + 0.05S_3

S_3 = ₩7,680 + 0.051S_3

따라서 0.949S_3 = ₩7,680이고, S_3≒₩8,093이다.

이제 S_3 = ₩8,093을 ①에 대입하면

'S_1≒₩8,000 + 0.1(₩8,093)'으로, S_1≒₩8,809이다.

또한 S_1 = ₩8,809와 S_3 = ₩8,093을 ②에 대입하면,

'S_2 = ₩18,000 + 0.1(₩8,809) + 0.4(₩8,093)'으로, S_2≒₩22,118이다.

마지막으로, 보조부문의 원가는 배부 후의 각 부문비를 나타내는 S_1 = ₩8,809, S_2 = ₩22,118, S_3 = ₩8,093을 이용하여 다른 부문에 배부된다.

	제조부문		보조부문		
	P_1	P_2	S_1	S_2	S_3
각 부문의 발생원가	₩20,000	₩40,000	₩8,000	₩18,000	₩5,000
보조부문비 배부					
S_1	3,523.5[1)]	3,523.5	(8,809)	881	881
S_2	2,212.0[2)]	17,694.0	-	(22,118)	2,212
S_3	2,428.0[3)]	1,619.0	809	3,237	(8,093)
계	₩28,163.5	₩62,836.5	₩0	₩0	₩0

* 1) ₩8,809×0.4 = ₩3,523.5
2) ₩22,118×0.1 = ₩2,212
3) ₩8,093×0.3 = ₩2,428

(차)			(대)	
P_1 제조부문비	8,163.5		S_1 보조부문비	8,000
P_2 제조부문비	22,836.5		S_2 보조부문비	18,000
			S_3 보조부문비	5,000

* ₩28,163.5 - ₩20,000 = ₩8,163.5, ₩62,836.5 - ₩40,000 = ₩22,836.5

2. 행렬대수 이용

제1단계 : 원가 관계를 방정식으로 설정한다.

P_1 = ₩20,000 + 0×P_2 + 0.4×S_1 + 0.1×S_2 + 0.3×S_3

P_2 = ₩40,000 + 0×P_1 + 0.4×S_1 + 0.8×S_2 + 0.2×S_3

S_1 = ₩8,000 + 0×P_1 + 0.0×P_2 + 0.0×S_2 + 0.1×S_3

S_2 = ₩18,000 + 0×P_1 + 0.0×P_2 + 0.1×S_1 + 0.4×S_3

S_3 = ₩5,000 + 0×P_1 + 0.0×P_2 + 0.1×S_1 + 0.1×S_2

제2단계 : 위의 방정식을 행렬 형태로 표시한다.

1×P_1 - 0×P_2 - 0.4×S_1 - 0.1×S_2 - 0.3×S_3 = ₩20,000

- 0×P_1 + 1×P_2 - 0.4×S_1 - 0.8×S_2 - 0.2×S_3 = ₩40,000

$-0 \times P_1 - 0 \times P_2 + 1.0 \times S_1 - 0.0 \times S_2 - 0.1 \times S_3 =$ ₩8,000

$-0 \times P_1 - 0 \times P_2 - 0.1 \times S_1 + 1.0 \times S_2 - 0.4 \times S_3 =$ ₩18,000

$-0 \times P_1 - 0 \times P_2 - 0.1 \times S_1 - 0.1 \times S_2 + 1.0 \times S_3 =$ ₩5,000

제3단계 : 위의 방정식을 행렬대수로 표시한다.

$$\begin{pmatrix} 1 & 0 & -0.4 & -0.1 & -0.3 \\ 0 & 1 & -0.4 & -0.8 & -0.2 \\ 0 & 0 & 1 & 0 & -0.1 \\ 0 & 0 & -0.1 & 1 & -0.4 \\ 0 & 0 & -0.1 & -0.1 & 1 \end{pmatrix} \times \begin{pmatrix} P_1 \\ P_2 \\ S_1 \\ S_2 \\ S_3 \end{pmatrix} = \begin{pmatrix} ₩20,000 \\ 40,000 \\ 8,000 \\ 18,000 \\ 5,000 \end{pmatrix}$$

제4단계 : 계수행렬의 역행렬(문제 제시됨)을 활용한다.

$$\begin{pmatrix} P_1 \\ P_2 \\ S_3 \\ S_4 \\ S_5 \end{pmatrix} = \begin{pmatrix} 1 & 0 & -0.4 & -0.1 & -0.3 \\ 0 & 1 & -0.4 & -0.8 & -0.2 \\ 0 & 0 & 1 & 0 & -0.1 \\ 0 & 0 & -0.1 & 1 & -0.4 \\ 0 & 0 & -0.1 & -0.1 & 1 \end{pmatrix}^{-1} \times \begin{pmatrix} ₩20,000 \\ 40,000 \\ 8,000 \\ 18,000 \\ 5,000 \end{pmatrix}$$

$$\begin{pmatrix} P_1 \\ P_2 \\ S_3 \\ S_4 \\ S_5 \end{pmatrix} = \begin{pmatrix} 1 & 0 & 0.4542 & 0.1401 & 0.4015 \\ 0 & 1 & 0.5458 & 0.8599 & 0.5985 \\ 0 & 0 & 1.0116 & 0.0105 & 0.1054 \\ 0 & 0 & 0.1475 & 1.0432 & 0.4320 \\ 0 & 0 & 0.1159 & 0.1504 & 1.0537 \end{pmatrix} \times \begin{pmatrix} ₩20,000 \\ 40,000 \\ 8,000 \\ 18,000 \\ 5,000 \end{pmatrix}$$

제5단계 : 행렬연산원리에 따라 각 부문비를 계산한다.

P_1 : $1 \times 20,000 + 0 \times 40,000 + 0.4542 \times 8,000 + 0.1401 \times 18,000 + 0.4015 \times 5,000 = 28,162.9$

P_2 : $0 \times 20,000 + 1 \times 40,000 + 0.5458 \times 8,000 + 0.8599 \times 18,000 + 0.5985 \times 5,000 = 62,837.1$

S_1 : $0 \times 20,000 + 0 \times 40,000 + 1.0116 \times 8,000 + 0.0105 \times 18,000 + 0.1054 \times 5,000 = 8,808.8$

S_2 : $0 \times 20,000 + 0 \times 40,000 + 0.1475 \times 8,000 + 1.0432 \times 18,000 + 0.4320 \times 5,000 = 22,117.6$

S_3 : $0 \times 20,000 + 0 \times 40,000 + 0.1159 \times 8,000 + 0.1504 \times 18,000 + 1.0537 \times 5,000 = 8,092.9$

(차)	P_1 제조부문비	8,162.9	(대)	S_1 보조부문비	8,000
	P_2 제조부문비	22,837.1		S_2 보조부문비	18,000
				S_3 보조부문비	5,000

제6단계 : 제조부문비의 합계인 ₩28,162.9 + ₩62,837.1 = ₩91,000이 각 부문발생원가의 합계인 ₩20,000 + ₩40,000 + ₩8,000 + ₩18,000 + ₩5,000 = ₩91,000과 일치하는가를 검증한다. 양자가 ₩91,000으로 정확하게 일치한다.

[저자 주]

연립방정식에 따라 산출한 각 부문비는 P_1 = ₩28,163.5, P_2 = ₩62,836.5, S_1 = ₩8,809, S_2 = ₩22,118, S_3 = ₩8,093이다.

행렬연산원리에 따라 산출한 각 부문비는 P_1 = ₩28,162.9, P_2 = ₩62,837.1, S_1 = ₩8,808.8, S_2 = ₩22,117.6, S_3 = ₩8,092.9이다.

행렬대수를 이용(컴퓨터 활용)하여 산출한 각 부문비는 P_1 = ₩28,163.3, P_2 = ₩62,836.7, S_1 = ₩8,809.3, S_2 = ₩22,118, S_3 = ₩8,092.7이다.

예제 2

각 부문의 발생원가와 각 부문에 대한 배부율은 아래와 같다.

부문비 배부표 (단위 : 원)

	합 계	제조부문			보조부문		
		P_1	P_2	P_3	S_1	S_2	S_3
부문비 합계	505,000	210,000	140,000	80,000	45,000	20,000	10,000

용역제공 \ 용역사용	제조부문			보조부문			합 계
	P_1	P_2	P_3	S_1	S_2	S_3	
S_1	33%	45%	7%	-	10%	5%	100%
S_2	50	25	10	5%	-	10	100
S_3	25	67	8	-	-	-	100

계수행렬의 역행렬은 다음과 같다.

$$\begin{pmatrix} 1 & 0 & 0 & 0.3970 & 0.5448 & 0.25 \\ 0 & 1 & 0 & 0.5178 & 0.3429 & 0.67 \\ 0 & 0 & 1 & 0.0852 & 0.1123 & 0.08 \\ 0 & 0 & 0 & 1.0050 & 0.0503 & 0 \\ 0 & 0 & 0 & 0.1005 & 1.0050 & 0 \\ 0 & 0 & 0 & 0.0603 & 0.1030 & 1 \end{pmatrix}$$

물음

1. 부문비 배부표의 보조부문비를 상호배부법(연립방정식 이용)에 의하여 제조부문에 배부하시오.
2. 부문비 배부표의 보조부문비를 상호배부법(행렬대수 이용)에 의하여 제조부문에 배부하시오.

해답

1. 연립방정식(가감법) 이용

S_1, S_2, S_3를 3개 보조부문의 배부 후 원가라고 하자. S_1, S_2, S_3에 대한 연립방정식을 설정한다.

$S_1 = ₩45,000 + 0.05S_2$ ⋯ ①

$S_2 = ₩20,000 + 0.1S_1$ ⋯ ②

$S_3 = ₩10,000 + 0.05S_1 + 0.1S_2$ ⋯ ③

①, ②, ③을 ④, ⑤, ⑥과 같이 재배열한다.

$S_1 - 0.05S_2 = ₩45,000$ ⋯ ④

$-0.1S_1 + S_2 = ₩20,000$ ⋯ ⑤

$-0.05S_1 - 0.1S_2 + S_3 = ₩10,000$ ⋯ ⑥

⑤의 양변에 '×10'을 한 다음, ④와 더해서 S_1을 소거한다.

$S_1 - 0.05S_2 = ₩45,000$

$-S_1 + 10S_2 = ₩200,000$

$9.95S_2 = ₩245,000$ ⋯ ⑦

④의 양변에 '×5'를 하고, ⑥의 양변에 '×100'을 한 다음, S_1을 소거한다.

$5S_1 - 0.25S_2 = ₩225,000$

$-5S_1 - 10S_2 + 100S_3 = ₩1,000,000$

$-10.25S_2 + 100S_3 = ₩1,225,000$ ⋯ ⑧

이렇게 하여 ④와 ⑤ 및 ④와 ⑥에 있는 S_1을 소거하였다. 다음에는 ⑦과 ⑧에 있는 S_2를 소거하자. ⑦의 양변에 '×10.25'를 하고, ⑧의 양변에 '×9.95'를 하여 S_2를 소거한다.

$$
\begin{array}{rl}
101.9875S_2 & = ₩2,511,250 \\
-101.9875S_2 + 995S_3 & = ₩12,188,750 \\
\hline
995S_3 & = ₩14,700,000
\end{array}
$$

따라서 S_3≒₩14,773.9이다. ⑧의 S_3에 ₩14,773.9를 대입하면 '$-10.25S_2 + 100$(₩14,773.9) = ₩1,225,000'으로 S_2 = ₩24,623.1이다. ①의 S_2에 ₩24,623.1를 대입하면 'S_1 = ₩45,000 + 0.05 (₩24,623.1)'으로 S_1 = ₩46,231.2이다.

마지막으로, 보조부문의 원가는 배부 후의 각 부문비를 나타내는 S_1 = ₩46,231.2, S_2 = ₩24,623.1, S_3 = ₩14,773.9를 이용하여 다른 부문에 배부된다.

	제조부문			보조부문		
	P_1	P_2	P_3	S_1	S_2	S_3
각 부문의 발생원가	₩210,000	₩140,000	₩80,000	₩45,000	₩20,000	₩10,000
보조부문비 배부						
S_1	15,256.3[1]	20,804.0	3,236.2	(46,231.2)	4,623.1	2,311.6
S_2	12,311.5[2]	6,155.8	2,462.3	1,231.2	(24,623.1)	2,462.3
S_3	3,693.5[3]	9,898.5	1,181.9	-	-	(14,773,9)
계	₩241,261.3	₩176,858.3	₩86,880.4	₩0	₩0	₩0

* 1) ₩46,231.2×0.33 = ₩15,256.3
2) ₩24,623.1×0.5 = ₩12,311.5
3) ₩14,773.9×0.25 = ₩3,693.5

(차) P_1 제조부문비	31,261.3	(대) S_1 보조부문비	45,000
P_2 제조부문비	36,858.3	S_2 보조부문비	20,000
P_3 제조부문비	6,880.4	S_3 보조부문비	10,000

* ₩241,261.3 - ₩210,000 = ₩31,261.3, ₩176,858.3 - ₩140,000 = ₩36,858.3
₩86,880.4 - ₩80,000 = ₩6,880.4

2. 행렬대수 이용

제1단계 : 원가 관계를 방정식으로 설정한다.

$$
\begin{aligned}
P_1 &= ₩210,000 + 0×P_2 + 0×P_3 + 0.33×S_1 + 0.50×S_2 + 0.25×S_3 \\
P_2 &= ₩140,000 + 0×P_1 + 0×P_3 + 0.45×S_1 + 0.25×S_2 + 0.67×S_3 \\
P_3 &= ₩80,000 + 0×P_1 + 0×P_2 + 0.07×S_1 + 0.10×S_2 + 0.08×S_3 \\
S_1 &= ₩45,000 + 0×P_1 + 0×P_2 + 0.00×P_3 + 0.05×S_2 + 0.00×S_3 \\
S_2 &= ₩20,000 + 0×P_1 + 0×P_2 + 0.00×P_3 + 0.10×S_1 + 0.00×S_3 \\
S_3 &= ₩10,000 + 0×P_1 + 0×P_2 + 0.00×P_3 + 0.05×S_1 + 0.10×S_2
\end{aligned}
$$

제2단계 : 위의 방정식을 행렬 형태로 표시한다.

$$
\begin{aligned}
1×P_1 - 0×P_2 - 0×P_3 - 0.33×S_1 - 0.50×S_2 - 0.25×S_3 &= ₩210,000 \\
-0×P_1 + 1×P_2 - 0×P_3 - 0.45×S_1 - 0.25×S_2 - 0.67×S_3 &= ₩140,000 \\
-0×P_1 - 0×P_2 + 1×P_3 - 0.07×S_1 - 0.10×S_2 - 0.08×S_3 &= ₩80,000 \\
-0×P_1 - 0×P_2 - 0×P_3 + 1.00×S_1 - 0.05×S_2 - 0.00×S_3 &= ₩45,000 \\
-0×P_1 - 0×P_2 - 0×P_3 - 0.10×S_1 + 1.00×S_2 - 0.00×S_3 &= ₩20,000 \\
-0×P_1 - 0×P_2 - 0×P_3 - 0.05×S_1 - 0.10×S_2 + 1.00×S_3 &= ₩10,000
\end{aligned}
$$

제3단계 : 위의 방정식을 행렬대수로 표시한다.

$$\begin{pmatrix} 1 & 0 & 0 & -0.33 & -0.5 & -0.25 \\ 0 & 1 & 0 & -0.45 & -0.25 & -0.67 \\ 0 & 0 & 1 & -0.07 & -0.1 & -0.08 \\ 0 & 0 & 0 & 1 & -0.05 & 0 \\ 0 & 0 & 0 & -0.1 & 1 & 0 \\ 0 & 0 & 0 & -0.05 & -0.1 & 1 \end{pmatrix} \times \begin{pmatrix} P_1 \\ P_2 \\ P_3 \\ S_1 \\ S_2 \\ S_3 \end{pmatrix} = \begin{pmatrix} ₩210{,}000 \\ 140{,}000 \\ 80{,}000 \\ 45{,}000 \\ 20{,}000 \\ 10{,}000 \end{pmatrix}$$

제4단계 : 계수행렬의 역행렬(문제 제시됨)을 활용한다.

$$\begin{pmatrix} P_1 \\ P_2 \\ P_3 \\ S_1 \\ S_2 \\ S_3 \end{pmatrix} = \begin{pmatrix} 1 & 0 & 0 & -0.33 & -0.5 & -0.25 \\ 0 & 1 & 0 & -0.45 & -0.25 & -0.67 \\ 0 & 0 & 1 & -0.07 & -0.1 & -0.08 \\ 0 & 0 & 0 & 1 & -0.05 & 0 \\ 0 & 0 & 0 & -0.1 & 1 & 0 \\ 0 & 0 & 0 & -0.05 & -0.1 & 1 \end{pmatrix}^{-1} \times \begin{pmatrix} ₩210{,}000 \\ 140{,}000 \\ 80{,}000 \\ 45{,}000 \\ 20{,}000 \\ 10{,}000 \end{pmatrix}$$

$$\begin{pmatrix} P_1 \\ P_2 \\ P_3 \\ S_1 \\ S_2 \\ S_3 \end{pmatrix} = \begin{pmatrix} 1 & 0 & 0 & 0.3970 & 0.5448 & 0.25 \\ 0 & 1 & 0 & 0.5178 & 0.3429 & 0.67 \\ 0 & 0 & 1 & 0.0852 & 0.1123 & 0.08 \\ 0 & 0 & 0 & 1.0050 & 0.0503 & 0 \\ 0 & 0 & 0 & 0.1005 & 1.0050 & 0 \\ 0 & 0 & 0 & 0.0603 & 0.1030 & 1 \end{pmatrix} \times \begin{pmatrix} ₩210{,}000 \\ 140{,}000 \\ 80{,}000 \\ 45{,}000 \\ 20{,}000 \\ 10{,}000 \end{pmatrix}$$

제5단계 : 행렬연산원리에 따라 각 부문비를 계산한다.

P_1 : $1 \times 210{,}000 + 0 \times 140{,}000 + 0 \times 80{,}000 + 0.3970 \times 45{,}000 + 0.5448 \times 20{,}000 + 0.25 \times 10{,}000 = 241{,}261$

P_2 : $0 \times 210{,}000 + 1 \times 140{,}000 + 0 \times 80{,}000 + 0.5178 \times 45{,}000 + 0.3429 \times 20{,}000 + 0.67 \times 10{,}000 = 176{,}859$

P_3 : $0 \times 210{,}000 + 0 \times 140{,}000 + 1 \times 80{,}000 + 0.0852 \times 45{,}000 + 0.1123 \times 20{,}000 + 0.08 \times 10{,}000 = 86{,}880$

S_1 : $0 \times 210{,}000 + 0 \times 140{,}000 + 0 \times 80{,}000 + 1.0050 \times 45{,}000 + 0.0503 \times 20{,}000 + 0.00 \times 10{,}000 = 46{,}231$

S_2 : $0 \times 210{,}000 + 0 \times 140{,}000 + 0 \times 80{,}000 + 0.1005 \times 45{,}000 + 1.0050 \times 20{,}000 + 0.00 \times 10{,}000 = 24{,}622.5$

S_3 : $0 \times 210{,}000 + 0 \times 140{,}000 + 0 \times 80{,}000 + 0.0603 \times 45{,}000 + 0.1030 \times 20{,}000 + 1.00 \times 10{,}000 = 14{,}773.5$

(차)	P_1 제조부문비	31,261	(대)	S_1 보조부문비	45,000
	P_2 제조부문비	36,859		S_2 보조부문비	20,000
	P_3 제조부문비	6,880		S_3 보조부문비	10,000

제6단계 : 제조부문비의 합계인 ₩241,261 + ₩176,859 + ₩86,880 = ₩505,000이 각 부문발생원가의 합계인 ₩210,000 + ₩140,000 + ₩80,000 + ₩45,000 + ₩20,000 + ₩10,000 = ₩505,000과 일치하는가를 검증한다. 양자가 ₩505,000으로 정확하게 일치한다.

[저자 주]
가감법에 따라 산출한 각 부문비는 P_1 = ₩241,261.3, P_2 = ₩176,858.3, P_3 = ₩86,880.4, S_1 = ₩46,231.2, S_2 = ₩24,623.1, S_3 = ₩14,773.9이다.
행렬연산원리에 따라 산출한 각 부문비는 P_1 = ₩241,261, P_2 = ₩176,859, P_3 = ₩86,880, S_1 = ₩46,231, S_2 = ₩24,622.5, S_3 = ₩14,773.5이다.
행렬대수를 이용(컴퓨터 활용)하여 산출한 각 부문비는 P_1 = ₩241,261.3, P_2 = ₩176,858.3, P_3 = ₩86,880.4, S_1 = ₩46,231.2, S_2 = ₩24,623.1, S_3 = ₩14,773.9이다.

예제 3

각 부문의 발생원가와 각 부문에 대한 배부율은 아래와 같다.

부문비 배부표 (단위 : 원)

	합 계	제조부문				보조부문				
		P_1	P_2	P_3	P_4	S_1	S_2	S_3	S_4	S_5
부문비 합계	6,945,000	1,450,000	160,000	125,000	2,800,000	250,000	830,000	375,000	210,000	745,000

용역사용 / 용역제공	제조부문				보조부문					합 계
	P_1	P_2	P_3	P_4	S_1	S_2	S_3	S_4	S_5	
S_1	30%	10%	5%	40%	-	5%	10%	-	-	100%
S_2	5	2	2	71	10%	-	-	10%	-	100
S_3	25	5	4	43	15	-	-	5	3%	100
S_4	36	10	8	34	-	-	-	-	12	100
S_5	9	4	3	66	10	-	-	8	-	100

계수행렬의 역행렬은 다음과 같다.

$$\begin{pmatrix} 1 & 0 & 0 & 0 & 0.3385 & 0.1217 & 0.3243 & 0.3785 & 0.1541 \\ 0 & 1 & 0 & 0 & 0.1094 & 0.0417 & 0.0736 & 0.1071 & 0.0595 \\ 0 & 0 & 1 & 0 & 0.0571 & 0.0342 & 0.0541 & 0.0851 & 0.0425 \\ 0 & 0 & 0 & 1 & 0.4949 & 0.8024 & 0.5480 & 0.4293 & 0.7438 \\ 0 & 0 & 0 & 0 & 1.0208 & 0.1033 & 0.1568 & 0.0124 & 0.1031 \\ 0 & 0 & 0 & 0 & 0.0510 & 1.0052 & 0.0078 & 0.0006 & 0.0052 \\ 0 & 0 & 0 & 0 & 0.1021 & 0.0103 & 1.0157 & 0.0012 & 0.0103 \\ 0 & 0 & 0 & 0 & 0.0106 & 0.1020 & 0.0545 & 1.0098 & 0.0818 \\ 0 & 0 & 0 & 0 & 0.0043 & 0.0126 & 0.0370 & 0.1212 & 1.0101 \end{pmatrix}$$

물음

1. 부문비 배부표의 보조부문비를 상호배부법(행렬대수 이용)에 의하여 제조부문에 배부하시오.
2. 부문비 배부표의 보조부문비를 상호배부법[1차 배부(상호배부법)와 2차 배부(직접배부법) 이용]에 의하여 제조부문에 배부하시오.

해답

1. 행렬대수 이용

제1단계 : 원가 관계를 방정식으로 설정한다.

$P_1 = ₩1,450,000 + 0 \times P_2 + 0 \times P_3 + 0 \times P_4 + 0.30 \times S_1 + 0.05 \times S_2 + 0.25 \times S_3 + 0.36 \times S_4 + 0.09 \times S_5$

$P_2 = ₩160,000 + 0 \times P_1 + 0 \times P_3 + 0 \times P_4 + 0.10 \times S_1 + 0.02 \times S_2 + 0.05 \times S_3 + 0.10 \times S_4 + 0.04 \times S_5$

$P_3 = ₩125,000 + 0 \times P_1 + 0 \times P_2 + 0 \times P_4 + 0.05 \times S_1 + 0.02 \times S_2 + 0.04 \times S_3 + 0.08 \times S_4 + 0.03 \times S_5$

$P_4 = ₩2,800,000 + 0 \times P_1 + 0 \times P_2 + 0 \times P_3 + 0.40 \times S_1 + 0.71 \times S_2 + 0.43 \times S_3 + 0.34 \times S_4 + 0.66 \times S_5$

$S_1 = ₩250,000 + 0 \times P_1 + 0 \times P_2 + 0 \times P_3 + 0.00 \times P_4 + 0.10 \times S_2 + 0.15 \times S_3 + 0.00 \times S_4 + 0.10 \times S_5$

$S_2 = ₩830,000 + 0 \times P_1 + 0 \times P_2 + 0 \times P_3 + 0.00 \times P_4 + 0.05 \times S_1 + 0.00 \times S_3 + 0.00 \times S_4 + 0.00 \times S_5$

$S_3 = ₩375,000 + 0 \times P_1 + 0 \times P_2 + 0 \times P_3 + 0.00 \times P_4 + 0.10 \times S_1 + 0.00 \times S_2 + 0.00 \times S_4 + 0.00 \times S_5$

$S_4 = ₩210,000 + 0 \times P_1 + 0 \times P_2 + 0 \times P_3 + 0.00 \times P_4 + 0.00 \times S_1 + 0.10 \times S_2 + 0.05 \times S_3 + 0.08 \times S_5$

$S_5 = ₩745,000 + 0 \times P_1 + 0 \times P_2 + 0 \times P_3 + 0.00 \times P_4 + 0.00 \times S_1 + 0.00 \times S_2 + 0.03 \times S_3 + 0.12 \times S_4$

제2단계 : 위의 방정식을 행렬 형태로 표시한다.

$$1\times P_1-0\times P_2-0\times P_3-0\times P_4-0.30\times S_1-0.05\times S_2-0.25\times S_3-0.36\times S_4-0.09\times S_5=₩1,450,000$$
$$-0\times P_1+1\times P_2-0\times P_3-0\times P_4-0.10\times S_1-0.02\times S_2-0.05\times S_3-0.10\times S_4-0.04\times S_5=₩160,000$$
$$-0\times P_1-0\times P_2+1\times P_3-0\times P_4-0.05\times S_1-0.02\times S_2-0.04\times S_3-0.08\times S_4-0.03\times S_5=₩125,000$$
$$-0\times P_1-0\times P_2-0\times P_3+1\times P_4-0.40\times S_1-0.71\times S_2-0.43\times S_3-0.34\times S_4-0.66\times S_5=₩2,800,000$$
$$-0\times P_1-0\times P_2-0\times P_3-0\times P_4+1.00\times S_1-0.10\times S_2-0.15\times S_3-0.00\times S_4-0.10\times S_5=250,000$$
$$-0\times P_1-0\times P_2-0\times P_3-0\times P_4-0.05\times S_1+1.00\times S_2-0.00\times S_3-0.00\times S_4-0.00\times S_5=830,000$$
$$-0\times P_1-0\times P_2-0\times P_3-0\times P_4-0.10\times S_1-0.00\times S_2+1.00\times S_3-0.00\times S_4-0.00\times S_5=₩375,000$$
$$-0\times P_1-0\times P_2-0\times P_3-0\times P_4-0.00\times S_1-0.10\times S_2-0.05\times S_3+1.00\times S_4-0.08\times S_5=₩210,000$$
$$-0\times P_1-0\times P_2-0\times P_3-0\times P_4-0.00\times S_1-0.00\times S_2-0.03\times S_3-0.12\times S_4+1.00\times S_5=₩745,000$$

제3단계 : 위의 방정식을 행렬대수로 표시한다.

$$\begin{pmatrix} 1 & 0 & 0 & 0 & -0.3 & -0.05 & -0.25 & -0.36 & -0.09 \\ 0 & 1 & 0 & 0 & -0.1 & -0.02 & -0.05 & -0.1 & -0.04 \\ 0 & 0 & 1 & 0 & -0.05 & -0.02 & -0.04 & -0.08 & -0.03 \\ 0 & 0 & 0 & 1 & -0.4 & -0.71 & -0.43 & -0.34 & -0.66 \\ 0 & 0 & 0 & 0 & 1 & -0.1 & -0.15 & 0 & -0.1 \\ 0 & 0 & 0 & 0 & -0.05 & 1 & 0 & 0 & 0 \\ 0 & 0 & 0 & 0 & -0.1 & 0 & 1 & 0 & 0 \\ 0 & 0 & 0 & 0 & 0 & -0.1 & -0.05 & 1 & -0.08 \\ 0 & 0 & 0 & 0 & 0 & 0 & -0.03 & -0.12 & 1 \end{pmatrix} \times \begin{pmatrix} P_1 \\ P_2 \\ P_3 \\ P_4 \\ S_1 \\ S_2 \\ S_3 \\ S_4 \\ S_5 \end{pmatrix} = \begin{pmatrix} ₩1,450,000 \\ 160,000 \\ 125,000 \\ 2,800,000 \\ 250,000 \\ 830,000 \\ 375,000 \\ 210,000 \\ 745,000 \end{pmatrix}$$

제4단계 : 계수행렬의 역행렬(문제 제시됨)을 활용한다.

$$\begin{pmatrix} P_1 \\ P_2 \\ P_3 \\ P_4 \\ S_1 \\ S_2 \\ S_3 \\ S_4 \\ S_5 \end{pmatrix} = \begin{pmatrix} 1 & 0 & 0 & 0 & -0.3 & -0.05 & -0.25 & -0.36 & -0.09 \\ 0 & 1 & 0 & 0 & -0.1 & -0.02 & -0.05 & -0.1 & -0.04 \\ 0 & 0 & 1 & 0 & -0.05 & -0.02 & -0.04 & -0.08 & -0.03 \\ 0 & 0 & 0 & 1 & -0.4 & -0.71 & -0.43 & -0.34 & -0.66 \\ 0 & 0 & 0 & 0 & 1 & -0.1 & -0.15 & 0 & -0.1 \\ 0 & 0 & 0 & 0 & -0.05 & 1 & 0 & 0 & 0 \\ 0 & 0 & 0 & 0 & -0.1 & 0 & 1 & 0 & 0 \\ 0 & 0 & 0 & 0 & 0 & -0.1 & -0.05 & 1 & -0.08 \\ 0 & 0 & 0 & 0 & 0 & 0 & -0.03 & -0.12 & 1 \end{pmatrix}^{-1} \times \begin{pmatrix} ₩1,450,000 \\ 160,000 \\ 125,000 \\ 2,800,000 \\ 250,000 \\ 830,000 \\ 375,000 \\ 210,000 \\ 745,000 \end{pmatrix}$$

$$\begin{pmatrix} P_1 \\ P_2 \\ P_3 \\ P_4 \\ S_1 \\ S_2 \\ S_3 \\ S_4 \\ S_5 \end{pmatrix} = \begin{pmatrix} 1 & 0 & 0 & 0 & 0.3385 & 0.1217 & 0.3243 & 0.3785 & 0.1541 \\ 0 & 1 & 0 & 0 & 0.1094 & 0.0417 & 0.0736 & 0.1071 & 0.0595 \\ 0 & 0 & 1 & 0 & 0.0571 & 0.0342 & 0.0541 & 0.0851 & 0.0425 \\ 0 & 0 & 0 & 1 & 0.4949 & 0.8024 & 0.5480 & 0.4293 & 0.7438 \\ 0 & 0 & 0 & 0 & 1.0208 & 0.1033 & 0.1568 & 0.0124 & 0.1031 \\ 0 & 0 & 0 & 0 & 0.0510 & 1.0052 & 0.0078 & 0.0006 & 0.0052 \\ 0 & 0 & 0 & 0 & 0.1021 & 0.0103 & 1.0157 & 0.0012 & 0.0103 \\ 0 & 0 & 0 & 0 & 0.0106 & 0.1020 & 0.0545 & 1.0098 & 0.0818 \\ 0 & 0 & 0 & 0 & 0.0043 & 0.0126 & 0.0370 & 0.1212 & 1.0101 \end{pmatrix} \times \begin{pmatrix} ₩1,450,000 \\ 160,000 \\ 125,000 \\ 2,800,000 \\ 250,000 \\ 830,000 \\ 375,000 \\ 210,000 \\ 745,000 \end{pmatrix}$$

제5단계 : 행렬연산원리에 따라 각 부문비를 계산한다.

P_1 : 1×1,450,000+0×160,000+0×125,000+0×2,800,000+0.3385×250,000+0.1217×830,000+0.3243×375,000+0.3785×210,000+0.1541×745,000=1,951,538

P_2 : 0×1,450,000+1×160,000+0×125,000+0×2,800,000+0.1094×250,000+0.0417×830,000+0.0736×375,000+0.1071×210,000+0.0595×745,000=316,379.5

P_3 : 0×1,450,000+0×160,000+1×125,000+0×2,800,000+0.0571×250,000+0.0342×830,000+0.0541×375,000+0.0851×210,000+0.0425×745,000=237,482

P_4 : 0×1,450,000+0×160,000+0×125,000+1×2,800,000+0.4949×250,000+0.8024×830,000+0.5480×375,000+0.4293×210,000+0.7438×745,000=4,439,501

S_1 : 0×1,450,000+0×160,000+0×125,000+0×2,800,000+1.0208×250,000+0.1033×830,000+0.1568×375,000+0.0124×210,000+0.1031×745,000=479,152.5

S_2 : 0×1,450,000+0×160,000+0×125,000+0×2,800,000+0.0510×250,000+1.0052×830,000+0.0078×375,000+0.0006×210,000+0.0052×745,000=853,991

S_3 : 0×1,450,000+0×160,000+0×125,000+0×2,800,000+0.1021×250,000+0.0103×830,000+1.0157×375,000+0.0012×210,000+0.0103×745,000=422,887

S_4 : 0×1,450,000+0×160,000+0×125,000+0×2,800,000+0.0106×250,000+0.1020×830,000+0.0545×375,000+1.0098×210,000+0.0818×745,000=380,746.5

S_5 : 0×1,450,000+0×160,000+0×125,000+0×2,800,000+0.0043×250,000+0.0126×830,000+0.0370×375,000+0.1212×210,000+1.0101×745,000=803,384.5

(차)	P_1 제조부문비	501,538.0	(대) S_1 보조부문비	250,000
	P_2 제조부문비	156,379.5	S_2 보조부문비	830,000
	P_3 제조부문비	112,482.0	S_3 보조부문비	375,000
	P_4 제조부문비	1,639,501.0	S_4 보조부문비	210,000
			S_5 보조부문비	745,000

* ₩1,951,538 - ₩1,450,000 = ₩501,538, ₩316,379.5 - ₩160,000 = ₩156,379.5
₩237,482 - ₩125,000 = ₩112,482, ₩4,439,501 - ₩2,800,000 = ₩1,639,501

* 소수점 다섯째 자리에서 반올림해서 계산해 본 결과, 차변 합계액은 ₩2,409,900.5이다. 이는 대변 합계액(₩2,410,000)과 불일치하다. 즉 ₩99.5 차액이 발생하다. 참고로, 소수점 여섯째 자리에서 반올림해서 계산해 본 결과, 차변 합계액은 ₩2,410,003.75이다.

제6단계 : 제조부문비의 합계인 ₩1,951,538 + ₩316,379.5 + ₩237,482 + ₩4,439,501 ≒ ₩6,945,000이 각 부문발생원가의 합계인 ₩1,450,000 + ₩160,000 + ₩125,000 + ₩2,800,000 + ₩250,000 + ₩830,000 + ₩375,000 + ₩210,000 + ₩745,000 = ₩6,945,000과 일치하는가를 검증한다. 양자 간에 금액 차이가 있다(계수행렬의 역행렬을 계산할 때 소수점 몇째 자리에서 반올림하는가에 따라 금액이 달라진다).

2. 1차 배부(상호배부법)와 2차 배부(직접배부법) 이용

부문비 대체표 (단위 : 원)

	제조부문				보조부문				
	P_1	P_2	P_3	P_4	S_1	S_2	S_3	S_4	S_5
각 부문의 발생원가	1,450,000	160,000	125,000	2,800,000	250,000	830,000	375,000	210,000	745,000
1차 배부(상호배부법)									
S_1	75,000	25,000	12,500	100,000	0	12,500	25,000	-	-
S_2	41,500	16,600	16,600	589,300	83,000	0	-	83,000	-
S_3	93,750	18,750	15,000	161,250	56,250	-	0	18,750	11,250
S_4	75,600	21,000	16,800	71,400	-	-	-	0	25,200
S_5	67,050	29,800	22,350	491,700	74,500	-	-	59,600	0
					213,750	12,500	25,000	161,350	36,450
2차 배부(직접배부법)									
S_1	75,441.2	25,147.1	12,573.5	100,588.2					
S_2	781.2	312.5	312.5	11,093.8					
S_3	8,116.9	1,623.4	1,298.7	13,961.0					
S_4	66,006.8	18,335.2	14,668.2	62,339.8					
S_5	4,000.6	1,778.1	1,333.5	29,337.8					
계	1,957,246.7	318,346.3	238,436.4	4,430,970.6					

※ [산출근거] 각 제조부문에의 보조부문비 배부액 = 배부총액×배부율
[예] P_1에의 보조부문 배부액
[1차 배부 : 상호배부법]
₩250,000×0.3 = ₩75,000
₩830,000×0.05 = ₩41,500
₩375,000×0.25 = ₩93,750
₩210,000×0.36 = ₩75,600
₩745,000×0.09 = ₩67,050
[2차 배부 : 직접배부법]
₩213,750×0.3÷(0.3 + 0.1 + 0.05 + 0.4) = ₩75,441.2
₩12,500×0.05÷(0.05 + 0.02 + 0.02 + 0.71) = ₩781.2
₩25,000×0.25÷(0.25 + 0.05 + 0.04 + 0.43) = ₩8,116.9
₩161,350×0.36÷(0.36 + 0.1 + 0.08 + 0.34) = ₩66,006.8
₩36,450×0.09÷(0.09 + 0.04 + 0.03 + 0.66) = ₩4,000.6

(차)	P_1 제조부문비	507,246.7	(대) S_1 보조부문비	250,000
	P_2 제조부문비	158,346.3	S_2 보조부문비	830,000
	P_3 제조부문비	113,436.4	S_3 보조부문비	375,000
	P_4 제조부문비	1,630,970.6	S_4 보조부문비	210,000
			S_5 보조부문비	745,000

[저자 주]
행렬연산원리에 따라 산출한 각 부문비는 P_1 = ₩1,951,538, P_2 = ₩316,379.5 P_3 = ₩237,482, P_4 = ₩4,439,501, S_1 = ₩479,152.5, S_2 = ₩853,991, S_3 = ₩422,887, S_4 = ₩380,746.5, S_5 = ₩803,384.5이다.
행렬대수를 이용(컴퓨터 활용)하여 산출한 각 부문비는 P_1 = ₩1,951,576, P_2 = ₩316,358.9, P_3 = ₩237,521, P_4 = ₩4,439,544.1, S_1 = ₩479,172, S_2 = ₩853,958.6, S_3 = ₩422,917.2, S_4 = ₩380,812.5, S_5 = ₩803,385이다.
1차 배부(상호배부법)와 2차 배부(직접배부법)를 이용하여 산출한 각 부문비는 P_1 = ₩1,957,246.7, P_2 = ₩318,346.3, P_3 = ₩238,436.4, P_4 = ₩4,430,970.6, S_1 = ₩213,750, S_2 = ₩12,500, S_3 = ₩25,000, S_4 = ₩161,350, S_5 = ₩36,450이다.

형성평가

[문 1] 장안공업사의 부문공통비의 배부기준과 관련된 자료는 다음과 같다.

	P_1	P_2	S_1	S_2	합 계
종업원수(명)	20	18	10	6	54
점유면적(㎡)	120	110	70	50	350
전력소비율(%)	40	30	20	10	100
전화대수(대)	6	5	5	5	21
기계금액(₩)	1,120,000	500,000	50,000	50,000	1,720,000

장안공업사의 7월의 원가자료는 다음과 같다. (단위 : 원)

항 목	배부기준	P_1	P_2	S_1	S_2	합 계
직접재료비		₩1,800,000	₩1,200,000			₩3,000,000
직접노무비		1,500,000	1,000,000			2,500,000
제조간접비						
간접재료비		70,000	62,000	60,000	38,000	230,000
간접노무비		112,000	104,000	34,000	22,000	272,000
복리후생비	종업원수					59,400
건물 보험료	점유면적					16,100
전력비	전력소비율					180,000
전화요금	전화대수					12,600
기계감가상각비	기계금액					17,200
건물감가상각비		24,000	2,200	1,400	1,000	28,600
잡 비		16,000	13,400	9,200	14,200	52,800
계						868,700
당기총제조비용						₩6,368,700

물음

장안공업사의 부문공통비 배부기준에 따라 부문공통비를 배부하시오.

[문 2] 2개의 제조부문(P_1, P_2)과 2개의 보조부문(S_1, S_2)으로 생산활동을 수행하고 있다. 5월에 실제발생한 부문비(제조간접비), 부문별 배부기준 및 기타정보는 다음과 같다. 단 부문공통비 중 간접노무비는 종업원수(명)를 기준으로, 건물감가상각비는 점유면적(㎡)을 기준으로 각 부문에 배부한다. 직접배부법에 의해 보조부문비를 배부하는 경우에, P_1 및 P_2 제조부문에 배부되는 제조간접비는 각각 얼마인가?

원가항목	합 계	P_1	P_2	S_1	S_2
부문개별비	₩700,000	₩400,000	₩200,000	₩60,000	₩40,000
부문공통비					
간접노무비	100,000				
건물감가상각비	120,000				
	₩920,000				

원가부문	배부기준	종업원수(명)	점유면적(㎡)	기계작업시간
S_1	종업원수(명)	20	400	-
S_2	점유면적(㎡)	20	400	-
P_1		30	600	10,000
P_2		30	600	7,000

[문 3] 2개의 제조부문과 2개의 보조부문을 운영하여 제품을 제조하고 있다. 보조부문의 제조간접비를 다른 보조부문에는 배부하지 않고 제조부문에만 직접 배부한다. 수선부문의 간접비를 먼저 배부한다고 할 때, 제조부문 A에 배부될 수선부문의 제조간접비는 얼마로 계산되는가?

	보조부문	
	수선부문	관리부문
각 부문의 발생원가	₩20,000	₩10,000
부문별 배부율		
수선부문	-	20%
관리부문	20%	-
제조부문A	40	30
제조부문B	40	50
	100%	100%

[문 4] 2개의 제조부문과 2개의 보조부문을 운영하여 제품을 제조하고 있다. 각 부문에 집계된 제조간접비의 총계 및 보조부문에 집계된 제조간접비를 각 부문에 배부하는 비율은 다음과 같다. 단계배부법에 의하여 보조부문비를 배부할 때, 제조부문인 P_1, P_2에 집계되는 최종적인 제조간접비는 각각 얼마로 계산되는가? 단, 다른 보조부문에 제공하는 용역의 비중이 큰 순서($S_1 \rightarrow S_2$)대로 배부한다. (2012 회계사 유사)

<제조간접비 집계액>

P_1 : ₩2,000,000　　P_2 : ₩4,000,000　　S_1 : ₩1,000,000　　S_2 : ₩700,000

<보조부문비 배부비율>

부문	P_1	P_2	S_1	S_2
S_1	10%	20%	-	70%
S_2	40	30	30%	-

[문 5] 2개의 제조부문과 2개의 보조부문을 운영하여 제품을 제조하고 있다. 이에 의하여 제조부문 P_2에 배부되는 보조부문비의 총액을 계산하면 얼마인가? 단, 상호배부법을 사용하여 보조부문비를 배부하고 있다. (2014 세무사 유사, 1994 세무사 유사)

용역사용 / 용역제공	제조부문		보조부문	
	P_1	P_2	S_1	S_2
P_1	100%	-	-	-
P_2	-	100%	-	-
S_1	40	30	-	30%
S_2	50	20	30%	-
부문별 발생원가	₩600,000	₩450,000	₩201,000	₩240,000

[문 6] 3개의 제조부문과 3개의 보조부문을 운영하여 제품을 제조하고 있다. 각 부문의 발생원가와 각 부문에 대한 배부율은 다음과 같다.

부문비 배부표 (단위 : 원)

	합 계	제조부문			보조부문		
		P_1	P_2	P_3	S_1	S_2	S_3
부문비 합계	407,500	125,000	90,000	105,000	16,000	29,500	42,000

용역사용 / 용역제공	제조부문			보조부문			합 계
	P_1	P_2	P_3	S_1	S_2	S_3	
S_1	25%	25%	20%	-	10%	20%	100%
S_2	35	30	20	10%	-	5	100
S_3	25	20	20	20	15	-	100

계수행렬의 역행렬은 다음과 같다.

$$\begin{pmatrix} 1 & 0 & 0 & 0.3675 & 0.4060 & 0.3844 \\ 0 & 1 & 0 & 0.3496 & 0.3511 & 0.3226 \\ 0 & 0 & 1 & 0.2829 & 0.2429 & 0.2930 \\ 0 & 0 & 0 & 1.0575 & 0.1172 & 0.2291 \\ 0 & 0 & 0 & 0.1385 & 1.0229 & 0.1811 \\ 0 & 0 & 0 & 0.2184 & 0.0746 & 1.0549 \end{pmatrix}$$

물음

부문비 배부표의 보조부문비를 직접배부법, 단계배부법(S_3, S_2, S_1의 순서로 배부), 단계배부법(S_1, S_2, S_3의 순서로 배부), 상호배부법(연립방정식 이용), 상호배부법(행렬대수 이용)에 의하여 제조부문에 배부하시오.

정답 및 해설

[문 1] 부문공통비 배부

항 목	배부기준	P_1	P_2	S_1	S_2	합 계
직접재료비		₩1,800,000	₩1,200,000			₩3,000,000
직접노무비		1,500,000	1,000,000			2,500,000
제조간접비						
간접재료비		70,000	62,000	60,000	38,000	230,000
간접노무비		112,000	104,000	34,000	22,000	272,000
복리후생비	종업원수	22,000	19,800	11,000	6,600	59,400
건물 보험료	점유면적	5,520	5,060	3,220	2,300	16,100
전력비	전력소비율	72,000	54,000	36,000	18,000	180,000
전화요금	전화대수	3,600	3,000	3,000	3,000	12,600
기계감가상각비	기계금액	11,200	5,000	500	500	17,200
건물감가상각비		24,000	2,200	1,400	1,000	28,600
잡 비		16,000	13,400	9,200	14,200	52,800
계		336,320	268,460	158,320	105,600	868,700
당기총제조비용		₩3,636,320	₩2,468,460	₩158,320	₩105,600	₩6,368,700

※ [**산출근거**] 각 부문에의 부분공통비 배부액 = 배부총액×배부율

[예] P_1부문에의 복리후생비 배부액은 ₩59,400×(20명÷54명) = ₩22,000으로 산출된다.
P_1부문에의 건물 보험료 배부액은 ₩16,100×(120㎡÷350㎡) = ₩5,520으로 산출된다.
P_1부문에의 전력비 배부액은 ₩180,000×(40%÷100%) = ₩72,000으로 산출된다.
P_1부문에의 전화요금 배부액은 ₩12,600×(6대÷21대) = ₩3,600으로 산출된다.
P_1부문에의 기계감가상각비 배부액은 ₩17,200×(₩1,120,000÷₩1,720,000) = ₩11,200으로 산출된다.

[문 2] 직접배부법

원가항목	P_1	P_2	S_1	S_2	합 계
부문개별비	₩400,000	₩200,000	₩60,000	₩40,000	₩700,000
부문공통비					
간접노무비1)	30,000	30,000	20,000	20,000	100,000
건물감가상각비2)	36,000	36,000	24,000	24,000	120,000
계	₩466,000	₩266,000	₩104,000	₩84,000	₩920,000
보조부문비 배부3)					
S_1	52,000	52,000	(104,000)		
S_2	42,000	42,000		(84,000)	
계	₩560,000	₩360,000	₩0	₩0	₩920,000

* 1) ₩100,000을 종업원수에 따라 배부함
[예] P_1부문 : ₩100,000×[30명÷(30명 + 30명 + 20명 + 20명)] = ₩30,000
S_1부문 : ₩100,000×[20명÷(30명 + 30명 + 20명 + 20명)] = ₩20,000

2) ₩120,000을 점유면적에 따라 배부함
[예] P_1부문 : ₩120,000×[600㎡÷(600㎡ + 600㎡ + 400㎡ + 400㎡)] = ₩36,000
S_1부문 : ₩120,000×[400㎡÷(600㎡ + 600㎡ + 400㎡ + 400㎡)] = ₩24,000

3) ₩104,000×[30명÷(30명 + 30명)] = ₩52,000
₩84,000×[600㎡÷(600㎡ + 600㎡)] = ₩42,000

[문 3] 직접배부법

	제조부문		보조부문	
	A	B	수선	관리
각 부문의 발생원가			₩20,000	₩10,000
보조부문비 배부				
수선	40%	40%	-	20%
관리	30%	50%	20%	-

	제조부문		보조부문	
	A	B	수선	관리
각 부문의 발생원가			₩20,000	₩10,000
보조부문비 배부				
수선[1]	₩10,000	₩10,000	(20,000)	
관리[2]	3,750	6,250		(10,000)
계	₩13,750	₩16,250	₩0	₩0

* 1) 제조부문 A : ₩20,000×0.4÷(0.4+0.4) = ₩10,000
  제조부문 B : ₩20,000×0.4÷(0.4+0.4) = ₩10,000
  2) 제조부문 A : ₩10,000×0.3÷(0.3+0.5) = ₩3,750
  제조부문 B : ₩10,000×0.5÷(0.3+0.5) = ₩6,250

[문 4] 단계배부법($S_1 \rightarrow S_2$)

	제조부문		보조부문	
	P_1	P_2	S_2	S_1
부문비 합계	₩2,000,000	₩4,000,000	₩700,000	₩1,000,000
S_1	100,000	200,000	700,000	₩1,000,000
S_2	800,000	600,000	₩1,400,000	
계	₩2,900,000	₩4,800,000		

[문 5] 상호배부법

S_1 = ₩201,000 + 0.3×S_2 ⋯ ①

S_2 = ₩240,000 + 0.3×S_1 ⋯ ②

②를 ①에 대입하여 정리해 보면,

S_1 = ₩201,000 + 0.3×(₩240,000 + 0.3×S_1)

S_1 = ₩201,000 + ₩72,000 + 0.09×S_1

0.91×S_1 = ₩273,000으로, S_1 = ₩300,000이다.

②의 S_1에 ₩300,000을 대입하면, 'S_2 = ₩240,000 + 0.3×₩300,000'으로 S_2 = ₩330,000이다.

∴ 제조부문 P_2에 배부되는 보조부문비 : ₩300,000×0.3 + ₩330,000×0.2 = ₩156,000

	제조부문		
	P_1	P_2	
P_1	₩600,000		
P_2		₩450,000	
S_1	120,000	90,000	P_2에 배부되는 보조부문비
S_2	165,000	66,000	
	₩885,000	₩606,000	

[문 6] 직접배부법, 단계배부법, 상호배부법

[직접배부법]

	제조부문			보조부문		
	P_1	P_2	P_3	S_1	S_2	S_3
각 부문의 발생원가	₩125,000	₩90,000	₩105,000	₩16,000	₩29,500	₩42,000
보조부문비 배부						
S_1	5,714.3[1)]	5,714.3	4,571.4	(16,000)		
S_2	12,147.1[2)]	10,411.8	6,941.1		(29,500)	
S_3	16,153.8[3)]	12,923.1	12,923.1			(42,000)
계	₩159,015.2	₩119,049.2	₩129,435.6	₩0	₩0	₩0

* 1) ₩16,000×0.25÷(0.25+0.25+0.2) = ₩5,714.3
2) ₩29,500×0.35÷(0.35+0.3+0.2) = ₩12,147.1
3) ₩42,000×0.25÷(0.25+0.2+0.2) = ₩16,153.8

(차) P_1 제조부문비	34,015.2	(대) S_1 보조부문비	16,000
P_2 제조부문비	29,049.2	S_2 보조부문비	29,500
P_3 제조부문비	24,435.6	S_3 보조부문비	42,000

* ₩159,015.2 - ₩125,000 = ₩34,015.2, ₩119,049.2 - ₩90,000 = ₩29,049.2
₩129,435.6 - ₩105,000 = ₩24,435.6

[단계배부법] (S_3, S_2, S_1의 순서로 배부하기 위해 각 부문에 대한 배부율을 재배열한다.)

	P_1	P_2	P_3	S_1	S_2	S_3
S_3	25%	20%	20%	20%	15%	-
S_2	35	30	20	10	-	5%
S_1	25	25	20	-	10	20

	제조부문			보조부문		
	P_1	P_2	P_3	S_1	S_2	S_3
각 부문의 발생원가	₩125,000	₩90,000	₩105,000	₩16,000	₩29,500	₩42,000
보조부문비 배부						
S_3	10,500.0[1)]	8,400.0	8,400.0	8,400.0	6,300	(42,000)
S_2	13,189.5[2)]	11,305.3	7,536.8	3,768.4	(35,800)	
S_1	10,060.1[3)]	10,060.1	8,048.2	(28,168.4)		
계	₩158,749.6	₩119,765.4	₩128,985.0	₩0	₩0	₩0

* 1) ₩42,000×0.25 = ₩10,500
2) ₩35,800×0.35÷(0.35+0.3+0.2+0.1) = ₩13,189.5
3) ₩28,168.4×0.25÷(0.25+0.25+0.2) = ₩10,060.1

(차) P_1 제조부문비	33,749.6	(대) S_1 보조부문비	16,000
P_2 제조부문비	29,765.4	S_2 보조부문비	29,500
P_3 제조부문비	23,985.0	S_3 보조부문비	42,000

[단계배부법] (S_1, S_2, S_3의 순서로 배부하기 위해 각 부문에 대한 배부율을 재배열한다.)

	P_1	P_2	P_3	S_3	S_2	S_1
S_1	25%	25%	20%	20%	10%	-
S_2	35	30	20	5	-	10%
S_3	25	20	20	-	15	20

	제조부문			보조부문		
	P_1	P_2	P_3	S_3	S_2	S_1
각 부문의 발생원가	₩125,000	₩90,000	₩105,000	₩42,000	₩29,500	₩16,000
보조부문비 배부						
S_1	4,000.0[1)]	4,000.0	3,200.0	3,200.0	1,600	(16,000)
S_2	12,094.4[2)]	10,366.7	6,911.1	1,727.8	(31,100)	
S_3	18,049.2[3)]	14,439.3	14,439.3	(46,927.8)		
계	₩159,143.6	₩118,806.0	₩129,550.4	₩0	₩0	₩0

* 1) ₩16,000×0.25 = ₩4,000
  2) ₩31,100×0.35÷(0.35 + 0.3 + 0.2 + 0.05) = ₩12,094.4
  3) ₩46,927.8×0.25÷(0.25 + 0.2 + 0.2) = ₩18,049.2

(차) P_1 제조부문비	34,143.6	(대) S_1 보조부문비	16,000
P_2 제조부문비	28,806.0	S_2 보조부문비	29,500
P_3 제조부문비	24,550.4	S_3 보조부문비	42,000

[상호배부법(연립방정식 : 가감법 이용)]

S_1, S_2, S_3를 3개 보조부문의 배부 후 원가라고 하자. S_1, S_2, S_3에 대한 연립방정식을 설정한다.

S_1 = ₩16,000 + $0.1S_2 + 0.2S_3$ ⋯ ①

S_2 = ₩29,500 + $0.1S_1 + 0.15S_3$ ⋯ ②

S_3 = ₩42,000 + $0.2S_1 + 0.05S_2$ ⋯ ③

①, ②, ③을 ④, ⑤, ⑥과 같이 재배열한다.

$S_1 - 0.1S_2 - 0.2S_3$ = ₩16,000 ⋯ ④

$-0.1S_1 + S_2 - 0.15S_3$ = ₩29,500 ⋯ ⑤

$-0.2S_1 - 0.05S_2 + S_3$ = ₩42,000 ⋯ ⑥

⑤의 양변에 '×10'을 한 다음, ④와 더해서 S_1을 소거한다.

$S_1 - 0.1S_2 - 0.2S_3$ = ₩16,000

$-S_1 + 10S_2 - 1.5S_3$ = ₩295,000

$9.9S_2 - 1.7S_3$ = ₩311,000 ⋯ ⑦

⑥의 양변에 '×5'을 한 다음, ④와 더해서 S_1을 소거한다.

$S_1 - 0.1S_2 - 0.2S_3$ = ₩16,000

$-S_1 - 0.25S_2 + 5S_3$ = ₩210,000

$-0.35S_2 + 4.8S_3$ = ₩226,000 ⋯ ⑧

이렇게 하여 ④와 ⑤ 및 ④와 ⑥에 있는 S_1을 소거하였다. 다음에는 ⑦과 ⑧에 있는 S_2를 소거하자. ⑦의 양변에 '×0.35'를 하고, ⑧의 양변에 '×9.9'를 하여 S_2를 소거한다.

$3.465S_2 - 0.595S_3$ = ₩108,850

$-3.465S_2 + 47.520S_3$ = ₩2,237,400

$46.925S_3$ = ₩2,346,250

따라서 S_3 = ₩50,000이다. ⑦의 S_3에 ₩50,000을 대입하면 '$9.9S_2$ - 1.7(₩50,000) = ₩311,000'으로 S_2 = ₩40,000이다. ①의 S_2에 ₩40,000을, S_3에 ₩50,000을 대입하면 'S_1 = ₩16,000 + 0.1(₩40,000) + 0.2(₩50,000)'으로 S_1 = ₩30,000이다.

마지막으로, 보조부문의 원가는 배부 후의 각 부문비를 나타내는 S_1 = ₩30,000, S_2 = ₩40,000, S_3 = ₩50,000을 이용하여 다른 부문에 배부된다.

	제조부문			보조부문		
	P_1	P_2	P_3	S_1	S_2	S_3
각 부문의 발생원가	₩125,000	₩90,000	₩105,000	₩16,000	₩29,500	₩42,000
보조부문비 배부						
S_1	7,500[1)]	7,500	6,000	(30,000)	3,000	6,000
S_2	14,000[2)]	12,000	8,000	4,000	(40,000)	2,000
S_3	12,500[3)]	10,000	10,000	10,000	7,500	(50,000)
계	₩159,000	₩119,500	₩129,000	₩0	₩0	₩0

* 1) ₩30,000×0.25 = ₩7,500
2) ₩40,000×0.35 = ₩14,000
3) ₩50,000×0.25 = ₩12,500

(차)			(대)		
	P_1 제조부문비	34,000		S_1 보조부문비	16,000
	P_2 제조부문비	29,500		S_2 보조부문비	29,500
	P_3 제조부문비	24,000		S_3 보조부문비	42,000

[상호배부법(행렬대수 이용)]

제1단계 : 원가 관계를 방정식으로 설정한다.

$$P_1 = ₩125,000 + 0\times P_2 + 0\times P_3 + 0.25\times S_1 + 0.35\times S_2 + 0.25\times S_3$$
$$P_2 = ₩90,000 + 0\times P_1 + 0\times P_3 + 0.25\times S_1 + 0.30\times S_2 + 0.20\times S_3$$
$$P_3 = ₩105,000 + 0\times P_1 + 0\times P_2 + 0.20\times S_1 + 0.20\times S_2 + 0.20\times S_3$$
$$S_1 = ₩16,000 + 0\times P_1 + 0\times P_2 + 0.00\times P_3 + 0.10\times S_2 + 0.20\times S_3$$
$$S_2 = ₩29,500 + 0\times P_1 + 0\times P_2 + 0.00\times P_3 + 0.10\times S_1 + 0.15\times S_3$$
$$S_3 = ₩42,000 + 0\times P_1 + 0\times P_2 + 0.00\times P_3 + 0.20\times S_1 + 0.05\times S_2$$

제2단계 : 위의 방정식을 행렬 형태로 표시한다.

$$1\times P_1 - 0\times P_2 - 0\times P_3 - 0.25\times S_1 - 0.35\times S_2 - 0.25\times S_3 = ₩125,000$$
$$-0\times P_1 + 1\times P_2 - 0\times P_3 - 0.25\times S_1 - 0.30\times S_2 - 0.20\times S_3 = ₩90,000$$
$$-0\times P_1 - 0\times P_2 + 1\times P_3 - 0.20\times S_1 - 0.20\times S_2 - 0.20\times S_3 = ₩105,000$$
$$-0\times P_1 - 0\times P_2 - 0\times P_3 + 1.00\times S_1 - 0.10\times S_2 - 0.20\times S_3 = ₩16,000$$
$$-0\times P_1 - 0\times P_2 - 0\times P_3 - 0.10\times S_1 + 1.00\times S_2 - 0.15\times S_3 = ₩29,500$$
$$-0\times P_1 - 0\times P_2 - 0\times P_3 - 0.20\times S_1 - 0.05\times S_2 + 1.00\times S_3 = ₩42,000$$

제3단계 : 위의 방정식을 행렬대수로 표시한다.

$$\begin{pmatrix} 1 & 0 & 0 & -0.25 & -0.35 & -0.25 \\ 0 & 1 & 0 & -0.25 & -0.3 & -0.2 \\ 0 & 0 & 1 & -0.2 & -0.2 & -0.2 \\ 0 & 0 & 0 & 1 & -0.1 & -0.2 \\ 0 & 0 & 0 & -0.1 & 1 & -0.15 \\ 0 & 0 & 0 & -0.2 & -0.05 & 1 \end{pmatrix} \times \begin{pmatrix} P_1 \\ P_2 \\ P_3 \\ S_1 \\ S_2 \\ S_3 \end{pmatrix} = \begin{pmatrix} ₩125,000 \\ 90,000 \\ 105,000 \\ 16,000 \\ 29,500 \\ 42,000 \end{pmatrix}$$

제4단계 : 계수행렬의 역행렬(문제 제시됨)을 활용한다.

$$\begin{pmatrix} P_1 \\ P_2 \\ P_3 \\ S_1 \\ S_2 \\ S_3 \end{pmatrix} = \begin{pmatrix} 1 & 0 & 0 & -0.25 & -0.35 & -0.25 \\ 0 & 1 & 0 & -0.25 & -0.3 & -0.2 \\ 0 & 0 & 1 & -0.2 & -0.2 & -0.2 \\ 0 & 0 & 0 & 1 & -0.1 & -0.2 \\ 0 & 0 & 0 & -0.1 & 1 & -0.15 \\ 0 & 0 & 0 & -0.2 & -0.05 & 1 \end{pmatrix}^{-1} \times \begin{pmatrix} ₩125,000 \\ 90,000 \\ 105,000 \\ 16,000 \\ 29,500 \\ 42,000 \end{pmatrix}$$

$$\begin{pmatrix} P_1 \\ P_2 \\ P_3 \\ S_1 \\ S_2 \\ S_3 \end{pmatrix} = \begin{pmatrix} 1 & 0 & 0 & 0.3675 & 0.4060 & 0.3844 \\ 0 & 1 & 0 & 0.3496 & 0.3511 & 0.3226 \\ 0 & 0 & 1 & 0.2829 & 0.2429 & 0.2930 \\ 0 & 0 & 0 & 1.0575 & 0.1172 & 0.2291 \\ 0 & 0 & 0 & 0.1385 & 1.0229 & 0.1811 \\ 0 & 0 & 0 & 0.2184 & 0.0746 & 1.0549 \end{pmatrix} \times \begin{pmatrix} ₩125,000 \\ 90,000 \\ 105,000 \\ 16,000 \\ 29,500 \\ 42,000 \end{pmatrix}$$

제5단계 : 행렬연산원리에 따라 각 부문비를 계산한다.

P_1 : 1×125,000 + 0×90,000 + 0×105,000 + 0.3675×16,000 + 0.4060×29,500 + 0.3844×42,000 = 159,001.8

P_2 : 0×125,000 + 1×90,000 + 0×105,000 + 0.3496×16,000 + 0.3511×29,500 + 0.3226×42,000 = 119,500.2

P_3 : 0×125,000 + 0×90,000 + 1×105,000 + 0.2829×16,000 + 0.2429×29,500 + 0.2930×42,000 = 128,998

S_1 : 0×125,000 + 0×90,000 + 0×105,000 + 1.0575×16,000 + 0.1172×29,500 + 0.2291×42,000 = 29,999.6

S_2 : 0×125,000 + 0×90,000 + 0×105,000 + 0.1385×16,000 + 1.0229×29,500 + 0.1811×42,000 = 39,997.8

S_3 : 0×125,000 + 0×90,000 + 0×105,000 + 0.2184×16,000 + 0.0746×29,500 + 1.0549×42,000 = 50,000.9

(차)	P_1 제조부문비	34,001.8	(대) S_1 보조부문비	16,000
	P_2 제조부문비	29,500.2	S_2 보조부문비	29,500
	P_3 제조부문비	23,998.0	S_3 보조부문비	42,000

제6단계 : 제조부문비의 합계인 ₩159,001.8 + ₩119,500.2 + ₩128,998 = ₩407,500이 각 부문발생원가의 합계인 ₩125,000 + ₩90,000 + ₩105,000 + ₩16,000 + ₩29,500 + ₩42,000 = ₩407,500과 일치하는가를 검증한다. 양자가 ₩407,500으로 정확하게 일치한다.

[저자 주]

	제조부문		
	P_1	P_2	P_3
직접배부법	₩159,015.2	₩119,049.2	₩129,435.6
단계배부법 (S_3, S_2, S_1의 순서로 배부)	158,749.6	119,765.4	128,985.0
단계배부법 (S_1, S_2, S_3의 순서로 배부)	159,143.6	118,806.0	129,550.4
상호배부법(가감법 이용)	159,000.0	119,500.0	129,000.0
상호배부법(행렬연산원리 이용)	159,001.8	119,500.2	128,998.0
상호배부법(행렬대수 이용_컴퓨터 활용)	159,000.0	119,500.0	129,000.0

* 가감법에 따라 산출한 각 부문비는 P_1 = ₩159,000, P_2 = ₩119,500, P_3 = ₩129,000, S_1 = ₩30,000, S_2 = ₩40,000, S_3 = ₩50,000이다.
행렬연산원리에 따라 산출한 각 부문비는 P_1 = ₩159,001.8, P_2 = ₩119,500.2, P_3 = ₩128,998, S_1 = ₩29,999.6, S_2 = ₩39,997.8, S_3 = ₩50,000.9이다.
행렬대수를 이용(컴퓨터 활용)하여 산출한 각 부문비는 P_1 = ₩159,000, P_2 = ₩119,500, P_3 = ₩129,000, S_1 = ₩30,000, S_2 = ₩40,000, S_3 = ₩50,000이다.

제5장

개별원가계산 및 활동기준원가계산

지금까지 요소별 원가계산→부문별 원가계산에 대해 설명하였다. 지금부터는 부문별 원가계산 후의 단계인 제품별 원가계산으로써 제품 단위에 원가를 부담시키는 방법(**개별원가계산**)에 대해 설명하고자 한다. 구체적으로, 개별원가계산의 절차, 부문별 개별원가계산(작업폐물 등 포함), 제조간접비의 예정배부, 실제개별원가계산과 정상개별원가계산의 비교 등을 설명하고자 한다. 또한 제조간접비의 합리적인 배부를 목적으로 하는 활동기준원가계산(ABC)에 대해서도 설명할 것이다.

제1절 개별원가계산

1. 제품별 원가계산과 제조지시서

원가계산은 원가요소를 먼저 요소별로 계산하고, 이것을 부문별로 집계하여 마지막에는 제품 단위에 원가를 부담시킨다고 하였다. (제3장 참조) 이때 마지막 단계로서 제품에 원가를 부담시키는 방법은 생산의 형태가 개별생산인가 혹은 대량생산인가에 따라 달라진다.

개별생산의 체제에서는 제품의 종류별로 원가를 계산(**개별원가계산**)하여야 하기 때문에, 각 원가요소를 직접비와 간접비로 구분하여 직접비는 그대로 개별 제품에 배부하고 간접비는 원가계산기간 말에 적절한 배부기준에 의하여 개별 제품에 인위적으로 배부한다.[1] 지금까지 설명한 부문별 원가계산의 내용은 이러한 개별원가계산을 어느 정도 전제로 한 것이었다. 개별원가계산은 가구제조업, 건축업, 인쇄업, 영화제작업, 기계제조업, 조선업, 수리업, 항공업 등의 기업에서 주로 사용된다. 그러나 대량생산의 체제에서는 연속적으로 생산되는 단일 종류의 제품에 대한 평균원가를 계산(**종합원가계산**)하면 되기 때문에, 원가요소를 직접비와 간접비로 구분하지 않고 모든 원가요소를 그 단일 종류의 제품에 일괄적으로 부담시키면 된다.

---

1) 개별원가계산제도의 기본적 요소인 원가계산표(또는 작업원가표)는 일정한 작업에 대한 원가를 개별 제품별로 기록, 집계하기 위하여 사용되는 것이다. 개별원가계산의 핵심은 이 원가계산표에 있다.

개별원가계산과 종합원가계산의 어느 경우이든, 특정 제품을 제조할 때에 어떠한 종류의 제품을 어디서, 어떻게, 언제까지, 얼마만큼 제조하여야 하는가를 지시할 서식이 필요하게 된다. 이를 **제조지시서**(production order) 또는 작업지시서(job-order)라고 한다. 실제 제조과정에서 발생하는 모든 원가의 합계는 이 제조지시서의 번호에 의하여 이루어지기 때문에, 제조지시서는 언제나 원가집계의 중심이 된다.

① 특정 제조지시서와 계속 제조지시서

특정 제조지시서는 특정 제품의 제조를 위하여 개별적으로 발행하는 것으로서, 지시된 제품의 생산이 완료되면 그 제조지시서는 효력이 상실된다. 따라서 제품단위로 발행되는 것이 일반적이며, 주로 개별원가계산의 경우에 사용된다. 한편, 계속 제조지시서는 단일 종류의 제품을 연속적으로 생산하는 경우에 발행하는 것으로서, 일단 이 제조지시서가 발행되면 그 명령은 일정기간 효력을 지속한다. 따라서 기간단위별로 발행되는 것이 일반적이며, 주로 종합원가계산의 경우에 사용된다.

② 主 제조지시서와 副 제조지시서

주 제조지시서는 제품제조 그 자체에 대하여 발행하는 일반적인 제조지시서이며, 부 제조지시서는 주 제조지시서의 작업을 여러 개로 구분하는 경우에 각 작업구분별로 원가집계를 하기 위하여 발행되는 제조지시서이다.

2. 개별원가계산의 절차

개별원가계산은 각 제조지시서별로 원가를 산정한다. 제조간접비의 제품별 배부액은 각 제조부문별 · 소공정별 또는 작업단위별로 실제배부기준(또는 예정배부율)에 의하여 배부한다. 다만, 제조부문에 배부하지 않고 직접 제품에 부과할 수도 있다.

1) 원가계산표의 기입

개별원가계산에 있어서 특정 제조지시서가 발행되면, 원가계산부서에서는 제품의 원가를 집계하기 위하여 제조지시서 번호별로 **원가계산표**(cost sheet)를 작성하여야 한다. 원가계산표는 원가를 집계하기 위한 서식으로서, 직접재료비란을 비롯하여 직접노무비 · 직접경비 · 제조간접비란이 설정되어 있다.

① 직접재료비란 : 특정 제조지시서의 제품제조에 직접 소비된 재료비를 기입하되, **재료출고청구서**에 관련 제조지시서 번호가 기재되어 있는 것을 추적하여 누적시킨다.

② 직접노무비란 : 특정 제조지시서의 제품제조에 직접 소비된 노무비를 기입하되, **작업시간보고서** 또는 **작업량보고서**에서 관련 제조지시서 번호가 기재되어 있는 것을 추적하여 누적시킨다.

③ 직접경비란 : 이의 발생은 드물기 때문에, 발생시마다 관련 제조지시서에 직접 기입한다.

④ 제조간접비란 : 실제액에 의하여 제조간접비 배부계산을 수행하는 경우에는 원가계산기간 말에 제조지시서별 실제배부액을 기입하고, 예정배부율에 의하여 배부하는 경우에는 제조완료시 또는 적기에 제조지시서별 예정배부액을 기입한다. 이때 제조간접비는 일단 부문비 계산 절차를 거쳐 제품별로 배부하는 것이 원칙이다.

⑤ 합계란 : 제조지시서별 제품의 제조가 완료되면 여기에 원가요소의 합계액을 기입하고, 최종적으로 각 제품별 제조원가를 산출한다.

예제

다음의 자료를 이용한다. 제조원가 합계액 및 단위당 원가는 각각 얼마인가?

원가계산표

제조지시서 번호 : #5
주문자 : (주)백설
품 명 : 기계장치
수 량 : 2대

제조 착수일 : 9월 10일
완성 예정일 : 9월 30일
제조 완성일 : 9월 30일

직접재료비							직접노무비							제조간접비					
월일		전표번호	품명	수량	단가	금액	월일		전표번호	품명	수량	단가	금액	월일		부문	운전시간	배부율	금액
9	10	#1	A	4	1,500	6,000	9	12	#2	I	70	400	28,000	9	30	P	150	180	27,000
	16	#3	B	15	2,000	30,000		30	#9	II	50	400	20,000			Q	200	90	18,000
	20	#7	C	10	3,500	35,000													
						71,000							48,000						45,000

해답

제조부문비의 배부기준 : 기계운전시간

제조원가 합계액 : 직접재료비 ₩71,000
직접노무비 48,000
제조간접비 45,000
₩164,000

$$\text{단위당 원가} : \frac{₩164,000}{2대} = @₩82,000$$

[주의]
원가계산표에 재료출고청구서 및 작업시간보고서(또는 작업량보고서)와 동일한 전표번호를 기록하면 직접재료비 및 직접노무비이고, 전표번호가 없는 것은 제조간접비이다.

2) 제품의 완성에 따르는 회계처리

개별 제조지시서에 최종적으로 집계된 원가요소 합계액은 그 제품의 제조원가가 된다. 만일 해당 제품의 제조가 완료되면 이것은 제품계정으로 대체되지만, 제조가 미완료된 상황이라면 제조지시서에 집계된 원가요소의 합계액은 그 자체가 재공품으로 남게 된다.2)

<제조 완료된 제품의 대체>

(차) 甲제품	×××	(대) 甲제조(재공품)	×××
乙제품	×××	乙제조(재공품)	×××

<제조 미완료된 제품>

제조계정(제조지시서)에 남아 있는 금액이 재공품으로 된다.

지금까지 언급한 개별원가계산의 절차를 계정상의 원리로 총괄표시하면 다음과 같다.

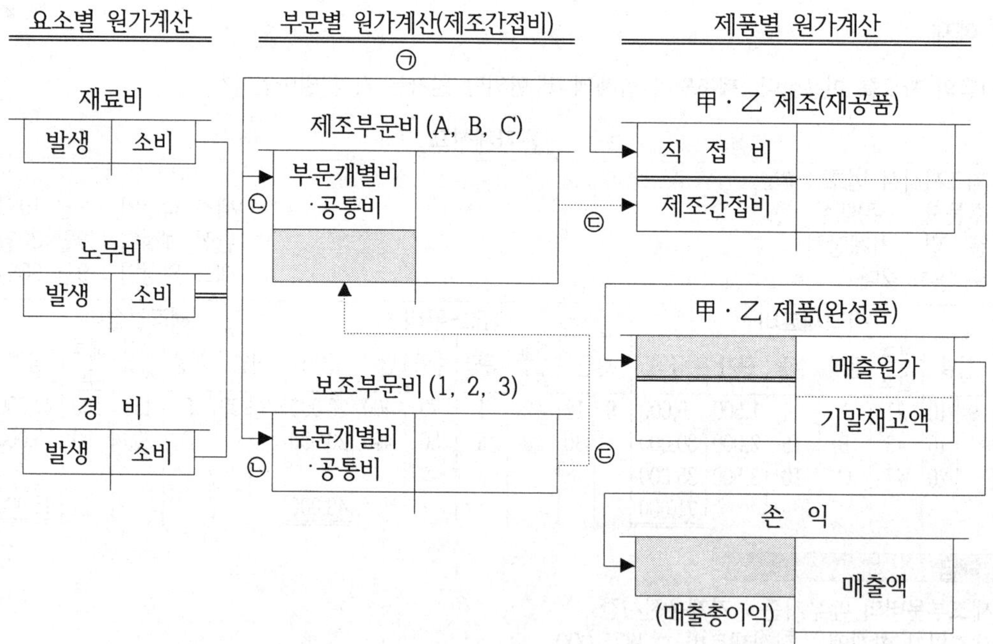

* ㉠ : 직접소비, ㉡ : 간접소비, ㉢ : 인위적 배부

= : 예정가액이나 예정임률의 사용가능(가격차이나 임률차이의 조정)

\- : 예정배부 가능(배부차이의 생성) … 이때는 실제제조간접비의 부문별 계산이 필요없으며, 제조간접비 계정에서 실제액과 예정액을 일괄적으로 대비시킴

---

2) 한편, 제품을 판매한 경우에 매출원가계정으로 대체 분개한다. 제품계정에서 매출원가계정으로 대체하는 금액을 결정하는 기준은 원가계산표에 기록되어 있는 개별 작업을 통해 집계한 제품의 단위당 원가이다. 대부분의 경우 특정 작업에 관련된 제품 모두를 동시에 판매하는 것은 아니다. 부분적으로 판매하므로 이때에는 얼마만큼의 제품원가를 제품으로부터 차감하여 매출원가로 대체시킬 것인가를 결정하는데 있어서 제품의 단위당 원가가 중요한 역할을 한다는 것이다.

예제 1

다음 각각의 [문제]는 독립적이다.

1. 개별원가계산시스템을 채택하고 있다. 1월 중에 완성시킨 제품의 제조원가는 얼마인가?
   (1) 1월 초의 재공품원가(제조지시서 No.101)
   직접재료비 ₩40,000 직접노무비 ₩50,000 제조간접비 ₩75,000
   (2) 제조지시서 No.102, No.103의 작업이 1월 중에 진행되었으며, 원가요소별 실제발생액은 다음과 같다.
   직접재료비 ₩350,000 직접노무비 ₩500,000 제조간접비 ₩780,000
   (3) 1월 말 현재 미완성의 재고로 남아있는 것은 제조지시서 No.103 뿐이며, 그에 집계된 원가요소별 실제재고액은 다음과 같다.
   직접재료비 ₩120,000 직접노무비 ₩150,000 제조간접비 ₩250,000

해답

월초재공품재고액	₩165,000	(= ₩40,000 + ₩50,000 + ₩75,000)
당월총제조비용	1,630,000	(= ₩350,000 + ₩500,000 + ₩780,000)
월말재공품재고액	(520,000)	(= ₩120,000 + ₩150,000 + ₩250,000)
당월제품제조원가	₩1,275,000	

	No.101+No.102	No.103(재공품)	합 계
월초재공품	₩165,000		₩165,000
직접재료비	230,000	₩120,000	350,000
직접노무비	350,000	150,000	500,000
제조간접비	530,000	250,000	780,000
계	₩1,275,000	₩520,000	₩1,765,000

제조원가명세서

직접재료비	350,000
직접노무비	500,000
제조간접비	780,000
당월총제조비용	1,630,000
월초재공품재고액	165,000
월말재공품재고액	(520,000)
당월제품제조원가	1,275,000

포괄손익계산서(일부)

매출액		×××
매출원가		(×××)
월초제품재고액	×××	
당월제품제조원가	1,275,000	
월말제품재고액	(×××)	
매출총이익		×××

2. 개별원가계산시스템을 채택하고 있다. 2월 중에 생산완료한 제품의 제조원가는 얼마인가?
   (1) 제조지시서 No.101은 1월 말 현재 작업 중이며, 그에 집계된 원가는 다음과 같다.
   직접재료비 ₩4,000 직접노무비 ₩2,000 제조간접비 ₩3,000
   (2) 제조지시서 No.102, No.103, No.104는 2월에 작업이 개시된 것이다.
   (3) 2월 중에 소비된 직접재료비는 ₩26,000이다.
   (4) 2월 중에 발생한 직접노무비는 ₩20,000이다.
   (5) 2월 중에 제조간접비 실제발생액은 ₩32,000이다.
   (6) 2월 말 현재 미완성된 제조지시서는 No.104 뿐이며, 그에 집계된 원가요소별 실제재고액은 다음과 같다.
   직접재료비 ₩2,800 직접노무비 ₩1,800 제조간접비 ₩3,000

해답

재공품(제조)

2월 초	9,000[1]	완성품(원가)	79,400
직접재료비	26,000	2월 말	7,600[2]
직접노무비	20,000		
제조간접비	32,000		
	87,000		87,000

* 1) 월초재공품재고액 : ₩4,000 + ₩2,000 + ₩3,000 = ₩9,000
2) 월말재공품재고액(No.104) : ₩2,800 + ₩1,800 + ₩3,000 = ₩7,600

	No.101 + No.102 + No.103	No.104(재공품)	합 계
월초재공품	₩9,000		₩9,000
직접재료비	23,200	₩2,800	26,000
직접노무비	18,200	1,800	20,000
제조간접비	29,000	3,000	32,000
계	₩79,400	₩7,600	₩87,000

제조원가명세서

직접재료비	26,000
직접노무비	20,000
제조간접비	32,000
당월총제조비용	78,000
월초재공품재고액	9,000
월말재공품재고액	(7,600)
당월제품제조원가	79,400

포괄손익계산서(일부)

매출액		×××
매출원가		(×××)
월초제품재고액	×××	
당월제품제조원가	79,400	
월말제품재고액	(×××)	
매출총이익		×××

3. 개별원가계산시스템을 채택하고 있다. 3월의 매출총이익은 얼마인가?

(1) 3월 중 세 가지 작업 #101, #102, #103을 착수하여, #101과 #102를 완성하고, #103은 월말 현재 작업 중에 있다.

(2) 3월 중 ₩800의 원재료를 구입하고 월말 현재 ₩280의 원재료가 재고로 남아 있다.

(3) 3월 중 지급한 노무비는 ₩700이며, 월초 미지급노무비는 ₩40, 월말 미지급노무비는 ₩100이다.

(4) 3월 중 발생한 제조경비는 총 ₩560이며, 이는 감가상각비 ₩260, 임차료 ₩200, 수도광열비 ₩100으로 구성되어 있다.

(5) 3월 중 작업별 실제 발생 원가자료는 다음과 같다.

구 분	#101	#102	#103	합 계
직접재료비	₩200	₩200	₩100	₩500
직접노무비	300	160	260	720
제조간접비	350			?

(6) 월초재고자산은 없고, 작업 #101은 3월 중에 ₩1,100에 판매되었으나 작업 #102는 월말 현재 판매되지 않다.

해답

	합 계	직접재료비	직접노무비	제조간접비
재료비	₩800 - ₩280 = ₩520	₩500		₩20
노무비	₩700 + ₩100 - ₩40 = ₩760		₩720	40
제조경비	560			560
계	₩1,840	₩500	₩720	₩620

₩800(당월원재료매입액) - ₩500(직접재료비) - x(간접재료비) = ₩280(월말원재료재고액)

∴ x(간접재료비) : ₩20

₩700(당월노무비 지급액) + ₩100(월말 미지급노무비) - ₩40(월초 미지급노무비) = ₩720(직접노무비) + y(간접노무비)

∴ y(간접노무비) : ₩40

제조간접비 : ₩560(당월 발생 제조경비) + ₩20(간접재료비) + ₩40(간접노무비) = ₩620

	#101(매출원가)	#102(제품)	#103(재공품)	합 계
월초재공품				₩0
직접재료비	₩200	₩200	₩100	500
직접노무비	300	160	260	720
제조간접비	350	190	80	620
계	₩850	₩550	₩440	₩1,840

* 학습편의상 #102와 #103의 제조간접비는 각각 ₩190과 ₩80이라고 가정하였다. [저자 주]

매출총이익 : ₩1,100(매출액) - [₩200(#101 직접재료비) + ₩300(#101 직접노무비) + ₩350(#101 제조간접비)] = ₩250

제조원가명세서

직접재료비	500
직접노무비	720
제조간접비	620
당월총제조비용	1,840
월초재공품재고액	0
월말재공품재고액	(440)
당월제품제조원가	1,400

포괄손익계산서(일부)

매출액		1,100
매출원가		(850)
월초제품재고액	0	
당월제품제조원가	1,400	
월말제품재고액	(550)	
매출총이익		250

4. 다음의 자료에 의하여 매출원가를 계산하면? 다만, 제조지시서 No.3은 미완성품이고, 제품계정에 전월이월 금액이 ₩20,000, 차월이월 금액이 ₩40,000 있다.

	No.1	No.2	No.3
월초재공품	₩10,000	₩20,000	
직접재료비	14,000	16,000	₩10,000
직접노무비	20,000	25,000	12,000
제조간접비	8,000	9,000	7,000
계	₩52,000	₩70,000	₩29,000

해답

당월제품제조원가 : ₩52,000 + ₩70,000 = ₩122,000

매출원가 : ₩20,000 + ₩122,000 - ₩40,000 = ₩102,000

제조원가명세서

직접재료비	40,000
직접노무비	57,000
제조간접비	24,000
당월총제조비용	121,000
월초재공품재고액	30,000
월말재공품재고액	(29,000)
당월제품제조원가	122,000

포괄손익계산서(일부)

매출액		xxx
매출원가		(102,000)
월초제품재고액	20,000	
당월제품제조원가	122,000	
월말제품재고액	(40,000)	
매출총이익		xxx

예제 2

실제 개별원가계산을 통하여 제품원가를 계산한다. 편의상 이 기업의 회계기간은 1개월로 한다.

재무상태표

현　금		110,000	매입채무	50,000
매출채권		40,000	자본금	350,000
재　료		20,000	이익잉여금	75,000
재공품		35,000		
건　물	300,000			
감가상각누계액	(130,000)	170,000		
기계장치	200,000			
감가상각누계액	(100,000)	100,000		
		475,000		475,000

<추가자료>

- 당월에 재료를 ₩90,000에 구입했는데, 이 중 ₩10,000은 현금으로 지급하고 나머지 ₩80,000은 외상으로 하다.
- 당월 중에 제조공정에 투입한 재료는 ₩100,000인데, 이 중 ₩95,000은 직접재료비이고, 나머지 ₩5,000은 간접재료비이다.
- 당월 중에 발생한 급여 ₩80,000을 현금으로 지급하다. 급여 중에서 ₩70,000은 공장 종업원의 노무비(직접노무비 ₩64,000, 간접노무비 ₩6,000)이고, 나머지 ₩10,000은 판매원의 급여이다.
- 당월 중에 발생한 경비는 다음과 같다. 감가상각비를 제외한 모든 경비는 발생 즉시 현금으로 지급하다.[3)]

건물 감가상각비	₩9,000 (이 중 40%는 영업부이다)
기계장치 감가상각비	11,000 (전액 제조부로 한다)
전력비	8,000 (이 중 30%는 영업부이다)
기계장치 수선비	6,000 (전액 제조부로 한다)
보험료	4,000 (이 중 20%는 영업부이다)

- 제조간접비 실제발생액을 재공품계정에 대체하다.
- 완성품의 제조원가를 제품계정에 대체하다. (월말재공품재고액은 ₩36,200이다)
- 당월 제품 매출액은 ₩220,000인데, 이 중 ₩50,000은 현금으로 매출했으며, 나머지는 외상매출이다. 당월에 완성된 제품의 90%를 매출하다. 단, 계속기록법을 적용한다.
- 매출채권 ₩175,000을 현금으로 회수하고, 매입채무 ₩115,000을 현금으로 지급하다.

물음 …

위의 거래를 분개하고, T계정에 전기하시오. 단, 월차손익계정은 생략한다. 법인세비용은 없다고 가정한다. 잔액시산표(수정후) · 제조원가명세서 · 포괄손익계산서 · 재무상태표를 각각 작성하시오.

---

3) [저자 주] 영업부 관련 비용은 포괄손익계산서상의 판매관리비 항목으로 배분하고, 제조부 관련 비용은 제조원가명세서상의 경비 항목으로 배분한다. 예를 들어, '건물 감가상각비 ₩9,000 중 40%는 영업부이다.'는 의미는? 포괄손익계산서상의 판매관리비 항목으로 '건물 감가상각비 ₩3,600' 배분하고, 제조부 관련 비용은 제조원가명세서상의 경비 항목으로 '건물 감가상각비 ₩5,400' 배분한다.

해답

<분개>

	차변	금액	대변	금액
①	(차) 재 료	90,000	(대) 현 금	10,000
			매입채무	80,000
②	(차) 급 여	80,000	(대) 현 금	80,000
③	(차) 감가상각비	20,000	(대) 건물 감가상각누계액	9,000
			기계장치 감가상각누계액	11,000
④	(차) 전력비	8,000	(대) 현 금	18,000
	기계장치 수선비	6,000		
	보험료	4,000		

<원가계산분개>

	차변	금액	대변	금액
⑤	(차) 재료비	100,000	(대) 재 료	100,000
⑥	(차) 재공품	95,000	(대) 재료비	100,000
	제조간접비	5,000		
⑦	(차) 노무비	70,000	(대) 급 여	70,000
⑧	(차) 재공품	64,000	(대) 노무비	70,000
	제조간접비	6,000		
⑨	(차) 제조경비	31,200	(대) 감가상각비	16,400
			전력비	5,600
			기계장치 수선비	6,000
			보험료	3,200

* 감가상각비 : ₩9,000(건물)×60% + ₩11,000(기계장치) = ₩16,400
  전력비 : ₩8,000×70% = ₩5,600
  기계장치 수선비 : ₩6,000(전액 제조부)
  보험료 : ₩4,000×80% = ₩3,200
  ₩9,000×40% = ₩3,600(영업부, 건물 감가상각비)
  ₩8,000×30% = ₩2,400(영업부, 전력비)
  ₩4,000×20% = ₩800(영업부, 보험료)
* 일반적으로 '판매관리비'도 '경비'라고 한다. 이에 제품제조과정에서 발생하는 경비를 '제조경비'라 하여 '판매관리비'와 구별하기 때문에, 학습 편의에 따라 '제조경비'라는 용어를 사용하고 있음을 밝힌다. [저자 주]

	차변	금액	대변	금액
⑩	(차) 제조간접비	31,200	(대) 제조경비	31,200
⑪	(차) 재공품	42,200	(대) 제조간접비	42,200

* ₩5,000(간접재료비) + ₩6,000(간접노무비) + ₩31,200(제조경비) = ₩42,200

	차변	금액	대변	금액
⑫	(차) 제 품	200,000	(대) 재공품	200,000

* 당월총제조비용 : ₩95,000 + ₩64,000 + ₩42,200 = ₩201,200
  당월제품제조원가 : ₩35,000 + ₩201,200 − ₩36,200 = ₩200,000

	차변	금액	대변	금액
⑬	(차) 현 금	50,000	(대) 매 출	220,000
	매출채권	170,000		
	(차) 매출원가	180,000	(대) 제 품	180,000

* ₩200,000×90% = ₩180,000

	차변	금액	대변	금액
⑭	(차) 현 금	175,000	(대) 매출채권	175,000
⑮	(차) 매입채무	115,000	(대) 현 금	115,000

<T계정>

현 금			
월초	110,000	①	10,000
⑬	50,000	②	80,000
⑭	175,000	④	18,000
		⑮	115,000

매출채권			
월초	40,000	⑭	175,000
⑬	170,000		

재 료			
월초	20,000	⑤	100,000
①	90,000		

재공품			
월초	35,000	⑫	200,000
⑥	95,000		
⑧	64,000		
⑪	42,200		

제 품			
월초	0	⑬	180,000
⑫	200,000		

건 물			
월초	300,000		

건물 감가상각누계액			
		월초	130,000
		③	9,000

기계장치			
월초	200,000		

기계장치 감가상각누계액			
		월초	100,000
		③	11,000

매입채무			
⑮	115,000	월초	50,000
		①	80,000

자본금			
		월초	350,000

이익잉여금			
		월초	75,000

매 출			
		⑬	220,000

매출원가			
⑬	180,000		

재료비			
⑤	100,000	⑥	100,000

노무비			
⑦	70,000	⑧	70,000

제조경비			
⑨	31,200	⑩	31,200

제조간접비			
⑥	5,000	⑪	42,200
⑧	6,000		
⑩	31,200		

급 여			
②	80,000	⑦	70,000

감가상각비			
③	20,000	⑨	16,400

전력비			
④	8,000	⑨	5,600

기계장치 수선비			
④	6,000	⑨	6,000

보험료			
④	4,000	⑨	3,200

<잔액시산표 등>

잔액시산표(수정후)

계정	금액	계정	금액
현금	112,000	매입채무	15,000
매출채권	35,000	건물감가상각누계액	139,000
재료	10,000	기계장치감가상각누계액	111,000
재공품	36,200	자본금	350,000
제품	20,000	이익잉여금	75,000
건물	300,000	매출	220,000
기계장치	200,000		
매출원가	180,000		
급여	10,000		
감가상각비	3,600		
전력비	2,400		
보험료	800		
	910,000		910,000

* 매출원가 ₩180,000 = 월초제품재고액 ₩0 + 당월제품제조원가 ₩200,000(제조원가명세서 참조) - 월말제품재고액 ₩20,000

제조원가명세서

(재료비, 노무비, 경비로 분류한 경우)

재료비		100,000
월초재료재고액	20,000	
당월재료매입액	90,000	
월말재료재고액	(10,000)	
노무비		70,000
경 비		31,200
감가상각비	16,400	
전력비	5,600	
기계장치 수선비	6,000	
보험료	3,200	
당월총제조비용		201,200
월초재공품재고액		35,000
월말재공품재고액		(36,200)
당월제품제조원가		200,000

(직접재료비, 직접노무비, 제조간접비로 분류한 경우)

직접재료비		95,000
직접노무비		64,000
제조간접비		42,200
간접재료비	5,000	
간접노무비	6,000	
감가상각비	16,400	
전력비	5,600	
기계장치 수선비	6,000	
보험료	3,200	
당월총제조비용		201,200
월초재공품재고액		35,000
월말재공품재고액		(36,200)
당월제품제조원가		200,000

* [주의] 월초재료재고액과 월말재료재고액에서 직접재료비와 간접재료비의 구분 제시가 없기에, 제시된 재료비(소비액)을 이용하여 직접재료비 ₩95,000(총액)만 표시하였음

포괄손익계산서

매출액		220,000
매출원가		(180,000)
월초제품재고액	0	
당월제품제조원가	200,000	
월말제품재고액	(20,000)	
매출총이익		40,000
판매관리비		(16,800)
급 여	10,000	
감가상각비	3,600	
전력비	2,400	
보험료	800	
당월순이익		23,200

재무상태표

자 산			부 채	
유동자산			유동부채	
현금및현금성자산		112,000	매입채무	15,000
매출채권		35,000	자 본	
재 료		10,000	자본금	350,000
재공품		36,200	이익잉여금	98,200
제 품		20,000	(당월순이익 23,200)	
비유동자산				
건 물	300,000			
감가상각누계액	(139,000)	161,000		
기계장치	200,000			
감가상각누계액	(111,000)	89,000		
		463,200		463,200

[참조 : 재무제표의 표시(한국채택국제회계기준 제1118호)]

포괄손익계산서(기능별)

매출액		220,000
매출원가		(180,000)
월초제품재고액	0	
당월제품제조원가	200,000	
월말제품재고액	(20,000)	
매출총이익		40,000
물류비	×××	
관리비	×××	(16,800)
기타영업비용	×××	
당월순이익		23,200

※ 본 [예제]는 기능별 분류에 따른 구체적인 사항들이 제시되지 않았다.

포괄손익계산서(성격별)

매출액		220,000
제품과 재공품의 변동		21,200
제품의 변동	20,000	
재공품의 변동	1,200	
재료사용액		(100,000)
총비용		(118,000)
종업원급여	80,000	
감가상각비	20,000	
전력비	8,000	
기계장치 수선비	6,000	
보험료	4,000	
당월순이익		23,200

※ 1) 제품 및 재공품의 변동

제품의 변동 : 기말제품재고액 - 기초제품재고액 = ₩20,000 - ₩0 = ₩20,000

재공품의 변동 : 기말재공품재고액 - 기초재공품재고액 = ₩36,200 - ₩35,000 = ₩1,200

(차) 제 품	20,000	(대) 제품의 변동	20,000
(차) 재공품	1,200	(대) 재공품의 변동	1,200

2) 재료사용액(= 기초재료재고액 + 당기재료매입액 - 기말재료재고액) :

₩20,000 + ₩90,000 - ₩10,000 = ₩100,000

(차) 재료사용액	100,000	(대) 재 료	100,000

3) 총비용

비용항목	제조원가명세서	포괄손익계산서	포괄손익계산서(성격별)
종업원급여	₩70,000	₩10,000	₩80,000
감가상각비	16,400	3,600	20,000
전력비	5,600	2,400	8,000
기계장치 수선비	6,000	0	6,000
보험료	3,200	800	4,000

4) 손익계산서의 영업 범주에서는 비용에 대한 가장 유용한 구조화된 요약 정보를 제공할 수 있도록 '① 비용의 성격, ② 기업 내에서 해당 비용의 기능'의 특성 중 하나 또는 모두를 사용하여 비용을 별도표시항목으로 분류하고 표시한다. 개별 별도표시항목은 이러한 특성 중 하나만을 기준으로 통합된 영업비용으로 구성되지만, 모든 별도표시항목이 동일한 특성만을 기준으로 통합되어야 하는 것은 아니다. [기업회계기준서 제1118호]

예제 3

실제 개별원가계산을 통하여 제품원가를 계산한다. 편의상 이 기업의 회계기간은 1개월로 한다.

<자료 1> 7월 1일의 재무상태

재무상태표

현 금		15,550,000	미지급전기수도료	240,000
원재료		1,400,000	자본금	59,080,000
재공품		1,100,000	이익잉여금	5,690,000
제 품		860,000		
선급급여		240,000		
소모품		360,000		
기계장치	40,000,000	40,000,000		
감가상각누계액	(0)			
비 품	5,500,000	5,500,000		
감가상각누계액	(0)			
		65,010,000		65,010,000

* 제품 ₩860,000(= @₩8,600×100개)

<자료 2> 7월 1일부터 7월 31일까지의 원가계산기간의 거래내용

- 원재료 ₩5,800,000(전액 직접비)을 구입하고, 대금은 현금으로 지급하다.
- 급여 명목으로 ₩7,160,000을 현금으로 지급하다.
- 전기수도료 명목으로 ₩1,080,000을 현금으로 지급하다.
- 전액 제조부에서 사용하는 기계장치의 감가상각비는 ₩400,000/월이다.
- 전액 영업부에서 사용하는 비품의 감가상각비는 ₩100,000/월이다.
- 소모품은 전액 영업부에서 사용하며, 7월 중 소모품 ₩1,500,000을 현금으로 구입하다. (비용으로 처리할 것)
- 7월 발생분 급여의 20%는 영업부에서, 80%(전액 직접비)는 제조부에서 부담한다.
- 7월 발생분 전기수도료의 10%는 영업부에서, 90%는 제조부에서 부담한다.
- 7월 중 제품 1,000개는 개당 ₩20,000에 현금으로 매출하다.

<자료 3> 7월 31일의 계정 잔액

선급급여	₩100,000	원재료	₩480,000
소모품	120,000	재공품	3,040,000
미지급전기수도료	360,000	제 품	2,200,000

물음

위의 거래를 분개하고, T계정에 전기하시오. 잔액시산표(수정후) · 제조원가명세서 · 포괄손익계산서 · 재무상태표를 각각 작성하시오. 단, 법인세비용은 없다고 가정한다.

해답

<월초재수정분개>

①	(차) 급 여	240,000	(대) 선급급여	240,000
②	(차) 소모품비	360,000	(대) 소모품	360,000
③	(차) 미지급전기수도료	240,000	(대) 전기수도료	240,000

<월중분개>

	차변	금액	대변	금액
④	(차) 원재료	5,800,000	(대) 현 금	5,800,000
⑤	(차) 급 여	7,160,000	(대) 현 금	7,160,000
⑥	(차) 전기수도료	1,080,000	(대) 현 금	1,080,000
⑦	(차) 기계장치 감가상각비	400,000	(대) 기계장치 감가상각누계액	400,000
⑧	(차) 비품 감가상각비	100,000	(대) 비품 감가상각누계액	100,000
⑨	(차) 소모품비	1,500,000	(대) 현 금	1,500,000

<결산정리분개>

	차변	금액	대변	금액
⑩	(차) 선급급여	100,000	(대) 급 여	100,000
⑪	(차) 소모품	120,000	(대) 소모품비	120,000
⑫	(차) 전기수도료	360,000	(대) 미지급전기수도료	360,000

<원가계산분개>

⑬ (차) 재료비 6,720,000 (대) 원재료 6,720,000

* ₩1,400,000 + ₩5,800,000 - ₩480,000 = ₩6,720,000

⑭ (차) 재공품 6,720,000 (대) 재료비 6,720,000

⑮ (차) 노무비 5,840,000 (대) 급 여 5,840,000

* (월초 선급액 ₩240,000 + 현금 지급액 ₩7,160,000 - 월말 선급액 ₩100,000)×0.8 = ₩5,840,000

⑯ (차) 재공품 5,840,000 (대) 노무비 5,840,000

⑰ (차) 제조경비 1,480,000 (대) 전기수도료 1,080,000
기계장치 감가상각비 400,000

* (월초 미지급액 - ₩240,000 + 현금 지급액 ₩1,080,000 + 월말 미지급액 ₩360,000)×0.9 = ₩1,080,000

⑱ (차) 제조간접비 1,480,000 (대) 제조경비 1,480,000

⑲ (차) 재공품 1,480,000 (대) 제조간접비 1,480,000

* ₩0(간접재료비) + ₩0(간접노무비) + ₩1,480,000(제조경비) = ₩1,480,000

⑳ (차) 제 품 12,100,000 (대) 재공품 12,100,000

* 당월총제조비용 : ₩6,720,000 + ₩5,840,000 + ₩1,480,000 = ₩14,040,000
당월제품제조원가 : ₩1,100,000 + ₩14,040,000 - ₩3,040,000(월말재공품원가) = ₩12,100,000

㉑ (차) 현 금 20,000,000 (대) 매 출 20,000,000
(차) 매출원가 10,760,000 (대) 제 품 10,760,000

* ₩860,000 + ₩12,100,000 - ₩2,200,000(월말제품재고액) = ₩10,760,000

<T계정>

현 금

차변	대변
7/1 15,550,000	④ 5,800,000
㉑ 20,000,000	⑤ 7,160,000
	⑥ 1,080,000
	⑨ 1,500,000

원재료

차변	대변
7/1 1,400,000	⑬ 6,720,000
④ 5,800,000	

재공품

차변	대변
7/1 1,100,000	⑳ 12,100,000
⑭ 6,720,000	
⑯ 5,840,000	
⑲ 1,480,000	

제 품

차변	대변
7/1 860,000	㉑ 10,760,000
⑳ 12,100,000	

선급급여

차변	대변
7/1 240,000	① 240,000
⑩ 100,000	

소모품

차변	대변
7/1 360,000	② 360,000
⑪ 120,000	

기계장치

차변	대변
7/1 40,000,000	

기계장치 감가상각누계액

차변	대변
	7/1 0
	⑦ 400,000

비 품

차변	대변
7/1 5,500,000	

비품 감가상각누계액

	7/1 0
	⑧ 100,000

미지급전기수도료

③ 240,000	7/1 240,000
	⑫ 360,000

자본금

	7/1 59,080,000

이익잉여금

	7/1 5,690,000

매 출

	㉑ 20,000,000

매출원가

㉑ 10,760,000	

재료비

⑬ 6,720,000	⑭ 6,720,000

노무비

⑮ 5,840,000	⑯ 5,840,000

제조경비

⑰ 1,480,000	⑱ 1,480,000

제조간접비

⑱ 1,480,000	⑲ 1,480,000

급 여

① 240,000	⑩ 100,000
⑤ 7,160,000	⑮ 5,840,000

소모품비

② 360,000	⑪ 120,000
⑨ 1,500,000	

전기수도료

⑥ 1,080,000	③ 240,000
⑫ 360,000	⑰ 1,080,000

기계장치 감가상각비

⑦ 400,000	⑰ 400,000

비품 감가상각비

⑧ 100,000	

<잔액시산표 등>

잔액시산표(수정후)

현금	20,010,000	미지급전기수도료	360,000
원재료	480,000	기계장치감가상각누계액	400,000
재공품	3,040,000	비품감가상각누계액	100,000
제품	2,200,000	자본금	59,080,000
선급급여	100,000	이익잉여금	5,690,000
소모품	120,000	매출	20,000,000
기계장치	40,000,000		
비품	5,500,000		
매출원가	10,760,000		
급여	1,460,000		
소모품비	1,740,000		
전기수도료	120,000		
감가상각비	100,000		
	85,630,000		85,630,000

제조원가명세서

직접재료비		6,720,000
월초재료재고액	1,400,000	
당월재료매입액	5,800,000	
월말재료재고액	(480,000)	
직접노무비		5,840,000
제조간접비		1,480,000
전기수도료	1,080,000	
감가상각비	400,000	
당기총제조비용		14,040,000
월초재공품재고액		1,100,000
월말재공품재고액		(3,040,000)
당월제품제조원가		12,100,000

포괄손익계산서

매출액		20,000,000
매출원가		(10,760,000)
월초제품재고액	860,000	
당월제품제조원가	12,100,000	
월말제품재고액	(2,200,000)	
매출총이익		9,240,000
판매관리비		(3,420,000)
급 여	1,460,000	
소모품비	1,740,000	
전기수도료	120,000	
감가상각비	100,000	
당월순이익		5,820,000

[참조] 성격별 포괄손익계산서 작성

1) 제품 및 재공품의 변동
   제품의 변동 : 월말제품재고액 - 월초제품재고액 = ₩2,200,000 - ₩860,000 = ₩1,340,000
   재공품의 변동 : 월말재공품재고액 - 월초재공품재고액 = ₩3,040,000 - ₩1,100,000 = ₩1,940,000

(차) 제 품	1,340,000	(대) 제품의 변동	1,340,000
(차) 재공품	1,940,000	(대) 재공품의 변동	1,940,000

2) 재료사용액(= 월초재료재고액 + 당월재료매입액 - 월말재료재고액) :
   ₩1,400,000 + ₩5,800,000 - ₩480,000 = ₩6,720,000

(차) 재료사용액	6,720,000	(대) 재 료	6,720,000

3) 총비용

비용항목	제조원가명세서	포괄손익계산서	포괄손익계산서(성격별)
종업원급여	₩5,840,000	₩1,460,000	₩7,300,000
소모품비	0	1,740,000	1,740,000
전기수도료	1,080,000	120,000	1,200,000
감가상각비	400,000	100,000	500,000

재무상태표

자 산			부 채	
유동자산			유동부채	
현금및현금성자산		20,010,000	미지급전기수도료	360,000
재 료		480,000	자 본	
재공품		3,040,000	자본금	59,080,000
제 품		2,200,000	이익잉여금	11,510,000
선급급여		100,000	(당월순이익 5,820,000)	
소모품		120,000		
비유동자산				
기계장치	40,000,000			
감가상각누계액	(400,000)	39,600,000		
비 품	5,500,000			
감가상각누계액	(100,000)	5,400,000		
		70,950,000		70,950,000

※ 외부공표용 재무제표
현금 → 현금및현금성자산

예제 4

다음의 잔액시산표(수정전)와 결산정리사항 및 원가계산 자료에 의한다.

잔액시산표(수정전)

차변 계정	금액	대변 계정	금액
현금	680,000	외상매입금	416,000
외상매출금	640,000	지급어음	440,000
받을어음	260,000	비품감가상각누계액	60,000
재료	520,000	기계장치감가상각누계액	120,000
재공품	260,000	건물감가상각누계액	400,000
제품	200,000	자본금	2,900,000
비품	200,000	이익잉여금	100,000
기계장치	600,000	매출	2,100,000
건물	2,000,000	이자수익	6,000
임금	560,000		
급여	130,000		
전력비	96,000		
수선비	160,000		
세금과공과	60,000		
보험료	44,000		
광고선전비	32,000		
임원급여	80,000		
이자비용	20,000		
	6,542,000		6,542,000

※ 재료 ₩520,000의 내용은 기초재료재고액 ₩100,000과 당기재료매입액 ₩420,000이다.

결산정리(수정)를 위한 자료(12. 31.)

- 기말재고액(재료 ₩160,000, 재공품 ₩200,000, 제품 ₩260,000)
- 외상매출금 및 받을어음 기말 잔액에 대한 기대신용손실(대손상각비) 측정
  (외상매출금 대손상각비 ₩12,800, 받을어음 대손상각비 ₩5,200)
- 감가상각 :
  비품 취득원가의 20% (이 중 80%는 영업부이다)
  기계장치 취득원가의 20% (전액 제조부로 한다)
  건물 취득원가의 5% (이 중 20%는 영업부이다)
- 임금 미지급액 : ₩100,000 (직접임금임)
- 급여 (이 중 50%는 영업부이다)
- 전력비 미지급액 : ₩24,000 (발생액 중 20%는 영업부이다)
- 수선비 (전액 제조부로 한다)
- 세금과공과 (이 중 30%는 영업부이다)
- 보험료 선급액 : ₩12,000 (발생액 중 30%는 영업부이다)
- 광고선전비 미지급액 : ₩8,000 (전액 영업부로 한다)

물음

위의 거래를 분개하고, T계정에 전기하시오. 단, 법인세비용은 없다고 가정한다. 정산표 · 합계잔액시산표(수정후) · 제조원가명세서 · 포괄손익계산서 · 재무상태표를 각각 작성하시오.

해답 •••

<분개>

① 기말재고액(재료 ₩160,000, 재공품 ₩200,000, 제품 ₩260,000)

② (차) 대손상각비 18,000 (대) 외상매출금 대손충당금 12,800
받을어음 대손충당금 5,200

* 대손상각비 : ₩12,800(외상매출금) + ₩5,200(받을어음) = ₩18,000

③ (차) 감가상각비 260,000 (대) 비품 감가상각누계액 40,000
기계장치 감가상각누계액 120,000
건물 감가상각누계액 100,000

* 감가상각비 : ₩40,000(비품) + ₩120,000(기계장치) + ₩100,000(건물) = ₩260,000
₩200,000(비품)×20% = ₩40,000, ₩600,000(기계장치)×20% = ₩120,000, ₩2,000,000(건물)×5% = ₩100,000

④ (차) 임 금 100,000 (대) 미지급임금 100,000
(차) 전력비 24,000 (대) 미지급전력비 24,000
(차) 선급보험료 12,000 (대) 보험료 12,000
(차) 광고선전비 8,000 (대) 미지급광고선전비 8,000

<원가계산분개>

⑤ (차) 재료비 360,000 (대) 재 료 360,000

* ₩100,000 + ₩420,000 - ₩160,000 = ₩360,000

⑥ (차) 재공품 360,000 (대) 재료비 360,000

⑦ (차) 노무비 660,000 (대) 임 금 660,000

* ₩560,000 + ₩100,000 = ₩660,000

(차) 노무비 65,000 (대) 급 여 65,000

* ₩130,000×50% = ₩65,000

⑧ (차) 재공품 660,000 (대) 노무비 660,000

(차) 재공품 65,000 (대) 노무비 65,000

⑨ (차) 제조경비 528,400 (대) 감가상각비 208,000
전력비 96,000
수선비 160,000
세금과공과 42,000
보험료 22,400

* 감가상각비 : ₩40,000(비품)×20% + ₩120,000(기계장치) + ₩100,000(건물)×80% = ₩208,000
전력비 : (₩96,000 + ₩24,000)×80% = ₩96,000
수선비 : ₩160,000(전액 제조부)
세금과공과 : ₩60,000×70% = ₩42,000
보험료 : (₩44,000 - ₩12,000)×70% = ₩22,400

⑩ (차) 제조간접비 528,400 (대) 제조경비 528,400

⑪ (차) 재공품 528,400 (대) 제조간접비 528,400

⑫ (차) 제 품 1,673,400 (대) 재공품 1,673,400

* 당기총제조비용 : ₩360,000 + ₩660,000 + ₩65,000 + ₩528,400 = ₩1,613,400
당기제품제조원가 : ₩260,000 + ₩1,613,400 - ₩200,000 = ₩1,673,400

⑬ (차) 매출원가 1,613,400 (대) 제 품 1,613,400

* ₩200,000 + ₩1,673,100 - ₩260,000 = ₩1,613,400

<T계정>

현 금			
12/31	680,000		

외상매출금			
12/31	640,000		

받을어음			
12/31	260,000		

재 료			
12/31	520,000	⑤	360,000

재공품			
12/31	260,000	⑫	1,673,400
⑥	360,000		
⑧	660,000		
⑧	65,000		
⑪	528,400		

제 품			
12/31	200,000	⑬	1,613,400
⑫	1,673,400		

비 품			
12/31	200,000		

기계장치			
12/31	600,000		

건 물			
12/31	2,000,000		

외상매입금			
		12/31	416,000

지급어음			
		12/31	440,000

비품 감가상각누계액			
		12/31	60,000
		③	40,000

기계장치 감가상각누계액			
		12/31	120,000
		③	120,000

건물 감가상각누계액			
		12/31	400,000
		③	100,000

자본금			
		12/31	2,900,000

이익잉여금			
		12/31	100,000

임 금			
12/31	560,000	⑦	660,000
④	100,000		

급 여			
12/31	130,000	⑦	65,000

전력비			
12/31	96,000	⑨	96,000
④	24,000		

수선비			
12/31	160,000	⑨	160,000

세금과공과			
12/31	60,000	⑨	42,000

보험료			
12/31	44,000	④	12,000
		⑨	22,400

광고선전비			
12/31	32,000		
④	8,000		

임원급여			
12/31	80,000		

이자비용			
12/31	20,000		

매 출			
		12/31	2,100,000

이자수익			
		12/31	6,000

대손상각비			
②	18,000		

외상매출금 대손충당금			
		②	12,800

받을어음 대손충당금			
		②	5,200

감가상각비			
③	260,000	⑨	208,000

미지급임금			
		④	100,000

미지급전력비			
		④	24,000

선급보험료			
④	12,000		

미지급광고선전비			
		④	8,000

재료비			
⑤	360,000	⑥	360,000

노무비			
⑦	660,000	⑧	660,000
⑦	65,000	⑧	65,000

제조경비			
⑨	528,400	⑩	528,400

제조간접비			
⑩	528,400	⑪	528,400

매출원가			
⑬	1,613,400		

정산표

계정과목	수정전시산표		결산정리분개		수정후시산표		제조원가명세서		포괄손익계산서		재무상태표	
	차변	대변	차변	대변	차변	대변	차변	대변	차변	대변	차변	대변
현금	680,000				680,000						680,000	
외상매출금	640,000				640,000						640,000	
대손충당금				12,800		12,800						12,800
받을어음	260,000				260,000						260,000	
대손충당금				5,200		5,200						5,200
재료	520,000			360,000	520,000	360,000	160,000				160,000	
재공품	260,000		360,000	1,673,400	1,873,400	1,673,400	200,000				200,000	
			660,000									
			65,000									
			528,400									
제품	200,000		1,673,400	1,613,400	1,873,400	1,613,400					260,000	
비품	200,000				200,000						200,000	
감가상각누계액		60,000		40,000		100,000						100,000
기계장치	600,000				600,000						600,000	
감가상각누계액		120,000		120,000		240,000						240,000
건물	2,000,000				2,000,000						2,000,000	
감가상각누계액		400,000		100,000		500,000						500,000
임금	560,000		100,000	660,000	660,000	660,000	660,000					
급여	130,000			65,000	130,000	65,000	65,000		65,000			
전력비	96,000		24,000	96,000	120,000	96,000	96,000		24,000			
수선비	160,000			160,000	160,000	160,000	160,000					
세금과공과	60,000			42,000	60,000	42,000	42,000		18,000			
보험료	44,000			12,000	44,000	12,000	22,400		9,600			
				22,400		22,400						
광고선전비	32,000		8,000		40,000				40,000			
임원급여	80,000				80,000				80,000			
이자비용	20,000				20,000				20,000			
외상매입금		416,000				416,000						416,000
지급어음		440,000				440,000						440,000
자본금		2,900,000				2,900,000						2,900,000
이익잉여금		100,000				100,000						100,000
매출		2,100,000				2,100,000				2,100,000		
이자수익		6,000				6,000				6,000		
	6,542,000	6,542,000										
대손상각비			18,000		18,000				18,000			
감가상각비			260,000	208,000	260,000	208,000	208,000		52,000			
미지급임금				100,000		100,000						100,000
미지급전력비				24,000		24,000						24,000
선급보험료			12,000		12,000						12,000	
미지급광고선전비				8,000		8,000						8,000
재료비			360,000	360,000								
노무비			660,000	660,000								
			65,000	65,000								
제조경비			528,400	528,400								
제조간접비			528,400	528,400								
매출원가			1,613,400		1,613,400			1,613,400	1,613,400			
당기순이익									166,000			166,000
			7,464,000	7,464,000	11,864,200	11,864,200	1,613,400	1,613,400	2,106,000	2,106,000	5,012,000	5,012,000

합계잔액시산표(수정후)

차변 잔액	차변 합계	원면	계정과목	대변 합계	대변 잔액
680,000	680,000	생략	현금		
640,000	640,000		외상매출금		
260,000	260,000		받을어음		
160,000	520,000		재료	360,000	
200,000	1,873,400		재공품	1,673,400	
260,000	1,873,400		제품	1,613,400	
12,000	12,000		선급보험료		
200,000	200,000		비품		
600,000	600,000		기계장치		
2,000,000	2,000,000		건물		
			외상매입금	416,000	416,000
			지급어음	440,000	440,000
			미지급임금	100,000	100,000
			미지급전력비	24,000	24,000
			미지급광고선전비	8,000	8,000
			외상매출금대손충당금	12,800	12,800
			받을어음대손충당금	5,200	5,200
			비품감가상각누계액	100,000	100,000
			기계장치감가상각누계액	240,000	240,000
			건물감가상각누계액	500,000	500,000
			자본금	2,900,000	2,900,000
			이익잉여금	100,000	100,000
			매출	2,100,000	2,100,000
			이자수익	6,000	6,000
1,613,400	1,613,400		매출원가		
	660,000		임금	660,000	
65,000	130,000		급여	65,000	
24,000	120,000		전력비	96,000	
	160,000		수선비	160,000	
18,000	60,000		세금과공과	42,000	
9,600	44,000		보험료	34,400	
40,000	40,000		광고선전비		
80,000	80,000		임원급여		
18,000	18,000		대손상각비		
52,000	260,000		감가상각비	208,000	
20,000	20,000		이자비용		
	360,000		재료비	360,000	
	725,000		노무비	725,000	
	528,400		제조경비	528,400	
	528,400		제조간접비	528,400	
6,952,000	14,006,000			14,006,000	6,952,000

제조원가명세서

재료비		360,000
기초재료재고액	100,000	
당기재료매입액	420,000	
기말재료재고액	(160,000)	
노무비		725,000
임 금	660,000	
급 여	65,000	
경 비		528,400
전력비	96,000	
수선비	160,000	
세금과공과	42,000	
보험료	22,400	
감가상각비	208,000	
당기총제조비용		1,613,400
기초재공품재고액		260,000
기말재공품재고액		(200,000)
당기제품제조원가		1,673,400

포괄손익계산서

매출액		2,100,000
매출원가		(1,613,400)
기초제품재고액	200,000	
당기제품제조원가	1,673,400	
기말제품재고액	(260,000)	
매출총이익		486,600
판매관리비		(306,600)
급 여	65,000	
전력비	24,000	
세금과공과	18,000	
보험료	9,600	
광고선전비	40,000	
임원급여	80,000	
대손상각비	18,000	
감가상각비	52,000	
이자수익		6,000
이자비용		(20,000)
당기순이익		166,000

[참조 : 재무제표의 표시(한국채택국제회계기준 제1118호)]

1) 제품 및 재공품의 변동
제품의 변동 : 기말제품재고액 - 기초제품재고액 = ₩260,000 - ₩200,000 = ₩60,000
재공품의 변동 : 기말재공품재고액 - 기초재공품재고액 = ₩200,000 - ₩260,000 = - ₩60,000

(차) 제　품	60,000	(대) 제품의 변동	60,000
(차) 재공품의 변동	60,000	(대) 재공품	60,000

2) 재료사용액(= 기초재료재고액 + 당기재료매입액 - 기말재료재고액) :
₩100,000 + ₩420,000 - ₩160,000 = ₩360,000

(차) 재료사용액	360,000	(대) 재　료	360,000

3) 총비용

비용항목	제조원가명세서	포괄손익계산서	포괄손익계산서(성격별)
종업원급여	₩725,000	₩145,000	₩870,000
전력비	96,000	24,000	120,000
수선비	160,000	0	160,000
세금과공과	42,000	18,000	60,000
보험료	22,400	9,600	32,000
광고선전비	0	40,000	40,000
대손상각비	0	18,000	18,000
감가상각비	208,000	52,000	260,000
이자비용	0	20,000	20,000

재무상태표

자　산			부　채	
유동자산			유동부채	
현금및현금성자산		680,000	매입채무	856,000
매출채권	900,000		미지급임금	100,000
대손충당금	(18,000)	882,000	미지급전력비	24,000
선급보험료		12,000	미지급광고선전비	8,000
재　료		160,000	자　본	
재공품		200,000	자본금	2,900,000
제　품		260,000	이익잉여금	266,000
비유동자산			(당기순이익 166,000)	
비　품	200,000			
감가상각누계액	(100,000)	100,000		
기계장치	600,000			
감가상각누계액	(240,000)	360,000		
건　물	2,000,000			
감가상각누계액	(500,000)	1,500,000		
		4,154,000		4,154,000

※ 외부공표용 재무제표
현금 → 현금및현금성자산, 외상매출금 + 받을어음 → 매출채권, 외상매입금 + 지급어음 → 매입채무

3) 작업폐물과 공손품[4]

(1) 작업폐물의 처리

제품의 제조과정에서 재료를 가공할 때 생기는 사용재료의 폐물을 작업폐물(waste or scrap)이라고 한다. 작업폐물은 제품과 비교할 때 판매가치가 아주 작다. 작업폐물에는 원가를 배분하지 않기 때문에, 정상적 작업폐물과 비정상적 작업폐물로 구분하지 않는다. 작업폐물에는 목재가공업에 있어서의 片木, 방직업에 있어서의 落線, 제강업에 있어서의 片鐵 등이 있다.

작업폐물의 가격이 큰 경우, 작업폐물의 가치를 관련 제조지시서별 원가계산표의 직접재료비 또는 제조원가에서 차감한다. 만일 그 작업폐물이 어떤 부문에서만 계속적으로 생기는 경우에는 그 부문비에서 차감한다. 작업폐물의 가격은 외부에 매각할 경우에는 매각 예상가치에서 매각에 소요되는 추가비용을 차감한 잔액으로 산출하며, 경영 내부에서 그 작업폐물을 다시 이용하는 경우에는 그것을 이용함으로써 절감되는 재료의 예상구입원가로서 산출한다. 한편, 작업폐물의 가격이 작은 경우, 작업폐물의 가치를 제조원가 또는 부문비에서 차감하지 않고, 원가 외의 잡이익(판매가치 또는 내부이용수익의 금액)으로서 처리한다.

예제 

① 제조지시서 No.1에 의한 제품 제조과정에서 작업폐물이 발생하였는데, 그 가치는 ₩100,000으로 추정되다. (제조원가에서 차감)

(차) 작업폐물	100,000	(대) 제　조	100,000

② ①의 작업폐물을 ₩120,000에 매각하고 대금은 당좌예금으로 예입하다.

(차) 당좌예금	120,000	(대) 작업폐물	100,000
		잡이익	20,000

③ 만일 ①의 작업폐물을 甲제조부문에서 부문제조비용으로 활용한다면?

(차) 甲제조부문비	100,000	(대) 작업폐물	100,000

④ 한편, 제조지시서 No.3에 의한 제품 제조과정에서 발생한 작업폐물을 매각하고 그 대금 ₩5,000을 현금으로 받다.

(차) 현　금	5,000	(대) 잡이익	5,000

4) 종합원가계산(제6장 참조)에서 설명하고 있는 정상적 공손과 비정상적 공손의 개념은 개별원가계산에서도 똑같이 적용될 수 있다. 극히 소량의 공손만 정상적인 공손으로 간주하는 기업들이 증가하고는 있지만, 개별원가계산에서는 정상적 공손을 제품원가에 포함시킨다. 개별원가계산에서는 일반적으로 원가를 배분할 때, 특정 작업에 귀속되는 정상적 공손이 발생할 때 그 작업은 「공손원가에서 그 공손의 처분가치를 차감한 원가」를 부담한다. 그리고 특정 작업에 귀속되지 않는 정상적 공손은 모든 작업에 공통적이기 때문에 제조간접비로 각 작업에 간접적으로 배부된다.

(2) 공손품의 처리

제품을 제조하는 과정에서 작업종사자의 부주의, 재료 · 설비 · 기계 등의 결함 또는 작업관리의 不備 등을 원인으로 하여 발생하는 규격이나 품질이 표준에 미달하는 불합격품을 공손품 또는 파손품(spoiled or spoilage work)이라고 한다.

보수하면 완성품으로서 회복할 가능성이 있는 것에 대해서는 새로이 보수를 수행하고, 그 보수에 든 비용을 그 제품의 제조원가로서 가산한다.

예제 

연속 제조지시서 No.5의 제조에서 공손품이 발생하여 보수를 수행하고, 동 제조지시서에 다시 배부하다. 보수에 소요된 원가는 재료비 ₩10,000, 노무비 ₩15,000, 경비 ₩2,500이다.

(차) 제 조	27,500	(대) 재료비	10,000
		노무비	15,000
		경 비	2,500

보수하여도 회복할 가능성이 없어 대체품을 제조하여야 할 경우에는 새로이 제조지시서를 발행하여 제조하되, 공손품의 집계원가는 대체품의 제조원가에 계산한다. 다만 공손품에 매각가치 또는 다른 용도에의 이용가치가 있는 경우에는 그 가액을 제외시킨다.

예제 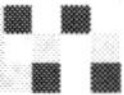

제조지시서 No.7의 제조에서 공손품이 발생하여 대체품을 제조하다. 이 공손품의 원가는 ₩50,000, 예상 매각가치는 ₩20,000이며, 미회수원가는 대체품에 가산시키다.

(차) 공손품	20,000	(대) 제 조	20,000

(미회수원가 ₩30,000은 제조계정에 그대로 잔존하고 있음)

보수 자체도 불가능하고 대체품을 제조할 필요도 없는 경우에는, 공손품의 원가가 자동적으로 다른 완제품에 부담된다. 이때 그 공손품의 매각가치 또는 다른 용도에의 이용가치가 있으면 그것을 완성품의 제조원가에서 차감한다.

이상의 처리방법은 공손품이 정상적인 원인으로 발생한 경우를 [예시]한 것으로서, 만일 임시적 또는 우발적인 원인으로 발생한 경우에는 공손품의 원가를 제품의 원가에 산입하지 않고 원가 외의 손실(기타비용)로서 처리하여야 한다.

예제 [부문별 개별원가계산5)]

(주)백설은 20×0년 초 영업을 개시하였으며, 개별원가계산을 채택하고 있다. 20×1년도의 원가자료는 다음과 같다.

1. 기초재공품재고액(제조지시서 No.21) : ₩750,000
2. 기초재료재고액 ₩3,400,000

A재료	:	1,000kg	@₩1,500	₩1,500,000
B재료	:	1,500	1,200	1,800,000
보조재료	:	-	-	100,000

3. 기중 재료매입액

A재료	:	2,000kg	@₩1,650	₩3,300,000
B재료	:	1,000	1,350	1,350,000

4. 기중 재료 소비

구 분	제조지시서			제조부문			보조부문			계
	No.21	No.22	No.23	A제조	B제조	C제조	동력부	수선부	사무부	
A재료	100	1,100	800	55	50	20	30	45	-	2,200kg
B재료	50	500	1,000	50	30	40	10	20	-	1,700kg
보조재료	-	-	-	20,000	5,000	8,000	15,000	12,000	5,000	₩65,000

5. 노무비 발생

① 직접노무비(직접임금)

구 분	A제조부문		B제조부문		C제조부문		계	
	시간	임금	시간	임금	시간	임금	시간	임금
No.21	100	55,000	70	40,000	130	70,000	300	165,000
No.22	900	500,000	500	300,000	800	400,000	2,200	1,200,000
No.23	1,000	550,000	800	440,000	500	270,000	2,300	1,260,000

② 간접노무비(₩1,755,000)

A제조부문	₩320,000	동력부문	₩400,000
B제조부문	300,000	수선부문	350,000
C제조부문	250,000	사무부문	135,000

6. 경비 발생

① 부문개별비(₩2,300,000)

A제조부문	₩750,000	동력부문	₩350,000
B제조부문	500,000	수선부문	280,000
C제조부문	300,000	사무부문	120,000

② 부문공통비(₩250,000)

7. 작업폐물 발생 (평가액 = ₩400/kg)

부문	제조지시서			제조부문			보조부문
	No.21	No.22	No.23	A제조	B제조	C제조	수선부
수량	6kg	50kg	45kg	7kg	5kg	4kg	8kg

5) 부문비 계산 절차를 거치지 않는 경우를 단순 개별원가계산(원가요소별 계산 → 직접비의 제조지시서별 집계 → 제조간접비의 제조지시서별 배부계산)이라고 하고, 부문비 원가계산을 전제로 하는 경우를 부문별 개별원가계산(원가요소별 계산 → 원가요소의 부문별 집계 → 부문공통비의 부문별 배부계산 → 보조부문비의 제조부문으로의 배부계산 → 제조부문비의 제조지시서별 배부계산)이라고 한다.

8. 참고사항
① 경비 중 부문공통비는 경비의 부문개별비를 기준으로 하여 배부한다.
② 보조부문비의 제조부문에의 배부는 다음 기준에 의한다. (단계배부법 적용)

부 문	A제조부문	B제조부문	C제조부문	동력부	수선부	사무부
사무부문	13	12	10	3	2	-
수선부문	10	6	12	2	-	-
동력부문	4	5	6	-	-	-

③ 제조부문비의 제품에의 배부는 직접작업시간을 기준으로 한다.
④ 제조지시서 No.21, No.22, No.23은 전부 작업이 완료된 것으로 한다.

물음

1. 총평균법을 이용하여 재료원장을 기입하시오.
2. 부문비 배부표(원가요소의 부문별 배부) 및 부문비 대체표(보조부문비의 제조부문 배부)를 작성하시오.
3. 제조지시서별 원가계산표를 작성하시오
4. 재료의 투입에서 제품의 완성에 이르기까지의 회계처리를 전부 예시하시오.

해답

1. 재료원장의 기입

재료원장(A재료)

일자	인 수			인 도			잔 고		
	수량	단가	금 액	수량	단가	금 액	수량	단가	금 액
	1,000	1,500	1,500,000				1,000	1,600	1,600,000
	2,000	1,650	3,300,000				3,000	1,600	4,800,000
				2,200	1,600	3,520,000	800	1,600	1,280,000
계	3,000	1,600	4,800,000	2,200		3,520,000			

단가 : (₩1,500,000 + ₩3,300,000)÷(1,000kg + 2,000kg) = ₩4,800,000÷3,000kg = ₩1,600/kg
A재료 기중 소비액 = ₩3,520,000
A재료 기말재고액 = ₩1,280,000

재료원장(B재료)

일자	인 수			인 도			잔 고		
	수량	단가	금 액	수량	단가	금 액	수량	단가	금 액
	1,500	1,200	1,800,000				1,500	1,260	1,890,000
	1,000	1,350	1,350,000				2,500	1,260	3,150,000
				1,700	1,260	2,142,000	800	1,260	1,008,000
계	2,500	1,260	3,150,000	1,700		2,142,000			

단가 : (₩1,800,000 + ₩1,350,000)÷(1,500kg + 1,000kg) = ₩3,150,000÷2,500kg = ₩1,260/kg
B재료 기중 소비액 = ₩2,142,000
B재료 기말재고액 = ₩1,008,000

2. 부문비 배부표 및 부문비 대체표의 작성

부문비 계산표

(단위 : 원)

	부문 / 비목	계	제조부문			보조부문		
			① A제조	② B제조	③ C제조	④ 동력부	⑤ 수선부	⑥ 사무부
부문비 배부	부문개별비							
	간접재료비[1]	574,000	171,000	122,800	90,400	75,600	109,200	5,000
	간접노무비	1,755,000	320,000	300,000	250,000	400,000	350,000	135,000
	경 비	2,300,000	750,000	500,000	300,000	350,000	280,000	120,000
	계	4,629,000	1,241,000	922,800	640,400	825,600	739,200	260,000
	부문공통비							
	경 비[2]	250,000	81,521	54,348	32,609	38,043	30,435	13,044
	계	250,000	81,521	54,348	32,609	38,043	30,435	13,044
	부문비 소계	4,879,000	1,322,521	977,148	673,009	863,643	769,635	273,044
	작업폐물[3]	(9,600)	(2,800)	(2,000)	(1,600)	-	(3,200)	-
	합 계	4,869,400	1,319,721	975,148	671,409	863,643	766,435	273,044
부문비 대체	사무비[4]		88,739	81,914	68,261	20,478	13,652	273,044
	수선비[5]		260,029	156,017	312,035	52,006	780,087	
	동력비[6]		249,634	312,042	374,451	936,127		
	합 계	4,869,400	1,918,123	1,525,121	1,426,156			

* 1) 간접재료의 부문별 소비액

① A제조부문

A재료	55kg×@₩1,600 =	₩88,000
B재료	50kg×@₩1,260 =	63,000
보조재료		20,000
		₩171,000

② B제조부문

A재료	50kg×@₩1,600 =	₩80,000
B재료	30kg×@₩1,260 =	37,800
보조재료		5,000
		₩122,800

③ C제조부문

A재료	20kg×@₩1,600 =	₩32,000
B재료	40kg×@₩1,260 =	50,400
보조재료		8,000
		₩90,400

④ 동력부문

A재료	30kg×@₩1,600 =	₩48,000
B재료	10kg×@₩1,260 =	12,600
보조재료		15,000
		₩75,600

⑤ 수선부문

A재료	45kg×@₩1,600 =	₩72,000
B재료	20kg×@₩1,260 =	25,200
보조재료		12,000
		₩109,200

⑥ 사무부문

A재료		₩0
B재료		0
보조재료		5,000
		₩5,000

2) 공통경비의 부문별 배부

① ₩250,000×₩750,000÷₩2,300,000 = ₩81,521
② ₩250,000×₩500,000÷₩2,300,000 = ₩54,348
③ ₩250,000×₩300,000÷₩2,300,000 = ₩32,609
④ ₩250,000×₩350,000÷₩2,300,000 = ₩38,043
⑤ ₩250,000×₩280,000÷₩2,300,000 = ₩30,435
⑥ ₩250,000×₩120,000÷₩2,300,000 = ₩13,044

3) 작업폐물의 평가액

① 7kg×@₩400 = ₩2,800
② 5kg×@₩400 = ₩2,000
③ 4kg×@₩400 = ₩1,600
④ 8kg×@₩400 = ₩3,200

4) 사무비의 제조부문에의 배부

① ₩273,044×13÷40 = ₩88,739
② ₩273,044×12÷40 = ₩81,914
③ ₩273,044×10÷40 = ₩68,261
④ ₩273,044×3÷40 = ₩20,478
⑤ ₩273,044×2÷40 = ₩13,652

5) 수선비의 제조부문에의 배부

① ₩780,087×10÷30 = ₩260,029　　② ₩780,087×6÷30 = ₩156,017

③ ₩780,087×12÷30 = ₩312,035　　④ ₩780,087×2÷30 = ₩52,006

6) 동력비의 제조부문에의 배부

① ₩936,127×4÷15 = ₩249,634　　② ₩936,127×5÷15 = ₩312,042

③ ₩936,127×6÷15 = ₩374,451

3. 제조지시서별 원가계산표의 작성

제조지시서별 원가계산표　　(단위 : 원)

비목 \ 지시서별	① No.21	② No.22	③ No.23	계
기초재공품재고액	750,000	-	-	750,000
직접재료비[1]	220,600	2,370,000	2,522,000	5,112,600
직접노무비	165,000	1,200,000	1,260,000	2,625,000
제조간접비				
A제조부문비[2]	95,906	863,155	959,062	1,918,123
B제조부문비[3]	77,926	556,614	890,581	1,525,121
C제조부문비[4]	129,650	797,850	498,656	1,426,156
계	303,482	2,217,619	2,348,299	4,869,400
당기제품제조원가	1,439,082	5,787,619	6,130,299	13,357,000

* 제조지시서 No.21, No.22, No.23은 전부 작업이 완료된 것이므로, 기말재공품재고액은 없다.

* 1) 직접재료의 소비액(= 실제 소비액 - 작업폐물의 가치)

① A재료	100kg×@₩1,600 =	₩160,000	
B재료	50kg×@₩1,260 =	63,000	
		₩223,000	… 실제 소비액
	6kg×@₩400 =	2,400	… 작업폐물
	₩223,000 - ₩2,400 =	₩220,600	
② A재료	1,100kg×@₩1,600 =	₩1,760,000	
B재료	500kg×@₩1,260 =	630,000	
		₩2,390,000	… 실제 소비액
	50kg×@₩400 =	20,000	… 작업폐물
	₩2,390,000 - ₩20,000 =	₩2,370,000	
③ A재료	800kg×@₩1,600 =	₩1,280,000	
B재료	1,000kg×@₩1,260 =	1,260,000	
		₩2,540,000	… 실제 소비액
	45kg×@₩400 =	18,000	… 작업폐물
	₩2,540,000 - ₩18,000 =	₩2,522,000	

2) A제조부문비의 제품에의 배부(직접작업시간 기준)

① ₩1,918,123×100÷2,000 = ₩95,906　　② ₩1,918,123×900÷2,000 = ₩863,155

③ ₩1,918,123×1,000÷2,000 = ₩959,062

3) B제조부문비의 제품에의 배부(직접작업시간 기준)

① ₩1,525,121×70÷1,370 = ₩77,926　　② ₩1,525,121×500÷1,370 = ₩556,614

③ ₩1,525,121×800÷1,370 = ₩890,581

4) C제조부문비의 제품에의 배부(직접작업시간 기준)

① ₩1,426,156×130÷1,430 = ₩129,650　　② ₩1,426,156×800÷1,430 = ₩797,850

③ ₩1,426,156×500÷1,430 = ₩498,656

4. 회계처리

① 재료 사용

(차) 제　조*	5,153,000	(대) 재료비	5,727,000
A제조부문비	171,000		
B제조부문비	122,800		
C제조부문비	90,400		
동력비	75,600		
수선비	109,200		
사무비	5,000		

* No.21 : ₩223,000　No.22 : ₩2,390,000　No.23 : ₩2,540,000

② 노무비 발생

(차) 제　조*	2,625,000	(대) 노무비	4,380,000
A제조부문비	320,000		
B제조부문비	300,000		
C제조부문비	250,000		
동력비	400,000		
수선비	350,000		
사무비	135,000		

* No.21 : ₩165,000　No.22 : ₩1,200,000　No.23 : ₩1,260,000

③ 경비 발생

(차) A제조부문비	831,521	(대) 경　비	2,550,000
B제조부문비	554,348		
C제조부문비	332,609		
동력비	388,043		
수선비	310,435		
사무비	133,044		

* ₩750,000 + ₩81,521 = ₩831,521
₩500,000 + ₩54,348 = ₩554,348
₩300,000 + ₩32,609 = ₩332,609
₩350,000 + ₩38,043 = ₩388,043
₩280,000 + ₩30,435 = ₩310,435
₩120,000 + ₩13,044 = ₩133,044

④ 작업폐물 처리

(차) 작업폐물	50,000	(대) 제　조*	40,400
		A제조부문비	2,800
		B제조부문비	2,000
		C제조부문비	1,600
		수선비	3,200

* No.21 : ₩2,400　No.22 : ₩20,000　No.23 : ₩18,000

⑤ 보조부문비의 제조부문에의 배부

(차) A제조부문비	598,402	(대) 동력비	863,643
B제조부문비	549,973	수선비	766,435
C제조부문비	754,747	사무비	273,044

* ₩1,918,123 - ₩1,319,721 = ₩598,402
₩1,525,121 - ₩975,148 = ₩549,973
₩1,426,156 - ₩671,409 = ₩754,747

⑥ 제조부문비의 제품에의 배부

(차) 제 조*	4,869,400	(대) A제조부문비	1,918,123
		B제조부문비	1,525,121
		C제조부문비	1,426,156

* No.21 : ₩303,482 No.22 : ₩2,217,619 No.23 : ₩2,348,299

⑦ 완성된 제품의 제품계정 대체

(차) 제 품	13,357,000	(대) 제 조*	13,357,000

* No.21 : ₩1,439,082 No.22 : ₩5,787,619 No.23 : ₩6,130,299

재료비

		① 제좌	5,727,000

노무비

		② 제좌	4,380,000

경 비

		③ 제좌	2,550,000

A제조부문비

① 재료비	171,000	④ 작업폐물	2,800
② 노무비	320,000	⑥ 제좌	1,918,123
③ 경비	831,521		
⑤ 제좌	598,402		
	1,920,923		1,920,923

B제조부문비

① 재료비	122,800	④ 작업폐물	2,000
② 노무비	300,000	⑥ 제좌	1,525,121
③ 경비	554,348		
⑤ 제좌	549,973		
	1,527,121		1,527,121

C제조부문비

① 재료비	90,400	④ 작업폐물	1,600
② 노무비	250,000	⑥ 제좌	1,426,156
③ 경비	332,609		
⑤ 제좌	754,747		
	1,427,756		1,427,756

동력비

① 재료비	75,600	⑤ 제좌	863,643
② 노무비	400,000		
③ 경비	388,043		
	863,643		863,643

수선비

① 재료비	109,200	④ 작업폐물	3,200
② 노무비	350,000	⑤ 제좌	766,435
③ 경비	310,435		
	769,635		769,635

사무비

① 재료비	5,000	⑤ 제좌	273,044
② 노무비	135,000		
③ 경비	133,044		
	273,044		273,044

작업폐물

④ 제좌	50,000		

제조(재공품)

기초재고액	750,000	④ 작업폐물	40,400
① 재료비	5,153,000	⑦ 제품	13,357,000
② 노무비	2,625,000	기말재고액	0
⑥ 제좌	4,869,400		

제 품

⑦ 제조	13,357,000		

3. 제조간접비의 예정배부

1) 제조간접비를 예정배부하는 이유

제품제조원가의 계산을 위해 직접재료비와 직접노무비는 실제소비(발생)액을 이용하지만, 제조간접비는 회계연도가 시작되기 이전에 결정된 **제조간접비 예정배부율**(predetermined overhead rate)[6)]을 이용하기도 하는데, 제조간접비를 실제소비(발생)액의 파악 이전에 미리 예정배부하는 이유[7)]에는 다음과 같은 것들이 있다.

첫째, 직접재료비나 직접노무비와 같은 직접비는 소비와 동시에 곧 계산할 수 있지만, 제조간접비의 배부계산은 원가계산기간 말에 이르러서야 가능하다. 따라서 원가계산기간 중에 실제소비(발생) 제조간접비의 집계는 불가능하기 때문에, 완성된 제품의 원가는 기말이 아니면 계산할 수 없는 불편이 생긴다. 그러한 이유 때문에 제품제조원가의 계산을 신속히 하기 위하여 예정배부가 필요하게 된다.

둘째, 제조간접비는 기간에 비례해서 발생하는 것이 많아서 그 성격이 고정비에 상당히 가깝다. 따라서 제품생산량의 변화에 따라 제품 단위당의 고정비 배부액이 달라질 수 있기 때문에, 단위당 제조간접비 배부액을 균등하게 하기 위하여 예정배부가 필요하게 된다.[8)]

2) 제조간접비 예정배부율의 계산

제조간접비의 예정배부를 수행하기 위해서는 먼저 제조간접비 예정배부율을 계산하여야 한다. 이때의 예정배부율은 배부기준(가액 · 시간 · 수량) 중에서 어떤 것을 기준으로 하여서도 산출할 수 있다.

$$\text{제조간접비 예정배부율} = \frac{\text{동 기간의 제조간접비 예상 총액}}{\text{원가계산기간의 배부기준의 예상 총액}}$$

특정 제품의 실제소비(발생)액 × 제조간접비 예정배부율 = 각 제품의 제조간접비 예정배부액

---

6) 제조원가는 재료의 가격, 임률 및 경비를 예정가격 또는 예정액으로 계산할 수 있으며, 제조간접비는 예정배부율을 적용하여 계산할 수 있다. 제조간접비 예정배부율을 계산하기 위한 예정조업도로 가장 많이 사용하고 있는 조업도는 연간 기대조업도이며, 예산조업도라고도 한다.

7) 이를 정상원가계산(normal costing system)이라 한다.

	실제원가계산	정상원가계산	표준원가계산
직접재료비	실제원가	실제원가	표준원가
직접노무비	실제원가	실제원가	표준원가
제조간접비	실제원가 (실제배부율×실제사용량)	예정배부액 (예정배부율×실제사용량)	표준원가 (표준배부율×표준사용량)

8) 감가상각비와 같은 고정비가 100,000원이라고 하고, 평일 근무일수가 2월은 18일, 3월은 20일이라고 하자. 이때 고정비는 각 월의 근무일수에 따라 배분하게 된다. 2월에는 18일로 나누어 배분하면 하루당 단위원가가 높아지고, 3월에는 20일로 나누어 배분하면 단위원가는 상대적으로 낮아진다. 하지만 이 차이를 반영해 2월과 3월 생산품의 가격을 다르게 책정한다면, 소비자들이 혼란을 느낄 수 있다. 따라서 기업은 이러한 변동을 일정 수준에서 조정하여 가격을 안정적으로 유지할 필요가 있다. [저자 주]

예제 1

제품A가 부담할 제조간접비의 예정배부액을 산출하시오. (배부기준 : 직접노무비)

(1) 제조간접비 연간 예상 총액 : ₩6,000,000
  동 기간에 있어서의 직접노무비 예상 총액 : ₩10,000,000

(2) 완성된 제품A의 직접노무비(실제) : ₩300,000

해답 

[사전지식]
예정배부법에서는 제조활동이 진행됨에 따라 월중에 제품이 완성되면, 그 제품의 제조에 실제로 발생한 직접노무비나 직접노동시간을 파악하여 이에 예정배부율을 곱함으로써 그 제품에 대한 제조간접비 예정배부액을 즉시 계산할 수 있다. 즉 예정배부법에서는 월말까지 기다리지 않고도 제품의 제조원가를 월중에 산출할 수 있다.

제조간접비 예정배부율 : ₩6,000,000÷₩10,000,000 = ₩0.6/직접노무비

제품A의 제조간접비 예정배부액 : ₩300,000×@₩0.6 = ₩180,000

※ 만약, 완성된 제품A의 직접재료비(실제)가 ₩200,000이라면, 제품A의 제조원가는 ₩680,000(= ₩200,000 + ₩300,000 + ₩180,000)이 된다.

예제 2

甲 · 乙제품이 부담할 제조간접비의 예정배부액을 산출하시오. (배부기준 : 기계운전시간)

(1) 1개월의 제조간접비 예상 총액 : ₩300,000
  동 기간에 있어서의 기계운전시간 예상 총시간 : 300시간

(2) 각 제품의 기계운전시간(실제) : 甲제품 200시간, 乙제품 120시간

해답 

제조간접비 예정배부율 : ₩300,000÷300시간 = ₩1,000/기계운전시간

甲제품의 제조간접비 예정배부액 : 200시간×@₩1,000 = ₩200,000

乙제품의 제조간접비 예정배부액 : 120시간×@₩1,000 = ₩120,000

예제 3

다음 각각의 [문제]는 독립적이다.

1. 제조지시서 No.1의 제조원가는? 단, 제조간접비는 직접원가에 비례하여 배부한다.

  직접재료비 예상 총액 ₩1,360,000   직접노무비 예상 총액 ₩640,000
  제조간접비 예상 총액 ₩160,000   직접노동시간 5,000시간
  제조지시서 No.1의 자료(예상)
   직접재료비 ₩85,000   직접노무비 ₩35,000   직접노동시간 500시간

해답

제조간접비 예정배부율 : ₩160,000÷(₩1,360,000 + ₩640,000) = ₩0.08/직접원가

제조지시서 No.1의 제조간접비 : (₩85,000 + ₩35,000)×@0.08 = ₩9,600

제조지시서 No.1의 제조원가 : ₩85,000 + ₩35,000 + ₩9,600 = ₩129,600

	기업 전체	No.1
직접재료비	₩1,360,000	₩85,000
직접노무비	640,000	35,000
제조간접비 예정배부액	160,000	9,600
계	₩2,160,000	₩129,600

2. 제조간접비는 직접노무비의 120%이다. 작업 No.201에서 발생한 직접재료비는 ₩1,764,000이며, 제조간접비는 ₩1,058,400이다. 또한 작업 No.301에서 발생한 직접재료비는 ₩294,000이며, 직접노무비는 ₩735,000이다. 작업 No.201에서 발생한 직접노무비 및 작업 No.301의 총원가는 얼마인가? (2000 세무사, 2016 세무사 유사)

해답

작업 No.201의 직접노무비 : ₩1,058,400÷1.2 = ₩882,000

작업 No.301의 제조간접비 : ₩735,000×1.2 = ₩882,000

작업 No.301의 총원가 : ₩294,000 + ₩735,000 + ₩882,000 = ₩1,911,000

	No.201	No.301
직접재료비	₩1,764,000	₩294,000
직접노무비	882,000	735,000
제조간접비	1,058,400	882,000
계	₩3,704,400	₩1,911,000

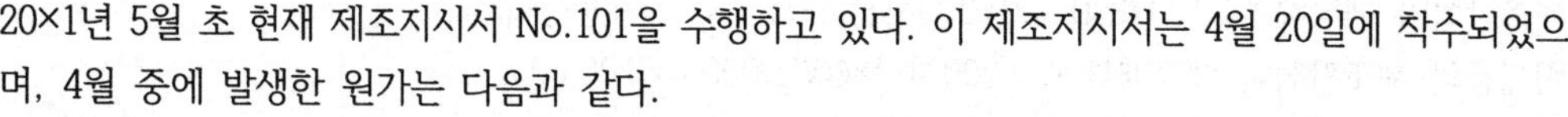

예제 4

20×1년 5월 초 현재 제조지시서 No.101을 수행하고 있다. 이 제조지시서는 4월 20일에 착수되었으며, 4월 중에 발생한 원가는 다음과 같다.

직접재료비	₩20,800
직접노무비	17,200
제조간접비	22,000
	₩60,000

5월 중에 두 개의 제조지시서(No.102, No.103)가 착수되었고 제조지시서 No.101은 완성되었다. 각 제조지시서와 관련하여 5월 중에 발생한 직접재료비와 직접노무비는 다음과 같다.

제조지시서	직접재료비	직접노무비
No.101	₩16,000	₩32,000
No.102	44,800	30,400
No.103	67,200	49,600
	₩128,000	₩112,000

5월 중에 발생한 제조간접비는 다음과 같다.

간접재료비	₩18,800
간접노무비	22,400
감가상각비	26,800
수도광열비	10,400
	₩78,400

5월 초의 재료재고는 ₩11,400이며, 5월 중 재료 매입액은 ₩184,800(외상구입)이다. 노무비 및 수도광열비는 5월 말 현재 미지급 상태에 있다. 당월제품제조원가는 ₩130,400이며, 이 중 75%가 5월 중에 판매되었으며, 5월 초에 제품재고는 없다.

물음 (2012 세무사 유사)

1. 실제개별원가계산을 수행한다. 제조간접비 실제발생액은 직접노무비를 기준으로 배부한다.
   1) 제조간접비 배부율을 산출하시오.
   2) 5월 중의 회계처리를 예시하시오.
   3) T계정을 이용하여, 5월 중의 원가흐름을 표시하시오.
   4) 원가계산표와 제조원가명세서 및 포괄손익계산서(일부)를 작성하시오.
2. 정상개별원가계산을 수행한다. 제조간접비는 직접노무비를 기준으로 예정배부하고 있으며, 예상직접노무비는 ₩1,400,000이고 예상제조간접비는 ₩840,000이다.
   1) 제조간접비 예정배부율을 산출하시오.
   2) T계정을 이용하여, 5월 중의 원가흐름을 표시하시오.
   3) 원가계산표와 제조원가명세서 및 포괄손익계산서(일부)를 작성하시오.

해답

1. 실제개별원가계산
   1) 제조간접비 배부율 : ₩78,400÷₩112,000 = 직접노무비의 70%
   2) 회계처리

① 재료 매입

(차) 재 료	184,800	(대) 외상매입금	184,800

② 재료 사용

(차) 재공품	128,000	(대) 재 료	146,800
제조간접비	18,800		

③ 노무비 발생

(차) 재공품	112,000	(대) 미지급임금	134,400
제조간접비	22,400		

④ 제조간접비 발생

(차) 제조간접비	37,200	(대) 감가상각비	26,800
		미지급비용(수도광열비)	10,400

⑤ 제조간접비 배부

(차) 재공품	78,400	(대) 제조간접비	78,400

* ₩112,000×70% = ₩78,400

⑥ 제조지시서 No.101 완성

(차) 제 품	130,400	(대) 재공품	130,400

* ₩60,000 + ₩16,000 + ₩32,000 + ₩32,000×70% = ₩130,400(당월제품제조원가)

⑦ 제품의 판매

(차) 매출원가 97,800 (대) 제 품 97,800

* ₩130,400×75% = ₩97,800

3) 원가흐름

재 료

	11,400	②	146,800
①	184,800		
	49,400		

재공품

	60,000	⑥	130,400
②	128,000		
③	112,000		
⑤	78,400		
	248,000		

제 품

	0	⑦	97,800
⑥	130,400		
	32,600		

미지급임금

		③	134,400

매출원가

⑦	97,800		

제조간접비

②	18,800		78,400
③	22,400		
④	37,200		

4) 원가계산표 등

	No.101	No.102	No.103	합 계
월초재공품	₩60,000			₩60,000
직접재료비	16,000	₩44,800	₩67,200	128,000
직접노무비	32,000	30,400	49,600	112,000
제조간접비 실제발생액*	22,400	21,280	34,720	78,400
계	₩130,400	₩96,480	₩151,520	₩378,400

* 직접노무비×70% = 제조간접비 실제발생액

No.101 : ₩32,000×70% = ₩22,400　　No.102 : ₩30,400×70% = ₩21,280

No.103 : ₩49,600×70% = ₩34,720　　합계 : ₩112,000×70% = ₩78,400

제조원가명세서

직접재료비	128,000
직접노무비	112,000
제조간접비 실제발생액	78,400
당월총제조비용	318,400
월초재공품재고액	60,000
월말재공품재고액	(248,000)
당월제품제조원가	130,400

* 월말재공품재고액 = ₩96,480 + ₩151,520

포괄손익계산서(일부)

매출액		×××
매출원가		(97,800)
월초제품재고액	0	
당월제품제조원가	130,400	
월말제품재고액	(32,600)	
매출총이익		×××

* ₩130,400×25% = ₩32,600(월말제품재고액)
₩130,400×75% = ₩97,800(매출원가)

2. 정상개별원가계산

1) 제조간접비 예정배부율 : ₩840,000÷₩1,400,000 = 직접노무비의 60%

2) 원가흐름

재 료

11,400	146,800
184,800	
49,400	

재공품

60,000	127,200
128,000	
112,000	
67,200	
240,000	

제 품

0	95,400
127,200	
31,800	

미지급임금	
	134,400

매출원가	
95,400	

제조간접비	
18,800	67,200
22,400	11,200
37,200	

제조간접비 배부차이	
11,200	

3) 원가계산표 등

	No.101	No.102	No.103	합 계
월초재공품	₩60,000			₩60,000
직접재료비	16,000	₩44,800	₩67,200	128,000
직접노무비	32,000	30,400	49,600	112,000
제조간접비 예정배부액*	19,200	18,240	29,760	67,200
계	₩127,200	₩93,440	₩146,560	₩367,200

* 직접노무비×60% = 제조간접비 예정배부액
No.101 : ₩32,000×60% = ₩19,200　　No.102 : ₩30,400×60% = ₩18,240
No.103 : ₩49,600×60% = ₩29,760　　합계 : ₩112,000×60% = ₩67,200

제조원가명세서

직접재료비	128,000
직접노무비	112,000
제조간접비 예정배부액	67,200
당월총제조비용	307,200
월초재공품재고액	60,000
월말재공품재고액	(240,000)
당월제품제조원가	127,200

* 월말재공품재고액 = ₩93,440 + ₩146,560

포괄손익계산서(일부)

매출액		×××
매출원가		(95,400)
월초제품재고액	0	
당월제품제조원가	127,200	
월말제품재고액	(31,800)	
매출총이익		×××

* ₩127,200×25% = ₩31,800(월말제품재고액)
₩127,200×75% = ₩95,400(매출원가)

예제 5

제조지시서 No.101과 제조지시서 No.102는 4월부터 작업을 수행하고 있으며, 제조지시서 No.103은 5월에 작업이 착수되었다. 5월 초의 재고액으로, 제조지시서 No.101은 ₩280,000이고 제조지시서 No.102는 ₩420,000이다. 세 개의 제조지시서(No.101, No.102, No.103)와 관련하여 5월 중에 발생한 직접재료비와 직접노무비는 다음과 같다.

제조지시서	직접재료비	직접노무비
No.101	₩200,000	₩100,000
No.102	300,000	150,000
No.103	500,000	250,000
	₩1,000,000	₩500,000

5월 중에 발생한 제조간접비는 다음과 같다.

간접재료비	₩120,000
간접노무비	60,000
기타제조간접비	80,000
	₩260,000

5월 말에 제조지시서 No.101과 제조지시서 No.102는 완성되었고, 제조지시서 No.103은 미완성 상태이다.

한편, 제조지시서 No.103은 5월부터 작업을 수행하고 있으며, 제조지시서 No.104는 6월에 작업이 착수되었다. 6월 초의 재고액으로, 제조지시서 No.103은 ₩880,000이다. 두 개의 제조지시서(No.103, No.104)와 관련하여 6월 중에 발생한 직접재료비와 직접노무비 및 기타 정보는 다음과 같다.

제조지시서	직접재료비	직접노무비	예정직접노동시간	실제직접노동시간
No.103	₩100,000	₩50,000	50시간	40시간
No.104	600,000	270,000	250	160
	₩700,000	₩320,000	300시간	200시간

6월 중에 발생한 제조간접비는 다음과 같다.

	예정배부액	실제발생액
간접재료비	₩80,000	₩100,000
간접노무비	30,000	40,000
기타제조간접비	40,000	60,000
	₩150,000	₩200,000

6월 말에 제조지시서 No.103은 완성되었고, 제조지시서 No.104는 미완성 상태이다.

물음

1. 5월은 실제개별원가계산을 수행한다. 제조간접비는 직접노무비를 기준으로 배부한다.
   1) 5월의 제조간접비 배부율을 산출하시오.
   2) 5월의 원가계산표와 제조원가명세서 및 포괄손익계산서(일부)를 작성하시오.
2. 6월에는 정상개별원가계산을 수행한다. 제조간접비는 직접노동시간을 기준으로 예정배부한다.
   1) 6월의 제조간접비 예정배부율을 산출하시오.
   2) 6월의 제조간접비 예정배부액을 이용하여, 6월의 원가계산표와 제조원가명세서 및 포괄손익계산서(일부)를 작성하시오.
   3) 6월의 제조간접비 실제발생액을 이용하여, 6월의 원가계산표와 제조원가명세서 및 포괄손익계산서(일부)를 작성하시오.

해답

1. 실제개별원가계산(5월)
   1) 제조간접비 배부율 : ₩260,000÷₩500,000 = 직접노무비의 52%
   2) 원가계산표 등

	No.101	No.102	No.103	합 계
월초재공품	₩280,000	₩420,000		₩700,000
직접재료비	200,000	300,000	₩500,000	1,000,000
직접노무비	100,000	150,000	250,000	500,000
제조간접비 실제발생액	52,000	78,000	130,000	260,000
계	₩632,000	₩948,000	₩880,000	₩2,460,000

* 직접노무비×52% = 제조간접비 예정배부액
No.101 : ₩100,000×52% = ₩52,000　　No.102 : ₩150,000×52% = ₩78,000
No.103 : ₩250,000×52% = ₩130,000　　합계 : ₩260,000×52% = ₩260,000

제조원가명세서

직접재료비	1,000,000
직접노무비	500,000
제조간접비	260,000
당월총제조비용	1,760,000
월초재공품재고액(= ₩280,000 + ₩420,000)	700,000
월말재공품재고액	(880,000)
당월제품제조원가	1,580,000

2. 정상개별원가계산(6월)

1) 제조간접비 예정배부율 : ₩150,000÷(50시간 + 250시간) = ₩500/직접노동시간

2) 6월의 제조간접비 예정배부율을 이용한 원가계산서 등

	No.103	No.104	합 계
월초재공품	₩880,000		₩880,000
직접재료비	100,000	₩600,000	700,000
직접노무비	50,000	270,000	320,000
제조간접비 예정배부액	20,000	80,000	100,000
계	₩1,050,000	₩950,000	₩2,000,000

* No.103 : @₩500×40시간 = ₩20,000 No.104 : @₩500×160시간 = ₩80,000

제조원가명세서

직접재료비	700,000
직접노무비	320,000
제조간접비 예정배부액	100,000
당월총제조비용	1,120,000
월초재공품재고액	880,000
월말재공품재고액	(950,000)
당월제품제조원가	1,050,000

3) 6월의 제조간접비 실제발생액을 이용한 원가계산서 등

	No.103	No.104	합 계
월초재공품	₩880,000		₩880,000
직접재료비	100,000	₩600,000	700,000
직접노무비	50,000	270,000	320,000
제조간접비 실제발생액	40,000	160,000	200,000
계	₩1,070,000	₩1,030,000	₩2,100,000

* 제조간접비 배부율 : ₩200,000÷(40시간 + 160시간) = ₩1,000/직접노동시간
No.103 : @₩1,000×40시간 = ₩40,000 No.104 : @₩1,000×160시간 = ₩160,000

제조원가명세서

직접재료비	700,000
직접노무비	320,000
제조간접비 실제배부액	200,000
당월총제조비용	1,220,000
월초재공품재고액	880,000
월말재공품재고액	(1,030,000)
당월제품제조원가	1,070,000

3) 예정배부의 회계처리 및 배부차이의 처리

제조간접비 예정배부율에 의하여 제조간접비를 각 제품에 배부하는 것은 배부기준만 확정된다면 어느 시점에서든 가능하다. 제조간접비 예정배부율을 이용하여 제조간접비를 예정배부하는 경우에 개별 작업들에 배부된 제조간접비는 실제 발생된 제조간접비와 일치하지 않는 것이 보통이다. 이 차이를 **제조간접비 배부차이**라고 한다. 제조간접비 배부차이는 예정배부율의 산출요소인 제조간접비예산과 예정조업도에 대한 예측의 부정확성에 기인한 것이다. 배부차이는 실제발생액에 비하여 예정배부액이 많이 배부된 **과대배부**(초과배부, 유리)와 실제발생액에 비하여 예정배부액이 적게 배부된 **과소배부**(부족배부, 불리)로 구분된다.[9)]

한편, 외부공표용 재무제표는 실제 발생된 제조간접비를 기준으로 작성되어야 하므로 제조간접비 배부차이는 기말에 **조정**되어야 한다. 즉 과소배부액은 제조원가에 가산하고 과대배부액은 제조원가에서 차감하여 제조간접비 예정배부액이 실제발생액과 일치하도록 조정하여야 한다. 제조간접비 배부차이를 회계처리하는 방법에는 다음의 세 가지가 있다.

⑴ **매출원가 조정법(=매출원가 가감법)** : 이 방법은 제조간접비 배부차이를 매출원가에 가감시키는 방법인데, 제조간접비 과소배부액은 매출원가에 가산하고 과대배부액은 매출원가에서 차감한다. 이 방법은 제조간접비 배부차이의 크기가 재고자산이나 매출원가의 금액보다 상대적으로 작을 경우나 재고자산 금액이 매출원가에 비하여 극히 작을 경우에 사용되는 방법이다.

⑵ **재고자산과 매출원가에 배분하는 방법(비례배부법=비례배분법)** : 이 방법은 제조간접비 배부차이를 기말재공품, 기말제품, 매출원가계정의 상대적 비율에 따라 비례하여 배분하는 방법이다. 이 방법은 제조간접비 배부차이의 크기가 상대적으로 크고 중요한 경우에 사용되는 방법이다. 이는 총원가 비례배부법(=총원가 비례배분법)과 원가요소별 비례배부법(=원가요소별 비례배분법)으로 구분할 수 있다.[10)]

---

9) 예상제조간접비 ÷ 예정조업도 = 예정배부율
예정배부율 × 실제조업도 = 예정배부액
예정배부액 > 실제발생액 : 과대배부
예정배부액 < 실제발생액 : 과소배부

10) 총원가 비례배부법은 제조간접비 과대 또는 과소배부액을 재공품과 제품의 기말 잔액 및 매출원가에 비례하여 각 계정에 배분하는 방법이다. 이 방법은 과대 또는 과소배부액을 매출원가에만 배분하는 매출원가 가감법보다는 정확하다. 한편, 원가요소별 비례배부법은 기말의 각 계정에 포함되어 있는 제조간접비 배부액을 기준으로 하여 과대 또는 과소배부액을 재공품, 제품, 매출원가에 배분하는 방법이다. 각 작업에 부과된 직접재료비, 직접노무비, 제조간접비의 상대적 비율이 동일하지 않을 때, 원가요소별 비례배부법은 총원가 비례배부법보다는 정확한 원가배부방법이다. 그러나 이 방법을 적용하기 위해서는 각 계정의 직접재료비, 직접노무비, 제조간접비 예정배부액에 관한 정보를 알아야 한다. 결론적으로, 총원가 비례배부법에서는 각 계정의 총원가에 대한 정보만 알면 되므로 원가요소별 비례배부

(3) **기타손익법으로 처리하는 방법(=기타손익 처리법)** : 이 방법은 제조간접비 배부차이를 기타손익(일반기업회계기준에서는 영업외손익임)으로 처리하는 방법으로서, 제조간접비 과소배부액은 기타비용으로 과대배부액은 기타수익으로 처리한다. 그러나 이 방법은 생산활동, 즉 본래의 영업활동에 따른 원가차이를 기타손익으로 처리한다는 점에서 비판의 여지가 있다.

일반적으로는 예정배부된 금액과 실제발생액의 차이는 제조간접비 배부차이 계정으로 설정하였다가, 그 차이가 정상적인 경우에는 제조원가(매출원가와 기말재고자산의 원가)에 가감하고, 비정상적인 경우에는 기타손익으로 처리한다.

(1) 각 제품에 대한 예정배부의 실시

(차) 제조(甲 · 乙)	×××	(대) 제조간접비	×××

(2) 실제발생액의 계상(집계)

(차) 제조간접비*	×××	(대) 제 원가요소	×××

* 이때는 제조간접비계정을 구태여 부문비 계정으로 구분 설정할 필요가 없다. 제조간접비계정에서 실제발생액과 예정액을 일괄적으로 대비시킬 수 있도록만 하면 된다.

(3) 예정배부액과 실제발생액의 차이조정(배부차액의 처리)

(차) 제조간접비	×××	(대) 제조간접비 배부차이	×××
			… 과대배부(실제 < 예정)
(차) 제조간접비 배부차이	×××	(대) 제조간접비	×××
			… 과소배부(실제 > 예정)

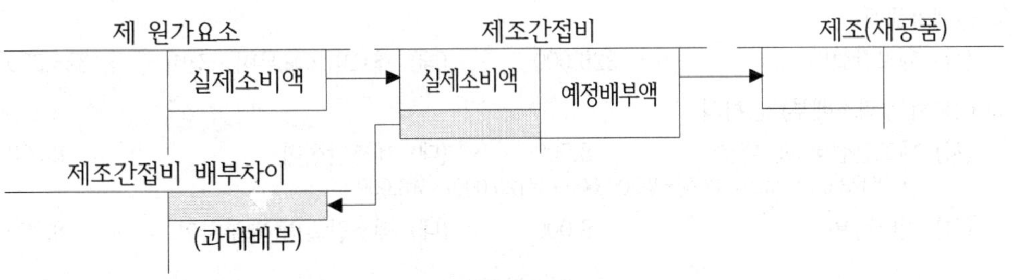

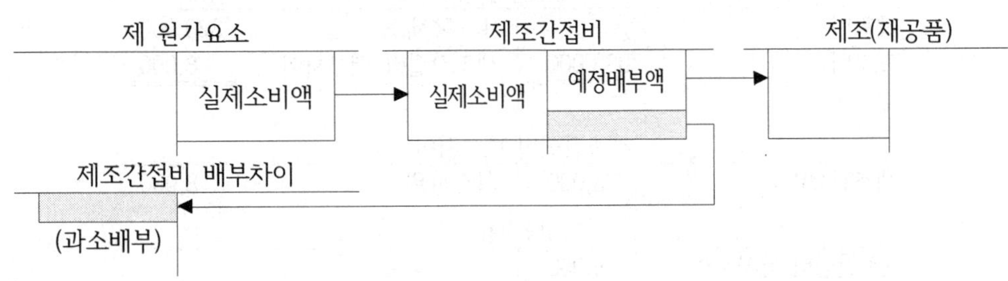

법보다는 총원가 비례배부법을 사용하여 제조간접비 과대 또는 과소배부액을 배분하는 것이 실무상 편리할 것이다.

예제 1

甲 · 乙제품이 부담할 제조간접비의 예정배부액을 산출하시오. (배부기준 : 기계운전시간)

(1) 1개월의 제조간접비 예상 총액 : ₩300,000
동 기간에 있어서의 기계운전시간 예상 총시간 : 300시간

(2) 각 제품의 기계운전시간(실제)
甲제품 200시간, 乙제품 120시간

물음

1개월간의 제조간접비 실제발생액은 ₩328,000이다. 제조간접비 배부차이는 기타손익으로 처리하는 방법(기타손익법)으로 처리한다. 단, 제조간접비 배부차이는 정상적인 것으로 간주한다.

해답

<기본분석>

제조간접비 예정배부율 : ₩300,000÷300시간 = ₩1,000/기계운전시간
제조간접비 예정배부액 : ₩320,000(= ₩200,000 + ₩120,000)
甲제품의 제조간접비 예정배부액 : 200시간×@₩1,000 = ₩200,000
乙제품의 제조간접비 예정배부액 : 120시간×@₩1,000 = ₩120,000
제조간접비 실제발생액 : ₩328,000
예정배부액 ₩320,000 - 실제발생액 ₩328,000 = - ₩8,000(과소배부, 부족배부, 불리)

<회계처리>

(1) 甲 · 乙제품에의 예정배부액

(차)	甲제조(재공품)	200,000	(대) 제조간접비	320,000
	乙제조(재공품)	120,000		

* 甲제품(200시간×@₩1,000 = ₩200,000), 乙제품(120시간×@₩1,000 = ₩120,000)

(2) 실제발생액

(차)	제조간접비	328,000	(대) 재료비 · 노무비 · 경비	328,000

(3) 배부차액(과소배부)의 처리

(차)	제조간접비 배부차이	8,000	(대) 제조간접비	8,000

* ₩328,000 - ₩320,000(= ₩200,000 + ₩120,000) = ₩8,000

(차)	기타비용	8,000	(대) 제조간접비 배부차이	8,000

제조간접비

차변		대변	
재료비 · 노무비 · 경 비	328,000	甲 · 乙제조	320,000
		제조간접비 배부차이	8,000

제조간접비 배부차이

차변		대변	
제조간접비	8,000	기타비용	8,000

기타비용

차변		대변	
제조간접비 배부차이	8,000		

예제 2

1월에 영업을 개시하였다. 제조간접비를 예정배부하고 있으며, 선입선출법을 적용하여 제품원가를 계산하고 있다. 12월 말에 제조간접비 차변 잔액(과소배부)이 ₩25,000 발생하였고, 기말 현재 계정별 원가구성은 다음과 같다. 단, 매출액은 ₩400,000이다.

	재공품	제 품	매출원가	합 계
직접재료비	₩40,000	₩62,500	₩170,000	₩272,500
직접노무비	16,500	30,000	56,000	102,500
제조간접비 예정배부액	20,000	35,000	80,000	135,000
계	₩76,500	₩127,500	₩306,000	₩510,000

물음 (2020 세무사 유사, 2018 세무사 유사, 2013 세무사 유사)

1. 실제 발생한 제조간접비는 얼마인가?
2. 아래의 방법으로 제조간접비 계정을 마감하고 필요한 회계처리를 하시오.
   (1) 매출원가 조정법
   (2) 총원가 비례배부법
   (3) 기타손익 처리법

해답

1. 실제발생한 제조간접비
   예정배부액 : ₩20,000 + ₩35,000 + ₩80,000 = ₩135,000
   예정배부액 ₩135,000 - ₩25,000[차변 잔액(과소배부, 불리)] = 실제발생액 ₩160,000
2. 배부차이의 처리
   (1) 매출원가 조정법(= 매출원가 가감법)

제조간접비 (차)		제조간접비 (대)		재공품 (차)	재공품 (대)	제 품 (차)	제 품 (대)	매출원가 (차)		매출원가 (대)
실제	160,000	배부	135,000	76,500		127,500			306,000	
		배부차이	25,000					배부차이	25,000	

(차) 매출원가 25,000 (대) 제조간접비 25,000

(조정 전) 제조원가명세서 및 손익계산서(일부)			(조정 후) 제조원가명세서 및 손익계산서(일부) [매출원가 조정법]		
직접재료비		272,500	직접재료비		272,500
직접노무비		102,500	직접노무비		102,500
제조간접비(예정)		135,000	제조간접비(실제)		160,000
당기총제조비용		510,000	당기총제조비용		535,000
기초재공품재고액		0	기초재공품재고액		0
기말재공품재고액		(76,500)	기말재공품재고액		(76,500)
당기제품제조원가		433,500	당기제품제조원가		458,500
매출액		400,000	매출액		400,000
매출원가		(306,000)	매출원가		(331,000)
기초제품재고액	0		기초제품재고액	0	
당기제품제조원가	433,500		당기제품제조원가	458,500	
기말제품재고액	(127,500)		기말제품재고액	(127,500)	
매출총이익		94,000	매출총이익		69,000

(2) 비례배부법(총원가 비례배부법)

	총원가 비례배부법			[참조] 원가요소별 비례배부법		
	총원가	비율	배부차이	제조간접비 예정배부액	비율	배부차이
재공품	₩76,500	15%	₩3,750	₩20,000	14.8%	₩3,700
제 품	127,500	25	6,250	35,000	25.9	6,475
매출원가	306,000	60	15,000	80,000	59.3	14,825
	₩510,000		₩25,000	₩135,000		₩25,000

제조간접비		재공품		제 품		매출원가	
실제 160,000	배부 135,000	76,500		127,500		306,000	
	배부차이 25,000	배부차이 3,750		배부차이 6,250		배부차이 15,000	

* 제조간접비 배부차이 ₩25,000(과소배부) 반영(총원가 비례배부법)
  기말재공품재고액 : ₩76,500(조정 전 잔액) + ₩3,750(과소배부) = ₩80,250(조정 후 잔액)
  기말제품재고액 : ₩127,500(조정 전 잔액) + ₩6,250(과소배부) = ₩133,750(조정 후 잔액)
  매출원가 : ₩306,000(조정 전 잔액) + ₩15,000(과소배부) = ₩321,000(조정 후 잔액)

(차)	재공품	3,750	(대) 제조간접비	25,000
	제 품	6,250		
	매출원가	15,000		

(조정 전) 제조원가명세서 및 손익계산서(일부)			(조정 후) 제조원가명세서 및 손익계산서(일부) [총원가 비례배부법]		
직접재료비		272,500	직접재료비		272,500
직접노무비		102,500	직접노무비		102,500
제조간접비(예정)		135,000	제조간접비(실제)		160,000
당기총제조비용		510,000	당기총제조비용		535,000
기초재공품재고액		0	기초재공품재고액		0
기말재공품재고액		(76,500)	기말재공품재고액		(80,250)
당기제품제조원가		433,500	당기제품제조원가		454,750
매출액		400,000	매출액		400,000
매출원가		(306,000)	매출원가		(321,000)
기초제품재고액	0		기초제품재고액	0	
당기제품제조원가	433,500		당기제품제조원가	454,750	
기말제품재고액	(127,500)		기말제품재고액	(133,750)	
매출총이익		94,000	매출총이익		79,000

[참조] 비례배부법(원가요소별 비례배부법)

제조간접비		재공품		제 품		매출원가	
실제 160,000	배부 135,000	76,500		127,500		306,000	
	배부차이 25,000	배부차이 3,700		배부차이 6,475		배부차이 14,825	

* 제조간접비 배부차이 ₩25,000(과소배부) 반영(원가요소별 비례배부법)
  기말재공품재고액 : ₩76,500(조정 전 잔액) + ₩3,700(과소배부) = ₩80,200(조정 후 잔액)
  기말제품재고액 : ₩127,500(조정 전 잔액) + ₩6,475(과소배부) = ₩133,975(조정 후 잔액)
  매출원가 : ₩306,000(조정 전 잔액) + ₩14,825(과소배부) = ₩320,825(조정 후 잔액)

(차)	재공품	3,700	(대) 제조간접비	25,000
	제 품	6,475		
	매출원가	14,825		

(조정 전) 제조원가명세서 및 손익계산서(일부)			(조정 후) 제조원가명세서 및 손익계산서(일부) [원가요소별 비례배부법]		
직접재료비		272,500	직접재료비		272,500
직접노무비		102,500	직접노무비		102,500
제조간접비(예정)		135,000	제조간접비(실제)		160,000
당기총제조비용		510,000	당기총제조비용		535,000
기초재공품재고액		0	기초재공품재고액		0
기말재공품재고액		(76,500)	기말재공품재고액		(80,200)
당기제품제조원가		433,500	당기제품제조원가		454,800
매출액		400,000	매출액		400,000
매출원가		(306,000)	매출원가		(320,825)
기초제품재고액	0		기초제품재고액	0	
당기제품제조원가	433,500		당기제품제조원가	454,800	
기말제품재고액	(127,500)		기말제품재고액	(133,975)	
매출총이익		94,000	매출총이익		79,175

(3) 기타손익 처리법

(차) 기타비용 25,000 (대) 제조간접비 25,000

예제 3

다음 각각의 [문제]는 독립적이다.

1. (주)세무는 20×1년에 영업을 시작하였으며, 정상원가계산을 적용하고 있다. 다음은 (주)세무의 20×1년 배부차이를 조정하기 전의 제조간접원가 계정과 기말재공품, 기말제품 및 매출원가에 관한 자료이다.

제조간접원가	
630,000	?

	기말재공품	기말제품	매출원가
직접재료원가	₩225,000	₩250,000	₩440,000
직접노무원가	125,000	150,000	210,000
제조간접원가	150,000	200,000	250,000
합계	₩500,000	₩600,000	₩900,000

제조간접원가의 배부차이를 매출원가 조정법으로 회계처리하는 경우, 총원가 비례배부법에 비해 당기순이익이 얼마나 증가(혹은 감소)하는가? (2022 세무사)

해답

제조간접원가 예정배부액 : ₩150,000 + ₩200,000 + ₩250,000 = ₩600,000

예정배부액 ₩600,000 - 실제발생액 ₩630,000 = - ₩30,000(과소배부, 불리)

	총원가 비례배부법			매출원가 조정법		
	총원가	비율	배부차이	총원가	비율	배부차이
재공품	₩500,000	25%	₩7,500	₩500,000		
제 품	600,000	30	9,000	600,000		
매출원가	900,000	45	13,500	900,000	100%	₩30,000
	₩2,000,000		₩30,000	₩2,000,000		₩30,000

* ₩30,000×[₩500,000÷(₩500,000+₩600,000+₩900,000)]=₩7,500
₩30,000×[₩600,000÷(₩500,000+₩600,000+₩900,000)]=₩9,000
₩30,000×[₩900,000÷(₩500,000+₩600,000+₩900,000)]=₩13,500

[총원가 비례배부법]

제조간접비				재공품		제 품		매출원가	
실제	630,000	배부	600,000		500,000		600,000		900,000
		배부차이	30,000	배부차이	7,500	배부차이	9,000	배부차이	13,500

* 제조간접원가 배부차이 ₩30,000(과소배부) 반영
기말재공품재고액 : ₩500,000(조정 전 잔액)+₩7,500(과소배부)=₩507,500(조정 후 잔액)
기말제품재고액 : ₩600,000(조정 전 잔액)+₩9,000(과소배부)=₩609,000(조정 후 잔액)
매출원가 : ₩900,000(조정 전 잔액)+₩13,500(과소배부)=₩913,500(조정 후 잔액)

[매출원가 조정법]

제조간접비				재공품		제 품		매출원가	
실제	630,000	배부	600,000		500,000		600,000		900,000
		배부차이	30,000					배부차이	30,000

* 제조간접원가 배부차이 ₩30,000(과소배부) 반영
매출원가 : ₩900,000(조정 전 잔액)+₩30,000(과소배부)=₩930,000(조정 후 잔액)

∴ 당기순이익 감소 ₩16,500 (∵ 매출원가 증가 ₩913,500→₩930,000)

총원가 비례배부법에서의 매출원가가 ₩913,500(=₩900,000+₩13,500)이다. 매출원가 조정법에서의 매출원가는 ₩930,000(=₩900,000+₩30,000)이므로, 당기순이익은 ₩16,500 만큼 감소한다.

(조정 전) 제조원가명세서

직접재료원가	915,000
직접노무원가	485,000
제조간접원가(예정)	600,000
당기총제조비용	2,000,000
기초재공품재고액	0
기말재공품재고액	(500,000)
당기제품제조원가	1,500,000

(조정 전) 손익계산서(일부)

매출액		×××
매출원가		(900,000)
기초제품재고액	0	
당기제품제조원가	1,500,000	
기말제품재고액	(600,000)	
매출총이익		×××

(조정 후) 제조원가명세서 및 손익계산서(일부)
[총원가 비례배부법]

직접재료원가		915,000
직접노무원가		485,000
제조간접원가(실제)		630,000
당기총제조비용		2,030,000
기초재공품재고액		0
기말재공품재고액		(507,500)
당기제품제조원가		1,522,500
매출액		×××
매출원가		(913,500)
기초제품재고액	0	
당기제품제조원가	1,522,500	
기말제품재고액	(609,000)	
매출총이익		×××

(조정 후) 제조원가명세서 및 손익계산서(일부)
[매출원가 조정법]

직접재료원가		915,000
직접노무원가		485,000
제조간접원가(실제)		630,000
당기총제조비용		2,030,000
기초재공품재고액		0
기말재공품재고액		(500,000)
당기제품제조원가		1,530,000
매출액		×××
매출원가		(930,000)
기초제품재고액	0	
당기제품제조원가	1,530,000	
기말제품재고액	(600,000)	
매출총이익		×××

2. (주)세무는 정상원가계산을 사용하고 있으며, 직접노무시간을 기준으로 제조간접비를 예정배부하고 있다. (주)세무의 20×1년도 연간 제조간접비 예산은 ₩144,000이고, 실제 발생한 제조간접비는 ₩145,000이다. 20×1년도 연간 예정조업도는 16,000직접노무시간이고, 실제 사용한 직접노무시간은 17,000시간이다. 20×1년 말 제조간접비 배부차이 조정 전 재공품, 제품 및 매출원가의 잔액은 다음과 같다.

재공품 ₩50,000 제품 ₩150,000 매출원가 ₩800,000

(주)세무는 제조간접비 배부차이를 재공품, 제품 및 매출원가의 (제조간접비 배부차이 조정 전) 기말 잔액 비율에 따라 조정한다. 이 경우 제조간접비 배부차이를 매출원가에 전액 조정하는 방법에 비해 증가(혹은 감소)되는 영업이익은 얼마인가? 단, 기초재고는 없다. (2014 세무사)

해답

제조간접비 예정배부율 : ₩144,000÷16,000시간 = ₩9/직접노무시간

제조간접비 예정배부액 : @₩9×17,000시간 = ₩153,000

예정배부액 ₩153,000 - 실제발생액 ₩145,000 = ₩8,000(과대배부, 유리)

	매출원가 조정법			총원가 비례배부법		
	총원가	비율	배부차이	총원가	비율	배부차이
재공품	₩50,000			₩50,000	5%	₩400
제 품	150,000			150,000	15	1,200
매출원가	800,000	100%	₩8,000	800,000	80	6,400
	₩1,000,000		₩8,000	₩1,000,000		₩8,000

* ₩8,000×[₩50,000÷(₩50,000 + ₩150,000 + ₩800,000)] = ₩400
₩8,000×[₩150,000÷(₩50,000 + ₩150,000 + ₩800,000)] = ₩1,200
₩8,000×[₩800,000÷(₩50,000 + ₩150,000 + ₩800,000)] = ₩6,400

[매출원가 조정법]

제조간접비 (차변)		제조간접비 (대변)		재공품	제 품	매출원가 (차변)	매출원가 (대변)
실제	145,000	배부	153,000	50,000	150,000	800,000	
배부차이	8,000						배부차이 8,000

* 제조간접원가 배부차이 ₩8,000(과대배부) 반영
매출원가 : ₩800,000(조정 전 잔액) - ₩8,000(과대배부) = ₩792,000(조정 후 잔액)

[총원가 비례배부법]

제조간접비 (차변)		제조간접비 (대변)		재공품 (차변)	재공품 (대변)	제 품 (차변)	제 품 (대변)	매출원가 (차변)	매출원가 (대변)
실제	145,000	배부	153,000	50,000		150,000		800,000	
배부차이	8,000				배부차이 400		배부차이 1,200		배부차이 6,400

* 제조간접원가 배부차이 ₩8,000(과대배부) 반영
기말재공품재고액 : ₩50,000(조정 전 잔액) - ₩400(과대배부) = ₩49,600(조정 후 잔액)
기말제품재고액 : ₩150,000(조정 전 잔액) - ₩1,200(과대배부) = ₩148,800(조정 후 잔액)
매출원가 : ₩800,000(조정 전 잔액) - ₩6,400(과대배부) = ₩793,600(조정 후 잔액)

∴ 영업이익 감소 ₩1,600 (∵ 매출원가 증가 ₩792,000 → ₩793,600)

매출원가 조정법에서의 매출원가는 ₩792,000(= ₩800,000 - ₩8,000)이다. 총원가 비례배부법에서의 매출원가가 ₩793,600(= ₩800,000 - ₩6,400)이므로, 영업이익은 ₩1,600 만큼 감소한다.

(조정 전) 제조원가명세서		(조정 전) 손익계산서(일부)		
직접재료원가	×××	매출액		×××
직접노무원가	×××	매출원가		(800,000)
제조간접원가(예정)	153,000	기초제품재고액	0	
당기총제조비용	×××	당기제품제조원가	×××	
기초재공품재고액	0	기말제품재고액	(150,000)	
기말재공품재고액	(50,000)	매출총이익		×××
당기제품제조원가	×××			

(조정 후) 제조원가명세서 및 손익계산서(일부) [매출원가 조정법]			(조정 후) 제조원가명세서 및 손익계산서(일부) [총원가 비례배부법]		
직접재료비		×××	직접재료비		×××
직접노무비		×××	직접노무비		×××
제조간접비(실제)		145,000	제조간접비(실제)		145,000
당기총제조비용		×××	당기총제조비용		×××
기초재공품재고액		0	기초재공품재고액		0
기말재공품재고액		(50,000)	기말재공품재고액		(49,600)
당기제품제조원가		×××	당기제품제조원가		×××
매출액		×××	매출액		×××
매출원가		(792,000)	매출원가		(793,600)
기초제품재고액	0		기초제품재고액	0	
당기제품제조원가	×××		당기제품제조원가	×××	
기말제품재고액	(150,000)		기말제품재고액	(148,800)	
매출총이익		×××	매출총이익		×××

* 본 [문제]에서 매출액이 ₩1,000,000이라고 가정하면, 매출원가 조정법에서의 매출총이익은 ₩208,000이 되고, 총원가 비례배부법에서의 매출총이익은 206,400이 되므로, 영업이익은 ₩1,600 만큼 감소하게 된다.

3. 20×1년 초에 설립된 (주)대한은 정상원가계산제도를 채택하고 있으며, 제조간접원가 배부기준은 직접노무시간이다. (주)대한은 당기 초에 제조간접원가를 ₩32,000, 직접노무시간을 4,000시간으로 예상하였다. (주)대한의 20×1년 생산 및 판매 관련 자료는 다음과 같다.

⑴ 당기 중 세 가지 작업 #101, #102, #103을 착수하여, #101과 #102를 완성하였고, #103은 기말 현재 작업 중에 있다.

⑵ 당기 중 발생한 제조경비는 총 ₩12,500이며, 이는 감가상각비 ₩9,000, 임차료 ₩3,500으로 구성되어 있다.

⑶ 당기 중 작업별 실제 발생 원가자료와 실제 사용된 직접노무시간은 다음과 같다.

구 분	#101	#102	#103	합 계
직접재료원가	₩4,000	₩4,000	₩2,000	₩10,000
직접노무원가	3,000	2,000	4,000	9,000
직접노무시간	1,000시간	500시간	500시간	2,000시간

⑷ 작업 #101은 당기 중에 ₩16,000에 판매되었으나, 작업 #102는 기말 현재 판매되지 않았다.

(주)대한이 기말에 제조간접원가 배부차이를 총원가기준 비례배부법으로 조정할 경우, (주)대한의 20×1년도 매출총이익은 얼마인가? (2024 회계사)

해답

제조간접원가 예정배부율 : ₩32,000÷4,000시간 = ₩8/직접노무시간

제조간접원가 예정배부액 : @₩8×2,000시간 = ₩16,000

예정배부액 ₩16,000 - 실제발생액 ₩12,500 = ₩3,500(과대배부, 유리)

구 분	#101(매출원가)	#102(제품)	#103(재공품)	합 계
직접재료원가	₩4,000	₩4,000	₩2,000	₩10,000
직접노무원가	3,000	2,000	4,000	9,000
제조간접원가 예정배부액	8,000	4,000	4,000	16,000
배부차이 조정 전 원가	₩15,000	₩10,000	₩10,000	₩35,000
배부차이 조정액	- 1,500	- 1,000	- 1,000	- 3,500
배부차이 조정 후 원가	₩13,500	₩9,000	₩9,000	₩31,500

또는

직접재료원가	₩4,000	₩4,000	₩2,000	₩10,000
직접노무원가	3,000	2,000	4,000	9,000
제조간접원가 실제발생액	6,500	3,000	3,000	12,500
계	₩13,500	₩9,000	₩9,000	₩31,500

* 제조간접원가 예정배부액
 #101 : 1,000시간×@₩8 = ₩8,000
 #102 : 500시간×@₩8 = ₩4,000
 #103 : 500시간×@₩8 = ₩4,000

* 제조간접원가 배부차이 조정액(총원가기준 비례배부법)
 #101 : ₩3,500×₩15,000÷₩35,000 = ₩1,500 ₩8,000 - ₩1,500(과대배부) = ₩6,500
 #102 : ₩3,500×₩10,000÷₩35,000 = ₩1,000 ₩4,000 - ₩1,000(과대배부) = ₩3,000
 #103 : ₩3,500×₩10,000÷₩35,000 = ₩1,000 ₩4,000 - ₩1,000(과대배부) = ₩3,000

∴ 매출총이익 : ₩16,000(매출액) - ₩13,500(매출원가) = ₩2,500

별해)

구 분	#101	#102	#103	합 계
직접재료원가	₩4,000	₩4,000	₩2,000	₩10,000
직접노무원가	3,000	2,000	4,000	9,000
제조간접원가 예정배부액	8,000	4,000	4,000	16,000
계	₩15,000	₩10,000	₩10,000	₩35,000

구 분	#101	#102	#103	합 계
직접재료원가	₩4,000	₩4,000	₩2,000	₩10,000
직접노무원가	3,000	2,000	4,000	9,000
제조간접원가 실제발생액	6,500	3,000	3,000	12,500
계	₩13,500	₩9,000	₩9,000	₩31,500

(조정 후) 제조원가명세서

직접재료원가	10,000
직접노무원가	9,000
제조간접원가(실제)	12,500
당기총제조비용	31,500
기초재공품재고액	0
기말재공품재고액	(9,000)
당기제품제조원가	22,500

(조정 후) 손익계산서(일부) [총원가기준 비례배부법]

매출액		16,000
매출원가		(13,500)
기초제품재고액	0	
당기제품제조원가	22,500	
기말제품재고액	(9,000)	
매출총이익		2,500

4. (주)세무는 20×1년 초에 영업을 개시하다. (주)세무는 정상원가계산을 적용하고 있으며, 제조간접원가 배부기준은 직접노무시간이다. (주)세무는 20×1년 초에 연간 제조간접원가를 ₩100,000으로, 직접노무시간을 4,000시간으로 예상하고 있다. 20×1년 생산 및 판매 관련 자료는 다음과 같다.

- 20×1년 중 작업 #201, #202, #203을 착수하였다.
- 20×1년 중 작업별 실제 발생한 원가 및 직접노무시간은 다음과 같다.

구 분	#201	#202	#203	합 계
직접재료원가	₩27,500	₩28,000	₩4,500	₩60,000
직접노무원가	50,000	54,000	26,000	130,000
직접노무시간	2,000시간	2,000시간	1,000시간	5,000시간

- 20×1년 실제 발생한 제조간접원가는 총 ₩120,000이다.
- 20×1년 작업 #201과 #202는 완성되었으나, #203은 20×1년 말 현재 작업 중이다.
- 작업 #201은 20×1년 중에 판매되었으나, #202는 20×1년 말 현재 판매되지 않았다.

(주)세무가 제조간접원가 배부차이를 원가요소기준 비례배부법으로 조정할 경우, 20×1년 기말제품재고액은? (2025 세무사)

해답

제조간접원가 예정배부율 : ₩100,000÷4,000시간 = ₩25/직접노무시간

제조간접원가 예정배부액 : @₩25×5,000시간 = ₩125,000

예정배부액 ₩125,000 - 실제발생액 ₩120,000 = ₩5,000(과대배부, 유리)

구 분	#201	#202	#203	합 계
직접재료원가	₩27,500	₩28,000	₩4,500	₩60,000
직접노무원가	50,000	54,000	26,000	130,000
제조간접원가 예정배부액	50,000	50,000	25,000	125,000
계	₩127,500	₩132,000	₩55,500	₩315,000

* #201 : @₩25×2,000시간 = ₩50,000
#202 : @₩25×2,000시간 = ₩50,000
#203 : @₩25×1,000시간 = ₩25,000

구 분	#201	#202	#203	합 계
직접재료원가	₩27,500	₩28,000	₩4,500	₩60,000
직접노무원가	50,000	54,000	26,000	130,000
제조간접원가 실제발생액	48,000	48,000	24,000	120,000
계	₩125,500	₩130,000	₩54,500	₩310,000

* #201 : ₩5,000×(₩50,000÷₩125,000) = ₩2,000 ₩50,000 - ₩2,000(과대배부) = ₩48,000
#202 : ₩5,000×(₩50,000÷₩125,000) = ₩2,000 ₩50,000 - ₩2,000(과대배부) = ₩48,000
#203 : ₩5,000×(₩25,000÷₩125,000) = ₩1,000 ₩25,000 - ₩1,000(과대배부) = ₩24,000

∴ 기말제품재고액 : ₩130,000(#202)

(조정 후) 제조원가명세서

직접재료원가	60,000
직접노무원가	130,000
제조간접원가(실제)	120,000
당기총제조비용	310,000
기초재공품재고액	0
기말재공품재고액	(54,500)
당기제품제조원가	255,500

(조정 후) 손익계산서(일부) [원가요소기준 비례배부법]

매출액		×××
매출원가		(125,500)
기초제품재고액	0	
당기제품제조원가	255,500	
기말제품재고액	(130,000)	
매출총이익		×××

5. (주)대한은 20×1년 초에 설립되었으며 정상원가계산을 적용하고 있다. 제조간접원가 배부기준은 기계시간이다. (주)대한은 20×1년 초에 연간 제조간접원가를 ₩80,000으로, 기계시간을 4,000시간으로 예상하였다. (주)대한의 20×1년 생산 및 판매 관련 자료는 다음과 같다.

- 20×1년 중 작업 #101, #102, #103을 착수하였다.
- 20×1년 중 작업별 실제 발생한 원가 및 기계시간은 다음과 같다.

구 분	#101	#102	#103	합 계
직접재료원가	₩27,000	₩28,000	₩5,000	₩60,000
직접노무원가	25,000	26,000	13,000	64,000
기계시간	1,400시간	1,800시간	600시간	3,800시간

- 20×1년 실제 발생한 제조간접원가는 총 ₩82,000이다.
- 작업 #101과 #102는 20x1년 중 완성되었으나, #103은 20×1년 말 현재 작업 중이다.
- 20×1년 중 #101은 ₩120,000에 판매되었으나, #102는 20×1년 말 현재 판매되지 않았다. 단, (주)대한의 매출은 #101이 유일하다.

(주)대한이 총원가기준 비례배부법을 이용하여 배부차이를 조정한다면, 20×1년 매출총이익은 얼마인가? (2021 회계사)

해답

제조간접원가 예정배부율 : ₩80,000÷4,000시간 = ₩20/기계시간

제조간접원가 예정배부액 : @₩20×3,800시간 = ₩76,000

예정배부액 ₩76,000 - 실제발생액 ₩82,000 = - ₩6,000(과소배부, 불리)

구 분	#101	#102	#103	합 계
직접재료원가	₩27,000	₩28,000	₩5,000	₩60,000
직접노무원가	25,000	26,000	13,000	64,000
제조간접원가 예정배부액	28,000	36,000	12,000	76,000
계	₩80,000	₩90,000	₩30,000	₩200,000

* #101 : @₩20×1,400시간 = ₩28,000
#102 : @₩20×1,800시간 = ₩36,000
#103 : @₩20×600시간 = ₩12,000

구 분	#101	#102	#103	합 계
직접재료원가	₩27,000	₩28,000	₩5,000	₩60,000
직접노무원가	25,000	26,000	13,000	64,000
제조간접원가 실제발생액	30,400	38,700	12,900	82,000
계	₩82,400	₩92,700	₩30,900	₩206,000

* #101 : ₩6,000×(₩80,000÷₩200,000) = ₩2,400　　₩28,000 + ₩2,400(과소배부) = ₩30,400
#102 : ₩6,000×(₩90,000÷₩200,000) = ₩2,700　　₩36,000 + ₩2,700(과소배부) = ₩38,700
#103 : ₩6,000×(₩30,000÷₩200,000) = ₩900　　₩12,000 + ₩900(과소배부) = ₩12,900

∴ 매출총이익 : ₩37,600

(조정 후) 제조원가명세서

직접재료원가	60,000
직접노무원가	64,000
제조간접원가(실제)	82,000
당기총제조비용	206,000
기초재공품재고액	0
기말재공품재고액	(30,900)
당기제품제조원가	175,100

(조정 후) 손익계산서(일부) [총원가기준 비례배부법]

매출액		120,000
매출원가		(82,400)
기초제품재고액	0	
당기제품제조원가	175,100	
기말제품재고액	(92,700)	
매출총이익		37,600

예제 4

다음 각각의 [문제]는 독립적이다.

1. (주)대한은 정상원가계산제도를 채택하고 있다. 제조간접원가 예정배부율은 직접노무원가의 50%이며, 제조간접원가 배부차이는 전액 매출원가에서 조정한다. (주)대한의 20×1년 2월 원가 관련 자료는 다음과 같다.
   - 직접재료 구입액은 ₩40,000이다.
   - 직접노무원가는 기본원가(기초원가, prime costs)의 40%이다.
   - 직접재료 월말재고액은 ₩10,000, 제품 월말재고액은 ₩4,000이다.
   - 당월제품제조원가에는 직접재료원가 ₩25,500이 포함되어 있다.
   - 월말재공품에는 제조간접원가 배부액 ₩1,500이 포함되어 있다.
   - 실제발생한 제조간접원가는 ₩8,000이다.

   제조간접원가 배부차이를 조정한 후 (주)대한의 2월 매출원가는 얼마인가? 단, 월초재고자산은 없다. (2022 회계사, 2024 세무사 유사)

해답

(조정 전) 제조원가명세서

직접재료원가	30,000
직접노무원가	20,000
제조간접원가(예정)	10,000
당월총제조비용	60,000
월초재공품재고액	0
월말재공품재고액	(9,000)
당월제품제조원가	51,000

(조정 전) 손익계산서(일부)

매출액		×××
매출원가		(47,000)
월초제품재고액	0	
당월제품제조원가	51,000	
월말제품재고액	(4,000)	
매출총이익		×××

재공품

차변		대변	
월초재고액	0	당월완성품원가	51,000
당월총제조비용		월말재고액	
직접재료원가	30,000	직접재료원가	4,500
직접노무원가	20,000	직접노무원가	3,000
제조간접원가	10,000	제조간접원가	1,500

[계산근거]
- ₩40,000(직접재료 구입액) - ₩10,000(월말재료재고액) = ₩30,000(직접재료원가)
- ₩30,000(직접재료원가)÷(1 - 40%)×40% = ₩20,000(직접노무원가)
- ₩20,000(직접노무원가)×50% = ₩10,000(제조간접원가 예정배부액)
- ₩30,000(직접재료원가) - ₩25,500(당월제품제조원가 중의 직접재료원가)
  = ₩4,500(월말재공품재고액 중 직접재료원가)
- ₩1,500(월말재공품재고액 중의 제조간접원가 배부액)÷50%
  = ₩3,000(월말재공품재고액 중의 직접노무원가)

[매출원가 조정법]

제조간접비

차변		대변	
실제	8,000	배부	10,000
배부차이	2,000		

재공품

차변	대변
9,000	

제 품

차변	대변
4,000	

매출원가

차변	대변
47,000	
	배부차이 2,000

* 제조간접원가 배부차이 ₩2,000(과대배부) 반영
매출원가 : ₩47,000(조정 전 잔액) - ₩2,000(과대배부) = ₩45,000(조정 후 잔액)

∴ ₩51,000(당월제품제조원가) - ₩4,000(월말제품재고액) = ₩47,000(조정 전 매출원가)

₩47,000(조정 전 매출원가) - ₩2,000(배부차이, 과대) = ₩45,000(조정 후 매출원가)

* ₩10,000(제조간접원가 예정배부액) - ₩8,000(제조간접원가 실제발생액) = ₩2,000(과대배부)
* 본 [문제]에서 '당월제품제조원가에는 직접재료원가 ₩25,500이 포함되어 있다.'라는 의미는? 제조원가명세서에 표시되어 있는 '직접재료원가 ₩30,000'과 '월말재공품재고액 중의 직접재료원가 ₩4,500'의 차액으로 해석하였음을 밝힌다. [저자 주]

(조정 후) 제조원가명세서

직접재료원가	30,000
직접노무원가	20,000
제조간접원가(실제)	8,000
당월총제조비용	58,000
월초재공품재고액	0
월말재공품재고액	(9,000)
당월제품제조원가	49,000

(조정 후) 손익계산서(일부) [매출원가 조정법]

매출액		×××
매출원가		(45,000)
월초제품재고액	0	
당월제품제조원가	49,000	
월말제품재고액	(4,000)	
매출총이익		×××

2. (주)대한은 정상개별원가계산시스템을 채택하고 있으며, 20×1년 3월의 원가계산 작업을 수행하고 있다. 제조간접원가의 예정배부율은 직접노무원가의 150%이며, 제조간접원가 배부차이는 매월 말 매출원가에서 조정한다. (주)대한의 20×1년 3월 초 월초재공품(작업 A-21)의 원가는 ₩20,000이다. (주)대한은 20×1년 3월 중 작업 A-22와 A-23을 착수하였으며, 당월에 실제 발생한 직접재료원가 및 제조간접원가는 각각 ₩60,000과 ₩85,000이다. 20×1년 3월 말 현재 진행 중인 작업인 A-23을 제외한 다른 작업들은 모두 완성되었다. 작업 A-23과 관련된 직접재료원가 및 직접노무원가는 각각 ₩8,500과 ₩7,200이다. (주)대한이 20×1년 3월 중 생산한 제품의 당월제품제조원가가 ₩178,500인 경우, 20×1년 3월 중 발생한 실제 직접노무원가는 얼마인가? (2025 회계사)

해답

(조정 전) 제조원가명세서 및 손익계산서(일부)

직접재료원가		60,000
직접노무원가		?
제조간접원가(예정)		?
당월총제조비용		?
월초재공품재고액		20,000
월말재공품재고액		(?)
직접재료원가	8,500	
직접노무원가	7,200	
제조간접원가	?	
당월제품제조원가		178,500

[계산근거]
* ₩8,500 + ₩7,200 + ₩7,200×150% = ₩26,500(월말재공품재고액)
* ₩20,000(월초재공품재고액) + 당월총제조비용 - ₩26,500(월말재공품재고액) = ₩178,500(당월제품제조원가, 문제 제시됨)
  ∴ 당월총제조비용 : ₩185,000
* ₩60,000(직접재료원가) + 직접노무원가 + 직접노무원가×150% = ₩185,000(당월총제조비용)
  ∴ 직접노무원가 : ₩50,000

* 본 [문제]에서 월말재공품재고액 중의 제조간접원가는 ₩7,200×150% = ₩10,800이다. 이 결과로 월말재공품재고액은 ₩26,500이 되고, 당월총제조비용은 ₩185,000(∵ 역산)이 된다. 당월총제조비용이 ₩185,000이므로 결국 실제 발생한 직접노무원가는 ₩50,000이 된다. [저자 주]
* 제조간접원가 ₩85,000(문제 제시됨)은 실제발생액에 주의하여야 한다. 당월에 실제발생한 총제조비용은 직접재료원가 ₩60,000과 직접노무원가 ₩50,000 및 제조간접원가 ₩85,000의 합계액인 ₩195,000이다. [저자 주]

∴ 직접노무원가 : ₩50,000

(조정 전) 제조원가명세서 및 손익계산서(일부)		
직접재료원가		60,000
직접노무원가		50,000
제조간접원가(예정)		75,000
당월총제조비용		185,000
월초재공품재고액		20,000
월말재공품재고액		26,500
직접재료원가	8,500	
직접노무원가	7,200	
제조간접원가	10,800	
당월제품제조원가		178,500

3. (주)대한은 정상개별원가계산을 사용하고 있으며, 제조간접비 배부기준은 기본원가이다. 20×1년 제조간접비 예정배부율은 기본원가의 40%이었다. 20×1년도 생산 및 판매 자료는 다음과 같다.

⑴ 기초재고자산 중 재공품 및 제품의 작업별 원가는 다음과 같다.

항 목	기초재공품		기초제품
	작업 #102	작업 #103	작업 #101
기본원가	₩4,000	₩3,500	₩5,000
제조간접비	2,000	1,750	2,500
합 계	₩6,000	₩5,250	₩7,500

⑵ 당기에 작업 #102와 #103에 소비된 기본원가는 각각 ₩1,500과 ₩1,000이었다.

⑶ 당기에 신규로 착수된 작업은 없었고, 작업 #102와 #103은 완성되었다.

⑷ 당기에 작업 #101과 #102는 각각 ₩8,300과 ₩10,000에 판매되었다.

⑸ 당기에 제조간접비 실제발생액은 ₩1,250이었다.

⑹ (주)대한은 배부차이를 원가요소기준 비례배부법으로 조정한다.

물음 (2019 회계사)

1. 제조간접비 배부차이 조정 후의 당기제품제조원가는 얼마인가?
2. 제조간접비 배부차이 조정 후의 매출총이익은 얼마인가?

해답

[기본분석]

㉠ 제조간접비 예정배부액(당기분)
작업 #102 : ₩600(= ₩1,500×40%)
작업 #103 : ₩400(= ₩1,000×40%)
계 : ₩600(작업 #102) + ₩400(작업 #103) = ₩1,000

㉡ 제조간접비 배부차이
예정배부액 ₩1,000(㉠) - 실제발생액 ₩1,250 = - ₩250(과소배부)

㉢ 제조간접비 배부차이를 배부하기 위한 배부율 및 배부액
작업 #102 : ₩1,500÷(₩1,500 + ₩1,000) = 60%
작업 #103 : ₩1,000÷(₩1,500 + ₩1,000) = 40%
작업 #102 : ₩250(㉡)×60% = ₩150(과소배부)
작업 #103 : ₩250(㉡)×40% = ₩100(과소배부)
계 : ₩150(작업 #102) + ₩100(작업 #103) = ₩250(과소배부)

㉣ 제조간접비 실제발생액 : ₩750(작업 #102) + ₩500(작업 #103) = ₩1,250
작업 #102 : ₩600(= ₩1,500×40%) + ₩150(= ₩250×60%) = ₩750
작업 #103 : ₩400(= ₩1,000×40%) + ₩100(= ₩250×40%) = ₩500

(제조간접비 배부차이 조정 전의) 제조원가명세서 및 손익계산서(일부)

	#101	#102	#103	합 계
기본원가		₩1,500	₩1,000	₩2,500
제조간접비 예정배부액		600	400	1,000
당기총제조비용		2,100	1,400	3,500
기초재공품재고액		6,000	5,250	11,250
기말재공품재고액		(0)	(0)	(0)
당기제품제조원가		₩8,100	₩6,650	₩14,750
매출액	₩8,300	₩10,000	₩0	₩18,300
매출원가	(7,500)	(8,100)	(0)	(15,600)
기초제품재고액	7,500	0	0	7,500
당기제품제조원가	0	8,100	6,650	14,750
기말제품재고액	(0)	(0)	(6,650)	(6,650)
매출총이익	₩800	₩1,900	₩0	₩2,700

* 제조간접비 배부차이 ₩250(과소배부) 반영
#102 : ₩8,100(조정 전 잔액) + ₩150(과소배부) = ₩8,250(조정 후 잔액)
#103 : ₩6,650(조정 전 잔액) + ₩100(과소배부) = ₩6,750(조정 후 잔액)

1. 배부차이 조정 후의 당기제품제조원가
#102 : 기초재공품 ₩6,000 + 기본원가 ₩1,500 + 제조간접비 예정배부액 ₩600(= ₩1,500 ×40%)[㉠] + 배부차이 ₩150(= ₩250[㉡]×60%[㉢]) = ₩8,250
#103 : 기초재공품 ₩5,250 + 기본원가 ₩1,000 + 제조간접비 예정배부액 ₩400(= ₩1,000 ×40%)[㉠] + 배부차이 ₩100(= ₩250[㉡]×40%[㉢]) = ₩6,750
∴ ₩8,250(#102) + ₩6,750(#103) = ₩15,000(당기제품제조원가)

2. 배부차이 조정 후의 매출총이익
₩8,300(#101) + ₩10,000(#102) = ₩18,300(매출액)
₩7,500(#101) + ₩15,000(당기제품제조원가) - ₩6,750(#103) = ₩15,750(매출원가)
₩18,300 - ₩15,750 = ₩2,550(매출총이익)

별해)

제조간접비 실제발생액 :	₩1,250	
제조간접비 예정배부액 : (₩1,500 + ₩1,000)×40% =	1,000	
배부차이	₩250	(과소배부)

	#101 기초	#102 기초	#102 당기	#103 기초	#103 당기
기본원가	₩5,000	₩4,000	₩1,500	₩3,500	₩1,000
제조간접비	2,500	2,000	600	1,750	400
계	₩7,500	₩6,000	₩2,100	₩5,250	₩1,400
	↓	↓	↓	↓	↓
	매출원가	매출원가	매출원가	기말제품	기말제품

* 기초 재고자산은 이미 전기에 조정이 반영되어 이월된 금액이므로, 당기 착수분만을 기준으로 비례배부한다.

∴ 조정 전의 매출원가 : ₩7,500 + ₩6,000 + ₩2,100 = ₩15,600

	#101 기초	#102 기초	#102 당기
기본원가	₩5,000	₩4,000	₩1,500
제조간접비	2,500	2,000	750
계	₩7,500	₩6,000	₩2,250

* 제조간접비 실제배부율 : ₩1,250÷(₩1,500+₩1,000)=기본원가의 50%
#102 당기의 제조간접비 실제배부액 : ₩1,500×50%=₩750

∴ 조정 후의 매출원가 : ₩7,500+₩6,000+₩2,250=₩15,750

	조정 전	기준금액	비율	조정액	조정 후
매출원가	₩15,600	₩600	60%	₩150	₩15,750
기말제품	6,650	400	40%	100	6,750
계	₩22,250	₩1,000	100%	₩250	₩22,500

* 기준금액은 제조간접비 예정배부액(당기분) ₩1,000이다.
₩6,650=₩5,250(#103 기초)+₩1,400(#103 당기)
₩250×60%=₩150
₩250×40%=₩100

∴ 매출총이익 : ₩18,300−₩15,750=₩2,550

예제 5

(주)한국은 A제품, B제품 및 C제품을 각각 생산하여 판매하고 있다. (주)한국은 각 작업별로 정상개별원가계산(평준화개별원가계산 : normal job costing)을 적용하며, 선입선출법으로 재고자산을 평가하고 있다. (주)한국은 두 개의 제조부문인 절단부문과 조립부문을 운영하고 있다. 제조간접원가의 부문별 배부기준으로 절단부문에 대해서는 기계가동시간, 조립부문에 대해서는 직접노무시간을 사용한다. (주)한국은 20×1년 말에 제조간접원가 배부차이를 재공품과 제품 및 매출원가에 포함된 원가요소(제조간접원가 예정배부액)의 비율에 따라 조정한다.

• 20×0년 12월 31일 재공품 ₩617,000의 내용은 다음과 같다.

작업	수 량	항 목	총원가
#101	4,000단위	A제품	₩259,000
#102	4,800	B제품	358,000

• 20×0년 12월 31일 제품 ₩1,032,500은 다음의 2가지 항목으로 구성되어 있다.

항 목	수 량	총원가
A제품	11,500단위	₩977,500
B제품	500	55,000

• 20×1년 1월 초에 예측한 당기 회계연도의 각 제조부문에 대한 원가 및 생산 자료는 다음과 같다.

구 분	절단부문	조립부문
직접노무원가	₩65,000	₩100,000
제조간접원가	40,000	75,000
기계가동시간	500시간	180시간
직접노무시간	1,000	2,000

• 20×1년에 (주)한국은 C제품 1,000단위를 생산하기 위해 새롭게 작업 #103을 착수하였다.
• 20×1년 말 현재 #101은 작업이 진행 중이며, 나머지 작업은 완료되었다.

• 20×1년의 각 작업별 제조원가 발생액은 다음과 같다.

구 분	#101	#102	#103
직접재료원가	₩30,000	₩105,000	₩46,000
직접노무원가	39,000	84,000	37,500
총 제조간접원가 : ₩137,400			

• 20×1년의 각 제조부문에서 사용된 기계가동시간과 직접노무시간은 다음과 같다.

작업	절단부문		작업	조립부문	
	기계가동시간	직접노무시간		기계가동시간	직접노무시간
#101	200	300	#101	50	400
#102	100	250	#102	90	1,200
#103	100	150	#103	60	600

• 20×1년의 A제품 판매량은 10,000단위, B제품 판매량은 4,400단위, 그리고 C제품 판매량은 1,000단위이다.

물음 (2022 회계사)

1. 20×1년의 각 제조부문별 제조간접원가 예정배부율을 구하시오.
2. 20×1년 말 제조간접원가 배부차이 금액을 계산하고, 그 배부차이가 과대배부 또는 과소배부인지 밝히시오.
3. 20×1년 말 제조간접원가 배부차이 조정 전에 각 계정(재공품, 제품, 매출원가)의 잔액은 얼마인가?
4. 20×1년 말 제조간접원가 배부차이 조정에 대한 분개를 하시오. 제조간접원가 배부차이 조정 후에 당기제품제조원가 및 매출원가는 각각 얼마인가?
5. (주)한국이 재고자산 평가를 위해 선입선출법 대신 평균법을 사용할 경우, 20×1년 말 제조간접원가 배부차이 조정 전 재공품, 제품 및 매출원가의 잔액이 각각 증가, 동일 또는 감소하는가를 밝히고 그 논리적 근거를 서술하시오. 단, 계산할 필요는 없다.

해답

[사전지식]

#101(단위) - 미완료

기초	4,000	제조	?
투입	?	기말	4,000

#102(단위) - 완료

기초	4,800	제조	4,800
투입	?	기말	0

#103(단위) - 완료

기초	?	제조	1,000
투입	1,000	기말	0

A제품(단위)

기초	11,500	판매	10,000
완성	0	기말	1,500

B제품(단위)

기초	500	판매	4,400
완성	4,800	기말	900

C제품(단위)

기초	0	판매	1,000
완성	1,000	기말	0

※ 선입선출법이므로, B제품 판매량 4,400단위는 기초 500단위와 당기완성 3,900단위의 합계이다.

1. 제조간접원가 예정배부율
   절단부문 : ₩40,000÷500시간 = ₩80/기계가동시간
   조립부문 : ₩75,000÷2,000시간 = ₩37.5/직접노무시간
2. 제조간접원가 예정배부액 : ₩16,000 + ₩15,000 + ₩8,000 + ₩45,000 + ₩8,000 + ₩22,500 = ₩114,500
   제조간접원가 배부차이 : ₩114,500 - ₩137,400(실제발생액) = - ₩22,900(과소배부, 불리)

구 분	#101	#102	#103
직접재료원가	₩30,000	₩105,000	₩46,000
직접노무원가	39,000	84,000	37,500
제조간접원가(절단부문 배부액)	16,000	8,000	8,000
(조립부문 배부액)	15,000	45,000	22,500
계	₩100,000	₩242,000	₩114,000

* #101 : @₩80×200시간 = ₩16,000 @₩37.5×400시간 = ₩15,000
#102 : @₩80×100시간 = ₩8,000 @₩37.5×1,200시간 = ₩45,000
#103 : @₩80×100시간 = ₩8,000 @₩37.5×600시간 = ₩22,500

	#101	#102	#103	합 계
기초재공품	₩259,000	₩358,000		₩617,000
직접재료원가	30,000	105,000	₩46,000	181,000
직접노무원가	39,000	84,000	37,500	160,500
제조간접원가 예정배부액	16,000	8,000	8,000	32,000
	15,000	45,000	22,500	82,500
계	₩359,000	₩600,000	₩114,000	₩1,073,000

3. 제조간접원가 배부차이 조정 전의 각 계정 잔액

재공품

기초	617,000	제조원가	714,000
제조비용	456,000	기말	359,000

↘

제 품

기초	1,032,500	매출원가	1,506,500
제조원가	714,000	기말	240,000

기초재공품재고액 #101 4,000단위 ₩259,000[문제에서 제시됨]
#102 4,800단위 ₩358,000[문제에서 제시됨]
당기총제조비용 #101 ₩100,000[해답 2번 **참조**]
#102 ₩242,000[해답 2번 **참조**]
#103 ₩114,000[해답 2번 **참조**]
당기제품제조원가 #102 4,800단위 @₩125 ₩600,000(= ₩358,000 + ₩242,000)
#103 1,000단위 @₩114 ₩114,000
기말재공품재고액 #101 4,000단위 @₩89.75 ₩359,000(= ₩259,000 + ₩100,000)

기초제품재고액 A제품 11,500단위 @₩85 ₩977,500[문제에서 제시됨]
B제품 500단위 @₩110 ₩55,000[문제에서 제시됨]
당기제품제조원가 B제품 4,800단위 @₩125 ₩600,000
C제품 1,000단위 @₩114 ₩114,000
매출원가 A제품 10,000단위 @₩85 ₩850,000
B제품 (500단위 @₩110 ₩55,000) + (3,900단위 @₩125 ₩487,500) = ₩542,500
C제품 1,000단위 @₩114 ₩114,000
기말제품재고액 A제품 1,500단위(= 11,500단위 - 10,000단위) @₩85 ₩127,500
B제품 900단위(= 500단위 + 4,800단위 - 500단위 - 3,900단위) @₩125 ₩112,500

[**주의**]

#102(단위) - 완료

기초	4,800	제조	4,800
투입	?	기말	0

↘

B제품(단위)

기초	500	판매	4,400
완성	4,800	기말	900

* B제품의 당기 완성 4,800단위 중 당기 판매는 3,900단위이고 기말 재고는 900단위이다. 따라서 기말제품재고액은 ₩112,500[= 900단위×(₩600,000÷4,800단위)]이 된다.

∴ 재공품(#101) ₩259,000 + ₩100,000 = ₩359,000
제품(A제품, B제품) ₩127,500 + ₩112,500 = ₩240,000
매출원가(A제품, B제품, C제품) ₩850,000 + ₩542,500 + ₩114,000 = ₩1,506,500

(제조간접원가 배부차이 조정 전의) 제조원가명세서 및 손익계산서

	#101(A제품)	#102(B제품)	#103(C제품)	합 계
직접재료원가	₩30,000	₩105,000	₩46,000	₩181,000
직접노무원가	39,000	84,000	37,500	160,500
제조간접원가 예정배부액	31,000	53,000	30,500	114,500
당기총제조비용	100,000	242,000	114,000	456,000
기초재공품재고액	259,000	358,000	0	617,000
기말재공품재고액	(359,000)	0	0	(359,000)
당기제품제조원가	₩0	₩600,000	₩114,000	₩714,000
기초제품재고액	₩977,500	₩55,000	₩0	₩1,032,500
당기제품제조원가	0	600,000	114,000	714,000
기말제품재고액	(127,500)	(112,500)	0	(240,000)
매출원가	₩850,000	₩542,500	₩114,000	₩1,506,500

* ₩16,000 + ₩15,000 = ₩31,000 ₩8,000 + ₩45,000 = ₩53,000 ₩8,000 + ₩22,500 = ₩30,500

* 1,500단위×(₩977,500÷11,500단위) = ₩127,500 900단위×(₩600,000÷4,800단위) = ₩112,500

4. 제조간접원가 배부차이 조정(원가요소별 비례배부법)

제조간접원가 예정배부액	계정과목	배부차이 조정
₩31,000	재 공 품	₩22,900×(₩31,000÷₩114,500) = ₩6,200
₩53,000×(900단위÷4,800단위) = ₩9,937.5	제 품	₩22,900×(₩9,937.5÷₩114,500) = ₩1,987.5
₩53,000×(3,900단위÷4,800단위) = ₩43,062.5 ₩30,500	매출원가	₩22,900×[(₩43,062.5 + ₩30,500)÷₩114,500] = ₩14,712.5
₩114,500	계	₩22,900 과소배부

* [해답 2번 **참조**]
₩16,000 + ₩15,000 = ₩31,000(#101)
₩8,000 + ₩45,000 = ₩53,000(#102)
[주의] ₩53,000(#102)은 기말제품 수량 900단위와 매출원가 수량 3,900단위로 배분되어야 한다.
₩8,000 + ₩22,500 = ₩30,500(#103)

(차) 재공품	6,200	(대) 제조간접원가	22,900
제 품	1,987.5		
매출원가	14,712.5		

* 제조간접원가 배부차이 ₩22,900(과소배부) 반영
기말재공품재고액 : ₩359,000(조정 전 잔액) + ₩6,200(과소배부) = ₩365,200(조정 후 잔액)
기말제품재고액 : ₩240,000(조정 전 잔액) + ₩1,987.5(과소배부) = ₩241,987.5(조정 후 잔액)
매출원가 : ₩1,506,500(조정 전 잔액) + ₩14,712.5(과소배부) = ₩1,521,212,5(조정 후 잔액)
또는
기말재공품재고액 : ₩359,000 → ₩365,200(= ₩359,000 + ₩6,200)
기말제품재고액 : ₩240,000 → ₩241,987.5(= ₩240,000 + ₩1,987.5)
매출원가 : ₩1,506,500 → ₩1,521,212,5(= ₩1,506,500 + ₩14,712.5)

제조간접원가 배부차이 조정 전 및 조정 후의 비교

(조정 전) 제조원가명세서

직접재료원가	181,000
직접노무원가	160,500
제조간접원가(예정)	114,500
당기총제조비용	456,000
기초재공품재고액	617,000
기말재공품재고액	(359,000)
당기제품제조원가	714,000

(조정 전) 포괄손익계산서(일부)

매출액		×××
매출원가		(1,506,500)
기초제품재고액	1,032,500	
당기제품제조원가	714,000	
기말제품재고액	(240,000)	
매출총이익		×××

[조정 후] 제조원가명세서

직접재료원가	181,000
직접노무원가	160,500
제조간접원가(실제)	137,400
당기총제조비용	478,900
기초재공품재고액	617,000
기말재공품재고액	(365,200)
당기제품제조원가	730,700

[조정 후] 포괄손익계산서(일부)

매출액		×××
매출원가		(1,521,212.5)
기초제품재고액	1,032,500	
당기제품제조원가	730,700	
기말제품재고액	(241,987.5)	
매출총이익		×××

∴ 배부차이 조정 후의 당기제품제조원가 ₩730,700
배부차이 조정 후의 매출원가 ₩1,521,212.5

5. (주)한국이 재고자산 평가를 위해 선입선출법 대신 평균법을 사용할 경우, 20×1년 말 제조간접원가 배부차이 조정 전 재공품, 제품 및 매출원가의 잔액이 각각 증가, 동일 또는 감소하는가?

구 분	변화	이 유
재 공 품	동일	단위당 원가 불변
제 품	감소	기초제품의 단위당 원가보다 당기제품의 단위당 제조원가가 작아지기 때문
매출원가	증가	기초제품의 단위당 원가보다 당기제품의 단위당 제조원가가 작아지기 때문

4) 제조간접비 예정배부율을 이용한 제조부문비의 제품에의 배부

각 제조부문별로 예정배부율이 산정되면, 제품이 완성될 때에 이 예정배부율을 사용하여 즉시 제품제조원가를 산출할 수 있다. 그러나 실제로는 제조부문비를 예정배부하면, 일반적으로 각 제조부문비계정에서 예정배부액과 실제발생액 간에 차이가 나기 마련이다. 이 차이(과대 또는 과소배부액)는 제조부문비 배부차이계정에 기록되며, 매월 말에 이 차이를 매출원가 등의 계정에 대체한다.

예제 1

당월에 완성된 제품에 배부한 P_1 및 P_2 제조부문의 예정배부액과 실제로 배부한 부문비와 관련된 자료이다.

• 부문별 예정배부액

P_1 제조부문비 ₩100,000　　P_2 제조부문비 ₩200,000

• 각 부문별 실제발생액

P_1 제조부문비 ₩80,000　　P_2 제조부문비 ₩150,000

S_1 보조부문비 ₩40,000　　S_2 보조부문비 ₩60,000

• 보조부문비의 제조부문에의 배부

구 분	P_1 제조부문비	P_2 제조부문비
S_1 보조부문비	₩20,000	₩20,000
S_2 보조부문비	40,000	20,000

물음

1. 제조간접비 예정배부의 단계별로 회계처리하시오.
2. 월말에 제조부문비 예정배부액과 실제발생액과의 차이를 회계처리하시오. 단, 월말에 부문비 배부차이계정의 잔액을 매출원가계정에 대체하다.

해답

	제조부문		보조부문	
	P_1	P_2	S_1	S_2
각 부문의 발생원가	₩80,000	₩150,000	₩40,000	₩60,000
보조부문비 배부				
S_1	20,000	20,000		
S_2	40,000	20,000		
계	₩140,000	₩190,000		

제조간접비 예정배부액

차변	금액	대변	금액
(차) 재공품	300,000	(대) P_1 제조부문비	100,000
		P_2 제조부문비	200,000

제조부문비 실제발생액

차변	금액	대변	금액
(차) P_1 제조부문비	80,000	(대) 제조간접비	330,000
P_2 제조부문비	150,000		
S_1 보조부문비	40,000		
S_2 보조부문비	60,000		

보조부문비의 제조부문에의 배부

차변	금액	대변	금액
(차) P_1 제조부문비	60,000	(대) S_1 보조부문비	40,000
P_2 제조부문비	40,000	S_2 보조부문비	60,000

부문비 배부차이 대체분개

차변	금액	대변	금액
(차) 부문비 배부차이	40,000	(대) P_1 제조부문비	40,000
P_2 제조부문비	10,000	부문비 배부차이	10,000
(차) 매출원가	30,000	(대) 부문비 배부차이	30,000

* 제조부문비가 ₩30,000 과소배부되었으므로, 매출원가에 가산한다.

P_1 제조부문비

차변	금액	대변	금액
제조간접비	80,000	재공품	100,000
제좌	60,000	부문비배부차이	40,000
	140,000		140,000

P_2 제조부문비

차변	금액	대변	금액
제조간접비	150,000	재공품	200,000
제좌	40,000		
부문비배부차이	10,000		
	200,000		200,000

S_1 보조부문비

차변	금액	대변	금액
제조간접비	40,000	제좌	40,000

S_2 보조부문비

차변	금액	대변	금액
제조간접비	60,000	제좌	60,000

부문비 배부차이

차변	금액	대변	금액
P_1 제조부문비	40,000	P_2 제조부문비	10,000
		매출원가	30,000
	40,000		40,000

예제 2

다음은 부문비 예정배부에 관한 원가계산 자료이다.

- 월중에 제품이 완성되어 P_1 ₩150,000과 P_2 ₩100,000을 예정배부하다.
- 월말에 작성된 제조간접비 실제발생액의 부문별 집계액 및 부문비 배부표는 다음과 같다.

	제조부문		보조부문	
	P_1	P_2	S_1	S_2
각 부문의 발생원가	₩90,000	₩55,000	₩60,000	₩40,000
보조부문비 배부				
S_1	35,000	25,000		
S_2	30,000	10,000		
계	₩155,000	₩90,000		

- 월말에 제조부문비 예정배부액과 실제발생액과의 차이를 회계처리하다.
- 월말에 부문비 배부차이계정의 잔액을 매출원가계정에 대체하다.

해답

제조간접비 예정배부액

차변	금액	대변	금액
(차) 재공품	250,000	(대) P_1 제조부문비	150,000
		P_2 제조부문비	100,000

제조부문비 실제발생액

차변	금액	대변	금액
(차) P_1 제조부문비	90,000	(대) 제조간접비	245,000
P_2 제조부문비	55,000		
S_1 보조부문비	60,000		
S_2 보조부문비	40,000		

보조부문비의 제조부문에의 배부

차변	금액	대변	금액
(차) P_1 제조부문비	65,000	(대) S_1 보조부문비	60,000
P_2 제조부문비	35,000	S_2 보조부문비	40,000

부문비 배부차이 대체분개

차변	금액	대변	금액
(차) 부문비 배부차이	5,000	(대) P_1 제조부문비	5,000
P_2 제조부문비	10,000	부문비 배부차이	10,000
(차) 부문비 배부차이	5,000	(대) 매출원가	5,000

* 제조부문비가 ₩5,000 과대배부되었으므로, 매출원가에서 차감한다.

P_1 제조부문비

제조간접비	90,000	재공품	150,000
제좌	65,000	부문비배부차이	5,000
	155,000		155,000

P_2 제조부문비

제조간접비	55,000	재공품	100,000
제좌	35,000		
부문비배부차이	10,000		
	100,000		100,000

S_1 보조부문비

제조간접비	60,000	제좌	60,000

S_2 보조부문비

제조간접비	40,000	제좌	40,000

부문비 배부차이

P_1 제조부문비	5,000	P_2 제조부문비	10,000
매출원가	5,000		
	10,000		10,000

제2절 활동기준원가계산

1. ABC의 의의

제품제조원가를 정확하게 계산하기 위해서는 제조간접비를 그 발생과 인과관계가 있는 개별 제품에 정확하게 배부하는 것이 매우 중요하다. 그런데 제조간접비를 부문별 배부기준을 사용하여 개별 제품에 배부하게 되면 제조간접비의 배부가 왜곡되어 정확한 제품원가계산이 이루어지지 못하게 된다. 왜냐하면 제조간접비는 부문별 배부기준과 정확하게 인과관계를 가지는 것이 아니라 그보다 많은 요인과 인과관계를 가지면서 발생하기 때문이다.

전통적 원가계산(지금까지의 설명 중 제조간접비와 관련된 내용들)에서는 그 발생과 직접적인 관련성이 없는 배부기준(예 기계작업시간이나 직접노동시간)으로 배부하므로 제조간접비가 정확하게 개별 제품에 배부될 수 없다. 이러한 전통적인 제조간접비 배부의 문제점을 개선하기 위해 제조간접비가 활동(activity)으로 인해 발생한다는 점과 활동별 원가계산을 위해서는 비재무적/실물적 원가유발동인들(cost driver, 원가동인)의 통제가 필요하다는 점을 기본으로 하여, 제조간접비를 배부하는 것이 **활동기준원가계산**(activity-based costing : ABC)이다.[11)]

ABC의 도입기초가 되는 것은 각 부문에서 수행하고 있는 다양한 업무를 활동중심점(activity center)들로 규명하는 것이다. 이를 **활동분석**이라 하며, 각 부문에서 어떠한 활동을 하고 있느냐를 파악하게 된다. 여기서 **활동**이란 원가를 발생시키는 기본적인 분석단위로서 수익창출활동과정에서 수행하는 모든 반복적인 작업을 의미하며, 제품의 설계로부터 제품제조가 완료되는 시점까지 수행하는 모든 활동들이다. 이렇게 파악된 각 활동에 대해서 원가를 집계한 후 해당 활동을 유발시키는 근본원인을 인과적으로 파악하여 원가동인을 결정한다. 이를 바탕으로 원가동인 단위당 원가를 산출한 후 이에 의거하여 각 원가대상에 활동소비량만큼 원가를 부과함으로써 원가계산이 이루어진다. 이렇게 제조간접비를 여러 가지 활동으로 구분 집계하여 각 활동별 배부기준(원가동인)으로 개별 제품에 배부하게 되면 전통적 원가계산에 비하여 보다 정확한 제품원가가 계산될 것이다.[12)]

---

11) ABC는 정확한 제품원가계산의 필요성과 전통적 원가계산이 지니고 있는 문제점을 극복하기 위해 1980년대 중반부터 R. Cooper와 R. S. Kaplan을 중심으로 집중 논의되기 시작하여 현재는 미국뿐만 아니라 국내에서도 활발하게 도입되어 다양한 목적으로 활용되고 있다.

12) 개별원가계산에서는 ABC가 주요한 역할을 수행한다. 그러나 다음 장에서 설명하는 종합원가계산과 ABC는 어떠한 관련성이 있는가? 각 공정은 다른 활동으로 간주될 수 있으나 각 공정 내에서 추가적인 활동을 식별할 필요는 없다. 왜냐하면 제품이 동질적이고 자원을 비슷하게 사용하기 때문이다. 결론적으로 ABC는 종합원가계산 환경에서는 응용가능성이 더 적다.

2. ABC의 계산 절차

ABC는 수익창출과정에서 자원(수익창출활동에 이용되는 물적 자료 및 노동력·기술)을 소비하면서 발생한 원가를 활동(수익창출과정에서 수행하는 반복적인 작업)별로 추적하여 집계하고, 이를 다시 개별제품이나 고객 등의 원가대상에 배분하는 원가계산방법이다. ABC는 일반적으로 다음과 같은 계산 절차에 의해 이루어진다.

1) 활동분석

활동분석이란 활동의 종류와 수를 기술하고, 그 활동의 원가 및 성과를 결정할 수 있는 기준을 확립하기 위하여 기업의 주요 경영활동을 규명하는 것이다. 활동분석은 전체시스템이 너무 커서 관리하기가 어렵지만 개별 구성요소들은 그렇지 않다는 점에 기초하고 있으며, 그 목적은 활동이 수행되는 과정을 이해하는데 있다. 활동의 수행과정에 초점을 두게 되면, 활동원가에 영향을 미치는 요소들을 보다 쉽게 이해할 수 있다. 그 원가동인에 따라 크게 단위수준활동·생산묶음관련활동·제품유지활동·설비유지활동 등 네 가지 활동으로 구분된다. 이들 활동 중에서 단위수준활동은 제품을 생산하기 위한 직접적인 활동이지만, 나머지 활동들은 제품을 생산하기 위한 직접적인 활동이 아니므로 이들을 비단위수준활동이라고도 한다. 각 활동들이 가지는 특성에 대해 살펴보면 다음과 같다.

① **단위수준활동**(unit-level activity) : 제품의 생산량에 따라 비례적으로 발생하는 활동이다. (예) 제품의 생산량을 10% 늘릴 경우, 이에 비례하여 직접재료비·직접노무비·기계작업시간·동력비 등의 비용이 10% 더 발생하게 된다.

② **생산묶음관련활동**(batch-related activity) : 제품생산을 위하여 작업준비 등과 같이 생산묶음이 이루어질 때마다 수행되는 활동이다. 특정 제품을 생산하는 경우에 그 제품생산을 위해서 기계를 교체하게 되는데 그 때마다 작업준비자원이 소비된다. 이처럼 생산묶음활동에 속하는 작업준비활동을 위한 자원의 수요는 생산량과 같은 조업도보다는 작업준비횟수에 비례해서 증가하지만, 위에서 언급한 단위수준활동과는 달리 제품의 생산량에는 비례하지 않는다. (예) 구매주문서의 경우에 각 구입항목의 원가는 구입량에 비례해서 증가하지만, 구매주문서의 처리비용은 구매주문횟수와 관련된다. 이외에도 묶음별로 원재료를 이동시키며 생산계획일정을 작성하고 또한 묶음별로 검사를 실시한다면, 원재료 이동과 관련된 비용·생산계획과 관련된 비용 그리고 검사와 관련된 비용도 포함된다.

③ **제품유지활동**(product-sustaining activity) : 개별 제품이 생산되고 판매될 수 있도록 수행되는 활동이다. 따라서 개별 제품의 종류가 많아지면 많아질수록 제품유지활동의 양도 많아지게 된다. 이러한 활동의 비용은 개별 제품수준에서는 추적가능하지

만 생산량과는 직접적인 관련이 없게 된다. 즉 이들 비용은 제품라인에 제품이 추가될수록 더욱 늘어나는 반면 생산량과는 독립적이다. (예) 각 제품별로 정확한 원자재 소요량과 일정표 작성을 유지하는데 기여한 정보시스템이나 엔지니어링 자원은 제품유지활동과 관련된다. 또한 설계변경 지시, 개별제품의 공정계획 및 검사, 제품개량 등이 포함된다.

④ **설비유지활동**(facility-sustaining activity) : 여러 종류의 제품을 생산하기 위해서 필요한 설비를 유지하는 활동으로, 특정 제품에 국한되지 않고 전반적인 생산과 관련된 활동이다. 설비유지활동은 제품을 생산할 수 있게 하는 데에는 필요하지만 개별 제품의 생산량과는 관련이 없다. 이때의 비용은 그 설비에서 생산되는 모든 제품에 혜택을 주기 때문에 개별 제품에 배부할 것이 아니라 일정기간에 설비를 운용하는데 사용된 공통비로 고려되어야 한다. 그러나 경영자들은 공장에서 발생한 모든 원가를 제품에 배부해야 한다고 믿기 때문에 이러한 설비유지활동과 관련된 비용도 예외 없이 제품에 배부하고 싶어 한다. 이 경우 설비유지비용을 제품원가에 포함하면 원가정보가 왜곡되어 잘못된 의사결정을 내릴 수 있다는 점을 결코 간과해서는 안 된다. (예) 많은 설비유지활동은 공장 및 인력의 관리 및 회계와 같이 관리적인 성격을 지닌다. 이외에도 공장건물과 관련된 세금 · 조경 · 보수 · 안전 · 조명 등도 설비유지활동에 포함된다.

2) 활동별 원가 집계

위의 '1)'에서 실시한 활동분석 자료를 이용하여, 각 활동별로 원가를 집계하는 과정이다. 활동분석에서 규명된 각 활동들이 어느 정도 자원을 소비하였는지를 파악하여 활동별로 제조간접비 발생액을 산출한다. 이때 어느 정도 정확한 원가정보를 산출해 내기를 원하느냐에 따라 그리고 비용-효익 분석에 입각하여 유사한 활동들은 통합하여 사용할 수 있다. 즉 정확한 원가정보를 필요로 하고 그 측정비용이 효익에 비하여 크지 않은 상황에서는 모든 분석된 활동에 대하여 원가를 추적하여 그에 대한 원가동인을 구할 수 있다. 또한 하나의 자원이 둘 이상의 활동에 공동으로 사용되는 경우에는 각 활동이 소비하는 자원을 반영하여 제조간접비를 각 활동별로 배부한다.

3) 원가동인의 결정

원가동인은 활동을 유발시키는 요인이므로, 이는 생산과정에서 특정 자원을 소비한 제품에 대하여 생산활동원가를 추적하는데 사용된다. 그러나 수많은 활동들이 이루어지고 있기 때문에 각 활동에 대하여 각각의 원가동인을 사용하는 것은 경제적이지 못하다. 따라서 실무에서는 몇 가지의 활동들을 통합하여 하나의 원가동인으로 활동원가를 추적하는 방법이 사용된다. 최소한의 원가동인의 수는 얼마나 정확한 제품원가정보를 요구하고 있느냐에 달려 있다.13)

4) 원가동인 단위당 원가 산출

위의 '2)'에서 집계된 활동별 제조간접비를 '3)'에서 결정한 각 활동별 원가동인수로 나누어, 활동 단위당 원가(즉 원가동인율, cost driver rate)를 산출한다. 즉 각 활동의 대용치로 사용하고 있는 원가동인 단위당 원가가 얼마인지를 산출하는 것이다.

5) 활동원가의 계산

위의 '4)'에서 산출된 원가동인 단위당 원가는 각 활동을 사용한 수만큼 곱하여 그 제품에 배부함으로써 활동원가계산은 완료된다. 이때 전통적으로 직접비로 인식되어 오던 원가에 대해서는 전통적인 방법 그대로 각 제품에 직접 부과하면 된다.

예제 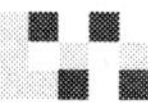

(주)세무는 고객별 수익성 분석을 위하여 판매관리비에 대해 활동기준원가계산을 적용한다. 당기초에 수집한 관련 자료는 다음과 같다.

(1) 연간 판매관리비 예산 ₩3,000,000 (급여 ₩2,000,000, 기타 ₩1,000,000)

(2) 자원소비단위(활동)별 판매관리 배분비율

구 분	고객주문처리	고객관계관리	계
급 여	40%	60%	100%
기 타	20%	80%	100%

(3) 활동별 원가동인과 연간 활동량

활 동	원가동인	활동량
고객주문처리	고객주문횟수	2,000회
고객관계관리	고객수	100명

(주)세무는 당기 중 주요 고객인 홍길동이 30회 주문할 것으로 예상하고 있다. 홍길동의 주문 1회당 예상되는 (주)세무의 평균 매출액은 ₩25,000이며 매출원가는 매출액의 60%이다. 활동기준원가계산을 적용하여 판매관리비를 고객별로 배분하는 경우, (주)세무가 당기에 홍길동으로부터 얻을 것으로 예상되는 영업이익은? (2019 세무사)

---

13) ABC를 구체적으로 적용함에 있어서, 활동원가를 개별적으로 집계할 단위인 활동중심점의 수와 각 활동중심점별로 적용할 원가동인의 수준을 결정하는 것은 매우 중요하고도 민감한 사항이다. 왜냐하면, 개별적으로 활동원가를 집계할 활동중심점의 수가 증가할수록 그리고 각 활동중심점별로 적용할 원가동인의 수준이 좀 더 자세할수록 제품원가의 정확성은 높아질 것이므로 경영자가 부정확한 원가정보로 인해 잘못된 의사결정을 초래할 가능성은 낮아지지만 그만큼 원가측정과정에서의 비용이 증가할 수 있기 때문이다. 따라서 경영자는 부정확한 원가정보로 인해 잘못된 의사결정을 하여 발생할 수 있는 손실과 원가측정비용을 고려해서 이 두 비용의 합계가 최소화되도록 활동중심점의 수와 원가동인의 수준을 결정하여야 한다.

해답

구 분	고객주문처리	고객관계관리
급 여	₩800,000(= ₩2,000,000×40%)	₩1,200,000(= ₩2,000,000×60%)
기 타	200,000(= ₩1,000,000×20%)	800,000(= ₩1,000,000×80%)
소 계	₩1,000,000	₩2,000,000
활동량	÷ 2,000회	÷ 100명
동인율	₩500	₩20,000

매출액	₩25,000×30회 =	₩750,000
매출원가	매출액×60% =	450,000
매출총이익		₩300,000
고객주문처리	30회×@₩500 =	15,000
고객관계관리	1명×@₩20,000 =	20,000
영업이익		₩265,000

3. ABC의 활용 및 한계

ABC는 전통적인 원가계산보다 더 정확한 원가계산이 가능하며, 이는 곧 경영자의 합리적인 의사결정과정으로 이어진다.[14] 또한 활동과 그 원가동인(비재무적 측정치)을 직접 통제하게 함으로써 낭비적인 활동(비부가가치활동)의 제거를 통해 원가절감을 가능하게 한다. 반면에 ABC는 활동을 명확히 정의하고 구분하는 기준이 존재하지 않기 때문에 관리자의 주관적인 판단에 의존할 수밖에 없으며, 활동분석을 실시하고 다양한 활동중심점별로 활동원가를 측정하는데에 시간과 비용이 과다하게 소요된다.

결국 ABC는 모든 기업에 적용할 수 있는 것이 아니라 제조간접비의 비중이 높은 기업에만 적합하다.[15] 또한 다양한 비재무적 원가동인을 사용한다는 면에서 원가회계 전반에

14) 활동기준경영관리(activity-based management : ABM)란 ABC에서 얻어진 활동분석과 원가정보를 바탕으로 하여 원가절감, 예산수립, 의사결정 및 성과평가 등의 경영관리를 수행하는 것을 통칭한다. 즉 ABC가 정확한 원가계산에 초점이 맞추어져 있다면, ABM은 원가계산 이외에 성과를 평가하고 원가를 통제하는 것에도 활동을 이용하는 관리기법이다. 활동분석을 통하여 제품이나 용역의 제조에 불필요한 활동은 제거하고 필요한 활동 중에서도 선택가능하다면 시간과 자원이 최소가 되는 활동만을 선택하여 운영하게 된다.

활동분석
- 필요한 활동
  - 효율적으로 수행된 활동 — 부가가치활동
  - 비효율적으로 수행된 활동 — 비부가가치활동
- 불필요한 활동 — 비부가가치활동

15) 활동기준원가계산이 유용한 기업들을 열거하면 다음과 같다.
① 제품별 제조과정, 조업도, 규격, 생산량, 작업량의 복잡성이 크게 다른 기업
② 제품마다 제조공정과 관련된 활동의 필요량이 다양한 기업
③ 제조간접비의 비중이 크면서 배부기준을 한 두개만 사용하는 기업(즉 배부기준 수를 늘리면 원가배분의 정확성이 높아지는 기업)
④ 기존 원가시스템 확립 후 공장자동화나 생산라인 재설계 등 제조기술이 크게 변화된 기업
⑤ 거의 대부분의 간접비가 제품단위수준원가로 분류되고, 생산묶음수준 · 제품유지 또는 설비유지원가로 분류된 간접비가 거의 없는 기업

걸쳐 활용의 여지가 많다. 앞으로 설명되어지는 각 주제에서 ABC를 활용하는 사례는 해당 부분에서 설명할 것이다.

4. 개별원가계산과 ABC의 비교

전통적 원가계산방법인 개별원가계산은 과거 제조공정이 노동집약적인 환경에서 개발된 방법으로서 제조간접비를 기계작업시간이나 직접노동시간과 같은 조업도를 기준으로 개별작업이나 제품에 배부하는 원가계산방법이다. 그러나 점차 제조환경이 자본집약적인 환경으로 변화함에 따라 증가 추세에 있는 제조간접비를 단순히 조업도를 기준으로 제품에 배부하면 더 이상 정확한 제품원가를 계산할 수 없게 된다. 그 대안으로 등장한 것이 바로 ABC인 것이다. 구체적으로, 개별원가계산에서는 제조간접비를 단위수준활동과 관련된 기계작업시간이나 직접노동시간 기준으로 제품에 배부하므로, 생산묶음관련활동이나 제품유지활동 등과 같은 비단위수준활동이 제품원가에 미치는 영향을 제대로 고려하지 못하기 때문이다.16)

개별원가계산과 ABC는 결국 제조간접비 배부방법이 차이가 남에 따라 원가계산의 결과가 달라지게 되는데, 이러한 차이점을 비교해 보면 다음과 같다.

	개별원가계산	활동기준원가계산(ABC)
• 도입 배경	소품종 개별생산+노동집약적 생산방식	다품종 소량생산+자동화된 생산방식
• 원가배분 기 준	조업도(생산량)와 관련된 단일 배부기준을 사용함	활동별로 다양한 비재무적 기준을 사용하므로 원가동인도 활동별로 다양함
• 원가계산의 정확성	비단위수준활동이 고려되지 않으므로 원가배분의 정확성이 떨어지고 제품별 원가왜곡 현상이 발생함	활동중심점별로 원가를 배부하므로 정확성이 높음
• 원가집계 대 상	제품이나 부문에 한정됨	제품, 고객, 서비스 등 활동을 소비하는 다양한 원가대상

---

⑥ 생산과 판매에 자신 있는 제품의 이익은 낮고, 생산과 판매에 자신이 없는 제품의 이익은 오히려 높은 기업

⑦ 복잡한 제품의 수익성이 높은 것처럼 보이고, 간단한 제품에서 손실이 발생되는 것처럼 보이는 기업

⑧ 제품과 서비스의 제조 및 마케팅원가에 대해서 생산작업자와 회계담당자 사이에 심각한 견해의 차이가 있는 기업

16) 개별원가계산에서는 기계작업시간이나 직접노동시간처럼 단위수준활동과 관련된 배부기준으로 생산묶음관련활동이나 제품유지활동 등과 같은 비단위수준활동의 원가를 제품에 배부해서 원가왜곡의 문제가 발생한다. 이처럼 개별원가계산을 적용하면 비단위수준활동의 원가까지도 단위수준활동과 관련된 배부기준에 의해 평균적으로 배부되는 원가평준화(제조간접비를 광범위하게 평균화해서 여러 원가대상에 균일하게 배부한 것) 현상 때문에 원가왜곡이 발생하며 제품원가의 상호보조(하나의 원가대상에 원가왜곡이 발생하면 이로 인해 다른 원가대상의 원가도 왜곡이 나타나는 것)가 나타나 모든 제품원가가 왜곡된다.

예제 1

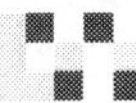

갑돌이는 중국식당을 운영하고 있다. 1층은 일반소비자들을 상대로, 2층은 단체주문을 상대로 하고 있다. 1층은 손님들이 수시로 드나들고 전화주문이 오므로, 주문받는 사람(₩800,000×1명), 청소하는 사람(₩1,000,000×1명), 배달하는 사람(₩1,100,000×2명)이 근무하고 있고 대부분이 소량주문이므로 주방장은 1명(₩1,600,000×1명)만 근무하고 있다. 2층은 한 번 주문을 받으면 수백 그릇을 준비해야 하므로, 주방장만 3명(₩1,600,000×3명)이 근무하고 있다. 갑돌이는 제조간접비를 전통적 배부기준인 직접노무비를 기준으로 1층과 2층에 배부하고 있다. 한편, 각 층별 활동 관련 자료는 다음과 같다.

활 동	원가동인	1층	2층	합 계
주 문	주문횟수	80회	20회	₩800,000
청 소	청소시간	60시간	40시간	1,000,000
배 달	배달횟수	180회	20회	2,200,000
				₩4,000,000

물음 (2020 회계사 유사, 2020 세무사 유사)

1. 제조간접비의 배부기준으로 직접노무비를 이용한다고 할 때, 각 층별 제조간접비 배부액을 계산하시오.
2. 제조간접비 배부를 위해 ABC를 이용한다고 할 때, 각 층별 제조간접비 배부액을 계산하시오.
3. 제조간접비를 [물음1]과 [물음2]로 각각 배부하였을 경우, 각각의 제조원가를 비교하시오.

해답

1. 전통적 원가계산(직접노무비 기준)에 의한 각 층별 제조간접비 배부액

   ① 직접노무비

   1층 직접노무비 ₩1,600,000 + 2층 직접노무비 ₩4,800,000 = ₩6,400,000

   ② 제조간접비 배부액(총액 ₩4,000,000)

   1층 : ₩4,000,000×(₩1,600,000÷₩6,400,000) = ₩1,000,000

   2층 : ₩4,000,000×(₩4,800,000÷₩6,400,000) = ₩3,000,000

	1층	2층	합 계
제조간접비	₩1,000,000	₩3,000,000	₩4,000,000

2. ABC에 의한 각 층별 제조간접비 배부액

   ① 활동별 제조간접비 동인율

   주문 : ₩800,000÷(80회 + 20회) = ₩8,000/주문횟수

   청소 : ₩1,000,000÷(60시간 + 40시간) = ₩10,000/청소시간

   배달 : ₩2,200,000÷(180회 + 20회) = ₩11,000/배달횟수

   ② 제조간접비 배부액(총액 ₩4,000,000)

활동	1층		2층		합 계
주문	80회×@₩8,000 =	₩640,000	20회×@₩8,000 =	₩160,000	₩800,000
청소	60시간×@₩10,000 =	600,000	40시간×@₩10,000 =	400,000	1,000,000
배달	180회×@₩11,000 =	1,980,000	20회×@₩11,000 =	220,000	2,200,000
		₩3,220,000		₩780,000	₩4,000,000

	1층	2층	합 계
제조간접비	₩3,220,000	₩780,000	₩4,000,000

3. 각 방법에 의한 제조원가의 비교

	전통적 원가계산		ABC		차 이	
	1층	2층	1층	2층	1층	2층
직접재료비	-	-	-	-	-	-
직접노무비	₩1,600,000	₩4,800,000	₩1,600,000	₩4,800,000	₩0	₩0
제조간접비	1,000,000	3,000,000	3,220,000	780,000	+2,220,000	-2,220,000
계	₩2,600,000	₩7,800,000	₩4,820,000	₩5,580,000	+₩2,220,000	-₩2,220,000

※ 전통적 원가계산에 의하면 제조간접비는 직접노무비를 기준으로 배부되므로, 제조간접비의 25%(= ₩1,600,000÷₩6,400,000)인 ₩1,000,000이 1층에 배부된다. 그러나 1층은 주문 활동의 80%를 소비하고 있고, 청소 활동의 60% 및 배달 활동의 90%를 소비하고 있다. 그럼에도 불구하고 제조간접비의 25%만을 배부하게 되면 직접재료비(자료 미제시)를 제외한 제조원가가 ₩2,600,000이 집계되어 이를 기준으로 하여 1층에서 판매되고 있는 음식가격을 결정하게 되면, 그 음식가격이 너무 낮게 결정되게 된다. 따라서 적정한 음식가격을 결정하기 위해서는 ABC를 이용하여 제조간접비 중 ₩3,220,000을 1층에 배부하여야 한다. 즉 ABC에 의해 정확한 제조간접비의 배부가 이루어지면, 그 누구도 이의를 제기하지 못하게 될 것이다.

예제 2

당기에 영업을 개시한 (주)장안은 표준품과 고급품의 두 가지 제품을 생산하며, 제조와 관련된 자료는 다음과 같다.

	표준품	고급품
단위당 판매가격	₩100	₩250
단위당 직접재료비	₩20	₩40
단위당 직접노무시간	0.8시간	0.2시간
직접노무시간당 임률	₩10	₩10
기말재고	1,000개	0개
생산량	12,000개	2,000개
주문횟수	20회	5회
부품가짓수	15가지	25가지

변동제조간접비는 ₩200,000, 고정제조간접비 중에서 주문비는 ₩180,000, 부품관리비는 ₩320,000이 발생하였다. A원가시스템을 이용할 경우, 모든 제조간접비를 직접노무시간을 기준으로 배부한다. B원가시스템을 이용할 경우, 변동제조간접비는 직접노무시간으로, 주문비는 주문횟수로, 부품관리비는 부품가짓수로 배분한다. 법인세율은 30%이다.

물음 (2009 세무사)

1. A원가시스템으로 원가배부할 때, 표준품과 고급품의 단위당 제조원가를 계산하시오.
2. B원가시스템으로 원가배부할 때, 표준품과 고급품의 단위당 제조원가를 계산하시오.
3. [물음1]과 [물음2]로 각각 배부하였을 경우, 각각의 세후 영업이익을 비교하시오.

해답

1. A원가시스템(직접노무시간 기준)

제조간접비 배부액 : ₩200,000(변동제조간접비) + ₩180,000(주문비) + ₩320,000(부품관리비)
= ₩700,000

제조간접비 배부율 : (₩200,000 + ₩180,000 + ₩320,000)÷[(0.8시간×12,000개) + (0.2시간×2,000개)]
= ₩70/직접노무시간
* 0.8시간×12,000개 = 9,600시간
0.2시간×2,000개 = 400시간

단위당 제조원가

	표준품	고급품
직접재료비	₩20	₩40
직접노무비	8(= 0.8시간×@₩10)	2(= 0.2시간×@₩10)
제조간접비	56(= 0.8시간×@₩70)	14(= 0.2시간×@₩70)
단위당 제조원가	₩84	₩56

2. B원가시스템

원가동인율

변동제조간접비 : ₩200,000÷[(0.8시간×12,000개) + (0.2시간×2,000개)] = ₩20/직접노무시간

주　문 : ₩180,000÷(20회 + 5회) = ₩7,200/주문횟수

부품관리 : ₩320,000÷(15가지 + 25가지) = ₩8,000/부품가짓수

제품별 제조간접비

	표준품		고급품	
변동제조간접비	@₩20×9,600시간 =	₩192,000	@₩20×400시간 =	₩8,000
주　문	@₩7,200×20회 =	144,000	@₩7,200×5회 =	36,000
부품관리	@₩8,000×15가지 =	120,000	@₩8,000×25가지 =	200,000
계		₩456,000		₩244,000

단위당 제조원가

	표준품	고급품
직접재료비	₩20	₩40
직접노무비	8(= 0.8시간×@₩10)	2(= 0.2시간×@₩10)
제조간접비	38(= ₩456,000÷12,000개)	122(= ₩244,000÷2,000개)
단위당 제조원가	₩66	₩164

3. 세후 영업이익 비교

A원가시스템 : [11,000개×(@₩100 - @₩84) + 2,000개×(@₩250 - @₩56)]×(1 - 0.3) = ₩394,800
* 12,000개 - 1,000개 = 11,000개
2,000개 - 0개 = 2,000개

	표준품	고급품	합 계
매출액	₩1,100,000 = 11,000개×@₩100	₩500,000 = 2,000개×@₩250	₩1,600,000
제조원가	924,000 = 11,000개×@₩84	112,000 = 2,000개×@₩56	1,036,000
매출총이익	176,000	388,000	564,000
법인세율(30%)			169,200
세후 영업이익			₩394,800

B원가시스템 : [11,000개×(@₩100 - @₩66) + 2,000개×(@₩250 - @₩164)]×(1 - 0.3) = ₩382,200

	표준품	고급품	합 계
매출액	₩1,100,000 = 11,000개×@₩100	₩500,000 = 2,000개×@₩250	₩1,600,000
제조원가	726,000 = 11,000개×@₩66	328,000 = 2,000개×@₩164	1,054,000
매출총이익	374,000	172,000	546,000
법인세율(30%)			163,800
세후 영업이익			₩382,200

예제 3

제품 A와 B를 생산하고 있는데, 이와 관련된 자료가 다음과 같다.

	제품A	제품B
단위당 직접재료비	₩85	₩60
단위당 직접노동시간	5시간	2시간
연간 생산량	5,000단위	32,000단위

직접노동시간당 임률은 ₩12이며, 연간 발생하는 총제조간접비는 ₩2,136,000이다. 이 제조간접비를 활동기준에 근거하여 배부하기 위한 자료는 다음과 같이 제시되어 있다.

			제품별 원가동인수		
활 동	원가동인	발생원가	제품A	제품B	합 계
기계점검	점검횟수	₩420,000	100회	200회	300회
품질검사	검사횟수	240,000	24회	-	24회
공장관리	직접노동시간	1,476,000	18시간	54시간	72시간
		₩2,136,000			

물음 (2013 회계사 유사, 2024 세무사 유사, 2012 세무사 유사)

1. 제조간접비의 배부기준으로 직접노동시간을 이용한다고 할 때, 제조간접비 배부율 및 각 제품의 단위당 제조원가를 계산하시오.
2. 제조간접비 배부를 위해 ABC를 이용한다고 할 때, 원가동인율 및 각 제품의 단위당 제조원가를 계산하시오.

해답

1. 전통적 원가계산(직접노동시간 기준)

제조간접비 배부율 : ₩2,136,000÷[(5시간×5,000단위)+(2시간×32,000단위)] = ₩24/직접노동시간

단위당 제조원가

	제품A	제품B
직접재료비	₩85	₩60
직접노무비	60(= 5시간×@₩12)	24(= 2시간×@₩12)
제조간접비	120(= 5시간×@₩24)	48(= 2시간×@₩24)
단위당 제조원가	₩265	₩132

2. ABC

원가동인율

기계점검 : ₩420,000÷300회 = ₩1,400/점검횟수

품질검사 : ₩240,000÷24회 = ₩10,000/검사횟수

공장관리 : ₩1,476,000÷72시간 = ₩20,500/직접노동시간

단위당 제조간접비

	제품A		제품B	
기계점검	@₩1,400×100회 =	₩140,000	@₩1,400×200회 =	₩280,000
품질검사	@₩10,000×24회 =	240,000		-
공장관리	@₩20,500×18시간 =	369,000	@₩20,500×54시간 =	1,107,000
계		₩749,000		₩1,387,000
생산수량(단위)		÷ 5,000		÷ 32,000
단위당 제조간접비		₩149.8		₩43.3

단위당 제조원가

	제품A	제품B
직접재료비	₩85	₩60
직접노무비	60(= 5시간×@₩12)	24(= 2시간×@₩12)
제조간접비	149.8	43.3
단위당 제조원가	₩294.8	₩127.3

[참고]

단위당 제조원가 비교	제품A	제품B
전통적 원가계산	₩265	₩132
ABC	294.8	127.3

▌보론 ▌원가배부

원가배부(cost allocation)란 원가대상(즉 원가부문이나 원가장소)에 직접 추적할 수 없는 공통비를 합리적인 배부기준을 정하여 원가대상에 배부시키는 과정이다. 이러한 원가대상은 제품원가계산뿐만 아니라 경영자의 의사결정에 유용한 정보를 제공하는 과정이므로, 원가대상의 목적은 경영자의 의사결정에 따라 다음과 같이 세분할 수 있다.

① 정보이용자를 위한 재무제표를 작성하기 위해서는 재고자산 평가와 이익 측정을 위한 매출원가를 산출하여야 하는데, 이를 위해 관련된 원가를 재고자산과 매출원가에 배부하여야 한다. 이때에는 GAAP에 따라야 한다.

② 제품의 판매가격 결정이나 신제품 개발여부 결정을 위해서는 제조와 직접적으로 관련된 원가 이외에도 연구개발이나 판매보증 등의 원가까지도 통합적으로 고려하여야 한다. 이를 위해서는 개별 제품과 직접적인 인과관계가 없는 원가까지도 제품에 배부하여야 한다.

③ 부문경영자나 종업원들이 합리적인 행동을 하도록 하기 위해서는 각 부문이나 활동별로 원가를 배부한다. 각 부문이나 활동별로 파악되거나 배부되어 집계된 원가를 이용하여 각 부문이나 활동의 성과를 평가하고 부문경영자나 종업원은 좋은 성과평가를 얻기 위하여 원가절감을 위한 노력을 하게 된다.

④ 최저입찰가격 결정이나 원가보상계약(cost-plus contract)에 따른 원가산출을 위해서는 기업은 원가를 보상받고 이익이 보장되는 가격을 결정하여야 한다. 이러한 가격을 계산하기 위하여 원가를 배부하여야 한다.

또한 원가배부를 위하여 집계된 공통비를 원가대상에 배부하여야 하는데, 그 배부기준 설정에 있어서 다음의 배부기준에 따라야 한다.

① 인과관계기준 : 발생된 공통비와 원가대상 간에 밀접한 인과관계가 존재하는 경우에 그 인과관계를 기준으로 원가를 배부하는 것으로서 가장 이상적인 방법이다. 예를 들어, 제조간접비의 크기가 직접노동시간과 비례관계에 있는 경우 제조간접비는 각 제품 생산에 소요된 직접노동시간을 기준으로 배부하는 경우를 들 수 있다.

---

17) 제품 단위별로 원가를 추적하는 과정인 제품원가계산은 전 과정이 원가의 배부와 집계 그리고 재배부와 재집계로 이루어진다. 원가배부가 여러 단계에 걸쳐 연속적으로 진행되는 경우 원가부문을 중간원가부문과 최종원가부문으로 구분하기도 한다. 즉 제조간접비를 부문별로 배부한 다음 부문별 제조간접비를 다시 제품에 배부한다면, 부문은 중간원가부문이 되고, 제품은 최종원가부문이 된다.

② 부담능력기준 : 발생된 공통비를 부담할 수 있는 능력의 비율에 따라 원가를 배부하는 기준이다. 예를 들어, 결합원가를 순실현가치법에 의해서 배부하는 경우를 들 수 있다.

③ 효익수혜기준 : 발생된 공통비로 인해 원가대상에 제공된 경제적효익을 측정할 수 있는 경우에 경제적효익의 수혜비율에 따라 원가를 배분하는 기준이다. 예를 들어, 공장임차료를 각 부문이 차지하고 있는 면적을 기준으로 배부하는 경우를 들 수 있다.

그밖에 공정성과 형평성 기준 등이 있다. 결국 원가배부기준의 선택은 원칙적으로 인과관계기준을 바탕으로 하되, 인과관계가 명확하지 않은 경우에는 부담능력기준이나 수혜기준 등을 고려하여 결정하여야 한다.

예제

장안기업은 각 사업장의 홍보를 위해 ₩100,000을 지출하였다. 홍보 이후의 각 사업장 자료를 이용하여 인과관계기준, 부담능력기준, 효익수혜기준에 의해 각 사업장에 배부할 홍보비를 산출하시오.

	A사업장	B사업장	C사업장	계
매출액	₩30,000,000	₩50,000,000	₩20,000,000	₩100,000,000
매출 증가액	5,000,000	2,000,000	3,000,000	10,000,000
홍보횟수	100회	200회	100회	400회
종업원 수	45명	30명	25명	100명

해답

	배부기준	A사업장	B사업장	C사업장
인과관계기준	홍보횟수	₩25,000	₩50,000	₩25,000
부담능력기준	매출액	30,000	50,000	20,000
효익수혜기준	매출 증가액	50,000	20,000	30,000

[산출근거]

인과관계기준 A사업장 : ₩100,000×100회÷400회 = ₩25,000
B사업장 : ₩100,000×200회÷400회 = ₩50,000
C사업장 : ₩100,000×100회÷400회 = ₩25,000

부담능력기준 A사업장 : ₩100,000×₩30,000,000÷₩100,000,000 = ₩30,000
B사업장 : ₩100,000×₩50,000,000÷₩100,000,000 = ₩50,000
C사업장 : ₩100,000×₩20,000,000÷₩100,000,000 = ₩20,000

효익수혜기준 A사업장 : ₩100,000×₩5,000,000÷₩10,000,000 = ₩50,000
B사업장 : ₩100,000×₩5,000,000÷₩10,000,000 = ₩20,000
C사업장 : ₩100,000×₩5,000,000÷₩10,000,000 = ₩30,000

[참조]

홍보횟수가 많을수록 홍보비가 많이 소요되므로, 인과관계기준으로는 홍보횟수가 적절하다. 매출액이 클수록 홍보비를 많이 부담할 수 있으므로, 부담능력기준으로는 매출액이 적절하다. 매출 증가액이 클수록 홍보 효과가 크게 나타난 것이므로, 효익수혜기준으로는 매출 증가액이 적절하다.

일반적으로 원가를 집계하고 배부하는 과정은 다음과 같다.

① 원가를 추적하고 집계할 원가대상을 설정하는데, 원가대상은 경영자의 의사결정에 목적적합하도록 설정한다. 예를 들어, 외부보고용 재무제표 작성이 목적이라면 제품을 원가대상으로 설정할 것이고, 각 부문의 성과평가가 목적이라면 각 부문을 원가대상으로 설정하여 원가배부를 수행한다. 각 원가대상과 직접적인 인과관계가 없는 공통비는 동질성 있는 원가별로 원가집합(cost pool)을 설정한다.

② 결정된 원가대상별로 직접적인 인과관계가 있는 원가는 원가대상에 직접 집계한다. 각 원가부문별로 직접적인 인과관계가 없는 공통비는 원가집합을 집계한다.

③ 원가집합에 집계된 원가는 최종적으로는 원가대상에 배부하여야 한다. 각 원가집합별로 원가대상과 원가집합의 인과관계를 가장 잘 반영시켜 주는 원가배부기준을 결정하여 원가집합에 집계된 공통비를 원가대상에 배부한다. 만약 원가대상이 제품이 아닌 부문이나 활동으로서 해당 원가대상에 집계된 원가가 최종적으로 제품원가에 포함되어야 하는 경우에는 부문이나 활동 등의 원가대상에 집계된 원가를 최종적으로 제품에 배부하여야 한다.

한편, 제조활동과 관련하여 직·간접적으로 발생한 모든 제조원가를 개별 제품에 배부하기 위해서는, 다음에서 설명되어지는 내용들을 숙지하고 있어야 한다.

Ⅰ. 공장전체 제조간접비 배부율과 부문별 제조간접비 배부율

공장전체 제조간접비 배부율을 사용한다면 제조부문과 보조부문에서 발생한 총제조간접비를 단일 배부기준에 의하여 개별 제품에 배부하게 되므로, 보조부문의 제조간접비를 제조부문에 배부하는 문제는 발생하지 않는다. 왜냐하면 보조부문비를 여러 가지 배부방법(직접배부법, 단계배부법, 상호배부법) 중 어떤 배부방법에 의하여 제조부문에 배부하여도 공장전체의 제조간접비는 변함이 없기 때문이다.

부문별 제조간접비 배부율을 사용한다면 각 제조부문별로 서로 다른 제조간접비 배부율을 적용하게 된다. 따라서 보조부문비를 여러 가지 배부방법 중 어떤 배부방법에 의하여 배부하느냐에 따라 각 제조부문에 집계된 제조간접비가 달라지게 된다. 결국 보조부문비를 제조부문에 배부하는 문제는 부문별 제조간접비 배부율을 사용할 경우에 한해서 고려될 수 있는 것이다.

한편, 공장전체 제조간접비 배부총액과 부문별 제조간접비 배부총액은 일치하나, 공장전체 제조간접비 배부보다 부문별 제조간접비 배부가 더 정확하다.

예제 1

두 개의 제조부문(X부문과 Y부문)을 이용하여 제품A와 제품B를 생산한다. 생산활동과 관련된 자료는 다음과 같다.

제조간접비		제품A	제품B	작업시간 합계
X부문	₩2,000,000	6,000작업시간	4,000작업시간	10,000작업시간
Y부문	1,000,000	4,000	6,000	10,000
합 계	₩3,000,000	10,000작업시간	10,000작업시간	20,000작업시간

물음

1. 공장전체 제조간접비 배부율을 계산하고, 제품 A · B의 제조간접비 배부액을 산출하시오.
2. 부문별 제조간접비 배부율을 계산하고, 제품 A · B의 제조간접비 배부액을 산출하시오.

해답

1. 공장전체 제조간접비 배부액

   공장전체의 제조간접비 배부율 : ₩3,000,000÷20,000작업시간 = ₩150/작업시간

   제품A : 10,000작업시간×@₩150 = ₩1,500,000

   제품B : 10,000작업시간×@₩150 = ₩1,500,000

2. 부문별 제조간접비 배부액

   X부문의 제조간접비 배부율 : ₩2,000,000÷10,000작업시간 = ₩200/작업시간

   Y부문의 제조간접비 배부율 : ₩1,000,000÷10,000작업시간 = ₩100/작업시간

   제품A : (6,000작업시간×@₩200) + (4,000작업시간×@₩100) = ₩1,600,000

   제품B : (4,000작업시간×@₩200) + (6,000작업시간×@₩100) = ₩1,400,000

예제 2

두 개의 제조부문(X부문과 Y부문)을 이용하여 제품을 생산한다. 다음은 4월의 자료이다. 직접노동시간을 기준하여 제조간접비를 배부하고 있다.

	X부문	Y부문	합 계
제조간접비	₩200,000	₩400,000	₩600,000
직접노동시간	1,000시간	4,000시간	5,000시간

4월 중 착수하여 완성된 #101 작업의 원가자료는 다음과 같다.

	X부문	Y부문	합 계
직접재료비	₩15,000	₩5,000	₩20,000
직접노무비	10,000	15,000	25,000
직접노동시간	60시간	120시간	180시간

물음

공장전체 제조간접비 배부율과 부문별 제조간접비 배부율을 사용할 경우, 각각에 대하여 #101 작업의 제조간접비 배부액을 산출하시오.

해답

1. 공장전체 제조간접비 배부액
   공장전체의 제조간접비 배부율 : ₩600,000÷5,000시간 = ₩120/시간
   #101의 제조간접비 배부액 : 180시간×@₩120 = ₩21,600
2. 부문별 제조간접비 배부액
   X부문의 제조간접비 배부율 : ₩200,000÷1,000시간 = ₩200/시간
   Y부문의 제조간접비 배부율 : ₩400,000÷4,000시간 = ₩100/시간
   #101의 제조간접비 배부액 : (60시간×@₩200) + (120시간×@₩100) = ₩24,000

예제 3

두 개의 보조부문 A, B와 두 개의 제조부문 X, Y가 있다. 10월 중 작업지시서 No.101, No.102, No.103을 착수하여 완성하다. 작업과 관련된 자료는 다음과 같다.

	No.101	No.102	No.103	계
생산량	40개	20개	10개	
직접재료비	₩100,000	₩100,000	₩50,000	₩250,000
직접노무비	200,000	75,000	125,000	400,000
직접노동시간				
X부문	100시간	100시간	50시간	250시간
Y부문	25	10	15	50
기계가동시간				
X부문	100시간	75시간	75시간	250시간
Y부문	300	150	50	500

	보조부문		제조부문		계
	A	B	X	Y	
A부문	-	40%	20%	40%	100%
B부문	20%	-	30	50	100
발생원가	₩30,000	₩40,000	₩560,000	₩60,000	₩180,000
직접노동시간	-	-	250시간	50시간	300시간
기계가동시간	-	-	250	500	750
직접재료사용량	-	-	100kg	40kg	140kg

물음

1. 공장전체 제조간접비 배부율을 사용하며 배부기준을 직접노무비로 할 때, ① 배부율 ② 작업별 제조원가 및 제품 단위당 원가를 각각 구하시오.
2. 부문별 제조간접비 배부율을 사용하며 X부문은 직접노동시간을, Y부문은 기계가동시간을 배부기준으로 할 때, ① 배부율 ② 작업별 제조원가 및 제품 단위당 원가를 각각 구하시오. 단, 보조부문비는 직접배부법으로 배부한다.
3. ABC를 도입하기 위하여 10월 중 각 부문에서 발생된 제조간접비를 네 가지 활동영역으로 구분하여 다음과 같이 집계하다. ABC를 사용하여, ① 활동영역별 원가동인율 ② 작업별 제조원가 및 제품 단위당 원가를 각각 구하시오.

활 동	원가동인	No.101	No.102	No.103	제조간접비
작업준비	작업준비시간	4시간	3시간	3시간	₩40,000
설 계	작업준비횟수	4회	2회	6회	60,000
재료처리	직접재료사용량	2kg/단위	1kg/단위	4kg/단위	35,000
품질검사	검사횟수	5회	3회	1회	45,000
					₩180,000

해답

1. 공장전체 제조간접비 배부율 사용

배부율 : ₩180,000÷₩400,000 = 직접노무비의 45%

작업별 제조원가 및 제품 단위당 원가

	No.101	No.102	No.103	계
직접재료비	₩100,000	₩100,000	₩50,000	₩250,000
직접노무비	200,000	75,000	125,000	400,000
제조간접비*	90,000	33,750	56,250	180,000
계	₩390,000	₩208,750	₩231,250	₩830,000
생산량	÷ 40개	÷ 20개	÷ 10개	
단위당 원가	₩9,750	₩10,437.5	₩23,125	

* 작업별 직접노무비×45%

2. 부문별 제조간접비 배부율 사용

보조부문비의 배부(직접배부법)

	보조부문		제조부문		계
	A	B	X	Y	
배부 전 원가	₩30,000	₩40,000	₩50,000	₩60,000	₩180,000
A부문[1]	(30,000)		10,000	20,000	0
B부문[2]		(40,000)	15,000	25,000	0
배부 후 원가	₩0	₩0	₩75,000	₩105,000	₩180,000

* 1) X : Y = 20 : 40
  2) X : Y = 30 : 50

배부율

X부문 : ₩75,000÷250시간 = ₩300/직접노동시간

Y부문 : ₩105,000÷500시간 = ₩210/기계가동시간

작업별 제조원가 및 제품 단위당 원가

	No.101	No.102	No.103	계
직접재료비	₩100,000	₩100,000	₩50,000	₩250,000
직접노무비	200,000	75,000	125,000	400,000
제조간접비				
X부문[1]	30,000	30,000	15,000	75,000
Y부문[2]	63,000	31,500	10,500	105,000
계	₩393,000	₩236,500	₩200,500	₩830,000
생산량	÷ 40개	÷ 20개	÷ 10개	
단위당 원가	₩9,825	₩11,825	₩20,050	

* 1) 작업별 직접노동시간×@₩300
  2) 작업별 기계가동시간×@₩210

3. ABC 사용

원가동인율

작업준비 : ₩40,000÷(4시간 + 3시간 + 3시간) = ₩4,000/작업준비시간

설　계 : ₩60,000÷(4회 + 2회 + 6회) = ₩5,000/작업준비횟수

재료처리 : ₩35,000÷(40단위×2kg/단위 + 20단위×1kg/단위 + 10단위×4kg/단위) = ₩250/직접재료사용량(1kg)

품질검사 : ₩45,000÷(5회 + 3회 + 1회) = ₩5,000/검사횟수

작업별 제조원가 및 제품 단위당 원가

	No.101	No.102	No.103	계
직접재료비	₩100,000	₩100,000	₩50,000	₩250,000
직접노무비	200,000	75,000	125,000	400,000
제조간접비				
작업준비[1]	16,000	12,000	12,000	40,000
설　계[2]	20,000	10,000	30,000	60,000
재료처리[3]	20,000	5,000	10,000	35,000
품질검사[4]	25,000	15,000	5,000	45,000
계	₩381,000	₩217,000	₩232,000	₩830,000
생산량	÷ 40개	÷ 20개	÷ 10개	
단위당 원가	₩9,525	₩10,850	₩23,200	

* 1) 작업별 작업준비시간×@₩4,000　　2) 작업별 작업준비횟수×@₩5,000
3) 작업별 직접재료사용량×@₩250　　4) 작업별 검사횟수×@₩5,000

[참조]

제품 단위당 원가의 비교	No.101	No.102	No.103
공장전체 제조간접비 배부율을 사용할 경우	₩9,750	₩10,437.5	₩23,125
부문별 제조간접비 배부율을 사용할 경우	9,825	11,825	20,050
ABC를 사용할 경우	9,525	10,850	23,200

Ⅱ. 단일배부율법과 이중배부율법

부문별 제조간접비 배부율을 사용하는 경우에, 보조부문비를 제조부문에 배부할 때 변동비와 고정비로 구분하지 않고 하나의 배부율만을 사용하여 배부할 수도 있고 (단일배부율법의 경우), 변동비와 고정비로 구분하여 이들을 별개의 배부기준을 사용하여 배부할 수 있다. (이중배부율법의 경우)[18]

보조부문비를 변동비와 고정비로 구분하는 것이 현실적으로 쉽지 않기 때문에 이중배부율법은 거의 사용되지 않는다. 앞에서 설명한 직접배부법 · 단계배부법 · 상호배부법은 단일배부율법에서 뿐만 아니라 이중배부율법에서도 사용할 수 있는 방법이므로, 보조부문비를 제조부문에 배부하는 방법은 6가지(2×3)가 존재하게 된다.

18) 이중배부율법은 보조부문비를 제조부문에 배분할 때 변동비와 고정비로 구분하여, 고정비는 보조부문이 제공하는 용역에 대한 각 부문의 최대사용가능시간을 기준으로 배부하고, 변동비는 각 부문의 실제사용시간을 기준으로 배부하는 방법이다. 보조부문비의 이중배부율에 의한 배부는 변동비와 고정비의 인과관계에 대한 차이점을 인식하려는 것이다.

예제 1

하나의 보조부문 S와 두 개의 제조부문 P_1, P_2가 있다. 하나의 보조부문 S는 두 개의 제조부문 P_1, P_2에 용역을 각각 공급하고 있는데, 각 제조부문의 월간 최대사용가능시간과 당월의 실제사용시간은 다음과 같다.

	P_1	P_2	합 계
최대사용가능시간	300시간	300시간	600시간
실제사용시간	200	300	500

당월 중 발생한 원가자료는 다음과 같다.

	보조부문	제조부문		합 계
	S	P_1	P_2	
변동원가	₩150,000	₩210,000	₩300,000	₩660,000
고정원가	200,000	120,000	150,000	470,000
계	₩350,000	₩330,000	₩450,000	₩1,130,000

물음

1. 단일배부율법(실제사용시간 기준)에 의하여 보조부문원가를 제조부문에 배부하시오.
2. 이중배부율법에 의하여 보조부문원가를 제조부문에 배부하시오.

해답

[요약]

구 분	이중배부율법	단일배부율법
변동원가	실제사용시간 기준으로 배부	실제사용시간 기준으로 배부
고정원가	최대사용가능시간 기준으로 배부	실제사용시간 기준으로 배부

1. 단일배부율법

	보조부문	제조부문		합 계
	S	P_1	P_2	
배부 전 원가	₩350,000	₩330,000	₩450,000	₩1,130,000
S*	(350,000)	140,000	210,000	0
배부 후 원가	₩0	₩470,000	₩660,000	₩1,130,000

* S부문 배부
- P_1 : ₩350,000×200시간÷(200시간 + 300시간) = ₩140,000
- P_2 : ₩350,000×300시간÷(200시간 + 300시간) = ₩210,000

∴ 보조부문원가를 배부한 후 제조부문 P_1, P_2의 원가는 각각 ₩470,000, ₩660,000이다.

2. 이중배부율법

변동원가 배부

	보조부문	제조부문		합 계
	S	P_1	P_2	
배부 전 원가	₩150,000	₩210,000	₩300,000	₩660,000
S*	(150,000)	60,000	90,000	0
배부 후 원가	₩0	₩270,000	₩390,000	₩660,000

* S부문 배부
- P_1 : ₩150,000×200시간÷(200시간 + 300시간) = ₩60,000
- P_2 : ₩150,000×300시간÷(200시간 + 300시간) = ₩90,000

고정원가 배부

	보조부문	제조부문		합 계
	S	P_1	P_2	
배부 전 원가	₩200,000	₩120,000	₩150,000	₩470,000
S*	(200,000)	100,000	100,000	0
배부 후 원가	₩0	₩220,000	₩250,000	₩470,000

* S부문 배부 P_1 : ₩200,000×300시간÷(300시간 + 300시간) = ₩100,000
P_2 : ₩200,000×300시간÷(300시간 + 300시간) = ₩100,000

∴ 보조부문원가를 배부한 후 제조부문 P_1, P_2의 원가는 각각 ₩490,000(= ₩270,000 + ₩220,000), ₩640,000(= ₩390,000 + ₩250,000)이다.

[주의]
고정원가의 배부기준을 결정하면 기간마다 배부방법을 변경시켜서는 안 된다. 그 이유는 고정원가의 배부기준은 장기적인 측면에서 각 부문의 최고조업도나 평균조업도에 기초하여 결정된 것이므로 단기적으로 특정 설비를 적게 사용하였다고 해서 고정원가를 적게 배부한다는 것은 바람직하지 못하기 때문이다. 만일 고정원가를 배부하면서 사전에 결정한 기준에 의하지 않고 매 기간마다 변화하는 배부기준을 사용한다면, 한 부문에 배부하는 원가가 다른 부문의 활동에 의해 영향을 받기 때문에 원가배부가 불공평하게 된다.

예제 2

(주)세무는 제조부문인 절단부문과 조립부문을 통해 제품을 생산하고 있으며, 동력부문을 보조부문으로 두고 있다. 각 부문에서 발생한 제조간접원가 및 각 제조부문의 전력 실제사용량과 최대사용가능량에 관한 자료는 다음과 같다.

	동력부문	절단부문	조립부문	합 계
변동제조간접원가	₩240,000	₩400,000	₩650,000	₩1,290,000
고정제조간접원가	300,000	700,000	750,000	1,750,000
실제사용량	-	500kW	300kW	800kW
최대사용가능량	-	600kW	600kW	1,200kW

물음 (2022 세무사)

1. 이중배부율법을 적용하는 경우, 동력부문비 배부 후 절단부문 및 조립부문의 원가는 각각 구하시오.
2. 단일배부율법을 적용하는 경우, 동력부문비 배부 후 절단부문 및 조립부문의 원가는 각각 구하시오.
3. 절단부문에 배부되는 동력부문의 원가는 이중배부율법을 적용하는 경우, 단일배부율법과 비교하여 얼마만큼 차이가 발생하는가?

해답

구 분	계산근거	금 액
이중배부율법	(₩240,000×500kW÷800kW) + (₩300,000×600kW÷1,200kW) =	₩300,000
단일배부율법	(₩240,000 + ₩300,000)×500kW÷800kW =	337,500
차 이		₩37,500

1. 이중배부율법

변동원가 배부

	동력부문	절단부문	조립부문	합 계
배부 전 원가	₩240,000	₩400,000	₩650,000	₩1,290,000
동력부문	(240,000)	150,000	90,000	0
배부 후 원가	₩0	₩550,000	₩740,000	₩1,290,000

* 동력부문 배부
  - 절단부문 : ₩240,000×500㎾÷(500㎾ + 300㎾) = ₩150,000
  - 조립부문 : ₩240,000×300㎾÷(500㎾ + 300㎾) = ₩90,000

고정원가 배부

	동력부문	절단부문	조립부문	합 계
배부 전 원가	₩300,000	₩700,000	₩750,000	₩1,750,000
동력부문	(300,000)	150,000	150,000	0
배부 후 원가	₩0	₩850,000	₩900,000	₩1,750,000

* 동력부문 배부
  - 절단부문 : ₩300,000×600㎾÷(600㎾ + 600㎾) = ₩150,000
  - 조립부문 : ₩300,000×600㎾÷(600㎾ + 600㎾) = ₩150,000

∴ 동력부문비 배부 후 절단부문, 조립부문의 원가는 각각 ₩1,400,000(= ₩550,000 + ₩850,000), ₩1,640,000(= ₩740,000 + ₩900,000)이다.

2. 단일배부율법

	동력부문	절단부문	조립부문	합 계
배부 전 원가	₩540,000	₩1,100,000	₩1,400,000	₩3,040,000
동력부문	(540,000)	337,500	202,500	0
배부 후 원가	₩0	₩1,437,500	₩1,602,500	₩3,040,000

* 동력부문 배부
  - 절단부문 : ₩540,000×500㎾÷(500㎾ + 300㎾) = ₩337,500
  - 조립부문 : ₩540,000×300㎾÷(500㎾ + 300㎾) = ₩202,500

∴ 동력부문비 배부 후 절단부문, 조립부문의 원가는 각각 ₩1,437,500, ₩1,602,500이다.

3. 절단부문에 배부되는 동력부문의 원가는 이중배부율법을 적용하는 경우, 단일배부율법과 비교하여 ₩37,500[= (₩150,000 + ₩150,000) - ₩337,500]만큼 차이가 발생한다.

   [별해] ₩300,000×(600㎾÷1,200㎾ - 500㎾÷800㎾) = ₩300,000×1/8 = ₩37,500

예제 3

(주)대한은 20×1년 1월 1일에 처음으로 생산을 시작하였으며, 실제원가에 의한 개별원가계산을 적용하고 있다. 제조간접원가는 기계시간을 기준으로 이중배부율(dual rate)에 의해 제품에 배부된다. 기업의 정상조업도 수준의 기계시간은 20시간이다. 20×1년의 생산 및 원가 자료는 다음과 같다.

(1) 당기에 작업 #101과 #102를 착수하여 #102는 완성하였고, #101은 기말 현재 생산 중이다. 작업 #102는 당기 중 ₩1,000에 판매되었다.

(2) 원재료 구입액은 ₩700이고, 원재료 기말재고액은 ₩100이다.

(3) 노무원가는 ₩1,000이고, 제조경비는 ₩750이다. 제조경비는 전액 제조간접원가이다.

(4) 제조간접원가의 30%는 변동원가이고, 나머지는 고정원가이다.

(5) 기업은 배부되지 않은 제조간접원가를 전액 당기비용으로 처리한다.

(6) 작업별 실제원가 및 실제기계시간은 다음과 같다.

구 분	#101	#102	합 계
직접재료원가	₩350	₩150	₩500
직접노무원가	520	330	850
실제기계시간	10시간	5시간	15시간

물음 (2018 회계사)

(주)대한의 20×1년 제조간접원가, 매출원가, 당기순이익은 각각 얼마인가?

해답

	합 계	직접재료원가	직접노무원가	제조간접원가
재료원가	₩700 - ₩100 = ₩600	₩500		₩100
노무원가	1,000		₩850	150
제조경비	750			750
계	₩2,350	₩500	₩850	₩1,000

* ₩700(당기원재료매입액) - ₩500(직접재료원가) - x(간접재료원가) = ₩100(기말원재료재고액)
∴ x(간접재료원가) : ₩100

* ₩1,000(노무원가) - ₩850(직접노무원가) = ₩150(간접노무원가)

	#101	#102	합 계
직접재료원가	₩350	₩150	₩500
직접노무원가	520	330	850
제조간접원가			
변동제조간접원가	200	100	300
고정제조간접원가(사용)	350	175	525
고정제조간접원가(미사용)			175
계	₩1,420	₩755	₩2,350

* 제조간접원가 ₩1,000 중 변동원가 ₩300이고, 고정원가는 ₩700이다.
변동제조간접원가 배부율 : ₩300÷15시간 = ₩20/실제기계시간
#101 : @₩20×10시간 = ₩200
#102 : @₩20×5시간 = ₩100
고정제조간접원가 배부율 : ₩700÷20시간(정상조업도 수준의 기계시간) = ₩35
#101 : @₩35×10시간 = ₩350
#102 : @₩35×5시간 = ₩175
고정제조간접원가 ₩700 중에서 ₩525(= ₩350 + ₩175)을 제외한 ₩175은 배부되지 않은 고정제조간접원가이다.

∴ 제조간접원가 : ₩1,000(= ₩100 + ₩150 + ₩750)
매출원가(#102) : ₩150 + ₩330 + ₩100 + ₩175 = ₩755
당기순이익 : ₩1,000(매출액) - ₩755(매출원가) - ₩175(배부되지 않은 고정제조간접원가) = ₩70

형성평가

[문 1] 개별원가계산시스템을 채택하고 있다. 제조간접비는 직접노무비의 150%인 예정배부율로 배부하고 있다. 제조간접비 배부차이는 매월 말에 계산되면서 그 결과는 매출원가계정에서 일괄 조정하고 있다. 1월 중에 완성시킨 제품의 제조원가는 얼마인가?

(1) 1월 초의 재공품원가(제조지시서 No.101)

직접재료비 ₩40,000　　직접노무비 ₩50,000　　제조간접비 ₩75,000

(2) 제조지시서 No.102, No.103의 작업이 1월 중에 진행되었으며, 원가요소별 실제발생액은 다음과 같았다.

직접재료비 ₩350,000　　직접노무비 ₩500,000　　제조간접비 ₩780,000

(3) 1월 말 현재 미완성의 재고로 남아있는 것은 제조지시서 No.102 뿐이며, 그에 집계된 직접재료비와 직접노무비는 각각 ₩120,000과 ₩150,000이다.

[문 2] 개별원가계산시스템을 채택하고 있다. 제조간접비는 예정배부하되, 그 예정배부율은 직접노무비의 150%로 하고 있다. 또한 제조간접비 배부액의 과부족은 매월 말 매출원가계정에서 조정하고 있다. 2월 중에 생산완료한 제품의 제조원가는 얼마인가? (2007 세무사)

(1) 제조지시서 No.101은 1월 말 현재 작업 중이며, 그에 집계된 원가는 다음과 같다.

직접재료비 ₩4,000　　직접노무비 ₩2,000　　제조간접비 배부액 ₩3,000

(2) 제조지시서 No.102, No.103, No.104는 2월에 작업이 개시된 것이다.

(3) 2월 중에 소비된 직접재료비는 ₩26,000이다.

(4) 2월 중에 발생한 직접노무비는 ₩20,000이다.

(5) 2월 중에 제조간접비 실제발생액은 ₩32,000이다.

(6) 2월 말 현재 미완성된 제조지시서는 No.104 뿐이며, 그에 집계된 직접재료비는 ₩2,800, 직접노무비는 ₩1,800이다.

[문 3] (주)한국은 정상개별원가계산을 사용하고 있으며, 제조간접원가 배부기준은 기계시간이다. 기업은 20×1년 초에 연간 제조간접원가를 ₩600, 기계시간을 200시간으로 예상하다. 20×1 회계연도 중 수행한 작업과 관련된 정보는 다음과 같다. (주)한국은 기말에 제조간접비 배부차이를 전액 매출원가에 조정한다. (주)한국의 20×1년 매출총이익은 얼마인가? (2014 회계사, 2021 회계사 유사)

(1) 당기 중 세 가지 작업 #101, #102, #103을 착수하여, #101과 #102를 완성하고, #103은 기말 현재 작업 중에 있다.

(2) 당기 중 ₩800의 원재료를 구입하고 기말 현재 ₩280의 원재료가 재고로 남아 있다.

(3) 당기 중 지급한 노무원가는 ₩700이며, 기초 미지급노무원가는 ₩40, 기말 미지급노무원가는 ₩100이다.

(4) 당기 중 발생한 제조경비는 총 ₩560이며, 이는 감가상각비 ₩260, 임차료 ₩200, 수도광열비 ₩100으로 구성되어 있다.

(5) 당기 중 작업별 실제 발생 원가자료와 실제 사용된 기계시간은 다음과 같다.

구 분	#101	#102	#103	합 계
직접재료원가	₩200	₩200	₩100	₩500
직접노무원가	300	160	260	720
기계시간	90시간	63시간	27시간	180시간

(6) 기초재고자산은 없고, 작업 #101은 당기 중에 ₩1,100에 판매되었으나 작업 #102는 기말 현재 판매되지 않다.

[문 4] 대한공업은 제조원가 항목을 직접원가항목인 직접재료비, 직접노무비, 직접경비(외주가공비 및 설계비)와 간접원가항목인 제조간접비로 분류한 후 예정배부기준에 의해 원가계산을 한다. 다음 자료를 이용하여 제조간접비 예정배부액과 실제발생액의 배부차이를 구하시오. (2003 세무사)

(1) 기초와 기말의 제조원가 관련 계정 잔액

구 분	직접재료	선급외주가공비	미지급설계비	재공품	제 품
기초 잔액	₩500,000	₩100,000	₩150,000	₩700,000	₩750,000
기말 잔액	600,000	80,000	80,000	400,000	550,000

(2) 당기 중 직접재료 구입액은 ₩1,890,000이다.

(3) 당기 중 직접경비로서 외주가공비 관련 현금 지출은 ₩180,000이며, 설계비 관련 현금 지출은 ₩460,000이다.

(4) 제조간접비는 직접노무비의 50%를 예정배부한다.

(5) 제조간접비 실제발생액은 ₩300,000이다.

(6) 당기의 매출원가는 ₩3,660,000이다.

(7) 제조간접비 배부차이는 비정상적인 것으로 간주하여 기타비용으로 처리한다.

[문 5] 12월 말 시점에서 작성한 합계잔액시산표의 일부 명세가 다음과 같이 제시되다.

차 변	계정과목	대 변
₩3,000,000	재　　료	₩2,100,000
3,900,000	제조간접비	4,200,000

제조간접비는 직접노무비에 비례하여 배부하며, 12월 30일까지의 재료매입액은 ₩2,600,000, 직접노무비 발생액은 ₩6,000,000이다. 그리고 추가로 12월 말에는 직접노무비가 ₩300,000, 간접노무비가 ₩80,000만큼 발생하다. 이때 당기총제조비용으로 계상할 최종적인 금액은 얼마로 계산되는가? 단, 제조간접비는 예정배부액을 기초로 하여 산출한다.

[문 6] (주)세무는 정상개별원가계산을 사용하고 있으며, 제조간접원가는 직접노무시간을 기준으로 배부하고, 제조간접원가 배부차이는 전액 매출원가에 조정하고 있다. 당기의 직접재료매입액은 ₩21,000이고, 제조간접원가 배부차이는 ₩7,000(과소배부)이며, 제조간접원가 배부차이 조정 전 매출원가는 ₩90,000이다. 당기 재고자산 관련 자료는 다음과 같다. 직접노무원가가 기초원가의 60%인 경우, 당기에 실제 발생한 제조간접원가는? (2021 세무사, 2023 세무사 유사)

구 분	직접재료	재공품	제 품
기초재고	₩3,000	₩50,000	₩70,000
기말재고	4,000	45,000	60,000

[문 7] (주)국세는 개별-정상원가계산제도를 채택하고 있다. (주)국세는 제조간접비를 예정배부하며, 예정배부율은 직접노무비의 60%이다. 제조간접비의 배부차이는 매기 말 매출원가에서 전액 조정한다. 당기에 실제 발생한 직접재료비는 ₩24,000이며, 직접노무비는 ₩16,000이다. 기초재공품은 ₩5,600이며, 기말재공품에는 직접재료비 ₩1,200과 제조간접비 배부액 ₩1,500이 포함되어 있다. 또한 기초제품은 ₩5,000이며, 기말제품은 ₩8,000이다. 제조간접비 배부차이를 조정한 매출원가가 ₩49,400이라면, 당기에 발생한 실제 제조간접비는 얼마인가? (2011 세무사, 2023 회계사 유사)

[문 8] 한국회사는 고급형, 표준형 및 저가형 공기청정기 각각을 배치(batch)로 생산하여 판매하고 있다. 회사는 각 배치작업별로 정상개별원가계산(평준화개별원가계산)을 적용하며, 계속기록법과 선입선출법을 이용하여 재고자산을 평가하고 있다. 회사는 두 개의 제조부문인 기계부문과 조립부문을 운영하고 있으며, 제조간접원가의 배부에 있어서 부문별 예정배부율을 사용한다. 제조간접원가의 부문별 배부기준으로 기계부문에 대해서는 기계가동시간, 조립부문에 대해서는 직접노무시간을 사용한다. 한국회사의 당기 회계연도는 20×3년 1월 1일부터 20×3년 12월 31일이다. 회사는 기말에 제조간접원가 배부차이를 재공품과 제품 및 매출원가 총액을 기준으로 안분한다.

(1) 20×3년 1월 초 당기 회계연도의 각 제조부문에 대한 원가 및 생산에 관한 예측 자료이다.

	기계부문	조립부문
제조간접원가	₩160,000	₩320,000
직접노무원가	260,000	400,000
직접노무시간	20,000시간	40,000시간
기계가동시간	10,000	40,000

(2) 20×3년 1월 초부터 20×3년 11월 말까지의 제조간접원가 실제발생액은 ₩522,000이며, 배부액은 ₩420,200이다.

(3) 20×3년 11월 말 현재 총계정원장 각 계정의 잔액은 다음과 같다.

재공품 ₩246,800　　제　품 ₩413,000　　매출원가 ₩3,156,800

(4) 20×3년 11월 말 현재 재공품 ₩246,800의 내용은 다음과 같다.

작업	수 량	항 목	총원가
#101	9,600단위	고급형	₩143,200
#102	8,000	저가형	103,600
			₩246,800

(5) 20×3년 11월 말 현재 제품 ₩413,000은 다음 2가지 항목으로 구성되어 있다.

항 목	수 량	단위당 원가	총원가
고급형	1,000단위	₩22	₩22,000
저가형	23,000	17	391,000
			₩413,000

(6) 전월로부터 이월된 작업 #101과 #102는 20×3년 12월 중 생산이 완료되었으나, 당월 중 생산에 착수한 작업 #103은 20×3년 12월 말 현재 미완성 상태이다.

(7) 20×3년 12월 중 제조 및 판매 활동에 대한 자료는 다음과 같다.

① 각 작업별 제조원가 발생액

구 분	#101(고급형)	#102(저가형)	#103(표준형)	합 계
직접재료원가	₩42,000	₩12,000	₩18,400	₩72,400
직접노무원가	32,400	15,600	15,000	63,000
제조간접원가				46,200

② 20×3년 12월 중 실제생산량

작업	항 목	생산량
#101	고급형	9,600단위
#102	저가형	8,000단위

③ 각 제조부문에서 사용된 기계가동시간과 직접노무시간

작업	기계부문		조립부문	
	기계가동시간	직접노무시간	기계가동시간	직접노무시간
#101	200	500	1,800	2,400
#102	400	600	1,000	800
#103	200	300	1,200	1,200
	800	1,400	4,000	4,400

④ 20×3년 12월 중 판매량은 고급형 8,000단위, 저가형 25,000단위이다.

물음 (2014 회계사)

1. 당기 회계연도의 각 제조부문별 제조간접원가 예정배부율을 구하시오.
2. 당기 회계연도 말 제조간접원가 배부차이 조정 전에 재공품계정, 제품계정, 매출원가계정의 총계정원장상의 잔액은 얼마인가?
3. 당기 회계연도 말 제조간접원가 배부차이 금액을 계산하고, 그 배부차이가 초과배부(과대배부) 혹은 부족배부(과소배부)인지 밝히시오.
4. 당기 회계연도 말 제조간접원가 배부차이 조정에 대한 분개를 하시오.

[문 9] 다음 자료를 이용한다. 제조간접비 예정배부의 단계별로 회계처리하시오.

• 기초에 각 부문별로 자기 부문에서 발생할 것으로 추정한 제조간접비 예정배부액과 보조부문이 다른 부문에 제공할 용역 예상량은 다음과 같다. 단, S_2부터 배부하는 단계배부법을 사용한다.

	제조부문		보조부문		합 계
	P_1	P_2	S_1	S_2	
각 부문의 발생원가	₩432,000	₩558,000	₩240,000	₩320,000	₩1,550,000
보조부문비 배부					
S_1	50%	30%	-	20%	100%
S_2	40	40	20%	-	100%

• 제조간접비 예정배부율의 계산에 사용되는 배부기준 및 이들의 연간 예상시간은 다음과 같다.

P_1 : 기계작업시간 30,000시간

P_2 : 직접노동시간 20,000시간

• 당월에 완성된 제품에 관한 실제 자료는 다음과 같다.

	甲제품	乙제품	丙제품	합 계
직접재료비	₩13,000	₩28,000	₩24,000	₩65,000
직접노무비	24,000	36,000	10,000	70,000
P_1의 기계작업시간	200	100	500	800
P_2의 직접노동시간	300	400	500	1,200
P_1 실제액		₩24,000		₩67,000
P_2 실제액		43,000		

• 월말에 부문비 배부차이계정의 잔액을 매출원가계정에 대체하다.

[문 10] 1월 초에 사업을 개시하고, 두 개의 부문 A · B를 경유하여 甲 · 乙의 두 가지 제품을 제조하고 있다. 제조과정에서 발생한 원가 중에서 직접원가는 각 제품별로 직접 배부하지만, 제조간접비는 인위적인 배부기준을 사용하여 각 제품별로 배부하고 있다.

(1) 기중에 부문별로 발생하리라 예상되는 제조간접비 및 직접작업시간

	제조간접비	직접작업시간
A부문	₩24,000,000	100,000시간
B부문	10,000,000	100,000

(2) 1월 중 甲 · 乙의 제품 1단위씩을 생산하는데 소요된 부문별 직접작업시간

	甲제품	乙제품
A부문	4시간	1시간
B부문	2	3

(3) 1월 중에 甲제품 1,000단위와 乙제품 3,000단위를 제조하여, 각각 800단위와 2,700단위를 판매하다. 1월 말 시점에서 재공품의 월말재고는 없다.

물음

1. 공장전체 제조간접비 배부율을 사용하는 경우에, 매출된 제품이 부담하는 제조간접비는 얼마인가?
2. 부문별 제조간접비 배부율을 사용하는 경우에, 매출된 제품이 부담하는 제조간접비는 얼마인가?
3. 공장전체 제조간접비 배부율과 부문별 제조간접비 배부율을 각각 사용하는 경우에, 매출총이익은 서로 얼마나 차이가 발생하겠는가?

[문 11] 두 개의 제조부문(P_1, P_2)과 두 개의 보조부문(S_1, S_2)를 운영하여 생산활동을 수행하고 있다. 매월 보조부문의 예정 용역제공량은 다음과 같으며, 각 부문에 제공한 용역량을 기준으로 보조부문비를 배부하고 있다.

	P_1	P_2	S_1	S_2
S_1	300kg	100kg	-	100kg
S_2	160ℓ	240ℓ	400ℓ	-

제조부문과 보조부문의 예산자료와 제조간접비 배부기준인 기계작업시간 예측치는 다음과 같다.

	P_1	P_2	합 계	기계작업시간
P_1	₩50,000	₩100,000	₩150,000	2,000
P_2	80,500	158,000	238,500	3,000
S_1	70,000	60,000	130,000	-
S_2	30,000	70,000	100,000	-
계	₩230,500	₩388,000	₩618,500	5,000

물음

1. 다음 각각의 방법을 사용하여 직접배부법에 의한 제조간접비 예정배부율을 구하시오.
   1) 공장전체 제조간접비 예정배부율을 사용하는 경우
   2) 부문별 제조간접비 예정배부율을 사용하는 경우

2. 상호배부법을 사용하여 다음에 답하시오.
   1) 보조부문비를 배부하는데 필요한 연립방정식은?
   2) 보조부문비 배부 후 각 제조부문의 총제조간접비는 얼마인가?
3. 당월에 생산한 A제품의 단위당 원가자료가 다음과 같을 경우, [물음1]에서 구한 예정배부율을 각각 적용하여 A제품의 판매가격을 결정하시오. 단, 매출총이익률은 15%이다.

	P_1	P_2	합 계
직접재료비	-	-	₩7,000
직접노무비	-	-	4,000
기계작업시간	80시간	70시간	150시간

[문 12] 한국산업은 A, B, C 세가지 제품을 생산 판매하고 있다. 기업의 20×5년 각 제품별 관련 자료는 다음과 같다. 단, 기초 및 기말재고는 없는 것으로 가정한다.

	A	B	C
생산 및 판매량	5,000단위	3,000단위	800단위
단위당 판매가격	₩500	₩400	₩600
단위당 직접재료비	180	130	200
단위당 직접노무비	100	100	100

연간 총제조간접비는 ₩1,320,000이며, 총판매관리비는 ₩125,400이다.

물음 (2005 회계사)

1. 제조간접비를 직접노무비를 기준으로 판매관리비는 매출액 기준으로 배부할 때, 각 제품별 영업이익률을 계산하라.
2. 제조간접비와 판매관리비를 분석한 결과 다음과 같은 4개의 활동으로 구분할 수 있다.

활 동	활동원가
생산준비	₩560,000
검 사	400,000
제품유지	360,000
고객관리	125,400

   또한 각 제품별로 활동원가를 계산하기 위해 필요한 활동 관련자료는 다음과 같다.

	A	B	C
생산횟수	10회	2회	8회
1회 생산당 준비시간	2시간	2시간	4시간
고객수	6명	4명	10명

   검사는 매회 생산된 제품에서 첫 5단위에 대해서만 실시한다. 검사에 소요되는 시간은 제품 종류에 관계없이 일정하다. 제품유지활동은 각 제품의 설계, 제품 사양 등의 자료를 관리하는 활동으로 각 제품별로 유사하다. 고객관리활동은 제품 종류에 관계없이 한 고객에게 투입하는 자원은 유사하다. 활동기준원가계산을 적용하여 각 제품별 영업이익률을 계산하라.

[문 13] 직접재료비를 기준으로 가공비를 배부하는 전통적 원가계산을 적용하고 있으며, 당해 10월 중에 제품A 100개와 제품B 200개를 생산하다.

구 분	제품A	제품B
단위당 직접재료비	₩800	₩1,200
부품수	10개	20개
기계회전수	18회	34회
기계작업시간	12시간	8시간
선적횟수	1회	1회
조립시간	60시간	60시간

활 동	원가동인		가공비
부품조립	조립시간	120시간	₩96,000
선반작업	기계회전수	52회	26,000
절삭작업	기계작업시간	20시간	120,000
재료처리	부품수	30개	30,000
연마작업	부품수	30개	36,000
선적작업	선적횟수	2회	300,000
			₩608,000

물음 (2000 회계사 유사, 1995 회계사)

1. 전통적 원가계산에서의 제품 단위당 제조원가를 구하시오.
2. ABC에서의 제품 단위당 제조원가를 구하시오.
3. ABC에 의한 각 제품의 제조원가와 전통적 원가계산에 의한 각 제품의 제조원가가 다른 이유는 무엇인가?

[문 14] 단일 제품을 생산하여 甲·乙·丙 세 고객에게 판매하고 있으며, 제조간접비를 직접노무비에 기초하여 배부하여 왔다. 당기 중에 새로운 원가계산을 구축하기 위해 ABC를 도입하기로 하였다. 이에 따라 제조간접비 중 기계가동 및 조립활동원가는 기계작업시간을 기준으로 제품에 배부하며, 마무리 및 선적활동원가는 직접노무비를 기준으로 제품에 배부하게 된다.

	甲고객	乙고객	丙고객	계
매출액	₩3,500	₩2,750	₩2,500	₩8,750
원 가				
직접재료비	800	700	500	2,000
직접노무비	400	300	300	1,000
제조간접비				
기계가동	500	200	300	1,000
조 립	400	300	100	800
마무리	500	600	100	1,200
선 적	300	200	500	1,000
기계작업시간	600시간	200시간	200시간	1,000시간

물음 (1997 회계사)

1. 전통적 원가계산에서의 순이익과 매출액이익률을 계산하시오.
2. ABC에서의 순이익과 매출액이익률을 계산하시오.

[문 15] P-1과 P-2의 두 가지 제품을 생산하고 있는 기업이다. P-2시장에서 독점력을 행사하고 있으며, 경쟁기업인 (주)yb가 P-2를 포기하고 P-1제품 생산을 시도하려고 하고 있다. 당사는 이사회를 열어 기업의 향후 방향에 대하여 토의하였다. 다음은 토의의 주요내용이다.

A이사 : 다른 기업은 P-2의 생산에 별로 관심을 보이지 않고, P-1의 경쟁이 점차 치열해지고 있는 상태이다.

B이사 : P-2의 수익성이 높으므로 P-2의 생산에 주력하고 P-1의 생산은 점차적으로 줄여나가야 기업의 수익극대화에 기여할 것이다.

C이사 : P-2의 수익성은 좋으나 기업의 매출액의 20%밖에 차지하고 있지 못하므로 P-1의 생산을 늘려야 수익극대화가 될 것이다.

D이사 : 어제 생산부장과 회식자리에서 들은 바에 의하면 P-2의 생산에는 셋업 소요시간이 무척 많이 들어 애로사항이 많다.

E이사 : 올해 들어 많은 작업이 새기계의 도입으로 획기적으로 줄어들었다.

다음은 당기 제품 및 매출과 관련된 자료이다. (이 자료는 현행의 원가배부방식으로 노무시간비율로 간접비를 배부한 것이다)

구 분	P-1	P-2
매출액	₩240,000	₩60,000
총매출원가	(180,000)	(28,000)
판매관리비	(20,000)	(8,000)
순이익	40,000	24,000
판매수량	3,000개	500개
기초재고	-	100개
단위당 노무시간	2시간	3시간

총제조간접비 발생액은 ₩120,000이다.

한편, P-1과 P-2와 관련된 각 활동 및 관련 자료는 다음과 같다.

활동원가	원가동인	활동원가	총동인수	P-1 건수	P-2 건수
A활동	a-건수	₩30,000	1,500	500	1,000
B활동	b-건수	10,000	1,000	500	500
C활동	c-건수	20,000	2,000	500	1,500
D활동	d-건수	35,000	2,000	1,500	500
E활동	e-건수	25,000	1,000	750	250

물음 (1999 회계사)

1. 현행의 원가배부방식에 의한 제조간접비 배부비율을 산출하시오.
2. 직접노무비의 400%를 제조간접비로 배부되었다고 가정할 경우(원가차이는 발생하지 아니하였음) 각 제품의 단위당 직접재료비는(매출원가는 직접재료비, 직접노무비, 제조간접비로만 구성된다)?
3. 활동기준원가계산하의 각 제품의 제조원가와 단위당 원가는 얼마인가?
4. 활동기준원가계산하의 각 제품제조원가와 전통적 원가배부방식에 의한 각 제품의 제조원가가 다른 이유는 무엇인가? 소요활동과 관련지어 설명하라.

[문 16] 고급형과 표준형 두 가지 건축자재를 생산하고 있으며 20×4년 기업은 ₩2,400,000의 제조간접원가와 고급형 500단위, 표준형 4,000단위의 생산을 예측하고 있다. 고급형은 단위당 1.6직접노동시간, 표준형은 단위당 0.8직접노동시간을 필요로 한다. 단위당 원가는 다음과 같다.

	고급형	표준형
직접재료원가	₩9,000	₩6,720
직접노무원가	960	480

기업의 제조간접원가를 활동중심점별로 추적한 예측자료는 다음과 같다.

활동중심점	활동측정치	추적가능원가	활동수준		
			계	고급형	표준형
자재주문	주문횟수	₩100,800	1,200	400	800
재작업지시	작업지시횟수	259,200	900	300	600
제품검사	검사횟수	540,000	15,000	4,000	11,000
기계수리	기계가동시간	1,500,000	50,000	20,000	30,000
제조간접원가 합계		₩2,400,000			

물음

1. 제조간접원가를 직접노동시간 기준으로 배부하였을 경우
   1) 고급형의 단위당 제조원가는 얼마인가?
   2) 표준형의 단위당 제조원가는 얼마인가?
2. 제조간접원가를 활동기준으로 배부하였을 경우
   1) 고급형의 단위당 제조원가는 얼마인가?
   2) 표준형의 단위당 제조원가는 얼마인가?

[문 17] (주)세무는 활동기준원가계산에 의하여 판매관리비를 고객별로 배부한다. 활동기준원가계산을 적용하기 위해 20×1년 초에 수집한 연간 예산 및 관련 자료는 다음과 같다. 20×1년 중 고객 A가 12회 주문할 경우, 이 고객에게 배부될 판매관리비는? (2025 세무사)

- 연간 판매관리비 예산 : ₩500,000(급여 ₩300,000, 기타 ₩200,000)
- 자원소비단위(활동)별 판매관리비 배분비율

구 분	고객주문처리	고객관계관리	계
급 여	60%	40%	100%
기 타	70%	30%	100%

- 활동별 원가동인과 연간 활동량

활 동	원가동인	활동량
고객주문처리	고객주문횟수	80회
고객관계관리	고객수	30명

[문 18] 장안세무법인은 계약 건별로 추적이 가능한 원가는 직접비로 파악하고, 간접비에 대해서는 복수의 간접비 집합으로 분류한 다음 각각의 간접비 배부율을 적용하여 원가계산을 한다. 다음 자료를 토대로 A기업의 세무조정 계약 건에 대한 원가를 산출하시오. (2002 세무사 수정)

(1) 직접노무비 : A기업의 계약 건과 관련하여 책임세무사 20시간, 담당세무사 40시간이 투입되었으며, 관련 자료는 다음과 같다.

구 분	인원수	연간 총투입시간(조업도)	연간 급여
책임세무사	10명	160시간×10명 = 1,600시간	₩8,000,000
담당세무사	40명	160시간×40명 = 6,400시간	16,000,000
계		8,000시간	₩24,000,000

(2) A기업의 세무조정 계약 건에서 발생된 직접노무비 이외의 직접비 : ₩26,000

(3) 간접비는 연간 총 ₩4,960,000이며, 관련 자료는 다음과 같다.

일반관리비(세무사 총투입시간에 비례하여 배분)	₩2,400,000
보험료(세무사 직접노무비에 비례하여 배분)	960,000
비서실운영비(책임세무사 투입시간에 비례하여 배분)	1,600,000
계	₩4,960,000

정답 및 해설

[문 1] 제품제조원가

월초재공품재고액	₩165,000	(= ₩40,000 + ₩50,000 + ₩75,000)
당월총제조비용	1,600,000	(= ₩350,000 + ₩500,000 + ₩500,000×1.5)
월말재공품재고액	(495,000)	(= ₩120,000 + ₩150,000 + ₩150,000×1.5)
당월제품제조원가	₩1,270,000	

	No.101 + No.103	No.102(재공품)	합 계
월초재공품	₩165,000		₩165,000
직접재료비	230,000	₩120,000	350,000
직접노무비	350,000	150,000	500,000
제조간접비 예정배부액*	525,000	225,000	750,000
계	₩1,270,000	₩495,000	₩1,765,000

* 직접노무비×150% = 제조간접비 예정배부액

제조원가명세서

직접재료비	350,000
직접노무비	500,000
제조간접비 예정배부액	750,000
당월총제조비용	1,600,000
월초재공품재고액	165,000
월말재공품재고액	(495,000)
당월제품제조원가	1,270,000

포괄손익계산서(일부)

매출액		×××
매출원가		(1,270,000)
월초제품재고액	0	
당월제품제조원가	1,270,000	
월말제품재고액	(0)	
매출총이익		×××

∴ 제품제조원가 : ₩1,270,000

[문 2] 제품제조원가

재공품(제조)

2월 초	9,000[1]	완성품(원가)	77,700
직접재료비	26,000	2월 말	7,300[3]
직접노무비	20,000		
제조간접비	30,000[2]		
	85,000		85,000

* 1) 월초재공품재고액 : ₩4,000 + ₩2,000 + ₩3,000 = ₩9,000
  2) 직접노무비의 150% (₩20,000×1.5 = ₩30,000)
  3) 제조간접비 No.104의 원가 집계액 : ₩2,800 + ₩1,800 + ₩1,800×1.5 = ₩7,300

	No.101 + No.102 + No.103	No.104(재공품)	합 계
월초재공품	₩9,000		₩9,000
직접재료비	23,200	₩2,800	26,000
직접노무비	18,200	1,800	20,000
제조간접비 예정배부액*	27,300	2,700	30,000
계	₩77,700	₩7,300	₩85,000

* 직접노무비×50% = 제조간접비 예정배부액
  ₩1,800×1.5 = ₩2,700

제조원가명세서

직접재료비	26,000
직접노무비	20,000
제조간접비 예정배부액	30,000
당월총제조비용	76,000
월초재공품재고액	9,000
월말재공품재고액	(7,300)
당월제품제조원가	77,700

포괄손익계산서(일부)

매출액		×××
매출원가		(77,700)
월초제품재고액	0	
당월제품제조원가	77,700	
월말제품재고액	(0)	
매출총이익		×××

∴ 제품제조원가 : ₩77,700

[문 3] 매출총이익

	합 계	직접재료원가	직접노무원가	제조간접원가
재료원가	₩800 - ₩280 = ₩520	₩500		₩20
노무원가	₩700 + ₩100 - ₩40 = ₩760		₩720	40
제조경비	560			560
계	₩1,840	₩500	₩720	₩620

제조간접원가 예정배부율 : ₩600÷200시간 = ₩3/기계시간

₩800(당기원재료매입액) - ₩500(직접재료원가) - x(간접재료원가) = ₩280(기말원재료재고액)

∴ x(간접재료원가) : ₩20

₩700(당기노무원가 지급액) + ₩100(기말 미지급노무원가) - ₩40(기초 미지급노무원가) = ₩720(직접노무원가) + y(간접노무원가)

∴ y(간접노무원가) : ₩40

노무원가

전기 선급액	0	전기 미지급액	40
당기 지급액(지급임금)	700	당기 소비액(소비임금)	760
당기 미지급액	100	당기 선급액	0

제조간접원가 : ₩560(당기 발생 제조경비) + ₩20(간접재료원가) + ₩40(간접노무원가) = ₩620

매출총이익 : ₩1,100(매출액) - {₩200(#101 직접재료원가) + ₩300(#101 직접노무원가) + [₩620 - (63시간 + 27시간)×@₩3]} = ₩250

별해)

	No.101(매출원가)	No.102(제품)	No.103(재공품)	합 계
기초재공품	₩0			₩0
직접재료원가	200	₩200	₩100	500
직접노무원가	300	160	260	720
제조간접원가 예정배부액*	270	189	81	540
계	₩770	₩549	₩441	₩1,760

* 기계시간×₩3 = 제조간접원가 예정배부액
No.101 : @₩3×90시간 = ₩270　　No.102 : @₩3×63시간 = ₩189
No.103 : @₩3×27시간 = ₩81　　합계 : @₩3×180시간 = ₩540

제조간접원가 예정배부액 : ₩540

제조간접원가 실제발생액 : ₩620(= ₩560 + ₩20 + ₩40)

예정배부액 ₩540 - 실제발생액 ₩620 = - ₩80(과소배부, 불리, 매출원가 조정법)

	No.101(매출원가)	No.102(제품)	No.103(재공품)	합 계
기초재공품	₩0			₩0
직접재료원가	200	₩200	₩100	500
직접노무원가	300	160	260	720
제조간접원가 실제발생액	350	189	81	620
계	₩850	₩549	₩441	₩1,840

* 매출원가 중 제조간접원가 : ₩270(조정 전 잔액) + ₩80(과소배부) = ₩350(조정 후 잔액)

(조정 전) 제조원가명세서 및 손익계산서(일부)

직접재료원가		500
직접노무원가		720
제조간접원가(예정)		540
당기총제조비용		1,760
기초재공품재고액		0
기말재공품재고액		(441)
당기제품제조원가		1,319
매출액		1,100
매출원가		(770)
기초제품재고액	0	
당기제품제조원가	1,319	
기말제품재고액	(549)	
매출총이익		330

(조정 후) 제조원가명세서 및 손익계산서(일부)
[매출원가 조정법]

직접재료원가		500
직접노무원가		720
제조간접원가(실제)		620
당기총제조비용		1,840
기초재공품재고액		0
기말재공품재고액		(441)
당기제품제조원가		1,399
매출액		1,100
매출원가		(850)
기초제품재고액	0	
당기제품제조원가	1,399	
기말제품재고액	(549)	
매출총이익		250

∴ 매출총이익 : ₩250

[문 4] 제조간접비 예정배부차이

직접재료

차변	금액	대변	금액
기초	500,000	재공품	1,790,000
매입	1,890,000	기말	600,000
	2,390,000		2,390,000

선급외주가공비

차변	금액	대변	금액
기초	100,000	재공품	200,000
매입	180,000	기말	80,000
	280,000		280,000

미지급설계비

차변	금액	대변	금액
현금	460,000	기초	150,000
기말	80,000	재공품	390,000
	540,000		540,000

제 품

차변	금액	대변	금액
기초	750,000	매출원가	3,660,000
재공품*	3,460,000	기말	550,000
	4,210,000		4,210,000

* 역산

재공품

차변	금액	대변	금액
기초	700,000	제품	3,460,000
직접재료비	1,790,000	기말	400,000
외주가공비	200,000		
설계비	390,000		
직접노무비	520,000		
제조간접비	260,000		
	3,860,000		3,860,000

x + 제조간접비($0.5x$) = ₩3,860,000(재공품의 대변 합계액) − ₩700,000 − ₩1,790,000 − ₩200,000 − ₩390,000

∴ x(직접노무비) = ₩520,000

∴ 예정배부액(₩520,000×0.5 = ₩260,000)과 실제발생액(₩300,000) ← 과소배부액 ₩40,000

[문 5] 당기총제조비용

① 직접재료비(시산표의 대변 잔액이 재료사용액) : ₩2,100,000

② 직접노무비(12월 30일까지의 누적 발생액과 당기 말 발생액의 합계)
₩6,000,000 + ₩300,000 = ₩6,300,000

③ 제조간접비(시산표상의 대변 잔액이 예정배부액이 되지만, 당기 말에 발생한 직접노무비에 대한 제조간접비 예정배부액도 추가로 포함시켜야 함)
₩4,200,000 + ₩300,000×0.7* = ₩4,410,000
* ₩4,200,000÷₩6,000,000 = 0.7(직접노무비에 대한 제조간접비 예정배부액)

∴ 당기총제조비용 : ①+②+③ = ₩12,810,000

[문 6] 제조간접비 실제발생액

₩90,000(배부차이 조정 전 매출원가) + ₩60,000 - ₩70,000 = ₩80,000(당기제품제조원가)
₩80,000 + ₩45,000 - ₩50,000 = ₩75,000(당기총제조비용)
₩3,000 + ₩21,000 - ₩4,000 = ₩20,000(직접재료원가)
(₩20,000 + 직접노무원가)×60% = 직접노무원가
∴ 직접노무원가 : ₩30,000
₩20,000 + ₩30,000 + 제조간접원가 예정배부액 = ₩75,000(당기총제조비용)
∴ 제조간접원가 예정배부액 : ₩25,000
₩25,000(제조간접원가 예정배부액) + ₩7,000(과소배부) = ₩32,000(당기에 실제 발생한 제조간접원가)

[문 7] 실제 제조간접비

제조간접비 예정배부액 : ₩16,000×60% = ₩9,600
당기제품제조원가 : ₩5,600 + ₩49,600[1] - (₩1,200 + ₩2,500[2] + ₩1,500) = ₩50,000
* 1) ₩24,000 + ₩16,000 + ₩9,600(제조간접비 예정배부액) = ₩49,600
2) ₩1,500(제조간접비 배부액)÷0.6 = ₩2,500(직접노무비)
배부차이 조정 전 매출원가 : ₩5,000 + ₩50,000 - ₩8,000 = ₩47,000
배부차이 : ₩49,400 - ₩47,000 = ₩2,400(과소배부)
∴ 실제 제조간접비 : ₩9,600(제조간접비 예정배부액) + ₩2,400(과소배부) = ₩12,000

[문 8] 배부차이 분석 및 매출원가

[사전지식]

#101(단위) - 완료

기초	9,600	제조	9,600
투입	?	기말	?

#102(단위) - 완료

기초	8,000	제조	8,000
투입	?	기말	?

#103(단위) - 미완료

기초	?	제조	?
투입	?	기말	?

고급형(단위)

기초	1,000	판매	8,000
완성	9,600	기말	2,600

저가형(단위)

기초	23,000	판매	25,000
완성	8,000	기말	6,000

표준형(단위)

기초	0	판매	0
완성	0	기말	0

※ 선입선출법이므로, 고급형 판매량 8,000단위는 기초 1,000단위와 당기완성 7,000단위의 합계이며, 저가형 판매량 25,000단위는 기초 23,000단위와 당기완성 2,000단위의 합계이다.

1. 제조간접원가 예정배부율

기계부문 : ₩160,000÷10,000시간 = ₩16/기계가동시간

조립부문 : ₩320,000÷40,000시간 = ₩8/직접노무시간

구 분	#101	#102	#103
직접재료원가	₩42,000	₩12,000	₩18,400
직접노무원가	32,400	15,600	15,000
제조간접원가(기계부문 배부액)	3,200	6,400	3,200
(조립부문 배부액)	19,200	6,400	9,600
계	₩96,800	₩40,400	₩46,200

* #101 : @₩16×200시간 = ₩3,200　　@₩8×2,400시간 = ₩19,200
　#102 : @₩16×400시간 = ₩6,400　　@₩8×800시간 = ₩6,400
　#103 : @₩16×200시간 = ₩3,200　　@₩8×1,200시간 = ₩9,600

	#101	#102	#103	합 계
기초재공품	₩143,200	₩103,600		₩246,800
직접재료원가	42,000	12,000	₩18,400	72,400
직접노무원가	32,400	15,600	15,000	63,000
제조간접원가 예정배부액	3,200	6,400	3,200	12,800
	19,200	6,400	9,600	35,200
계	₩240,000	₩144,000	₩46,200	₩430,200

2. 제조간접원가 배부차이 조정 전의 각 계정 잔액

재공품

기초	246,800	제조원가	384,000
제조비용	183,400	기말	46,200

↘

제 품

기초	413,000	매출원가	624,000
제조원가	384,000	기말	173,000

* 1) 기초재공품재고액(₩246,800)와 기초제품재고액(₩413,000) : [문제에서 제시됨]
　#101 : 9,600단위 ₩143,200　　#102 : 8,000단위 ₩103,600
　#101 : 1,000단위 ₩22,000　　#102 : 23,000단위 ₩391,000

2) 당기총제조비용
　#101 : ₩96,800[해답 1번 참조]
　#102 : ₩40,400[해답 1번 참조]
　#103 : ₩46,200[해답 1번 참조]
　계 : ₩96,800 + ₩40,400 + ₩46,200 = ₩183,400

3) 당기제품제조원가 및 당기 제품 단위당 제조원가
　당기제품제조원가
　#101(₩240,000) + #102(₩144,000) = ₩384,000
　당기 제품 단위당 제조원가
　#101 : ₩240,000÷9,600단위 = @₩25
　#102 : ₩144,000÷8,000단위 = @₩18

4) 기말재공품재고액
　#103 : ₩46,200[위에서 제시한 '2) 당기총제조비용'을 참조]

5) 매출원가
　고급형 : @₩22[문제에서 제시됨]×1,000단위 + @₩25×(8,000단위 - 1,000단위) = ₩197,000
　저가형 : @₩17[문제에서 제시됨]×23,000단위 + @₩18×(25,000단위 - 23,000단위) = ₩427,000
　계 : ₩197,000 + ₩427,000 = ₩624,000

6) 기말제품재고액
　고급형 : @₩25×2,600단위 = ₩65,000
　저가형 : @₩18×6,000단위 = ₩108,000
　계 : ₩65,000 + ₩108,000 = ₩173,000

∴ 재공품(#103) : ₩46,200

제　품(고급형, 저가형) : ₩65,000 + ₩108,000 = ₩173,000

매출원가(고급형, 저가형) : ₩3,156,800[문제 제시됨] + ₩197,000 + ₩427,000 = ₩3,780,800

(제조간접원가 배부차이 조정 전의) 제조원가명세서 및 손익계산서

	12월				배부차이 조정 전 잔액
	#101	#102	#103	계	
직접재료원가	₩42,000	₩12,000	₩18,400	₩72,400	
직접노무원가	32,400	15,600	15,000	63,000	
제조간접원가 예정배부액	22,400	12,800	12,800	48,000	
당기총제조비용	96,800	40,400	46,200	183,400	
기초재공품재고액	143,200	103,600	0	246,800	
기말재공품재고액	0	0	(46,200)	(46,200)	46,200
당기제품제조원가	₩240,000	₩144,000	₩0	₩384,000	
기초제품재고액	₩22,000	₩391,000	₩0	₩413,000	
당기제품제조원가	240,000	144,000	0	384,000	
기말제품재고액	(65,000)	(108,000)	0	(173,000)	173,000
매출원가	₩197,000	₩427,000	₩0	₩624,000	₩3,780,800

3. 제조간접원가 배부차이 금액

	예정배부액	실제발생액
1월~11월	₩420,200	₩522,000
12월	48,000*	46,200
계	₩468,200	₩568,200

[계산근거]
* @₩16×800시간 + @₩8×4,400시간 = ₩48,000
[₩420,200, ₩522,000, ₩46,200]은 문제에서 제시[(2)와 (7)]된 수치임

∴ 제조간접원가 배부차이 : ₩468,200 - ₩568,200(실제발생액) = - ₩100,000(과소배부)

4. 제조간접원가 배부차이 조정(총원가 비례배부법)

계정과목	조정 전 잔액	배부차이 조정
재공품	₩46,200	₩100,000×₩46,200÷₩4,000,000 = ₩1,155
제　품	173,000	₩100,000×₩173,000÷₩4,000,000 = 4,325
매출원가	3,780,800	₩100,000×₩3,780,800÷₩4,000,000 = 94,520
계	₩4,000,000	₩100,000 과소배부

* 총원가 비례배부법 사용시 선입선출법을 적용할 때에 주의할 점은, 선입선출법의 특징으로 인해 당기 착수분에 한하여 배부차이 금액을 배부해야 한다는 점이다. 즉 매출원가에는 기초재공품원가와 기초제품원가도 포함되어 있으므로, 이들 금액을 제외한 순수하게 당기에 발생된 매출원가(= 총매출원가 - 기초재공품원가 - 기초제품원가) 금액만을 배부차이 조정대상금액에 포함시켜야 한다.

(차) 재공품	1,155	(대) 제조간접원가	100,000
제　품	4,325		
매출원가	94,520		

* 제조간접원가 배부차이 ₩100,000(과소배부) 반영
기말재공품재고액 : ₩46,200(조정 전 잔액) + ₩1,155(과소) = ₩47,355(조정 후 잔액)
기말제품재고액 : ₩173,000(조정 전 잔액) + ₩4,325(과소) = ₩177,325(조정 후 잔액)
매출원가 : ₩3,156,800 + ₩624,000(조정 전 잔액) + ₩94,520(과소) = ₩3,875,320(조정 후 잔액)
또는
기말재공품재고액 : ₩46,200 → ₩47,355(= ₩46,200 + ₩1,155)
기말제품재고액 : ₩173,000 → ₩177,325(= ₩173,000 + ₩4,325)
매출원가 : ₩3,780,800(= ₩3,156,800 + ₩624,000) → ₩3,875,320(= ₩3,780,800 + ₩94,520)

[문 9] 제조간접비 부문별 예정배부차이

보조부문비의 제조부문에의 예정배부

	제조부문		보조부문	
	P_1	P_2	S_1	S_2
각 부문의 발생원가	₩432,000	₩558,000	₩240,000	₩320,000
보조부문비 배부				
S_2	128,000[1)]	128,000	64,000	(320,000)
S_1	190,000[2)]	114,000	(304,000)	
계	₩750,000	₩800,000	₩0	₩0

* 1) ₩320,000×0.4 = ₩128,000
   ₩320,000×0.4 = ₩128,000
   ₩320,000×0.2 = ₩64,000
 2) (₩240,000 + ₩64,000)×0.5÷(0.5 + 0.3) = ₩190,000
   (₩240,000 + ₩64,000)×0.3÷(0.5 + 0.3) = ₩114,000

제조간접비 예정배부율

P_1 : ₩750,000÷30,000시간 = ₩25/기계작업시간

P_2 : ₩800,000÷20,000시간 = ₩40/직접노동시간

제품별 제조간접비 예정배부액

	甲제품		乙제품		丙제품	
P_1의 배부액	200시간×@₩25 =	₩5,000	100시간×@₩25 =	₩2,500	500시간×@₩25 =	₩12,500
P_2의 배부액	300시간×@₩40 =	12,000	400시간×@₩40 =	16,000	500시간×@₩40 =	20,000
계		₩17,000		₩18,500		₩32,500

제조간접비 예정배부

(차) 甲제조(재공품)	17,000	(대) P_1 제조부문비	20,000
乙제조(재공품)	18,500	P_2 제조부문비	48,000
丙제조(재공품)	32,500		

* P_1 : ₩5,000 + ₩2,500 + ₩12,500 = ₩20,000
  P_2 : ₩12,000 + ₩16,000 + ₩20,000 = ₩48,000

제조간접비 예정배부에 따른 제품별 제조원가

	甲제품	乙제품	丙제품	합 계
직접재료비	₩13,000	₩28,000	₩24,000	₩65,000
직접노무비	24,000	36,000	10,000	70,000
제조간접비 예정배부액	17,000	18,500	32,500	68,000
	₩54,000	₩82,500	₩66,500	₩203,000

제조부문비 실제발생액

(차) P_1 제조부문비	24,000	(대) 제조간접비	67,000
P_2 제조부문비	43,000		

부문비 배부차이 대체분개

(차) 부문비 배부차이	4,000	(대) P_1 제조부문비	4,000
P_2 제조부문비	5,000	부문비 배부차이	5,000
(차) 부문비 배부차이	1,000	(대) 매출원가	1,000

* 제조부문비가 ₩1,000 과대배부되었으므로, 매출원가에서 차감한다.

[문 10] 제조간접비와 매출총이익

1. 공장전체 제조간접비 배부율을 사용하는 경우

직접작업시간당 제조간접비 배부율 : (₩24,000,000 + ₩10,000,000)÷200,000시간 = ₩170

甲제품 : @₩170×6시간×1,000단위 = ₩1,020,000
乙제품 : @₩170×4시간×3,000단위 = 2,040,000
₩3,060,000

* 甲제품 : 4시간(A부문) + 2시간(B부문) = 6시간
乙제품 : 1시간(A부문) + 3시간(B부문) = 4시간

매출된 제품이 부담하는 제조간접비

甲제품 : @₩170×6시간×800단위 = ₩816,000
乙제품 : @₩170×4시간×2,700단위 = 1,836,000
₩2,652,000

2. 부문별 제조간접비 배부율을 사용하는 경우

A부문의 직접작업시간당 제조간접비 배부율 : ₩24,000,000÷100,000시간 = ₩240
B부문의 직접작업시간당 제조간접비 배부율 : ₩10,000,000÷100,000시간 = ₩100

甲제품 : (@₩240×4시간 + @₩100×2시간)×1,000단위 = ₩1,160,000
乙제품 : (@₩240×1시간 + @₩100×3시간)×3,000단위 = 1,620,000
₩2,780,000

매출된 제품이 부담하는 제조간접비

甲제품 : (@₩240×4시간 + @₩100×2시간)×800단위 = ₩928,000
乙제품 : (@₩240×1시간 + @₩100×3시간)×2,700단위 = 1,458,000
₩2,386,000

3. 부문별 제조간접비 배부율을 사용하는 경우의 매출총이익이 공장전체 제조간접비 배부율을 사용하는 경우의 매출총이익보다 ₩266,000(= ₩2,652,000 - ₩2,386,000) 만큼 더 크게 나타난다. 즉 매출된 제품이 부담하는 제조간접비 차액 ₩266,000 만큼 매출총이익 차액이 나타난다.

[문 11] 제조간접비 예정배부와 판매가격

1. 제조간접비 예정배부율

1) 공장전체 제조간접비 예정배부율 : ₩618,500÷5,000시간 = ₩123.7/기계작업시간

2) 부문별 제조간접비 예정배부율(직접배부법)

	제조부문		보조부문	
	P_1	P_2	S_1	S_2
각 부문비	₩150,000	₩238,500	₩130,000	₩100,000
S_1	97,500	32,500	(130,000)	
S_2	40,000	60,000		(100,000)
계	₩287,500	₩331,000	₩0	₩0
기계작업시간	÷ 2,000	÷ 3,000		
예정배부율	₩143.75	₩110.33		

* ₩130,000×[300kg÷(300kg + 100kg)] = ₩97,500
₩130,000×[100kg÷(300kg + 100kg)] = ₩32,500
₩100,000×[160ℓ÷(160ℓ + 240ℓ)] = ₩40,000
₩100,000×[240ℓ÷(160ℓ + 240ℓ)] = ₩60,000

2. 상호배부법

1) 각 보조부문의 총부문비

S_1 = ₩130,000 + 0.5×S_2 … ①

S_2 = ₩100,000 + 0.2×S_1 … ②

②를 ①에 대입하여 정리해 보면,

S_1 = ₩130,000 + 0.5×(₩100,000 + 0.2×S_1)

S_1 = ₩130,000 + ₩50,000 + 0.1×S_1

0.9×S_1 = ₩180,000으로, S_1 = ₩200,000이다.

②의 S_1에 ₩200,000을 대입하면, 'S_2 = ₩100,000 + 0.2×₩200,000'으로 S_2 = ₩140,000이다.

2) 배부 후 각 제조부문의 총제조간접비

	제조부문		보조부문	
	P_1	P_2	S_1	S_2
각 부문비	₩150,000	₩238,500	₩130,000	₩100,000
S_1	120,000	40,000	(200,000)	40,000
S_2	28,000	42,000	70,000	(140,000)
계	₩298,000	₩320,500	₩0	₩0

3. A제품의 판매가격

	공장전체 예정배부율 사용	부문별 예정배부율 사용
직접재료비	₩7,000	₩7,000
직접노무비	4,000	4,000
제조간접비	18,555	19,223
제조원가	₩29,555	₩30,223
매출원가율	÷ 0.85	÷ 0.85
판매가격	₩34,770.59	₩35,556.47

* 150시간×@₩123.7 = ₩18,555
80시간×@₩143.75 + 70시간×@₩110.33 = ₩19,223

[문 12] 전통적 원가계산과 ABC

1. 전통적 원가계산

	A	B	C	계
매출액	₩2,500,000	₩1,200,000	₩480,000	₩4,180,000
매출원가				
직접재료비	900,000	390,000	160,000	1,450,000
직접노무비	500,000	300,000	80,000	880,000
제조간접비	750,000	450,000	120,000	1,320,000
계	₩2,150,000	₩1,140,000	₩360,000	₩3,650,000
매출총이익	₩350,000	₩60,000	₩120,000	₩530,000
판매관리비	75,000	36,000	14,400	125,400
영업이익	₩275,000	₩24,000	₩105,600	₩404,600
영업이익률	11%	2%	22%	9.7%

* 제조간접비 배부율 : ₩1,320,000÷₩880,000(직접노무비) = 150%
제품별 배부액 = 직접노무비×150%
판매관리비율 : ₩125,400÷₩4,180,000(매출액) = 3%
총판매관리비의 제품별 배부액 = 매출액×3%
영업이익률 = 영업이익÷매출액(예 A제품 ₩275,000÷₩2,500,000 = 11%)

2. 활동원가계산

활 동	원가동인	원가(1)	제품별 원가동인				동인율
			A	B	C	계(2)	(1)÷(2)
생산준비	생산준비시간	₩560,000	20	4	32	56	₩10,000
검 사	검사횟수	400,000	10	2	8	20	20,000
제품유지	제품종류수	360,000	1	1	1	3	120,000
고객관리	고객수	125,400	6	4	10	20	6,270
		₩1,445,400					

* 생산준비시간 = 생산횟수×1회 생산당 준비시간(예 A제품 10회×2시간 = 20시간)
검사에 소요되는 시간은 제품 종류에 관계없이 일정하다.
제품유지활동은 각 제품별로 유사하다.
고객관리활동은 제품 종류에 관계없이 한 고객에게 투입하는 자원은 유사하다.

	A	B	C
생산횟수	10회	2회	8회
1회 생산당 준비시간	2시간	2시간	4시간
고객수	6명	4명	10명

	A	B	C	계
매출액	₩2,500,000	₩1,200,000	₩480,000	₩4,180,000
매출원가				
직접재료비	900,000	390,000	160,000	1,450,000
직접노무비	500,000	300,000	80,000	880,000
제조간접비와판매관리비				
생산준비활동	200,000	40,000	320,000	560,000
검사활동	200,000	40,000	160,000	400,000
제품유지활동	120,000	120,000	120,000	360,000
고객관리활동	37,620	25,080	62,700	125,400
영업이익	₩542,380	₩284,920	(₩422,700)	₩404,600
영업이익률	21.7%	23.7%	(88.1%)	9.7%

* 제품별 활동원가 = 제품별 원가동인×동인율
영업이익률 = 영업이익÷매출액(예 A제품 ₩542,380÷₩2,500,000 = 21.7%)

[문 13] 전통적 원가계산과 ABC

1. 전통적 원가계산

가공비 배부율 : ₩608,000÷(@₩800×100개 + @₩1,200×200개) = 직접재료비의 190%

단위당 제조원가

	제품A	제품B
직접재료비	₩800	₩1,200
가공비	1,520[1)]	2,280[2)]
단위당 원가	₩2,320	₩3,480

* 1) @₩800×190% = ₩1,520
2) @₩1,200×190% = ₩2,280

2. ABC

원가동인율

활 동	가공비	÷ 원가동인	= 동인율
부품조립	₩96,000	120시간	₩800/시간
선반작업	26,000	52회	500/회
절삭작업	120,000	20시간	6,000/시간
재료처리	30,000	30개	1,000/개
연마작업	36,000	30개	1,200/개
선적작업	300,000	2회	150,000/회

단위당 가공비

활 동	제품 A		제품 B	
부품조립	@₩800×60시간 =	₩48,000	@₩800×60시간 =	₩48,000
선반작업	500×18회 =	9,000	500×34회 =	17,000
절삭작업	6,000×12시간 =	72,000	6,000×8시간 =	48,000
재료처리	1,000×10개 =	10,000	1,000×20개 =	20,000
연마작업	1,200×10개 =	12,000	1,200×20개 =	24,000
선적작업	150,000×1회 =	150,000	150,000×1회 =	150,000
계		₩301,000		₩307,000
생산량		÷ 100개		÷ 200개
단위당 가공비		₩3,010		₩1,535

단위당 제조원가

	제품A	제품B
직접재료비	₩800	₩1,200
가공비	3,010	1,535
단위당 원가	₩3,810	₩2,735

3. 단위당 제조원가 비교

	제품A	제품B
(1) 전통적 원가계산의 제품 단위당 제조원가	₩2,320	₩3,480
(2) ABC의 제품 단위당 제조원가	3,810	2,735
(3) 제품 단위당 원가차이[(1) - (2)]×생산량	(₩1,490)×100개	₩745×200개
(4) 제품별 원가왜곡액	(₩149,000)(과소계상)	₩149,000(과대계상)

[문 14] 전통적 원가계산과 ABC

1. 전통적 원가계산

제조간접비 배부율 : (₩1,000 + ₩800 + ₩1,200 + ₩1,000)÷₩1,000 = @₩4

순이익과 매출액이익률

	甲고객	乙고객	丙고객	계
매출액	₩3,500	₩2,750	₩2,500	₩8,750
매출원가				
직접재료비	800	700	500	2,000
직접노무비	400	300	300	1,000
제조간접비	1,600 1)	1,200 2)	1,200 3)	4,000
순이익	₩700	₩550	₩500	₩1,750
매출액이익률	20% 4)	20% 5)	20% 6)	20%

* 1) @₩4×₩400 = ₩1,600　2) @₩4×₩300 = ₩1,200　3) @₩4×₩300 = ₩1,200
4) ₩700÷₩3,500 = 20%　5) ₩550÷₩2,750 = 20%　6) ₩500÷₩2,500 = 20%

2. ABC

원가동인율

기계가동 : ₩1,000÷1,000기계작업시간 = ₩1/기계작업시간

조　립 : ₩800÷1,000기계작업시간 = ₩0.8/기계작업시간

마무리 : ₩1,200÷₩1,000직접노무비 = ₩1.2/직접노무비

선　적 : ₩1,000÷₩1,000직접노무비 = ₩1/직접노무비

순이익과 매출액이익률

	甲고객	乙고객	丙고객	계
매출액	₩3,500	₩2,750	₩2,500	₩8,750
매출원가				
직접재료비	800	700	500	2,000
직접노무비	400	300	300	1,000
제조간접비				
기계가동	600 [1)]	200 [2)]	200 [3)]	1,000
조　립	480 [4)]	160 [5)]	160 [6)]	800
마무리	480 [7)]	360 [8)]	360 [9)]	1,200
선　적	400 [10)]	300 [11)]	300 [12)]	1,000
순이익	₩340	₩730	₩680	₩1,750
매출액이익률	9.7% [13)]	26.5% [14)]	27.2% [15)]	20%

* 1) @₩1×600시간 = ₩600　2) @₩1×200시간 = ₩200　3) @₩1×200시간 = ₩200
4) @₩0.8×600시간 = ₩480　5) @₩0.8×200시간 = ₩160　6) @₩0.8×200시간 = ₩160
7) @₩1.2×₩400 = ₩480　8) @₩1.2×₩300 = ₩360　9) @₩1.2×₩300 = ₩360
10) @₩1×₩400 = ₩400　11) @₩1×₩300 = ₩300　12) @₩1×₩300 = ₩300
13) ₩340÷₩3,500 = 9.7%　14) ₩730÷₩2,750 = 26.5%　15) ₩680÷₩2,500 = 27.2%

[문 15] 전통적 원가계산과 ABC

1. 공장전체 제조간접비 배부율 : ₩120,000÷(3,000개×2시간 + 500개×3시간) = ₩16/시간

2. P-1의 단위당 제조원가 : ₩180,000÷3,000개 = ₩60

P-1의 단위당 직접재료비를 X라 하면, X + 2시간×₩4/시간 + 2시간×₩16/시간 = ₩60

∴ X = ₩20

P-2의 단위당 제조원가 : ₩28,000÷400개 = ₩70

P-2의 단위당 직접재료비를 Y라 하면, Y + 3시간×₩4/시간 + 3시간×₩16/시간 = ₩70

∴ Y = ₩10

3. 제품별 제조간접비

활동	원가동인율	P-1	P-2
A	₩30,000÷1,500 = ₩20	₩10,000[1)]	₩20,000[2)]
B	₩10,000÷1,000 = ₩10	5,000	5,000
C	₩20,000÷2,000 = ₩10	5,000	15,000
D	₩35,000÷2,000 = ₩17.5	26,250	8,750
E	₩25,000÷1,000 = ₩25	18,750	6,250
		₩65,000	₩55,000

* 1) 500건수×@₩20
2) 1,000건수×@₩20

단위당 제조원가

	P-1		P-2	
직접재료비		₩20		₩10
직접노무비		8		12
제조간접비	₩65,000÷3,000개 =	21.667	₩55,000÷400개 =	137.5
		₩49.667		₩159.5

4. 단위당 제조원가 비교

	P-1	P-2
(1) 현행 원가계산의 단위당 제조원가	₩60	₩70
(2) 활동기준원가계산의 단위당 제조원가	49.667	159.5
(3) 단위당 원가차이[(1)-(2)]×생산량	₩10.333×3,000개	(₩89.5)×400개
(4) 제품별 원가왜곡액	₩30,999(과대계상)	(₩35,800)(과소계상)

[문 16] 전통적 원가계산과 ABC

[기본분석]

	직접노동시간[1)]	직접노무비 기준[2)]	활동 기준[3)]
고급형	800시간	₩480,000÷500단위 = @₩960	₩864,000÷500단위 = @₩1,728
표준형	3,200	₩1,920,000÷4,000단위 = @₩480	₩1,536,000÷4,000단위 = @₩384
	4,000시간	₩2,400,000	₩2,400,000

* 1) 500단위×1.6시간 = 800직접노동시간
  4,000단위×1.6시간 = 3,200직접노동시간
  2) ₩2,400,000×800시간÷(500단위×1.6시간 + 4,000단위×0.8시간) = ₩480,000
  ₩2,400,000×3,200시간÷(500단위×1.6시간 + 4,000단위×0.8시간) = ₩1,920,000
  3) 활동기준 배부
  고급형(₩864,000)
  자재주문 : ₩100,800×400회÷1,200회 = ₩33,600
  재작업지시 : ₩259,200×300회÷900회 = ₩86,400
  제품검사 : ₩540,000×4,000회÷15,000회 = ₩144,000
  기계수리 : ₩1,500,000×20,000시간÷50,000시간 = ₩600,000
  표준형(₩1,536,000)
  자재주문 : ₩100,800×800회÷1,200회 = ₩67,200
  재작업지시 : ₩259,200×600회÷900회 = ₩172,800
  제품검사 : ₩540,000×11,000회÷15,000회 = ₩396,000
  기계수리 : ₩1,500,000×30,000시간÷50,000시간 = ₩900,000

단위당 제조원가 비교

	직접노무원가 기준		활동 기준	
	고급형	표준형	고급형	표준형
직접재료원가	@₩9,000	@₩6,720	@₩9,000	@₩6,720
직접노무원가	@₩960	@₩480	@₩960	@₩480
제조간접원가	@₩960	@₩480	@₩1,728	@₩384
	@₩10,920	@₩7,680	@₩11,688	@₩7,584

* 제조간접원가를 직접노무원가 기준으로 배부
  고급형 : @₩9,000 + @₩960 + @₩960(= ₩480,000÷500단위) = @₩10,920
  표준형 : @₩6,720 + @₩480 + @₩480(= ₩1,920,000÷4,000단위) = @₩7,680
* 제조간접원가를 활동 기준으로 배부
  고급형 : @₩9,000 + @₩960 + @₩1,728(= ₩864,000÷500단위) = @₩11,688
  표준형 : @₩6,720 + @₩480 + @₩384(= ₩1,536,000÷4,000단위) = @₩7,584

[문 17] 활동기준원가계산

구 분	활동원가			원가동인 수	동인율
	급 여	기 타	계		
고객주문처리	₩180,000	₩140,000	₩320,000	80회	₩4,000/회
고객관계관리	120,000	60,000	180,000	30명	6,000/명
계	₩300,000	₩200,000	₩500,000		

* ₩300,000×60% = ₩180,000　　₩300,000×40% = ₩120,000
₩200,000×70% = ₩140,000　　₩200,000×30% = ₩60,000
₩320,000÷80회 = @₩4,000/회　　₩180,000÷30명 = @₩6,000/명

∴ 고객 A에게 배부될 판매관리비 : @₩4,000×12회 + @₩6,000×1명 = ₩54,000

[문 18] 활동기준원가계산

직접노무비		
책임세무사	₩8,000,000×20시간÷1,600시간 =	₩100,000
담당세무사	₩16,000,000×40시간÷6,400시간 =	100,000
기타직접비(직접노무비 이외)		26,000
일반관리비	₩2,400,000×60시간÷8,000시간 =	18,000
보험료	₩960,000×₩200,000÷₩24,000,000 =	8,000
비서실운영비	₩1,600,000×20시간÷1,600시간 =	20,000
		₩272,000

* 세무사 총투입시간 60시간 = 책임세무사 20시간 + 담당세무사 40시간
직접노무비 ₩200,000 = 책임세무사 ₩100,000 + 담당세무사 ₩100,000

Ⅱ

관리를 위한 원가정보

제6장

종합원가계산

본장에서는 제품원가계산의 방법 중에서 **종합원가계산**과 관련된 내용을 주로 다룬다. 개별원가계산에서는 제조간접비의 배부에 관한 계산 즉 부문별 원가계산에 중점을 두지만, 종합원가계산에서는 직접비와 간접비의 구분이 불필요하고 특정 원가계산기간 중에 정상적으로 소비된 모든 경제적 가치를 동 원가계산기간에 제조한 완성품(즉 당기제품제조원가)과 기말재공품에 배분하는 계산이 중요시된다. 이의 계산을 위해, 공식법과 C. T. Horngren의 5단계법을 함께 이용한다. 두 가지 방법 모두 동일한 결과가 도출된다.

제1절 종합원가계산의 개념 및 재공품 평가

1. 계속 제조지시서 및 완성품 환산량

종합원가계산(process costing)이란 단일 종류의 제품을 연속적으로 대량생산하는 경우에 적용되는 원가계산형태로서, 원가계산기간에 발생한 총제조원가를 동 기간에 완성한 제품의 총수량으로 나누어서 제품 단위당의 평균원가를 산출하는 방법이다.[1)]

종합원가계산의 경우에 발행되는 제조지시서는 **계속 제조지시서**로서, 이것이 일단 발행되면 변경 지시가 내려지지 않는 한 그 제조지시서에 의한 제조는 계속된다. 또 종합원가계산에서 사용되는 원가계산표는 개별원가계산의 경우와는 달리 제품의 종류마다 작성할 필요가 없으며, 각 원가계산기간마다 1부를 작성하고 여기에다 그 기간에 발생한 모든 원가를 집계하면 된다. 따라서 개별원가계산에 있어서처럼 제품에 대한 직접비와 간접비에 대한 별도의 구분은 필요치 않으며, 다만 경우에 따라서 제조공정(부문)에 대한 직접비와 간접비의 구분이 필요할 뿐이다.

---

1) 발생한 모든 원가요소를 집계한 당기총제조비용에 기초재공품원가를 가산한 후 그 합계액을 완성품과 기말재공품에 안분계산함으로써 완성품원가와 기말재공품원가를 계산하고, 이후에 제품 단위당 원가를 산정한다. 완성품원가와 기말재공품원가는 완성품 환산량에 의하여 선입선출법 · 후입선출법 또는 평균법 등을 적용하여 계산한다. 기말재공품의 완성품 환산량은 재료의 투입정도 또는 가공정도 등을 고려하여 직접재료비와 가공비로 구분하여 산정할 수 있다.

종합원가계산에서 기초재공품원가와 당기총제조비용을 완성품과 기말재공품에 배분할 때 단순한 물량을 기준으로 배분하면 어떨까? 결론적으로 물량단위는 합리적인 배부기준이 될 수 없다. 그 이유는 재공품(work in process)은 공정에 투입되어 완료될 때까지 전 공정에 걸쳐 있으므로 동일한 단위의 물량이라 할지라도 원가의 부담정도가 서로 다르기 때문이다. 따라서 기초재공품원가와 당기총제조비용을 완성품과 기말재공품으로 배부하기 위해서는 완성품과 기말재공품을 동질화시켜 줄 공통분모가 필요한데, 이를 **완성품 환산량**(equivalent unit)이라 한다.

완성품 환산량은 물량단위에 **완성도**(=진척도, percentage of completion)를 반영한 가상적인 수량단위이다. 이때 완성도는 물리적인 완성도가 아니라 원가의 투입정도(발생시점)를 의미한다.[2] 여기에서 유의할 점은 대부분의 경우 직접재료비와 가공비는 원가의 투입시점을 달리하므로, 완성품 환산량도 각각 구해야 한다는 점이다. 예컨대, 직접재료가 공정의 착수시점에서 모두 투입되는 경우라면 완성품 1개와 기말재공품 1개의 직접재료비는 동일하며, 따라서 기말재공품 1개의 직접재료비에 대한 완성품 환산량은 완성품과 동일하게 1개로 볼 수 있다. 그러나 가공비가 공정 전반에 걸쳐 균등하게 발생된다면 완성품 1개와 기말재공품 1개의 가공비는 동일하다고 볼 수 없다. 즉 기말재공품의 가공비에 대한 완성도가 70%라면 기말재공품 1개의 가공비에 대한 완성품 환산량은 0.7개가 될 것이다. 현실 세계에서는 재공품의 완성도가 제시되어 있는 것이 아니다.

예제

종합원가계산을 이용하여 제품제조원가를 계산한다. 다음 자료를 이용하여 제조원가명세서를 작성하시오. 평균법과 선입선출법에 따라 재공품을 평가하며, 직접재료비와 가공비는 모두 공정이 진행됨에 따라 균등하게 발생한다.

(1) 기초재공품(수량 100개, 완성도 10%) : ₩3,820(직접재료비 ₩1,840, 가공비 ₩1,980)
기말재공품(수량 200개, 완성도 30%)
완성품 수량 : 900개

(2) 직접재료비 :	기초재료재고액	₩4,000
	당기재료매입액	30,000
	기말재료재고액	8,000
(3) 직접노무비 :	급 여	19,000
	퇴직급여	2,000

---

2) 일반적으로 제품이 공정을 통과하는데 걸리는 총시간 중에서 원가계산기간 말 현재까지 경과된 시간의 비율로 완성도를 측정하기도 한다.

(4) 제조간접비 : 기계장치 감가상각비(공장 100%) ₩7,000
소모품비(공장 100%) 2,300
세금과공과(공장 80%, 본사 20%) 3,000
전력비(공장 80%, 본사 20%) 6,000
보험료(공장 60%, 본사 40%) 2,000
임차료(공장 60%, 본사 40%) 9,000

해답

<평균법>

(1) 당기총제조비용 : ㉠+㉡+㉢=₩70,100

㉠ 직접재료비 : ₩4,000+₩30,000-₩8,000=₩26,000

㉡ 직접노무비 : ₩19,000+₩2,000=₩21,000

㉢ 제조간접비 : ₩7,000+₩2,300+(₩3,000×80%)+(₩6,000×80%)+(₩2,000×60%)
+(₩9,000×60%)=₩23,100

(2) 기말재공품재고액

완성품 환산량 : 900개+(200개×30%)=960개

완성품 환산량의 단위당 원가 : (₩3,820+₩70,100)÷960개=@₩77
* (기초재공품재고액+당기총제조비용)÷완성품 환산량

기말재공품재고액 : (200개×30%)×@₩77=₩4,620

별해) $(₩3,820+₩70,100)\times\dfrac{200개\times0.3}{900개+200개\times0.3}$=₩4,620 ← 공식법(후술함)

평균법은 기초재공품재고액과 당기총제조비용을 구분하지 않고 평균화해서 당기제품제조원가와 기말재공품재고액에 배분하는 방법이다.

(3) 당기제품제조원가 : ₩3,820+₩70,100-₩4,620=₩69,300

별해) $(₩3,820+₩70,100)\times\dfrac{900개}{900개+200개\times0.3}$=₩69,300 ← 공식법(후술함)

제조원가명세서

직접재료비		26,000
기초재료재고액	4,000	
당기재료매입액	30,000	
기말재료재고액	(8,000)	
직접노무비		21,000
급 여	19,000	
퇴직급여	2,000	
제조간접비		23,100
감가상각비	7,000	
소모품비	2,300	
세금과공과	2,400	
전력비	4,800	
보험료	1,200	
임차료	5,400	
당기총제조비용		70,100
기초재공품재고액		3,820
기말재공품재고액		(4,620)
당기제품제조원가		69,300

<선입선출법>

(1) 당기총제조비용

<평균법>에서 제시한 결과와 동일하다.

(2) 기말재공품재고액

당기완성품 환산량 : 900개 + (200개×30%) - (100개×10%) = 950개

당기완성품 환산량의 단위당 원가 : ₩70,100÷950개 = @₩73.79

* 당기총제조비용÷당기완성품 환산량

기말재공품재고액 : (200개×30%)×@₩73.79≒₩4,427

별해) $₩70,100 \times \dfrac{200개 \times 0.3}{900개 + 200개 \times 0.3 - 100개 \times 0.1}$ ≒₩4,427 ← 공식법(후술함)

선입선출법은 기초재공품이 먼저 작업되어 완성품이 되고 당기투입 수량은 그 다음으로 작업되어 완성되고 일부는 기말재공품으로 남는 것으로 원가흐름을 가정한다. 선입선출법을 적용하게 되면 기초재공품은 먼저 작업되어 완성된 것으로 보기 때문에 기초재공품재고액 전액을 당기제품제조원가에 가산해야 한다. 그리고 당기총제조비용만을 당기제품제조원가와 기말재공품재고액에 배분하게 되므로 기말재공품재고액에는 당기총제조비용만 포함된다. 따라서 당기총제조비용을 배분하기 위한 완성품 환산량은 기초재공품의 완성품 환산량(10개)을 제외한 당기완성품 환산량(950개)임에 유의해야 한다.

(3) 당기제품제조원가 : ₩3,820 + ₩70,100 - ₩4,427 = ₩69,493

별해1) $₩3,820 + (₩70,100 \times \dfrac{900개 - 100개 \times 0.1}{900개 + 200개 \times 0.3 - 100개 \times 0.1})$≒₩69,493 ← 공식법(후술함)

별해2) ₩3,820 + [(900개 - 10개)×@₩73.79]≒₩69,493

제조원가명세서

직접재료비		26,000
기초재료재고액	4,000	
당기재료매입액	30,000	
기말재료재고액	(8,000)	
직접노무비		21,000
급 여	19,000	
퇴직급여	2,000	
제조간접비		23,100
감가상각비	7,000	
소모품비	2,300	
세금과공과	2,400	
전력비	4,800	
보험료	1,200	
임차료	5,400	
당기총제조비용		70,100
기초재공품재고액		3,820
기말재공품재고액		(4,427)
당기제품제조원가		69,493

[주의]

판매비와 관리비 : 세금과공과(₩3,000×20%) + 전력비(₩6,000×20%) + 보험료(₩2,000×40%) + 임차료(₩9,000×40%) = ₩6,200

2. 종합원가계산의 원가흐름

종합원가계산에서 재료비, 노무비, 경비(또는 직접재료비, 직접노무비, 제조간접비)에 대한 회계처리는 개별원가계산과 동일하다. 따라서 개별원가계산에서 설명한 실제원가계산과 정상원가계산, 공장전체 제조간접비 배부율과 부문별 제조간접비 배부율 등과 관련된 사항은 종합원가계산에서도 그대로 적용된다. 제조과정에서 발생한 원가를 회계처리하기 위하여 재공품계정을 설정하며, 이 경우 공정이 단순할 경우에는 하나의 재공품계정만 설정하여도 되지만 공정이 많을 경우에는 공정별로 재공품계정을 설정하여야 한다.

종합원가계산의 원가흐름을 2개의 공정을 가정하여 설명하면 다음과 같다. 먼저 각 공정별로 제조원가를 집계하고 이를 재공품계정에 대체한다. 각 공정별로 제조원가를 집계한 후에는 각 공정별 제조원가를 완성품원가와 기말재공품원가로 배분하여야 한다. 완성품원가는 바로 당기제품제조원가가 되어 제품계정에 대체된다. 당기제품제조원가가 확정되면 당기에 판매된 제품에 대한 매출원가를 산정하여 기초제품재고액과 당기제품제조원가의 합계액을 매출원가와 기말제품재고액으로 배분함으로써 종합원가계산에 의한 회계처리가 종료된다.

<제1공정에서 원가 발생시>

(차) 재공품(제1공정)	×××	(대) 재료비	×××
		노무비	×××
		경　비	×××

<제1공정에서 제2공정으로 대체>

(차) 재공품(제2공정)*	×××	(대) 재공품(제1공정)	×××
(전공정비 대체액)		(차공정비 대체액)	

* 전공정 완성품 중 일부만을 다음 공정에 대체하는 경우, 반제품계정을 설정하여 처리한다.

<제2공정에서 원가 발생시>

(차) 재공품(제2공정)	×××	(대) 재료비	×××
		노무비	×××
		경　비	×××

<제2공정에서 완성품원가의 제품 대체>

(차) 제　품	×××	(대) 재공품(제2공정)	×××

<제품의 매출시>

(차) 현　금	×××	(대) 매　출	×××
(차) 매출원가	×××	(대) 제　품	×××

3. 기말재공품원가 및 완성품원가

제품생산의 과정에서 현재 가공 중에 있는 미완성품을 **재공품**이라고 한다. 개별원가계산에서는 미완성된 특정 제품의 제조지시서별 원가계산표에 집계되어 있는 금액이 재공품으로 된다. 그러나 종합원가계산에서는 재공품원가의 개별 확인이 불가능하기 때문에 원가계산기간 말에 현재 가공 중에 있는 재공품의 원가를 별도로 추정해 내어야 한다. 이 점에서 볼 때, 종합원가계산의 정확성 여부는 기말재공품의 평가 여부에 달려 있다 하여도 과언이 아니다.[3)]

종합원가계산에 있어서 기말재공품의 원가를 평가하는 방법에는, 기초재공품의 물량흐름(physical flow)을 어떻게 가정하는가에 따라 일반적으로 ① 평균법(average method), ② 선입선출법(First - In Fist - Out : FIFO), ③ 후입선출법(Last - In Fist - Out : LIFO)를 고려해 볼 수 있다.[4)] 이들의 적용기법은 일반 재고자산에 있어서 소비단가의 결정방법(원가흐름의 가정)과 사실상 동일하다.

종합원가계산에 있어서 기말재공품의 원가를 평가하는 방법 적용시에, 1) 모든 원가요소를 제조의 진행과 더불어 투입하는 경우(즉 직접재료비와 가공비의 발생이 모두 제조의 진행에 비례하여 발생하는 경우 또는 직접재료비와 가공비는 모두 공정이 진행됨에 따라 균등하게 발생하는 경우)와 2) 직접재료를 제조의 개시 시점에서 전량 투입하는 경우(즉 직접재료비와 가공비를 분리하여 계산하는 경우로서, 직접재료는 공정의 초기에 전량 투입되며, 가공비는 전 공정을 통하여 균등하게 발생하는 경우이다. 제품 제조의 개시 시점에서 직접재료의 전량을 투입한다고 한다면, 직접재료비에 대한 완성품 환산비율은 100%를 적용하여야 한다.[5)])로 구분하여 그 적용기법을 살펴보고자 한다.

---

3) 재공품 평가방법은 그 과정에 어떤 원가요소를 산입시키는가에 따라 다음과 같이 구분할 수도 있다.
   ① 주원가평가법 : 직접재료비와 직접노무비, 또는 그 중의 한 가지만을 재공품평가의 대상으로 삼고 나머지 원가요소는 일체 고려하지 않는 방법. 따라서 주원가는 재공품과 완성품의 원가에 분산되지만, 제외된 원가요소는 전부 완성품의 제조원가로만 산입된다.
   ② 평가생략법 : 매년 기초재공품과 기말재공품의 원가가 거의 일정하게 발생한다는 전제에서 재공품의 평가를 생략하는 방법. 따라서 당기에 발생한 전 원가요소가 완성품의 제조원가로만 산입된다.
   ③ 완성도 평가법 : 완성도를 고려하여 모든 원가요소를 재공품평가에 산입시키는 방법. 따라서 모든 원가요소는 완성도에 비례하여 재공품과 완성품의 원가로 분산된다.
   본서에서는 이 중에서 완성도 평가법을 전제로 하여 재공품의 평가방법을 보다 구체적으로 설명한다.

4) 기초재공품이 없는 경우에는 모든 작업은 당기에 이루어진 것이고 모든 제조비용도 당기에 발생한 것이다. 따라서 이 경우에는 원가흐름에 대한 가정이 불필요하다. 그러나 기초재공품이 있는 경우에는 기초재공품원가를 어떻게 다룰 것인가 하는 전제가 필요하다. 그 전제가 바로 평균법, 선입선출법, 후입선출법이다. 평균법과 선입선출법은 기초재공품이 있는 경우에만 필요한 가정이므로 각 방법의 차이는 기초재공품에서 나타난다. 즉 기초재공품이 없다면 평균법과 선입선출법의 결과는 동일하다. 한편, 후입선출법은 물량흐름과 원가흐름이 일치하지 않으므로 종합원가계산에서는 거의 사용되지 않는 방법이다.

5) 제품 제조의 진행에 따라 직접재료를 투입한다고 한다면, 직접재료비에 대한 완성품 환산비율은 제품 제조의 진행에 따른 완성도(예 100%가 아닌 40% 또는 60% 일수도 있음)를 적용하여야 한다.

1) 모든 원가요소를 제조의 진행과 더불어 투입하는 경우

모든 원가요소를 제조의 진행과 더불어 투입하는 경우란 직접재료비와 가공비의 발생이 모두 제조의 진행에 비례하여 발생하는 경우(즉 직접재료비와 가공비는 모두 공정이 진행됨에 따라 균등하게 발생한다)이다.

(1) 평균법

기초재공품의 원가와 당기의 제조비용이 평균적으로 완성품과 기말재공품에 분산되어 있다는 것을 전제로 한다. 따라서 재공품의 평가도 평균적인 개념으로 수행하여야 한다. 즉 당기 이전에 이미 투입된 기초재공품의 원가도 당기에 투입한 것과 동일하게 간주하므로, **산출** 측면을 강조하는 방법이다. (기초재공품의 완성도를 언제나 0%로 가정하는 것과 마찬가지이다.)

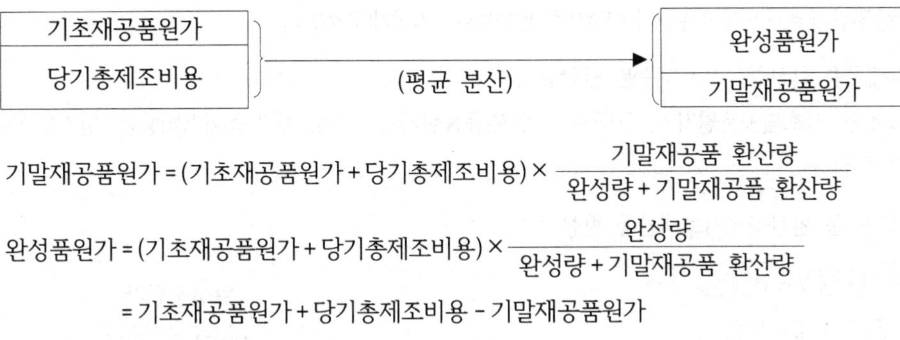

$$\text{기말재공품원가} = (\text{기초재공품원가} + \text{당기총제조비용}) \times \frac{\text{기말재공품 환산량}}{\text{완성량} + \text{기말재공품 환산량}}$$

$$\text{완성품원가} = (\text{기초재공품원가} + \text{당기총제조비용}) \times \frac{\text{완성량}}{\text{완성량} + \text{기말재공품 환산량}}$$

$$= \text{기초재공품원가} + \text{당기총제조비용} - \text{기말재공품원가}$$

(2) 선입선출법

당기에 기초재공품을 먼저 가공하여 완성품으로 제조하고 난 후, 당기투입 수량을 추가적으로 가공한다는 것을 전제로 한다. 따라서 일반적으로 기초재공품은 거의 완성품으로 제조완료되고 당기투입 수량에서 일부가 기말재공품으로 남기 때문에, 기말재공품의 원가는 당기총제조비용의 일부로서 구성되는 셈이다. **투입** 측면을 강조하는 방법이다.

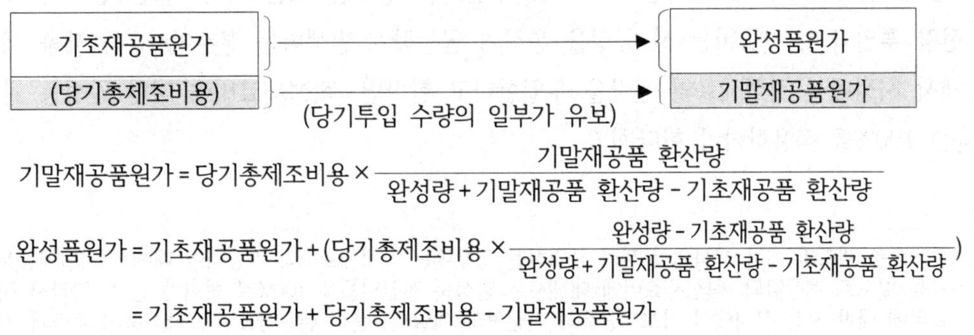

$$\text{기말재공품원가} = \text{당기총제조비용} \times \frac{\text{기말재공품 환산량}}{\text{완성량} + \text{기말재공품 환산량} - \text{기초재공품 환산량}}$$

$$\text{완성품원가} = \text{기초재공품원가} + \left(\text{당기총제조비용} \times \frac{\text{완성량} - \text{기초재공품 환산량}}{\text{완성량} + \text{기말재공품 환산량} - \text{기초재공품 환산량}}\right)$$

$$= \text{기초재공품원가} + \text{당기총제조비용} - \text{기말재공품원가}$$

⑶ 후입선출법

선입선출법과는 반대로 당기의 투입량부터 먼저 가공하여 완성품으로 제조하고, 기초재공품은 추가적으로 가공한다는 것을 전제로 한다. 따라서 이 경우에는 기말재공품의 수량(환산량)과 기초재공품의 수량(환산량)을 비교하여, 그 차이에 해당하는 금액을 기초재공품의 원가에 가감조정하는 방법으로 기말재공품의 평가를 수행하여야 한다.

① 기말재공품 환산량 > 기초재공품 환산량

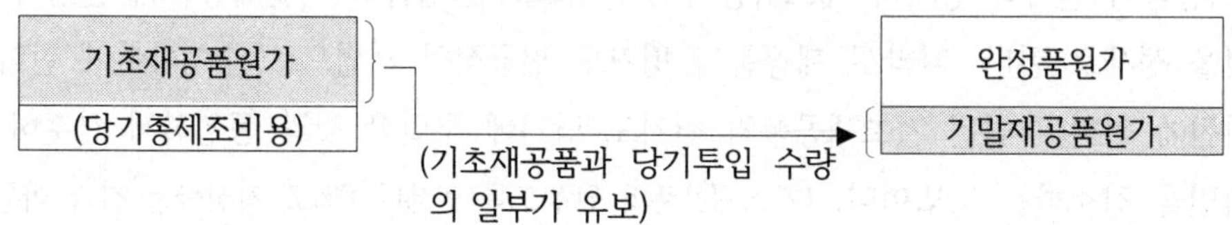

$$\text{기말재공품원가} = \text{기초재공품원가} + \left(\text{당기총제조비용} \times \frac{\text{기말재공품 환산량} - \text{기초재공품 환산량}}{\text{완성량} + \text{기말재공품 환산량} - \text{기초재공품 환산량}}\right)$$

완성품원가 = 기초재공품원가 + 당기총제조비용 - 기말재공품원가

② 기말재공품 환산량 = 기초재공품 환산량

이때에는 기초재공품원가가 그대로 기말재공품원가가 되며, 당기총제조비용은 당기완성품의 원가가 된다.

③ 기말재공품 환산량 < 기초재공품 환산량

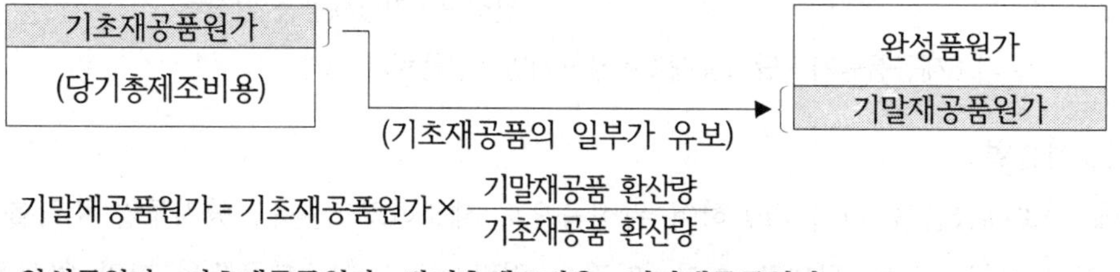

$$\text{기말재공품원가} = \text{기초재공품원가} \times \frac{\text{기말재공품 환산량}}{\text{기초재공품 환산량}}$$

완성품원가 = 기초재공품원가 + 당기총제조비용 - 기말재공품원가

2) 직접재료를 제조의 개시 시점에서 전량 투입하는 경우

직접재료를 제조의 개시 시점에서 전량 투입하는 경우란 모든 직접재료는 공정의 초기에 전량 투입되며, 가공비는 전 공정을 통하여 균등하게 발생하는 경우이다. 즉 제품 제조의 개시 시점에서 직접재료의 전량을 투입한다고 한다면, 직접재료비에 대한 완성품 환산비율은 100%를 적용하여야 한다.[6] [7]

---

6) 직접재료를 제조의 개시 시점에서 전량 투입하는 경우에는 직접재료비와 가공비에 대해서 기말재공품의 원가를 별도로 계산하되, 직접재료비에 대해서는 완성품 환산비율을 100%로 하여야 한다. 따라서 직접재료비에 대한 모든 산식에서 기초재공품의 환산량과 기말재공품의 환산량도 기초재공품의 수량과 기말재공품의 수량으로 대체시킬 필요가 있게 된다.

7) 공정이 진행되면서 가공이 일어나므로 가공비는 공정 전반에 걸쳐서 투입된다. 따라서 기말재공품은 완성도가 얼마나 진행되었는가에 따라 완성품 환산량이 달라진다.

(1) 평균법

기말재공품원가

직접재료비 : $(\text{기초재공품원가} + \text{당기총제조비용}) \times \dfrac{\text{기말재공품 수량}}{\text{완성량} + \text{기말재공품 수량}}$

가공비 : $(\text{기초재공품원가} + \text{당기총제조비용}) \times \dfrac{\text{기말재공품 환산량}}{\text{완성량} + \text{기말재공품 환산량}}$

완성품원가

직접재료비 : $(\text{기초재공품원가} + \text{당기총제조비용}) \times \dfrac{\text{완성량}}{\text{완성량} + \text{기말재공품 수량}}$

가공비 : $(\text{기초재공품원가} + \text{당기총제조비용}) \times \dfrac{\text{완성량}}{\text{완성량} + \text{기말재공품 환산량}}$

직접재료비 : 기초재공품원가 + 당기총제조비용 - 기말재공품원가

가공비 : 기초재공품원가 + 당기총제조비용 - 기말재공품원가

(2) 선입선출법

기말재공품원가

직접재료비 : $\text{당기총제조비용} \times \dfrac{\text{기말재공품 수량}}{\text{완성량} + \text{기말재공품 수량} - \text{기초재공품 수량}}$

가공비 : $\text{당기총제조비용} \times \dfrac{\text{기말재공품 환산량}}{\text{완성량} + \text{기말재공품 환산량} - \text{기초재공품 환산량}}$

완성품원가

직접재료비 : $\text{기초재공품원가} + (\text{당기총제조비용} \times \dfrac{\text{완성량} - \text{기초재공품 수량}}{\text{완성량} + \text{기말재공품 수량} - \text{기초재공품 수량}})$

가공비 : $\text{기초재공품원가} + (\text{당기총제조비용} \times \dfrac{\text{완성량} - \text{기초재공품 환산량}}{\text{완성량} + \text{기말재공품 환산량} - \text{기초재공품 환산량}})$

직접재료비 : 기초재공품원가 + 당기총제조비용 - 기말재공품원가

가공비 : 기초재공품원가 + 당기총제조비용 - 기말재공품원가

(3) 후입선출법 (단, 직접재료비가 '기말재공품 수량 > 기초재공품 수량'이고, 가공비가 '기말재공품 환산량 > 기초재공품 환산량'이라면)

기말재공품원가

직접재료비 : $\text{기초재공품원가} + (\text{당기총제조비용} \times \dfrac{\text{기말재공품 수량} - \text{기초재공품 수량}}{\text{완성량} + \text{기말재공품 수량} - \text{기초재공품 수량}})$

가공비 : $\text{기초재공품원가} + (\text{당기총제조비용} \times \dfrac{\text{기말재공품 환산량} - \text{기초재공품 환산량}}{\text{완성량} + \text{기말재공품 환산량} - \text{기초재공품 환산량}})$

완성품원가

직접재료비 : 기초재공품원가 + 당기총제조비용 - 기말재공품원가

가공비 : 기초재공품원가 + 당기총제조비용 - 기말재공품원가

종합예제 1

다음에 제시된 자료에 의해, 기말재공품원가와 완성품원가를 조건 (1)~(6)에 따라 각각 산출하시오.

	물량	가공비 완성도	원가: 직접재료비	원가: 가공비	원가: 합 계
기초재공품	120개	50%	₩9,000	₩19,700	₩28,700
당기투입	2,480		372,000	292,800	664,800
기말재공품	200	70			
당기완성	2,400				

	평균법	선입선출법	후입선출법
모든 원가요소를 제조의 진행과 더불어 투입하는 경우 (=직접재료비와 가공비의 발생이 모두 제조의 진행에 비례하여 발생하는 경우)	(1)	(2)	(3)
직접재료를 제조의 개시 시점에서 전량 투입하는 경우 (=모든 직접재료는 공정의 초기에 전량 투입되며, 가공비는 전 공정을 통하여 균등하게 발생하는 경우)	(4)	(5)	(6)

해답

[모든 원가요소를 제조의 진행과 더불어 투입하는 경우 : 사전지식]

- 평균법과 선입선출법의 가장 큰 차이점은 기초재공품원가와 당기총제조비용의 구분 여부이다. 평균법은 기초재공품원가와 당기총제조비용을 구분하지 않고 동일하게 취급하여 완성품원가(당기제품제조원가)와 기말재공품원가에 안분한다. 반면에 선입선출법은 기초재공품원가와 당기총제조비용을 구분하여 완성품원가는 기초재공품원가와 당기총제조비용(즉 당기 발생된 원가)으로 구성되어 있고, 기말재공품원가는 당기총제조비용으로만 구성되어 있다고 가정하는 것이다.
- 평균법은 기초재공품과 당기작업 환산량을 구분하지 않는다는 점에서 간편하므로 실무에서 널리 사용되는 방법이다. 그러나 당기의 단위당 원가가 당기총제조비용뿐만 아니라 기초재공품원가에도 영향을 받으므로 기간별 성과를 부정확하게 한다는 단점이 있다.
- 선입선출법은 기초재공품원가와 당기총제조비용을 구분하여 계산하므로 계산과정이 평균법보다 복잡하지만, 전기의 작업능률과 당기의 작업능률이 명확히 구분되기 때문에 원가통제상 유용한 정보를 제공한다.

(1) ① 기말재공품원가

$$(₩28,700 + ₩664,800) \times \frac{200개 \times 0.7}{2,400개 + 200개 \times 0.7} = ₩38,224$$

② 완성품원가

$$(₩28,700 + ₩664,800) \times \frac{2,400개}{2,400개 + 200개 \times 0.7} = ₩655,276$$

₩28,700 + ₩664,800 - ₩38,224 = ₩655,276

재공품

차변		대변	
기초재공품원가	28,700	완성품원가	655,276
직접재료비	372,000	기말재공품원가	38,224
가공비	292,800		
	693,500		693,500

제조원가명세서

직접재료비	372,000
가공비	292,800
당기총제조비용	664,800
기초재공품원가	28,700
기말재공품원가	(38,224)
당기제품제조원가	655,276

* 완성품 단위당 원가 : ₩655,276÷2,400개 = @₩273.03167

(2) ① 기말재공품원가

$$₩664,800 \times \frac{200개 \times 0.7}{2,400개 + 200개 \times 0.7 - 120개 \times 0.5} = ₩37,529$$

② 완성품원가

$$₩28,700 + (₩664,800 \times \frac{2,400개 - 120개 \times 0.5}{2,400개 + 200개 \times 0.7 - 120개 \times 0.5}) = ₩655,971$$

₩28,700 + ₩664,800 - ₩37,529 = ₩655,971

재공품

기초재공품원가	28,700	완성품원가	655,971
직접재료비	372,000	기말재공품원가	37,529
가공비	292,800		
	693,500		693,500

제조원가명세서

직접재료비	372,000
가공비	292,800
당기총제조비용	664,800
기초재공품원가	28,700
기말재공품원가	(37,529)
당기제품제조원가	655,971

* 완성품 단위당 원가 : ₩655,971÷2,400개 = @₩273.32125

(3) 기말재공품 환산량(140개) > 기초재공품 환산량(60개)

① 기말재공품원가

$$₩28,700 + (₩664,800 \times \frac{200개 \times 0.7 - 120개 \times 0.5}{2,400개 + 200개 \times 0.7 - 120개 \times 0.5}) = ₩50,145$$

② 완성품원가

₩28,700 + ₩664,800 - ₩50,145 = ₩643,355

재공품

기초재공품원가	28,700	완성품원가	643,355
직접재료비	372,000	기말재공품원가	50,145
가공비	292,800		
	693,500		693,500

제조원가명세서

직접재료비	372,000
가공비	292,800
당기총제조비용	664,800
기초재공품원가	28,700
기말재공품원가	(50,145)
당기제품제조원가	643,355

[직접재료를 제조의 개시 시점에서 전량 투입하는 경우 : 사전지식]

평균법은 직접재료비와 가공비를 구분해서 완성품과 기말재공품의 완성품 환산량을 계산한다. 왜냐하면 직접재료비와 가공비는 투입시점이 다르기 때문이다. 선입선출법은 직접재료비와 가공비를 구분해서 기초완성품(즉 기초재공품의 당기 완성품)과 당기완성품 및 기말재공품에 포함된 당기투입된 완성품 환산량을 계산한다. 단, 기초재공품에 이미 포함되어 있는 완성품 환산량은 제외한다.

(4) ① 기말재공품원가

$$직접재료비 : (₩9,000 + ₩372,000) \times \frac{200개}{2,400개 + 200개} = ₩29,308$$

$$가공비 : (₩19,700 + ₩292,800) \times \frac{200개 \times 0.7}{2,400개 + 200개 \times 0.7} = 17,224$$

₩46,532

② 완성품원가

$$직접재료비 : (₩9,000 + ₩372,000) \times \frac{2,400개}{2,400개 + 200개} = ₩351,692$$

$$가공비 : (₩19,700 + ₩292,800) \times \frac{2,400개}{2,400개 + 200개 \times 0.7} = 295,276$$

₩646,968

직접재료비 : ₩9,000 + ₩372,000 - ₩29,308 = ₩351,692
가공비 : ₩19,700 + ₩292,800 - ₩17,224 = 295,276
₩646,968

재공품

기초재공품원가	28,700	완성품원가	646,968
직접재료비	372,000	기말재공품원가	46,532
가공비	292,800		
	693,500		693,500

제조원가명세서

직접재료비	372,000
가공비	292,800
당기총제조비용	664,800
기초재공품원가	28,700
기말재공품원가	(46,532)
당기제품제조원가	646,968

* 완성품 단위당 원가 : ₩646,968÷2,400개 = @₩269.57

(5) ① 기말재공품원가

직접재료비 : $₩372,000 \times \dfrac{200개}{2,400개 + 200개 - 120개}$ = ₩30,000

가공비 : $₩292,800 \times \dfrac{200개 \times 0.7}{2,400개 + 200개 \times 0.7 - 120개 \times 0.5}$ = 16,529

₩46,529

② 완성품원가

직접재료비 : $₩9,000 + (₩372,000 \times \dfrac{2,400개 - 120개}{2,400개 + 200개 - 120개})$ = ₩351,000

가공비 : $₩19,700 + (₩292,800 \times \dfrac{2,400개 - 120개 \times 0.5}{2,400개 + 200개 \times 0.7 - 120개 \times 0.5})$ = 295,971

₩646,971

직접재료비 : ₩9,000 + ₩372,000 - ₩30,000 = ₩351,000
가공비 : ₩19,700 + ₩292,800 - ₩16,529 = 295,971
₩646,971

재공품

기초재공품원가	28,700	완성품원가	646,971
직접재료비	372,000	기말재공품원가	46,529
가공비	292,800		
	693,500		693,500

제조원가명세서

직접재료비	372,000
가공비	292,800
당기총제조비용	664,800
기초재공품원가	28,700
기말재공품원가	(46,529)
당기제품제조원가	646,971

* 당기투입된 당기완성품 단위당 원가 :
₩372,000÷(2,400개 + 200개 - 120개) = @₩150, ₩292,800÷(2,400개 + 200개×0.7 - 120개×0.5) = @₩118.06451
당기투입된 당기완성품원가 : (@₩150 + @₩118.06451)×2,280개 ≒ ₩611,187
기초재공품 완성품 단위당 원가 : (₩646,971 - ₩611,187)÷120개 = @₩298.2

(6) 직접재료비 : 기말재공품 수량(200개) > 기초재공품 수량(120개)
가공비 : 기말재공품 환산량(140개) > 기초재공품 환산량(60개)

① 기말재공품원가

직접재료비 : $₩9,000 + (₩372,000 \times \dfrac{200개 - 120개}{2,400개 + 200개 - 120개})$ = ₩21,000

가공비 : $₩19,700 + (₩292,800 \times \dfrac{200개 \times 0.7 - 120개 \times 0.5}{2,400개 + 200개 \times 0.7 - 120개 \times 0.5})$ = 29,145

₩50,145

② 완성품원가

직접재료비 : ₩9,000 + ₩372,000 - ₩21,000 = ₩360,000
가공비 : ₩19,700 + ₩292,800 - ₩29,145 = 283,355
₩643,355

재공품

기초재공품원가	28,700	완성품원가	643,355
직접재료비	372,000	기말재공품원가	50,145
가공비	292,800		
	693,500		693,500

제조원가명세서

직접재료비	372,000
가공비	292,800
당기총제조비용	664,800
기초재공품원가	28,700
기말재공품원가	(50,145)
당기제품제조원가	643,355

[별해 : C. T. Horngren의 5단계법]

[사전지식]

· 종합원가계산을 하기 위해서는 물량흐름 파악(1단계)과 총제조원가의 집계(3단계)를 원가계산 이전에 미리 알고 있어야 하며, 5단계법에 따라 원가계산을 해서 총제조원가의 배분(5단계)인 완성품원가와 기말재공품원가를 계산하게 된다.

· 평균법과 선입선출법의 가장 큰 차이점은 기초재공품원가의 처리이다. 선입선출법에서는 기초재공품이 먼저 완성된 것으로 가정하므로 기초재공품원가는 전액이 완성품원가에 가산된다. 따라서 당기총제조비용을 배분하기 위한 완성품 환산량은 기초재공품의 완성품 환산량을 제외한 당기 완성품 환산량을 계산해야 한다. 즉 3단계에서 총제조원가를 집계할 때도 기초재공품원가는 총액만 파악하고, 5단계를 적용할 때도 기초재공품원가는 완성품원가에 바로 가산된다.

<평균법 : 원가자료 [표] 안의 ⑷에 해당>

	[1단계] 물량흐름 파악	[2단계] 완성품 환산량 직접재료비	가공비	계
기초재공품 수량	120개(50%)			
당기투입 수량	2,480			
계	2,600개			
당기완성품 수량	2,400개	2,400개	2,400개	
기말재공품 수량	200 (70%)	200	140	
계	2,600개	2,600개	2,540개	
[3단계] 총제조원가의 집계				계
기초재공품원가		₩9,000	₩19,700	₩28,700
당기총제조비용		372,000	292,800	664,800
계		₩381,000	₩312,500	₩693,500
[4단계] 환산량 단위당 원가				
완성품 환산량		÷2,600개	÷2,540개	
환산량 단위당 원가		₩146.53846	₩123.03149	

[5단계] 총제조원가의 배분

완성품원가	직접재료비	2,400개×@₩146.53846 =	₩351,692	
	가공비	2,400개×@₩123.03149 =	295,276	₩646,968
기말재공품원가	직접재료비	200개×@₩146.53846 =	₩29,308	
	가공비	140개×@₩123.03149 =	17,224	46,532
계				₩693,500

재공품

기초재공품원가	28,700	완성품원가	646,968
직접재료비	372,000	기말재공품원가	46,532
가공비	292,800		
	693,500		693,500

* 완성품 단위당 원가 : ₩646,968÷2,400개 = @₩269.57

<선입선출법 : 원가자료 [표] 안의 (5)에 해당>

	[1단계] 물량흐름 파악	[2단계] 완성품 환산량 직접재료비	가공비
기초재공품 수량	120개(50%)		
당기투입 수량	2,480		
계	2,600개		
기초재공품 완성량	120개(50%)	0개	60개
당기투입 완성량	2,280	2,280	2,280
기말재공품 수량	200 (70%)	200	140
계	2,600개	2,480개	2,480개

[3단계] 총제조원가의 집계			계
기초재공품원가			₩28,700
당기총제조비용	₩372,000	₩292,800	664,800
계	₩372,000	₩292,800	₩693,500

[4단계] 환산량 단위당 원가		
완성품 환산량	÷2,480개	÷2,480개
환산량 단위당 원가	₩150	₩118.06451

[5단계] 총제조원가의 배분

완성품원가	기초재공품원가	=	₩28,700	
	기초재공품 직접재료비	0개×@₩150 =	0	
	기초재공품 가공비	60개×@₩118.06451 =	7,084	
	당기투입 직접재료비	2,280개×@₩150 =	342,000	
	당기투입 가공비	2,280개×@₩118.06451 =	269,187	₩646,971
기말재공품원가	직접재료비	200개×@₩150 =	₩30,000	
	가공비	140개×@₩118.06451 =	16,529	46,529
계				₩693,500

재공품

기초재공품원가	28,700	완성품원가	646,971
직접재료비	372,000	기말재공품원가	46,529
가공비	292,800		
	693,500		693,500

* 당기투입된 당기완성품 단위당 원가 :
  ₩372,000÷(2,400개 + 200개 - 120개) = @₩150
  ₩292,800÷(2,400개 + 200개×0.7 - 120개×0.5) = @₩118.06451
  당기투입된 당기완성품원가 : (@₩150 + @₩118.06451)×2,280개≒₩611,187
  기초재공품 완성품 단위당 원가 : (₩646,971 - ₩611,187)÷120개 = @₩298.2

종합예제 2

다음은 (주)장안산업의 제조공정에 대한 원가자료이다.

	물량	가공비 완성도	원가 직접재료비	원가 가공비	원가 합 계
기초재공품	150개	1/3	₩80,000	₩31,800	₩111,800
기말재공품	220	1/2			
당기투입	850		425,000	235,200	660,200
당기완성	780				

물음 (2022 회계사 유사, 2020 세무사 유사, 2019 세무사 유사, 2018 세무사 유사)

1. 직접재료비와 가공비의 발생이 모두 제조의 진행에 비례하여 발생하는 경우(= 모든 원가요소를 제조의 진행과 더불어 투입하는 경우)에, 각 방법(평균법 · 선입선출법)에 의하여 기말재공품원가와 완성품원가를 산출하시오.
2. 모든 직접재료는 공정의 초기에 전량 투입되며, 가공비는 전 공정을 통하여 균등하게 발생하는 경우(= 직접재료를 제조의 개시 시점에서 전량 투입하는 경우)에, 각 방법(평균법 · 선입선출법)에 의하여 기말재공품원가와 완성품원가를 산출하시오.

해답

1. 직접재료비와 가공비의 발생이 모두 제조의 진행에 비례하여 발생하는 경우

<평균법>

기말재공품원가

$$(₩111,800 + ₩660,200) \times \frac{220개 \times 1/2}{780개 + 220개 \times 1/2} = ₩95,416$$

완성품원가

$$(₩111,800 + ₩660,200) \times \frac{780개}{780개 + 220개 \times 1/2} = ₩676,584$$

$$₩111,800 + ₩660,200 - ₩95,416 = ₩676,584$$

재공품

기초재공품원가	111,800	완성품원가	676,584
직접재료비	425,000	기말재공품원가	95,416
가공비	235,200		
	772,000		772,000

제조원가명세서

직접재료비	425,000
가공비	235,200
당기총제조비용	660,200
기초재공품원가	111,800
기말재공품원가	(95,416)
당기제품제조원가	676,584

<선입선출법>

기말재공품원가

$$₩660,200 \times \frac{220개 \times 1/2}{780개 + 220개 \times 1/2 - 150개 \times 1/3} = ₩86,455$$

완성품원가

$$₩111,800 + (₩660,200 \times \frac{780개 - 150개 \times 1/3}{780개 + 220개 \times 1/2 - 150개 \times 1/3}) = ₩685,545$$

$$₩111,800 + ₩660,200 - ₩86,455 = ₩685,545$$

재공품

기초재공품원가	111,800	완성품원가	685,545
직접재료비	425,000	기말재공품원가	86,455
가공비	235,200		
	772,000		772,000

제조원가명세서

직접재료비	425,000
가공비	235,200
당기총제조비용	660,200
기초재공품원가	111,800
기말재공품원가	(86,455)
당기제품제조원가	685,545

[참조]

• 평균법을 이용하여 종합원가계산을 수행하는 기업에서 기말재공품의 완성도를 실제보다 과대평가할 경우 완성품 환산량이 과대평가되고, 완성품 환산량이 과대평가되면 투입된 원가는 일정하므로 완성품 환산량 단위당 원가가 과소평가된다. 완성품의 완성품 환산량은 변화가 없으므로 완성품 환산량 단위당 원가의 과소평가로 인하여 당기완성품의 원가는 과소평가되고 상대적으로 기말재공품의 원가는 과대평가된다.

[예] 직접재료비와 가공비의 발생이 모두 제조의 진행에 비례하여 발생하는 경우 : 기말재공품의 완성도 1/2를 3/4으로 과대평가한다면? 기말재공품의 완성도가 1/2일 때의 기말재공품원가는 ₩95,416인데, 기말재공품의 완성도를 3/4으로 과대평가하면 기말재공품원가가 ₩134,794로 과대평가된다.

기말재공품원가

$$(₩111,800 + ₩660,200) \times \frac{220개 \times 3/4}{780개 + 220개 \times 3/4} = ₩134,794$$

완성품원가

$$(₩111,800 + ₩660,200) \times \frac{780개}{780개 + 220개 \times 3/4} = ₩637,206$$

• 선입선출법을 이용하여 종합원가계산을 수행하는 기업에서 기초재공품의 완성도를 실제보다 과소평가할 경우 당연히 기초재공품의 원가는 과소평가되고, 완성품 환산량은 과대평가된다. 완성품 환산량 단위당 원가가 과소평가되므로 기말재공품의 원가는 과소평가된다.

[예] 직접재료비와 가공비의 발생이 모두 제조의 진행에 비례하여 발생하는 경우 : 기초재공품의 완성도 1/3를 1/5로 과소평가한다면? 기초재공품의 완성도가 1/3일 때의 기말재공품원가는 ₩86,455인데, 기초재공품의 완성도를 1/5로 과소평가하면 기말재공품원가가 ₩84,444로 과소평가된다.

기말재공품원가

$$₩660,200 \times \frac{220개 \times 1/2}{780개 + 220개 \times 1/2 - 150개 \times 1/5} = ₩84,444$$

완성품원가

$$₩111,800 + (₩660,200 \times \frac{780개 - 150개 \times 1/5}{780개 + 220개 \times 1/2 - 150개 \times 1/5}) = ₩687,556$$

2. 모든 직접재료는 공정의 초기에 전량 투입되며, 가공비는 전 공정을 통하여 균등하게 발생하는 경우

<평균법>

기말재공품원가

$$직접재료비 : (₩80,000 + ₩425,000) \times \frac{220개}{780개 + 220개} = ₩111,100$$

$$가공비 : (₩31,800 + ₩235,200) \times \frac{220개 \times 1/2}{780개 + 220개 \times 1/2} = 33,000$$

₩144,100

완성품원가

직접재료비 : $(₩80,000 + ₩425,000) \times \frac{780개}{780개 + 220개} =$ ₩393,900

가공비 : $(₩31,800 + ₩235,200) \times \frac{780개}{780개 + 220개 \times 1/2} =$ 234,000

₩627,900

직접재료비 : ₩80,000 + ₩425,000 - ₩111,100 = ₩393,900

가공비 : ₩31,800 + ₩235,200 - ₩33,000 = 234,000

₩627,900

재공품

기초재공품원가	111,800	완성품원가	627,900
직접재료비	425,000	기말재공품원가	144,100
가공비	235,200		
	772,000		772,000

제조원가명세서

직접재료비	425,000
가공비	235,200
당기총제조비용	660,200
기초재공품원가	111,800
기말재공품원가	(144,100)
당기제품제조원가	627,900

<선입선출법>

기말재공품원가

직접재료비 : $₩425,000 \times \frac{220개}{780개 + 220개 - 150개} =$ ₩110,000

가공비 : $₩235,200 \times \frac{220개 \times 1/2}{780개 + 220개 \times 1/2 - 150개 \times 1/3} =$ 30,800

₩140,800

완성품원가

직접재료비 : $₩80,000 + (₩425,000 \times \frac{780개 - 150개}{780개 + 220개 - 150개}) =$ ₩395,000

가공비 : $₩31,800 + (₩235,200 \times \frac{780개 - 150개 \times 1/3}{780개 + 220개 \times 1/2 - 150개 \times 1/3}) =$ 236,200

₩631,200

직접재료비 : ₩80,000 + ₩425,000 - ₩110,000 = ₩395,000

가공비 : ₩31,800 + ₩235,200 - ₩30,800 = 236,200

₩631,200

재공품

기초재공품원가	111,800	완성품원가	631,200
직접재료비	425,000	기말재공품원가	140,800
가공비	235,200		
	772,000		772,000

제조원가명세서

직접재료비	425,000
가공비	235,200
당기총제조비용	660,200
기초재공품원가	111,800
기말재공품원가	(140,800)
당기제품제조원가	631,200

[별해 : C. T. Horngren의 5단계법]

<평균법>

재공품(물량)

기초(완성도 1/3)	150	완성	780
투입	850	기말(완성도 1/2)	220
	1,000		1,000

재공품(원가)

기초재공품	111,800	완성품	?
직접재료비	425,000	기말재공품	?
가공비	235,200		
	772,000		772,000

	[1단계] 물량흐름 파악	[2단계] 완성품 환산량 직접재료비	가공비	
기초재공품 수량	150개(1/3)			
당기투입 수량	850			
계	1,000개			
당기완성품 수량	780개	780개	780개	
기말재공품 수량	220 (1/2)	220	110	
계	1,000개	1,000개	890개	
[3단계] 총제조원가의 집계				계
기초재공품원가		₩80,000	₩31,800	₩111,800
당기총제조비용		425,000	235,200	660,200
계		₩505,000	₩267,000	₩772,000
[4단계] 환산량 단위당 원가				
완성품 환산량		÷1,000개	÷890개	
환산량 단위당 원가		₩505	₩300	

[5단계] 총제조원가의 배분

완성품원가	직접재료비	780개×@₩505 =	₩393,900	
	가공비	780개×@₩300 =	234,000	₩627,900
기말재공품원가	직접재료비	220개×@₩505 =	₩111,100	
	가공비	110개×@₩300 =	33,000	144,100
계				₩772,000

재공품

기초재공품원가	111,800	완성품원가	627,900
직접재료비	425,000	기말재공품원가	144,100
가공비	235,200		
	772,000		772,000

* 완성품 단위당 원가 : ₩627,900÷780개 = @₩805

[참조]

• 당기의 제조활동과 관련하여 평균법과 선입선출법에 의해 각각 계산한 직접재료비와 가공비의 완성품 환산량은 다음과 같다. 기초재공품의 가공비 완성도는 얼마인가? (2022 세무사 유사)

	직접재료비 완성품 환산량	가공비 완성품 환산량
평균법	1,000개	890개
선입선출법	850개	840개

답

(890개 - 840개)÷(1,000개 - 850개) = 1/3

• 당기 생산 및 제조에 관한 자료이다. 선입선출법을 적용한다. 기초재공품 수량은 150개(완성도 1/3)이고 당기투입 수량은 850개이며 기말재공품 수량은 220개(완성도 1/2)이다. 당기에 발생한 직접재료비는 ₩425,000이고, 가공비는 ₩235,200이다. 완성품원가는 ₩631,200이다. 기초재공품원가는 얼마인가? (2020 회계사 유사)

답

직접재료비 환산량 단위당 원가 : ₩425,000÷850개 = ₩500

가공비 환산량 단위당 원가 : ₩235,200÷(150개×2/3 + 630개 + 220개×1/2) = ₩280

∴ 기말재공품원가 : 220개×@₩500 + 220개×1/2×@₩280 = ₩140,800

기초재공품원가 + ₩425,000 + ₩235,200 = ₩631,200 + ₩140,800

∴ 기초재공품원가 : ₩111,800

<선입선출법>

재공품(물량)			
기초(완성도 1/3)	150	완성 - 기초	150
		완성 - 당기	630
투입	850	기말(완성도 1/2)	220
	1,000		1,000

재공품(원가)			
기초재공품	111,800	완성품	?
직접재료비	425,000	기말재공품	?
가공비	235,200		
	772,000		772,000

	[1단계] 물량흐름 파악	[2단계] 완성품 환산량 직접재료비	가공비
기초재공품 수량	150개(1/3)		
당기투입 수량	850		
계	1,000개		
기초재공품 완성량	150개(2/3)	0개	100개
당기투입 완성량	630	630	630
기말재공품 수량	220 (1/2)	220	110
계	1,000개	850개	840개

[3단계] 총제조원가의 집계			계
기초재공품원가			₩111,800
당기총제조비용	₩425,000	₩235,200	660,200
계	₩425,000	₩235,200	₩772,000

[4단계] 환산량 단위당 원가		
완성품 환산량	÷850개	÷840개
환산량 단위당 원가	₩500	₩280

[5단계] 총제조원가의 배분

완성품원가	기초재공품원가	=	₩111,800	
	기초재공품 직접재료비	0개×@₩500 =	0	
	기초재공품 가공비	100개×@₩280 =	28,000	
	당기투입 직접재료비	630개×@₩500 =	315,000	
	당기투입 가공비	630개×@₩280 =	176,400	₩631,200
기말재공품원가	직접재료비	220개×@₩500 =	₩110,000	
	가공비	110개×@₩280 =	30,800	140,800
계				₩772,000

재공품			
기초재공품원가	111,800	완성품원가	631,200
직접재료비	425,000	기말재공품원가	140,800
가공비	235,200		
	772,000		772,000

* 당기투입된 당기완성품 단위당 원가 :
  ₩425,000÷(780개 + 220개 - 150개) = @₩500
  ₩235,200÷(780개 + 220개×1/2 - 150개×1/3) = @₩280

당기투입된 당기완성품원가 : (@₩500 + @₩280)×630개 = ₩491,400

기초재공품 완성품 단위당 원가 : (₩631,200 - ₩491,400)÷150개 = @₩932

종합예제 3

(주)한국은 제조부와 영업부로 나뉘어져 있으며, 제조부는 단일 공정에서 재료를 투입하여 가공작업을 거쳐 제품을 생산한 다음, 영업부는 생산된 제품을 판매하고 있다.

<자료 1> 7월 1일의 재무상태

재무상태표

현 금		15,550,000	미지급전기수도료	240,000
원재료		1,400,000	자본금	59,080,000
재공품		1,100,000	이익잉여금	5,690,000
제 품		860,000		
선급급여		240,000		
소모품		360,000		
기계장치	40,000,000	40,000,000		
감가상각누계액	(0)			
비 품	5,500,000	5,500,000		
감가상각누계액	(0)			
		65,010,000		65,010,000

* 제품 ₩860,000(= @₩8,600×100개)

<자료 2> 7월 1일부터 7월 31일까지의 원가계산기간의 거래내용

- 원재료 ₩5,800,000(전액 직접비)을 구입하고, 대금은 현금으로 지급하다.
- 급여 명목으로 ₩7,160,000을 현금으로 지급하다.
- 전기수도료 명목으로 ₩1,080,000을 현금으로 지급하다.
- 전액 제조부에서 사용하는 기계장치의 감가상각비는 ₩400,000/월이다.
- 전액 영업부에서 사용하는 비품의 감가상각비는 ₩100,000/월이다.
- 소모품은 전액 영업부에서 사용하며, 7월 중 소모품 ₩1,500,000을 현금으로 구입하다. (비용으로 처리할 것)
- 7월 발생분 급여의 20%는 영업부에서, 80%(전액 직접비)는 제조부에서 부담한다.
- 7월 발생분 전기수도료의 10%는 영업부에서, 90%는 제조부에서 부담한다.
- 7월 중 제품 1,000개는 개당 ₩20,000에 현금으로 매출하다.

<자료 3> 7월 31일의 계정 잔액

원재료	₩480,000	선급급여	₩100,000
소모품	120,000	미지급전기수도료	360,000

<자료 4> 원가계산자료

- 제조부에서는 선입선출법의 원가흐름을 가정하여 종합원가계산을 실시하고 있다. 모든 직접재료는 공정의 초기에 전량 투입되며, 가공비는 전 공정을 통하여 균등하게 발생한다.
- 기초재공품의 수량은 500개이며, 재료비 진척도(완성도)는 60%, 가공비 진척도(완성도)는 40%이다.
- 7월 중 제조부에 신규로 투입된 원재료는 1,000개이며, 작업과정 중에 공손품과 감손품은 발생하지 않았다.
- 기말재공품의 수량은 400개이며, 재료비 진척도(완성도)는 40%, 가공비 진척도(완성도)는 80%이다.
- 영업부에서도 선입선출법의 원가흐름을 가정하여 재고자산을 판매 · 관리하고 있다.

물음 (2004 세무사 수정)

1. 위의 거래를 분개하고, T계정에 전기하시오.
2. 잔액시산표(수정후) · 제조원가명세서 · 포괄손익계산서 · 재무상태표를 각각 작성하시오. 단, 법인세비용은 없다고 가정한다.

해답

<기초재수정분개>

	차변	금액	대변	금액
①	(차) 급 여	240,000	(대) 선급급여	240,000
②	(차) 소모품비	360,000	(대) 소모품	360,000
③	(차) 미지급전기수도료	240,000	(대) 전기수도료	240,000

<기중분개>

	차변	금액	대변	금액
④	(차) 원재료	5,800,000	(대) 현 금	5,800,000
⑤	(차) 급 여	7,160,000	(대) 현 금	7,160,000
⑥	(차) 전기수도료	1,080,000	(대) 현 금	1,080,000
⑦	(차) 기계장치 감가상각비	400,000	(대) 기계장치 감가상각누계액	400,000
⑧	(차) 비품 감가상각비	100,000	(대) 비품 감가상각누계액	100,000
⑨	(차) 소모품비	1,500,000	(대) 현 금	1,500,000

<결산정리분개>

	차변	금액	대변	금액
⑩	(차) 선급급여	100,000	(대) 급 여	100,000
⑪	(차) 소모품	120,000	(대) 소모품비	120,000
⑫	(차) 전기수도료	360,000	(대) 미지급전기수도료	360,000

<원가계산분개>

⑬ (차) 재료비 6,720,000 (대) 원재료 6,720,000

* ₩1,400,000 + ₩5,800,000 - ₩480,000 = ₩6,720,000

⑭ (차) 재공품 6,720,000 (대) 재료비 6,720,000

⑮ (차) 노무비 5,840,000 (대) 급 여 5,840,000

* (기초 선급액 ₩240,000 + 현금 지급액 ₩7,160,000 - 기말 선급액 ₩100,000)×0.8 = ₩5,840,000

⑯ (차) 재공품 5,840,000 (대) 노무비 5,840,000

⑰ (차) 제조경비 1,480,000 (대) 전기수도료 1,080,000
　　　　　　　　　　　　　　　　기계장치 감가상각비 400,000

* (기초 미지급액 - ₩240,000 + 현금 지급액 ₩1,080,000 + 기말 미지급액 ₩360,000)×0.9
= ₩1,080,000

⑱ (차) 제조간접비 1,480,000 (대) 제조경비 1,480,000

⑲ (차) 재공품 1,480,000 (대) 제조간접비 1,480,000

* ₩0(간접재료비) + ₩0(간접노무비) + ₩1,480,000(제조경비) = ₩1,480,000

⑳ (차) 제 품 12,100,000 (대) 재공품 12,100,000

* 당기총제조비용 : ₩6,720,000 + ₩5,840,000 + ₩1,480,000 = ₩14,040,000
당기제품제조원가 : ₩1,100,000 + ₩14,040,000 - ₩3,040,000(기말재공품원가, [계산근거] **후술함**)
= ₩12,100,000

㉑ (차) 현 금 20,000,000 (대) 매 출 20,000,000
　 (차) 매출원가 10,760,000 (대) 제 품 10,760,000

* ₩860,000 + ₩12,100,000 - ₩2,200,000(기말제품재고액, [계산근거] **후술함**) = ₩10,760,000

<당기제품제조원가 계산>

[공식법]

기말재공품원가

직접재료비 : $₩6,720,000 \times \frac{400개 \times 40\%}{1,100개 + 400개 \times 40\% - 500개 \times 60\%}$ = ₩1,120,000

가공비 : $(₩5,840,000 + ₩1,480,000) \times \frac{400개 \times 80\%}{1,100개 + 400개 \times 80\% - 500개 \times 40\%}$ = 1,920,000

₩3,040,000

[별해 : C. T. Horngren의 5단계법]

	[1단계] 물량흐름 파악	[2단계] 완성품 환산량 직접재료비	가공비
기초재공품 수량	500개(60%,40%)		
당기투입 수량	1,000		
계	1,500개		
기초재공품 완성량	500개(40%,60%)	200개	300개
당기투입 완성량	600	600	600
기말재공품 수량	400 (40%,80%)	160	320
계	1,500개	960개	1,220개

[3단계] 총제조원가의 집계			계
기초재공품원가			₩1,100,000
당기총제조비용	₩6,720,000	₩7,320,000	14,040,000
계	₩6,720,000	₩7,320,000	₩15,140,000

[4단계] 환산량 단위당 원가		
완성품 환산량	÷960개	÷1,220개
환산량 단위당 원가	₩7,000	₩6,000

[5단계] 총제조원가의 배분

완성품원가	기초재공품원가	=	₩1,100,000	
	기초재공품 직접재료비	200개×@₩7,000 =	1,400,000	
	기초재공품 가공비	300개×@₩6,000 =	1,800,000	
	당기투입 직접재료비	600개×@₩7,000 =	4,200,000	
	당기투입 가공비	600개×@₩6,000 =	3,600,000	₩12,100,000
기말재공품원가	직접재료비	160개×@₩7,000 =	₩1,120,000	
	가공비	320개×@₩6,000 =	1,920,000	3,040,000
계				₩15,140,000

원재료

기 초	1,400,000	직접재료비	6,720,000
매 입	5,800,000	기 말	480,000
	7,200,000		7,200,000

재공품

기 초	1,100,000	당기제품제조원가	12,100,000
직접재료비	6,720,000	기 말	3,040,000
직접노무비	5,840,000		
제조간접비	1,480,000		
	15,140,000		15,140,000

제 품			
기 초	860,000	매출원가	10,760,000
당기제품제조원가	12,100,000	기 말	2,200,000
	12,960,000		12,960,000

* 기초제품재고액 : ₩860,000(= @₩8,600×100개)
  당기제품제조원가(= 완성품원가) : ₩12,100,000÷1,100개 = @₩11,000
  [500개 + 1,000개 - 400개 = 1,100개(완성품 수량)]
  매출원가 : ₩10,760,000[= (@₩8,600×100개) + (@₩11,000×900개)]
  [선입선출법 적용, 기초재고수량 100개 판매, 완성품 수량 1,100개 중 900개 판매]
  기말제품재고액 : ₩2,200,000(= @₩11,000×200개)
  [100개(기초재고수량) + 1,100개(완성품 수량) - 1,000개(판매량) = 200개(기말재고수량)]
* 선입선출법 적용
  당기투입된 당기완성품 단위당 원가 :
  ₩6,720,000÷(1,100개 + 400개×40% - 500개×60%) = @₩7,000
  (₩5,840,000 + ₩1,480,000)÷(1,100개 + 400개×80% - 500개×40%) = @₩6,000
  당기투입된 당기완성품원가 : (@₩7,000 + @₩6,000)×600개 = ₩7,800,000
  기초재공품 완성품 단위당 원가 : (₩12,100,000 - ₩7,800,000)÷500개 = @₩8,600

<T계정>

현 금			
7/1	15,550,000	④	5,800,000
㉑	20,000,000	⑤	7,160,000
		⑥	1,080,000
		⑨	1,500,000

원재료			
7/1	1,400,000	⑬	6,720,000
④	5,800,000		

재공품			
7/1	1,100,000	⑳	12,100,000
⑭	6,720,000		
⑯	5,840,000		
⑲	1,480,000		

제 품			
7/1	860,000	㉑	10,760,000
⑳	12,100,000		

선급급여			
7/1	240,000	①	240,000
⑩	100,000		

소모품			
7/1	360,000	②	360,000
⑪	120,000		

기계장치			
7/1	40,000,000		

기계장치 감가상각누계액			
		7/1	0
		⑦	400,000

비 품			
7/1	5,500,000		

비품 감가상각누계액			
		7/1	0
		⑧	100,000

미지급전기수도료			
③	240,000	7/1	240,000
		⑫	360,000

자본금			
		7/1	59,080,000

이익잉여금			
		7/1	5,690,000

매 출			
		㉑	20,000,000

매출원가			
㉑	10,760,000		

재료비			
⑬	6,720,000	⑭	6,720,000

노무비			
⑮	5,840,000	⑯	5,840,000

제조경비			
⑰	1,480,000	⑱	1,480,000

제조간접비			
⑱	1,480,000	⑲	1,480,000

급 여			
①	240,000	⑩	100,000
⑤	7,160,000	⑮	5,840,000

소모품비			
②	360,000	⑪	120,000
⑨	1,500,000		

전기수도료			
⑥	1,080,000	③	240,000
⑫	360,000	⑰	1,080,000

기계장치 감가상각비			
⑦	400,000	⑰	400,000

비품 감가상각비			
⑧	100,000		

<잔액시산표 등>

잔액시산표(수정후)

차변	금액	대변	금액
현금	20,010,000	미지급전기수도료	360,000
원재료	480,000	기계장치감가상각누계액	400,000
재공품	3,040,000	비품감가상각누계액	100,000
제품	2,200,000	자본금	59,080,000
선급급여	100,000	이익잉여금	5,690,000
소모품	120,000	매출	20,000,000
기계장치	40,000,000		
비품	5,500,000		
매출원가	10,760,000		
급여	1,460,000		
소모품비	1,740,000		
전기수도료	120,000		
감가상각비	100,000		
	85,630,000		85,630,000

제조원가명세서

직접재료비		6,720,000
기초재료재고액	1,400,000	
당기재료매입액	5,800,000	
기말재료재고액	(480,000)	
직접노무비		5,840,000
제조간접비		1,480,000
전기수도료	1,080,000	
감가상각비	400,000	
당기총제조비용		14,040,000
기초재공품재고액		1,100,000
기말재공품재고액		(3,040,000)
당기제품제조원가		12,100,000

포괄손익계산서

매출액		20,000,000
매출원가		(10,760,000)
기초제품재고액	860,000	
당기제품제조원가	12,100,000	
기말제품재고액	(2,200,000)	
매출총이익		9,240,000
판매관리비		(3,420,000)
급 여	1,460,000	
소모품비	1,740,000	
전기수도료	120,000	
감가상각비	100,000	
당기순이익		5,820,000

[참조] 성격별 포괄손익계산서 작성

1) 제품 및 재공품의 변동
제품의 변동 : 기말제품재고액 - 기초제품재고액 = ₩2,200,000 - ₩860,000 = ₩1,340,000
재공품의 변동 : 기말재공품재고액 - 기초재공품재고액 = ₩3,040,000 - ₩1,100,000 = ₩1,940,000

(차) 제 품	1,340,000	(대) 제품의 변동	1,340,000
(차) 재공품	1,940,000	(대) 재공품의 변동	1,940,000

2) 재료사용액(= 기초재료재고액 + 당기재료매입액 - 기말재료재고액) :
₩1,400,000 + ₩5,800,000 - ₩480,000 = ₩6,720,000

(차) 재료사용액	6,720,000	(대) 재 료	6,720,000

3) 총비용

비용항목	제조원가명세서	포괄손익계산서	포괄손익계산서(성격별)
종업원급여	₩5,840,000	₩1,460,000	₩7,300,000
소모품비	0	1,740,000	1,740,000
전기수도료	1,080,000	120,000	1,200,000
감가상각비	400,000	100,000	500,000

재무상태표

자 산			부 채	
유동자산			유동부채	
현금및현금성자산		20,010,000	미지급전기수도료	360,000
재 료		480,000	자 본	
재공품		3,040,000	자본금	59,080,000
제 품		2,200,000	이익잉여금	11,510,000
선급급여		100,000	(당기순이익 5,820,000)	
소모품		120,000		
비유동자산				
기계장치	40,000,000			
감가상각누계액	(400,000)	39,600,000		
비 품	5,500,000			
감가상각누계액	(100,000)	5,400,000		
		70,950,000		70,950,000

※ 외부공표용 재무제표
현금 → 현금및현금성자산

4. 공손·감손의 처리와 기말재공품원가 및 완성품원가

지금까지는 투입된 물량이 모두 합격품으로 산출되는 상황만을 다루었다. 그러나 실제로는 투입된 물량 중 일부는 공손이나 감손 등으로 제품화되지 못한다.

공손(spoilage)이란 생산과정에서 재료의 불량, 작업자의 부주의, 기계의 정비불량 등의 원인에 의하여 품질·규격이 표준에 미달하는 불합격품이 생긴 것을 말한다. 한편, **감손**(shrinkage)이란 제조과정에서 유실·증발 등으로 인하여 투입된 재료의 일부가 자연 감소되는 것을 말하는데, 이것이 공손과 다른 점은 그 발생이 구체적으로 눈에 보이지 않는다는 점이다. 일반적으로 공손과 감손 중에서 정상적인 원인으로 발생한 것은 제품제조원가의 일부로 간주하지만, 비정상적인 원인으로 발생한 것은 기타비용으로 구분 표시한다.[8) 9)]

공손 관련 산식은 아래와 같다. '품질검사시점의 완성도'는 '품질검사시점에서의 제조공정의 완성도'를 말한다. 단, 공손 수량의 파악은 정상적인 공손(=정상공손)과 비정상적인 공손(=비정상공손)의 계산(공손인식법 적용)에 관한 복습과 함께 '3) 품질검사시점별 공손 수량 파악 및 공손원가 배분 [종합예제]'에서 자세히 설명하고자 한다.

<평균법>

기말재공품원가(정상공손원가 배분 전)

직접재료비 : $(\text{기초재공품원가} + \text{당기총제조비용}) \times \dfrac{\text{기말재공품 수량}}{\text{완성량} + \text{기말재공품 수량} + \text{공손 수량}}$

가공비 : $(\text{기초재공품원가} + \text{당기총제조비용}) \times \dfrac{\text{기말재공품 환산량}}{\text{완성량} + \text{기말재공품 환산량} + \text{공손 수량} \times \text{품질검사시점의 완성도}}$

---

8) 현실적으로 정상공손과 비정상공손을 구별하는 것이 어렵기 때문에, 대부분의 기업에서는 일반적으로 인정할 수 있는 공손의 허용한도를 사전에 설정한다. 일반적으로 정상공손의 허용한도는 품질검사에 합격한 합격품의 일정비율 등으로 표현된다.

9) ① 공손원가의 회계처리방법은 공손을 별도로 인식하느냐의 여부에 따라 공손인식법과 공손무인식법(즉 공손을 인식하지 않는 방법)으로 구분된다.
   ㉠ 공손인식법은 공손을 별도로 고려하는 방법으로, 정상공손과 비정상공손을 분리하여 정상공손은 합격품 제조원가로 처리하고 비정상공손은 기타비용으로 인식하는 방법이다.
   ㉡ 공손무인식법은 공손을 전혀 고려하지 않는 방법으로, 완성품 환산량을 계산할 때 정상공손이든 비정상공손이든 관계없이 모든 공손을 완성품 환산량의 계산에 포함하지 않는다. 이 경우의 완성품 환산량 단위당 원가는 공손인식법의 경우보다 높아지게 된다. 이렇게 높아진 단위당 원가를 이용하여 기말재공품과 완성품의 원가를 계산한다는 것은 검사를 완료하지 않은 재공품에도 공손원가를 배부한다는 것을 의미하므로 모순점이 있다. 또한 이 방법에 의하면 정상공손원가뿐만 아니라 비정상공손원가도 모두 제조원가로 인식하는 문제가 있다.
   ② 공손원가는 다음과 같이 계산하여 당해 제품의 제조원가에 부과하거나 원가발생부문의 간접비용으로 한다. 다만, 비정상적인 공손원가는 기타비용으로 한다. (제5장에서 설명하고 있는 「공손품」 **참조**)
   ㉠ 공손이 보수에 의하여 회복될 경우 공손원가는 그 보수비용으로 한다.
   ㉡ 공손이 보수로서 회복되지 않고 그 전부를 다시 생산할 경우 공손원가는 이미 발생된 공손품 제조원가에서 공손품의 평가액을 차감한 가액으로 한다.
   ㉢ 공손이 보수로서 완전 회복되지 않고 그 일부를 다시 생산할 경우 공손원가는 추가적으로 발생하는 제조원가에서 공손품의 평가액을 차감한 가액으로 한다.
   ③ 공손품은 정상판매가격으로 판매할 수 없다. 공손품이 처분가치가 있는 경우에는 공손품의 순실현가치만큼은 회수 가능하므로 공손원가에서 차감한다. 즉 공손품이 순실현가치를 가지는 경우에는 공손원가를 완성품과 기말재공품에 공동부담시키는 2차 배분에서, 공손품의 순실현가치를 공손원가에서 차감하여 공손품이라는 자산계정으로 기록하고, 순정상공손원가만을 완성품과 기말재공품에 재배분하면 된다.
   ④ 공손품 가운데 재작업이나 보수를 통해 합격품으로 변신하는 것을 재작업품(reworked units)이라 한다. 이 경우 재작업원가(보수원가)는 공손품을 양품(합격품)으로 만들기 위한 원가이므로 공손원가와 마찬가지로 재작업품이 정상적으로 발생한 것이면 양품원가에 가산하고 비정상적으로 발생한 것이면 기타비용으로 처리한다. 재작업은 대개 별도의 공정에서 이루어지므로 재작업원가는 공손원가나 감손원가와는 달리 별도로 집계된다. ([형성평가] **참조**)

완성품원가(정상공손원가 배분 전)

직접재료비 : (기초재공품원가 + 당기총제조비용) × $\frac{\text{완성량}}{\text{완성량 + 기말재공품 수량 + 공손 수량}}$

가공비 : (기초재공품원가 + 당기총제조비용) × $\frac{\text{완성량}}{\text{완성량 + 기말재공품 환산량 + 공손 수량×품질검사시점의 완성도}}$

정상공손원가

직접재료비 : (기초재공품원가 + 당기총제조비용) × $\frac{\text{정상공손 수량}}{\text{완성량 + 기말재공품 수량 + 공손 수량}}$

가공비 : (기초재공품원가 + 당기총제조비용) × $\frac{\text{정상공손 수량×품질검사시점의 완성도}}{\text{완성량 + 기말재공품 환산량 + 공손 수량×품질검사시점의 완성도}}$

비정상공손원가

직접재료비 : (기초재공품원가 + 당기총제조비용) × $\frac{\text{비정상공손 수량}}{\text{완성량 + 기말재공품 수량 + 공손 수량}}$

가공비 : (기초재공품원가 + 당기총제조비용) × $\frac{\text{비정상공손 수량×품질검사시점의 완성도}}{\text{완성량 + 기말재공품 환산량 + 공손 수량×품질검사시점의 완성도}}$

기말재공품원가(정상공손원가 배분 후) 및 완성품원가(정상공손원가 배분 후) ? (후술함)

<선입선출법>

기말재공품원가(정상공손원가 배분 전)

직접재료비 : 당기총제조비용 × $\frac{\text{기말재공품 수량}}{\text{완성량 + 기말재공품 수량 + 공손 수량 - 기초재공품 수량}}$

가공비 : 당기총제조비용 × $\frac{\text{기말재공품 환산량}}{\text{완성량 + 기말재공품 환산량 + 공손 수량×품질검사시점의 완성도 - 기초재공품 환산량}}$

완성품원가(정상공손원가 배분 전)

직접재료비 : 기초재공품원가 + (당기총제조비용 × $\frac{\text{완성량 - 기초재공품 수량}}{\text{완성량 + 기말재공품 수량 + 공손 수량 - 기초재공품 수량}}$)

가공비 : 기초재공품원가 + (당기총제조비용 × $\frac{\text{완성량 - 기초재공품 환산량}}{\text{완성량 + 기말재공품 환산량 + 공손 수량×품질검사시점의 완성도 - 기초재공품 환산량}}$)

정상공손원가

직접재료비 : 당기총제조비용 × $\frac{\text{정상공손 수량}}{\text{완성량 + 기말재공품 수량 + 공손 수량 - 기초재공품 수량}}$

가공비 : 당기총제조비용 × $\frac{\text{정상공손 수량×품질검사시점의 완성도}}{\text{완성량 + 기말재공품 환산량 + 공손 수량×품질검사시점의 완성도 - 기초재공품 환산량}}$

비정상공손원가

직접재료비 : 당기총제조비용 × $\frac{\text{비정상공손 수량}}{\text{완성량 + 기말재공품 수량 + 공손 수량 - 기초재공품 수량}}$

가공비 : 당기총제조비용 × $\frac{\text{비정상공손 수량×품질검사시점의 완성도}}{\text{완성량 + 기말재공품 환산량 + 공손 수량×품질검사시점의 완성도 - 기초재공품 환산량}}$

기말재공품원가(정상공손원가 배분 후) 및 완성품원가(정상공손원가 배분 후) ? (후술함)

1) 정상적인 공손

정상적인 공손의 원가는 기말재공품이 품질검사시점을 통과하였는지의 여부에 따라 제품원가에 배분하는 것이 다른데, 품질검사시점 통과 여부에 따라 완성품에만 부담시키거나 또는 완성품과 기말재공품에 공동부담시킨다. 즉 정상적인 공손의 원가를 완성품에만 부담시키거나 또는 완성품과 기말재공품에 공동부담시키기 위한 2차 배분이 필요하다.

⑴ 공손품의 순실현가치(=추정판매가치-추정판매비용)가 없는 경우

① 완성품에만 부담

기말재공품이 품질검사시점을 통과하지 않았다면, 즉 품질검사시점의 완성도가 기말재공품의 완성도보다 높은 경우에는 정상공손품의 원가를 완성품에만 부담시킨다. 기말재공품에 부담시키지 않기 위해서는, '3. **기말재공품원가의 평가**'에서 언급한 산식의 **분모**에 공손품 환산량(=공손품 수량×품질검사시점의 완성도)을 추가하면 된다.

기말재공품원가(정상공손원가 배분 후) 및 완성품원가(정상공손원가 배분 후) ? ← 기말재공품이 품질검사시점을 통과하지 않은 경우이므로 정상공손원가는 완성품에만 배분된다. 즉 기말재공품은 공손 발생시점에 도달하지 않았으므로 정상공손원가를 배분받을 수 없다.

② 완성품과 기말재공품에 공동부담

기말재공품이 품질검사시점을 통과하였다면, 즉 품질검사시점의 완성도가 기말재공품의 완성도보다 낮은 경우에는 정상공손품의 원가를 완성품과 기말재공품에 공동부담시킨다. 위에서 언급한 산식(즉 '① 완성품에만 부담'에서 언급한 산식으로서, 분모에 공손품 환산량을 추가한 산식)을 그대로 이용하면 된다.

기말재공품원가(정상공손원가 배분 후) 및 완성품원가(정상공손원가 배분 후) ? ← 기말재공품이 품질검사시점을 통과하였으므로 당기 중 품질검사시점을 통과한 수량비율로 정상공손원가는 재배분된다. 즉 정상공손원가는 완성품과 기말재공품에 상대적 비율로 재배분된다.

결과적으로, 완성품의 원가를 계산할 때에는 ①, ②의 어느 경우이든 「완성품원가=기초재공품원가+당기총제조비용-기말재공품원가(정상공손원가 배분 후의 금액)-비정상공손원가」로 한다.

⑵ 공손품의 순실현가치(=추정판매가치-추정판매비용)가 있는 경우

① 완성품에만 부담

공손품의 순실현가치가 없는 경우에서 언급한 산식을 그대로 이용한다(⑴의 ①). 다만, 공손품의 순실현가치는 당기총제조비용에서 차감하여야 한다.

② 완성품과 기말재공품에 공동부담

공손품의 순실현가치가 없는 경우에서 언급한 산식을 그대로 이용한다((1)의 ②). 다만, 공손품의 순실현가치는 당기총제조비용에서 차감하여야 한다.

결과적으로, 완성품의 원가를 계산할 때에는 ①, ②의 어느 경우이든 「완성품원가 = 기초재공품원가 + (당기총제조비용 - 공손품의 순실현가치) - 기말재공품원가(정상공손원가 배분 후의 금액) - 비정상공손원가」로 한다.

2) 비정상적인 공손

비정상적인 공손의 원가는 별도로 산출하여, 기타비용으로 처리하여야 한다.

예제

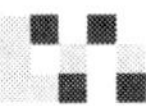

단일 제품을 대량으로 생산하고 있다. 원재료는 제조공정 초기에 모두 투입되며, 가공비는 전체 공정을 통해 균등하게 발생한다. 제조공정과 관련한 원가 발생 자료는 다음과 같다. 품질검사에 합격한 수량의 10%에 해당하는 공손 수량은 정상공손으로 본다. 단, 공손인식법을 적용한다. 기초재공품은 당기에 모두 정상적으로 완성되었다고 가정한다.

			원 가		
	물량	가공비 완성도	직접재료비	가공비	합 계
기초재공품	400개	40%	₩148,000	₩62,400	₩210,400
당기투입	1,400		392,000	273,600	665,600
당기완성	1,000				
공 손	200				
기말재공품	600	80			

물음 (2022 회계사 유사)

1. 평균법 및 선입선출법을 이용하여, 기말재공품이 품질검사시점(공정의 100%)을 통과하지 않은 경우의 기말재공품원가(정상공손원가 배분 후) 및 완성품원가(정상공손원가 배분 후)를 각각 산출하시오. 단, 공손 수량 200개 중 정상공손 수량은 100개라고 가정한다.
2. 평균법 및 선입선출법을 이용하여, 기말재공품이 품질검사시점(공정의 60%)을 통과한 경우의 기말재공품원가(정상공손원가 배분 후) 및 완성품원가(정상공손원가 배분 후)를 각각 산출하시오. 단, 공손 수량 200개 중 정상공손 수량은 160개라고 가정한다.

해답

[사전지식]

정상공손 수량은 당기 중 품질검사에 합격한 수량의 일정비율로 산출하기 때문에 당기에 품질검사를 통과해서 합격한 수량을 파악하는 것이 가장 중요하다. 보통 정상공손의 허용한도는 품질검사에 합격한 수량의 일정비율 등으로 표현된다. 이 허용한도 내에서 발생한 공손은 정상공손으로 간주하고, 허용수준을 초과하여 발생한 공손은 비정상공손으로 간주한다.

1. 기말재공품이 품질검사시점을 통과하지 않은 경우, 즉 품질검사시점의 완성도가 기말재공품의 완성도보다 높은 경우이므로, 정상공손품(100개)의 원가를 완성품에만 부담시킨다.

[저자 주] 품질검사가 공정의 100% 시점에서 이루어진 경우, 기말재공품 600개는 품질검사시점을 통과하지 못했기 때문에 당기 품질검사를 통과에서 합격한 수량에 포함시켜서는 안 되므로 합격품은 기초재공품 400개와 당기투입 완성량 600개를 합한 1,000개가 된다. 품질검사에 합격한 수량 1,000개의 10%에 해당하는 100개가 정상공손 수량이다. 즉 공손 수량 200개 중 100개가 정상공손 수량이고, 나머지 100개가 비정상공손 수량이다. 기말재공품이 품질검사시점을 통과하지 않은 경우에 정상공손원가는 완성품에만 배분된다. 왜냐하면 기말재공품이 아직 품질검사를 통과하지 못해서 당기 품질검사를 통과해서 합격한 수량에 포함되어 있지 않기 때문에 정상공손원가를 배분받을 수 없다.

<평균법>

(1차 배분)

기말재공품원가

직접재료비 : $(₩148,000 + ₩392,000) \times \dfrac{600개}{1,000개 + 600개 + 200개} =$ ₩180,000

가공비 : $(₩62,400 + ₩273,600) \times \dfrac{600개 \times 80\%}{1,000개 + 600개 \times 80\% + 200개 \times 100\%} =$ 96,000

정상공손원가 배분 전 기말재공품원가 ₩276,000

완성품원가

직접재료비 : $(₩148,000 + ₩392,000) \times \dfrac{1,000개}{1,000개 + 600개 + 200개} =$ ₩300,000

가공비 : $(₩62,400 + ₩273,600) \times \dfrac{1,000개}{1,000개 + 600개 \times 80\% + 200개 \times 100\%} =$ 200,000

정상공손원가 배분 전 완성품원가 ₩500,000

정상공손원가

직접재료비 : $(₩148,000 + ₩392,000) \times \dfrac{100개}{1,000개 + 600개 + 200개} =$ ₩30,000

가공비 : $(₩62,400 + ₩273,600) \times \dfrac{100개 \times 100\%}{1,000개 + 600개 \times 80\% + 200개 \times 100\%} =$ 20,000

₩50,000

비정상공손원가

직접재료비 : $(₩148,000 + ₩392,000) \times \dfrac{100개}{1,000개 + 600개 + 200개} =$ ₩30,000

가공비 : $(₩62,400 + ₩273,600) \times \dfrac{100개 \times 100\%}{1,000개 + 600개 \times 80\% + 200개 \times 100\%} =$ 20,000

₩50,000

(2차 배분)

기말재공품원가(정상공손원가 배분 후) 및 완성품원가(정상공손원가 배분 후)는 얼마인가? 기말재공품이 품질검사시점을 통과하지 않은 경우이므로 정상공손원가는 완성품에만 배분된다. 즉 기말재공품은 공손 발생시점에 도달하지 않았으므로 정상공손원가를 배분받을 수 없다.

기말재공품원가(정상공손원가 배분 후) ₩276,000

완성품원가(정상공손원가 배분 후) ₩550,000(= ₩500,000 + ₩50,000)

[**검증**] 완성품원가(정상공손원가 배분 후) ₩550,000(= ₩148,000 + ₩62,400 + ₩392,000 + ₩273,600 - ₩276,000 - ₩50,000)

<선입선출법>

(1차 배분)

기말재공품원가

직접재료비 : $₩392{,}000 \times \frac{600\text{개}}{1{,}000\text{개} + 600\text{개} + 200\text{개} - 400\text{개}} =$ ₩168,000

가공비 : $₩273{,}600 \times \frac{600\text{개}\times 80\%}{1{,}000\text{개} + 600\text{개}\times 80\% + 200\text{개}\times 100\% - 400\text{개}\times 40\%} =$ 86,400

정상공손원가 배분 전 기말재공품원가 ₩254,400

완성품원가

직접재료비 : $₩148{,}000 + (₩392{,}000 \times \frac{1{,}000\text{개} - 400\text{개}}{1{,}000\text{개} + 600\text{개} + 200\text{개} - 400\text{개}}) =$ ₩316,000

가공비 : $₩62{,}400 + (₩273{,}600 \times \frac{1{,}000\text{개} - 400\text{개}\times 40\%}{1{,}000\text{개} + 600\text{개}\times 80\% + 200\text{개}\times 100\% - 400\text{개}\times 40\%}) =$ 213,600

정상공손원가 배분 전 완성품원가 ₩529,600

정상공손원가

직접재료비 : $₩392{,}000 \times \frac{100\text{개}}{1{,}000\text{개} + 600\text{개} + 200\text{개} - 400\text{개}} =$ ₩28,000

가공비 : $₩273{,}600 \times \frac{100\text{개}\times 100\%}{1{,}000\text{개} + 600\text{개}\times 80\% + 200\text{개}\times 100\% - 400\text{개}\times 40\%} =$ 18,000

₩46,000

비정상공손원가

직접재료비 : $₩392{,}000 \times \frac{100\text{개}}{1{,}000\text{개} + 600\text{개} + 200\text{개} - 400\text{개}} =$ ₩28,000

가공비 : $₩273{,}600 \times \frac{100\text{개}\times 100\%}{1{,}000\text{개} + 600\text{개}\times 80\% + 200\text{개}\times 100\% - 400\text{개}\times 40\%} =$ 18,000

₩46,000

(2차 배분)

기말재공품원가(정상공손원가 배분 후) 및 완성품원가(정상공손원가 배분 후)는 얼마인가? 기말재공품이 품질검사시점을 통과하지 않은 경우이므로 정상공손원가는 완성품에만 배분된다. 즉 기말재공품은 공손 발생시점에 도달하지 않았으므로 정상공손원가를 배분받을 수 없다.

기말재공품원가(정상공손원가 배분 후) ₩254,400

완성품원가(정상공손원가 배분 후) ₩575,600(= ₩529,600 + ₩46,000)

[**검증**] 완성품원가(정상공손원가 배분 후) ₩575,600(= ₩148,000 + ₩62,400 + ₩392,000 + ₩273,600 - ₩254,400 - ₩46,000)

[별해 : C. T. Horngren의 5단계법]

기말재공품이 품질검사시점을 통과하지 않은 경우, 즉 품질검사시점의 완성도가 기말재공품의 완성도보다 높은 경우이므로, 정상공손품(100개)의 원가를 완성품에만 부담시킨다.

<평균법>

	[1단계] 물량흐름 파악	[2단계] 완성품 환산량 직접재료비	가공비
기초재공품 수량	400개(40%)		
당기투입 수량	1,400		
계	1,800개		
당기완성품 수량	1,000개	1,000개	1,000개
정상공손 수량	100 (100%)	100	100
비정상공손 수량	100 (100%)	100	100
기말재공품 수량	600 (80%)	600	480
계	1,800개	1,800개	1,680개

[3단계] 총제조원가의 집계	직접재료비	가공비	계
기초재공품원가	₩148,000	₩62,400	₩210,400
당기총제조비용	392,000	273,600	665,600
계	₩540,000	₩336,000	₩876,000

[4단계] 환산량 단위당 원가	직접재료비	가공비
완성품 환산량	÷1,800개	÷1,680개
환산량 단위당 원가	₩300	₩200

[5단계] 총제조원가의 배분

(1차 배분)

완성품원가	1,000개×@₩300 + 1,000개×@₩200 =	₩500,000
정상공손원가	100개×@₩300 + 100개×@₩200 =	50,000
비정상공손원가	100개×@₩300 + 100개×@₩200 =	50,000
기말재공품원가	600개×@₩300 + 480개×@₩200 =	276,000
계		₩876,000

(2차 배분)	배분 전 원가	정상공손원가 배분	배분 후 원가
완성품원가	₩500,000	₩50,000	₩550,000
정상공손원가	50,000	(50,000)	0
비정상공손원가	50,000		50,000
기말재공품원가	276,000		276,000
계	₩876,000		₩876,000

재공품

차변	금액	대변	금액
기초재공품원가	210,400	완성품원가	550,000
직접재료비	392,000	비정상공손원가	50,000
가공비	273,600	기말재공품원가	276,000
	876,000		876,000

(차) 제 품	550,000	(대) 재공품	600,000
비정상공손손실	50,000		

<선입선출법>

	[1단계] 물량흐름 파악	[2단계] 완성품 환산량 직접재료비	가공비
기초재공품 수량	400개(40%)		
당기투입 수량	1,400		
계	1,800개		
기초재공품 완성량	400개(60%)	0개	240개
당기투입 완성량	600	600	600
정상공손 수량	100 (100%)	100	100
비정상공손 수량	100 (100%)	100	100
기말재공품 수량	600 (80%)	600	480
계	1,800개	1,400개	1,520개

[3단계] 총제조원가의 집계			계
기초재공품원가			₩210,400
당기총제조비용	₩392,000	₩273,600	665,600
계	₩392,000	₩273,600	₩876,000

[4단계] 환산량 단위당 원가		
완성품 환산량	÷1,400개	÷1,520개
환산량 단위당 원가	₩280	₩180

[5단계] 총제조원가의 배분

(1차 배분)		
완성품원가	₩210,400 + 600개×@₩280 + 840개×@₩180 =	₩529,600
정상공손원가	100개×@₩280 + 100개×@₩180 =	46,000
비정상공손원가	100개×@₩280 + 100개×@₩180 =	46,000
기말재공품원가	600개×@₩280 + 480개×@₩180 =	254,400
계		₩876,000

(2차 배분)	배분 전 원가	정상공손원가 배분	배분 후 원가
완성품원가	₩529,600	₩46,000	₩575,600
정상공손원가	46,000	(46,000)	0
비정상공손원가	46,000		46,000
기말재공품원가	254,400		254,400
계	₩876,000		₩876,000

재공품

기초재공품원가	210,400	완성품원가	575,600
직접재료비	392,000	비정상공손원가	46,000
가공비	273,600	기말재공품원가	254,400
	876,000		876,000

(차) 제 품	575,600	(대) 재공품	621,600
비정상공손손실	46,000		

2. 기말재공품이 품질검사시점을 통과한 경우, 즉 품질검사시점의 완성도가 기말재공품의 완성도보다 낮은 경우이므로, 정상공손품(160개)의 원가를 완성품과 기말재공품에 공동부담시킨다.

[저자 주] 품질검사가 공정의 60% 시점에서 이루어진 경우, 기초재공품 400개도 당기에 품질검사시점을 통과하였을 것이므로 이를 당기 품질검사를 통과해서 합격한 수량에 포함시켜서 합격품이 1,600개가 된다. 즉 기초재공품 400개와 당기투입 완성량 600개 및 기말재공품 600개를 합한 1,600개가 된다. 품질검사에 합격한 수량 1,600개의 10%에 해당하는 160개가 정상공손 수량이다. 즉 공손 수량 200개 중 160개가 정상공손 수량이고, 나머지 40개가 비정상공손 수량이다. 기말재공품이 품질검사시점을 통과한 경우에 정상공손원가는 완성품과 기말재공품에 재배분된다. 기말재공품에도 당기 품질검사를 통과해서 합격한 수량이 포함되어 있으므로 정상공손원가는 당기 품질검사를 통과해서 합격한 수량 중에서 완성품과 기말재공품에 포함되어 있는 수량비율(1,000개 : 600개)로 재배분된다.

<평균법>

(1차 배분)

기말재공품원가

직접재료비 : $(₩148,000 + ₩392,000) \times \dfrac{600개}{1,000개 + 600개 + 200개} =$ ₩180,000

가공비 : $(₩62,400 + ₩273,600) \times \dfrac{600개 \times 80\%}{1,000개 + 600개 \times 80\% + 200개 \times 60\%} =$ 100,800

정상공손원가 배분 전 기말재공품원가 ₩280,800

완성품원가

직접재료비 : $(₩148,000 + ₩392,000) \times \dfrac{1,000개}{1,000개 + 600개 + 200개} =$ ₩300,000

가공비 : $(₩62,400 + ₩273,600) \times \dfrac{1,000개}{1,000개 + 600개 \times 80\% + 200개 \times 60\%} =$ 210,000

정상공손원가 배분 전 완성품원가 ₩510,000

정상공손원가

직접재료비 : $(₩148,000 + ₩392,000) \times \dfrac{160개}{1,000개 + 600개 + 200개} =$ ₩48,000

가공비 : $(₩62,400 + ₩273,600) \times \dfrac{160개 \times 60\%}{1,000개 + 600개 \times 80\% + 200개 \times 60\%} =$ 20,160

₩68,160

비정상공손원가

직접재료비 : $(₩148,000 + ₩392,000) \times \dfrac{40개}{1,000개 + 600개 + 200개} =$ ₩12,000

가공비 : $(₩62,400 + ₩273,600) \times \dfrac{40개 \times 60\%}{1,000개 + 600개 \times 80\% + 200개 \times 60\%} =$ 5,040

₩17,040

(2차 배분)

기말재공품원가(정상공손원가 배분 후) 및 완성품원가(정상공손원가 배분 후)는 얼마인가? 기말재공품이 품질검사시점을 통과하였으므로 당기 중 품질검사시점을 통과한 수량비율로 정상공손원가는 재배분된다. 즉 정상공손원가는 완성품과 기말재공품에 상대적 비율(1,000개 : 600개)로 재배분된다.

기말재공품원가(정상공손원가 배분 후) ₩306,360(= ₩280,800 + ₩25,560)
* ₩68,160×[600개÷(1,000개 + 600개)] = ₩25,560

완성품원가(정상공손원가 배분 후) ₩552,600(= ₩510,000 + ₩42,600)
* ₩68,160×[1,000개÷(1,000개 + 600개)] = ₩42,600

[검증] 완성품원가(정상공손원가 배분 후) ₩552,600(= ₩148,000 + ₩62,400 + ₩392,000 + ₩273,600 - ₩306,360 - ₩17,040)

<선입선출법>

(1차 배분)

기말재공품원가

직접재료비 : $₩392,000 \times \frac{600개}{1,000개 + 600개 + 200개 - 400개} =$ ₩168,000

가공비 : $₩273,600 \times \frac{600개 \times 80\%}{1,000개 + 600개 \times 80\% + 200개 \times 60\% - 400개 \times 40\%} =$ 91,200

정상공손원가 배분 전 기말재공품원가 ₩259,200

완성품원가

직접재료비 : $₩148,000 + (₩392,000 \times \frac{1,000개 - 400개}{1,000개 + 600개 + 200개 - 400개}) =$ ₩316,000

가공비 : $₩62,400 + (₩273,600 \times \frac{1,000개 - 400개 \times 40\%}{1,000개 + 600개 \times 80\% + 200개 \times 60\% - 400개 \times 40\%}) =$ 222,000

정상공손원가 배분 전 완성품원가 ₩538,000

정상공손원가

직접재료비 : $₩392,000 \times \frac{160개}{1,000개 + 600개 + 200개 - 400개} =$ ₩44,800

가공비 : $₩273,600 \times \frac{160개 \times 60\%}{1,000개 + 600개 \times 80\% + 200개 \times 60\% - 400개 \times 40\%} =$ 18,240

₩63,040

비정상공손원가

직접재료비 : $₩392,000 \times \frac{40개}{1,000개 + 600개 + 200개 - 400개} =$ ₩11,200

가공비 : $₩273,600 \times \frac{40개 \times 60\%}{1,000개 + 600개 \times 80\% + 200개 \times 60\% - 400개 \times 40\%} =$ 4,560

₩15,760

(2차 배분)

기말재공품원가(정상공손원가 배분 후) 및 완성품원가(정상공손원가 배분 후)는 얼마인가? 기말재공품이 품질검사시점을 통과하였으므로 당기 중 품질검사시점을 통과한 수량비율로 정상공손원가는 재배분된다. 즉 정상공손원가는 완성품과 기말재공품에 상대적 비율(1,000개 : 600개)로 재배분된다.

기말재공품원가(정상공손원가 배분 후) ₩282,840(= ₩259,200 + ₩23,640)
* ₩63,040×[600개÷(1,000개 + 600개)] = ₩23,640

완성품원가(정상공손원가 배분 후) ₩577,400(= ₩538,000 + ₩39,400)
* ₩63,040×[1,000개÷(1,000개 + 600개)] = ₩39,400

[검증] 완성품원가(정상공손원가 배분 후) ₩577,400(= ₩148,000 + ₩62,400 + ₩392,000 + ₩273,600 - ₩282,840 - ₩15,760)

[별해 : C. T. Horngren의 5단계법]

기말재공품이 품질검사시점을 통과한 경우, 즉 품질검사시점의 완성도가 기말재공품의 완성도보다 낮은 경우이므로, 정상공손품(160개)의 원가를 완성품과 기말재공품에 공동부담시킨다.

<평균법>

	[1단계] 물량흐름 파악	[2단계] 완성품 환산량 직접재료비	가공비	계
기초재공품 수량	400개(40%)			
당기투입 수량	1,400			
계	1,800개			
당기완성품 수량	1,000개	1,000개	1,000개	
정상공손 수량	160 (60%)	160	96	
비정상공손 수량	40 (60%)	40	24	
기말재공품 수량	600 (80%)	600	480	
계	1,800개	1,800개	1,600개	
[3단계] 총제조원가의 집계				계
기초재공품원가		₩148,000	₩62,400	₩210,400
당기총제조비용		392,000	273,600	665,600
계		₩540,000	₩336,000	₩876,000
[4단계] 환산량 단위당 원가				
완성품 환산량		÷1,800개	÷1,600개	
환산량 단위당 원가		₩300	₩210	

[5단계] 총제조원가의 배분

(1차 배분)

완성품원가	1,000개×@₩300 + 1,000개×@₩210 =	₩510,000
정상공손원가	160개×@₩300 + 96개×@₩210 =	68,160
비정상공손원가	40개×@₩300 + 24개×@₩210 =	17,040
기말재공품원가	600개×@₩300 + 480개×@₩210 =	280,800
계		₩876,000

(2차 배분)	배분 전 원가	정상공손원가 배분	배분 후 원가
완성품원가	₩510,000	₩42,600	₩552,600
정상공손원가	68,160	(68,160)	0
비정상공손원가	17,040		17,040
기말재공품원가	280,800	25,560	306,360
계	₩876,000		₩876,000

재공품

기초재공품원가	210,400	완성품원가	552,600
직접재료비	392,000	비정상공손원가	17,040
가공비	273,600	기말재공품원가	306,360
	876,000		876,000

(차) 제　품	552,600	(대) 재공품	569,640
비정상공손손실	17,040		

<선입선출법>

	[1단계] 물량흐름 파악	[2단계] 완성품 환산량 직접재료비	가공비
기초재공품 수량	400개(40%)		
당기투입 수량	1,400		
계	1,800개		
기초재공품 완성량	400개(60%)	0개	240개
당기투입 완성량	600	600	600
정상공손 수량	160 (60%)	160	96
비정상공손 수량	40 (60%)	40	24
기말재공품 수량	600 (80%)	600	480
계	1,800개	1,400개	1,440개

[3단계] 총제조원가의 집계			계
기초재공품원가			₩210,400
당기총제조비용	₩392,000	₩273,600	665,600
계	₩392,000	₩273,600	₩876,000

[4단계] 환산량 단위당 원가		
완성품 환산량	÷1,400개	÷1,440개
환산량 단위당 원가	₩280	₩190

[5단계] 총제조원가의 배분

(1차 배분)		
완성품원가	₩210,400 + 600개×@₩280 + 840개×@₩190 =	₩538,000
정상공손원가	160개×@₩280 + 96개×@₩190 =	63,040
비정상공손원가	40개×@₩280 + 24개×@₩190 =	15,760
기말재공품원가	600개×@₩280 + 480개×@₩190 =	259,200
계		₩876,000

(2차 배분)	배분 전 원가	정상공손원가 배분	배분 후 원가
완성품원가	₩538,000	₩39,400	₩577,400
정상공손원가	63,040	(63,040)	0
비정상공손원가	15,760		15,760
기말재공품원가	259,200	23,640	282,840
계	₩876,000		₩876,000

재공품

기초재공품원가	210,400	완성품원가	577,400
직접재료비	392,000	비정상공손원가	15,760
가공비	273,600	기말재공품원가	282,840
	876,000		876,000

(차) 제 품	577,400	(대) 재공품	593,160
비정상공손손실	15,760		

3) 품질검사시점별 공손 수량 파악 및 공손원가 배분 [복습]

공손품 회계에 있어서 가장 중요한 문제는 정상공손과 비정상공손을 구별하는 것이나, 정상공손과 비정상공손을 구별하는 것이 현실적으로 어렵다. 이에 대부분의 기업에서는 일반적으로 인정할 수 있는 공손의 허용한도를 사전에 설정하는데, 보통 정상공손의 허용한도는 품질검사에 합격한 수량의 일정비율로 표현되므로, 정상공손 수량은 당기 중 품질검사에 합격한 수량의 일정비율로 산출된다.10)

공손이 발생한 경우의 원가계산 절차는 다음 사항을 추가적으로 고려하여야 한다.

첫째, 물량흐름은 공손까지 포함하여 파악한다. 그리고 공손품의 완성품 환산량 계산시 공손품의 가공비 완성도는 품질검사시점으로 한다.

둘째, 선입선출법에 의해 원가계산을 할 경우, 모든 공손품은 당기에 투입된 물량에서 발생하였다고 가정한다.

예제 

단일 제품을 대량으로 생산하고 있다. 원재료는 제조공정 초기에 모두 투입되며, 가공비는 전체 공정을 통해 균등하게 발생한다. 제조공정과 관련한 원가 발생 자료는 다음과 같다. 품질검사에 합격한 수량의 10%에 해당하는 공손 수량은 정상공손으로 본다. 단, 공손인식법을 적용한다. 기초재공품은 당기에 모두 정상적으로 완성되었다고 가정한다.

			원 가		
	물 량	가공비 완성도	직접재료비	가공비	합 계
기초재공품	400개	25%	₩44,000	₩90,000	₩134,000
당기투입	1,600		286,000	336,600	622,600
당기완성	1,000				
공 손	200				
기말재공품	800	75			

물음 (1998 회계사 수정, 2020 회계사 유사, 2024 세무사 유사, 2023 세무사 유사)

1. 품질검사가 제조공정의 20%, 60%, 100% 시점에 각각 이루어진다고 할 때, 정상공손 수량과 비정상공손 수량을 각각 구하시오.
2. 품질검사가 제조공정의 20% 시점에서 이루어진 경우, 평균법 및 선입선출법에 의해 완성품원가와 기말재공품원가를 각각 산출하시오.

---

10) [정상공손 수량 = 당기 품질검사 합격품 수량×정상공손 허용률] 품질검사 합격품 수량을 계산할 때, 전기 품질검사 합격품 수량은 제외하고 당기 품질검사 합격품 수량만을 계산해야 한다. 왜냐하면 전기 품질검사 합격품 수량은 이미 전기에 품질검사를 통과하면서 공손품을 남겼을 것이므로 전기에 발생된 공손품과 관련되고, 당기에 발생한 공손품과는 관련이 없기 때문이다. 한편, 당기에 발생한 공손 수량 중에서 정상공손 수량을 결정하기 위해서는 당기 품질검사 합격품 수량을 계산해야 하는데, 이를 계산하는 방법에는 직접계산법(선입선출법에 주로 적용)과 전기 품질검사 합격품 수량 차감법(평균법에 주로 적용)이 있다. 어느 방법을 사용하든 당기 품질검사 합격품 수량은 동일하게 계산된다.

3. 품질검사가 제조공정의 60% 시점에서 이루어진 경우, 평균법 및 선입선출법에 의해 완성품원가와 기말재공품원가를 각각 산출하시오.
4. 품질검사가 제조공정의 100% 시점에서 이루어진 경우, 평균법 및 선입선출법에 의해 완성품원가와 기말재공품원가를 각각 산출하시오.

해답

1. **품질검사시점별 공손 수량 파악**

정상공손 수량은 당기 중 품질검사를 통과해서 합격한 수량에 일정비율(%)를 곱하여 산출하기 때문에 당기에 품질검사를 통과해서 합격한 수량을 파악하는 것이 가장 중요하다. 각각의 품질검사시점에서 검사에 합격한 수량은 다음과 같다. 단, 기초재공품은 당기에 모두 정상적으로 완성되었다고 가정한다.

	20% 시점	60% 시점	100% 시점
기초재공품 수량(25%)	400개	400개	400개
당기투입 수량	1,600	1,600	1,600
	2,000개	2,000개	2,000개
당기완성품 수량	1,000개	1,000개	1,000개
정상공손 수량	140	180	100
비정상공손 수량	60	20	100
기말재공품 수량(75%)	800	800	800
	2,000개	2,000개	2,000개

* 1) 당기 중에 품질검사를 통과해서 합격한 수량

	물량흐름	20% 시점	60% 시점	100% 시점
기초재공품 수량(25%)	400개		400개	400개
당기투입 완성량	600	600개	600	600
공손 수량	200			
기말재공품 수량(75%)	800	800	800	
	2,000개	1,400개	1,800개	1,000개

- 품질검사가 공정의 20% 시점에서 이루어진 경우, 기초재공품 400개는 완성도가 25%이므로 이미 전기에 품질검사시점을 통과하였으므로 이를 당기 품질검사를 통과에서 합격한 수량에 포함시켜서는 안 된다. 따라서 당기에 공정의 20% 검사시점을 통과한 합격품은 당기완성량 1,000개에서 기초재공품 400개를 차감한 600개(즉 당기투입 완성량)와 기말재공품 800개를 합한 1,400개가 된다.
- 품질검사가 공정의 60% 시점에서 이루어진 경우, 기초재공품 400개도 당기에 품질검사시점을 통과하였을 것이므로 이를 당기 품질검사를 통과해서 합격한 수량에 포함시켜서 합격품은 기초재공품 400개와 당기투입 완성량 600개 및 기말재공품 800개를 합한 1,800개가 된다.
- 품질검사가 공정의 100% 시점에서 이루어진 경우, 기말재공품 800개는 품질검사시점을 통과하지 못했기 때문에 당기 품질검사를 통과에서 합격한 수량에 포함시켜서는 안 되므로 합격품은 기초재공품 400개와 당기투입 완성량 600개를 합한 1,000개가 된다.

2) 정상공손 수량 및 비정상공손 수량

정상공손 수량은 품질검사를 통과해서 합격한 수량의 10%라고 하였으므로, 정상공손 수량과 비정상공손 수량은 다음과 같이 계산된다.

	20% 시점	60% 시점	100% 시점
정상공손 수량	1,400개×10% = 140개	1,800개×10% = 180개	1,000개×10% = 100개
비정상공손 수량	200개 - 140개 = 60개	200개 - 180개 = 20개	200개 - 100개 = 100개
	200개	200개	200개

* 정상공손 수량 = 당기 중 품질검사 통과한 합격품 수량×10%
비정상공손 수량 = 공손 수량 - 정상공손 수량

2. 품질검사가 제조공정의 20% 시점에서 이루어진 경우

기말재공품이 품질검사시점을 통과하였다면, 즉 품질검사시점의 완성도(20%)가 기말재공품의 완성도(75%)보다 낮은 경우에는 정상공손품의 원가를 완성품과 기말재공품에 공동부담시킨다.

<평균법>

	[1단계] 물량흐름 파악	[2단계] 완성품 환산량 직접재료비	가공비	계
기초재공품 수량	400개(25%)			
당기투입 수량	1,600			
계	2,000개			
당기완성품 수량	1,000개	1,000개	1,000개	
정상공손 수량	140 (20%)	140	28	
비정상공손 수량	60 (20%)	60	12	
기말재공품 수량	800 (75%)	800	600	
계	2,000개	2,000개	1,640개	
[3단계] 총제조원가의 집계				
기초재공품원가		₩44,000	₩90,000	₩134,000
당기총제조비용		286,000	336,600	622,600
계		₩330,000	₩426,600	₩756,600
[4단계] 환산량 단위당 원가				
완성품 환산량		÷2,000개	÷1,640개	
환산량 단위당 원가		₩165	₩260.122	

[5단계] 총제조원가의 배분

(1차 배분)

완성품원가	1,000개×@₩165 + 1,000개×@₩260.122 =	₩425,122
정상공손원가	140개×@₩165 + 28개×@₩260.122 =	30,383
비정상공손원가	60개×@₩165 + 12개×@₩260.122 =	13,022
기말재공품원가	800개×@₩165 + 600개×@₩260.122 =	288,073
계		₩756,600

(2차 배분)	배분 전 원가	정상공손원가 배분	배분 후 원가
완성품원가	₩425,122	₩13,021	₩438,143
정상공손원가	30,383	(30,383)	0
비정상공손원가	13,022		13,022
기말재공품원가	288,073	17,362	305,435
계	₩756,600		₩756,600

※ 기말재공품이 품질검사시점을 통과하였으므로 당기 중 품질검사시점을 통과한 수량비율로 정상공손원가는 재배분된다. 정상공손원가는 완성품과 기말재공품에 600 : 800의 비율로 재배분된다.

- ₩30,383×[600개÷(600개 + 800개) = ₩13,021
- ₩30,383×[800개÷(600개 + 800개) = ₩17,362

∴ 정상공손원가 배분 후 기말재공품원가 : ₩288,073 + ₩17,362 = ₩305,435
정상공손원가 배분 후 완성품원가 : ₩425,122 + ₩13,021 = ₩438,143

비정상공손원가

직접재료비 : $(₩44,000 + ₩286,000) \times \dfrac{60개}{1,000개 + 800개 + 200개} =$ ₩9,900

가공비 : $(₩90,000 + ₩336,600) \times \dfrac{60개 \times 20\%}{1,000개 + 800개 \times 75\% + 200개 \times 20\%} =$ 3,122

₩13,022

<선입선출법>

	[1단계] 물량흐름 파악	[2단계] 완성품 환산량 직접재료비	가공비
기초재공품 수량	400개(25%)		
당기투입 수량	1,600		
계	2,000개		
기초재공품 완성량	400개(75%)	0개	300개
당기투입 완성량	600	600	600
정상공손 수량	140 (20%)	140	28
비정상공손 수량	60 (20%)	60	12
기말재공품 수량	800 (75%)	800	600
계	2,000개	1,600개	1,540개

[3단계] 총제조원가의 집계			계
기초재공품원가			₩134,000
당기총제조비용	₩286,000	₩336,600	622,600
계	₩286,000	₩336,600	₩756,600

[4단계] 환산량 단위당 원가		
완성품 환산량	÷1,600개	÷1,540개
환산량 단위당 원가	₩178.75	₩218.5714

[5단계] 총제조원가의 배분

(1차 배분)

완성품원가	₩134,000 + 600개×@₩178.75 + 900개×@₩218.5714 =	₩437,964
정상공손원가	140개×@₩178.75 + 28개×@₩218.5714 =	31,145
비정상공손원가	60개×@₩178.75 + 12개×@₩218.5714 =	13,348
기말재공품원가	800개×@₩178.75 + 600개×@₩218.5714 =	274,143
계		₩756,600

(2차 배분)	배분 전 원가	정상공손원가 배분	배분 후 원가
완성품원가	₩437,964	₩13,348	₩451,312
정상공손원가	31,145	(31,145)	0
비정상공손원가	13,348		13,348
기말재공품원가	274,143	17,797	291,940
계	₩756,600		₩756,600

※ 기말재공품이 품질검사시점을 통과하였으므로 당기 중 품질검사시점을 통과한 수량비율로 정상공손원가는 재배분된다. 정상공손원가는 완성품과 기말재공품에 600 : 800의 비율로 재배분된다.

- ₩31,145×[600개÷(600개 + 800개) = ₩13,348
- ₩31,145×[800개÷(600개 + 800개) = ₩17,797

∴ 정상공손원가 배분 후 기말재공품원가 : ₩274,143 + ₩17,797 = ₩291,940
정상공손원가 배분 후 완성품원가 : ₩437,964 + ₩13,348 = ₩451,312

비정상공손원가

직접재료비 : $₩286,000 \times \frac{60개}{1,000개 + 800개 + 200개 - 400개} =$ ₩10,725

가공비 : $₩336,600 \times \frac{60개 \times 20\%}{1,000개 + 800개 \times 75\% + 200개 \times 20\% - 400개 \times 25\%} =$ 2,623

₩13,348

[참조] 품질검사가 제조공정의 20% 시점에서 이루어진 경우 (공식법)

<평균법>

1. 기말재공품원가

직접재료비 : $(₩44,000 + ₩286,000) \times \frac{800개}{1,000개 + 800개 + 200개} =$ ₩132,000

가공비 : $(₩90,000 + ₩336,600) \times \frac{800개 \times 75\%}{1,000개 + 800개 \times 75\% + 200개 \times 20\%} =$ 156,073

정상공손원가 배분 전 기말재공품원가 ₩288,073

2. 정상공손원가

직접재료비 : $(₩44,000 + ₩286,000) \times \frac{140개}{1,000개 + 800개 + 200개} =$ ₩23,100

가공비 : $(₩90,000 + ₩336,600) \times \frac{140개 \times 20\%}{1,000개 + 800개 \times 75\% + 200개 \times 20\%} =$ 7,283

₩30,383

3. 완성품원가

직접재료비 : $(₩44,000 + ₩286,000) \times \frac{1,000개}{1,000개 + 800개 + 200개} =$ ₩165,000

가공비 : $(₩90,000 + ₩336,600) \times \frac{1,000개}{1,000개 + 800개 \times 75\% + 200개 \times 20\%} =$ 260,122

정상공손원가 배분 전 완성품원가 ₩425,122

4. 정상공손원가 배분 후 (완성품과 기말재공품에 600 : 800의 비율로) 기말재공품원가 및 완성품원가
   - ₩30,383×[600개÷(600개 + 800개)] = ₩13,021
   - ₩30,383×[800개÷(600개 + 800개)] = ₩17,362

   정상공손원가 배분 후 완성품원가 : ₩425,122 + ₩13,021 = ₩438,143

   정상공손원가 배분 후 기말재공품원가 : ₩288,073 + ₩17,362 = ₩305,435

<선입선출법>

1. 기말재공품원가

직접재료비 : $₩286,000 \times \frac{800개}{1,000개 + 800개 + 200개 - 400개} =$ ₩143,000

가공비 : $₩336,600 \times \frac{800개 \times 75\%}{1,000개 + 800개 \times 75\% + 200개 \times 20\% - 400개 \times 25\%} =$ 131,143

정상공손원가 배분 전 기말재공품원가 ₩274,143

2. 정상공손원가

직접재료비 : $₩286,000 \times \frac{140개}{1,000개 + 800개 + 200개 - 400개} =$ ₩25,025

가공비 : $₩336,600 \times \frac{140개 \times 20\%}{1,000개 + 800개 \times 75\% + 200개 \times 20\% - 400개 \times 25\%} =$ 6,120

₩31,145

3. 완성품원가

직접재료비 : $₩44,000 + (₩286,000 \times \frac{1,000개 - 400개}{1,000개 + 800개 + 200개 - 400개}) =$ ₩151,250

가공비 : $₩90,000 + (₩336,600 \times \frac{1,000개 - 400개 \times 25\%}{1,000개 + 800개 \times 75\% + 200개 \times 20\% - 400개 \times 25\%}) =$ 286,714

정상공손원가 배분 전 완성품원가 ₩437,964

4. 정상공손원가 배분 후 (완성품과 기말재공품에 600 : 800의 비율로) 기말재공품원가 및 완성품원가
   - ₩31,145×[600개÷(600개 + 800개)] = ₩13,348
   - ₩31,145×[800개÷(600개 + 800개)] = ₩17,797

   정상공손원가 배분 후 완성품원가 : ₩437,964 + ₩13,348 = ₩451,312

   정상공손원가 배분 후 기말재공품원가 : ₩274,143 + ₩17,797 = ₩291,940

3. 품질검사가 제조공정의 60% 시점에서 이루어진 경우

기말재공품이 품질검사시점을 통과하였다면, 즉 품질검사시점의 완성도(60%)가 기말재공품의 완성도(75%)보다 낮은 경우에는 정상공손품의 원가를 완성품과 기말재공품에 공동부담시킨다.

<평균법>

	[1단계] 물량흐름 파악	[2단계] 완성품 환산량 직접재료비	가공비	계
기초재공품 수량	400개(25%)			
당기투입 수량	1,600			
계	2,000개			
당기완성품 수량	1,000개	1,000개	1,000개	
정상공손 수량	180 (60%)	180	108	
비정상공손 수량	20 (60%)	20	12	
기말재공품 수량	800 (75%)	800	600	
계	2,000개	2,000개	1,720개	
[3단계] 총제조원가의 집계				
기초재공품원가		₩44,000	₩90,000	₩134,000
당기총제조비용		286,000	336,600	622,600
계		₩330,000	₩426,600	₩756,600
[4단계] 환산량 단위당 원가				
완성품 환산량		÷2,000개	÷1,720개	
환산량 단위당 원가		₩165	₩248.023	

[5단계] 총제조원가의 배분

(1차 배분)

완성품원가	1,000개×@₩165 + 1,000개×@₩248.023 =	₩413,023
정상공손원가	180개×@₩165 + 108개×@₩248.023 =	56,487
비정상공손원가	20개×@₩165 + 12개×@₩248.023 =	6,276
기말재공품원가	800개×@₩165 + 600개×@₩248.023 =	280,814
계		₩756,600

(2차 배분)	배분 전 원가	정상공손원가 배분	배분 후 원가
완성품원가	₩413,023	₩31,382	₩444,405
정상공손원가	56,487	(56,487)	0
비정상공손원가	6,276		6,276
기말재공품원가	280,814	25,105	305,919
계	₩756,600		₩756,600

※ 기말재공품이 품질검사시점을 통과하였으므로 당기 중 품질검사시점을 통과한 수량비율로 정상공손원가는 재배분된다. 정상공손원가는 완성품과 기말재공품에 1,000 : 800의 비율로 재배분된다.

- ₩56,487×[1,000개÷(1,000개 + 800개) = ₩31,382
- ₩56,487×[800개÷(1,000개 + 800개) = ₩25,105

∴ 정상공손원가 배분 후 기말재공품원가 : ₩280,814 + ₩25,105 = ₩305,919
정상공손원가 배분 후 완성품원가 : ₩413,023 + ₩31,382 = ₩444,405

비정상공손원가

$$\text{직접재료비} : (₩44,000 + ₩286,000) \times \frac{20개}{1,000개 + 800개 + 200개} = ₩3,300$$

$$\text{가공비} : (₩90,000 + ₩336,600) \times \frac{20개 \times 60\%}{1,000개 + 800개 \times 75\% + 200개 \times 60\%} = 2,976$$

₩6,276

<선입선출법>

	[1단계] 물량흐름 파악	[2단계] 완성품 환산량 직접재료비	가공비	
기초재공품 수량	400개(25%)			
당기투입 수량	1,600			
계	2,000개			
기초재공품 완성량	400개(75%)	0개	300개	
당기투입 완성량	600	600	600	
정상공손 수량	180 (60%)	180	108	
비정상공손 수량	20 (60%)	20	12	
기말재공품 수량	800 (75%)	800	600	
계	2,000개	1,600개	1,620개	
[3단계] 총제조원가의 집계				계
기초재공품원가				₩134,000
당기총제조비용		₩286,000	₩336,600	622,600
계		₩286,000	₩336,600	₩756,600
[4단계] 환산량 단위당 원가				
완성품 환산량		÷1,600개	÷1,620개	
환산량 단위당 원가		₩178.75	₩207.778	

[5단계] 총제조원가의 배분

(1차 배분)

완성품원가	₩134,000 + 600개×@₩178.75 + 900개×@₩207.778 =	₩428,250
정상공손원가	180개×@₩178.75 + 108개×@₩207.778 =	54,615
비정상공손원가	20개×@₩178.75 + 12개×@₩207.778 =	6,068
기말재공품원가	800개×@₩178.75 + 600개×@₩207.778 =	267,667
계		₩756,600

(2차 배분)	배분 전 원가	정상공손원가 배분	배분 후 원가
완성품원가	₩428,250	₩30,342	₩458,592
정상공손원가	54,615	(54,615)	0
비정상공손원가	6,068		6,068
기말재공품원가	267,667	24,273	291,940
계	₩756,600		₩756,600

※ 기말재공품이 품질검사시점을 통과하였으므로 당기 중 품질검사시점을 통과한 수량비율로 정상공손원가는 재배분된다. 정상공손원가는 완성품과 기말재공품에 1,000 : 800의 비율로 재배분된다.

- ₩54,615×[1,000개÷(1,000개 + 800개) = ₩30,342
- ₩54,615×[800개÷(1,000개 + 800개) = ₩24,273

∴ 정상공손원가 배분 후 기말재공품원가 : ₩267,667 + ₩24,273 = ₩291,940
정상공손원가 배분 후 완성품원가 : ₩428,250 + ₩30,342 = ₩458,592

비정상공손원가

$$\text{직접재료비 : ₩286,000} \times \frac{20\text{개}}{1{,}000\text{개} + 800\text{개} + 200\text{개} - 400\text{개}} = \text{₩3,575}$$

$$\text{가공비 : ₩336,600} \times \frac{20\text{개}\times 60\%}{1{,}000\text{개} + 800\text{개}\times 75\% + 200\text{개}\times 60\% - 400\text{개}\times 25\%} = 2{,}493$$

₩6,068

[참조] 품질검사가 제조공정의 60% 시점에서 이루어진 경우 (공식법)

<평균법>

1. 기말재공품원가

직접재료비 : $(₩44{,}000 + ₩286{,}000) \times \dfrac{800\text{개}}{1{,}000\text{개} + 800\text{개} + 200\text{개}} =$ ₩132,000

가공비 : $(₩90{,}000 + ₩336{,}600) \times \dfrac{800\text{개} \times 75\%}{1{,}000\text{개} + 800\text{개} \times 75\% + 200\text{개} \times 60\%} =$ 148,814

정상공손원가 배분 전 기말재공품원가 ₩280,814

2. 정상공손원가

직접재료비 : $(₩44{,}000 + ₩286{,}000) \times \dfrac{180\text{개}}{1{,}000\text{개} + 800\text{개} + 200\text{개}} =$ ₩29,700

가공비 : $(₩90{,}000 + ₩336{,}600) \times \dfrac{180\text{개} \times 60\%}{1{,}000\text{개} + 800\text{개} \times 75\% + 200\text{개} \times 60\%} =$ 26,787

₩56,487

3. 완성품원가

직접재료비 : $(₩44{,}000 + ₩286{,}000) \times \dfrac{1{,}000\text{개}}{1{,}000\text{개} + 800\text{개} + 200\text{개}} =$ ₩165,000

가공비 : $(₩90{,}000 + ₩336{,}600) \times \dfrac{1{,}000\text{개}}{1{,}000\text{개} + 800\text{개} \times 75\% + 200\text{개} \times 60\%} =$ 248,023

정상공손원가 배분 전 완성품원가 ₩413,023

4. 정상공손원가 배분 후 (완성품과 기말재공품에 1,000 : 800의 비율로) 기말재공품원가 및 완성품원가
   - ₩56,487×[1,000개÷(1,000개 + 800개) = ₩31,382
   - ₩56,487×[800개÷(1,000개 + 800개) = ₩25,105

   정상공손원가 배분 후 완성품원가 : ₩413,023 + ₩31,382 = ₩444,405

   정상공손원가 배분 후 기말재공품원가 : ₩280,814 + ₩25,105 = ₩305,919

<선입선출법>

1. 기말재공품원가

직접재료비 : $₩286{,}000 \times \dfrac{800\text{개}}{1{,}000\text{개} + 800\text{개} + 200\text{개} - 400\text{개}} =$ ₩143,000

가공비 : $₩336{,}600 \times \dfrac{800\text{개} \times 75\%}{1{,}000\text{개} + 800\text{개} \times 75\% + 200\text{개} \times 60\% - 400\text{개} \times 25\%} =$ 124,667

정상공손원가 배분 전 기말재공품원가 ₩267,667

2. 정상공손원가

직접재료비 : $₩286{,}000 \times \dfrac{180\text{개}}{1{,}000\text{개} + 800\text{개} + 200\text{개} - 400\text{개}} =$ ₩32,175

가공비 : $₩336{,}600 \times \dfrac{180\text{개} \times 60\%}{1{,}000\text{개} + 800\text{개} \times 75\% + 200\text{개} \times 60\% - 400\text{개} \times 25\%} =$ 22,440

₩54,615

3. 완성품원가

직접재료비 : $₩44{,}000 + \left(₩286{,}000 \times \dfrac{1{,}000\text{개} - 400\text{개}}{1{,}000\text{개} + 800\text{개} + 200\text{개} - 400\text{개}}\right) =$ ₩151,250

가공비 : $₩90{,}000 + \left(₩336{,}600 \times \dfrac{1{,}000\text{개} - 400\text{개} \times 25\%}{1{,}000\text{개} + 800\text{개} \times 75\% + 200\text{개} \times 60\% - 400\text{개} \times 25\%}\right) =$ 277,000

정상공손원가 배분 전 완성품원가 ₩428,250

4. 정상공손원가 배분 후 (완성품과 기말재공품에 1,000 : 800의 비율로) 기말재공품원가 및 완성품원가
   - ₩54,615×[1,000개÷(1,000개 + 800개) = ₩30,342
   - ₩54,615×[800개÷(1,000개 + 800개) = ₩24,273

   정상공손원가 배분 후 완성품원가 : ₩428,250 + ₩30,342 = ₩458,592

   정상공손원가 배분 후 기말재공품원가 : ₩267,667 + ₩24,273 = ₩291,940

4. 품질검사가 제조공정의 100% 시점에서 이루어진 경우

기말재공품이 품질검사시점을 통과하지 않았다면, 즉 품질검사시점의 완성도(100%)가 기말재공품의 완성도(75%)보다 높은 경우에는 정상공손품의 원가를 완성품에만 부담시킨다.

<평균법>

	[1단계] 물량흐름 파악	[2단계] 완성품 환산량 직접재료비	가공비	계
기초재공품 수량	400개(25%)			
당기투입 수량	1,600			
계	2,000개			
당기완성품 수량	1,000개	1,000개	1,000개	
정상공손 수량	100 (100%)	100	100	
비정상공손 수량	100 (100%)	100	100	
기말재공품 수량	800 (75%)	800	600	
계	2,000개	2,000개	1,800개	
[3단계] 총제조원가의 집계				
기초재공품원가		₩44,000	₩90,000	₩134,000
당기총제조비용		286,000	336,600	622,600
계		₩330,000	₩426,600	₩756,600
[4단계] 환산량 단위당 원가				
완성품 환산량		÷2,000개	÷1,800개	
환산량 단위당 원가		₩165	₩237	

[5단계] 총제조원가의 배분

(1차 배분)

완성품원가	1,000개×@₩165 + 1,000개×@₩237 =	₩402,000
정상공손원가	100개×@₩165 + 100개×@₩237 =	40,200
비정상공손원가	100개×@₩165 + 100개×@₩237 =	40,200
기말재공품원가	800개×@₩165 + 600개×@₩237 =	274,200
계		₩756,600

(2차 배분)	배분 전 원가	정상공손원가 배분	배분 후 원가
완성품원가	₩402,000	₩40,200	₩442,200
정상공손원가	40,200	(40,200)	0
비정상공손원가	40,200		40,200
기말재공품원가	274,200		274,200
계	₩756,600		₩756,600

※ 기말재공품이 품질검사시점을 통과하지 않은 경우이므로 정상공손원가는 완성품에만 배분된다. 즉 기말재공품은 공손 발생시점에 도달하지 않았으므로 정상공손원가를 배분받을 수 없다.

∴ 정상공손원가 배분 후 기말재공품원가 : ₩274,200(배분 전과 동일한 금액임)
정상공손원가 배분 후 완성품원가 : ₩402,000 + ₩40,200 = ₩442,200

비정상공손원가

직접재료비 : $(₩44,000 + ₩286,000) \times \frac{100개}{1,000개 + 800개 + 200개} =$ ₩16,500

가공비 : $(₩90,000 + ₩336,600) \times \frac{100개 \times 100\%}{1,000개 + 800개 \times 75\% + 200개 \times 100\%} =$ 23,700

₩40,200

<선입선출법>

	[1단계] 물량흐름 파악	[2단계] 완성품 환산량 직접재료비	가공비
기초재공품 수량	400개(25%)		
당기투입 수량	1,600		
계	2,000개		
기초재공품 완성량	400개(75%)	0개	300개
당기투입 완성량	600	600	600
정상공손 수량	100 (100%)	100	100
비정상공손 수량	100 (100%)	100	100
기말재공품 수량	800 (75%)	800	600
계	2,000개	1,600개	1,700개

[3단계] 총제조원가의 집계			계
기초재공품원가			₩134,000
당기총제조비용	₩286,000	₩336,600	622,600
계	₩286,000	₩336,600	₩756,600

[4단계] 환산량 단위당 원가		
완성품 환산량	÷1,600개	÷1,700개
환산량 단위당 원가	₩178.75	₩198

[5단계] 총제조원가의 배분

(1차 배분)

완성품원가	₩134,000 + 600개×@₩178.75 + 900개×@₩198 =	₩419,450
정상공손원가	100개×@₩178.75 + 100개×@₩198 =	37,675
비정상공손원가	100개×@₩178.75 + 100개×@₩198 =	37,675
기말재공품원가	800개×@₩178.75 + 600개×@₩198 =	261,800
계		₩756,600

(2차 배분)	배분 전 원가	정상공손원가 배분	배분 후 원가
완성품원가	₩419,450	₩37,675	₩457,125
정상공손원가	37,675	(37,675)	0
비정상공손원가	37,675		37,675
기말재공품원가	261,800		261,800
계	₩756,600		₩756,600

※ 기말재공품이 품질검사시점을 통과하지 않은 경우이므로 정상공손원가는 완성품에만 배분된다. 즉 기말재공품은 공손 발생시점에 도달하지 않았으므로 정상공손원가를 배분받을 수 없다.

∴ 정상공손원가 배분 후 기말재공품원가 : ₩261,800(배분 전과 동일한 금액임)
정상공손원가 배분 후 완성품원가 : ₩419,450 + ₩37,675 = ₩457,125

비정상공손원가

직접재료비 : $₩286,000 \times \frac{100개}{1,000개 + 800개 + 200개 - 400개} =$ ₩17,875

가공비 : $₩336,600 \times \frac{100개 \times 100\%}{1,000개 + 800개 \times 75\% + 200개 \times 100\% - 400개 \times 25\%} =$ 19,800

₩37,675

[참고] 품질검사가 제조공정의 100% 시점에서 이루어진 경우 (공식법)

<평균법>

1. 기말재공품원가

직접재료비 : (₩44,000 + ₩286,000) × $\frac{800개}{1,000개 + 800개 + 200개}$ = ₩132,000

가공비 : (₩90,000 + ₩336,600) × $\frac{800개 \times 75\%}{1,000개 + 800개 \times 75\% + 200개 \times 100\%}$ = 142,200

정상공손원가 배분 전 기말재공품원가 ₩274,200

2. 정상공손원가

직접재료비 : (₩44,000 + ₩286,000) × $\frac{100개}{1,000개 + 800개 + 200개}$ = ₩16,500

가공비 : (₩90,000 + ₩336,600) × $\frac{100개 \times 100\%}{1,000개 + 800개 \times 75\% + 200개 \times 100\%}$ = 23,700

₩40,200

3. 완성품원가

직접재료비 : (₩44,000 + ₩286,000) × $\frac{1,000개}{1,000개 + 800개 + 200개}$ = ₩165,000

가공비 : (₩90,000 + ₩336,600) × $\frac{1,000개}{1,000개 + 800개 \times 75\% + 200개 \times 100\%}$ = 237,000

정상공손원가 배분 전 완성품원가 ₩402,000

4. 정상공손원가 배분 후 완성품원가

기말재공품이 품질검사시점을 통과하지 않은 경우이므로 정상공손원가는 완성품에만 배분된다. 즉 기말재공품은 공손 발생시점에 도달하지 않았으므로 정상공손원가를 배분받을 수 없다.

정상공손원가 배분 후 완성품원가 : ₩402,000 + ₩40,200 = ₩442,200

<선입선출법>

1. 기말재공품원가

직접재료비 : ₩286,000 × $\frac{800개}{1,000개 + 800개 + 200개 - 400개}$ = ₩143,000

가공비 : ₩336,600 × $\frac{800개 \times 75\%}{1,000개 + 800개 \times 75\% + 200개 \times 100\% - 400개 \times 25\%}$ = 118,800

정상공손원가 배분 전 기말재공품원가 ₩261,800

2. 정상공손원가

직접재료비 : ₩286,000 × $\frac{100개}{1,000개 + 800개 + 200개 - 400개}$ = ₩17,875

가공비 : ₩336,600 × $\frac{100개 \times 100\%}{1,000개 + 800개 \times 75\% + 200개 \times 100\% - 400개 \times 25\%}$ = 19,800

₩37,675

3. 완성품원가

직접재료비 : ₩44,000 + (₩286,000 × $\frac{1,000개 - 400개}{1,000개 + 800개 + 200개 - 400개}$) = ₩151,250

가공비 : ₩90,000 + (₩336,600 × $\frac{1,000개 - 400개 \times 25\%}{1,000개 + 800개 \times 75\% + 200개 \times 100\% - 400개 \times 25\%}$) = 268,200

정상공손원가 배분 전 완성품원가 ₩419,450

4. 정상공손원가 배분 후 완성품원가

기말재공품이 품질검사시점을 통과하지 않은 경우이므로 정상공손원가는 완성품에만 배분된다. 즉 기말재공품은 공손 발생시점에 도달하지 않았으므로 정상공손원가를 배분받을 수 없다.

정상공손원가 배분 후 완성품원가 : ₩419,450 + ₩37,675 = ₩457,125

4) 감손

감손은 제조과정에서 증발 등으로 물리적인 실체의 가치가 사라지므로, 공손품과는 달리 처분가치가 없다. 감손은 제조공정 전반에 걸쳐서 발생하므로 대부분의 경우 감손물량 전부를 정상적인 감손으로 간주하여 원가배분을 한다(비분리계산법 적용). 즉 측정시점의 물량(즉 감손된 이후의 산출량)을 투입량으로 환산한 후에 투입량(즉 감손되기 이전의 물량)을 기준으로 원가배분을 하면 감손까지 고려된 원가배분을 하는 것이다.

예제 

단일 제조공정을 거쳐서 동일 종류 제품을 생산하고 있다. 제조과정의 전 공정을 통하여 20% 감손이 발생하며, 재료는 공정 초기에 전량 투입되며 가공비는 공정 전반에 걸쳐 균등하게 발생한다. 관련 자료를 이용하여, 측정시점의 물량을 투입량 기준으로 환산하시오. (2025 세무사 유사)

	수 량	완성도	직접재료비	가공비
기초재공품	1,840kg	40%	₩44,000	₩90,000
당기투입	6,000		286,000	336,600
당기완성	4,000			
기말재공품	2,640	60%		

해답

	측정시점 물량(①)	완성도(②)	감손율(③ = 20%×②)	수율(④ = 1 - ③)	투입량(①÷④)
기초재공품	1,840kg	40%	8%	92%	2,000kg
당기투입	6,000	0	0	100	6,000
계	7,840kg				8,000kg
당기완성	4,000kg	100	20	80	5,000kg
기말재공품	2,640	60	12	88	3,000
계	6,640kg				8,000kg

[참조]

완성도와 수율 및 감손율의 관계는 '수율 = 산출량÷투입량 = (투입량 - 감손량)÷투입량 = 1 - (감손량÷투입량) = 1 - 감손율'이다. 공정의 진행시점에 따라 감손의 발생정도(감손율)가 서로 다르므로, 우선 모든 물량을 감손되기 이전의 물량 즉 투입량 기준으로 환산한 후에 원가계산을 한다. 평균법과 선입선출법에 의해 각각 산출된 기말재공품원가는 아래와 같다. 단, 비분리계산법을 적용한다.

<평균법 : 기말재공품원가>

직접재료비 : $(₩44,000 + ₩286,000) \times \frac{3,000kg}{5,000kg + 3,000kg} =$ ₩123,750

가공비 : $(₩90,000 + ₩336,600) \times \frac{3,000kg \times 60\%}{5,000kg + 3,000kg \times 60\%} =$ 112,924

₩236,674

<선입선출법 : 기말재공품원가>

직접재료비 : $₩286,000 \times \frac{3,000kg}{5,000kg + 3,000kg - 2,000kg} =$ ₩143,000

가공비 : $₩336,600 \times \frac{3,000kg \times 60\%}{5,000kg + 3,000kg \times 60\% - 2,000kg \times 40\%} =$ 100,980

₩243,980

[별해 : C. T. Horngren의 5단계법]

<평균법>

	[1단계] 물량흐름 파악	[2단계] 완성품 환산량 직접재료비	[2단계] 완성품 환산량 가공비	계
기초재공품 수량	2,000kg(40%)			
당기투입 수량	6,000			
계	8,000kg			
당기완성품 수량	5,000kg	5,000kg	5,000kg	
기말재공품 수량	3,000 (60%)	3,000	1,800	
계	8,000kg	8,000kg	6,800kg	
[3단계] 총제조원가의 집계				계
기초재공품원가		₩44,000	₩90,000	₩134,000
당기총제조비용		286,000	336,600	622,600
계		₩330,000	₩426,600	₩756,600
[4단계] 환산량 단위당 원가				
완성품 환산량		÷8,000kg	÷6,800kg	
환산량 단위당 원가		₩41.25	₩62.73529	

[5단계] 총제조원가의 배분		
완성품원가	5,000kg×@₩41.25 + 5,000kg×@₩62.73529 =	₩519,926
기말재공품원가	3,000kg×@₩41.25 + 1,800kg×@₩62.73529 =	236,674
계		₩756,600

<선입선출법>

	[1단계] 물량흐름 파악	[2단계] 완성품 환산량 직접재료비	[2단계] 완성품 환산량 가공비	계
기초재공품 수량	2,000kg(40%)			
당기투입 수량	6,000			
계	8,000kg			
기초재공품 완성량	2,000kg(60%)	0kg	1,200kg	
당기투입 완성량	3,000	3,000	3,000	
기말재공품 수량	3,000 (60%)	3,000	1,800	
계	8,000kg	6,000kg	6,000kg	
[3단계] 총제조원가의 집계				계
기초재공품원가				₩134,000
당기총제조비용		₩286,000	₩336,600	622,600
계		₩286,000	₩336,600	₩756,600
[4단계] 환산량 단위당 원가				
완성품 환산량		÷6,000kg	÷6,000kg	
환산량 단위당 원가		₩47.6667	₩56.1	

[5단계] 총제조원가의 배분		
완성품원가	₩134,000 + 0kg×@₩47.6667 + 1,200kg×@₩56.1 + 3,000kg×@₩47.6667 + 3,000kg×@₩56.1 =	₩512,620
기말재공품원가	3,000kg×@₩47.6667 + 1,800kg×@₩56.1 =	243,980
계		₩756,600

제2절 종합원가계산의 종류 및 절차

1. 단일 공정 종합원가계산

단일 공정 종합원가계산(single process cost method)이란 단순 종합원가계산이라고도 하며, 제빙업·광산업·양조업·제유업 등과 같이 단일 제품을 단일 공정을 통하여 연속적으로 생산하는 경영에서 사용되는 원가계산방법이다.

1) 원가계산의 방법

(1) 원가계산기간에 소비된 제조원가의 총계에다 기초재공품원가를 가산한 후, 여기에서 기말시점의 재공품원가 및 부산물[11]·공손품 등의 평가액을 차감한다.

완성품원가 = 기초재공품원가 + 당기총제조비용 - 기말재공품원가
- 부산물 및 공손품 평가액

(2) (1)에서 산출된 완성품 제조원가를 그 기간에 완성된 제품의 총수량으로 나누어서 제품 단위당의 원가를 산출한다.

2) 계정기입의 원리

단일 공정 종합원가계산을 실시하는 경우 총계정원장에는 하나의 제조계정만을 설정하고, 그 기간 중 발생한 모든 재료비·노무비·경비의 원가요소를 그 곳에 집적시킨다. 이것이 당기총제조비용이며, 여기에 기초재공품원가와 기말재공품원가를 가감하여 당기제품제조원가를 산출한다. 당기제품제조원가는 완성된 제품의 원가이기 때문에 원가계산기간 말에 제품계정으로 대체시킨다.

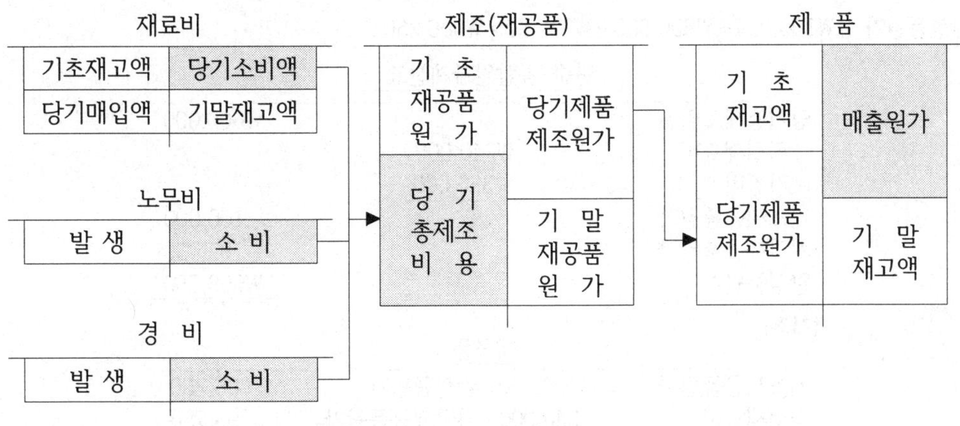

11) 학습목적상, 부산물에 대한 [예제]는 연산품 종합원가계산(후술함)에서 함께 제시하고자 한다.

예제 1

다음 자료에 의해 단일 공정 종합원가계산표를 작성하시오. 단, 직접재료비와 가공비의 발생이 모두 제조의 진행에 비례하여 발생한다. 즉 모든 원가요소를 제조의 진행과 더불어 투입하는 경우이다.

기초재공품 수량	:	300개(완성도 20%)		
기초재공품 원가	:	직접재료비 ₩80,000	가공비 ₩20,000	합 계 ₩100,000
당기총제조비용	:	직접재료비 240,000	가공비 360,000	합 계 600,000
당기완성품 수량	:	600개		
기말재공품 수량	:	200개(완성도 50%)		

해답

<평균법>

기말재공품원가 : $(₩100,000 + ₩600,000) \times \dfrac{200개 \times 0.5}{600개 + 200개 \times 0.5} = ₩100,000$

완성품원가 : ₩100,000 + ₩600,000 - ₩100,000 = ₩600,000

단순 종합원가계산표

당기총제조비용		₩600,000
직접재료비	₩240,000	
가공비	360,000	
기초재공품원가		100,000
기말재공품원가		(100,000)
완성품원가		₩600,000

[참조]

재공품

기초재공품원가	100,000	완성품원가	600,000
직접재료비	240,000	기말재공품원가	100,000
가공비	360,000		
	700,000		700,000

<선입선출법>

기말재공품원가 : $₩600,000 \times \dfrac{200개 \times 0.5}{600개 + 200개 \times 0.5 - 300개 \times 0.2} = ₩93,750$

완성품원가 : ₩100,000 + ₩600,000 - ₩93,750 = ₩606,250

단순 종합원가계산표

당기총제조비용		₩600,000
직접재료비	₩240,000	
가공비	360,000	
기초재공품원가		100,000
기말재공품원가		(93,750)
완성품원가		₩606,250

[참조]

재공품

기초재공품원가	100,000	완성품원가	606,250
직접재료비	240,000	기말재공품원가	93,750
가공비	360,000		
	700,000		700,000

예제 2

전 [예제 1]를 이용한다. 단, 모든 직접재료는 제조의 개시 시점에서 전량 투입되며, 가공비는 제조의 진행에 비례하여 발생한다. (2024 회계사 유사, 2024 세무사 유사)

해답

<평균법>

기말재공품원가

직접재료비 : $(₩80,000 + ₩240,000) \times \dfrac{200개}{600개 + 200개} =$ ₩80,000

가공비 : $(₩20,000 + ₩360,000) \times \dfrac{200개 \times 0.5}{600개 + 200개 \times 0.5} =$ 54,286

₩134,286

완성품원가

직접재료비 : ₩80,000 + ₩240,000 - ₩80,000 = ₩240,000

가공비 : ₩20,000 + ₩360,000 - ₩54,286 = 325,714

₩565,714

	[1단계] 물량흐름 파악	[2단계] 완성품 환산량 직접재료비	가공비
기초재공품 수량	300개(20%)		
당기투입 수량	500		
계	800개		
당기완성품 수량	600개	600개	600개
기말재공품 수량	200 (50%)	200	100
계	800개	800개	700개

[3단계] 총제조원가의 집계			계
기초재공품원가	₩80,000	₩20,000	₩100,000
당기총제조비용	240,000	360,000	600,000
계	₩320,000	₩380,000	₩700,000

[4단계] 환산량 단위당 원가		
완성품 환산량	÷800개	÷700개
환산량 단위당 원가	₩400	₩542.857

[5단계] 총제조원가의 배분

완성품원가	직접재료비	600개×@₩400 =	₩240,000	
	가공비	600개×@₩542.857 =	325,714	₩565,714
기말재공품원가	직접재료비	200개×@₩400 =	₩80,000	
	가공비	100개×@₩542.857 =	54,286	134,286
계				₩700,000

<선입선출법>

기말재공품원가

직접재료비 : $₩240,000 \times \dfrac{200개}{600개 + 200개 - 300개} =$ ₩96,000

가공비 : $₩360,000 \times \dfrac{200개 \times 0.5}{600개 + 200개 \times 0.5 - 300개 \times 0.2} =$ 56,250

₩152,250

완성품원가

직접재료비	: ₩80,000 + ₩240,000 - ₩96,000 =	₩224,000
가공비	: ₩20,000 + ₩360,000 - ₩56,250 =	323,750
		₩547,750

	[1단계] 물량흐름 파악	[2단계] 완성품 환산량 직접재료비	가공비
기초재공품 수량	300개(20%)		
당기투입 수량	500		
계	800개		
기초재공품 완성량	300개(80%)	0개	240개
당기투입 완성량	300	300	300
기말재공품 수량	200 (50%)	200	100
계	800개	500개	640개

[3단계] 총제조원가의 집계			계
기초재공품원가			₩100,000
당기총제조비용	₩240,000	₩360,000	600,000
계	₩240,000	₩360,000	₩700,000

[4단계] 환산량 단위당 원가		
완성품 환산량	÷500개	÷640개
환산량 단위당 원가	₩480	₩562.5

[5단계] 총제조원가의 배분

완성품원가	기초재공품원가	=	₩100,000	
	기초재공품 직접재료비	0개×@₩480 =	0	
	기초재공품 가공비	240개×@₩562.5 =	135,000	
	당기투입 직접재료비	300개×@₩480 =	144,000	
	당기투입 가공비	300개×@₩562.5 =	168,750	₩547,750
기말재공품원가	직접재료비	200개×@₩480 =	₩96,000	
	가공비	100개×@₩562.5 =	56,250	152,250
계				₩700,000

2. 공정별 종합원가계산

공정별 종합원가계산(continuous process cost method)이란 시멘트공업 · 제지업 · 제당업 · 화학공업 등과 같이 동일 종류의 제품을 두 개 이상의 제조공정을 거쳐 연속적으로 생산하고 있는 경영에서 사용되는 원가계산방법이다. 이 방법은 각 제조공정마다 독립적으로 이루어지며, 반제품(중간제품)으로서의 원가가 제조공정마다 계산되어 최후의 공정에서 누적적으로 표시되는 금액이 완성품의 최종적인 제조(단위)원가가 된다. 그러므로 공정별 종합원가계산은 결국 단순 종합원가계산을 각 공정별로 반복하는 것이다. 다만, 직전 공정의 완성품이 다음 공정으로 계속 대체되어 가면서 가공되기 때문에, 두 번째 공정이후 부터는 직전 공정으로부터 대체된 중간제품의 원가를 추가적으로 고려해야 한다는 점이 다르다.

1) 원가계산의 방법

공정별 종합원가계산에서는 각 공정별로 부문비 계산을 수행하며, 또한 각 공정에 집계된 원가의 계산방법은 단순 종합원가계산방법을 사용한다.12)

(1) 원가요소인 재료비 · 노무비 · 경비의 발생액은 제조공정과 보조부문에 배부한다. 이때 원가요소를 공정개별비 · 공정공통비로 구분하여, 공정개별비는 각 공정에 직접 배부하지만 공정공통비는 합리적인 배부기준에 의하여 인위적으로 배부한다.

(2) 보조부문에 집계된 원가를 인위적인 배부기준에 의하여 각 제조공정에 배부한다.

(3) 전공정의 완성품을 다음 공정에 대체시켜 사용하는 경우에는, 다음 공정에서 전공정의 완성품원가를 재료비로 간주한다.13)

(4) 각 공정마다 단순 종합원가계산의 방식에 의하여 완성품의 제조원가를 산출한다.

(5) 원가계산기간 말에 전공정의 완성품원가를 누적시켜 최종 완성품의 단위당 원가를 산출한다. 보통 이것은 공정별 종합원가계산표를 작성하여 계산하고 있다.

2) 계정기입의 원리

공정별 종합원가계산에서는 부문비 계산을 전제로 하고 있다. 따라서 총계정원장에는 부문비에 관련된 계정도 설정하여야 한다.

(1) 공정별 제조계정 … 차변에 각 공정의 원가를 집계하고, 대변에는 각 공정의 완성품원가를 기입한다.

(2) 공정별 공통비계정 … 공정개별비는 원가요소계정에서 직접 공정별 제조계정으로 대체시키면 되지만, 공정공통비는 일단 단일계정(공정공통비계정)에 집계한 후 공정별

---

12) 공정별 종합원가계산에 있어서는 각 공정을 각각 하나의 독립된 원가부문으로 하여 각 공정별로 단순 종합원가계산이 이루어진다. 이때 공정별 원가는 각 공정에만 고유하게 발생하는 공정개별비와 여러 공정에서 공통적으로 발생하는 공정공통비가 있다. 공정개별비는 개별원가계산에서와 마찬가지로 해당 공정에 직접 부과하고, 공정공통비는 일정한 배부기준에 따라 각 공정에 배부하여야 한다. 또한 보조부문이 있는 경우에는 보조부문비도 각 제조공정에 배부하여야 함은 물론이다.

13) 공정별 종합원가계산에서 전공정의 완성품원가(제1공정의 완성품원가)를 다음 공정의 재료비로 간주(100%)하여 공정별 완성품의 원가를 계속 누적시키고, 그 결과 최종 공정의 제조원가를 완성품의 단위당 원가로 간주하는 원가계산방식을 **누가법**이라고 한다. 즉 누가법은 제1공정 원가를 제2공정에 가산하고 제2공정 원가를 제3공정에 가산하여 가므로 공정의 진행에 따라 제조원가는 누적되어간다. 그러므로 제2공정 이후의 각 공정비에는 당해 공정에서 발생된 제조원가 즉 자공정비 이외에도 전공정에서 발생된 제조원가가 누계되어 있다. 전공정에서 대체된 제조원가를 전공정비라 하고, 전공정비는 시발점에서 투입된 재료비로 간주하여 계산하면 된다.
반면에, 어느 공정에서든 자공정의 제조비용에 대해서만 완성품원가를 계산하고, 최종 완성품의 원가는 공정별 완성품원가의 합계액으로 산출하는 방식을 **비누가법**이라고 한다. 즉 비누가법은 각 공정의 완성품 자체는 차공정에 넘어가나 그 원가는 대체되지 않고 각 공정별로 발생한 자공정비만 계산하면 되므로 누가법처럼 전공정비를 계산할 필요가 없다. 그러나 각 공정의 기말재공품원가를 계산하려면 자공정에 있는 기말재공품과 차공정 이후의 각 공정 재공품에 포함되어 있는 자공정비 등을 고려하여야 하므로 계산이 복잡해진다. ([형성평가] 참조)

배부액을 공정별 제조계정에 대체시킨다. (경우에 따라서는 이 계정을 생략하고, 공정별로 배부되는 금액을 직접 원가요소계정에서 공정별 제조계정으로 대체시킬 수도 있다.)

(3) 보조부문비계정 … 보조부문비를 일괄적으로 집계하여 공정공통비와 동일한 원리로 공정별 제조계정에 대체시킨다.

(4) 제품계정 … 마지막 제조공정의 완성품원가를 제품계정에 대체시킨다.

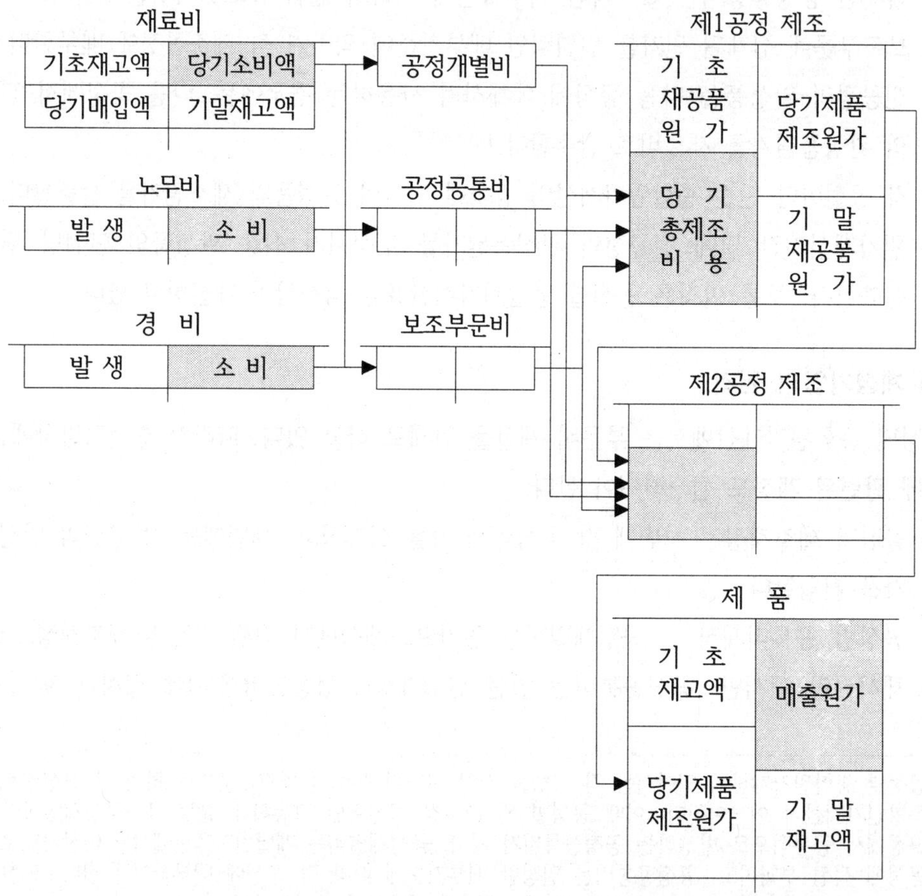

※ 본서에서는 **누가법**을 전제로 한 원가흐름을 설명한다. 두 개의 제조공정을 거쳐 제품이 완성된다고 가정한다면, 제1공정에서 완성된 중간제품은 제2공정으로 대체되기 때문에 제2공정의 제조원가는 전공정비(제1공정의 완성품원가)와 제2공정에서 투입된 직접재료비와 가공비로 구성된다. 한 공정의 제품이 연속되는 다음 공정에 대한 투입물(원재료)이 되는 경우에 전공정에서 다음 공정으로 대체되는 전공정비는 다음 공정에서 투입된 제조원가와 별도 구분해서 처리하여야 하는 것이다. 즉 전공정비의 완성도는 항상 100%이다. 그리고 제1공정의 완성품원가는 제2공정으로 대체되기 때문에 제2공정의 완성품원가가 당기제품 제조원가로 되며, 기말재공품원가는 제1공정과 제2공정의 기말재공품원가를 합계한 금액이 된다.

※ 전공정비는 제조원가명세서에 나타나지 않는다. 즉 전공정비는 공정별로 공정 사이에 대체되는 반제품인데 제조원가명세서를 작성할 때는 재공품계정을 통합해서 기록하므로 재공품 사이에서 대체되는 전공정비는 나타나지 않게 된다.

예제 1

다음 자료에 의하여 공정별 종합원가계산표를 작성하시오. (누가법 적용)

1. 공정개별비

비 목	계	제1공정	제2공정	제3공정
재료비	₩91,300	₩31,000	₩22,000	₩38,300
노무비	70,000	20,000	15,000	35,000
경 비	22,300	8,000	4,300	10,000

2. 기타 원가자료

		제1공정	제2공정	제3공정
공정공통비	₩35,800	30%	30%	40%
보조부문비	₩10,000	35	25	40
기초재공품원가		₩8,000	₩12,550	₩25,000
기말재공품원가		6,500	9,800	21,000
자공정 완성품의 차공정 대체액		70,000	125,500	-
완성품 수량		1,000개	1,500개	1,800개

해답

공정별 종합원가계산표

항 목	계	제1공정	제2공정	제3공정
공정개별비				
재료비	₩91,300	₩31,000	₩22,000	₩38,300
제1공정비 대체액			70,000	
제2공정비 대체액				125,500
노무비	70,000	20,000	15,000	35,000
경 비	22,300	8,000	4,300	10,000
계	₩183,600	₩59,000	₩111,300	₩208,800
공정공통비 배부액[1]	35,800	10,740	10,740	14,320
보조부문비 배부액[2]	10,000	3,500	2,500	4,000
계	₩229,400	₩73,240	₩124,540	₩227,120
기초재공품원가	45,550	8,000	12,550	25,000
기말재공품원가	(37,300)	(6,500)	(9,800)	(21,000)
완성품 원가[3]	₩237,650	₩74,740	₩127,290	₩231,120
완성품 수량		÷ 1,000개	÷ 1,500개	÷ 1,800개
완성품 단가		₩74.74	₩84.86	₩128.40[4]

* 1) 공정공통비 배부액
  ₩35,800×30% = ₩10,740
  ₩35,800×40% = ₩14,320
 2) 보조부문비 배부액
  ₩10,000×35% = ₩3,500
  ₩10,000×25% = ₩2,500
  ₩10,000×40% = ₩4,000
 3) ₩74,740(제1공정 완성품 원가) - ₩70,000(제1공정비 대체액) = ₩4,740(제1공정 반제품)
  ₩127,290(제2공정 완성품 원가) - ₩125,500(제2공정비 대체액) = ₩1,790(제2공정 반제품)
  ₩231,120(제3공정 완성품 원가) + ₩4,740 + ₩1,790 = ₩237,650(완성품 원가 총계)
 4) 최종 단가

예제 2

다음 자료에 의하여 공정별 종합원가계산표를 작성하시오. (누가법 적용)

1. 공정개별비

비 목	제1공정	제2공정	동력부문	수선부문	공장사무부문
재료비	₩244,000	₩190,000	₩10,000	-	-
노무비	260,000	246,000	90,000	₩100,000	₩80,000
경 비	100,000	50,000	100,000	50,000	20,000

2. 기타 원가자료

		제1공정	제2공정
기초재공품원가		₩75,000	₩30,000
기말재공품원가		50,000	60,000
수 량	기초재공품	150개	250개
	당기투입	450	400
	기말재공품	100	50
	완성품	500	600
보조부문비 배부율	동력부문	40%	60%
	수선부문	60	40
	공장사무부문	50	50

해답

공정별 종합원가계산표

항 목	계	제1공정	제2공정
공정개별비			
재료비	₩434,000	₩244,000	₩190,000
전공정비 대체액			679,200[2)]
노무비	506,000	260,000	246,000
경 비	150,000	100,000	50,000
계	₩1,090,000	₩604,000	₩1,165,200
보조부문비 배부액[1)]			
동력비	200,000	80,000	120,000
수선비	150,000	90,000	60,000
공장사무비	100,000	50,000	50,000
계	₩1,540,000	₩824,000	₩1,395,200
기초재공품원가	105,000	75,000	30,000
기말재공품원가	(110,000)	(50,000)	(60,000)
완성품 원가[3)]	₩1,535,000	₩849,000	₩1,365,200
완성품 수량		÷ 500개	÷ 600개
완성품 단가		₩1,698	₩2,275.33

* 1) 보조부문비 배부액 (제1공정만 제시함)
동력부문에서 제1공정으로의 배부액 : (₩10,000 + ₩90,000 + ₩100,000)×40% = ₩80,000
수선부문에서 제1공정으로의 배부액 : (₩100,000 + ₩50,000)×60% = ₩90,000
공장사무부문에서 제1공정으로의 배부액 : (₩80,000 + ₩20,000)×50% = ₩50,000

2) 전공정비 대체액 : @₩1,698×400개 = ₩679,200

3) ₩849,000(제1공정 완성품 원가) - ₩679,200(전공정비 대체액) = ₩169,800(제1공정 반제품)
₩1,365,200(제2공정 완성품 원가) + ₩169,800 = ₩1,535,000(완성품 원가 총계)

예제 3

단일 제품A를 대량생산하며, 제조부문은 제1공정과 제2공정 두 개로 구성되어 있다. 재료는 제1공정의 초기에 투입되고, 추가 재료는 제2공정의 마지막 시점에서 일시에 투입된다. 가공비는 전체 공정을 통하여 균등하게 발생한다. 제1공정에서 완성된 중간제품은 전량 제2공정에 전출되고, 제2공정에서 완성된 제품은 제품계정에 대체된다.

	제1공정	제2공정
기초재공품 수량 (가공비 완성도)	10,000개(40%)	12,000개(66.67%)
기초재공품원가 : 직접재료비	₩4,000	-
가공비	1,110	₩10,080
전공정비	-	10,920
당기 전출 및 완성량	48,000개	44,000개
당기투입 수량	?	?
기말재공품 수량 (가공비 완성도)	2,000개(50%)	16,000개(37.5%)
당기 추가 직접재료비	₩22,000	₩13,200
당기 추가 가공비	18,000	63,000

물음

1. 평균법(누가법)에 의하여 각 공정의 기말재공품원가를 구하시오.
2. 선입선출법(누가법)에 의하여 각 공정의 기말재공품원가를 구하시오.

해답

1. 평균법(누가법)

제1공정의 기말재공품원가

직접재료비 : $(₩4,000 + ₩22,000) \times \dfrac{2,000개}{48,000개 + 2,000개} =$ ₩1,040

가공비 : $(₩1,110 + ₩18,000) \times \dfrac{2,000개 \times 0.5}{48,000개 + 2,000개 \times 0.5} =$ 390

합계 ₩1,430

제1공정의 완성품원가

(₩4,000 + ₩1,110 + ₩22,000 + ₩18,000) - ₩1,430 = ₩43,680

제2공정의 기말재공품원가

전공정비 : $(₩10,920 + ₩43,680) \times \dfrac{16,000개}{44,000개 + 16,000개} =$ ₩14,560

직접재료비 : $(₩0 + ₩13,200) \times \dfrac{0개}{44,000개 + 0개^{14)}} =$ 0

가공비 : $(₩10,080 + ₩63,000) \times \dfrac{16,000개 \times 0.375}{44,000개 + 16,000개 \times 0.375} =$ ₩8,770

합계 ₩23,330

---

14) 제2공정의 직접재료는 당기완성품에 당연히 투입되었을 것이며, 기말재공품은 그 완성도(37.5%)보다 추가재료의 투입시점(즉 제2공정의 마지막 시점)이 늦기 때문에 추가재료가 투입되지 않았을 것이므로 직접재료비에 대한 완성품 환산량은 44,000개이다. 즉 추가재료는 제2공정의 마지막 시점에서 일시에 투입되므로, 제2공정의 기말재공품 16,000개에 대해서는 당기에 직접재료비가 전혀 발생하지 않았으므로 기말재공품의 직접재료비에 대한 완성도는 0%이다.

2. 선입선출법(누가법)

제1공정의 기말재공품원가

$$\text{직접재료비} : ₩22,000 \times \frac{2,000개}{48,000개 + 2,000개 - 10,000개} = ₩1,100$$

$$\text{가공비} : ₩18,000 \times \frac{2,000개 \times 0.5}{48,000개 + 2,000개 \times 0.5 - 10,000개 \times 0.4} = 400$$

₩1,500

제1공정의 완성품원가

(₩4,000 + ₩1,110 + ₩22,000 + ₩18,000) - ₩1,500 = ₩43,610

제2공정의 기말재공품원가

$$\text{전공정비} : ₩43,610 \times \frac{16,000개}{44,000개 + 16,000개 - 12,000개} = ₩14,537$$

$$\text{직접재료비} : ₩13,200 \times \frac{0개}{44,000개 + 0개 - 12,000개} = 0$$

$$\text{가공비} : ₩63,000 \times \frac{16,000개 \times 0.375}{44,000개 + 16,000개 \times 0.375 - 12,000개 \times 0.6667} = ₩9,000$$

₩23,537

[참조]

공정별 종합원가계산표

항 목	평균법			선입선출법		
	계	제1공정	제2공정	계	제1공정	제2공정
당기총제조비용						
직접재료비	₩35,200	₩22,000	₩13,200	₩35,200	₩22,000	₩13,200
전공정비 대체액			43,680			43,610
가공비	81,000	18,000	63,000	81,000	18,000	63,000
계	₩116,200	₩40,000	₩119,880	₩116,200	₩40,000	₩119,810
기초재공품원가	26,110	5,110	21,000	26,110	5,110	21,000
기말재공품원가	(24,760)	(1,430)	(23,330)	(25,037)	(1,500)	(23,537)
완성품 원가	₩117,550	₩43,680	₩117,550	₩117,273	₩43,610	₩117,273
완성품 수량		÷ 48,000개	÷ 44,000개		÷ 48,000개	÷ 44,000개
완성품 단가		₩0.91	₩2.6716		₩0.9085	₩2.6653

* ₩10,080 + ₩10,920 = ₩21,000

수량(제1공정)

기초재공품	10,000	완성품	48,000
당기투입	40,000	기말재공품	2,000
	50,000		50,000

수량(제2공정)

기초재공품	12,000	완성품	44,000
당기투입	48,000	기말재공품	16,000
	60,000		60,000

원가(제1공정) - 평균법

기초재공품	5,110	완성품	43,680
직접재료비	22,000		
가공비	18,000	기말재공품	1,430
	45,110		45,110

원가(제2공정) - 평균법

기초재공품	21,000	완성품	117,550
전공정비	43,680		
직접재료비	13,200		
가공비	63,000	기말재공품	23,330
	140,880		140,880

<평균법 - 제1공정>

	[1단계]	[2단계] 완성품 환산량	
	물량흐름 파악	직접재료비	가공비
기초재공품 수량	10,000개(40%)		
당기투입 수량	40,000		
계	50,000개		
당기완성품 수량	48,000개	48,000개	48,000개
기말재공품 수량	2,000 (50%)	2,000	1,000
계	50,000개	50,000개	49,000개

[3단계] 총제조원가의 집계			계
기초재공품원가	₩4,000	₩1,110	₩5,110
당기총제조비용	22,000	18,000	40,000
계	₩26,000	₩19,110	₩45,110

[4단계] 환산량 단위당 원가		
완성품 환산량	÷50,000개	÷49,000개
환산량 단위당 원가	₩0.52	₩0.39

[5단계] 총제조원가의 배분				
완성품원가	직접재료비	48,000개×@₩0.52 =	₩24,960	
	가공비	48,000개×@₩0.39 =	18,720	₩43,680
기말재공품원가	직접재료비	2,000개×@₩0.52 =	₩1,040	
	가공비	1,000개×@₩0.39 =	390	1,430
계				₩45,110

<평균법 - 제2공정>

	[1단계]	[2단계] 완성품 환산량		
	물량흐름 파악	전공정비	직접재료비	가공비
기초재공품 수량	12,000개(66.67%)			
당기투입 수량	48,000			
계	60,000개			
당기완성품 수량	44,000개	44,000개	44,000개	44,000개
기말재공품 수량	16,000 (37.5%)	16,000	0	6,000
계	60,000개	60,000개	44,000개	50,000개

[3단계] 총제조원가의 집계				계
기초재공품원가	₩10,920	₩0	₩10,080	₩21,000
당기총제조비용	43,680	₩13,200	₩63,000	119,880
계	₩54,600	₩13,200	₩73,080	₩140,880

[4단계] 환산량 단위당 원가			
완성품 환산량	÷60,000개	÷44,000개	÷50,000개
환산량 단위당 원가	₩0.91	₩0.3	₩1.4616

[5단계] 총제조원가의 배분				
완성품원가	전공정비	44,000개×@₩0.91 =	₩40,040	
	직접재료비	44,000개×@₩0.3 =	13,200	
	가공비	44,000개×@₩1.4616 =	64,310	₩117,550
기말재공품원가	전공정비	16,000개×@₩0.91 =	₩14,560	
	직접재료비	0개×@₩0.3 =	0	
	가공비	6,000개×@₩1.4616 =	8,770	23,330
계				₩140,880

[회계처리 - 평균법]

<제1공정에서 원가 발생시>

(차) 재공품(제1공정)	40,000	(대) 직접재료비	22,000
		가공비	18,000

<제1공정에서 제2공정으로 대체>

(차) 재공품(제2공정)	43,680	(대) 재공품(제1공정)	43,680

<제2공정에서 원가 발생시>

(차) 재공품(제2공정)	76,200	(대) 직접재료비	13,200
		가공비	63,000

<제2공정에서 완성품원가의 제품 대체>

(차) 제 품	117,550	(대) 재공품(제2공정)	117,550

제조원가명세서(평균법)

직접재료비	₩22,000 + ₩13,200 =	₩35,200
가공비	₩18,000 + ₩63,000 =	81,000
당기총제조비용		₩116,200
기초재공품원가	₩5,110 + ₩21,000 =	26,110
기말재공품원가	₩1,430 + ₩23,330 =	(24,760)
당기제품제조원가		₩117,550

* 전공정비는 제조원가명세서에 나타나지 않는다.

<선입선출법 - 제1공정>

	[1단계] 물량흐름 파악	[2단계] 완성품 환산량 직접재료비	가공비
기초재공품 수량	10,000개(40%)		
당기투입 수량	40,000		
계	50,000개		
기초재공품 완성량	10,000개(60%)	0개	6,000개
당기투입 완성량	38,000	38,000	38,000
기말재공품 수량	2,000 (50%)	2,000	1,000
계	50,000개	40,000개	45,000개

	직접재료비	가공비	계
[3단계] 총제조원가의 집계			
기초재공품원가			₩5,110
당기총제조비용	₩22,000	₩18,000	40,000
계	₩22,000	₩18,000	₩45,110
[4단계] 환산량 단위당 원가			
완성품 환산량	÷40,000개	÷45,000개	
환산량 단위당 원가	₩0.55	₩0.4	

[5단계] 총제조원가의 배분

완성품원가	기초재공품원가	=	₩5,110	
	기초재공품 직접재료비	0개×@₩0.55 =	0	
	기초재공품 가공비	6,000개×@₩0.4 =	2,400	
	당기투입 직접재료비	38,000개×@₩0.55 =	20,900	
	당기투입 가공비	38,000개×@₩0.4 =	15,200	₩43,610
기말재공품원가	직접재료비	2,000개×@₩0.55 =	₩1,100	
	가공비	1,000개×@₩0.4 =	400	1,500
계				₩45,110

<선입선출법 - 제2공정>

	[1단계] 물량흐름 파악	[2단계] 완성품 환산량 전공정비	직접재료비	가공비	
기초재공품 수량	12,000개(66.67%)				
당기투입 수량	48,000				
계	60,000개				
기초재공품 완성량	12,000개(33.33%)	0개	12,000개	4,000개	
당기투입 완성량	32,000	32,000	32,000	32,000	
기말재공품 수량	16,000 (37.5%)	16,000	0	6,000	
계	60,000개	48,000개	44,000개	42,000개	
[3단계] 총제조원가의 집계					계
기초재공품원가					₩21,000
당기총제조비용		₩43,610	₩13,200	₩63,000	119,810
계		₩43,610	₩13,200	₩63,000	₩140,810
[4단계] 환산량 단위당 원가					
완성품 환산량		÷48,000개	÷44,000개	÷42,000개	
환산량 단위당 원가		₩0.9085	₩0.3	₩1.5	

[5단계] 총제조원가의 배분

완성품원가	기초재공품원가	=	₩21,000	
	기초재공품 전공정비	0개×@₩0.9085 =	0	
	기초재공품 직접재료비	12,000개×@₩0.3 =	3,600	
	기초재공품 가공비	4,000개×@₩1.5 =	6,000	
	당기투입 전공정비비	32,000개×@₩0.9085 =	29,073	
	당기투입 직접재료비	32,000개×@₩0.3 =	9,600	
	당기투입 가공비	32,000개×@₩1.5 =	48,000	₩117,273
기말재공품원가	전공정비	16,000개×@₩0.9085 =	₩14,537	
	직접재료비	0개×@₩0.3 =	0	
	가공비	6,000개×@₩1.5 =	9,000	23,537
계				₩140,810

* 직접재료비(추가 재료)가 제2공정의 초기에 투입되는 것이 아니라 제2공정의 마지막 시점에서 일시에 투입되므로 완성품 환산량이 직접재료비(추가 재료)를 제2공정의 초기에 투입되는 경우와 달라지게 된다. 여기에서는 당기에 완성된 수량에 대해서만 직접재료비를 배분할 수 있으며, 기말재공품에는 직접재료비를 배분하지 못한다.

3. 가공비공정별 종합원가계산

가공비공정별 종합원가계산(processing cost method)은 공정별 종합원가계산의 변형된 형태로서, 제1공정의 초기에 재료의 전부가 투입되고 제2공정 이후에는 재료를 가공하는 작업만 이루어지는 제조형태에서 채용되는 원가계산방법이다. 따라서 각 공정에서는 가공비(직접재료비 이외의 모든 원가요소)에 대해서만 종합원가계산을 실시하게 된다. 이 원가계산방법은 방직업 · 제분업 · 전선제조업 · 석유화학공업 · 고무공업 등과 같이 제조원가 중 직접재료비의 비중이 높은 업종에서 주로 이용되고 있다.

1) 원가계산의 방법

원가요소 중에서 직접재료비에 대해서는 공정별 계산을 수행하지 않고 직접 제품의 원가로 대체시킨다. 그러나 직접재료비 이외의 가공비에 대해서는 공정별로 원가계산을 실시한다. 이 방법에 의한 원가계산의 요령은 전술한 공정별 원가계산의 방법과 근본적으로 동일하다. 직접재료비를 공정별 계산에서 제외시켜 독립적으로 계산한다는 점에 차이가 있을 뿐이다.

2) 계정기입의 원리

가공비공정별 종합원가계산의 경우에 설정하는 계정도 원칙적으로 전술한 공정별 원가계산의 경우와 동일하다. 직접재료비를 공정별로 배부하지 않고 독립적으로 계산하기 때문에, 가공비와는 달리 직접적으로 제조계정에 대체시키는 점만 차이를 두면 된다.

(1) 가공비 … 부문비 계산을 수행하고 공정별 제조(가공비)계정에 대체시킨다.

(2) 직접재료비 … 공정별 계산을 수행하지 않고 직접 제조(재료비) 계정에 대체시킨다.

(3) 가공비에 대한 완성품의 제조원가와 직접재료비에 대한 완성품의 제조원가를 합하여 제품계정으로 대체시킨다.

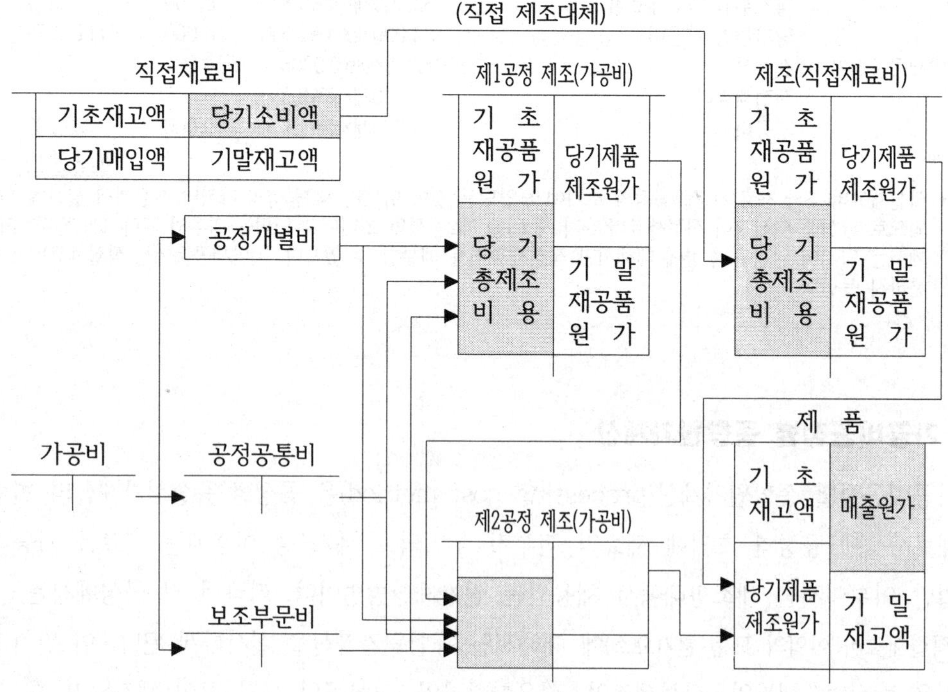

예제 1

다음 자료에 의하여 가공비공정별 종합원가계산표를 작성하시오. (누가법 적용)

1. 원가자료

	기초재공품원가		당기총제조비용	
	제1공정	제2공정	제1공정	제2공정
직접재료비	₩62,200		₩250,000	
가공비	₩19,480	₩70,000	₩200,000	₩150,000

2. 수량 및 완성도

	기초재공품	차공정 대체량	기말재공품	감 손
제1공정	60kg(75%)	600kg	50kg(20%)	20kg(50%)
제2공정	50 (80%)	550	90 (50%)	10 (50%)

3. 기말재공품의 평가는 평균법에 의한다. 감손은 평균적으로 발생한 것이며, 감손의 원가는 완성품에만 부담시킨다. 또한 제2공정 기초재공품원가 중에는 전공정비 ₩20,000이 포함되어 있다.

해답

(1) 기말재공품원가의 가공비

제1공정

$$(₩19,480 + ₩200,000) \times \frac{50kg \times 0.2}{600kg + 50kg \times 0.2 + 20kg \times 0.5} = ₩3,540$$

제2공정

전공정비 : $(₩20,000 + ₩19,480 + ₩200,000 - ₩3,540) \times \frac{90kg}{550kg + 90kg + 10kg} = ₩32,669$

자공정비 : $(₩70,000 - ₩20,000 + ₩150,000) \times \frac{90kg \times 0.5}{550kg + 90kg \times 0.5 + 10kg \times 0.5} = 15,000$

₩47,669

(2) 기말재공품원가의 직접재료비 … 직접재료비에 대해서는 공정별 계산이 아닌 단순 종합원가계산을 수행하며, 완성도는 100%이다.

$$(₩62,200 + ₩250,000) \times \frac{140kg^{1)}}{550kg + 140kg^{1)} + 30kg^{2)}} = ₩60,706$$

* 1) 각 공정의 기말재공품 수량 합계 140kg(= 50kg + 90kg)
  2) 각 공정의 감손 수량 합계 30kg(= 20kg + 10kg)

가공비공정별 종합원가계산표

항 목	계	제1공정	제2공정	직접재료비
당기총제조비용	₩600,000	₩200,000	₩150,000	₩250,000
전공정비 대체액			215,940	
계	₩600,000	₩200,000	₩365,940	₩250,000
기초재공품원가	151,680	19,480	70,000	62,200
기말재공품원가	(111,915)	(3,540)	(47,669)	(60,706)
완성품 원가	₩639,765*	₩215,940	₩388,271	₩251,494
완성품 수량	÷ 550kg		÷ 550kg	÷ 550kg
완성품 단가	₩1,163.21		₩705.95	₩457.26

* ₩388,271 + ₩251,494 = ₩639,765

예제 2

다음 자료에 의하여 가공비공정별 종합원가계산표를 작성하시오. (누가법 적용)

1. 원가자료

	기초재공품원가		당기총제조비용	
	제1공정	제2공정	제1공정	제2공정
직접재료비	₩42,000		₩200,000	
가공비	₩8,640	₩13,000	₩128,000	₩112,000

2. 수량 및 완성도

	기초재공품	차공정 대체량	기말재공품	감 손
제1공정	160kg(50%)	1,600kg	200kg(50%)	20kg
제2공정	140 (50%)	1,574	160 (40%)	6

3. 기말재공품의 평가는 선입선출법에 의한다. 감손은 공정의 끝에서 일시에 발생하며, 감손의 원가는 완성품에만 부담시킨다.

해답

(1) 기말재공품원가의 가공비

제1공정

$$₩128,000 \times \frac{200kg \times 0.5}{1,600kg + 200kg \times 0.5 + 20kg - 160kg \times 0.5} = ₩7,805$$

제2공정

$$전공정비 : (₩8,640 + ₩128,000 - ₩7,805) \times \frac{160kg}{1,574kg + 160kg + 6kg - 140kg} = ₩12,884$$

$$자공정비 : ₩112,000 \times \frac{160kg \times 0.4}{1,574kg + 160kg \times 0.4 + 6kg - 140kg \times 0.5} = 4,554$$

₩17,438

(2) 기말재공품원가의 직접재료비(완성도 100%)

$$₩200,000 \times \frac{360kg^{1)}}{1,574kg + 360kg^{1} + 26kg^{2)} - 300kg^{3)}} = ₩43,373$$

* 1) 각 공정의 기말재공품 수량 합계 360kg(= 200kg + 160kg)
2) 각 공정의 감손 수량 합계 26kg(= 20kg + 6kg)
3) 각 공정의 기초재공품 수량 합계 300kg(= 160kg + 140kg)

가공비공정별 종합원가계산표

항 목	계	제1공정	제2공정	직접재료비
당기총제조비용	₩440,000	₩128,000	₩112,000	₩200,000
전공정비 대체액			128,835	
계	₩440,000	₩128,000	₩240,835	₩200,000
기초재공품원가	63,640	8,640	13,000	42,000
기말재공품원가	(68,616)	(7,805)	(17,438)	(43,373)
완성품 원가	₩435,024*	₩128,835	₩236,397	₩198,627
완성품 수량	÷ 1,574kg		÷ 1,574kg	÷ 1,574kg
완성품 단가	₩276.38		₩150.19	₩126.19

* ₩236,397 + ₩198,627 = ₩435,024

4. 조별 종합원가계산

조별 종합원가계산(class cost method)이란 단일 종류가 아닌 여러 종류의 제품을 연속적으로 생산하는 경우에, 제품의 종류마다 組를 설정하여 조별로 종합원가계산을 수행하는 방법이다. 이러한 원가계산방법은 여러 종류의 제품을 분리시켜 생산한다는 점과 같은 종류의 제품을 연속적으로 생산한다는 점에서, 개별원가계산과 종합원가계산의 절충형이라고 할 수 있다.[15] 일반적으로 동일 종류의 제품이지만 규격 · 품질 등이 서로 다른 시장제품을 제조하고 있는 경영에서 많이 이용되며, 통조림제조업 · 완구제조업 · 자동차제조업 · 전기기구제조업 · 제약업 · 제과업 · 강판제조업 등이 그 대표적인 [예]이다.

1) 원가계산의 방법

(1) 먼저 제품의 종류마다 조를 설정하고, 각 조별로 재료비 · 노무비 · 경비의 각 원가요소의 소비액을 집계한다. 이때 각 원가요소를 특정 조에서만 고유하게 발생하는 조직접비와 여러 조에서 공통적으로 발생하는 조간접비로 나눈다. 그 다음 각 원가요소를 조직접비와 조간접비로 구분하여 조별로 배부한다. 이때 조직접비는 직접 조별로 배부하지만, 조간접비는 인위적인 기준에 의하여 간접적으로 배부한다.[16]

(2) 각 조별로 단순 종합원가계산방법을 이용하여 완성품의 제조원가를 산출한다.

완성품원가 = 기초재공품원가 + 당기총제조비용 - 기말재공품원가

(3) 이렇게 계산된 완성품의 제조원가를 완성품 수량으로 나누어 조별 제품의 단위당 원가를 산출한다.

2) 계정기입의 원리

(1) 조별 제조계정 … 차변에 각 조에 대한 원가요소의 소비액을 기입하고, 대변에는 각 조의 제품완성액을 기입한다.

(2) 조간접비(또는 제조간접비) 계정 … 조직접비는 각 원가요소계정에 직접 각 조별 제조계정으로 대체기입하지만, 조간접비는 조별 배부를 위하여 일시적으로 집계하고, 적절한 배부기준에 의하여 배부된 금액을 조별 제조계정으로 대체한다.

---

15) 조별 종합원가계산은 여러 종류의 제품을 동시에 생산하는 제조기업에 적용된다는 점에서는 개별원가계산과 유사하고, 동일 종류 · 동일 규격의 제품을 연속적 · 대량으로 생산하는 제조기업에 적용된다는 점에서는 종합원가계산의 한 종류라고 볼 수 있다.

16) 조별 종합원가계산은 생산공정의 구조에 따라 단순 조별 종합원가계산과 공정별 조별 종합원가계산으로 구별된다. 단순 조별 종합원가계산은 한 원가계산기간의 총제조원가를 우선 조별로 나누어 집계하고, 그 다음에 앞서 설명한 단순 종합원가계산을 실시하게 된다. 한편, 조간접비의 성격은 개별원가계산에 있어서의 제조간접비, 공정별 종합원가계산에 있어서의 공정공통비에 해당한다. 이와 같은 원가항목들은 반드시 제품 · 부문 · 공정 등에 대한 인위적인 배부가 필요하게 된다.

(3) 조별 제품계정 … 각 조마다의 완성품원가를 조별 제조계정에서 조별 제품계정으로 대체한다.

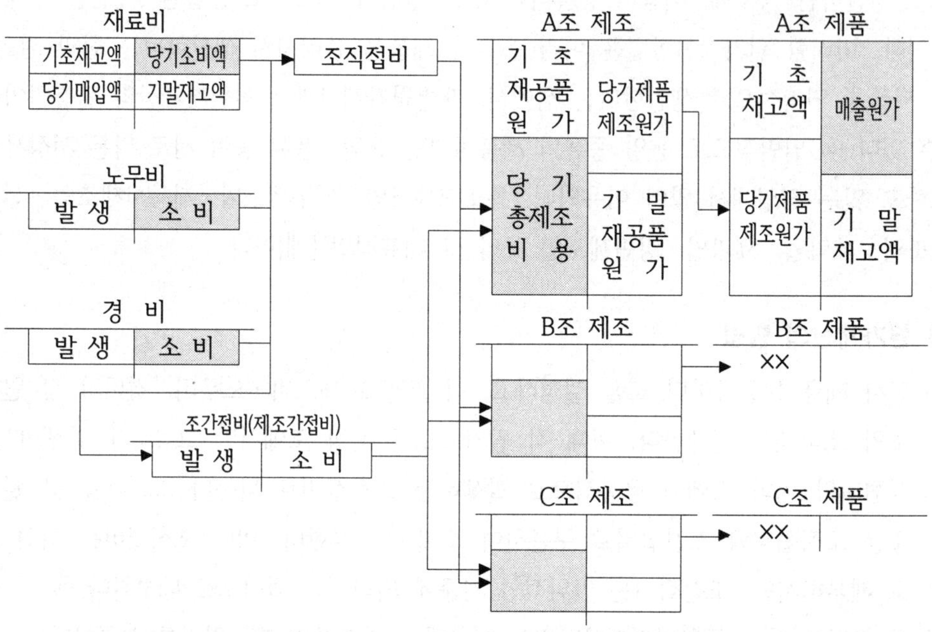

예제 

다음 자료에 의하여 조별 종합원가계산표를 작성하시오. 기말재공품의 평가는 평균법에 의한다.

1. 조직접비

비 목	계	A조	B조	C조
재료비	₩760,000	₩310,000	₩230,000	₩220,000
노무비	880,000	400,000	250,000	230,000
경 비	550,000	210,000	160,000	180,000

2. 조간접비 : ₩500,000

	A조	B조	C조
조간접비 배부기준	40%	35%	25%

3. 기타 원가자료

	A조	B조	C조
기초재공품원가	₩180,000	₩143,500	₩109,000
기말재공품 수량	150개	100개	120개
기말재공품 완성도	50%	40%	40%
완성품 수량	900개	500개	600개

해답 ...

조별 종합원가계산표

항 목	계	A조	B조	C조
조직접비				
재료비	₩760,000	₩310,000	₩230,000	₩220,000
노무비	880,000	400,000	250,000	230,000
경 비	550,000	210,000	160,000	180,000
조간접비 배부액[1]	500,000	200,000	175,000	125,000
계	₩2,690,000	₩1,120,000	₩815,000	₩755,000
기초재공품원가	432,500	180,000	143,500	109,000
기말재공품원가[2]	(235,000)	(100,000)[1]	(71,000)[2]	(64,000)[3]
조별 완성품 원가	₩2,887,500	₩1,200,000	₩887,500	₩800,000
조별 완성품 수량		÷ 900개	÷ 500개	÷ 600개
조별 완성품 단가		₩1,333.33	₩1,775.00	₩1,333.33

* 1) 조간접비 배부액

₩500,000×40% = ₩200,000

₩500,000×35% = ₩175,000

₩500,000×25% = ₩125,000

2) 기말재공품원가

$$\text{A조}: (₩180,000 + ₩1,120,000) \times \frac{150\text{개} \times 0.5}{900\text{개} + 150\text{개} \times 0.5} = ₩100,000$$

$$\text{B조}: (₩143,500 + ₩815,000) \times \frac{100\text{개} \times 0.4}{500\text{개} + 100\text{개} \times 0.4} = ₩71,000$$

$$\text{C조}: (₩109,000 + ₩755,000) \times \frac{120\text{개} \times 0.4}{600\text{개} + 120\text{개} \times 0.4} = ₩64,000$$

5. 등급별 종합원가계산

등급별 종합원가계산(group cost system)이란 등급품 전체에 대한 제조원가를 일차적으로 산출하고, 그것을 일정기준에 의하여 개별 등급품에 배분하여 단위당 원가로 산출하는 방법이다. 동일 공정에서 동일 재료를 사용하여 연속적으로 생산하는 동일 종류의 제품으로서, 그 품질 · 형상 · 중량 등이 서로 다른 제품을 등급품(class products)이라고 한다. 예를 들어, 제분업에서 품질이 서로 다른 소맥분, 화학공업에서 순도가 서로 다른 화학약품, 제화업에서 형상 · 문수 등이 다른 신발 등이 그 대표적인 [예]이다.

등급별 종합원가계산에서는 우선 모든 등급품 전체의 제조원가를 계산하고, 이 제조원가를 다시 각 등급품의 적당한 배부기준에 의하여 안분한다. 이때 배분기준으로서 사용되는 수치를 **등가계수**(equivalent coefficient)라고 하며, 보통 다음과 같은 것들이 사용되고 있다. 이 중에서 가장 보편적으로 사용되는 것은 공정가치기준이다.

① 수량기준 : 개별 등급품의 무게 · 길이 · 넓이 · 순도 · 직접재료소비량 등

② 원가기준 : 개별 등급품에 대하여 시험적으로 일정한 기준에 원가계산을 수행한 결과로서의 제품 단가

③ 공정가치기준 : 개별 등급품의 공정가치

1) 원가계산의 방법

(1) 각 제품에 대한 비중을 표시하는 등가계수를 결정한다.

(2) 등가계수를 각 제품의 생산량에 곱하여 개별 등급품마다의 적수를 산출하고, 그것을 등가비율(배분기준)로 삼는다.

(3) 등가비율에 따라 등급품 전체의 제조원가를 개별 등급품에 배분한다.

(4) 등급품마다 배분된 제조원가를 각각의 제조수량으로 나누어서 완성품 단위당의 제조원가를 산출한다.

개별 등급품의 적수 = 개별 등가계수×개별 생산량

개별 등급품 제조원가 = 제조원가 합계×(개별 등급품의 적수÷적수합계)

등급품별 단위당 원가 = 개별 등급품 제조원가÷개별 등급품 생산량

2) 계정기입의 원리

(1) 제조계정 … 단일계정으로 설정하여 모든 원가요소를 일괄적으로 집계하고, 완성된 등급품의 제조원가를 산출한다.

(2) 제품계정 … 등급별로 설정하여 배분된 등급품별 원가를 기입하는 것이 원칙이지만, 제품계정을 단일 계정으로 설정하여 일괄적으로 처리하고 등급품의 보조명세는 별도의 제품원장에 표시하여도 무방하다.

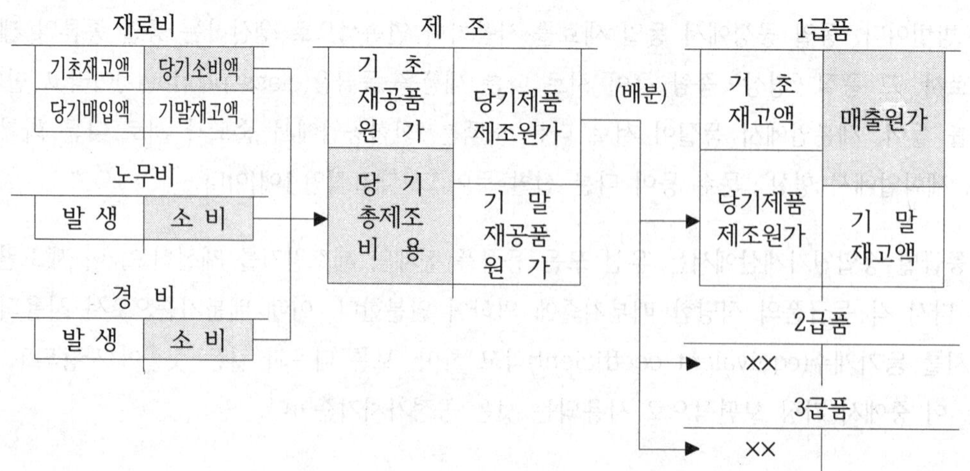

예제 1

다음 자료에 의하여 A · B · C급의 개별 등급품의 단위당 원가를 산출하시오.

등급품	단위당 공정가치	생산량	각 제품 1단위의 등가계수	제조원가 총액
A	₩600	3,000개	1.2	
B	500	2,000	1.0	₩1,920,000
C	400	1,000	0.8	

해답 ...

등급별 종합원가계산표

등급품	공정가치	생산량	등가계수	적 수	배분원가	단위당 원가
A	@₩600	3,000	1.2	3,600	₩1,080,000	₩360
B	500	2,000	1.0	2,000	600,000	300
C	400	1,000	0.8	800	240,000	240
계				6,400	₩1,920,000	

* 1) 적수 : 생산량×등가계수
  2) 배분원가
  ₩1,920,000×(₩3,600÷₩6,400) = ₩1,080,000
  ₩1,920,000×(₩2,000÷₩6,400) = ₩600,000
  ₩1,920,000×(₩800÷₩6,400) = ₩240,000
  3) 단위당 원가
  ₩1,080,000÷3,000개 = @₩360
  ₩600,000÷2,000개 = @₩300
  ₩240,000÷1,000개 = @₩240

예제 2

공정 초기에 특정 원재료를 투입하여 공정의 마지막에 등급품 A, B, C를 생산하고 있다. 이들 등급품은 재공품 상태에서는 개별적으로 식별할 수 없다. 생산과정에서의 공손이나 감손은 발생하지 않았다고 가정한다. 선입선출법을 이용하여, 각 등급품의 총제조원가와 단위당 원가를 각각 산출하시오.

1. 생산 및 원가자료

	물 량	가공비 완성도	원가: 직접재료비	원가: 가공비
기초재공품	320개	50%	₩80,000	₩31,920
당기투입	2,080		426,400	235,200
기말재공품	400	30%		

2. 등급품 생산량

A제품 : 1,000개　　B제품 : 600개　　C제품 : 400개

3. 각 제품 1단위의 원가요소별 등가계수

등급품	직접재료비	가공비
A	1.0	1.2
B	1.2	1.0
C	0.7	1.5

해답

기말재공품원가

직접재료비 : $₩426,400 \times \dfrac{400개}{2,000개 + 400개 - 320개} =$ ₩82,000

가공비 : $₩235,200 \times \dfrac{400개 \times 30\%}{2,000개 + 400개 \times 30\% - 320개 \times 50\%} =$ 14,400

₩96,400

완성품원가

직접재료비 : $₩80,000 + (₩426,400 \times \dfrac{2,000개 - 320개}{2,000개 + 400개 - 320개}) =$ ₩424,400

가공비 : $₩31,920 + (₩235,200 \times \dfrac{2,000개 - 320개 \times 50\%}{2,000개 + 400개 \times 30\% - 320개 \times 50\%}) =$ 252,720

₩677,120

직접재료비 : ₩80,000 + ₩426,400 - ₩82,000 = ₩424,400
가공비 : ₩31,920 + ₩235,200 - ₩14,400 = 252,720
₩677,120

<완성품원가의 제품별 배분>

1) 완성품의 직접재료비 배부

등급품	생산량	등가계수	적 수	상대적 배분비율	배분원가
A	1,000개	1.0	1,000	50%	₩212,200
B	600	1.2	720	36	152,784
C	400	0.7	280	14	59,416
	2,000개		2,000	100%	₩424,400

2) 완성품의 가공비 배부

등급품	생산량	등가계수	적 수	상대적 배분비율	배분원가
A	1,000개	1.2	1,200	50%	₩126,360
B	600	1.0	600	25	63,180
C	400	1.5	600	25	63,180
	2,000개		2,400	100%	₩252,720

3) 등급별 제조원가

등급품	생산량	직접재료비	가공비	총제조원가	단위당 원가
A	1,000개	₩212,200	₩126,360	₩338,560	₩338.56
B	600	152,784	63,180	215,964	359.94
C	400	59,416	63,180	122,596	306.49
	2,000개	₩424,400	₩252,720	₩677,120	

[참조] 평균법(기말재공품원가 및 완성품원가)

직접재료비 : $(₩80,000 + ₩426,400) \times \dfrac{400개}{2,000개 + 400개} =$ ₩84,400

가공비 : $(₩31,920 + ₩235,200) \times \dfrac{400개 \times 30\%}{2,000개 + 400개 \times 30\%} =$ 15,120

₩99,520

직접재료비 : ₩80,000 + ₩426,400 - ₩84,400 = ₩422,000
가공비 : ₩31,920 + ₩235,200 - ₩15,120 = 250,000
₩674,000

6. 연산품 종합원가계산

동일 공정에서 동일 재료를 사용하여 연속적으로 생산되지만, 주산물 · 부산물을 명확히 구별할 수 없는 두 종류 이상의 제품이 동시에 생산되는 경우에 이들 제품을 연산품(joint products)이라고 한다. 전술한 등급품은 동일 종류의 제품이면서 품질 · 규격 등이 서로 다른 것이었음에 비하여, 연산품이란 그 종류가 서로 다르게 분류되고 있는 이종제품이라는 점에서 근본적인 차이가 있다.[17)] [18)] 예를 들면, 정유업에 있어서의 휘발유 · 등유 · 중유, 낙농제품가공업에 있어서의 버터와 탈지분유, 제련업에 있어서의 금 · 은 · 구리 등이 그것이다.

1) 원가계산의 방법

연산품은 하나의 원재료를 투입하여 동시에 여러 종류의 제품이 생산된다. 각 제품이 개별적으로 식별가능한 시점에 이를 때까지 각 개별 제품으로 구별되지 않기 때문에, 그때까지 발생한 제조원가를 일정한 기준에 따라 각 개별 제품에 배분해 주어야 한다.

연산품이 개별적으로 식별가능한 시점을 **분리점**(split - off point)이라 하며, 분리점 이전에 발생한 제조원가를 **결합원가**(joint cost)라 한다. 분리점에서 분리된 각 개별 제품은 그 단계에서 중간제품으로 판매할 수도 있고, 추가가공을 거친 후에 완제품으로 판매할 수도 있다. 그리고 분리점 이후에 발생한 제조원가를 **분리원가**(separable cost) 또는 **추가가공원가**(additional processing cost)라고 한다. 분리원가 또는 추가가공원가는 개별 제품과 직접 관련하여 발생하므로 원가발생액을 각 제품별로 추적할 수 있기 때문에, 원가회계상 별다른 문제를 일으키지 않는다. 결국 연산품의 제조원가는 결합원가의 배분원가와 분리점 이후의 추가가공원가를 합한 금액으로 계산된다.

연산품의 결합원가를 각 연산품별로 배분하는 방법에는 다음과 같은 것들이 있다. 이들 배분방법은 서로 다른 상황과 가정에서 적용될 수 있는 것이기 때문에 어느 한 방법이 가

---

17) 이 외에도 등급품은 제품구성의 조정이 인위적으로 가능하나 연산품은 인위적인 조정이 불가능하다는 점 또는 원가계산 측면에서는 등급품은 어느 정도 정확한 원가계산이 가능하지만 연산품은 전혀 불가능하다는 점 등에서 이 둘의 차이를 식별하기도 한다.

18) [기업회계기준서 제1002호 재고자산 문단 14] 연산품이 생산되거나 주산물과 부산물이 생산되는 경우처럼 하나의 생산과정을 통하여 동시에 둘 이상의 제품이 생산될 수도 있다. 이 경우, 제품별 전환원가를 분리하여 식별할 수 없다면, 전환원가를 합리적이고 일관성 있는 방법으로 각 제품에 배부한다. 예를 들어, 각 제품을 분리하여 식별가능한 시점 또는 완성 시점의 제품별 상대적 판매가치를 기준으로 배부할 수 있다. 한편, 일반기업회계기준에서는 '단일 생산공정을 통하여 여러 가지 제품을 생산하거나 주산물과 부산물을 동시에 생산하는 경우에 발생한 공통원가는 각 제품을 분리하여 식별할 수 있는 시점이나 완성한 시점에서의 개별 제품의 상대적 판매가치를 기준으로 하여 배부한다. 다만, 경우에 따라 생산량기준 등을 적용하는 것이 더 합리적이라고 판단될 때에는 그 방법을 적용할 수 있다.'라고 규정하고 있다.

장 적절한 배분방법이라고 말할 수는 없다. 어느 방법에 의해서 결합원가를 배분할 것인가에 따라 각 연산품에 대한 이익과 이익률이 달라지며 이에 따라 경영자의 의사결정도 달라질 수 있기 때문에 가장 합리적인 방법으로 결합원가를 배분해야 할 것이다.[19)]

① 수량기준법(물량기준법) … 각 연산품의 중량·용적·열량 등의 비율을 기준으로 하여 결합원가를 개별 연산품에 배분하는 방법이다. 물량을 기준으로 한 결합원가의 배분은 개별 제품의 물량 단위당 판매가격이 비슷한 경우에 이용된다.

② 매가기준법(상대적 판매가치법) … 분리점에서 각 연산품의 예상 판매가격을 기준으로 하여 등가계수를 결정하고, 그것에 의하여 결합원가를 개별 연산품에 안분하는 방법이다. 분리점 이후에 제조원가가 전혀 발생하지 않는다면 결합원가의 배분을 위한 기준으로 상대적 판매가치를 이용하는 것은 각 연산품의 수익에 관하여 잘못된 추정을 피할 수 있게 해주며, 결합제품의 이익률이 동일하게 나타난다.

③ 순실현가치법 … 분리점에서의 각 연산품의 예상 판매가격을 모르는 경우에, 각 연산품의 최종 판매가격에서 추가가공비와 판매비를 차감한 금액(순실현가치)을 기준으로 하여 결합원가를 개별 연산품에 배분하는 방법이다.[20)] 즉 분리점에서 판매할 수 없는 연산품을 판매가능한 상태로 만들기 위하여 추가가공하는 경우에 사용되는 방법이다.

④ 균등이익률법(균등매출총이익률법) … 개별 제품이 각각의 최종 판매가격에 대하여 모두 동일한 매출총이익률을 갖도록 결합원가를 개별 연산품에 배분하는 방법이다. 분리점 이후에 추가가공을 하는 경우 순실현가치법에 의하여 결합원가를 배분하면 개별 제품의 매출총이익률이 서로 다르게 되지만, 균등이익률법에 의하면 모든 개별 제품이 동일한 매출총이익률을 갖게 된다.

2) 계정기입의 원리

(1) 제조계정 … 연산품별로 제조계정을 설정하여 원가요소의 소비액을 집계하고, 완성된 연산품의 원가를 계산한다.

(2) 제품계정 … 등급별 원가계산의 경우와 같이 연산품별로 설정하든가, 혹은 단일계정으로 제품계정을 표시하면서 보조원장인 제품원장에서 각 연산품의 내용을 기록할 수도 있다.

---

19) 결합원가를 실제로 각 연산품에 배분하는 내용과 결합원가를 고려한 경영의사결정의 [예]는 '제10장 특수의사결정' 분야에서 다룬다.

20) 순실현가치법을 사용하는 경우에는 결합원가만이 이익을 창출하고 분리점 이후의 분리원가는 아무런 이익을 창출하지 못한다고 가정한다. 즉 결합원가는 발생액 이상의 수익을 가져오지만 분리원가는 그렇지 못하다는 것이다.

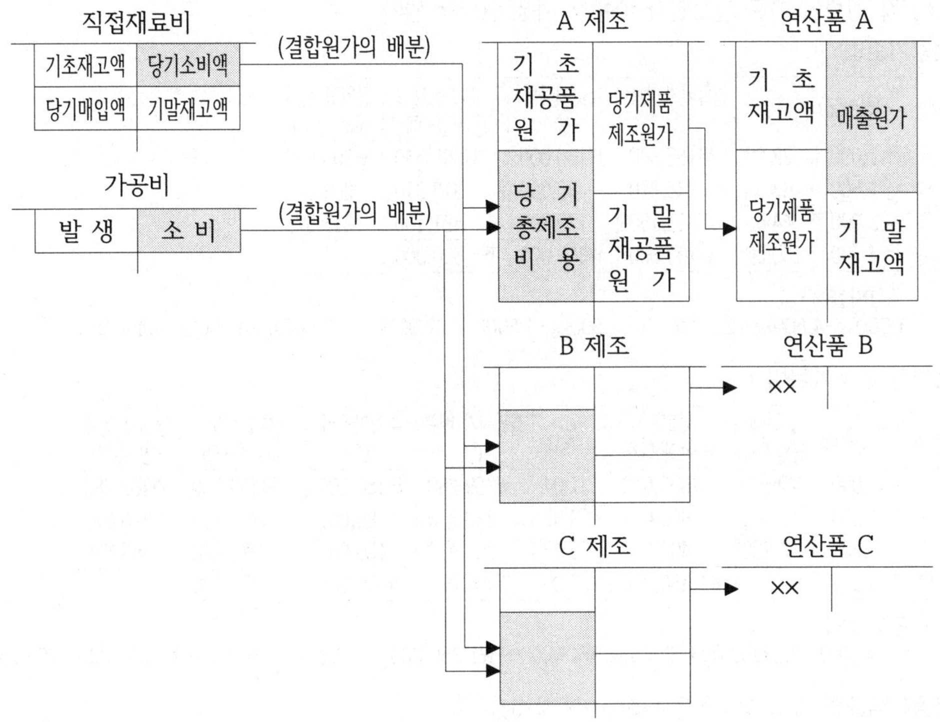

[주의]
연산품의 생산과정에 두 개 이상의 분리점이 존재할 경우, 결합원가의 배분문제는 복잡해진다. 그러나 개념적인 측면에서 볼 때, 두 개 이상의 분리점을 갖고 있는 경우에도 해결방안은 단 하나의 분리점만 있는 경우의 문제해결방안과 동일하다.

예제 1

다음 자료에 의하여 연산품 A, B, C의 단위당 원가를 계산하시오. 단, 결합원가의 배분은 **순실현가치법**을 사용한다. (2025 회계사 유사, 2012 회계사 유사, 2023 세무사 유사, 2020 세무사 유사, 2019 세무사 유사)

제품	생산량	결합원가	각 연산품 추가가공비	단위당 공정가치
A	1,000kg		₩150,000	₩500
B	1,500	₩700,000	80,000	300
C	2,000		120,000	200

해답

연산품 종합원가계산표

제품	생산량(kg)	단위당 공정가치	매출액 ①=수량×단가	추가가공비 ②	순실현가치 ③=①-②	%	결합원가 배분 ④	제조원가 ⑤=②+④	단위당 원가 (⑤÷수량)
A	1,000	@₩500	₩500,000	₩150,000	₩350,000	35	₩245,000	₩395,000	₩395
B	1,500	300	450,000	80,000	370,000	37	259,000	339,000	226
C	2,000	200	400,000	120,000	280,000	28	196,000	316,000	158
계	4,500		₩1,350,000	₩350,000	₩1,000,000	100	₩700,000	₩1,050,000	

* 구성비율(%)
₩350,000÷₩1,000,000 = 35%, ₩370,000÷₩1,000,000 = 37%, ₩280,000÷₩1,000,000 = 28%

[참조] 각 방법에 따른 결합원가 배분과 제품 단위당 원가

물량기준법

제품	생산량(kg)	%	결합원가 배분 ①	추가가공비 ②	제조원가 ③=①+②	단위당 원가 (③÷수량)
A	1,000	22.22	₩155,540	₩150,000	₩305,540	₩305.540
B	1,500	33.33	233,310	80,000	313,310	208.873
C	2,000	44.45	311,150	120,000	431,150	215.575
계	4,500	100.00	₩700,000	₩350,000	₩1,050,000	

* 구성비율(%)
1,000kg÷4,500kg = 22.22%, 1,500kg÷4,500kg = 33.33%, 2,000kg÷4,500kg = 44.45%

상대적 판매가치법

제품	생산량(kg)	단위당 공정가치	매출액 ①=수량×단가	%	결합원가 배분 ②	추가가공비 ③	제조원가 ④=②+③	단위당 원가 (④÷수량)
A	1,000	@₩500	₩500,000	37.04	₩259,280	₩150,000	₩409,280	₩409.280
B	1,500	300	450,000	33.33	233,310	80,000	313,310	208.873
C	2,000	200	400,000	29.63	207,410	120,000	327,410	163.705
계	4,500		₩1,350,000	100.00	₩700,000	₩350,000	₩1,050,000	

* 구성비율(%)
₩500,000÷₩1,350,000 = 37.04%, ₩450,000÷₩1,350,000 = 33.33%, ₩400,000÷₩1,350,000 = 29.63%

균등이익률법 (2022 회계사 유사, 2022 세무사 유사)

제품	생산량(kg)	단위당 공정가치	매출액 ①=수량×단가	매출총이익 ②	추가가공비 ③	결합원가 배분 ④	제조원가 ⑤=③+④	단위당 원가 (⑤÷수량)
A	1,000	@₩500	₩500,000	₩111,100	₩150,000	₩238,900	₩388,900	₩388.90
B	1,500	300	450,000	100,000	80,000	270,000	350,000	233.33
C	2,000	200	400,000	88,900	120,000	191,100	311,100	155.55
계	4,500		₩1,350,000	₩300,000	₩350,000	₩700,000	₩1,050,000	

* 1) 균등이익률법에 의하여 결합원가를 배분하기 위해서는 먼저, 연산품들의 평균 매출총이익률을 산출하여야 한다. 평균 매출총이익률이 산출되면 이를 각 제품의 최종 판매가격에 곱하여 개별 제품의 매출총이익률을 같게 해주는 매출총이익을 구하고, 이 금액이 나올 수 있도록 개별 제품에 결합원가를 배분하면 된다.
2) (₩1,350,000 - ₩350,000 - ₩700,000)÷₩1,350,000≒22.22%
₩500,000×22.22% = ₩111,100
₩450,000×22.22%≒₩100,000
₩400,000×22.22%≒₩88,900
₩1,350,000×22.22%≒₩300,000
3) 매출액(①) - 매출총이익(②) = 추가가공비(③) + 결합원가 배분(④)

예제 2

(주)세무는 결합공정을 통하여 연산품 A, B를 생산한다. 제품 B는 분리점에서 즉시 판매되고 있으나, 제품 A는 추가가공을 거친 후 판매되고 있으며, 결합원가는 순실현가치에 의해 배분되고 있다. 결합공정의 직접재료는 공정 초에 전량 투입되며, 전환원가는 공정 전반에 걸쳐 균등하게 발생한다. 당기 결합공정에 기초재공품은 없었으며, 직접재료 5,000kg을 투입하여 4,000kg을 제품으로 완성하고 1,000kg은 기말재공품(전환원가 완성도 30%)으로 남아 있다. 당기 결합공정에 투

입된 직접재료원가와 전환원가는 ₩250,000과 ₩129,000이다. (주)세무의 당기 생산 및 판매 자료는 다음과 같다. 제품 A의 단위당 제조원가는? (단, 공손 및 감손은 없다.) (2021 세무사)

구 분	생산량	판매량	추가가공원가 총액	단위당 판매가격
제품 A	4,000단위	2,500단위	₩200,000	₩200
제품 B	1,000	800	-	200

해답 •••

결합공정의 완성품원가

완성품 환산량 단위당 원가

직접재료원가 : ₩250,000÷5,000kg = @₩50

전환원가 : ₩129,000÷(4,000kg + 1,000kg×30%) = @₩30

완성품원가 : 4,000kg×@₩50 + 4,000kg×@₩30 = ₩320,000

결합원가 배분 및 단위당 원가

제품	생산량	단위당 판매가격	매출액 ①=수량×판매가격	추가가공원가 ②	순실현가치 ③=①-②	%	결합원가 배분 ④	제조원가 ⑤=②+④	단위당 원가 (⑤÷수량)
A	4,000	@₩200	₩800,000	₩200,000	₩600,000	75	₩240,000	₩440,000	₩110
B	1,000	200	200,000	-	200,000	25	80,000	80,000	80
계	5,000		₩1,000,000	₩200,000	₩800,000	100	₩320,000	₩520,000	

∴ 제품 A의 단위당 제조원가 : @₩110

3) 부산물의 처리

부산물(by - product)이란 주산물(main product)의 생산과정에서 필연적으로 발생하면서 이용가치나 매각가치가 있는 제2차적인 생산물이다. 즉 동일 공정에서 동일 재료를 사용하여 두 종류 이상의 제품을 생산하는 경우, 중요도가 높은 제품을 주산물이라 하고 중요도가 상대적으로 낮은 제품을 부산물이라고 한다.

부수적인 산물이라는 점에서 보면, 부산물은 작업폐물과 유사하지만 작업폐물은 투하된 원재료와 물성이 유사한 파생물인데 비하여, 부산물은 이질적 파생물이라는 점에서 다르다. (제5장 제1절 「작업폐물」 참조) 그리고 동일 재료에서 파생된다는 점에서는, 부산물은 연산품과 유사하지만 연산품은 주산물과 부산물을 명확히 구별할 수 없는 것이지만, 부산물은 그 중요도가 현저히 낮은 부차적인 산물이다. 예를 들면, 비누공장의 글리세린, 양조장의 술찌꺼기, 제분업의 밀기울, 두부공장의 비지 등이 부산물에 속한다.

부산물의 처리는 그 수량이나 금액이 비교적 낮을 경우에는 잡이익으로 처리하지만, 그것이 주산물의 원가에 영향을 미칠 정도로 중요한 금액인 경우에는 부산물의 가치를 평가하여 제조원가에서 차감하여야 한다. 원칙적으로 부산물의 처리방법은 개별원가계산에서 언급한 작업폐물의 처리방법과 대체로 동일하다.[21]

예제

동일 재료를 사용하여 주산물 X, Y와 부산물 B를 생산하고 있다. 1월 중 생산 및 판매활동에 관한 자료는 다음과 같다. 1월 중 결합원가는 ₩80,000이며 순실현가치를 기준으로 배분한다. 기초재고자산은 없고 부산물 B의 처분에는 단위당 ₩0.2의 판매비가 발생한다.

제 품	생산량	판매량	분리가능원가(변동비)	단위당 판매가격
주산물 X	40,000개	36,000개	₩30,000	₩4.0
주산물 Y	20,000	15,000	32,000	5.1
부산물 B	5,000	3,000	2,000	4.6

물음 (2015 회계사 유사, 2025 세무사 유사, 2024 세무사 유사)

1. 부산물 B를 생산기준법하의 원가차감법으로 처리한다고 할 때, 기말재고자산 X, Y, B의 원가는 얼마이며, 1월 중의 순이익은 얼마인가?
2. 부산물 B를 판매기준법하의 수익계상법으로 처리한다고 할 때, 기말재고자산 X, Y, B의 원가는 얼마이며, 1월 중의 순이익은 얼마인가?
3. 부산물 B가 주산품으로 분류되는 경우, 기말재고자산 X, Y, B의 원가는 얼마이며, 1월 중의 순이익은 얼마인가?

해답

1. 부산물 B를 생산기준법하의 원가차감법으로 처리하는 경우
   1) 결합원가의 배분과 완제품의 단위당 원가

₩4.6(단위당 판매가격) - ₩0.4*(단위당 분리가능원가) - ₩0.2(단위당 판매비) = ₩4.0

* ₩2,000(분리가능원가)÷5,000개(생산량) = ₩0.4

₩4.0×5,000개(생산량) = ₩20,000(부산물 B의 순실현가치)

₩80,000(결합원가) - ₩20,000(부산물 B의 순실현가치) = ₩60,000

← 주산물 X, Y에 배분하게 될 결합원가는 ₩60,000이 된다.

제품	판매가격	분리가능원가	순실현가치	배부율	결합원가 배분
X	₩160,000	₩30,000	₩130,000	0.65	₩39,000
Y	102,000	32,000	70,000	0.35	21,000
계	₩262,000	₩62,000	₩200,000	1.00	₩60,000
B	₩23,000	₩3,000	₩20,000		20,000
					₩80,000

* 40,000개×@₩4.0 = ₩160,000　　20,000개×@₩5.1 = ₩102,000　　5,000개×@₩4.6 = ₩23,000
부산물 B의 분리가능원가 ₩3,000(= ₩2,000 + 5,000개×@₩0.2)
결합원가의 배분 : ₩60,000×0.65 = ₩39,000　　₩60,000×0.35 = ₩21,000
부산물 B에는 순실현가치 ₩20,000만큼 결합원가가 배분된다.

제품	결합원가 배분	분리가능원가	총제조원가	생산량	단위당 원가
X	₩39,000	₩30,000	₩69,000	40,000개	₩1.725
Y	21,000	32,000	53,000	20,000	2.65
B	20,000	2,000	22,000	5,000	4.4
계	₩80,000	₩64,000	₩144,000	65,000개	

21) [기업회계기준서 제1002호 재고자산 문단 14] 대부분의 부산물은 본래 중요하지 않은데, 이 경우 부산물은 흔히 순실현가능가치로 측정하며 주산물의 원가에서 차감된다. 따라서 주산물의 장부금액은 원가와 중요한 차이가 없다. 한편, 일반기업회계기준에서도 '중요하지 않은 부산물은 순실현가능가치를 측정하여 동 금액을 주요 제품의 제조원가에서 차감하여 처리할 수 있다.'라고 규정하고 있다.

2) 월말재고자산의 원가

	X	Y	B	
단위당 원가	₩1.725	₩2.65	₩4.4	
판매량	36,000	15,000	3,000	
월말재고수량	4,000	5,000	2,000	
생산량	40,000	20,000	5,000	합 계
매출원가	₩62,100	₩39,750	₩13,200	₩115,050
월말재고액	6,900	13,250	8,800	28,950
총제조원가	₩69,000	₩53,000	₩22,000	₩144,000

* @₩1.725×36,000개 = ₩62,100　@₩1.725×4,000개 = ₩6,900　@₩1.725×40,000개 = ₩69,000
@₩2.65×15,000개 = ₩39,750　@₩2.65×5,000개 = ₩13,250　@₩2.65×20,000개 = ₩53,000
@₩4.4×3,000개 = ₩13,200　@₩4.4×2,000개 = ₩8,800　@₩4.4×5,000개 = ₩22,000

3) 1월 중의 순이익

	X	Y	B	합 계
매출액	₩144,000	₩76,500	₩13,800	₩234,300
- 매출원가	62,100	39,750	13,200	115,050
= 매출총이익	₩81,900	₩36,750	₩600	₩119,250
- 판매비			600	600
= 순이익	₩81,900	₩36,750	₩0	₩118,650

* @₩4.0×36,000개 = ₩144,000　@₩5.1×15,000개 = ₩76,500　@₩4.6×3,000개 = ₩13,800
부산물 B의 처분으로 인한 순이익은 계상되지 않는다.

2. 부산물 B를 판매기준법하의 수익계상법으로 처리하는 경우

1) 결합원가의 배분과 완제품의 단위당 원가

제품	판매가격	분리가능원가	순실현가치	배부율	결합원가 배분
X	₩160,000	₩30,000	₩130,000	0.65	₩52,000
Y	102,000	32,000	70,000	0.35	28,000
계	₩262,000	₩62,000	₩200,000	1.00	₩80,000

* 결합원가의 배분 : ₩80,000×0.65 = ₩52,000　₩80,000×0.35 = ₩28,000
부산물 B에는 결합원가가 전혀 배분되지 않는다.

제품	결합원가 배분	분리가능원가	총제조원가	생산량	단위당 원가
X	₩52,000	₩30,000	₩82,000	40,000개	₩2.05
Y	28,000	32,000	60,000	20,000	3
B	0	2,000	2,000	5,000	0.4
계	₩80,000	₩64,000	₩144,000	65,000개	

2) 월말재고자산의 원가

	X	Y	B	
단위당 원가	₩2.05	₩3	₩0.4	
판매량	36,000	15,000	3,000	
월말재고수량	4,000	5,000	2,000	
생산량	40,000	20,000	5,000	합 계
매출원가	₩73,800	₩45,000	₩1,200	₩120,000
월말재고액	8,200	15,000	800	24,000
총제조원가	₩82,000	₩60,000	₩2,000	₩144,000

* @₩2.05×36,000개 = ₩73,800　@₩2.05×4,000개 = ₩8,200　@₩2.05×40,000개 = ₩82,000
@₩3×15,000개 = ₩45,000　@₩3×5,000개 = ₩15,000　@₩3×20,000개 = ₩60,000
@₩0.4×3,000개 = ₩1,200　@₩0.4×2,000개 = ₩800　@₩0.4×5,000개 = ₩2,000
부산물 B의 분리가능원가 중 월말재고액 ₩800은 차기 처분시 매출원가로 대응될 것이다.

3) 1월 중의 순이익

	X	Y	B	합 계
매출액	₩144,000	₩76,500	₩13,800	₩234,300
- 매출원가	73,800	45,000	1,200	120,000
= 매출총이익	₩70,200	₩31,500	₩12,600	₩114,300
- 판매비			600	600
= 순이익	₩70,200	₩31,500	₩12,000	₩113,700

* 부산물 B의 처분으로 인한 순이익 ₩12,000은 포괄손익계산서에서는 잡이익(기타수익)으로 처리될 것이다.

3. 부산물 B가 주산품으로 분류되는 경우

1) 결합원가의 배분과 완제품의 단위당 원가

제품	판매가격	분리가능원가	순실현가치	배부율	결합원가 배분
X	₩160,000	₩30,000	₩130,000	13/22	₩47,273
Y	102,000	32,000	70,000	7/22	25,455
B	23,000	3,000	20,000	2/22	7,272
계	₩285,000	₩65,000	₩220,000	22/22	₩80,000

* 결합원가의 배분 : ₩80,000×13/22≒₩47,273　　₩80,000×7/22≒₩25,455
₩80,000×2/22≒₩7,272

제품	결합원가 배분	분리가능원가	총제조원가	생산량	단위당 원가
X	₩47,273	₩30,000	₩77,273	40,000개	₩1.9318
Y	25,455	32,000	57,455	20,000	2.8728
B	7,272	2,000	9,272	5,000	1.8544
계	₩80,000	₩64,000	₩144,000	65,000개	

2) 월말재고자산의 원가

	X	Y	B	합 계
단위당 원가	₩1.9318	₩2.8728	₩1.8544	
판매량	36,000	15,000	3,000	
월말재고수량	4,000	5,000	2,000	
생산량	40,000	20,000	5,000	
매출원가	₩69,545	₩43,092	₩5,563	₩118,200
월말재고액	7,727	14,364	3,709	25,800
총제조원가	₩77,272	₩57,456	₩9,272	₩144,000

* @₩1.9318×36,000개 = ₩69,545　@₩1.9318×4,000개 = ₩7,727　@₩1.9318×40,000개 = ₩77,272
@₩2.8728×15,000개 = ₩43,092　@₩2.8728×5,000개 = ₩14,364　@₩2.8728×20,000개 = ₩57,456
@₩1.8544×3,000개 = ₩5,563　@₩1.8544×2,000개 = ₩3,709　@₩1.8544×5,000개 = ₩9,272

3) 1월 중의 순이익

	X	Y	B	합 계
매출액	₩144,000	₩76,500	₩13,800	₩234,300
- 매출원가	69,545	43,092	5,563	118,200
= 매출총이익	₩74,455	₩33,408	₩8,237	₩116,100
- 판매비			600	600
= 순이익	₩74,455	₩33,408	₩7,637	₩115,500

▌보론 ▌작업공정별 종합원가계산

제품원가계산 방식은 제품의 생산형태에 따라 다품종 소량생산하는 방식의 기업이 적용하는 개별원가계산(작업별 원가계산)과 소품종 대량생산하는 방식의 기업이 적용하는 종합원가계산(공정별 종합원가계산)이 있다. 하지만 언제나 개별원가계산과 종합원가계산으로 명료하게 구분되는 것은 아니다. 생산형태의 성격이 다품종을 생산하면서도 대량생산이 가능한 기업이 있다면, 이 기업은 개별원가계산과 종합원가계산의 특징이 혼합된 제품원가계산 방식을 적용하여야 하는데, 이때 이용되는 방식이 혼합원가계산 방식(hybrid-costing system)이다. 이 방식의 가장 대표적인 형태는 작업공정별 종합원가계산(operation cost method)이다. 작업공정이란 완성품의 독특한 특성과 관계없이 반복적으로 수행되는 표준화된 방법과 기술이다.

작업공정별 종합원가계산은 직접재료비의 경우 작업주문품의 종류별로 서로 다른 원재료가 투입되므로 작업주문품별로 구분해서 집계한다. 가공비의 경우에는 각 작업공정에서 작업주문품 종류에 관계없이 단위당 동일한 양의 작업공정의 자원을 사용하기 때문에 제품별로 차이가 없으므로 공정별로 집계하여 단위당 가공비를 계산한다. 즉 직접재료비의 경우에는 작업주문품의 종류별로 구분 집계하고, 가공비는 각 작업공정별로 집계하여 수행된 물량(완성품 환산량)을 기준으로 개별 작업주문품에 배분한다.

직접재료비는 작업주문품의 종류별로 식별이 가능하므로 개별원가계산에서와 같이 작업주문품에 직접 배부하고, 가공비는 작업공정별로 집계하여 종합원가계산에서와 같이 공정을 거쳐간 작업주문품에 대해서 비례배분하게 된다. 가공비는 작업공정별로 집계하여 공정별 총생산량으로 나누어서 공정별 단위당 가공비를 계산하여 원가배분한다. 예외적으로 작업주문품별로 직접재료비가 식별되지 않을 경우에는 직접재료비도 종합원가계산에서와 같은 방식으로 계산한다.

예제 1

(주)카이는 고객의 주문에 따라 고급 카메라를 생산하고 있다. 고객은 외부표면재료 및 도료 등을 선택할 수 있지만, 카메라의 기본적인 조립 및 가공작업은 주문별로 차이가 없다. 이러한 점을 감안하여 (주)카이는 재료원가에 대해서는 주문별로 집계하는 개별원가계산방식을 적용하고, 가공원가에 대해서는 종합원가계산방식을 적용하는 소위 혼합원가계산(hybrid costing)을 사용하고 있다. 가공원가는 공정 전체를 통해 균등하게 발생하며, 동 원가에 종합원가계산방식을 적용할 때 사용하는 원가흐름가정은 선입선출법이다. (주)카이의 4월 생산 및 원가 관련 자료는 다음과 같다.

(1) 월초재공품

주문번호	#101
수 량	200개
직접재료원가	₩1,500,000
가공원가	₩960,000
가공원가 완성도	80%

(2) 당월 주문 및 생산 착수

주문번호	#105	#206	#207
주문 및 생산 착수 수량	200개	100개	150개

(3) 당월 발생원가

주문번호	#101	#105	#206	#207	합 계
직접재료원가	₩500,000	₩1,800,000	₩3,200,000	₩2,400,000	₩7,900,000
가공원가	?	?	?	?	₩4,092,000

(4) 월말재공품

주문번호	#105	#207
수 량	200개	150개
가공원가 완성도	50%	60%

물음 (2011 회계사)

4월 완성품의 원가는 얼마인가?

해답

재공품

월초재공품	200개	(#101-200개) (80%)	완성품	300개	(#101-200개)
					(#206-100개)
당월투입	450		월말재공품	350	(#105-200개) (50%)
					(#207-150개) (60%)
	650개			650개	

* 당월투입 수량 : 200개(#105) + 100개(#206) + 150개(#207) = 450개
당월 투입된 #206(100개)은 당월 완성되었다.

당월 가공원가

완성품 환산량 : 200개 + 100개 + 200개×50% + 150개×60% - 200개×80% = 330개

환산량 단위당 원가 : ₩4,092,000([자료 3]에서 제시됨)÷330개 = @₩12,400

4월 완성품의 원가(#101, #206) : ₩7,896,000

#101 : 직접재료원가(₩2,000,000[1)]) + 가공원가(₩960,000 + 40개[2)]×@₩12,400) = ₩3,456,000

* 1) ₩1,500,000(월초재공품) + ₩500,000(당월 발생원가) = ₩2,000,000
2) 월초재공품의 당월 완성분 : 200개×(1 - 80%) = 40개

#206 : 직접재료원가(₩3,200,000) + 가공원가(100개[*]×@₩12,400) = ₩4,440,000

* 당월 투입된 #206(100개)은 당월 완성되었다.

예제 2

대한자동차는 배치(batch) 제조공정에 의하여 옵션품목이 장착되지 않은 기본형과 기본형에 옵션품목이 장착된 고급형 및 고객의 특별주문에 의해 고급형에 특수컬러를 도색한 주문형의 3가지 유형의 승용차를 생산하고 있으며, 작업별 원가계산을 하고 있다.

(1) 재료비

유 형	생산된 단위	재료비 총액		
		기본형	옵션품목장착	특수컬러도장
기본형	100대	₩408,000,000	-	-
고급형	80		₩96,000,000	-
주문형	20			₩8,000,000

(2) 가공비

유 형	생산된 단위	가공비 총액		
		기본형	옵션품목장착	특수컬러도장
기본형	100대	₩840,000,000	-	-
고급형	80		₩72,000,000	-
주문형	20			₩4,000,000

물음 (2006 세무사)

주문형의 1대당 제조원가를 계산하면 얼마인가?

해답

	계	기본형	고급형	주문형
생산된 단위	200대	100대	80대	20대
재료비				
기본형	₩408,000,000	₩204,000,000	₩163,200,000	₩40,800,000
옵션품목장착	96,000,000	-	76,800,000	19,200,000
특수컬러도장	8,000,000	-	-	8,000,000
가공비				
기본형	₩840,000,000	₩420,000,000	₩336,000,000	₩84,000,000
옵션품목장착	72,000,000	-	57,600,000	14,400,000
특수컬러도장	4,000,000	-	-	4,000,000
총원가	₩1,428,000,000	₩624,000,000	₩633,600,000	₩170,400,000
생산된 단위		÷ 100대	÷ 80대	÷ 20대
단위당 원가		@₩6,240,000	@₩7,920,000	@₩8,520,000

* 각각의 재료비와 가공비를 해당하는 제품의 생산된 단위 합계로 나누어 단위당 원가를 구한 다음, 해당 제품에 배분한다.

[예] ₩408,000,000×100대÷200대 = ₩204,000,000
₩96,000,000×80대÷(80대 + 20대) = ₩76,800,000
₩840,000,000×100대÷200대 = ₩420,000,000
₩72,000,000×80대÷(80대 + 20대) = ₩57,600,000

형성평가

[문 1] 직접재료는 공정의 초기에 전량 투입되고, 가공비는 생산의 진행과 더불어 비례적으로 발생한다. (%는 가공비의 완성도임) 단, 감손이나 공손품은 없다.

	수 량	원 가		
		직접재료비	가공비	합 계
기초재공품	1,000개(75%)	₩23,000	₩17,100	₩40,100
당기투입	2,000	40,000	58,500	98,500
기말재공품	400 (25%)			
당기완성품	2,600			

물음 (2021 회계사 유사, 2013 세무사 유사, 2011 세무사 유사)

1. 평균법에 의하여 기말재공품원가, 당기완성품원가, 완성품의 단위당 원가는 각각 얼마로 계산되는가?
2. 선입선출법에 의하여 기말재공품원가, 당기완성품원가, 완성품의 단위당 원가는 각각 얼마로 계산되는가?

[문 2] 후입선출법에 의한 기말재공품원가는 얼마로 계산되는가? (%는 가공비의 완성도임) 단, 감손이나 공손품은 없다.

기초재공품
- 수 량 : 100개
- 원 가 : ₩12,000
- 완성도 : 80%

당기총제조비용 : ₩50,000(500개 투입)

기말재공품
- 수 량 : 150개
- 완성도 : 40%

[문 3] 제조간접비는 직접노무비를 기준으로 하여 배부된다. 재료는 매입된 전량이 생산과정에 투입완료되며, 가공비에 대한 기말재공품의 완성도는 50%이다. 직접재료는 공정의 초기에 전량 투입된다. K제품은 단위당 ₩600의 판매가격으로 외부시장에서 판매되고 있다. 단, 월초재공품 및 제품재고는 없다고 가정한다.

제조원가 총액	₩28,400
직접재료비	8,000
직접노무비	13,600
제조간접비	6,800
당월 공정 투입량	80단위
당월 제품 완성량	56
당월 판매 수량	52

물음

1. 월말재공품원가는 얼마인가? (평균법 적용)
2. 재무상태표에 표시될 재고자산의 금액은 얼마로 산출되는가?

[문 4] 직접재료는 공정의 초기에 일괄 투입되며, 가공비는 전체 공정을 통해 균등하게 발생한다. 또한 공손품은 공정의 종료 시점에서 파악해 내고 있으며, 공손품의 판매가치는 없는 것으로 가정한다.

		원 가		
	수 량	직접재료비	가공비	합 계
월초재공품	200kg(60%)	₩40,000	₩25,000	₩65,000
완성품	500			
당월투입	600	100,000	35,000	135,000
월말재공품	200 (50%)			

물음 (2004 회계사 유사, 1999 회계사 유사)

1. 공손무인식법을 적용한다. 월말재공품원가 및 완성품원가는 각각 얼마인가? 단, 월말재공품의 평가는 평균법에 의한다.
2. 공손인식법을 적용한다. 투입량과 산출량의 차이를 전부 비정상적인 공손으로 간주하며, 월말재공품원가 및 완성품원가는 각각 얼마인가? 단, 월말재공품의 평가는 선입선출법에 의한다.

[문 5] 단일 제품A를 대량생산하며, 제조부문은 제1공정과 제2공정 두 개로 구성되어 있다. 직접재료는 각 공정시점에서 투입되고, 가공비는 전체 공정을 통하여 균등하게 발생한다. 제1공정에서 완성된 중간제품은 전량 제2공정에 전출되고, 제2공정에서 완성된 제품은 제품계정에 대체된다. 기말재공품원가의 평가는 평균법에 의한다.

	제1공정	제2공정
기초재공품 수량 (가공비 완성도)	3,000개(60%)	4,000개(40%)
기초재공품원가 : 직접재료비	₩100,000	₩454,000(제1공정비 ₩304,000 포함됨)
가공비	80,000	498,000(제1공정비 ₩388,000 포함됨)
당기 전출 및 완성량	9,000개	10,000개
당기투입 수량	?	?
기말재공품 수량 (가공비 완성도)	2,000개(50%)	3,000개(60%)
당기 추가 직접재료비	₩725,000	₩500,000
당기 추가 가공비	900,000	893,000

물음 (2006 세무사 유사)

1. 누가법에 의하여 제1공정 및 제2공정의 기말재공품원가를 계산하시오.
2. 비누가법에 의하여 제1공정 및 제2공정의 기말재공품원가를 계산하시오.
3. 누가법 및 비누가법에 의한 종합원가계산표를 각각 작성하시오.

[문 6] 첫 번째 제조공정 초기에 원재료가 투입되며, 가공비는 전체 공정을 통해 균등하게 발생한다. 3월의 첫 번째 제조공정과 관련한 원가발생자료는 다음과 같다.

3월 초 재공품	900개(완성도 90%, 원재료 ₩44,000, 가공비 ₩90,000)
3월의 투입량	1,300 (원재료 투입액 ₩286,000, 가공비 발생액 ₩336,600)
정상공손품	200
3월 말 재공품	500 (완성도 20%)
차공정 대체량	1,500

원재료 투입 후 100%의 가공이 이루어진 상태에서 품질검사를 수행하며 검사를 합격한 수량의 10%에 해당하는 공손 수량은 정상공손으로 본다. (평균법 적용)

물음 (1998 회계사)

1. 정상공손 수량 및 비정상공손 수량은 각각 얼마인가?
2. 평균법에 의한 3월 중의 첫 번째 제조공정 완성품의 단위당 원가는 얼마인가?

[문 7] 다음은 제1공정에 관한 자료이다. 원재료는 공정 초기에 모두 투입되며, 가공비는 전체 공정에 걸쳐 균등하게 발생한다. 제1공정에서는 선입선출법을 적용하여 제품원가를 계산하고 있다.

	물량단위	가공비 완성도
기초재공품	10,000	80%
기말재공품	20,000	40%
당기투입	100,000	
완성품	90,000	

	직접재료비	가공비	합 계
기초재공품	₩315,000	₩138,800	₩453,800
당기투입	1,500,000	900,000	2,400,000

물음 (1997 회계사)

1. 제1공정의 완성품 환산량과 환산량 단위당 원가를 계산하시오.
2. 제1공정의 완성품원가와 기말재공품원가를 계산하시오.
3. 다음은 제2공정에 관한 자료이다. 기말재공품원가는 얼마인가?
   완성품 환산량 단위당 원가(전공정비 ₩20, 직접재료비 ₩30, 가공비 ₩15)
   기말재공품 수량 30,000단위(가공비 완성도 60%)
   제2공정의 원재료는 공정 말에 투입되며, 가공비는 전체 공정에 걸쳐 균등하게 발생한다.

[문 8] (주)한국공업은 두 개의 공정을 거쳐서 제품을 생산한다. 기업의 재공품 평가방법은 선입선출법이고, 공정별 종합원가계산을 적용하여 제품원가를 계산한다. 다음은 두 번째 공정의 생산 및 원가자료이다. 두 번째 공정의 원재료는 50% 시점에서 모두 투입되고, 가공비는 전체 공정을 통해 균등하게 발생한다. 공정의 80% 시점에서 품질검사를 실시하며, 정상공손 허용수준은 합격품의 10%이다. 공손품은 모두 폐기되며, 정상공손비는 합격품원가에 가산되고, 비정상공손비는 기간원가로 처리된다.

구 분	물량단위	전공정원가	직접재료비	가공비
기초재공품	1,000(60%)	₩172,000	₩450,000	₩320,000
당기투입	5,000	625,000	1,470,000	924,000
완성품	4,000			
기말재공품	1,500(40%)			

* 괄호 안의 숫자는 가공비 완성도를 의미함.

물음 (2008 회계사, 2023 회계사 유사, 2014 회계사 유사, 2015 세무사 유사)

1. 두 번째 공정의 비정상공손비는 얼마인가?
2. 완성품 단위당 원가는 얼마인가?

[문 9] (주)세종은 실제원가에 의한 종합원가계산을 적용하여 제품원가를 계산하고 있다. 제1공정을 통해 부품A가 생산되며, 완성된 부품A는 전량 제2공정에 투입되어 제품B를 생산하는데 사용된다. 제1공정에서는 원재료를 공정 초에 모두 투입하며 공손은 발생하지 않는 것으로 간주한다. 제2공정에서는 원재료의 60%를 공정 착수시점에, 나머지 40%는 공정 완료시점에 투입한다. (주)세종은 제2공정의 70% 시점에서 품질검사를 실시하며 합격품의 4%를 정상공손으로 허용하고 있다. 공손품은 발견된 시점에 전량 폐기되며, 정상공손원가는 합격품원가에 배분하고 비정상공손원가는 당기비용으로 처리한다. 전환원가(가공원가)는 공정 전반에 걸쳐 균등하게 발생한다. (주)세종은 원가흐름 가정으로 제1공정은 가중평균법, 제2공정은 선입선출법을 적용한다. 각 공정의 당기 생산 및 원가자료는 다음과 같다. (단, 괄호 안의 숫자는 전환원가의 완성도를 의미한다.)

(1) 제1공정

구 분	물량단위	직접재료원가	전환원가
기초재공품	1,000(40%)	₩3,500	₩10,300
당기투입	19,000	56,500	88,200
당기완성품	?		
기말재공품	1,500(80%)		

(2) 제2공정

구 분	물량단위	전공정원가	직접재료원가	전환원가
기초재공품	1,500(10%)	₩11,010	₩19,290	₩24,750
당기투입	?	?	35,800	55,050
당기완성품	17,000			
기말재공품	2,000(40%)			

물음 (2017 세무사)

1. 다음 물음에 답하시오.
   1) 정상공손 수량과 비정상공손 수량은 각각 몇 단위인가?
   2) 완성품(제품B)의 단위당 원가는 얼마인가?
2. (주)세종은 모든 공손품을 보수하여 처분하는 것으로 가정한다. 공손품은 순실현가능가치로 평가하여 인식한다. 공손품의 예상 판매가격은 단위당 ₩15이며, 예상추가가공원가는 단위당 ₩4, 예상판매비용은 단위당 ₩2이다.
   1) 제2공정에서 완성품원가 및 기말재공품원가를 구하시오.
   2) 제2공정에서 당기 말에 수행해야 할 회계처리를 제시하시오.

[문 10] (주)탐라는 등산화를 생산 판매하는 회사이다. 등산화 생산시 직접재료 A와 B가 투입된다. 직접재료A는 공정 시작시점에, 직접재료B는 공정 종료시점에 전량 투입되며, 전환원가는 공정 전반에 걸쳐 균등하게 발생한다. 회사는 평균법에 의한 종합원가계산을 실시하고 있다.

(1) 20×1년 5월 등산화의 생산 및 원가자료는 다음과 같다.

구 분	물량단위	직접재료A	직접재료B	전환원가
기초재공품	1,000(30%)*	₩8,000	₩4,000	₩6,000
당기투입	10,500	107,000	66,000	50,750
재작업	500	* 전환원가 완성도를 나타냄		
공손품	500			
기말재공품	1,000(80%)*			

(2) 회사는 제품의 품질관리를 위해 전환원가 완성도 60% 시점에서 재작업여부를 검사하며, 불합격된 재공품은 전환원가 완성도 20% 시점으로 되돌려 보내져 재작업을 받게 된다. 회사는 재작업검사를 받은 물량의 4%를 정상재작업으로 간주하고 있다. 재작업된 물량은 추가적인 재작업여부를 검사하지 않으며 공손이 발생하지 않는다.

(3) 공손검사는 전환원가 완성도 70% 시점에서 실시하고, 정상공손 수량은 검사시점을 통과한 합격품의 3%로 설정한다.

(4) 정상재작업원가와 정상공손원가는 해당 검사시점을 통과한 물량단위에 비례하여 안분한다.

물음 (2015 회계사, 2021 세무사 유사)

1. 20×1년 5월 완성품 수량 및 정상재작업 수량과 비정상재작업 수량을 각각 구하시오.
2. 20×1년 5월 정상공손 수량과 비정상공손 수량을 각각 구하시오.
3. 20×1년 5월 말 정상재작업원가 배부와 관련하여, 정상재작업원가, 배부 전 금액, 배부 후 금액은 각각 얼마인가?
4. 20×1년 5월 말 정상공손원가를 제품과 기말재공품에 배부하시오.

[문 11] (주)한국은 두 개의 연속공정인 1공정과 2공정을 거쳐 제품을 생산하고 있으며, 1공정의 완성품은 2공정으로 전량 대체된다. (주)한국은 평균법에 의한 종합원가계산을 하고 있다.

(1) 부문원가

(주)한국에는 자재부와 수선부 두 개의 보조부문이 있다. 부문별로 집계된 원가와 보조부문의 용역제공 관계는 다음과 같다. 보조부문원가는 상호배분법에 의하여 배분한다.

사용부문 / 제공부문	보조부문		제조부문	
	자재부	수선부	1공정	2공정
자재부	-	50%	40%	10%
수선부	40%	-	20%	40%
부문별 원가	₩30,000	₩50,000	₩130,000	₩360,000

(2) 1공정

1공정에서는 전체 공정에 걸쳐 20%의 감손이 발생하며 비분리계산법에 의해 원가를 계산한다. 직접재료는 공정 초에 전량 투입되며, 전환원가는 공정 전반에 걸쳐 균등하게 발생한다. 1공정에서는 공손이 발생하지 않는다.

1공정 물량 및 원가 관련 자료는 다음과 같다.

구 분	수 량	전환원가 완성도
기초재공품	360단위	50%
당기착수	5,000	
당기완성	3,600	
기말재공품	846	?

구 분	직접재료원가	직접노무원가	제조간접원가
기초재공품	₩18,000	₩13,000	₩11,000
당기투입원가	160,200	143,420	?

(3) 2공정

2공정에서 재료A는 공정 초에 전량 투입되고, 재료B는 공정의 75% 시점에서 전량 투입되며, 전환원가는 공정 전반에 걸쳐서 발생한다. 재작업여부에 대한 검사는 공정의 50% 시점에서 실시하며, 불합격품은 공정의 10% 시점으로 되돌려 재작업이 수행된다. 검사에 합격한 물량의 2.5%는 정상적인 것으로 간주한다.

공손 여부에 대한 검사는 공정의 80%에서 이루어진다. 검사한 물량의 5%에 해당하는 공손 수량은 정상적인 것으로 간주하며, 공손품 1단위당 ₩10의 처리비용이 발생한다.

정상재작업원가와 정상공손원가는 해당 검사시점을 통과한 합격품의 물량단위로 안분한다.

2공정 물량 및 원가 관련 자료는 다음과 같다.

구 분	수 량	전환원가 완성도
기초재공품	800단위	25%
당기완성	3,800	
재작업	200	
공손품	300	
기말재공품	300	70%

구 분	원 가
기초재공품원가	
전공정대체원가	₩36,000
직접재료원가(재료A)	24,000
전환원가	17,000
당기투입원가	
직접재료원가(재료A)	900,000
직접재료원가(재료B)	574,000
전환원가	?

물음 (2025 회계사)

1. 1공정과 2공정의 제조간접원가는 각각 얼마인가?
2. 1공정 기말재공품의 전환원가 완성도는 얼마인가?
3. 1공정의 완성품원가 및 1공정의 기말재공품원가는 각각 얼마인가?
4. 위의 [물음1]~[물음3]과는 독립적이다. 당기 중 1공정의 완성품원가는 ₩712,000이고 2공정의 전환원가는 ₩416,000으로 가정한다. 2공정에 대한 다음의 항목은 각각 얼마인가?

항목	
정상재작업 수량	
비정상재작업 수량	
정상공손 수량	
비정상공손 수량	
비정상재작업원가	
비정상공손원가	
완성품원가	
기말재공품원가	

[문 12] 단일 제품A를 대량생산하며, 제조부문은 제1공정과 제2공정 및 제3공정의 세 개로 구성되어 있다. 기말재공품의 평가는 선입선출법에 의한다. 감손은 공정의 끝에서 일시에 발생하며, 감손의 원가는 완성품에만 부담시킨다. (누가법 적용)

1. 원가자료

	기초재공품원가			당기총제조비용		
	제1공정	제2공정	제3공정	제1공정	제2공정	제3공정
직접재료비	₩80,400			₩300,000		
가공비	₩7,500	₩12,000	₩16,800	₩65,000	₩40,000	₩35,000

2. 수량 및 완성도

	기초재공품	차공정 대체량	기말재공품	감손
제1공정	30kg(50%)	260kg	50kg(60%)	20kg(50%)
제2공정	20 (60%)	210	60 (60%)	10 (50%)
제3공정	30 (50%)	180	60 (40%)	0

물음

1. 제1공정, 제2공정, 제3공정 각각의 기말재공품원가의 가공비를 계산하시오.
2. 기말재공품원가의 직접재료비를 계산하시오.
3. 종합원가계산표를 작성하시오.

[문 13] A, B 두 종류의 제품을 생산하고 있다. 직접재료비와 가공비는 전체 공정을 통하여 균등하게 발생되며, 기말재공품은 평균법에 의하여 평가한다. 조별 종합원가계산표를 작성하시오.

	A조	B조
조직접비-직접재료비	₩1,900,000	₩700,000
조직접비-직접노무비	1,000,000	300,000
기초재공품원가	350,000	500,000
기초재공품 수량(완성도)	200개(40%)	180개(50%)
조별 완성품 수량	370	330
기말재공품 수량(완성도)	150 (20%)	140 (50%)
조간접비 배부기준	3,000시간	1,500시간
조간접비	₩1,500,000	

[문 14] 등급품 A · B · C의 원가자료이다. 이에 의할 때 C제품의 원가는 얼마로 계산되는가? 단, 직접작업시간의 임률이 @₩3,000으로 동일하고, 당기제품제조원가는 ₩72,000,000이다.

	A등급품	B등급품	C등급품
생산량	1,000단위	1,000단위	2,000단위
직접작업시간(단위당)	5시간	3시간	2시간

[문 15] (주)대한은 결합공정과 추가공정을 통해 제품을 생산하며, 분리점에서 순실현가능가치를 기준으로 결합원가를 배부한다. 20×1년의 생산 및 원가자료는 다음과 같다. 단, 각 공정의 기초 및 기말재공품은 없다. 제품C의 총제조원가는 얼마인가? (2019 회계사)

(1) 제1공정 : 제1공정에서는 원재료를 투입하여 제품A 100단위와 제품B 300단위를 생산하였으며, 결합원가는 총 ₩40,000이었다. 제품A는 단위당 ₩200에 판매되고, 제품B는 제2공정에서 추가가공을 거쳐 제품C로 판매된다.

(2) 제2공정 : 당기에 제1공정으로부터 대체된 제품B는 제품C 280단위로 생산되었으며, 추가가공원가는 총 ₩12,400이었다. 제품C의 단위당 판매가격은 ₩150이다. 제품B를 제품C로 추가 가공하는 과정에서 부산물 20단위가 생산되었다. 부산물은 단위당 ₩20에 즉시 판매할 수 있다. 부산물은 생산시점에 순실현가능가치로 인식한다.

[문 16] 두 가지 제품 A · B를 생산하고 있다. 이들은 동일 공정을 통하여 생산되는 결합제품으로서, 5월 중의 결합원가 발생액은 ₩30,000,000이다. 또한 동 기간에 생산한 결합제품 A · B의 수량 및 분리점 이후 판매가능상태로 전환시키는데 소요된 추가원가는 다음과 같다.

	수 량	추가원가 발생액
A제품	1,600단위	₩16,000,000
B제품	800	24,000,000

추가가공 후의 판매가능시점에서 A · B의 판매가격은 단위당 각각 ₩25,000, ₩50,000이다. 만일 순실현가치법을 사용하여 분리점에서 결합원가를 제품별로 배분한다고 할 때, 5월 중 제품A에 배부되는 결합원가는 얼마이겠는가?

[문 17] (주)국세는 동일 공정에서 세 가지 결합제품 A, B, C를 생산하고 있으며, 균등이익률법을 사용하여 결합원가를 배부한다. A와 B는 추가가공을 거치지 않고 판매되며, C는 추가가공원가 ₩200,000을 투입하여 가공한 후 판매된다. 결합제품의 생산량 및 단위당 최종 판매가격에 대한 자료는 다음과 같다. C제품에 배부된 결합원가가 ₩120,000인 경우, 총결합원가는 얼마인가? (단, 공손 및 감손은 발생하지 않았고, 기초 및 기말재공품은 없는 것으로 가정한다.) (2011 세무사)

구분	생산량	단위당 최종 판매가격
A	2,000kg	₩200
B	2,000kg	₩100
C	2,500kg	₩160

[문 18] 동일 공정에서 3가지 제품 A, B, C를 생산하고 있다. 결합원가는 분리점에서의 상대적 판매가치를 기준으로 배분하고 있다. 이와 관련된 자료는 다음과 같다.

	A	B	C	합 계
생산량	?	?	400개	2,000개
결합원가	₩180,000	?	?	₩360,000
분리점의 판매가치	?	₩280,000	?	800,000

분리점 이후에 C제품 400개에 대하여 총 ₩14,000을 추가로 투입하여 최종제품으로 완성한 다음 단위당 ₩500에 판매하는 경우 C제품의 매출총이익은? (2002 회계사, 2003 세무사 유사)

[문 19] 태양기업은 결합제품 A, B, C를 생산하며 순실현가치법에 의하여 결합원가를 배분한다. 기초 및 기말에서의 재고자산은 없으며, 당기의 제조 및 판매에 관한 자료가 다음과 같을 경우 제품C의 매출총이익은 얼마인가? (2005 세무사, 2006 세무사 유사)

	A	B	C	합 계
생산량	7,000개	5,000개	3,000개	15,000개
결합원가	?	?	?	₩400,000
추가가공원가	₩50,000	₩20,000	₩40,000	110,000
판매가격	380,000	200,000	130,000	710,000

[문 20] (주)대한은 동일 공정에서 세 가지 결합제품 A, B, C를 생산한다. 제품 A, 제품 B는 추가가공을 거치지 않고 판매되며, 제품 C는 추가가공원가 ₩80,000을 투입하여 추가가공 후 제품 C+로 판매된다. (주)대한이 생산 및 판매한 모든 제품은 주산품이다. (주)대한은 제품 A, 제품 B, 제품 C+를 각각 판매하였을 때 각 제품의 매출총이익률이 연산품 전체 매출총이익률과 동일하게 만드는 원가배부법을 사용한다. 다음은 (주)대한의 결합원가배부에 관한 자료이다. 제품 C+에 배부된 결합원가는 얼마인가? (2020 회계사)

제품	배부된 결합원가	판매(가능)액
A	?	₩96,000
B	₩138,000	?
C+	?	?
합계	₩220,000	₩400,000

[문 21] (주)장안은 약간의 변형을 통해 세 가지 종류의 작업주문품(A, B, C)을 세 가지 공정을 통해서 생산하는 기업이다. 작업주문품A는 제1공정을 통해서 완성되며, 여기에 제2공정을 추가하면 작업주문품B, 제3공정까지 수행하면 작업주문품C가 생산된다. 직접재료비는 각 공정의 초기에 전량 투입되며 가공비는 각 공정별로 작업주문품의 종류와 관계없이 동일하게 발생한다.

· 생산량과 직접재료비

	생산량	제1공정	제2공정	제3공정	계
작업주문품A	4,000개	₩60,000	-	-	₩60,000
작업주문품B	5,000	75,000	₩30,000	-	105,000
작업주문품C	3,000	45,000	36,000	₩21,000	102,000
계	12,000개	₩180,000	₩66,000	₩21,000	₩267,000

· 가공비

	제1공정	제2공정	제3공정	계
직접노무비	₩146,000	₩88,000	₩42,000	₩276,000
제조간접비	166,000	100,000	51,000	317,000
계	₩312,000	₩188,000	₩93,000	₩593,000

물음

1. 각 공정별 단위당 가공비는 얼마인가?
2. 각 작업주문품별 총원가는 얼마인가?
3. 만약 작업주문품A가 제3공정에서 1,000개가 기말재공품(가공비 완성도 50%)으로 남아 있다고 가정할 경우, 완성품 2,000개 및 기말재공품 1,000개의 총원가는 얼마인가?

[문 22] 장안회사는 A자재와 B자재를 사용하여 갑제품과 을제품을 생산 판매하고 있다. 장안회사는 제조부문(절단부, 조립부)와 보조부문(동력부, 수선부)이 있다. 아무런 부재료를 사용하지 않고 절단만으로 짜맞춤 가구인 갑제품을 생산 판매하고 있는 제1작업장이 절단부이며, 조립부에서는 절단부에서 생산한 결과물을 조립한 가구인 을제품을 제2작업장에서 생산 판매한다.

• 11월 15일과 11월 18일에 다음의 원재료를 매입하다. 단, 원재료에 대해 선입선출법의 원가흐름을 가정한다. 월초재료재고액은 없다.

- 11월 15일, 수원회사에서 원재료를 매입하고 대금은 부가가치세와 함께 외상으로 하다.
  A자재 300개 @₩40,000 ₩12,000,000(부가가치세 별도)
  B자재 300개 @₩30,000 ₩9,000,000(부가가치세 별도)
- 11월 18일, 화성회사에서 원재료를 매입하고 대금은 부가가치세와 함께 외상으로 하다.
  A자재 500개 @₩35,000 ₩17,500,000(부가가치세 별도)
  B자재 600개 @₩28,000 ₩16,800,000(부가가치세 별도)

• 11월 20일, 다음의 작업지시서를 발행하였다. 단, 제조부문에서는 평균법의 원가흐름을 가정하여 종합원가계산을 실시하고 있다. 모든 직접재료는 공정의 초기에 전량 투입되며, 가공비는 전 공정을 통하여 균등하게 발생한다. 작업과정 중에 공손품과 감손품은 발생하지 않았다. 월초재공품재고액은 없다.

작업지시일	제품명	작업장(부문)	작업지시량	작업기간
11월 20일	갑제품	제1작업장(절단부)	500개	11월 20일 ~ 11월 30일
11월 20일	을제품	제2작업장(조립부)	600개	11월 20일 ~ 12월 05일

• 11월 23일, 11월 20일에 발행된 작업지시서에 따른 주요자재를 출고하다.
갑제품 작업지시서 : A자재 550개
을제품 작업지시서 : B자재 640개

• 11월 25일, 공장 근로자의 11월분 임금 지급내용은 다음과 같다. 예수금을 차감한 잔액은 당사 보통예금 계좌에서 종업원 계좌로 이체하여 지급하다.

부서명		총임금	예수금	차감지급액
제조부문	절단부	₩8,000,000	₩730,000	₩7,270,000
	조립부	7,000,000	450,000	6,550,000
보조부문	동력부	4,000,000	220,000	3,780,000
	수선부	3,000,000	190,000	2,810,000
합 계		₩22,000,000	₩1,590,000	₩20,410,000

• 11월 28일, 각 부서별로 발생한 11월 중 경비내용은 다음과 같다. 당사 보통예금 계좌에서 해당 부서 계좌로 이체하여 지급하다.

구 분	계정과목	사용부서	금 액
도시가스료	도시가스료	절단부	₩400,000
종업원식대	복리후생비	조립부	600,000
전기요금	전력비	동력부	1,800,000
기계수선비	수선비	수선부	300,000
합 계			₩3,100,000

• 11월 30일, 11월 20일에 발행된 작업지시서에 대해 생산자료는 다음과 같다.

품 목	완성량	재공품		작업투입시간	작업장
		월말수량	작업진행률(완성도)		
갑제품	500개	-	-	100시간	제1작업장
을제품	550개	50개	80%	150시간	제2작업장

• 제조부문의 총근무시간 및 시간당 임률은 다음과 같다. 단, 시간당 임률은 총임금을 총근무시간으로 나누어 산출한다.

부 문	절단부	조립부
총근무시간	200시간	250시간
임 률	@₩40,000	@₩28,000

• 제조부문에 배부하는 보조부문비의 배부기준은 다음과 같다. 단, 직접배부법(투입시간 기준)을 사용한다.

부 문	절단부	조립부
동력부	60시간	40시간
수선부	50시간	50시간

물음 (전산회계운용사 2급 실기시험)

1. 재료비, 노무비, 경비 관련 회계처리를 제시하시오.
2. 직접재료비를 계산하시오.
3. 직접노무비를 계산하시오.
4. 제조간접비를 계산하시오.
5. 제조원가를 계산하시오.
6. 제조원가명세서 및 포괄손익계산서를 작성하시오. 단, 매출액은 ₩70,000,000이다.

정답 및 해설

[문 1] 평균법과 선입선출법

1. 평균법

기말재공품원가 : ₩11,200

직접재료비 : $(₩23,000 + ₩40,000) \times \dfrac{400개}{2,600개 + 400개} = ₩8,400$

가공비 : $(₩17,100 + ₩58,500) \times \dfrac{400개 \times 0.25}{2,600개 + 400개 \times 0.25} = ₩2,800$

당기완성품원가 : ₩40,100 + ₩98,500 - ₩11,200 = ₩127,400

완성품 단위당 원가 : ₩127,400÷2,600개 = ₩49

	[1단계]	[2단계] 완성품 환산량	
	물량흐름 파악	직접재료비	가공비
기초재공품 수량	1,000개(75%)		
당기투입 수량	2,000		
계	3,000개		
당기완성품 수량	2,600개	2,600개	2,600개
기말재공품 수량	400 (25%)	400	100
계	3,000개	3,000개	2,700개

[3단계] 총제조원가의 집계			계
기초재공품원가	₩23,000	₩17,100	₩40,100
당기총제조비용	40,000	58,500	98,500
계	₩63,000	₩75,600	₩138,600

[4단계] 환산량 단위당 원가		
완성품 환산량	÷3,000개	÷2,700개
환산량 단위당 원가	₩21	₩28

[5단계] 총제조원가의 배분				
완성품원가	직접재료비	2,600개×@₩21 =	₩54,600	
	가공비	2,600개×@₩28 =	72,800	₩127,400
기말재공품원가	직접재료비	400개×@₩21 =	₩8,400	
	가공비	100개×@₩28 =	2,800	11,200
계				₩138,600

* 완성품원가 : 2,600개×@₩21 + 2,600개×@₩28 = ₩127,400
  기말재공품원가 : 400개×@₩21 + 100개×@₩28 = ₩11,200

2. 선입선출법

기말재공품원가 : ₩11,000

직접재료비 : $₩40,000 \times \dfrac{400개}{2,600개 + 400개 - 1,000개} = ₩8,000$

가공비 : $₩58,500 \times \dfrac{400개 \times 0.25}{2,600개 + 400개 \times 0.25 - 1,000개 \times 0.75} = ₩3,000$

당기완성품원가 : ₩40,100 + ₩98,500 - ₩11,000 = ₩127,600

당기투입된 당기완성품 단위당 원가 :

₩40,000÷(2,600개 + 400개 - 1,000개) = @₩20

₩58,500÷(2,600개 + 400개×0.25 - 1,000개×0.75) = @₩30

당기투입된 당기완성품원가 : 1,600개×(@₩20 + @₩30) = ₩80,000

기초재공품 완성품 단위당 원가 : (₩127,600 - ₩80,000)÷1,000개 = @₩47.6

	[1단계] 물량흐름 파악	[2단계] 완성품 환산량 직접재료비	가공비
기초재공품 수량	1,000개(75%)		
당기투입 수량	2,000		
계	3,000개		
기초재공품 완성량	1,000개(25%)	0개	250개
당기투입 완성량	1,600	1,600	1,600
기말재공품 수량	400 (25%)	400	100
계	3,000개	2,000개	1,950개

[3단계] 총제조원가의 집계			계
기초재공품원가			₩40,100
당기총제조비용	₩40,000	₩58,500	98,500
계	₩40,000	₩58,500	₩138,600

[4단계] 환산량 단위당 원가		
완성품 환산량	÷2,000개	÷1,950개
환산량 단위당 원가	₩20	₩30

[5단계] 총제조원가의 배분

완성품원가	기초재공품원가	=	₩40,100	
	기초재공품 직접재료비	0개×@₩20 =	0	
	기초재공품 가공비	250개×@₩30 =	7,500	
	당기투입 직접재료비	1,600개×@₩20 =	32,000	
	당기투입 가공비	1,600개×@₩30 =	48,000	₩127,600
기말재공품원가	직접재료비	400개×@₩20 =	₩8,000	
	가공비	100개×@₩30 =	3,000	11,000
계				₩138,600

* 완성품원가 : ₩40,100 + 0개×@₩20 + 250개×@₩30 + 1,600개×@₩20 + 1,600개×@₩30 = ₩127,600
기말재공품원가 : 400개×@₩20 + 100개×@₩30 = ₩11,000

[문 2] 후입선출법(기말재공품 환산량 < 기초재공품 환산량)

기초재공품원가×(기말재공품 환산량÷기초재공품 환산량) = 기말재공품원가

₩12,000×[(150개×0.4)÷(100개×0.8)] = ₩9,000

[문 3] 재고자산

1. 월말재공품원가 : ₩6,000

$$\text{직접재료비 : ₩8,000} \times \frac{\text{24단위}}{\text{56단위} + \text{24단위}} = \text{₩2,400}$$

$$\text{가공비 : (₩28,400 - ₩8,000)} \times \frac{\text{24단위} \times 0.5}{\text{56단위} + \text{24단위} \times 0.5} = \text{₩3,600}$$

2. 재고자산의 월말재고액 : ①+②+③ = ₩7,600

① 재료의 재고액 : 매입된 전량이 생산과정에 투입되었으므로 미사용된 재고는 없음

② 재공품의 재고액 : ₩6,000([물음1]에서)

③ 완성품의 단위당 원가 : (₩28,400 - ₩6,000)÷56단위 = @₩400

제품의 재고액 : 4단위×@₩400 = ₩1,600

	재 료	재공품	제 품	계
월초재고		₩0	₩0	
당월투입	₩8,000	28,400	22,400	
월말재고	(0)	(6,000)	(1,600)	₩7,600
월 중	₩8,000	₩22,400	₩20,800	(월말재고자산)
	(소비액)	(완성품원가)	(매출원가)	

[문 4] 공손무인식법과 공손인식법

1. 공손무인식법

월말재공품원가 : ₩50,000

직접재료비 : $(₩40,000 + ₩100,000) \times \dfrac{200kg}{500kg + 200kg} = ₩40,000$

가공비 : $(₩25,000 + ₩35,000) \times \dfrac{200kg \times 0.5}{500kg + 200kg \times 0.5} = ₩10,000$

완성품원가 : ₩150,000

직접재료비 : ₩40,000 + ₩100,000 - ₩40,000 = ₩100,000

가공비 : ₩25,000 + ₩35,000 - ₩10,000 = ₩50,000

2. 공손인식법

월말재공품원가 : ₩39,367

직접재료비 : $₩100,000 \times \dfrac{200kg}{500kg + 200kg + 100kg - 200kg} ≒ ₩33,333$

가공비 : $₩35,000 \times \dfrac{200kg \times 0.5}{500kg + 200kg \times 0.5 + 100kg - 200kg \times 0.6} ≒ ₩6,034$

비정상공손원가 : ₩22,701

직접재료비 : $₩100,000 \times \dfrac{100kg}{500kg + 200kg + 100kg - 200kg} ≒ ₩16,667$

가공비 : $₩35,000 \times \dfrac{100kg}{500kg + 200kg \times 0.5 + 100kg - 200kg \times 0.6} ≒ ₩6,034$

완성품원가 : ₩137,932

직접재료비 : (₩40,000 + ₩100,000) - (₩33,333 + ₩16,667) = ₩90,000

가공비 : (₩25,000 + ₩35,000) - (₩6,034 + ₩6,034) = ₩47,932

[문 5] 누가법과 비누가법

1. 평균법(누가법)

제1공정의 기말재공품원가 : ₩248,000

직접재료비 : $(₩100,000 + ₩725,000) \times \dfrac{2,000개}{9,000개 + 2,000개} =$ ₩150,000

가공비 : $(₩80,000 + ₩900,000) \times \dfrac{2,000개 \times 0.5}{9,000개 + 2,000개 \times 0.5} =$ 98,000

₩248,000

제1공정의 완성품원가 : (₩100,000 + ₩80,000 + ₩725,000 + ₩900,000) - ₩248,000 = ₩1,557,000

제2공정의 기말재공품원가 : ₩822,000

전공정비 : (₩692,000 + ₩1,557,000) × $\frac{3,000개}{10,000개 + 3,000개}$ = ₩519,000

직접재료비 : (₩150,000 + ₩500,000) × $\frac{3,000개}{10,000개 + 3,000개}$ = 150,000

가공비 : (₩110,000 + ₩893,000) × $\frac{3,000개 \times 0.6}{10,000개 + 3,000개 \times 0.6}$ = 153,000

₩822,000

* ₩304,000(제1공정의 직접재료비) + ₩388,000(제1공정의 가공비) = ₩692,000
₩454,000 - ₩304,000(제1공정의 직접재료비) = ₩150,000
₩498,000 - ₩388,000(제1공정의 가공비) = ₩110,000

2. 평균법(비누가법)

제1공정의 기말재공품원가 (누가법의 결과와 동일함) : ₩248,000
제1공정의 완성품원가 (누가법의 결과와 동일함) : ₩1,557,000
제2공정의 기말재공품원가 (누가법의 결과와 동일함) : ₩822,000

제2공정 기초재공품원가 중 제1공정 해당분
₩304,000 + ₩388,000 = ₩692,000

제2공정 기말재공품원가 중 제1공정 해당분

(₩692,000 + ₩1,557,000) × $\frac{3,000개}{10,000개 + 3,000개}$ = ₩519,000

제2공정 기초재공품원가 중 제2공정 자공정비
₩822,000 - ₩519,000 = ₩303,000

3. 종합원가계산표

항 목	누가법			비누가법		
	계	제1공정	제2공정	계	제1공정	제2공정
당기총제조비용						
직접재료비	₩1,225,000	₩725,000	₩500,000	₩1,225,000	₩725,000	₩500,000
전공정비 대체액			1,557,000			-
가공비	1,793,000	900,000	893,000	1,793,000	900,000	893,000
계	₩3,018,000	₩1,625,000	₩2,950,000	₩3,018,000	₩1,625,000	₩1,393,000
기초재공품원가	1,132,000	180,000	952,000	440,000	180,000	260,000
기말재공품원가	(1,070,000)	(248,000)	(822,000)	(551,000)	(248,000)	(303,000)
완성품 자공정비				₩2,907,000	₩1,557,000	₩1,350,000
제2공정 기초재공품				692,000	692,000	-
제2공정 기말재공품				(519,000)	(519,000)	-
완성품 원가	₩3,080,000	₩1,557,000	₩3,080,000	₩3,080,000	₩1,730,000	₩1,350,000
완성품 수량		÷ 9,000개	÷ 10,000개		÷ 10,000개	÷ 10,000개
완성품 단가		₩173	₩308		₩173	₩135

* ₩100,000 + ₩80,000 = ₩180,000
₩454,000 + ₩498,000 = ₩952,000
₩150,000 + ₩110,000 = ₩260,000
또는 ₩150,000(= ₩454,000 - ₩304,000) + ₩110,000(= ₩498,000 - ₩388,000) = ₩260,000

[문 6] 공손 수량 및 완성품 단위당 원가

1. 정상공손 수량 : (900개 + 600개)×10% = 150개

   비정상공손 수량 : 200개 - 150개 = 50개

2. 월말재공품원가 : ₩98,700

   직접재료비 : $(₩44,000 + ₩286,000) \times \frac{500개}{1,500개 + 500개 + 200개} = ₩75,000$

   가공비 : $(₩90,000 + ₩336,600) \times \frac{500개 \times 20\%}{1,500개 + 500개 \times 20\% + 200개} = ₩23,700$

   정상공손원가 : ₩58,050

   직접재료비 : $(₩44,000 + ₩286,000) \times \frac{150개}{1,500개 + 500개 + 200개} = ₩22,500$

   가공비 : $(₩90,000 + ₩336,600) \times \frac{150개}{1,500개 + 500개 \times 20\% + 200개} = ₩35,550$

   완성품원가(정상공손원가 배분 전) : ₩580,500

   직접재료비 : $(₩44,000 + ₩286,000) \times \frac{1,500개}{1,500개 + 500개 + 200개} = ₩225,000$

   가공비 : $(₩90,000 + ₩336,600) \times \frac{1,500개}{1,500개 + 500개 \times 20\% + 200개} = ₩355,500$

   완성품원가(정상공손원가 배분 후) : ₩580,500 + ₩58,050 = ₩638,550

   ∴ 완성품 단위당 원가 : ₩638,550÷1,500단위 = ₩425.7

[문 7] 완성품원가와 기말재공품원가

1. 제1공정의 완성품 환산량과 환산량 단위당 원가

   완성품 환산량

   직접재료비 : 90,000단위 + 20,000단위 - 10,000단위 = 100,000단위

   가공비 : 90,000단위 + 20,000단위×0.4 - 10,000단위×0.8 = 90,000단위

   환산량 단위당 원가

   직접재료비 : ₩1,500,000÷100,000단위 = @₩15

   가공비 : ₩900,000÷90,000단위 = @₩10

2. 제1공정의 완성품원가와 기말재공품원가

   완성품원가

   ₩453,800 + 10,000단위×(1 - 0.8)×@₩10 + 80,000단위×(@₩15 + @₩10) = ₩2,473,800

   기말재공품원가

   직접재료비 : $₩1,500,000 \times \frac{20,000단위}{90,000단위 + 20,000단위 - 10,000단위} =$ ₩300,000

   가공비 : $₩900,000 \times \frac{20,000단위 \times 40\%}{90,000단위 + 20,000단위 \times 40\% - 10,000단위 \times 80\%} =$ 80,000

   ₩380,000

   [별해 : (20,000단위×@₩15) + (20,000단위×0.4×@₩10) = ₩380,000]

3. 제2공정의 기말재공품원가

전공정비	: 30,000단위×@₩20 =	₩600,000
가공비	: 30,000단위×0.6×@₩15 =	270,000
		₩870,000

[문 8] 비정상공손비 및 완성품 단위당 원가

1. 두 번째 공정의 비정상공손비

공손 수량 : (1,000단위 + 5,000단위) - (4,000단위 + 1,500단위) = 500단위

정상공손 수량 : (1,000단위 + 3,000단위)×5% = 200단위

비정상공손 수량 : 500단위 - 200단위 = 300단위

	[1단계]	[2단계] 완성품 환산량		
	물량흐름 파악	전공정원가	직접재료비	가공비
기초재공품 수량	1,000단위(60%)			
당기투입 수량	5,000			
계	6,000단위			
기초재공품 완성량	1,000단위(40%)	0단위	0단위	400단위
당기투입 완성량	3,000	3,000	3,000	3,000
정상공손 수량	200 (80%)	200	200	160
비정상공손 수량	300 (80%)	300	300	240
기말재공품 수량	1,500 (40%)	1,500	0	600
계	6,000단위	5,000단위	3,500단위	4,400단위

[3단계] 총제조원가의 집계				계
기초재공품원가				₩942,000
당기총제조비용	₩625,000	₩1,470,000	₩924,000	3,019,000
계	₩625,000	₩1,470,000	₩924,000	₩3,961,000
[4단계] 환산량 단위당 원가				
완성품 환산량	÷5,000단위	÷3,500단위	÷4,400단위	
환산량 단위당 원가	₩125	₩420	₩210	

비정상공손비 : 300단위×@₩125 + 300단위×@₩420 + 240단위×@₩210 = ₩213,900

2. 완성품 단위당 원가

기말재공품원가 : 1,500단위×@₩125 + 0단위×@₩420 + 600단위×@₩210 = ₩313,500

완성품원가 : ₩3,961,000 - ₩213,900(비정상공손비) - ₩313,500(기말재공품원가) = ₩3,433,600

완성품 단위당 원가 : ₩3,433,600÷4,000단위 = @₩858.4

[문 9] 공손품

1. 공손품 발견 즉시 처분

1) 정상공손 수량과 비정상공손 수량

제1공정 완성품 수량 = 제2공정 투입 수량 : 1,000단위 + 19,000단위 - 1,500단위 = 18,500단위

공손 수량 : 1,500단위 + 18,500단위 - 17,000단위 - 2,000단위 = 1,000단위

수량(제1공정)

기초재공품	1,000	완성품	18,500
당기투입	19,000	기말재공품	1,500
	20,000		20,000

수량(제2공정)

기초재공품	1,500	완성품	17,000
		공손	1,000
당기투입	18,500	기말재공품	2,000
	20,000		20,000

∴ 정상공손 수량 : 17,000단위×4% = 680단위

비정상공손 수량 : 1,000단위 - 680단위 = 320단위

2) 완성품(제품B)의 단위당 원가

[제1공정]	[1단계] 물량흐름 파악	[2단계] 완성품 환산량 직접재료원가	전환원가	계
기초재공품 수량	1,000단위(40%)			
당기투입 수량	19,000			
계	20,000단위			
당기완성품 수량	18,500단위	18,500단위	18,500단위	
기말재공품 수량	1,500 (80%)	1,500	1,200	
계	6,000단위	20,000단위	19,700단위	
[3단계] 총제조원가의 집계				
기초재공품원가		₩3,500	₩10,300	₩13,800
당기총제조비용		56,500	88,200	144,700
계		₩60,000	₩98,500	₩158,500
[4단계] 환산량 단위당 원가				
완성품 환산량		÷20,000단위	÷19,700단위	
환산량 단위당 원가		₩3	₩5	

제2공정 대체원가 : 18,500단위×(@₩3 + @₩5) = ₩148,000

[제2공정]	[1단계] 물량흐름 파악	[2단계] 완성품 환산량 전공정원가	직접재료원가	전환원가	계
기초재공품 수량	1,500단위(10%)				
당기투입 수량	18,500				
계	20,000단위				
기초재공품 완성량	1,500단위(40,90%)	0단위	600단위	1,350단위	
당기투입 완성량	15,500	15,500	15,500	15,500	
정상공손 수량	680 (60,70%)	680	408	476	
비정상공손 수량	320 (60,70%)	320	192	224	
기말재공품 수량	2,000 (60,40%)	2,000	1,200	800	
계	20,000단위	18,500단위	17,900단위	18,350단위	
[3단계] 총제조원가의 집계					
기초재공품원가					₩55,050
당기총제조비용		₩148,000	₩35,800	₩55,050	238,850
계		₩148,000	₩35,800	₩55,050	₩293,900
[4단계] 환산량 단위당 원가					
완성품 환산량		÷18,500단위	÷17,900단위	÷18,350단위	
환산량 단위당 원가		₩8	₩2	₩3	

[완성품원가] : (1) + (2) + (3) + (4) = ₩269,484

(1) 전공정원가 : ₩11,010 + 15,500단위(= 0단위 + 15,500단위)×@₩8 = ₩135,010

(2) 직접재료원가 : ₩19,290 + 16,100단위(= 600단위 + 15,500단위)×@₩2 = ₩51,490

(3) 전환원가 : ₩24,750 + 16,850단위(= 1,350단위 + 15,500단위)×@₩3 = ₩75,300

(4) 정상공손원가 : 680단위×@₩8 + 408단위×@₩2 + 476단위×@₩3 = ₩7,684

∴ 완성품(제품B)의 단위당 원가 : ₩269,484÷17,000단위 = @₩15.852

2. 공손품 보수 후 처분
   1) 제2공정의 완성품원가 및 기말재공품원가
   [제2공정 완성품원가]
   공손품의 단위당 순실현가능가치(문제 제시됨) : @₩15 - @₩4 - @₩2 = @₩9
   정상공손품의 순실현가능가치 : 680단위×@₩9 = ₩6,120
   ∴ 제2공정 완성품원가 : ₩269,484 - ₩6,120 = ₩263,364
   [제2공정 기말재공품]
   (1) 전공정원가 : 2,000단위×@₩8 = ₩16,000
   (2) 직접재료원가 : 1,200단위×@₩2 = ₩2,400
   (3) 전환원가 : 800단위×@₩3 = ₩2,400
   ∴ 제2공정 기말재공품원가 : (1) + (2) + (3) = ₩20,800
   2) 제2공정 회계처리

(차) 제 품	263,364	(대) 재공품	273,100
공손품	9,000		
비정상공손손실	736		

* 공손품의 순실현가능가치 : 1,000단위×@₩9 = ₩9,000
  비정상공손손실 : 320단위×@₩8 + 192단위×@₩2 + 224단위×@₩3 - 320단위×@₩9 = ₩736

[문 10] 재작업품 및 공손

1. 완성품 수량 및 정상재작업 수량과 비정상재작업 수량
   완성품 수량 : 1,000단위 + 10,500단위 - 500단위 - 1,000단위 = 10,000단위
   정상재작업 수량 : (1,000단위 + 9,000단위 + 500단위 + 1,000단위)*×4% = 460단위
   * 검사시점 60% 통과 수량 : 완성품 10,000단위 + 공손 500단위 + 기말재공품 1,000단위 = 11,500단위

   비정상재작업 수량 : 500단위 - 460단위 = 40단위

	[1단계] 물량흐름 파악		[2단계] 완성품 환산량 직접재료A	직접재료B	전환원가	계
기초재공품 수량	1,000단위(30%)					
당기투입 수량	10,500					
계	11,500단위					
당기완성품 수량	10,000단위		10,000단위	10,000단위	10,000단위	
정상재작업 수량	460	(40%)	-	-	184	
비정상재작업 수량	40	(40%)	-	-	16	
정상공손 수량	330	(70%)	330	-	231	
비정상공손 수량	170	(70%)	170	-	119	
기말재공품 수량	1,000	(80%)	1,000	-	800	
계	12,000단위		11,500단위	10,000단위	11,350단위	
[3단계] 총제조원가의 집계						계
기초재공품원가			₩8,000	₩4,000	₩6,000	₩18,000
당기총제조비용			107,000	66,000	50,750	223,750
계			₩115,000	₩70,000	₩56,750	₩241,750
[4단계] 환산량 단위당 원가						
완성품 환산량			÷11,500단위	÷10,000단위	÷11,350단위	
환산량 단위당 원가			₩10	₩7	₩5	

* 재작업 수량 : 공정 시작시점과 종료시점 미통과, 직접재료 A와 B가 미투입
공손 수량 : 공정 종료시점 미통과, 직접재료 B 미투입
기말재공품 : 공정 종료시점 미통과, 직접재료 B 미투입

2. 정상공손 수량과 비정상공손 수량 (완성품과 기말재공품 모두 공손검사시점 통과함)

정상공손 수량 : (1,000단위 + 9,000단위 + 1,000단위)×3% = 330단위

비정상공손 수량 : 500단위 - 330단위 = 170단위

3. 정상재작업원가 배부

정상재작업원가 : 184단위(= 460단위×40%)×@₩5 = ₩920

배부 전 금액

제품 : 10,000단위×(@₩10 + @₩7 + @₩5) = ₩220,000

기말재공품 : 1,000단위×@₩10 + 800단위×@₩5 = ₩14,000

정상공손 : 330단위×@₩10 + 231단위×@₩5 = ₩4,455

비정상공손 : 170단위×@₩10 + 119단위×@₩5 = ₩2,295

배부 후 금액

계정과목	배부 전 금액	정상재작업원가 배부액	배부 후 금액
제 품	₩220,000	₩920×10,000단위÷11,500단위 = ₩800	₩220,800
기말재공품	14,000	₩920×1,000단위÷11,500단위 = ₩80	14,080
정상공손원가	4,455	₩920×330단위÷11,500단위 = ₩26.4	4,481.4
비정상공손원가	2,295	₩920×170단위÷11,500단위 = ₩13.6	2,308.6

4. 정상공손원가 배부

계정과목	배부 전 금액	정상공손원가 배부액	배부 후 금액
제 품	₩220,800	₩4,481.4×10,000단위÷11,000단위 = ₩4,074	₩224,874
기말재공품	14,080	₩4,481.4×1,000단위÷11,000단위 = ₩407.4	14,487.4

* 제품과 기말재공품 모두 공손검사시점 통과. 정상공손원가 ₩4,481.4를 물량기준으로 배부.

[문 11] 재작업품과 공손

1. 1공정과 2공정의 제조간접원가

연립방정식(배분할 원가)

자재부 = ₩30,000 + 0.4×수선부

수선부 = ₩50,000 + 0.5×자재부

∴ 자재부 = ₩62,500, 수선부 = ₩81,250

보조부문원가 배분

사용부문 / 제공부문	보조부문		제조부문	
	자재부	수선부	1공정	2공정
자재부	-	50%	40%	10%
수선부	40%	-	20%	40%
부문별 원가	₩30,000	₩50,000	₩130,000	₩360,000
자재부	(62,500)	31,250	25,000	6,250
수선비	32,500	(81,250)	16,250	32,500
계	₩0	₩0	₩171,250	₩398,750

∴ 1공정의 제조간접원가 : ₩171,250

2공정의 제조간접원가 : ₩398,750

2\. 1공정 기말재공품의 전환원가 완성도

재공품(투입량 기준)

기초재공품 수량	400단위 (50%)	당기완성품 수량	4,500단위
당기투입 수량	5,000단위	기말재공품 수량	900단위 (30%)
	5,400단위		5,400단위

기초재공품(투입량) : 360단위 = 투입량×(1 - 20%×50%)　∴ 투입량 = 400단위

완성품(투입량) : 3,600단위 = 투입량×(1 - 20%×100%)　∴ 투입량 = 4,500단위

기말재공품 완성도(x) : 846단위 = 900단위×(1 - 20%×x)　∴ x = 30%

* 400단위 + 5,000단위 - 4,500단위 = 900단위

3\. 1공정의 완성품원가 및 1공정의 기말재공품원가

	[1단계] 물량흐름 파악	[2단계] 완성품 환산량 직접재료원가	전환원가	계
기초재공품 수량	400단위(50%)			
당기투입 수량	5,000			
계	5,400단위			
당기완성품 수량	4,500단위	4,500단위	4,500단위	
기말재공품 수량	900 (30%)	900	270	
계	5,400단위	5,400단위	4,770단위	
[3단계] 총제조원가의 집계				
기초재공품원가		₩18,000	₩24,000	₩42,000
당기총제조비용		160,200	₩314,670	474,870
계		₩178,200	₩338,670	₩516,870
[4단계] 환산량 단위당 원가				
완성품 환산량		÷5,400단위	÷4,770단위	
환산량 단위당 원가		₩33	₩71	

[5단계] 총제조원가의 배분				
완성품원가	직접재료원가	4,500단위×@₩33 =	₩148,500	
	전환원가	4,500단위×@₩71 =	319,500	₩468,000
기말재공품원가	직접재료원가	900단위×@₩33 =	₩29,700	
	전환원가	270단위×@₩71 =	19,170	48,870
계				₩516,870

* ₩13,000 + ₩11,000 = ₩24,000
₩143,420 + ₩171,250([물음1의 해답] = ₩314,670

∴ 1공정의 완성품원가 : ₩468,000

1공정의 기말재공품원가 : ₩48,870

4\. 2공정 관련 수치

정상재작업 수량	110단위
비정상재작업 수량	90단위
정상공손 수량	205단위
비정상공손 수량	95단위
비정상재작업원가	₩3,600
비정상공손원가	₩58,045
완성품원가	₩2,485,055
기말재공품원가	₩135,300

정상재작업 수량 = 검사에 합격한 물량×2.5%
= (3,800단위 + 300단위 + 300단위)×2.5% = 110단위
비정상재작업 수량 = 200단위 - 110단위 = 90단위
정상공손 수량 = 검사한 물량×5%
= (3,800단위 + 300단위)×5% = 205단위
비정상공손 수량 = 300단위 - 205단위 = 95단위

	[1단계] 물량흐름 파악	[2단계] 완성품 환산량 전공정원가	재료A	재료B	전환원가	
기초재공품 수량	800단위(25%)					
당기투입 수량	3,800					
계	4,600단위					
당기완성품 수량	3,800단위	3,800단위	3,800단위	3,800단위	3,800단위	
정상재작업 수량	110 (40%)	-	-	-	44	
비정상재작업 수량	90 (40%)	-	-	-	36	
정상공손 수량	205 (80%)	205	205	205	164	
비정상공손 수량	95 (80%)	95	95	95	76	
기말재공품 수량	300 (70%)	300	300	-	210	
계	4,600단위	4,400단위	4,400단위	4,100단위	4,330단위	
[3단계] 총제조원가의 집계						계
기초재공품원가		₩36,000	₩24,000	0	₩17,000	₩77,000
당기총제조비용		₩712,000	900,000	₩574,000	416,000	2,602,000
계		₩748,000	₩924,000	₩574,000	₩433,000	₩2,679,000
[4단계] 환산량 단위당 원가						
완성품 환산량		÷4,400단위	÷4,400단위	÷4,100단위	÷4,330단위	
환산량 단위당 원가		₩170	₩210	₩140	₩100	

[5단계] 총제조원가의 배분

(1차 배분)

완성품원가	3,800단위×@₩170 + 3,800단위×@₩210 + 3,800단위×@₩140 + 3,800단위×@₩100 =	₩2,356,000
정상재작업원가	44단위×@₩100 =	4,400
비정상재작업원가	36단위×@₩100 =	3,600
정상공손원가	205단위×@₩170 + 205단위×@₩210 + 205단위×@₩140 + 164단위×@₩100 =	123,000
비정상공손원가	95단위×@₩170 + 95단위×@₩210 + 95단위×@₩140 + 76단위×@₩100 =	57,000
기말재공품원가	300단위×@₩170 + 300단위×@₩210 + 210단위×@₩100 =	135,000
계		₩2,679,000

(2차 배분)	배분 전 원가	정상재작업 배분 및 공손폐기비용	배분 후 원가
완성품원가	₩2,356,000	₩4,400×3,800단위÷4,400단위 = ₩3,800	₩2,359,800
정상재작업원가	4,400	(4,400)	0
비정상재작업원가	3,600	0	3,600
정상공손원가	123,000	205단위×@₩10 + ₩4,400×205단위÷4,400단위 = ₩2,255	125,255
비정상공손원가	57,000	95단위×@₩10 + ₩4,400×95단위÷4,400단위 = ₩1,045	58,045
기말재공품원가	135,000	₩4,400×300단위÷4,400단위 = ₩300	135,300
공손폐기비용	0	300단위×@₩10 = (3,000)	(3,000)
계	₩2,679,000		₩2,679,000

(3차 배분)	배분 전 원가	정상공손원가 배분	배분 후 원가
완성품원가	₩2,359,800	₩125,255	₩2,485,055
정상재작업원가	0		0
비정상재작업원가	3,600		3,600
정상공손원가	125,255	(125,255)	0
비정상공손원가	58,045		58,045
기말재공품원가	135,300		135,300
공손폐기비용	(3,000)		(3,000)
계	₩2,679,000		₩2,679,000

[문 12] 기말재공품원가 및 감손

1. 기말재공품원가의 가공비

[제1공정] $₩65,000 \times \frac{50kg \times 0.6}{260kg + 50kg \times 0.6 + 20kg \times 0.5 - 30kg \times 0.5} ≒ ₩6,842$

[제2공정] 전공정비 : $₩65,658 \times \frac{60kg}{210kg + 60kg + 10kg - 20kg} ≒$ ₩15,152

자공정비 : $₩40,000 \times \frac{60kg \times 0.6}{210kg + 60kg \times 0.6 + 10kg \times 0.5 - 20kg \times 0.6} ≒$ 6,025

₩21,177

* ₩7,500 + ₩65,000 - ₩6,842 = ₩65,658

[제3공정] 전공정비 : $₩96,481 \times \frac{60kg}{180kg + 60kg - 30kg} =$ ₩27,566

자공정비 : $₩35,000 \times \frac{60kg \times 0.4}{180kg + 60kg \times 0.4 - 30kg \times 0.5} ≒$ 4,444

₩32,010

* ₩65,658 + ₩12,000 + ₩40,000 - ₩21,177 = ₩96,481

2. 기말재공품원가의 직접재료비(완성도 100%)

$₩300,000 \times \frac{170kg^{1)}}{180kg + 170kg^{1} + 30kg^{2)} - 80kg^{3)}} = ₩170,000$

* 1) 각 공정의 기말재공품 수량 합계 170kg(= 50kg + 60kg + 60kg)
2) 각 공정의 감손 수량 합계 30kg(= 20kg + 10kg)
3) 각 공정의 기초재공품 수량 합계 80kg(= 30kg + 20kg + 30kg)

3. 종합원가계산표

항 목	계	제1공정	제2공정	제3공정	직접재료비
당기총제조비용	₩440,000	₩65,000	₩40,000	₩35,000	₩300,000
전공정비 대체액			65,658	96,481	
계	₩440,000	₩65,000	₩105,658	₩131,481	₩300,000
기초재공품원가	116,700	7,500	12,000	16,800	80,400
기말재공품원가	(230,029)	(6,842)	(21,177)	(32,010)	(170,000)
완성품 원가	₩326,671	₩65,658	₩96,481	₩116,271	₩210,400
완성품 수량	÷ 180kg			÷ 180kg	÷ 180kg
완성품 단가	₩1,814.84			₩645.95	₩1,168.89

[문 13] 조별원가계산

	A조	B조	계
조직접비-직접재료비	₩1,900,000	₩700,000	₩2,600,000
조직접비-직접노무비	1,000,000	300,000	1,300,000
조간접비 배부액[1)]	1,000,000	500,000	1,500,000
계	₩3,900,000	₩1,500,000	₩5,400,000
기초재공품원가	350,000	500,000	850,000
기말재공품원가[2)]	(318,750)	(350,000)	(668,750)
조별 완성품 원가	₩3,931,250	₩1,650,000	₩5,581,250
조별 완성품 수량	÷ 370개	÷ 330개	
완성품 원가	₩10,625	₩5,000	

* 1) 조간접비 배부액

A조 : ₩1,500,000×3,000시간÷4,500시간 = ₩1,000,000

B조 : ₩1,500,000×1,500시간÷4,500시간 = ₩500,000

2) 기말재공품원가

A조 : $(₩350,000 + ₩3,900,000) \times \frac{150개 \times 20\%}{370개 + 150개 \times 20\%} = ₩318,750$

B조 : $(₩500,000 + ₩1,500,000) \times \frac{140개 \times 50\%}{330개 + 140개 \times 50\%} = ₩350,000$

[문 14] 등가계수와 원가 배부액

		등가계수
A제품 : 1,000단위×5시간×@₩3,000 =	₩15,000,000	5
B제품 : 1,000단위×3시간×@₩3,000 =	9,000,000	3
C제품 : 2,000단위×2시간×@₩3,000 =	12,000,000	4
	₩36,000,000	12

∴ C제품의 원가 배부액 : ₩72,000,000×4/12 = ₩24,000,000

A제품의 원가 배부액 : ₩72,000,000×5/12 = ₩30,000,000

B제품의 원가 배부액 : ₩72,000,000×3/12 = ₩18,000,000

[문 15] 결합원가 및 총제조원가

연산품	판매가격	추가가공원가	순실현가치	배분비율	결합원가 배분
A	₩20,000	-	₩20,000	40%	₩16,000
B	42,400	₩12,400	30,000	60%	24,000
			₩50,000	100%	₩40,000

* 판매가격

A : 100단위×@₩200 = ₩20,000

B : 280단위×@₩150 + 20단위×@₩20 = ₩42,400

∴ 제품C의 총제조원가 : ₩24,000 + ₩12,400 - 20단위×@₩20 = ₩36,000

[문 16] 결합원가

순실현가치

제품A : 1,600단위×@₩25,000 - ₩16,000,000 = ₩24,000,000

제품B : 800단위×@₩50,000 - ₩24,000,000 = ₩16,000,000

결합원가 배분

제품A : $₩30,000,000 \times \frac{₩24,000,000}{₩24,000,000 + ₩16,000,000} = ₩18,000,000$

제품B : $₩30,000,000 \times \frac{₩16,000,000}{₩24,000,000 + ₩16,000,000} = ₩12,000,000$

∴ 제품A에 배부되는 결합원가 : ₩18,000,000

[문 17] 총결합원가

기업 전체의 매출총이익률

매출액 : 2,000kg×@₩200 + 2,000kg×@₩100 + 2,500kg×@₩160 = ₩1,000,000

매출원가 : x(총결합원가) + ₩200,000

매출총이익률 : [₩1,000,000 - (x + ₩200,000)]÷₩1,000,000

C제품의 매출총이익률

매출액 : 2,500kg×@₩160 = ₩400,000

매출원가 : ₩120,000 + ₩200,000 = ₩320,000

매출총이익률 : (₩400,000 - ₩320,000)÷₩400,000 = 0.2

총결합원가 : [₩1,000,000 - (x + ₩200,000)]÷₩1,000,000 = 0.2

∴ x(총결합원가) : ₩600,000

[문 18] 매출총이익

C제품의 분리점에서의 판매가치 : ₩800,000 - ₩400,000* - ₩280,000 = ₩120,000

* ₩800,000×(₩180,000÷₩360,000) = ₩400,000

C제품의 매출총이익 : 400개×@₩500 - ₩14,000 - ₩54,000* = ₩132,000

* ₩360,000×(₩120,000÷₩800,000) = ₩54,000

[문 19] 매출총이익

제품	순실현가치	배분율	결합원가 배분	추가가공원가	총원가
A	₩380,000 - ₩50,000 = ₩330,000	55%	₩220,000	₩50,000	₩270,000
B	₩200,000 - ₩20,000 = ₩180,000	30	120,000	20,000	140,000
C	₩130,000 - ₩40,000 = ₩ 90,000	15	60,000	40,000	100,000
	₩600,000	100%	₩400,000	₩110,000	₩510,000

∴ 제품C 추가가공 후의 매출총이익 : ₩130,000 - ₩100,000 = ₩30,000

[문 20] 매출총이익률과 결합원가

₩400,000 - ₩220,000 - ₩80,000 = ₩100,000(전체 매출액)

₩100,000÷₩400,000 = 25%(전체 매출총이익률)

₩96,000×25% = ₩24,000(제품 A의 매출총이익)

₩96,000 - ₩24,000 = ₩72,000(제품 A에 배부된 결합원가)

₩220,000 - ₩72,000 - ₩138,000 = ₩10,000(제품 C+에 배부된 결합원가)

[검증]

₩138,000÷(1 - 25%) = ₩184,000(제품 B의 매출)

₩400,000 - ₩96,000 - ₩184,000 = ₩120,000(제품 C+의 매출)

₩120,000×25% = ₩30,000(제품 C+의 매출총이익)

₩120,000 - ₩10,000 - ₩80,000 = ₩30,000(제품 C+의 매출총이익)

	A	B	C	합 계
매 출	₩96,000	₩184,000	₩120,000	₩400,000
결합원가	(72,000)	(138,000)	(10,000)	(220,000)
추가가공원가	-	-	(80,000)	(80,000)
매출총이익	₩24,000	₩46,000	₩30,000	₩100,000
매출총이익률	25%	25%	25%	25%

[문 21] 혼합원가계산

1. 각 공정별 단위당 가공비

	제1공정	제2공정	제3공정
가공비	₩312,000	₩188,000	₩93,000
생산량(개)	÷ 12,000	÷ 8,000	÷ 3,000
단위당 가공비	₩26	₩23.5	₩31

2. 각 제품별 총원가

	작업주문품A		작업주문품B		작업주문품C		계
직접재료비		₩60,000		₩105,000		₩102,000	₩267,000
가공비							
제1공정	4,000개×@₩26 =	104,000	5,000개×@₩26 =	130,000	3,000개×@₩26 =	78,000	312,000
제2공정			5,000개×@₩23.5 =	117,500	3,000개×@₩23.5 =	70,500	188,000
제3공정					3,000개×@₩31 =	93,000	93,000
제품별 총원가		₩164,000		₩352,500		₩343,500	₩860,000

3. 완성품 2,000개 및 기말재공품 1,000개의 총원가

	완성품		기말재공품		계
직접재료비	2,000개×@₩34* =	₩68,000	1,000개×@₩34* =	₩34,000	₩102,000
가공비					
제1공정	2,000개×@₩26 =	52,000	1,000개×@₩26 =	26,000	78,000
제2공정	2,000개×@₩23.5 =	47,000	1,000개×@₩23.5 =	23,500	70,500
제3공정	2,000개×@₩37.2** =	74,400	1,000개×50%×@₩37.2** =	18,600	93,000
총원가		₩241,400		₩102,100	₩343,500

* 직접재료비 단위당 원가 : ₩102,000÷3,000개 = @₩34
제3공정 가공비 단위당 원가 : ₩93,000÷(2,000개 + 1,000개×50%) = @₩37.2
공정에 재공품이 존재하는 경우에는 공정별 단위당 가공비는 완성품 환산량을 기준으로 계산한다.

[문 22] 요소별 - 부문별 - 제품별 원가계산

1. 재료비, 노무비, 경비 관련 회계처리

(차)	재 료	21,000,000	(대) 외상매입금	23,100,000
	부가가치세대급금	2,100,000		
(차)	재 료	34,300,000	(대) 외상매입금	37,730,000
	부가가치세대급금	3,430,000		
(차)	임 금	22,000,000	(대) 예수금	1,590,000
			보통예금	20,410,000
(차)	도시가스료	400,000	(대) 보통예금	3,100,000
	복리후생비	600,000		
	전력비	1,800,000		
	수선비	300,000		

[참고] 원가계산분개

(차)	재료비	39,270,000	(대) 재 료	39,270,000

* ₩20,750,000(A자재 소비액) + ₩18,520,000(B자재 소비액) = ₩39,270,000

(차)	재공품	39,270,000	(대) 재료비	39,270,000
(차)	노무비	22,000,000	(대) 임 금	22,000,000

(차) 재공품 8,200,000 (대) 노무비 22,000,000
제조간접비 13,800,000
* ₩4,000,000 + ₩4,200,000 = ₩8,200,000(직접노무비)

(차) 제조경비 3,100,000 (대) 도시가스료 400,000
복리후생비 600,000
전력비 1,800,000
수선비 300,000

(차) 제조간접비 3,100,000 (대) 제조경비 3,100,000

(차) 재공품 16,900,000 (대) 제조간접비 16,900,000
* ₩13,800,000 + ₩3,100,000 = ₩16,900,000

(차) 제 품 62,042,260 (대) 재공품 62,042,260
* 당기총제조비용 : ₩39,270,000 + ₩8,200,000 + ₩16,900,000 = ₩64,370,000
당기제품제조원가 : 0 + ₩64,370,000 - ₩2,327,740(을제품의 기말재공품원가) = ₩62,042,260

2. 직접재료비 계산

11월 23일 출고시 총평균단가 : [(300개×@₩40,000) + (250개×@₩35,000)]÷550개≒@₩37,727

재료 소비액 550개 : (300개×@₩37,727) + (250개×@₩37,727)≒₩20,750,000

11월 23일 출고시 총평균단가 : [(300개×@₩30,000) + (340개×@₩28,000)]÷640개≒@₩28,937

재료 소비액 640개 : (300개×@₩28,937) + (340개×@₩28,937)≒₩18,520,000

재료원장 (A자재) 선입선출법

일자		적요	인수			인도			잔고		
			수량	단가	금액	수량	단가	금액	수량	단가	금액
11	1	전월이월							0	0	0
	15	입고	300	40,000	12,000,000				300	40,000	12,000,000
	18	입고	500	35,000	17,500,000				300	40,000	12,000,000
									500	35,000	17,500,000
	23	출고				300	40,000	12,000,000	250	35,000	8,750,000
						250	35,000	8,750,000			
	31	차월이월				250	35,000	8,750,000			
			800		29,500,000	800		29,500,000			
12	1	전월이월	250	35,000	8,750,000				250	35,000	8,750,000

재료원장 (B자재) 선입선출법

일자		적요	인수			인도			잔고		
			수량	단가	금액	수량	단가	금액	수량	단가	금액
11	1	전월이월							0	0	0
	15	입고	300	30,000	9,000,000				300	30,000	9,000,000
	18	입고	600	28,000	16,800,000				300	30,000	9,000,000
									600	28,000	16,800,000
	23	출고				300	30,000	9,000,000	260	28,000	7,280,000
						340	28,000	9,520,000			
	31	차월이월				260	28,000	7,280,000			
			900		25,800,000	800		25,800,000			
12	1	전월이월	260	28,000	7,280,000				260	28,000	7,280,000

3. 직접노무비 계산

갑제품(절단부) : 작업투입시간 100시간×시간당 임률 @₩40,000 = ₩4,000,000

을제품(조립부) : 작업투입시간 150시간×시간당 임률 @₩28,000 = ₩4,200,000

4. 제조간접비 계산 (단위 : 원)

1) 제조간접비 발생원가

계정과목	제조부문		보조부문		합 계
	절단부	조립부	동력부	수선부	
간접노무비	4,000,000	2,800,000	4,000,000	3,000,000	13,800,000
도시가스료	400,000				400,000
복리후생비		600,000			600,000
전력비			1,800,000		1,800,000
수선비				300,000	300,000
합 계	4,400,000	3,400,000	5,800,000	3,300,000	16,900,000

* 갑제품(절단부) : ₩8,000,000(총임금) - ₩4,000,000(직접노무비) = ₩4,000,000(간접노무비)
  을제품(조립부) : ₩7,000,000(총임금) - ₩4,200,000(직접노무비) = ₩2,800,000(간접노무비)

2) 보조부문의 제품에의 배부(직접배부법)

	제조부문		보조부문	
	절단부	조립부	동력부	수선부
발생원가	4,400,000	3,400,000	5,800,000	3,300,000
보조부문비 배부				
동력부	3,480,000	2,320,000	(5,800,000)	
수선부	1,650,000	1,650,000		(3,300,000)
합 계	9,530,000	7,370,000	0	0

* 1) 동력비의 제조부문에의 배부
  ₩5,800,000×60시간÷(60시간 + 40시간) = ₩3,480,000
  ₩5,800,000×40시간÷(60시간 + 40시간) = ₩2,320,000
  2) 수선비의 제조부문에의 배부
  ₩3,300,000×50시간÷(50시간 + 50시간) = ₩1,650,000
  ₩3,300,000×50시간÷(50시간 + 50시간) = ₩1,650,000

5. 제조원가 계산 (단위 : 원)

구 분		직접재료비	직접노무비	제조간접비	합 계	완성량	제조원가
갑제품	월 초	0	0	0	0		
	당 월	20,750,000	4,000,000	9,530,000	34,280,000	500	@₩68,560
	월 말						
을제품	월 초	0	0	0	0		
	당 월	18,520,000	4,200,000	7,370,000	30,090,000	550	@₩50,477
	월 말	1,543,333	284,746	499,661	2,327,740		
	완 성	16,976,667	3,915,254	6,870,339	27,762,260		

* ₩34,280,000÷500개 = @₩68,560
  ₩27,762,260÷550개 = @₩50,477

[계산근거]

을제품의 기말재공품원가

직접재료비 : $(0 + ₩18,520,000) \times \frac{50개}{550개 + 50개} = ₩1,543,333$

직접노무비 : $(0+₩4{,}200{,}000)\times\dfrac{50개\times80\%}{550개+50개\times80\%}$ = ₩284,746

제조간접비 : $(0+₩7{,}370{,}000)\times\dfrac{50개\times80\%}{550개+50개\times80\%}$ = ₩499,661

합계 : ₩1,543,333 + ₩284,746 + ₩499,661 = ₩2,327,740

을제품의 완성품원가

직접재료비 : $(0+₩18{,}520{,}000)\times\dfrac{550개}{550개+50개}$ = ₩16,976,667

직접노무비 : $(0+₩4{,}200{,}000)\times\dfrac{550개}{550개+50개\times80\%}$ = ₩3,915,254

제조간접비 : $(0+₩7{,}370{,}000)\times\dfrac{550개}{550개+50개\times80\%}$ = ₩6,870,339

합계 : ₩16,976,667 + ₩3,915,254 + ₩6,870,339 = ₩27,762,260

6. 제조원가명세서 및 포괄손익계산서 작성

제조원가명세서

직접재료비		39,270,000
월초재료재고액	0	
당월재료매입액	55,300,000	
월말재료재고액	(16,030,000)	
직접노무비		8,200,000
임 금	8,200,000	
제조간접비		16,900,000
간접노무비	13,800,000	
도시가스료	400,000	
복리후생비	600,000	
전력비	1,800,000	
수선비	300,000	
당월총제조비용		64,370,000
월초재공품재고액		0
월말재공품재고액		(2,327,740)
당월제품제조원가		62,042,260

포괄손익계산서

매출액		70,000,000
매출원가		(62,042,260)
월초제품재고액	0	
당월제품제조원가	62,042,260	
월말제품재고액	(0)	
매출총이익		7,957,740

제7장

표준원가계산

표준원가계산이란 실제원가의 발생 이전에 **표준원가**(standard cost)를 설정하여 사전적으로 원가계산을 수행하고, 실제원가와의 차액에 대하여 사후적으로 별도의 분석을 수행하는 원가회계방식이다. 이것은 제품의 생산 이전에 제품 단위당 원가가 「얼마나 되어야 하는가」를 경영자에게 인식시키고 원가의식을 고취시킴으로써, 제품원가계산 그 자체보다는 효율적인 원가관리를 수행하고자 하는데 더 큰 목적을 두고 있다. 따라서 표준원가계산은 사전원가계산(예정원가계산)의 한 종류이지만, 오늘날 관리회계 측면에서 매우 유용한 원가관리수단으로 사용되고 있다.[1] 표준원가계산은 특히 제조기업에서 많이 채택하고 있으며, 개별원가계산이나 종합원가계산을 막론하고 모두 적용할 수 있다. 개별원가계산보다는 종합원가계산을 적용하는 기업에서 표준원가계산을 함께 사용하면 보다 나은 효과를 기대할 수 있다.[2] 표준원가계산에서는 제품원가를 사전에 설정된 표준원가로 기록하기 때문에 제품의 생산량과 판매량만 파악되면 당기제품제조원가와 매출원가는 자동적으로 결정된다. 따라서 표준원가계산에서는 평균법이나 선입선출법 등 원가흐름의 가정은 필요치 않으며, 단지 재고자산의 수량만 파악하면 된다.

---

1) 표준원가계산을 이용하면 제품원가계산시에 실제 원가흐름을 추적할 필요가 없다. 예를 들어, 표준개별원가계산을 이용하는 경우에는 제품의 각 원가요소별로 사전에 설정되어 있는 표준원가를 이용하여 개별 제품의 원가를 계산하므로 실제 원가흐름을 추적할 필요가 없다. 또한 표준종합원가계산을 이용하는 경우에도 다른 부분이나 공정으로 대체되는 생산량에 대해서 표준원가로 평가하므로 역시 실제 원가흐름을 추적할 필요가 없다.

2) 종합원가계산에 표준원가계산을 도입하면, 즉 표준종합원가계산에서 표준원가 자체가 완성품 환산량 단위당 원가가 되므로 제품원가계산 목적으로 별도의 완성품 환산량 단위당 원가를 계산할 필요가 없다. 그러나 이 경우에도 완성품 환산량은 계산하여야 한다. 표준종합원가계산을 개괄적으로 설명해 보면 다음과 같다.
   ① 선입선출법을 가정한다. 그 이유는 기초재공품원가(전기 작업량)와 당기총제조비용(당기 작업량)을 구분하여 계산하는 선입선출법을 적용하는 경우에 당기의 성과(효율)를 정확히 파악할 수 있기 때문이다. 즉 평균법보다 기간별 성과측정에 적합하다.
   ② 단위당 표준원가가 완성품 환산량 단위당 원가이다. 즉 완성품 환산량 단위당 원가를 계산하는 과정이 필요가 없다.
   ③ 당기투입분 완성품 환산량이 원가요소별 실제 산출량이다. 따라서 완성품 환산량이 원가차이 분석에 있어 표준수량의 근거가 된다.
   ④ 완성품원가는 '완성품 수량×단위당 표준원가'이다. 이를 기준으로 제품계정으로 대체한다.

제1절 표준원가의 개념

표준원가계산을 사용하기 위한 출발점은 표준원가를 설정하는 일이다. **표준원가**란 특정 제품을 생산하는 데에 발생할 것으로 기대되는 원가로서, 제품을 제조하기 이전에 객관적이고 합리적인 방법에 의하여 결정된다. 표준원가는 예정원가(predetermined cost)의 한 종류로서, 제품 단위당의 표준원가를 지칭한다. 원가요소의 표준은 수량과 가격에 대하여 각각 설정한다.3)

1. 수량표준과 가격표준

표준이란 원가통제나 성과평가의 기준으로서 특정 작업의 효율적 수행 여부를 판단하는 근거가 되는 기준으로, 물량단위로 표시하는 수량표준과 화폐금액으로 표시하는 가격표준이 있다. 제품 단위당 표준원가는 바로 이 두 가지 요소에 의해 결정되며, 원가요소별로 「제품 단위당의 표준수량×표준수량 단위당의 표준가격」을 계산함으로써 산출된다.

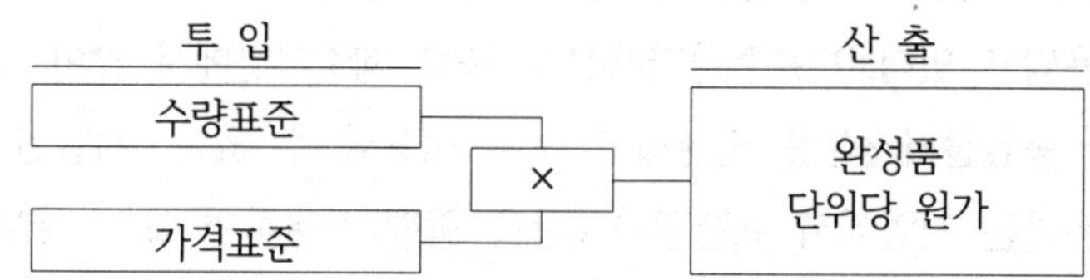

(1) 수량표준

수량표준(quantity standard)은 완성품 단위당 투입된 원가요소의 표준수량으로서, [kg · 갤론 · m · 시간] 등의 단위로 표시한다.

(2) 가격표준

가격표준(price standard)은 수량표준 단위당의 표준가격을 의미하는 것으로, [원/kg, 원/갤론, 원/m, 원/시간] 등으로 표시한다.

수량표준에 의하여 제품 1단위의 생산에 필요한 직접재료수량과 직접노동시간수가 확정(예정)되기 때문에, 결국 수량표준이란 「제품 1단위 제조에 필요한 직접재료 및 직접노동 투입량」이다. 또한 가격표준은 수량표준에 대하여 지급하여야 하는 금액을 의미하는 것으로, 직접재료와 직접노동 단위당의 표준원가가 된다.

---

3) 표준원가계산은 표준원가로 평가한 결과가 실제원가와 유사한 경우에 편의상 사용할 수 있다. 표준원가는 정상적인 재료원가, 소모품원가, 노무원가 및 효율성과 생산능력 활용도를 반영한다. 표준원가는 정기적으로 검토하여야 하며 필요한 경우 현재 상황에 맞게 조정하여야 한다. [기업회계기준서 제1002호 재고자산 문단 21]

제품 단위당 표준원가는 제품 종류별로 수량표준과 가격표준으로 분할하여 하나의 표로 요약할 수 있는데, 이를 **표준원가계산표**(standard cost card)라고 한다.4) 5)

예제

표준개별원가계산을 수행하고 있다. A형 목재 책상 1단위를 제조하는데 소요되는 직접재료와 직접노동의 종류 및 수량은 다음과 같다. 표준원가계산표를 작성해 보시오.

직접재료	직접노동
원목(오동나무) … 5m	책상형태에 따른 원목의 절단 … 1시간
나사 및 못 … 3세트	절단된 편목의 조립 … 1시간
에나멜(도료) … 2통	모래에 의한 손질 … 0.5시간
	에나멜의 도료(광택) … 0.5시간

해답

표준원가계산표 (A형 목재 책상)

재료의 종류	직접재료비				
	표준수량		단위당 표준가격		표준원가
원목(오동나무)	5m	×	₩5,000	=	₩25,000
나사 및 못	3세트	×	2,000	=	6,000
에나멜(도료)	2통	×	2,500	=	5,000
	단위당 직접재료비 표준				₩36,000

작업의 종류	직접노무비				
	표준작업시간		작업시간당 표준가격		표준원가
원목의 절단	1시간	×	₩2,000	=	₩2,000
조 립	1	×	2,000	=	2,000
모래손질	0.5	×	1,000	=	500
에나멜(도료)	0.5	×	1,500	=	750
	단위당 직접노무비 표준				₩5,250

작업의 종류	제조간접비*				
	적용기준(작업시간)		기준당 표준배부율		표준원가
원목의 절단	1시간	×	₩4,000	=	₩4,000
조 립	1	×	2,000	=	2,000
모래손질	0.5	×	1,500	=	750
에나멜(도료)	0.5	×	1,000	=	500
	단위당 제조간접비 표준				₩7,250
	표준원가 합계 / 단위				₩48,500

* 직접작업시간을 기준으로 하여 작업시간당 표준배부율을 작업별로 적용시킴

---

4) 표준원가분석표(standard cost profiles)란 제품의 제조원가를 분석하고 그 세부사항을 기재한 표이다. 재료비, 노무비, 경비 등의 직접비와 제조간접비를 예정, 누계 예정, 실제, 누계 실제 등으로 구분하고, 각 항목의 합계를 산출한다.

5) 현실적으로 달성가능한 표준원가를 사용하고 있는 대부분의 기업에서는 원가차이가 비교적 적은 금액으로 나타나기 때문에, 실제로 외부보고용의 재무제표에 재고자산 가액을 표준원가에 의한 평가액으로 계상하고 있다.

2. 표준원가 설정의 목적

표준원가란 관리회계뿐만 아니라 원가회계를 위한 기초자료가 된다. 원가회계 측면에서 볼 때, 표준원가가 지니는 유용성은 재고자산의 평가와 매출원가의 산출을 용이하게 한다는 점에 있다. 한편, 관리회계 측면에서는 기업의 생산활동을 계획하고 통제하는 유용한 원가지표(cost indicator)로서 표준원가가 사용될 수 있다는 유용성을 지니고 있다.

1) 원가회계와 표준원가

원가회계에서 표준원가를 사용하게 되면, 재고자산을 평가하는데 있어서 원가흐름의 가정을 사용할 필요가 전혀 없게 된다. 표준원가제도에 있어서는 모든 재고자산이 표준원가로 기록되며 이러한 표준원가는 수시로 변동하는 것이 아니기 때문에, 동일한 종류의 재고자산은 모두 동일한 원가에 의해 평가된다. 또한 완제품뿐만 아니라 반제품이나 재공품에 대해서도 표준원가를 사용할 수 있는데, 이 경우에는 반제품이나 재공품의 완성도를 정확히 파악할 수 있어야 한다. (제4절 참조)

예제

전 [예제]의 A형 목재 책상 제조와 관련된 표준개별원가계산 자료를 그대로 준용하기로 한다. 지금까지 계속적으로 생산이 이루어져 왔는데, 당월 말 현재 1단위 재공품(반제품)을 가지고 있다고 가정해 보자. 직접재료(원목)는 생산 개시와 동시에 전량 투입된 후 편목으로 절단되어 조립작업까지 100% 완료되었다. 그러나 모래손질 작업은 공정의 60%만 작업 완료된 관계로 그 이후의 작업은 아무것도 이루어지지 못하고 있다. 재공품으로 남아있는 미완성 목재 책상의 표준원가는?

해답

표준원가계산표 (A형 목재 책상)

	표준원가	완성도	금 액
직접재료비	₩36,000	100%	₩36,000
직접노무비			
원목의 절단	2,000	100	2,000
조 립	2,000	100	2,000
모래손질	500	60	300
에나멜(도료)	750	0	0
			4,300
제조간접비			
원목의 절단	4,000	100	4,000
조 립	2,000	100	2,000
모래손질	750	60	450
에나멜(도료)	500	0	0
			6,450
	재공품 표준원가		₩46,750

2) 관리회계와 표준원가

관리회계 측면에서의 표준원가는 경영자들이 ① 제조예산을 편성하고, ② 제품전략을 수립하며, ③ 경영성과를 평가하는데 유용한 자료로 사용되고 있다.

(1) 예산[6] [7]의 편성자료

제조예산은 일정수량의 제품 생산에 필요한 직접재료수량과 직접노동시간수를 결정하고, 이에 단위당의 예정가격을 곱하여 산출한다. 이 과정에서 제품 단위당의 수량표준 및 가격표준이 미리 설정되어 있으면 제조예산의 수립이 훨씬 용이하게 이루어질 수 있다. (제12장~제14장 참조)

예제 

직접재료비의 제조예산

제품 단위당 수량표준×예정제조수량 = 직접재료 투입량

직접재료 투입량×재료 단위당 가격표준 = 예정수량의 제품제조에 필요한 직접재료비표준(예산)

(2) 제품전략의 수립을 위한 자료

완전경쟁시장[8]에서 특정 제품의 가격은 경쟁자가 생산하는 제품의 종류나 가격에 의하여 영향을 받는다. 이러한 관점에서 볼 때, 경영자는 표준원가를 사용하여 생산계획 중에 있는 제품의 제조원가를 추정하고 이를 유사제품의 경쟁가격과 비교하여 수익성을 예측할 수 있고, 그 결과 수익성의 크기에 따라 제품전략을 용이하게 수립할 수 있게 된다. 또한 현재 생산 중인 제품 형태의 일부 변경을 고려할 때에도 표준원가가 관련 자료로 사용될 수 있

---

6) 예산(budget)이란 기업의 공식적인 사업계획을 화폐단위로 표시한 것이다.
   ① 고정예산(static budget)이란 예산기간 중 계획된 특정의 조업도를 전제로 수립된 단일예산으로서 사전에 편성된 예산이다.
   ② 변동예산(flexible budget)이란 조업도의 변동에 따라 조정되어 작성되는 예산이다.

7) 예산은 목표관리(management by objective)에 있어 매우 중요한 역할을 수행한다. 효율적인 예산관리는 제반 활동에 앞서 면밀한 계획을 수립하도록 촉진하며, 업적평가와 능률측정의 기준을 제공하고, 의사전달과 조정의 기능을 수행한다. 표준원가는 예산편성에 있어 없어서는 안 될 요소이다. 예산이라는 것은 일정한 수량의 제품을 생산함에 필요한 각종 원가요소의 허용수량과 허용가격을 기초로 하여 편성되는 것인데, 표준원가를 구성하고 있는 두 가지의 요소 즉 표준수량과 표준가격은 예산상의 허용수량과 허용가격을 결정함에 있어 가장 합리적인 기준이 된다.

8) 완전경쟁시장이란 무엇인가? 경제학에서 완전경쟁(perfect competition)이라고 부르는 상황이 성립하기 위해서는 「가격수용자로서 공급자와 수요자(공급자와 수요자 모두 시장에서 결정된 가격을 받아들여야 함), 동질적인 상품(한 시장의 공급자는 모두 동질적인 상품을 생산 및 공급해야 함), 자원의 완전한 이동(자유로운 진입과 이탈이 가능해야 함), 완전한 정보(경제 주체들이 거래와 관련된 모든 경제적, 기술적 정보를 갖고 있어야 함)」를 만족해야 한다. 그러나 현실적으로는 단 한 가지도 만족할 수가 없다.

다. 즉 제품의 형태 변경에 소요되는 추가비용과 동 제품의 판매시 예상되는 추가수익을 상호 비교함으로써 제품 형태의 변경여부를 결정할 수 있는데, 이 경우 추가비용의 추정에도 표준원가를 사용할 수 있다는 것이다.

(3) 경영성과의 평가자료

어떤 작업의 수행이나 제품의 생산과 관련하여 발생하는 원가는 여러 가지 요소에 의해 영향을 받고 있는데, 실제 경영자는 이러한 모든 요소에 대하여 관리를 할 수 있어야 한다. 그러나 실제 발생원가와 대비시킬만한 어떤 표준이 없이는 과연 어떤 작업이나 제품생산이 효율적으로 수행되고 있는지를 파악할 수가 없게 된다. 표준원가는 바로 이러한 효율성을 측정하기 위하여 실제원가와 대비되는 과정에서 사용될 수 있다. 그 결과 실제원가와 표준원가의 차이를 도출함으로써, 향후 경영활동을 어떻게 조정하고 수정하여야 할 것인가에 대한 해답을 얻을 수 있게 된다.

3. 표준원가의 종류

표준원가는 어느 정도의 수준에서 설정되어야 하는가 하는 문제에서 경영관리자들 간에 부분적으로 견해 차이가 존재하고 있지만, 지금까지 표준원가의 종류로는 다음의 세 가지가 주로 고려되어 왔다.

① 역사적 표준원가(historical standard) : 과거 원가정보에 입각하여 설정된 표준원가
② 이론적 또는 이상적 표준원가(theoretical or ideal standard) : "가장 완전한" 또는 "가장 이상적인" 작업조건을 가정하여 설정된 표준원가
③ 현실적으로 달성가능한 표준원가(currently attainable standard) : "효율적인" 작업조건을 가정하여 설정된 표준원가

1) 역사적 표준원가

표준원가가 설정되던 과거 시점의 수량과 가격을 그대로 현재 시점에서도 사용하는 경우의 표준원가이다. 그러나 시간이 경과함에 따라 실제 생산방법이나 가격 변동이 있음에도 불구하고 이와 같은 역사적 표준원가를 사용하는 것은 사실상 모순이다. 하지만 원가추세비교나 원가자료의 수집이 비교적 용이하다는 점에서는 선호될 수 있는 것이기도 하다. 만일 생산방법과 가격이 크게 변동이 없는 경우라면, 역사적 표준원가가 재고자산의 평가기준이 되는 데는 크게 무리가 없다. 그러나 예산편성이나 제품전략의 수립을 위해서는 적용가능성이 비교적 적은 표준원가이다.

2) 이론적(이상적) 표준원가

"이상적인 조건(ideal conditions)"에서 달성가능한 최소의 원가를 지칭하는 것으로, 이 경우의 이상적인 조건이란 「최소가격을 가진 최소의 재료와 노동을 투입하고, 가장 효율적인 생산방법을 사용하여 이상적인 생산을 수행하는 작업상태」를 의미한다. 이론적 표준원가는 원가자료의 수집을 단순화시키고 종업원이 그를 지향하여 노력할 경우 생산능률을 향상시킬 수 있다는 장점이 있긴 하지만, 이론적인 측면에서나 달성가능한 원가표준이기 때문에 실제 세계에 있어서는 현실성이 거의 없다. 따라서 재고자산의 평가·예산의 수립·제품전략의 수립 등에는 적용가능성이 거의 없는 표준원가라고 할 수밖에 없다.[9)]

3) 현실적으로 달성가능한 표준원가

이론적 표준원가와 역사적 표준원가의 중간개념에서 설정되는 표준원가로서, **실제 최대조업도**라고도 하며, "효율적인(efficient)" 작업상태에서 발생하리라 기대되는 것이다. 따라서 이론적인 표준원가에 있어서처럼 "이상적인(ideal)" 작업상태를 가정하여 설정되는 것은 아니며, 오히려 정상적인 공손품의 발생, 기계고장으로 인한 유휴작업시간, 기타 정상작업과정에서 발생할 수 있는 상황 등을 전부 고려하여 설정되는 것이다. 이 표준원가의 설정에는 많은 노력과 비용이 소요되는 것이 사실이지만, 모든 종류의 원가자료 중 가장 정확하고 유용한 것이기 때문에, 원가회계 측면에서의 재고자산 평가 또는 관리회계 측면에서의 원가추정·원가분석·의사결정 등에 똑같이 기여할 수 있는 원가형태라고 할 수 있다.

이후 본장에서 언급하는 표준원가의 개념으로는 「**현실적으로 달성가능한 표준원가**」를 지칭하는 것으로 전제한다.[10)]

---

9) 표준원가는 효율적인 운영을 통하여 달성가능하지만 정상적인 중단 등을 허용하는 표준을 사용한다. 대안으로 좀 더 달성하기 어려운 도전적인 표준을 설정할 수도 있다. 도전적인 표준을 통하여 동기를 부여하고 성과를 향상시킬 수 있다. 그러나 표준이 달성불가능한 것으로 인식되면 실망감을 부추기고 성과를 해치기도 한다.

10) 표준원가가 제대로 효과를 발휘하기 위해서는 가급적 표준은 달성하기가 어려운 수준으로 설정되는 것이 바람직하고 수시로 바뀐 환경에 맞게끔 수정되어야 한다. 그러나 요즈음처럼 제조환경 변화가 급격히 이루어지는 환경에서는 현실에 맞는 표준의 개정 또한 수시로 이루어져야 하는데 이것이 쉽지 않다. 표준 개정의 어려움과 표준의 비현실성을 감안하여 최근의 실적치(또는 최근 3개월 평균 수치를 일부 차감한 수치)를 표준에 대신하여 목표수치로 삼음으로써 원가표준 자체를 낮추어 나가고 이를 통해서 지속적인 원가절감을 꾀하기도 한다. 이를 카이젠원가계산이라 한다. 카이젠(kaizen, 개선)이란 거대한 혁신을 통해서가 아니라 지속적인 공정개선을 통해 원가절감이 이루어진다는 의미의 일본어이다. 제조공정에서 직접 작업을 수행하는 작업자들이 원가절감방안을 가지고 있다고 보아 지속적으로 공정이 개선되도록 카이젠원가를 목표수치에서 차감해 가는 방법이다. 그러나 카이젠원가는 원가절감에 대한 책임이 작업자에게 부여되기 때문에 작업자는 과도한 중압감에 시달리게 된다. 한편, 표준원가와 카이젠원가는 제조단계에서 원가를 절감한다는 공통점이 있지만 원가절감의 효과는 크지는 않다. 따라서 지속적인 공정개선을 통해 원가절감을 위해서는 제조단계 이전의 단계인 연구개발단계에서 원가절감방안을 모색해야 한다.

분석을 위한 공통예제

(주)장안은 당기에 영업을 개시하였으며, 표준종합원가계산을 수행하고 있는 (주)장안의 원가 자료는 다음과 같다. 단, 기초재고자산 및 기말재공품은 없고, 기말제품재고 2,000단위가 있다고 가정한다.

	표준수량		표준가격		표준원가
직접재료비	2kg	×	₩200/kg	=	₩400
직접노무비	2시간	×	₩330/시간	=	660
변동제조간접비	2시간	×	₩200/시간	=	400
고정제조간접비	2시간	×	₩400/시간	=	800
단위당 표준원가					₩2,260

제조간접비 변동예산

원가요소	고정원가	변동원가/직접작업시간
감독자 급여	₩3,500,000	-
감가상각비	4,500,000	-
간접노무비	-	₩75/직접작업시간
간접재료비	-	125/직접작업시간
계	₩8,000,000	₩200/직접작업시간

변동예산 공식	₩8,000,000 + ₩200/시간×직접작업시간	
표준생산량	10,000단위	
제품 단위당 직접작업의 표준수량(표준작업시간)	× 2시간/단위	
10,000단위 생산에 필요한 표준작업시간	20,000시간	(기준조업도)

* 변동예산 공식(flexible budget formula) = 고정원가(₩8,000,000) + 변동원가(₩200/시간×직접작업시간) … 기간별 고정제조간접비 총액과 조업도 단위(여기서는 직접작업시간임)당의 변동제조간접비를 구분하여 표시하는 제조간접비 함수

실제 발생내용

당기투입량		11,000단위
당기완성(생산)량		11,000
직접재료	구입액(23,000kg×@₩210)	₩4,830,000
	사용액(20,000kg)	
직접노무비	(21,000시간×@₩350)	₩7,350,000
제조간접비	간접노무비	₩1,647,000
	간접재료비	2,653,000
	계	₩4,300,000
	감독자 급여	₩3,700,000
	감가상각비	4,500,000
	계	₩8,200,000

(주)장안의 원가 자료를 이용하여, 표준 생산원가와 제조원가보고서[11]를 작성해 보면 다음과 같다.

---

11) 제시된 [자료]는 본장의 '제2절 직접재료비 표준 및 직접노무비 표준, 제3절 제조간접비 표준'의 설명을 위한 자료이다. 특히 본장에서 이용하고 있는 제조원가보고서[5단계법]는 「종합원가계산에서 제시한 C. T. Horngren의 5단계법 중 선입선출법에 의해 작성된 제조원가보고서(제6장 참조)」와 거의 유사한 것이다. 이것은 원가흐름의 가정이 도입된 것으로 오해하기 쉽지만, 단지 「당기에 발생한 실제원가」와 「당기의 실제산출량에 허용된 표준원가」를 쉽게 비교하기 위한 것이다. 표준원가계산에서의

표준 생산원가

A. 기초재공품 및 당기투입량

기초재공품	0단위
당기투입량	11,000
	11,000단위

B. 당기완성량 및 기말재공품 환산량(원가요소별)

	직접재료비	직접노무비	제조간접비
당기완성량	11,000단위	11,000단위	11,000단위
기말재공품	0	0	0
총 완성품 환산량	11,000단위	11,000단위	11,000단위

C. 표준원가

원가요소	총 완성품 환산량	단위당 표준원가	계
직접재료비	11,000단위	₩400	₩4,400,000
직접노무비	11,000	660	7,260,000
제조간접비	11,000	1,200	13,200,000
		₩2,260	₩24,860,000

제조원가보고서

	[1단계] 물량흐름 파악	[2단계] 완성품 환산량 직접재료비	가공비	계
기초재공품 수량	0단위(없음)			
당기투입 수량	11,000			
계	11,000단위			
기초재공품 완성량	0단위(없음)	0단위	0단위	
당기투입 완성량	11,000	11,000	11,000	
기말재공품 수량	0 (없음)	0	0	
계	11,000단위	11,000단위	11,000단위	
[3단계] 총제조원가의 집계				
기초재공품원가				₩0
당기총제조비용(표준)*		₩4,400,000	₩20,460,000	24,860,000
계		₩4,400,000	₩20,460,000	₩24,860,000
[4단계] 환산량 단위당 원가				
완성품 환산량		÷11,000단위	÷11,000단위	
환산량 단위당 원가(표준)		₩400	₩1,860	

[5단계] 총제조원가의 배분

완성품원가(표준)	11,000단위×@₩400 + 11,000단위×@₩1,860 =	₩24,860,000
기말재공품원가(표준)		0
계		₩24,860,000

* 직접재료비 : 11,000단위×2kg×@₩200 = ₩4,400,000
가공비 : (11,000단위×2시간×@₩330) + (11,000단위×2시간×@₩200) + (11,000단위×2시간×@₩400) = ₩20,460,000

제조원가보고서[5단계법] 작성 절차는 먼저 당기완성품 환산량을 구하고(제2단계), 당기완성품 환산량(당기의 실제산출량)에 허용된 표준원가를 구한 다음(4단계에서 3단계로 역산하여 산출), 완성품과 기말재공품의 표준원가를 구하는 것이다(제5단계).

제2절 직접재료비 표준 및 직접노무비 표준

1. 직접재료비 표준

표준직접재료비는 직접재료의 종류별로 제품 단위당 표준소비수량과 표준소비가격을 설정하고, 이 양자를 곱하여 산정한다. 표준소비수량은 과학적·통계적 조사에 의하여 제품의 생산에 필요한 각종 재료의 종류, 품질, 가공방법 등을 고려하여 설정한다. 이 경우 표준소비수량에는 정상적인 공손 및 감손을 포함한다. 표준소비가격은 과거 및 현재의 시장가격과 장래에 예측되는 가격동향이나 거래관습 등 제반 경제적 여건을 고려하여 설정한다. 동일한 기능을 수행하는 여러 종류의 재료가 대체적으로 사용되는 경우 표준직접재료비는 각 재료의 표준배합비율을 설정하고, 이에 각 재료의 표준소비수량과 표준소비가격을 곱하여 산정한다.

직접재료비 표준(direct materials standard)은 다음과 같은 수량표준과 가격표준의 두 가지 요소로 구성되어 있다.

• 수량표준 … 제품 1단위 완성에 필요한 직접재료의 표준수량
• 가격표준 … 직접재료 단위당의 표준가격

완성품 단위당의 직접재료비 표준은 이들 수량표준과 가격표준의 곱으로서 계산된다.

1) 직접재료비 수량 및 가격표준

(1) 수량표준의 설정

직접재료의 수량표준(quantity standard)은 설계부서와 기술부서 등과 같이 제품생산을 직접 계획하고 실천하는 부문으로부터 입수하는 정보를 기초로 하여 설정하는 것이 일반적이다. 이들 부문으로부터 입수하는 자료에는 사용재료의 종류, 제품의 제조수량 및 방법 등이 명확히 표시되어 있다.

새로운 제품의 경우에는 수량표준을 설정하기 위하여 생산공정을 시험적으로 가동해 볼 필요가 있지만, 기존의 제품에 대해서는 과거 정상적인 생산과정에서 사용된 재료의 수량을 근거로 하여 합리적으로 달성가능한 수량표준을 설정한다.[12)]

12) 그렇기 때문에 직접재료의 수량표준에는 정상적인 감모 및 공손을 포함시켜야 한다. 예로서, 1.2kg을 투입하여 1kg의 산출이 예상된다면 0.2kg은 제조과정에서 발생하는 정상적인 감모이기 때문에, 1kg의 산출에 대한 표준수량은 1.2kg이 되어야 한다.

⑵ 가격표준의 설정

직접재료의 가격표준(price standard)은 구매부서에서 설정하는 것이 보통인데, 이의 설정시에는 다음과 같은 요소를 가감하여야 한다.

① 직접재료의 구입에 따른 별도 할인혜택이 있는 경우 그 할인액

② 직접재료의 구입과 관련하여 발생하는 운임 및 기타 부대비용

가격이란 실제 여러 가지 요인에 의해 영향을 받을 수 있는 것이기 때문에, 구매부서에서 필요한 재료의 수량이나 현재의 경제여건(수요·공급상황) 등을 충분히 고려하여 현실적으로 달성가능한 가격표준을 설정하여야 한다.

2) 직접재료비 차이의 계산

직접재료의 수량표준과 가격표준이 일단 설정되면, 이 둘을 곱한 값으로서 직접재료비 표준이 계산된다. 이렇게 설정된 표준과 실제 발생된 직접재료비 상호 간에는 필연적으로 차이가 존재하게 되는데, 이를 **직접재료비 차이**(direct materials variance)라고 한다.

직접재료비 차이(직접재료비 표준액과 실제액의 차이)는 다음과 같은 두 가지로 구분하여 분석할 수 있다.

① 직접재료비 가격차이 : 직접재료의 표준가격과 실제가격의 차이

② 직접재료비 수량차이 : 제품의 총제조에 사용된 직접재료의 표준수량과 실제수량의 차이

《분석을 위한 공통예제》

표준자료

직접재료 kg당 표준가격	₩200/kg
제품 단위당 직접재료의 표준수량	× 2kg/단위
제품 단위당 직접재료비 표준	₩400/단위

실제자료

제품생산수량	11,000단위
제품생산에 소요된 실제재료수량	20,000kg
직접재료 kg당 가격	× ₩210/kg
총 구입원가	₩4,200,000
직접재료 구입수량	23,000kg

(1) 가격차이

직접재료 가격차이(price variance)는 다음과 같은 산식으로 계산한다.

직접재료비 가격차이 = (실제가격 - 표준가격)×실제재료 소비수량
= (₩210 - ₩200)×20,000kg = ₩200,000(불리한 차이)

이 경우 ₩200,000은 직접재료의 실제가격이 표준가격을 초과함으로써 발생하는 불리한 차이이다.

(2) 수량차이

직접재료 수량차이(quantity variance)도 다음과 같은 산식으로 계산한다.

직접재료비 수량차이 = (실제수량 - 표준수량*)×직접재료 단위당의 표준가격
= (20,000kg - 22,000kg*)×₩200/kg = -₩400,000(유리한 차이)

* 표준수량 = 실제생산량에 허용된 표준수량
= 실제생산량×제품 단위당 직접재료의 표준수량
= 11,000단위×2kg/단위 = 22,000kg

이 경우 -₩400,000은 실제 소비된 재료수량이 표준수량에 미달함으로써 발생하는 유리한 차이로서, 이와 같은 유리한 차이는 주로 효율적인 제조활동으로 인하여 야기되는 결과이다.

3) 직접재료비 차이의 원인 및 요약

이상에서 살펴본 바와 같이 직접재료비 차이는 가격차이와 수량차이의 두 가지로 분리시켜 파악하여야 하는데, 이들의 발생원인을 보면 대개 다음과 같다.

- 가격차이 … · 불량공급자와의 거래
  - · 1회 구입수량의 잘못 책정으로 인한 할인 혜택의 未受惠
  - · 표준품질과는 다른 품질의 재료 구입
  - · 부적절한 표준가격의 설정
  - · 수요와 공급의 변화(재료의 시장가격 변동)
- 수량차이 … · 불량품질의 재료 사용(공손품, 작업폐물 등의 과다 발생 원인)
  - · 기계의 부적절한 배치
  - · 기계작업자의 미숙련
  - · 부적절한 재료표준수량의 설정
  - · 제품 생산공정의 변화

이상과 같은 가격차이와 수량차이는 어느 경우에나 유리 또는 불리하게 나타날 수 있는데, 이것은 결국 관련 제조활동이 유리하게 수행되었는가 또는 불리하게 수행되었는가를 표시하는 것이 된다.[13)]

(1) **유리한 차이**(favorable variance : F) : 가격차이 · 수량차이 양자의 경우에 있어 실제액이 표준액보다 적게 발생된 경우의 차액이다. 즉 「실제 발생한 금액」이 「발생되어야 한다고 예정한 금액」보다 적게 발생한 경우에 계산되는 차액이다.

(2) **불리한 차이**(unfavorable variance : U) : 가격차이 · 수량차이 양자의 경우에 있어 실제액이 표준액을 초과하여 발생된 경우의 차액이다. 즉 「실제 발생한 금액」이 「발생되어야 한다고 예정한 금액」을 초과하여 발생한 경우에 계산되는 차액이다.

직접재료비 총차이는 가격차이와 수량차이의 양자를 종합하여 결정되는 것으로서, 전《분석을 위한 공통예제》를 준용하여 지금까지의 내용을 요약하면 다음과 같다.[14) 15)]

직접재료비 차이

실제발생액 (실제소비수량×실제가격) AQ×AP	(실제소비수량×표준가격) AQ×SP	실제산출물에 대한 변동예산 (표준소비수량×표준가격) SQ×SP
20,000kg×₩210/kg = ₩4,200,000	20,000kg×₩200/kg = ₩4,000,000	22,000kg*×₩200/kg = ₩4,400,000

가격차이 ₩200,000 (불리한 차이)　　수량차이 ₩400,000 (유리한 차이)

총차이 ₩200,000(유리)

* 11,000단위×2kg/단위

---

13) 차이분석에서 유리 또는 불리한 차이라는 용어는 표준원가와 실제원가의 차이가 영업이익에 미치는 영향이다. 이들 용어들이 반드시 표현 그대로의 의미를 갖는 것은 아니다. 따라서 유리한 차이가 항상 좋고 불리한 차이는 항상 나쁘다고 할 수 없다.

14) 재료가격차이는 엄밀하게 말하면, 순수가격차이[표준소비수량×(실제가격 - 표준가격)]와 가격 · 수량 결합차이[(실제소비수량 - 표준소비수량)×(실제가격 - 표준가격)]로 구성되어 있다. 가격 · 수량 결합차이는 일반적으로 가격차이에 포함시키는데, 그 이유는 경영자의 관심은 수량차이에 집중되어야 하기 때문에 수량차이를 순수하게 남겨두기 위해서이다. 왜냐하면, 가격차이는 경영자의 노력과 관련되기보다는 기업 외부(시장)의 영향에 따라 결정되는 외부적 요인에 가깝기 때문이다.

15) 재료가격차이는 ① 재료의 구입시점, ② 재료의 소비시점, ③ 재료의 구입시점과 소비시점의 어느 시점에서든 산출될 수 있다. 여기에서는 ② 재료의 소비시점에서 가격차이 산출의 [예]를 제시하였다. 한편, ① 재료의 구입시점에서 구입가격차이는 다음과 같은 산식으로 계산한다.

직접재료비 구입가격차이 = (실제가격 - 표준가격)×실제구입수량
= (₩210 - ₩200)×23,000kg = ₩230,000(불리한 차이)

실제구입수량×실제가격	실제구입수량×표준가격
23,000kg×₩210/kg ₩4,830,000	23,000kg×₩200/kg = ₩4,600,000

구입가격차이 ₩230,000(불리)

[참조] 직접재료 - 재공품 - 제품 - 매출원가의 상호 관련성

구 분	직접재료	재공품	제 품	매출원가	계
직접재료비 기말 잔액	₩600,000	₩0	₩800,000	₩3,600,000	₩5,000,000

* [23,000kg(실제구입수량) - 20,000kg(실제소비수량) = 3,000kg(실제재고수량)], @₩200(표준단가)
기말재공품은 없고, 완성품 11,000단위 중 2,000단위는 기말제품 수량이라고 가정하였다.
2,000단위(기말제품 수량)×2kg×@₩200 = ₩800,000(기말제품원가)
9,000단위(매출제품 수량)×2kg×@₩200 = ₩3,600,000(매출원가)

직접재료비 표준금액 및 표준소비수량

₩0(기말재공품원가) + ₩800,000(기말제품원가) + ₩3,600,000(매출원가) = ₩4,400,000(표준금액)

₩4,400,000÷@₩200(표준단가) = 22,000kg(표준소비수량)

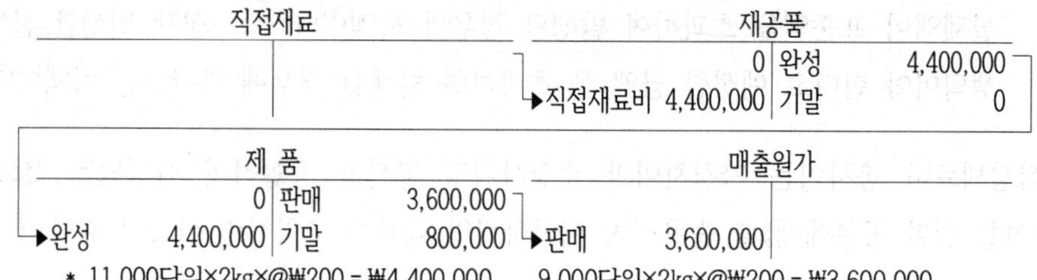

직접재료
재공품
0 완성 4,400,000
직접재료비 4,400,000 기말 0
제 품
매출원가
0 판매 3,600,000
완성 4,400,000 기말 800,000
판매 3,600,000

* 11,000단위×2kg×@₩200 = ₩4,400,000　　9,000단위×2kg×@₩200 = ₩3,600,000

직접재료비 표준소비액 및 실제소비수량

₩4,400,000(표준금액) - ₩400,000(유리한 수량(능률)차이) = ₩4,000,000(표준소비액)

₩4,000,000÷@₩200 = 20,000kg(실제소비수량)

직접재료			재공품		
	소비	4,000,000	0	완성	4,400,000
	기말	600,000	직접재료비 4,400,000	기말	0

수량(능률)차이 ₩400,000 유리

실제소비수량×표준가격	표준소비수량×표준가격
20,000kg×₩200/kg	22,000kg×₩200/kg
= ₩4,000,000	= ₩4,400,000

수량차이 ₩400,000(유리)

직접재료비 표준단가에 의한 실제구입액 및 실제구입수량

₩4,000,000 + ₩600,000(직접재료 기말 잔액) = ₩4,600,000(표준단가에 의한 실제구입액)

₩4,600,000÷@₩200 = 23,000kg(실제구입수량)

직접재료				재공품		
구입	4,600,000	소비	4,000,000	0	완성	4,400,000
(23,000kg×@₩200)		기말	600,000	직접재료비 4,400,000	기말	0

수량(능률)차이 ₩400,000 유리

실제구입수량×실제가격	실제구입수량×표준가격
23,000kg×₩210/kg	23,000kg×₩200/kg
₩4,830,000	= ₩4,600,000

구입가격차이 ₩230,000(불리)

2. 직접노무비 표준

표준직접노무비는 직접작업의 구분마다 제품 단위당 표준작업시간과 표준임률을 설정하고, 이 양자를 곱하여 산정한다. 표준작업시간은 과학적·통계적 조사에 의하여 작업의 종류, 사용 기계공구, 작업방식, 노동의 등급 등을 고려하여 설정한다. 표준임률은 과거 및 현재의 임률과 장래에 예측되는 변동 등 제반 여건을 고려하여 설정한다.

직접노무비 표준(direct labor standard)은 다음과 같은 수량표준과 가격표준의 두 가지로 구성되어 있다.

- 수량표준 … 완성품 1단위 생산에 필요한 직접작업시간수
- 가격표준 … 직접작업시간당 기업이 지불하고자 하는 임률(labor rate)

완성품 단위당의 직접노무비 표준은 이들 수량표준과 가격표준의 곱으로서 계산된다.

1) 직접노무비 수량 및 가격표준

(1) 수량표준의 설정

직접노무비 수량표준(quantity standard)이란 제품 1단위 생산에 필요한 직접작업시간수를 지칭하는 것이기 때문에, 작업시간표준(labor hour standard)이라고 한다. 이것은 제품제조공정을 개별작업으로 분류하고, 각 작업별로 수량표준(직접작업시간수)을 설정함으로써 산출한다. 이와 같은 수량표준의 설정시에는 다음과 같은 요소를 고려하여야 한다.

① 작업공정에서 사용되는 설비의 가동상태, 작업조건, 직접재료의 사용정도 등 : 종업원의 특정 작업수행에 영향을 주는 요인

② 기계고장이나 종업원의 피로 등으로 인하여 야기되는 정상적인 운휴시간(normal idle time) : 임금이나 급여의 계산에는 산입되지만 실제 작업은 이루어지지 않는 시간

(2) 가격표준의 설정

직접노무비 가격표준(price standard)은 임률표준(labor rate standard)이라고도 하는 것으로, 직접작업시간 단위당의 평균지급임률이다. 이의 설정시에는 각 종업원을 그들이 가지고 있는 기능별로 분류하고, 각 기능별로 지급하여야 할 평균임률을 설정하여야 한다.

노무비 표준계산은 비교적 일정기간 변동없이 지급될 특별임률을 지칭하는 것이지만, 추후 노동조합과의 계약 상황에 변동이 발생함에 따라 수정할 필요가 있다.

2) 직접노무비 차이의 계산

직접노무비 수량표준과 가격표준을 곱하여 직접노무비 표준을 설정하고, 이와 직접노무비 실제발생액을 비교하여 **직접노무비 차이**(direct labor variance)를 계산한다. 이와 같은 직접노무비 차이의 계산도 직접재료비와 마찬가지로 가격(임률)차이와 수량(능률)차이의 두 가지로 구성된다.

《분석을 위한 공통예제》

표준자료

직접작업 1시간당 표준가격(임률)	₩330/시간
제품 단위당 직접작업의 표준수량(시간)	× 2시간/단위
제품 단위당 직접노무비 표준	₩660/단위

실제자료

제품생산수량	11,000단위
제품생산에 소요된 실제작업시간	21,000시간
직접작업시간당 평균임률	× ₩350/시간
실제발생 노무비	₩7,350,000

(1) 가격(임률)차이

직접노무비의 경우 표준가격이란 종업원에게 지급되는 작업시간당 임률을 의미하는 것이기 때문에 직접노무비 **임률차이**(price or labor rate variance)라고도 하는 것으로 다음과 같은 산식으로 계산한다.

직접노무비 가격차이 = (실제임률 - 표준임률)×실제작업시간
= (₩350 - ₩330)×21,000시간 = ₩420,000(불리한 차이)

이 경우 ₩420,000은 작업시간당 실제임률이 표준임률을 초과함으로써 발생하는 불리한 차이이다.

(2) 수량(능률)차이

직접노무비 수량차이는 노동시간차이(quantity or labor hour variance) 또는 **능률차이**(efficiency variance)라고도 하는 것으로 다음과 같은 산식으로 계산한다.

직접노무비 수량차이 = (실제작업시간 - 표준작업시간*)×직접작업시간 1시간당의 표준임률
= (21,000시간 - 22,000시간*)×₩330/시간 = - ₩330,000(유리한 차이)

* 표준작업시간 = 실제생산량에 허용된 표준작업시간
= 실제생산량×제품 단위당 직접작업의 표준시간
= 11,000단위×2시간/단위 = 22,000시간(제3절 참조)

이 경우 -₩330,000은 실제작업시간이 표준작업시간에 미달함으로써 발생하는 유리한 차이이다.

3) 직접노무비 차이의 원인 및 요약

이상에서 살펴본 바와 같이 직접노무비 차이는 임률차이와 능률차이의 두 가지로 분리시켜 파악하여야 하는데, 이들의 발생원인을 보면 대개 다음과 같다.

- 임률차이 … · 표준임률과는 다른 임률로 계약된 종업원의 고용
  - · 노동 수급 현황의 변화
  - · 규정시간외 작업의 증가
  - · 예기치 않은 생계비 지수의 변화(직접노동에 대한 임률을 생계비 지수의 변화에 따라 조정할 경우)
- 능률차이 … · 표준화되지 않은 설비의 사용
  - · 미숙련 노동자의 고용
  - · 빈번한 노동 이동
  - · 예상치 못한 기계의 고장이나 재료의 결함으로 인한 작업시간의 지연
  - · 표준품질 이하의 재료 사용

가격(임률)차이와 수량(능률)차이는 어느 경우에나 유리 또는 불리하게 나타날 수 있는데, 이것은 결국 관련 제조활동이 유리하게 수행되었는가 또는 불리하게 수행되었는가를 표시하는 것이 된다. 직접노무비의 가격(임률)차이와 수량(능률)차이를 직접노무비 총차이와 관련시켜서, 《분석을 위한 공통예제》를 준용하여 지금까지의 내용을 요약하면 다음과 같다.16)

직접노무비 차이

실제발생액 (실제작업시간×실제임률) AQ×AP	(실제작업시간×표준임률) AQ×SP	실제산출물에 대한 변동예산 (표준작업시간×표준임률) SQ×SP
21,000시간×₩350/시간 = ₩7,350,000	21,000시간×₩330/시간 = ₩6,930,000	22,000시간*×₩330/시간 = ₩7,260,000

임률차이 ₩420,000 (불리한 차이)

능률차이 ₩330,000 (유리한 차이)

총차이 ₩90,000(불리)

* 11,000단위×2시간/단위

16) 직접재료비의 경우와 마찬가지로 직접노무비의 경우에도 가격 · 수량 결합차이(즉 임률 · 능률 결합차이)를 가격(임률)차이에 포함시키는 것이 일반적이다.

제3절 제조간접비 표준

앞 절에서 직접재료비와 직접노무비의 표준을 설정하는 경우에는 「수량표준×가격표준」의 산식을 사용하였다. 제조간접비의 표준을 설정하는 경우에도 그러한 산식을 사용할 수는 있다. 하지만 제조간접비는 그 자체가 수십 개의 서로 다른 원가요소로 구성되어 있어서, 재료비·노무비에 있어서처럼 개별 원가요소에 대하여 일일이 수량표준·가격표준을 설정하기란 시간적·경제적으로 간단하지 않다. 다만, 과거자료로서의 실제생산량과 그에 따르는 제조간접비 실제발생액을 비교분석함으로써, 일괄적으로 제조간접비표준을 설정하는 방법을 선택하고 있다. 여기에서는 제조간접비 변동예산(flexible overhead budget)의 개념 및 동 변동예산이 제조간접비 표준배부율의 산출에 어떻게 사용되고 있으며, 그와 같은 표준배부율의 사용결과 어떤 종류의 제조간접비 차이(factory overhead variance)가 발생하는가를 종합적으로 살펴보고자 한다.

1. 제조간접비 변동예산

제조간접비 **변동예산**이란 생산량 또는 조업도의 변동에 따라 제조간접비 발생액이 함께 변동한다는 것을 전제로 하여 제조간접비 표준을 설정하는 방법이다. 제조간접비 중 감독자 급여·감가상각비 등과 같은 요소는 조업도의 변동에 영향을 받지 아니하는 고정제조간접비(fixed overhead cost)이며, 간접재료비·간접노무비 등의 원가요소는 조업도의 크기에 따라 그 발생액이 영향을 받는 변동제조간접비(variable overhead cost)의 성격을 가지고 있는 것이 일반적이다. 변동예산에 있어서는 제조간접비를 고정원가와 변동원가 요소로 구분하여, 생산량(조업도)의 크기에 따라 제조간접비 예산액의 크기를 달리한다.

예제

(주)장안의 제조간접비 변동예산액이다. 주어진 자료를 이용하여 변동예산 공식을 산출하시오.

제조간접비 변동예산

조업도 / 항목	20,000시간*(A1)	30,000시간*(B1)	40,000시간*(C1)	50,000시간*(D1)
감독자 급여	₩3,500,000	₩3,500,000	₩3,500,000	₩3,500,000
감가상각비	4,500,000	4,500,000	4,500,000	4,500,000
간접노무비	1,500,000	2,250,000	3,000,000	3,750,000
간접재료비	2,500,000	3,750,000	5,000,000	6,250,000
계	₩12,000,000*(A2)	₩14,000,000*(B2)	₩16,000,000*(C2)	₩18,000,000*(D2)

* [표]에 위첨자로 표시되어 있는 알파벳은 변동예산 공식을 도출하기 위한 설명 기호임

해답 ...

[사전지식]

변동예산 공식

= 고정제조간접비 예산액 + 변동제조간접비 예산액

= 고정제조간접비 예산액 + 변동제조간접비 표준배부율×표준작업시간(즉 조업도)

㉠ 변동제조간접비 표준배부율(= 변동원가율) :

$$\frac{\text{표준작업시간에 대한 제조간접비 예산액(D2)} - \text{표준작업시간에 대한 제조간접비 예산액(C2)}}{\text{표준작업시간(D1)} - \text{표준작업시간(C1)}}$$

㉡ 고정제조간접비 예산액 : 표준작업시간에 대한 제조간접비 예산액(D2)
- [변동제조간접비 표준배부율(㉠)×표준작업시간(D1)]

변동원가율 : (₩18,000,000 - ₩16,000,000)÷(50,000시간 - 40,000시간) = ₩200/시간

고정제조간접비 예산액 : ₩18,000,000 - ₩200/시간×50,000시간 = ₩8,000,000

∴ 변동예산 공식 : ₩8,000,000 + ₩200/시간×표준작업시간

[참조] 조업도 60,000시간인 경우의 제조간접비 예산액은 얼마인가?

∴ ₩8,000,000 + ₩200/시간×60,000시간 = ₩20,000,000

[검증] 감독자 급여 ₩3,500,000 + 감가상각비 ₩4,500,000 + 간접노무비 ₩4,500,000
+ 간접재료비 ₩7,500,000 = ₩20,000,000

최종적으로 요약되는 변동예산 공식을 구하기 위해서는, 제조간접비를 구성하는 개별 원가요소를 고정원가 요소와 변동원가 요소로 구별하는 것이 반드시 필요하다.

1) 변동예산의 사용 이점

제조간접비 변동예산은 원가회계와 관리회계의 양 측면에서 사용되고 있다. 즉 원가회계 측면에서는 예정생산량(조업도)에서의 제조간접비 발생액을 추정하여 제조간접비 표준배부율을 계산하는데 사용되며, 관리회계 측면에서는 부문관리자의 업적평가 자료로서 사용될 수 있다.

[**고정예산**(fixed or static overhead budgets)]

제조간접비 변동예산이 개발되기 전에는 제조원가계산이나 업적평가를 위해서는 예상조업도에 대한 단일의 제조간접비 **고정예산**(fixed or static overhead budgets)이 사용되고 있었다. 이와 같은 고정예산은 조업도의 변동에 따라 탄력적으로 제조간접비를 설정하지 못하기 때문에 예상조업도와 실제조업도가 일치하는 경우에만 효과가 있을 뿐이며, 더욱이 부문관리자의 업적평가를 위한 자료로서는 그다지 의미가 없게 된다. 예상조업도의 크기란 보통 1년 전에 추정에 의해 결정되는 것이기 때문에 실제조업도와 일치하는 [예]가 거의 없으며, 더욱이 실제 제조간접비 중에는 조업도의 변동에 따라 증감 변동하는 변동원가요소가 다분히 존재하고 있기 때문에, 일정 조업도에 대하여 고정적으로 설정된 제조간접비 예산은 비적절하다.

제조간접비 변동예산을 사용하게 되면 개별 조업도 수준에서 발생하여야 하는 제조간접비 금액을 추정할 수가 있게 되며, 회계기간 말에는 주어진 조업도에서 실제 제조간접비와의 비교가 가능함으로써 부문별 업적평가를 탄력적으로 수행할 수 있게 된다.[17)]

예제

(주)한국에서는 종업원의 성과평가 수단으로서 예산제도를 사용하고 있다. 당월의 노무원가에 대한 예산(5,000 직접노무시간 기준)과 실제원가 및 차이는 다음과 같다.

	실제원가	예산(5,000시간)	차 이
직접노무원가	₩350,000	₩320,000	₩30,000 불리
간접노무원가	320,000	250,000	70,000 불리
합 계	₩670,000	₩570,000	₩100,000 불리

위의 자료를 받아 본 기업의 경영자는 '불리한 노무원가를 절감할 수 있는 방안을 제시하라'고 지시한 반면에, 노조 측에서는 '실제 성과를 달성하기 위하여 허용된 표준 직접노무시간은 6,000시간이므로 결코 불리한 노무원가차이가 발생했다고 볼 수 없다'라고 주장하였다. 올바른 원가차이 분석을 하시오. 단, 직접노무원가와 간접노무원가 모두 변동원가라고 가정한다.

해답

[사전지식]
고정예산의 문제점을 파악하고 변동예산의 유용성을 확인하기 위한 문제이다. 실제원가와 비교하여야 할 예산은 고정예산이 아닌 변동예산이다.

[직접노무시간당 배부율]

	예 산	시간당 배부율
직접노무원가	₩320,000	₩64
간접노무원가	250,000	50

* 예산÷5,000시간 = 시간당 배부율

[원가차이 분석]

	실제 직접노무시간 : 6,000시간		
	실제원가	변동예산	차 이
직접노무원가	₩350,000	₩384,000	₩34,000 유리
간접노무원가	320,000	300,000	20,000 불리
합 계	₩670,000	₩684,000	₩14,000 유리

* 6,000시간×시간당 배부율 = 변동예산
6,000시간×@₩64 = ₩384,000
6,000시간×@₩50 = ₩300,000

∴ 노무원가 ₩14,000 유리한 차이

17) 고정예산은 조업도 수준을 사전에 예측하여 구한 예산인 반면, 변동예산은 사후적인 실제조업도에 근거한 예산이라고 할 수 있다. 본서의 제13장에서 설명하고 있는 종합예산은 고정예산이라고 할 수 있다. 고정예산과 변동예산에 관한 구체적인 [예제]는 제14장 제2절을 참고하길 바란다.

2) 변동예산의 부문별 설정

제조간접비 변동예산은 크게 다음과 같은 두 가지 이유로 해서 부문별로 설정되는 것이 일반적이다.

첫째, 제조간접비를 부문별로 할당하는데 사용되는 배부기준이 부문별로 서로 다르기 때문이다. 예를 들어, 선반부문에서 기계운용시간(machine hours)을 배부기준으로 사용하는데 비하여, 조립부문에서는 직접작업시간(direct labor hours)을 사용하고 있다. 일반적으로 부문이 구분 제시되지 않는다면, 직접작업시간을 배부기준으로 사용하고 있다.

둘째, 각 부문관리자의 입장에서는 부문별로 설정된 제조간접비예산을 관리하기가 훨씬 수월하다. 그 결과 예산과 실제와의 차이에 관심을 가지게 되고, 그 차이를 분석하여 관리상의 미비점을 수정 · 보완할 수가 있게 된다.

3) 조업도 단위의 선택

변동예산을 수립하는데 있어서 가장 중요한 것은 **조업도 단위**(activity base)를 선택하는 일이다. 달리 말하여 변동예산 공식을 수립하는 과정에서 어떤 단위에 근거한 변동비율을 계산하는가 하는 것이다. 언뜻 보면 완성품의 수량이 조업도 단위가 되지 않을까 생각하기 쉽지만, 그보다는 오히려 직접작업시간이나 기계운전시간 등이 더욱 바람직한 단위가 되고 있다. 그것은 제조간접비를 산출하는데 사용되는 가장 바람직한 조업도 단위란 바로 생산활동이 변동함에 따라 제조간접비가 어떻게 변동하는가 하는 것을 가장 잘 나타낼 수 있는 것이어야 하기 때문이다. 결국 변동예산의 조업도 단위는 원인 - 결과 관계에 입각하여 생산활동의 변동을 제조간접비의 증감 변동과 긴밀하게 연결시키는 경우에 최적의 것이 된다.

《분석을 위한 공통예제》

	제조간접비 변동예산	
원가요소	고정원가	변동원가/직접작업시간
감독자 급여	₩3,500,000	-
감가상각비	4,500,000	-
간접노무비	-	₩75/직접작업시간
간접재료비	-	125/직접작업시간
계	₩8,000,000	₩200/직접작업시간

* 변동예산 공식(flexible budget formula) = 고정원가(₩8,000,000) + 변동원가(₩200/시간×직접작업시간) … 기간별 고정제조간접비 총액과 조업도 단위(여기서는 직접작업시간임)당의 변동제조간접비를 구분하여 표시하는 제조간접비 함수

2. 제조간접비 표준

제조간접비 표준도 수량표준과 가격표준의 두 가지 요소로 구성된다. 이 경우에 수량표준에 해당하는 것은 「**실제생산량에 허용된 조업도 단위**(제조간접비 표준배부율의 계산에 사용된)**의 표준수량**」이며, 가격표준에 해당하는 것은 **제조간접비 표준배부율**이 된다.

1) 제조간접비 표준배부율의 계산

이는 제조간접비를 개별 작업이나 기업이 생산하고 있는 제품에 할당 또는 배분하는 기준으로서 사용하는 비율로서, 연도별 제조간접비를 추정하여 이를 연도별 생산활동의 척도(보통 직접작업시간으로 사용한다 하였음)로 나눔으로써 구할 수 있다.[18]

$$\text{제조간접비 표준배부율} = \frac{\text{연간 제조간접비 추정액}}{\text{연간 추정 직접작업시간} = \text{연간 표준작업시간}}$$

* 조업도 기준 = 직접작업시간

2) 제조간접비 표준의 설정

전술한 바와 같이 제조간접비 표준은 가격표준과 수량표준으로 계산할 수 있기 때문에, 다음과 같은 산식으로 나타낼 수 있다.

제조간접비 표준 = 제조간접비 표준배부율×「실제생산량에 허용된 조업도 단위의 표준수량」*

* 제조간접비 표준배부율의 계산에 사용된 조업도 단위의 표준수량으로서, 보통 직접작업시간을 기준으로 사용한다. 만일 직접작업시간을 기준으로 표준배부율을 산출하였다면, 이는 '실제생산량×제품 단위당 직접작업시간 표준'으로 계산된다.

《분석을 위한 공통예제》에서 제시된 자료와 아래의 자료를 이용하여 ① 변동예산에 의한 연간 제조간접비 추정액을 구하고, ② 이를 연간 추정 조업도 단위수(표준작업시간)로 나누어 제조간접비 표준배부율을 계산한 뒤, ③ 이에다 「실제생산량에 허용된 조업도 단위의 표준수량」을 곱함으로써 산출되는 제조간접비 표준은 다음과 같이 설정된다.

변동예산 공식	₩8,000,000 + ₩200/시간×직접작업시간	
표준생산량	10,000단위	
제품 단위당 직접작업의 표준수량(표준작업시간)	× 2시간/단위	
10,000단위 생산에 필요한 표준작업시간	20,000시간	(기준조업도)

18) 이처럼 제조간접비를 개별작업이나 제품에 할당하는 과정에서 가능한 한 제조간접비 표준배부율을 사용하도록 하는 것은 다음과 같은 두 가지 이유 때문이다.
① 제조간접비의 계절적인 변동(원가의 계절성)을 제거하기 위하여
② 생산활동의 계절적인 변동(생산활동의 계절성)을 제거하기 위하여

① 제조간접비 예산액 : ₩8,000,000 + ₩200/시간×20,000시간 = ₩12,000,000

② 제조간접비 표준배부율 : ₩12,000,000÷20,000시간 = ₩600/시간

이때의 제조간접비 표준배부율 시간당 ₩600은 고정제조간접비 표준배부율(= 고정원가율)과 변동제조간접비 표준배부율(= 변동원가율)의 두 가지로 구분할 수 있는데, 이러한 구분절차는 다음에서 설명하는 제조간접비 차이의 분석에 있어 반드시 필요한 것이다.

제조간접비 표준배부율 = [₩8,000,000 + ₩200/시간(변동원가율)×20,000시간]÷20,000시간
= ₩400/시간(고정원가율) + ₩200/시간(변동원가율)
= ₩600/시간(총 표준배부율)

③ 제조간접비 표준 : 11,000단위*×2시간/단위×₩600/시간 = ₩13,200,000
* 실제생산량 11,000단위

3. 제조간접비 차이의 계산 : 2분법

제조간접비 표준배부율에 의한 제조간접비 표준과 제조간접비 실제발생액 간에는 필연적으로 차이가 발생하게 되는데, 그 원인으로는 여러 가지가 있다. 따라서 제조간접비 차이는 이러한 원인별로 분석하여야 한다.19)

앞에서 제시된 자료 및 다음에 제시되는 자료를 이용하여, 제조간접비 차이를 분석해 보고자 한다.

제조간접비 자료

실제생산량	11,000단위
단위당 직접작업의 표준수량(단위당 표준작업시간)	× 2시간/단위
실제생산량에 허용된 표준작업시간	22,000시간
실제작업시간	21,000시간

	제조간접비 실제발생액		
원가요소	고정원가	변동원가	합 계
감독자 급여	₩3,700,000	-	₩3,700,000
감가상각비	4,500,000	-	4,500,000
간접노무비	-	₩1,647,000	1,647,000
간접재료비	-	2,653,000	2,653,000
계	₩8,200,000	₩4,300,000	₩12,500,000

지금까지 제시된 자료에 기초하여, 제조간접비 총차이를 계산하면 다음과 같다.

---

19) 변동예산에 의하여 제조간접비를 관리 · 통제하는 경우에 차이분석의 방법에는 산출량에 의하여 측정하느냐 아니면 투입량에 의하여 측정하느냐에 따라 2분법과 3분법의 두 가지가 있다.

제조간접비 차이

원가행태	제조간접비 실제발생액	실제산출물에 대한 배부액 (제조간접비 표준)* (실제생산량에 허용된 표준작업시간×제조간접비 표준배부율)
고정제조간접비	₩8,200,000	₩8,800,000
변동제조간접비	4,300,000	4,400,000
	₩12,500,000	₩13,200,000

₩700,000(유리한 차이, 과대배부액)

* 제조간접비 표준배부율 중 고정원가율(₩400/시간)×22,000시간(표준작업시간)
제조간접비 표준배부율 중 변동원가율(₩200/시간)×22,000시간(표준작업시간)

과대배부액 ₩700,000은 표준이 실제를 초과하는 부분으로서 유리한 차이라고 할 수 있다. 제조간접비 총차이가 유리한 차이로 나타나든 불리한 차이로 나타나든, 이러한 총차이의 내용은 다음과 같은 두 가지 요소로 크게 나누어 질 수 있다. 제조간접비 차이를 두 가지 요소로 분리하여 분석하는 방법을 **2분법**(two-variance analysis)이라고 한다.

① 예산차이(budget variance)
② 조업도차이(volume variance)

1) 예산차이

제조간접비 실제발생액과 「실제생산량에 허용된 표준작업시간」을 근거로 하여 계산된 제조간접비 변동예산의 차이이다.

예산차이 = 실제발생액 - 「실제생산량에 허용된 표준작업시간」에 대응하는 제조간접비 변동예산

원가행태	제조간접비 실제발생액	실제산출물에 대한 변동예산 (실제생산량에 허용된 표준작업시간)
고정제조간접비	₩8,200,000	₩8,000,000
변동제조간접비	4,300,000	4,400,000
	₩12,500,000	₩12,400,000*

예산차이 ₩100,000(불리)

* 변동예산 공식 = ₩8,000,000(고정원가) + ₩200/시간×22,000시간

이처럼 예산차이란 「실제생산량에 허용된 표준작업시간」에 대응되는 제조간접비 변동예산액이 제조간접비 실제발생액을 초과 또는 미달하는가를 나타내는 것으로서, 경영자들의 원가관리를 위해 유용한 정보가 되고 있다.

2) 조업도차이

「실제생산량에 허용된 표준작업시간」과 제조간접비 표준배부율의 계산에 사용된 표준작업시간의 불일치로 인해 발생하는 제조간접비 차이로서, 다음과 같이 두 가지 방법으로 분석할 수 있다.

(1) 「실제생산량에 허용된 표준작업시간」에 대응하는 제조간접비 변동예산과 제조간접비 표준의 차이로서 분석하는 방법

조업도차이 = 「실제생산량에 허용된 표준작업시간」에 대응하는 제조간접비 변동예산 - 제조간접비 표준

원가행태	실제산출물에 대한 변동예산 (실제생산량에 허용된 표준작업시간)	실제산출물에 대한 배부액 (제조간접비 표준) (실제생산량에 허용된 표준작업시간×제조간접비 표준배부율)
고정제조간접비	₩8,000,000	₩8,800,000
변동제조간접비	4,400,000	4,400,000
	₩12,400,000	₩13,200,000

조업도차이 ₩800,000(유리)

이때의 차이 ₩800,000은 제조간접비 표준이 「실제생산량에 허용된 표준작업시간」에 대응하는 제조간접비 변동예산을 초과함으로써 발생하는 유리한 차이이다. 이러한 형태의 유리한 차이는 일반적으로 실제생산량이 예정생산량을 초과함으로써 발생한다.

(2) 제조간접비 표준배부율 중 고정원가율만을 고려하여 분석하는 방법

전술한 (1)의 방법에 의한 제조간접비의 차이분석에서 볼 때, 변동원가는 동일하게 계산되기 때문에 결국 조업도차이란 고정제조간접비와 관련되어 나타나는 차이이다. 따라서 조업도차이는 전체 금액을 비교하지 않더라도 고정제조간접비만을 비교하여 분석할 수 있는데, 이를 수식으로 표현하면 다음과 같다.

조업도차이 = 변동예산에 의한 고정제조간접비 - 「실제생산량에 허용된 표준작업시간」에 대응하는 고정제조간접비 표준

= (고정원가율×표준작업시간) - (고정원가율×「실제생산량에 허용된 표준작업시간」)

= 고정원가율×(표준작업시간 - 「실제생산량에 허용된 표준작업시간」)

= ₩400/시간×(20,000시간* - 22,000시간) = - ₩800,000(유리한 차이)

* 표준수량 10,000단위 생산에 필요한 직접작업시간 표준으로서, 제조간접비 표준배부율의 계산에 사용된 시간임

그러나 조업도차이는 예산차이처럼 경영자들에게 원가관리를 위한 자료를 마련해 주지는 못한다. 다만, 실제조업도가 추정조업도에 비교하여 그 크기가 어떠하였는가를 나타낼 수 있을 뿐이다.

4. 예산차이의 분할 : 3분법

지금까지 예산차이와 조업도차이로 분할한 제조간접비 총차이는 다음과 같이 세 가지 요소로 분리하여 분석할 수도 있다. 이를 3분법(three - variance analysis)에 의한 제조간접비의 차이분석이라고 한다.

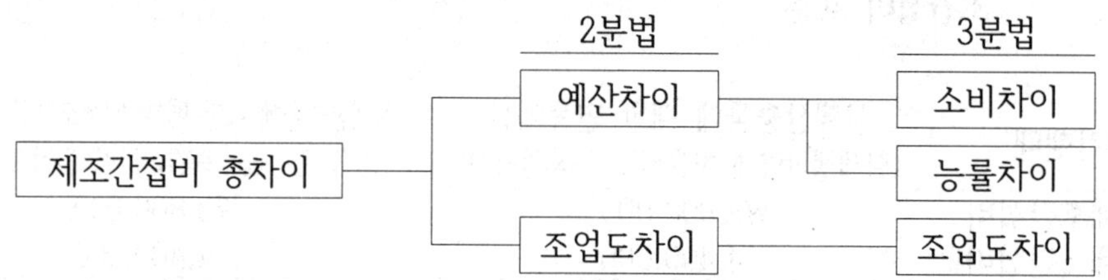

소비차이란 제조간접비 실제발생액과 「실제작업시간」에 대응하는 제조간접비 변동예산의 차이를 지칭하는 것으로서, 「발생하여야 하는(should be incurred)」 제조간접비 금액을 계산하는데 사용되는 기준으로서는 「실제생산량에 허용된 표준작업시간」이라기 보다는 오히려 「실제발생된 직접작업시간(실제작업시간)」이 더욱 적절하다는 가정에서 분석되는 제조간접비 차이이다. 능률차이란 「실제작업시간」이 「실제생산량에 허용된 표준작업시간」에 미달한다면 절감될 수 있는 변동제조간접비 금액을 의미하는 것이다.

지금까지의 자료를 이용하여, 예산차이 ₩100,000(불리한 차이)을 소비차이와 능률차이로 분할하여 계산해 보면 다음과 같다.

소비차이 = 실제발생액 - 「실제작업시간」에 대응하는 제조간접비 변동예산

= ₩12,500,000 - ₩12,200,000* = ₩300,000(불리한 차이)

* 「실제작업시간」 21,000시간을 변동예산 공식(= ₩8,000,000 + ₩200/시간×직접작업시간)에 대입하여 계산되는 수치임

능률차이 = 「실제작업시간」에 대응하는 제조간접비 변동예산 - 「실제생산량에 허용된 표준작업시간」에 대응하는 제조간접비 변동예산

= ₩12,200,000 - ₩12,400,000* = - ₩200,000(유리한 차이)

* 「실제생산량에 허용된 표준작업시간」 22,000시간을 변동예산 공식에 대입하여 계산되는 수치임

원가행태	제조간접비 실제발생액	실제투입물에 대한 변동예산 (실제작업시간)	실제산출물에 대한 변동예산 (실제생산량에 허용된 표준작업시간)
고정제조간접비	₩8,200,000	₩8,000,000	₩8,000,000
변동제조간접비	4,300,000	4,200,000*	4,400,000
	₩12,500,000	₩12,200,000	₩12,400,000

소비차이 ₩300,000(불리)　　능률차이 ₩200,000(유리)

* 제조간접비 표준배부율 중 변동원가율(₩200/시간)×21,000시간(실제작업시간)

이 경우 능률차이에 있어 「실제작업시간」이나 「실제생산량에 허용된 표준작업시간」에 대응하는 변동예산의 계산시에는 고정제조간접비가 동일한 금액으로 포함되어 있기 때문에, 능률차이의 계산시에는 고정제조간접비를 배제한 나머지 변동제조간접비만으로 간소하게 계산할 수도 있다.[20)]

능률차이 = 「실제작업시간」에 대응하는 제조간접비 변동예산 - 「실제생산량에 허용된 표준작업시간」에 대응하는 제조간접비 변동예산
= {고정제조간접비 + (「실제작업시간」×변동원가율)} - {고정제조간접비 + (「실제생산량에 허용된 표준작업시간」×변동원가율)}
= 변동원가율×(「실제작업시간」 - 「실제생산량에 허용된 표준작업시간」)
= ₩200/시간×(21,000시간 - 22,000시간) = - ₩200,000(유리한 차이)

5. 제조간접비 차이의 원인 및 요약

이상에서 살펴본 바와 같이 제조간접비 차이는 소비차이, 능률차이, 조업도차이의 세 가지로 분리시켜 파악하여야 하는데, 이들의 발생원인을 보면 대개 다음과 같다.

- 소비차이 … · 물가(시장가격 · 임금수준 등)의 변동
  · 계절적인 간접비 발생액의 변동
  · 제조간접비의 낭비 및 제조간접비 예산 측정의 오류
- 능률차이 … · 재료의 낭비
  · 부적절한 작업시간 표준의 설정
  · 작업자의 미숙련, 태만, 부적절한 배치
  · 노동자의 비능률
- 조업도차이 … · 조업도의 계절적인 변화
  · 파업 등에 의한 조업 중단

20) ₩4,200,000 - ₩4,400,000 = - ₩200,000(유리한 차이)

· 재료 및 노동력의 부족으로 인한 조업 단축
· 생산계획 및 생산관리의 오류
· 대체품 출연 등에 의한 수요의 감퇴

지금까지 제시된 (주)장안의 원가자료를 이용하여 2분법, 3분법, 4분법으로 계산된 제조간접비 총차이를 요약해 보이면 다음과 같다.

원가행태	제조간접비 실제발생액	실제투입물에 대한 변동예산 (실제작업시간)	실제산출물에 대한 변동예산 (실제생산량에 허용된 표준작업시간)	실제산출물에 대한 배부액 (제조간접비 표준)
변동제조간접비	4,300,000	4,200,000	4,400,000	4,400,000
고정제조간접비	₩8,200,000	₩8,000,000	₩8,000,000	₩8,800,000
	₩12,500,000	₩12,200,000	₩12,400,000	₩13,200,000

<3분법> 소비차이 ₩300,000(불리) 능률차이 ₩200,000(유리) 조업도차이 ₩800,000(유리)

<2분법> 예산차이 ₩100,000(불리)

총차이 ₩700,000(유리) (과대배부)

* 연간 제조간접비 추정액 = ₩8,000,000 + ₩200/시간
기준조업도 = 20,000시간, 표준작업시간(표준조업도) = 11,000단위(실제생산량)×2시간/단위 = 22,000시간
21,000시간(실제작업시간)×₩200/시간(변동원가율) = ₩4,200,000
22,000시간(표준작업시간)×₩200/시간(변동원가율) = ₩4,400,000
22,000시간(표준작업시간)×₩400/시간(고정원가율) = ₩8,800,000

<4분법>

변동제조간접비 차이

실제발생액 (실제조업도×실제배부율)	실제투입물에 대한 변동예산 (실제조업도×표준배부율)	실제산출물에 대한 변동예산 (표준조업도×표준배부율)
₩4,300,000	21,000시간×₩200/시간 = ₩4,200,000	22,000시간*×₩200/시간 = ₩4,400,000

소비차이 ₩100,000(불리) 능률차이 ₩200,000(유리)

총차이 ₩100,000(유리)

* 11,000단위×2시간/단위

고정제조간접비 차이

실제발생액 (실제조업도×실제배부율)	예산 (기준조업도×표준배부율)	실제산출물에 대한 배부액 (표준조업도×표준배부율)
₩8,200,000	20,000시간×₩400/시간 = ₩8,000,000	22,000시간*×₩400/시간 = ₩8,800,000

소비차이 ₩200,000(불리) 조업도차이 ₩800,000(유리)

총차이 ₩600,000(유리)

* 11,000단위×2시간/단위

예제

제조간접비에 대한 표준원가를 설정하고 있다. 다음 각각의 문제에 답하시오.

1. 4분법에 의해 차이분석을 행하시오. (2012 회계사 유사, 2012 세무사 유사, 2010 세무사 유사)

제조간접비 변동예산 공식	₩1,000,000 + ₩100/시간×직접노동시간
제품 단위당 표준직접노동시간	5시간
제조간접비 실제발생액	₩7,000,000(고정제조간접비 ₩1,500,000)
직접노동시간	51,000시간
실제생산량	10,000개
기준조업도	5,000개

해답

변동제조간접비 차이

실제발생액 (실제조업도×실제배부율)	실제투입물에 대한 변동예산 (실제조업도×표준배부율)	실제산출물에 대한 변동예산 (표준조업도×표준배부율)
₩5,500,000	51,000시간×₩100/시간 = ₩5,100,000	10,000개×5시간×₩100/시간 = ₩5,000,000

소비차이 ₩400,000(불리) 능률차이 ₩100,000(불리)

* ₩7,000,000 - ₩1,500,000 = ₩5,500,000

고정제조간접비 차이

실제발생액 (실제조업도×실제배부율)	예산 (기준조업도×표준배부율)	실제산출물에 대한 배부액 (표준조업도×표준배부율)
₩1,500,000	₩1,000,000	10,000개×5시간×₩40/시간 = ₩2,000,000

소비차이 ₩500,000(불리) 조업도차이 ₩1,000,000(유리)

* ₩1,000,000÷5,000개 = @₩200, @₩200 = 5시간×@₩40
  고정제조간접비 표준배부율 = 고정제조간접비 예산÷기준조업도
  → (기준조업도는 5,000개 또는 5,000개×5시간 = 25,000시간으로 표현할 수 있다.)

2. 4분법에 의해 차이분석을 행한다. 실제생산량에 허용된 표준직접노동시간 및 기준조업도는 각각 얼마인가? (2020 세무사 유사)

변동제조간접비	실제발생액	₩160,000
고정제조간접비	실제발생액	140,000
변동제조간접비	소비차이	10,000 불리
	능률차이	5,000 유리
고정제조간접비	소비차이	8,500 유리
	조업도차이	9,000 불리
변동제조간접비	표준배부율	100/ 시간

해답

변동제조간접비 차이

실제발생액 (실제조업도×실제배부율)	실제투입물에 대한 변동예산 (실제조업도×표준배부율)	실제산출물에 대한 변동예산 (표준조업도×표준배부율)
₩160,000	X×₩100/시간 = ₩150,000	Y×₩100/시간 = ₩155,000

소비차이 ₩10,000(불리) 능률차이 ₩5,000(유리)

* Y×₩100/시간 = ₩155,000, Y = 1,550시간(실제생산량에 허용된 표준직접노동시간)

고정제조간접비 차이

실제발생액 (실제조업도×실제배부율)	예산 (기준조업도×표준배부율)	실제산출물에 대한 배부액 (표준조업도×표준배부율)
₩140,000	₩148,500	1,550시간×? = ₩139,500

소비차이 ₩8,500(유리)　　조업도차이 ₩9,000(불리)

* 1,550시간×? = ₩139,500
? = @₩90
₩148,500÷@₩90 = 1,650시간(기준조업도)

3. 3분법에 의해 차이분석을 행한다. 제조간접비 소비차이는 얼마인가?

제조간접비 실제발생액	₩155,000
고정제조간접비 실제발생액	70,000
고정제조간접비 예산	80,000
실제직접노동시간	8,000시간
표준직접노동시간	7,500시간
변동제조간접비 표준배부율	10/시간

해답

실제발생액	실제투입물에 대한 변동예산 (실제작업시간)	실제산출물에 대한 변동예산 (실제생산량에 허용된 표준작업시간)	실제산출물에 대한 배부액 (제조간접비 표준)
-	8,000시간×₩10/시간 + ₩80,000	7,500시간×₩10/시간 + ₩80,000	7,500시간×₩10/시간 + Y
₩155,000	= ₩160,000	= ₩155,000	= ?

소비차이 ₩5,000(유리)　　능률차이 ₩5,000(불리)　　조업도차이 ?

예산차이 ₩0

* Y = ?

4. 2분법에 의해 차이분석을 행한다. 제조간접비 예산차이 및 조업도차이는 각각 얼마인가?
(2010 회계사 유사, 2025 세무사 유사, 2023 세무사 유사)

제조간접비 실제발생액	₩650,000
고정제조간접비 예산	300,000
기준조업도	4,000시간
표준직접노동시간	5,000시간
제조간접비 표준배부율	150/시간

해답

실제발생액	실제투입물에 대한 변동예산 (실제작업시간)	실제산출물에 대한 변동예산 (실제생산량에 허용된 표준작업시간)	실제산출물에 대한 배부액 (제조간접비 표준)
-	?×₩75/시간 + ₩300,000	5,000시간×₩75/시간 + ₩300,000	5,000시간×₩75/시간 + 5,000시간×₩75/시간
₩650,000	= ?	= ₩675,000	= ₩750,000

소비차이 ?　　능률차이 ?　　조업도차이 ₩75,000(유리)

예산차이 ₩25,000(유리)

* ₩300,000÷4,000시간 = @₩75
@₩150 - @₩75 = @₩75

제4절 재공품 및 표준원가 차이분석

지금까지는 표준원가계산을 할 때 재공품이 포함되어 있는 경우를 전혀 고려하지 않았다. 이와 같은 경우에는, 단순히 「당기완성량×완성품 단위당 표준원가」로 표준 생산원가를 계산하면 된다. 그러나 **재공품이 포함되어 있는 경우**에는 재공품 즉 부분적으로 완성된 제품이 있는 경우에는 직접재료비 · 직접노무비 · 제조간접비의 각각에 대하여 완성품 환산량을 먼저 계산하고, 이를 당기완성품 수량과 합산하여 회계기간 중에 완성된 제품의 총수량(총 완성품 환산량)으로 계산하여야 한다.

공통예제

표준종합원가계산제도를 채택하고 있다. 제품의 생산과 관련된 표준원가 자료는 다음과 같다.

표준원가

원가요소	표준수량		표준가격		표준원가
직접재료비	2kg	×	₩400/kg	=	₩800
직접노무비	2시간	×	₩1,000/시간	=	2,000
제조간접비	2시간	×	₩800*/시간	=	1,600
단위당 표준원가					₩4,400

* 직접작업시간당 제조간접비 표준배부율로서, 표준생산량 10,000단위에 대한 표준작업시간을 구하여(10,000단위×2시간 = 20,000시간), 이를 다음의 변동예산 공식에 대입하여 구한 것이다.
제조간접비 예산액(변동예산 공식) = ₩6,000,000 + ₩500/시간×직접작업시간
㉠ ₩6,000,000 + ₩500/시간×20,000시간 = ₩16,000,000
㉡ ₩16,000,000÷20,000시간 = ₩800/시간
㉢ ₩800/시간 = ₩500/시간(변동원가율) + ₩300/시간(고정원가율)

실제 생산활동의 결과 얻어진 실제생산량 · 실제발생원가 · 매출액 · 판매관리비 등의 명세는 다음과 같다고 가정한다. 단, 기초의 재료재고 및 제품재고는 없다고 가정한다.

실제원가

1. 생산량

기초재공품	0단위
당기투입량	10,000
당기완성량	7,000
기말재공품(직접재료는 100% 투입) (직접노무비와 제조간접비는 1/3 완성)	3,000

2. 제조원가

직접재료의 구입(24,000kg×₩420/kg)	₩10,080,000
직접재료의 사용(22,000kg)	
직접노무비(17,600시간×₩1,050/직접작업시간)	₩18,480,000
제조간접비(변동제조간접비 ₩7,000,000)	12,000,000

3. 매출액 및 판매관리비

매출액(6,000단위×₩7,000/단위)	₩42,000,000
판매관리비	10,000,000

1. 표준 생산원가

[공통예제]의 자료를 좀 더 구체적으로 [예시]해 보면 다음과 같다. A는 생산활동을 개시한 실제수량을 나타내고 있으며, B는 당기완성품 수량과 기말재공품의 완성품 환산량을 원가요소별로 별도 계산하고 있다. C는 표준원가 자료와 B에서 주어진 '원가요소별 총 완성품 환산량'을 근거로 하여 계산된 원가요소별 표준원가 총계를 보여주고 있다.

먼저, 총 완성품 환산량을 산출해 보자. 실질적으로 [공통예제]에서의 총 완성품 환산량은 직접재료비에 대해서는 10,000단위(= 7,000단위 + 3,000단위×100%), 직접노무비와 제조간접비에 대해서는 8,000단위(= 7,000단위 + 3,000단위×1/3)가 된다.

표준 생산원가

A. 기초재공품 및 당기투입량

기초재공품	0단위
당기투입량	10,000
	10,000단위

B. 당기완성량 및 기말재공품 환산량(원가요소별)

	직접재료비	직접노무비	제조간접비
당기완성량	7,000단위	7,000단위	7,000단위
기말재공품 환산량	3,000 [1)]	1,000 [2)]	1,000 [2)]
총 완성품 환산량	10,000단위	8,000단위	8,000단위

C. 표준원가

원가요소	총 완성품 환산량	단위당 표준원가	계
직접재료비	10,000단위	₩800	₩8,000,000
직접노무비	8,000	2,000	16,000,000
제조간접비	8,000	1,600	12,800,000
		₩4,400	₩36,800,000

* 1) 기말재공품 수량(3,000단위)×완성도(100%) = 3,000단위
  2) 기말재공품 수량(3,000단위)×완성도(1/3) = 1,000단위

[공통예제]에서, 당기 중 생산활동에 소요된 직접재료비 · 직접노무비 · 제조간접비의 표준원가 총계는 ₩36,800,000으로 계산되었다. 따라서 표준 생산원가를 한 마디로 정의한다면, '당기완성품 수량과 기말재공품의 완성품 환산량 - 즉 회계기간 중의 총 완성품 환산량에 대하여 계산된 원가요소별 표준원가의 총계'라고 할 수 있다.

제조원가보고서[5단계법]를 살펴보면, 선입선출법에 의해 작성된 제조원가보고서(제6장 종합원가계산 **참조**)와 거의 유사하다는 것을 알 수 있다. 이것은 「당기에 발생한 실제원가」와 「당기의 실제산출량에 허용된 표준원가」를 쉽게 비교하기 위한 것일 뿐이다. 즉 실제원가와 표준원가를 비교분석하는 원가차이 분석을 수행하여 원가통제의 목적을 달성하기 위해서는 「당기의 실제산출량에 허용된 표준원가」를 구해야 하는데, 재공품이 존재할 경우에 당기의 실제산출량은 선입선출법에 의한 제조원가보고서상의 완성품 환산량(당기완성품 환산량)으로 측정된다. 따라서 제조원가보고서[5단계법]의 작성 절차는 먼저 당기완성품 환산량을 구하고(제2단계), 당기완성품 환산량(당기의 실제산출량)에 허용된 표준원가를 구한 다음(4단계에서 3단계로 역산하여 산출), 완성품과 기말재공품의 표준원가를 구하는 것이다(제5단계).[21]

제조원가보고서

	[1단계] 물량흐름 파악	[2단계] 완성품 환산량 직접재료비	 가공비	계
기초재공품 수량	0단위(없음)			
당기투입 수량	10,000			
계	10,000단위			
기초재공품 완성량	0단위(없음)	0단위	0단위	
당기투입 완성량	7,000	7,000	7,000	
기말재공품 수량	3,000 (1/3)	3,000	1,000	
계	10,000단위	10,000단위	8,000단위	
[3단계] 총제조원가의 집계				계
기초재공품원가				₩0
당기총제조비용(표준)*		₩8,000,000	₩28,800,000	36,800,000
계		₩8,000,000	₩28,800,000	₩36,800,000
[4단계] 환산량 단위당 원가				
완성품 환산량		÷10,000단위	÷8,000단위	
환산량 단위당 원가(표준)		₩800	₩3,600	
[5단계] 총제조원가의 배분				
완성품원가(표준)	7,000단위×@₩800 + 7,000단위×@₩3,600 =			₩30,800,000
기말재공품원가(표준)	3,000단위×@₩800 + 1,000단위×@₩3,600 =			6,000,000
계				₩36,800,000

* 직접재료비 : 10,000단위×2kg×@₩400 = ₩8,000,000
가공비 : (8,000단위×2시간×@₩1,000) + (8,000단위×2시간×@₩800) = ₩28,800,000

[참조] 표준종합원가계산에 의한 제조원가보고서[5단계법]의 작성 및 원가차이 분석은 연속적으로 수행해지며 서로 관련이 있는데, 원가차이 분석에서 원가요소별 표준원가의 합(**후술함**)과 제조원가보고서[5단계법]상의 당기총제조비용(표준)의 합은 같아야 한다(₩36,800,000). 구체적으로, 직접재료비의 표준원가(₩8,000,000)는 제조원가보고서[5단계법]상의 당기총제조비용(표준) 중 직접재료비 금액과 동일하다. 가공비의 경우도 동일한 이치이다.

21) 표준원가계산제도를 사용하여 제품원가계산을 할 때에는 실제의 원가흐름을 추적할 필요가 없다. 다만 실제원가와 표준원가의 차이가 발생하면 그 차이를 기록하고 외부공표용 재무제표를 작성하기 위해서 원가차이를 조정하는 과정만 거치게 되므로 원가계산이 신속하고 간편해지며 회계기록도 매우 단순화되는 장점이 있다. 즉 외부공표용 재무제표는 실제발생된 제조원가를 기준으로 작성되어야 하므로 기말에 원가차이를 조정하여 이들 계정을 실제원가로 수정하여야 하는 것이다.

2. 원가차이의 분석

원가요소별(직접재료비 · 직접노무비 · 제조간접비) 표준 생산원가가 계산되면, 각 원가요소별 실제발생액과 이를 비교하여 원가차이를 분석할 수 있다. 그 결과는 다음과 같다.

직접재료비 차이(직접재료의 구입시점)

<구입시>

실제구입수량×실제가격	실제구입수량×표준가격
24,000kg×₩420/kg = ₩10,080,000	24,000kg×₩400/kg = ₩9,600,000

구입가격차이 ₩480,000
(불리한 차이)

<사용시>

실제소비수량×표준가격	표준소비수량×표준가격
22,000kg×₩400/kg = ₩8,800,000	20,000kg*×₩400/kg = ₩8,000,000

수량차이 ₩800,000
(불리한 차이)

직접재료비 차이(직접재료의 사용시점)

실제발생액 (실제소비수량×실제가격) AQ×AP	(실제소비수량×표준가격) AQ×SP	실제산출물에 의한 변동예산 (표준소비수량×표준가격) SQ×SP
22,000kg×₩420/kg = ₩9,240,000	22,000kg×₩400/kg = ₩8,800,000	20,000kg*×₩400/kg = ₩8,000,000

가격차이 ₩440,000 (불리한 차이) / 수량차이 ₩800,000 (불리한 차이)

총차이 ₩1,240,000(불리)

* 직접재료비에 대한 기중 완성품 환산량(10,000단위)×단위당 직접재료수량 표준(2kg/단위)

직접노무비 차이

실제발생액 (실제작업시간×실제임률) AQ×AP	(실제작업시간×표준임률) AQ×SP	실제산출물에 의한 변동예산 (표준작업시간×표준임률) SQ×SP
17,600시간×₩1,050/시간 = ₩18,480,000	17,600시간×₩1,000/시간 = ₩17,600,000	16,000시간*×₩1,000/시간 = ₩16,000,000

임률차이 ₩880,000 (불리한 차이) / 능률차이 ₩1,600,000 (불리한 차이)

총차이 ₩2,480,000(불리)

* 직접노무비에 대한 기중 완성품 환산량(8,000단위)×단위당 직접작업시간 표준(2시간/단위)

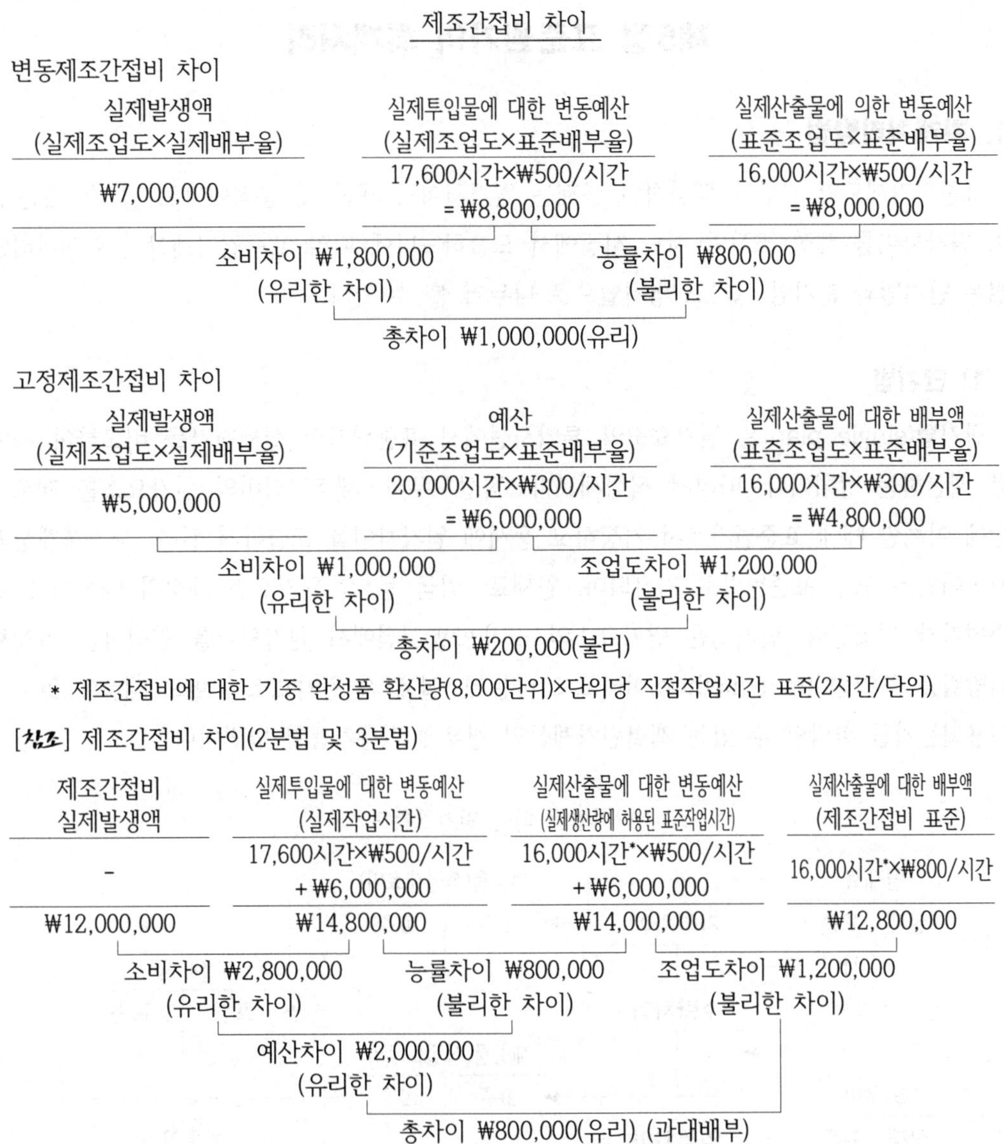

위의 원가차이 계산은 지금까지 기술한 분석방법(제2절 및 제3절)을 그대로 사용한 것으로서, 다만 특이한 것은 기말에 부분적으로 완성된 제품 - 즉 재공품 - 이 있는 경우에 이들까지도 고려하여 원가차이 분석을 수행하였다는 점이다. 표준원가의 설정이나 원가차이 분석에 있어서 이러한 재공품의 완성품 환산량까지 고려해야 한다는 사실을 명심하고 있어야 한다.

제5절 표준원가의 회계처리

1. 회계처리방법

표준원가제도와 관련된 핵심적인 문제는 원가차이의 계산 및 분석이라고 할 수 있는데, 이 원가차이를 계정 조직의 어느 시점에서 도출하느냐에 따라 표준원가계산의 회계처리방법은 단기법과 분기법 그리고 병기법으로 나누어 볼 수 있다.

1) 단기법

단기법(single plan)은 원가요소의 투입시점에서 표준원가와 실제원가를 비교하여 차이를 계산하는 방법이다. 따라서 직접재료비 · 직접노무비 · 제조간접비의 원가요소를 제조계정에 이체할 때에 표준원가로서 기장하고 동시에 원가차이를 도출하게 된다. 재공품계정의 차 · 대변은 모두 표준원가로 기장되며, 원재료 · 임금 등 각 원가요소 계정의 대변에도 표준원가가 기입된다. 단기법은 원가요소의 소비(발생)시점에서 원가차이를 인식하는 회계처리방법을 **투입법**(input method)이라고도 하는데, 실제 각 원가요소가 어느 제품에 얼마나 사용되는가를 파악할 수 있는 개별원가계산의 경우에 적용가능한 방법이다.

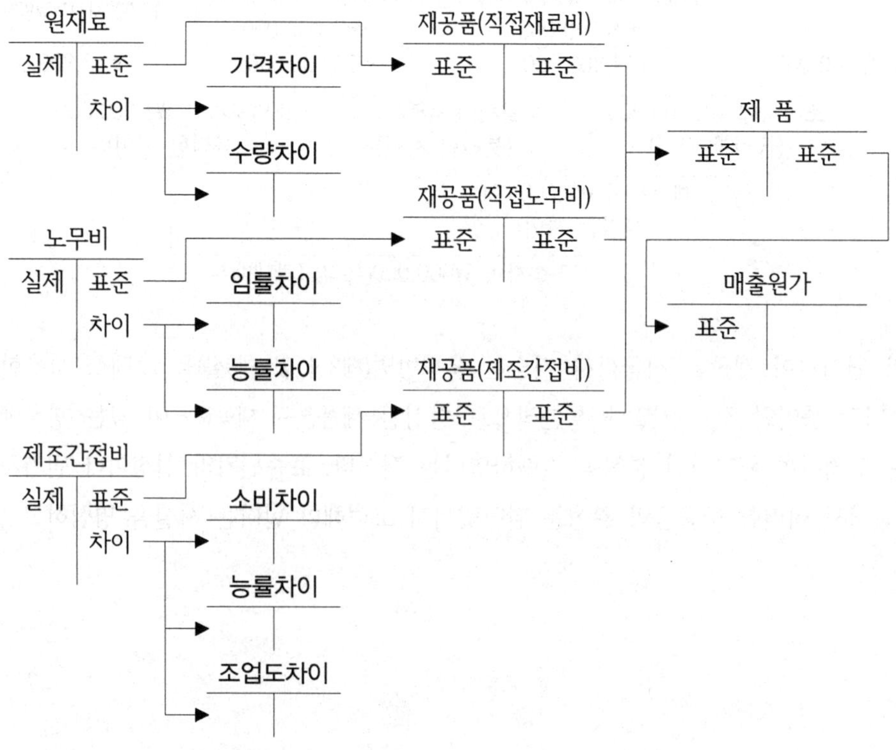

2) 분기법

분기법(partial plan)은 제품의 완성원가(제조원가)를 재공품계정에서 제품계정으로 이체할 때 표준원가로 기장하는 방법이다. 그 이전 단계에서는 전부 실제원가로 기입하며 재공품계정에서 제품이 완성되어 제품계정으로 이체될 때 비로소 표준원가로 기록하기 때문에, 원가차이는 바로 제품이 완성되는 시점에서 인식하게 된다. 분기법은 모든 원가요소가 투입된 후 완성품과 기말재공품수량이 확실시된 경우에만 원가차이를 분석할 수 있기 때문에, **산출법**(output method)이라고도 한다. 따라서 종합원가계산의 경우에만 적용가능한 방법이다.

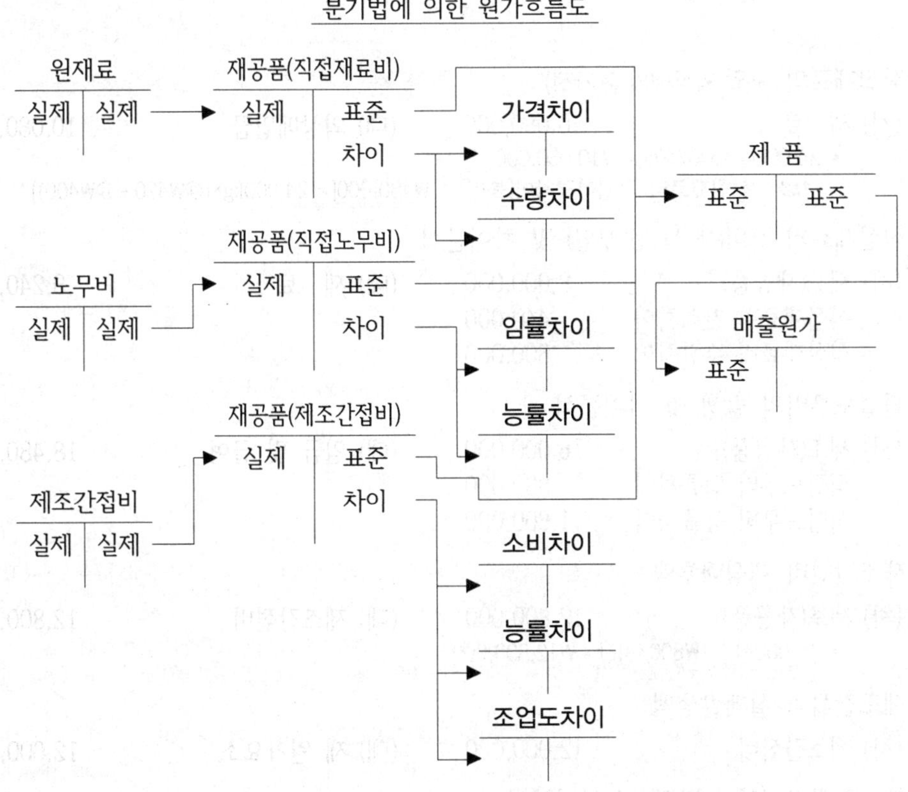

3) 병기법

병기법(dual plan)은 주요장부인 분개장과 총계정원장에 실제발생원가와 표준원가를 동시에 기록하기 위한 두 개의 란을 설정하고, 원가발생이나 소비시점마다 이 두 가지 원가수치를 함께 표시하는 방법이다. 병기법에 의하는 경우, 대체로 실제원가에 의해 재무제표를 작성하고 있으면서 기준 표준원가를 적용하는 경우가 많다. 그러나 회계 업무량이 증대하고 그에 따르는 사무비용이 비교적 많이 소요된다는 점에서 실무상 이용률이 극히 낮다.

2. 회계처리 및 계정기입

표준원가와 실제발생원가와의 차액(즉 원가차이)은 원가계산기간별로 산정한다. 이 경우 실제발생원가의 산정 내용에 의한다. 원가차이는 일정한 기준에 따라 회계연도의 매출원가와 기말재고자산에 배부하며, 원가차이의 배부를 보다 정확히 하기 위하여 원가요소별로 다른 배부기준을 적용할 수 있다. 비정상적으로 발생한 원가차이는 기타수익 또는 기타비용으로 한다. 한편, 실제원가계산제도에 있어서 원가의 일부를 예정가격 등으로 계산할 경우 발생한 원가차이는 표준원가계산의 원가차이를 준용하여 처리한다.

[공통예제]를 준용하여, 표준원가 자료와 원가차이에 대한 회계처리에 대하여 살펴보기로 한다.

(1) 직접재료의 구입(외상매입을 가정)

(차) 재　료	10,080,000	(대) 외상매입금	10,080,000

* 24,000kg×₩420/kg = ₩10,080,000

참조 직접재료비 구입가격차이(불리) : ₩480,000[= 24,000kg×(@₩420 - @₩400)]

(2) 직접재료의 소비(생산과정 투입) 및 차이분석

(차) 제조(재공품)	8,000,000	(대) 재　료	9,240,000
직접재료비 가격차이	440,000		
직접재료비 수량차이	800,000		

(3) 직접노무비의 발생 및 차이분석

(차) 제조(재공품)	16,000,000	(대) 임금 및 급여	18,480,000
직접노무비 임률차이	880,000		
직접노무비 능률차이	1,600,000		

(4) 제조간접비 예정배부액

(차) 제조(재공품)	12,800,000	(대) 제조간접비	12,800,000

* 16,000시간×₩800/시간 = ₩12,800,000

(5) 제조간접비 실제발생액

(차) 제조간접비	12,000,000	(대) 제 원가요소	12,000,000

(6) 제조간접비계정의 마감 및 차이분석

(차) 제조간접비	800,000	(대) 제조간접비 소비차이	2,800,000
제조간접비 능률차이	800,000		
제조간접비 조업도차이	1,200,000		

* (차변) 제조간접비 ₩800,000은 제조간접비 예정배부액 ₩12,800,000과 제조간접비 실제발생액 ₩12,000,000의 차액이다.

* (대변) 제조간접비 소비차이 ₩2,800,000(유리)은 변동제조간접비 소비차이 ₩1,800,000(유리)과 고정제조간접비 소비차이 ₩1,000,000(유리)의 합계액이다.

이상의 여섯 가지 회계처리는 표준원가의 설정 및 원가차이의 분석과 관련하여 필수적으로 수행하여야 하는 것이다. 그러나 생산활동의 결과 완성된 제품의 원가는 제조계정에서 제품계정으로, 판매된 제품의 원가는 제품계정에서 매출원가계정(매출원가계정을 별도 설정하는 경우)으로 대체하는 별도의 회계처리가 필요하게 된다.

[공통예제]의 경우는 회계기간 중 7,000단위가 완성되었고, 이 중 6,000단위가 실제 외부에 판매되었다.

(7) 완성품(7,000단위)의 제품계정으로의 대체(표준원가의 사용)

(차) 제　품	30,800,000	(대) 제조(재공품)	30,800,000

* 7,000단위×₩4,400/단위 = ₩30,800,000

(8) 매출액(6,000단위)(외상매출을 가정)

(차) 외상매출금	42,000,000	(대) 매　출	42,000,000

* 6,000단위×₩7,000/단위 = ₩42,000,000

(9) 매출된 제품 6,000단위의 원가(표준원가에 의한 매출원가)

(차) 매출원가	26,400,000	(대) 제　품	26,400,000

* 6,000단위×₩4,400/단위 = ₩26,400,000

(10) 판매관리비

(차) 판매관리비	10,000,000	(대) 제 원가요소	10,000,000

[공통예제]를 준용하여, 표준원가 자료와 원가차이에 대한 계정상의 기입원리에 대하여 살펴보기로 한다.

A. 재무상태표 계정

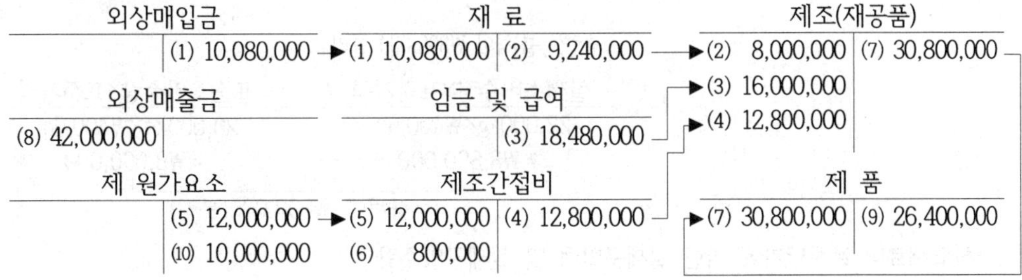

B. 포괄손익계산서 계정

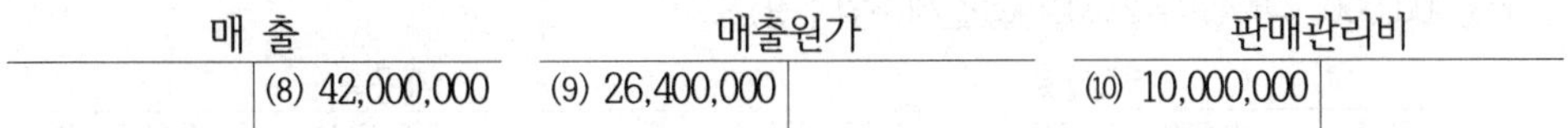

C. 원가차이 계정

직접재료비 가격차이		직접재료비 수량차이	
(2) 440,000		(2) 800,000	

직접노무비 임률차이	
(3) 880,000	

직접노무비 능률차이	
(3) 1,600,000	

제조간접비 소비차이	
	(6) 2,800,000

제조간접비 능률차이	
(6) 800,000	

제조간접비 조업도차이	
(6) 1,200,000	

D. 직접재료 - 재공품 - 제품 - 매출원가의 상호 관련성

구 분	직접재료	재공품	제 품	매출원가	계
직접재료비 기말 잔액	₩800,000	₩2,400,000	₩800,000	₩4,800,000	₩8,800,000

* [24,000kg(실제구입수량) - 22,000kg(실제소비수량) = 2,000kg(실제재고수량)], @₩400(표준단가)
3,000단위(기말재공품 완성품 환산량)×2kg×@₩400 = ₩2,400,000
1,000단위(기말제품 수량)×2kg×@₩400 = ₩800,000
6,000단위(매출제품 수량)×2kg×@₩400 = ₩4,800,000

직접재료비 표준금액 및 표준소비수량

₩2,400,000(기말재공품원가) + ₩800,000(기말제품원가) + ₩4,800,000(매출원가) = ₩8,000,000(표준금액)

₩8,000,000÷@₩400(표준단가) = 20,000kg(표준소비수량)

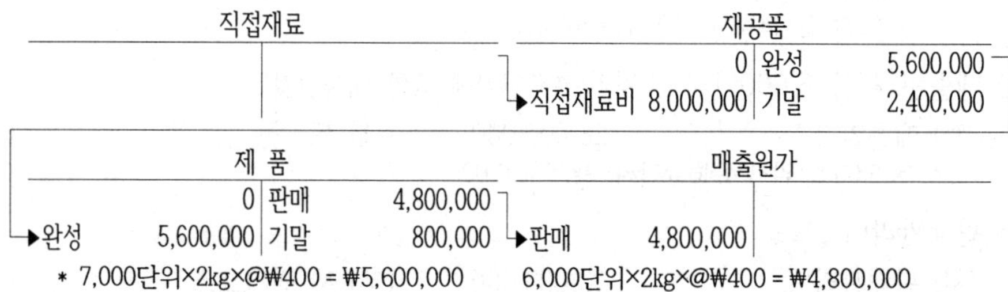

직접재료
재공품
0 완성 5,600,000
직접재료비 8,000,000 기말 2,400,000
제 품
0 판매 4,800,000
완성 5,600,000 기말 800,000
매출원가
판매 4,800,000

* 7,000단위×2kg×@₩400 = ₩5,600,000 6,000단위×2kg×@₩400 = ₩4,800,000

직접재료비 표준소비액 및 실제소비수량

₩8,000,000(표준금액) + ₩800,000(불리한 수량(능률)차이) = ₩8,800,000(표준소비액)

₩8,800,000÷@₩400 = 22,000kg(실제소비수량)

직접재료			
		소비	8,800,000
		기말	800,000

재공품			
	0	완성	5,600,000
직접재료비	8,000,000	기말	2,400,000

수량(능률)차이 ₩800,000 불리

실제소비수량×표준가격	표준소비수량×표준가격
22,000kg×₩400/kg = ₩8,800,000	20,000kg×₩400/kg = ₩8,000,000

수량차이 ₩800,000(불리)

직접재료비 표준단가에 의한 실제구입액 및 실제구입수량

₩8,800,000 + ₩800,000(직접재료 기말 잔액) = ₩9,600,000(표준단가에 의한 실제구입액)

₩9,600,000÷@₩400 = 24,000kg(실제구입수량)

직접재료			
구입	9,600,000	소비	8,800,000
(24,000kg×@₩400)		기말	800,000

재공품			
	0	완성	5,600,000
직접재료비	8,000,000	기말	2,400,000

수량(능률)차이 ₩800,000 불리

실제구입수량×실제가격	실제구입수량×표준가격
24,000kg×₩420/kg	24,000kg×₩400/kg
₩10,080,000	= ₩9,600,000

구입가격차이 ₩480,000(불리)

3. 원가차이의 처리

직접재료비 · 직접노무비 · 제조간접비의 각 원가요소에 대한 원가차이가 분석되면, 이를 적절히 회계처리하여 영업이익을 산출하여야 한다. 원가차이를 처리하는 방법에는 대체로 다음의 세 가지가 있다. (제4장 참조)

1) 매출원가에 가감하는 방법(매출원가 가감법=매출원가 조정법)

표준원가가 실제원가에 거의 일치하는 경우라면, 외부 재무보고를 위한 재고자산 평가를 표준원가에 의해서 수행하여도 된다. 이러한 상황에서는 원가차이를 전액 매출원가에 가감하여야 한다. 이와 같은 처리방법이 지지되는 이론적 근거는, 표준원가란 가장 바람직한 원가관리가 이루어졌을 때 부담하게 되는 재고자산의 원가를 표시하는 것이기 때문에, 원가차이란 결국 정상적인 원가관리를 수행하지 못한 결과로서 생성된다는 것이다.

[공통예제]를 참고로 하여, 이 방법에 의한 원가차이의 처리과정을 살펴보기로 한다.

(차)		(대)	
매출원가	2,920,000	직접재료비 가격차이	440,000
제조간접비 소비차이	2,800,000	직접재료비 수량차이	800,000
		직접노무비 임률차이	880,000
		직접노무비 능률차이	1,600,000
		제조간접비 능률차이	800,000
		제조간접비 조업도차이	1,200,000

* 총 원가차이 : ₩2,920,000(불리)=[직접재료비 가격차이 ₩440,000(불리)+직접재료비 수량차이 ₩800,000(불리)]+[직접노무비 임률차이 ₩880,000(불리)+직접노무비 능률차이 ₩1,600,000(불리)]+[변동제조간접비 소비차이 ₩1,800,000(유리)+변동제조간접비 능률차이 ₩800,000(불리)]+[고정제조간접비 소비차이 ₩1,000,000(유리)+고정제조간접비 조업도차이 ₩1,200,000(불리)]

지금까지의 [자료]와 원가차이의 처리내용을 토대로, [공통예제]의 포괄손익계산서를 작성하여 영업이익을 산출하여 보도록 하자.[22)]

---

22) 매출원가 가감법은 모든 원가요소의 유리한 차이와 불리한 차이를 상계한 후 순원가차이를 전액 매출원가에 가감하는 방법이므로, 이 방법에서는 원가차이를 발생한 기간의 매출원가에 포함시켜 영업성과를 측정하므로 조정된 매출원가는 다음과 같다.

원가차이 조정 후 매출원가=원가차이 조정 전 매출원가+불리한 차이−유리한 차이

한편, 이 방법은 총제조원가에 비해 원가차이가 중요하지 않거나 기말재고자산이 매출원가에 비하여 매우 작을 경우에는 타당하지만, 그렇지 않을 경우에는 매출총이익이 왜곡된다.

포괄손익계산서

매출액		₩42,000,000
매출원가		(29,320,000)
매출원가(표준원가)	₩26,400,000	
불리한 원가차이*	(+) 2,920,000	
매출총이익		₩12,680,000
판매관리비		(10,000,000)
영업이익		₩2,680,000

* 조정 전 매출원가 : [₩30,800,000㉠(표준완성품원가)÷7,000단위(완성량)]×6,000단위(판매량) = ₩26,400,000㉡
  - ㉠ <표준원가 자료와 원가차이에 대한 회계처리>에서 제시된 분개 '(7) 완성품(7,000단위)의 제품계정으로의 대체(표준원가의 사용)'을 말함. 7,000단위×₩4,400/단위 = ₩30,800,000
  - ㉡ <표준원가 자료와 원가차이에 대한 회계처리>에서 제시된 분개 '(9) 매출제품 6,000단위의 원가(표준원가에 의한 매출원가)'를 말함. 6,000단위×₩4,400/단위 = ₩26,400,000
* 조정 후 매출원가 : ₩26,400,000 + ₩2,920,000(불리) = ₩29,320,000
* 원가차이 명세서

직접재료비 가격차이	440,000	불리
직접재료비 수량차이	800,000	불리
직접노무비 임률차이	880,000	불리
직접노무비 능률차이	1,600,000	불리
제조간접비 소비차이	2,800,000	유리
제조간접비 능률차이	800,000	불리
제조간접비 조업도차이	1,200,000	불리
원가차이 총계	2,920,000	불리

포괄손익계산서 작성시에 불리한 차이 ₩2,920,000을 표준원가에 의해 계산된 매출원가에 가산하여 작성한다. 만일 원가차이의 총계가 유리한 차이로 계산되었다면 이는 매출원가에서 차감하여 포괄손익계산서를 작성하여야 한다.

2) 재고자산과 매출원가에 배분하는 방법(비례배부법=비례배분법)

원가차이가 비교적 큰 금액으로 계산되는 경우에는 필연적으로 표준원가와 실제원가에 커다란 차이가 생기게 된다. 원가차이가 크다는 것은, 아무리 원가관리를 합리적으로 수행하였다 하더라도 정확히 표준원가에 의해 생산이 이루어질 수는 없었음을 나타낸 것이다. 이러한 경우에는 표준원가 자체가 재고자산의 원가를 정확히 표시하는 가치 척도가 되지 못한다. 따라서 원가차이를 재고자산과 매출원가에 각각 배분해 주어야 하는데, 그것은 재고자산의 가액이나 매출원가를 실제의 역사적 원가로 조정하기 위한 것이라 할 수 있다. 원가차이를 재고자산인 재공품과 제품의 기말 잔액 그리고 매출원가에 배분하는 방법으로는, 각 계정에 집계되어 있는 직접재료비 · 직접노무비 · 제조간접비의 금액(표준원가에 의한)을 기준으로 하여 비례적으로 배분하는 것이 원칙이다.[23)]

[공통예제]를 참고로 하여, 이 방법에 의한 원가차이의 처리과정을 살펴보기로 한다.

(1) 직접재료비

① 배분기준의 계산 : 계정과목별 직접재료비

계정과목	배분기준	직접재료비
재 공 품	기말재공품 완성품 환산량×단위당 직접재료비 표준 ; 3,000단위×₩800/단위	₩2,400,000
제　　품	기말제품 수량×단위당 직접재료비 표준 ; 1,000단위×₩800/단위	800,000
매출원가	매출제품 수량×단위당 직접재료비 표준 ; 6,000단위×₩800/단위	4,800,000
		₩8,000,000

② 항목별 배분액의 계산

위에서 계산된 표준원가에 의한 직접재료비 금액을 배분기준으로 하여, 직접재료비 차이(₩1,240,000)를 각 계정에 비례적으로 배분한다.

계정과목	직접재료비	배분비율		직접재료비 차이*		항목별 배분액
재 공 품	2,400,000	$\frac{2,400,000}{8,000,000}$	×	1,240,000	=	372,000
제　　품	800,000	$\frac{800,000}{8,000,000}$	×	1,240,000	=	124,000
매출원가	4,800,000	$\frac{4,800,000}{8,000,000}$	×	1,240,000	=	744,000
	8,000,000					1,240,000

* 직접재료비 가격차이 ₩440,000 불리
직접재료비 수량차이 800,000 불리
총차이 ₩1,240,000 불리

[별해]

$$\text{재공품} : ₩1,240,000 \times \frac{₩2,400,000}{₩2,400,000 + ₩800,000 + ₩4,800,000} = ₩372,000$$

$$\text{제　품} : ₩1,240,000 \times \frac{₩800,000}{₩2,400,000 + ₩800,000 + ₩4,800,000} = 124,000$$

$$\text{매출원가} : ₩1,240,000 \times \frac{₩4,800,000}{₩2,400,000 + ₩800,000 + ₩4,800,000} = 744,000$$

(2) 직접노무비

① 배분기준의 계산 : 계정과목별 직접노무비

계정과목	배분기준	직접노무비
재 공 품	기말재공품 완성품 환산량×단위당 직접노무비 표준 ; 1,000단위×₩2,000/단위	₩2,000,000
제　　품	기말제품 수량×단위당 직접노무비 표준 ; 1,000단위×₩2,000/단위	2,000,000
매출원가	매출제품 수량×단위당 직접노무비 표준 ; 6,000단위×₩2,000/단위	12,000,000
		₩16,000,000

23) 비례배부법으로 원가차이를 조정하는 방법은 다시 세분할 수 있다. (③은 [형성평가] 참조)

가격차이유형	비례배부방법	비례배분대상				
사용시점 가격차이 (사용량 기준)	① 원가요소별 비례배부법	불포함	불포함	재공품	제품	매출원가
	② 총원가 비례배부법	불포함	불포함	재공품	제품	매출원가
구입시점 가격차이 (구입량 기준)	③ 원가요소별 비례배부법	직접재료	수량(능률)차이	재공품	제품	매출원가
	④ 총원가 비례배부법	직접재료	불포함	재공품	제품	매출원가

② 항목별 배분액의 계산

위에서 계산된 표준원가에 의한 직접노무비 금액을 배분기준으로 하여, 직접노무비 차이(₩2,480,000)를 각 계정에 비례적으로 배분한다.

계정과목	직접노무비	배분비율		직접노무비 차이*		항목별 배분액
재 공 품	2,000,000	$\frac{2,000,000}{16,000,000}$	×	2,480,000	=	310,000
제 품	2,000,000	$\frac{2,000,000}{16,000,000}$	×	2,480,000	=	310,000
매출원가	12,000,000	$\frac{12,000,000}{16,000,000}$	×	2,480,000	=	1,860,000
	16,000,000					2,480,000

* 직접노무비 임률차이 ₩880,000 불리
직접노무비 능률차이 1,600,000 불리
총차이 ₩2,480,000 불리

[별해]

$$\text{재공품} : ₩2,480,000 \times \frac{₩2,000,000}{₩2,000,000 + ₩2,000,000 + ₩12,000,000} = ₩310,000$$

$$\text{제 품} : ₩2,480,000 \times \frac{₩2,000,000}{₩2,000,000 + ₩2,000,000 + ₩12,000,000} = 310,000$$

$$\text{매출원가} : ₩2,480,000 \times \frac{₩12,000,000}{₩2,000,000 + ₩2,000,000 + ₩12,000,000} = 1,860,000$$

(3) 제조간접비

① 배분기준의 계산 : 계정과목별 제조간접비

계정과목	배분기준	제조간접비
재 공 품	기말재공품 완성품 환산량×단위당 제조간접비 표준 ; 1,000단위×₩1,600/단위	₩1,600,000
제 품	기말제품 수량×단위당 제조간접비 표준 ; 1,000단위×₩1,600/단위	1,600,000
매출원가	매출제품 수량×단위당 제조간접비 표준 ; 6,000단위×₩1,600/단위	9,600,000
		₩12,800,000

② 항목별 배분액의 계산

위에서 계산된 표준원가에 의한 제조간접비 금액을 배분기준으로 하여, 제조간접비 차이(₩800,000)를 각 계정에 비례적으로 배분한다.

계정과목	제조간접비	배분비율		제조간접비 차이*		항목별 배분액
재 공 품	1,600,000	$\frac{1,600,000}{12,800,000}$	×	800,000	=	100,000
제 품	1,600,000	$\frac{1,600,000}{12,800,000}$	×	800,000	=	100,000
매출원가	9,600,000	$\frac{9,600,000}{12,800,000}$	×	800,000	=	600,000
	12,800,000					800,000

* 제조간접비 소비차이 ₩2,800,000 유리
제조간접비 능률차이 800,000 불리
제조간접비 조업도차이 1,200,000 불리
총차이 ₩800,000 유리

$$\text{재공품}: ₩800,000 \times \frac{₩1,600,000}{₩1,600,000+₩1,600,000+₩9,600,000} = ₩100,000$$

[별해]
$$\text{제 품}: ₩800,000 \times \frac{₩1,600,000}{₩1,600,000+₩1,600,000+₩9,600,000} = 100,000$$

$$\text{매출원가}: ₩800,000 \times \frac{₩9,600,000}{₩1,600,000+₩1,600,000+₩9,600,000} = 600,000$$

(4) 원가차이 배분의 요약 및 회계처리

재공품·제품·매출원가의 각 항목별로 배분할 원가차이를 계산한 후에는 원가차이계정을 전부 마감함과 동시에 실제로 배분을 표시하는 회계처리가 필요하게 된다. 이를 위해서는 위에서 계산된 원가요소별·항목별 배분액을 우선 다음과 같이 요약할 필요가 있다.

항목별 원가차이 배분집계표(요약)

구 분	계정과목		
	재공품	제 품	매출원가
Ⅰ. 배분 전 계정 잔액	₩6,000,000	₩4,400,000	₩26,400,000
Ⅱ. 원가차이의 배분			
직접재료비 표준(₩1,240,000 불리)	(+) 372,000	(+) 124,000	(+) 744,000
직접노무비 표준(₩2,480,000 불리)	(+) 310,000	(+) 310,000	(+) 1,860,000
제조간접비 표준(₩800,000 유리)	(-) 100,000	(-) 100,000	(-) 600,000
총차이	(+) 582,000	(+) 334,000	(+) 2,004,000
Ⅲ. 배분 후 계정 잔액	₩6,582,000	₩4,734,000	₩28,404,000

항목별 원가차이 배분집계표(상세)

구 분	계정과목		
	재공품	제 품	매출원가
Ⅰ. 배분 전 계정 잔액	₩6,000,000	₩4,400,000	₩26,400,000
Ⅱ. 원가차이의 배분			
직접재료비 표준(₩440,000 불리)	(+) 132,000	(+) 44,000	(+) 264,000
(₩800,000 불리)	(+) 240,000	(+) 80,000	(+) 480,000
직접노무비 표준(₩880,000 불리)	(+) 110,000	(+) 110,000	(+) 660,000
(₩1,600,000 불리)	(+) 200,000	(+) 200,000	(+) 1,200,000
제조간접비 표준(₩2,800,000 유리)	(-) 350,000	(-) 350,000	(-) 2,100,000
(₩800,000 불리)	(+) 100,000	(+) 100,000	(+) 600,000
(₩1,200,000 불리)	(+) 150,000	(+) 150,000	(+) 900,000
총차이	(+) 582,000	(+) 334,000	(+) 2,004,000
Ⅲ. 배분 후 계정 잔액	₩6,582,000	₩4,734,000	₩28,404,000

* 'Ⅱ. 원가차이의 배분'의 표시를 요약 표시하든 상세 표시하든 그 결과는 동일하다.

항목별 원가차이 배분집계표에서, Ⅰ은 원가차이를 배분하기 전 계정과목에 잔액으로 남아있는 표준원가 자료를 의미하며, Ⅱ는 원가요소별 원가차이를 각 계정과목에 실제 배분한 결과를 나타내고 있다. Ⅱ에서 불리한 차이(직접재료비 차이·직접노무비 차이)는 각 계정과목의 배분 전 잔액에서 가산하여야 하지만, 유리한 차이(제조간접비 차이)는 각 계정과목의 배분 전 잔액에서 차감하여야 한다. 이렇게 하여 배분이 끝난 후의 각 계정과목별 잔액은 III에서 계산되고 있다. 참고로, II는 아래와 같은 형식으로도 표현할 수 있다.24)

항목별 원가차이 배분집계

	재공품	제 품	매출원가	합 계	
직접재료비					
기말 잔액	₩2,400,000	₩800,000	₩4,800,000	₩8,000,000	
배분비율	30%	10%	60%	100%	
직접노무비					
기말 잔액	₩2,000,000	₩2,000,000	₩12,000,000	₩16,000,000	
배분비율	12.5%	12.5%	75%	100%	
제조간접비					
기말 잔액	₩1,600,000	₩1,600,000	₩9,600,000	₩12,800,000	
배분비율	12.5%	12.5%	75%	100%	
직접재료비 가격차이	₩132,000	₩44,000	₩264,000	₩440,000	불리
직접재료비 수량차이	240,000	80,000	480,000	800,000	불리
직접노무비 임률차이	110,000	110,000	660,000	880,000	불리
직접노무비 능률차이	200,000	200,000	1,200,000	1,600,000	불리
제조간접비 소비차이	(350,000)	(350,000)	(2,100,000)	2,800,000	유리
제조간접비 능률차이	100,000	100,000	600,000	800,000	불리
제조간접비 조업도차이	150,000	150,000	900,000	1,200,000	불리
합 계	₩582,000	₩334,000	₩2,004,000	₩2,920,000	불리

* [예시] ₩440,000×30% = ₩132,000　₩440,000×10% = ₩44,000　₩440,000×60% = ₩264,000

24) 원가차이를 재고자산인 재공품과 제품의 기말 잔액 그리고 매출원가에 배분하는 방법으로는, '재공품 · 제품 · 매출원가계정에 집계되어 있는 직접재료비 · 직접노무비 · 제조간접비의 금액(표준원가에 의한)'을 기준으로 하여 비례적으로 배분하는 것이 원칙이다. 이것이 원가요소별 비례배부법이다. 그러나 '재공품 · 제품 · 매출원가계정의 기말 잔액'을 기준으로 하여 배분한다면, 이것이 총원가 비례배부법이다. 총원가 비례배부법의 <항목별 원가차이 배분집계>는 아래와 같다.

	재공품	제 품	매출원가	합 계	
기말 잔액	₩6,000,000	₩4,400,000	₩26,400,000	₩36,800,000	
배분비율	16.3%	12.0%	71.7%	100%	
직접재료비 가격차이	₩71,720	₩52,800	₩315,480	₩440,000	불리
직접재료비 수량차이	130,400	96,000	573,600	800,000	불리
직접노무비 임률차이	143,440	105,600	630,960	880,000	불리
직접노무비 능률차이	260,800	192,000	1,147,200	1,600,000	불리
제조간접비 소비차이	(456,400)	(336,000)	(2,007,600)	2,800,000	유리
제조간접비 능률차이	130,400	96,000	573,600	800,000	불리
제조간접비 조업도차이	195,600	144,000	860,400	1,200,000	불리
합 계	₩475,960	₩350,400	₩2,093,640	₩2,920,000	불리

* ₩2,400,000(직접재료비) + ₩2,000,000(직접노무비) + ₩1,600,000(제조간접비) = ₩6,000,000(재공품)
* [예시] ₩440,000×16.3% = ₩71,720　₩440,000×12% = ₩52,800　₩440,000×71.7% = ₩315,480

원가요소별 비례배부법과 총원가 비례배부법 중 어느 방법으로 배분하는 것이 더 타당할까? 기말재공품 · 기말제품 · 매출원가는 직접재료비 · 직접노무비 · 제조간접비로 구성되어 있으므로, 총원가 비례배부법보다는 원가요소별 비례배부법으로 배분하는 것이 논리적으로 더 타당하다고 할 수 있다.

이와 같은 일련의 과정을 하나의 회계처리로 요약·표시하면 다음과 같다.

(차)			(대)	
제조(재공품)	582,000		직접재료비 가격차이	440,000
제　품	334,000		직접재료비 수량차이	800,000
매출원가	2,004,000		직접노무비 임률차이	880,000
제조간접비 소비차이	2,800,000		직접노무비 능률차이	1,600,000
			제조간접비 능률차이	800,000
			제조간접비 조업도차이	1,200,000

또한 각 계정과목 조정이 끝난 후의 포괄손익계산서를 작성하면 그때의 영업이익은 원가차이를 전부 매출원가에 가감한 경우의 영업이익과는 조금 달리 나타난다. 그것은 표준원가 총차이 중에서 재공품과 제품에 배분된 금액만큼은 영업이익의 계산에 반영되어 나타나지 않기 때문이다.

포괄손익계산서

매출액		₩42,000,000
매출원가		(28,404,000)
매출원가(표준원가)	₩26,400,000	
불리한 원가차이	(+) 2,004,000	
매출총이익		₩13,596,000
판매관리비		(10,000,000)
영업이익		₩3,596,000

결국 표준원가 총차이를 전부 매출원가에 가산하는 경우보다 영업이익은 ₩916,000(=₩3,596,000 - ₩2,680,000)만큼 크게 나타났다. 이는 다음과 같이 매출원가에 배분된 원가차이를 제외한 나머지 재공품과 제품에 배분된 원가차이의 크기를 의미하는 것이다.

재공품 배부액	₩582,000
제　품 배부액	334,000
	₩916,000

3) 기타손익으로 처리하는 방법(기타손익 처리법)

표준원가만이 진실한 원가이며, 비능률이나 낭비 등의 결과로서 야기되는 원가차이는 당연히 기타손익(일반기업회계기준에서는 영업외손익임)으로 처리하는 것이 타당하다고 하는 것이다. 달리 말하여, 원가차이의 원가성을 전혀 인정하지 않는 방법이다. 원가차이가 비정상적인 사건에 기인한 경우에 기타손익으로 처리할 수 있을 것이다.

[공통예제]를 참고로 하여, 이 방법에 의한 원가차이의 처리과정을 살펴보기로 한다.

(차)	기타비용	2,920,000	(대) 직접재료비 가격차이	440,000
	제조간접비 소비차이	2,800,000	직접재료비 수량차이	800,000
			직접노무비 임률차이	880,000
			직접노무비 능률차이	1,600,000
			제조간접비 능률차이	800,000
			제조간접비 조업도차이	1,200,000

4. 조정 후 다음 회계기간의 회계처리

원가차이를 조정하여 외부공표용 재무제표를 작성한 후, 그 다음 회계기간의 기초시점에서는 전기 말에 원가차이의 비례배분에 의하여 조정된 실제원가로 표시된 재고자산계정을 표준원가로 전환하기 위한 반대분개(역분개, 기초재수정분개)가 필요하다. 즉 비례배부법으로 원가차이를 조정한 경우에는 재고자산계정에 배분된 각각의 원가차이를 다시 분리함으로써 재고자산계정을 표준원가로 전환해 주어야 한다. 이때 주의할 점은 매출원가는 손익계정이므로 매출원가에 배분된 원가차이에 대해서는 반대분개를 할 필요가 없다는 것이다(∵ 매출원가계정은 다음 회계연도에는 잔액이 '0'으로 시작하기 때문이다). 한편, 매출원가에 가감하는 방법이나 기타손익으로 처리하는 방법에 의하여 원가차이를 조정하는 경우에는 조정 후 다음 회계기간에 반대분개를 할 필요가 없다. 왜냐하면 이들 방법에 의할 경우, 이월되는 재고자산계정은 모두 표준원가로 기록되기 때문이다.

항목별 원가차이 배분집계

	재공품	제 품	매출원가	합 계	
직접재료비					
기말 잔액	₩2,400,000	₩800,000	₩4,800,000	₩8,000,000	
배분비율	30%	10%	60%	100%	
직접노무비					
기말 잔액	₩2,000,000	₩2,000,000	₩12,000,000	₩16,000,000	
배분비율	12.5%	12.5%	75%	100%	
제조간접비					
기말 잔액	₩1,600,000	₩1,600,000	₩9,600,000	₩12,800,000	
배분비율	12.5%	12.5%	75%	100%	
직접재료비 가격차이	₩132,000	₩44,000	₩264,000	₩440,000	불리
직접재료비 수량차이	240,000	80,000	480,000	800,000	불리
직접노무비 임률차이	110,000	110,000	660,000	880,000	불리
직접노무비 능률차이	200,000	200,000	1,200,000	1,600,000	불리
제조간접비 소비차이	(350,000)	(350,000)	(2,100,000)	2,800,000	유리
제조간접비 능률차이	100,000	100,000	600,000	800,000	불리
제조간접비 조업도차이	150,000	150,000	900,000	1,200,000	불리
합 계	₩582,000	₩334,000	₩2,004,000	₩2,920,000	불리

(차)		(대)	
직접재료비 가격차이	176,000	제조(재공품)	582,000
직접재료비 수량차이	320,000	제 품	334,000
직접노무비 임률차이	220,000	제조간접비 소비차이	700,000
직접노무비 능률차이	400,000		
제조간접비 능률차이	200,000		
제조간접비 조업도차이	300,000		

* 직접재료비 가격차이 ₩132,000 + ₩44,000 = ₩176,000
직접재료비 수량차이 ₩240,000 + ₩80,000 = ₩320,000
직접노무비 임률차이 ₩110,000 + ₩110,000 = ₩220,000
직접노무비 능률차이 ₩200,000 + ₩200,000 = ₩400,000
제조간접비 소비차이 ₩350,000 + ₩350,000 = ₩700,000
제조간접비 능률차이 ₩100,000 + ₩100,000 = ₩200,000
제조간접비 조업도차이 ₩150,000 + ₩150,000 = ₩300,000

* 원가차이 조정 및 원가차이 제거[25)]

제6절 표준원가계산 -종합예제-

종합예제 1

표준종합원가계산을 수행하고 있는 기업의 표준원가 자료 및 실제 발생내용은 다음과 같다. (기준조업도 10,000단위)

	표준수량		표준가격		표준원가
직접재료비	1.5kg	×	₩200/kg	=	₩300
직접노무비	2시간	×	₩300/시간	=	600
변동제조간접비	2시간	×	₩100/시간	=	200
고정제조간접비	2시간	×	₩150/시간	=	300
단위당 표준원가					₩1,400

제조간접비 예산

변동제조간접비	간접재료비	₩1,000,000
	간접노무비	600,000
	기타변동제조간접비	400,000
	계	₩2,000,000

25) 원가차이 조정 및 원가차이 제거

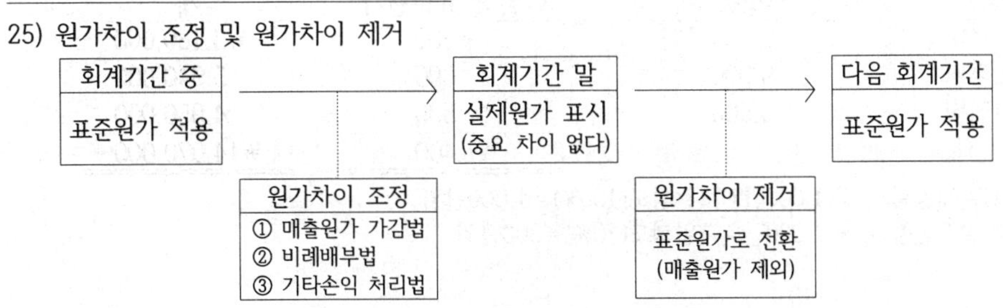

고정제조간접비	감가상각비	₩1,500,000
	임차료	800,000
	기타고정제조간접비	700,000
	계	₩3,000,000

실제 발생내용

당기재료	구입액(17,000kg×@₩210)	₩3,570,000
	사용액(16,000kg)	
직접노무비	(22,000시간×@₩315)	₩6,930,000
제조간접비	간접재료비	₩1,100,000
	간접노무비	500,000
	기타변동제조간접비	430,000
	계	₩2,030,000
	감가상각비	₩1,700,000
	임차료	900,000
	기타고정제조간접비	690,000
	계	₩3,290,000

기초재공품은 없고 당기완성량은 9,600단위, 기말재공품은 1,000단위(완성도는 직접재료비 100%, 가공비 30%)이다. 판매량은 9,000단위이며 단위당 판매가격은 ₩2,000이다. 판매관리비 발생액은 ₩1,360,000이다. 단, 기초의 재료재고 및 제품재고는 없다고 가정한다. 표준원가계산에 의한 완성품 환산량을 산출하시오. 그리고 가능한 한 모든 원가차이를 분석하시오(직접재료비 가격차이는 원재료 사용시점에서 분리할 것). 원가차이는 기타손익으로 처리한다. 조정 후 다음 회계기간의 회계처리의 제시는 생략한다. (1996 회계사 수정)

해답

1. 표준 생산원가 및 제조원가보고서 작성

A. 기초재공품 및 당기투입량

기초재공품	0단위
당기투입량	10,600
	10,600단위

B. 당기완성량 및 기말재공품 환산량(원가요소별)

	직접재료비	직접노무비	제조간접비
당기완성량	9,600단위	9,600단위	9,600단위
기말재공품 환산량	1,000 [1]	300 [2]	300 [2]
총 완성품 환산량	10,600단위	9,900단위	9,900단위

C. 표준원가

원가요소	총 완성품 환산량	단위당 표준원가	계
직접재료비	10,600단위	₩300	₩3,180,000
직접노무비	9,900	600	5,940,000
제조간접비	9,900	500	4,950,000
		₩1,400	₩14,070,000

* 1) 기말재공품 수량(1,000단위)×완성도(100%) = 1,000단위
  2) 기말재공품 수량(1,000단위)×완성도(30%) = 300단위

	[1단계] 물량흐름 파악	[2단계] 완성품 환산량 직접재료비	가공비	계
기초재공품 수량	0단위			
당기투입 수량	10,600			
계	10,600단위			
기초재공품 완성량	0단위	0단위	0단위	
당기투입 완성량	9,600	9,600	9,600	
기말재공품 수량	1,000 (30%)	1,000	300	
계	10,600단위	10,600단위	9,900단위	
[3단계] 총제조원가의 집계				
기초재공품원가				₩0
당기총제조비용(표준)*		₩3,180,000	₩10,890,000	14,070,000
계		₩3,180,000	₩10,890,000	₩14,070,000
[4단계] 환산량 단위당 원가				
완성품 환산량		÷10,600단위	÷9,900단위	
환산량 단위당 원가(표준)		₩300	₩1,100	

[5단계] 총제조원가의 배분

완성품원가(표준)	9,600단위×@₩300 + 9,600단위×@₩1,100 =	₩13,440,000
기말재공품원가(표준)	1,000단위×@₩300 + 300단위×@₩1,100 =	630,000
계		₩14,070,000

* 직접재료비 : 10,600단위×1.5kg×@₩200 = ₩3,180,000
가공비 : (9,900단위×2시간×@₩300) + (9,900단위×2시간×@₩100) + (9,900단위×2시간×@₩150) = ₩10,890,000

2. 원가차이 분석

	AQ′(실제구입수량)×AP	AQ′(실제구입수량)×SP	
직접재료비 (구입시)	17,000kg×@₩210 = ₩3,570,000	17,000kg×@₩200 = ₩3,400,000	

구입가격차이 ₩170,000(불리)

		AQ(실제소비수량)×SP	SQ×SP
(사용시)		16,000kg×@₩200 = ₩3,200,000	10,600단위×1.5kg×@₩200 = ₩3,180,000

수량(능률)차이 ₩20,000(불리)

	실제발생액(AQ×AP)	AQ×SP	실제산출물에 의한 변동예산(SQ×SP)
직접재료비	16,000kg×@₩210 = ₩3,360,000	16,000kg×@₩200 = ₩3,200,000	10,600단위×1.5kg×@₩200 = ₩3,180,000

가격차이 ₩160,000(불리) 수량차이 ₩20,000(불리)

직접노무비	22,000시간×@₩315 = ₩6,930,000	22,000시간×@₩300 = ₩6,600,000	9,900단위×2시간×@₩300 = ₩5,940,000

임률차이 ₩330,000(불리) 능률차이 ₩660,000(불리)

변동제조간접비	₩2,030,000	22,000시간×@₩100 = ₩2,200,000	9,900단위×2시간×@₩100 = ₩1,980,000

소비차이 ₩170,000(유리) 능률차이 ₩220,000(불리)

	실제발생액(AQ×AP)	예산(기준조업도×SP)	실제산출물에 대한 배부액(SQ×SP)
고정제조간접비	₩3,290,000	10,000단위×2시간×@₩150 = ₩3,000,000	9,900단위×2시간×@₩150 = ₩2,970,000

소비차이 ₩290,000(불리)　조업도차이 ₩30,000(불리)

[참조]

원가행태	제조간접비 실제발생액	실제투입물에 대한 변동예산 (실제기계시간)	실제산출물에 대한 변동예산 (실제생산량에 허용된 예산기계시간)	실제산출물에 대한 배부액 (제조간접비 표준)
변동제조간접비	₩2,030,000	₩2,200,000	₩1,980,000	₩1,980,000
고정제조간접비	3,290,000	3,000,000	3,000,000	2,970,000
	₩5,320,000	₩5,200,000	₩4,980,000	₩4,950,000

<3분법>　소비차이 ₩120,000(불리)　능률차이 ₩220,000(불리)　조업도차이 ₩30,000(불리)

<2분법>　예산차이 ₩340,000(불리)

총차이 ₩370,000(불리) (과소배부)

3. 원가차이 분석의 회계처리

<표준원가 자료와 원가차이에 대한 회계처리>

(1) 직접재료의 구입(외상매입을 가정)

(차) 재　료	3,570,000	(대) 외상매입금	3,570,000

* 17,000kg×₩210/kg = ₩3,570,000

참조 직접재료비 구입가격차이(불리) : ₩170,000[= 17,000kg×(@₩210 - @₩200)]

(2) 직접재료의 소비(생산과정 투입) 및 차이분석

(차) 제조(재공품)	3,180,000	(대) 재　료	3,360,000
직접재료비 가격차이	160,000		
직접재료비 수량차이	20,000		

(3) 직접노무비의 발생 및 차이분석

(차) 제조(재공품)	5,940,000	(대) 임금 및 급여	6,930,000
직접노무비 임률차이	330,000		
직접노무비 능률차이	660,000		

(4) 제조간접비 예정배부액

(차) 제조(재공품)	4,950,000	(대) 제조간접비	4,950,000

* 19,800시간×₩250/시간 = ₩4,950,000

(5) 제조간접비 실제발생액

(차) 제조간접비	5,320,000	(대) 제 원가요소	5,320,000

(6) 제조간접비계정의 마감 및 차이분석

(차) 제조간접비 소비차이	120,000	(대) 제조간접비	370,000
제조간접비 능률차이	220,000		
제조간접비 조업도차이	30,000		

* (대변) 제조간접비 ₩370,000은 제조간접비 예정배부액 ₩4,950,000과 제조간접비 실제발생액 ₩5,320,000의 차액이다.

* (차변) 제조간접비 소비차이 ₩120,000(불리)은 변동제조간접비 소비차이 ₩170,000(유리)과 고정제조간접비 소비차이 ₩290,000(불리)의 합계액이다.

(7) 완성품(9,600단위)의 제품계정으로의 대체(표준원가의 사용)

(차) 제 품	13,440,000	(대) 제조(재공품)	13,440,000

* 9,600단위×₩1,400/단위 = ₩13,440,000

(8) 매출액(9,000단위)(외상매출을 가정)

(차) 외상매출금	18,000,000	(대) 매 출	18,000,000

* 9,000단위×₩2,000/단위 = ₩18,000,000

(9) 매출된 제품 9,000단위의 원가(표준원가에 의한 매출원가)

(차) 매출원가	12,600,000	(대) 제 품	12,600,000

* 9,000단위×₩1,400/단위 = ₩12,600,000

(10) 판매관리비

(차) 판매관리비	1,360,000	(대) 제 원가요소	1,360,000

<표준원가 자료와 원가차이에 대한 계정상의 기입원리>

A. 재무상태표 계정

외상매입금

차변	대변
	(1) 3,570,000 → 재료

재 료

차변	대변
(1) 3,570,000	(2) 3,360,000 → 제조(재공품)

제조(재공품)

차변	대변
(2) 3,180,000	(7) 13,440,000 → 제품
(3) 5,940,000	
(4) 4,950,000	

외상매출금

차변	대변
(8) 18,000,000	

임금 및 급여

차변	대변
	(3) 6,930,000 → 제조(재공품)

제 원가요소

차변	대변
	(5) 5,320,000 → 제조간접비
	(10) 1,360,000

제조간접비

차변	대변
(5) 5,320,000	(4) 4,950,000 → 제조(재공품)
	(6) 370,000

제 품

차변	대변
(7) 13,440,000	(9) 12,600,000

B. 포괄손익계산서 계정

매 출

차변	대변
	(8) 18,000,000

매출원가

차변	대변
(9) 12,600,000	

판매관리비

차변	대변
(10) 1,360,000	

C. 원가차이 계정

직접재료비 가격차이

차변	대변
(2) 160,000	

직접재료비 수량차이

차변	대변
(2) 20,000	

직접노무비 임률차이

차변	대변
(3) 330,000	

직접노무비 능률차이

차변	대변
(3) 660,000	

제조간접비 소비차이

차변	대변
(6) 120,000	

제조간접비 능률차이

차변	대변
(6) 220,000	

제조간접비 조업도차이

차변	대변
(6) 30,000	

D. 직접재료 - 재공품 - 제품 - 매출원가의 상호 관련성

구 분	직접재료	재공품	제 품	매출원가	계
직접재료비 기말 잔액	₩200,000	₩300,000	₩180,000	₩2,700,000	₩3,380,000

* [17,000kg(실제구입수량) - 16,000kg(실제소비수량) = 1,000kg(실제재고수량)], @₩200(표준단가)
1,000단위(기말재공품 완성품 환산량)×1.5kg×@₩200 = ₩300,000
600단위(기말제품 수량)×1.5kg×@₩200 = ₩180,000(기말제품원가)
9,000단위(매출제품 수량)×1.5kg×@₩200 = ₩2,700,000(매출원가)

직접재료비 표준금액 및 표준소비수량

₩300,000(기말재공품원가) + ₩180,000(기말제품원가) + ₩2,700,000(매출원가) = ₩3,180,000(표준금액)

₩3,180,000÷@₩200(표준단가) = 15,900kg(표준소비수량)

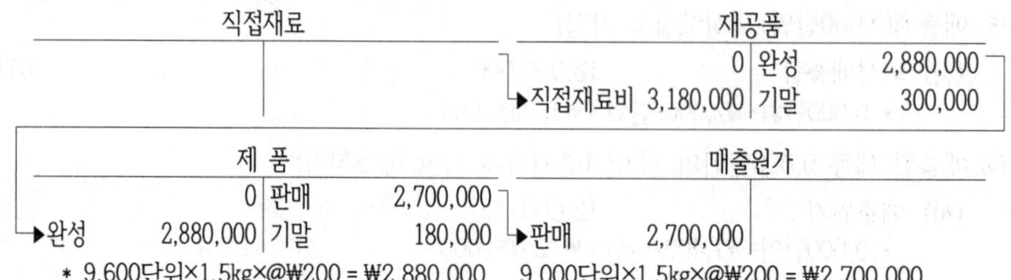

직접재료
재공품
0 완성 2,880,000
직접재료비 3,180,000 기말 300,000
제 품
매출원가
0 판매 2,700,000
완성 2,880,000 기말 180,000
판매 2,700,000

* 9,600단위×1.5kg×@₩200 = ₩2,880,000　　9,000단위×1.5kg×@₩200 = ₩2,700,000

직접재료비 표준소비액 및 실제소비수량

₩3,180,000(표준금액) + ₩20,000(불리한 수량(능률)차이) = ₩3,200,000(표준소비액)

₩3,200,000÷@₩200 = 16,000kg(실제소비수량)

직접재료

		소비	3,200,000
		기말	200,000

재공품

	0	완성	2,880,000
직접재료비	3,180,000	기말	300,000

수량(능률)차이 ₩20,000 불리

실제소비수량×표준가격	표준소비수량×표준가격
16,000kg×₩200/kg = ₩3,200,000	15,900kg*×₩200/kg = ₩3,180,000

수량차이 ₩20,000(불리)

* 10,600단위×1.5kg = 15,900kg

직접재료비 표준단가에 의한 실제구입액 및 실제구입수량

₩3,200,000 + ₩200,000(직접재료 기말 잔액) = ₩3,400,000(표준단가에 의한 실제구입액)

₩3,400,000÷@₩200 = 17,000kg(실제구입수량)

직접재료

구입	3,400,000	소비	3,200,000
(17,000kg×@₩200)		기말	200,000

재공품

	0	완성	2,880,000
직접재료비	3,180,000	기말	300,000

수량(능률)차이 ₩20,000 불리

실제구입수량×실제가격	실제구입수량×표준가격
17,000kg×₩210/kg ₩3,570,000	17,000kg×₩200/kg = ₩3,400,000

구입가격차이 ₩170,000(불리)

<원가차이의 처리 : 기타손익 처리법>

· 총 원가차이 : ₩1,540,000(불리) = [직접재료비 가격차이 ₩160,000(불리) + 직접재료비 수량차이 ₩20,000(불리)] + [직접노무비 임률차이 ₩330,000(불리) + 직접노무비 능률차이 ₩660,000(불리)] + [변동제조간접비 소비차이 ₩170,000(유리) + 변동제조간접비 능률차이 ₩220,000(불리)] + [고정제조간접비 소비차이 ₩290,000(불리) + 고정제조간접비 조업도차이 ₩30,000(불리)]

(차) 기타비용	1,540,000	(대)	직접재료비 가격차이	160,000
			직접재료비 수량차이	20,000
			직접노무비 임률차이	330,000
			직접노무비 능률차이	660,000
			제조간접비 소비차이	120,000
			제조간접비 능률차이	220,000
			제조간접비 조업도차이	30,000

<**참조**1> 원가차이의 처리 : 매출원가 가감법

· 총 원가차이 : ₩1,540,000(불리)

· 조정 전 매출원가 : [₩13,440,000[1)](표준완성품원가)÷9,600단위(완성량)]×9,000단위(판매량)
= ₩12,600,000[2)]

* 1) <표준원가 자료와 원가차이에 대한 회계처리>에서 제시된 분개 '(7) 완성품(9,600단위)의 제품계정으로의 대체(표준원가의 사용)'을 말함. 9,600단위×₩1,400/단위 = ₩13,440,000
2) <표준원가 자료와 원가차이에 대한 회계처리>에서 제시된 분개 '(9) 매출제품 9,000단위의 원가(표준원가에 의한 매출원가)'을 말함. 9,000단위×₩1,400/단위 = ₩12,600,000

· 조정 후 매출원가 : ₩12,600,000 + ₩1,540,000(불리) = ₩14,140,000

(차) 매출원가	1,540,000	(대)	직접재료비 가격차이	160,000
			직접재료비 수량차이	20,000
			직접노무비 임률차이	330,000
			직접노무비 능률차이	660,000
			제조간접비 소비차이	120,000
			제조간접비 능률차이	220,000
			제조간접비 조업도차이	30,000

포괄손익계산서

매출액		₩18,000,000
매출원가		(14,140,000)
매출원가(표준원가)	₩12,600,000	
불리한 원가차이	(+) 1,540,000	
매출총이익		₩3,860,000
판매관리비		(1,360,000)
영업이익		₩2,500,000

<**참조**2> 원가차이의 처리 : 비례배부법(사용량 기준)

· 총 원가차이 : ₩1,540,000(불리)

· 조정 전 매출원가 : ₩12,600,000

· 조정 전 기말제품원가 : ₩13,440,000(표준완성품원가) - ₩12,600,000(조정 전 매출원가) = ₩840,000

· 조정 전 기말재공품원가 : ₩630,000(표준기말재공품원가)

* 1) 1,000단위×@₩300 + 300단위×@₩1,100
2) 제조원가보고서 제5단계 **참조**

· 조정 후 기말재공품원가 : ₩630,000 + ₩58,193([**계산근거**] **참조**) = ₩688,193

· 조정 후 기말제품원가 : ₩840,000 + ₩92,613([**계산근거**] **참조**) = ₩932,613

· 조정 후 매출원가 : ₩12,600,000 + ₩1,389,194([**계산근거**] **참조**) = ₩13,989,194

(차) 제조(재공품)	58,193	(대)	직접재료비 가격차이	160,000
제 품	92,613		직접재료비 수량차이	20,000
매출원가	1,389,194		직접노무비 임률차이	330,000
			직접노무비 능률차이	660,000
			제조간접비 소비차이	120,000
			제조간접비 능률차이	220,000
			제조간접비 조업도차이	30,000

포괄손익계산서

매출액		₩18,000,000
매출원가		(13,989,194)
매출원가(표준원가)	₩12,600,000	
불리한 원가차이	(+) 1,389,194	
매출총이익		₩4,010,806
판매관리비		(1,360,000)
영업이익		₩2,650,806

[계산근거 (참조2)]

[사전지식]

직접재료 가격차이를 재료 사용시점에서 분리하는 경우에서의 비례배부법이다. 직접재료 가격차이를 사용시점에서 분리하는 경우에 재료계정은 실제단가로 기록되므로 가격차이가 재료계정에 영향을 미치지 않는다. 따라서 직접재료 가격차이는 재공품, 제품, 매출원가에서만 조정한다.

· 항목별 원가차이 배분집계표

구 분	계정과목		
	재공품	제 품	매출원가
Ⅰ. 배분 전 계정 잔액	₩630,000	₩840,000	₩12,600,000
Ⅱ. 원가차이의 배분			
직접재료비 표준(₩180,000 불리)	(+) 16,981	(+) 10,189	(+) 152,830
직접노무비 표준(₩990,000 불리)	(+) 30,000	(+) 60,000	(+) 900,000
제조간접비 표준(₩370,000 불리)	(+) 11,212	(+) 22,424	(+) 336,364
총차이	(+) 58,193	(+) 92,613	(+) 1,389,194
Ⅲ. 배분 후 계정 잔액	₩688,193	₩932,613	₩13,989,194

* 항목별 원가차이 배분집계표에서, Ⅰ은 원가차이를 배분하기 전 계정과목에 잔액으로 남아있는 표준원가 자료를 의미하며, Ⅱ는 원가요소별 원가차이를 각 계정과목에 실제 배분한 결과를 나타내고 있다. Ⅱ에서 불리한 차이(직접재료비 차이)는 각 계정과목의 배분 전 잔액에서 가산하여야 하지만, 유리한 차이(직접노무비 차이 · 제조간접비 차이)는 각 계정과목의 배분 전 잔액에서 차감하여야 한다. 이렇게 하여 배분이 끝난 후의 각 계정과목별 잔액은 Ⅲ에서 계산되고 있다.

· 직접재료비

㉠ 배분기준의 계산 : 계정과목별 직접재료비

계정과목	배분기준	직접재료비
재 공 품	기말재공품 완성품 환산량×단위당 직접재료비 표준 ; 1,000단위×₩300/단위	₩300,000
제 품	기말제품 수량×단위당 직접재료비 표준 ; 600단위×₩300/단위	180,000
매출원가	매출제품 수량×단위당 직접재료비 표준 ; 9,000단위×₩300/단위	2,700,000
		₩3,180,000

㉡ 항목별 배분액의 계산

직접재료비 총차이 ₩180,000(불리) = 가격차이 ₩160,000(불리) + 수량차이 ₩20,000(불리)

$$\text{재공품}\ :\ ₩180,000 \times \frac{₩300,000}{₩300,000 + ₩180,000 + ₩2,700,000} = ₩16,981$$

$$\text{제 품}\ :\ ₩180,000 \times \frac{₩180,000}{₩300,000 + ₩180,000 + ₩2,700,000} = 10,189$$

$$\text{매출원가}\ :\ ₩180,000 \times \frac{₩2,700,000}{₩300,000 + ₩180,000 + ₩2,700,000} = 152,830$$

· 직접노무비

㉠ 배분기준의 계산 : 계정과목별 직접노무비

계정과목	배분기준	직접노무비
재 공 품	기말재공품 완성품 환산량×단위당 직접노무비 표준 ; 300단위×₩600/단위	₩180,000
제 품	기말제품 수량×단위당 직접노무비 표준 ; 600단위×₩600/단위	360,000
매출원가	매출제품 수량×단위당 직접노무비 표준 ; 9,000단위×₩600/단위	5,400,000
		₩5,940,000

㉡ 항목별 배분액의 계산

직접노무비 총차이 ₩990,000(불리) = 임률차이 ₩330,000(불리) + 능률차이 ₩660,000(불리)

$$\text{재공품}\ :\ ₩990,000 \times \frac{₩180,000}{₩180,000 + ₩360,000 + ₩5,940,000} = ₩30,000$$

$$\text{제 품}\ :\ ₩990,000 \times \frac{₩360,000}{₩180,000 + ₩360,000 + ₩5,940,000} = 60,000$$

$$\text{매출원가}\ :\ ₩990,000 \times \frac{₩5,400,000}{₩180,000 + ₩360,000 + ₩5,940,000} = 900,000$$

· 제조간접비

㉠ 배분기준의 계산 : 계정과목별 제조간접비

계정과목	배분기준	제조간접비
재 공 품	기말재공품 완성품 환산량×단위당 제조간접비 표준 ; 300단위×₩500/단위	₩150,000
제 품	기말제품 수량×단위당 제조간접비 표준 ; 600단위×₩500/단위	300,000
매출원가	매출제품 수량×단위당 제조간접비 표준 ; 9,000단위×₩500/단위	4,500,000
		₩4,950,000

㉡ 항목별 배분액의 계산

제조간접비 총차이 ₩370,000(불리) = [소비차이 ₩170,000(유리) + 능률차이 ₩220,000(불리)] + [소비차이 ₩290,000(불리) + 조업도차이 ₩30,000(불리)]

$$\text{재공품}\ :\ ₩370,000 \times \frac{₩150,000}{₩150,000 + ₩300,000 + ₩4,500,000} = ₩11,212$$

$$\text{제 품}\ :\ ₩370,000 \times \frac{₩300,000}{₩150,000 + ₩300,000 + ₩4,500,000} = 22,424$$

$$\text{매출원가}\ :\ ₩370,000 \times \frac{₩4,500,000}{₩150,000 + ₩300,000 + ₩4,500,000} = 336,364$$

[추가 분석 : 공손 및 품질검사시점 100%] (2019 회계사 유사, 2010 회계사 유사)

공손을 추가한다. 당기완성품 수량 중 공손 수량이 600단위이며, 품질검사를 합격한 수량의 5%에 해당하는 공손 수량은 정상공손으로 간주하고, 품질검사는 공정의 100% 시점에서 이루어진다. 본 [예제]에서 정상제품의 단위당 표준원가는 제품 단위당 표준원가 ₩1,400에 단위당 정상공손원가 허용액 ₩70(= ₩1,400×5%)을 가산하여 ₩1,470이 된다. 정상공손 수량은 당기에 검사를 통과한 수량(당기투입 완성량) 9,000단위의 5%인 450단위이다. 비정상공손 수량은 공손 수량 600단위에서 정상공손 수량 450단위를 제외한 150단위이다. 총제조원가(₩14,070,000)를 완성품 · 공손품 · 기말재공품에 배분(1차 배분)한 후, 정상공손원가가 배분(2차 배분)된 후의 정상제품의 단가는 ₩1,470 (= ₩13,230,000÷9,000단위)으로 정상제품의 단위당 표준원가가 된다.

	[1단계]		[2단계] 완성품 환산량	
	물량흐름 파악		직접재료비	가공비
기초재공품 수량	0단위			
당기투입 수량	10,600			
계	10,600단위			
기초재공품 완성량	0단위		0단위	0단위
당기투입 완성량	9,000		9,000	9,000
정상공손 수량	450	(100%)	450	450
비정상공손 수량	150	(100%)	150	150
기말재공품 수량	1,000	(30%)	1,000	300
계	10,600단위		10,600단위	9,900단위

[3단계] 총제조원가의 집계			계
기초재공품원가			₩0
당기총제조비용(표준)	₩3,180,000	₩10,890,000	14,070,000
계	₩3,180,000	₩10,890,000	₩14,070,000
[4단계] 환산량 단위당 원가			
완성품 환산량	÷10,600단위	÷9,900단위	
환산량 단위당 원가(표준)	₩300	₩1,100	

[5단계] 총제조원가의 배분

(1차 배분)		
완성품원가(표준)	9,000단위×@₩300 + 9,000단위×@₩1,100 =	₩12,600,000
정상공손원가	450단위×@₩300 + 450단위×@₩1,100 =	630,000
비정상공손원가	150단위×@₩300 + 150단위×@₩1,100 =	210,000
기말재공품원가(표준)	1,000단위×@₩300 + 300단위×@₩1,100 =	630,000
계		₩14,070,000

(2차 배분)	배분 전 원가	정상공손원가 배분	배분 후 원가
완성품원가	₩12,600,000	₩630,000	₩13,230,000
정상공손원가	630,000	(630,000)	0
비정상공손원가	210,000		210,000
기말재공품원가	630,000		630,000
계	₩14,070,000		₩14,070,000

※ 기말재공품이 품질검사시점을 통과하지 않은 경우이므로 정상공손원가는 완성품에만 배분된다. 즉 기말재공품은 공손 발생시점에 도달하지 않았으므로 정상공손원가를 배분받을 수 없다.

※ 정상공손원가를 배분(2차 배분)한 후의 완성된 제품의 원가는 ₩13,230,000이므로, 완성품 단위당 원가는 ₩1,470(= ₩13,230,000÷9,000단위)이다. 완성품 단위당 원가 ₩1,470은 표준원가(@₩1,400)와 단위당 정상공손원가 허용액[@₩70 = (@₩300 + @₩1,100×100%)×5%]의 합계액이다.

[요약]

단위당 정상공손원가 허용액 : [@₩300 + @₩1,100×100%(품질검사시점)]×5% = @₩70

완성품원가 : 9,000단위×(@₩300 + @₩1,100 + @₩70) = ₩13,230,000

기말재공품원가 : 1,000단위×@₩300 + 1,000단위×30%×@₩1,100 = ₩630,000

종합예제 2

표준종합원가계산을 수행하고 있는 기업의 표준원가 자료 및 실제 발생내용은 다음과 같다. (기준조업도 2,500단위)

	표준수량		표준가격		표준원가
직접재료비	4kg	×	₩9/kg	=	₩36
직접노무비	1시간	×	₩50/시간	=	50
변동제조간접비	1시간	×	₩110/시간	=	110
고정제조간접비	1시간	×	₩60/시간	=	60
단위당 표준원가					₩256

	실제 발생내용	
당기재료	구입액(20,000kg×@₩10)	₩200,000
	사용액(14,000kg)	
직접노무비	(2,700시간×@₩60)	₩162,000
제조간접비	(고정제조간접비 ₩180,000 포함)	₩480,000

기초재공품은 400단위(완성도는 직접재료비 100%, 가공비 50%), 당기완성량은 3,000단위, 기말재공품은 1,000단위(완성도는 직접재료비 100%, 가공비 60%)이다. 판매량은 2,500단위이며, 단위당 판매가격은 ₩320이다. 판매관리비 발생액은 ₩100,000이다. 단, 기초의 재료재고 및 제품재고는 없다고 가정한다. 표준원가계산에 의한 완성품 환산량을 산출하시오. 그리고 가능한 한 모든 원가차이를 분석하시오(직접재료비 가격차이는 원재료 사용시점에서 분리할 것). 원가차이는 매출원가 가감법으로 한다. 조정 후 다음 회계기간의 회계처리의 제시는 생략한다.

해답 (2022 세무사 유사)

1. 표준 생산원가 및 제조원가보고서 작성

A. 기초재공품 및 당기투입량

기초재공품	400단위
당기투입량	3,600
	4,000단위

B. 당기완성량 및 기말재공품 환산량(원가요소별)

	직접재료비	직접노무비	제조간접비
기초재공품 완성량	0단위[1)]	200단위[2)]	200단위[2)]
당기투입 완성량	2,600	2,600	2,600
기말재공품 환산량	1,000 [3)]	600 [4)]	600 [4)]
총 완성품 환산량	3,600단위	3,400단위	3,400단위

C. 표준원가

원가요소	총 완성품 환산량	단위당 표준원가	계
직접재료비	3,600단위	₩36	₩129,600
직접노무비	3,400	50	170,000
제조간접비	3,400	170	578,000
		₩256	₩877,600

* 1) 기초재공품 수량(400단위)×완성도(0 = 1 - 100%) = 0단위
2) 기초재공품 수량(400단위)×완성도(1 - 50%) = 200단위
3) 기말재공품 수량(1,000단위)×완성도(100%) = 1,000단위
4) 기말재공품 수량(1,000단위)×완성도(60%) = 600단위

	[1단계] 물량흐름 파악	[2단계] 완성품 환산량 직접재료비	가공비	
기초재공품 수량	400단위(50%)			
당기투입 수량	3,600			
계	4,000단위			
기초재공품 완성량	400단위(50%)	0단위	200단위	
당기투입 완성량	2,600	2,600	2,600	
기말재공품 수량	1,000 (60%)	1,000	600	
계	4,000단위	3,600단위	3,400단위	
[3단계] 총제조원가의 집계				계
기초재공품원가[1]				₩58,400
당기총제조비용(표준)[2]		₩129,600	₩748,000	877,600
계		₩129,600	₩748,000	₩936,000
[4단계] 환산량 단위당 원가				
완성품 환산량		÷3,600단위	÷3,400단위	
환산량 단위당 원가(표준)		₩36	₩220	
[5단계] 총제조원가의 배분				
완성품원가(표준)[3]	₩58,400 + 2,600단위×@₩36 + 2,800단위×@₩220 =			₩768,000
기말재공품원가(표준)	1,000단위×@₩36 + 600단위×@₩220 =			168,000
계				₩936,000

* 1) 직접재료비 : 400단위×4kg×@₩9 = ₩14,400
가공비 : (200단위×1시간×@₩50) + (200단위×1시간×@₩110) + (200단위×1시간×@₩60) = ₩44,000

2) 직접재료비 : 3,600단위×4kg×@₩9 = ₩129,600
가공비 : (3,400단위×1시간×@₩50) + (3,400단위×1시간×@₩110) + (3,400단위×1시간×@₩60) = ₩748,000

3) ₩58,400 + 2,600단위×@₩36 + 2,800단위×@₩220 = ₩768,000
또는 3,000단위×(@₩36 + @₩220) = ₩768,000

2. 원가차이 분석

	AQ′(실제구입수량)×AP	AQ′(실제구입수량)×SP	
직접재료비 (구입시)	20,000kg×@₩10 = ₩200,000	20,000kg×@₩9 = ₩180,000	

구입가격차이 ₩20,000(불리)

		AQ(실제소비수량)×SP	SQ×SP
(사용시)		14,000kg×@₩9 = ₩126,000	3,600단위×4kg×@₩9 = ₩129,600

수량(능률)차이 ₩3,600(유리)

	실제발생액(AQ×AP)	AQ×SP	실제산출물에 의한 변동예산(SQ×SP)
직접재료비	14,000kg×@₩10 = ₩140,000	14,000kg×@₩9 = ₩126,000	3,600단위×4kg×@₩9 = ₩129,600

가격차이 ₩14,000(불리) 수량차이 ₩3,600(유리)

직접노무비 2,700시간×@₩60 = ₩162,000 | 2,700시간×@₩50 = ₩135,000 | 3,400단위×1시간×@₩50 = ₩170,000

임률차이 ₩27,000(불리) 능률차이 ₩35,000(유리)

변동제조간접비 ₩300,000 | 2,700시간×@₩110 = ₩297,000 | 3,400단위×1시간×@₩110 = ₩374,000

소비차이 ₩3,000(불리) 능률차이 ₩77,000(유리)

* ₩480,000(제조간접비) - ₩180,000(고정제조간접비) = ₩300,000(변동제조간접비)

	실제발생액(AQ×AP)	예산(기준조업도×SP)	실제산출물에 대한 배부액(SQ×SP)
고정제조간접비	₩180,000	2,500단위×1시간×@₩60 = ₩150,000	3,400단위×1시간×@₩60 = ₩204,000

소비차이 ₩30,000(불리) 조업도차이 ₩54,000(유리)

[참조]

원가행태	제조간접비 실제발생액	실제투입물에 대한 변동예산 (실제기계시간)	실제산출물에 대한 변동예산 (실제생산량에 허용된 예산기계시간)	실제산출물에 대한 배부액 (제조간접비 표준)
변동제조간접비	₩300,000	₩297,000	₩374,000	₩374,000
고정제조간접비	180,000	150,000	150,000	204,000
	₩480,000	₩447,000	₩524,000	₩578,000

<3분법> 소비차이 ₩33,000(불리) 능률차이 ₩77,000(유리) 조업도차이 ₩54,000(유리)

<2분법> 예산차이 ₩44,000(유리)

총차이 ₩98,000(유리) (과대배부)

3. 원가차이 분석의 회계처리

<표준원가 자료와 원가차이에 대한 회계처리>

(1) 직접재료의 구입(외상매입을 가정)

(차)	재 료	200,000	(대) 외상매입금	200,000

* 20,000kg×₩10/kg = ₩200,000

참조 직접재료비 구입가격차이(불리) : ₩20,000[= 20,000kg×(@₩10 - @₩9)]

(2) 직접재료의 소비(생산과정 투입) 및 차이분석

(차)	제조(재공품)	129,600	(대) 재 료	140,000
	직접재료비 가격차이	14,000	직접재료비 수량차이	3,600

(3) 직접노무비의 발생 및 차이분석

(차)	제조(재공품)	170,000	(대) 임금 및 급여	162,000
	직접노무비 임률차이	27,000	직접노무비 능률차이	35,000

(4) 제조간접비 예정배부액

(차)	제조(재공품)	578,000	(대) 제조간접비	578,000

* 3,400단위×1시간×₩170/시간 = ₩578,000

(5) 제조간접비 실제발생액

(차)	제조간접비	480,000	(대) 제 원가요소	480,000

(6) 제조간접비계정의 마감 및 차이분석

(차) 제조간접비	98,000	(대) 제조간접비 능률차이	77,000
제조간접비 소비차이	33,000	제조간접비 조업도차이	54,000

* (차변) 제조간접비 ₩98,000은 제조간접비 예정배부액 ₩578,000과 제조간접비 실제발생액 ₩480,000의 차액이다.
* (차변) 제조간접비 소비차이 ₩33,000(불리)은 변동제조간접비 소비차이 ₩3,000(불리)과 고정제조간접비 소비차이 ₩30,000(불리)의 합계액이다.

(7) 완성품(3,000단위)의 제품계정으로의 대체(표준원가의 사용)

(차) 제 품	768,000	(대) 제조(재공품)	768,000

* 3,000단위×₩256/단위 = ₩768,000

(8) 매출액(2,500단위)(외상매출을 가정)

(차) 외상매출금	800,000	(대) 매 출	800,000

* 2,500단위×₩320/단위 = ₩800,000

(9) 매출된 제품 2,500단위의 원가(표준원가에 의한 매출원가)

(차) 매출원가	640,000	(대) 제 품	640,000

* 2,500단위×₩256/단위 = ₩640,000

(10) 판매관리비

(차) 판매관리비	100,000	(대) 제 원가요소	100,000

<표준원가 자료와 원가차이에 대한 계정상의 기입원리>

A. 재무상태표 계정

외상매입금

차변	대변
	(1) 200,000 → 재료 (1)

재 료

차변	대변
(1) 200,000	(2) 140,000 → 제조(재공품) (2)

제조(재공품)

차변	대변
기초 58,400	(7) 768,000 → 제품 (7)
(2) 129,600	
(3) 170,000	
(4) 578,000	

외상매출금

차변	대변
(8) 800,000	

임금 및 급여

차변	대변
	(3) 162,000 → 제조(재공품) (3)

제 원가요소

차변	대변
	(5) 480,000 → 제조간접비 (5)
	(10) 100,000

제조간접비

차변	대변
(5) 480,000	(4) 578,000 → 제조(재공품) (4)
(6) 98,000	

제 품

차변	대변
(7) 768,000	(9) 640,000

B. 포괄손익계산서 계정

매 출

차변	대변
	(8) 800,000

매출원가

차변	대변
(9) 640,000	

판매관리비

차변	대변
(10) 100,000	

C. 원가차이 계정

직접재료비 가격차이

차변	대변
(2) 14,000	

직접재료비 수량차이

차변	대변
	(2) 3,600

직접노무비 임률차이

차변	대변
(3) 27,000	

직접노무비 능률차이

차변	대변
	(3) 35,000

제조간접비 소비차이

차변	대변
(6) 33,000	

제조간접비 능률차이

차변	대변
	(6) 77,000

제조간접비 조업도차이

차변	대변
	(6) 54,000

D. 직접재료 - 재공품 - 제품 - 매출원가의 상호 관련성(제시 생략함)

<원가차이의 처리 : 매출원가 가감법>

· 총 원가차이 : ₩95,600(유리) = [직접재료비 가격차이 ₩14,000(불리) + 직접재료비 수량차이 ₩3,600(유리)] + [직접노무비 임률차이 ₩27,000(불리) + 직접노무비 능률차이 ₩35,000(유리)] + [변동제조간접비 소비차이 ₩3,000(불리) + 변동제조간접비 능률차이 ₩77,000(유리)] + [고정제조간접비 소비차이 ₩30,000(불리) + 고정제조간접비 조업도차이 ₩54,000(유리)]

· 조정 전 매출원가 : [₩768,000[1](표준완성품원가)÷3,000단위(완성량)]×2,500단위(판매량) = ₩640,000[2]

* 1) <표준원가 자료와 원가차이에 대한 회계처리>에서 제시된 분개 '(7) 완성품(3,000단위)의 제품계정으로의 대체(표준원가의 사용)'을 말함. 3,000단위×₩256/단위 = ₩768,000

2) <표준원가 자료와 원가차이에 대한 회계처리>에서 제시된 분개 '(9) 매출제품 2,500단위의 원가(표준원가에 의한 매출원가)'을 말함. 2,500단위×₩256/단위 = ₩640,000

· 조정 후 매출원가 : ₩640,000 - ₩95,600(유리) = ₩544,400

(차)	직접재료비 수량차이	3,600	(대) 매출원가	95,600
	직접노무비 능률차이	35,000	직접재료비 가격차이	14,000
	제조간접비 능률차이	77,000	직접노무비 임률차이	27,000
	제조간접비 조업도차이	54,000	제조간접비 소비차이	33,000

* 재고자산을 표준원가로 표시하는 경우 표준원가가 실제원가와 유사하다고 전제한다면, 매출원가 가감법을 적용하여 모든 원가차이가 매출원가에 반영되도록 하고 재고자산은 표준원가로 표시되도록 하면 될 것이다.

포괄손익계산서

매출액		₩800,000
매출원가		(544,400)
매출원가(표준원가)	₩640,000	
유리한 원가차이	(-) 95,600	
매출총이익		₩255,600
판매관리비		(100,000)
영업이익		₩155,600

<참조1> 원가차이의 처리 : 기타손익 처리법

· 총 원가차이 : ₩95,600(유리)

(차)	직접재료비 수량차이	3,600	(대) 기타수익	95,600
	직접노무비 능률차이	35,000	직접재료비 가격차이	14,000
	제조간접비 능률차이	77,000	직접노무비 임률차이	27,000
	제조간접비 조업도차이	54,000	제조간접비 소비차이	33,000

<참조2> 원가차이의 처리 : 비례배부법(사용량 기준)

· 총 원가차이 : ₩95,600(유리)

· 조정 전 매출원가 : ₩640,000

· 조정 전 기말제품원가 : ₩768,000(표준완성품원가) - ₩640,000(조정 전 매출원가) = ₩128,000

· 조정 전 기말재공품원가 : ₩168,000(표준기말재공품원가)

* 1) 1,000단위×@₩36 + 600단위×@₩220

2) 제조원가보고서 제5단계 **참조**

· 조정 후 기말재공품원가 : ₩168,000 - ₩15,066([**계산근거**] **참조**) = ₩152,934

· 조정 후 기말제품원가 : ₩128,000 - ₩13,422([**계산근거**] **참조**) = ₩114,578

· 조정 후 매출원가 : ₩640,000 - ₩67,112([**계산근거**] **참조**) = ₩572,888

(차) 직접재료비 수량차이	3,600	(대) 제조(재공품)	15,066
직접노무비 능률차이	35,000	제 품	13,422
제조간접비 능률차이	77,000	매출원가	67,112
제조간접비 조업도차이	54,000	직접재료비 가격차이	14,000
		직접노무비 임률차이	27,000
		제조간접비 소비차이	33,000

포괄손익계산서

매출액		₩800,000
매출원가		(572,888)
매출원가(표준원가)	₩640,000	
유리한 원가차이	(-) 67,112	
매출총이익		₩227,112
판매관리비		(100,000)
영업이익		₩127,112

[계산근거 (참조2)]

[사전지식]

직접재료 가격차이를 재료 사용시점에서 분리하는 경우에서의 비례배부법이다. 직접재료 가격차이를 사용시점에서 분리하는 경우에 재료계정은 실제단가로 기록되므로 가격차이가 재료계정에 영향을 미치지 않는다. 따라서 직접재료 가격차이는 재공품, 제품, 매출원가에서만 조정한다.

· 항목별 원가차이 배분집계표

구 분	계정과목		
	재공품	제 품	매출원가
Ⅰ. 배분 전 계정 잔액	₩168,000	₩128,000	₩640,000
Ⅱ. 원가차이의 배분			
직접재료비 표준(₩10,400 불리)	(+) 2,600	(+) 1,300	(+) 6,500
직접노무비 표준(₩8,000 유리)	(-) 1,333	(-) 1,111	(-) 5,556
제조간접비 표준(₩98,000 유리)	(-) 16,333	(-) 13,611	(-) 68,056
총차이	(-) 15,066	(-) 13,422	(-) 67,112
Ⅲ. 배분 후 계정 잔액	₩152,934	₩114,578	₩572,888

* 항목별 원가차이 배분집계표에서, Ⅰ은 원가차이를 배분하기 전 계정과목에 잔액으로 남아있는 표준원가 자료를 의미하며, Ⅱ는 원가요소별 원가차이를 각 계정과목에 실제 배분한 결과를 나타내고 있다. Ⅱ에서 불리한 차이(직접재료비 차이)는 각 계정과목의 배분 전 잔액에서 가산하여야 하지만, 유리한 차이(직접노무비 차이 · 제조간접비 차이)는 각 계정과목의 배분 전 잔액에서 차감하여야 한다. 이렇게 하여 배분이 끝난 후의 각 계정과목별 잔액은 Ⅲ에서 계산되고 있다.

· 직접재료비

㉠ 배분기준의 계산 : 계정과목별 직접재료비

계정과목	배분기준	직접재료비
재 공 품	기말재공품 완성품 환산량×단위당 직접재료비 표준 ; 1,000단위×₩36/단위	₩36,000
제 품	기말제품 수량×단위당 직접재료비 표준 ; 500단위×₩36/단위	18,000
매출원가	매출제품 수량×단위당 직접재료비 표준 ; 2,500단위×₩36/단위	90,000
		₩144,000

㉡ 항목별 배분액의 계산

직접재료비 총차이 ₩10,400(불리) = 가격차이 ₩14,000(불리) + 수량차이 ₩3,600(유리)

$$\text{재공품}: ₩10,400 \times \frac{₩36,000}{₩36,000 + ₩18,000 + ₩90,000} = ₩2,600$$

$$\text{제 품}: ₩10,400 \times \frac{₩18,000}{₩36,000 + ₩18,000 + ₩90,000} = 1,300$$

$$\text{매출원가}: ₩10,400 \times \frac{₩90,000}{₩36,000 + ₩18,000 + ₩90,000} = 6,500$$

· 직접노무비

㉠ 배분기준의 계산 : 계정과목별 직접노무비

계정과목	배분기준	직접노무비
재 공 품	기말재공품 완성품 환산량×단위당 직접노무비 표준 ; 600단위×₩50/단위	₩30,000
제 품	기말제품 수량×단위당 직접노무비 표준 ; 500단위×₩50/단위	25,000
매출원가	매출제품 수량×단위당 직접노무비 표준 ; 2,500단위×₩50/단위	125,000
		₩180,000

㉡ 항목별 배분액의 계산

직접노무비 총차이 ₩8,000(유리) = 임률차이 ₩27,000(불리) + 능률차이 ₩35,000(유리)

$$\text{재공품}: ₩8,000 \times \frac{₩30,000}{₩30,000 + ₩25,000 + ₩125,000} = ₩1,333$$

$$\text{제 품}: ₩8,000 \times \frac{₩25,000}{₩30,000 + ₩25,000 + ₩125,000} = 1,111$$

$$\text{매출원가}: ₩8,000 \times \frac{₩125,000}{₩30,000 + ₩25,000 + ₩125,000} = 5,556$$

· 제조간접비

㉠ 배분기준의 계산 : 계정과목별 제조간접비

계정과목	배분기준	제조간접비
재 공 품	기말재공품 완성품 환산량×단위당 제조간접비 표준 ; 600단위×₩170/단위	₩102,000
제 품	기말제품 수량×단위당 제조간접비 표준 ; 500단위×₩170/단위	85,000
매출원가	매출제품 수량×단위당 제조간접비 표준 ; 2,500단위×₩170/단위	425,000
		₩612,000

㉡ 항목별 배분액의 계산

제조간접비 총차이 ₩98,000(유리) = [소비차이 ₩3,000(불리) + 능률차이 ₩77,000(유리)] + [소비차이 ₩30,000(불리) + 조업도차이 ₩54,000(유리)]

$$\text{재공품}: ₩98,000 \times \frac{₩102,000}{₩102,000 + ₩85,000 + ₩425,000} = ₩16,333$$

$$\text{제 품}: ₩98,000 \times \frac{₩85,000}{₩102,000 + ₩85,000 + ₩425,000} = 13,611$$

$$\text{매출원가}: ₩98,000 \times \frac{₩425,000}{₩102,000 + ₩85,000 + ₩425,000} = 68,056$$

[추가 분석 : 공손 및 품질검사시점 100%]

공손을 추가한다. 당기완성품 수량 중 공손 수량이 200단위이며, 품질검사를 합격한 수량의 5%에 해당하는 공손 수량은 정상공손으로 간주하고, 품질검사는 공정의 100% 시점에서 이루어진다. 본 [예제]에서 정상제품의 단위당 표준원가는 제품 단위당 표준원가 ₩256에 단위당 정상공손원가 허용액 ₩12.8(= ₩256×5%)을 가산하여 ₩268.8이 된다. 정상공손 수량은 당기에 검사를 통과한 수량(기초재공품 완성량, 당기투입 완성량) 2,800단위의 5%인 140단위이다. 비정상공손 수량은 공손 수량 200단위에서 정상공손 수량 140단위를 제외한 60단위이다. 총제조원가(₩936,000)를 완성품·공손품·기말재공품에 배분(1차 배분)한 후, 정상공손원가가 배분(2차 배분)된 후의 정상제품의 단가는 ₩268.8(=₩752,640÷2,800단위)으로 정상제품의 단위당 표준원가가 된다.

	[1단계] 물량흐름 파악	[2단계] 완성품 환산량 직접재료비	가공비
기초재공품 수량	400단위(50%)		
당기투입 수량	3,600		
계	4,000단위		
기초재공품 완성량	400단위(50%)	0단위	200단위
당기투입 완성량	2,400	2,400	2,400
정상공손 수량	140 (100%)	140	140
비정상공손 수량	60 (100%)	60	60
기말재공품 수량	1,000 (60%)	1,000	600
계	4,000단위	3,600단위	3,400단위

[3단계] 총제조원가의 집계			계
기초재공품원가			₩58,400
당기총제조비용(표준)	₩129,600	₩748,000	877,600
계	₩129,600	₩748,000	₩936,000

[4단계] 환산량 단위당 원가		
완성품 환산량	÷3,600단위	÷3,400단위
환산량 단위당 원가(표준)	₩36	₩220

[5단계] 총제조원가의 배분

(1차 배분)

완성품원가(표준)*	₩58,400 + 2,400단위×@₩36 + 2,600단위×@₩220 =	₩716,800
정상공손원가	140단위×@₩36 + 140단위×@₩220 =	35,840
비정상공손원가	60단위×@₩36 + 60단위×@₩220 =	15,360
기말재공품원가(표준)	1,000단위×@₩36 + 600단위×@₩220 =	168,000
계		₩936,000

(2차 배분)	배분 전 원가	정상공손원가 배분	배분 후 원가
완성품원가*	₩716,800	₩35,840	₩752,640
정상공손원가	35,840	(35,840)	0
비정상공손원가	15,360		15,360
기말재공품원가	168,000		168,000
계	₩936,000		₩936,000

* ₩58,400 + 2,400단위×@₩36 + 2,600단위×@₩220 = 2,800단위×(@₩36 + @₩220) = ₩716,800

※ 기말재공품이 품질검사시점을 통과하지 않은 경우이므로 정상공손원가는 완성품에만 배분된다. 즉 기말재공품은 공손 발생시점에 도달하지 않았으므로 정상공손원가를 배분받을 수 없다.

※ 정상공손원가를 배분(2차 배분) 후의 완성된 제품의 원가는 ₩752,640이므로, 완성품 단위당 원가는 ₩268.8(=₩752,640÷2,800단위)이다. 완성품 단위당 원가 ₩268.8은 단위당 표준원가(@₩256)와 단위당 정상공손원가 허용액[@₩12.8 = (@₩36 + @₩220×100%)×5%]의 합계액이다.

[요약]

단위당 정상공손원가 허용액 : [@₩36 + @₩220×100%(품질검사시점)]×5% = @₩12.8

완성품원가 : 2,800단위×(@₩36 + @₩220 + @₩12.8) = ₩752,640

기말재공품원가 : 1,000단위×@₩36 + 1,000단위×60%×@₩220 = ₩168,000

종합예제 3

표준종합원가계산제도를 채택하고 있는 (주)대한의 표준원가 및 실제원가 자료는 다음과 같다.

	단위당 표준원가		실제원가 발생액	
직접재료비	5kg×@₩6 =	₩30	27,500kg×@₩8 =	₩220,000
직접노무비	2시간×@₩5 =	10	13,000시간×@₩6 =	78,000
변동제조간접비	2시간×@₩8 =	16		95,000
고정제조간접비	2시간×@₩12 =	24		95,000
		₩80		₩488,000

연간 고정제조간접비 예산은 ₩120,000이고, 연간 직접노동시간 10,000시간을 기준조업도로 하여 직접노동시간당 ₩12의 고정제조간접비 표준원가를 산출하였다. 기초재공품은 200단위(완성도는 직접재료비 100%, 가공비 20%)이고, 기말재공품은 800단위(완성도는 직접재료비 100%, 가공비 40%)이다. 당기생산(완성)량은 5,200단위이다. 단, 기초의 직접재료 재고는 없으며, 직접재료 구입수량은 30,000kg이다.

물음 (1991 회계사 수정)

1. 표준 생산원가 및 제조원가보고서를 작성하고, 완성품원가와 기말재공품원가를 구하시오.
2. 원가차이를 구하시오. 단, 제조원가차이는 매출원가 가감법으로 조정한다.
3. 기말에 제조원가 총차이를 재공품과 제품, 매출원가에 각 기말 잔액을 기준으로 배분한다면 차이 배분 후의 외부공표용 재무제표상 재공품, 제품, 매출원가는 각각 얼마인가? 단, 기초와 기말 제품은 각각 2,300단위와 1,000단위이다. 조정 후 다음 회계기간의 회계처리도 제시하시오.

해답

1. 표준 생산원가 및 제조원가보고서 작성

A. 기초재공품 및 당기투입량

기초재공품	200단위
당기투입량	5,800
	6,000단위

B. 당기완성량 및 기말재공품 환산량(원가요소별)

	직접재료비	직접노무비	제조간접비
기초재공품 완성량	0단위[1)]	160단위[2)]	160단위[2)]
당기투입 완성량	5,000	5,000	5,000
기말재공품 환산량	800 [3)]	320 [4)]	320 [4)]
총 완성품 환산량	5,800단위	5,480단위	5,480단위

C. 표준원가

원가요소	총 완성품 환산량	단위당 표준원가	계
직접재료비	5,800단위	₩30	₩174,000
직접노무비	5,480	10	54,800
제조간접비	5,480	40	219,200
		₩80	₩448,000

* 1) 기초재공품 수량(200단위)×완성도(0 = 1 - 100%) = 0단위
2) 기초재공품 수량(200단위)×완성도(1 - 20%) = 160단위
3) 기말재공품 수량(800단위)×완성도(100%) = 800단위
4) 기말재공품 수량(800단위)×완성도(40%) = 320단위

	[1단계] 물량흐름 파악	[2단계] 완성품 환산량 직접재료비	가공비
기초재공품 수량	200단위(20%)		
당기투입 수량	5,800		
계	6,000단위		
기초재공품 완성량	200단위(80%)	0단위	160단위
당기투입 완성량	5,000	5,000	5,000
기말재공품 수량	800 (40%)	800	320
계	6,000단위	5,800단위	5,480단위

			계
[3단계] 총제조원가의 집계			
기초재공품원가*			₩8,000
당기총제조비용(표준)	₩174,000	₩274,000	448,000
계	₩174,000	₩274,000	₩456,000
[4단계] 환산량 단위당 원가			
완성품 환산량	÷5,800단위	÷5,480단위	
환산량 단위당 원가(표준)	₩30	₩50	

[5단계] 총제조원가의 배분

완성품원가(표준)*	₩8,000 + 5,000단위×@₩30 + 5,160단위×@₩50 =	₩416,000
기말재공품원가(표준)	800단위×@₩30 + 320단위×@₩50 =	40,000
계		₩456,000

* (200단위×5kg×@₩6) + (40단위×2시간×@₩5) + (40단위×2시간×@₩8) + (40단위×2시간×@₩12) = ₩8,000
5,800단위×@₩30 = ₩174,000, 5,480단위×@₩50 = ₩274,000
₩8,000 + 5,000단위×@₩30 + 5,160단위×@₩50 = 5,200단위×(@₩30 + @₩50) = ₩416,000
기초제품 2,300단위 + 당기생산량 5,200단위 - 기말제품 1,000단위 = 6,500단위(매출량)

2. 원가차이 분석

	AQ′(실제구입수량)×AP	AQ′(실제구입수량)×SP	
직접재료비 (구입시)	30,000kg×@₩8 = ₩240,000	30,000kg×@₩6 = ₩180,000	
	구입가격차이 ₩60,000(불리)		
		AQ(실제소비수량)×SP	SQ×SP
(사용시)		27,500kg×@₩6 = ₩165,000	5,800단위×5kg×@₩6 = ₩174,000
		수량(능률)차이 ₩9,000(유리)	

	실제발생액(AQ×AP)	AQ×SP	실제산출물에 의한 변동예산(SQ×SP)
직접재료비	27,500kg×@₩8 = ₩220,000	27,500kg×@₩6 = ₩165,000	5,800단위×5kg×@₩6 = ₩174,000
	가격차이 ₩55,000(불리)	수량차이 ₩9,000(유리)	
직접노무비	13,000시간×@₩6 = ₩78,000	13,000시간×@₩5 = ₩65,000	5,480단위×2시간×@₩5 = ₩54,800
	임률차이 ₩13,000(불리)	능률차이 ₩10,200(불리)	
변동제조간접비	₩95,000	13,000시간×@₩8 = ₩104,000	5,480단위×2시간×@₩8 = ₩87,680
	소비차이 ₩9,000(유리)	능률차이 ₩16,320(불리)	

	실제발생액(AQ×AP)	예산(기준조업도×SP)	실제산출물에 대한 배부액(SQ×SP)
고정제조간접비	₩95,000	10,000시간×@₩12 = ₩120,000	5,480단위×2시간×@₩12 = ₩131,520

소비차이 ₩25,000(유리)　　조업도차이 ₩11,520(유리)

[**참조**] 원가차이 분석의 회계처리

<표준원가 자료와 원가차이에 대한 회계처리>

(1) 직접재료의 구입(외상매입을 가정)

(차) 재　료	240,000	(대) 외상매입금	240,000

* 30,000kg×₩8/kg = ₩240,000
  직접재료비 구입가격차이(불리) : ₩60,000[= 30,000kg×(@₩8 - @₩6)]

(2) 직접재료의 소비(생산과정 투입) 및 차이분석

(차) 제조(재공품)	174,000	(대) 재　료	220,000
직접재료비 가격차이	55,000	직접재료비 수량차이	9,000

(3) 직접노무비의 발생 및 차이분석

(차) 제조(재공품)	54,800	(대) 임금 및 급여	78,000
직접노무비 임률차이	13,000		
직접노무비 능률차이	10,200		

(4) 제조간접비 예정배부액

(차) 제조(재공품)	219,200	(대) 제조간접비	219,200

* 5,480단위×₩40/시간 = ₩219,200

(5) 제조간접비 실제발생액

(차) 제조간접비	190,000	(대) 제 원가요소	190,000

(6) 제조간접비계정의 마감 및 차이분석

(차) 제조간접비	29,200	(대) 제조간접비 소비차이	34,000
제조간접비 능률차이	16,320	제조간접비 조업도차이	11,520

* (차변) 제조간접비 ₩29,200은 제조간접비 예정배부액 ₩219,200과 제조간접비 실제발생액 ₩190,000의 차액이다.
* (대변) 제조간접비 소비차이 ₩34,000(유리)은 변동제조간접비 소비차이 ₩9,000(유리)과 고정제조간접비 소비차이 ₩25,000(유리)의 합계액이다.

(7) 완성품(5,200단위)의 제품계정으로의 대체(표준원가의 사용)

(차) 제　품	416,000	(대) 제조(재공품)	416,000

* 5,200단위×₩80/단위 = ₩416,000

(8) 매출액(6,500단위)(외상매출을 가정, 단위당 판매가격 미제시됨)

(차) 외상매출금	×××	(대) 매　출	×××

* 기초제품 2,300단위 + 당기생산량 5,200단위 - 기말제품 1,000단위 = 6,500단위(매출량)

(9) 매출된 제품 6,500단위의 원가(표준원가에 의한 매출원가)

(차) 매출원가	520,000	(대) 제　품	520,000

* 6,500단위×₩80/단위 = ₩520,000

(10) 판매관리비(미제시됨)

(차) 판매관리비	×××	(대) 제 원가요소	×××

<표준원가 자료와 원가차이에 대한 계정상의 기입원리>

A. 재무상태표 계정

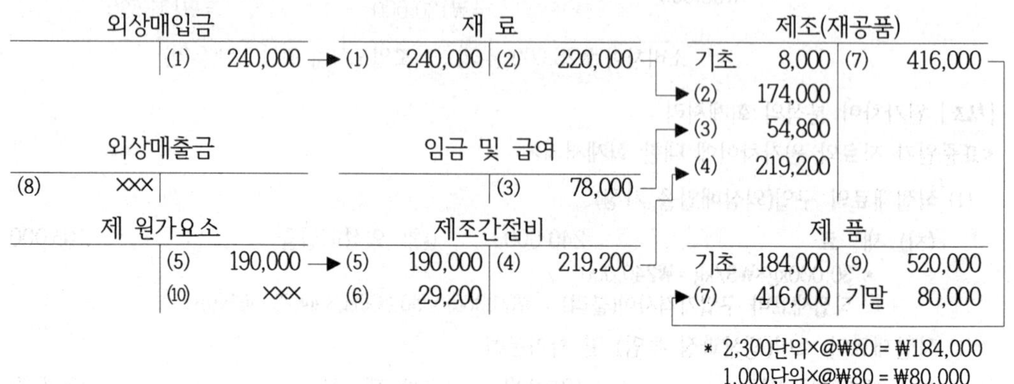

B. 포괄손익계산서 계정

매 출	
	(8) ×××

매출원가	
(9) 520,000	

판매관리비	
(10) ×××	

C. 원가차이 계정

직접재료비 가격차이	
(2) 55,000	

직접재료비 수량차이	
	(2) 9,000

직접노무비 임률차이	
(3) 13,000	

직접노무비 능률차이	
(3) 10,200	

제조간접비 소비차이	
	(6) 34,000

제조간접비 능률차이	
(6) 16,320	

제조간접비 조업도차이	
	(6) 11,520

D. 직접재료 - 재공품 - 제품 - 매출원가의 상호 관련성

<원가차이의 처리 : 매출원가 가감법>

· 총 원가차이 : ₩40,000(불리) = [가격차이 ₩55,000(불리) + 수량차이 ₩9,000(유리) + 임률차이 ₩13,000(불리) + 능률차이 ₩10,200(불리) + 소비차이 ₩9,000(유리) + 능률차이 ₩16,320(불리) + 소비차이 ₩25,000(유리) + 조업도차이 ₩11,520(유리)]

(차)		(대)	
매출원가	40,000	직접재료비 가격차이	55,000
직접재료비 수량차이	9,000	직접노무비 임률차이	13,000
제조간접비 소비차이	34,000	직접노무비 능률차이	10,200
제조간접비 조업도차이	11,520	제조간접비 능률차이	16,320

포괄손익계산서

매출액		×××
매출원가		(560,000)
매출원가(표준원가) 6,500단위×@₩80 =	₩520,000	
불리한 원가차이	(+) 40,000	
매출총이익		×××

3. 원가차이 배분

[사전지식]

원가차이를 재고자산인 재공품과 제품의 기말 잔액 그리고 매출원가에 배분하는 방법으로는, 원가요소별 비례배부법과 총원가 비례배부법이 있다. 원가요소별 비례배부법이란 '재공품 · 제품 · 매출원가계정에 집계되어 있는 직접재료비 · 직접노무비 · 제조간접비의 금액(표준원가에 의한)'을 기준으로 하여 비례적으로 배분하는 것이다. 총원가 비례배부법이란 '재공품 · 제품 · 매출원가계정의 기말 잔액'을 기준으로 하여 배분하는 것이다. 원가요소별 비례배부법과 총원가 비례배부법 중 어느 방법으로 배분하는 것이 타당할까? 기말재공품 · 기말제품 · 매출원가는 직접재료비 · 직접노무비 · 제조간접비로 구성되어 있으므로, 총원가 비례배부법보다는 원가요소별 비례배부법으로 배분하는 것이 논리적으로 더 타당하다고 할 수 있다.

원가차이의 처리 : 총원가 비례배부법(사용량 기준)

· 총 원가차이 : ₩40,000(불리)

<항목별 원가차이 배분집계>

· 조정 전 매출원가 : ₩520,000(= ₩195,000 + ₩65,000 + ₩260,000 = 6,500단위×@₩80)

· 조정 전 기말제품원가 : ₩80,000(= ₩30,000 + ₩10,000 + ₩40,000 = 1,000단위×@₩80)

· 조정 전 기말재공품원가 : ₩40,000(= ₩24,000 + ₩3,200 + ₩12,800 = 800단위×@₩30 + 320단위×@₩50)

· 조정 후 기말재공품원가 : ₩40,000 + ₩2,500([계산근거] 참조) = ₩42,500

· 조정 후 기말제품원가 : ₩80,000 + ₩5,000([계산근거] 참조) = ₩85,000

· 조정 후 매출원가 : ₩520,000 + ₩32,500([계산근거] 참조) = ₩552,500

[계산근거]

· 배분기준의 계산 및 기말 잔액

계정과목	배분기준	직접재료비
재 공 품	기말재공품 완성품 환산량×단위당 직접재료비 표준 ; 800단위×₩30/단위	₩24,000
제 품	기말제품 수량×단위당 직접재료비 표준 ; 1,000단위×₩30/단위	30,000
매출원가	매출제품 수량×단위당 직접재료비 표준 ; 6,500단위×₩30/단위	195,000
		₩249,000

계정과목	배분기준	직접노무비
재 공 품	기말재공품 완성품 환산량×단위당 직접노무비 표준 ; 320단위×₩10/단위	₩3,200
제 품	기말제품 수량×단위당 직접노무비 표준 ; 1,000단위×₩10/단위	10,000
매출원가	매출제품 수량×단위당 직접노무비 표준 ; 6,500단위×₩10/단위	65,000
		₩78,200

계정과목	배분기준	제조간접비
재 공 품	기말재공품 완성품 환산량×단위당 제조간접비 표준 ; 320단위×₩40/단위	₩12,800
제 품	기말제품 수량×단위당 제조간접비 표준 ; 1,000단위×₩40/단위	40,000
매출원가	매출제품 수량×단위당 제조간접비 표준 ; 6,500단위×₩40/단위	260,000
		₩312,800

$$\text{재공품} : ₩40,000 \times \frac{₩40,000}{₩40,000 + ₩80,000 + ₩520,000} = ₩2,500$$

$$\text{제 품} : ₩40,000 \times \frac{₩80,000}{₩40,000 + ₩80,000 + ₩520,000} = 5,000$$

$$\text{매출원가} : ₩40,000 \times \frac{₩520,000}{₩40,000 + ₩80,000 + ₩520,000} = 32,500$$

	재공품	제 품	매출원가	합 계	
기말 잔액	₩40,000	₩80,000	₩520,000	₩640,000	
배분비율	6.25%	12.5%	81.25%	100%	
직접재료비 가격차이	₩3,438	₩6,875	₩44,687	₩55,000	불리
직접재료비 수량차이	(563)	(1,125)	(7,312)	9,000	유리
직접노무비 임률차이	812	1,625	10,563	13,000	불리
직접노무비 능률차이	638	1,275	8,287	10,200	불리
제조간접비 소비차이	(2,125)	(4,250)	(27,625)	34,000	유리
제조간접비 능률차이	1,020	2,040	13,260	16,320	불리
제조간접비 조업도차이	(720)	(1,440)	(9,360)	11,520	유리
합 계	₩2,500	₩5,000	₩32,500	₩40,000	불리

* ₩55,000×6.25%≒₩3,438 ₩55,000×12.5% = ₩6,875 ₩55,000×81.25%≒₩44,687
₩9,000×6.25%≒₩563 ₩9,000×12.5% = ₩1,125 ₩9,000×81.25%≒₩7,312
₩13,000×6.25%≒₩812 ₩13,000×12.5% = ₩1,625 ₩13,000×81.25%≒₩10,563
₩10,200×6.25%≒₩638 ₩10,200×12.5% = ₩1,275 ₩10,200×81.25%≒₩8,287
₩34,000×6.25% = ₩2,125 ₩34,000×12.5% = ₩4,250 ₩34,000×81.25% = ₩27,625
₩16,320×6.25% = ₩1,020 ₩16,320×12.5% = ₩2,040 ₩16,320×81.25% = ₩13,260
₩11,520×6.25% = ₩720 ₩11,520×12.5% = ₩1,440 ₩11,520×81.25% = ₩9,360

(차)		(대)	
제조(재공품)	2,500	직접재료비 가격차이	55,000
제 품	5,000	직접노무비 임률차이	13,000
매출원가	32,500	직접노무비 능률차이	10,200
직접재료비 수량차이	9,000	제조간접비 능률차이	16,320
제조간접비 소비차이	34,000		
제조간접비 조업도차이	11,520		

포괄손익계산서

매출액			×××
매출원가			(552,500)
매출원가(표준원가)	6,500단위×@₩80 =	₩520,000	
불리한 원가차이		(+) 32,500	
매출총이익			×××

<항목별 원가차이 배분집계표>

구 분	계정과목		
	재공품	제 품	매출원가
Ⅰ. 배분 전 계정 잔액	₩40,000	₩80,000	₩520,000
Ⅱ. 원가차이의 배분			
직접재료비 표준(₩55,000 불리)	(+) 3,438	(+) 6,875	(+) 44,687
(₩9,000 유리)	(-) 563	(-) 1,125	(-) 7,312
직접노무비 표준(₩13,000 불리)	(+) 812	(+) 1,625	(+) 10,563
(₩10,200 불리)	(+) 638	(+) 1,275	(+) 8,287
제조간접비 표준(₩34,000 유리)	(-) 2,125	(-) 4,250	(-) 27,625
(₩16,320 불리)	(+) 1,020	(+) 2,040	(+) 13,260
(₩11,520 유리)	(-) 720	(-) 1,440	(-) 9,360
총차이	(+) 2,500	(+) 5,000	(+) 32,500
Ⅲ. 배분 후 계정 잔액	₩42,500	₩85,000	₩552,500

<조정 후 다음 회계기간의 회계처리>

조정 배분된 원가차이 중 회색 부분은 다음 회계기간에 재수정분개의 대상이 된다. 다만, 매출원가에 배분된 원가차이는 손익에 이미 반영되었으므로 재수정분개의 대상이 되지 않는다.

	재공품	제 품	매출원가	합 계	
기말 잔액	₩40,000	₩80,000	₩520,000	₩640,000	
배분비율	6.25%	12.5%	81.25%	100%	
직접재료비 가격차이	₩3,438	₩6,875	₩44,687	₩55,000	불리
직접재료비 수량차이	(563)	(1,125)	(7,312)	9,000	유리
직접노무비 임률차이	812	1,625	10,563	13,000	불리
직접노무비 능률차이	638	1,275	8,287	10,200	불리
제조간접비 소비차이	(2,125)	(4,250)	(27,625)	34,000	유리
제조간접비 능률차이	1,020	2,040	13,260	16,320	불리
제조간접비 조업도차이	(720)	(1,440)	(9,360)	11,520	유리
합 계	₩2,500	₩5,000	₩32,500	₩40,000	불리

(차)		(대)	
직접재료비 가격차이	10,313	제조(재공품)	2,500
직접노무비 임률차이	2,437	제 품	5,000
직접노무비 능률차이	1,913	직접재료비 수량차이	1,688
제조간접비 능률차이	3,060	제조간접비 소비차이	6,375
		제조간접비 조업도차이	2,160

* 직접재료비 가격차이 ₩3,438 + ₩6,875 = ₩10,313
직접재료비 수량(능률)차이 ₩563 + ₩1,125 = ₩1,688
직접노무비 임률차이 ₩812 + ₩1,625 = ₩2,437
직접노무비 능률차이 ₩638 + ₩1,275 = ₩1,913
제조간접비 소비차이 ₩2,125 + ₩4,250 = ₩6,375
제조간접비 능률차이 ₩1,020 + ₩2,040 = ₩3,060
제조간접비 조업도차이 ₩720 + ₩1,440 = ₩2,160

<참조> 원가차이의 처리 : 원가요소별 비례배부법(사용량 기준)

· 총 원가차이 : ₩40,000(불리)

<항목별 원가차이 배분집계>

· 조정 전 매출원가 : ₩520,000(= ₩195,000 + ₩65,000 + ₩260,000 = 6,500단위×@₩80)
· 조정 전 기말제품원가 : ₩80,000(= ₩30,000 + ₩10,000 + ₩40,000 = 1,000단위×@₩80)
· 조정 전 기말재공품원가 : ₩40,000(= ₩24,000 + ₩3,200 + ₩12,800 = 800단위×@₩30 + 320단위×@₩50)
· 조정 후 기말재공품원가 : ₩40,000 + ₩4,188([**계산근거**] **참조**) = ₩44,188
· 조정 후 기말제품원가 : ₩80,000 + ₩4,775([**계산근거**] **참조**) = ₩84,775
· 조정 후 매출원가 : ₩520,000 + ₩31,037([**계산근거**] **참조**) = ₩551,037

[계산근거]

배분기준의 계산 및 기말 잔액

계정과목	배분기준	직접재료비
재 공 품	기말재공품 완성품 환산량×단위당 직접재료비 표준 ; 800단위×₩30/단위	₩24,000
제 품	기말제품 수량×단위당 직접재료비 표준 ; 1,000단위×₩30/단위	30,000
매출원가	매출제품 수량×단위당 직접재료비 표준 ; 6,500단위×₩30/단위	195,000
		₩249,000

직접재료비 가격차이 ₩55,000(불리)

재공품 : $₩55,000 \times \frac{₩24,000}{₩24,000 + ₩30,000 + ₩195,000} = ₩5,302$

제 품 : $₩55,000 \times \frac{₩30,000}{₩24,000 + ₩30,000 + ₩195,000} = 6,627$

매출원가 : $₩55,000 \times \frac{₩195,000}{₩24,000 + ₩30,000 + ₩195,000} = 43,071$

직접재료비 수량차이 ₩9,000(유리)

재공품 : $₩9,000 \times \frac{₩24,000}{₩24,000 + ₩30,000 + ₩195,000} = ₩868$

제 품 : $₩9,000 \times \frac{₩30,000}{₩24,000 + ₩30,000 + ₩195,000} = 1,084$

매출원가 : $₩9,000 \times \frac{₩195,000}{₩24,000 + ₩30,000 + ₩195,000} = 7,048$

계정과목	배분기준	직접노무비
재 공 품	기말재공품 완성품 환산량×단위당 직접노무비 표준 ; 320단위×₩10/단위	₩3,200
제 품	기말제품 수량×단위당 직접노무비 표준 ; 1,000단위×₩10/단위	10,000
매출원가	매출제품 수량×단위당 직접노무비 표준 ; 6,500단위×₩10/단위	65,000
		₩78,200

직접노무비 임률차이 ₩13,000(불리)

재공품 : $₩13,000 \times \frac{₩3,200}{₩3,200 + ₩10,000 + ₩65,000} = ₩532$

제 품 : $₩13,000 \times \frac{₩10,000}{₩3,200 + ₩10,000 + ₩65,000} = 1,662$

매출원가 : $₩13,000 \times \frac{₩65,000}{₩3,200 + ₩10,000 + ₩65,000} = 10,806$

직접노무비 능률차이 ₩10,200(불리)

재공품 : $₩10,200 \times \frac{₩3,200}{₩3,200 + ₩10,000 + ₩65,000} = ₩417$

제 품 : $₩10,200 \times \frac{₩10,000}{₩3,200 + ₩10,000 + ₩65,000} = 1,305$

매출원가 : $₩10,200 \times \frac{₩65,000}{₩3,200 + ₩10,000 + ₩65,000} = 8,478$

계정과목	배분기준	제조간접비
재 공 품	기말재공품 완성품 환산량×단위당 제조간접비 표준 ; 320단위×₩40/단위	₩12,800
제 품	기말제품 수량×단위당 제조간접비 표준 ; 1,000단위×₩40/단위	40,000
매출원가	매출제품 수량×단위당 제조간접비 표준 ; 6,500단위×₩40/단위	260,000
		₩312,800

제조간접비 소비차이 ₩34,000(유리)

재공품 : $₩34,000 \times \frac{₩12,800}{₩12,800 + ₩40,000 + ₩260,000} = ₩1,391$

제 품 : $₩34,000 \times \frac{₩40,000}{₩12,800 + ₩40,000 + ₩260,000} = 4,349$

매출원가 : $₩34,000 \times \frac{₩260,000}{₩12,800 + ₩40,000 + ₩260,000} = 28,260$

제조간접비 능률차이 ₩16,320(불리)

재공품 : $₩16,320 \times \frac{₩12,800}{₩12,800 + ₩40,000 + ₩260,000} =$ ₩667

제 품 : $₩16,320 \times \frac{₩40,000}{₩12,800 + ₩40,000 + ₩260,000} =$ 2,087

매출원가 : $₩16,320 \times \frac{₩260,000}{₩12,800 + ₩40,000 + ₩260,000} =$ 13,566

제조간접비 조업도차이 ₩11,520(유리)

재공품 : $₩11,520 \times \frac{₩12,800}{₩12,800 + ₩40,000 + ₩260,000} =$ ₩471

제 품 : $₩11,520 \times \frac{₩40,000}{₩12,800 + ₩40,000 + ₩260,000} =$ 1,473

매출원가 : $₩11,520 \times \frac{₩260,000}{₩12,800 + ₩40,000 + ₩260,000} =$ 9,576

	재공품	제 품	매출원가	합 계	
직접재료비					
기말 잔액	₩24,000	₩30,000	₩195,000	₩249,000	
배분비율	9,64%	12.05%	78.31%	100%	
직접노무비					
기말 잔액	₩3,200	₩10,000	₩65,000	₩78,200	
배분비율	4.09%	12.79%	83.12%	100%	
제조간접비					
기말 잔액	₩12,800	₩40,000	₩260,000	₩312,800	
배분비율	4.09%	12.79%	83.12%	100%	
직접재료비 가격차이	5,302	6,627	43,071	₩55,000	불리
직접재료비 수량차이	(868)	(1,084)	(7,048)	9,000	유리
직접노무비 임률차이	532	1,662	10,806	13,000	불리
직접노무비 능률차이	417	1,305	8,478	10,200	불리
제조간접비 소비차이	(1,391)	(4,349)	(28,260)	34,000	유리
제조간접비 능률차이	667	2,087	13,566	16,320	불리
제조간접비 조업도차이	(471)	(1,473)	(9,576)	11,520	유리
합 계	₩4,188	₩4,775	₩31,037	₩40,000	불리

(차)		(대)	
제조(재공품)	4,188	직접재료비 가격차이	55,000
제 품	4,775	직접노무비 임률차이	13,000
매출원가	31,037	직접노무비 능률차이	10,200
직접재료비 수량차이	9,000	제조간접비 능률차이	16,320
제조간접비 소비차이	34,000		
제조간접비 조업도차이	11,520		

포괄손익계산서

매출액			×××
매출원가			(551,037)
매출원가(표준원가)	6,500단위×@₩80 =	₩520,000	
불리한 원가차이		(+) 31,037	
매출총이익			×××

<항목별 원가차이 배분집계표>

구 분	계정과목		
	재공품	제 품	매출원가
Ⅰ. 배분 전 계정 잔액	₩40,000	₩80,000	₩520,000
Ⅱ. 원가차이의 배분			
직접재료비 표준(₩55,000 불리)	(+) 5,302	(+) 6,627	(+) 43,071
(₩9,000 유리)	(-) 868	(-) 1,084	(-) 7,048
직접노무비 표준(₩13,000 불리)	(+) 532	(+) 1,662	(+) 10,806
(₩10,200 불리)	(+) 417	(+) 1,305	(+) 8,478
제조간접비 표준(₩34,000 유리)	(-) 1,391	(-) 4,349	(-) 28,260
(₩16,320 불리)	(+) 667	(+) 2,087	(+) 13,566
(₩11,520 유리)	(-) 471	(-) 1,473	(-) 9,576
총차이	(+) 4,188	(+) 4,775	(+) 31,037
Ⅲ. 배분 후 계정 잔액	₩44,188	₩84,775	₩551,037

<조정 후 다음 회계기간의 회계처리>

조정 배분된 원가차이 중 회색 부분은 다음 회계기간에 재수정분개의 대상이 된다. 다만, 매출원가에 배분된 원가차이는 손익에 이미 반영되었으므로 재수정분개의 대상이 되지 않는다.

	재공품	제 품	매출원가	합 계	
직접재료비					
기말 잔액	₩24,000	₩30,000	₩195,000	₩249,000	
배분비율	9.64%	12.05%	78.31%	100%	
직접노무비					
기말 잔액	₩3,200	₩10,000	₩65,000	₩78,200	
배분비율	4.09%	12.79%	83.12%	100%	
제조간접비					
기말 잔액	₩12,800	₩40,000	₩260,000	₩312,800	
배분비율	4.09%	12.79%	83.12%	100%	
직접재료비 가격차이	5,302	6,627	43,071	₩55,000	불리
직접재료비 수량차이	(868)	(1,084)	(7,048)	9,000	유리
직접노무비 임률차이	532	1,662	10,806	13,000	불리
직접노무비 능률차이	417	1,305	8,478	10,200	불리
제조간접비 소비차이	(1,391)	(4,349)	(28,260)	34,000	유리
제조간접비 능률차이	667	2,087	13,566	16,320	불리
제조간접비 조업도차이	(471)	(1,473)	(9,576)	11,520	유리
합 계	₩4,188	₩4,775	₩31,037	₩40,000	불리

(차)		(대)	
직접재료비 가격차이	11,929	제조(재공품)	4,188
직접노무비 임률차이	2,194	제 품	4,775
직접노무비 능률차이	1,722	직접재료비 수량차이	1,952
제조간접비 능률차이	2,754	제조간접비 소비차이	5,740
		제조간접비 조업도차이	1,944

* [예시] 직접재료비 가격차이 ₩5,302 + ₩6,627 = ₩11,929

[추가 분석 : 공손 및 품질검사시점 100%]
공손을 추가한다. 당기완성품 수량 중 공손 수량이 200단위이며, 품질검사를 합격한 수량의 2%에 해당하는 공손 수량은 정상공손으로 간주하고, 품질검사는 공정의 100% 시점에서 이루어진다. 품질검사가 공정의 100% 시점에서 이루어진 경우, 기말재공품 800단위는 품질검사시점을 통과하지 못했기 때문에 당기 품질검사를 통과에서 합격한 수량에 포함시켜서는 안 되므로 합격품은 기초재공품 200단위와 당기투입 완성량 4,800단위를 합한 5,000단위가 된다. 정상공손 수량은 당기에 검사를 통과한 수량 5,000단위(=200단위+4,800단위)의 2%인 100단위이다. 비정상공손 수량은 공손 수량 200단위에서 정상공손 수량 100단위를 제외한 100단위이다.

	[1단계] 물량흐름 파악		[2단계] 완성품 환산량 직접재료비	[2단계] 완성품 환산량 가공비
기초재공품 수량	200단위(20%)			
당기투입 수량	5,800			
계	6,000단위			
기초재공품 완성량	200단위(80%)		0단위	160단위
당기투입 완성량	4,800		4,800	4,800
정상공손 수량	100	(100%)	100	100
비정상공손 수량	100	(100%)	100	100
기말재공품 수량	800	(40%)	800	320
계	6,000단위		5,800단위	5,480단위

[3단계] 총제조원가의 집계			계
기초재공품원가*			₩8,000
당기총제조비용(표준)	₩174,000	₩274,000	448,000
계	₩174,000	₩274,000	₩456,000
[4단계] 환산량 단위당 원가			
완성품 환산량	÷5,800단위	÷5,480단위	
환산량 단위당 원가(표준)	₩30	₩50	

[5단계] 총제조원가의 배분

(1차 배분)		
완성품원가(표준)*	5,000단위×@₩30+5,000단위×@₩50 =	₩400,000
정상공손원가	100단위×@₩30+100단위×@₩50 =	8,000
비정상공손원가	100단위×@₩30+100단위×@₩50 =	8,000
기말재공품원가(표준)	800단위×@₩30+320단위×@₩50 =	40,000
계		₩456,000

(2차 배분)	배분 전 원가	정상공손원가 배분	배분 후 원가
완성품원가*	₩400,000	₩8,000	₩408,000
정상공손원가	8,000	(8,000)	0
비정상공손원가	8,000		8,000
기말재공품원가	40,000		40,000
계	₩456,000		₩456,000

* (200단위×5kg×@₩6)+(40단위×2시간×@₩5)+(40단위×2시간×@₩8)+(40단위×2시간×@₩12)=₩8,000
₩8,000+4,800단위×@₩30+4,960단위×@₩50=₩400,000

※ 기말재공품이 품질검사시점을 통과하지 않은 경우이므로 정상공손원가는 완성품에만 배분된다. 즉 기말재공품은 공손 발생시점에 도달하지 않았으므로 정상공손원가를 배분받을 수 없다.

※ 정상공손원가를 배분(2차 배분)한 후의 완성된 제품의 원가는 ₩408,000이므로, 완성품 단위당 원가는 ₩81.6(=₩408,000÷5,000단위)이다. 완성품 단위당 원가 ₩81.6은 단위당 표준원가(@₩80)와 단위당 정상공손원가 허용액[@₩1.6=(@₩30+@₩50×100%)×2%]의 합계액이다.

[추가 분석 : 공손 및 품질검사시점 25%]

공손을 추가한다. 당기완성품 수량 중 공손 수량이 200단위이며, 품질검사를 합격한 수량의 2%에 해당하는 공손 수량은 정상공손으로 간주하고, 품질검사는 공정의 25% 시점에서 이루어진다. 품질검사가 공정의 25% 시점에서 이루어진 경우, 기초재공품 200단위도 당기에 품질검사시점을 통과하였을 것이므로 이를 당기 품질검사를 통과해서 합격한 수량에 포함시켜서 합격품은 기초재공품 200단위와 당기투입 완성량 4,800단위 및 기말재공품 800단위를 합한 5,800단위가 된다. 정상공손 수량은 당기에 검사를 통과한 수량 5,800단위(= 200단위 + 4,800단위 + 800단위)의 2%인 116단위이다. 비정상공손 수량은 공손 수량 200단위에서 정상공손 수량 116단위를 제외한 84단위이다.

	[1단계] 물량흐름 파악		[2단계] 완성품 환산량 직접재료비	가공비
기초재공품 수량	200단위(20%)			
당기투입 수량	5,800			
계	6,000단위			
기초재공품 완성량	200단위(80%)		0단위	160단위
당기투입 완성량	4,800		4,800	4,800
정상공손 수량	116	(100,25%)	116	29
비정상공손 수량	84	(100,25%)	84	21
기말재공품 수량	800	(100,40%)	800	320
계	6,000단위		5,800단위	5,330단위

[3단계] 총제조원가의 집계			계
기초재공품원가			₩8,000
당기총제조비용(표준)	₩174,000	₩266,500	440,500
계	₩174,000	₩266,500	₩448,500
[4단계] 환산량 단위당 원가			
완성품 환산량	÷5,800단위	÷5,330단위	
환산량 단위당 원가(표준)	₩30	₩50	

[5단계] 총제조원가의 배분

(1차 배분)		
완성품원가(표준)	5,000단위×@₩30 + 5,000단위×@₩50 =	₩400,000
정상공손원가	116단위×@₩30 + 29단위×@₩50 =	4,930
비정상공손원가	84단위×@₩30 + 21단위×@₩50 =	3,570
기말재공품원가(표준)	800단위×@₩30 + 320단위×@₩50 =	40,000
계		₩448,500

(2차 배분)	배분 전 원가	정상공손원가 배분	배분 후 원가
완성품원가	₩400,000	₩4,250	₩404,250
정상공손원가	4,930	(4,930)	0
비정상공손원가	3,570		3,570
기말재공품원가	40,000	680	40,680
계	₩448,500		₩448,500

※ 기말재공품이 품질검사시점을 통과하였으므로 당기 중 품질검사시점을 통과한 수량비율로 정상공손원가는 재배분된다. 정상공손원가는 완성품과 기말재공품에 5,000 : 800의 비율로 재배분된다.

₩4,930×[5,000개÷(5,000개 + 800개)] = ₩4,250　　₩4,930×[800개÷(5,000개 + 800개)] = ₩680

※ 정상공손원가를 배분(2차 배분)한 후의 완성된 제품의 원가는 ₩404,250이므로, 완성품 단위당 원가는 ₩80.85(= ₩404,250÷5,000단위)이다. 완성품 단위당 원가 ₩80.85은 단위당 표준원가(@₩80)와 단위당 정상공손원가 허용액[@₩0.85 = (@₩30 + @₩50×25%)×2%]의 합계액이다.

▌보론 ▌국가계약법 및 예정가격작성기준

사전원가계산(ex-ante cost accounting)이란 제품제조에 착수하기 이전에 발생하리라 예상되는 원가를 미리 추정하는 원가계산방법이다. 사전원가계산은 예정원가계산 또는 추정원가계산이라고도 한다. 국가를 당사자로 하는 계약에 관한 기본적인 사항 및 계약업무를 원활하게 수행할 수 있으려면, 「**예정가격작성기준**(기획재정부계약예규)」에서 규정하고 있는 '원가계산에 의한 예정가격 작성'에 대해 알고 있어야 한다.[26)]

「국가를 당사자로 하는 계약에 관한 법률(약칭 : 국가계약법)」, 「국가를 당사자로 하는 계약에 관한 법률 시행령」, 「국가를 당사자로 하는 계약에 관한 법률 시행규칙」은 국가를 당사자로 하는 계약에 관한 기본적인 사항을 정하고 계약업무를 원활하게 수행할 수 있도록 제정된 것이다. 이에서, '원가계산에 의한 예정가격 작성'에 있어 적용하여야 할 사항을 정한 기준이 「예정가격작성기준」인 것이다.

원가계산의 비목은 재료비, 노무비, 경비, 일반관리비 및 이윤으로 구분한다. 비목별 가격 결정의 원칙은 아래와 같다. 재료비, 노무비, 경비는 각각 '재료비 = 재료량×단위당 가격, 노무비 = 노무량×단위당 가격, 경비 = 소요(소비)량×단위당 가격'으로 한다. 재료비, 노무비, 경비의 각 세비목별 단위당 가격은 '거래실례가격 또는 「통계법」에 따른 지정기관이 조사하여 공표한 가격'을 말한다.

제조원가란 제조과정에서 발생한 재료비, 노무비, 경비의 합계액을 말한다.

재료비는 제조원가를 구성하는 다음 내용의 직접재료비, 간접재료비로 한다.

직접재료비는 계약목적물의 실체를 형성하는 물품의 가치로서 '주요재료비(계약목적물의 기본적 구성형태를 이루는 물품의 가치), 부분품비(계약목적물에 원형대로 부착되어 그 조성 부분이 되는 매입부품 · 수입부품 · 외장재료 및 경비로 계상되는 것을 제외한 외주품의 가치)'를 말한다.

---

26) 예정가격작성기준 제2조 (계약담당공무원의 주의사항)

① 계약담당공무원(각 중앙관서의 장이 계약에 관한 사무를 그 소속공무원에게 위임하지 아니하고 직접 처리하는 경우에는 이를 계약담당공무원으로 본다)은 예정가격 작성 등과 관련하여 이 예규에 정한 사항에 따라 업무를 처리한다.

② 계약담당공무원은 이 예규에 따라 예정가격 작성시에 표준품셈에 정해진 물량, 관련 법령에 따른 기준가격 및 비용 등을 부당하게 감액하거나 과잉 계상되지 않도록 하여야 하며, 불가피한 사유로 가격을 조정한 경우에는 조정사유를 예정가격조서에 명시하여야 한다.

③ 계약담당공무원은 「부가가치세법」에 따른 면세사업자와 수의계약을 체결하려는 경우에는 부가가치세를 제외하고 예정가격을 작성할 수 있으며, 이 경우 예정가격 조서에 그 사유를 명시하여야 한다.

④ 계약담당공무원은 공사원가계산에 있어서 공종의 단가를 세부내용별로 분류하여 작성하기 어려운 경우 이외에는 총계방식(1식단가)으로 특정 공종의 예정가격을 작성하여서는 아니된다.

간접재료비는 계약목적물의 실체를 형성하지는 않으나 제조에 보조적으로 소비되는 물품의 가치로서, '소모재료비(기계오일, 접착제, 용접가스, 장갑, 연마재 등 소모성 물품의 가치), 소모공구 · 기구 · 비품비(내용년수 1년 미만으로서 구입단가가 「법인세법」 또는 「소득세법」에 의한 상당 금액 이하인 감가상각대상에서 제외되는 소모성 공구 · 기구 · 비품의 가치), 포장재료비(제품포장에 소요되는 재료의 가치)'를 말한다.

재료의 구입과정에서 해당 재료에 직접 관련되어 발생하는 운임, 보험료, 보관비 등의 부대비용은 재료비에 계상한다. 다만, 재료 구입 후 발생되는 부대비용은 경비의 각 비목으로 계상한다. 계약목적물의 제조 중에 발생되는 작업설, 부산품, 연산품 등은 그 매각액 또는 이용가치를 추산하여 재료비에서 공제하여야 한다.

노무비는 제조원가를 구성하는 다음 내용의 직접노무비, 간접노무비를 말한다.

직접노무비는 제조현장에서 계약목적물을 완성하기 위하여 직접작업에 종사하는 종업원 및 노무자에 의하여 제공되는 노동력의 대가로서 '기본급(「통계법」에 의한 지정기관이 조사 · 공표한 단위당 가격 또는 기획재정부장관이 결정 · 고시하는 단위당 가격으로서, 동 단가에는 기본급의 성격을 갖는 정근수당 · 가족수당 · 위험수당 등 포함), 제수당(기본급의 성격을 가지지 않는 시간외수당 · 야간수당 · 휴일수당 · 주휴수당 등 작업상 통상적으로 지급되는 금액), 상여금, 퇴직급여충당금'의 합계액으로 한다. 다만, 상여금은 기본급의 년 400%, 제수당, 퇴직급여충당금은 「근로기준법」상 인정되는 범위를 초과하여 계상할 수 없다.

간접노무비는 직접 제조작업에 종사하지는 않으나, 작업현장에서 보조작업에 종사하는 노무자, 종업원과 현장감독자 등의 기본급과 제수당, 상여금, 퇴직급여충당금의 합계액으로 한다.

직접노무비는 제조공정별로 작업인원, 작업시간, 제조수량을 기준으로 계약목적물의 제조에 소요되는 노무량을 산정하고 노무비 단가를 곱하여 계산한다. 간접노무비는 원가계산자료를 활용하여 직접노무비에 대하여 간접노무비율(= 간접노무비÷직접노무비)을 곱하여 계산한다. 간접노무비는 직접노무비를 초과하여 계상할 수 없다. 다만, 작업현장의 기계화, 자동화 등으로 인하여 불가피하게 간접노무비가 직접노무비를 초과하는 경우에는 증빙자료에 의하여 초과 계상할 수 있다.

경비는 제품의 제조를 위하여 소비된 제조원가 중 재료비, 노무비를 제외한 원가를 말하며 기업의 유지를 위한 관리활동부문에서 발생하는 일반관리비와 구분된다. 경비는 해당 계약목적물 제조기간의 소요(소비)량을 측정하거나 원가계산자료나 계약서, 영수증 등을 근거로 하여 산출하여야 한다.

경비의 세비목은 '전력비 및 수도광열비(계약목적물을 제조하는데 직접 소요되는 해당 비용), 운반비(재료비에 포함되지 않는 운반비로서 원재료 또는 완제품의 운송비, 하역비, 상하차비, 조작비 등), 감가상각비(제품생산에 직접 사용되는 건물, 기계장치 등 유형고정자산에 대하여 세법에서 정한 감가상각방식에 따라 계산. 다만, 세법에서 정한 내용년수의 적용이 불합리하다고 인정된 때에는 해당 계약목적물에 직접 사용되는 전용기기에 한하여 그 내용년수를 별도로 정하거나 특별상각할 수 있음), 수리수선비(계약목적물을 제조하는데 직접 사용되거나 제공되고 있는 건물, 기계장치, 구축물, 선박차량 등 운반구, 내구성 공구, 기구제품의 수리수선비로서 해당 목적물의 제조과정에서 그 원인이 발생될 것으로 예견되는 것에 한함. 다만, 자본적 지출에 해당하는 대수리 수선비는 제외함), 특허권사용료(계약목적물이 특허품이거나 또는 그 제조과정의 일부가 특허의 대상이 되어 특허권 사용계약에 의하여 제조하고 있는 경우의 사용료로서 그 사용비례에 따라 계산함), 기술료(해당 계약목적물을 제조하는데 직접 필요한 노하우(Know-how) 및 동 부대비용으로서 외부에 지급하는 비용. 「법인세법」상의 시험연구비 등에서 정한 바에 따라 계상하여 사업년도로부터 이연상각하되 그 적용비례를 기준하여 배분 계산함), 연구개발비(해당 계약목적물을 제조하는데 직접 필요한 기술개발 및 연구비로서 시험 및 시범 제작에 소요된 비용 또는 연구기관에 의뢰한 기술개발용역비와 법령에 의한 기술개발촉진비 및 직업훈련비, 「법인세법」상의 시험연구비 등에서 정한 바에 따라 이연상각하되 그 생산수량에 비례하여 배분 계산함. 다만, 연구개발비 중 장래 계속생산으로의 연결이 불확실하여 미래수익의 증가와 관련이 없는 비용은 특별상각할 수 있음), 시험검사비(해당 계약의 이행을 위한 직접적인 시험검사비로서 외부에 이를 의뢰하는 경우의 비용. 다만, 자체시험검사비는 법령이나 계약조건에 의하여 내부검사가 요구되는 경우에 계상할 수 있음), 지급임차료(계약목적물을 제조하는데 직접 사용되거나 제공되는 토지, 건물, 기술, 기구 등의 사용료로서 해당 계약 물품의 생산기간에 따라 계산함), 보험료(산업재해보험, 고용보험, 국민건강보험 및 국민연금보험 등 법령이나 계약조건에 의하여 의무적으로 가입이 요구되는 보험의 보험료. 단, 재료비에 계상되는 것은 제외함), 복리후생비(계약목적물의 제조작업에 종사하고 있는 노무자, 종업원 등의 의료 위생약품대, 공상치료비, 지급피복비, 건강진단비, 급식비(중식 및 간식 제공을 위한 비용) 등 작업조건유지에 직접 관련되는 복리후생비), 보관비(계약목적물의 제조에 소요되는 재료, 기자재 등의 창고 사용료로서 외부에 지급되는 경우의 비용만을 계상하여야 함. 단, 이중에서 재료비에 계상되는 것은 제외함), 외주가공비(재료를 외부에 가공시키는 실가공비용. 단, 부분품의 가치로서 재료비에 계상되는 것은 제외함), 산업안전보건관리비(작업현장에서 산업재해 및 건강장해예방을 위하여 법령에 따라 요구되는 비용), 소모품비(작업현장에서 발생되는 문방구, 장부대 등 소모품 구입비용. 단, 보조재료로서 재료비에 계상되는 것은 제외함), 여비 · 교통비 · 통신비(작업현장에서 직접 소요되는 여비 및 차량유지비와 전신전화사용료, 우편료), 세금과 공과(해당 제조와 직접 관련되어 부담하여야 할 재산세, 차량세 등의 세금 및 공공단체에 납부하는 공과금), 폐기물처리비(계약목적물의 제조와 관련하여 발생되는 오물, 잔재물, 폐유, 폐알칼리, 폐고무, 폐합성수지 등 공해유발물질을 법령에 따라 처리하기 위하여 소요되는 비용), 도서인쇄비(계약목적물의 제조를 위한 참고서적구입비, 각종 인쇄비, 사진제작비(VTR 제작비 포함) 등), 지급수수료(법령에 규정되어 있거나 의무 지워진 수수료에 한함. 다른 비목에 계상되지 않는 수수료), 법정부담금(관련 법령에 따라 해당 제조와 직접 관련하여 의무적으로 부담하여야 할 부담금), 기타 법정경비(위에서 열거한 이외의 것으로서 법령에 규정되어 있거나 의무 지워진 경비), 품질관리비(해당 계약목적물의 품질관리를 위하여 관련 법령 및 계약조건에 의하여 요구되는 비용(품질시험 인건비 포함). 단, 간접노무비에 계상되는 것은 제외함), 안전관리비(제조현장의 안전관리를 위하여 관계법령에 의하여 요구되는 비용)'로 한다.

일반관리비는 기업의 유지를 위한 관리활동부문에서 발생하는 제비용으로서 제조원가에 속하지 아니하는 모든 영업비용 중 판매비 등을 제외한 다음의 비용, 즉, 임원급료, 사무실 직원의 급료, 제수당, 퇴직급여충당금, 복리후생비, 여비, 교통 · 통신비, 수도광열비, 세금과 공과, 지급임차료, 감가상각비, 운반비, 차량비, 경상시험연구개발비, 보험료 등을 말하며 기업손익계산서를 기준하여 산정한다. 일반관리비는 제조원가에 [별표 3[27]]에서 정한 업종별 일반관리비율(일반관리비가 매출원가에서 차지하는 비율, 업종별로 다르며 최대 14%)을 초과하여 계상할 수 없다.

이윤은 영업이익(비영리법인의 경우에는 목적사업 이외의 수익사업에서 발생하는 이익을 말한다. 이하 같다.)을 말하며 제조원가 중 노무비, 경비와 일반관리비의 합계액(이 경우에 기술료 및 외주가공비는 제외한다)의 25%를 초과하여 계상할 수 없다.

---

27) [별표 3] 일반관리비율 (업종분류는 한국표준산업분류에 의함)

업 종	일반관리비율(%)
○제조업	
음 · 식료품의 제조 · 구매	14
섬유 · 의복 · 가죽제품의 제조 · 구매	8
나무 · 나무제품의 제조 · 구매	9
종이 · 종이제품 · 인쇄출판물의 제조 · 구매	14
화학 · 석유 · 석탄 · 고무 · 플라스틱제품의 제조 · 구매	8
비금속광물제품의 제조 · 구매	12
제1차 금속제품의 제조 · 구매	6
조립금속제품 · 기계 · 장비의 제조 · 구매	7
기타물품의 제조 · 구매	11
○시설공사업	6

제조원가계산서

품명 : 생산량 : 규격 : 단위 : 제조기간 :

<table>
<tr><th colspan="3">구 분 / 비 목</th><th>금 액</th><th>구성비</th><th>비 고</th></tr>
<tr><td rowspan="7">제조원가</td><td rowspan="2">재료비</td><td>직접재료비
간접재료비
작업설 · 부산물 등(△)</td><td></td><td></td><td></td></tr>
<tr><td>소계</td><td></td><td></td><td></td></tr>
<tr><td rowspan="2">노무비</td><td>직접노무비
간접노무비</td><td></td><td></td><td></td></tr>
<tr><td>소계</td><td></td><td></td><td></td></tr>
<tr><td rowspan="2">경 비</td><td>전력비
수도광열비
운반비
감가상각비
수리수선비
특허권사용료
기술료
연구개발비
시험검사비
지급임차료
보험료
복리후생비
보관비
외주가공비
산업안전보건관리비
소모품비
여비 · 교통비 · 통신비
세금과공과
폐기물처리비
도서인쇄비
지급수수료
기타법정경비</td><td></td><td></td><td></td></tr>
<tr><td>소계</td><td></td><td></td><td></td></tr>
<tr><td colspan="3">일반관리비 ( )%</td><td></td><td></td><td></td></tr>
<tr><td colspan="3">이윤 ( )%</td><td></td><td></td><td></td></tr>
<tr><td colspan="3">총원가</td><td></td><td></td><td></td></tr>
</table>

출처 : 예정가격작성기준 [별표 1] 서식

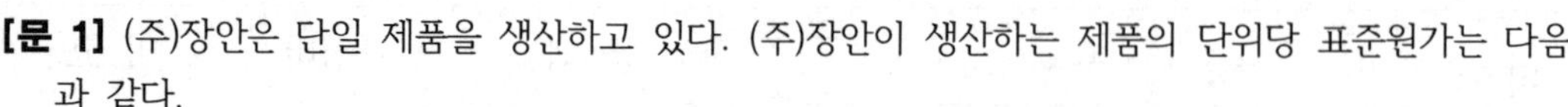

형성평가

[문 1] (주)장안은 단일 제품을 생산하고 있다. (주)장안이 생산하는 제품의 단위당 표준원가는 다음과 같다.

	표준수량		표준가격		표준원가
직접재료비	4kg	×	₩3/kg	=	₩12
직접노무비	3시간	×	₩8/시간	=	24
변동제조간접비	3시간	×	₩4/시간	=	12
고정제조간접비	3시간	×	₩2/시간	=	6
					₩54

고정제조간접비 예산은 연간 ₩4,000이고, 고정제조간접비 표준배부율을 산출하는데 사용된 기준조업도는 2,000시간이다. 20×2년 중 제품 600개를 생산하였으며, 기초 및 기말재공품은 없었다. 실제 발생된 제조원가는 다음과 같다.

	실제원가
직접재료비(2,500kg×₩2.5)	₩6,250
직접노무비(1,700시간×₩8.5)	14,450
변동제조간접비	7,000
고정제조간접비	4,500
	₩32,200

당기의 원재료 구입량은 3,000kg이며, kg당 구입가격은 ₩2.5이었다.

물음 (2020 회계사 유사, 2024 회계사 유사, 2024 세무사 유사)

모든 원가차이를 분석하시오. 단, 제조간접비 차이분석은 4분법으로 수행한다. 한편, 생산된 제품 600개 중 500개를 단위당 ₩100에 판매하며, 판매관리비는 ₩10,000이다. 표준원가 자료와 원가차이에 대한 회계처리를 모두 제시하시오. 단, 원가차이 처리는 매출원가 가감법을 사용한다.

[문 2] 표준원가계산제도를 사용하고 있으며, 기업이 설정한 표준은 다음과 같다.

직접재료비 5㎡ @₩10 직접노무비 3시간 @₩20

직접재료 13,000㎡를 ₩120,000에 구입하여 11,000㎡를 소비(사용)하였다. 또한 직접노무비 발생액은 ₩160,000이며 실제직접노동시간은 7,000시간이다. 당해 제조간접비 발생액은 ₩1,200,000으로 이 중 60%는 변동제조간접비이며 변동제조간접비는 기계시간당 표준배부율이 ₩24이고 실제기계시간은 26,000시간이며 제품 단위당 표준기계시간은 10시간이다. 고정제조간접비의 기준조업도는 30,000기계시간이며 당월생산량은 2,500개이다. 제조간접비 표준배부율은 ₩45이며 당해 기업은 직접재료비 가격차이를 구입시점에서 분리한다.

물음 (1999 세무사)

1. 직접재료비 구입가격차이와 수량차이를 산출하시오.
2. 직접노무비 임률차이와 능률차이를 산출하시오.
3. 변동제조간접비 소비차이와 능률차이를 산출하시오.
4. 고정제조간접비 소비차이와 조업도차이를 산출하시오.

[문 3] 직접재료비의 구입가격차이, 가격차이, 수량차이는 각각 얼마인가?

직접재료의 단위당 표준가격	₩31,000
단위당 실제가격	33,000
당기 직접재료의 구입수량	12,000단위
소비수량	10,500
표준수량	10,100

[문 4] 재료비가 ₩100,000인 원재료 50,000kg으로 완제품 50,000단위를 생산하는데 표준예산을 수립하였다. 실제 생산된 완제품은 50,000단위였고, 그 과정에서 원재료는 45,000kg이 투입되었으며, 원재료의 kg당 원가는 ₩2.1이었다. 직접재료비의 가격차이와 수량차이(능률차이)는 각각 얼마인가? (2015 회계사 유사, 2019 세무사 유사, 2015 세무사 유사)

[문 5] 생산량 1단위에 투입되는 직접재료는 몇 kg으로 계산되는가? (2025 세무사 유사)

실제생산량	5,000단위
직접재료비 실제발생액	₩12,000,000
직접재료 kg당 표준원가	5,000
직접재료비 가격차이	1,000,000(유리)
직접재료비 수량차이	500,000(불리)

[문 6] (주)가야의 제품 단위당 표준직접노무비는 다음과 같다.

직접노무비(@₩10, 5시간) ₩50

7월의 실제자료는 다음과 같다.

제품생산량	800개
실제직접노무비(@₩12, 5,000시간)	₩60,000

직접노무비 가격(임률)차이와 능률차이는 각각 얼마인가?

[문 7] 생산량 단위당 표준작업시간은 얼마로 설정하였겠는가? (2021 세무사 유사)

실제생산량	1,000단위
생산량 단위당 실제작업시간	3시간
작업시간당 실제노무비	₩3,200
직접노무비 총차이	₩1,200,000(유리)
직접노무비 임률차이	₩600,000(불리)

[문 8] (주)세무는 표준원가계산제도를 채택하고 있으며 기계작업시간을 기준으로 고정제조간접비를 배부한다. 다음 자료에 의할 경우 기준조업도 기계작업시간은? (단, 기초 및 기말 재공품은 없다) (2019 세무사)

실제제품생산량	700단위
제품 단위당 표준기계작업시간	2시간
실제발생 고정제조간접비	₩12,000
고정제조간접비 예산차이	2,000(불리)
고정제조간접비 조업도차이	4,000(유리)

[문 9] 고정제조간접비를 표준배부율에 의하여 제품원가에 산입시키고 있다. 고정제조간접비의 실제 발생액은 ₩9,200,000이고, 고정제조간접비의 예산차이는 ₩400,000만큼 유리하게 계산되다. 또한 전체적인 고정제조간접비의 배부부족액은 ₩1,200,000만큼 발생하다. 만일 고정제조간접비의 시간당 표준배부율이 ₩400이라고 한다면, 기준조업도(정상시간)와 실제생산량에 허용된 표준시간은 각각 얼마로 계산되는가? (2021 회계사 유사)

[문 10] 제조간접비의 배부는 변동예산에 의하여 실시하고 있다. 제조간접비의 예산수립에 기준이 되는 조업도는 직접작업시간으로 사용하고 있으며, 개별 조업도수준에서의 제조간접비 변동예산은 다음과 같다. 실제조업도는 기준조업도의 80%이며, 실제제조간접비 발생액은 ₩15,200,000이다. 제조간접비 차이를 2분법에 의하여 계산할 때, 제조간접비의 예산차이와 조업도차이는 각각 얼마인가? (2014 세무사 유사, 1990 세무사 유사)

	80%	90%	100%
직접작업시간	24,000시간	27,000시간	30,000시간
변동제조간접비	₩4,800,000	₩5,400,000	₩6,000,000
고정제조간접비	10,800,000	10,800,000	10,800,000
시간당 제조간접비배부액	650	600	560

[문 11] 표준원가계산제도를 사용하고 있는 (주)대한은 직접노무시간을 기준으로 제조간접원가를 배부하며, 20×1년도 표준 및 예산수립에 관한 자료는 다음과 같다.

제품 단위당 표준직접노무시간은 2시간이며, 표준임률은 시간당 ₩2,000이다.

제조간접원가예산액 = ₩60,000 + ₩1,200×표준직접노무시간

고정제조간접원가 배부를 위한 연간 기준조업도는 제품생산량 300단위이다. 한편, 20×1년 말에 원가차이를 분석한 결과, 변동제조간접원가 능률차이는 ₩12,000 불리로, 고정제조간접원가 조업도차이는 ₩4,000 유리로 분석되었다. 직접노무원가 능률차이는 얼마인가? (2024 회계사)

[문 12] 표준원가계산제도를 사용하고 있는 (주)대한의 표준원가자료는 실제자료는 다음과 같다. 변동제조간접비 실제발생액은 얼마인가?

실제생산량	10,000단위
제품 단위당 표준노무비	₩10,000(₩5,000×2시간)
직접노무비 임률차이	2,000,000(불리)
직접노무비 실제발생액	92,000,000
변동제조간접비 표준배부율	3,000/직접작업시간
변동제조간접비 소비차이	1,000,000(유리)

[문 13] 단일 부문에서 단일 제품甲을 생산하고 있다. 제품甲의 월간 생산과 관련된 표준원가자료 및 실제자료는 다음과 같다.

<자료 1>

제품甲의 단위당 표준원가		
직접재료비(3kg, ₩500/kg)	:	₩1,500
직접노무비(2시간, ₩900/시간)	:	1,800
제조간접비	:	1,420

<자료 2>

제조간접비 변동예산

조업도 항목	20,000시간	30,000시간	40,000시간	50,000시간
감독자 급여	₩4,800,000	₩4,800,000	₩4,800,000	₩4,800,000
감가상각비	4,000,000	4,000,000	4,000,000	4,000,000
간접노무비	4,000,000	6,000,000	8,000,000	10,000,000
소모품비	300,000	450,000	600,000	750,000
기타간접비	4,200,000	6,050,000	7,900,000	9,750,000
계	₩17,300,000	₩21,300,000	₩25,300,000	₩29,300,000

<자료 3>

① 원재료의 실제구입량은 102,000kg으로서, kg당 단가는 ₩520이다.
② 원재료의 실제사용량은 65,000kg이다.
③ 실제작업시간은 43,000시간으로서, 시간당 임률은 ₩850이다.
④ 제조간접비 실제발생액은 ₩27,600,000(고정제조간접비 ₩10,000,000)이다.
⑤ 생산량은 20,000단위이며, 월초와 월말의 재공품은 없다.

물음

1. 만일 직접재료비 가격차이를 재료의 구입 시점에서 분리해 낸다고 할 때, 직접재료비 가격차이와 직접재료비 수량차이를 각각 계산하시오.
2. 직접노무비 임률차이와 직접노무비 능률(시간)차이를 각각 계산하시오.
3. 변동예산 공식을 제시하시오.
4. 제조간접비 차이분석을 2분법 및 3분법에 의하여 수행하시오.

[문 14] 7월에 영업을 개시하였으며, 제품생산과 관련된 표준원가자료 및 실제는 다음과 같다.

<자료 1>

제품 단위당의 표준원가

직접재료비	:	20kg×@₩500 =	₩10,000
직접노무비	:	1시간×@₩3,000 =	3,000
제조간접비	:	직접노무비의 100% =	3,000
			₩16,000

<자료 2>

(1) 7월 중의 제조활동

	수 량	차 변	대 변
월중 생산량	2,600단위		
월중 판매량	1,600		
직접재료비 가격차이		₩1,000,000	
직접재료비 수량차이		600,000	
직접노무비 총차이		330,000	
제조간접비 총차이			₩495,000

(2) 7월 말의 재고자산

재 료 : 없음
제 품 : 1,000단위
재공품 : 1,400단위(완성도 : 직접재료비 100%, 가공비 50%)

(3) 원가차이의 배분을 직접재료비와 가공비에 대하여 별도로 수행하고 있으며, 각각의 원가요소에 대한 배부기준으로서는 완성품 환산량을 사용하고 있다. 또한 모든 원가차이는 매출원가와 재고자산에 비례적으로 배분하고 있다.

물음

1. 원가차이를 배분하기 이전에, 월말재공품의 표준원가로 집계한 금액은 얼마인가?
2. 7월 말의 시점에서 매출원가에 추가 배분되는 제조간접비 차이는 얼마인가?
3. 모든 원가차이가 배분된 이후에, 최종적인 월말제품재고액은 얼마인가?

[문 15] 12월 말 현재 장부상에서 파악된 자료로서, 원가차이의 배분을 수행하기 전의 것이다. 직접재료비의 가격차이는 원재료가 재공품에 이체될 때 기록되며, 모든 원가차이는 연도 말에 매출원가와 재고자산에 비례적으로 배분한다. 이때 직접재료비와 관련된 차이는 관련 계정의 직접재료비 잔액에 기초하여 배분하고, 직접노무비와 제조간접비에 대한 차이는 관련 계정의 직접노무비 잔액에 기초하여 배분한다. 단, 기초시점에서 재고자산이 전혀 없었으며, 기말시점에서 재공품도 존재하지 않으며, 제조간접비는 표준직접노무비의 80%로 배부하고 있다.

직접재료재고액	₩52,000
기말제품재고액(표준배부액)	
직접재료비	69,600
직접노무비	104,400
제조간접비	83,520
매출원가(표준배부액)	
직접재료비	278,400
직접노무비	591,600
제조간접비	473,280
직접재료비 가격차이	8,000(불리)
직접재료비 수량차이	12,000(유리)
직접노무비 임률차이	16,000(불리)
직접노무비 능률차이	4,000(유리)
제조간접비 실제발생액	552,000

물음

모든 차이가 적절히 배분된 후에, 당기의 매출원가는 얼마로 계산되는가?

[문 16] 당기 초에 영업활동을 개시하였으며, 표준원가계산제도를 채택하고 있다. 당기 말 현재 표준원가로 기록된 각 계정의 잔액과 원가차이는 다음과 같다.

<계정 잔액>

구 분	직접재료비	직접노무비	변동제조간접비	고정제조간접비	계
직접재료	₩0				₩0
재공품	2,000	₩1,000	₩400	₩600	4,000
제 품	3,000	1,500	600	900	6,000
매출원가	5,000	2,500	1,000	1,500	10,000
계	₩10,000	₩5,000	₩2,000	₩3,000	₩20,000

<원가차이>

직접재료비	: 가격차이 ₩0, 능률차이 ₩500(불리)
직접노무비	: 임률차이 ₩400(유리), 능률차이 ₩800(유리)
변동제조간접비	: 과대배부액 ₩200
고정제조간접비	: 과소배부액 ₩300

물음 (2002 세무사)

기초재고자산이 없을 경우 실제 매출원가를 계산하면 얼마인가? 단, 비례배부법을 적용한다.

[문 17] 표준원가계산제도를 채택하고 있다. 당기에 발생한 직접재료 구입가격차이는 유리한 차이 ₩30,000이며 직접재료 능률차이는 불리한 차이 ₩55,000이다. 기업은 기말에 표준원가와 실제원가의 차이를 매출원가 조정법을 사용하여 외부보고용 재무제표를 작성하고 있다. 다음은 원가차이 조정 전 계정의 잔액이다.

구 분	직접재료	재공품	제 품	매출원가
직접재료비	₩70,000	₩42,000	₩60,000	₩200,000
가공비	-	30,000	44,000	150,000
계	₩70,000	₩72,000	₩104,000	₩350,000

물음

외부보고용 재무제표에 계상되는 매출원가 금액은 얼마인가?

[문 18] 표준원가계산제도를 사용하고 있다. 각 계정 잔액은 다음과 같다. 단, 기초재고자산은 없다.

구 분	직접재료	재공품	제 품	매출원가
직접재료비	₩25,000	₩15,000	₩15,000	₩30,000
가공비	-	4,000	12,000	24,000
계	₩25,000	₩19,000	₩27,000	₩54,000

단위당 직접재료비 표준은 ₩10(= 4kg×@₩2.5)이고, 단위당 가공비 표준은 ₩8(= 2시간×@₩4)이다. 위의 표준원가 금액과 실제발생액과의 차이인 원가차이계정은 아래와 같다.

원가항목	원가차이	
직접재료비	구입가격차이 ₩10,000(불리)	수량(능률)차이 ₩15,000(불리)
직접노무비	임률차이 ₩7,000(불리)	능률차이 ₩4,000(불리)
변동제조간접비	소비차이 ₩2,000(불리)	능률차이 ₩8,000(불리)
고정제조간접비	소비차이 ₩1,000(불리)	조업도차이 ₩2,000(불리)

물음

1. 원가요소별 비례배부법(구입량 기준)을 적용하는 경우에, 직접재료와 관련한 것이다.
   1) 직접재료비 표준금액 및 표준소비수량
   2) 직접재료비 표준소비액 및 실제소비수량
   3) 직접재료비 표준단가에 의한 실제구입액 및 실제구입수량
2. 원가요소별 비례배부법(구입량 기준)을 적용하여 원가차이를 조정하시오.
3. 실제원가를 적용한 경우, 각 계정에 포함될 직접재료비를 계산하시오. 단, 직접재료비 구입가격차이 배분 후 금액을 기초로 한다.

[문 19] (주)한국은 단일의 제품을 생산 판매하는 기업이다. 회사는 표준원가를 이용하여 회계연도 초에 종합예산을 편성하며, 제품의 원가계산에 표준원가를 이용한 전부원가계산제도를 적용하고 있다. (주)한국의 20×1 회계연도 기초재고자산은 없었으며, 직접재료원가 가격차이는 구입시점에서 분리하여 계산한다.

(주)한국이 20×1 회계연도 말 수행한 원가차이분석은 다음과 같다. (여기서 U는 불리한 차이, F는 유리한 차이를 의미함)

원가항목	원가차이	
직접재료원가	구입가격차이 ₩16,000 U	수량차이 ₩4,000 U
직접노무원가	임률차이 ₩2,400 F	능률차이 ₩6,000 U
변동제조간접원가	소비차이 ₩2,200 F	능률차이 ₩2,000 U
고정제조간접원가	예산차이 ₩1,900 F	조업도차이 ₩5,000 U

위의 원가차이분석을 위해 (주)한국이 사용한 20×1 회계연도 생산 관련 자료는 다음과 같다.

<관련 자료>

(1) 원가요소별 표준과 예산 및 기준조업도
- 직접재료원가 : 제품 1단위당 8kg, 1kg당 ₩10
- 직접노무원가 : 제품 1단위당 4시간, 1시간당 ₩15
- 변동제조간접원가 : 직접노무시간을 기준으로 배부하며 직접노무시간당 ₩5
- 고정제조간접원가 연간 예산액 : ₩30,000
- 연간 기준조업도 : 2,400 직접노무시간

(2) 원가요소별 실제구입가격과 실제발생액 및 실제조업도
- 직접재료 구입량 : 8,000kg, 1kg당 ₩12
- 직접재료 투입량 : 4,400kg, 1kg당 ₩12
- 직접노무원가 : 2,400시간, 1시간당 ₩14
- 변동제조간접원가 발생액 : ₩9,800
- 고정제조간접원가 발생액 : ₩28,100
- 20×1 회계연도 중 제품 500단위를 생산에 착수하여 당기에 모두 완성하였으며, 이 중 400단위를 판매하였다.

물음 (2015 회계사)

1. (주)한국이 ① 20×1 회계연도 초에 작성한 종합예산 제조원가와 ② 20×1 회계연도 말에 작성한 변동예산 제조원가는 각각 얼마인가?
2. 20×1 회계연도의 원가차이 배부 전 ① 당기제품제조원가와 ② 매출원가는 각각 얼마인가?
3. (주)한국은 외부보고 목적의 재무제표 작성을 위하여 회계연도 말에 원가차이를 재고자산 및 매출원가 각 계정에 포함된 원가요소의 상대적 비율에 따라 안분한다. 20×1 회계연도 말에 원가차이를 조정한 후 다음 각 계정의 잔액은 얼마인가?

	직접재료	제 품	매출원가
잔 액			

[문 20] 제품M을 생산, 판매하는 (주)LAN은 20×2년도 1월에 영업활동을 개시했으며, 표준원가계산 제도를 채택하고 있다. 표준은 연초에 수립되며 1년 동안 유지된다. 이 기업의 직접재료원가와 변동제조간접원가에 관한 자료는 아래와 같다.

<직접재료원가 자료>

이 기업의 20×2년도 말 현재 표준원가로 기록된 각 계정별 직접재료원가 기말 잔액은 다음과 같다.

직접재료	₩19,500
재공품	13,000
제　품	13,000
매출원가	78,000
계	₩123,500

20×2년도 기초재고자산은 없으며 직접재료원가 가격차이를 재료 구입시점에서 분리하고, 능률차이는 재료 투입시점에서 분리한다. 직접재료 가격차이는 재료 투입시점에서 분리한다. 직접재료 구입가격차이는 ₩6.000(유리)이며, 능률차이는 ₩6.500(불리)이다.

<변동제조간접원가 자료>

(주)LAN은 활동기준원가계산을 이용하여 제조간접원가 예산을 설정하고 있다. 이 기업의 변동제조간접원가는 전부 기계작업 준비로 인해 발생하는 원가로서, 기계작업준비에 투입되는 자원은 간접노무, 소모품, 전력 등이며, 기계작업준비시간이 원가동인이다. 기계작업준비는 생산의 최종 단계에서 이루어진다. 기계작업 준비와 관련된 20×2년도 연간 예산자료는 다음과 같다.

구 분	연초 설정예산	실 제
1. 생산량 단위	264,000개	260,000개
2. 뱃치 규모(뱃치당 단위수)	110개/뱃치	100개/뱃치
3. 뱃치당 기계 작업준비시간	3시간	4시간
4. 작업준비 시간당 변동제조간접원가	₩4	₩5

물음 (2003 회계사 수정)

1. 다음 질문에 답하시오.
   1) (주)LAN이 단기에 구입한 직접재료의 표준금액(당기 구입물량×단위당 표준가격)은 얼마인가?
   2) 이 기업이 실제원가계산제도를 택했을 경우 20×2년도 말 현재 직접재료, 재공품, 제품, 매출원가 각 계정별 기말 잔액에 포함될 직접재료원가는 얼마인가?
2. 변동제조간접원가 소비차이와 능률차이를 계산하시오.

[문 21] 표준원가계산제도를 사용하고 있는 (주)대한은 보급형 스키를 뱃치(batch) 단위로 생산한다. 제품 1뱃치를 생산할 때마다 새로운 작업준비를 해야 한다. 변동작업준비원가는 모두 작업준비활동으로 인해 발생하는 원가이며, 원가동인은 작업준비시간이다. 20×1년 초에 설정한 연간 예산자료와 20×1년 말에 수집한 실제결과는 다음과 같다.

항 목	예산자료	실제결과
생산 및 판매량	10,000단위	11,000단위
뱃치크기(뱃치당 제품수량)	200	200
뱃치당 작업준비시간	1시간	0.8시간
변동작업준비원가 총액	₩1,500	₩1,100

물음 (2019 회계사, 2023 회계사 유사)

20×1년도 변동작업준비원가에 대한 소비차이와 능률차이는 각각 얼마만큼 유리 또는 불리한가? 단, 기초 및 기말 재고자산은 없다.

[문 22] (주)대한은 표준종합원가계산을 사용하고 있다. 정상공손이 반영되기 전의 제품 단위당 표준원가는 다음과 같다.

항 목	제품 단위당 표준원가
직접재료원가	₩20
전환원가	30
합 계	₩50

직접재료는 공정 초에 모두 투입되며, 전환원가는 공정 전반에 걸쳐 평균적으로 발생한다. 당기의 생산활동에 관한 자료는 다음과 같다.

항 목	물 량	전환원가 완성도
기초재공품	300단위	50%
기말재공품	500	80%
완성품	2,000	
공손품	100	

(주)대한은 공정의 60% 시점에서 품질검사를 실시하며, 당기에 검사를 통과한 합격품의 2%를 정상공손으로 허용한다. 정상공손원가는 합격품원가에 가산하고 비정상공손원가는 기간비용으로 처리한다.

물음 (2019 회계사)

정상공손원가 배부 후 표준원가로 기록된 완성품원가와 기말재공품원가는 각각 얼마인가? 단, 전기와 당기의 단위당 표준원가는 동일하고, 공손품은 전량 폐기된다.

정답 및 해설

[문 1] 표준원가 차이분석

직접재료비 차이(직접재료의 구입시점)

<구입시>

실제구입수량×실제가격	실제구입수량×표준가격
3,000kg×₩2.5/kg = ₩7,500	3,000kg×₩3/kg = ₩9,000

구입가격차이 ₩1,500(유리)

<사용시>

실제소비수량×표준가격	표준소비수량×표준가격
2,500kg×₩3/kg = ₩7,500	600개×4kg×₩3/kg = ₩7,200

수량차이 ₩300(불리)

직접재료비 차이(직접재료의 사용시점)

실제발생액 (실제소비수량×실제가격)	(실제소비수량×표준가격)	실제산출물에 대한 변동예산 (표준소비수량×표준가격)
2,500kg×₩2.5/kg = ₩6,250	2,500kg×₩3/kg = ₩7,500	600개×4kg×₩3/kg = ₩7,200

가격차이 ₩1,250(유리)　　수량차이 ₩300(불리)

총차이 ₩950(유리)

직접노무비 차이

실제발생액 (실제작업시간×실제임률)	(실제작업시간×표준임률)	실제산출물에 대한 변동예산 (표준작업시간×표준임률)
1,700시간×₩8.5/시간 = ₩14,450	1,700시간×₩8/시간 = ₩13,600	600개×3시간×₩8/시간 = ₩14,400

임률차이 ₩850(불리)　　능률차이 ₩800(유리)

총차이 ₩50(불리)

변동제조간접비 차이

실제발생액 (실제조업도×실제배부율)	실제투입물에 대한 변동예산 (실제조업도×표준배부율)	실제산출물에 대한 변동예산 (표준조업도×표준배부율)
₩7,000	1,700시간×₩4/시간 = ₩6,800	600개×3시간×₩4/시간 = ₩7,200

소비차이 ₩200(불리)　　능률차이 ₩400(유리)

총차이 ₩200(유리)

고정제조간접비 차이

실제발생액 (실제조업도×실제배부율)	예산 (기준조업도×표준배부율)	실제산출물에 대한 배부액 (표준조업도×표준배부율)
₩4,500	2,000시간×₩2/시간 = ₩4,000	600개×3시간×₩2/시간 = ₩3,600

소비차이 ₩500(불리)　　조업도차이 ₩400(불리)

총차이 ₩900(불리)

별해) 제조간접비 차이

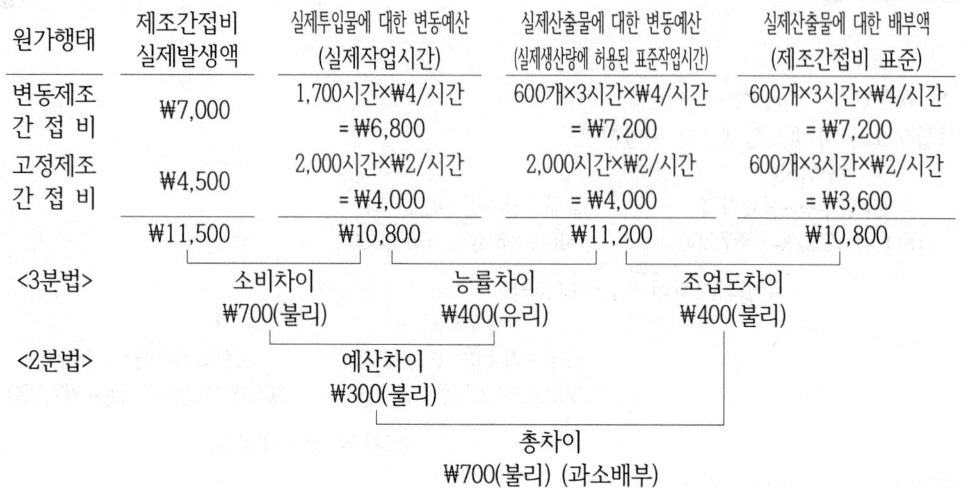

원가행태	제조간접비 실제발생액	실제투입물에 대한 변동예산 (실제작업시간)	실제산출물에 대한 변동예산 (실제생산량에 허용된 표준작업시간)	실제산출물에 대한 배부액 (제조간접비 표준)
변동제조간접비	₩7,000	1,700시간×₩4/시간 = ₩6,800	600개×3시간×₩4/시간 = ₩7,200	600개×3시간×₩4/시간 = ₩7,200
고정제조간접비	₩4,500	2,000시간×₩2/시간 = ₩4,000	2,000시간×₩2/시간 = ₩4,000	600개×3시간×₩2/시간 = ₩3,600
	₩11,500	₩10,800	₩11,200	₩10,800

<3분법> 소비차이 ₩700(불리) 능률차이 ₩400(유리) 조업도차이 ₩400(불리)

<2분법> 예산차이 ₩300(불리)

총차이 ₩700(불리) (과소배부)

<회계처리>

(1) 직접재료의 구입(외상매입을 가정)

(차)	재 료	7,500	(대) 외상매입금	7,500

* 3,000kg×₩2.5/kg = ₩7,500

(2) 직접재료의 소비(생산과정 투입) 및 차이분석

(차)	제조(재공품)	7,200	(대) 재 료	6,250
	직접재료비 수량차이	300	직접재료비 가격차이	1,250

(3) 직접노무비의 발생 및 차이분석

(차)	제조(재공품)	14,400	(대) 임금 및 급여	14,450
	직접노무비 임률차이	850	직접노무비 능률차이	800

(4) 제조간접비 예정배부액

(차)	제조(재공품)	10,800	(대) 제조간접비	10,800

* 600개×3시간×₩6/시간 = ₩10,800

(5) 제조간접비 실제발생액

(차)	제조간접비	11,500	(대) 제 원가요소	11,500

* ₩7,000 + ₩4,500 = ₩11,500

(6) 제조간접비계정의 마감 및 차이분석

(차)	제조간접비 소비차이	700	(대) 제조간접비	700
	제조간접비 조업도차이	400	제조간접비 능률차이	400

* (대변) 제조간접비 ₩700은 제조간접비 예정배부액 ₩10,800과 제조간접비 실제발생액 ₩11,500의 차액이다.

* (차변) 제조간접비 소비차이 ₩700(불리)은 변동제조간접비 소비차이 ₩200(불리)과 고정제조간접비 소비차이 ₩500(불리)의 합계액이다.

(7) 완성품(600개)의 제품계정으로의 대체(표준원가의 사용)

(차)	제 품	32,400	(대) 제조(재공품)	32,400

* 600개×@₩54 = ₩32,400

⑻ 매출액(500개)(외상매출을 가정)

(차) 외상매출금	50,000	(대) 매 출	50,000

* 500개×@₩100 = ₩50,000

⑼ 매출된 제품 500개의 원가(표준원가에 의한 매출원가)

(차) 매출원가	27,000	(대) 제 품	27,000

* 500개×@₩54 = ₩27,000

⑽ 판매관리비(₩10,000)

(차) 판매관리비	10,000	(대) 제 원가요소	10,000

<계정상의 기입원리>

A. 재무상태표 계정

외상매입금

		(1)	7,500

재 료

	0	(2)	6,250
(1)	7,500		

제조(재공품)

(2)	7,200	(7)	32,400
(3)	14,400		
(4)	10,800		

외상매출금

(8)	50,000		

임금 및 급여

		(3)	14,450

제 원가요소

		(5)	11,500
		⑽	10,000

제조간접비

(5)	11,500	(4)	10,800
		(6)	700

제 품

(7)	32,400	(9)	27,000

B. 포괄손익계산서 계정

매 출

		(8)	50,000

매출원가

(9)	27,000		

판매관리비

⑽	10,000		

C. 원가차이 계정

직접재료비 가격차이

		(2)	1,250

직접재료비 수량차이

(2)	300		

직접노무비 임률차이

(3)	850		

직접노무비 능률차이

		(3)	800

제조간접비 소비차이

(6)	700		

제조간접비 능률차이

		(6)	400

제조간접비 조업도차이

(6)	400		

D. 직접재료 - 재공품 - 제품 - 매출원가의 상호 관련성(제시 생략함)

<매출원가 가감법 적용>

(차)		(대)	
직접재료비 가격차이	1,250	매출원가	200
직접노무비 능률차이	800	직접재료비 수량차이	300
제조간접비 능률차이	400	직접노무비 임률차이	850
		제조간접비 소비차이	700
		제조간접비 조업도차이	400

<매출원가 가감법을 적용하여 포괄손익계산서를 작성할 경우에 영업이익은 얼마인가?>

포괄손익계산서

매출액		₩50,000
매출원가		(26,800)
매출원가(표준원가)	₩27,000	
유리한 원가차이	(-) 200	
매출총이익		₩23,200
판매관리비		(10,000)
영업이익		₩13,200

[문 2] 표준원가 차이분석

1. 직접재료비 차이

<구입시>

실제구입수량×실제가격	실제구입수량×표준가격
₩120,000 (≒13,000㎡×₩9.23/㎡)	13,000㎡×₩10/㎡ ₩130,000

구입가격차이 ₩10,000(유리)

* ₩120,000÷13,000㎡≒₩9.23/㎡ ← ₩9.23/㎡는 [문제]에서 제시된 수치가 아니고, 역으로 산출한 수치이다.

<사용시>

실제소비수량×표준가격	표준소비수량×표준가격
11,000㎡×₩10/㎡ = ₩110,000	12,500㎡×₩10/㎡ = ₩125,000

수량차이 ₩15,000(유리)

* 2,500개×5㎡ = 12,500㎡

<사용시>

실제발생액 (실제소비수량×실제가격)	(실제소비수량×표준가격)	실제산출물에 대한 변동예산 (표준소비수량×표준가격)
11,000㎡×₩9.23/㎡ = ₩101,530	11,000㎡×₩10/㎡ = ₩110,000	12,500㎡×₩10/㎡ = ₩125,000

가격차이 ₩8,470(유리)　　수량차이 ₩15,000(유리)

2. 직접노무비 차이

실제발생액 (실제작업시간×실제임률)	(실제작업시간×표준임률)	실제산출물에 대한 변동예산 (표준작업시간×표준임률)
₩160,000	7,000시간×₩20/시간 = ₩140,000	7,500시간×₩20/시간 = ₩150,000

임률차이 ₩20,000(불리)　　능률차이 ₩10,000(유리)

* 2,500개×3시간 = 7,500시간

3. 변동제조간접비 차이

실제발생액 (실제조업도×실제배부율)	실제투입물에 대한 변동예산 (실제조업도×표준배부율)	실제산출물에 대한 변동예산 (표준조업도×표준배부율)
₩1,200,000×60% = ₩720,000	26,000시간×₩24/시간 = ₩624,000	25,000시간×₩24/시간 = ₩600,000

소비차이 ₩96,000(불리)　　능률차이 ₩24,000(불리)

* 2,500개×10시간 = 25,000시간

4. 고정제조간접비 차이

실제발생액 (실제조업도×실제배부율)	예산 (기준조업도×표준배부율)	실제산출물에 대한 배부액 (표준조업도×표준배부율)
₩1,200,000×40% = ₩480,000	30,000시간×₩21/시간 = ₩630,000	25,000시간×₩21/시간 = ₩525,000

소비차이 ₩150,000(유리)　　조업도차이 ₩105,000(불리)

* 2,500개×10시간 = 25,000시간
* ₩45/시간 - ₩24/시간 = ₩21/시간

[참조] 회계처리

(1) 직접재료의 구입(외상매입을 가정)

(차) 재　료	120,000	(대) 외상매입금	120,000

* 직접재료비 구입가격차이
  13,000㎡×(₩10/㎡ - ₩9.23/㎡) = ₩10,000(유리)
  또는 ₩130,000(= 13,000㎡×₩10/㎡) - ₩120,000 = ₩10,000(유리)

(2) 직접재료의 소비(생산과정 투입) 및 차이분석

(차) 제조(재공품)	125,000	(대) 재　료	101,530
		직접재료비 가격차이	8,470
		직접재료비 수량차이	15,000

(3) 직접노무비의 발생 및 차이분석

(차) 제조(재공품)	150,000	(대) 임금 및 급여	160,000
직접노무비 임률차이	20,000	직접노무비 능률차이	10,000

(4) 제조간접비 예정배부액

(차) 제조(재공품)	1,125,000	(대) 제조간접비	1,125,000

* 2,500개×10시간×₩45/시간 = ₩1,125,000

(5) 제조간접비 실제발생액

(차) 제조간접비	1,200,000	(대) 제 원가요소	1,200,000

(6) 제조간접비계정의 마감 및 차이분석

(차) 변동제조간접비 소비차이	96,000	(대) 제조간접비	75,000
변동제조간접비 능률차이	24,000	고정제조간접비 소비차이	150,000
고정제조간접비 조업도차이	105,000		

(7) 완성품의 제품계정으로의 대체(표준원가의 사용)

(차) 제　품	×××	(대) 제조(재공품)	×××

(8) 매출액(외상매출을 가정)

(차) 외상매출금	×××	(대) 매　출	×××

(9) 매출된 제품의 원가(표준원가에 의한 매출원가)

(차) 매출원가	×××	(대) 제　품	×××

(10) 판매관리비

(차) 판매관리비	×××	(대) 제 원가요소	×××

[문 3] 직접재료비차이

구입가격차이 : 12,000단위×(@₩33,000 - @₩31,000) = ₩24,000,000(불리)

가격차이 : 10,500단위×(@₩33,000 - @₩31,000) = ₩21,000,000(불리)

수량차이 : @₩31,000×(10,500단위 - 10,100단위) = ₩12,400,000(불리)

[문 4] 직접재료비차이

실제발생액 (실제소비수량×실제가격)	(실제소비수량×표준가격)	실제산출물에 대한 변동예산 (표준소비수량×표준가격)
45,000kg×@₩2.1 = ₩94,500	45,000kg×@₩2.0 = ₩90,000	50,000kg×@₩2.0 = ₩100,000

가격차이 ₩4,500(불리)　　수량차이 ₩100,000(유리)

* ₩100,000÷50,000kg = ₩2.0/kg

[문 5] 직접재료비

실제소비수량×실제가격	실제소비수량×표준가격	표준소비수량×표준가격
₩12,000,000	AQ×₩5,000/kg = ?	SQ×₩5,000/kg = ?

가격차이 ₩1,000,000(유리)　　수량차이 ₩500,000(불리)

가격차이 : ₩12,000,000 - AQ×₩5,000/kg = - ₩1,000,000

∴ AQ = 2,600kg(실제 직접재료 사용량)

수량차이 : ₩500,000 = ₩13,000,000 - SQ×₩5,000/kg

∴ SQ = 2,500kg(실제생산량에 허용된 직접재료수량 = 실제생산량×생산량 단위당 직접재료 사용량)

2,500kg = 5,000단위×x　　(∴ x = 0.5kg)

[문 6] 직접노무비

실제노동시간×실제임률	실제노동시간×표준임률	표준노동시간×표준임률
5,000시간×₩12/시간 = ₩60,000	5,000시간×₩10/시간 = ₩50,000	800개×5시간×₩10/시간 = ₩40,000

가격차이 ₩10,000(불리)　　능률차이 ₩10,000(불리)

[문 7] 직접노무비

X : 작업시간당 표준노무비, Y : 생산량 단위당 표준작업시간

실제작업시간×실제임률	실제작업시간×표준임률	표준작업시간×표준임률
3,000시간*×@₩3,200 = ₩9,600,000	3,000시간×X = ?	(1,000단위×Y)×X = ?

임률차이 ₩600,000(불리)　　능률차이 ₩?

총차이 ₩1,200,000(유리)

* 실제생산량(1,000단위)×생산량 단위당 실제작업시간(3시간) = 3,000시간

X(작업시간당 표준노무비) : (3,000시간×X) - ₩9,600,000 = - ₩600,000(불리) ∴ X = ₩3,000/시간

직접노무비 임률차이 : ₩1,200,000(유리) - [- ₩600,000(불리)] = ₩1,800,000(유리)

Y(생산량 단위당 표준작업시간) :

(1,000단위×Y×₩3,000/시간) - (3,000시간×₩3,000/시간) = ₩1,800,000(유리) ∴ Y = 3.6시간

[문 8] 고정제조간접비

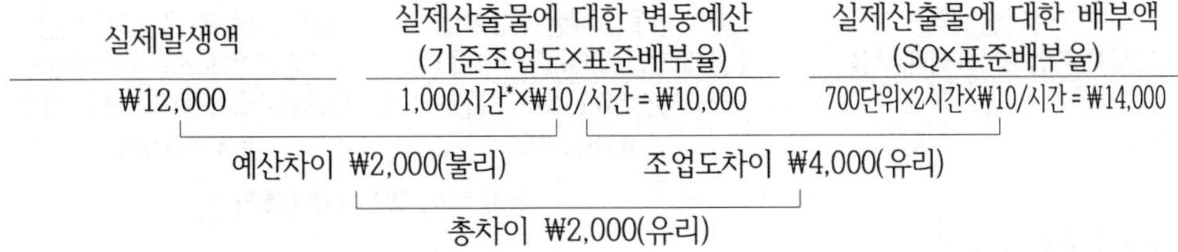

∴ 1,000시간(기준조업도 기계작업시간)

[문 9] 고정제조간접비

X : 기준조업도, Y : 실제생산량에 허용된 표준시간

실제발생액	예산 (기준조업도×표준배부율)	실제산출물에 대한 배부액 (SQ×표준배부율)
₩9,200,000	X×₩400/시간 = ₩9,600,000	Y×₩400/시간 = ₩8,000,000

예산차이 ₩400,000(유리)　조업도차이 ₩1,600,000(불리)

총차이 ₩1,200,000(불리)

* 총체적인 배부부족액이 ₩1,200,000이므로 실제발생액과의 대비를 통하여 역으로 계산됨
∴ X = 24,000시간
주어진 예산차이가 ₩400,000이므로 실제발생액과의 대비를 통하여 역으로 계산됨
∴ Y = 20,000시간

[문 10] 제조간접비

실제조업도 : 24,000시간

변동예산 공식 : ₩10,800,000 + ₩200/시간×직접작업시간

실제발생액	실제산출물에 대한 변동예산	실제산출물에 대한 배부액
₩15,200,000	24,000시간×₩200/시간 + ₩10,800,000 = ₩15,600,000	24,000시간×₩560/시간 = ₩13,440,000

예산차이 ₩400,000(유리)　조업도차이* ₩2,160,000(불리)

총차이 ₩1,760,000(불리)

* 조업도차이는 고정제조간접비의 배부차이를 의미하는 것이기 때문에, 다음과 같이 계산할 수도 있다.
고정제조간접비 배부율×(기준조업도 - 실제조업도)
₩10,800,000÷30,000시간×(30,000시간 - 24,000시간) = ₩2,160,000(불리)

[문 11] 표준원가 차이분석

1. 고정제조간접원가 차이

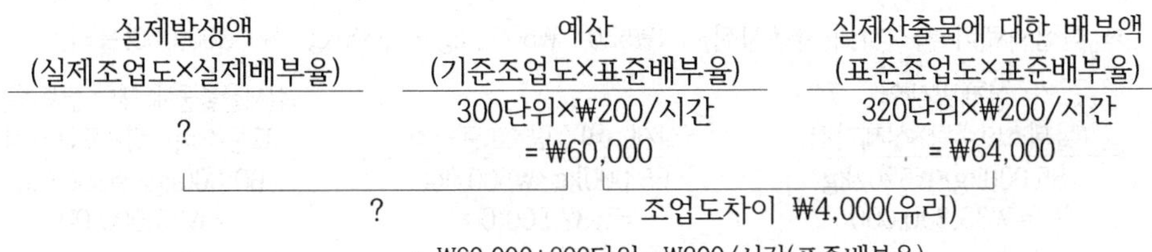

실제발생액
(실제조업도×실제배부율)
예산
(기준조업도×표준배부율)
실제산출물에 대한 배부액
(표준조업도×표준배부율)
?
300단위×₩200/시간
= ₩60,000
320단위×₩200/시간
= ₩64,000
?
조업도차이 ₩4,000(유리)

* ₩60,000÷300단위 = ₩200/시간(표준배부율)

2. 변동제조간접원가 차이

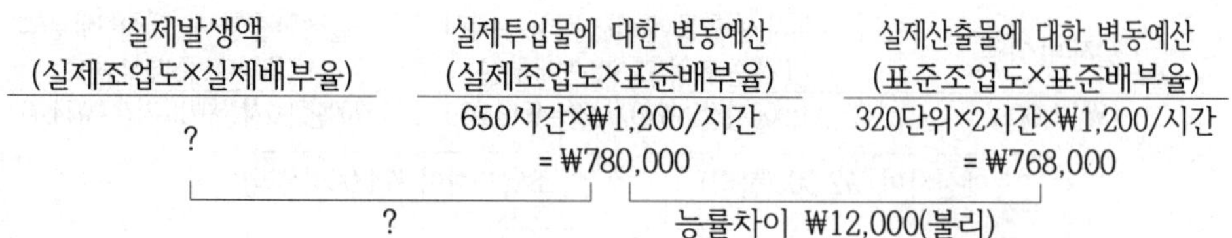

3. 직접노무원가 차이

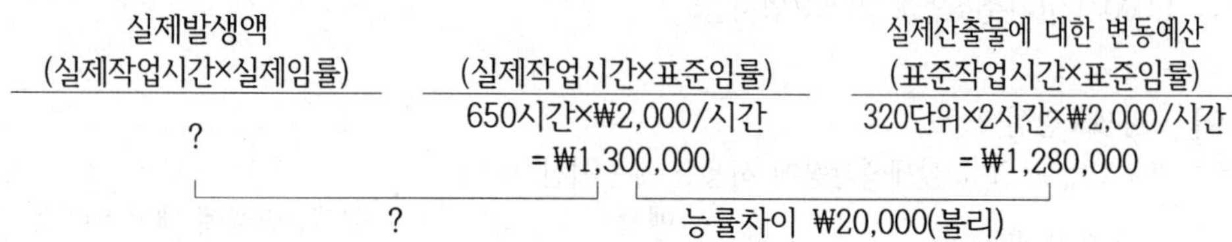

[별해]

변동제조간접원가 능률차이 : (AQ - SQ)×₩1,200 = ₩12,000(불리)

∴ AQ - SQ = 10시간

직접노무원가 능률차이 : (AQ - SQ)×SP = 10시간×₩2,000 = ₩20,000(불리)

[문 12] 표준원가 차이분석

직접노무비 임률차이 : ₩92,000,000 - x×₩5,000 = ₩2,000,000(불리)

∴ x = 18,000시간(실제작업시간)

변동제조간접비 소비차이 : x - 18,000시간×₩3,000/시간 = -₩1,000,000(유리)

∴ x = ₩53,000,000(실제발생한 변동제조간접비)

[문 13] 표준원가 차이분석

1. 직접재료비 가격차이(구입시점) : (₩520 - ₩500)/kg×102,000kg = ₩2,040,000(불리)

직접재료비 수량차이 : (65,000kg - 60,000kg*)×₩500/kg = ₩2,500,000(불리)

* 20,000단위×3kg/단위

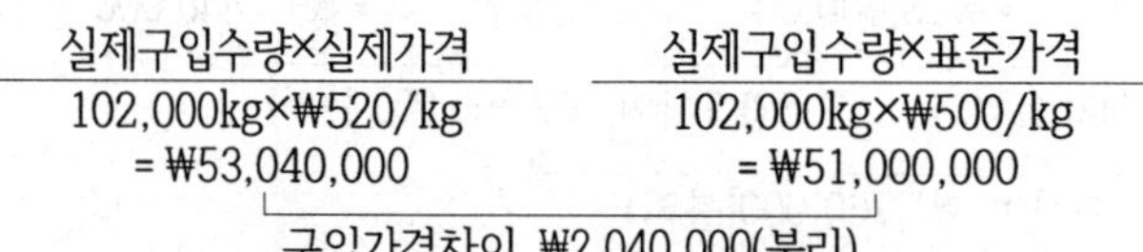

실제구입수량×실제가격
102,000kg×₩520/kg
= ₩53,040,000
실제구입수량×표준가격
102,000kg×₩500/kg
= ₩51,000,000
구입가격차이 ₩2,040,000(불리)

<사용시>

실제소비수량×표준가격	표준소비수량×표준가격
65,000kg×₩500/kg = ₩32,500,000	60,000kg×₩500/kg = ₩30,000,000

수량차이 ₩2,500,000(불리)

※ 직접재료비 가격차이(사용시점) : (₩520 - ₩500)/kg×65,000kg = ₩1,300,000(불리)

실제발생액 (실제소비수량×실제가격)	(실제소비수량×표준가격)	실제산출물에 대한 변동예산 (표준소비수량×표준가격)
65,000kg×₩520/kg = ₩33,800,000	65,000kg×₩500/kg = ₩32,500,000	60,000kg×₩500/kg = ₩30,000,000

가격차이 ₩1,300,000(불리)　　수량차이 ₩2,500,000(불리)

2. 직접노무비 임률차이 : (₩850 - ₩900)/시간×43,000시간 = ₩2,150,000(유리)
   직접노무비 능률차이 : (43,000시간 - 40,000시간*)×₩900/시간 = ₩2,700,000(불리)
   * 20,000단위×2시간/단위

실제발생액 (실제작업시간×실제임률)	(실제작업시간×표준임률)	실제산출물에 대한 변동예산 (표준작업시간×표준임률)
43,000시간×₩850/시간 = ₩36,550,000	43,000시간×₩900/시간 = ₩38,700,000	40,000시간×₩900/시간 = ₩36,000,000

임률차이 ₩2,150,000(유리)　　능률차이 ₩2,700,000(불리)

3. 변동예산 공식 : ₩9,300,000 + ₩400/시간×직접작업시간
   ※ 변동원가율 : (₩21,300,000 - ₩17,300,000)÷(30,000시간 - 20,000시간) = ₩400/시간
   고정제조간접비 예산액 : ₩17,300,000 - ₩400/시간×20,000시간 = ₩9,300,000

4. 제조간접비 차이분석(3분법)

원가행태	제조간접비 실제발생액	실제투입물에 대한 변동예산 (실제작업시간)	실제산출물에 대한 변동예산 (실제생산량에 허용된 표준작업시간)	실제산출물에 대한 배부액 (제조간접비 표준)
변동제조간접비		₩17,200,000	₩16,000,000	20,000단위×₩1,420
고정제조간접비		9,300,000	9,300,000	
	₩27,600,000	₩26,500,000	₩25,300,000	₩28,400,000

<3분법>　소비차이 ₩1,100,000(불리)　　능률차이 ₩1,200,000(불리)　　조업도차이 ₩3,100,000(유리)

<2분법>　예산차이 ₩2,300,000(불리)

총차이 ₩800,000(유리) (과대배부)

* 43,000시간×₩400/시간 = ₩17,200,000
  20,000시간×2시간×₩400/시간 = ₩16,000,000
  ₩1,420÷2시간 = ₩710/시간, ₩710/시간 = ₩400/시간(변동원가율) + ₩310/시간(고정원가율)
  ₩9,300,000÷₩310/시간 = 30,000시간(기준조업도)

[문 14] 표준원가 차이분석

1. 월말재공품의 표준원가

	완성품 환산량		단위당 표준원가		계
직접재료비 :	1,400단위×100%	×	₩10,000	=	₩14,000,000
가공비 :	1,400단위×50%	×	6,000	=	4,200,000
					₩18,200,000

2. 가공비의 배부기준(완성품 환산량) :

재공품	제 품	매출원가	계
1,400단위×50%	1,000단위	1,600단위	3,300단위

   제조간접비 차이의 매출원가 배분액 : ₩495,000×(1,600단위÷3,300단위) = ₩240,000

3. 월말제품재고액 : ① + ② + ③ = ₩16,000,000 + ₩400,000(불리) + ₩50,000(유리) = ₩16,350,000
   ① 표준원가 배부액 : 1,000단위×@₩16,000 = ₩16,000,000
   ② 직접재료비 차이 배분액

$$(₩1,000,000 + ₩600,000) \times \frac{1,000단위}{1,400단위 + 1,000단위 + 1,600단위} = ₩400,000(불리)$$

③ 가공비 차이 배분액

$$(₩495,000 - ₩330,000) \times \frac{1,000\text{단위}}{1,400\text{단위} \times 0.5 + 1,000\text{단위} + 1,600\text{단위}} = ₩50,000(\text{유리})$$

[문 15] 매출원가

(1) 이미 매출원가로 배분된 표준원가

₩278,400 + ₩591,600 + ₩473,280 = ₩1,343,280

구 분	직접재료	재공품	제 품	매출원가	합 계
직접재료비	₩52,000	₩0	₩69,600	₩278,400	₩400,000
직접노무비		0	104,400	591,600	696,000
제조간접비		0	83,520	473,280	556,800
계	₩52,000	₩0	₩257,520	₩1,343,280	₩1,652,800

(2) 유리하게 계산되고 있는 직접재료비 총차이의 배분액(표준원가의 차감요소)

$$(₩12,000 - ₩8,000) \times \frac{₩278,400}{₩0 + ₩69,600 + ₩278,400} = ₩3,200$$

(3) 불리하게 계산되고 있는 직접노무비 총차이의 배분액(표준원가의 가산요소)

$$(₩16,000 - ₩4,000) \times \frac{₩591,600}{₩0 + ₩104,400 + ₩591,600} = ₩10,200$$

(4) 유리하게 계산되고 있는 제조간접비 총차이의 배분액(표준원가의 차감요소)

$$\{[(₩104,400 + ₩591,600) \times 0.8] - ₩552,000\} \times \frac{₩591,600}{₩0 + ₩104,400 + ₩591,600} = ₩4,080$$

(5) 배분 후의 매출원가 : (1) - (2) + (3) - (4) = ₩1,346,200

[문 16] 매출원가

총 원가차이 : - ₩500 + ₩400 + ₩800 + ₩200 + (- ₩300) = ₩600 유리

실제 매출원가 : ₩10,000 - (₩600×₩10,000÷₩20,000) = ₩9,700

[참조]

실제 기말제품원가 : ₩6,000 - (₩600×₩6,000÷₩20,000) = ₩5,820

실제 기말재공품원가 : ₩4,000 - (₩600×₩4,000÷₩20,000) = ₩3,880

구 분	직접재료	재공품	제 품	매출원가	합 계
직접재료비	₩0	₩2,000	₩3,000	₩5,000	₩10,000
가공비 : 직접노무비		1,000	1,500	2,500	5,000
변동제조간접비		400	600	1,000	2,000
고정제조간접비		600	900	1,500	3,000
계	₩0	₩4,000	₩6,000	₩10,000	₩20,000

[문 17] 매출원가

총 원가차이 : ₩30,000 + (- ₩55,000) = ₩25,000 불리

₩350,000(조정 전 매출원가) + ₩25,000(불리) = ₩375,000(조정 후 매출원가)

[문 18] 표준원가 차이분석

1\. 1) 직접재료비 표준금액 및 표준소비수량

₩15,000(기말재공품원가) + ₩15,000(기말제품원가) + ₩30,000(매출원가) = ₩60,000(표준금액)

₩60,000÷@₩2.5(표준단가) = 24,000kg(표준소비수량)

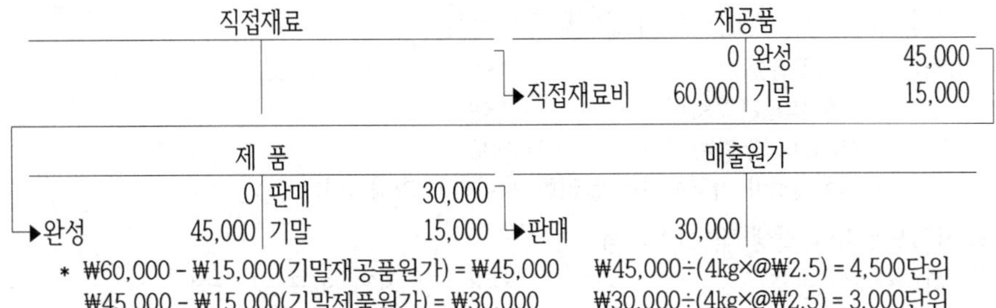

* ₩60,000 - ₩15,000(기말재공품원가) = ₩45,000 ₩45,000÷(4kg×@₩2.5) = 4,500단위
₩45,000 - ₩15,000(기말제품원가) = ₩30,000 ₩30,000÷(4kg×@₩2.5) = 3,000단위

2) 직접재료비 표준소비액 및 실제소비수량

₩60,000(표준금액) + ₩15,000(불리한 수량(능률)차이) = ₩75,000(표준소비액)

₩75,000÷@₩2.5 = 30,000kg(실제소비수량)

직접재료

		소비	75,000
		기말	25,000

재공품

	0	완성	45,000
▸직접재료비	60,000	기말	15,000

↑ 수량(능률)차이 ₩15,000 불리

실제소비수량×표준가격	표준소비수량×표준가격
30,000kg×₩2.5/kg = ₩75,000	24,000kg×₩2.5/kg = ₩60,000

수량차이 ₩15,000(불리)

3) 직접재료비 표준단가에 의한 실제구입액 및 실제구입수량

₩75,000(표준소비액) + ₩25,000(직접재료 기말 잔액) = ₩100,000(표준단가에 의한 실제구입액)

₩100,000÷@₩2.5 = 40,000kg(실제구입수량)

직접재료

구입	100,000	소비	75,000
(40,000kg×@₩2.5)		기말	25,000

재공품

	0	완성	45,000
▸직접재료비	60,000	기말	15,000

↑ 수량(능률)차이 ₩15,000 불리

* (40,000kg - 30,000kg = 10,000kg)×@₩2.5 = ₩25,000

실제구입수량×실제가격	실제구입수량×표준가격
₩110,000	40,000kg×₩2.5/kg = ₩100,000

구입가격차이 ₩10,000(불리)

직접재료

기초	0kg	소비 30,000kg (₩75,000÷@₩2.5)	
구입 40,000kg (₩100,000÷@₩2.5)		기말 10,000kg (₩25,000÷@₩2.5)	

재공품

기초	0kg	완성 18,000kg (₩45,000÷@₩2.5)	
▸표준 24,000kg (₩60,000÷@₩2.5)		기말 6,000kg (₩15,000÷@₩2.5)	

제 품

기초	0kg	판매 12,000kg (₩30,000÷@₩2.5)	
▸완성 18,000kg (₩45,000÷@₩2.5)		기말 6,000kg (₩15,000÷@₩2.5)	

↑ 6,000kg 추가 소비 : 수량(능률)차이(불리)
(₩15,000÷@₩2.5)

[**참조**] 회계처리(단, [자료]에서 제시된 수치만 표시하였음)

(1) 직접재료의 구입(외상매입을 가정)

(차)	재 료	×××	(대) 외상매입금	×××

* 직접재료비 구입가격차이(불리) : ₩10,000

(2) 직접재료의 소비(생산과정 투입) 및 차이분석

(차)	제조(재공품)	×××	(대) 재 료	×××
	직접재료비 가격차이	×××		
	직접재료비 수량차이	15,000		

* 직접재료비 가격차이는 불리한 차이라고 가정한다.

(3) 직접노무비의 발생 및 차이분석

(차)	제조(재공품)	×××	(대) 임금 및 급여	×××
	직접노무비 임률차이	7,000		
	직접노무비 능률차이	4,000		

(4) 제조간접비 예정배부액

(차)	제조(재공품)	×××	(대) 제조간접비	×××

(5) 제조간접비 실제발생액

(차)	제조간접비	×××	(대) 제 원가요소	×××

(6) 제조간접비계정의 마감 및 차이분석

(차)	변동제조간접비 소비차이	2,000	(대) 제조간접비	×××
	변동제조간접비 능률차이	8,000		
	고정제조간접비 소비차이	1,000		
	고정제조간접비 조업도차이	2,000		

* 제조간접비 예정배부액이 제조간접비 실제발생액보다 적은 금액이라고 가정한다.

(7) 완성품의 제품계정으로의 대체(표준원가의 사용)

(차)	제 품	×××	(대) 제조(재공품)	×××

(8) 매출액(외상매출을 가정)

(차)	외상매출금	×××	(대) 매 출	×××

(9) 매출된 제품의 원가(표준원가에 의한 매출원가)

(차)	매출원가	×××	(대) 제 품	×××

(10) 판매관리비

(차)	판매관리비	×××	(대) 제 원가요소	×××

직접재료비 가격차이	
(2) ×××	

직접재료비 수량차이	
(2) 15,000	

직접노무비 임률차이	
(3) 7,000	

직접노무비 능률차이	
(3) 4,000	

제조간접비 소비차이	
(6) 2,000	
(6) 1,000	

제조간접비 능률차이	
(6) 8,000	

제조간접비 조업도차이	
(6) 2,000	

2. 원가요소별 비례배부법 적용

[사전지식]

원가요소별 비례배부법은 표준원가로 기록되어 있는 직접재료, 재공품, 제품, 매출원가의 계정 잔액에 포함되어 있는 해당 원가요소의 비율을 기준으로 원가차이를 배분하는 방법이다. 이를 위해 아래 사항에 유의하여야 한다.

㉠ 직접재료비 구입가격차이는 직접재료계정뿐만 아니라 직접재료비 수량(능률)차이계정에도 배분해야 한다. 구입가격차이를 조정하기 위해서는 직접재료 구입수량이 포함되어 있는 모든 계정을 고려해야 한다. 직접재료계정과 직접재료비 수량(능률)차이계정에도 구입수량 중 일정물량이 포함되어 있기에 배분대상이다.

㉡ 직접재료비 수량(능률)차이는 배분받은 직접재료비 구입가격차이를 포함해서 배분해야 한다. 직접재료비 구입가격차이를 직접재료비 수량(능률)차이에 배분하면, 직접재료비 수량(능률)차이 금액에 직접재료비 구입가격차이를 조정한 후의 금액을 직접재료비 수량(능률)차이 배분비율에 따라 배분한다.

㉢ 가공비 관련 원가차이(직접노무비 임률차이, 직접노무비 능률차이, 제조간접비 소비차이, 제조간접비 능률차이, 제조간접비 조업도차이)는 재공품, 제품, 매출원가에만 배분한다.

배분비율

	직접재료	수량(능률)차이	재공품	제 품	매출원가	합 계
구입가격차이						
계정 잔액	₩25,000	₩15,000	₩15,000	₩15,000	₩30,000	₩100,000
배분비율	25%	15%	15%	15%	30%	100%
수량(능률)차이						
계정 잔액			₩15,000	₩15,000	₩30,000	₩60,000
배분비율			25%	25%	50%	100%
가공비 차이						
계정 잔액			₩4,000	₩12,000	₩24,000	₩40,000
배분비율			10%	30%	60%	100%

차이 배분

	직접재료	수량(능률)차이	재공품	제 품	매출원가	합 계
구입가격차이						
배분액	₩2,500	₩1,500	₩1,500	₩1,500	₩3,000	₩10,000
		(1,500)	375	375	750	
수량(능률)차이						
배분액			3,750	3,750	7,500	15,000
임률차이						
배분액			700	2,100	4,200	7,000
능률차이						
배분액			400	1,200	2,400	4,000
소비차이						
배분액			300	900	1,800	3,000
능률차이						
배분액			800	2,400	4,800	8,000
조업도차이						
배분액			200	600	1,200	2,000
배분 후 잔액	₩2,500	₩0	₩8,025	₩12,825	₩25,650	₩49,000

임률차이부터 조업도차이까지를 가공비차이라 하여, 가공비차이 ₩24,000 불리를 10%(재공품) : 30%(제품) : 60%(매출원가)의 비율로 하여 ₩2,400 불리 : ₩7,200 불리 : ₩14,400 불리로 배분해도 된다. 제조간접비 소비차이 ₩3,000은 '변동제조간접비 소비차이 ₩2,000+고정제조간접비 소비차이 ₩1,000'이다.

	직접재료	수량(능률)차이	재공품	제 품	매출원가	합 계
직접재료비 구입가격차이	₩2,500	₩1,500	₩1,500	₩1,500	₩3,000	₩10,000 불리
		(1,500)	375	375	750	-
직접재료비 수량(능률)차이			3,750	3,750	7,500	15,000 불리
직접노무비 임률차이			700	2,100	4,200	7,000 불리
직접노무비 능률차이			400	1,200	2,400	4,000 불리
제조간접비 소비차이			300	900	1,800	3,000 불리
제조간접비 능률차이			800	2,400	4,800	8,000 불리
제조간접비 조업도차이			200	600	1,200	2,000 불리
합 계	₩2,500	₩0	₩8,025	₩12,825	₩25,650	₩49,000 불리

(차)		(대)	
직접재료	2,500	직접재료비 구입가격차이	10,000
제조(재공품)	8,025	직접재료비 수량차이	15,000
제 품	12,825	직접노무비 임률차이	7,000
매출원가	25,650	직접노무비 능률차이	4,000
		제조간접비 소비차이	3,000
		제조간접비 능률차이	8,000
		제조간접비 조업도차이	2,000

<조정 후 다음 회계기간의 회계처리>

조정 배분된 원가차이 중 회색 부분은 다음 회계기간에 재수정분개의 대상이 된다. 다만, 매출원가에 배분된 원가차이는 손익에 이미 반영되었으므로 재수정분개의 대상이 되지 않는다.

	직접재료	수량(능률)차이	재공품	제 품	매출원가	합 계
직접재료비 구입가격차이	₩2,500	₩1,500	₩1,500	₩1,500	₩3,000	₩10,000 불리
		(1,500)	375	375	750	-
직접재료비 수량(능률)차이			3,750	3,750	7,500	15,000 불리
직접노무비 임률차이			700	2,100	4,200	7,000 불리
직접노무비 능률차이			400	1,200	2,400	4,000 불리
제조간접비 소비차이			300	900	1,800	3,000 불리
제조간접비 능률차이			800	2,400	4,800	8,000 불리
제조간접비 조업도차이			200	600	1,200	2,000 불리
합 계	₩2,500	₩0	₩8,025	₩12,825	₩25,650	₩49,000 불리

(차)		(대)	
직접재료비 구입가격차이	6,250	직접재료	2,500
직접재료비 수량차이	7,500	제조(재공품)	8,025
직접노무비 임률차이	2,800	제 품	12,825
직접노무비 능률차이	1,600		
제조간접비 소비차이	1,200		
제조간접비 능률차이	3,200		
제조간접비 조업도차이	800		

* [예시] 직접재료비 구입가격차이 : ₩2,500 + ₩1,500 + ₩1,500 + ₩375 + ₩375 = ₩6,250

3. 실제원가를 적용한 경우, 각 계정에 포함될 직접재료비 계산

₩75,000 + ₩25,000(직접재료 기말 잔액) = ₩100,000(표준단가에 의한 실제구입액)

₩100,000 + ₩10,000(구입가격차이) = ₩110,000(실제단가에 의한 실제구입액)

₩110,000÷40,000kg(실제구입수량) = @₩2.75(실제구입가격)

	직접재료	수량(능률)차이	재공품	제 품	매출원가	합 계
구입가격차이						
배분 전 잔액	₩25,000	₩15,000	₩15,000	₩15,000	₩30,000	₩100,000
차이 배분액	2,500	1,500	1,500	1,500	3,000	10,000
배분 후 잔액	₩27,500	₩16,500	₩16,500	₩16,500	₩33,000	₩110,000
물량×단가	10,000kg×@₩2.75	6,000kg×@₩2.75	6,000kg×@₩2.75	6,000kg×@₩2.75	12,000kg×@₩2.75	40,000kg×@₩2.75
수량(능률)차이						
차이 배분액		(₩16,500)	₩4,125	₩4,125	₩8,250	
물량×단가		6,000kg×@₩2.75	1,500kg×@₩2.75	1,500kg×@₩2.75	3,000kg×@₩2.75	
배분 후 잔액	₩27,500	₩0	₩20,625	₩20,625	₩41,250	₩110,000
물량×단가	10,000kg×@₩2.75		7,500kg×@₩2.75	7,500kg×@₩2.75	15,000kg×@₩2.75	40,000kg×@₩2.75

* 직접재료비 구입가격차이 배분 후 금액은 각 계정 잔액이 실제구입단가로 전환되어 있으므로 표준수량으로 기록되어 있는 재공품, 제품, 매출원가의 계정에 수량(능률)차이 물량을 배분하면 수량도 실제수량으로 전환되어 각 계정 잔액이 실제원가를 기준으로 계산한 금액과 동일하게 된다.

실제구입수량×실제가격	실제구입수량×표준가격
40,000kg×₩2.75/kg = ₩110,000	40,000kg×₩2.5/kg = ₩100,000

구입가격차이 ₩10,000(불리)

직접재료

차변		대변	
기초	0kg	소비 30,000kg (₩82,500÷@₩2.75)	
구입 40,000kg (₩110,000÷@₩2.75)		기말 10,000kg (₩27,500÷@₩2.75)	

재공품

차변		대변	
기초	0kg	완성 22,500kg (₩61,875÷@₩2.75)	
실제 30,000kg (₩82,500÷@₩2.75)		기말 7,500kg (₩20,625÷@₩2.75)	

제 품

차변		대변	
기초	0kg	판매 15,000kg (₩41,250÷@₩2.75)	
완성 22,500kg (₩61,875÷@₩2.75)		기말 7,500kg (₩20,625÷@₩2.75)	

[문 19] 표준원가 차이분석

1. 제조원가

연간 기준조업도 2,400 직접노무시간 → 2,400시간÷4시간/단위 = 600단위

① 20×1년 초의 종합예산 제조원가

(8kg×@₩10 + 4시간×@₩15 + 4시간×@₩5)×600단위[1)] + ₩30,000[2)] = ₩126,000

* 1) 600단위(기준조업도)

2) 고정제조간접원가 연간 예산액

② 20×1년 말의 변동예산 제조원가

(8kg×@₩10 + 4시간×@₩15 + 4시간×@₩5)×500단위* + ₩30,000 = ₩110,000

* 500단위(당기완성량)

2. 당기제품제조원가와 매출원가

단위당 고정제조간접원가 : ₩30,000÷2,400시간×4시간/단위 = ₩50

① 원가차이 배부 전 당기제품제조원가 : (@₩160[1)] + @₩50[2)])×500단위 = ₩105,000

* 1) 8kg×@₩10 + 4시간×@₩15 + 4시간×@₩5 = @₩160

2) 단위당 고정제조간접원가

② 원가차이 배부 전 매출원가 : ₩105,000÷500단위×400단위* = ₩84,000
* 400단위(당기판매량)

3. 조정 후 각 계정의 잔액

	직접재료	제 품	매출원가	합 계
잔 액	₩43,200	₩24,860	₩99,440	₩167,500

* [조정 후 잔액]
직접재료 : (구입량 8,000kg – 투입량 4,400kg)×@₩10 = ₩36,000
제품의 직접재료원가 : [@₩80(= 8kg×@₩10)]×100단위(기말재고량) = ₩8,000
제품의 가공원가 : [@₩60(= 4시간×@₩15) + @₩20(= 4시간×@₩5) + @₩50(단위당 고정제조간접원가)] ×100단위 = ₩13,000
매출원가의 직접재료원가 : @₩80×400단위(판매량) = ₩32,000
매출원가의 가공원가 : (@₩60 + @₩20 + @₩50)×400단위 = ₩52,000

	직접재료	수량(능률)차이	제 품	매출원가	합 계
구입가격차이					
계정 잔액	₩36,000	₩4,000	₩8,000	₩32,000	₩80,000
배분비율	45%	5%	10%	40%	100%
배분액	7,200	800	1,600	6,400	16,000
		(800)	160	640	
수량(능률)차이					
계정 잔액			₩8,000	₩32,000	₩40,000
배분비율			20%	80%	100%
배분액		(₩4,000)	800	3,200	
가공원가 차이					
계정 잔액			₩13,000	₩52,000	₩65,000
배분비율			20%	80%	100%
배분액			1,300	5,200	6,500
조정 후 잔액	₩43,200	₩0	₩24,860	₩99,440	₩167,500

가공원가 총차이는 ₩6,500 U이므로, 이 금액을 제품, 매출원가에 20% : 80%로 재배분하여 가산함 (₩2,400 F + ₩6,000 U + ₩2,200 F + ₩2,000 U + ₩1,900 F + ₩5,000 U = ₩6,500 U)

[문 20] 표준원가 차이분석

1. 1) ₩123,500 + ₩6,500 = ₩130,000

2) 원가요소별 비례배부법

	직접재료	수량(능률)차이	재공품	제 품	매출원가	합 계
구입가격차이						
계정 잔액	₩19,500	₩6,500	₩13,000	₩13,000	₩78,000	₩130,000
배분비율	15%	5%	10%	10%	60%	100%
차이 배분액	(₩900)	(₩300)	(₩600)	(₩600)	(₩3,600)	(₩6,000)
수량(능률)차이						
계정 잔액			₩13,000	₩13,000	₩78,000	₩104,000
배분비율			12.5%	12.5%	75%	100%
차이 배분액		(₩6,200)	₩775	₩775	₩4,650	₩0
배분 후 잔액	₩18,600	₩0	₩13,175	₩13,175	₩79,050	₩124,000

* [주의] 직접재료원가 구입가격차이(₩6,000 유리)를 수량(능률)차이에 배분하면, 수량(능률)차이 금액(₩6,500 불리)에 구입가격차이를 조정(₩300)한 후의 금액(₩6,200)을 수량(능률)차이 배분비율에 따라 배분한다.

2. 변동제조간접원가 소비차이와 능률차이

구 분	연초 설정예산	실 제	변동예산
1. 생산량 단위	264,000개	260,000개	260,000개
2. 뱃치 규모	110개/뱃치	100개/뱃치	110개/뱃치
3. 뱃치수(1÷2)	2,400묶음	2,600묶음	2,364묶음*
4. 뱃치당 기계 작업준비시간	3시간	4시간	3시간
5. 기계 작업준비시간(3×4)	7,200시간	10,400시간	7,092시간
6. 작업준비 시간당 변동제조간접원가	₩4	₩5	₩4

* 묶음수준활동이므로 묶음수는 올림을 한 정수임(260,000개÷110개 = 2,363.6364)

AQ×AP	AQ×SP	SQ×SP
10,400시간×@₩5 = ₩52,000	10,400시간×@₩4 = ₩41,600	7,092시간×@₩4 = ₩28,368

소비차이 ₩10,400(불리)　　능률차이 ₩13,232(불리)

[문 21] 표준원가 차이분석(변동작업준비원가)

실제산출물에 대한 변동예산(표준조업도 : 1시간/200단위, 표준배부율 : ₩30/시간)

10,000단위÷200단위 = 50단위, ₩1,500÷50단위 = ₩30/시간

실제발생액 (실제조업도×실제배부율)	실제투입물에 대한 변동예산 (실제조업도×표준배부율)	실제산출물에 대한 변동예산 (표준조업도×표준배부율)
₩1,100	11,000/200단위×0.8시간×₩30/시간 = ₩1,320	11,000/200단위×1시간×₩30/시간 = ₩1,650

소비차이 ₩220(유리)　　능률차이 ₩330(유리)

[문 22] 공손, 완성품원가와 기말재공품원가

[사전지식]

품질검사가 공정의 60% 시점에서 이루어진 경우, 기초재공품 300단위도 당기에 품질검사시점을 통과하였을 것이므로 이를 당기 품질검사를 통과해서 합격한 수량에 포함시켜서 합격품은 기초재공품 300단위와 당기투입 완성량 1,700단위 및 기말재공품 500단위를 합한 2,500단위가 된다.

정상공손 수량 : (300단위 + 1,700단위 + 500단위)×2% = 50단위

비정상공손 수량 : 100단위 - 50단위 = 50단위

단위당 정상공손원가 허용액 : [@₩20 + @₩30×60%(품질검사시점)]×2% = @₩0.76

완성품원가 : 2,000단위×@₩20 + 2,000단위×@₩30 + 2,000단위×2%×@₩20 + 2,000단위×2%×60%×@₩30 = ₩101,520

기말재공품원가 : 500단위×@₩20 + 500단위×80%×@₩30 + 500단위×@₩0.76 = ₩22,380

별해)

단위당 정상공손원가 허용액 : (@₩20 + @₩30×60%)×2% = @₩0.76

완성품원가 : 2,000단위×(@₩20 + @₩30 + @₩0.76) = ₩101,520

기말재공품원가 : 500단위×(@₩20 + @₩30×80% + @₩0.76) = ₩22,380

	[1단계] 물량흐름 파악		[2단계] 완성품 환산량 직접재료비	전환원가	
기초재공품 수량	300단위	(50%)			
당기투입 수량	2,300				
계	2,600단위				
기초재공품 완성량	300단위	(50%)	0단위	150단위	
당기투입 완성량	1,700		1,700	1,700	
정상공손 수량	50	(60%)	50	30	
비정상공손 수량	50	(60%)	50	30	
기말재공품 수량	500	(80%)	500	400	
계	2,600단위		2,300단위	2,310단위	
[3단계] 총제조원가의 집계					계
기초재공품원가[1)]					₩10,500
당기총제조비용(표준)			₩46,000	₩69,300	115,300
계			₩46,000	₩69,300	₩125,800
[4단계] 환산량 단위당 원가					
완성품 환산량			÷2,300단위	÷2,310단위	
환산량 단위당 원가(표준)			₩20	₩30	

[5단계] 총제조원가의 배분

(1차 배분)		
완성품원가(표준)[2)]	2,000단위×@₩20 + 2,000단위×@₩30 =	₩100,000
정상공손원가	50단위×@₩20 + 30단위×@₩30 =	1,900
비정상공손원가	50단위×@₩20 + 30단위×@₩30 =	1,900
기말재공품원가(표준)	500단위×@₩20 + 400단위×@₩30 =	22,000
계		₩125,800

(2차 배분)	배분 전 원가	정상공손원가 배분	배분 후 원가
완성품원가	₩100,000	₩1,520	₩101,520
정상공손원가	1,900	(1,900)	0
비정상공손원가	1,900		1,900
기말재공품원가	22,000	380	22,380
계	₩125,800		₩125,800

* 1) 직접재료비 ₩6,000(= 300단위×@₩20) + 가공비 ₩4,500(= 150단위×@₩30) = ₩10,500
2) ₩10,500 + 1,700단위×@₩20 + 1,850단위×@₩30 = ₩100,000

∴ 기말재공품이 품질검사시점을 통과하였으므로 당기 중 품질검사시점을 통과한 수량비율로 정상공손원가는 재배분된다. 정상공손원가는 완성품과 기말재공품에 2,000 : 500의 비율로 재배분된다.

· ₩1,900×[2,000개÷(2,000개 + 500개) = ₩1,520
· ₩1,900×[500개÷(2,000개 + 500개) = ₩380

정상공손원가 배분 후 완성품원가 : ₩100,000 + ₩1,520 = ₩101,520
정상공손원가 배분 후 기말재공품원가 : ₩22,000 + ₩380 = ₩22,380

정상공손원가를 배분(2차 배분)한 후의 완성된 제품의 원가는 ₩101,520이므로, 완성품 단위당 원가는 ₩50.76(= ₩101,520÷2,000단위)이다. 완성품 단위당 원가 ₩50.76은 단위당 표준원가(@₩50)와 단위당 정상공손원가 허용액[@₩0.76 = (@₩20 + @₩30×60%)×2%]의 합계액이다.

Ⅲ

원가정보의 관리적 활용

제8장

전부원가계산과 변동원가계산

제품원가란 '직접재료비 · 직접노무비 · 제조간접비의 총계로서 구성되는 원가'로서, 조업도의 변화에 따라 변동원가와 고정원가(variable and fixed cost)로 구분될 수 있다. 즉 조업도의 변화에 따른 원가행태를 파악하는 것은 미래의 원가를 예측하고 과거의 성과를 평가하는데 많은 도움을 주기 때문에 경영자의 의사결정에 매우 중요하다. 한편, 제품원가계산은 제품의 생산형태에 따라 개별 · 종합원가계산으로, 원가계산의 시점에 따라 실제 · 정상 · 표준원가계산으로, 원가계산에 포함되는 원가범위에 따라 전부 · 변동 · 초변동원가계산으로 분류할 수 있다. 이들 방법들은 원가정보의 활용목적에 따라 서로 결합되어 사용되며, 각각의 원가계산제도에서 제품원가는 서로 다르게 계산된다. (제2장 참조)

제1절 원가의 추정 - 원가행태 분석 및 원가예측 -

경영자는 의사결정을 위해서 원가가 어떻게 움직이는지 알아야 한다. 이를 위해서 원가 **행태**에 대한 지식이 필요하다. 변동원가계산에 의한 포괄손익계산서 작성 및 원가-조업도-이익분석을 위해서는 경영과정에서 발생하는 모든 원가요소를 반드시 변동원가와 고정원가로 구분(원가추정 또는 원가분해)하는 작업이 필요하게 된다. 그러나 원가를 발생항목별로 엄격하게 고정원가와 변동원가로 구분하는 것은 현실적으로 불가능하다. 즉 발생원가는 고정원가와 변동원가의 혼합원가로서의 성격을 지니기 때문에, 관리목적상 이들의 별도 추정이 필요할 때에는 특수한 방법을 이용하여 구별해 내어야 한다는 것이다. 그 과정에서 사용되는 **원가의 추정방법**에는 다음과 같은 것들이 있다.[1] 이들 방법은 상호 배타적이지 않으며, 서로 결합되어 사용되고 있다. 한편, 비선형원가와 학습곡선현상(learning curve effect)에 대해서도 설명하고자 한다.

---

1) 이외에도 산업공학적 분석법 등이 있다. 이에 대한 설명은 생략한다.

1. 계정과목분류법

계정과목분류법은 계정분석법이라고도 하는데, 각 계정에 기록되어 있는 원가를 먼저 회계담당자의 판단에 따라 고정원가, 변동원가 및 준변동원가로 분류하고, 준변동원가를 다시 고정요소와 변동요소로 분류하여 모든 원가요소를 고정원가와 변동원가로 구분하는 방법이다. 고정원가 및 변동원가별로 합계액을 구하여 총고정원가는 그대로 고정원가의 추정치로 이용하고, 총변동원가는 조업도(예 생산량, 직접작업시간 등)로 나누어 단위당 변동원가의 추정치로 이용한다. 그러나 이 방법은 성과의 효율성을 측정하기 위한 표준원가를 결정하는 데에는 적절하기 못하지만, 근사치만을 추정하고자 하는 경우에는 적용할 수 있다. 이 방법을 적용할 때 각 계정과목의 원가를 변동요소와 고정요소로 정확하게 구분해 내지 못했다 하더라도 이 방법을 이용함으로써 계정과목의 성격에 따라 각 계정과목의 원가행태가 어떠한 가를 대략적으로 알 수 있다. 따라서 정확한 원가추정의 기초로서 대략적인 변동원가의 총계나 고정원가의 총계만을 추정하고자 하는 경우에 매우 유용하다. 그러나 계정과목분류법을 이용하는 경우에는 과거의 특수한 상황에서 발생한 비효율 등에 대해서는 반드시 수정을 해야만 올바른 원가추정을 할 수 있다.

예제

(주)장안은 10월의 제조간접원가 항목을 다음과 같이 변동원가와 고정원가로 분류하였다. 10월의 직접작업시간은 600시간이다. 직접작업시간당 변동제조간접원가와 고정제조간접원가 총액을 추정하시오.

계정과목	합 계	변동원가	고정원가
간접재료비	₩12,700	₩5,700	₩7,000
간접노무비	28,000	10,000	18,000
보험료	9,000	3,500	5,500
전기료	16,800	8,800	8,000
수선유지비	10,900	4,300	6,600
품질조사비	17,500	6,700	10,800
합 계	₩94,900	₩39,000	₩55,900

해답

직접작업시간당 변동제조간접원가 : ₩39,000÷600시간 = ₩65(작업시간당)

고정제조간접비 총액 : ₩55,900

∴ 계정과목분류법에 의한 선형함수는 (총원가 = 고정원가 : 월 ₩55,900 + 변동원가 : 작업시간당 ₩65)의 관계(y = ₩55,900 + ₩65x)로 추정할 수 있다.

[주의] 계정과목분류법에 의하여 추정된 원가식 'y = a + bx'에서 a는 실제 고정원가인가? 아니다. a는 단지 주어진 자료에서 나온 추정치로서 조업도가 0일 때 나오는 y의 절편일 뿐이다. 즉 관련범위가 0인 조업도를 포함하고 있지 않다면, a는 고정원가가 될 수 없다. 그러므로 a는 실제 고정원가가 아니며 원가추정식에서 고정원가처럼 해석될 뿐이다.

2. 고저점법

고저점법(High-Low method)은 관찰된 모든 원가 중에서 가장 높은 조업도의 총원가와 가장 낮은 조업도의 총원가만을 고려하여 고정원가 및 변동원가를 추정하는 방법이다. 유의할 점은 최고와 최저의 판단기준이 조업도이며, 총원가는 아니라는 점이다. 즉 총원가의 최고와 최저가 아니라 조업도의 최고와 최저를 기준으로 원가함수를 추정하는 것이다.

$$변동원가율 = \frac{최고\ 조업도에서의\ 총원가 - 최저\ 조업도에서의\ 총원가}{최고\ 조업도 - 최저\ 조업도}$$

고정원가 = 총원가 - 변동원가 = 총원가 - 변동원가율×조업도

예제

골프장을 경영하고 있는데, 골프장 설비의 사용으로 매월 소요되는 설비의 수선유지비를 조사한 결과 다음과 같은 자료를 얻었다. 고저점법에 의하여 선형함수를 추정하시오. (2018 세무사 유사, 2017 세무사 유사)

월	설비기사의 작업시간(x)	수선유지비(y)
1	2,200시간	₩2,300,000
2	2,300	2,500,000
3	1,900	2,000,000
4	1,200	2,000,000
5	1,200	2,000,000
6	900	1,500,000
7	700	1,400,000
8	1,100	1,400,000
9	1,400	1,600,000

해답

	설비기사의 작업시간(x)	수선유지비(y)
최고점(H)	2,300시간	₩2,500,000
최저점(L)	700	1,400,000
차이	1,600시간	₩1,100,000

변동원가율 : Hy - Ly/Hx - Lx = ₩1,100,000÷1,600시간 = ₩687.5(작업시간당)

고정원가 : 총원가 - 변동원가

Hx점에서의 고정원가 : ₩2,500,000 - ₩687.5×2,300시간 = ₩918,750

Lx점에서의 고정원가 : ₩1,400,000 - ₩687.5×700시간 = ₩918,750

∴ 고저점법에 의한 선형함수는 (총원가 = 고정원가 : 월 ₩918,750 + 변동원가 : 작업시간당 ₩687.5)의 관계(y = ₩918,750 + ₩687.5x)로 추정할 수 있다.

[주의] 본 [예제]의 경우, 최고점(High)과 최저점(Low)을 선택할 때 설비기사의 작업시간(x)을 중심으로 선택하여야 한다. 즉 수선유지비(y)의 크기에 상관하지 말고, 설비기사의 작업시간(x)을 중심으로 최고점(High)과 최저점(Low)을 선택하여야 한다.

고저점법은 계산이 간편하다는 이점 때문에 주장되기도 하지만, 다음과 같은 문제점을 고려하여 사용되어야 한다.

첫째, 통계학적 의미를 결여하기 쉽다는 점이다. 위의 [예제]에서는 9개월간의 원가자료 중에서 최고점·최저점인 2개월의 원가자료에 의해 원가함수를 추정하였다. 이는 9개월의 자료를 모두 고려하는 통계학적 방법에 의한 결과와 의사결정에 영향을 미칠 만큼 중대한 차이를 가져오지 않을 수도 있지만(후술하는 단순회귀분석에 의한 원가함수 참조), 그 이상의 많은 원가자료가 있음에도 불구하고 이렇게 두 개의 자료만으로 추정하게 된다면 보다 많은 자료가 무시되기 때문에, 전체를 대표할 수 없는 지극히 비정상적인 조업도에서의 원가에 의존하게 되는 결과를 가져오게 된다. 따라서 이는 통계학적 의미를 가질 수 없게 됨은 물론, 의사결정에도 별 도움을 주지 못하게 되는 것이다.

둘째, 최고점·최저점의 대표점을 선택하는 객관적 기준이 부족하다는 점이다. 위의 [예제]에서, 최고점은 2월의 원가자료 한 개뿐이지만, 최저점은 7월, 8월의 원가자료가 두 개일 수 있다.

예제 1

[예제 : 작업시간과 수선유지비]에서는 최저조업도 7월의 원가자료를 최저점으로 하여 원가함수를 추정하였지만, 또 다른 최저점인 8월의 원가자료를 이용하여 원가함수를 추정하여 보기로 하자.

해답

	설비기사의 작업시간(x)	수선유지비(y)
최고점(H)	2,300시간	₩2,500,000
최저점(L)	1,100	1,400,000
차이	1,200시간	₩1,100,000

변동원가율 : Hy - Ly/Hx - Lx = ₩1,100,000÷1,200시간≒₩916.67(작업시간당)

고정원가 : 총원가 - 변동원가

Hx점에서의 고정원가 : ₩2,500,000 - ₩916.67×2,300시간≒₩391,660

Lx점에서의 고정원가 : ₩1,400,000 - ₩916.67×1,100시간≒₩391,660

∴ 고저점법에 의한 선형함수는 (총원가 = 고정원가 : 월 ₩391,660 + 변동원가 : 작업시간당 ₩916.67)의 관계(y = ₩391,660 + ₩916.67x)로 추정할 수 있다. 이렇게 고저점법에서는 어떤 점을 계산의 기준으로 하는가에 따라 서로 다른 결과를 가져올 수 있다. 따라서 고저점법은 신뢰성 있는 원가추정방법이라고는 할 수 없는 것이다. 따라서 고저점법은 원가추정의 지침 정도로만 사용하는 것이 바람직하다.

예제 2

다음 자료는 지난 몇 달 동안 (주)동양의 제조간접비 발생액을 조업도 수준에 따라 정리한 것이다.

월	기계시간	제조간접비
7	5,000시간	₩50,620
8	8,000	90,040
9	6,000	54,080
10	9,000	63,100

제조간접비를 변동원가와 고정원가로 나누기 위하여 원가분석을 한 결과, 제조간접비가 전력요금, 감독자임금, 수선유지비로 구성되어 있다는 것을 발견했다. 그러나 이들을 완전히 고정원가와 변동원가로 구분하지는 못했다. 7월의 실제제조간접비는 다음과 같다.

전력요금(변동원가)	₩10,500
감독자임금(고정원가)	24,000
수선유지비(혼합원가)	16,120
	₩50,620

물음 (1999 세무사)

10월의 제조간접비 중에 포함되어 있는 수선유지비를 추정하면?

해답

변동원가 : 단위당 전력요금 ₩10,500÷5,000시간 = @₩2.1

고정원가 : 감독자임금 ₩24,000

∴ 10월의 수선유지비 : ₩63,100 - ₩18,900(= 9,000시간×@₩2.1) - ₩24,000 = ₩20,200

예제 3

(주)태양의 지난 2개월간의 생산량과 제조원가는 다음과 같다.

월	생산량	제조원가
1	100개	₩50,000,000
2	200	70,000,000

1월과 2월에는 고정원가와 단위당 변동비가 일정하였으며, 3월에는 고정비가 50% 증가하고 단위당 변동원가는 25% 감소할 것으로 예상되고 있다. 3월에 400개를 생산한다면 총제조원가는 얼마로 추정되는가? (1996 회계사)

해답

고정원가를 a라 하고, 단위당 변동원가를 b라 하면 다음과 같은 등식이 성립한다.

1월 ₩50,000,000 = $a + b$×100개 … ①

2월 ₩70,000,000 = $a + b$×200개 … ②

①과 ②를 연립하여 풀면, a = ₩30,000,000과 b = ₩200,000이 된다.

∴ 고저점법에 의한 선형함수는 y = ₩30,000,000 + ₩200,000x이다. 3월에는 y = ₩30,000,000(1 + 0.5) + ₩200,000(1 - 0.25)×400개가 되므로, 총제조원가(y)는 ₩105,000,000으로 추정된다.

3. 산포도법

산포도법(scatter diagram method)은 관찰된 원가자료를 모두 그래프에 나타내고, 이들에 대하여 조업도와 원가의 상관관계를 가장 잘 나타낸다고 보여지는 최적선을 표시하여 고정원가 및 변동원가를 추정하는 방법이다. 이는 시각적 판단법(visual fit method)이라고 한다. 다음은 [예제 : 작업시간과 수선유지비]로 산포도를 그린 것이다.

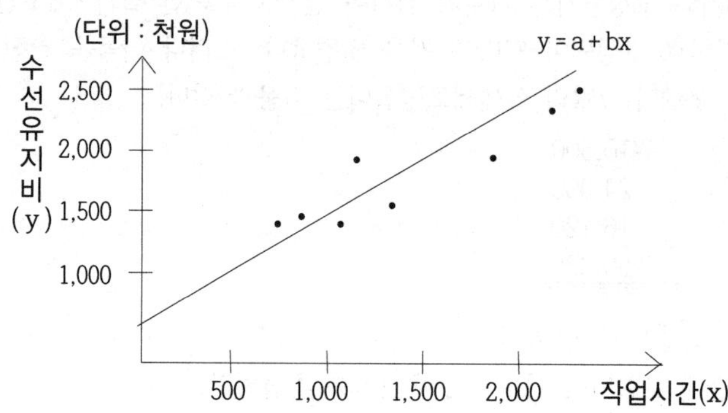

산포도법은 비정상적인 관찰 자료를 쉽게 식별해서 원가추정과정에서 제외할 수 있고, 비정상적인 관찰 자료를 제외한 많은 관찰 자료를 고려한다는 장점이 있다. 그러나 시각적 판단에 의존해야 하기 때문에 주관이 개입되고 정확한 선형관계를 추정하기가 어렵다는 단점이 있다. 따라서 이는 개략적이고 간편한 자료에 의존하는 예비분석 수단 정도로 이용될 수 있다.

4. 회귀분석법

회귀분석법(regression analysis method)은 관련범위 내에서 여러 조업도 수준에 대한 평균 총원가를 추정하기 위해 사용되는 통계적 방법이다. 이 방법은 주로 최소자승(least-squares)의 기준에 따라 계산한다. 즉 회귀분석법은 실제 관측치와 회귀선 또는 최적선(fitted line)과의 수직적 편차의 제곱합을 최소화하는 방법에 의해 최적의 선형함수를 추정하기 때문에, 이 방법을 **최소자승법**이라고도 한다.2)

2) 회귀분석(regression analysis)이란 어떤 변수가 다른 변수에 의하여 설명된다고 보고 그 함수 관계를 조사하는 통계적인 기법이다. 즉 변수들의 발생이 독립적이지 않고 관련성이 있으며 또한 방향성이 있을 경우에, 이들 변수들의 인과관계를 토대로 수학적 함수를 가정하고 측정된 자료를 이용하여 함수의 계수를 추정하여 특정 변수를 예측하거나 연구 목적에 맞는 통계적 분석을 수행하는 과정을 회귀분석이라고 한다. 예를 들어, 어떤 실험에서 시약 투입량에 따라 결과물 반응이 다르게 나타나고 관련성과 방향성이 파악되면 시약 투입량에 따른 인과관계로서 반응 결과를 예측할 수 있다. 이처럼 시약 투입량처럼 결과물 반응에 영향을 주는 변수를 독립변수(independant variable : x)라 하고, 반응 결과와 같은 변화되는 결과로 측정되는 변수를 종속변수(dependent variable : y) 또는 설명변수라고 한다. 또한 하나의 종속변수와 하나의 독립변수 사이의 관계를 분석할 경우를 단순회귀분석이라고 하고, 하나의

2. 회귀분석법에 의한 선형함수

회귀분석법에 의하여 고정원가와 변동원가를 구분하는 함수를 유도하기 위해 최소자승법의 계산 자료를 작성하면 다음과 같다.

월	기계운전시간(x)	보조재료비(y)	xy	x^2
1	44,000	9,750,000	429,000,000,000	1,936,000,000
2	41,000	9,500,000	389,500,000,000	1,681,000,000
3	45,000	9,850,000	443,250,000,000	2,025,000,000
4	43,000	9,500,000	408,500,000,000	1,849,000,000
5	36,000	8,500,000	306,000,000,000	1,296,000,000
6	22,000	6,500,000	143,000,000,000	484,000,000
7	23,000	6,000,000	138,000,000,000	529,000,000
8	15,000	5,500,000	82,500,000,000	225,000,000
9	30,000	7,000,000	210,000,000,000	900,000,000
10	38,000	8,000,000	304,000,000,000	1,444,000,000
11	41,000	9,000,000	369,000,000,000	1,681,000,000
12	44,000	9,500,000	418,000,000,000	1,936,000,000
계	422,000	98,600,000	3,640,750,000,000	15,986,000,000

이를 최소자승법의 산식에 대입하면,

$98{,}600{,}000 = 12a + 422{,}000b$

$3{,}640{,}750{,}000{,}000 = 422{,}000a + 15{,}986{,}000{,}000b$

여기서 a, b를 구하면 a = ₩2,896,646.3이고, b = 151.2802이다.[4)]

∴ 최소자승법에 의한 선형함수는 (총원가 = 고정원가 : 월 ₩2,896,646.3 + 변동원가 : 작업시간당 ₩151.2802)의 관계(y = ₩2,896,646.3 + ₩151.2802x)로 추정할 수 있다.

3. 고저점법으로 추정한 보조재료비와 회귀분석법으로 추정한 보조재료비가 같아지는 기계작업시간은?

보조재료비가 같아지는 기계작업시간을 x라고 하면,

₩3,325,000 + ₩145x = ₩2,896,646.3 + ₩151.2802x

∴ x≒68,207시간

회귀분석법은 이처럼 원가함수를 추정하는데 있어서 그 계산이 복잡하다는 문제점이 있기는 하지만, 모든 관측치를 고려하면서 통계적 분석방법에 의하기 때문에 가장 정확하고 객관적인 방법이라고 할 수 있는 것이다.[5)]

---

4) 연립방정식(가감법)을 이용하여, ①의 양변에 '×422,000'를 하고, ②의 양변에 '×12'를 한 다음, a를 소거한다.

$5{,}064{,}000a + 178{,}084{,}000{,}000b = 41{,}609{,}200{,}000{,}000$

$5{,}064{,}000a + 191{,}832{,}000{,}000b = 43{,}689{,}000{,}000{,}000$

$-13{,}748{,}000{,}000b = -2{,}079{,}800{,}000{,}000$

이렇게 하여 a를 소거하였다. 따라서 b≒151.2802이다. ①의 b에 151.2802를 대입하면 '98,600,000 = 12a + 422,000(151.2802)'으로 a≒2,896,646.3이다.

5) 원가추정을 쉽게 하기 위하여 독립변수는 조업도(생산량) 하나만이 존재하는 것으로 가정하였다. 그런데

5. 비선형원가와 학습곡선

지금까지 살펴본 원가행태는 모두 선형함수를 가정하였다. 그러나 실제로는 원가함수가 항상 선형은 아니다. 비선형원가함수[6]는 **학습곡선**(learning curve)에 의해서도 도출된다. 경영자는 학습곡선을 이용하여 생산량이 증가할수록 노동시간(또는 노무비)이 어떻게 변화할지 예측한다. 제품의 누적 생산량이 증가할수록 단위당 누적평균원가가 과거의 경험 또는 학습에 따라 체계적으로 감소하는 효과를 학습효과라 한다. 학습효과는 직접노무비뿐만 아니라 감독비용 등과 같이 직접노동과 관련이 있는 비용에서도 발생한다.

학습효과가 존재하면 누적생산량이 증가할수록 단위당 누적생산시간이 점차 단축되고, 이에 따라 단위당 누적평균원가도 감소하여 나중에 생산한 제품의 원가가 먼저 생산한 제품의 원가보다 낮다. 따라서 학습효과를 고려하여 의사결정을 하여야 하며, 총생산원가나 증분원가를 추정할 때 학습효과로 인한 원가절감액을 고려하여야 한다. 학습효과에 근거한 의사결정모형은 계약의 입찰, 제품인도일의 결정, 생산일정계획의 수립, 표준원가와의 차이분석, 재무계획의 수립 등 다양한 목적에 이용할 수 있다.

학습효과가 존재하여 누적생산량이 증가함에 따라 단위당 누적평균변동원가(또는 누적평균시간)가 체계적으로 감소하는 형태를 설명한 것을 학습곡선모형이라 한다. 누적생산량이 증가함에 따라 단위당 누적평균변동원가(또는 누적평균시간)가 감소하기는 하지만 음(-)의 값을 갖지는 않으므로 총누적원가는 계속 증가하되 그 증가율은 점차 감소한다. 이러한 학습효과의 정도를 비율로 표시한 것이 학습률(학습곡선효과)이다.

학습곡선 $y = ax^{-b}$

단, y : 학습효과에 따른 단위당 누적평균변동원가(또는 누적평균시간) 추정치
a : 첫 번째 단위의 변동원가(또는 평균시간) 추정치
b : 학습곡선의 기울기에 대한 지수
x : 생산량

$$\text{학 습 률} = \frac{\text{누적 생산량이 } 2x\text{일 때 단위당 평균 직접노동시간}}{\text{누적 생산량이 } x\text{일 때 단위당 평균 직접노동시간}} = \frac{y'}{y} = \frac{a(2x)^{-b}}{a(x)^{-b}} = 2^{-b}$$

학습효과가 있는 상황에서 원가추정을 위해서는 생산량과 노동시간 사이의 학습관계를 나타내는 학습곡선을 결정하여야 하는데, 이때에 누적평균시간 학습모형과 증분단위시간 학습모형이 널리 이용된다.

ABC를 적용하는 경우에는 원가를 발생시키는 원가동인이 활동별로 다르므로 총원가를 결정하는 독립변수가 활동의 수만큼 여러 개가 된다. ABC에서 원가를 추정하는 경우에는 다중회귀분석법이 사용된다.

6) 비선형원가함수란 관련범위 내에서 단일 활동수준에 기초한 총원가의 그래프가 직선이 아닌 원가함수이다. 비선형원가함수는 학습곡선이나 계단형 원가에 의해서 도출된다. 학습곡선현상이란 조업도가 증가할수록 노무비의 증가비율은 반복학습의 효과로 인하여 점점 감소하는 현상이다. 경험곡선(experience curve)은 학습곡선을 좀 더 광범위하게 적용할 때 사용한다.

1) 누적평균시간 학습모형

누적평균시간 학습모형이란 누적생산량이 2배가 될 때마다 단위당 누적평균시간이 '1 - 학습률' 만큼 감소하는 상황을 나타내는 학습모형이다.

2) 증분단위시간 학습모형

증분단위시간 학습모형이란 누적생산량이 2배가 될 때마다 단위당 증분단위시간이 '1 - 학습률' 만큼 감소하는 상황을 나타내는 학습모형이다. 여기서 증분단위시간이란 마지막 단위를 생산하기 위해 필요한 시간을 말한다.

예제 1

기업은 정밀기계를 조립생산하고 있는데, 학습곡선모형을 사용하여 직접노동시간을 추정하고 있다. 기업이 추정한 학습률은 80%이며, 최초 1단위의 직접노동시간은 100시간이다. 단, 80% 학습곡선의 학습지수 b = - 0.3219이다. 학습모형을 작성하시오.

해답 (2018 회계사 유사, 2024 회계사 유사, 2024 세무사 유사, 2022 세무사 유사)

[사전지식 : 학습률(%)과 b값의 관계]

학습률	b의 값	학습률	b의 값	학습률	b의 값	학습률	b의 값
99	0.0144	94	0.0893	89	0.1681	84	0.2515
98	0.0291	93	0.1047	88	0.1844	83	0.2688
97	0.0439	92	0.1203	87	0.2009	82	0.2863
96	0.0589	91	0.1361	86	0.2176	81	0.3040
95	0.0740	90	0.1520	85	0.2345	80	0.3219

1. 누적평균시간 학습모형 : 80% 학습곡선에서, 80%란 생산량이 x에서 2x로 두 배가 될 때에, 「2x에 대한 단위당 누적평균시간」이 「x에 대한 단위당 누적평균시간」의 80%임을 의미한다.

(1) 누적생산량(x)	(2) 단위당 누적평균시간(y)	(3) = (1)×(2) 총누적시간(xy)	(4) x번째 단위의 개별증분단위시간
1	100.00	100.00	100.00
2	80.00(= 100×0.8)	160.00	60.00
3	70.21	210.63	50.63
4	64.00(= 80×0.8)	256.00	45.37
5	59.57	297.85	41.85
6	56.17	337.02	39.17
7	53.45	374.15	37.13
8	51.20(= 64×0.8)	409.60	35.45

* 세 번째 열[(3)]의 총누적시간은 두 번째 열[(2)]의 단위당 누적평균시간에 첫 번째 열[(1)]의 누적생산량을 곱함으로써 구해진다. 예를 들어, 4단위의 누적단위를 생산하려면 256시간(= 4단위×64단위당 누적평균시간)이 필요할 것이다. ($y = ax^{-b}$)

[참조] x^{-b}를 도출하는 Excel 산식

= 1^-0.3219 → 1.0000, = 2^-0.3219 → 0.8000, = 3^-0.3219 → 0.7021, = 4^-0.3219 → 0.6400
= 5^-0.3219 → 0.5957, = 6^-0.3219 → 0.5617, = 7^-0.3219 → 0.5345, = 8^-0.3219 → 0.5120

누적생산량 3단위의 단위당 누적평균시간은? $y = ax^{-b}$ = 100시간×0.7021 = 70.21시간
누적생산량 5단위의 단위당 누적평균시간은? $y = ax^{-b}$ = 100시간×0.5957 = 59.57시간
누적생산량 7단위의 단위당 누적평균시간은? $y = ax^{-b}$ = 100시간×0.5345 = 53.45시간

2. 증분단위시간 학습모형 : 80% 학습곡선에서, 80%란 생산량이 x에서 2x로 두 배가 될 때에, 「2x의 생산량이 생산될 경우 마지막 단위를 생산하기 위해 필요한 시간」은 「x의 생산량이 생산될 경우 마지막 단위를 생산하기 위해 필요한 시간」의 80%임을 의미한다.

(1) 누적생산량(x)	(2) x번째 단위의 개별증분단위시간(m)	(3) 총누적시간	(4) = (3)÷(1) 단위당 누적평균시간
1	100.00	100.00	100.00
2	80.00(= 100×0.8)	180.00	90.00
3	70.21	250.21	83.40
4	64.00(= 80×0.8)	314.21	78.55
5	59.57	373.78	74.76
6	56.17	429.95	71.66
7	53.45	483.40	69.06
8	51.20(= 64×0.8)	534.60	66.83

* 세 번째 열[(3)]의 총누적시간은 두 번째 열[(2)]의 개별증분단위시간을 합계하여 얻는다. 예를 들어, 누적하여 4단위를 생산하려면 314.21시간(= 100 + 80 + 70.21 + 64)이 필요할 것이다. ($m = ax^{-b}$)

[**참조**] 누적생산량 3단위의 단위당 증분단위시간은? $m = ax^{-b}$ = 100시간×0.7021 = 70.21시간

3. 여기에서 보는 바와 같이, 이들 학습모형에 대해 동일한 학습지수를 가정할 경우, 증분단위시간 학습모형에 의한 두 개 또는 그 이상의 단위를 생산하는데 소요되는 총누적시간은 누적평균시간 학습모형의 총누적시간보다 높다. 예를 들어, 4단위의 누적단위를 생산하기 위해서, 80% 증분단위시간 학습모형은 314.21시간이 필요하는데 반해, 80% 누적평균시간 학습모형은 256시간이 필요하다. 그것은 누적평균시간 학습모형에서는 4단위를 생산하기 위해 필요한 평균시간은 64시간이지만, 4번째 단위를 생산하기 위해 필요한 시간은 64시간보다 훨씬 적은 45.37시간이다. 증분단위시간 학습모형에서는 4번째 단위를 생산하기 위해 필요한 시간이 64시간이며, 처음 3단위를 생산하기 위해 필요한 시간은 64시간 이상이다. 따라서 4단위를 생산하는데 소요되는 평균시간은 64시간 이상인 것이다.

예제 2

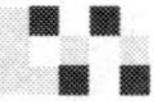

기업은 새로운 제품 8개를 처음으로 주문받았다. 기업은 새로운 제품을 조립하는데 있어서 다음의 방법 중 하나를 채택할 수 있다.

	노동집약적 조립방법	기계집약적 조립방법
제품당 직접재료비	₩40,000	₩36,000
최초 제품의 직접조립노동시간	2,000/노동시간	800/노동시간
조립노동시간에 대한 학습곡선	85% 누적평균시간	90% 증분단위시간
직접조립노무비	₩30/시간	₩30/시간
설비 관련 제조간접비	₩12/직접조립노동시간	₩45/직접조립노동시간
재료처리 관련 제조간접비	직접재료비의 50%	직접재료비의 50%

* 85% 학습곡선의 경우 $b = -0.2345$
90% 학습곡선의 경우 $b = -0.1520$

물음

1. 처음 8개의 제품을 조립하는데 소요되는 직접노동시간은 얼마인가?
2. 처음 8개의 제품을 조립하는 총원가는 얼마인가?

해답

1. 처음 8개의 직접노동시간

85% 누적평균시간 학습모형에 기초한 노동집약적 조립방법

(1) 누적생산량(x)	(2) 단위당 누적평균시간(y)	(3) = (1)×(2) 총누적시간(xy)	(4) x번째 단위의 개별증분단위시간
1	2,000.0	2,000.0	2,000.0
2	1,700.0(= 2,000×0.85)	3,400.0	1,400.0
3	1,545.8	4,637.4	1,237.4
4	1,445.0(= 1,700×0.85)	5,780.0	1,142.6
5	1,371.2	6,856.0	1,076.0
6	1,313.8	7,882.8	1,026.8
7	1,267.2	8,870.4	987.6
8	1,228.2(= 1,445×0.85)	9,825.6	955.2

* [참조1] x^{-b}를 도출하는 Excel 산식
  = 1^-0.2345 → 1.0000, = 2^-0.2345 → 0.8500, = 3^-0.2345 → 0.7729, = 4^-0.2345 → 0.7225
  = 5^-0.2345 → 0.6856, = 6^-0.2345 → 0.6569, = 7^-0.2345 → 0.6336, = 8^-0.2345 → 0.6141
  [참조2] 누적생산량 3단위의 단위당 누적평균시간은? $y = ax^{-b}$ = 2,000시간×0.7729 = 1,545.8시간

90% 증분단위시간 학습모형에 기초한 기계집약적 조립방법

(1) 누적생산량(x)	(2) x번째 단위의 개별증분단위시간(m)	(3) 총누적시간	(4) = (3)÷(1) 단위당 누적평균시간
1	800.00	800.00	800.00
2	720.00(= 800×0.9)	1,520.00	760.00
3	676.96	2,196.96	732.32
4	648.00(= 720×0.9)	2,844.96	711.24
5	626.40	3,471.36	694.27
6	609.28	4,080.64	680.11
7	595.20	4,675.84	667.98
8	583.20(= 648×0.9)	5,259.04	657.38

* [참조1] x^{-b}를 도출하는 Excel 산식
  = 1^-0.1520 → 1.0000, = 2^-0.1520 → 0.9000, = 3^-0.1520 → 0.8462, = 4^-0.1520 → 0.8100
  = 5^-0.1520 → 0.7830, = 6^-0.1520 → 0.7616, = 7^-0.1520 → 0.7440, = 8^-0.1520 → 0.7290
  [참조2] 누적생산량 3단위의 단위당 증분단위시간은? $m = ax^{-b}$ = 800시간×0.8462 = 676.96시간

2. 처음 8개의 제품 조립원가

	노동집약적 조립방법	기계집약적 조립방법
직접재료비	8개×₩40,000 = ₩320,000	8개×₩36,000 = ₩288,000
직접조립노무비	9,825.6시간×@₩30 = ₩294,768	5,259.04시간×@₩30 = ₩157,771
제조간접비		
설비 관련	9,825.6시간×@₩12 = ₩117,907	5,259.04시간×@₩45 = ₩236,657
재료처리 관련	₩320,000×0.5 = ₩160,000	₩288,000×0.5 = ₩144,000
총조립원가	₩892,675	₩826,428

* 기계집약적 조립방법의 총조립원가가 노동집약적 조립방법의 총조립원가보다 ₩66,247(= ₩892,675 - ₩826,428) 만큼 작다.

예제 3

올해 창업한 (주)세무는 처음으로 A광역시로부터 도로청소 특수차량 4대의 주문을 받았다. 이 차량은 주로 수작업을 통해 제작되며, 소요될 원가자료는 다음과 같다.

- 1대당 직접재료원가 : ₩85,000
- 첫 번째 차량 생산 직접노무시간 : 100시간
- 직접노무원가 : 직접노무시간당 ₩1,000
- 제조간접원가 : 직접노무시간당 ₩500

물음 (2021 세무사)

위의 자료를 바탕으로 계산된 특수차량 4대에 대한 총제조원가는? (단, 직접노무시간은 80% 누적평균시간학습모형을 고려하여 계산한다.

해답

총필요시간

누적생산량(x)	단위당 평균시간(y)	총누적시간(xy)
1	100	100
2	80	160
4	64	256

총제조원가

직접재료원가	₩85,000×4대 =	₩340,000
직접노무원가	@₩1,000×256시간 =	256,000
제조간접원가	@₩500×256시간 =	128,000
		₩724,000

예제 4

(주)히어로즈는 2000년에 설립된 회사로 여객용 항공기를 전문적으로 생산 판매한다. 설립시점부터 2015년 5월까지 단일 기종의 소형 항공기를 매년 100여 대씩 생산해 왔으며, 생산직 노무자의 이직도 거의 없었다. 소형 항공기 1대에 대한 2015년의 예산은 다음과 같다.

구 분	내 역	금 액
판매가격	-	₩850,000
직접재료원가	-	₩536,000
직접노무원가	4,100시간×@₩40	₩164,000

회사는 2015년 6월부터 대형 항공기인 '에어점보-7'을 생산하기로 했다. 이를 위해 인력은 신규로 충원하지만, 생산시설은 소형 항공기 조립라인의 일부를 활용할 수 있다. 2015년 6월에 대형 항공기 1대의 생산을 완료했으며, 다음과 같은 원가가 발생했다. 대형 항공기 1대당 직접재료원가와 시간당 직접노무원가는 앞으로도 일정하게 유지될 것으로 예상된다.

구 분	내 역	금 액
직접재료원가	-	₩900,000
직접노무원가	10,000시간×@₩50	₩500,000

회사의 원가담당자는 대형 항공기 1대를 생산한 직후, 항공기산업협회에서 발간하는 저널에서 다음과 같은 기사를 읽었다.[7)]

일반적으로 대형 여객용 항공기의 생산에는 다음과 같은 학습곡선 모형이 적용된다.

$$\log(T) = 4 + 0.7655 \times \log(x),\ R^2 = 1.0$$

여기서 T : 누적총직접노무시간, x : 누적생산 대수, R^2 : 결정계수

원가담당자는 상기의 기사 내용이 향후 대형 항공기의 원가를 추정하는데 적용될 수 있다고 판단했다. 그러나 소형 항공기의 생산에 대해서는 학습효과를 고려하지 않기로 했다.

한편, 2015년 7월의 제품별 생산계획 및 예산은 다음과 같다.

구 분	소형 항공기	대형 항공기
생산량	6대	3대
제조간접원가	₩1,187,550	

제조간접원가는 모두 고정원가이고 매월 동일하며, 직접노무시간을 기준으로 제품에 배부한다.

※ 참고자료 1

일반적인 학습곡선 $y = ax^{-b}$에서 학습률과 학습지수(b)의 관계는 다음과 같다.

---

y : 누적평균직접노무시간

a : 첫 번째 1단위 생산에 소요되는 직접노무시간

x : 누적생산량

b : 학습지수 ($0 < b < 1$)

학습률	학습지수(b)	학습률	학습지수(b)
53%	0.9260	95%	0.0740
56%	0.8480	90%	0.1520
59%	0.7655	85%	0.2345
62%	0.6781	80%	0.3219

※ 참고자료 2

필요한 경우 다음의 지수계산 결과를 이용하시오.

x	$x^{-0.926}$	$x^{-0.848}$	$x^{-0.7655}$	$x^{-0.6781}$
3	0.3616	0.3939	0.4313	0.4747
5	0.2253	0.2554	0.2917	0.3358
6	0.1903	0.2188	0.2537	0.2967
7	0.1650	0.1920	0.2255	0.2673

x	$x^{-0.074}$	$x^{-0.152}$	$x^{-0.2345}$	$x^{-0.3219}$
3	0.9219	0.8462	0.7729	0.7021
5	0.8877	0.7830	0.6856	0.5957
6	0.8758	0.7616	0.6569	0.5617
7	0.8659	0.7440	0.6336	0.5345

---

7) [log란?] ax = b라는 식이 있다고 하자. 먼저, a, x는 알고 있는데 b를 모른다면, a를 x번 곱해서 b를 구하면 된다. 이것을 거듭제곱이라 한다. 이번에는 x, b는 알고 있는데 a를 모른다면, a는 x제곱해서 b가 되는 수로 거듭제곱근을 이용해서 구할 수 있다. 마지막으로 a, b는 알고 있는데 x를 모른다면, x는 어떻게 구하나? 바로 x를 구하는 방법이 log이다. 거듭제곱, 거듭제곱근, 로그는 사실 하나의 식이다. 식에서 얻으려고 하는 것이 무엇인지에 따라 명칭이 달라지고 표시방법이 달라지는 것이다.

물음 (2015 세무사)

1. 원가담당자가 소형 항공기의 생산에 대해서 학습효과를 고려하지 않기로 한 이유는?
2. 장기적인 학습효과가 원가를 감소시키는 이유를 설명하시오.
3. 2015년 7월의 제품별 생산계획 및 예산 자료를 활용하여, 총제조원가 예산을 수립하고자 한다.

   1) 학습효과를 고려하지 않을 경우, 아래 표에서 ①~③의 금액을 구하시오.

항 목	총제조원가	
	소형 항공기	대형 항공기
직접재료원가		
직접노무원가		①
제조간접원가	②	③
합 계		

   2) 학습효과를 고려할 경우, 아래 표에서 ①~③의 금액을 구하시오.

항 목	총제조원가	
	소형 항공기	대형 항공기
직접재료원가		
직접노무원가		①
제조간접원가	②	③
합 계		

   3) 상기 1)과 2)의 계산 결과에 근거하여, 학습효과가 제품별 제조원가 예산에 미치는 영향을 설명하시오.

※ [물음4]와 [물음5]는 원가담당자가 저널 기사에서 읽은 학습효과가 7월 이후 대형 항공기의 생산에 적용된다고 가정하여 답하시오.

4. 2015년 6월에 대형 항공기 1대가 판매되었다. 7월에는 대형 항공기 3대를 대당 ₩1,370,000에 모두 판매할 수 있다. 7월의 손익분기점에 도달하기 위해서는 소형 항공기를 몇 대 판매해야 하는가?
5. (주)히어로즈는 2015년 8월에 항공기 6대(소형 항공기 2대와 대형 항공기 4대)를 수주하기 위한 공개입찰에 참여할 계획이다. 입찰가격은 증분원가의 120%로 결정하려고 한다. 회사가 항공기 6대에 대해 제시할 총입찰가격은 얼마인가? (단, 대형 항공기는 6월에 1대, 7월에 3대가 모두 판매되었다)
6. 문제에 주어진 자료 중에서, 원가담당자가 읽은 기사의 내용이 다음과 같았다고 가정한다.

   일반적으로 대형 여객용 항공기의 생산에는 다음과 같은 학습곡선 모형이 적용된다.

   $$\log(m) = 4 - 0.2345 \times \log(x),\ R^2 = 1.0$$

   여기서 m : 증분단위 직접노무시간, x : 누적생산 대수, R^2 : 결정계수

   2015년 6월에 대형 항공기 1대가 판매되었고, 7월에는 대형 항공기 3대를 대당 ₩1,200,000에 모두 판매할 수 있다고 가정한다. 상기의 학습효과를 고려할 경우, 7월의 손익분기점에 도달하기 위해서는 소형 항공기를 몇 대 판매해야 하는가?

※ [물음3]~[물음6]과 별도로 대형 여객용 항공기의 직접노무시간에는 증분단위시간-학습곡선이 적용되며, 학습률은 90%이다. 이와 같은 학습효과가 7월부터 적용된다고 가정하여 다음 물음에 답하시오.

7. (주)히어로즈가 2015년 8월 한 달 동안 이용할 수 있는 직접노무시간에는 다음과 같은 제약이 있다.

구 분	소형 항공기	대형 항공기
최대 이용가능 직접노무시간	42,000시간	28,000시간

(주)히어로즈는 8월 초에 소형 항공기 10대를 판매할 수 있는 거래처를 확보한 직후, (주)베어스로부터 대형 항공기 4대의 특별주문을 받았다. 특별주문은 8월에 납품해야 하며, 총운반비 ₩91,200이 추가된다. 소형 항공기의 생산에 소요되는 직접노무시간 3시간은 대형 항공기의 생산에 소요되는 직접노무시간 1시간과 대체가능하다. (주)베어스가 요청한 특별주문을 수락하기 위해서는 대형 항공기 4대의 총판매금액이 최소한 얼마이어야 하는가? (단, 소형 항공기는 1대씩 판매할 수 있고, 대형 항공기는 6월에 1대, 7월에 3대가 모두 판매되었다)

해답

1. 학습효과 미고려 이유
   15년간 소형 항공기를 생산하는 동안 생산직 노무자의 숙련도가 극대화되어 학습효과가 추가적으로 발생할 여지가 적기 때문이다.
2. 장기적 학습효과의 원가 감소 이유
   근로자의 숙련도 증가로 인한 노동시간 감소 때문에 노무비가 감소하며, 노무비 감소로 인하여 노무비와 연관 있는 제조간접원가가 줄어들 수 있으며, 절약된 자원을 이용하여 타제품 원가절감에도 도움이 되기 때문이다.
3. 제품별 생산계획 및 예산 자료 활용, 총제조원가 예산 수립
   1) 학습효과를 고려하지 않을 경우

항 목	총제조원가	
	소형 항공기	대형 항공기
직접재료원가		
직접노무원가		₩1,500,000
제조간접원가	₩535,050	₩652,500
합 계	₩535,050	₩2,152,500

* 대형 항공기 직접노무원가 : ₩500,000×3대 = ₩1,500,000
시간당 제조간접원가 : ₩1,187,500÷(6대×4,100시간 + 3대×10,000시간)≒₩21.75
소형 항공기 제조간접원가 : @₩21.75×6대×4,100시간 = ₩535,050
대형 항공기 제조간접원가 : @₩21.75×3대×10,000시간 = ₩652,500

   2) 학습효과를 고려하지 않을 경우

항 목	총제조원가	
	소형 항공기	대형 항공기
직접재료원가		
직접노무원가		₩945,000
제조간접원가	₩671,580	₩515,970
합 계	₩671,580	₩1,460,970

* log(T) = 4 + 0.7655×log(x)를 변형하면, log(T) = log(10,000) + $\log(x)^{0.7655}$이고, log(T) = log(10,000×$x^{0.7655}$)이다. 양변에 있는 log를 없애고, x로 나누면 y = 10,000×$x^{-0.2345}$가 되며, 학습지수가 0.2345이므로 학습률이 85%가 된다.
* 학습률 85%(누적평균시간 학습모형)

생산수량	평균노무시간	총노무시간
1	10,000	10,000
2	10,000×0.85 = 8,500	17,000
4	10,000×0.85^2 = 7,225	28,900

* x^{-b}를 도출하는 Excel 산식
= 1^-0.2345 → 1.0000, = 2^-0.2345 → 0.8500, = 4^-0.2345 → 0.7225
* 4대×7,225시간 = 28,900시간

대형 항공기 3대 제작에 필요한 노무시간 : 28,900시간 - 10,000시간 = 18,900시간
대형 항공기 직접노무원가 : @₩50×18,900시간 = ₩945,000
시간당 제조간접원가 : ₩1,187,500÷(6대×4,100시간 + 18,900시간)≒₩27.3
소형 항공기 제조간접원가 : @₩27.3×6대×4,100시간 = ₩671,580
대형 항공기 제조간접원가 : @₩27.3×18,900시간 = ₩515,970

3) 학습효과가 제품별 제조원가 예산에 미치는 영향

학습효과 때문에 대형 항공기 제조에 소요되는 직접노무시간이 감소하였고, 그 결과 대형 항공기 제조원가가 학습효과 전의 것보다 감소하였다.

4. 손익분기점

생산수량	평균노무시간	총노무시간
1	10,000	10,000
2	10,000×0.85 = 8,500	17,000
4	10,000×0.85^2 = 7,225	28,900

대형 항공기 3대 제작에 필요한 노무시간 : 28,900시간 - 10,000시간 = 18,900시간
대형 항공기 총공헌이익 : (₩1,370,000 - ₩900,000)×3대 - @₩50×18,900시간 = ₩465,000
소형 항공기 대당 공헌이익 : ₩850,000 - ₩536,000 - ₩164,000 = ₩150,000
소형 항공기의 손익분기점 판매량을 Q라 하면
₩465,000 + ₩150,000Q - ₩1,187,550 = ₩0
∴ Q≒5대

소형 항공기를 5대 판매하면 손익분기점을 달성한다.

5. 총입찰가격

대형 항공기 제작에 소요되는 노무시간 : 10,000시간×0.85^3×8대 - 28,900시간 = 20,230시간
총원가 : ₩700,000×2대 + (₩900,000×4대 + @₩50×20,230시간) = ₩6,011,500

* 소형 항공기 : [₩536,000(1대당 직접재료원가) + ₩164,000(1대당 직접노무원가)×2대
= ₩700,000×2대 = ₩1,400,000
대형 항공기 : ₩900,000(1대당 직접재료원가)×4대 + @₩50(시간당 직접노무원가)×20,230시간
= ₩4,611,500

총입찰가격 : ₩6,011,500×1.2 = ₩7,213,800

6. 손익분기점

log(m) = 4 - 0.2345×log(x)를 변형하면, log(m) = log(10,000) + $\log(x)^{-0.2345}$이다. 양변에 있는 log를 없애면 m = 10,000 + $x^{-0.2345}$가 된다.

* 학습률 85%(증분단위시간 학습모형)

생산수량	증분노무시간
1	10,000×0.85 = 8,500
2	10,000×0.7729 = 7,729
4	10,000×0.85^2 = 7,225

대형 항공기 제작에 소요되는 노무시간 : 8,500시간 + 7,729시간 + 7,225시간 = 23,454시간

대형 항공기 총공헌이익 : (₩1,200,000 - ₩900,000)×3대 - @₩50×23,454시간 = - ₩272,700

소형 항공기 대당 공헌이익 : ₩850,000 - ₩536,000 - ₩164,000 = ₩150,000

소형 항공기의 손익분기점 판매량을 Q라 하면

- ₩272,700 + ₩150,000Q - ₩1,187,550 = ₩0

∴ Q≒10대

소형 항공기를 10대 판매하면 손익분기점을 달성한다.

7. 총판매금액

90% 학습률이면 학습지수가 0.152이므로 참고자료 2에서 0.152 지수가 적용되는 계산 결과를 사용해야 한다.

* 학습률 90%(증분단위시간 학습모형)

생산수량	증분노무시간
5	10,000×0.7830 = 7,830
6	10,000×0.7616 = 7,616
7	10,000×0.7440 = 7,440
8	10,000×0.9^2 = 7,290

* x^{-b}를 도출하는 Excel 산식
  = 1^-0.1520 → 1.0000, = 2^-0.1520 → 0.9000, = 3^-0.1520 → 0.8462, = 4^-0.1520 → 0.8100
  = 5^-0.1520 → 0.7830, = 6^-0.1520 → 0.7616, = 7^-0.1520 → 0.7440, = 8^-0.1520 → 0.7290

대형 항공기 4대 제작에 필요한 노무시간 : 7,830시간 + 7,616시간 + 7,440시간 + 7,290시간
= 30,176시간

대형 항공기의 제조시간 30,176시간이 최대 이용가능 직접노무시간인 28,000시간보다 2,176시간이 초과하므로 소형 항공기 제조시간을 감소시켜야 한다.

소형 항공기 제조시간 감소 : 2,176시간×3대 = 6,528시간

소형 항공기 2대 제작을 감소시키므로, 2대 제작에 대한 공헌이익이 감소한다.

감소 공헌이익 : (₩850,000 - ₩536,000 - ₩164,000)×2대 = ₩300,000

총판매금액을 p라 하면 다음과 같은 식이 성립한다.

대형 항공기 판매가격		p
대형 항공기 직접재료원가	₩900,000×4대 =	₩3,600,000
대형 항공기 직접노무원가	@₩50×30,176시간 =	₩1,508,800
대형 항공기 공헌이익 감소		₩300,000
대형 항공기 운반비 증가		₩91,200
이익		p - ₩5,500,000 > 0

∴ 이익이 ₩0보다 커야 하므로 대형 항공기 4대의 총판매금액은 최소 ₩5,500,000이어야 한다.

제2절 전부원가계산과 변동원가계산의 비교분석

1. 전부원가계산과 변동원가계산의 차이

제품원가란 '직접재료비 · 직접노무비 · 제조간접비의 총계로서 구성되는 원가'로서, 이는 변동원가와 고정원가로 구분될 수 있다. (본장 제1절 참조) 이중 변동원가란 직접재료비 · 직접노무비와 제조간접비 중의 변동부분으로 구성되는 것이며, 따라서 고정원가란 그 나머지에 해당하는 제조간접비 중의 고정부분을 지칭하는 것이 된다.

직접재료비 · 직접노무비 및 고정원가 · 변동원가의 구분이 없는 제조간접비의 전부를 제품에 할당하는 원가계산방식을 **전부원가계산**(absorption costing)이라고 한다.[8] 반면에 **변동원가계산**(variable costing)이란 원가요소 중에서 변동원가만을 제품의 제조원가에 포함시키고, 고정원가는 제외시키는 원가계산방식이다. 즉 변동제조원가만을 특정 제품이나 작업에 할당시키는 것을 내용으로 하기 때문에, 변동원가계산을 달리 직접원가계산(direct costing)이라고 한다. 변동원가계산은 외부보고용의 재무제표를 작성할 때에 매출원가와 재고자산원가를 결정하는 GAAP가 되지 못한다. 다만 내부경영자들의 관리의사결정을 위해 사용될 수 있을 뿐이다.

1) 원가의 분류방법

전부원가계산에서는 원가를 그 기능에 따라 제조원가와 판매관리비로 나누고 제조원가를 다시 재료비 · 노무비 · 경비로 분류하지만, 변동원가계산에서는 모든 원가를 원가행태에 따라 변동원가와 고정원가로 구분한 다음 이들을 다시 각각 기능별로 분류한다.

<table>
<tr><td rowspan="2">재료비</td><td rowspan="5">제조원가</td><td rowspan="9">총
원
가</td><td rowspan="10">판
매
가
격</td><td rowspan="5">변동원가</td><td rowspan="3">제조원가</td><td>직접재료비</td></tr>
<tr><td>직접노무비</td></tr>
<tr><td rowspan="2">노무비</td><td>변동제조간접비</td></tr>
<tr><td rowspan="2">변동판매관리비</td><td>변동판매비</td></tr>
<tr><td>경 비</td><td>변동관리비</td></tr>
<tr><td rowspan="5"></td><td rowspan="4">판매관리비</td><td rowspan="5">공헌이익</td><td rowspan="4">고정원가</td><td>고정제조간접비</td></tr>
<tr><td>고정판매비</td></tr>
<tr><td>고정관리비</td></tr>
<tr><td></td></tr>
<tr><td></td><td>영업이익</td><td>영업이익</td><td></td></tr>
<tr><td colspan="3">◀── 전부원가계산 ──▶</td><td colspan="4">◀── 변동원가계산 ──▶</td></tr>
</table>

---

8) 지금까지의 제품원가계산에서 전제로 한 원가계산방식은 이와 같은 전부원가계산방식이다. 그것은 외부보고용으로 인정되는 원가계산방식이 바로 전부원가계산이기 때문이다.

2) 재고자산의 평가방법

전부원가계산에서는 제조간접비 전부를 제조원가로 배부하기 때문에 매출원가 및 재고자산에는 고정원가가 포함될 수 있다. 따라서 재공품과 제품의 기말재고액에 포함되어 있는 고정제조간접비는 차기 이후의 매출원가로 이연된다. 하지만, 변동원가계산에서는 제조간접비 중 변동제조간접비만을 제품원가에 배부하기 때문에 매출원가 및 재고자산에는 변동원가만이 포함될 뿐이고, 고정제조간접비는 기간원가로 되어 매출액에 대응된다.

3) 손익계산 및 수익·비용 대응방법

변동원가계산에 의한 포괄손익계산서는 매출액에서 변동매출원가(매출원가 중 변동부분)를 차감하여 공헌이익을 구하고, 이로부터 기간원가로서의 고정원가를 차감하여 영업이익을 산출하는 계산과정을 거치게 된다. 이때 고정원가와 변동원가의 구분은 제조원가에 국한시키지 않고, 판매관리비에 있어서도 고정원가와 변동원가로 나누어 변동판매관리비는 변동제조비용과 더불어 공헌이익을 구하기 위한 차감항목으로 처리된다. 이들 원가계산에서 수익·비용을 대응시켜 영업이익을 산출하는 과정을 보이면 다음과 같다.[9) 10)]

전부원가계산	
매출액	×××
매출원가	(×××)
매출총이익	×××
판매관리비	(×××)
영업이익	×××

변동원가계산			
매출액			×××
변동원가			(×××)
변동매출원가*		××	
기초제품재고액	××		
당기제품제조원가	××		
기말제품재고액	(××)		
변동판매관리비		××	
공헌이익			×××
고정원가			(×××)
고정제조간접비*		××	
고정판매관리비		××	
영업이익			×××

* 변동제조원가를 지칭하는 것으로, 직접재료비 · 직접노무비 · 변동제조간접비로 구성된 것임.
고정매출원가 = 고정제조원가 = 고정제조간접비

9) 전부원가계산에서는 제조원가를 제품에 부과한 후 제품판매시점에서 매출원가화하고, 비매출원가는 발생시점에서 즉시 비용으로 인식한다. 따라서 전부원가계산에서 특정 원가의 처리문제는 그 원가를 제조원가로 분류하느냐 아니면 비제조원가로 분류하느냐에 따라 달라진다. 그러나 변동원가계산에서는 모든 원가를 제조원가와 비제조원가로 분류할 뿐만 아니라 원가발생행태에 따라 고정원가와 변동원가로도 분류한다. 변동제조원가는 제품원가에 포함한 후 제품판매시점에서 비용으로 인식하며, 기타의 모든 원가는 기간원가로 간주하여 발생시점에서 전액 비용으로 인식한다.

10) 원가는 제조원가와 비제조원가로 분류된다. 제품을 생산(제조)하는 과정에서 발생하는 모든 원가를 제조원가라고 한다. 제품제조활동과 직접적인 관련없이 단지 판매관리활동과 관련하여 발생하는 원가를 비제조원가라고 하며, 비용항목으로 분류한다. 제조간접비는 제품제조활동과 관련되어 발생한 원가만을 포함하므로, 판매관리활동과 관련해서 발생한 원가인 비제조원가는 제조간접비에 포함되지 않는다.

2. 전부 및 변동원가계산의 영업이익 차이분석

전부원가계산하의 영업이익과 변동원가계산하의 영업이익 간에 생성되는 차이는, 결국 고정제조간접비를 회계처리하는 방법이 서로 다르기 때문에 생성되는 것이다. 전부원가계산에서는 제조간접비 예정배부율에 의하여 고정제조간접비까지도 제품에 배부하지만, 변동원가계산에서는 고정제조간접비를 판매관리비와 같은 방법으로 기간원가로 처리한다.11)

지금부터 전부원가계산에서의 영업이익 및 변동원가계산에서의 영업이익을 각각 계산하고 그 차이를 분석하는 과정을 통해, 특별히 변동원가계산이 지니는 유용성을 구체적으로 살펴보고자 한다.

1) 고정제조간접비와 제품원가의 산출

전부원가계산 및 변동원가계산에서 제품원가를 산출할 때에, 고정제조간접비의 처리가 어떻게 달라지는가를 다음의 [예]를 통하여 알아보기로 하자(이 [예]는 후술하는 장안제조기업의 20×0년도의 자료가 된다). 단, 기초 및 기말 재공품은 없다고 가정한다.

〈자료〉

생산량 1,000단위
단위당 판매가격 350/단위

	고정비	변동비(단위당)
직접재료비	-	₩50
직접노무비	-	90
제조간접비	₩92,000	6
판매관리비	58,000	12

	전부원가계산	변동원가계산
직접재료비	₩50	₩50
직접노무비	90	90
변동제조간접비	6	6
고정제조간접비	92	-
단위당 제조원가	₩238	₩146

* ₩92,000÷1,000단위 = ₩92

11) 전부원가계산은 고정제조간접비를 재고자산의 단위당 원가에 포함하고 그 재고자산을 판매할 때 비용으로 인식하여야 한다는 사고에 기초하고 있고, 변동원가계산은 고정제조간접비를 발생시점에서 비용으로 인식하여야 하므로, 재고자산원가에 포함하여 비용화하는 시점을 이연하여서는 안 된다는 사고에 기초하고 있다. 고정제조간접비를 발생시점에서 비용으로 인식하는 이유는 고정제조간접비가 특정 제품의 제조에 사용되지 않을 수도 있는 생산시설에 대해 발생하는 원가뿐만 아니라 특정 제품의 생산과는 관계없이 시간이 경과함에 따라 발생하는 원가라고 생각하기 때문이다.

변동원가계산하의 제품 단위당 제조원가가 전부원가계산하의 제품 단위당 제조원가보다 항상 작게 나타난다. 그것은 이미 언급한 바와 같이, 변동원가계산에서 고정제조간접비(앞에서의 [예]에서는 단위당 ₩92)는 제조원가에 가산되지 아니하고 기간원가로 처리되기 때문이다. 그러나 단위당 제조원가가 낮게 설정되었다고 하여 변동원가계산에서 영업이익 금액이 항상 더 크게 계산된다고 단정해서는 곤란하다. 그 이유는 기간원가로 일괄처리되는 고정제조간접비를 함께 고려하여야 하기 때문이다.

2) 영업이익의 계산

앞에서의 자료와 다음에서 제시하는 자료를 이용하여, 전부원가계산하의 영업이익과 변동원가계산하의 영업이익을 계산해 보도록 하자.

기초제품재고량	0단위
생산량	(+) 1,000
판매량	(-) 800
기말제품재고량	200단위

전부원가계산하의 포괄손익계산서는 일반적으로 사용되는 포괄손익계산서이기 때문에 달리 특이한 점은 발견되지 않는다.[12] 그러나 변동원가계산하의 포괄손익계산서에서는 변동매출원가와 변동판매관리비만이 매출액에서 차감되어 **공헌이익**(contribution margin)[13] 또는 한계이익(marginal income)을 계산하고 있다. 이에 전부원가계산하의 포괄손익계산서를 전통적 포괄손익계산서 또는 기능적 포괄손익계산서라 하고, 변동원가계산하의 포괄손익계산서를 공헌이익 포괄손익계산서라 한다.[14]

---

12) 전부원가계산방법을 사용하여 외부보고용 재무제표를 작성하지만, 전부원가계산은 원가-조업도-이익분석(제9장에서 설명)과 긴밀하게 연결되지는 않는다. 즉 고정제조간접비 발생액 중 일부를 재고자산에 포함시켜 당기비용으로 인식하지 않는 경우에는 손익분기점(break-even point : BEP)에 해당하는 수량만을 판매한다 하더라도 전부원가계산방법에 따르면 순이익이 나타나는 모순이 있다. 전부원가계산 자료를 손익분기점분석에 사용할 수 있는 유일한 경우는 재고자산 수준에 변동이 없을 때뿐인데, 이와 같은 경우는 실제로 거의 발생하지 않는다. 이러한 관점에서 볼 때, 전부원가계산은 변동원가계산에 비하여 경영자의 의사결정에 유용한 정보를 제공하지 못한다. 원가-조업도-이익분석의 기조가 되는 계산방식은 전부원가계산방식이 아닌 변동원가계산방식이다.

13) 이때 공헌이익이란 고정원가인 고정제조간접비와 고정판매관리비를 회수하는데 이용가능한 금액을 나타내는 것으로서, 이것이 고정원가와 동일한 경우의 매출액을 손익분기점이라고 한다. (제9장에서 설명) 또한 상기에 있어서와 같이 공헌이익이 고정원가보다 큰 경우에는 이익이 생성된다고 할 수 있지만, 반대의 경우에는 손실이 발생한다.

14) 변동원가계산은 변동제조원가만으로 제품원가를 계산하는 방법이고, 공헌이익법은 변동원가계산을 도입한 경우의 손익계산방법이라고 할 수 있다. 즉 원가와 비용을 변동비와 고정비로 구별하여 필요한 회계정보를 생산함에 있어 원가계산의 측면을 지칭하는 것이 변동원가계산이고, 손익계산의 측면을 지칭하는 것이 곧 공헌이익법이다.

A. 전부원가계산하의 포괄손익계산서

매출액(800단위×₩350/단위)		₩280,000
매출원가		(190,400)
기초제품재고액	₩0	
당기제품제조원가(1,000단위×₩238/단위)	238,000	
기말제품재고액(200단위×₩238/단위)	(47,600)	
매출총이익		₩89,600
판매관리비		(67,600)
고정비	58,000	
변동비(800단위×₩12/단위)	9,600	
영업이익		₩22,000

B. 변동원가계산하의 포괄손익계산서

매출액(800단위×₩350/단위)			₩280,000
변동비			(126,400)
변동매출원가		₩116,800	
기초제품재고액	₩0		
당기제품제조원가(1,000단위×₩146/단위)	146,000		
기말제품재고액(200단위×₩146/단위)	(29,200)		
변동판매관리비(800단위×₩12/단위)		9,600	
공헌이익			₩153,600
고정비			(150,000)
고정제조간접비		92,000	
고정판매관리비		58,000	
영업이익			₩3,600

3) 영업이익 차이의 분석

전부원가계산하의 영업이익과 변동원가계산하의 영업이익의 차이는 ₩18,400(=₩22,000-₩3,600)이다. 이러한 차이는 고정제조간접비의 회계처리방법이 서로 다름에 따라서 생성되는 결과라고 할 수 있다. 즉 변동원가계산에서는 고정제조간접비 금액이 기간원가로서 영업이익 계산에서 별도로 차감되었지만, 전부원가계산에 있어서는 1,000단위 생산에 필요한 제품원가로 되어 이것이 당기 판매량 800단위와 기말재고량 200단위에 각각 할당되었다. 따라서 전부원가계산과 변동원가계산에서 당기제품제조원가와 기말제품재고액이 서로 다르게 되고, 그 결과 영업이익의 크기가 달라지는 것이다.[15)]

15) 결과적으로, 전부원가계산과 변동원가계산의 차이는 고정제조간접비를 제품원가에 포함하느냐 아니면 기간원가로 처리하느냐에 있다. 변동원가계산에서는 고정제조간접비를 제품원가에 포함하지 않는다. 한편, 판매관리비는 어떠한 경우에도 제품원가에 포함시키지 않고 기간원가로 처리한다는 점도 유의하여야 한다.

⑴ 전부원가계산하의 기말제품재고액

고정제조간접비 ₩18,400은 200단위의 기말제품이 판매되는 시점까지 재무상태표의 재고자산원가를 구성하다가,[16] 판매가 이루어지는 시점에서 매출원가가 된다. 전부원가계산과 변동원가계산에서 계산된 영업이익의 차이는 바로 이 때문에 생성된 것이다.

변동제조간접비	200단위×₩146/단위 =	₩29,200
고정제조간접비	200단위×₩92/단위 =	18,400
기말제품재고액	200단위×₩238/단위 =	₩47,600

⑵ 변동원가계산하의 기말제품재고액

고정제조간접비 ₩92,000이 전액 기간원가로 되어 당기의 손익계산에 포함되기 때문에, 기말제품재고액은 다음과 같이 변동원가로만 구성된다.

고정제조간접비 총액 (₩92,000) → (기간원가) → 포괄손익계산서 [기간원가로 계상]

기말제품재고액	200단위×₩146/단위 =	₩29,200

⑶ 영업이익의 차이 요약

전부원가계산하의 영업이익과 변동원가계산하의 영업이익 중 전부원가계산하의 영업이익 ₩22,000을 먼저 산출했다면, 변동원가계산하의 영업이익은 다음과 같이 산출할 수 있다.

전부원가계산하의 영업이익	₩22,000
+ 기초재고에 포함된 고정제조간접비	0
- 기말재고에 포함된 고정제조간접비(200단위×₩92/단위)	(18,400)
변동원가계산하의 영업이익	₩3,600

또는

변동원가계산하의 영업이익	₩3,600
- 기초재고에 포함된 고정제조간접비	(0)
+ 기말재고에 포함된 고정제조간접비(200단위×₩92/단위)	18,400
전부원가계산하의 영업이익	₩22,000

* 기말재고 수량×고정제조간접비÷생산량
200단위×₩92,000÷1,000단위 = ₩18,400

16) 이의 의미는 전부원가계산에서의 고정제조간접비 ₩92,000이 다음과 같이 제품과 매출원가계정으로 분할 · 계상된다는 것이다.

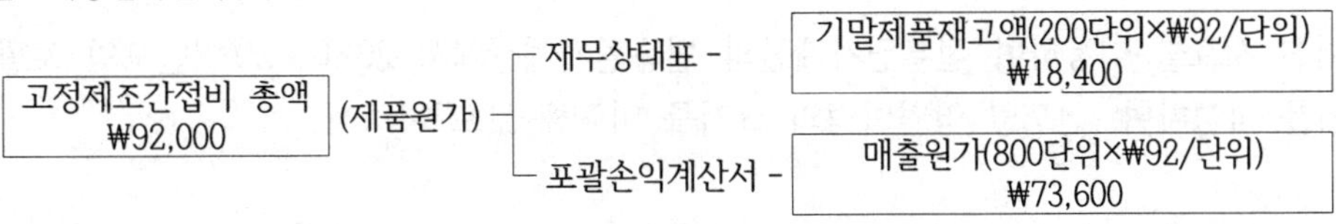

3. 생산량 및 판매량의 변동에 따른 영업이익의 변화

앞에서는 생산량(1,000단위)이 판매량(800단위)보다 많은 경우의 [예]를 살펴보았다. 이처럼 (생산량 > 판매량)인 경우에는 고정제조간접비의 일부가 재고자산에 할당되는 관계로 전부원가계산하의 영업이익이 변동원가계산하의 영업이익보다도 크게 나타난다. 그러나 전부원가계산에서 고정제조간접비의 일부가 재고자산에 할당된다 하여 항상 전부원가계산하의 영업이익이 변동원가계산하의 영업이익보다 크다고 말할 수는 없다. 영업이익의 크기는 기중 생산량과 판매량의 상호구성비율에 따라 증감 변동하는 것이기 때문이다.

생산량 및 판매량의 변동에 따른 영업이익의 변화를 살펴보기 위하여 다음의 자료를 가정한다. 단, 기초 및 기말 재공품은 없으며, 선입선출법에 의한 원가흐름을 가정한다.

장안제조기업
(20×0년 ~ 20×2년)

수익 및 비용(원가)자료

판매가격	₩350/단위
변동제조원가(직접재료비 · 직접노무비 · 변동제조간접비)	146/단위
고정제조간접비	92,000/연간
변동판매관리비(매출제품 단위당)	12/단위
고정판매관리비	58,000/연간

생산량 및 판매량

	20×0년	20×1년	20×2년
기초제품재고량	0단위	200단위	200단위
생산량	1,000	1,000	800
판매가능수량	1,000단위	1,200단위	1,000단위
기말제품재고량	200	200	0
판매량	800단위	1,000단위	1,000단위

단위당 제품원가

	20×0년	20×1년	20×2년
변동원가계산			
(변동제조원가)	₩146	₩146	₩146
전부원가계산			
(변동제조원가)	₩146	₩146	₩146
(고정제조간접비)*	92	92	115
	₩238	₩238	₩261

* ₩92,000÷1,000단위 = @₩92
₩92,000÷800단위 = @₩115

주어진 자료를 이용하여 전부원가계산과 변동원가계산에서 20×0 ~ 20×2년도의 포괄손익계산서를 작성하여, 연도별 영업이익의 크기를 비교해 보도록 하자.

장안제조기업
(영업이익 비교)

	20×0년	20×1년	20×2년	계
생산량	1,000단위	1,000단위	800단위	2,800단위
판매량	800	1,000	1,000	2,800
Ⅰ. 전부원가계산				
매출액	₩280,000	₩350,000	₩350,000	₩980,000
매출원가				
기초제품재고액	0	47,600	47,600	0
당기제품제조원가	238,000	238,000	208,800	684,800
기말제품재고액	(47,600)	(47,600)	(0)	(0)
계	₩190,400	₩238,000	₩256,400	₩684,800
매출총이익	₩89,600	₩112,000	₩93,600	₩295,200
판매관리비				
고정원가	58,000	58,000	58,000	174,000
변동원가	9,600	12,000	12,000	33,600
영업이익	₩22,000	₩42,000	₩23,600	₩87,600
Ⅱ. 변동원가계산				
매출액	₩280,000	₩350,000	₩350,000	₩980,000
변동원가				
변동매출원가				
기초제품재고액	0	29,200	29,200	0
당기제품제조원가	146,000	146,000	116,800	408,800
기말제품재고액	(29,200)	(29,200)	(0)	(0)
계	₩116,800	₩146,000	₩146,000	₩408,000
변동판매관리비	9,600	12,000	12,000	33,600
공헌이익	₩153,600	₩192,000	₩192,000	₩537,600
고정원가				
고정제조간접비	92,000	92,000	92,000	276,000
고정판매관리비	58,000	58,000	58,000	174,000
영업이익	₩3,600	₩42,000	₩42,000	₩87,600

* 800단위×@₩350 = ₩280,000	1,000단위×@₩350 = ₩350,000	1,000단위×@₩350 = ₩350,000
1,000단위×@₩238 = ₩238,000	1,000단위×@₩238 = ₩238,000	800단위×@₩261 = ₩208,800
200단위×@₩238 = ₩47,600	800단위×@₩12 = ₩9,600	1,000단위×@₩12 = ₩12,000
1,000단위×@₩146 = ₩146,000	1,000단위×@₩146 = ₩146,000	800단위×@₩146 = ₩116,800
200단위×@₩146 = ₩29,200	800단위×@₩12 = ₩9,600	1,000단위×@₩12 = ₩12,000

① 20×0년 [자료]는 생산량이 판매량을 초과하는 경우인데, 영업이익은 전부원가계산에서 크게 나타났다. 이는 20×0년 중 발생한 고정제조간접비의 일부가 전부원가계산에서는 기말제품에 할당되었음에 비해, 변동원가계산에서는 전액 기간원가로 처리되었기 때문이다.

② 20×1년 [자료]는 생산량과 판매량이 동일한 경우로서, 전년도 및 금년도의 생산능률이 동일하다고 전제하면 결국 동일한 영업이익을 실현하고 있다. 그 이유는 전부원가계산에서 기초제품과 기말제품의 수량이 동일하여, 각각에 할당되는 고정제조간접비 금액이 동일하기 때문이다.

③ 20×2년 [자료]는 판매량이 생산량을 초과하는 경우로서, 변동원가계산에서 영업이익이 더 크게 나타나고 있다. 이것은 20×2년 중 재고자산의 수량이 감소함으로써, 전부원가계산에서 기초제품에 할당되어 재무상태표에 재고자산원가로 계상되어 있던 고정제조간접비의 일부가 매출원가화하였기 때문이다.

결론적으로, 전부원가계산하의 영업이익과 변동원가계산하의 영업이익 간의 차이는 재고자산계정에 포함되어 있는 고정제조간접비의 크기가 기중에 어떻게 변화하였는가에 달려 있다고 할 수 있으며, 이러한 차이는 기초재고자산에 할당된 고정제조간접비의 크기와 기말재고자산에 할당된 고정제조간접비의 크기를 상호 비교함으로써 계산될 수 있는 것이다.

장안제조기업의 [예]를 준용하여, 전부원가계산하의 영업이익과 변동원가계산하의 영업이익 차이를 요약해 보면 다음과 같다. (연도별 생산능률은 동일하다고 가정한다[17])

	20×0년	20×1년	20×2년
생산량	1,000단위	1,000단위	800단위
판매량	800	1,000	1,000
변동원가계산하의 영업이익	₩3,600	₩42,000	₩42,000
전부원가계산하의 영업이익	22,000	42,000	23,600
차이	(18,400)	0	18,400
기초제품에 포함된 고정제조간접비	0	18,400 *	18,400 *
기말제품에 포함된 고정제조간접비	18,400 *	18,400 *	0
차이	(18,400)	0	18,400

* 수량×단위당 고정제조간접비(200단위×₩92/단위)

이상의 [예]를 통하여 다음과 같은 일반화된 결론을 도출할 수 있다.

(1) 생산량 > 판매량 : 전부원가계산하의 영업이익이 변동원가계산하의 영업이익보다 크다. (20×0년의 예)

(2) 생산량 = 판매량 : 전부원가계산하의 영업이익과 변동원가계산하의 영업이익은 일치한다. (20×1년의 예)

17) 생산량과 판매량이 동일한 경우라도, 기초재고에 포함된 단위당 고정제조간접비와 기말재고에 포함된 단위당 고정제조간접비가 다르다면 두 방법의 영업이익은 달라지게 된다. 즉 생산량과 판매량이 동일한 경우, 기말재고에 포함된 단위당 고정제조간접비가 기초재고에 포함된 단위당 고정제조간접비보다 크다면, 전부원가계산하의 영업이익이 변동원가계산하의 영업이익보다 크다.

(3) 생산량 < 판매량 : 변동원가계산하의 영업이익이 전부원가계산하의 영업이익보다 크다. (20×2년의 예)

(4) 전부원가계산에서는 고정제조간접비가 생산량의 제조원가에 산입되기 때문에 영업이익의 크기가 매출량의 크기에도 영향을 받지만 판매량이 동일하거나 비슷한 경우에는 생산량의 크기에 따라 좌우되는 경향이 있다. (동일한 판매량인데도 생산량이 큰 20×1년의 영업이익이 20×2년의 영업이익보다 크다)

(5) 변동원가계산에서는 변동원가만이 생산량의 제조원가에 산입되기 때문에, 영업이익의 크기는 생산량의 크기에 영향을 받지 아니하고 순전히 판매량의 크기에 따라 좌우된다. (생산량과는 상관없이 판매량이 동일한 20×1년~20×2년의 영업이익은 동일하고, 판매량이 가장 작은 20×0년의 영업이익이 가장 적다)

제3절 변동원가계산의 원가흐름

지금까지 언급한 변동원가계산의 원가흐름 체계를 복식부기와 관련시켜 계정상의 원리로 도식화하고, 각 계정 금액이 포괄손익계산서에 표시되는 원리를 예시하면 다음과 같다.

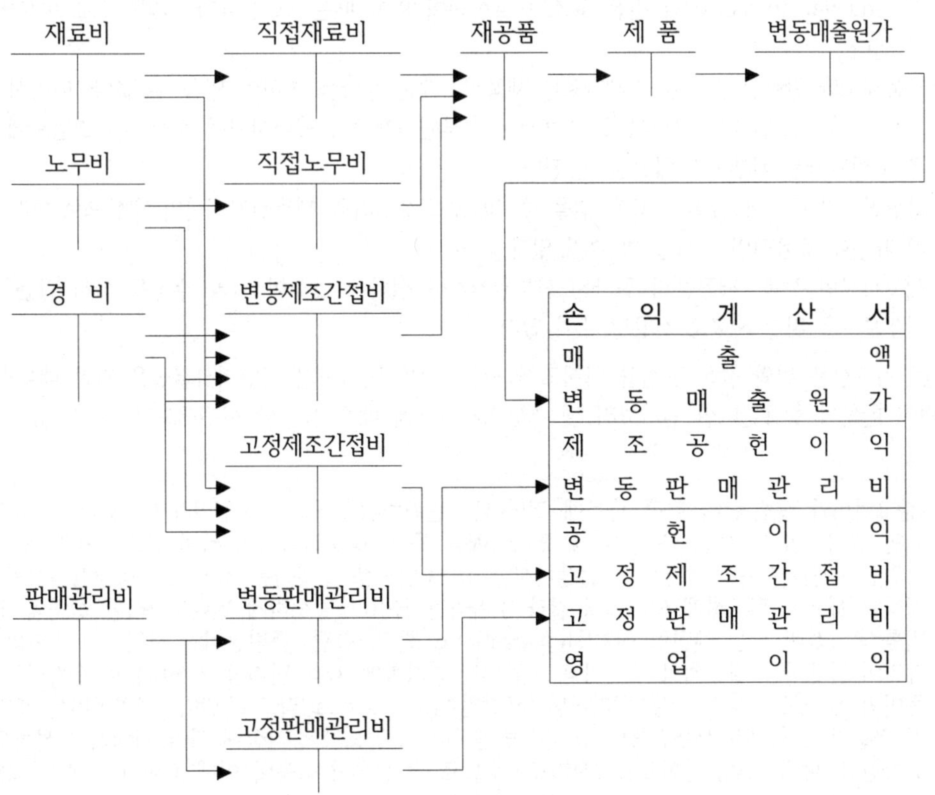

[변동원가계산의 장점 및 단점]

변동원가계산이 원가관리 목적으로 계속 선호되고 있는 이유로는 특별히 다음과 같은 장점을 지니고 있기 때문이다.

① 영업이익은 제품재고량(재고자산)의 증감에 따라 전혀 영향을 받지 아니하며, 다만 판매량의 크기에 좌우하여 영향을 받을 뿐이다.

② 변동원가계산하의 포괄손익계산서는 그 구성이 전부원가계산하의 포괄손익계산서보다 이해하기가 쉽기 때문에, 원가에 대한 경영자들의 관심을 제고시킬 수 있다.

③ 기간 중 발생한 고정원가의 총액이 포괄손익계산서에 표시되기 때문에 고정원가가 기간이익에 미치는 영향을 특별히 강조할 수 있다.

④ 공헌이익 또는 한계이익을 별도 계산함으로써 제품별 · 지역별 · 소비자 계층별 · 경영부문별 업적의 비교평가가 가능하게 된다. 전부원가계산에 있어서와 마찬가지로 고정원가를 일괄 배부하게 되면 이러한 비교평가는 불가능하게 된다.

⑤ 고정원가 · 변동원가의 구분이 이루어져 있기 때문에, 원가-조업도-이익(CVP)분석을 위한 자료를 쉽게 획득할 수 있다.

⑥ 변동원가계산은 표준원가나 변동예산 등과 같은 원가관리제도와 직접적으로 관련이 되어 있다. 사실 변동예산 등과 같은 것은 변동원가계산의 일면이며, 따라서 많은 기업이 이와 같은 목적을 위하여 변동원가계산제도를 사용하고 있다.

한편, 변동원가계산은 다음과 같은 단점도 함께 지니고 있다.

① 원가를 고정원가와 변동원가로 분류하기가 어렵다. 준고정원가(semi-fixed cost)나 준변동원가(semi-variable cost)와 같은 요소가 포함되어 있을 때는 그 분류가 자의적으로 이루어지기 쉽다.

② 제품제조와 관련된 순수한 원가자료를 제품원가계산 절차를 통하여 얻을 수 없다. 따라서 장기적인 가격정책이나 의사결정을 위해서는 전부원가계산에 있어서처럼 정상적인 조업도에 따른 고정원가를 배부하지 않으면 안 된다.

③ 고정원가의 관리에 대한 자료를 얻을 수 없다. 고정원가를 제조원가계산의 대상으로 하지 않기 때문에 효율적인 분석을 할 수가 없다.

④ 재고자산인 상품 · 재공품의 원가는 전부원가계산 절차에 맞추어 달리 수정을 하지 않는 한, 외부보고를 위한 자료로 사용할 수가 없다.

변동원가계산은 위와 같은 단점을 가지고 있지만, 이를 단기적인 경영의사결정을 위한 내부관리 측면에 한하여 활용한다면 원가관리 및 경영의사결정에 매우 유용한 회계제도가 될 수 있을 것이다.

※ [준고정비와 준변동비] 어떤 항목에 있어서는 관련범위(정상조업도 범위라고도 한다)가 바뀌게 되면 고정비의 발생액도 변동할 수 있다. 예를 들어, 공장감독자의 급여가 그것인데, 일정한 작업량(시간)까지는 일정금액이 발생하지만 그 조업도를 초과하는 경우에는 공장감독자의 추가적인 채용이 필요하게 되고, 그 결과 추가적인 급여가 발생하게 된다. 이러한 성격의 고정비를 준고정비 또는 계단형 원가(step cost)라고 한다. 한편, 준변동비란 조업도의 변화와 관계없이 발생하는 일정액의 고정비와 조업도가 변화함에 따라 단위당 일정비율로 증가하는 변동비의 두 부분으로 구성된 원가이며, 혼합원가(mixed cost)라고도 한다. 준변동비는 조업도가 0일 때도 고정비 부분만큼의 원가가 발생하며, 조업도가 증가함에 따라 비례해서 선형으로 증가한다. 예를 들어, 전화요금 · 전기료 · 수도료 · 수선유지비 등이 이에 속한다. (제2장 참조)

예제

다음 각각의 상황은 독립적이다.

1. 20×1년 초에 영업을 개시한 (주)한국은 단일 제품 X를 생산하여 지역 A와 지역 B에 판매하고 있다. 회사는 20×1년 중 제품 X를 40,000단위 생산하여 그 중 35,000단위를 판매하였으며, 20×1년 말 현재 직접재료 및 재공품 재고는 없다. 20×1년 중 제품 X의 단위당 판매가격과 생산 판매 관련 단위당 변동원가와 연간 고정원가는 다음과 같다.

단위당 판매가격	₩80
단위당 직접재료원가	24
단위당 직접노무원가	14
단위당 변동제조간접원가	2
단위당 변동판매관리비	4
연간 고정제조간접원가	₩800,000
연간 고정판매관리비	496,000

물음 (2016 회계사, 2024 회계사 유사)

① 변동원가계산에 의한 20×1년 단위당 제조원가는 얼마인가?
② 변동원가계산에 의한 20×1년 영업손실은 얼마인가?
③ 전부원가계산에 의한 20×1년 기말제품재고 금액은 얼마인가?
④ 전부원가계산에 의한 20×1년 영업이익은 얼마인가?

해답

	전부원가계산	변동원가계산
직접재료원가	₩24	₩24
직접노무원가	14	14
변동제조간접원가	2	2
고정제조간접원가	20	-
단위당 제조원가	₩60	₩40

① 단위당 제조원가 : ₩24 + ₩14 + ₩2 = ₩40
② 영업손실 : 35,000단위×(@₩80 - @₩44) - ₩800,000 - ₩496,000 = (-)₩36,000
③ 기말제품재고 금액 : 5,000단위×[@₩40 + ₩800,000÷40,000단위] = ₩300,000
④ 영업이익 : 35,000단위×(@₩80 - @₩60) - 35,000단위×@₩4 - ₩496,000 = ₩64,000

전부원가계산하의 포괄손익계산서

매출액(35,000단위×₩80/단위)		₩2,800,000
매출원가		(2,100,000)
기초제품재고액	₩0	
당기제품제조원가(40,000단위×₩60/단위)	2,400,000	
기말제품재고액(5,000단위×₩60/단위)	(300,000)	
매출총이익		₩700,000
판매관리비		(636,000)
고정비	496,000	
변동비(35,000단위×₩4/단위)	140,000	
영업이익		₩64,000

변동원가계산하의 포괄손익계산서

매출액(35,000단위×₩80/단위)			₩2,800,000
변동비			(1,540,000)
변동매출원가		₩1,400,000	
기초제품재고액	₩0		
당기제품제조원가(40,000단위×₩40/단위)	1,600,000		
기말제품재고액(5,000단위×₩40/단위)	(200,000)		
변동판매관리비(35,000단위×₩4/단위)		140,000	
공헌이익			₩1,260,000
고정비			(1,296,000)
고정제조간접비		800,000	
고정판매관리비		496,000	
영업손실			(₩36,000)

[참조] 전부원가계산에 의한 영업이익 : (-)₩36,000 + 5,000단위×@₩20 = ₩64,000

2. (주)대한은 20×1년 1월 1일에 처음으로 생산을 시작하였고, 20×1년과 20×2년의 영업활동 결과는 다음과 같다.

구 분	20×1년	20×2년
생산량	2,000단위	2,800단위
판매량	1,600단위	3,000단위
변동원가계산에 의한 영업이익	₩16,000	₩40,000

(주)대한은 재공품 재고를 보유하지 않으며, 재고자산 평가방법은 선입선출법이다. 20×1년 전부원가계산에 의한 영업이익은 ₩24,000이며, 20×2년에 발생한 고정제조간접원가는 ₩84,000이다. 20×2년 (주)대한의 전부원가계산에 의한 영업이익은 얼마인가? 단, 두 기간의 단위당 판매가격, 단위당 변동제조원가와 판매관리비는 동일하다. (2022 회계사)

해답

20×1년 변동원가계산 영업이익		₩16,000
20×1년 초 재고에 포함된 고정제조간접원가		(0)
20×1년 말 재고에 포함된 고정제조간접원가		8,000
20×1년 전부원가계산 영업이익		₩24,000

* 20×1년 말 재고에 포함된 고정제조간접원가 = 20×2년 초 재고에 포함된 고정제조간접원가

20×2년 변동원가계산 영업이익		₩40,000
20×2년 초 재고에 포함된 고정제조간접원가	₩16,000 - ₩24,000 =	(8,000)
20×2년 말 재고에 포함된 고정제조간접원가	(3,000단위 - 2,800단위)×₩84,000÷2,800단위 =	6,000
20×2년 전부원가계산 영업이익		₩38,000

3. (주)세무는 전부원가계산방법을 채택하여 단일 제품A를 생산 판매하며, 재고자산 계산은 선입선출법을 적용한다. 20×1년 제품A의 생산 판매와 관련된 자료는 다음과 같다.

	수 량	재고금액
기초제품	1,500단위	₩100,000(고정제조간접원가 ₩45,000 포함)
당기완성품	24,000단위	
당기판매	23,500단위	
기말제품	2,000단위	₩150,000(고정제조간접원가 포함)

20×1년 재공품의 기초와 기말재고는 없으며, 고정제조간접원가는 ₩840,000, 고정판매관리비는 ₩675,000이다. (주)세무의 20×1년 전부원가계산에 의한 영업이익이 ₩745,000일 경우, 변동원가계산에 의한 영업이익은? (2016 세무사 수정)

해답

변동원가계산에 의한 영업이익을 x라고 하면

x - ₩45,000(기초재고에 포함된 고정제조간접원가) + 2,000단위×₩840,000÷24,000단위 = ₩745,000

∴ x = ₩720,000

4. 20×1년에 영업을 개시한 (주)세무는 단일 제품을 생산 판매하고 있으며, 전부원가계산제도를 채택하고 있다. (주)세무는 20×1년 2,000단위의 제품을 생산하여 단위당 ₩1,800에 판매하였으며, 영업활동에 관한 자료는 다음과 같다.

제조원가		판매관리비	
단위당 직접재료원가	₩400	단위당 변동판매관리비	₩100
단위당 직접노무원가	300	고정판매관리비	150,000
단위당 변동제조간접원가	200		
고정제조간접원가	250,000		

(주)세무의 20×1년 영업이익이 변동원가계산에 의한 영업이익보다 ₩200,000이 많을 경우, 판매수량은? 단, 기말재공품은 없다. (2021 세무사)

해답

₩250,000÷2,000단위 = @₩125(단위당 고정제조간접원가)

기초재고는 없으며 기말재고를 Q라고 하면

₩200,000 = Q×@₩125

∴ Q = 1,600단위

판매수량 : 400단위(= 2,000단위 - 1,600단위)

5. (주)세무는 20×1년 초에 영업을 개시하였다. 20×1년에는 4,000단위를 생산하였고, 20×2년에는 전부원가계산에 의한 영업이익이 변동원가계산에 의한 영업이익보다 ₩25.000 많았다. 20×2년의 생산 및 원가자료는 다음과 같다.

항 목	수량/금액
기초제품 수량	(　　)단위
생산량	4,000단위
기말제품 수량	1,200단위
제품 단위당 판매가격	₩250
직접재료원가	80
직접노무원가	40
변동제조간접원가	30
변동판매관리비	10
고정제조간접원가(총액)	₩200,000
고정판매관리비(총액)	100,000

(주)세무의 20×2년도 기초제품 수량은? (단, 20×1년과 20×2년의 제품 단위당 판매가격과 원가구조는 동일하고, 기초 및 기말 재공품은 없다.) (2018 세무사)

해답

₩200,000÷4,000단위 = @₩50(단위당 고정제조간접원가)

₩25,000÷@₩50 = 500단위(제품 수량 증가)

또는 ₩25,000 = 제품 수량 증가×@₩50,　　∴ 제품 수량 증가 : 500단위

1,200단위 - 500단위 = 700단위(20×2년도 기초제품 수량)

[검증] x - [700단위×(₩200,000÷4,000단위)] + [1,200단위×(₩200,000÷4,000단위)] = x + ₩25,000 ← x를 변동원가계산에 의한 영업이익이라 하면, x + ₩25,000은 전부원가계산에 의한 영업이익이 된다. 기초제품 수량이 700단위이므로 양변이 일치하게 된다.

6. (주)대한은 설립 후 3년이 경과되었다. 경영진은 외부보고 목적의 전부원가계산 자료와 경영의 사결정 목적의 변동원가계산에 의한 자료를 비교분석하고자 한다. (주)대한의 생산과 판매에 관련된 자료는 다음과 같다.

	1차년도	2차년도	3차년도
생산량(단위)	40,000	50,000	20,000
판매량(단위)	40,000	20,000	50,000

단위당 판매가격은 ₩30, 단위당 변동제조원가는 ₩10, 단위당 변동판매관리비는 ₩4이다. 고정제조간접원가는 ₩400,000, 고정판매관리비는 ₩100,000이다. 과거 3년 동안의 판매가격과 원가는 변하지 않았다. 3차년도 전부원가계산에 의한 매출원가는 얼마인가? (2021 회계사)

해답

2차년도 단위당 고정제조간접원가 : ₩400,000÷50,000단위 = @₩8

3차년도 단위당 고정제조간접원가 : ₩400,000÷20,000단위 = @₩20

3차년도 전부원가계산 매출원가 : 30,000단위×(@₩10 + @₩8) + 20,000단위×(@₩10 + @₩20)
= ₩1,140,000

7. 다음은 (주)세무의 공헌이익 손익계산서와 전부원가 손익계산서이다.

공헌이익 손익계산서		전부원가 손익계산서	
매출액	₩1,200,000	매출액	₩1,200,000
변동원가	456,000	매출원가	937,600
공헌이익	744,000	매출총이익	262,400
고정원가	766,000	판매관리비	150,000
영업이익(손실)	(22,000)	영업이익(손실)	112,400

고정판매관리비가 ₩94,000이고 제품의 판매가격이 단위당 ₩1,500일 때, 전부원가계산에 의한 기말제품재고액은? (단, 기초 및 기말재공품, 기초제품은 없다.) (2017 세무사)

해답

₩766,000(고정원가) - ₩94,000(고정판매관리비) = ₩672,000(고정제조간접원가)

전부원가계산 영업이익 - 변동원가계산 영업이익 = 기말재고에 포함된 고정제조간접원가

₩112,400 - (-)₩22,000 = ₩134,400

$$\frac{\text{기말재고에 포함된 고정제조간접원가}}{(\text{고정제조간접원가} - \text{기말재고에 포함된 고정제조간접원가})} = \frac{\text{기말제품재고액}}{\text{매출원가}}$$

기말제품재고액을 x라고 하면, ₩134,400÷(₩672,000 - ₩134,400) = x÷₩937,600이다.

∴ x = ₩234,400

제4절 다른 원가계산에서의 전부 및 변동원가계산

지금까지는 실제원가계산을 적용하는 경우에 대해서 살펴보았는데, 정상원가계산이나 표준원가계산에서는 어떻게 적용하며 실제원가계산과 어떤 점이 차이가 나는지를 살펴보고자 한다. 초변동원가계산[18)]은 변동원가계산을 정확하게 이해하면 쉽게 이해될 수 있으므로 정상원가계산과 표준원가계산에서 전부원가계산과 변동원가계산을 적용하는 경우를 중심으로 살펴보고자 한다.

개별원가계산을 적용하는 기업에서는 정상원가계산을 사용하는 것이 일반적이며, 종합원가계산을 적용하는 기업에서는 표준원가계산을 사용하는 것이 경영관리적 관점에서 매우 유용하다.[19)] 그러나 외부공표용 재무제표는 실제원가에 근거하여 작성되어야 하므로 기업의 정상원가계산이나 표준원가계산을 사용하더라도 외부공표용 재무제표를 작성할 때에는 실제원가와의 차이를 조정하여야 한다. 그리고 변동원가계산은 내부관리목적으로만 사용될 뿐 외부보고 목적으로는 사용될 수 없다.

정상원가계산과 표준원가계산이 내부관리목적상 매우 우수한 원가관리회계모형일지라도 대부분의 기업실무에서는 이를 공식적인 회계장부와 연결시켜 사용하고 있지는 않다. 일반적으로 기업실무에서는 실제원가로 회계장부에 기록하고, 제조간접비에 대한 예정배부와 표준원가는 제품가격결정 및 성과평가 등의 내부관리목적으로 사용하고 있다. 결국 기업실무를 감안할 때 실제전부원가계산은 외부공표용 재무제표를 작성하기 위하여 공식적인 회계장부와 연결시켜 사용하는 원가계산모형이며, 정상·표준·변동원가계산은 내부관리목적으로 사용하는 원가계산모형이라고 할 수 있다.

---

18) 변동원가계산도 경영자들에게 과대재고 보유의 유인을 준다는 점에서 비판받고 있다. 그 이유는 제품원가에 포함되어 있는 노무비는 고정비적 성격을 가지기 때문이다. 이에 진정한 변동원가는 직접재료비뿐이라며, 변동원가계산 대신 초변동원가계산(super-variable or throughput costing) 또는 재료처리량원가계산이 이용되어야 한다고 주장하는 이도 있다. 이때 초변동원가계산은 직접재료비만을 제품원가로 하고, 이외에는 모두 가공비로 간주하여 기간원가로 처리하는 방법이다. 직접재료비로 인해 재료(처리)공헌이익 또는 현금창출공헌이익이라는 개념이 도출된다.

매출액
- 직접재료비
= 재료처리량 공헌이익
- 가공비 및 판매관리비
  직접노무비
  제조간접비
  판매관리비
= 영업이익

[참조] 초변동원가계산하의 영업이익
- 기초재고에 포함된 가공비(직접노무비 + 변동제조간접비 + 고정제조간접비)
+ 기말재고에 포함된 가공비(직접노무비 + 변동제조간접비 + 고정제조간접비)
전부원가계산하의 영업이익

19) 종합전부원가계산과 종합변동원가계산에 관한 [예제]는 [형성평가] 문제를 참고하길 바란다.

1) 정상원가계산에서의 비교

이미 살펴본 바와 같이, 정상원가계산이란 직접재료비와 직접노무비는 실제원가로, 제조간접비는 제조간접비 예정배부율을 이용하여 예정배부하는 방법이다.[20] (제5장 참조)

정상원가계산에서 전부원가계산을 적용한다면, 제조간접비 예정배부율[제조간접비예산÷예정조업도(=기준기준도)]를 이용하여 제조간접비를 제품에 배부한다. 이때 '제조간접비예산=고정제조간접비예산+조업도 단위당 변동제조간접비×예정조업도'이므로 다음과 같이 나타낼 수도 있다. 즉 전부원가계산에 의한 제조간접비 예정배부율은 다음 산식처럼 고정제조간접비 배부율과 변동제조간접비 배부율로 나누어 적용할 수도 있다.

제조간접비 예정배부율=고정제조간접비 배부율+변동제조간접비 배부율
=[고정제조간접비예산÷예정조업도]+조업도 단위당 변동제조간접비

반면에 정상원가계산에서 변동원가계산을 적용한다면, 변동제조간접비 배부율을 이용하여 변동제조간접비만을 제품에 배부하면 된다. 왜냐하면 변동원가계산에서는 고정제조간접비를 제품원가에 포함시키지 않고 기간원가로 처리하기 때문이다. 따라서 정상원가계산에서 변동원가계산을 적용한다면, 고정제조간접비에 대한 배부차이가 존재하지 않게 된다.

예제 1

당기 초 영업을 개시하였으며, 정상원가계산을 채택하고 있다. 당기 초에 연간 고정제조간접비를 ₩240,000, 연간 생산량을 30,000개로 예상하고 이를 기준으로 제조간접비를 예정배부하고 있다. 당기 중 생산한 제품의 단위당 변동비에 관한 자료는 다음과 같다.

직접재료비	₩8
직접노무비	14
변동제조간접비	4
변동판매관리비	4
단위당 변동비	₩30

당기의 제품 생산량은 28,000개이며, 이 중 25,000개를 단위당 ₩50에 판매하다. 연간 고정제조간접비는 ₩240,000, 고정판매관리비는 ₩160,000이 발생되다. 당기 말에 발생한 제조간접비 배부차이를 매출원가에 가감하고 있다. 단, 기말재공품은 없다고 가정한다.

물음

정상원가계산에서의 전부원가계산과 변동원가계산에 의한 포괄손익계산서를 각각 작성하시오.

---

20) 정상원가계산의 제조간접비 배부는 예정배부율을 사용한다. 즉 제조간접비 배부는 「예정배부율×실제조업도」로 배부한다. 결산시점에서는 정상배부된 제조간접비와 실제로 발생된 제조간접비의 차이를 조정해 주어야 한다. 예를 들어, 「실제제조간접비 〉정상제조간접비」이라면 제조간접비의 과소배부가 되며 이 경우에는 과소배부액을 정상제조간접비에 가산하여 실제제조간접비로 조정해 주어야 한다.

해답 ...

정상원가계산에서의 전부원가계산

매출액(25,000개×₩50/개)		₩1,250,000
매출원가		(866,000)
기초제품재고액	₩0	
당기제품제조원가(28,000개×₩34/개)[1]	952,000	
기말제품재고액(3,000개×₩34/개)	(102,000)	
제조간접비 과소배부액	16,000[2]	
매출총이익		₩384,000
판매관리비		(260,000)
고정비	160,000	
변동비(25,000개×₩4/개)	100,000	
영업이익		₩124,000

* 1) 제품 단위당 원가

변동제조원가(₩8 + ₩14 + ₩4)	₩26
고정제조간접비(₩240,000÷30,000개)	8(예정배부)
계	₩34

2) 제조간접비 과소배부액

	실제발생액	예정배부액
변동제조간접비	28,000개×₩4/개 = ₩112,000	28,000개×₩4/개 = ₩112,000
고정제조간접비	240,000	28,000개×₩8/개 = 224,000
계	₩352,000	₩336,000

과소배부(불리) ₩16,000

정상원가계산에서의 변동원가계산

매출액(25,000개×₩50/개)			₩1,250,000
변동비			(750,000)
변동매출원가		₩650,000	
기초제품재고액	₩0		
당기제품제조원가(28,000개×₩26/개)	728,000		
기말제품재고액(3,000개×₩26/개)	(78,000)		
변동판매관리비(25,000개×₩4/개)		100,000	
공헌이익			₩500,000
고정비			(400,000)
고정제조간접비		240,000	
고정판매관리비		160,000	
영업이익			₩100,000

[참조] 영업이익의 차이 요약

변동원가계산하의 영업이익	₩100,000
- 기초재고에 포함된 고정제조간접비	(0)
+ 기말재고에 포함된 고정제조간접비(3,000개×₩8/개)	24,000
전부원가계산하의 영업이익	₩124,000

예제 2

(주)세무는 단일 제품을 생산하여 판매한다. 20×1년도 1월과 2월의 원가계산 및 손익계산을 위한 자료는 다음과 같다. 단위당 판매가격은 ₩400이며 월초 및 월말재공품은 없다.

구 분	1월	2월
월초 재고수량	0단위	100단위
생산량	400	500
판매량	300	300
월말 재고수량	100	300
단위당 직접재료원가	₩100	₩100
직접노무원가	40	40
변동제조간접원가	20	20
변동판매관리비	10	10
월 총고정제조간접원가	12,000	12,000
총고정판매관리비	2,000	2,000

물음 (2019 세무사)

1. 선입선출법을 사용하여 재고자산을 평가하는 경우 실제전부원가계산과 실제변동원가계산에 의한 20×1년도 1월과 2월의 영업이익을 구하시오.
2. (주)세무는 정상원가계산과 원가차이 조정시 매출원가 조정법을 사용한다. 이 경우 제조간접원가 배부기준은 기계작업시간이며 20×1년도 제조간접원가 예정배부율 산정을 위한 제조간접원가 예산금액은 ₩220,800(변동제조간접원가 ₩76,800, 고정제조간접원가 ₩144,000)이고 연간 예정조업도는 9,600시간(제품 4,800단위)이다. 월 예정기계작업시간은 800시간이나 실제기계작업시간은 1월에 800시간, 2월에 1,000시간이 발생하다. 한편 고정제조간접원가의 월 예산금액은 실제발생액과 동일한 ₩12,000이다. 정상전부원가계산과 정상변동원가계산에 의한 20×1년도 1월과 2월의 원가차이 조정 후 영업이익을 구하시오.

해답

1. 실제원가계산(선입선출법)

전부원가계산	1월		2월	
매출액	300단위×@₩400 =	₩120,000	300단위×@₩400 =	₩120,000
매출원가	300단위×@₩190* =	57,000	100단위×@₩190 + 200단위×@₩184 =	55,800
매출총이익		₩63,000		₩64,200
변동판매관리비	300단위×@₩10 =	3,000	300단위×@₩10 =	3,000
고정판매관리비		2,000		2,000
영업이익		₩58,000		₩59,200

* @₩100 + @₩40 + @₩20 + (₩12,000÷400단위) = @₩190
@₩100 + @₩40 + @₩20 + (₩12,000÷500단위) = @₩184

변동원가계산	1월		2월	
매출액	300단위×@₩400 =	₩120,000	300단위×@₩400 =	₩120,000
변동비	300단위×@₩170 =	51,000	300단위×@₩170 =	51,000
공헌이익		₩69,000		₩69,000
고정비	₩12,000 + ₩2,000 =	14,000	₩12,000 + ₩2,000 =	14,000
영업이익		₩55,000		₩55,000

* @₩100 + @₩40 + @₩20 + @₩10 = @₩170

[참조] 전부원가계산과 변동원가계산 간의 고정제조간접비 차이

	1월	2월
전부원가계산	300단위×@₩30 = ₩9,000	100단위×@₩30 + 200단위×@₩24 = ₩7,800
변동원가계산	12,000	12,000
차이	₩3,000	₩4,200

* ₩12,000÷400단위 = @₩30, ₩12,000÷500단위 = @₩24

2. 정상원가계산

1) 예정배부율

변동제조간접원가 : ₩76,800÷9,600시간 = ₩8/시간

고정제조간접원가 : ₩144,000÷9,600시간 = ₩15/시간

2) 손익계산서

전부원가계산	1월	2월
매출액	300단위×@₩400 = ₩120,000	300단위×@₩400 = ₩120,000
매출원가	300단위×@₩186* = 55,800	300단위×@₩186* = 55,800
배부차이	1,600 불리	1,000 유리
매출총이익	₩62,600	₩65,200
변동판매관리비	300단위×@₩10 = 3,000	300단위×@₩10 = 3,000
고정판매관리비	2,000	2,000
영업이익	₩57,600	₩60,200

* 9,600시간÷4,800단위 = 2시간/단위
@₩100 + @₩40 + (₩8/시간×2시간) + (₩15/시간×2시간) = @₩186
배부차이

1월	변동제조간접원가	고정제조간접원가
예정배부액	400단위×2시간/단위×@₩8 = ₩6,400	400단위×2시간/단위×@₩15 = ₩12,000
실제발생액	400단위×@₩20 = 8,000	12,000
배부차이	₩1,600 불리	₩0

2월	변동제조간접원가	고정제조간접원가
예정배부액	500단위×2시간/단위×@₩8 = ₩8,000	500단위×2시간/단위×@₩15 = ₩15,000
실제발생액	500단위×@₩20 = 10,000	12,000
배부차이	₩2,000 불리	₩3,000 유리

변동원가계산	1월	2월
매출액	300단위×@₩400 = ₩120,000	300단위×@₩400 = ₩120,000
변동비	300단위×@₩166* = 49,800	300단위×@₩166* = 49,800
배부차이	1,600 불리	2,000 불리
공헌이익	₩68,600	₩68,200
고정비	₩12,000 + ₩2,000 = 14,000	₩12,000 + ₩2,000 = 14,000
영업이익	₩54,600	₩54,200

* @₩100 + @₩40 + (₩8/시간×2시간) + @₩10 = @₩166
배부차이

1월	변동제조간접원가	고정제조간접원가
예정배부액	400단위×2시간/단위×@₩8 = ₩6,400	-
실제발생액	400단위×@₩20 = 8,000	-
배부차이	₩1,600 불리	-

2월	변동제조간접원가	고정제조간접원가
예정배부액	500단위×2시간/단위×@₩8 = ₩8,000	-
실제발생액	500단위×@₩20 = 10,000	-
배부차이	₩2,000 불리	-

예제 3

(주)한국은 제품 A와 제품 B를 제조하여 판매하는 회사이며, 제품원가계산으로 평준화(정상)원가계산을 사용한다. 원가흐름에 대해서는 선입선출법(FIFO)을 적용하며, 기초와 기말의 재공품재고는 없다. 이 회사의 20×1년 생산, 판매 및 원가에 대한 자료는 다음과 같다.

구 분	제품 A	제품 B
예산생산량	1,500단위	2,500단위
실제판매량	1,000단위	2,000단위
단위당 판매가격	₩150	₩140
단위당 직접재료원가	₩20	₩10
단위당 직접노무시간	2시간	2시간
직접노무시간당 임률	₩20	₩20

기초제품재고는 없으며, 실제생산량은 예산생산량과 동일하였다. 제조간접원가의 배부기준은 직접노무시간으로, 회사가 예산수립시 회귀분석을 통해 추정한 총제조간접원가 추정식은 다음과 같다.

총제조간접원가 = ₩120,000 + ₩12×직접노무시간

20×1년에 실제로 발생한 제조간접원가 총액은 ₩220,000이며, 원가차이는 매출원가에서 전액 조정한다. 판매관리비는 고려하지 않는다.

물음 (2021 회계사)

1. 전부원가계산을 사용하여 회사의 20×1년 영업이익을 계산하시오.
2. 변동원가계산을 사용하여 회사의 20×1년 영업이익을 계산하시오.

해답

1. 전부원가계산

직접노무시간당 예정배부율 : @₩12 + @₩15* = @₩27

* [₩120,000÷(1,500단위×2시간 + 2,500단위×2시간)] = @₩15

제조간접비 예정배부액 : (1,500단위×2시간 + 2,500단위×2시간)×@₩27 = ₩216,000

배부차이 : ₩220,000 - ₩216,000 = ₩4,000 과소배부

구 분	금 액	계산근거
매출액	₩430,000	= 1,000단위×@₩150 + 2,000단위×@₩140
매출원가	326,000	= 1,000단위×@₩114 + 2,000단위×@₩104 + ₩4,000 과소배부 * 생산량단위당 예정배부율 : @₩12×2시간 + @₩15×2시간 = @₩54 제품 A : @₩20 + 2시간×@₩20 + @₩54 = @₩114 제품 B : @₩10 + 2시간×@₩20 + @₩54 = @₩104
매출총이익	₩104,000	
판매관리비	0	
영업이익	₩104,000	

2. 변동원가계산

[사전지식]

제조간접원가 실제발생액 중 변동제조간접원가와 고정제조간접원가 금액을 알 수 없으므로, 전부원가계산하의 영업이익으로부터 기초 및 기말 재고자산에 포함된 고정제조간접원가를 조정하는 방법으로 변동원가계산하의 영업이익을 계산하여야 한다.

전부원가계산하의 영업이익	₩104,000
+기초재고에 포함된 고정제조간접원가	0
-기말재고에 포함된 고정제조간접원가*	(30,000)
변동원가계산하의 영업이익	₩74,000

* (500단위×2시간 + 500단위×2시간)×@₩15 = ₩30,000

[참조]

변동원가계산하의 영업이익은 ₩74,000이다.

구 분	금 액
매출액	₩430,000
직접재료원가 및 직접노무원가	160,000
제조간접원가	196,000
영업이익	₩74,000

① 제품 A의 단위당 직접재료원가 및 직접노무원가 : ₩20 + ₩20×2시간 = ₩60
제품 B의 단위당 직접재료원가 및 직접노무원가 : ₩10 + ₩20×2시간 = ₩50
직접재료원가 및 직접노무원가 : 1,000단위×@₩60 + 2,000단위×@₩50 = ₩160,000

② 주어진 자료만으로는 실제 제조간접원가를 실제 변동제조간접원가와 실제 고정제조간접원가로 구분하지 못하므로, 변동원가계산하에서의 실제 제조간접원가는 다음과 같이 계산한다. 실제 변동제조간접원가 발생액을 X로, 실제 고정제조간접원가 발생액을 Y로 가정하면, 실제 제조간접원가 발생액은 'X + Y = ₩220,000'이 된다.

변동제조간접원가	기초재고에 포함된 변동제조간접원가 +실제 변동제조간접원가 발생액 -기말재고에 포함된 변동제조간접원가	₩0 + X - (500단위×2시간 + 500단위×2시간)×@₩12
+	+	+
고정제조간접원가	실제 고정제조간접원가 발생액	Y
= 제조간접원가	= 변동제조간접원가 + 고정제조간접원가	= ₩0 + X - ₩24,000 + Y (∵ ₩0 + ₩220,000 - ₩24,000)

	변동원가계산	전부원가계산
제조간접원가	₩0 + ₩220,000 - ₩24,000 = ₩196,000	₩0+₩220,000 - (500단위×2시간 + 500단위×2시간)×@₩27 = ₩166,000

③ 전부원가계산하의 (고정)제조간접원가가 변동원가계산하의 (고정)제조간접원가보다 ₩30,000 더 작다. 따라서 전부원가계산하의 영업이익이 ₩30,000 더 크다.

④ 전부원가계산하의 영업이익은 같은 판매량이어도 생산량이 많을수록 고정제조간접원가가 감소하므로, 영업이익은 증가한다. (전부원가계산하의 영업이익으로 성과평가를 한다면) 전부원가계산하의 영업이익을 증가시키기 위해, 과잉생산 유인에 빠지게 되어 불필요한 재고자산이 누적될 수도 있다. 따라서 아래와 같은 완화 방안을 고려해야 한다.

㉠ 변동원가계산 및 초변동원가계산하의 영업이익을 기준으로 성과평가를 한다.
㉡ 성과평가에 비재무적 측정치를 포함시킨다(예 재고자산회전율).
㉢ 재고유지비용을 경영자 성과평가에 반영한다.
㉣ 성과평가기간을 장기화하여 장기적 이익을 추구하게 한다.

2) 표준원가계산에서의 비교

이미 살펴본 바와 같이, 표준원가계산이란 직접재료비·직접노무비·제조간접비에 대해서 미리 설정해 놓은 표준원가를 이용하는 방법이다. (제7장 참조)

표준원가계산에서 전부원가계산을 적용한다면, 고정제조간접비에 대한 조업도차이가 발생하게 된다. 왜냐하면 실제생산량과 기준조업도가 다르기 때문이다.

반면에 표준원가계산에서 변동원가계산을 적용한다면, 변동제조간접비만을 제품에 배부하면 되기 때문에 고정제조간접비를 제품에 배부함에 따라 발생되는 조업도차이는 존재하지 않는다. 왜냐하면 고정제조간접비를 제품원가에 포함시키지 않고 기간원가로 처리하기 때문에 고정제조간접비를 제품에 배부함에 따라 발생되는 조업도차이는 존재하지 않는다.

예제 1

당기 초 영업을 개시하였으며, 표준원가계산제도를 채택하고 있다. 기업이 생산하는 제품 단위당 표준원가는 다음과 같다. 단, 당기 중 가격차이·능률차이·예산차이는 발생하지 않았으며, 그 밖의 원가차이를 매출원가에 가감하고 있다. 단, 기말재공품은 없다고 가정한다.

	표준수량		표준가격		표준원가
직접재료비	2kg	×	₩25/kg	=	₩50
직접노무비	3시간	×	₩3/시간	=	9
변동제조간접비	3시간	×	₩2/시간	=	6
고정제조간접비	3시간	×	₩5/시간	=	15
제품 단위당 표준원가					₩80

고정제조간접비 예산은 연간 ₩90,000이고, 고정제조간접비 표준배부율을 산출하는데 사용된 기준조업도는 18,000시간이다. 당기의 제품생산량은 5,000개이며, 이 중 4,500개를 단위당 ₩100에 판매하다. 단위당 변동판매관리비는 ₩5이고, 고정판매관리비 총액은 ₩40,000이다.

물음

표준원가계산에서의 전부원가계산과 변동원가계산에 의한 포괄손익계산서를 각각 작성하시오.

해답

표준원가계산에서의 전부원가계산

매출액(4,500개×₩100/개)		₩450,000
매출원가		(375,000)
기초제품재고액	₩0	
당기제품제조원가(5,000개×₩80/개)	400,000	
기말제품재고액(500개×₩80/개)	(40,000)	
조업도차이	15,000*	
매출총이익		₩75,000
판매관리비		(62,500)
고정비	40,000	
변동비(4,500개×₩5/개)	22,500	
영업이익		₩12,500

* 1) 조업도차이

	실제발생액	예산액	배부액
고정제조간접비	₩90,000	₩90,000	5,000개×3시간×₩5/시간 = ₩75,000
	예산차이 ₩0		조업도차이 ₩15,000(불리)

2) 가격차이, 능률차이, 예산차이는 발생하지 않았다.

표준원가계산에서의 변동원가계산

매출액(4,500개×₩100/개)			₩450,000
변동비			(315,000)
변동매출원가		₩292,500	
기초제품재고액	₩0		
당기제품제조원가(5,000개×₩65/개)	325,000		
기말제품재고액(500개×₩65/개)	(32,500)		
변동판매관리비(4,500개×₩5/개)		22,500	
공헌이익			₩135,000
고정비			(130,000)
고정제조간접비		90,000	
고정판매관리비		40,000	
영업이익			₩5,000

* @₩50 + @₩9 + @₩6 = @₩65

[참조] 영업이익의 차이 요약

변동원가계산하의 영업이익	₩5,000
- 기초재고에 포함된 고정제조간접비	(0)
+ 기말재고에 포함된 고정제조간접비(500개×₩15/개)	7,500
전부원가계산하의 영업이익	₩12,500

예제 2

(주)대한은 표준종합원가계산을 적용하고 있다. 20×1년의 생산 및 판매활동, 그리고 원가에 관한 자료는 다음과 같다.

실제 생산자료	수량(완성도)	실제 판매자료	수 량	원가요소별 단위당 표준원가	
기초재공품	2,000단위(40%)	기초제품	1,000단위	직접재료원가	₩250
기말재공품	3,000 (20%)	기말제품	2,500	직접노무원가	50
당기완성품	15,000	판매량	13,500	변동제조간접원가	60
				고정제조간접원가	90

1) 직접재료는 공정 초에 모두 투입되고, 가공원가는 공정의 전반에 걸쳐 균등하게 발생한다.
2) 기초재공품의 가공원가 완성도는 40%이며, 기말재공품의 가공원가 완성도는 20%이다.
3) 재고자산은 선입선출법(FIFO)을 적용하여 평가하며, 당기 중 공손 및 감손은 발생하지 않았다.
4) 전기와 당기의 원가요소별 단위당 표준원가는 모두 동일하다.
5) 회계연도 말에 실제 발생한 제조간접원가를 집계한 결과 총액은 ₩2,300,000이었으며, 그 중 고정제조간접원가는 ₩1,350,000인 것으로 파악되었다.

6) (주)대한은 원가차이를 전액 매출원가에서 조정하고 있다. 단, 제조간접원가 차이를 제외한 다른 원가차이는 발생하지 않았다.
7) 제품의 단위당 판매가격은 ₩700이고, 변동판매관리비는 단위당 ₩50이며, 고정판매관리비는 ₩1,000,000이다.

물음 (2016 세무사)

1. 20×1년의 표준원가를 반영하여 다음의 [물음]에 답하시오.
   1) 직접재료원가와 가공원가에 대한 당기완성품 환산량을 계산하시오.
   2) 기초재공품원가, 당기총제조비용, 완성품원가 및 기말재공품원가를 계산하시오.
   3) 전부원가계산에 의한 영업이익과 변동원가계산에 의한 영업이익의 차이를 계산하시오.
2. 20×1년의 실제원가를 반영하여, 변동원가계산에 의한 공헌이익과 영업이익을 계산하시오.
3. 20×1년의 초변동원가계산에 의한 손익계산서를 작성하시오.

해답

제조원가보고서

	[1단계] 물량흐름 파악	[2단계] 완성품 환산량 직접재료원가	가공원가	계
기초재공품 수량	2,000단위(40%)			
당기투입 수량	16,000			
계	18,000단위			
기초재공품 완성량	2,000단위(60%)	0단위	1,200단위	
당기투입 완성량	13,000	13,000	13,000	
기말재공품 수량	3,000단위(20%)	3,000	600	
계	18,000단위	16,000단위	14,800단위	
[3단계] 총제조원가의 집계				계
기초재공품원가[1]				₩660,000
당기총제조비용(표준)[2]		₩4,000,000	₩2,960,000	6,960,000
계		₩4,000,000	₩2,960,000	₩7,620,000
[4단계] 환산량 단위당 원가				
완성품 환산량		÷16,000단위	÷14,800단위	
환산량 단위당 원가(표준)		₩250	₩200	

[5단계] 총제조원가의 배분

완성품원가(표준)[3]	15,000단위×@₩250 + 15,000단위×@₩200 =	₩6,750,000
기말재공품원가(표준)	3,000단위×@₩250 + 600단위×@₩200 =	870,000
계		₩7,620,000

* 1) 직접재료원가 : 2,000단위×@₩250 = ₩500,000
   가공원가 : (800단위×@₩50) + (800단위×@₩60) + (800단위×@₩90) = ₩160,000
2) 직접재료원가 : 16,000단위×@₩250 = ₩4,000,000
   가공원가 : 14,800단위×@₩200 = ₩2,960,000
3) ₩660,000 + 13,000단위×@₩250 + 14,200단위×@₩200 = 15,000단위×(@₩250 + @₩200) = ₩6,750,000

1. 표준원가 반영
   1) 당기완성품 환산량
      ① 직접재료원가 당기완성품 환산량 : 15,000단위 + 3,000단위 - 2,000단위 = 16,000단위
      ② 가공원가 당기완성품 환산량 : 15,000단위 + 3,000단위×20% - 2,000단위×40% = 14,800단위

2) 금액 계산(제조원가보고서 **참조**)

① 기초재공품원가 : ₩660,000(= 2,000단위×@₩250 + 2,000단위×40%×@₩200)

② 당기총제조비용 : ₩6,960,000(= 16,000단위×@₩250 + 14,800단위×@₩200)

③ 완성품원가 : ₩6,750,000(= 15,000단위×@₩250 + 15,000단위×@₩200)

④ 기말재공품원가 : ₩870,000(= 3,000단위×@₩250 + 3,000단위×20%×@₩200)

3) 영업이익의 차이

① 기말재고자산(재공품 + 제품)에 포함된 고정제조간접원가
(600단위 + 2,500단위)×@₩90 = ₩279,000

② 기초재고자산(재공품 + 제품)에 포함된 고정제조간접원가
(800단위 + 1,000단위)×@₩90 = ₩162,000

차이 : ① - ② = ₩279,000 - ₩162,000 = ₩117,000

2. 실제원가 반영

단위당 변동원가 : ₩250 + ₩50 + ₩60 + ₩50 = ₩410

단위당 공헌이익 : ₩700 - ₩410 = ₩290

고정원가 총액 : ₩1,350,000 + ₩1,000,000 = ₩2,350,000

변동원가계산에 의한 공헌이익 : 13,500단위(판매량)×@₩290 - ₩62,000* = ₩3,853,000

* 변동제조간접원가차이
표준원가 : 14,800단위×@₩60 = ₩888,000
실제원가 : ₩2,300,000 - ₩1,350,000 = ₩950,000
차이 : (-)₩62,000(불리)

변동원가계산에 의한 영업이익 : ₩3,853,000 - ₩2,350,000 = ₩1,503,000

3. 초변동원가계산

손익계산서

매출액	13,500단위×@₩700 =	₩9,450,000
직접재료원가	13,500단위×@₩250 =	3,375,000
재료처리량 공헌이익		₩6,075,000
가공원가 및 판매관리비		
직접노무원가	14,800단위(가공원가의 당기완성품 환산량)×@₩50 =	740,000
제조간접원가		2,300,000
판매관리비	13,500단위×@₩50 + ₩1,000,000 =	1,675,000
영업이익		₩1,360,000

* 변동제조간접원가차이를 제외한 다른 원가차이는 발생하지 않았다. 제조간접원가는 실제 발생액인 ₩2,300,000을 반영하여 손익계산서를 작성한다.

형성평가

[문 1] 직접작업시간에 근거한 제조간접비의 발생액을 고저점법으로 추정하고자 한다. 만일 직접작업시간을 1,000시간으로 예정할 경우에 제조간접비 발생액은 얼마로 추정되는가?

월	직접작업시간	제조간접비
1	620시간	₩8,470,000
2	900	9,400,000
3	770	9,150,000
4	880	9,460,000
5	600	8,500,000
6	850	9,350,000

[문 2] 단일 제품을 생산·판매하고 있으며, 7월에 30단위의 제품을 단위당 ₩500에 판매할 계획이다. 제품 1단위를 생산하는데 10시간의 직접노무시간을 사용하고 있으며, 제품 단위당 변동판매관리비는 ₩30이다. 총제조원가에 대한 원가동인은 직접노무시간이며, 고저점법에 의하여 원가를 추정하고 있다.

월	총제조원가	직접노무시간
1	₩14,000	120시간
2	17,000	100
3	18,000	135
4	19,000	150
5	16,000	125
6	20,000	140

물음 (2012 세무사)

7월에 30단위의 제품을 판매한다면 총공헌이익은 얼마인가?

[문 3] (주)세무의 제조간접원가는 소모품비, 감독자 급여, 수선유지비로 구성되어 있다. 이 회사의 제조간접원가의 원가동인은 기계시간으로 파악되었다. (주)세무의 20×1년 1월, 2월, 3월 및 4월 각각에 대해 실제 사용한 기계시간과 제조간접원가의 구성 항목별 실제원가는 다음과 같다.

월	기계시간	소모품비	감독자 급여	수선유지비	총제조간접원가 합계
1월	70,000	₩56,000	₩21,000	₩121,000	₩198,000
2월	60,000	48,000	21,000	105,000	174,000
3월	80,000	64,000	21,000	137,000	222,000
4월	90,000	72,000	21,000	153,000	246,000

(주)세무는 원가추정에 고저점법을 이용한다. 20×1월 5월에 75,000기계시간을 사용할 것으로 예상되는 경우 다음 각 질문에 답하시오.

물음 (2014 세무사)

1. 5월의 예상 소모품비는 얼마인가?
2. 5월의 예상 수선유지비는 얼마인가?

3. 5월의 예상 변동제조간접원가는 얼마인가?
4. 5월의 예상 고정제조간접원가는 얼마인가?
3. 5월의 예상 총제조간접원가는 얼마인가?

[문 4] 다음은 단일 제품 A를 생산하는 (주)대한의 20×1년도 생산 및 제조에 대한 자료이다.

구 분	생산량(개)	제조원가(₩)
1월	1,050	840,000
2월	1,520	1,160,000
3월	1,380	983,000
4월	2,130	1,427,600
5월	1,400	1,030,000
6월	1,730	1,208,000
7월	1,020	850,400
8월	1,800	1,282,300
9월	1,640	(중략)
10월	1,970	(중략)
11월	1,650	1,137,400
12월	1,420	1,021,800

(주)대한의 회계담당자는 향후 생산량에 따른 원가를 예측하고, 변동원가계산서 작성에 필요한 자료를 얻기 위해 중략된 자료를 포함한 위 자료를 이용하여 원가모형을 추정하였다. (주)대한의 회계담당자가 회귀분석을 통해 추정한 원가모형은 다음과 같다.

원가추정모형 : $Y = a + b \times X$
- Y = 제조원가(₩)
- a = 296,000 (t-value : 3.00, 유의도 0.01 이하)
- b = 526 (t-value : 4.00, 유의도 0.01 이하)
- X = 생산량(개)
- R^2(결정계수) = 0.96

물음 (2020 회계사)

1. (주)대한이 제품 A를 2,000개 생산한다면 회귀분석을 통해 추정한 제조원가는 얼마인가?
2. (주)대한의 회귀분석으로 추정한 제조원가와 고저점법으로 추정한 제조원가가 같아지는 생산량은 얼마인가?

[문 5] (주)세무는 20×1년에 제품A를 생산하기로 결정하였다. 제품A의 20×1년 생산량과 판매량은 일치하며, 기초 및 기말재공품은 없다. 제품A는 노동집약적 방법 또는 자본집약적 방법으로 생산 가능하며, 생산방법에 따라 품질과 판매가격의 차이는 없다. 각 생산방법에 의한 예상제조원가는 다음과 같다.

	노동집약적 생산방법	자본집약적 생산방법
단위당 변동제조원가	₩300	₩250
연간 고정제조간접원가	₩2,100,000	₩3,100,000

(주)세무는 제품A 판매가격을 단위당 ₩600으로 책정하고, 제조원가 외에 단위당 변동판매관리비 ₩50과 연간 고정판매관리비 ₩1,400,000이 발생될 것으로 예상하였다.

물음 (2016 세무사)

1. 노동집약적 생산방법을 선택할 경우에 단위당 공헌이익와 고정비 및 손익분기점 판매량은 각각 얼마인가?
2. 두 생산방법 간에 영업이익의 차이가 발생하지 않는 판매량은 얼마인가?

[문 6] (주)한국은 최근에 신제품 A의 개발을 완료하고 시험적으로 50단위를 생산하였다. 회사가 처음 500단위의 신제품 A를 생산하는데 소요된 총직접노무시간은 1,000시간이고 직접노무시간당 임률은 ₩300이었다. 신제품 A의 생산에 소요되는 단위당 직접재료원가는 ₩450이고, 단위당 제조간접원가는 ₩400이다. (주)한국은 과거 경험에 의하여 이 제품을 추가로 생산하는 경우 80%의 누적평균직접노무시간 학습모형이 적용될 것으로 추정하고 있으며, 당분간 직접노무시간당 임률의 변동은 없을 것으로 예상하고 있다. 신제품 A를 추가로 1,500단위 더 생산한다면, 총생산량 2,000단위에 대한 신제품 A의 단위당 예상원가는? (2017 회계사)

[문 7] 사업개시 후 2년간인 20×1년과 20×2년의 손익자료는 다음과 같다.

	20×1년	20×2년
매출액	₩1,000,000	₩3,000,000
직접재료원가	400,000	1,200,000
직접노무원가	100,000	224,000
제조간접원가	200,000	500,000
판매관리비	150,000	150,000
영업이익	₩150,000	₩926,000

20×1년부터 20×3년까지의 단위당 판매가격, 시간당 임률, 단위당 변동제조간접원가, 총고정제조간접원가, 총판매관리비는 일정하다. 직접노무시간에는 90%의 누적평균시간 학습모형이 적용된다. 매년 기초 및 기말재고는 없다. 20×3년의 예상매출액이 ₩4,000,000이라면 예상영업이익은 얼마인가? (2012 회계사)

[문 8] (주)평강은 제품B 800단위에 대한 계약의 입찰에 참여할 것을 고려하고 있다. 약 일주일 전에 제품A를 생산하였으며 고정제조간접원가 ₩5,000은 제품A에 전부 배분하여 보상받았다. 제품B 800단위를 생산하여도 고정제조간접원가는 변동이 없다. 제품B의 200단위 생산에 소요되는 변동제조원가는 다음과 같다.

직접재료원가	₩10,000
직접노무원가(1,000시간×@₩30)	30,000
변동제조간접원가	8,000
기 타	6,000
계	₩54,000

* 1) 변동제조간접원가는 직접노무원가에 비례하여 발생한다.
2) 기타는 일반관리비 및 이윤보상 목적으로 직접노무원가의 20%를 일정하게 설정한다.

(주)평강은 제품B의 생산과 관련하여 200단위 묶음으로 80%의 누적평균시간 학습곡선을 사용하고 있다. 총제조원가의 120%를 입찰가격으로 제시한다고 할 때, 800단위의 계약에 입찰하기 위해 제시할 예상금액은 얼마인가? (2002 세무사 유사)

[문 9] (주)대한은 A형-학습모형(누적평균시간 모형)이 적용되는 '제품X'를 개발하고, 최초 4단위를 생산하여 국내 거래처에 모두 판매하였다. 이후 외국의 신규 거래처로부터 제품X의 성능이 대폭 개선된 '제품X-plus'를 4단위 공급해 달라는 주문을 받았다. 제품X-plus를 생산하기 위해서는 설계를 변경하고 새로운 작업자를 고용해야 한다. 또한 제품X-plus의 생산에는 B형-학습 모형(증분단위시간 모형)이 적용되는 것으로 분석되었다.

누 적 생산량	A형-학습모형이 적용될 경우 누적평균 노무시간	B형-학습모형이 적용될 경우 증분단위 노무시간
1	120.00	120.00
2	102.00	108.00
3	92.75	101.52
4	86.70	97.20
5	82.28	93.96
6	78.83	91.39
7	76.03	89.27
8	73.69	87.48

물음 (2018 회계사)

(주)대한이 제품X-plus 4단위를 생산한다면, 제품X 4단위를 추가로 생산하는 경우와 비교하여 총노무시간은 얼마나 증가(또는 감소) 하는가?

[문 10] 기업은 1월 초에 영업을 개시하였다. 이 기업은 단일 제품을 생산 · 판매하고 있으며, 실제원가계산으로 원가를 계산하고 있다. 기말재공품은 전혀 없었다. 단일 제품A를 100,000단위 생산하였는데, 이때 부담한 실제원가는 다음과 같다.

	고정비	변동비
직접재료비	-	₩10,000,000
직접노무비	-	8,000,000
제조간접비	₩5,000,000	4,000,000
판매관리비	4,500,000	1,200,000

물음

1. 전부원가계산에서의 제품 단위당 제조원가는 얼마인가?
2. 변동원가계산에서의 제품 단위당 제조원가는 얼마인가?

[문 11] 기업은 1월 초에 영업을 개시하여, 단위당 ₩10,000에 판매되는 제품S를 제조하고 있다. 당기 중 10,000단위의 S제품을 제조하여 8,000단위를 판매하였다. 기말재공품은 전혀 없었으며, 당기 중에 발생한 제조원가 및 판매관리비이다.

	고정비	변동비(단위당)
직접재료비	-	₩2,000
직접노무비	-	1,250
제조간접비	₩12,000,000	750
판매관리비	7,000,000	1,000

물음

1. 전부원가계산에서의 영업이익은 얼마인가?
2. 전부원가계산에서의 기말제품재고액은 얼마인가?
3. 변동원가계산에서의 영업이익은 얼마인가?
4. 변동원가계산에 의한 영업이익과 전부원가계산에 의한 영업이익을 비교하시오.

[문 12] (주)세무의 기초 제품수량은 없고 당기 제품 생산수량은 500단위, 기말 제품수량은 100단위이다. 제품 단위당 판매가격은 ₩1,300이며, 당기에 발생한 원가는 다음과 같다.

직접재료원가	₩250,000
직접노무원가	80,000
변동제조간접원가	160,000
변동판매관리비	40,000
고정제조간접원가	40,000
고정판매관리비	15,000

물음 (2019 세무사)

1. 단위당 변동비는 얼마인가?
2. 단위당 공헌이익은 얼마인가?
3. 변동원가계산에 의한 당기 영업이익은? (단, 기초 및 기말 재공품은 없다.)

[문 13] (주)대한은 20×1년 1월 1일에 처음으로 생산을 시작하였고, 20×1년과 20×2년의 영업활동 결과는 다음과 같다.

구 분	20×1년	20×2년
생산량	1,000단위	1,400단위
판매량	800단위	1,500단위
고정제조간접원가	?	?
전부원가계산에 의한 영업이익	₩8,000	₩8,500
변동원가계산에 의한 영업이익	4,000	10,000

(주)대한은 재공품 재고를 보유하지 않으며, 재고자산 평가방법은 선입선출법이다. 20×1년과 20×2년에 발생한 고정제조간접원가는 각각 얼마인가? 단, 두 기간의 단위당 판매가격, 단위당 변동제조원가와 판매관리비는 동일하였다. (2018 회계사)

[문 14] (주)세무는 단일 제품을 생산 판매하고 있으며, 3년간의 자료는 다음과 같다.

	20×1년	20×2년	20×3년
기초제품재고량(단위)	-	20,000	10,000
당기생산량(단위)	60,000	30,000	50,000
당기판매량(단위)	40,000	40,000	40,000
기말제품재고량(단위)	20,000	10,000	20,000

3년간의 판매가격과 원가구조의 변동은 없다. 20×1년 전부원가계산하의 영업이익은 ₩800,000이고, 고정원가가 ₩600,000일 때, 20×3년 전부원가계산하의 영업이익은 얼마인가? 단, 원가흐름은 선입선출법을 가정하며, 기초 및 기말 재공품은 없다. (2020 세무사, 2024 세무사 유사)

[문 15] (주)대한은 20×1년 초에 설립되었으며 단일 제품을 생산한다. 20×1년과 20×2년에 전부원가계산에 의한 영업활동 결과는 다음과 같다.

항 목	20×1년	20×2년
생산량	100단위	120단위
판매량	80단위	110단위
매출액	₩24,000	₩33,000
매출원가	17,600	22,400
매출총이익	6,400	10,600
판매관리비	5,600	6,200
영업이익	800	4,400

(주)대한은 재공품 재고를 보유하지 않으며, 원가흐름 가정은 선입선출법이다. 20×2년도 변동원가계산에 의한 영업이익은 얼마인가? 단, 두 기간의 단위당 판매가격, 단위당 변동제조원가, 고정제조간접원가, 단위당 변동판매관리비, 고정판매관리비는 동일하다. (2019 회계사)

[문 16] (주)도곡은 원가흐름에 대해 선입선출법을 사용하고 있으며, 월초와 월말의 재공품 재고는 없다. 이 기업의 20×7년도 5월, 6월, 7월의 생산과 판매 및 실제 발생원가에 관한 자료는 다음과 같다.

	5월	6월	7월
수량(개)			
기초재고	0	500	1,500
당기생산	2,000	2,500	1,000
당기판매	1,500	1,500	2,500
제조원가(₩)			
직접재료원가(단위당)	50	50	50
직접노무원가(단위당)	20	20	20
변동제조간접원가(단위당)	10	10	10
고정제조간접원가(월)	50,000	50,000	50,000
판매관리비(₩)			
변동판매관리비(단위당)	5	5	5
고정판매관리비(월)	10,000	10,000	10,000
가격(단위당 : ₩)	200	200	200

물음 (2017 회계사)

1. (주)도곡은 실제원가계산제도를 사용하고 있다.
   1) 실제전부원가계산 손익계산서(매출총이익 표시)를 작성하시오.
   2) 실제변동원가계산 손익계산서(공헌이익 표시)를 작성하시오.
   3) 6월 실제전부원가계산제도와 실제변동원가계산제도에서의 영업이익의 차이를 계산하시오.
2. 위 [물음1]과 달리, (주)도곡이 정상원가계산제도(평준화원가계산제도)를 사용하고 있다고 하자. 모든 원가차이는 매월 말 매출원가에서 조정한다고 가정한다. 변동제조간접원가의 배부기준은 기계시간이다. 5월, 6월, 7월에 기계시간당 예정배부율은 ₩4이다. 실제 기계시간은 5월, 6월, 7월에 각각 4,000시간, 5,000시간, 2,000시간이다. 고정제조간접원가 배부를 위한 기준조업도는 생산량 기준으로 매월 2,000개이며, 월별 고정제조간접원가 예산과 실제발생액은 동일하게 ₩50,000이다.

1) 월별 제조간접원가 배부차이를 계산하시오. (과다, 과소배부 여부. 예로서, ₩2,000 과다)
2) 정상전부원가계산 손익계산서(매출총이익 표시)를 작성하시오. (원가차이 조정내용 표시)
3) 정상변동원가계산 손익계산서(공헌이익 표시)를 작성하시오. (원가차이 조정내용 표시)
4) 6월 정상원가계산제도에서 전부원가계산제도와 변동원가계산제도에서의 영업이익 차이를 계산하시오.
5) 위의 정상전부원가계산에서 3개월 동안의 영업이익 합계와 정상변동원가계산에서 3개월 동안의 영업이익 합계를 계산해서 비교하시오.

[문 17] 단일 제품을 생산·판매하고 있다. 단, 선입선출법에 의한 원가흐름을 가정하며, 3월 초의 제품재고액은 없다. 기초 및 기말 재공품도 없다.

	3월	4월
단위당 판매가격	₩23	₩23
생산량	26,000개	18,000개
판매량	20,000	22,000
변동비(단위당)		
제조원가	₩12	₩12
판매관리비	2	2
고정비		
제조간접비	117,000	117,000
판매관리비	78,000	78,000

물음 (2025 회계사 유사, 2012 세무사 유사)

1. 전부원가계산에서의 영업이익은 얼마인가?
2. 변동원가계산에서의 영업이익은 얼마인가?
3. 변동원가계산에 의한 영업이익과 전부원가계산에 의한 영업이익을 비교하시오.

[문 18] 당기에 설립된 (주)국세는 1,300단위를 생산하여 그 중 일부를 판매하였으며, 관련 자료는 다음과 같다.

직접재료 매입액 : ₩500,000
직접노무원가 : 기본원가의 30%
제조간접원가 : 전환원가(가공원가)의 40%
매출액 : ₩900,000
판매관리비 : ₩200,000
직접재료 기말재고액 : ₩45,000
재공품 기말재고액 : 없음
제품 기말재고액 중 직접재료원가 : ₩100,000

물음 (2015 세무사)

1. 직접재료원가, 직접노무원가, 제조간접원가는 각각 얼마인가?
2. 초변동원가계산에 의한 당기 영업이익은?

[문 19] (주)세무는 단일 제품을 생산·판매하고 있으며, 선입선출법에 의한 종합원가계산을 적용하고 있다. 직접재료는 공정 초에 전량 투입되며, 전환원가는 공정 전반에 걸쳐 균등하게 발생한다. 당기 재고자산 관련 자료는 다음과 같다.

구 분	기초재고	기말재고
재공품(전환원가 완성도)	1,500단위(40%)	800단위(50%)
제 품	800	1,000

(주)세무는 당기에 8,500단위를 제조공정에 투입하여 9,200단위를 완성하였고, 완성품 환산량 단위당 원가는 직접재료원가 ₩50, 전환원가 ₩30으로 전기와 동일하다. (주)세무의 당기 전부원가계산에 의한 영업이익이 ₩315,000일 경우, 초변동원가계산에 의한 영업이익은? (2021 세무사)

[문 20] 단위당 판매가격이 ₩60인 단일 제품을 생산·판매하고 있다. 단, 월초 및 월말 재공품은 없으며, 선입선출법에 의한 원가흐름을 가정한다.

(1) 전부원가계산에 의한 비교포괄손익계산서

	1월	2월
매출액	₩600,000	₩900,000
매출원가	450,000	775,000
기초제품재고액	0	225,000
당기제품제조원가	675,000	550,000
기말제품재고액	(225,000)	(0)
매출총이익	₩150,000	₩125,000
판매관리비	100,000	100,000
영업이익	₩50,000	₩25,000

(2) 생산 및 판매활동

	1월	2월
단위당 직접재료비	₩10	₩10
직접노무비	8	8
변동제조간접비	7	7
연간 고정제조간접비	₩300,000	₩300,000
연간 판매량(개)	10,000	15,000
기초제품재고량(개)	0	5,000

물음 (2014 회계사 유사, 2013 회계사 유사, 2015 세무사 유사)

1. 초변동원가계산에서의 영업이익은 얼마인가?
2. 초변동원가계산에 의한 영업이익과 전부원가계산에 의한 영업이익을 비교하시오.

[문 21] (주)대한은 20×3년 초에 설립되었으며, 단일 제품을 생산 및 판매하고 있다. (주)대한의 20×3년 1월의 생산 및 판매와 관련된 자료는 다음과 같다.

· 생산량은 500개이며, 판매량은 300개이다.
· 제품의 단위당 판매가격은 ₩10,000이다.
· 판매관리비는 ₩200,000이다.
· 변동원가계산에 의한 영업이익은 ₩760,000이다.
· 초변동원가계산에 의한 영업이익은 ₩400,000이다.

· 제조원가는 변동원가인 직접재료비와 직접노무비, 고정비인 제조간접원가로 구성되어 있으며, 1월에 발생한 총제조원가는 ₩3,000,000이다.
· 월말재공품은 없다.

물음 (2023 회계사)

20×3년 1월에 발생한 직접재료비는 얼마인가?

[문 22] 단위당 판매가격이 ₩15인 제품을 생산·판매하고 있으며, 이의 제품 단위당 원가는 다음과 같다. 단, 선입선출법에 의한 원가흐름을 가정한다.

직접재료비(1개당 0.5kg)	₩2
직접노무비	3
변동제조간접비	2
고정제조간접비	1
변동판매관리비	0.2
고정판매관리비	0.5

(1) 직접재료는 월초시점에서 투입되며, 가공비는 공정 전체에 걸쳐 계속 발생한다.
(2) 당월에 직접재료 10,000kg을 매입하고 8,000kg을 공정에 투입하였다.
(3) 재고와 관련된 내용은 다음과 같다.

	월초재고	월말재고
원재료	2,000kg	4,000kg
재공품	300개(완성도 50%)	400개(완성도 40%)
제 품	700개	600개

물음

1. 생산량 및 판매량을 구하시오.
2. 전부원가계산에서의 영업이익은 얼마인가?
3. 변동원가계산에서의 영업이익은 얼마인가?
4. 변동원가계산에 의한 영업이익과 전부원가계산에 의한 영업이익을 비교하시오.

[문 23] (주)세무는 단일 제품을 생산·판매하고 있으며, 종합원가계산을 적용하고 있다. 당기 중에 실제 발생한 제품 단위당 원가는 다음과 같다.

직접재료원가(1단위당 0.5kg)	₩1,500
직접노무원가	3,000
변동제조간접원가	500
고정제조간접원가	550

(1) 직접재료는 기초시점에서 투입되며, 가공원가는 공정 전체에 걸쳐 균등하게 발생한다.
(2) 당기 매입한 직접재료는 12,000kg이며, 직접재료 중 당기에 11,000kg이 공정에 투입되었다.
(3) 기초재고와 기말재고에 관련된 내용은 다음과 같다.

	기초재고	기말재고
원재료	2,000kg	3,000kg
재공품	500개(완성도 50%)	750개(완성도 40%)
제 품	850개	600개

(4) 제품 단위당 판매가격은 ₩10,000이다.

(5) 재고자산 평가시 선입선출법을 사용하며, 전기 단위당 원가도 당기와 동일하다고 가정한다.

(6) 변동판매관리비는 단위당 ₩1,000이고, 고정판매관리비는 ₩30,000,000이다.

물음 (1993 회계사)

1. 재공품과 제품계정의 물량흐름을 파악하시오.
2. 당기 완성품 환산량을 계산하시오.
3. 종합전부원가계산에서의 손익계산서를 작성하시오.
4. 종합변동원가계산을 사용할 때 공헌이익은 얼마인가?
5. 종합변동원가계산을 사용할 때 영업이익은 얼마인가?
6. 종합전부원가계산과 종합변동원가계산의 영업이익 차이를 분석하시오.

[문 24] (주)세무는 20×1년 초에 설립되었으며, 결합공정을 통해 제품을 생산한다. 제1공정에서는 동일한 재료를 가공하여 제품 A와 중간제품 B를 생산한다. 중간제품 B는 전량 제2공정을 거쳐 제품 C로 생산·판매된다. 제조원가는 재료원가와 전환원가(conversion costs)로 구분되며, 재료원가는 변동원가이고 전환원가는 고정원가이다. 제1공정과 제2공정에서 재료는 각각의 공정 시작시점에 모두 투입된다. (주)세무는 실제원가에 의한 종합원가계산을 사용하고 있다. 결합원가는 순실현가능가치법에 의해 각 결합제품에 배부하며, 순실현가능가치는 실제 판매가치 및 실제원가를 이용하여 계산한다. 다음은 20×1년도 생산 및 원가 관련 자료이다.

(1) 제1공정에서 생산에 착수한 물량은 1,000개, 완성품은 850개(제품 A 150개, 중간제품 B 700개), 기말재공품은 100개(전환원가 완성도 50%)이었다. 당기투입 재료원가는 ₩50,000, 전환원가는 ₩66,500이었다. 제1공정의 종료시점에서 품질검사를 실시하며, 정상공손 25개와 비정상공손 25개가 발생하였다. 정상공손원가는 완성품원가에 가산하고, 비정상공손원가는 당기비용으로 처리한다. 공손품은 처분가치가 없고 추가비용 없이 폐기한다.

(2) 제2공정에서 제품 C의 당기 완성품은 700개이고 기말재공품은 없었으며, 전공정원가 이외에 재료원가 ₩42,000, 전환원가 ₩56,000이 발생했다. 제2공정의 공손 및 감손은 없었다.

(3) 제품 A는 추가가공 없이 단위당 ₩320에 판매되고, 제품 C의 단위당 판매가격은 ₩300이다. 생산된 제품은 당기에 모두 판매되었으며, 판매관리비는 발생하지 않는다.

※ (주)세무가 전부원가계산을 적용한다고 가정하고 [물음1]~[물음3]에 답하시오.

물음 (2023 세무사)

1. 제1공정과 관련하여 다음 ①~③의 금액을 계산하시오.

항 목	금 액
결합원가 총액	①
제품 A에 배부된 결합원가	②
중간제품 B에 배부된 결합원가	③

2. 제2공정의 완성품원가를 계산하시오.
3. 당기순손익을 계산하시오. (단, 당기순손실인 경우 금액 앞에 '(-)'를 표시하시오.)
4. (주)세무가 변동원가계산을 적용한다고 가정하고 다음 ①~③의 금액을 계산하시오. (단, 당기순손실인 경우 금액 앞에 '(-)'를 표시하시오.)

항 목	금 액
매출원가	①
비정상공손원가	②
당기순이익	③

5. (주)세무는 전부원가계산 당기순이익과 변동원가계산 당기순이익의 차이가 생긴 원인을 분석하고자 한다. [물음3]의 당기순이익과 [물음4]의 당기순이익이 차이가 발생한 이유를 기술하시오.

[문 25] 단일 제품만을 생산 · 판매하고 있다. 당월의 월초 제품은 300개이고, 월중에 1,900개를 생산하며, 총 1,800개를 판매하다. 제품 단위당 판매가격은 ₩38,000이며, 당월 표준원가 자료이다.

	표준수량		표준가격		표준원가
직접재료비	4kg	×	₩2,500/kg	=	₩10,000
직접노무비	1시간	×	₩6,000/시간	=	6,000
변동제조간접비	1시간	×	₩1,500/시간	=	1,500
고정제조간접비	1시간	×	₩3,000/시간	=	3,000
					₩20,500

월중에 직접재료 9,000kg을 ₩22,500,000에 매입하다. 직접재료비 사용차이는 ₩1,000,000(유리)이다. 직접노무비의 임률차이는 ₩570,000(불리)이고, 능률차이는 ₩600,000(유리)이다. 변동제조간접비차이는 ₩1,125,000(불리)이며, 고정제조간접비차이는 ₩600,000(불리)의 조업도차이뿐이다. 한편, 당월 중에 발생한 판매관리비는 ₩16,000,000이다. 이중 ₩9,500,000은 고정비이고, 나머지는 변동비이다. 모든 원가차이는 매출원가계정에서 조정된다.

물음

1. 원가차이분석을 수행하시오.
2. 표준전부원가계산에서의 영업이익은 얼마인가?
3. 표준변동원가계산에서의 영업이익은 얼마인가?
4. 표준변동원가계산에 의한 영업이익과 표준전부원가계산에 의한 영업이익을 비교하시오.

정답 및 해설

[문 1] 고저점법

변동원가율 : (₩9,400,000 - ₩8,500,000)÷(900시간 - 600시간) = ₩3,000/시간

고정원가 : ₩9,400,000 - @₩3,000×900시간 = = ₩6,700,000

또는 ₩8,500,000 - @₩3,000×600시간 = ₩6,700,000

고저점법에 의한 선형함수 : ₩6,700,000 + @₩3,000×직접작업시간

∴ 직접작업시간이 1,000시간일 때, 제조간접비 발생액은 ₩9,700,000(= ₩6,700,000 + @₩3,000×1,000시간)으로 추정된다.

[문 2] 고저점법

변동원가율 : (₩19,000 - ₩17,000)÷(150시간 - 100시간) = ₩40/시간

고정원가 : ₩19,000 - @₩40×150시간 = ₩13,000

또는 ₩17,000 - @₩40×100시간 = ₩13,000

고저점법에 의한 선형함수 : ₩13,000 + @₩40×직접노무시간

단위당 공헌이익 = 단위당 판매가격 - 단위당 변동제조원가 - 단위당 변동판매관리비

= @₩500 - @₩40×10시간 - @₩30 = @₩70

∴ 7월의 공헌이익 : 30단위×@₩70 = ₩2,100

[문 3] 고저점법

1. 기계시간당 변동소모품비 : (₩72,000 - ₩48,000)÷(90,000시간 - 60,000시간) = @₩0.8
   고정 소모품비 : ₩48,000 - 60,000시간×@₩0.8 = ₩0
   예상 소모품비 : 75,000시간×@₩0.8 + ₩0 = ₩60,000
2. 기계시간당 변동수선유지비 : (₩153,000 - ₩105,000)÷(90,000시간 - 60,000시간) = @₩1.6
   고정 소모품비 : ₩105,000 - 60,000시간×@₩1.6 = ₩9,000
   예상 수선유지비 : 75,000시간×@₩1.6 + ₩9,000 = ₩129,000
3. 기계시간당 변동제조간접원가 : (₩246,000 - ₩174,000)÷(90,000시간 - 60,000시간) = @₩2.4
   예상 변동제조간접원가 : 75,000시간×@₩2.4 = ₩180,000
4. 고정제조간접원가 : ₩174,000 - 60,000시간×@₩2.4 = ₩30,000
5. 예상 총제조간접원가 : ₩180,000 + ₩30,000 = ₩21,000

[문 4] 고저점법과 회귀분석

1. ₩296,000 + @₩526×2,000개 = ₩1,348,000
2. 회귀분석과 고저점법
   고저점법에 의한 선형함수
   2,130개인 경우 : ₩1,427,600 = a + b×2,130개
   1,020개인 경우 : ₩850,400 = a + b×1,020개
   ∴ a = ₩320,000, b = @₩520

원가가 같아지는 생산량(Q)

₩296,000 + @₩526Q = ₩320,000 + @₩520Q ∴ Q = 4,000개

참조)

변동원가율 : (₩1,427,600 - ₩850,400)÷(2,130개 - 1,020개) = @₩520

고정원가 : ₩1,427,600 - @₩520×2,130개 = ₩320,000

또는 ₩850,400 - @₩520×1,020개 = ₩320,000

고저점법에 의한 선형함수 : ₩320,000 + @₩520×생산량

[문 5] 생산방법 차이 및 판매량

1. 단위당 공헌이익 : @₩600 - @₩300 - @₩50 = @₩250

   고정비 : ₩2,100,000 + ₩1,400,000 = ₩3,500,000

   손익분기점 판매량 : ₩3,500,000÷@₩250 = 14,000단위

2. (@₩300 - @₩250)×판매량 = ₩3,100,000 - ₩2,100,000

   ∴ 판매량 : 20,000단위

[문 6] 학습모형

항 목	누적 500단위	학습률	누적 2,000단위
직접재료원가	₩450	1	₩450
직접노무원가	600	0.64	384
제조간접원가	400	1	400
계(단위당 원가)	₩1,450		₩1,234

* 1,000시간×(@₩300÷500단위) = @₩600
$0.8^2 = 0.64$

별해) 총생산량 2,000단위의 단위당 원가 : @₩450 + @₩600×0.64 + @₩400 = @₩1,234

[문 7] 학습효과와 예상영업이익

학습효과를 반영한 직접노무원가 추정(학습률 90%)

누적생산량(x)	단위당 누적평균원가(y)	총누적원가(xy)
1	₩100,000	₩100,000
2	90,000	180,000
4	81,000	324,000
8	72,900	583,200

∴ 20×3년 예상 직접노무원가 : ₩259,200(= ₩583,200 - ₩324,000)

20×3년 예상영업이익

매출액	₩4,000,000
직접재료원가	1,600,000
직접노무원가	259,200
제조간접원가	650,000
판매관리비	150,000
영업이익	₩1,340,800

* 제조간접원가 중 총고정제조간접원가 및 단위당 변동제조간접원가는 매년 일정하므로, 단위당 변동제조간접원가는 ₩150,000(= ₩300,000÷2)이고 고정제조간접원가는 ₩50,000(= ₩200,000 - ₩150,000)이다. 따라서 20×3년 제조간접원가는 ₩650,000(= @₩150,000×4 + ₩50,000)이다.

[문 8] 학습효과와 입찰예상금액

학습효과를 반영한 직접노무시간 추정(학습률 80%)

롯트(x)	누적평균시간(y)	총누적시간(xy)
1(200단위)	1,000	1,000
2(400단위)	800	1,600
4(800단위)	640	2,560

총제조원가의 계산(4롯트) : 직접재료원가 ₩40,000 + 직접노무원가 ₩76,800[1)] + 변동제조간접원가 ₩20,480[2)] + 기타 ₩15,360[3)] = ₩152,640

* 1) 2,560시간×@₩30 = ₩76,800
2) ₩8,000×2,560시간÷1,000시간 = ₩20,480
3) ₩6,000×2,560시간÷1,000시간 = ₩15,360

∴ 입찰예상금액 : ₩152,640×120% = ₩183,168

[문 9] 학습효과

B형-학습모형 적용 총노무시간 : 97.20시간×4단위 =	388.80시간
A형-학습모형 적용 총노무시간 : 73.69시간×8단위 - 86.70시간×4단위 =	242.72시간
총노무시간 증가	146.08시간

∴ 제품X-plus 4단위를 생산할 때의 총노무시간(증분단위시간 모형)은 388.80시간이 소요되고, 제품X 4단위를 추가로 생산할 때의 총노무시간(누적평균시간 모형)은 242.72시간이 소요된다. 따라서 제품X-plus 4단위를 생산한다면, 제품X 4단위를 추가로 생산하는 경우와 비교하여 총노무시간은 146.08시간이 증가하게 된다.

[문 10] 전부원가계산 및 변동원가계산

1. 전부원가계산 : ₩(10,000,000 + 8,000,000 + 4,000,000 + 5,000,000)÷100,000단위 = ₩270/단위
2. 변동원가계산 : ₩(10,000,000 + 8,000,000 + 4,000,000)÷100,000단위 = ₩220/단위

[문 11] 전부원가계산 및 변동원가계산

1. 전부원가계산

매출액(@₩10,000×8,000단위)		₩80,000,000
매출원가*		(41,600,000)
변동비(@₩4,000×8,000단위)	₩32,000,000	
고정비(₩12,000,000×0.8)	9,600,000	
매출총이익		₩38,400,000
판매관리비		(15,000,000)
변동비(@₩1,000×8,000단위)	₩8,000,000	
고정비	7,000,000	
영업이익		₩23,400,000

[참조]

기초제품재고액 ₩0 + 당기제품제조원가 ₩52,000,000(㉠) - 기말제품재고액 ₩10,400,000(㉡) = ₩41,600,000

* ㉠ (@₩2,000 + @₩1,250 + @₩750) + (₩12,000,000÷10,000단위) = @₩5,200
@₩5,200×10,000단위 = ₩52,000,000, 8,000단위÷10,000단위 = 0.8
㉡ 0단위 + 10,000단위 - 8,000단위 = 2,000단위
@₩5,200×2,000단위 = ₩10,400,000

2. 전부원가계산하의 기말제품재고액

변동비 : @₩4,000×2,000단위 =	₩8,000,000
고정비 : ₩12,000,000×0.2 =	2,400,000
	₩10,400,000

3. 변동원가계산

매출액(@₩10,000×8,000단위)		₩80,000,000
변동비		(40,000,000)
변동제조원가(@₩4,000×8,000단위)	₩32,000,000	
변동판매관리비(@₩1,000×8,000단위)	8,000,000	
공헌이익		₩40,000,000
고정비		(19,000,000)
제조간접비	₩12,000,000	
판매관리비	7,000,000	
영업이익		₩21,000,000

4. 영업이익 차이 요약

기말재고에 포함된 단위당 고정제조간접비 : ₩12,000,000÷10,000단위 = @₩1,200

변동원가계산하의 영업이익	₩21,000,000
- 기초재고에 포함된 고정제조간접비	0
+ 기말재고에 포함된 고정제조간접비(2,000단위×@₩1,200)	2,400,000
전부원가계산하의 영업이익	₩23,400,000

[문 12] 변동원가계산 영업이익

1. 단위당 변동비 : (₩250,000 + ₩80,000 + ₩160,000)÷500단위 + ₩40,000÷400단위 = @₩1,080
2. 단위당 공헌이익 : @₩1,300 - @₩1,080 = @₩220
3. 변동원가계산 영업이익 : 400단위×(@₩1,300 - @₩1,080) - (₩40,000 + ₩15,000) = ₩33,000

검증) 전부원가계산

매출액(400단위×₩1,300/단위)		₩520,000
매출원가		(424,000)
월초제품재고액	₩0	
당월제품제조원가(500단위×₩1,060/단위)	530,000	
월말제품재고액(100단위×₩1,060/단위)	(106,000)	
매출총이익		₩96,000
판매관리비		(55,000)
변동비	₩40,000	
고정비	15,000	
영업이익		₩41,000

* (₩250,000 + ₩80,000 + ₩160,000 + ₩40,000)÷500단위 = ₩1,060/단위

전부원가계산하의 영업이익	41,000
+ 기초재고에 포함된 고정제조간접비	0
- 기말재고에 포함된 고정제조간접비[(₩40,000÷500단위)×100단위]	8,000
변동원가계산하의 영업이익	33,000

[문 13] 전부원가계산 및 변동원가계산

20×1년 고정제조간접원가

₩8,000 = ₩4,000 + [(고정제조간접원가÷1,000단위)×200단위]

∴ 고정제조간접원가 = ₩20,000

검증)	
변동원가계산하의 영업이익	₩4,000
- 기초재고에 포함된 고정제조간접비	0
+ 기말재고에 포함된 고정제조간접비(200단위×@₩20)	4,000
전부원가계산하의 영업이익	₩8,000

* 200단위(기말재고량), ₩20,000÷1,000단위 = @₩20

20×2년 고정제조간접원가

₩8,500 = ₩10,000 + [(고정제조간접원가÷1,400단위)×100단위] - [(₩20,000÷1,000단위)×200단위]

∴ 고정제조간접원가 = ₩35,000

검증)	
변동원가계산하의 영업이익	₩10,000
- 기초재고에 포함된 고정제조간접비(200단위×@₩20)	4,000
+ 기말재고에 포함된 고정제조간접비(100단위×@₩25)	2,500
전부원가계산하의 영업이익	₩8,500

* 200단위 + 1,400단위 - 150단위 = 100단위(기말재고량), ₩35,000÷1,400단위 = @₩25

[참조] 생산량과 판매량의 관계

(1) 생산량 > 판매량 : 전부원가계산하의 영업이익이 변동원가계산하의 영업이익보다 크다.
(2) 생산량 = 판매량 : 전부원가계산하의 영업이익과 변동원가계산하의 영업이익은 일치한다.
(3) 생산량 < 판매량 : 변동원가계산하의 영업이익이 전부원가계산하의 영업이익보다 크다.
(4) 매년 판매량이 동일하다면, 전부원가계산하에서는 생산량이 많은 연도의 영업이익이 생산량이 적은 연도의 영업이익보다 크며, 변동원가계산하에서는 매년도 영업이익은 동일하다.

[문 14] 전부원가계산 영업이익

20×1년 변동원가계산 영업이익을 x라 하면

₩800,000 = x + [(₩600,000÷60,000단위)×20,000단위]

∴ x = ₩600,000

검증)	
변동원가계산하의 영업이익	600,000
- 기초재고에 포함된 고정제조간접비	0
+ 기말재고에 포함된 고정제조간접비(20,000단위×@₩10)	200,000
전부원가계산하의 영업이익	800,000

* 20,000단위(기말재고량), ₩600,000÷60,000단위 = @₩10

20×3년 전부원가계산 영업이익

₩600,000 + [(₩600,000÷50,000단위)×20,000단위] - [(₩600,000÷30,000단위)×10,000단위]

= ₩640,000

검증)	
변동원가계산하의 영업이익	600,000
- 기초재고에 포함된 고정제조간접비(10,000단위×@₩20)	200,000
+ 기말재고에 포함된 고정제조간접비(20,000단위×@₩12)	240,000
전부원가계산하의 영업이익	640,000

* 20,000단위(기말재고량), ₩600,000÷50,000단위 = @₩12
10,000단위(기초재고량), ₩600,000÷30,000단위 = @₩20

[문 15] 변동원가계산 영업이익

총고정원가(a) 및 단위당 변동제조원가(b)

20×1년 : ₩17,600×100단위÷80단위 = ₩22,000

20×2년 : ₩18,000*×120단위÷90단위** = ₩24,000

* 당기 생산분 매출원가 : ₩22,400 - (₩22,000÷100단위)×20단위 = ₩18,000

** 당기 생산분 중 당기 판매량 : 110단위 - 20단위 = 90단위

20×1년 : ₩22,000 = a + b×100단위

20×2년 : ₩24,000 = a + b×120단위

∴ 총고정원가(a) = ₩12,000, 단위당 변동제조원가(b) = @₩100

20×2년의 변동원가계산 영업이익을 x라 하면

₩4,400 = x + [(₩12,000÷120단위)×30단위] - [(₩12,000÷100단위)×20단위]

∴ 변동원가계산 영업이익 : ₩3,800

검증)	
변동원가계산하의 영업이익	3,800
- 기초재고에 포함된 고정제조간접비(20단위×@₩120)	2,400
+ 기말재고에 포함된 고정제조간접비(30단위×@₩100)	3,000
전부원가계산하의 영업이익	4,400

* 30단위(기말재고량), ₩12,000÷120단위 = @₩100
20단위(기초재고량), ₩12,000÷100단위 = @₩120

[문 16] 실제원가계산과 정상원가계산

1. 실제원가계산

1) 실제전부원가계산 손익계산서

	5월	6월	7월
매출액	₩300,000	₩300,000	₩500,000
매출원가	157,500	152,500	280,000
매출총이익	₩142,500	₩147,500	₩220,000
판매관리비	17,500	17,500	22,500
영업이익	₩125,000	₩130,000	₩197,500

* 5월 매출액 : @₩200×1,500개 = ₩300,000
제조원가 : [@₩50 + @₩20 + @₩10 + (₩50,000÷2,000개)]×2,000개 = ₩210,000
매출원가 : ₩210,000×(1,500개÷2,000개) = ₩157,500
월말재고액 : ₩210,000×(500개÷2,000개) = ₩52,500
판매관리비 : @₩5×1,500개 + ₩10,000 = ₩17,500

6월 매출액 : @₩200×1,500개 = ₩300,000
제조원가 : [@₩50 + @₩20 + @₩10 + (₩50,000÷2,500개)]×2,500개 = ₩250,000
매출원가 : ₩52,500 + ₩250,000×(1,000개÷2,500개) = ₩152,500
월말재고액 : ₩250,000×(1,500개÷2,500개) = ₩150,000
판매관리비 : @₩5×1,500개 + ₩10,000 = ₩17,500

7월 매출액 : @₩200×2,500개 = ₩500,000
제조원가 : [@₩50 + @₩20 + @₩10 + (₩50,000÷1,000개)]×1,000개 = ₩130,000
매출원가 : ₩150,000 + ₩130,000×(1,000개÷1,000) = ₩280,000
월말재고액 : ₩0
판매관리비 : @₩5×2,500개 + ₩10,000 = ₩22,500

2) 실제변동원가계산 손익계산서

	5월	6월	7월
매출액	₩300,000	₩300,000	₩500,000
변동원가	127,500	127,500	212,500
공헌이익	₩172,500	₩172,500	₩287,500
고정원가	60,000	60,000	60,000
영업이익	₩112,500	₩112,500	₩227,500

* 5월 변동원가 : (@₩50 + @₩20 + @₩10 + @₩5)×1,500개 = ₩127,500
고정원가 : ₩50,000 + ₩10,000 = ₩60,000
월말재고액 : (@₩50 + @₩20 + @₩10 + @₩5)×500개 = ₩42,500
6월 변동원가 : (@₩50 + @₩20 + @₩10 + @₩5)×1,500개 = ₩127,500
고정원가 : ₩50,000 + ₩10,000 = ₩60,000
월말재고액 : (@₩50 + @₩20 + @₩10 + @₩5)×1,500개 = ₩127,500
7월 변동원가 : (@₩50 + @₩20 + @₩10 + @₩5)×2,500개 = ₩212,500
고정원가 : ₩50,000 + ₩10,000 = ₩60,000
월말재고액 : (@₩50 + @₩20 + @₩10 + @₩5)×0개 = ₩0

3) 6월의 영업이익 차이요약

전부원가계산하의 영업이익	₩130,000
+ 기초재고에 포함된 고정제조간접원가[(₩50,000÷2,000개)×500개]	12,500
- 기말재고에 포함된 고정제조간접원가[(₩50,000÷2,500개)×1,500개]	30,000
변동원가계산하의 영업이익	₩112,500

2\. 정상원가계산(평준화원가계산)

1) 월별 제조간접원가 배부차이

5월	변동제조간접원가	@₩4×4,000시간 - @₩10×2,000개 = ₩4,000 과소
	고정제조간접원가	(₩50,000÷2,000개)×2,000개 - ₩50,000 = ₩0
6월	변동제조간접원가	@₩4×5,000시간 - @₩10×2,500개 = ₩5,000 과소
	고정제조간접원가	(₩50,000÷2,000개)×2,500개 - ₩50,000 = ₩12,500 과대
7월	변동제조간접원가	@₩4×2,000시간 - @₩10×1,000개 = ₩2,000 과소
	고정제조간접원가	(₩50,000÷2,000개)×1,000개 - ₩50,000 = ₩25,000 과소

2) 정상전부원가계산 손익계산서

	5월	6월	7월
매출액	₩300,000	₩300,000	₩500,000
매출원가	158,500	147,000	284,500
매출총이익	₩141,500	₩153,000	₩215,500
판매관리비	17,500	17,500	22,500
영업이익	₩124,000	₩135,500	₩193,000

* 5월 제조원가 : (@₩50 + @₩20)×2,000개 + @₩4×4,000시간 + (₩50,000÷2,000개)×2,000개 = ₩206,000
매출원가 : ₩206,000×(1,500개÷2,000개) + ₩4,000(과소) + ₩0 = ₩158,500
월말재고액 : ₩206,000×(500개÷2,000개) = ₩51,500
6월 제조원가 : (@₩50 + @₩20)×2,500개 + @₩4×5,000시간 + (₩50,000÷2,000개)×2,500개 = ₩257,500
매출원가 : ₩51,500 + ₩257,500×(1,000개÷2,500개) + ₩5,000(과소) - ₩12,500(과대) = ₩147,000
월말재고액 : ₩257,500×(1,500개÷2,500개) = ₩154,500
7월 제조원가 : (@₩50 + @₩20)×1,000개 + @₩4×2,000시간 + (₩50,000÷2,000개)×1,000개 = ₩103,000
매출원가 : ₩154,500 + ₩103,000×(1,000개÷1,000개) + ₩2,000(과소) + ₩25,000(과소) = ₩284,500
월말재고액 : ₩0

3) 정상변동원가계산 손익계산서

	5월	6월	7월
매출액	₩300,000	₩300,000	₩500,000
변동원가	128,500	129,500	209,500
공헌이익	₩171,500	₩170,500	₩290,500
고정원가	60,000	60,000	60,000
영업이익	₩111,500	₩110,500	₩230,500

* 5월 변동원가 : [(@₩50 + @₩20)×2,000개 + @₩4×4,000시간]×(1,500개÷2,000개) + ₩4,000(과소) + @₩5×1,500개 = ₩128,500
  월말재고액 : [(@₩50 + @₩20)×2,000개 + @₩4×4,000시간]×(500개÷2,000개) = ₩39,000
  6월 변동원가 : ₩39,000 + [(@₩50 + @₩20)×2,500개 + @₩4×5,000시간]×(1,000개÷2,500개) + ₩5,000(과소) + @₩5×1,500개 = ₩129,500
  월말재고액 : [(@₩50 + @₩20)×2,500개 + @₩4×5,000시간]×(1,500개÷2,500개) = ₩117,000
  7월 변동원가 : ₩117,000 + [(@₩50 + @₩20)×1,000개 + @₩4×2,000시간]×(1,000개÷1,000개) + ₩2,000(과소) + @₩5×2,500개 = ₩209,500
  월말재고액 : ₩0

4) 6월의 영업이익 차이 요약

전부원가계산하의 영업이익	₩135,500
+ 기초재고에 포함된 고정제조간접원가[(₩50,000÷2,000개)×500개]	12,500
- 기말재고에 포함된 고정제조간접원가[(₩50,000÷2,000개)×1,500개]	37,500
변동원가계산하의 영업이익	₩110,500

5) 정상전부원가계산하의 영업이익 : ₩124,000 + ₩135,500 + ₩193,000 = ₩452,500
정상변동원가계산하의 영업이익 : ₩111,500 + ₩110,500 + ₩230,500 = ₩452,500

[문 17] 전부원가계산 및 변동원가계산

1. 전부원가계산

	3월		4월	
매출액		₩460,000 [1]		₩506,000 [5]
매출원가		(330,000)		(395,000)
월초제품재고액	₩0		₩99,000	
당월제품제조원가	429,000 [2]		333,000 [6]	
월말제품재고액	(99,000) [3]		(37,000) [7]	
매출총이익		₩130,000		₩111,000
판매관리비		(118,000)		(122,000)
변동비	₩40,000 [4]		₩44,000 [8]	
고정비	78,000		78,000	
영업이익		₩12,000		(₩11,000)

* 1) @₩23×20,000개 = ₩460,000
  2) @₩12 + (₩117,000÷26,000개) = @₩16.5　　@₩16.5×26,000개 = ₩429,000
  3) 0개 + 26,000개 - 20,000개 = 6,000개　　6,000개×@₩16.5 = ₩99,000
  4) @₩2×20,000개 = ₩40,000
  5) @₩23×22,000개 = ₩506,000
  6) @₩12 + (₩117,000÷18,000개) = @₩18.5　　@₩18.5×18,000개 = ₩333,000
  7) 6,000개 + 18,000개 - 22,000개 = 2,000개　　2,000개×@₩18.5 = ₩37,000
  8) @₩2×22,000개 = ₩44,000

2. 변동원가계산

	3월		4월	
매출액		₩460,000 [1)]		₩506,000 [5)]
변동비				
변동매출원가		(240,000)		(264,000)
월초제품재고액	₩0		₩72,000	
당월제품제조원가	312,000 [2)]		216,000 [6)]	
월말제품재고액	(72,000) [3)]		(24,000) [7)]	
변동판매관리비		(40,000) [4)]		(44,000) [8)]
공헌이익		₩180,000		₩198,000
고정비		(195,000)		(195,000)
고정제조간접비	₩117,000		₩117,000	
고정판매관리비	78,000		78,000	
영업이익		(₩15,000)		₩3,000

* 1) @₩23×20,000개 = ₩460,000　　2) @₩12×26,000개 = ₩312,000
3) 6,000개×@₩12 = ₩72,000　　4) @₩2×20,000개 = ₩40,000
5) @₩23×22,000개 = ₩506,000　　6) @₩12×18,000개 = ₩216,000
7) 2,000개×@₩12 = ₩24,000　　8) @₩2×22,000개 = ₩44,000

3. 영업이익 차이 요약(3월 및 4월)

영업이익 차이 요약(3월)

기말재고에 포함된 단위당 고정제조간접비 : ₩117,000÷26,000개 = @₩4.5

변동원가계산하의 영업이익	(₩15,000)
- 기초재고에 포함된 고정제조간접비	0
+ 기말재고에 포함된 고정제조간접비(6,000개×@₩4.5)	27,000
전부원가계산하의 영업이익	₩12,000

영업이익 차이 요약(4월)

기초재고에 포함된 단위당 고정제조간접비 : ₩117,000÷26,000개 = @₩4.5
기말재고에 포함된 단위당 고정제조간접비 : ₩117,000÷18,000개 = @₩6.5

변동원가계산하의 영업이익	₩3,000
- 기초재고에 포함된 고정제조간접비(6,000개×@₩4.5)	27,000
+ 기말재고에 포함된 고정제조간접비(2,000개×@₩6.5)	13,000
전부원가계산하의 영업이익	(₩11,000)

[문 18] 초변동원가계산

1. 직접재료원가 : ₩500,000 - ₩45,000 = ₩455,000
직접노무원가 = (₩455,000 + 직접노무원가)×0.3　　∴ 직접노무원가 = ₩195,000
제조간접원가 = (₩195,000 + 제조간접원가)×0.4　　∴ 제조간접원가 = ₩130,000

2. 초변동원가계산 영업이익

매출액	₩900,000	
직접재료원가	355,000	= ₩455,000 - ₩100,000
직접노무원가	195,000	
제조간접원가	130,000	
판매관리비	200,000	
초변동원가계산 영업이익	₩20,000	

[문 19] 초변동원가계산

전부원가계산과 초변동원가계산에 의한 영업이익 차이는 기말재고에 포함되어 있는 전환원가이다.

₩315,000 = x + (1,000단위 + 800단위×0.5)×@₩30 - (800단위 + 1,500단위×0.4)×@₩30

∴ x(초변동원가계산에 의한 영업이익) = ₩315,000

[문 20] 초변동원가계산 및 전부원가계산

1. 초변동원가계산

	1월		2월	
매출액(@₩60)	10,000개×@₩60 =	₩600,000	15,000개×@₩60 =	₩900,000
직접재료비(@₩10)	10,000개×@₩10 =	100,000	15,000개×@₩10 =	150,000
재료처리량 공헌이익		₩500,000		₩750,000
가공비 및 판매관리비				
변동가공비(@₩15)	15,000개×@₩15 =	225,000	10,000개×@₩15 =	150,000
고정제조간접비		300,000		300,000
판매관리비		100,000		100,000
영업이익		(₩125,000)		₩200,000

* 단위당 변동가공비 : 직접노무비 @₩8 + 변동제조간접비 @₩7 = @₩15
기초제품수량 + 생산량 = 판매수량 + 기말제품수량
1월 : 0개 + 15,000개 = 10,000개 + 5,000개,　　2월 : 5,000개 + 10,000개 = 15,000개 + 0개

2. 영업이익 차이 요약

	1월		2월	
초변동원가계산하의 영업이익		(₩125,000)		₩200,000
- 기초재고에 포함된 가공비				
변동가공비	0개×@₩15 =	0	5,000개×@₩15 =	75,000
고정제조간접비	0개×@₩20 =	0	5,000개×@₩20 =	100,000
+ 기말재고에 포함된 가공비				
변동가공비	5,000개×@₩15 =	75,000	0개×@₩15 =	0
고정제조간접비	5,000개×@₩20 =	100,000	0개×@₩30 =	0
전부원가계산하의 영업이익		₩50,000		₩25,000

* 단위당 고정제조간접비
1월 : ₩300,000÷15,000개 = @₩20,　　2월 : ₩300,000÷10,000개 = @₩30

[문 21] 변동원가계산 및 초변동원가계산

500개×직접재료비 + 500개×직접노무비 + 고정제조간접비 = ₩3,000,000(총제조원가) … ㉠

300개×직접재료비 + 500개×직접노무비 + 고정제조간접비 = ₩2,400,000 … ㉡

* [참조] 300개×@₩10,000(매출액) - [(500개×직접재료비 - 200개×직접재료비) + 500개×직접노무비 + 고정제조간접비 + ₩200,000(판매관리비)] = ₩400,000(초변동원가계산의 영업이익) … ㉡

㉠ - ㉡ = 500개×직접재료비 - 300개×직접재료비 = ₩600,000

∴ 단위당 직접재료비는 @₩3,000이며, 직접재료비는 ₩1,500,000(= 500개×@₩3,000)이다.

[문 22] 종합전부원가계산 및 종합변동원가계산

1. 생산량 및 판매량

직접재료(kg)				재공품(개)				제품(개)			
월초	2,000	투입	8,000	월초	300	완성	15,900	월초	700	판매	16,000
매입	10,000	월말	4,000	제조*	16,000	월말	400	완성	15,900	월말	600

* 8,000kg÷0.5kg = 16,000개

	[1단계] 물량흐름 파악	[2단계] 완성품 환산량 직접재료원가	가공원가
기초재공품 수량	300개(50%)		
당기투입 수량	16,000		
계	16,300개		
기초재공품 완성량	300개(50%)	0개	150개
당기투입 완성량	15,600	15,600	15,600
기말재공품 수량	400 (40%)	400	160
계	16,300개	16,000개	15,910개

2. 종합전부원가계산

매출액(16,000개×₩15/개)		₩240,000
매출원가		(128,000)
월초제품재고액(700개×₩8/개)	₩5,600	
당월제품제조원가(15,900개×₩8/개)	127,200	
월말제품재고액(600개×₩8/개)	(4,800)	
매출총이익		₩112,000
판매관리비		(11,200)
변동비(16,000개×₩0.2/개)	₩3,200	
고정비(16,000개×₩0.5)	8,000	
영업이익		₩100,800

[참조] 제품 단위당 제조원가 : @₩2 + @₩3 + @₩2 + @₩1 = @₩8

3. 종합변동원가계산

매출액(16,000개×₩15/개)		₩240,000
변동비		
변동매출원가		(112,000)
월초제품재고액(700개×₩7/개)	₩4,900	
당월제품제조원가(15,900개×₩7/개)	111,300	
월말제품재고액(600개×₩7/개)	(4,200)	
변동판매관리비(16,000개×₩0.2/개)		(3,200)
공헌이익		₩124,800
고정비		(23,910)
고정제조간접비(15,910개×₩1)	₩15,910	
고정판매관리비(16,000개×₩0.5)	8,000	
영업이익		₩100,890

[참조] 제품 단위당 제조원가 : @₩2 + @₩3 + @₩2 = @₩7
* 15,910개([2단계] 완성품 환산량)는 가공원가 완성품 환산량이다.

4. 영업이익 차이 요약

전부원가계산하의 영업이익		₩100,800
+ 월초재고에 포함된 고정제조간접비		850
제 품	700개×@₩1 = ₩700	
재공품	150개×@₩1 = 150	
- 월말재고에 포함된 고정제조간접비		760
제 품	600개×@₩1 = ₩600	
재공품	160개×@₩1 = 160	
변동원가계산하의 영업이익		₩100,890

* 재공품([2단계] 완성품 환산량) 150개 및 160개는 가공원가 완성품 환산량이다.

[문 23] 종합전부원가계산 및 종합변동원가계산

1. 물량흐름 파악

직접재료(kg)				재공품(개)				제품(개)			
기초	2,000	투입	11,000	기초	500	완성	21,750	기초	850	판매	22,000
매입	12,000	기말	3,000	제조*	22,000	기말	750	완성	21,750	기말	600

* 11,000kg÷0.5kg = 22,000개

2. 당기 완성품 환산량

	[1단계] 물량흐름 파악	[2단계] 완성품 환산량 직접재료원가	가공원가
기초재공품 수량	500개(50%)		
당기투입 수량	22,000		
계	22,500개		
기초재공품 완성량	500개(50%)	0개	250개
당기투입 완성량	21,250	21,250	21,250
기말재공품 수량	750 (40%)	750	300
계	22,500개	22,000개	21,800개

3. 종합전부원가계산

매출액	22,000개×@₩10,000 =		₩220,000,000
매출원가			(122,100,000)
기초제품재고액	850개×@₩5,550 =	₩4,717,500	
당기제품제조원가	21,750개×@₩5,550 =	120,712,500	
기말제품재고액	600개×@₩5,550 =	(3,330,000)	
매출총이익			₩97,900,000
판매관리비			(52,000,000)
변동비	22,000개×@₩1,000 =	₩22,000,000	
고정비		30,000,000	
영업이익			₩45,900,000

* 단위당 원가(전부원가계산) : @₩1,500 + @₩3,000 + @₩500 + @₩550 = @₩5,550

4. 종합변동원가계산의 공헌이익

단위당 판매가격		₩10,000
단위당 변동원가	₩1,500 + ₩3,000 + ₩500 + ₩1,000 =	(6,000)
단위당 공헌이익		₩4,000

∴ 공헌이익 : 22,000개×@₩4,000 = ₩88,000,000

5. 종합변동원가계산의 영업이익

공헌이익		₩88,000,000
고정원가		
제조간접원가	21,800개×@550 =	(11,990,000)
판매관리비		(30,000,000)
영업이익		₩46,010,000

* 21,800개([2단계] 완성품 환산량)는 가공원가 완성품 환산량이다.

6. 영업이익 차이 요약

전부원가계산하의 영업이익		₩45,900,000
+기초재고에 포함된 고정제조간접원가		605,000
제　품	850개×@₩550 = ₩467,500	
재공품	250개×@₩550 = 137,500	
-기말재고에 포함된 고정제조간접원가		495,000
제　품	600개×@₩550 = ₩330,000	
재공품	300개×@₩550 = 165,000	
변동원가계산하의 영업이익		₩46,010,000

* 재공품([2단계] 완성품 환산량) 250개 및 300개는 가공원가 완성품 환산량이다.

[문 24] 종합원가계산 및 변동원가계산

1. 제1공정

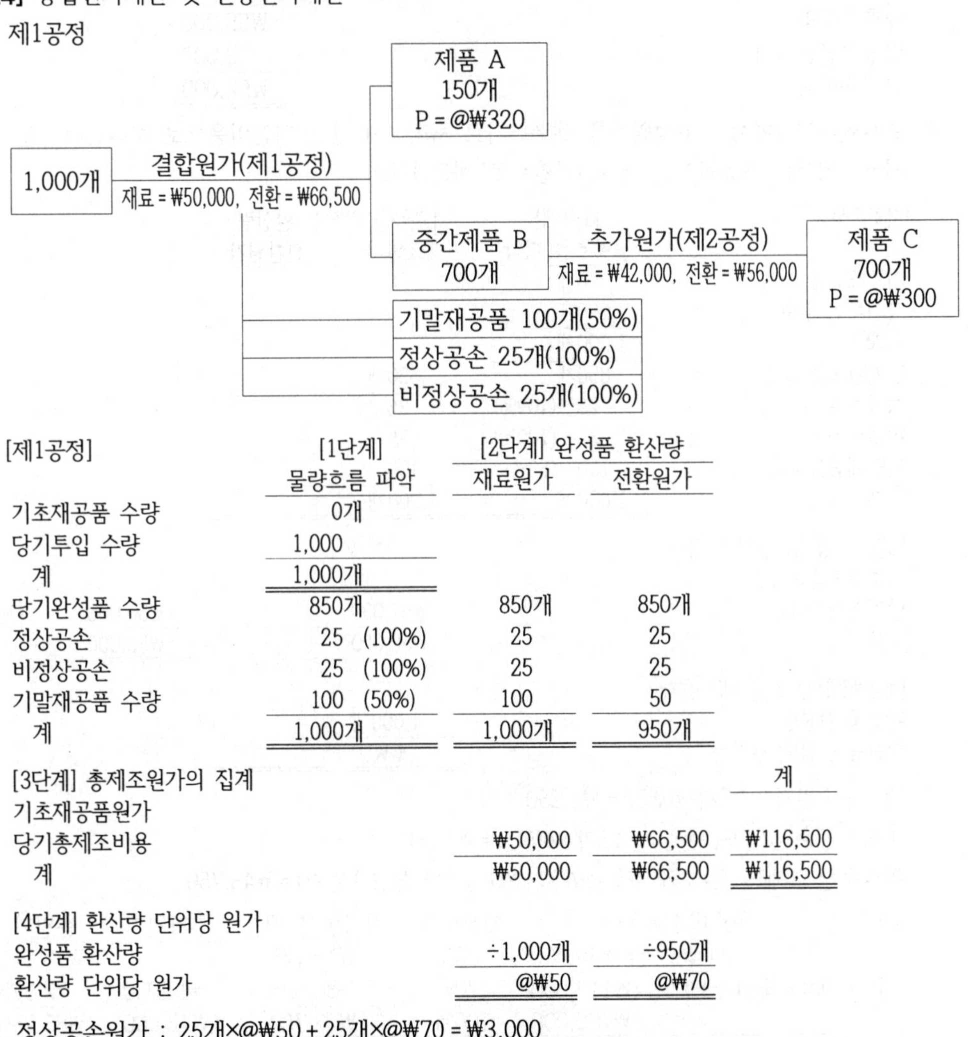

[제1공정]	[1단계] 물량흐름 파악	[2단계] 완성품 환산량 재료원가	전환원가
기초재공품 수량	0개		
당기투입 수량	1,000		
계	1,000개		
당기완성품 수량	850개	850개	850개
정상공손	25 (100%)	25	25
비정상공손	25 (100%)	25	25
기말재공품 수량	100 (50%)	100	50
계	1,000개	1,000개	950개

[3단계] 총제조원가의 집계			계
기초재공품원가			
당기총제조비용	₩50,000	₩66,500	₩116,500
계	₩50,000	₩66,500	₩116,500

[4단계] 환산량 단위당 원가		
완성품 환산량	÷1,000개	÷950개
환산량 단위당 원가	@₩50	@₩70

정상공손원가 : 25개×@₩50 + 25개×@₩70 = ₩3,000

비정상공손원가(공손손실) : 25개×@₩50 + 25개×@₩70 = ₩3,000

완성품원가(제1공정) : 850개×@₩50 + 850개×@₩70 + ₩3,000(정상공손원가) = ₩105,000

∴ ① = ₩105,000(결합원가 총액)

제품	순실현가능가치	배분비율	결합원가 배분
A	150개×@₩320 = ₩48,000	30%	₩31,500
B	700개×@₩300-₩98,000 = ₩112,000	70%	73,500
	₩160,000	100%	₩105,000

* ₩42,000 + ₩56,000 = ₩98,000(제2공정 추가원가)

∴ ② = ₩31,500, ③ = ₩73,500

2. 제2공정의 완성품원가 : ₩73,500(제1공정 결합원가) + ₩98,000(제2공정 추가원가) = ₩171,500
3. [문제]에서 판매관리비는 발생하지 않는다고 하였으므로, 매출총이익과 영업이익은 같다. 비정상공손원가(공손손실)는 기타비용으로 당기순이익 산정 시에 차감한다.

매출액	150개×@₩320 + 700개×@₩300 =	₩258,000
매출원가	₩31,500(제품 A) + ₩171,500(제품 C) =	203,000
매출총이익		₩55,000
비정상공손원가		3,000
당기순이익		₩52,000

4. 변동원가계산에서는 고정원가를 제품원가로 처리하지 않고 기간비용으로 처리한다. 즉 변동원가계산에서는 변동원가인 재료원가만으로 계산한다.

[제1공정]	[1단계] 물량흐름 파악	[2단계] 완성품 환산량 재료원가	전환원가
기초재공품 수량	0개		
당기투입 수량	1,000		
계	1,000개		
당기완성품 수량	850개	850개	
정상공손	25 (100%)	25	
비정상공손	25 (100%)	25	
기말재공품 수량	100 (50%)	100	
계	1,000개	1,000개	

[3단계] 총제조원가의 집계	재료원가	전환원가	계
기초재공품원가			
당기총제조비용	₩50,000		₩50,000
계	₩50,000		₩50,000

[4단계] 환산량 단위당 원가	재료원가	전환원가
완성품 환산량	÷1,000개	
환산량 단위당 원가	@₩50	

정상공손원가 : 25개×@₩50 = ₩1,250

비정상공손원가(공손손실) : 25개×@₩50 = ₩1,250

완성품원가(제1공정) : 850개×@₩50 + ₩1,250(정상공손원가) = ₩43,750

제품	순실현가능가치	배분비율	결합원가 배분	추가원가	총원가
A	150개×@₩320 = ₩48,000	30%	₩13,125	-	₩13,125
B	700개×@₩300-₩98,000 = ₩112,000	70%	30,625	₩42,000	72,625
	₩160,000	100%	₩43,750	₩42,000	₩85,750

※ 변동원가계산을 적용하여도 제품의 순실현가능가치는 변하지 않는다.

매출액	150개×@₩320 + 700개×@₩300 =	₩258,000
변동원가(매출원가)		85,750
공헌이익		₩172,250
고정원가	₩66,500 + ₩56,000 =	122,500
영업이익		₩49,750
비정상공손원가		1,250
당기순이익		₩48,500

∴ ① = ₩85,750 ② = ₩1,250 ③ = ₩48,500

[별해] 제품 A와 제품 C 각각의 매출원가를 계산하는 것이 아니라 기업 전체 매출원가를 계산하며, 생산된 모든 제품이 판매되었으므로 제1공정의 결합원가는 제품 A와 제품 B에 배분된 후 제품 A와 제품 C로 판매되어 모두 매출원가를 구성한다. 결합원가의 배부 과정이 필요 없다.

∴ ① 매출원가 = ₩43,750(= 875개×@₩50) + ₩42,000(제2공정 재료원가) = ₩85,750

5. 당기 초에 설립되었으므로 기초재고자산은 없다. 모든 완성품이 판매되었으므로 기말재고자산은 제1공정의 기말재공품만 존재한다.

변동원가계산하의 순이익	₩48,500
- 기초재고에 포함된 고정제조간접원가	0
+ 기말재고에 포함된 고정제조간접원가(50개×@₩70)	3,500
전부원가계산하의 순이익	₩52,000

∴ 변동원가계산에서는 고정원가를 제품원가로 처리하지 않고, 기간비용으로 처리한다. [물음3]의 전부원가계산하의 순이익 ₩52,000과 [물음4]의 변동원가계산하의 순이익 ₩48,500의 차이 ₩3,500은 당기 발생한 고정원가 중 매출원가로 비용처리되지 않고 기말재고자산으로 남아 있는 금액이다. 이는 전부원가계산하에서 기말재공품 100개에 포함되어 있는 고정원가 ₩3,500이 당기에 비용처리되지 않고 기말재고자산으로 남아 있어 해당 금액만큼 전부원가계산의 순이익이 변동원가계산의 순이익보다 크게 된다.

[문 25] 표준전부원가계산 및 표준변동원가계산

1. 원가차이분석

변동비차이(직접재료비차이 + 직접노무비차이 + 변동제조간접비차이) :

₩1,000,000(유리) + ₩570,000(불리) + ₩600,000(유리) + ₩1,125,000(불리) = ₩95,000(불리)

조업도차이(고정제조간접비차이) : ₩600,000(불리)

2. 표준전부원가계산

매출액(1,800개×@₩38,000)		₩68,400,000
매출원가		(37,595,000)
조정 전 매출원가(1,800개×@₩20,500)	₩36,900,000	
변동비차이 - 불리	95,000	
조업도차이 - 불리	600,000	
매출총이익		₩30,805,000
판매관리비		(16,000,000)
영업이익		₩14,805,000

3. 표준변동원가계산

매출액(1,800개×@₩38,000)		₩68,400,000
변동비		(38,095,000)
조정 전 변동매출원가(1,800개×@₩17,500[1])	₩31,500,000	
변동비차이 - 불리	95,000	
변동판매관리비	6,500,000	
공헌이익		₩30,305,000
고정비		(15,800,000)
고정제조간접비	₩6,300,000 [2]	
고정판매관리비	9,500,000	
영업이익		₩14,505,000

* 1) @₩20,500 - @₩3,000 = @₩17,500
2) 고정제조간접비 예산 : 1,900시간×@₩3,000 + ₩600,000 = ₩6,300,000
기준조업도(시간) : ₩6,300,000÷@₩3,000 = 2,100시간

4. 영업이익 차이 요약

고정제조간접비 배부율 = ₩3,000/시간

변동원가계산하의 순이익	₩14,505,000
- 기초재고에 포함된 고정제조간접비(300개×@₩3,000)	900,000
+ 기말재고에 포함된 고정제조간접비(400개×@₩3,000)	1,200,000
전부원가계산하의 순이익	₩14,805,000

제9장

원가-조업도-이익분석

원가-조업도-이익분석(cost-volume-profit analysis : CVP분석)은 원가 · 조업도 · 이익의 상호관계를 분석하는 것으로서, 모든 기업에서 이익계획을 수립하거나 원가관리 · 제품의 선정 · 가격결정 등 수많은 경영의사결정을 수행하는데 중요한 기법으로 이용되고 있다. 대부분의 이익계획과 경영의사결정은 수익이 원가를 상회하도록 이루어져야 한다는 점에서, CVP분석은 조업도(또는 수익)의 변동에 따라 원가가 어떻게 변화하는가를 파악하는데 중점을 두게 된다. 따라서 이 분석은 조업도 · 원가 · 이익의 각각에 대하여 관련부분 또는 변동분만을 고려하여 그 관계를 분석하는 부분분석 또는 한계분석의 방식을 취한다. 여기에서 부분분석 또는 한계분석이라 함은 주로 조업도의 증감 변동에 대한 원가 · 이익의 변동을 분석하는 **증분분석**(incremental analysis)을 지칭하는 의미이다.[1)]

이와 같은 CVP분석은 다음과 같은 경영활동을 계획하는데 이용된다.

① 경영계획 특히 단기이익계획의 수립과 예산편성에 유용한 자료의 제공

② 생산제품이나 판매상품의 구성, 신제품의 추가 여부, 구제품의 폐기 여부, 자가제조 또는 외부구입 등의 의사결정에 필요한 자료의 제공

③ 기업 전체의 종합 업적이나 영업소 · 공장 · 부문 등의 업무구분에 대한 손익 업적의 평가에 유용한 자료의 제공

이처럼 CVP분석은 이들 변동분 간의 관계분석을 통하여, 모든 기업에서 계획과 통제를 위하여 여러 가지 의사결정문제를 효과적으로 해결하는데 유용한 분석수단이 되는 것이다.

---

1) 증분분석은 여러 가지 가능한 대안 중에서 가장 적합한 대안을 선택하는 방법을 고려한다. 이의 기원은 경제학자들이 도출한 한계분석과 연결되어 있다. 한계분석은 특정 변수가 다른 독립변수의 변화로 인해 점진적으로 변화되는 데에 중점을 둔다. 이것이 증분분석과 한계분석의 차이이다.

증분수익 - 증분비용 = 증분이익

증분분석은 수익, 자본 지출, 투자 수익을 포함한 거의 모든 다른 결정 변수와 관련이 있다. 증분분석은 단기 및 장기 문제 모두에 적용할 수 있다. 생산능력은 단기적으로 변하지 않으므로 생산량 변동으로 인한 고정비는 변하지 않는다. 생산능력은 장기적으로는 변경이 가능하다.

제1절 CVP분석의 가정 및 모형

1. CVP분석의 가정

CVP분석은 회계상 여러 가지 가정에 의거하여 이루어지고 있는데, 이들 가정은 또한 CVP분석에 제약조건이 되기도 한다. 다음의 가정들은 회계상 CVP분석을 위한 것들로써, 이들은 모두 조업도의 관련범위를 전제로 한다. 이때의 관련범위란 정상조업도 범위라고도 하는 것으로, 정상적인 영업상태에서 실현가능성이 있는 조업도의 상한과 하한의 범위이다.[2)]

① 모든 원가는 변동원가와 고정원가로 분류된다. 따라서 고정·변동의 엄격한 구분이 불가능한 준변동원가(혼합원가)와 준고정원가(계단형 원가)도 반드시 변동원가와 고정원가로 분리된다고 가정한다. 앞 장에서 설명한 원가추정방법은 바로 이러한 가정을 충족시키기 위하여 인위적으로 원가를 분리시키는 방법들이다.

② 고정원가는 관련 조업도내에서 조업도의 증감과 상관없이 일정하며, 변동원가는 조업도의 증감과 비례적으로 증감 변동한다.

③ 여러 가지 원가요소의 가격은 일정하다고 가정한다. 따라서 재료비·노무비·경비 등의 원가요소는 관련범위 내에서 구입가격이 변화하지 않는다고 가정한다.

④ 생산량과 생산능률은 일정하다고 가정한다. 따라서 조업도 단위당 여러 가지 원가요소의 투입률은 관련범위 내에서 일정하다고 가정한다. 특히 노무비의 경우, 학습곡선 현상은 나타나지 않는 것으로 가정한다.

⑤ 판매가격은 일정하다고 가정한다. 따라서 제품 단위당 판매가격은 관련범위 내에서 매출량(조업도)의 증가에 따라 변동하지 않는 것으로 가정한다.

⑥ 매출배합(sales mix)은 일정하다고 가정한다. 따라서 기업이 생산·판매하고 있는 제품은 단일 제품이거나, 여러 가지 종류의 제품이라 하더라도 이들 수량의 상대적 결합관계는 일정한 것으로 가정한다.

⑦ 생산과 매출 간에는 동시성이 있어서 생산되는 것은 모두 매출되는 것으로 가정한다. 따라서 재고자산은 없거나 또는 있다면 일정하게 유지된다고 가정한다.[3)]

⑧ 조업도는 원가와 수익의 형태에 영향을 미치는 유일한 관련요소이다.

---

2) 몇몇 현실적인 상황에서는 CVP 가정들이 성립되지 않는다. 그렇기 때문에 단순화된 CVP분석이 수익과 원가의 변동행태를 예측함에 있어 충분한 정확성을 유지하고 있는지를 평가하여야만 한다.

3) CVP도표 등에서 수익과 원가를 모두 하나의 도표에 나타낼 수 있는 것은 바로 이 가정 때문이다. 이에 CVP분석에서는 제조원가와 판매관리비를 따로 구분하지 않고 오직 행태별로만 분류하는 것이다.

2. CVP분석모형

회계학적 CVP분석모형에서는 앞서 언급한 여러 가지 가정에 의해 관련범위 내에서 선형의 원가함수와 선형의 수익함수가 상호 유기적으로 관련되어 표시된다[(a)]. 그러나 실제 상황이 가정들과 너무 크게 괴리되어 발생한다면, 회계학적 모형이라 하더라도 수정되어야 한다. 예컨대 학습곡선현상이 중요하게 나타나거나[(b)], 계단형 원가가 중요하게 발생하는 경우에[(c)], 회계학적 모형은 이러한 상황을 감안하여 수정되어야 한다.

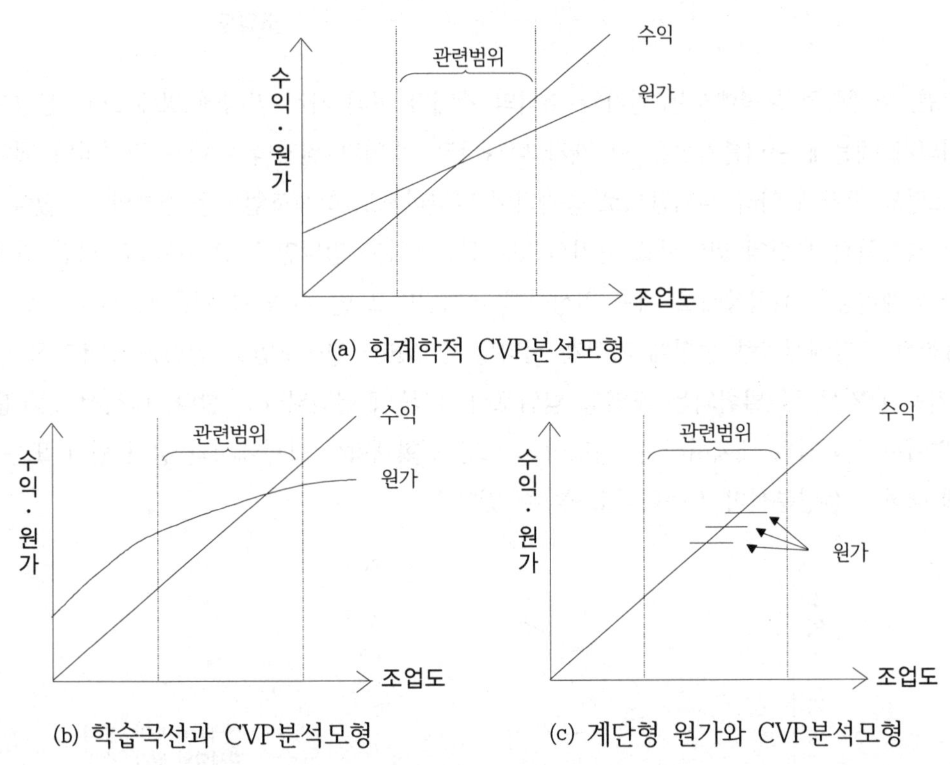

(a) 회계학적 CVP분석모형

(b) 학습곡선과 CVP분석모형

(c) 계단형 원가와 CVP분석모형

경제학적 CVP분석모형에서는 원가와 수익의 행태가 모두 비선형으로 표시되고 있다. 이처럼 원가와 수익이 비선형 행태를 나타내는 것은 이들이 조업도 증가에 따라 각각 다르게 발생한다고 가정하기 때문이다. 즉 원가는 조업도 증가에 따라 어느 조업도 수준에서는 그 증가 속도가 감소하다가 어느 수준에서는 일정하게 되고 어느 수준을 초과하게 되면 가속적으로 증가한다고 가정하고 있다. 또한 수익의 경우에도, 완전경쟁에서가 아니라면 매출량 증가는 판매가격 인하로만 증가한다고 가정하고 있다. 경제학적 모형에서 특이한 것은, 수익과 원가가 같은 점인 손익분기점이 두 개 나타나고, 수익과 원가의 차이가 가장 큰 최적조업도[평균비용(= 총비용÷생산량)이 최소가 되는 생산량을 유지하는데 필요한 기업규모로서, 생산시설의 이용이 최적화됨으로써 단위당 비용으로서의 평균비용이 최저가 될 때 실현된다.]가 존재한다는 것이다.

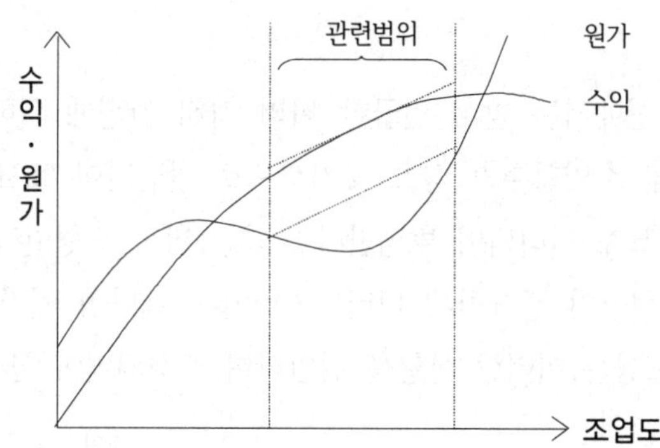

한편, 회계학적 모형에서는 원가와 수익의 행태가 여러 가지 가정에 의해 모두 선형으로 표시되기 때문에 손익분기점은 한 개가 나타나고, 수익과 원가의 차이도 관련범위 내에서는 조업도 증가에 따라 무제한으로 증가되어 나타나므로 최적조업도를 결정할 수 없다. 그러나 경제학적 모형에 있어서도 단기적으로 정상조업도 범위만을 고려한다고 하면 한계수익과 한계비용은 최적상태로 계속 일정하게 유지된다고 할 수 있기 때문에, 수익과 원가는 회계학적 모형에서처럼 선형에 가깝게 나타낼 수 있다. 정상조업도 범위는 경제학적 원가의 기능이 가장 잘 발휘되는 조업도 범위로서, 이를 관련범위라고 한다. 따라서 CVP분석에 있어서 관련범위 내에서라면, 경제학적 모형도 회계학적 모형에서와 같이 원가 또는 수익에 대하여 선형분석이 가능하다고 할 수 있다.4)

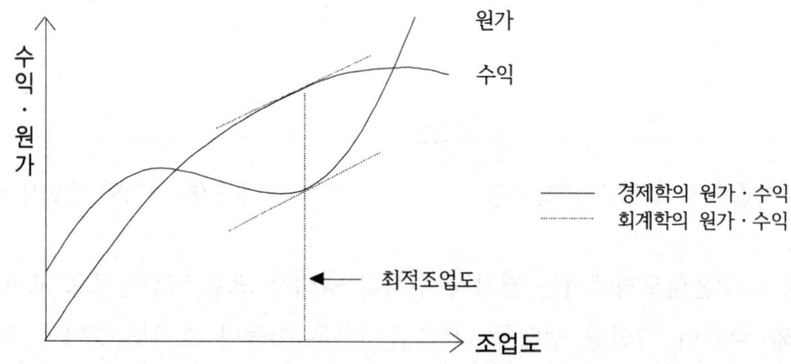

---

4) 경제학에서 언급하는 손익분기점은 '총수익 = 총비용'이고, 최대 이익 생산량은 '한계수익 = 한계비용'이 되는 생산량이다. 그러나 회계학에서는 이론적인 총수익이나 총비용을 구할 수 없으므로 CVP분석에 의존하는 것이다. 한계수익(marginal revenue)과 한계비용(marginal cost)에 대해 간략하게 살펴보고자 한다. 한계수익은 특정 경제 행위를 1단위씩 더해서 추가되는 수익이다. 무더운 날 아이스크림 하나를 먹을 때는 매우 만족하지만, 더 먹을수록 그 만족감이 줄어든다. 한계비용은 특정 경제 행위를 1단위씩 더해서 추가되는 비용이다. 아이스크림을 하나씩 더 살 때 더 내야 하는 비용이다. 한편, 아침을 거르고 출근하다가 너무 배가 고파 토스트를 3개를 사서 먹었는데, 첫 번째 토스트의 효용은 100이며, 두 번째 토스트의 효용은 줄어들어 90 정도이고, 세 번째 토스트의 효용은 더 줄어들어 50 정도가 된다. 이처럼 소비를 1단위씩 추가할 때마다 효용이 줄어드는 것을 한계효용 체감의 법칙이라 한다. 즉 처음 먹을 때 효용이 가장 크고, 시간이 지날수록 효용이 줄어든다.

제2절 CVP분석과 BEP분석

CVP분석은 일반적으로 손익분기점분석(break-even point analysis : BEP분석)의 기법을 이용한다. CVP분석과 BEP분석은 분명히 구별되는 개념이지만, 여기에서는 이들을 동일한 개념으로 간주하여 설명을 진행한다.5)

CVP분석방법에는 등식법 · 공헌이익법 · 도표법의 세 가지 방법이 있는데, 이들은 모두 손익분기점을 산출하는 기법들이다.

1. 등식법

등식법(equation technique)은 공헌이익법에 의한 포괄손익계산서 양식(제8장 변동원가계산에 의한 포괄손익계산서 양식 **참조**)에서 공식을 도출하여 손익분기점을 산출하는 방법으로서, 가장 일반적인 분석방법이다. 현실 세계에서는 기타손익(=일반기업회계기준의 영업외손익)들이 발생하지만, 모형에서는 이와 같은 주변요소를 고려하지 않는다. 따라서 매출액은 곧 총수익을 의미하고 총비용은 제조원가(매출원가)와 판매관리비로 구성되어 있다고 본다. 매출액과 변동비는 모두 매출량에 의존하는 요소인데 반해, 고정비는 매출량에 영향을 받지 않는 요소이다.6)

매출액 - 총비용 = 순이익

매출액 - 변동비 - 고정비 = 순이익

매출량×단위당 판매가격 - 매출량×단위당 변동비 - 고정비 = 순이익

매출량×(단위당 판매가격 - 단위당 변동비) - 고정비 = 순이익

손익분기점은 이 공식에서 순이익이 零(0)이 되는 점의 조업도로 표시되며, 이와 같은 손익분기점의 조업도는 보통 매출량이나 매출액의 두 가지로 산출되고 있다.7)

---

5) BEP분석도 CVP분석에서와 같이 원가-조업도-이익의 관계를 분석하는 것이지만, BEP분석은 수익(=매출액)과 원가(=변동원가+고정원가)가 일치되어 순이익이 零(0)이 되는 손익분기점의 산출에만 중점을 두는 것으로서 주로 단기의 경영계획수립에 부수적으로 이용된다. 따라서 BEP분석은 CVP분석을 위한 하나의 기법으로 해석되어야 할 것이다. 결과적으로, 손익분기점은 수익과 원가가 같아지는 점이라고 할 수도 있고, 공헌이익과 고정원가가 같아지는 점이라고 할 수도 있다.

6) 본장에서 원가의 명칭을 변동원가 · 고정원가로 사용하다가 여기에서 변동비 · 고정비라고 지칭한 것은, 포괄손익계산서에 나타난 원가는 수익에 대응하여 비용화된 것으로 보기 때문이다. 그러나 일반적으로 미래계획을 수립하거나 통제를 실시할 경우에는 이들 원가는 아직 소멸되지 않은 것으로 간주하여 변동원가 · 고정원가라고 지칭함이 타당할 것이다.

7) 변동비가 금액으로 주어지지 않는 경우가 있다. 이때는 변동비가 매출액에서 차지하는 비율 즉 변동원가율을 알면 손익분기점을 구할 수가 있다. 변동원가율은 100%에서 공헌이익률(=단위당 공헌이익÷단위당 판매가격)을 차감한 값과 동일하다. 변동원가율과 공헌이익률의 합은 1이 된다.

공통예제

	단위당 금액	매출액에 대한 비율
판매가격	₩25	100%
변동비	20	80
공헌이익	₩5	20%
고정비		
제조원가	₩250,000	
판매관리비	50,000	
계	₩300,000	

먼저, 손익분기점 매출량을 계산하기 위해서는, 단위당 판매가격과 단위당 변동비를 이용하여 매출액과 (변동비 + 고정비)의 금액을 상호 일치시키는 수량을 구하면 된다.

$25x = 20x + ₩300,000 + 0$

$\therefore x = 60,000$단위 (손익분기점 매출량)

한편, 단위당 판매가격이나 단위당 변동비가 주어져 있지 않을 경우에는, 변동비가 매출액에서 차지하는 일정비율을 구하여 순익분기점 매출액을 계산할 수 있다.

$x = 0.8x + ₩300,000 + 0$

$\therefore x = ₩1,500,000$ (손익분기점 매출액)

2. 공헌이익법

공헌이익(contribution-margin) 또는 한계이익(marginal income)이란 매출액에서 변동비를 차감한 것이며, 이는 고정비의 회수와 목표이익의 달성에 공헌한다는 의미를 갖는 것이다.[8] 공헌이익은 단위당 또는 총액으로 나타낼 수 있는데, 보통 단위당 공헌이익을 사용하는 경우가 많다.

[공통예제]로서 공헌이익을 나타내면 다음과 같다

단위당 판매가격	₩25
단위당 변동비	20
단위당 공헌이익	₩5

8) 기업은 매출액에서 변동비를 차감하고 난 후 산출된 금액 즉 한계이익에서 고정비를 차감 회수하는 과정을 통하여 기업의 이윤을 얻게 된다. 한계이익은 결국 고정비를 회수하고 기업에 이윤을 창출하는 금액에 해당하게 되는 것으로, 이를 기업 이윤에 공헌한 이익이라 하여 공헌이익이라고 한다.

공헌이익에 의하여 손익분기점을 산출하는 경우에도 매출량이나 매출액으로 나타낼 수 있다. 이 경우에 손익분기점 매출량은 고정비를 단위당 공헌이익으로 나누어 계산하며, 손익분기점 매출액은 고정비를 공헌이익률(= 1 - 변동비율)로 나누어 계산한다.[9] 이때 공헌이익률이란 매출액 ₩1에 대한 공헌이익의 크기를 백분율로 나타낸 것으로, 매출량에 영향을 받지 않는다.

$$\text{손익분기점 매출량} = \frac{\text{고정비}}{\text{단위당 공헌이익}} = \frac{\text{고정비}}{\text{단위당 판매가격} - \text{단위당 변동비}}$$

$$\text{손익분기점 매출액} = \frac{\text{고정비}}{\text{공헌이익률}} = \frac{\text{고정비}}{1 - \dfrac{\text{변동비}}{\text{매출액}}} = \frac{\text{고정비}}{1 - \dfrac{\text{단위당 변동비}}{\text{단위당 판매가격}}}$$

[공통예제]의 경우 손익분기점 매출량과 손익분기점 매출액은 다음과 같이 산출된다.

$$\text{손익분기점 매출량} = \frac{₩300{,}000}{₩25 - ₩20} = 60{,}000\text{단위}$$

$$\text{손익분기점 매출액} = \frac{₩300{,}000}{1 - 0.8} = ₩1{,}500{,}000$$

이상의 결과에서 볼 때, 등식법과 공헌이익법은 결국 동일한 계산방식에 의하는 것임을 알 수 있다. 그러나 관리적 측면에서 볼 때에는 공헌이익법이 등식법보다 더 쉽고 유용하게 사용될 수 있다.

3. 도표법

도표법(graphical technique)에서의 손익분기점은 수익(매출액)선과 변동비 및 고정비를 합한 원가선이 만나는 점으로 표시된다. 다음은 [공통예제]의 손익분기점을 도표법으로 [예시]한 것이다.

---

9) 본서의 손익분기점 매출액 산식에서 기타손익은 ₩0이라고 가정한다. 이때 기타손익(한국채택국제회계기준의 기타손익으로서, 금융수익 및 금융비용을 포함)이란 일반기업회계기준의 영업외손익과 동일한 개념이다. 실무에서는 한국은행 「기업경영분석」에서 제시하고 있는 손익분기점 매출액 산식을 활용하고 있다.

$$\text{손익분기점 매출액} = \frac{\text{고정비} - \text{기타수익}}{1 - \dfrac{\text{변동비}}{\text{매출액}}}$$

단, 변동비 = 총비용 - 고정비

고정비 = 판매관리비 + 노무비의 1/2 + 제조경비 - 외주가공비 + 기타비용 + 재고조정 중의 고정비

[재고조정 중의 고정비 = (매출원가 - 당기총제조비용)×(노무비의 1/2 + 제조경비 - 외주가공비)÷당기총제조비용]

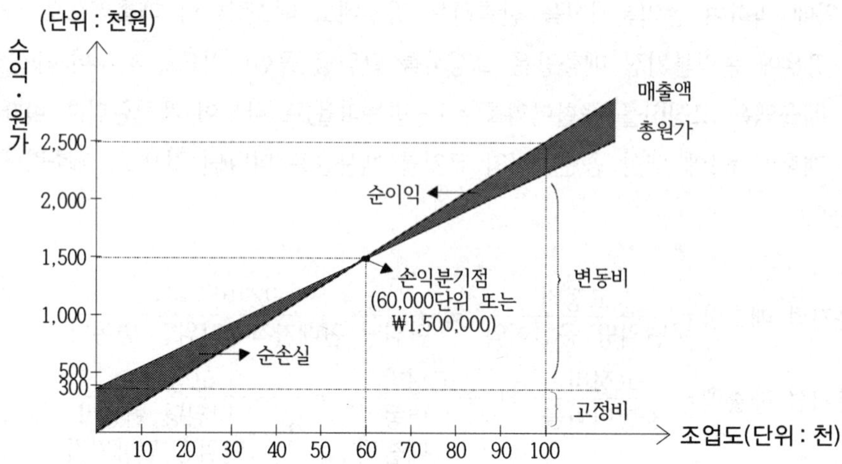

이상과 같은 CVP도표를 작성하는 절차를 설명하면 다음과 같다.

① 먼저 편리하다고 생각되는 조업도의 매출량(예 100,000단위)을 정하고, 이 조업도에 해당하는 매출액(₩2,500,000)을 구하여 도표에 그 위치를 표시한다. 원점에서 이 점에 이르기까지의 직선이 매출액이 된다.

② 고정비(₩300,000)를 종축에 표시하고 이를 횡축과 수평으로 직선을 긋는다.

③ 변동비(₩2,000,000)를 계산한 후에 고정비를 합하여 원가(₩2,300,000)를 구하고, 이를 도표에 표시한다. 이 점과 종축의 고정비 점을 직선으로 연결하면 원가선이 된다.

손익분기점이란 제1단계에서 주어진 매출액과 제3단계에서 주어진 원가선이 만나는 점(60,000단위, ₩1,500,000)으로서, 이 교차점에서는 원가와 매출액이 일치하게 되어 이익은 존재하지 않는다. 위에서 알 수 있는 바와 같이, 도표법을 사용하게 되면 손익분기점 뿐 아니라 각 조업도에서의 원가·수익·이익의 상호관계와 순이익 또는 순손실의 발생 여부까지도 한 눈에 용이하게 파악할 수 있다.

제3절 여러 가지 요소의 변동을 고려한 CVP분석

전술한 CVP분석에서는 원가·조업도·이익의 특정 관계, 즉 수익(조업도)과 비용(원가)이 일치하고 동시에 수익이 零(0)이 되는 점인 손익분기점을 산출하였다. 그러나 그 과정에서 고려된 요소들은 항상 변동할 수 있는 여지가 있기 때문에, 손익분기점은 이들 요소의 변동도 고려하여 산출되어야 한다.10)

---

10) 이를 민감도분석(sensitivity analysis)이라 한다.

1. 고정비의 변동

고정비의 변동은 공헌이익률을 변화시키지는 않으나 손익분기점은 변화한다. 즉 고정비가 증가하면 손익분기점은 높아지고, 고정비가 감소하면 손익분기점은 낮아지게 된다.

[공통예제]에서 고정비가 ₩300,000에서 ₩350,000으로 증가하였다고 하면, 손익분기점은 다음과 같이 변화할 것이다.

$$\text{손익분기점 매출량} = \frac{₩350{,}000}{₩5} = 70{,}000\text{단위}$$

$$\text{손익분기점 매출액} = \frac{₩350{,}000}{0.2} = ₩1{,}750{,}000$$

따라서 고정비가 증가하면 손익분기점 매출량은 60,000단위에서 70,000단위로 증가하고, 손익분기점 매출액도 ₩1,500,000에서 ₩1,750,000으로 증가한다. 결국 고정비의 변동은 다른 요소가 일정하다면, 그 변동비율 만큼 손익분기점을 비례적으로 변동시킨다는 것을 알 수 있다.

2. 단위당 공헌이익의 변동

단위당 공헌이익의 변동은 제품 단위당 변동비나 단위당 판매가격이 변화함에 따라 발생한다. 먼저 단위당 변동비가 변화하면 단위당 공헌이익은 어떻게 변동하고, 이에 따라서 손익분기점은 어떤 영향을 받게 되는지 살펴보기로 하자.

[공통예제]에서 단위당 변동비가 ₩20에서 ₩21로 증가하였다고 하면 단위당 공헌이익은 ₩5에서 ₩4로 감소하고, 또한 공헌이익률도 20%(= ₩5÷₩25)에서 16%(= ₩4÷₩25)로 감소할 것이다. 이 경우 고정비에 변동이 없다고 한다면, 손익분기점은 다음과 같이 변화할 것이다.

$$\text{손익분기점 매출량} = \frac{₩300{,}000}{₩4} = 75{,}000\text{단위}$$

$$\text{손익분기점 매출액} = \frac{₩300{,}000}{0.16} = ₩1{,}875{,}000$$

따라서 단위당 변동비가 증가하면 단위당 공헌이익과 공헌이익률은 감소하고 이로 인해 손익분기점은 높아진다. 단위당 변동비가 감소하게 되면 이와 반대의 결과가 나타나게 될 것이다.

한편, 단위당 판매가격이 변동하면 어떤 결과를 가져올 것인가? [공통예제]에서 단위당 판매가격이 ₩25에서 ₩23으로 하락하고, 원래의 단위당 변동비 및 고정비에 변동이 없다고 가정하자. 이 경우의 손익분기점은 다음과 같이 변화할 것이다.11)

$$\text{손익분기점 매출량} = \frac{₩300,000}{₩3} = 100,000\text{단위}$$

$$\text{손익분기점 매출액} = \frac{₩300,000}{₩3 \div ₩23} = ₩2,300,000$$

결국 단위당 판매가격이 하락하면 단위당 공헌이익과 공헌이익률은 감소하고, 이로 인하여 손익분기점은 높아진다. 이 경우에도 단위당 판매가격이 상승한다면 반대의 결과가 나타나게 될 것이다.

3. 여러 가지 요소의 동시 변동

여러 가지 요소가 동시에 증감 변동한다면 손익분기점은 어떤 영향을 받을 것인가? [공통예제]에서 제시된 고정비는 ₩300,000에서 ₩350,000으로 단위당 변동비는 ₩20에서 ₩21로 증가하고, 단위당 판매가격은 ₩25에서 ₩23으로 하락하였다고 가정하자. 이들 요소의 변동을 모두 고려하여, 이 경우의 손익분기점은 다음과 같이 변화할 것이다.12)

$$\text{손익분기점 매출량} = \frac{₩350,000}{₩23 - ₩21} = 175,000\text{단위}$$

$$\text{손익분기점 매출액} = \frac{₩350,000}{₩2 \div ₩23} = ₩4,025,000$$

일반적으로 단위당 판매가격이나 단위당 변동비의 변화가 결과적으로 단위당 공헌이익을 증가시킨다면 손익분기점은 낮게 나타나고, 반대로 단위당 공헌이익을 감소시킨다면 손익분기점은 높게 나타난다. 또한 고정비가 증가하면 손익분기점은 높게 나타나고, 고정비가 감소하면 손익분기점은 낮게 나타난다.

이상에서와 같이 손익분기점의 계산에 고려된 여러 가지 요소가 동시에 복합적으로 변동할 경우에는, 이들 변동의 영향은 서로 상충되거나 상호 부가되어 손익분기점에 복합적으로 영향을 미치게 되는 것이다.13)

---

11) 이 경우의 손익분기점 매출액은 [Excel 산식]으로 '=300000/(1-20/23))'이며 ₩2,300,000으로 계산된다.
12) 이 경우의 손익분기점 매출액은 [Excel 산식]으로 '=350000/(1-21/23))'이며 ₩4,025,000으로 계산된다.
13) 손익분기점을 달성하기 위해서는 고정비의 감소, 변동비의 감소, 매출액의 증가가 달성되면 된다.

4. 목표이익의 달성

일정한 수준의 목표이익(법인세차감전)을 달성하기 위한 매출량이나 매출액을 계산하는 과정에서는, 목표이익을 고정비와 동일하게 취급하면 된다. 따라서 목표이익을 고려한 손익분기점을 산출하는 공식은 다음과 같이 표현할 수 있다.[14)]

$$\text{목표이익 매출량} = \frac{\text{고정비} + \text{목표이익}}{\text{단위당 공헌이익}}$$

$$\text{목표이익 매출액} = \frac{\text{고정비} + \text{목표이익}}{\text{공헌이익률}}$$

[공통예제]에서 월 목표이익을 ₩24,000이라고 할 경우, 공식에 의해 손익분기점은 다음과 같이 계산될 것이다.

$$\text{목표이익 매출량} = \frac{₩300,000 + ₩24,000}{₩5} = 64,800\text{단위}$$

$$\text{목표이익 매출액} = \frac{₩300,000 + ₩24,000}{0.2} = ₩1,620,000$$

5. 법인세의 영향

전술한 여러 가지 요소 이외에도 손익분기점의 결정에 중요한 영향을 미칠 수 있는 요소에는 법인세가 있다. 법인세를 고려할 때, 이익은 법인세차감전 목표이익과 법인세차감후 목표이익으로 구분하여 살펴볼 수 있다. 직전 [공통예제]의 목표이익 ₩24,000은 법인세차감전 목표이익이다. 이 경우 법인세율을 40%로 가정한다면, 법인세차감후 목표이익은 다음과 같이 계산될 것이다.

법인세차감전 목표이익	₩24,000	100%
법인세(율)	9,600	40
법인세차감후 목표이익	₩14,400	60%

이로서 법인세차감전 목표이익, 법인세(율), 법인세차감후 목표이익의 관계는 다음 공식으로 나타낼 수 있다.

---

14) ① 목표가격의 결정 : CVP분석을 이용하여 목표이익을 달성할 수 있는 가격을 결정하는 유용한 정보를 얻을 수 있다.
목표가격×판매량 = 단위당 변동비×판매량 + 목표이익
② 목표원가의 결정 : 경쟁력을 가지는 판매가격에서 목표이익을 얻기 위해서 투입해야 하는 생산원가를 사후적으로 결정하게 된다.
판매가격×판매예상량 = 목표원가×판매량 + 고정비 + 목표이익

$$\text{법인세차감전 목표이익} = \frac{\text{법인세차감후 목표이익}}{1-\text{법인세율}}$$

$$= \frac{₩14,400}{1-0.4} = ₩24,000$$

※ 세후 목표이익 = 세전 목표이익 - 법인세
법인세 = 세전 목표이익×법인세율
세후 목표이익 = 세전 목표이익 - (세전 목표이익×법인세율)
= 세전 목표이익×(1 - 법인세율)
세전 목표이익 = 세후 목표이익÷(1 - 법인세율)

따라서 일반적인 손익분기점 매출량(매출액)을 산출하는 산식과 여기에서 주어진 산식을 결합시켜, 법인세차감후 목표이익을 얻을 수 있는 손익분기점 매출량을 계산하는 산식은 다음과 같이 유도할 수 있다.

$$\text{목표이익 매출량} = \frac{\text{고정비} + \frac{\text{법인세차감후 목표이익}}{1-\text{법인세율}}}{\text{단위당 공헌이익}}$$

$$\text{목표이익 매출액} = \frac{\text{고정비} + \frac{\text{법인세차감후 목표이익}}{1-\text{법인세율}}}{\text{공헌이익률}}$$

즉 [공통예제]의 목표이익 ₩14,400이 법인세차감후 목표이익이라면, 이때의 법인세차감후 목표이익을 얻을 수 있는 손익분기점 매출량은 다음과 같다.

$$\text{목표이익 매출량} = \frac{₩300,000 + \frac{₩14,400}{1-0.4}}{₩25 - ₩20} = \frac{₩324,000}{₩5} = 64,800\text{단위}$$

	손익분기점	새로운 상태(세전)	새로운 상태(세후)
매출량(단위)	60,000	64,800	64,800
매출액	₩1,500,000	₩1,620,000	₩1,620,000
변동비	1,200,000	1,296,000	1,296,000
공헌이익	300,000	324,000	324,000
고정비	300,000	300,000	300,000
세전 순이익	₩0	₩24,000	₩24,000
법인세			9,600
세후 순이익			₩14,400

한편, 현실에서와 같은 누진세율 구조에서는 목표이익 매출량을 구할 때 먼저 법인세차감전 목표이익을 구하는 것이 효과적이다.

제4절 CVP분석의 한계

CVP분석은 여러 가지 관리적인 의사결정문제를 해결하는데 유용한 분석수단이 되고 있지만, 여기에서 분석대상이 되는 원가·조업도·이익의 관계는 앞에서 제시한 여러 가지 가정에 의하여 너무 단순화되어 버린다. 물론 분석을 보다 용이하게 그리고 효율적으로 수행할 수 있다는 장점이 있긴 하지만, 한편으로는 실제 발생의 현상과 가정과의 차이가 너무 크게 나타나면 오히려 의사결정을 그르칠 위험도 아울러 가지고 있다. 따라서 보다 합리적인 의사결정을 위해서는 한계점을 충분히 고려하여 CVP분석을 수행하여야 할 것이다. 최근에 이르러서는 한계점을 극복하면서 CVP분석을 수행하려는 시도가 이루어지고 있다. (후술참) 지금까지 언급한 기본적인 CVP분석이 지니고 있는 여러 가지 **한계점**들을 요약해 보면 다음과 같다.

① 총원가선은 현실적으로 선형으로 나타낼 수 없다. 즉 여러 가지 변동비 요소의 구입가격은 외부요인에 의해 가변적이고, 생산능률 또한 동일 작업의 경우 학습곡선현상에 의하여 일정할 수 없다. 따라서 이러한 현상이 심하게 나타나게 되면, CVP분석에서 비선형의 원가함수가 고려되어야 할 것이다.

② 총수익선도 현실적으로 선형으로 나타낼 수 없다. 즉 판매가격은 실제로 매출액 증감에 따라 변하고 또한 외부환경변화에 대응하여 서로 다르게 산출될 수도 있다. 이와 같은 현상이 극심하게 나타나는 경우에도 CVP분석에서 비선형의 수익함수가 고려되어야 할 것이다.

③ CVP도표는 서로 다른 여러 가지 종류의 제품을 판매하는 경우 조업도 축에 각 제품의 매출량을 함께 나타낼 수 없다. 즉 CVP도표에서는 조업도 축에 단일 제품의 매출량만을 나타낼 수 있기 때문에, 여러 가지 종류의 제품을 판매하는 경우에는 제품별로 순익분기도표를 작성하여야 한다.

④ CVP도표는 서로 다른 이익을 가져오는 여러 가지 종류의 제품을 판매하는 경우에 분석수단으로 이용될 수 없다. 즉 기업 전체의 CVP분석을 위해서는 제품별로 손익분기표를 작성하여 매출배합 판매결과를 나타내거나 P/V도표를 활용해야 한다.

⑤ CVP분석에서의 생산과 매출이 동시성을 갖는다고 가정하고 있어서, 매출액만이 이익에 영향을 미치고 재고자산은 이익에 영향을 미칠 수 없다고 간주한다. 이는 변동비만을 고려하는 부분원가계산 또는 변동원가계산에서는 타당할 수 있으나, 전부원가계산하의 제품원가계산에 있어서는 변동비는 물론 고정비 배부액까지 고려하기 때문에 오히려 생산량이 이익에 영향을 미칠 수 있다. (제8장 참조) 또한 CVP분석에서는 재고

자산은 없거나 있다 해도 기초와 기말에 동일하게 유지된다고 가정하기 때문에, 재고자산은 이익에 전혀 영향을 미치지 않는 것으로 간주하지만, 실제로 외부환경요인이나 재고정책에 따라 이러한 현상은 나타날 수 없다. 오히려 재고자산의 변화는 일반적인 현상이며, 따라서 이익에 중대한 영향을 미친다.

⑥ CVP분석에서는 원가·조업도·이익의 관계에서 주로 원가와 수익이 동일하게 되어 이익이 零(0)이 되는 손익분기점분석에 중점을 두고 있지만, 실제 경영활동에서 분석의 목표는 이익을 얻는데 두고 있다.

제5절 CVP분석의 확장

지금까지 살펴본 CVP분석은 현실을 단순화하기 위하여 여러 가지 제한된 가정에 기초한 것이었다. 이제부터는 이러한 가정들을 완화하여 좀 더 현실적인 상황에서 CVP분석을 살펴보고자 한다.

1. 현금흐름분기점

CVP분석은 조업도가 이익에 미치는 영향뿐만 아니라 현금흐름에 미치는 영향에 대해서도 유용한 정보를 제공한다. CVP분석에서 현금흐름분기점이란 현금의 유입액과 현금의 유출액이 같아서 순현금흐름이 零(0)인 매출량이나 매출액이다. CVP분석을 이용하여 현금흐름분기점을 계산하기 위해서는 수익과 비용항목 중에서 **비현금고정비**(예 감가상각비)를 제외한 모든 수익·비용항목은 현금흐름을 수반한다고 가정한다.[15] 이러한 가정에서 CVP분석 기본등식을 이용하여 현금흐름분기점을 계산하는 산식은 다음과 같다.

매출액 = 변동비 + (고정비 - 비현금고정비)

$$현금흐름분기점\ 매출량 = \frac{고정비 - 비현금고정비}{단위당\ 판매가격 - 단위당\ 변동비}$$

---

15) 감가상각비와 같이 현금유출을 수반하지 않는 고정비를 비현금고정비라 한다. 현금흐름분기점은 비현금고정비를 고정비에서 차감하여 산출하므로, 현금흐름분기점은 손익분기점보다 낮다. 이 중에서 감가상각비가 대표적인 비현금고정비이다. [참고] 현금흐름표를 작성할 때, 영업활동 현금흐름을 직접법 또는 간접법으로 표시한다. 간접법으로 표시할 때, 당기순이익에 현금의 유출이 없는 비용 등을 가산하고 현금의 유입이 없는 수익 등을 차감하고 영업활동으로 인한 자산·부채의 변동을 가감한다. 이때 현금의 유출이 없는 비용 등에 포함되는 항목으로는 대손상각비, 기타의대손상각비, 당기손익공정가치측정금융자산처분손실, 기타포괄손익공정가치측정금융자산처분손실, 재해손실, 유형자산처분손실, 감가상각비, 무형자산상각비, 외환차손, 퇴직급여 등이 있다.

법인세가 존재하는 경우에는 위의 산식이 다음과 같이 바뀐다. 이때 주의할 점은 법인세액은 현금흐름에 따라 계산되는 것이 아니라 발생주의에 따른 법인세차감전 이익에 법인세율을 곱하여 계산한다는 것이다.

매출액 = 변동비 + (고정비 - 비현금고정비) + 법인세

매출액 = 변동비 + (고정비 - 비현금고정비) + (매출액 - 변동비 - 고정비)×법인세율

$$\text{현금흐름분기점 매출량} = \frac{(1 - \text{법인세율})(\text{고정비}) - \text{비현금고정비}}{(1 - \text{법인세율})(\text{단위당 판매가격} - \text{단위당 변동비})}$$

예제

단위당 판매가격이 ₩250이고 단위당 변동비가 ₩200인 제품을 생산 · 판매하고 있다. 연간 고정비는 ₩300,000이며 고정비에는 비현금고정비인 감가상각비 ₩90,000이 포함되어 있다.

물음 (2010 세무사 유사)

1. 법인세가 없는 경우, 손익분기점과 현금흐름분기점의 매출량을 각각 산출하시오.
2. 법인세가 존재하고 법인세율이 40%일 경우, 손익분기점과 현금흐름분기점의 매출량을 산출하시오(단, 기업은 법인세의 환수를 신청할 수 있다).

해답

1. 법인세가 없는 경우
   (1) 손익분기점 매출량을 x라 하면
   ₩250x = ₩200x + ₩300,000
   ∴ x = 6,000단위
   (2) 현금흐름분기점 매출량을 x라 하면
   ₩250x = ₩200x + (₩300,000 - ₩90,000)
   ∴ x = 4,200단위
2. 법인세가 존재하는 경우
   (1) 법인세가 존재하여도 손익분기점에서는 이익이 발생하지 않아 법인세납부액이 없으므로 손익분기점은 변하지 않는다. 따라서 손익분기점 매출량은 6,000단위이다.
   (2) 현금흐름분기점 매출량을 x라 하면
   ₩250x = ₩200x + (₩300,000 - ₩90,000) + (₩250x - ₩200x - ₩300,000)×40%
   ∴ x = 3,000단위
   별해) [(1-40%)(₩300,000) - ₩90,000]÷[(1-40%)(@₩250 - @₩200)] = 3,000단위

2. 비선형함수인 경우의 CVP분석

CVP분석에서 원가나 수익은 조업도가 변동될 때 일정하게 변동되는 선형함수를 가정한다. 그런데 현실 세계에서는 조업도가 증가함에 따라 추가적인 고정비 지출이 있을 수도

있고, 학습효과나 생산성 향상 등으로 단위당 변동비가 감소할 수도 있으며, 판매가격이 변동될 수도 있다. 따라서 CVP분석을 현실 세계에서 좀 더 유용하게 사용하기 위해서는 원가함수나 수익함수가 비선형일 때에 CVP분석이 어떻게 달라지는가에 대한 이해가 충분히 있어야 한다.[16]

1) 고정비가 변하여 원가함수가 비선형인 경우

CVP분석에서는 고정비가 일정한 것으로 가정하지만 조업도가 증가하게 되면 고정비도 증가하는 것이 일반적이다. 예를 들어, 1,000단위 제품을 생산할 수 있는 기계가 있다면 1,000단위를 초과하는 경우에는 기계를 한 대 더 구입하여야 하므로 기계와 관련된 고정비는 조업도 1,000단위마다 증가하게 된다. 고정비가 조업도의 일정범위별로 달라지는 경우에는 고정비가 다른 각각의 조업도별로 나누어서 손익분기점을 계산하여야만 한다. 각각의 조업도 범위별로 계산된 손익분기점 매출량이 해당 조업도의 범위 내에 있으면 그 결과는 경제적으로 의미가 있는 손익분기점이 되지만, 해당 조업도의 범위 밖에 있으면 그 결과는 경제적으로 의미가 없으므로 손익분기점이 되지 않는다. 따라서 고정비가 변동되는 경우에는 관련범위별로 손익분기점이 각각 달라서 여러 개의 손익분기점이 존재할 수 있다.

예제 

단위당 판매가격이 ₩500이고 단위당 변동비가 ₩200인 제품을 생산·판매하고 있다. 고정비와 관련된 자료는 다음과 같다. (단, 최대조업도는 6,000개이다) 이를 이용하여 손익분기점 매출량을 산출하시오.

연간 조업도	누적고정비
0 ~ 2,000개	₩990,000
2,001 ~ 4,000	1,140,000
4,001 ~ 6,000	1,290,000

해답 (1990 세무사 유사, 2025 세무사 유사)

연간 손익분기점 매출량을 x라 하면

(1) $0 \le x \le 2,000$인 경우에는

$₩500x = ₩200x + ₩990,000$

∴ x = 3,300개(모순) (고정비가 ₩990,000이라고 전제하고 계산된 손익분기점은 3,300개이다. 그런데 3,300개는 고정비가 ₩990,000이 되는 범위인 0 ~ 2,000개 사이의 값이 아니므로 3,300개에서의 고정비는 ₩990,000이 아닐 것이다. 따라서 3,300개는 손익분기점이 될 수 없다.)

---

16) 단위당 판매가격뿐만 아니라 단위당 변동비 및 고정비까지 조업도별로 달라지는 경우에도 분석과정은 여기에서 설명하고 있는 방법과 동일하다. 즉 일정한 단위당 판매가격이나 단위당 변동비 및 고정비를 갖는 조업도별로 손익분기점을 구하면 된다.

(2) $2,001 \le x \le 4,000$인 경우에는

₩500x = ₩200x+₩1,140,000

∴ x = 3,800개(적합)

(3) $4,001 \le x \le 6,000$인 경우에는

₩500x = ₩200x+₩1,290,000

∴ x = 4,300개(적합)

∴ 위 [예제]의 경우에 손익분기점은 2개 존재한다.

2) 단위당 변동비가 변하여 원가함수가 비선형인 경우

단위당 변동비도 조업도의 변동에 따라서 변동될 수 있다. 이 경우에도 단위당 변동비를 일정한 조업도 범위별로 구분하여 각각의 범위별로 CVP분석을 적용하여야 한다. 여기에서 유의하여야 할 점은, 단위당 변동비가 변화하는 경우에는 모든 제품의 단위당 변동비가 증가하는 것이 아니라 일정한 조업도를 초과한 생산량에 대해서만 변동비가 증가한다는 것이다. 예를 들어, 매출량이 1,000단위를 초과하는 경우에는 최초 단위부터 1,000단위를 생산하기까지는 단위당 변동비가 ₩200이지만, 1,000단위를 초과하는 매출량에 대해서만 단위당 변동비가 ₩300으로 증가한다.

예제 

단위당 판매가격이 ₩500인 제품을 생산 · 판매하고 있으며, 연간 고정비는 ₩450,000이다. 1,000작업시간까지 생산할 때는 단위당 변동비가 ₩200이다. 1,000작업시간을 초과하게 되면 1,000작업시간을 초과하여 생산하는 경우에는 시간외수당을 지급하기 때문에, 단위당 변동비가 ₩300으로 증가한다. 이를 이용하여 손익분기점 매출량을 산출하시오. 단, 1시간당 제품을 1개씩 생산한다.

해답

연간 손익분기점 매출량을 x라 하면

(1) $0 \le x \le 1,000$인 경우에는

₩500x = ₩200x + ₩450,000

∴ x = 1,500개(모순) (단위당 변동비가 ₩200이라고 전제하고 계산된 손익분기점은 1,500개이다. 그런데 1,500개는 단위당 변동비가 ₩200이 되는 범위인 0 ~ 1,000개 사이의 값이 아니므로 1,500개에서의 단위당 변동비는 ₩200이 아닐 것이다. 따라서 1,500개는 손익분기점이 될 수 없다.)

(2) $1,001 \le x$인 경우에는

₩500x = ₩200×1,000개 + ₩300(x - 1,000개) + ₩450,000

∴ x = 1,750개(적합)

3) 수익함수만 비선형인 경우

단위당 판매가격이 매출량에 따라서 달라지게 되는 상황에서 손익분기점을 계산하기 위해서는 일정한 판매가격을 가지는 조업도의 범위별로 구분하여 각각 CVP분석을 적용하여야 한다. 만약 그 결과가 해당 조업도의 범위 내에 존재한다면 그 결과가 구하고자 하는 손익분기점이 되지만, 그 결과가 해당 조업도의 범위 내에 존재하지 않는다면 그 결과가 구하고자 하는 손익분기점이 되지 않는다. 따라서 각 조업도 범위별로 여러 개의 손익분기점이 존재할 수 있다.

예제

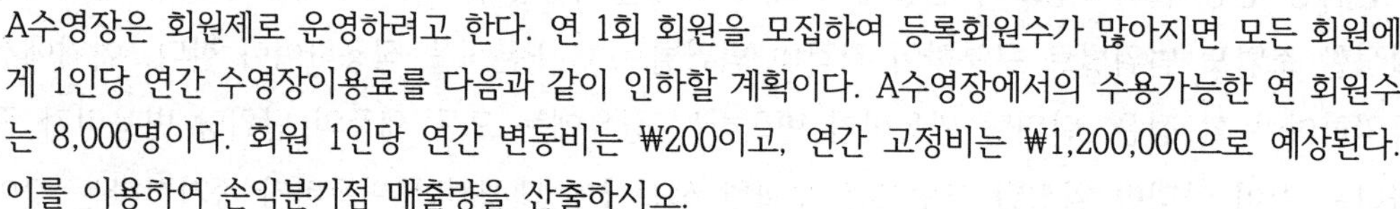

A수영장은 회원제로 운영하려고 한다. 연 1회 회원을 모집하여 등록회원수가 많아지면 모든 회원에게 1인당 연간 수영장이용료를 다음과 같이 인하할 계획이다. A수영장에서의 수용가능한 연 회원수는 8,000명이다. 회원 1인당 연간 변동비는 ₩200이고, 연간 고정비는 ₩1,200,000으로 예상된다. 이를 이용하여 손익분기점 매출량을 산출하시오.

등록회원수	1인당 연간 시설이용료
0 ~ 2,000명	₩1,000
2,001 ~ 4,000	600
4,001 ~ 8,000	550

해답 (2025 회계사 유사, 2007 회계사 유사, 2023 세무사 유사)

연간 손익분기점 회원수를 x라 하면

(1) $0 \leq x \leq 2,000$인 경우에는

₩1,000x = ₩200x + ₩1,200,000

∴ x = 1,500명(적합)

(2) $2,001 \leq x \leq 4,000$인 경우에는

₩600x = ₩200x + ₩1,200,000

∴ x = 3,000명(적합)

(3) $4,001 \leq x \leq 8,000$인 경우에는

₩550x = ₩200x + ₩1,200,000

∴ x = 3,429명(모순)

∴ 위 [예제]의 경우에 손익분기점은 2개 존재한다.

3. ABC에서의 CVP분석

CVP분석에서는 조업도만이 독립변수이다. 즉 CVP분석에서는 변동비가 조업도에 의해서만 변동된다. 그러나 ABC에 의하면 조업도와 인과관계가 있는 단위수준활동의 변동비뿐만 아니라 조업도와 직접적인 인과관계가 없는 비단위수준활동에서도 변동비가 발생하게 된

다. 따라서 ABC(제5장 **참조**)에서 총원가는 다음과 같이 나타낼 수 있다.

$$총원가 = V_1 \times X_1 + \underbrace{V_2 \times X_2 + V_3 \times X_3 + V_4 \times X_4}_{\text{비단위수준활동 관련 변동비}} + ABC의\ 고정비^*$$

단, V_1 : 단위수준활동의 단위당 변동비 X_1 : 단위수준활동의 원가동인 총수
V_2 : 묶음관련활동의 단위당 변동비 X_2 : 묶음관련활동의 원가동인 총수
V_3 : 제품유지활동의 단위당 변동비 X_3 : 제품유지활동의 원가동인 총수
V_4 : 설비유지활동의 단위당 변동비 X_4 : 설비유지활동의 원가동인 총수

* CVP분석에서 고정비로 분류되었던 항목 중에서 ABC에서는 비단위수준활동의 변동비로 분석되는 항목이 존재하므로, ABC에서의 고정비는 CVP분석에 의한 고정비와는 차이가 난다.

CVP분석에서 원가를 결정하는 요인(독립변수)은 조업도 뿐이므로 ABC에 따른 원가 산식을 이용하여 손익분기점을 계산하는 경우에는 비단위수준활동와 관련되는 변동비는 고정비인 것으로 간주하여 순익분기점을 계산한다. 다만, 조업도가 증가함에 고정비로 간주하는 비단위수준활동과 관련된 변동비도 증가할 것이므로 원가함수가 비선형인 경우(준고정비)와 동일하게 각각의 관련범위별로 손익분기점을 계산하면 된다. 이러한 개념으로 위의 식을 변형하면 다음과 같다.

$$총원가 = 단위당\ 변동비^* \times 매출량 + \underbrace{V_2 \times X_2 + V_3 \times X_3 + V_4 \times X_4 + ABC의\ 고정비}_{\text{고정비로 간주되는 금액}}$$

* CVP분석에서 적용되는 제품 단위당 변동비가 아니라 제품 단위수준활동의 단위당 변동비이다.

ABC를 CVP분석에 적용할 경우에 총원가가 위와 같이 계산되므로 손익분기점은 다음의 산식에 의해서 계산된다.

$$단위당\ 판매가격 \times 매출량 = 단위수준활동의\ 단위당\ 변동비 \times 매출량 + V_2 \times X_2 + V_3 \times X_3 + V_4 \times X_4 + ABC의\ 고정비$$

손익분기점 매출량을 x라 하면

$$x = \frac{V_2 \times X_2 + V_3 \times X_3 + V_4 \times X_4 + ABC의\ 고정비}{단위당\ 판매가격 - 단위수준활동의\ 단위당\ 변동비}$$

이처럼 ABC에 따라 CVP분석을 하게 되면 단위수준활동 이외에 묶음관련활동과 제품유지활동이 변동될 경우 손익분기점에 어떻게 영향을 미치는지를 구체적으로 살펴볼 수 있다.

예제 1

제품 단위당 판매가격은 ₩500이며, 제품의 생산 · 판매에 관한 원가자료는 다음과 같다.

원가동인	원가동인당 변동비	원가동인의 수
매출량	₩300	
작업준비횟수	50,000	100회
설계작업시간	1,000,000	10시간

[자료]

전통적 원가계산에서의 고정비 : ₩45,000,000

ABC에서의 고정비 : ₩30,000,000

물음 (2001 회계사 유사)

1. 전통적 원가계산에 의하여 손익분기점 매출량을 산출하시오.
2. ABC에 의하여 손익분기점 매출량을 산출하시오.
3. 설계작업시간을 2시간 더 사용하여 설계를 변경하는 경우에 작업준비횟수가 50회 감소할 것으로 예상된다. 이 변동 상황을 반영한 경우의 손익분기점을 ABC에 따라 산출하시오.

해답

1. 전통적 원가계산에서의 CVP분석

   손익분기점 매출량을 x라 하면

   ₩500x = ₩300x + ₩45,000,000

   ∴ x = 225,000단위

2. ABC에서의 CVP분석

   ₩500x = ₩300x + ₩50,000×100회 + ₩1,000,000×10시간 + ₩30,000,000

   ∴ x = 225,000단위

3. 변동 상황 반영시의 손익분기점 매출량을 x라 하면

   ₩500x = ₩300x + ₩50,000×(100회 - 50회) + ₩1,000,000×(10시간 + 2시간) + ₩30,000,000

   ∴ x = 222,500단위

예제 2

(주)세무는 단일 제품을 생산하여 단위당 ₩150에 판매한다. 연간 생산가능 수량 2,000단위에 근거한 제품 단위당 원가는 다음과 같다.

직접재료원가	₩10	단위수준 활동원가	₩25
직접노무원가	15	제품수준 활동원가	14
		설비수준 활동원가	6

위 원가 항목 중 제품수준 활동원가와 설비수준 활동원가는 고정원가로, 나머지는 변동원가로 가정한다. 총고정원가 중 ₩10,000은 세법상 손금(비용)으로 인정되지 않으며, 이 회사에 적용되는 세율은 20%이다. 세후 순이익 ₩16,000을 얻기 위한 제품 판매수량은? (2019 세무사, 2001 세무사 유사)

해답

단위당 공헌이익 : @₩150 - (@₩10 + @₩15 + @₩25) = @₩100
고정비 : 2,000단위×(@₩14 + @₩6) = ₩40,000
[@₩100×판매량 - (₩40,000 - ₩10,000)]×(1 - 20%) - ₩10,000 = ₩16,000
∴ 판매량 : 625단위

4. 생산량과 매출량이 일치하지 않는 경우의 CVP분석

CVP분석에서는 생산량과 매출량이 일치하는 것으로 가정하지만, 실제 경영환경에서는 생산량과 매출량이 일치하지 않는 경우에는 전부원가계산과 변동원가계산을 구분하여 살펴보아야 한다. 전부원가계산의 경우에는 고정제조간접비가 제품에 배부되어 생산량이 영업이익에 영향을 미치므로 생산량이 변동되면 손익분기점 매출량도 달라지게 된다. 반면에 변동원가계산의 경우에 생산량은 영업이익에 영향을 미치지 않으며, 매출량만이 이익에 영향을 미치므로 생산량과 관계없이 손익분기점 매출량은 일정하다. 결론적으로, 생산량과 매출량이 일치하지 않아 재고수준이 변동되는 경우 변동원가계산에서는 손익분기점에 영향이 없고, 전부원가계산에서만 손익분기점이 달라지게 된다(전부원가계산에서는 생산량이 증가할수록 단위당 고정제조간접비 배부액이 감소하여 매출원가에 포함되는 고정제조간접비가 감소하기 때문에 손익분기점 매출량이 감소한다). 전부원가계산에서는 고정제조간접비를 제품원가에 포함시키므로 CVP분석 적용에 있어서 고정제조간접비를 변동비처럼 적용하여 분석하여야만 한다.

예제

단위당 판매가격이 ₩500이고 단위당 변동제조원가가 ₩250인 제품을 생산 · 판매하고 있다. 단위당 변동판매관리비는 ₩50이며 연간 고정비는 다음과 같다.

고정제조간접비	₩1,500,000	고정판매관리비	₩1,500,000

물음 (2023 세무사 유사)

내년의 제품생산계획으로 10,000단위 · 15,000단위 · 20,000단위를 설정한 경우 각각의 생산량에서 다음에 답하시오.

1. 변동원가계산에서의 손익분기점 매출량을 산출하시오.
2. 전부원가계산에서의 손익분기점 매출량을 산출하시오.

해답

1. 변동원가계산

   @₩500x = @₩250x + @₩50x + ₩1,500,000 + ₩1,500,000

∴ x = 15,000단위 ← 변동원가계산에서는 생산량과 매출량이 다르다 하더라도 기본적인 CVP분석과 차이가 없다. 그 이유는 변동원가계산에서는 고정제조간접비가 기간원가로 처리되므로 이익이 매출량에 의해서만 결정되기 때문이다.

2. 전부원가계산

(1) 생산량별 단위당 제조원가

	10,000단위	15,000단위	20,000단위
변동제조원가	₩250	₩250	₩250
고정제조간접비	150[1)]	100[2)]	75[3)]
단위당 제조원가	₩400	₩350	₩325

* 1) ₩1,500,000÷10,000단위 = ₩150/단위
2) ₩1,500,000÷15,000단위 = ₩100/단위
3) ₩1,500,000÷20,000단위 = ₩75/단위

(2) 손익분기점에서는 순이익이 零(0)이므로, 손익분기점 매출량을 x라 하면

	10,000단위	15,000단위	20,000단위
매출액	₩500x	₩500x	₩500x
매출원가	400x	350x	325x
매출총이익	100x	150x	175x
판매관리비	50x + 1,500,000	50x + 1,500,000	50x + 1,500,000
영업이익	0	0	0
	50x - 1,500,000 = 0	100x - 1,500,000 = 0	125x - 1,500,000 = 0
	∴ x = 30,000단위[1)]	∴ x = 15,000단위[2)]	∴ x = 12,000단위[3)]

* 1) (@₩100x - @₩50x) - ₩1,500,000 = ₩0 ∴ x = 30,000단위
2) (@₩150x - @₩50x) - ₩1,500,000 = ₩0 ∴ x = 15,000단위
3) (@₩175x - @₩50x) - ₩1,500,000 = ₩0 ∴ x = 12,000단위

[참조]

기본 자료(단위당 판매가격 ₩500, 단위당 변동제조원가 ₩250, 단위당 변동판매관리비 ₩50, 고정제조간접비 ₩1,500,000, 고정판매관리비 ₩1,500,000)를 이용한다. 기준조업도는 15,000단위이다. 단, 당기 중 가격차이 · 능률차이 · 예산차이는 발생하지 않았으며, 그 밖의 원가차이를 매출원가에 가감하고 있다.

1. 표준변동원가계산에서의 손익분기점 매출량을 산출하시오.
   답 @₩500x = @₩250x + @₩50x + ₩1,500,000 + ₩1,500,000 ∴ x = 15,000단위
2. 표준전부원가계산에서의 손익분기점 매출량을 산출하시오. 단, 실제 생산량은 18,000단위이다.
   답 (18,000단위 - 15,000단위)×(₩1,500,000÷15,000단위) = ₩300,000(유리, 조업도차이)
   (@₩500x - @₩350x + ₩300,000) - (@₩50x + ₩1,500,000) = ₩0 ∴ x = 12,000단위

제6절 CVP분석 기법의 활용

1. 이익·조업도 도표

이익 · 조업도 도표(P/V도표 : profit-volume chart)는 CVP도표를 변형한 것으로서, 조업도 변동에 따라 순이익이 어떻게 변동할 것인가를 분석하는데 매우 유용하다. 이 도표는 특히 두 가지 이상의 제품을 생산 · 판매하는 경우, 이들의 결합관계로 인한 원가 · 조업

도·이익의 관계를 분석하기 위하여 이용될 수 있다. P/V도표는 단일 제품의 경우와 매출배합의 경우로 나누어 살펴볼 수 있는데, 먼저 단일 제품의 P/V도표를 살펴보기로 한다.

다음에 나타낸 단일 제품 P/V도표의 실선 ⓐ는 [공통예제]를 이용하여 작성한 것이다.

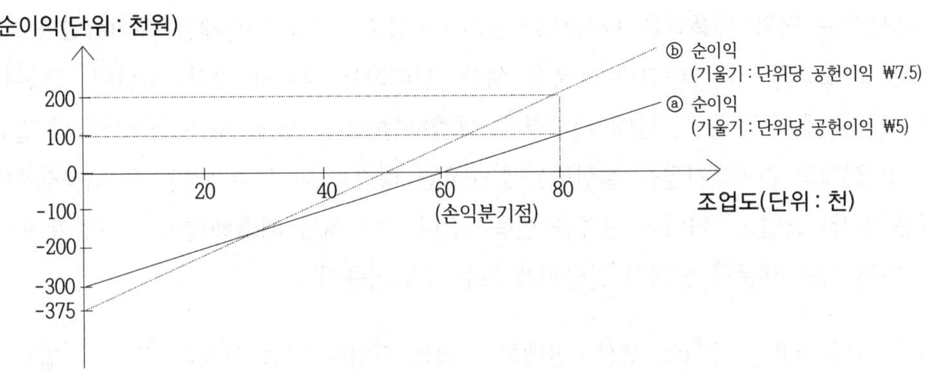

이와 같은 단일 제품의 P/V도표는 다음과 같은 방법으로 작성한다.

① 종축은 순이익을, 횡측은 조업도(단위 또는 금액)를 표시한다.

② 조업도 零(0)의 수준에서 순손실은 고정비가 된다.

③ 순이익선은 종축상이 절편인 순손실점에서 단위당 공헌이익의 비율로 증가한다. 이때 순이익선이 횡축과 만나는 점이 바로 손익분기점이 된다.

[공통예제]에서, 순손실점은 -₩300,000이고 단위당 공헌이익은 ₩5이다. 따라서 손익분기점은 조업도 60,000단위의 점이 된다. (단일 제품 P/V도표의 점선 ⓐ) 손익분기점을 초과하는 조업도는 단위당 ₩5씩 순이익을 증가시키게 될 것이다. 예를 들어, 조업도 80,000단위의 경우, 순이익은 (80,000단위 - 60,000단위)×₩5 = ₩100,000이 된다.

단일 제품의 P/V도표는, 여러 가지의 대체적인 판매가격, 변동비 또는 고정비가 조업도 변동에 따라 순이익에 어떻게 영향을 미치는가를 신속·용이하게 알 수 있게 해주는 장점이 있다. 즉 단위당 판매가격이 ₩25에서 ₩27.5로 인상되고 고정비가 ₩75,000만큼 증가된다면 손익분기점은 어떤 영향을 받게 될 것인가? 이 경우, 단위당 공헌이익은 ₩7.5(=₩27.5 - ₩20)가 되므로 새로운 손익분기점은 다음과 같이 계산될 것이다.

새로운 손익분기점 매출량 = (₩300,000 + ₩75,000)÷(₩27.5 - ₩20) = ₩375,000÷₩7.5
= 50,000단위

단일 제품 P/V도표의 점선 ⓑ는 이 경우의 이익·조업도 관계를 나타내 주고 있다. 여기에서 보는 바와 같이, 조업도가 증가함에 따라 순이익은 원래의 경우보다 빠른 속도로 증가하고 있다. 예를 들어, 조업도가 80,000단위인 경우, 순이익은 (80,000단위 - 50,000단위)×₩7.5 = ₩225,000이 되어 원래의 경우보다 대폭 증가된다.

2. 매출배합의 영향

이제까지는 단일 제품만을 대상으로 원가 · 조업도 · 이익의 관계를 분석하였다. 그러나 기업은 실제로 두 가지 이상의 제품을 생산 · 판매하는 경우가 많다. 하나의 기업이 여러 가지 제품을 동시에 생산 · 판매하는 경우, 매출배합(sales mix) 또는 제품배합의 결합관계는 기업 전체의 손익분기점을 결정하는데 중요한 영향을 미칠 수 있다. 즉 매출제품배합의 변동은 원가 · 조업도 · 이익의 관계를 변동시킨다. 여기에서 **매출배합**이란 기업이 판매하고 있는 여러 가지 제품의 상대적 결합관계 또는 결합비율이다.

여러 가지 제품을 동시에 생산 · 판매하고 있는 기업은 기업 전체의 원가 · 조업도 · 이익의 관계를 분석하기 위하여 매출배합의 P/V도표를 이용한다. 이 경우 매출배합의 P/V도표는 단일 제품을 대상으로 하는 경우와 달리, 단위당 가중평균공헌이익을 매출제품배합패키지(package)별로 산출하거나 또는 각 제품 단위당 공헌이익의 가중평균을 사용하여 작성한다.

예컨대, 두 가지 제품을 판매하는 기업의 경우를 보자. 이 기업의 A제품의 단위당 공헌이익은 ₩10, B제품의 단위당 공헌이익은 ₩20, 고정비는 ₩1,000,000이라고 가정하면, A제품만 판매하는 경우의 손익분기점 매출량은 100,000단위(= ₩1,000,000÷₩10)가 되고 B제품만 판매하는 경우의 손익분기점 매출량은 50,000단위(= ₩1,000,000÷₩20)가 될 것이다. 그러나 A · B제품을 3 : 1의 비율로 판매하기로 하였다면, 다음과 같이 계산된 기업 전체의 **단위당 가중평균공헌이익**에 의해 손익분기점이 결정되어야 할 것이다. 제품패키지에 의한 단위당 가중평균공헌이익은 다음과 같이 계산된다.

각 제품 패키지(A제품 3단위, B제품 1단위)의 공헌이익 : (3×₩10) + (1×₩20) = ₩50
단위당 가중평균공헌이익 : ₩50÷4 = ₩12.5

또한 **가중평균법**(weighted average method)에 의해 단위당 평균공헌이익은 다음과 같이 계산되기도 한다.

제품	매출배합비율	가중치	단위당 공헌이익	가중평균
A	3	3/4	₩10	₩7.5
B	1	1/4	20	5
	4			₩12.5

따라서 이 기업이 A, B 두 가지 제품을 3 : 1의 비율로 계속 판매할 것으로 가정하면 손익분기점은 80,000단위(= ₩1,000,000÷₩12.5)가 되고, 이때 매출배합은 마찬가지로 A제품 60,000단위, B제품 20,000단위의 비율로 판매한 것이 된다. 이러한 관계는 다음의 매출배합 P/V도표에서 잘 나타나 있다.

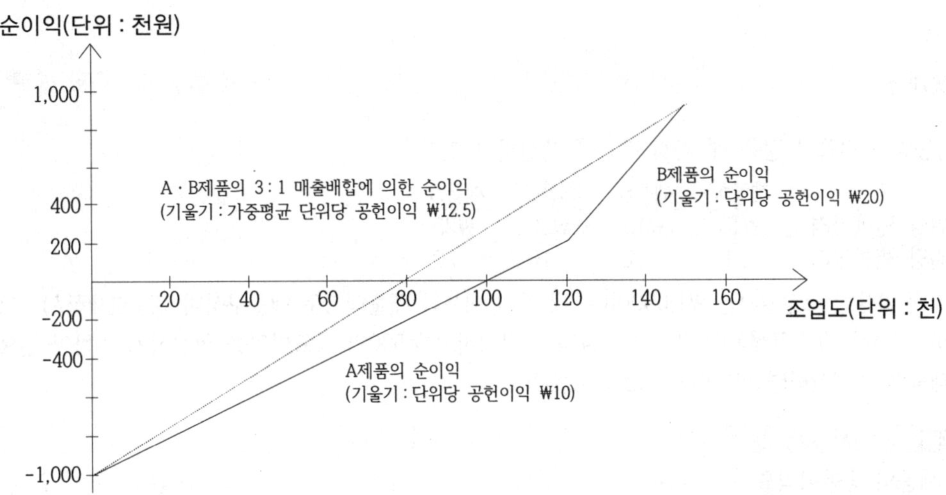

매출배합의 P/V도표에서 실선의 순이익선은 각 제품의 단위당 공헌이익을 기울기로 표시한 것이고, 점선의 순이익선은 두 가지 제품이 3 : 1의 비율로 배합된 단위당 가중평균 공헌이익을 기울기로 표시한 것이다. 특히, B제품의 순이익선은, A제품의 순이익선과 결합하기 위하여 원래의 순이익선[고정비를 나타내는 순손실액(- ₩1,000,000)의 점과 조업도(50,000단위)의 점을 연결한 직선]을 평행이동시킨 것이다.

이상과 같이 매출배합의 P/V도표를 사용하면 여러 가지 제품의 이익 · 조업도관계를 보다 신속 · 용이하게 파악할 수 있다. 이러한 매출배합의 P/V도표를 통하여 얻을 수 있는 몇 가지 이점을 구체적으로 살펴보면 다음과 같다.

첫째, 계획된 조업도에서의 순이익을 신속 · 용이하게 파악할 수 있다. 만약 계획된 조업도를 160,000단위(A제품 120,000단위, B제품 40,000단위)로 설정한다면, 순이익은 ₩1,000,000이 될 것이다.

둘째, 매출배합의 변동으로 인한 순이익의 변동상태를 신속 · 용이하게 파악할 수 있다.

매출배합의 P/V도표에서 보는 바와 같이, B제품의 이익증가 속도가 A제품의 이익증가 속도보다 크다. 따라서 매출배합에 있어서 B제품의 비율을 높이면 원래의 배합상태의 경우보다 순이익은 많이 증가될 것이다. 그러나 A제품의 비율을 높이면 순이익은 반대로 감소할 것이다. 오늘날 기업경영자들은 기존 제품의 매출원가 증대로 인하여, 보다 높은 이익을 추구하는 방안의 하나로서 매출배합의 문제를 중요시하고 있다. P/V도표는 특히 매출배합의 문제 해결에 있어서 경영자들로 하여금 여러 가지 제품의 매출배합비율의 변동에 따른 순이익의 변동을 보다 용이하게 분석하게 함으로써, 가장 유리한 매출배합을 이루어 나가는데 중요한 분석수단으로 이용될 수 있다.

예제 1

(주)동양은 다음과 같은 네 가지 제품을 생산하고 있다.

	제품A	제품B	제품C	제품D
단위당 판매가격	₩10	₩15	₩20	₩25
단위당 변동원가	8	12	16	20

당기에 발생한 고정원가는 ₩1,000이며, 네 가지 제품의 매출액기준 매출구성비율은 4(제품A) : 3(제품B) : 2(제품C) : 1(제품D)이다. 세금효과는 무시하고 ₩500의 목표이익을 실현하기 위하여 필요한 총매출액을 계산하면 얼마인가? (2005 회계사)

해답

각 제품의 공헌이익률

	제품A	제품B	제품C	제품D
단위당 판매가격	₩10	₩15	₩20	₩25
단위당 변동원가	8	12	16	20
단위당 공헌이익	₩2	₩3	₩4	₩5
공헌이익률	20%	20%	20%	20%

가중평균공헌이익률

	제품A	제품B	제품C	제품D
매출액 비중	40%	30%	20%	10%
공헌이익률	20%	20%	20%	20%

가중평균공헌이익률 : 20%×40% + 20%×30% + 20%×20% + 20%×10% = 20%

목표이익 매출액

목표이익 ₩500을 달성하는 매출액을 S라고 하면, 다음 식이 성립한다.

S×20%(공헌이익) = ₩1,000(고정비) + ₩500(목표이익)

∴ 목표이익 ₩500을 달성하는 매출액은 ₩7,500이다.

[별해]

가중평균공헌이익 : (4×@₩2) + (3×@₩3) + (2×@₩4) + (1×@₩5) = @₩30

단위당 가중평균공헌이익 : @₩30÷10 = @₩3

목표이익 매출량 : (₩1,000 + ₩500)÷@₩3 = 500개

제품A : 500개×4/10 = 200개, 제품B : 500개×3/10 = 150개

제품C : 500개×2/10 = 100개, 제품D : 500개×1/10 = 50개

∴ 매출액 : (200개×@₩10) + (150개×@₩15) + (100개×@₩20) + (50개×@₩25) = ₩7,500

검증) $\dfrac{₩1,000 + ₩500}{4/10(1 - @₩8 \div @₩10) + 3/10(1 - @₩12 \div @₩15) + 2/10(1 - @₩16 \div @₩20) + 1/10(1 - @₩20 \div @₩25)} = ₩7,500$

예제 2 

(주)세무는 제품 A와 B를 생산 판매하고 있다. 제품별 판매 및 원가에 관한 자료는 다음과 같다.

구 분	제품A	제품B	합 계
판매량	?	?	100단위
매출액	₩200,000	₩300,000	₩500,000
변동비	?	?	375,000
고정비			₩150,000

제품A의 단위당 판매가격은 ₩4,000이다. 손익분기점에 도달하기 위한 제품B의 판매량은? (단, 매출배합은 일정하다고 가정한다.) (2022 세무사, 2024 세무사 유사)

해답 •••

제품A의 판매량 : ₩200,000÷@₩4,000 = 50단위
제품B의 판매량 : 100단위 - 50단위 = 50단위
(매출배합) 제품A : 제품B = 1 : 1
set : 제품A 1단위 + 제품B 1단위
set 단위당 공헌이익 : [(₩500,000 - ₩375,000)÷100단위]×2 = ₩2,500
손익분기점 set : ₩150,000÷@₩2,500 = 60set
손익분기점에 도달하기 위한 제품B의 판매량 : 60set×1단위 = 60단위

3. 안전한계율

안전한계율(margin of safety : M/S ratio)은 기업의 수익성을 판단할 수 있는 비율로서, 이 비율은 먼저 손익분기점의 위치를 나타내는 손익분기점률을 산출하고 다음으로 정상 매출액(100%)에서 손익분기점률을 차감함으로서 산출한다. 손익분기점률과 안전한계율의 산식은 다음과 같다.

$$\text{손익분기점률} = \frac{\text{손익분기점 매출액}}{\text{매출액}} \times 100$$

(이 비율이 크면 클수록 이익이 적거나 손실이 발생한다)

안전한계율(M/S 비율) = 1 - 손익분기점률

(이 비율이 크면 클수록 수익성이 높다는 것을 의미한다)

※ 안전한계율 = (매출액 - 손익분기점 매출액)÷매출액
= 1 - (손익분기점 매출액÷매출액)
= 1- 손익분기점률

여기서 안전한계율을 높여 수익성을 제고시키기 위해서는 손익분기점을 낮추어야 한다. 이를 위해서는 고정비를 낮추거나, 매출액을 증가시키거나, 공헌이익률을 높이는 등의 관리방안이 강구되어야 할 것이다.

[공통예제]에서 예상되는 매출량이 100,000단위라고 한다면, 안전한계율은 다음과 같이 계산된다.

	단위	금액(단위당 판매가격 : ₩25)
매출액	100,000	₩2,500,000
손익분기점 매출액	60,000	1,500,000
안전한계 매출액	40,000	₩1,000,000

$$손익분기점률 = \frac{1,500,000}{2,500,000} \times 100 = 60\%$$

안전한계율 = 1 - 0.6 = 0.4(또는 40%)

결국 안전한계율이란 수익성을 예측하고, 향후 수익성의 증대를 위해서 손익분기점 산출의 기초가 되는 요소들을 어떻게 조정하여야 할 것인가를 판단하는 기초자료가 된다는데 그 유용성이 있다.

4. 영업레버리지

영업레버리지(operation leverage)는 고정비 발생의 자산을 보유함으로 인하여 단위당 변동비가 감소되어 영업이익에 미치는 영향이다. 예컨대 어떤 기업이 직접노무비와 같은 변동비를 최신 설비의 고정비로 대체하여 제품을 생산하는 경우, 새로운 고정비는 기존의 고정비보다 높아지고 반면에 새로운 단위당 변동비는 기존의 단위당 변동비보다 낮아진다.[17] 일반적으로 고정비가 높아지면 높아질수록 단위당 변동비는 낮아져서 손익에 보다 큰 영향을 미친다. 고정비가 높아지면 총원가선은 절편이 높아지지만 기울기는 낮아지게 된다.

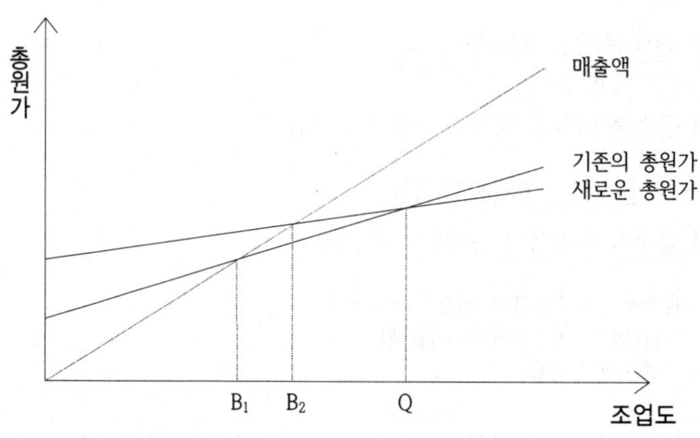

17) 레버리지도(degree of leverage)에는 영업레버리지도(DOL), 재무레버리지도(DFL), 결합레버리지도(DCL)가 있다. (제12장 제4절 참조)

새로운 상태의 영업레버리지는 기존의 영업레버리지보다 크다. 왜냐하면 새로운 상태에서는 고정비가 커질수록 단위당 변동비가 작아졌기 때문이다. 여기에서 생산량이 Q점보다 많아지면 새로운 상태의 제조원가는 기존 상태의 제조원가보다 적게 된다. 영업레버리지가 커지면 이는 결과적으로 손익분기점을 높이게 되고, 매출액 증가에 따라 영업이익이 커지게 된다. 이러한 현상은 고정비가 지렛대(lever)의 역할을 하여 매출액이 증가할 때에는 이익의 증가폭이 확대되어 나타나고 매출액이 감소할 때에는 이익의 감소폭이 확대되어 나타나는 것인데, 이를 영업레버리지의 손익확대효과 또는 영업레버리지효과라고 한다.

영업레버리지분석은 영업레버리지가 있을 때 매출액 변화에 대한 영업이익 변화의 관계를 분석하는 것으로 손익분기점분석을 이용한다. 또한 매출액 변화와 영업이익 변화와의 관계는 **영업레버리지도**(degree of operating leverage : DOL)에 의하여 측정할 수 있다.[18)]

영업레버리지도는 매출액 변화율에 대한 영업이익 변화율의 비율로, 다음 공식에 의해 산출된다.

$$DOL = \frac{\text{영업이익 변화율}}{\text{매출액 변화율}} = \frac{\Delta OI/OI}{\Delta PQ/PQ}$$

ΔOI : 영업이익의 변화분
OI : 영업이익
ΔPQ : 매출액의 변화분
PQ : 매출액

여기에서 영업이익은 매출액에서 변동비와 고정비를 차감한 것이므로, 다음과 같이 나타낼 수 있다.

영업이익 = (단위당 판매가격×매출량) - (단위당 변동비×매출량) - 고정비
= 매출량×(단위당 판매가격 - 단위당 변동비) - 고정비

$$OI = PQ - VQ - FC = Q(P - V) - FC$$

또한, 영업이익 변화분은 다음과 같이 나타낼 수 있다.

영업이익 변화분 = 매출량 변화분×(단위당 판매가격 - 단위당 변동비)

$$\Delta OI = \Delta Q(P - V)$$

---

18) 영업레버리지도는 안전한계율의 역수와 동일하다. 즉 [공통예제]에서 안전한계율이 0.4이므로 영업레버리지도는 0.4^{-1}(= 1÷0.4) = 2.5가 된다.

$$\text{영업레버리지도} = \frac{\text{영업이익 변화율}}{\text{매출액 변화율}} = \frac{\text{공헌이익}}{\text{영업이익}} = \frac{1}{\text{안전한계율}}$$

한편, 영업레버리지도(DOL) 공식은 영업이익 및 영업이익 변화분의 공식을 대입하여 다음과 같이 변형된 식으로 나타낼 수 있다.

$$DOL = \frac{\Delta OI/OI}{\Delta PQ/PQ} = \frac{\Delta Q(P - V)}{Q(P - V) - FC} \times \frac{Q}{\Delta Q} = \frac{Q(P - V)}{Q(P - V) - FC}$$

변형된 식에서 보는 바와 같이, 영업레버리지도는 단위당 판매가격(P), 단위당 변동비(V), 고정비(FC), 매출량(Q)에 따라 그 크기가 달라진다. 이들 여러 가지 변화가 영업레버리지도에 미치는 영향을 다음의 [예제]를 이용하여 보기로 하자.[19)]

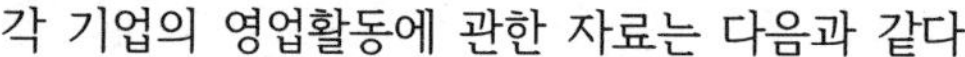

예제 1

각 기업의 영업활동에 관한 자료는 다음과 같다.

	A기업	B기업	C기업
매출액	₩400,000	₩400,000	₩400,000
변동비	80,000	240,000	320,000
공헌이익	320,000	160,000	80,000
고정비	280,000	120,000	40,000
영업이익	40,000	40,000	40,000

물음

1. 각 기업별로 현재의 수준에서 영업레버리지도를 계산하시오.
2. 각 기업별로 매출액이 현재보다 20% 증가하는 경우의 영업이익을 계산하시오.
3. 각 기업별로 매출액이 현재보다 20% 감소하는 경우의 영업이익을 계산하시오.

해답

1. 영업레버리지도

A기업 : ₩320,000÷₩40,000 = 8

B기업 : ₩160,000÷₩40,000 = 4

C기업 : ₩80,000÷₩40,000 = 2

19) 왜 경영자들은 영업레버리지를 조심스럽게 관찰하는가? 어떤 기업에서 높은 영업레버리지가 재무적 문제의 주요 원인이라고 가정하자. 이 기업은 제품에 대한 높은 수요를 예상하고 자산 취득을 위해 차입을 하였으며, 그 결과 고정비가 많아졌다. 그러나 매출 감소에 따라 기업은 손실을 보게 되고 이자와 부채를 충당할만한 현금을 창출할 수 없으며, 그로 인하여 파산방지책을 마련하기에 급급한 상황이다. 이러한 문제들은 방지할 수 없었을까? 만약 경영자가 너무 빨리 자산과 고정비를 축적하지 않았더라면, 방지할 수 있다. 경영자는 시장에서의 기회를 활용하기 위해 그렇게 했지만, 그렇게 함으로써 경영자는 제품수요가 악화하는 경우의 손실위험을 증가시켰다. 또한 경영자는 자산 취득을 위한 자금조달에 있어서 부채가 아니라 자기자본을 이용함으로써 이러한 문제들의 확대를 완화할 수도 있었다. 부채와 달리 자기자본은 미리 정해진 상환계획이 없다. 자기자본으로 자금을 조달하였다면 수익 악화기간에 더 오래 버틸 수 있었을 것이다. 그렇다면 경영자는 왜 자기자본을 이용하지 않았을까? 왜냐하면, 부채에 비하여 자기자본조달은 비용이 더 많이 들기 때문이다. 따라서 경영자는 항상 자신이 결정한 변동비와 고정비의 수준이 위험-수익 상충관계에 어떤 영향을 미치는지를 평가해야 한다.

2. 영업이익이 각 기업별로 160%(= 8×20%), 80%(= 4×20%), 40%(= 2×20%) 증가한다.

A기업 : ₩40,000×(1 + 1.6) = ₩104,000

B기업 : ₩40,000×(1 + 0.8) = ₩72,000

C기업 : ₩40,000×(1 + 0.4) = ₩56,000

	A기업		B기업		C기업	
매출액	₩400,000	₩480,000	₩400,000	₩480,000	₩400,000	₩480,000
변동비	80,000	96,000	240,000	288,000	320,000	384,000
공헌이익	320,000	384,000	160,000	192,000	80,000	96,000
고정비	280,000	280,000	120,000	120,000	40,000	40,000
영업이익	40,000	104,000	40,000	72,000	40,000	56,000

3. 영업이익이 각 기업별로 160%(= 8×20%), 80%(= 4×20%), 40%(= 2×20%) 감소한다.

A기업 : ₩40,000×(1 - 1.6) = (₩24,000)

B기업 : ₩40,000×(1 - 0.8) = ₩8,000

C기업 : ₩40,000×(1 - 0.4) = ₩24,000

	A기업		B기업		C기업	
매출액	₩400,000	₩320,000	₩400,000	₩320,000	₩400,000	₩320,000
변동비	80,000	64,000	240,000	192,000	320,000	256,000
공헌이익	320,000	256,000	160,000	128,000	80,000	64,000
고정비	280,000	280,000	120,000	120,000	40,000	40,000
영업이익	40,000	(24,000)	40,000	8,000	40,000	24,000

예제 2

K사는 최신 설비를 도입하여 종전보다 월 고정비 ₩300,000에서 ₩400,000 증가하여 ₩700,000이 되다. 설비도입으로 인해 단위당 변동비는 ₩20에서 ₩15으로 감소하다. 매출량이 100,000단위일 때 현재의 경우와 새로운 경우의 영업레버리지도를 비교해 보자. 단, 단위당 판매가격은 ₩25이다.

$$\text{현재의 DOL} = \frac{100{,}000\text{단위}\times(@₩25 - @₩20)}{100{,}000\text{단위}\times(@₩25 - @₩20) - ₩300{,}000} = 2.5$$

$$\text{새로운 DOL} = \frac{100{,}000\text{단위}\times(@₩25 - @₩15)}{100{,}000\text{단위}\times(@₩25 - @₩15) - ₩700{,}000} = 3.33$$

해답

여기에서 DOL이 2.5 또는 3.33이라는 것은 매출량이 100,000단위일 때 영업이익 증가율은 매출액 증가율의 2.5배 또는 3.33배로 나타난다는 것을 의미한다. 예컨대 매출량이 100,000단위에서 20% 증가하면, 이때의 영업이익은 매출량 100,000단위일 때의 영업이익보다 각각 50%, 66.7% 증가한다는 뜻이다. 실제 이들 효과를 다음에서 살펴보기로 한다. 그러나 다음의 계산에서 보는 바와 같이, 매출량이 증가하면 이익의 증가율은 오히려 감소되고 있다. 즉 매출액이 증가하면 영업레버리지도는 작아진다. 따라서 여기에서 한 가지 알아두어야 할 것은 영업레버리지가 높다는 것은 그 기업의 영업이익이 많다거나 영업활동이 활발하다는 것을 나타내는 것이 아니고, 단지 매출액이 증가하면 이익이 급속도로 증가한다는 것을 의미한다는 것이다. 대체로 자본집약적 산업은 영업레버리지도가 높은데, 이것은 자본을 유형자산에 투하하면 생산 단위당 변동비가 감소하기 때문이다.

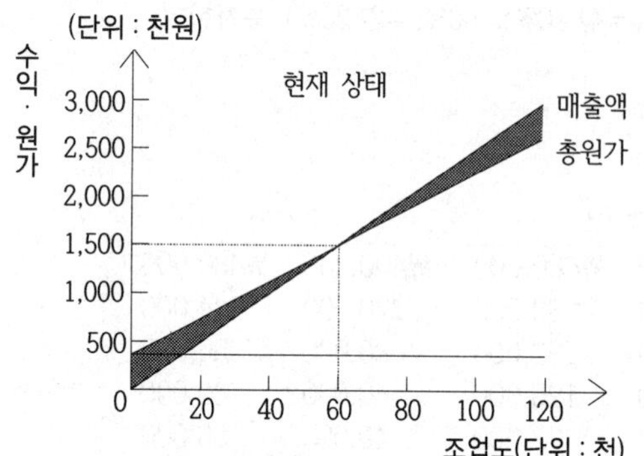

단위당 판매가격 : ₩25
고정비 : ₩300,000
단위당 변동비 : ₩20

매출량	매출액	총원가	이 익
20,000	500,000	700,000	(200,000)
40,000	1,000,000	1,100,000	(100,000)
60,000	1,500,000	1,500,000	0
80,000	2,000,000	1,900,000	00,000
100,000	2,500,000	2,300,000	200,000
120,000	3,000,000	2,700,000	300,000

(단위 : 천원)
수익·원가
새로운 상태
매출액
총원가
3,000
2,500
2,000
1,500
1,000
500
0
20 40 60 80 100 120
조업도(단위 : 천)

단위당 판매가격 : ₩25
고정비 : ₩700,000
단위당 변동비 : ₩15

매출량	매출액	총원가	이 익
20,000	500,000	1,000,000	(500,000)
40,000	1,000,000	1,300,000	(300,000)
60,000	1,500,000	1,600,000	(100,000)
70,000	1,750,000	1,750,000	0
80,000	2,000,000	1,900,000	100,000
100,000	2,500,000	2,200,000	300,000
120,000	3,000,000	2,500,000	500,000

예제 3

3월에 (주)세무의 매출액은 ₩700,000이고 공헌이익률은 54%이며 영업레버리지도는 3이다. 4월에 고정원가인 광고비를 3월보다 ₩30,000 증가시키면 매출이 3월보다 10% 증가하며 공헌이익률의 변화는 없다. (주)세무가 광고비를 ₩30,000 증가시킬 때, 4월의 영업이익은? (2017 세무사)

해답

₩700,000×54% = ₩378,000

₩378,000÷(₩378,000 - 고정영업비) = 3

∴ 고정영업비 : ₩252,000

4월의 영업이익 : ₩700,000×1.1×54% - ₩252,000(고정영업비) - ₩30,000(광고비) = ₩133,800

별해)

문제 제시	3월*	변 화	4월**
매출액(₩700,000)	₩700,000	10% 증가	₩770,000
변동비			
공헌이익(공헌이익률 54%)	378,000		415,800
고정비	252,000	₩30,000 증가	252,000 + 30,000
영업이익(영업레버지리도 3)	126,000		133,800

* ₩700,000×54% = ₩378,000
₩378,000×1/3 = ₩126,000
₩378,000 - ₩126,000 = ₩252,000

** ₩700,000×1.1 = ₩770,000
₩770,000×54% = ₩415,800
₩415,800 - (₩252,000 + ₩30,000) = ₩133,800

형성평가

[문 1] 백분율로 표시한 영업활동 결과이다. 당기 매출액이 ₩2,000,000이라고 할 때, 손익분기점 매출액은 얼마인가?

매출액		100%
매출원가		
변동비	50%	
고정비	10	60
매출총이익		40
판매관리비		
변동비	20	
고정비	15	35
영업이익		5%

[문 2] 단일 제품을 생산하고 있다. 전년도에 30,000단위의 K제품을 판매하여 ₩2,000,000의 순이익을 실현하였는데, 이때의 손익분기점은 25,000단위이다. 당기에 전년도의 작업상황은 그대로 유지한 채 K제품의 단위당 판매가격을 ₩100씩 인하하기로 결정하다.

물음

1. 전년도의 단위당 공헌이익은 얼마인가?
2. 전년도의 총공헌이익은 얼마인가?
3. 단위당 판매가격을 ₩100씩 인하하기로 하였을 때의 새로운 손익분기점은 얼마인가?

[문 3] 기업의 전년도 영업실적이다. 이 상태에서 당기에 매출액을 25% 증가시키면서, 동시에 이익을 ₩1,000,000만큼 증가시키고자 한다. 고정비의 변동이 없다고 전제할 때, 당기의 공헌이익률은 몇 %가 되어야 하겠는가?

매출액 ₩20,000,000 고정비 ₩6,000,000 공헌이익률 40%

[문 4] 단일 제품 400개를 생산·판매하여 매출액 ₩20,000,000을 실현하다. 월초 및 월말의 재공품이 없다고 할 때, 매출액의 10%에 해당하는 이익을 실현하기 위해서는 현재의 매출액을 얼마만큼 더 증대시켜야 하겠는가?

변동비 ₩15,000,000 고정비 ₩6,000,000 영업손실 ₩1,000,000

[문 5] 단일 제품을 연간 평균 70,000개를 제조하고 있다. 이때 변동원가 총발생액은 ₩28,000,000이다. 현재의 단위당 판매가격은 ₩750이며, 제조된 제품은 재고없이 전량 판매되고 있다. 이 상태에서 TV광고를 실시하면 연간 판매량이 80,000개로 증가할 것으로 예상하고 있다. 만일 고정원가 발생액의 행태가 다음과 같고 최대조업도가 연간 100,000개라고 한다면, 5%의 매출총이익을 실현하기 위하여 최대한으로 지출가능한 광고비는 얼마가 되겠는가?

생산량(개)	고정원가(연간)
0 ~ 40,000	₩16,000,000
40,001 ~ 60,000	18,000,000
60,001 ~ 80,000	21,000,000
80,001 ~ 100,000	25,000,000

[문 6] 단일 제품을 생산하고 있으며, 단위당 판매가격은 ₩1,000이다. 전년도에 100,000단위를 생산·판매하였으며, 그때 발생한 원가이다. 한편 당기에 단위당 변동비는 10% 증가하고, 고정비 합계는 6% 증가할 것으로 예상된다.

변동제조원가	₩30,000,000
고정제조간접비	25,000,000
변동판매관리비	10,000,000
고정판매관리비	5,000,000

물음 (2020 세무사 유사)

1. 만일 매출량이 100,000단위로 일정하다면, 전년도와 같은 이익을 얻기 위해서는 단위당 판매가격을 얼마로 결정하여야 하는가?
2. 만일 매출량이 120,000단위로 증가한다면, 목표이익 ₩52,200,000을 얻기 위해서는 단위당 판매가격을 얼마로 결정해야 하는가?
3. 만일 가격의 상승을 예상하여 단위당 판매가격을 ₩1,040으로 결정하였다면, 손익분기점의 매출량은 얼마인가?

[문 7] 단일 제품만을 생산·판매하고 있다. 단일 제품의 단위당 판매가격은 ₩200이고 단위당 변동비는 ₩150이며, 고정비는 ₩100,000이다. 법인세율은 30%이다.

물음

1. 법인세차감후 순이익 ₩35,000을 달성하기 위해서는 몇 단위의 제품을 판매해야 하는가?
2. 만약 고정비 중 현금지출을 수반하지 않은 감가상각비 ₩7,000이 포함되어 있다고 할 때, 현금흐름분기점 매출량은 각각 얼마이겠는가?
   1) 법인세율을 고려하지 않을 경우
   2) 법인세율을 고려할 경우

[문 8] 현금흐름분기점 매출량은 몇 단위로 계산되는가? (2021 세무사 유사)

(1) 단위당 판매가격 : ₩2,000

(2) 제조원가(기준조업도 : 연 120,000단위)
  직접재료비·직접노무비 : 단위당 ₩600
  제조간접비 : 연 ₩60,000,000(이중 60%는 고정비)

(3) 판매관리비
  변동비 : 매출액의 10%
  고정비 : 연간 ₩30,000,000

(4) 감가상각비는 총고정원가의 20%이다.

[문 9] A와 B의 두 가지 상품을 판매하고 있다. 현재 매출량 및 매출액과 관련된 A · B상품의 자료가 다음과 같다.

	A상품	B상품
판매상품의 구성비	60%	40%
단위당 공헌이익	₩1,000	₩1,500

현재의 손익분기점에서 B상품의 매출량은 4,000단위로 계산되고 있다. 이 상태에서 단위당 공헌이익이 ₩500인 C상품을 추가로 판매대상에 포함시키려고 한다. 이 상품을 추가로 취급하더라도 기존의 A · B상품의 단위당 공헌이익은 변동되지 않으나, 판매상품의 구성비는 A : B : C = 20% : 60% : 20%로 변동될 것으로 예상하고 있다. C상품을 추가적으로 취급하였을 때, 새로운 손익분기점에서 B상품의 매출량은 몇 단위로 계산되는가?

[문 10] 두 종류의 제품을 생산하고 있다.

	甲제품	乙제품	합 계
단위당 판매가격	₩13,000	₩10,000	
단위당 변동비	9,000	8,000	₩17,000
고정비			6,000,000

물음 (2019 세무사 유사)

1. 甲제품과 乙제품의 매출배합이 1 : 2 이라고 할 때, 손익분기점 매출량과 그때의 각 제품의 매출량을 구하시오.
2. 甲제품과 乙제품의 매출배합이 2 : 1 이라고 할 때, 손익분기점 매출액과 그때의 각 제품의 매출액을 구하시오.

[문 11] 장안산업은 A제품을 생산하여 한 개당 ₩500에 판매하는 기업이다. A제품 생산을 위해서는 한 개당 직접재료비 ₩120, 직접노무비 ₩80, 변동제조간접비 ₩30이 발생하며 고정제조간접비가 ₩20,000 발생하였다. 20×2년도에는 총 200개의 A제품을 판매하였으며 판매과정에서 한 개당 ₩50의 변동판매관리비와 ₩15,200의 고정판매관리비가 발생하였다. 단, 법인세율은 30%라고 가정한다.

물음 (2023 회계사 유사, 2013 세무사 유사, 2012 세무사 유사)

1. 단위당 공헌이익과 공헌이익률은 각각 얼마인가?
2. 손익분기점 매출량과 손익분기점 매출액은 각각 얼마인가?
3. 손익분기점률과 안전한계율 및 안전한계 매출액은 각각 얼마인가?
4. 20×2년의 세전 영업이익과 세후 영업이익은 각각 얼마인가?
5. 20×3년도의 세전 목표이익 ₩7,700을 달성하기 위한 매출량은 얼마인가?
6. 20×3년도의 세후 목표이익 ₩7,700을 달성하기 위한 매출량은 얼마인가?
7. 고정비 중에 감가상각비가 ₩11,000 포함되어 있다면, 현금흐름분기점 매출량은 얼마인가?
   1) 법인세율을 고려하지 않을 경우
   2) 법인세율을 고려할 경우
8. 만약, 고정비가 ₩37,400으로, 단위당 변동비가 ₩300으로, 단위당 판매가격이 ₩470으로 모두 변화한다면, 변화 후의 손익분기점 매출량과 손익분기점 매출액은 각각 얼마인가?

[문 12] 제품 생산수량을 1,500단위로 계획하고 있으며, 그에 따르는 매출액 및 원가발생액의 예측치이다.

매출액 : 1,500단위×₩20,000/단위
제조원가
 변동비 : ₩9,000/단위
 고정비 : 3,000/단위
판매관리비 : ₩2,100,000(전부 고정비)

물음

1. 변동원가율은 얼마인가?
2. 손익분기점 매출액과 손익분기점률은 각각 얼마인가?
3. 안전한계율은 얼마인가?

[문 13] (주)국민은 자동차 부품을 생산한다. 제조간접비의 배부기준은 직접노동시간을 사용해 왔다. 20×1년도 제조간접비 예산액은 ₩30,000이고, 연간 직접노동시간은 총 400시간으로 예상된다. 기업은 원가계산시스템의 정교화를 통하여 활동기준원가계산을 적용하려고 계획하고 있으며 제조간접비 집합을 다음과 같은 다섯 가지 활동으로 구분하였다.

활 동	원가동인	원가동인별 배부율
기계관련	기계기간	₩5
가동준비	생산준비횟수	3
검 사	검사시간	8
조 립	조립시간	6
재료처리	부속품수	12

연간 생산되는 자동차 부품은 두 종류 A, B로서 생산 및 판매자료는 다음과 같다.

	자동차 부품A	자동차 부품B
판매단가	₩500	₩400
연간 생산수량	200개	400개
연간 직접재료비	₩40,250	₩60,000
연간 직접노무비	₩10,290	₩11,460
연간 직접노동시간	220시간	180시간
연간 기계시간	760시간	600시간
연간 생산준비횟수	1,980회	2,500회
연간 검사시간	150시간	350시간
연간 조립시간	400시간	500시간
연간 부속품수	10개	20개

물음 (2007 세무사)

1. 기존의 제조간접비 배부방법을 사용할 경우 자동차 부품A와 B의 단위당 원가는 각각 얼마인가?
2. 제조간접비 ₩30,000 중 10%가 변동제조간접비이고 나머지 90%가 고정제조간접비라고 할 때, 손익분기점 매출량은 얼마인가? 단, 자동차 부품A와 B의 매출수량비율은 1 : 2로 유지되는 것으로 가정한다.
3. 활동기준원가시스템을 채택할 경우 자동차 부품A와 B의 단위당 원가는 각각 얼마인가?

[문 14] 당기에 영업을 개시하였으며 A, B, C 세 가지 제품을 생산하여 판매하고 있다. 기업의 당기 생산 및 원가자료는 다음과 같다.

	A제품	B제품	C제품
판매수량	100단위	300단위	500단위
생산수량	200	400	600
단위당 판매가격	₩60	₩70	₩90
단위당 변동비			
제조원가	20	25	40
판매관리비	10	15	20
단위당 고정비			
제조간접비	15	15	15
판매관리비	6	6	6

각 제품별 단위당 고정제조간접비는 생산수량을, 단위당 고정판매관리비는 판매수량을 기준으로 계산되었다. 위의 모든 원가와 비용은 현금유출을 수반한다.

물음 (1997 회계사)

1. 전부원가계산과 변동원가계산에 의한 당기순이익을 계산하시오.
2. 법인세율이 40%라고 가정하고, 변동원가계산에서 세후 순이익 ₩10,260을 얻기 위한 제품별 판매수량을 계산하시오.
3. 법인세율이 40%라고 가정하고, 변동원가계산에서 세후 현금흐름 ₩18,360을 얻기 위한 제품별 판매수량을 계산하시오.
4. A, B, C 세 가지 제품에 대한 매출액 배합비율이 60 : 140 : 270일 경우 전부원가계산에서의 제품별 손익분기점을 계산하시오.

[문 15] (주)세무는 부산에서 공장을 운영하고 있는데, 사업확장을 위해 이번 달부터 대구에서도 공장을 운영하기로 했다. 부산공장은 한 종류의 제품인 A인형을 생산·판매하고 있으나, 대구공장은 세 종류의 제품인 B인형, C인형 그리고 D인형을 생산·판매하고자 한다. 대구공장에서 예상되는 월간 판매량은 B인형 200,000단위, C인형 160,000단위 그리고 D인형 40,000단위이다. 부산공장의 월간 원가자료와 대구공장의 월간 예산자료는 다음과 같다.

<부산공장>

	A인형
판매량	4,000단위
공헌이익률	60%
단위당 변동원가	₩110
고정제조간접원가	340,000
고정판매관리비	200,000

<대구공장 - 예산자료>

	B인형	C인형	D인형
매출액	₩2,000,000	₩354,600	₩171,400
총변동원가	1,600,000	194,600	51,400

대구공장의 월간 총고정원가 예산은 ₩510,000이다. 다음의 각 물음은 상호 독립적이며, 재공품은 없고 생산량과 판매량이 동일하다고 가정한다.

물음 (2012 세무사, 2022 회계사 유사)

1. 부산공장은 A인형에 들어가는 재료를 한 등급 낮추려고 고민 중이다. 재료를 변경하면 단위당 변동원가는 ₩15이 절감되지만, 제품의 품질이 다소 떨어질 가능성이 있으므로 판매량이 500단위 감소할 것으로 예상된다. 이러한 상황에서 재료를 변경하는 것과 그대로 유지하는 것 중 어느 것이 유리한지를 분석하고, 재료를 변경할 경우 부산공장의 안전한계율을 구하시오. (단, 안전한계율(%)은 소수점 셋째자리에서 반올림하시오.)
2. 부산공장은 새로운 기계 도입을 검토하고 있다. 새로운 기계를 도입하게 되면 단위당 변동원가는 ₩20이 절감되지만, 총고정원가는 추가로 월 ₩10,000 증가된다. 또한 이 변화로 인해 월 매출액이 추가로 12% 증가할 것으로 기대된다. 새로운 기계 도입시 부산공장의 월간 영업이익 증가(감소)액을 구하시오.
3. 위의 대구공장에서 주어진 매출배합에서 대구공장의 월간 손익분기점 매출액을 구하시오. (단, 공헌이익률 계산시 소수점 셋째자리에서 반올림하고, 매출액은 소수점이하 절사하시오.)
4. 대구공장에서 월간 500,000단위가 판매될 경우, 이 공장의 각 제품별 공헌이익을 구하시오. (단, 대구공장의 매출배합은 변동이 없다.)

[문 16] 각종 이벤트행사용 선물주머니의 판매로부터 매출총이익을 최대로 하는 배합으로 사탕과 초콜릿을 선물주머니에 담았다고 할 경우 총 1,000개의 선물주머니를 판매하여 얻을 수 있는 최대 매출총이익은? 단, 선물주머니 1개당 판매단가는 ₩1,000이며, 선물주머니의 내용물 구성과 관련된 조건은 다음과 같다. (2002 세무사)

	사 탕	초콜릿	선물주머니의 구성
단위당 무게	24g	12g	360g 이상
수량	?	?	26개 이상
단위당 원가	₩30/개	₩20/개	

[문 17] (주)창원은 신형 냉장고를 구입하여 판매하고 있는 기업이다. 20×1년 신형 냉장고의 단위당 판매가격은 ₩10,000이며, 변동비율은 80%이다. 판매량이 5,000대 이하인 경우의 고정판매비는 ₩8,500,000이며, 판매량이 5,000대 초과인 경우의 고정판매비는 ₩11,000,000이다. (주)창원은 세후 순이익 ₩1,450,000을 달성하기 위해서는 몇 대의 신형 냉장고를 판매해야 하는가? 단, (주)창원의 법인세율은 세전 이익 ₩1,000,000 이하까지는 25%이며, ₩1,000,000 초과분에 대해서는 30%이다. (2010 세무사)

[문 18] 단일 제품P의 5,500단위 제조와 관련된 것으로서, 이때의 단위당 관련 자료이다.

판매가격	₩8,000	변동판매관리비	₩1,000
직접재료비	2,100	고정제조간접비	1,000
직접노무비	2,500	고정판매관리비	1,000
변동제조간접비	200		

단일 제품P에 대한 판매분석의 결과, 단위당 판매가격이 ₩8,000인 현재 상태에서 매출액은 ₩30,000,000과 ₩60,000,000의 범위에 존재할 것이며, 그 확률분포는 매출영역에 걸쳐 일정할 것으로 예상된다. 현재 상태에서 손익분기점 이상의 매출을 실현할 수 있는 확률은 얼마인가? 단, 법인세 효과는 무시한다.

[문 19] (주)국세는 생산능력의 제약으로 갑과 을 두 제품 중에서 한 제품을 선택하여 생산하여야 한다. 각 제품의 생산에는 고정비용 ₩40,000,000이 발생하며 갑과 을 각 제품의 단위당 판매가격과 단위당 변동원가는 각각 ₩1,000과 ₩800이다. 경영진은 과거 유사제품의 판매실적에 근거하여 다음과 같이 판매수량을 예측하였다.

판매수량(개)	확 률	
	갑제품	을제품
50,000	0.0	0.1
100,000	0.1	0.1
200,000	0.2	0.1
300,000	0.4	0.2
400,000	0.2	0.4
500,000	0.1	0.1
계	1.0	1.0

물음 (2005 세무사)

1. 갑제품과 을제품의 손익분기점(매출수량)을 각각 계산하라.
2. 기대영업이익을 극대화하는 것이 기업의 목적인 경우, 어느 제품을 선택하는 것이 합리적인지 그 근거와 함께 제시하라.

[문 20] (주)외성은 2개의 사업부에서 모뎀 부품인 회로기판을 만들고 있다. 각 사업부는 각각의 공장을 가지고 있다. 창원에 있는 A사업부의 공장은 최신의 완전 자동화 공장이며, 수원에 있는 B사업부의 공장은 오래된 공장으로서 일부만 자동화가 되어 있는 공장이다. 회로기판은 금년 1년 동안에 총 300.000단위를 생산 및 판매하는 예정이다. 영업 첫 해에 재공품은 없는 것으로 한다. 다음 자료는 연간 정상 조업일수(250일) 및 A와 B 각 사업부의 1일 생산능력을 반영하여 작성된 것이다.

구 분	A사업부	B사업부
단위당 판매가격	₩210	₩210
단위당 변동제조원가	90	110
단위당 고정제조간접원가	40	20
단위당 변동판매관리비	20	20
단위당 고정판매관리비	30	20
단위당 원가 합계	180	170
단위당 영업이익	30	40
1일 생산능력	600단위	500단위

작업일이 250일을 초과할 경우, 초과한 일수에 대해서 변동제조원가가 A사업부에서는 ₩5씩 증가되고 B사업부에서는 단위당 ₩10씩 증가된다. 각 사업부의 최대 조업가능일은 연간 300일이다. 생산책임자는 위에서 계산된 B사업부에서의 단위당 영업이익이 더 높기 때문에 먼저 B사업부에서의 생산능력을 최대한으로 가동시키고(500단위/1일×300일 = 150,000단위) A사업부에서는 나머지를 정상조업도로 가동시키게(600단위/1일×250일 = 150,000단위) 되다. (주)외성의 회계책임자는 이러한 영업이익을 기준으로 생산량을 결정하는 방식에 대해 문제가 있다고 생각한다.

물음 (2003 회계사)

1. A와 B 각 사업부에 대해서 손익분기수량을 계산하시오.

2. 생산책임자의 계획에 따라 A와 B사업부 각각 150,000단위를 생산한다고 했을 때 사업부 전체의 영업이익을 계산하시오.
3. 총 300,000단위를 생산하려고 할 때 사업부 전체의 영업이익을 극대화시키려면 A사업부와 B사업부에서 각각 몇 단위를 생산해야 하는지를 결정하시오. 그리고 이때 사업부 전체의 영업이익은 얼마인지도 계산하시오.
4. A와 B사업부가 각각 150,000단위를 생산하였으나 모두 절반씩(75,000단위) 밖에 판매되지 않았다고 가정하자. A와 B 각 사업부에 대해서 변동원가계산방식과 전부원가계산방식에 의한 영업이익의 차이를 계산하시오. 고정제조간접원가배부차이를 매출원가와 재고자산에 비례 배부한다고 가정한다. (참고 : 영업이익을 산출하기 위한 전체 과정을 전개할 필요는 없으며 영업이익의 차이만 간단히 계산하면 된다.)

[문 21] 한강기업은 CD플레이어 신제품을 생산하여 단위당 ₩105의 가격에 연중 고르게 판매하는 방안을 고려하고 있다. 이 신제품의 판매는 추가의 고정판매비 없이 기존의 판매량을 통하여 이루어질 수 있다. 한강기업의 원가계산부서는 이 신제품의 예상 연간 판매량인 120,000단위에 근거하여 아래와 같은 연간 증분원가 정보를 산출하였다.

제조원가 :	직접재료원가	₩3,600,000
	직접노무원가	2,400,000
	변동제조간접원가	1,200,000
	고정제조간접원가	2,000,000
판매관리비 :	판매수수료	매출액의 10%
	재고관리비	?

판매관리비 중 재고관리비는 유지되어야 하는 평균재고자산가액(고정원가 불포함)의 12%로 추정되는데, 신제품 도입시 유지되어야 하는 평균재고자산 자료는 다음과 같다.

원재료 : 2개월 판매량
재공품 : (재료 100% 완성도, 노무원가 및 변동제조간접원가 50% 완성도) : 1개월 판매량
제 품 : 2개월 판매량

물음 (2004 세무사)

1. 한강기업이 신제품을 도입할 경우의 연간 증분원가를 구하시오.
2. 한강기업이 신제품을 도입할 경우 단위당 공헌이익 ₩200인 기존 제품의 연간 판매수량이 현재의 연 300,000단위에서 연 240,000단위로 감소한다고 할 때, 연간 순이익에 미치는 영향을 계산하시오.
3. 한강기업이 신제품을 도입할 경우 단위당 공헌이익이 ₩20인 기존 제품의 연간 판매수량은 신제품이 2단위 팔릴 때마다 1단위씩 감소한다고 할 때, 신제품의 손익분기판매수량을 계산하시오.

[문 22] (주)스키리조트는 매년 11월 중순부터 다음 해 3월 말까지 총 20주 동안만 객실을 임대하고 있고, 나머지 기간 중에는 임대를 하지 않고 있다. (주)스키리조트는 각 객실의 하루 임대료가 ₩400인 100개의 객실을 구비하고 있다. 이 기업은 회계연도가 매년 4월 1일에 시작하여 다음 해 3월 31일에 종료되며, 연간 관리자 급여와 감가상각비는 ₩1,370,000이다. 임대가능기간인 총 20주 동안만 채용되는 관리보조원 1명의 주당 급여는 ₩2,500이다. 임대가능기간 중 100개의 객

실 각각에 대한 보수유지 및 관리비는 하루에 ₩125씩 발생한다. 총 객실 중 고객에게 임대한 객실은 청소 및 소모품비로 객실당 하루에 ₩30이 추가로 발생한다. (주)스키리조트가 동 회계연도 동안 손익분기점에 도달하기 위해 임대가능기간인 총 20주 동안의 객실임대율(%)은 얼마인가? (2016 회계사)

[문 23] (주)서울은 부품A 1단위와 부품B 1단위를 조립하여 제품Y를 생산하고 판매한다. 제품Y 단위당 판매가격은 ₩10,000이다.

부품A는 외부에서 구매하고 부품B는 자가제조한다.

- 부품A 단위당 구매원가는 ₩800이다.
- 부품B 제조를 위해 필요한 직접재료원가는 단위당 ₩1,500이며, 직접노무원가는 단위당 ₩350이다.
- 부품B를 제조하는데 소요되는 변동제조간접원가는 단위당 ₩50이다.
- 부품B 제조를 위해 기계를 임차하여 사용하는데, 기계 임차계약은 4년 단위로 갱신한다.
- 기계 임차료는 연간 ₩6,000,000이다.

위에서 언급한 원가를 포함하여 제품Y를 제조하고 판매하는데 필요한 원가는 다음과 같다.

단위당 직접재료원가	
부품A 구매원가	₩800
부품B 직접재료원가	1,500
단위당 직접노무원가	
부품B 직접노무원가	₩350
그 외 직접노무원가	400
단위당 변동제조간접원가	
부품B 변동제조간접원가	₩50
그 외 변동제조간접원가	100
단위당 변동판매관리비	100
총고정제조간접원가	
기계 임차료(부품B 전용)	₩6,000,000
그 외 고정제조간접원가	8,000,000
총고정판매관리비	₩6,000,000

(주)서울 경영진은 자가제조하던 부품B를 차년도 20×3년부터 외주제작(아웃소싱) 방식으로 전환할지 고민하고 있다.

- 부품B를 외주제작할 경우, 부품B 단위당 구매원가는 ₩3,100이다.
- 부품B 제조를 위한 기계 임차계약은 올해 20×2년이 4년차이다.
- 자가제조 방식을 유지하더라도, 연간 기계 임차료 계약금액은 종전과 동일하다.
- 제품Y 단위당 판매가격과 그 외 원가는 변하지 않는다.

물음 (2022 회계사)

1. 제품Y의 20×3년 예상 판매량이 4,000개이다. 부품B를 자가제조하는 경우와 외주제작하는 경우로 구분하여, (주)서울의 공헌손익계산서를 작성하시오.

구 분	자가제조	외주제작
매 출 액		
변동원가		
공헌이익		
고정원가		
영업이익		

2. 제품Y의 20×3년 판매량이 4,000개에서 10% 감소한다면, 부품B를 자가제조하는 경우와 외주제작하는 경우로 구분하여, (주)서울의 20×3년 영업이익을 계산하시오. 영업이익 계산시, 영업레버리지도를 이용하여 계산하시오.
3. 부품B를 자가제조하는 경우와 외주제작하는 경우로 구분하여, 제품Y의 20×3년 손익분기점 판매량을 계산하시오.
4. (주)서울은 부품B를 자가제조할지, 외주제작할지 결정해야 한다. 어떠한 방식을 선택할지 제품Y 판매량에 따라 답하시오.
5. 경기침체의 가능성이 높아지고 있는 가운데, 제품Y의 20×3년 판매량이 4,000개일 확률이 70%, 6,000개일 확률이 30%로 예상된다. 부품B를 자가제조하는 경우와 외주제작하는 경우로 구분하여, (주)서울의 20×3년 기대영업이익을 계산하시오. 아울러 (주)서울이 두 방식 중에 어떠한 방식을 선택할지와 그 이유를 서술하시오. 다만, 부품B 자가제조와 외주제작 여부는 제품Y 품질에 영향을 미치지 않는다.

※ 위 (물음)과 관계없이 다음 (물음)에 답하시오.

(주)서울은 20×3년에도 부품B를 자가제조하기로 결정하였다.

- 20×3년에 기계 임차계약 갱신 시 기존보다 최대생산가능수량이 적은 기계를 임차한다.
- 신규로 임차계약할 기계를 이용하여 생산할 수 있는 부품B의 최대생산가능수량은 3,000개이다.
- 기계 임차료는 1대당 연간 ₩3,000,000이다.
- (주)서울은 생산량에 따라 기계장치를 여러 대 임차할 수 있다.
- (주)서울의 제품Y 시장최대수요량은 6,000개이다.

부품A 공급업체인 (주)부산이 (주)서울에게 구매수량 구간별로 가격할인을 다음과 같이 제시하였다. 이 구매원가는 20×3년부터 적용된다.

- 구매수량 2,000개를 초과할 경우에 초과한 수량에 대하여 ₩100이 할인된다.
- 4,000개를 초과할 경우에는 초과한 수량에 대하여 ₩100이 추가로 더 할인된다.

구매수량 구간별 부품A 단위당 구매원가는 다음과 같이 요약된다.

구매수량(개)	1~2,000	2,001~4,000	4,001~6,000
구매원가	₩800	₩700	₩600

그 외 원가 및 제품Y 단위당 판매가격은 수량에 따라 달라지지 않는다.

6. 법인세율이 20%일 때, (주)서울의 20×3년 세후 목표이익 ₩8,000,000을 달성하기 위한 제품Y 판매량을 계산하시오.
7. (주)서울의 제품Y 연간 예상판매량은 평균이 4,335개, 표준편차가 200개인 정규분포를 따른다. 법인세율이 20%일 때, (주)서울의 20×3년 세후 목표이익이 ₩8,000,000에서 ₩8,555,000 사이가 될 확률을 계산하시오.

표준정규분포의 Z값과 해당 확률은 다음과 같다.

Z	P(0 ≤ X ≤ Z)
0.5	0.1915
1.0	0.3413
1.5	0.4332
2.0	0.4772
2.5	0.4938
3.0	0.4987

[문 24] 각 기업의 영업활동에 관한 자료는 다음과 같다.

	A기업	B기업	C기업
매출액	₩150,000	₩200,000	₩200,000
변동비	90,000	80,000	50,000
공헌이익	60,000	120,000	150,000
고정비	30,000	90,000	120,000
영업이익	30,000	30,000	30,000

물음

1. 각 기업별로 현재의 수준에서 영업레버리지도를 계산하시오.
2. 각 기업별로 매출액이 현재보다 15% 증가하는 경우의 영업이익을 계산하시오.

[문 25] (주)동진은 단일 제품을 생산 및 판매하고 있으며, 매년도 기초와 기말의 재고자산은 없다. 20×1년도의 매출 및 원가자료는 다음과 같다.

매출액	₩4,000,000	변동원가	₩2,000,000
공헌이익	2,000,000	고정원가	1,000,000
영업이익	1,000,000		

20×2년도에도 고정원가와 제품 단위당 판매가격은 20×1년도와 같을 것으로 예상된다. 또한 20×2년도의 제품 판매량은 20×1년도보다 20% 증가하고, 20×2년도의 손익분기점 매출액은 20×1년도보다 25% 증가할 것으로 예상된다. 20×2년도 (주)동진의 영업레버리지도는 얼마로 예상되는가? (2011 회계사)

[문 26] (주)세무는 단일제품을 생산 판매하고 있다. 제품 단위당 판매가격은 ₩7,500으로 매년 일정하게 유지되고, 모든 제품은 생산된 연도에 전량 판매된다. 최근 2년간 생산량과 총제조원가에 관한 자료는 다음과 같다. 20×2년 1월 1일에 인력조정 및 설비투자가 있었고, 이로 인해 원가구조가 달라진 것으로 조사되었다. 단, 20×2년 초의 인력조정 및 설비투자 이외에 원가행태를 변화시키는 요인은 없으며, 고저점법으로 원가함수를 추정한다. 연도별로 영업레버리지도, 손익분기점 판매량, 손익분기점 매출액, 안전한계율을 각각 계산하시오. (2022 세무사)

기 간		생산량	총제조원가
20×1년	상반기	200단위	₩1,200,000
	하반기	300	1,650,000
20×2년	상반기	350단위	₩1,725,000
	하반기	400	1,900,000

[문 27] (주)대한은 제품 A, 제품 B, 제품 C를 생산 및 판매한다. (주)대한은 변동원가계산제도를 채택하고 있으며, 20×1년도 예산을 다음과 같이 편성하였다.

구 분	제품 A	제품 B	제품 C
판매수량	2,500단위	5,000단위	2,500단위
단위당 판매가격	₩100	₩150	₩100
단위당 변동원가	60	75	30

(주)대한은 20×1년도 영업레버리지도를 5로 예상하고 있다. 세 가지 제품의 매출액 기준 매출구성비율이 일정하다고 가정할 때, (주)대한의 20×1년 예상 손익분기점을 달성하기 위한 제품 C의 매출액은 얼마인가? (2022 회계사)

[문 28] (주)세무는 두 공정을 통해 제품을 생산 판매하며, 각 공정별 자료는 다음과 같다.

	A공정	B공정
최대생산능력	7,000단위	9,000단위
총고정원가	₩188,000	₩160,000
단위당 변동원가	₩12	₩20

A공정 완성품(양품)은 바로 판매할 수 없고, B공정에서 추가가공하여 완제품 생산 후에 단위당 ₩100에 전량 판매할 수 있다. A공정에서는 투입량의 10%가 A공정 종점에서 공손이 되지만, B공정에서는 공손이 발생하지 않는다. 모든 공손은 정상공손이고 정상공손원가는 양품에 배분하며, 공손품은 처분가치도 폐기비용도 없다. B공정 완제품의 손익분기점 판매량은? (2025 세무사)

[문 29] 아래의 자료를 이용하여, 손익분기점 매출액 및 손익분기점률을 계산하시오. 단, 소숫점은 첫째 자리에서 반올림한다.

[자료]

제조원가명세서

재료비		1,346
노무비		260
제조경비		920
외주가공비 외	623	
외주가공비	297	
당기총제조비용		2,526
기초재공품재고액		115
기말재공품재고액		(131)
타계정대체액		(33)
당기제품제조원가		2,477

포괄손익계산서

매출액	4,812
매출원가	(3,663)
매출총이익	1,149
판매관리비	(881)
영업이익	268
기타수익	224
기타비용	(181)
법인세비용차감전순이익	311
법인세비용	(71)
당기순이익	240

[문 30] (주)한국은 AI반도체를 제조하여 판매하는 회사이며, 내부의사결정으로는 변동원가계산을, 외부보고목적으로는 전부원가계산을 사용하고 있다. 원가흐름에 대해서는 선입선출법(FIFO)을 적용하며, 20×5년(당기) 생산, 판매 및 원가에 대한 자료는 다음과 같다.

<자료 1>

- 20×5년 중에 실제 발생한 제품단위당 원가는 다음과 같다.

직접재료원가(1단위당 2kg)	₩100
직접노무원가(1단위당 2시간)	₩50

• 직접재료는 공정 초에 전량 투입되며, 전환원가는 공정 전반에 걸쳐 균등하게 발생한다.
• 기초재고와 기말재고에 관련된 내용은 다음과 같으며, 기초재공품과 기말재공품의 전환원가 완성도는 각각 60%와 40%이다.

구 분	직접재료	재공품	제 품
기초재고	100kg	200개	50개
기말재고	200kg	100개	100개

• 당기 매입한 직접재료는 900kg이며, 공손 및 감손은 없다.
• 제품 단위당 판매가격은 ₩400이다.
• 단위당 변동판매관리비는 ₩100이며, 고정판매관리비는 ₩13,400이다.
• 전기와 차기의 단위당 원가는 당기와 동일하다고 가정한다.

물음 (2025 회계사)

※ <자료 1>을 이용하여 [물음1]과 [물음2]에 답하시오.

1. 원가요소별로 완성품환산량을 각각 계산하시오.
   1) 직접재료원가
   2) 전환원가
2. 당기 중에 실제 발생한 제품 단위당 고정제조간접원가가 ₩30이며, 변동원가계산을 사용할 경우 영업이익은 ₩32,500이다. 다음 [물음]은 각각 독립적이다. (단, 당기의 총 고정제조간접원가와 총 고정판매관리비는 차기에도 동일하다고 가정한다.)
   1) (주)한국의 영업레버리지도를 계산하시오.
   2) (주)한국은 내년도 사업계획을 구상 중이다. 변동제조원가가 10% 상승할 확률이 30%이고, 30% 상승할 확률이 70%일 때, 기대순이익 ₩11,464을 달성하기 위한 판매량을 계산하시오.
   3) (주)한국의 최고경영자는 내년도 성과급제도와 광고 계획을 구상 중이다. 광고비 ₩36,400을 투입하면 판매량이 증가할 것으로 기대하고 있다. 광고를 하는 경우에는 판매량이 300개와 700개 사이에서 균등확률분포를 이루고, 광고를 하지 않을 경우에는 판매량이 100개와 500개 사이에서 균등확률분포를 이룰 것으로 예상된다. (주)한국의 최고경영자는 기본급 없이 성과급만으로 연봉을 지급받는데, 성과급은 순이익의 5%이며, 순손실이 발생하는 경우에는 전혀 지급되지 않는다. 최고경영자 입장에서 기대성과급을 구하고 광고 실행 여부에 대한 의사결정을 하시오.
      (1) 광고 실행시 기대성과급
      (2) 광고 미실행시 기대성과급
      (3) 광고 실행 여부

<자료 2>

(주)한국은 제품원가계산으로 평준화(정상)원가계산을 사용하며, 제조간접원가 배부차이는 전액 매출원가에서 조정한다.

• 20×5년 중에 실제 발생한 원가는 다음과 같다.

변동제조간접원가	₩10,000
고정제조간접원가	₩15,000

• (주)한국이 매년 적용하고 있는 제조간접원가 예정배부율은 다음과 같다.

변동제조간접원가 예정배부율	₩10/직접노무시간
고정제조간접원가 예정배부율	₩20/직접노무시간

※ <자료 1>과 <자료 2>를 이용하여 [물음3]~[물음6]에 답하시오.

3. 전부원가계산에 의한 완성품원가와 변동원가계산에 의한 완성품원가를 각각 계산하시오.
4. 전부원가계산에 의한 매출총이익과 영업이익을 각각 계산하시오.
5. 변동원가계산에 의한 공헌이익과 영업이익을 각각 계산하시오.
6. [물음4]의 영업이익과 [물음5]의 영업이익의 차이에 대한 발생 원천을 계산 근거와 함께 제시하시오.

정답 및 해설

[문 1] 손익분기점 매출액

₩500,000*÷(1 - 0.7) = ₩1,666,667

* 고정원가율×매출액 : (10% + 15%)×₩2,000,000 = ₩500,000

[문 2] 손익분기점

1. 단위당 공헌이익 : ₩2,000,000÷(30,000 - 25,000)단위 = @₩400
2. 총공헌이익 : @₩4,000×25,000단위 = ₩10,000,000
3. 새로운 손익분기점 : ₩10,000,000÷(@₩400 - @₩100) = 33,333단위

[문 3] 공헌이익률

	전 기		당 기	
매출액	₩20,000,000		₩25,000,000	(₩20,000,000×1.25)
변동비	(12,000,000)	(60%)		
공헌이익	₩8,000,000	(40%)	₩9,000,000	(역산)
고정비	(6,000,000)		(6,000,000)	
영업이익	₩2,000,000		₩3,000,000	

(+₩1,000,000)

∴ 공헌이익률(당기) : ₩9,000,000÷₩25,000,000 = 36%

[문 4] 목표 매출액

목표 매출액 = ₩6,000,000 + (0.1×목표 매출액)÷[1 - (₩15,000,000÷₩20,000,000)]

∴ 목표 매출액 = ₩40,000,000(기존의 매출액에서 ₩20,000,000을 증대시킬 필요)

[문 5] 목표 매출총이익

광고비를 고려한 목표 매출총이익(5%)을 달성하는데 필요한 매출량은 80,000개이다.

$$\text{매출(생산)량} = \frac{\text{고정비(광고비 포함)} + \text{매출총이익(5\%)}}{\text{단위당 공헌이익}}$$

$$80{,}000\text{개} = \frac{(₩21{,}000{,}000 + x) + (@₩750 \times 80{,}000\text{개} \times 0.05)}{@₩750 - (₩28{,}000{,}000 \div 70{,}000\text{개})}$$

∴ x = ₩4,000,000(광고비)

[문 6] CVP분석

1. 단위당 판매가격의 결정을 위한 단위당 변동비

	전 기	당 기
제조원가	₩300	₩330
판매관리비	100	110
계	₩400	₩440

전기의 이익 : [100,000단위(@₩1,000 - @₩400) - ₩25,000,000 - ₩5,000,000] = ₩30,000,000
당기에 필요한 공헌이익 : [1.06(₩25,000,000 + ₩5,000,000) + ₩30,000,000] = ₩61,800,000

단위당 공헌이익	₩618
단위당 변동비	440
단위당 판매가격	₩1,058

2. 120,000단위(단위당 판매가격 - @₩440) - ₩31,800,000 = ₩52,200,000
   120,000단위×단위당 판매가격 = ₩52,800,000 + ₩31,800,000 + ₩52,200,000
   ∴ 단위당 판매가격 = @₩1,140
3. 손익분기점 매출량 : ₩31,800,000÷(@₩1,040 - @₩440) = 53,000단위

[문 7] 목표이익 매출량 및 현금흐름분기점 매출량

1. {₩100,000 + [₩35,000÷(1 - 0.3)]}÷(@₩200 - @₩150) = 3,000단위
2. 1) (₩100,000 - ₩7,000)÷(@₩200 - @₩150) = 1,860단위
   2) [(1 - 0.3)(₩100,000) - ₩7,000]÷[(1 - 0.3)(@₩200 - @₩150)] = 1,800단위

[문 8] 현금흐름분기점 매출량

단위당 변동비 : @₩600 + [(₩60,000,000×0.4)÷120,000단위] + (@₩2,000×0.1) = ₩1,000(①)
현금흐름 고정비 = 고정비 합계 - 감가상각비 : (₩60,000,000×0.6 + ₩30,000,000)×(1 - 0.2)
= ₩52,800,000(②)
∴ 현금흐름분기점 매출량 :
②÷(@₩2,000 - ①) = ₩52,800,000÷(@₩2,000 - @₩1,000) = 52,800단위

[문 9] 매출배합

(1) 고정비(추정)의 계산
A · B 상품의 가중평균공헌이익 : @₩1,000×0.6 + @₩1,500×0.4 = @₩1,200
손익분기점에서 A · B 상품의 총매출량 : 4,000단위÷0.4 = 10,000단위
고정비÷@₩1,200 = 10,000단위
∴ 고정비 = ₩12,000,000

(2) 각 상품의 매출량 계산
A · B · C 상품의 가중평균공헌이익 : @₩1,000×0.2 + @₩1,500×0.6 + @₩500×0.2 = @₩1,200
손익분기점에서 A · B · C 상품의 총매출량 : ₩12,000,000÷@₩1,200 = 10,000단위

	A상품	B상품	C상품	계
판매상품의 구성비	20%	60%	20%	100%
매출량(종류별)	2,000단위	6,000단위	2,000단위	10,000단위

[문 10] 손익분기점

1. 손익분기점 매출량 = $\dfrac{₩6,000,000}{1/3(@₩13,000 - @₩9,000) + 2/3(@₩10,000 - @₩8,000)}$ = 2,250단위

甲제품 매출량 : 2,250단위×1/3 = 750단위
乙제품 매출량 : 2,250단위×2/3 = 1,500단위

별해) 甲제품 매출량, 乙제품 매출량을 x, 2x라 한다.

(x×@₩13,000)+(2x×@₩10,000) = (x×@₩9,000)+(2x×@₩8,000)+₩6,000,000

∴ x = 750단위(甲제품 매출량)

2x = 1,500단위(乙제품 매출량)

2. 손익분기점 매출액 = $\frac{₩6,000,000}{2/3(1 - @₩9,000÷@₩13,000) + 1/3(1 - @₩8,000÷@₩10,000)}$ ≒₩22,075,472

甲제품 매출액 : ₩22,075,472×2/3 = ₩14,716,981

乙제품 매출액 : ₩22,075,472×1/3 = ₩7,358,491

[문 11] CVP분석

		고정비(총액)	변동비(단위당)
직접재료비	:	-	₩120
직접노무비	:	-	80
제조간접비	:	₩20,000	30
판매관리비	:	15,200	50

1. 단위당 변동비 : @₩120 + @₩80 + @₩30 + @₩50 = @₩280
   고정비 : ₩20,000 + ₩15,200 = ₩35,200
   단위당 공헌이익 : @₩500 - @₩280 = @₩220
   공헌이익률 : (@₩220÷@₩500)×100 = 44%
2. 손익분기점 매출량 : ₩35,200÷(@₩500 - @₩280) = 160개
   손익분기점 매출액 : ₩35,200÷[1 - (@₩280÷@₩500)] = ₩80,000
3. 손익분기점률 : [(160개×@₩500)÷(200개×@₩500)]×100 = 80%
   안전한계율 : [₩20,000÷(200개×@₩500)]×100 = 20%
   안전한계 매출액 : (200개×@₩500) - (160개×@₩500) = ₩20,000
4. 세전 영업이익 : (200개×@₩500) - (200개×₩@280) - ₩35,200 = ₩8,800
   세후 영업이익 : ₩8,800×(1 - 30%) = ₩6,160
5. 세전 목표이익 매출량 : (₩35,200 + ₩7,700)÷(@₩500 - @₩280) = 195개
6. 세후 목표이익 매출량 : {₩35,200 + [₩7,700÷(1-30%)]}÷(@₩500 - @₩280) = 210개
7. 현금흐름분기점 매출량
   법인세를 고려하지 않을 경우 : (₩35,200 - ₩11,000)÷(@₩500 - @₩280) = 110개
   법인세를 고려할 경우 : [(1-30%)(₩35,200) - ₩11,000]÷[(1-30%)(@₩500 - @₩280)]≒89개
8. 고정비, 단위당 변동비, 단위당 판매가격의 동시적 변화
   손익분기점 매출량 : ₩37,400÷(@₩470 - @₩300) = 220개
   손익분기점 매출액 : ₩37,400÷[1 - (@₩300÷@₩470)] = ₩103,400

[문 12] CVP분석

1. 변동원가율 : (@₩9,000÷@₩20,000)×100 = 45%
2. 손익분기점 매출액 : (@₩3,000×1,500단위 + ₩2,100,000)÷(1 - 0.45) = ₩12,000,000
   손익분기점률 : [₩12,000,000÷(1,500단위×@₩20,000)]×100 = 40%
3. 안전한계율 : 1 - 0.4 = [(₩30,000,000 - ₩12,000,000)÷₩30,000,000]×100 = 60%

[문 13] 원가배부 및 손익분기점 매출량

1. 기존의 원가배부방법

제조간접비 배부율 : ₩30,000÷400시간 = ₩75/직접노동시간

	부품A		부품B	
직접재료비		₩40,250		₩60,000
직접노무비		10,290		11,460
제조간접비	220시간×₩75/시간 =	16,500	180시간×₩75/시간 =	13,500
총제조원가		₩67,040		₩84,960
생산수량		÷ 200개		÷ 400개
단위당 원가		₩335.2		₩212.4

2. 손익분기점 매출량

단위당 변동비

부품A : (₩40,250 + ₩10,290 + ₩16,500×10%)÷200개 = ₩260.95

부품B : (₩60,000 + ₩11,460 + ₩13,500×10%)÷400개 = ₩182.025

셋트당 공헌이익

(@₩500 + @₩400×2배) - (@₩260.95 + @₩182.025×2배) = ₩675

손익분기점 셋트 수

(₩30,000×90%)÷@₩675 = 40셋트

손익분기점 매출량

부품A : 40셋트×1배 = 40개, 부품B : 40셋트×2배 = 80개

[별해]

단위당 변동비를 계산한 후, 다음과 같은 방법으로도 손익분기점 매출량을 산출할 수 있다.

별해1) $\frac{₩27,000}{1/3(@₩500 - @₩260.95) + 2/3(@₩400 - @₩182.025)}$ = 120개

부품A 매출량 : 120개×1/3 = 40개, 부품B 매출량 : 120개×2/3 = 80개

별해2) 부품A 매출량, 부품B 매출량을 x, $2x$라 한다.

$(x×@₩500) + (2x×@₩400) = (x×@₩260.95) + (2x×@₩182.025) + ₩27,000$

∴ x = 40개(부품A 매출량), $2x$ = 80개(부품B 매출량)

3. ABC

	부품A		부품B	
직접재료비		₩40,250		₩60,000
직접노무비		10,290		11,460
제조간접비		13,460		16,540
기계관련활동	760시간×₩5/시간 =	3,800	600시간×₩5/시간 =	3,000
가동준비활동	1,980회×₩3/회 =	5,940	2,500회×₩3/회 =	7,500
검사활동	150시간×₩8/시간 =	1,200	350시간×₩8/시간 =	2,800
조립활동	400시간×₩6/시간 =	2,400	500시간×₩6/시간 =	3,000
재료처리활동	10개×₩12/개 =	120	20개×₩12/개 =	240
총제조원가		₩64,000		₩88,000
생산수량		÷ 200개		÷ 400개
단위당 원가		₩320		₩220

[문 14] 원가계산방법 및 CVP분석

1. 전부원가계산과 변동원가계산

전부원가계산

	A제품	B제품	C제품	합 계
매출액	₩6,000	₩21,000	₩45,000	₩72,000
매출원가	3,500[1)]	12,000	27,500	43,000
매출총이익	2,500	9,000	17,500	29,000
판매관리비				
변동비	1,000[2)]	4,500	10,000	15,500
고정비	600[3)]	1,800	3,000	5,400
당기순이익	₩900	₩2,700	₩4,500	₩8,100

* 1) (@₩20 + @₩15)×100단위 = ₩3,500
2) @₩10×100단위 = ₩1,000
3) @₩6×100단위 = ₩600

변동원가계산

	A제품	B제품	C제품	합 계
매출액	₩6,000	₩21,000	₩45,000	₩72,000
변동비				
매출원가	2,000	7,500	20,000	29,500
판매관리비	1,000	4,500	10,000	15,500
공헌이익	3,000	9,000	15,000	27,000
고정비				
제조원가	3,000*	6,000	9,000	18,000
판매관리비	600	1,800	3,000	5,400
당기순이익	(₩600)	₩1,200	₩3,000	₩3,600

* @₩15×200단위 = ₩3,000

변동원가계산의 계산근거)

	A제품		B제품		C제품	
직접재료비	-		-		-	
직접노무비	-	20	-	25	-	40
제조간접비	3,000		6,000		9,000	
판매관리비	600	10	1,800	15	3,000	20

	A제품 계산근거	A제품 금액	B제품 계산근거	B제품 금액	C제품 계산근거	C제품 금액	합계
매출액	100단위×₩60 =	₩6,000	300단위×₩70 =	₩21,000	500단위×₩90 =	₩45,000	₩72,000
변동비							
매출원가		2,000		7,500		20,000	29,500
기초	0		0		0		
+당기	200단위×₩20 = ₩4,000		400단위×₩25 = ₩10,000		600단위×₩40 = ₩24,000		
-기말	100단위×₩20 = ₩2,000		100단위×₩25 = ₩2,500		100단위×₩40 = ₩4,000		
판매관리비	100단위×₩10 =	1,000	300단위×₩15 =	4,500	500단위×₩20 =	10,000	15,500
공헌이익		3,000		9,000		15,000	27,000
고정비		3,600		7,800		12,000	23,400
제조원가	200단위×₩15 = ₩3,000		400단위×₩15 = ₩6,000		600단위×₩15 = ₩9,000		
판매관리비	100단위×₩6 = ₩600		300단위×₩6 = ₩1,800		500단위×₩6 = ₩3,000		
당기순이익		(₩600)		₩1,200		₩3,000	₩3,600

2. 제품별 판매수량

① 목표 총판매수량

(₩23,400[1)] + ₩17,100[2)])÷₩30[3)] = 1,350단위

* 1) 고정비 : ₩18,000 + ₩5,400 = ₩23,400
2) 목표 세전 순이익 : ₩10,260÷(1 - 0.4) = ₩17,100
3) 가중평균공헌이익 : ₩30 (제품별 단위당 공헌이익은 ₩30으로 동일하다.)

② 제품별 판매수량

제품	목표 총판매수량	× 판매량 비율	= 제품별 판매수량
A	1,350단위	1/9	150단위
B	1,350	3/9	450
C	1,350	5/9	750
			1,350단위

별해)

₩10,260÷(1 - 40%) = ₩17,100

100단위 + 300단위 + 500단위 = 900단위

$$\frac{₩23,400 + ₩17,100}{100/900×(@₩60 - @₩30) + 300/900×(@₩70 - @₩40) + 500/900×(@₩90 - @₩60)} = 1,350단위$$

∴ A제품 : 1,350단위×100단위/900단위 = 150단위

B제품 : 1,350단위×300단위/900단위 = 450단위

C제품 : 1,350단위×500단위/900단위 = 750단위

3. 제품별 판매수량

① 목표 총판매수량

{(1 - 0.4)×₩23,400 + ₩18,360}÷{(1 - 0.4)×₩30} = 1,800단위

② 제품별 판매수량

제품	목표 총판매수량	×	판매량 비율	=	제품별 판매수량
A	1,800단위		1/9		200단위
B	1,800		3/9		600
C	1,800		5/9		1,000
					1,800단위

별해)

$$\frac{(1 - 40\%)(₩23,400) + ₩18,360}{(1 - 40\%)[100/900×(@₩60 - @₩30) + 300/900×(@₩70 - @₩40) + 500/900×(@₩90 - @₩60)]} = \frac{₩32,400}{₩18} = 1,800단위$$

∴ A제품 : 1,800단위×100단위/900단위 = 200단위

B제품 : 1,800단위×300단위/900단위 = 600단위

C제품 : 1,800단위×500단위/900단위 = 1,000단위

4. 판매량 비율

제품	매출액 비율	÷	단위당 판매가격	=	판매량 비율
A	60		₩60		1
B	140		70		2
C	270		90		3

단위당 이익(가중평균공헌이익)

제품	단위당 판매가격	-	전부원가	=	단위당 이익
A	₩60		₩45*		₩15
B	70		55		15
C	90		75		15

* @₩20 + @₩10 + @₩15 = @₩45

제품별 손익분기점 판매량

① 총손익분기점 판매량 : 고정판매관리비÷가중평균공헌이익 = ₩5,400÷₩15 = 360단위

② 제품별 손익분기점 판매량

제품	총손익분기점 판매량	×	판매량 비율	=	제품별 손익분기점 판매량
A	360단위		1/6		60단위
B	360		2/6		120
C	360		3/6		180
					360

[문 15] CVP분석

1. 재료변경시의 재무구조

	변경 전		변경 후
단위당 판매가격	₩275		₩275
단위당 변동비	110	(0.4)	95
단위당 공헌이익	₩165	(0.6)	₩180
총고정비	₩540,000		₩540,000
판매량	4,000단위		3,500단위

공헌이익률 60%, 변동비율 40%, 단위당 판매가격 ₩275(= ₩110÷40%)

재료변경 의사결정

변경 전 이익 : @₩165×4,000단위 - ₩540,000 = ₩120,000

변경 후 이익 : @₩180×3,500단위 - ₩540,000 = ₩90,000

∴ 변경시 ₩30,000의 이익이 감소하므로, 현재 상태를 유지하는 것이 유리하다.

안전한계율 = 영업이익÷공헌이익

= (@₩180×3,500단위 - ₩540,000)÷(@₩180×3,500단위) = 14.29%

2. 새로운 기계도입시의 재무구조

	도입 전		도입 후
단위당 판매가격	₩275		₩275
단위당 변동비	110	(0.4)	90
단위당 공헌이익	₩165	(0.6)	₩185
총고정비	₩540,000		₩550,000
판매량	4,000단위		4,480단위 (= 4,000단위×1.12)

도입 전 이익 : @₩165×4,000단위 - ₩540,000 = ₩120,000

도입 후 이익 : @₩185×4,480단위 - ₩550,000 = ₩278,800

∴ 새로운 기계도입시 ₩158,800의 이익이 증가한다.

3. 매출배합하의 월간 손익분기점 매출액

1) 가중평균공헌이익률 : 0.79×0.20 + 0.14×0.45 + 0.07×0.70 = 0.27

<매출액 비중>

	B인형	C인형	D인형
매출액 비중	0.79	0.14	0.07

B인형 : ₩2,000,000÷(₩2,000,000 + ₩354,600 + ₩171,400) = 0.79

C인형 : ₩354,600÷(₩2,000,000 + ₩354,600 + ₩171,400) = 0.14

D인형 : ₩171,400÷(₩2,000,000 + ₩354,600 + ₩171,400) = 0.07

<공헌이익률>

	B인형	C인형	D인형
매출액	₩2,000,000	₩354,600	₩171,400
총변동원가	1,600,000	194,600	51,400
공헌이익	₩400,000	₩160,000	₩120,000
공헌이익률	0.20	0.45	0.70

2) 월간 손익분기점 매출액

손익분기점 매출액×0.27(가중평균공헌이익률) - ₩510,000(총고정원가) = ₩0

∴ 손익분기점 매출액 = ₩1,888,888

4. 각 제품별 공헌이익

200,000단위 + 160,000단위 + 40,000단위 = 400,000단위(월간 예상 총판매량)

B인형 : ₩400,000×(500,000단위÷400,000단위) = ₩500,000

C인형 : ₩160,000×(500,000단위÷400,000단위) = ₩200,000

D인형 : ₩120,000×(500,000단위÷400,000단위) = ₩150,000

[문 16] 매출총이익

'X = 사탕수량, Y = 초콜릿수량'이라 하면, 24X + 12Y≥360, X + Y≥26, X,Y≥0가 된다.

위의 식을 풀면 X = 4개, Y = 22개이다.

선물주머니당 원가 : 4개×@₩30 + 22개×@₩20 = ₩560

매출총이익 : 1,000개×(@₩1,000 - @₩560) = ₩440,000

[문 17] 목표이익 매출량

단위당 공헌이익 : ₩10,000×(1 - 80%) = ₩2,000

세후 순이익 및 세전 목표이익

₩1,450,000(세후 순이익) = ₩750,000(세율 25% 적용) + ₩700,000(세율 30% 적용)

* ₩1,450,000 - ₩750,000 = ₩700,000

₩750,000×(1 - 25%) + ₩700,000×(1 - 30%) = ₩2,000,000(세전 목표이익)

∴ 목표이익 매출량 : (₩11,000,000 + ₩2,000,000)÷@₩2,000 = 6,500대

[문 18] 손익분기점과 확률분포

(1) 현재 상태에서의 손익분기점의 계산 :

① 손익분기점 매출량 :

₩11,000,000[1)]÷(₩8,000 - ₩5,800[2)]) = 5,000단위

* 1) 5,500단위×₩2,000(단위당 고정비) = ₩11,000,000

2) @₩2,100 + @₩2,500 + @₩200 + @₩1,000 = @₩5,800(단위당 변동비)

② 손익분기점 매출액 : ₩11,000,000÷[1 - (₩5,800÷₩8,000)] = ₩40,000,000

(2) 매출액이 ₩30,000,000과 ₩60,000,000 사이에서 발생할 확률이 일정하다는 것을 전제로 하여, 주어진 매출액 범위 내에서 손익분기점 이상의 매출액이 실현될 확률만 계산하면 된다.

(₩60,000,000 - ₩40,000,000)÷(₩60,000,000 - ₩30,000,000) = ⅔(66.7%)

[문 19] 손익분기점 및 기대영업이익

1. 두 제품의 손기분기점 수량 : ₩40,000,000÷(@₩1,000 - @₩800) = 200,000개

2. 각 제품의 기대판매량과 기대영업이익

갑제품

기대판매량 : 50,000개×0.0 + 100,000개×0.1 + 200,000개×0.2 + 300,000개×0.4 + 400,000개×0.2 + 500,000개×0.1 = 300,000개

기대영업이익 : 300,000개×@₩200 - ₩40,000,000 = ₩20,000,000

을제품

기대판매량 : 50,000개×0.1 + 100,000개×0.1 + 200,000개×0.1 + 300,000개×0.2 + 400,000개×0.4 + 500,000개×0.1 = 305,000개

기대영업이익 : 305,000개×@₩200 - ₩40,000,000 = ₩21,000,000

∴ 을제품을 생산 판매한다.

[문 20] CVP분석 및 영업이익

1. 손익분기수량

사업부별 고정비

구 분	A사업부	B사업부
고정제조간접비	600단위×250일×@₩40 = ₩6,000,000	500단위×250일×@₩20 = ₩2,500,000
고정판매관리비	600단위×250일×@₩30 = ₩4,500,000	500단위×250일×@₩20 = ₩2,500,000
계	₩10,500,000	₩5,000,000

사업부별 손익분기수량(x)

A사업부

① 0≤Q≤150,000

@₩100×x = ₩10,500,000

∴ x = 105,000단위(해당됨, 적합)

② 150,000≤Q≤180,000

@₩210×x = 150,000단위×@₩110 + (x - 150,000단위)×@₩115 + ₩10,500,000

∴ x = 102,631단위(해당사항 없음, 모순)

B사업부

① 0≤Q≤125,000

@₩80×x = ₩5,000,000

∴ x = 62,500단위(해당됨, 적합)

② 125,000≤Q≤150,000

@₩210×x = 125,000단위×@₩130 + (x - 125,000단위)×@₩140 - ₩5,000,000

∴ x = 53,571단위(해당사항 없음, 모순)

∴ 사업부별 손익분기수량은 105,000단위(A사업부)와 62,500단위(B사업부)이다.

2. 사업부 전체의 영업이익

구 분	A사업부		B사업부		합 계
매출액	150,000단위×@₩210 = ₩31,500,000		150,000단위×@₩210 = ₩31,500,000		
-변동비					
변동제조원가	150,000단위×@₩90 =	13,500,000	125,000단위×@₩110+25,000단위×@₩120 =	16,750,000	
변동판매관리비	150,000단위×@₩20 =	3,000,000	150,000단위×@₩20 =	3,000,000	
=공헌이익		15,000,000		11,750,000	
-고정비		10,500,000		5,000,000	
=영업이익		₩4,500,000		₩6,750,000	₩11,250,000

3. 300,000단위 생산시

사업부별 조업구간별 단위당 공헌이익

	A사업부		B사업부	
	150,000 이하	150,000 초과	125,000 이하	125,000 초과
단위당 수익	₩210	₩210	₩210	₩210
단위당 변동비	110	115	130	140
단위당 공헌이익	100	95	80	70

최적 생산배합

A사업부는 어떤 조업구간이든 B사업부의 생산보다 단위당 공헌이익이 크므로 A사업부에서 최대한 생산하고 나머지를 B사업부에서 생산한다.

- A사업부 : 300일×600단위 = 180,000단위
- B사업부 : 300,000단위 - 180,000단위 = 120,000단위

사업부 전체의 최대 영업이익

수 익	: 300,000단위×@₩210 =	₩63,000,000
변동비	: 150,000단위×@₩110 + 30,000단위×@₩115 + 120,000단위×@₩130 =	35,550,000
고정비	: ₩10,500,000 + ₩5,000,000 =	15,500,000
영업이익 :		₩11,950,000

4. 전부원가계산에서 기말재고자산에 포함되는 고정제조간접원가

A사업부 : ₩6,000,000×50% = ₩3,000,000

B사업부 : ₩2,500,000×50% = ₩1,250,000

∴ A사업부는 ₩3,000,000, B사업부는 ₩1,250,000만큼의 영업이익 차이를 보인다.

[문 21] 신제품 도입 및 BEP분석

1. 신제품을 도입할 경우의 연간 증분원가

단위당 판매가격		₩105
단위당 원가		
직접재료비	₩3,600,000÷120,000단위 =	30
직접노무비	2,400,000÷120,000단위 =	20
변동제조간접비	1,200,000÷120,000단위 =	10
변동판매관리비	105×10% =	10.5
재고유지원가*		2.25
계		₩72.75
단위당 공헌이익		₩32.25

* 신제품 1단위 생산시

직접재료	@₩30×120,000단위×2/12 =	₩600,000
재공품	[@₩30 + (@₩20 + @₩10)×0.5]×120,000단위×1/12 =	450,000
제 품	(@₩30 + @₩20 + @₩10)×120,000단위×2/12 =	1,200,000
		₩2,250,000

∴ 단위당 재고유지원가 : ₩2,250,000×0.12÷120,000단위 = ₩2.25

∴ 신제품을 도입할 경우의 연간 증분원가 :

@₩72.75×120,000단위 + ₩2,000,000 = ₩10,730,000

2. 신제품 생산시

증분수익 : 신제품 공헌이익의 증가	@₩32.25×120,000단위 =		₩3,870,000
증분비용 : 기존 제품 공헌이익의 감소	@₩20×60,000단위 =	₩1,200,000	
고정제조간접비 증가		2,000,000	3,200,000
증분이익 :			₩670,000

∴ 증분이익이 0보다 크므로 신제품을 생산해야 한다.

3. @₩32.25Q - ₩2,000,000 - (Q/2)×@₩20 = 0

∴ Q(손익분기판매수량) = 89,888단위

또는 BEP = F/(P - V) = [₩2,000,000 + (Q/2)×@₩20]÷@₩32.25 = 89,888단위

[문 22] 손익분기점과 임대율(x)

임대수익 : 100개×x×@₩400×20주×7일 = ₩5,600,000x

총비용

관리자 급여와 감가상각비 : ₩1,370,000

관리보조원 급여 : @₩2,500×20주 = ₩50,000

객실 보수유지 및 관리비 : 100개×@₩125×20주×7일 = ₩1,750,000

객실 청소 및 소모품비 : 100개×x×@₩30×20주×7일 = ₩420,000x

∴ ₩5,600,000x = ₩1,370,000 + ₩50,000 + ₩1,750,000 + ₩420,000x

x = 61.2%

[문 23] 자가제조와 외주제작, 손익분기점, 세후 목표이익 및 확률

1. 공헌손익계산서

구 분	자가제조	외주제작
매출액	4,000개×@₩10,000 = ₩40,000,000	4,000개×@₩10,000 = ₩40,000,000
변동원가	4,000개×@₩3,300 = ₩13,200,000	4,000개×@₩4,500 = ₩18,000,000
공헌이익	₩26,800,000	₩22,000,000
고정원가	20,000,000	14,000,000
영업이익	₩6,800,000	₩8,000,000

* @₩(800 + 1,500 + 350 + 400 + 50 + 100 + 100) = @₩3,300
@₩(800 + 3,100 + 400 + 100 + 100) = @₩4,500
₩6,000,000 + ₩8,000,000 + ₩6,000,000 = ₩20,000,000
₩8,000,000 + ₩6,000,000 = ₩14,000,000

2. 영업레버리지도 및 영업이익

	자가제조	외주제작
영업레버리지도	₩26,800,000÷₩6,800,000 = 3.94	₩22,000,000÷₩8,000,000 = 2.75
영업이익	₩4,120,800	₩5,800,000
	* ₩6,800,000×(1 - 10%×3.94) = ₩4,120,800	* ₩8,000,000×(1 - 10%×2.75) = ₩5,800,000

3. 손익분기점 판매량

부품B를 자가제조하는 경우

단위당 공헌이익 : ₩26,800,000÷4,000개 = @₩6,700

고정원가 : ₩20,000,000

손익분기점 판매량 : ₩20,000,000÷@₩6,700≒2,985개

부품B를 외주제작하는 경우

단위당 공헌이익 : ₩22,000,000÷4,000개 = @₩5,500

고정원가 : ₩14,000,000

손익분기점 판매량 : ₩14,000,000÷@₩5,500≒2,545개

4. 판매량에 따른 제조방식 결정

0~5,000개 미만	외주제작
5,000개 초과	자가제조

6,700x - ₩20,000,000 = 5,500x - ₩14,000,000

∴ x = 5,000개

5. 기대영업이익

대 안	미래상황	
	4,000개(0.7)	6,000개(0.3)
자가제조	4,000개×@₩6,700 - ₩20,000,000 = ₩6,800,000	6,000개×@₩6,700 - ₩20,000,000 = ₩20,200,000
외주제작	4,000개×@₩5,500 - ₩14,000,000 = ₩8,000,000	6,000개×@₩5,500 - ₩14,000,000 = ₩19,000,000

기대 영업이익	자가제조	(₩6,800,000×0.7) + (₩20,200,000×0.3) = ₩10,820,000
	외주제작	(₩8,000,000×0.7) + (₩19,000,000×0.3) = ₩11,300,000

∴ 경기침체의 가능성이 높아지고 있기 때문에 영업레버리지도가 낮은 외주제작 방식을 선택한다.

6. 목표이익 판매량

	1 ~ 2,000개	2,001 ~ 4,000개	4,001 ~ 6,000개
단위당 판매가격	₩10,000	₩10,000	₩10,000
단위당 부품A구매원가	800	700	600
단위당 부품B직접재료원가	1,500	1,500	1,500
단위당 직접노무원가	750	750	750
단위당 변동제조간접원가	150	150	150
단위당 변동판매관리비	100	100	100
단위당 공헌이익	@₩6,700	@₩6,800	@₩6,900

[(2,000개×@₩6,700) + (2,000개×@₩6,800) + (Q-4,000개)×@₩6,900 - (₩3,000,000×2대) - (₩8,000,000 + ₩6,000,000)]×(1 - 20%) = ₩8,000,000

∴ Q≒4,435개

7. 세후 목표이익 및 확률

세후 목표이익이 ₩8,000,000인 경우

[(2,000개×@₩6,700) + (2,000개×@₩6,800) + (Q-4,000개)×@₩6,900 - (₩3,000,000×2대) - (₩8,000,000 + ₩6,000,000)]×(1 - 20%) = ₩8,000,000

∴ Q≒4,435개

Z = (4,435개 - 4,335개)÷200개 = 0.5

세후 목표이익이 ₩8,555,000인 경우

[(2,000개×@₩6,700) + (2,000개×@₩6,800) + (Q-4,000개)×@₩6,900 - (₩3,000,000×2대) - (₩8,000,000 + ₩6,000,000)]×(1 - 20%) = ₩8,555,000

∴ Q≒4,535개

Z = (4,535개 - 4,335개)÷200개 = 1

∴ 0.3413(Z값 1.0에 대한 확률) - 0.1915(Z값 0.5에 대한 확률) = 0.1498 = 14.98%

[문 24] 영업레버리지

1. 영업레버리지도

A기업 : ₩60,000÷₩30,000 = 2

B기업 : ₩120,000÷₩30,000 = 4

C기업 : ₩150,000÷₩30,000 = 5

2. 매출액 증가(15%)에 따른 영업이익의 변화

영업이익은 각 기업별로 30%(= 2×15%), 60%(= 4×15%), 75%(= 5×15%)가 증가한다.

A기업 : ₩30,000×(1 + 0.3) = ₩39,000

B기업 : ₩30,000×(1 + 0.6) = ₩48,000

C기업 : ₩30,000×(1 + 0.75) = ₩52,500

[문 25] 영업레버리지도

20×2년의 매출액 : ₩4,000,000×(1 + 20%) = ₩4,800,000

← 20×2년의 제품 단위당 판매가격이 20×1년과 같을 것으로 예상되고, 20×2년의 제품 판매량은 20×1년에 비해 20% 증가할 것으로 예상되므로, 20×2년의 매출액은 20×1년에 비해 20% 증가할 것으로 예상된다.

20×1년의 손익분기점 매출액 = 고정원가÷[1 - (변동원가÷매출액)] = 고정원가÷(공헌이익÷매출액)

= ₩1,000,000÷(₩2,000,000÷₩4,000,000) = ₩2,000,000

20×2년의 손익분기점 매출액 = ₩2,000,000×(1 + 25%) = ₩2,500,000

← 20×2년의 손익분기점 매출액은 20×1년에 비해 25% 증가할 것으로 예상된다.

20×2년의 공헌이익률 = 고정원가÷손익분기점 매출액 = ₩1,000,000÷₩2,500,000 = 0.4

← 20×2년의 고정원가가 20×1년과 같을 것으로 예상된다.

20×2년의 공헌이익 = 매출액×공헌이익률 = ₩4,800,000×0.4 = ₩1,920,000

20×2년의 영업레버리지도 = 공헌이익÷영업이익 = 공헌이익÷(공헌이익 - 고정원가)

= ₩1,920,000÷(₩1,920,000 - ₩1,000,000) = 2.087

[문 26] 영업레버리지도 및 안전한계율 등

<20×1년>

단위당 변동원가 : (₩1,650,000 - ₩1,200,000)÷(300단위 - 200단위) = @₩4,500

고정원가 : (₩1,200,000 - 200단위×@₩4,500)×2 = ₩600,000

매출액 : (200단위 + 300단위)×@₩7,500 = ₩3,750,000

변동원가 : (200단위 + 300단위)×@₩4,500 = ₩2,250,000

공헌이익 : ₩3,750,000 - ₩2,250,000 = ₩1,500,000

영업이익 : ₩1,500,000 - ₩600,000 = ₩900,000

<20×2년>

단위당 변동원가 : (₩1,900,000 - ₩1,725,000)÷(400단위 - 350단위) = @₩3,500

고정원가 : (₩1,900,000 - 400단위×@₩3,500)×2 = ₩1,000,000

매출액 : (350단위 + 400단위)×@₩7,500 = ₩5,625,000

변동원가 : (350단위 + 400단위)×@₩3,500 = ₩2,625,000

공헌이익 : ₩5,625,000 - ₩2,625,000 = ₩3,000,000

영업이익 : ₩3,000,000 - ₩1,000,000 = ₩2,000,000

<20×1년 및 20×2년>

20×1년 영업레버리지도 : ₩1,500,000÷₩900,000≒1.67

20×2년 영업레버리지도 : ₩3,000,000÷₩2,000,000 = 1.5

20×1년 손익분기점 판매량 : ₩600,000÷[₩1,500,000÷(200단위 + 300단위)] = 200단위

20×2년 손익분기점 판매량 : ₩1,000,000÷[₩3,000,000÷(350단위 + 400단위)] = 250단위

20×1년 손익분기점 매출액 : ₩600,000÷(₩1,500,000÷₩3,750,000) = ₩1,500,000

20×2년 손익분기점 매출액 : ₩1,000,000÷(₩3,000,000÷₩5,625,000) = ₩1,875,000

20×1년 안전한계율 : (₩3,750,000 - ₩1,500,000)÷₩3,750,000 = 60%

20×2년 안전한계율 : (₩5,625,000 - ₩1,875,000)÷₩5,625,000≒66.7%

[문 27] 영업레버리지도 및 매출액

구 분	제품 A	제품 B	제품 C	합 계
매출액	₩250,000	₩750,000	₩250,000	₩1,250,000
매출액 비중	20%	60%	20%	100%
공헌이익률	40%	50%	70%	52%

* 매출액 및 매출액 비중
제품 A : 2,500단위×@₩100 = ₩250,000 ₩250,000÷₩1,250,000 = 20%
제품 B : 5,000단위×@₩150 = ₩750,000 ₩750,000÷₩1,250,000 = 60%
제품 C : 2,500단위×@₩100 = ₩250,000 ₩250,000÷₩1,250,000 = 20%
공헌이익률
제품 A : (₩100 - ₩60)÷₩100 = 40% 제품 B : (₩150 - ₩75)÷₩150 = 50%
제품 C : (₩100 - ₩30)÷₩100 = 70%

* 가중평균공헌이익률 : 40%×20% + 50%×60% + 70%×20% = 52%

₩1,250,000×52% = ₩650,000(공헌이익)

₩650,000÷(₩650,000 - 고정비) = 5

∴ 고정비 ₩520,000

손익분기점 매출액 : ₩520,000÷52% = ₩1,000,000

손익분기점 달성을 위한 제품 C의 매출액 : ₩1,000,000×20% = ₩200,000

[문 28] 손익분기점 판매량 및 공손

단위당 판매가격 : ₩100

단위당 변동원가 : ₩12÷0.9 + ₩20 = ₩33.33

단위당 공헌이익 : ₩66.67

손익분기점 판매량 : (₩188,000 + ₩160,000)÷₩66.67 = 5,220단위

[문 29] 손익분기점 매출액 및 손익분기점률

총비용 : ₩3,663 + ₩881 + ₩181 = ₩4,725

고정비 : ₩881 + ₩181 + (₩260×½ + ₩920 - ₩297 + ₩339) = ₩2,154

재고조정 중의 고정비 : (₩3,663 - ₩2,526)×[(₩260×½ + ₩920 - ₩297)÷₩2,526]≒₩339

변동비 : ₩4,725 - ₩2,154 = ₩2,571

손익분기점 매출액 : (₩2,154 - ₩224)÷[1 - (@₩2,571÷@₩4,812)]≒₩4,114

손익분기점률 : (₩4,144÷₩4,812)×100≒86.12%

[문 30] 원가계산방법 및 CVP분석

1. 원가요소별 완성품환산량

직접재료(kg)

기초	100	사용	800
매입	900	기말	200
	1,000		1,000

재공품(개)

기초(60%)	200	제조(완성)	500
투입	400	기말(40%)	100
	600		600

제 품(개)

기초	50	매출	450
제조(완성)	500	기말	100
	550		550

* 800kg÷2kg = 400개

	[1단계] 물량흐름 파악	[2단계] 완성품 환산량 직접재료원가	전환원가
기초재공품 수량	200개(60%)		
당기투입 수량	400		
계	600개		
기초재공품 완성량	200개(40%)	0개	80개
당기투입 완성량	300	300	300
기말재공품 수량	100 (40%)	100	40
계	600개	400개	420개

∴ 직접재료원가 : 400개

전환원가 : 420개

2. 영업레버리지도 및 판매량

1) 영업레버리지도

총 고정제조간접원가 = 전환원가 완성품환산량×단위당 고정제조간접원가 = 420단위×@₩30
= ₩12,600

450개×단위당 공헌이익 - (₩12,600 + ₩13,400) = ₩32,500　　∴ 단위당 공헌이익 = ₩130

영업레버리지도 = 공헌이익÷영업이익 = (450개×@₩130)÷₩32,500 = 1.8

2) 기대판매량

단위당 변동원가 = 단위당 판매가격 - 단위당 공헌이익 = ₩400 - ₩130 = ₩270

단위당 변동제조원가 = 단위당 변동원가 - 단위당 변동판매관리비 = ₩270 - ₩100 = ₩170

원가구조

단위당 판매가격	₩400
단위당 변동원가	270 (= ₩170 + ₩100)
단위당 공헌이익	₩130
총 고정원가	₩26,000 (= ₩12,600 + ₩13,400)

기대 단위당 변동원가 = ₩170×1.1×30% + ₩170×1.3×70% + ₩100 = ₩310.8

(@₩400 - @₩310.8)×기대판매량 - ₩26,000 = ₩11,464　　∴ 기대판매량 : 420개

별해)

(₩26,000 + ₩11,464)÷(@₩400 - @₩310.8) = 420개(기대판매량)

3) 광고

원가구조

	광고(×)	광고(O)
단위당 판매가격	₩400	₩400
단위당 변동원가	270	270
단위당 공헌이익	₩130	₩130
총 고정원가	₩26,000	₩26,000
		(+)₩36,400 (광고비)

손익분기점 판매량

광고(O) : (₩26,000 + ₩36,400)÷@₩130 = 480개

광고(×) : ₩26,000÷@₩130 = 200개

(1) 광고 실행시 기대성과급

700개 판매시 성과급 : (700개×@₩130 - ₩62,400)×5% = ₩1,430

* ₩26,000 + ₩36,400 = ₩62,400

기대성과급 : (₩1,430×0.5)×(700개 - 480개)÷(700개 - 300개) = ₩393.25

(2) 광고 미실행시 기대성과급

500개 판매시 성과급 : (500개×@₩130 - ₩26,000)×5% = ₩1,950

기대성과급 : (₩1,950×0.5)×(500개 - 200개)÷(500개 - 100개) = ₩731.25

(3) 광고 실행하지 않는다.

3. 전부원가계산에 의한 완성품원가와 변동원가계산에 의한 완성품원가

1) 전부원가계산에 의한 완성품원가

전기와 차기의 단위당 원가는 당기와 동일하기 때문에 기초와 구분하지 않는다.

단위당 전부제조원가

직접재료원가		₩100
직접노무원가		50
변동제조간접원가 예정배부액	2시간×@₩10 =	20
고정제조간접원가 예정배부액	2시간×@₩20 =	40
		₩210

완성품×단위당 제조원가 : 500개×@₩210 = ₩105,000

[참고] 선입선출법

기초재공품원가 : 200개×@₩100 + 200개×60%×@₩110 = ₩33,200

* @₩50 + @₩20 + @₩40 = @₩110

	[1단계]	[2단계] 완성품 환산량		
	물량흐름 파악	직접재료원가	전환원가	
기초재공품 수량	200개(60%)			
당기투입 수량	400			
계	600개			
기초재공품 수량	200개(40%)	0개	80개	
당기완성품 수량	300	300	300	
기말재공품 수량	100 (40%)	100	40	
계	600단위	400개	420개	
[3단계] 총제조원가의 집계				계
기초재공품원가				₩33,200
당기총제조비용(역산)		₩40,000	₩46,200	86,200
계		₩40,000	₩46,200	₩119,400
[4단계] 환산량 단위당 원가				
완성품 환산량		÷400개	÷420개	
환산량 단위당 원가		₩100	₩110	

[5단계] 총제조원가의 배분

완성품원가	₩33,200 + 300개×@₩100 + 380개×@₩110 =	₩105,000
기말재공품원가	100개×@₩100 + 40개×@₩110 =	14,400
계		₩119,400

2) 변동원가계산에 의한 완성품원가

전기와 차기의 단위당 원가는 당기와 동일하기 때문에 기초와 구분하지 않는다.

단위당 변동제조원가

직접재료원가		₩100
직접노무원가		50
변동제조간접원가 예정배부액	2시간×@₩10 =	20
		₩170

완성품×단위당 제조원가 : 500개×@₩170 = ₩85,000

[참조] 선입선출법

기초재공품원가 : 200개×@₩100 + 200개×60%×@₩70 = ₩28,400

* @₩50 + @₩20 = @₩70

	[1단계] 물량흐름 파악	[2단계] 완성품 환산량 직접재료원가	전환원가	계
기초재공품 수량	200개(60%)			
당기투입 수량	400			
계	600개			
기초재공품 수량	200개(40%)	0개	80개	
당기완성품 수량	300	300	300	
기말재공품 수량	100 (40%)	100	40	
계	600단위	400개	420개	
[3단계] 총제조원가의 집계				
기초재공품원가				₩28,400
당기총제조비용(역산)		₩40,000	₩29,400	69,400
계		₩40,000	₩29,400	₩97,800
[4단계] 환산량 단위당 원가				
완성품 환산량		÷400개	÷420개	
환산량 단위당 원가		₩100	₩70	

[5단계] 총제조원가의 배분

완성품원가	₩28,400 + 300개×@₩100 + 380개×@₩70 =	₩85,000
기말재공품원가	100개×@₩100 + 40개×@₩70 =	12,800
계		₩97,800

4. 전부원가계산에 의한 매출총이익과 영업이익

제조간접원가 배부차이

	변동제조간접원가		고정제조간접원가		계
예정배부액 :	420개×2시간×@₩10 =	₩8,400	420개×2시간×@₩20 =	₩16,800	₩25,200
실제발생액 :		10,000		15,000	25,000
		₩1,600 과소		₩1,800 과대	₩200 과대

* 500개×2시간×@₩10 = ₩10,000　　* 500개×@₩30 = ₩15,000

매출액	450개×@₩400 =	₩180,000
매출원가	450개×@₩210 =	(94,500)
제조간접원가 배부차이(과대)		200
매출총이익		₩85,700
변동판매관리비	450개×@₩100 =	(45,000)
고정판매관리비		(13,400)
영업이익		₩27,300

5. 변동원가계산에 의한 공헌이익과 영업이익

변동제조간접원가		
예정배부액 :	420개×2시간×@₩10 =	₩8,400
실제발생액 :		10,000
		₩1,600 과소

매출액	450개×@₩400 =	₩180,000
변동매출원가	450개×@₩170 =	(76,500)
제조간접원가 배부차이(과소)		(1,600)
변동판매관리비	450개×@₩100 =	(45,000)
공헌이익		₩56,900
고정제조간접원가		(15,000)
고정판매관리비		(13,400)
영업이익		₩28,500

6. [물음 4]의 영업이익과 [물음 5]의 영업이익의 차이에 대한 발생 원천

전부원가계산 :	(450개×2시간×@₩20) - ₩1,800(과대) =	₩16,200
변동원가계산 :		15,000 당기 발생
		₩1,200

검증)

변동원가계산하의 영업이익	₩28,500
- 기초재고에 포함된 고정제조간접원가(50개 + 200개×0.6)×2시간×@₩20 =	(6,800)
+ 기말재고에 포함된 고정제조간접원가(100개 + 100개×0.4)×2시간×@₩20 =	5,600
전부원가계산하의 영업이익	₩27,300

제10장

특수의사결정 및 계량적 접근방법

제1절 특수의사결정과 관련원가

1. 특수의사결정의 의의

의사결정(decision making)이란 여러 가지의 선택가능한 행동이나 대안 중에서 어떤 목표를 가장 효율적으로 달성할 수 있도록 해주는 최적의 행동 또는 방법을 선택하는 것이다. 경영의사결정에서는 의사결정의 목표가 주로 비용의 최소화와 이익의 극대화로 압축되지만, 그 과정에서 고려하여야 할 원가는 수없이 많을 수가 있다. 따라서 원가회계 측면에서는 이와 같은 경영의사결정에 필요한 원가정보의 제공을 주된 목적의 하나로 간주하고 있는 것이다.

의사결정에는 반복적 · 경상적으로 이루어지는 의사결정이 주종을 이루고 있지만, 경우에 따라서는 비반복적 · 비경상적인 의사결정이 필요할 수도 있다. 이러한 예외적인 의사결정을 **특수의사결정**이라고 하는데,[1] 이에 속하는 [예]에는 다음과 같은 것들이 있다.

① 정상적인 판매가격 이하의 낮은 가격으로 특별주문을 받았을 경우, 그 특별주문을 수락할 것인가 또는 거절할 것인가에 관한 결정

② 부품을 자가제조할 것인가 또는 외부로부터 구입할 것인가에 관한 결정

③ 제품품목의 일부를 유지할 것인가 또는 폐지할 것인가에 관한 결정

④ 결합제품(joint product)을 생산할 경우, 제품을 분기점(split-off point)에서 즉시 판매할 것인가 또는 추가가공하여 판매할 것인가에 관한 결정 등

이와 같은 비반복적 · 비경상적 의사결정은 대부분 의사결정대안 간의 차액원가[2] 분석이

1) 예외적인 의사결정으로서의 특수의사결정에는 확실성에서 이루어지는 의사결정뿐만 아니라, 불확실성에서 이루어지는 의사결정까지도 포함된다. (제3절에서 설명됨)

2) 차액원가(differential cost)는 증분원가(incremental cost)라고도 하며, 주어진 상황에서 대안 간의 차이를 의미하는 것이다.

나 확률을 이용한 분석을 통해 이루어지는데, 어떤 의사결정에 있어서 보다도 원가자료가 중요한 역할을 수행한다. 이때 주어지는 특수원가 자료는 당연히 의사결정에의 목적적합성이 있는 정보를 포함하여야 한다.3)

2. 관련원가

의사결정에 목적적합한 정보로서의 원가를 **관련원가**(relevant cost)라고 한다. 즉 관련원가란 '의사결정자의 목표수행에 영향을 미치고 의사결정의 결과에 변화를 초래하는 원가정보'로 정의할 수 있으며, 다음과 같은 특성을 포함한다.

(1) 관련원가란 아직 발생되지 않은 원가(미발생원가)이다.

의사결정 자체가 과거가 아닌 미래의 변화와 관련된 것이기 때문에, 관련원가란 미래에 발생할 변화와 관련된 원가이다. 따라서 이미 발생한 과거의 원가는 관련원가가 되기 어렵다. 예를 들어, 마케팅 관리자가 제품품목의 일부를 폐지시킬 것을 고려하고 있는 경우에, 미래의 판매가격 · 미래의 제조원가 · 미래의 마케팅비용 등은 목적적합한 관련원가가 될 것이지만, 과거의 역사적 원가는 아무런 의미를 지니지 못하는 **비관련원가**(irrelevant cost)가 된다.4)

(2) 관련원가란 의사결정을 위한 대안 간에 차이가 있는 원가이다.

미래에 기대되는 자료 중에서 대안 간의 차이를 나타내는 것만이 의사결정에 관련이 있는 것이다. 예를 들어, 두 명의 서로 다른 공급자(A공급자, B공급자)로부터 원재료를 구입하는 문제를 고려한다고 할 때, 각각의 공급자로부터의 공급가격이 개당 ₩1,800으로 동일하다면 개당 ₩1,800이란 가격은 구매의사결정에 목적적합하지 못한 자료이다. 반면에 A공급자의 가격은 개당 ₩1,800이고 B공급자의 가격은 개당 ₩1,900이라면, 구매의사결정에 있어서 원재료의 가격은 목적적합한 자료가 된다. 즉 의사결정 대안 간에 가격차이가 있다면 그 가격은 분명 관련원가가 될 수 있다는 것이다.

---

3) 특수의사결정을 위한 원가자료의 조사를 특수원가조사라고 하는데, 이것이 일반적인 제품원가계산과 다른 차이점은 다음과 같다.
① 제품원가계산은 재무회계에 이바지함과 동시에 원가관리를 그 주된 목적으로 하고 있으나, 특수원가조사는 내부의사결정과 경영정책의 수립에 기여함을 목적으로 한다.
② 제품원가계산은 역사적 원가(실제원가)에 의하여 이루어지는 것이 원칙이지만, 특수원가조사는 미래원가(또는 추산원가)에 의하여 이루어질 수도 있다.
③ 제품원가계산은 기업이 계속적으로 실시하는 것이나, 특수원가조사는 일시적 특수목적에 의해서 이루어지는 것으로서 단기적이고 임기응변적인 것이다.

4) 비관련원가란 의사결정 대안 간에 차이가 없는 비용으로서 매몰원가(sunk cost)와 현금지출비관련원가가 있다. 매몰원가란 과거의 의사결정으로 발생한 역사적 원가로서 현재 또는 미래의 의사결정과 관련이 없는 원가이며, 현금지출비관련원가란 의사결정 대안 간에 차이가 없는 현금 지출비용이다. (제2장 참조)

(3) 관련원가란 계량적 원가자료뿐만 아니라 질적 자료도 포함하는 개념이다.

의사결정과정에서 유용한 자료에는 화폐단위로써 측정할 수 있는 계량적 요소와 화폐단위로 측정불가능한 질적 요소의 두 가지가 전부 포함될 수 있다. 다만, 계량적 요소가 아닌 질적 요소는 의사결정과정에 어떻게 계량화하여 산입시키는가가 문제가 되기 때문에, 실제적으로 그것이 고려되지 않고 있을 뿐이다.

이하에서는 특수의사결정을 필요로 하는 상황에서 관련(목적적합)원가의 개념이 어떻게 이용되는지를 검토해 보기로 한다.[5] 특별히 제2절에서는 관련원가의 변동에 따르는 차액원가(증분원가)의 분석이 수반되는 상황을 중점적으로 고찰하며, 제3절에서는 계량적 접근방법을 이용한 의사결정모형으로서 불확실성하의 의사결정 · 선형계획모형 · 재고관리모형 등을 순서대로 살펴보고자 한다.

제2절 관련원가분석을 통한 의사결정의 [예]

1. 특별주문의 수락 또는 거절의 결정

기업이 유휴생산능력을 보유하고 있는 상황에서 정상 판매가격 이하의 낮은 가격으로 판매할 것을 주문받았을 때, 관련 특별주문(special order)이 기존의 제품판매에 영향을 미치지 않는다면 그 특별주문은 고려할 가치가 있게 된다. 그러나 유휴생산능력이 없거나 부족한 경우에는 특별주문을 수락하기 위하여 생산설비를 확충하든지 기존의 정규판매시장에서의 판매량을 축소하여야 한다. 특히 생산능력을 확충할 경우에는 특별주문의 수락으로 인하여 증가하는 수익과 변동비뿐만 아니라 추가적인 설비원가까지 고려하여 수락 여부를 결정하여야 한다.

예제 1

연간 200,000개의 최대 제품생산능력을 가지고 있다. 과거 판매실적 및 여러 가지 경제적 상황을 고려할 때, 당해연도에 140,000개의 제품을 단위당 ₩100씩 판매할 수 있다. 제조원가는 고정비가 연간 ₩3,000,000이고 변동비가 단위당 ₩40이다. 또한 판매비는 고정비가 연간 ₩2,000,000이고 변동비는 단위당 ₩12이다. (2018 회계사 유사, 2013 세무사 유사)

---

5) 일반적으로 변동비는 관련성이 있고 고정비는 관련성이 없다고 보는데, 모든 경우가 그러한 것은 아니다. 의사결정 대안에 따라 변동비가 추가로 발생하지 않거나 고정비가 추가로 발생하거나 회피할 수 있으므로 원가행태에 관계없이 모든 원가의 추가 발생 또는 회피가능여부를 고려하여야 한다. 회피불능원가(unavoidable costs)란 경영자의 의사결정과는 상관없이 항상 고정적으로 발생하는 원가로서, 의사결정에 따라 변동될 수 있는 회피가능원가(avoidable costs)에 대응되는 개념이다.

추정 포괄손익계산서(140,000개 판매 가정)

	단위당 원가	총 액
매출액	₩100.00	₩14,000,000
변동비		
제조원가	40.00	(5,600,000)
판매비	12.00	(1,680,000)
공헌이익	₩48.00	₩6,720,000
고정비		
제조원가	21.43	(3,000,000)
판매비	14.29	(2,000,000)
순이익	₩12.28	₩1,720,000

제품 60,000개(=200,000개 - 140,000개)의 유휴생산능력을 가지고 있는 상황에서, 단위당 판매가격 ₩70으로 30,000개의 특별주문을 받았다고 하자. 만일 이 특별주문을 수락하더라도 추가적인 판매비가 소요되지 않고 기존의 판매량에도 아무런 영향을 미치지 않는다고 할 때, 이 특별주문을 과연 수락할 것인가? 얼핏 보기에는 이 특별주문을 수락하지 않을 것 같다. 왜냐하면 제품 단위당 제조원가 및 판매비는 ₩87.72(=₩40+₩12+₩21.43+₩14.29)인 것처럼 보여, 특별주문의 단위당 판매가격 ₩70은 정상적인 제조원가 및 판매비보다 적은 것으로 생각될 수 있기 때문이다. 그러나 이러한 특별주문의 문제에 있어서는 특별주문의 결과 발생하는 수익 및 원가의 변동분 즉 관련원가의 변동분을 식별해 내어야 하는데, 이때의 관련원가에 해당하는 것은 매출액과 변동제조원가 뿐이다. 변동판매비 및 고정비는 비관련원가이기 때문에 의사결정과정에서 전혀 고려할 필요가 없다. 이와 같은 관련원가의 변동분을 차액원가라고 한다.

비교 포괄손익계산서(차액원가 분석)

	140,000개	170,000개(수락)	차액원가
매출액	₩14,000,000[1)]	₩16,100,000[4)]	₩2,100,000
- 변동비			
제조원가	5,600,000[2)]	6,800,000[5)]	1,200,000
판매비	1,680,000[3)]	1,680,000[3)]	0
= 공헌이익	₩6,720,000	₩7,620,000	₩900,000
- 고정비			
제조원가	3,000,000	3,000,000	0
판매비	2,000,000	2,000,000	0
= 순이익	₩1,720,000	₩2,620,000	₩900,000

* 1) 140,000단위×@₩100 2) 140,000단위×@₩40 3) 140,000단위×@₩12
4) 140,000단위×@₩100+30,000단위×@₩70 5) 140,000단위×@₩40+30,000단위×@₩40

특별주문을 수락한 경우에 관련원가를 고려하여 계산된 이익 증가액은 ₩900,000이다. 따라서 당기의 특별주문을 수락하는 것이 바람직하다.

특별주문의 차액원가 분석*

매 출	30,000개×@₩70 =	₩2,100,000
- 변동제조원가	30,000개×@₩40 =	1,200,000
= 순이익의 차이		₩900,000

* 특별주문의 수락에 따른 관련원가의 차액(변동분)만을 표시한 것임.

예제 2

내년도에 단일 제품만을 5,000개 생산·판매하고자 한다. 단일 제품의 단위당 판매가격은 ₩170이며, 내년도의 예산 중 일부 자료이다.

	단위당 변동비	단위당 고정비
직접재료비	₩40	-
직접노무비	30	-
제조간접비	10	₩20
판매관리비	15	30

위와 같은 예산을 편성한 이후에 외국기업으로부터 제품 단위당 ₩100에 3,000개를 구입하겠다는 특별주문을 받았다. 특별주문을 수락하더라도 최대조업도까지는 고정제조간접비에 아무런 변동이 없다. 이 특별주문과 관련된 판매관리비는 주문수량에 관계없이 총 ₩15,000이며, 그 이외의 판매관리비는 발생하지 않는다. 단, 특별주문은 기존 판매시장에 아무런 영향을 미치지 않는다고 가정한다.

물음 (2009 회계사 유사, 2020 세무사 유사, 2016 세무사 유사)

1. 연간 최대생산능력이 8,000개라고 가정할 때, 이 특별주문의 수락여부를 결정하시오.
2. 연간 최대생산능력이 7,000개라고 가정한다. 아래의 상호 독립적인 조건에서 특별주문의 수락여부를 각각 결정하시오.
   1) 기존 정규판매시장의 판매량을 1,000개 축소시키는 경우
   2) 설비를 임차하여 1,000개를 생산하는 경우(단, 이때의 연간 임차료는 ₩35,000이다)

해답

<기본분석>

	기존 시장	특별주문
단위당 판매가격	₩170	₩100
단위당 변동제조원가	80(=₩40+₩30+₩10)	80(=₩40+₩30+₩10)
단위당 변동판매관리비	15	5(₩15,000÷3,000개)
단위당 공헌이익	₩75	₩15

1. 특별주문 3,000개는 유휴생산능력의 범위내에서 모두 생산될 수 있다. 따라서 특별주문을 수락하는 것이 단위당 ₩15(=₩100-₩80-₩5)만큼 유리하다.
2. 특별주문 3,000개를 유휴생산능력 2,000개(=7,000개-5,000개)내에서 모두 생산할 수 없다. 따라서 특별주문 3,000개를 모두 생산하기에는 유휴생산능력이 부족하다.
   1) 기존 정규판매시장의 판매량 축소
      특별주문으로부터의 총공헌이익 : ₩45,000(=@₩15×3,000개)
      기존 정규판매시장 판매량 축소로 인해 상실된 총공헌이익 : ₩75,000(=@₩75×1,000개)
      ∴ 특별주문을 거부하는 것이 ₩30,000(=₩75,000-₩45,000) 유리하다.
   2) 설비 임차 : 임차료 ₩35,000
      특별주문으로부터의 총공헌이익 : ₩45,000(=@₩15×3,000개)
      차액원가 : ₩35,000(임차료)
      ∴ 설비를 임차하고 특별주문을 수락하는 것이 ₩10,000(=₩45,000-₩35,000) 유리하다.

예제 3

(주)세무는 제품 A와 제품 B를 생산하여 판매한다. (주)세무는 제품의 종류에 관계없이 연간 최대 40,000단위의 제품을 생산할 수 있는 능력을 가지고 있다. 20×1년도 생산량과 판매량은 각각 30,000단위(제품 A : 15,000단위, 제품 B : 15,000단위)이다. (주)세무의 단위당 판매가격은 제품 A ₩1,000, 제품 B ₩1,200이며, 단위당 변동판매관리비는 제품 A와 제품 B 각각 ₩100이다. (주)세무의 고정판매관리비는 ₩2,000,000이다. 유휴설비의 대체적 용도는 없다. 다음 물음은 독립적인 상황이다.

단위당 제조원가	제품 A	제품 B
직접재료원가	₩400	₩500
직접노무원가	100	100
변동제조간접원가	50	50
고정제조간접원가	40	40
합 계	₩590	₩690

물음 (2021 세무사, 2025 회계사 유사, 2022 회계사 유사)

1. (주)국세가 제품 A를 단위당 ₩800에 2,000단위를 특별주문하였다. (주)세무가 이 특별주문을 수락할 경우, 이 특별주문에 대한 단위당 변동판매관리비가 50% 절감된다. (주)세무가 특별주문을 수락하였을 경우, 총공헌이익이 얼마나 증가 또는 감소하는지를 계산하시오. (단, 총공헌이익이 증가하는 경우에는 금액 앞에 '(+)'를, 감소하는 경우에는 금액 앞에 '(-)'를 표시하시오.)
2. (주)국세는 제품 B 10,000단위를 특별주문하였다. (주)세무가 이 특별주문을 수락할 경우, (주)국세가 (주)세무의 고정판매관리비 ₩1,000,000을 부담하기로 하였다. (주)세무가 특별주문을 수락하여 ₩1,500,000의 이익을 얻기 위한 특별주문에 대한 단위당 판매가격을 계산하시오.
3. (주)세무는 (주)국세로부터 제품 B 12,000단위를 단위당 ₩900에 구입하겠다는 특별주문을 받았다. (주)세무가 동 특별주문을 수락하면 이 특별주문에 대한 (주)세무의 단위당 변동판매관리비 40%가 절감되며, 기존 시장에서의 제품 A 판매량 2,000단위를 포기해야 한다. (주)세무가 특별주문 수량을 모두 수락할 경우, 이익이 얼마나 증가 또는 감소하는지를 계산하시오. (단, 이익이 증가하는 경우에는 금액 앞에 '(+)'를, 감소하는 경우에는 금액 앞에 '(-)'를 표시하시오.)
4. (주)세무는 (주)국세로부터 제품 B 15,000단위를 단위당 ₩1,000에 구입하겠다는 특별주문을 받았다. (주)세무는 5,000단위를 추가 생산할 수 있는 기계를 취득원가 ₩1,000,000에 구입하여 사용하고 사용 후 즉시 ₩700,000에 처분할 계획이다. 또한 특별주문 제품 B의 로고 인쇄비용으로 단위당 ₩10의 추가비용이 발생될 것으로 예상된다. (주)세무가 특별주문을 수락할 경우, (주)세무의 이익에 미치는 영향을 계산하시오. (단, 이익이 증가하는 경우에는 금액 앞에 '(+)'를, 감소하는 경우에는 금액 앞에 '(-)'를 표시하시오.)
5. (주)세무는 (주)국세로부터 제품 A 1,000단위와 제품 B 2,000단위의 묶음주문을 받았다. (주)국세는 제품 A와 제품 B 모두 단위당 ₩1,000의 가격을 제시하고 있다. (주)국세는 (주)세무에게 묶음주문에 대해서 추가 디자인 작업을 요청하였으며 이를 반영하기 위해서는 제품 A 단위당 ₩50, 제품 B 단위당 ₩25의 추가비용이 발생될 것으로 예상된다. (주)세무의 입장에서, 이 묶음주문의 가중 평균공헌이익률을 계산하시오.

해답

<기본분석>

	제품 A	제품 B
단위당 판매가격	₩1,000	₩1,200
단위당 변동원가	₩550 + ₩100 = ₩650	₩650 + ₩100 = ₩750
단위당 공헌이익	₩350	₩450

* 제품 A 단위당 변동제조원가 : @₩400 + @₩100 + @₩50 = @₩550
제품 B 단위당 변동제조원가 : @₩500 + @₩100 + @₩50 = @₩650

1. 특별주문

증분수익 :	매 출	2,000단위×@₩800 =	₩1,600,000
증분비용 :	변동제조원가	2,000단위×@₩550 =	(1,100,000)
	변동판매관리비	2,000단위×@₩100×(1 - 50%) =	(100,000)
증분이익 :			₩400,000

2. 특별주문

증분수익 :	매 출		₩10,000P
	고정판매관리비 (절감분)		1,000,000
증분비용 :	변동제조원가	10,000단위×@₩650 =	(6,500,000)
	변동판매관리비	10,000단위×@₩100 =	(1,000,000)
증분이익 :			₩1,500,000

∴ P(단위당 판매가격) : ₩10,000P + ₩1,000,000 - (₩6,500,000 + ₩1,000,000) = ₩1,500,000
P(단위당 판매가격) = @₩800

3. 특별주문

증분수익 :	매 출	12,000단위×@₩900 =	₩10,800,000
증분비용 :	변동제조원가	12,000단위×@₩650 =	(7,800,000)
	변동판매관리비	12,000단위×@₩100×(1 - 40%) =	(720,000)
	제품 A 포기	2,000단위×@₩350 =	(700,000)
증분이익 :			₩1,580,000

4. 특별주문

증분수익 :	매 출	15,000단위×@₩1,000 =	₩15,000,000
증분비용 :	변동제조원가	15,000단위×@₩650 =	(9,750,000)
	변동판매관리비	15,000단위×@₩100 =	(1,500,000)
	추가 인쇄비용	15,000단위×@₩10 =	(150,000)
	기계 구입·처분	₩1,000,000 - ₩700,000 =	(300,000)
증분이익 :			₩3,300,000

5. 가중평균공헌이익률

	제품 A	제품 B
단위당 판매가격	₩1,000	₩1,000
단위당 변동원가	₩550 + ₩100 + ₩50 = ₩700	₩650 + ₩100 + ₩25 = ₩775
단위당 공헌이익	₩300	₩225
공헌이익률	0.3	0.225

∴ 가중평균공헌이익률 : 0.3×1/3 + 0.225×2/3 = 0.25

2. 부품의 자가제조 또는 외부구입의 결정

기업이 유휴생산능력이 있어 부품을 자가제조할 것인가 아니면 외부로부터 구입할 것인가에 관한 의사결정을 하여야 할 경우이다. 외부로부터 구입하지 않고 자가제조하는 경우에 변동하는 관련원가만을 분석하여야 한다.

예제 1

외부로부터 단위당 ₩34의 가격에 20,000단위의 부품을 구입하고 있다. 만약 이 부품을 자가제조한다면 제조원가가 다음과 같다고 가정하자. (2022 세무사 유사, 2013 세무사 유사, 2008 회계사 유사, 1997 회계사 유사)

	단위당 원가	총원가(20,000단위)
직접재료비	₩12	₩240,000
직접노무비	10	200,000
변동제조간접비	6	120,000
고정제조간접비	8	160,000
계	₩36	₩720,000

총제조원가 ₩720,000과 구입원가 ₩680,000(20,000단위×@₩34)을 비교해 볼 때, 얼핏 보기에는 외부구입하는 것이 유리할 것이라고 생각하기 쉽다. 그러나 결정을 내리기 전에 고정제조간접비 ₩160,000에 내재되어 있는 항목을 주목하여야 한다. 만약에 ₩160,000 중에 ₩60,000이 감가상각비 · 재산세 또는 보험료 등의 고정비라고 한다면, 이 고정비는 제조 혹은 구매의 의사결정과 관계없이 발생하는 회피불능원가이다. 나머지 ₩100,000은 회피가능원가로서 외부구입하면 발생하지 않는 비용이 될 수 있다. 이러한 비용으로서는 감독자의 보수, 간접노무비 등이 있다.

회피가능 고정비는 외부구입하면 회피할 수 있는 원가이기 때문에 관련원가가 되지만, 회피불능원가는 어느 경우에나 고정적으로 발생하는 원가이므로 비관련원가가 된다. 따라서 유휴생산설비에 대해 경영자가 선택할 수 있는 방안은 단지 부품을 제조하거나 그대로 유휴인 상태로 두는 것밖에 없다고 가정할 때, 관련원가의 차이분석(차액원가의 분석) 결과는 다음과 같이 나타난다.

차액원가의 분석

	자가제조		외부구입		차액원가
	단위당 원가	총원가 (20,000단위)	단위당 원가	총원가 (20,000단위)	(제조 - 구입)
직접재료비	₩12	₩240,000	-	-	₩240,000
직접노무비	10	200,000	-	-	200,000
변동제조간접비	6	120,000	-	-	120,000
고정제조간접비	5	100,000*	-	-	100,000
구입가격	-	-	₩34	₩680,000	(680,000)
총원가	₩33	₩660,000	₩34	₩680,000	(₩20,000)

* ₩160,000 - ₩60,000

총제조원가 ₩660,000과 구입원가 ₩680,000을 비교해 볼 때, 유휴생산설비를 활용하여 부품을 자가제조하는 것이 더 유리하다는 결론을 얻게 된다.

예제 2

전 [예제1]에서, 이제 부품의 수량이 15,000단위가 될 때에는 결과가 어떻게 되는지를 살펴보기로 하자. 단, 회피가능한 고정제조간접비는 ₩100,000이다. 총제조원가는 다음과 같이 될 것이다.

차액원가의 분석

	자가제조		외부구입		차액원가
	단위당 원가	총원가 (15,000단위)	단위당 원가	총원가 (15,000단위)	(제조 - 구입)
직접재료비	₩12	₩180,000	-	-	₩180,000
직접노무비	10	150,000	-	-	150,000
변동제조간접비	6	90,000	-	-	90,000
고정제조간접비	6.67	100,000	-	-	100,000
구입가격	-	-	₩34	₩510,000	(510,000)
총원가	₩34.67	₩520,000	₩34	₩510,000	₩10,000

이 경우에는 총제조원가는 ₩520,000이고 구입원가는 ₩510,000이므로, 부품을 외부구입하는 것이 자가제조보다 유리하다. 한편, 부품의 자가제조 대신 외부구입하는 경우에 기존 생산설비를 임대하거나 다른 제품의 생산에 활용할 수 있다면, 이에 따른 임대수익이나 다른 제품의 공헌이익은 부품을 자가제조하는 데에 대한 생산설비의 기회비용이므로 의사결정과정에서 반드시 고려하여야 한다.

이와 같은 [예제]는 앞 장에서 언급한 손익분기점 분석을 통하여 해결할 수도 있다. 즉 CVP분석을 이용하여 총구입원가와 총제조원가가 같아지는 점을 구할 수 있다.

예제 3

전 [예제1]에서, 부품의 수량을 X라 할 때 단위당 구입원가는 ₩34이므로, '총구입원가 = @₩34×X'가 될 것이다. 그리고 부품을 자가제조하기로 하였다면 '총제조원가 = ₩100,000 + @₩28×X'가 된다. 여기에서 총제조원가는 다음의 관련원가로 나타낼 수 있다. 즉 관련 고정제조간접비 ₩100,000과 단위당 원가 ₩28의 합계로서 나타낼 수 있는데, 이때 단위당 원가는 직접재료비(₩12), 직접노무비(₩10), 변동제조간접비(₩6)의 합계액이다. 따라서 총구입원가와 총제조원가가 같아지는 수량은 다음과 같이 계산된다.

총제조원가 = 총구입원가

₩100,000 + @₩28X = @₩34X

∴ X = 16,667단위

결국 부품의 수량이 16,667단위 초과인 경우에는 자가제조가 유리하고 16,667단위 미만인 경우에는 외부구입이 유리하다는 결과가 도출되기 때문에, 어떤 방법을 사용하든 분석결과는 동일하게 나타난다고 할 수 있다.

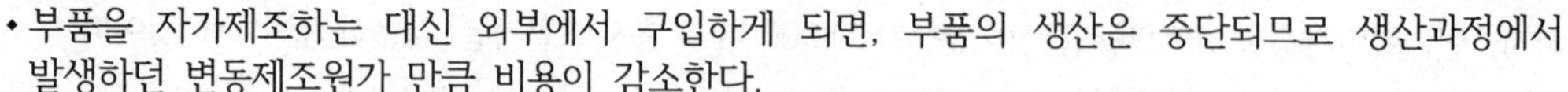

예제 4

<유의사항>

- 부품을 자가제조하는 대신 외부에서 구입하게 되면, 부품의 생산은 중단되므로 생산과정에서 발생하던 변동제조원가 만큼 비용이 감소한다.
- 부품을 자가제조하는 대신 외부에서 구입하게 되면, 부품을 생산하던 기존 설비는 보유하고 있는 상태에서 부품의 구입여부만 의사결정하는 것이므로 기존 생산설비와 관련되는 고정제조간접비는 일반적으로 비관련항목이다. 그러나 회피가능 고정원가가 있다면 그 원가 만큼 비용이 감소한다.
- 부품을 자가제조하는 대신 외부에서 구입하게 되면, 외부 구입량에 구입단가를 곱한 외부 구입금액 만큼 비용이 증가한다.
- 부품을 자가제조하는 대신 외부에서 구입하게 되면, 부품을 생산하던 기존 설비를 다른 대체적인 용도(예 임대료수익)에 사용할 수 있는지를 고려해야 한다.

다음 각 상황은 독립적이다.

1. (주)한국완구는 매년 완구생산에 필요한 부품인 모터 3,000개 중 일부를 자체생산하고, 나머지 부족한 부분은 외주로 충당하고 있다. 자체생산은 모터부서에서 담당하며, 연간 총 2,000개의 모터를 자체생산한다. 모터 1개당 변동제조원가는 ₩55이며, 모터부서의 총고정원가는 연간 ₩150,000이다. 자체생산시 발생하는 모터부서의 총고정원가 중 80%만이 모터부서 폐지시 회피가능한 원가이다. 외주로 조달하는 모터는 연간 총 1,000개이다. 당기 초 외주업체는 전격적으로 모터의 판매가격을 모터 1개당 ₩120에서 ₩100으로 인하하였다. 이에 따라 (주)한국완구는 기업내 모터부서를 폐지하고, 모터 3,000개를 전량 외주업체에서 구매할 것을 검토하기 시작하였다. 이에 모터부서는 부서 폐지를 막기 위한 자구방안으로 단위당 변동제조원가 ₩15과 회피가능 고정원가 ₩20,000을 동시에 절감하였다. 만약 (주)한국완구가 외주업체로부터 모터 3,000개 전량을 구입할 경우 (주)한국완구의 순이익에 미치는 영향은 얼마인가? 단, 모터부서의 최대 생산능력은 자구방안과 관계없이 항상 2,000개이다. (2008 회계사)

해답

증분수익 :	변동제조원가 감소	2,000개×(@₩55 - @₩15) =	₩80,000
	고정원가 절감액	₩150,000×80% - ₩20,000 =	100,000
증분비용 :	판매가격 인하	2,000개×@₩100 =	(200,000)
증분이익 :			(₩20,000) (불리)

2. (주)세무는 제품 A와 제품 B를 생산하고 있는데, (주)대한으로부터 제품 A 전량을 단위당 ₩18에 공급하는 제안을 받았다. 이 제안을 검토하기 위해 (주)세무의 회계부서에서 분석한 제품 A에 대한 원가자료는 다음과 같다.

구 분	단가	1,000단위
직접재료원가	₩5	₩5,000
직접노무원가	4	4,000
변동제조간접원가	1	1,000
감독자 급여	3	3,000
특수기계 감가상각비	2	2,000
공통간접원가 배분액	5	5,000
제조원가 합계	₩20	₩20,000

제품 A를 생산하지 않을 경우 제품 A 감독자는 추가비용 없이 해고가능하고, 특수기계는 제품 A 제조에만 사용되는 전용기계이다. 공통간접원가는 공장임대료 등으로 제품 A 생산라인을 폐쇄하더라도 감소하지 않는다. 제품 A를 생산하지 않을 경우 그에 대한 여유생산능력으로 제품 B를 추가 생산할 수 있는데, 이로 인해 증가되는 수익은 ₩5,000이고 증가되는 원가는 ₩3,000이다. (주)세무가 (주) 대한의 제안을 받아들이면 자가생산하는 것보다 얼마나 유리(불리)한가? (2021 세무사)

해답

증분수익 :	제품 B 추가 생산	₩5,000 - ₩3,000 =	₩2,000
	변동제조원가 감소	₩5,000 + ₩4,000 + ₩1,000 =	10,000
	감독자 급여 감소		3,000
증분비용 :	구입금액	1,000단위×@₩18 =	(18,000)
증분이익 :			(₩3,000) (불리)

3. (주)대한은 제품에 사용되는 부품 A를 자가제조하고 있으나, 외부 공급업체로부터 부품 A와 동일한 제품을 구입하는 방안을 검토 중이다. (주)대한의 회계팀은 아래의 자료를 경영진에게 제출하였다.

구 분	부품 A 1단위당 금액
직접재료원가	₩38
직접노무원가	35
변동제조간접원가	20
감독관 급여	40
부품 A 전용 제조장비 감가상각비	39
공통관리비의 배분	41

· 매년 10,000개의 부품 A를 생산하여 모두 사용하고 있다.
· 만일 외부에서 부품 A를 구입한다면 감독관 급여는 회피가능하다.
· 부품 A 전용제조장비는 다른 용도로 사용하거나 외부 매각이 불가능하다.
· 공통관리비는 회사 전체의 비용이므로 외부 구입 여부와 관계없이 회피가 불가능하다.
· 만일 부품 A를 외부에서 구입한다면, 제조에 사용되던 공장부지는 다른 제품의 생산을 위해서 사용될 예정이며, 연간 ₩240,000의 공헌이익을 추가로 발생시킨다.

(주)대한의 경영진은 부품 A를 자가제조하는 것이 외부에서 구입하는 것과 영업이익에 미치는 영향이 무차별하다는 결론에 도달하였다. 이 경우 외부 공급업체가 제시한 부품 A의 1단위당 금액은 얼마인가? (2021 회계사)

해답

증분수익 :	공헌이익 추가 발생		₩240,000
	변동제조원가 감소	10,000개×(@₩38 + @₩35 + @₩20) =	930,000
	감독관 급여 감소	10,000개×@₩40 =	400,000
증분비용 :	구입금액	10,000개×구입단가(P) =	10,000P
증분이익 :			₩1,570,000 - 10,000P

∴ ₩1,570,000 - 10,000P = 0
P = @₩157

3. 제품품목의 유지 또는 폐지의 결정

소비자의 기호가 변화함에 따라서 기존 제품품목의 일부가 폐지되어야 하는 경우도 있다. 이때 고려하여야 할 가장 중요한 요인은 특정 제품의 유지 또는 폐지가 미래의 이익에 어떤 영향을 미칠 것인가 하는 점이다. 이러한 의사결정에 있어서도 관련원가를 고려하여야 한다. 즉 특정 제품을 폐지할 경우 기업 전체의 이익이 특정 제품을 그대로 유지되는 경우보다 더 크다면 특정 제품을 폐지하는 것이 유리하다.

예제 1

기업은 A, B, C 세 종류의 제품품목을 가지고 있는데, 당기의 순이익은 ₩15,000이지만 제품C의 경우는 ₩1,000의 순손실을 나타내고 있다. (1995 회계사 유사, 2023 세무사 유사)

포괄손익계산서

	제품A	제품B	제품C	합 계
매출액	₩50,000	₩25,000	₩25,000	₩100,000
변동비	25,000	10,000	12,000	47,000
공헌이익	₩25,000	₩15,000	₩13,000	₩53,000
고정비				
회피가능원가	₩10,000	₩8,000	₩11,000	₩29,000
회피불능원가	3,000	3,000	3,000	9,000
계	₩13,000	₩11,000	₩14,000	₩38,000
순이익(손실)	₩12,000	₩4,000	(₩1,000)	₩15,000

제품C를 기존의 제품품목에서 제외시킬 것인가? 피상적으로 보기에는 제품C는 곧 폐지되어야 할 것처럼 생각된다. 그러나 이러한 문제 분석에 있어서 제품C와 관련된 관련원가를 파악하여야 하며, 이를 위해 고정원가를 회피가능원가와 회피불능원가로 분리하여 고려할 필요가 있다. 회피가능원가란 제품C가 폐지되면 발생하지 않는 관련원가로서, 제품C에만 관련된 종업원의 급여나 제품C의 광고비 등이 포함된다. 반면에 회피불능원가란 제품C가 폐지되더라도 계속적으로 발생하는 비관련원가로서, 감가상각비·임차료 또는 매장 총감독자의 보수 등을 들 수 있다. 따라서 제품C가 폐지되고 유휴공간이 다른 용도로 활용될 수 없다고 가정한다면, 제품C의 폐지 후의 순이익은 다음과 같이 ₩2,000만큼 감소할 것이다. 결국 차액원가의 분석결과 제품C를 계속 판매하는 것이 유리하다는 결론을 얻는다.

차액원가의 분석

	(1) 제품C를 계속 판매할 경우	(2) 제품C를 폐지할 경우	차액원가(1)-(2)
매출액	₩100,000	₩75,000	₩25,000
- 변동비	47,000	35,000	12,000
= 공헌이익	₩53,000	₩40,000	₩13,000
- 고정비			
회피가능원가	29,000	18,000	11,000
회피불능원가	9,000	9,000	0
계	₩38,000	₩27,000	₩11,000
= 순이익	₩15,000	₩13,000	₩2,000

예제 2

A, B, C 세 종류의 제품을 생산하여 판매하고 있으며, 당기의 제품별 포괄손익계산서이다.

	A제품	B제품	C제품	합 계
매출액	₩5,000	₩3,000	₩2,000	₩10,000
변동비	2,800	1,600	1,800	6,200
공헌이익	₩2,200	₩1,400	₩200	₩3,800
고정비	1,500	900	600	3,000
순이익(손실)	₩700	₩500	₩(400)	₩800

고정비의 정확한 제품별 추적이 어려워 각 제품의 매출액에 비례하여 배부하고 있으며, 제품품목의 폐지여부와 관계없이 발생한다. C제품의 수익성이 악화되었다고 판단하여 이 제품을 내년도부터 폐지할 것을 고려하고 있다.

물음 (2010 세무사 유사)

1. C제품의 폐지여부를 결정하시오. 단, 회피가능 고정비는 없다고 가정한다.
2. C제품을 폐지할 경우에 고정비 중 ₩400(회피가능원가) 만큼을 절감할 수 있다면, [물음1]의 결과는 어떻게 되겠는가?
3. C제품을 폐지할 경우에 C제품을 진열했던 공간을 연간 ₩400에 임대할 수 있다면, [물음1]의 결과는 어떻게 되겠는가?

해답

<기본분석 : C제품을 폐지할 경우의 포괄손익계산서>

C제품 계속 유지시의 순이익 ₩800 - C제품 폐지시의 순이익(₩600) = ₩200

	A제품	B제품	합 계
매출액	₩5,000	₩3,000	₩8,000
- 변동비	2,800	1,600	4,400
= 공헌이익	₩2,200	₩1,400	₩3,600
- 고정비	1,875[1)]	1,125[2)]	3,000
= 순이익	₩325	₩275	₩600

* 1) ₩3,000×(₩5,000÷₩8,000) = ₩1,875
2) ₩3,000×(₩3,000÷₩8,000) = ₩1,125

1. C제품 폐지의 경우에 회피가능 고정비가 없으므로 C제품을 계속 유지하는 것이 유리하다. C제품을 폐지한다고 해서 C제품의 순손실 ₩400만큼 기업 전체의 순이익이 증가하는 것이 아니다. 오히려 기업 전체의 순이익은 C제품의 공헌이익인 ₩200(₩800 → ₩600)만큼 감소하게 된다. 왜냐하면 C제품에 배부되었던 고정비를 A제품이나 B제품에 배부하여야 하기 때문이다.
2. C제품 폐지의 경우에 회피가능 고정비가 ₩400(고정비 절감액)이므로 C제품을 폐지하는 것이 유리하다. C제품을 폐지하면 기업 전체의 순이익은 ₩200[C제품 폐지 전 ₩800 → 폐지 후(고정비 절감액 반영 전) ₩600 → 폐지 후(고정비 절감액 반영 후) ₩1,000]만큼 증가하게 된다.
3. C제품 폐지의 경우에 기회원가가 ₩400(진열했던 공간의 임대수익)이므로 C제품을 폐지하는 것이 유리하다. C제품을 폐지하면 기업 전체의 순이익은 ₩200[C제품 폐지 전 ₩800 → 폐지 후(임대수익 반영 전) ₩600 → 폐지 후(임대수익 반영 후) ₩1,000]만큼 증가하게 된다.

예제 3

(주)장안은 두 개의 보조부문인 전력부문과 수선부문 그리고 제품을 생산하는 제조부문 X와 Y를 갖고 있다. 다음 표는 보조부문인 전력부문과 수선부문 그리고 제조부문 X와 Y의 관계를 나타낸 것이다.

용역사용부문 / 용역제공부문	보조부문		제조부문		합 계
	전력부문	수선부문	X	Y	
전력부문	-	200kW	500kW	300kW	1,000kW
수선부문	400시간	-	100시간	500시간	1,000시간

전력부문과 수선부문에서 발생한 원가를 고정원가와 변동원가로 구분해서 예상한 금액은 다음과 같다.

전력부문 :	₩50,000 + ₩20×1,000kW =	₩70,000
수선부문 :	₩40,000 + ₩10×1,000시간 =	50,000
		₩120,000

외부에서 수선부문에서 제공하는 용역을 시간당 ₩13에 공급하겠다는 제의가 들어왔다.

물음 (1997 세무사 수정, 2025 세무사 유사)

1. 수선부문을 폐쇄하는 경우에 외부에서 구입해야 하는 수선시간은 얼마인가?
2. 수선부문을 폐쇄할지에 대한 의사결정을 하시오.

해답

1. 수선부문을 폐쇄하면 수선부문에서 사용하던 전력용역 200kW는 절감된다. 즉 수선부문을 폐쇄하면 전력부문도 전력생산량 200kW 감소로 변동원가가 절감된다. 전력부문은 기존의 80%에 해당하는 전력인 800kW만 생산하면 되므로 전력부문에서 사용하던 수선시간도 기존의 80%인 320시간(= 400시간×80%)만 사용하면 된다. 수선부문을 폐쇄하는 경우에 외부에서 구입해야 하는 수선시간은 920시간(= 320시간 + 600시간)이 된다.

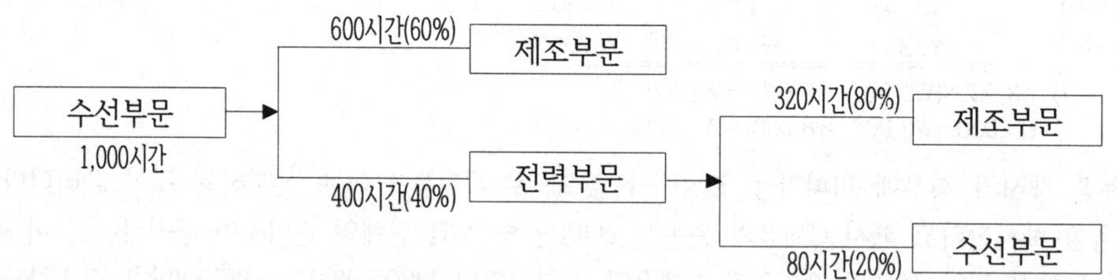

2. 수선부문을 폐쇄할지에 대한 의사결정

증분수익 :	수선부문의 변동원가 절감	1,000시간×@₩10 =	₩10,000
	전력부문의 변동원가 절감	200kW×@₩20 =	4,000
증분비용 :	외부구입금액	920시간×@₩13 =	(11,960)
증분이익 :			₩2,040

∴ 수선부문의 용역을 외부에서 구입하는 경우가 그대로 유지하는 경우보다 ₩2,040만큼 이익이므로, 수선부문을 폐쇄해야 한다.

4. 결합제품의 즉시 판매 또는 추가가공의 결정

동일한 공정에서 동일한 원재료를 사용하여 연속적으로 생산되지만, 주산물·부산물을 명확히 구별할 수 없는 두 종류 이상의 제품이 동시에 생산하는 경우가 있는데, 이들 제품을 결합제품 또는 **연산품**(joint products)이라고 한다. (제6장 참조) 이는 하나의 또는 연속적인 생산과정에서 제조되면서 분리점인 어떤 생산단계에 도달하기까지는 개별 제품으로 확인될 수 없는 제품으로서, 예를 들면, 석유제품, 화공제품, 목재제품, 제분, 피혁 등과 같은 것이다. 이 경우에 발생하는 원가는 결합원가(joint cost)와 추가가공원가(즉 분리가능원가)로 구분할 수 있다. **결합원가**란 결합제품의 분리 이전에 발생하는 원가이므로 모든 제품에 관련하여 발생하고, **추가가공원가**는 결합제품이 분리된 이후에 발생하는 원가로서 단지 하나의 제품에만 관련되어 발생한다.

1) 결합제품과 관련원가

분리점에서 판매시장이 존재하는 경우 결합제품은 즉시 판매될 수도 있으며 또는 추가가공하여 판매할 수도 있다. 즉 경영자는 때때로 결합제품을 분리점에서 즉시 판매할 것인가 또는 분리점 이후에 추가가공하여 판매할 것인가를 결정하게 된다. 이러한 유형의 의사결정에 있어서 관련원가는 분리점 이후의 추가가공에 관련된 원가이다. 결합원가는 분리점에서 즉시 판매하든지 추가가공 후에 판매하든지 관계없이 이미 발생한 원가이기 때문에 고려할 필요가 없다. 즉 결합원가는 추가가공에 관한 의사결정에 있어서 유용하지 못한 비관련원가가 되는 것이다.[6) 7)]

예제 

원재료 1,500단위를 사용하여 분리점에서 제품X 900단위와 제품Y 600단위를 생산하되, 이때 두 제품의 결합원가는 ₩500,000이다.

제품X : 추가적인 가공을 위해 단위당 ₩150의 원가를 발생하며, 판매가격은 단위당 ₩600이다.

제품Y : 추가적인 가공은 필요 없으며, 분리점에서 단위당 ₩300의 가격으로 판매된다.

---

6) 결합원가는 결합제품을 생산하는 과정에서 소요된 원가이므로 결합제품의 원가를 계산할 때 이를 포함시키면 된다. 결합원가는 분리점 이전에 발생되었으므로 각 결합제품과의 인과관계에 따라 대응시키거나 추적할 수 없다. 따라서 일정한 기준(물량기준법, 상대적 판매가치법, 순실현가치법, 균등이익률법)에 의하여 결합원가를 각 제품에 배부하게 된다.

7) 결합제품의 즉시 판매 또는 추가가공 의사결정에 필요한 정보를 획득하기 위해서는 다음 사항을 확인하여야 한다. 첫째, 추가가공 의사결정은 분리점 이후에 결정하는 것이므로 분리점 이전에 발생하는 결합원가는 즉시 판매 또는 추가가공 의사결정에 유용하지 않기 때문에 고려할 필요가 없다. 둘째, 추가가공을 하는 경우에 증분수익 금액을 파악하기 위해서는 추가가공 후의 판매가격과 분리점에서의 판매가격을 파악해서 그 차이로 증분수익 금액을 계산한다. 셋째, 추가가공과정에서 개별적으로 발생하는 추가가공원가를 파악해서 증분원가 금액을 계산한다.

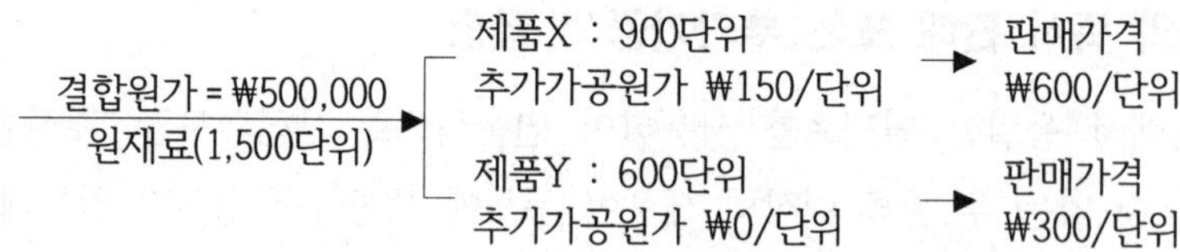

이 경우에서의 순이익은 다음에서 보는 바와 같이 ₩85,000으로 나타난다.

	제품X		제품Y		계
매출액	900단위×@₩600 =	₩540,000	600단위×@₩300 =	₩180,000	₩720,000
- 추가가공원가	900단위×@₩150 =	135,000		0	135,000
= 개별공정의 이익		₩405,000		₩180,000	₩585,000
- 결합원가					500,000
= 순이익					₩85,000

한편, 제품Y에 대해 새로운 시장이 나타나서 일부 추가가공 후 단위당 ₩400으로 판매할 수 있으며, 이를 위해 단위당 ₩50의 추가가공원가가 필요하다고 가정해 보자. 이 기업은 제품Y를 추가가공하는 것이 바람직하겠는가? 이 기업이 제품Y를 추가가공한 후에 새로운 시장에 판매한다면, 차액원가의 분석결과 다음과 같이 ₩30,000의 순이익이 증가할 것이다. 따라서 제품Y를 추가가공하는 것이 분리점에서 그대로 판매하는 것보다 유리하다.

제품Y : 추가이익			
추가이익(@₩400-@₩300)/단위	:	@₩100×600단위 =	₩60,000
추가원가(추가가공원가)	:	@₩50×600단위 =	30,000
이익의 증가분	:		₩30,000

이와 같은 의사결정을 한 후, 포괄손익계산서는 다음과 같이 표시될 것이다.

	제품X		제품Y		계
매출액	900단위×@₩600 =	₩540,000	600단위×@₩400 =	₩240,000	₩780,000
- 추가가공원가	900단위×@₩150 =	135,000	600단위×@₩50 =	30,000	165,000
= 개별공정의 이익		₩405,000		₩210,000	₩615,000
- 결합원가					500,000
= 순이익					₩115,000

여기에서 주의할 사항으로는, 분리점 이후의 제품Y에 관한 의사결정에 있어서 결합원가는 목적적합하지 못하다는 것이다. 제품Y를 분리점에서 즉시 판매하든 추가가공하든 결합원가는 변하지 않기 때문이다.

2) 분리점 즉시 판매 또는 추가가공 후 판매의 결정

분리점에서 즉시 판매할 것인가 혹은 추가가공 후 판매할 것인가에 관한 의사결정에 있어서는, 분리점 이후의 추가원가와 추가이익을 비교하여야 한다.[8)]

8) 추가가공에 따른 판매가격의 차액(추가가공 후 판매가격 - 분리점에서의 판매가격)과 추가가공비를 비교하여, 전자가 더 크면 추가가공하고, 후자가 더 크면 추가가공하지 않고 분리점에서 즉시 판매하는 것이다.

예제 1

제조과정에서는 공정Ⅰ에서 원재료X 1단위를 가공함에 따라 제품A 3단위와 제품B 2단위를 생산할 수 있으며, 매월 원재료X 40,000단위를 가공할 수 있다. 공정Ⅰ의 고정비는 ₩500,000이며 변동제조원가는 원재료X 단위당 ₩2이다. 제품A는 분리점에서 단위당 ₩8에 판매할 수도 있으나, 단위당 ₩6으로 공정Ⅱ에서 추가가공하면 단위당 ₩15에 최종 판매할 수 있다. 제품B 역시 분리점에서 단위당 ₩7에 판매할 수도 있고, 공정Ⅲ에서 단위당 ₩4의 추가가공 후에 단위당 ₩10에 판매할 수도 있다. (2014 세무사 유사)

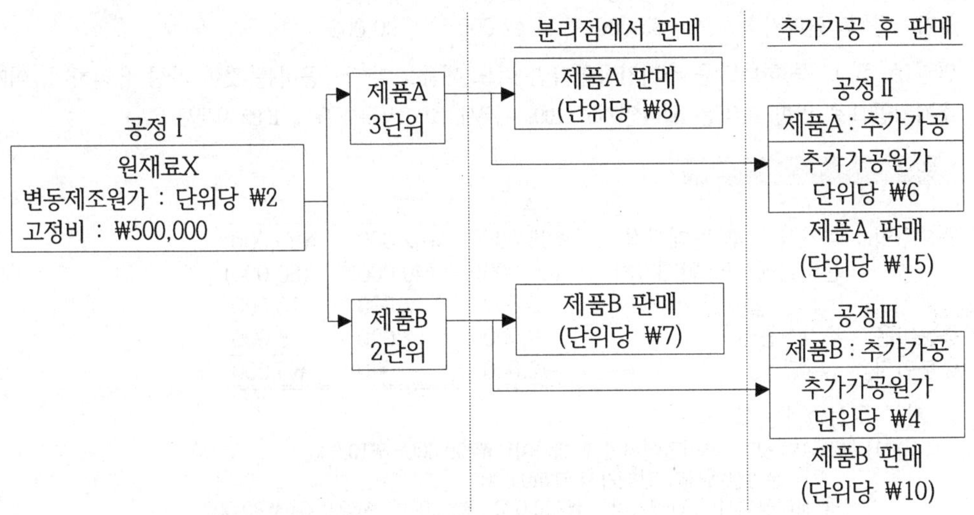

제품A나 B를 분리점에서 즉시 판매할 것인가 또는 추가가공 후 판매할 것인가에 관한 의사결정에 있어서는, 분리점 이후의 추가원가와 추가이익을 비교하여야 한다. 이것도 결국 차액원가를 분석하는 하나의 [예]가 된다.

제품A	
단위당 추가수익(@₩15-@₩8)	@₩7
-단위당 추가원가	6
=단위당 추가이익	@₩1

제품B	
단위당 추가수익(@₩10-@₩7)	@₩3
-단위당 추가원가	4
=단위당 추가손실	@₩1

결론 : 제품A는 추가가공하여 판매하고, 제품B는 분리점에서 판매한다.

이와 같은 의사결정을 한 후, 포괄손익계산서는 다음과 같이 표시될 것이다.

	제품A		제품B		계
매출액	120,000단위×@₩15 =	₩1,800,000	80,000단위×@₩7 =	₩560,000	₩2,360,000
- 추가가공원가	120,000단위×@₩6 =	720,000		0	720,000
= 개별공정의 이익		₩1,080,000		₩560,000	₩1,640,000
- 결합원가					580,000*
= 순이익					₩1,060,000

* 원재료X 40,000단위×제품A 3단위 = 120,000단위, 원재료X 40,000단위×제품B 2단위 = 80,000단위
₩500,000 + @₩2×40,000단위 = ₩580,000

예제 2

다음 각 상황은 독립적이다.

1. A, B, C의 세 가지 결합제품을 생산하고 있으며, 결합원가는 분리점에서의 상대적 판매가치에 의해 배분된다. 관련 자료는 다음과 같다.

	A	B	C	합 계
결합원가	?	₩10,000	?	₩50,000
분리점에서의 판매가치	₩80,000	?	?	200,000
추가가공비	3,000	2,000	₩5,000	
추가가공 후 판매가격	85,000	42,000	90,000	

만약 A, B, C 중 하나만을 추가가공한다면 어느 제품을 추가가공하는 것이 가장 유리하며, 이때 추가가공으로 인한 이익은 얼마인가? (1999 세무사, 2006 세무사 유사, 1989 세무사 유사)

해답

	A	B	C
증분수익 : 추가가공 후 판매가격	₩85,000	₩42,000	₩90,000
분리점에서의 판매가치	(80,000)	(40,000)[1]	(80,000)[2]
	5,000	2,000	10,000
증분비용 : 추가가공비	3,000	2,000	5,000
증분이익	₩2,000	₩0	₩5,000

∴ 가공 우선순서는 C→A이다.

* 1) (₩50,000×B의 분리점에서의 판매가치)÷₩200,000 = ₩10,000
∴ B의 분리점에서의 판매가치 = ₩40,000
2) C의 분리점에서의 판매가치 : ₩200,000 - ₩80,000 - ₩40,000 = ₩80,000

2. 한국공업사는 A, B, C 세 가지 연산품을 생산하고 있다. 각 제품은 분리점에서 판매할 수도 있고, 또는 추가가공을 하여 판매할 수도 있다. 추가가공비는 모두 직접비이며, 동시에 변동비이다. 한국공업사의 A, B, C에 대한 원가자료가 다음과 같다면 이익 극대화를 위하여 어느 제품을 추가가공하여 판매하는 것이 유리할 것인가?

제품	생산량	분리점에서 매출액	추가가공할 경우의 매출액	추가가공비
A	4,000개	₩9,000	₩12,000	₩4,000
B	3,000	14,000	19,600	4,000
C	3,000	6,000	12,400	3,600

해답

제품	증분수익	증분원가	증분손익
A	₩12,000 - ₩9,000 = ₩3,000	₩4,000	(₩1,000)
B	₩19,600 - ₩14,000 = ₩5,600	4,000	1,600
C	₩12,400 - ₩6,000 = ₩6,400	3,600	2,800

∴ A는 분리점에서 즉시 판매하고, B와 C는 추가가공 후 판매가 유리하다.

제3절 계량적 접근방법의 적용

1. 계량적 접근방법의 의의

기업의 경영자들은 전반적인 경영문제에 대하여 계획을 수립하거나 통제를 수행하는 데에 수학적인 모형을 많이 이용하고 있다. **모형**이란 우리가 인식하고 있는 가장 주요한 요소들을 선택하여 이들의 상호 관계를 기술한 것을 말하는데, 보통 함수관계로 표시하는 것이 일반적이다. 수학적인 모형은 의사결정모형의 대체적인 용어라고 할 수 있으며[9], 의사결정모형은 보통 다음과 같은 특성을 지닌다.

① 한 기업의 목표를 계량적으로 표현할 수 있다. 이러한 목표에는 여러 가지 형태가 있을 수 있는데, 대부분의 경우 이익을 극대화한다든가 비용을 극소화하는 것으로 표현된다. 이것을 목적함수라고 하는데, 목적함수는 여러 의사결정 대안을 평가하여 그 중에서 최선의 것을 선택하는 토대가 된다.

② 대안에는 여러 가지가 있는데 이들 모두를 고려대상에 포함시켜야 한다. 이러한 대안들은 상호배타적(mutually exclusive)인 성격을 지니고 있다.

③ 발생할 것으로 생각되는 적정한 사상(event)을 나열한다. 이러한 사상들도 상호배타적인 성격을 지니고 있기 때문에, 실제로는 어느 한 가지 사상만 발생하는 것으로 가정한다.

④ 각 사상에 대한 발생가능성을 설명하는 확률을 모두 나열한다.

⑤ 모든 대안의 결과를 예측하여 나열한다. 그러한 결과는 목적함수에 의하여 구할 수 있으며, 특정 대안이나 특정 사상의 조건에 따라 변동하는 것이다.

의사결정모형으로서 사용되는 수학적 모형은 수없이 많지만 여기에서는 특히 불확실성하의 의사결정모형, 선형계획모형, 그리고 재고관리모형 등을 다루고자 한다.

2. 불확실성하의 의사결정모형

의사결정은 크게 -확실성하의 의사결정과 불확실성하의 의사결정- 두 가지로 구분할 수 있다. 그러나 실제에 있어서는 확실성보다는 불확실성에 의존하여 의사결정을 수행하는 경우가 더 많다. 여기서 **불확실성**이란 미래에 어떤 상황이 발생할 것인지를 정확하게 알 수 없는 상태이다. 불확실성을 정도에 따라 구분하려면 우선 각 사상이 발생할 확률을 객관적

9) 수학적인 모형은 배후에 있는 중요한 요소들을 단순화하거나 무시하는 경우가 있다는 이유로 비판을 받아왔지만, 이를 사용함으로써 의사결정에 많은 도움을 받아 온 것도 사실이다. 따라서 경영관리면에서 사용되는 수학적인 모형은 결국 의사결정모형의 대체적인 용어라고 할 수 있다.

으로 할당하는 일이 필요하다. 즉 의사결정자가 각 사상이 발생할 확률을 알고 있다면 이것은 그가 수학적으로 증명하거나 과거의 자료를 증거로 제시하는 것이기 때문에, 각 사상의 확률을 할당하는 행위는 객관적이라고 할 수 있는 것이다. 그러나 의사결정자가 여러 가지 사상이 발생할 확률을 할당하는데 수학적으로 증명할 수 없거나 경험이 없는 경우에는, 자신의 주관적인 판단에 의존하는 수밖에 없을 것이다.

1) 불확실성의 개념

불확실성의 개념은 새로운 사업계획에 대한 두 가지 투자안의 경우를 [예]로 하여 설명할 수 있다. 경영자는 우선 투자에 따르는 위험을 신중하게 고려하여 확률을 결정하게 된다. 예를 들어, 내년에 두 가지의 투자안에서 얻을 수 있는 현금수입의 확률분포[10]를 다음과 같이 결정하였다고 하자.

A투자안		B투자안	
확 률	현금수입	확 률	현금수입
0.10	₩3,000,000	0.10	₩2,000,000
0.20	3,500,000	0.25	3,000,000
0.40	4,000,000	0.30	4,000,000
0.20	4,500,000	0.25	5,000,000
0.10	5,000,000	0.10	6,000,000

이와 같은 조건에서 각 투자안의 확률분포를 [도표]로 비교해서 나타내 보이면 다음과 같다.

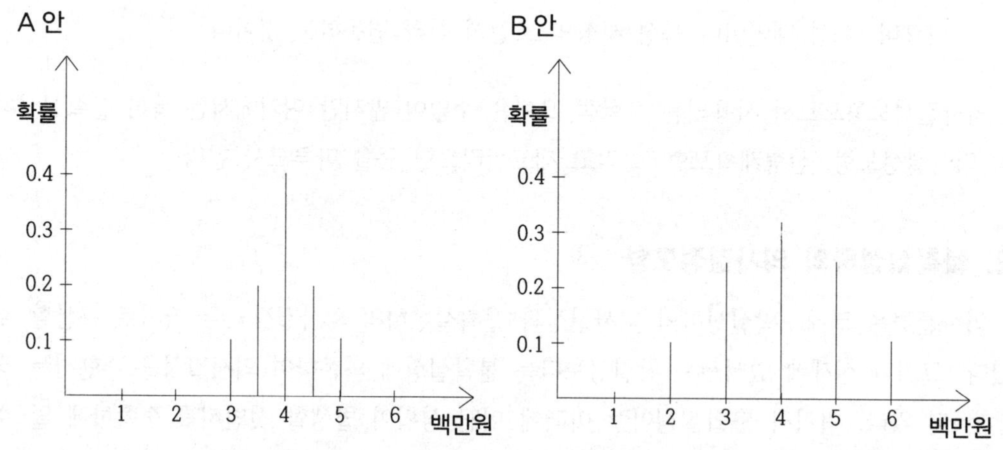

10) 불확실성을 갖는 하나의 독립변수(예 매출량)가 특정한 확률분포를 구성하며, 그 불확실성의 정도(해당 확률분포)를 미리 파악할 수 있다면 통계적 분석방법을 이용하여 그러한 불확실성이 종속변수(예 이익)에 미치는 영향을 분석할 수 있다.

여기에서 두 가지 투자안 중 어느 것이 더 바람직한 것인가를 비교하기 위해서는 우선 각 확률분포의 기대가치(expected value)를 구하는 것이 필요하다. A투자안과 B투자안 각각에서 현금수입의 기대가치를 구하면 다음과 같다.

$$\bar{A} = 0.1(3{,}000{,}000) + 0.2(3{,}500{,}000) + 0.4(4{,}000{,}000) + 0.2(4{,}500{,}000) + 0.1(5{,}000{,}000)$$
$$= ₩4{,}000{,}000$$
$$\bar{B} = 0.1(2{,}000{,}000) + 0.25(3{,}000{,}000) + 0.3(4{,}000{,}000) + 0.25(5{,}000{,}000) + 0.1(6{,}000{,}000)$$
$$= ₩4{,}000{,}000$$

A투자안과 B투자안 각각의 현금수입 기대가치는 동일한 금액으로 계산된다. 따라서 기대가치만으로 투자가능성을 비교하는 것은 적절하지 못하며, 두 가지 투자안을 비교하는 문제에 있어서는 더 많은 정보가 필요하다는 것을 알 수 있다. 그 하나의 방법이 바로 각 투자안에 따르는 현금수입의 분산도를 측정하는 것이다. 이 분산도는 **표준편차**(standard deviation)를 사용하여 구할 수 있다.

$$\sigma = \sqrt{\sum_{x=1}^{n}\left(A_x - \overline{A}\right)^2 P_x}$$

각 투자안의 표준편차를 구하면 다음과 같다.

$$A = [0.1(3{,}000{,}000 - 4{,}000{,}000)^2 + 0.2(3{,}500{,}000 - 4{,}000{,}000)^2 + 0.4(4{,}000{,}000 - 4{,}000{,}000)^2$$
$$+ 0.2(4{,}500{,}000 - 4{,}000{,}000)^2 + 0.1(5{,}000{,}000 - 4{,}000{,}000)^2]^{1/2} = ₩548{,}000$$
$$B = [0.1(2{,}000{,}000 - 4{,}000{,}000)^2 + 0.25(3{,}000{,}000 - 4{,}000{,}000)^2 + 0.3(4{,}000{,}000 - 4{,}000{,}000)^2$$
$$+ 0.25(5{,}000{,}000 - 4{,}000{,}000)^2 + 0.1(6{,}000{,}000 - 4{,}000{,}000)^2]^{1/2} = ₩1{,}140{,}000$$

A투자안의 경우가 B투자안의 경우보다 표준편차가 적은 수치로 나타난다. 즉 A투자안의 표준편차가 B투자안의 표준편차보다 작으므로 분산이나 표준편차를 기준으로 각 투자안의 위험을 평가하면 B투자안이 A투자안보다 더 위험하다고 할 수 있다.

또한 상대적인 분산도를 측정하는 것으로, 표준편차를 사용하여 '**분산계수**'(coefficient of variation)를 구하는 방법이 있는데, 이는 표준편차를 기대가치로 나눈 것이다. 따라서 A투자안의 경우 ₩548,000÷₩4,000,000 = 0.14, B투자안의 경우 ₩1,140,000÷₩4,000,000 = 0.29가 된다. 이 분산계수는 위험 또는 불확실성을 상대적으로 측정하는 기준이 되기 때문에, 이에 의하여 평가하자면 B투자안이 A투자안의 경우보다 위험도가 높다고 할 수 있는 것이다.

2) 불확실성하의 의사결정 [예]

불확실성의 개념을 사용하여 실제 의사결정을 수행하는 [예]를 살펴보기로 하자. 어느 꽃집에서 매일 한 번씩 꽃을 배달받아 판매하고 있다. 꽃의 구입원가는 개당 ₩400이고 개당 ₩1,000에 판매한다고 하자. 꽃집 주인은 과거의 경험에 의하여 다음과 같은 확률분포[11]를 작성할 수 있었다. 판매가격은 절대로 할인하지 않으며 팔다 남은 꽃은 인근의 교회에 기증하고 있다고 한다. 꽃집 주인은 이익을 극대화하려면 하루에 몇 개의 꽃을 주문하여야 할 것인가를 알고자 한다.

꽃의 수요량과 확률

1일 수요량	확 률
0	0.05
1	0.20
2	0.40
3	0.25
4	0.10
5 또는 그 이상	0.00
	1.00

우선 팔리는 경우의 개당 이익은 ₩600이고, 안 팔리는 경우의 개당 손실은 ₩400일 것이다. 따라서 모든 대안을 전부 검토하여 다음과 같은 기대가치를 작성할 수 있다.

대안의 기대가치

사상 : 수요량	0	1	2	3	4	기대가치
사상발생확률	0.05	0.20	0.40	0.25	0.10	
대안(구입량)						
0	₩0	₩0	₩0	₩0	₩0	₩0
1	-400	600	600	600	600	550
2	-800	200	1,200	1,200	1,200	900
3	-1,200	-200	800	1,800	1,800	850
4	-1,600	-600	400	1,400	2,400	550

11) 매출량이 불확실한 경우, 즉 매출량이 확률분포를 이루는 경우에 기대매출량과 기대영업이익 사이에는 다음의 관계가 성립한다.

매출량이 확실한 경우 : 영업이익 = 매출량×단위당 공헌이익 - 고정비

매출량이 불확실한 경우 : $\underbrace{\text{기대영업이익}}_{E(y)}$ = $\underbrace{\text{기대매출량}}_{E(x)}$×단위당 공헌이익 - 고정비

확률분포의 종류로는 이산분포, 정규분포, 균등분포가 있다. 이산분포란 확률값을 갖는 독립변수가 연속성을 지니지 못하고 특정 값으로 존재하는 경우의 확률분포이다(본문에서 설명하고 있는 꽃집 [예]를 참조). 정규분포는 완전대칭의 종형 모양을 갖는 확률분포이며, 그 모양은 변수의 기댓값과 표준편차에 의해 결정된다. 균등분포란 확률변수가 특정 구간 내에서 정의되며 해당 구간 내에 존재하는 확률변수가 갖는 확률값은 모두 균등한 확률분포를 말한다. 균등확률분포를 따르는 확률변수의 기댓값은 균등확률분포의 특성상 확률변수가 존재하는 구간의 중간값이 된다. ([형성평가] 참조)

여기에서 기대가치는 전술한 투자안의 경우와 동일한 방법으로 계산한 것이다. 예컨대 주문하는 각 경우의 **기대가치**는 다음과 같이 계산된다.

$\bar{A}$(1개 주문) = 0.05(- 400) + 0.20(600) + 0.40(600) + 0.25(600) + 0.10(600) = ₩550

$\bar{A}$(2개 주문) = 0.05(- 800) + 0.20(200) + 0.40(1,200) + 0.25(1,200) + 0.10(1,200) = ₩900

$\bar{A}$(3개 주문) = 0.05(- 1,200) + 0.20(- 200) + 0.40(800) + 0.25(1,800) + 0.10(1,800) = ₩850

$\bar{A}$(4개 주문) = 0.05(- 1,600) + 0.20(- 600) + 0.40(400) + 0.25(1,400) + 0.10(2,400) = ₩550

위의 결과에서 볼 때, 꽃집 주인이 이익을 극대화하려면 두 개의 꽃을 주문하여야 할 것이며, 이때 이익의 기대가치는 ₩900으로서 최대의 값이다. 한편, 불확실성하의 의사결정에 직면한 경영자는 경우에 따라서 최종 방안을 선택하기 전에 더 많은 정보를 입수하려고 한다. 그것은 추가적인 정보에 의하여 의사결정과정에 내재하는 위험(불확실성)을 감소시킬 수 있기 때문이다. 그러나 그와 같은 추가정보를 입수할 때에는 반드시 추가비용이 소요되어야 한다. 꽃집 주인이 특정된 일자에 판매할 수 있는 수량을 정확하게 예측할 수 있는 경우에는 다음과 같은 기대가치를 계산할 수 있다.[12)]

$\bar{A}$ = 0.05(0) + 0.20(600) + 0.40(1,200) + 0.25(1,800) + 0.10(2,400) = ₩1,290

이처럼 특정된 일자에 몇 개 판매할 수 있는가를 정확하게 예측할 수 있는 정보를 완전정보(perfect information)라고 한다. 즉 꽃집 주인이 정확하게 예측하여 오류가 없으며, 꽃의 수요량도 한 개에서 네 개까지 주어진 확률분포에 따라 정확하게 변동되는 경우이다. 따라서 완전정보를 입수함으로써 얻을 수 있는 기대이익은 ₩1,290이고 전술한 기존의 정보에 의한 기대이익은 ₩900이었으므로, 그 차액인 ₩390의 범위 내에서 정보를 추가로 입수하는데 소요되는 비용을 부담할 가치가 있을 것이다. 이 차액 ₩390을 **완전정보의 기대가치**(expected value of perfect information : EVPI)라고 하며, 꽃집 주인이 추가로 정보를 필요로 하는 경우에 지불할 의사가 있는 최고가격이라고 할 수 있다.

---

12) 불확실한 상황에서 의사결정을 수행할 때 의사결정자가 가장 먼저 결정해야 하는 것은 의사결정기준이다. 이러한 기준으로 널리 사용하는 것 중의 하나가 기대가치기준이다. 이때 기대가치기준이란 의사결정의 결과에 대한 기대값을 구하여 이를 극대화(극소화)시켜 주는 최적 행동대안을 선택하는 의사결정기준이다. 즉 특정 행동대안을 선택하는 경우에 특정 상황에서 발생할 의사결정결과를 계산한 다음 이에 그 특정 상황의 발생확률을 곱하여 이를 모두 더한 기대값을 계산함으로써 기대이익이 극대화(또는 기대비용이 극소화)되는 최적 행동대안을 선택한다. 그러나 기대가치기준은 미래상황의 불확실성을 완전하게 고려하는 기준이 되지 못한다. 기대가치기준에서는 특정 행동대안의 기대가치가 다른 행동대안의 기대가치보다 조금이라도 크기만 하면 그 특정 행동대안이 다른 행동대안보다 더 우월하다고 판단한다. 그러나 이러한 결론이 타당한 것이 되기 위해서는 각 행동대안에 따른 수입의 분산이나 표준편차가 동일하여야 한다.

그러나 실제로는 비용을 추가로 투입한다고 하여 완전정보를 입수할 수 있다는 보장은 없을 것이다. 그럼에도 불구하고 표본추출 등의 방법으로 정보를 추가로 입수하려는 경우가 많이 있다.[13)] 상기의 경우에 표본추출에 ₩390 이상의 비용이 소요된다면, 정보를 추가로 얻으려고 하는 노력에 비하여 그만한 가치가 없는 것으로 단정할 수 있다. 이를 **불완전정보의 기대가치**(expected value of imperfect information)라 하며, 표본정보의 기대가치(expected value of sample information : EVSI)라고도 한다. 즉 불완전정보의 기대가치란 불완전한 정보를 추가로 획득하여 의사결정을 수행하는 경우의 기대결과치와 기존의 정보만을 가지고 의사결정을 수행하는 경우의 기대결과치와의 차이이다.

예제 1

(주)세무는 기존에 생산 중인 티셔츠 제품계열에 새로운 색상인 하늘색과 핑크색 중 한 가지 제품을 추가할 것을 고려 중이다. 추가될 제품은 현재의 시설로 생산가능하지만, 각각 ₩200,000의 고정원가 증가가 요구된다. 두 제품의 판매단가는 ₩10, 단위당 변동원가는 ₩8으로 동일하다. 마케팅부서는 두 제품의 시장수요에 대해 다음과 같은 확률분포를 제공하였다.

수요량	기대확률	
	하늘색	핑크색
50,000단위	0.0	0.1
100,000	0.2	0.1
200,000	0.2	0.2
300,000	0.4	0.2
400,000	0.2	0.4

(주)세무의 기대영업이익을 최대화하는 관점에서 두 제품 중 상대적으로 유리한 제품과 유리한 영업이익 차이는 무엇인가? (2021 세무사)

해답

기대판매량

하늘색 : 50,000단위×0.0 + 100,000단위×0.2 + 200,000단위×0.2 + 300,000단위×0.4 + 400,000단위×0.2 = 260,000단위

핑크색 : 50,000단위×0.1 + 100,000단위×0.1 + 200,000단위×0.2 + 300,000단위×0.2 + 400,000단위×0.4 = 275,000단위

기대영업이익

하늘색 : 260,000단위×(@₩10 - @₩8) - ₩200,000 = ₩320,000

핑크색 : 275,000단위×(@₩10 - @₩8) - ₩200,000 = ₩350,000

∴ 핑크색이 하늘색보다 기대영업이익이 ₩30,000만큼 더 크다.

---

13) 의사결정에 사용되어 불확실성을 감소시킬 수 있는 추가적인 정보의 종류에는 완전정보와 불완전정보가 있다. 이중 완전정보란 여러 가지 발생가능한 상황 가운데서 어느 한 가지가 발생하리라는 것을 명확히 단정해 주는 정보이며, 불완전정보란 발생가능한 상황의 숫자는 감소시키더라도 어느 한 가지가 명확히 발생할 것을 예측하지 못하고 하나 이상의 상황이 발생할 수 있을 것이라고만 예측하는 정보이다. 불완전정보는 주로 표본추출 등의 방법으로 입수되어 의사결정과정에서 사용되는 경향이 있으므로, 이러한 불완전정보를 보통 표본정보라고 하며, 조사정보라고도 한다.

예제 2

신제품 생산을 위하여 제조기계 A와 B 중에서 어떤 한 가지를 구입할 것을 검토하고 있다. A·B 기계는 그 성능에 있어 약간의 차이가 있으며, 따라서 기업이익에 기여하는 정도도 다소의 차이가 있다. 아래의 자료는 A·B기계의 구입시에 수요량(생산량)의 변동에 따른 예상영업이익의 변동결과를 확률자료로서 요약한 것이다.

	수요량 10,000단위(Pr = 30%)	수요량 20,000단위(Pr = 70%)
A기계 구입 :	₩15,000,000	₩35,000,000
B기계 구입 :	10,000,000	40,000,000

만일 생산제품의 수요량 변동을 정확히 예측할 수 있도록 하는 완전정보를 얻을 수가 있다면, 이 정보의 대가로서 지급할 수 있는 최대한의 금액은 얼마가 되겠는가? (2018 회계사 유사)

해답

완전정보가 없는 상태에서의 최대 기대이익

A기계 구입 : ₩15,000,000×0.3 + ₩35,000,000×0.7 = ₩29,000,000

B기계 구입 : ₩10,000,000×0.3 + ₩40,000,000×0.7 = ₩31,000,000

∴ B기계를 구입하는 것이 바람직하고 그때의 기대이익은 ₩31,000,000이 된다.

완전정보가 주어진 상태에서의 최대 기대이익

기대이익(A기계 구입) : ₩15,000,000×0.3 = ₩4,500,000

기대이익(B기계 구입) : ₩40,000,000×0.7 = ₩28,000,000

∴ 완전정보하의 최대 기대이익 : ₩4,500,000 + ₩28,000,000 = ₩32,500,000

완전정보의 기대가치 : ₩1,500,000(= ₩32,500,000 - ₩31,000,000)

예제 3

다음 각 상황은 독립적이다.

1. (주)목포는 갑기업으로부터 유휴설비를 1년간 임대해 달라는 요청을 받다. (주)목포는 설비 임대료와 관련하여 다음과 같이 두 가지 대안을 받다.

   대안 1 : 갑기업의 연간 제품 판매량×₩40 + ₩50,000

   대안 2 : 갑기업의 연간 제품 판매량×₩70

   갑기업의 1년간 판매량이 1,000단위일 확률은 40%이며, 2,000단위일 확률은 60%라고 한다. (주)목포의 입장에서 기대이익을 극대화하려면 어느 대안을 선택해야 하며, 그 기대임대료는 얼마인가? (2010 세무사)

   해답

대안	판매량 1,000단위(40%)	판매량 2,000단위(60%)	기대임대료
1	₩90,000	₩130,000	₩90,000×40% + ₩130,000×60% = ₩114,000
2	70,000	140,000	₩70,000×40% + ₩140,000×60% = ₩112,000

   * 대안 1 : 1,000단위×@₩40 + ₩50,000 = ₩90,000　　2,000단위×@₩40 + ₩50,000 = ₩130,000
   　대안 2 : 1,000단위×@₩70 = ₩70,000　　2,000단위×@₩70 = ₩140,000

   ∴ 대안 1을 선택하며, 최대 기대임대료는 ₩114,000이다.

[참조]
완전정보하의 최대 기대임대료 : ₩90,000×40% + ₩140,000×60% = ₩120,000

2. (주)싸이언은 게임용 소프트웨어를 개발하여 판매하고 있다. 제품의 단위당 변동원가는 ₩3,000이며 단위당 판매가격은 ₩4,000이다. 이 회사는 곧 개최되는 컴퓨터박람회에 참가하려고 하는데 박람회 주관기관에서 부스(booth) 임차료와 관련하여 다음의 2가지 지급방안을 제안하다.

방안 1 : 고정임차료 ₩800,000 지급

방안 2 : 고정임차료 ₩200,000과 매출액의 10% 지급

이 회사는 과거 경험자료에 기초하여 소프트웨어 1,000단위와 2,000단위를 판매할 확률을 각각 40%와 60%로 평가하다. 기대영업이익을 극대화하려면 어느 방안을 선택해야 하며 그 기대영업이익은 얼마인가? (2006 회계사)

해답

방안	판매량 1,000단위(40%)	판매량 2,000단위(60%)	기대영업이익
1	₩200,000	₩1,200,000	₩200,000×40% + ₩1,200,000×60% = ₩800,000
2	400,000	1,000,000	₩400,000×40% + ₩1,000,000×60% = ₩760,000

* 방안 1 : 1,000단위×(@₩4,000 - @₩3,000) - ₩800,000 = ₩200,000
2,000단위×(@₩4,000 - @₩3,000) - ₩800,000 = ₩1,200,000
방안 2의 단위당 공헌이익 : @₩4,000 - @₩3,000 - @₩4,000×10% = @₩600
방안 2 : 1,000단위×@₩600 - ₩200,000 = ₩400,000
2,000단위×@₩600 - ₩200,000 = ₩1,000,000

∴ 방안 1을 선택하며, 최대 기대영업이익은 ₩800,000이다.

[참조]
완전정보하의 최대 기대영업이익 : ₩400,000×40% + ₩1,200,000×60% = ₩880,000

3) 의사결정 수

의사결정 수(decision tree)[14]란 투자안과 관련된 위험에 대처하는 방법의 하나로서, 좀 더 확실한 단계에 이를 때까지 의사결정을 뒤로 미루고 투자안의 진도에 따라 일련의 결정을 단계적으로 내리는 기법이다. 이 기법에서는 단계적인 의사결정시점마다 가능한 대체적인 행동을 표시하는 **확률수**(probability tree)를 설정하여 두고, 각 의사결정시점에 도달

14) 의사결정 수는 의사결정 문제를 나무에 비유하여 나무의 가지를 가지고 목표와 상황과의 상호관련성을 나타내어 최종적인 의사결정을 하는 방법이다. 몇 개의 의사결정이 연속되는 경우, 첫 단계의 의사결정에 의하여 실제 상황에 대한 정보를 입수한 후, 이 정보를 감안하여 다음 단계의 의사결정을 하는 다단계 의사결정에 이용된다. 의사결정 수는 의사결정나무라고도 하며, 의사결정 규칙을 도표화하여 관심대상이 되는 집단을 몇 개의 소집단으로 분류(classification)하거나 예측(prediction)을 수행하는 계량적 접근방법이다. 분석결과는 조건 A이고 조건 B이면 결과집단 C라는 형태의 규칙으로 표현되므로 이해가 쉽다. 의사결정나무는 고객관계관리(CRM), 시장조사, 광고조사, 의학연구, 품질관리 등의 다양한 분야에서 활용되고 있다. 의사결정나무의 맨 위쪽에 위치하는 마디를 가리켜서 뿌리마디(root node)라고 부르는데, 분류 대상이 되는 모든 개체집단을 의미하게 된다. 하나의 마디가 하부마디로 분화가 될 때, 특정 마디 위쪽에 존재하는 마디를 부모마디(parent node)라고 부르고 특정 마디 아래쪽에 존재하는 마디를 자식마디(child node)라 부르며 더 이상 마디가 분화되지 않는 최종 마디를 끝마디(terminal node)라고 부른다. 이와 같은 각 마디들이 분화되어 있는 모습이 나무의 모양을 닮았다고 하여, 이를 의사결정나무라고도 하는 것이다.

할 때마다 가장 큰 순현재가치(제12장 참조)를 갖는 확률수를 택하여 다음 단계의 의사결정을 시도하는 방식을 취하고 있다. 여기서 확률수란 독립변수와 종속변수 간의 가능한 모든 결과와 각 결과가 나타날 확률을 하나의 도표에 표시한 것이다. 일반적으로 이 기법은 불확실성에 있는 독립변수의 수가 적고 그 경우의 수가 많지 않은 경우에 적용하는 것이 유용하다.

예제 1

최근에 시장성이 유망한 상품을 개발하는데 성공하였다. 경영진은 이 상품을 시장생산화하기 위한 추가투자 여부를 결정하기 위해 회합을 가졌는데, 회의 결과 다음과 같은 결론을 얻었다.
첫째, 추가투자가 이루어지는 경우 성공확률은 40%이며 실패확률은 60%나 된다.
둘째, 만일 실패하게 되면 기업은 ₩100,000의 순현재가치(NPV) 손실을 본다.
셋째, 성공하는 경우 생산공장을 건설한다. 공장규모 및 수익성은 시장수요에 따라 달라지므로, 시장수요를 예측한 결과 다음과 같은 기대가치표(payoff table)를 얻었다.

경우 / 대안	수요가 큰 경우(Pr = 0.7)	수요가 작은 경우(Pr = 0.3)
대규모 공장	₩800,000	₩200,000
소규모 공장	500,000	500,000

이상의 [자료]를 토대로 어떤 방법을 택하는 것이 가장 유리할 것인가의 결정은 의사결정 수 기법으로 해결할 수 있다. 의사결정은 네모로, 확률수는 원으로 표시하여 투자의사결정 [예]를 의사결정 수 기법으로 표시하면 다음과 같다.

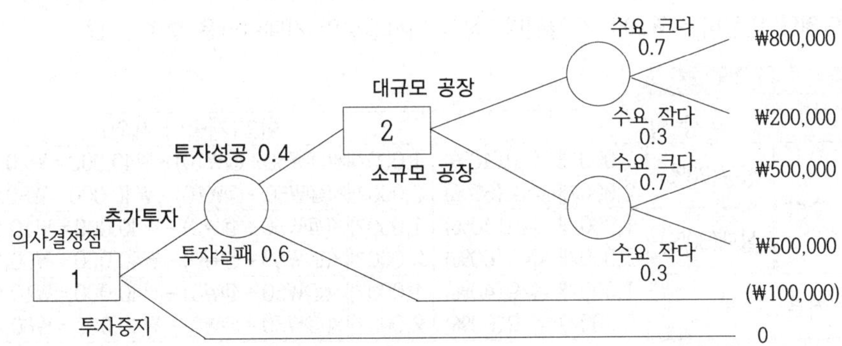

먼저 의사결정시점 2에서 대규모 공장이냐? 소규모 공장이냐? 를 결정해야 하는데, 대규모 공장의 기대성과는 ₩620,000[= 0.7×₩800,000 + 0.3×₩200,000]으로서 소규모 공장의 기대성과 ₩500,000[= 0.7×₩500,000 + 0.3×₩500,000]보다 크기 때문에 대규모 공장의 건설방안이 채택된다.
다음으로 의사결정시점 1에서 추가투자 또는 투자중지를 결정해야 하는데, 추가투자의 경우 기대성과는 ₩188,000[= 0.4×₩620,000 + 0.6×(- ₩100,000)]으로서 투자중지 경우의 기대성과 零(0)보다 크므로 추가투자한다는 결론이 얻어진다. 따라서 이 기업은 추가투자를 수행하고 그것이 성공하면 대규모 공장을 건설한다는 결정을 내릴 수 있으며, 이 투자계획으로부터 ₩188,000의 순현재가치를 기대할 수 있다는 투자성과 예측치를 얻을 수 있다.

[참조 : 순현재가치]

투자안의 순현재가치(net present value : NPV)는 '투자에서 얻게 되는 순현금유입액을 주어진 할인율(보통은 시장이자율)로 할인한 현재가치의 합계액'에서 최초 투자액을 차감하여 얻어진다. 이렇게 구한 순현재가치가 0보다 크면 투자 대비 수익이 발생하는 것이므로 투자안을 채택하는 의사결정을 하고 그렇지 않다면 투자안을 기각하는 의사결정을 한다.

$$NPV = \sum_{i=1}^{n} \frac{S_i}{(1+r)^i} - P$$

Excel 수식-재무-NPV를 이용하여, NPV를 쉽게 구할 수 있다.

[주의] Excel NPV 함수는 이름은 NPV이지만, 실제로는 NPV를 구해주지는 않고 '투자에서 얻게 되는 순현금유입액을 주어진 할인율로 할인한 현재가치의 합계액'만 구해주므로 NPV 함수의 결과에서 최초 투자액을 차감해야 NPV를 구할 수 있다. 한편, 일반적으로 투자안의 경제성을 평가하기 위해 NPV와 IRR(internal rate of return, 내부수익률, 투자에서 얻게 되는 순현금유입액의 현재가치를 최초 투자액과 같게끔 할인해 주는 할인율)을 함께 사용한다. 왜 NPV와 IRR은 함께 사용할까? 그 이유로는 NPV는 비율(%)이 아닌 값(가치)이고, IRR은 비율이기 때문이다. 각자 상황에 따라 필요한 것이 다를 수 밖에 없는 것이다.

예제 2

다음 각 상황은 독립적이다.

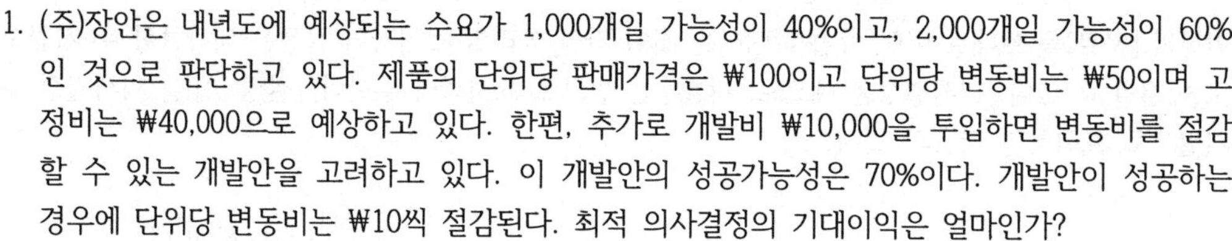

1. (주)장안은 내년도에 예상되는 수요가 1,000개일 가능성이 40%이고, 2,000개일 가능성이 60%인 것으로 판단하고 있다. 제품의 단위당 판매가격은 ₩100이고 단위당 변동비는 ₩50이며 고정비는 ₩40,000으로 예상하고 있다. 한편, 추가로 개발비 ₩10,000을 투입하면 변동비를 절감할 수 있는 개발안을 고려하고 있다. 이 개발안의 성공가능성은 70%이다. 개발안이 성공하는 경우에 단위당 변동비는 ₩10씩 절감된다. 최적 의사결정의 기대이익은 얼마인가?

해답

상 황			이익(개발비 제외)
개발안 수락	성공(70%)	1,000개 수요(40%)	1,000개×(@₩50+@₩10) - ₩40,000 = ₩20,000
		2,000개 수요(60%)	2,000개×(@₩50+@₩10) - ₩40,000 = ₩80,000
	실패(30%)	1,000개 수요(40%)	1,000개×(@₩50+@₩0) - ₩40,000 = ₩10,000
		2,000개 수요(60%)	2,000개×(@₩50+@₩0) - ₩40,000 = ₩60,000
개발안 거부		1,000개 수요(40%)	1,000개×(@₩50+@₩0) - ₩40,000 = ₩10,000
		2,000개 수요(60%)	2,000개×(@₩50+@₩0) - ₩40,000 = ₩60,000

* 예상 수요량×(단위당 공헌이익+단위당 변동비 절감액) - 고정비 = 이익

(1) 개발안 수락의 기대이익

개발 성공시 : ₩20,000×0.4 + ₩80,000×0.6 = ₩56,000

개발 실패시 : ₩10,000×0.4 + ₩60,000×0.6 = ₩40,000

개발 수락시 : ₩56,000×0.7 + ₩40,000×0.3 - ₩10,000 = ₩41,200

(2) 개발안 거부의 기대이익

₩10,000×0.4 + ₩60,000×0.6 = ₩40,000

∴ 개발안 수락의 기대이익이 극대화되며, 최적 의사결정의 기대이익은 ₩41,200이다.

2. (주)장안은 연간 2,000개의 제품을 판매하고 있다. 제품의 단위당 판매가격은 ₩100이고 단위당 변동비는 ₩50이며 고정비는 ₩40,000이다. 한편, 제품의 품질을 향상시킬 수 있는 개발안을 고려하고 있다. 이 개발안의 성공가능성은 60%이다. 개발안이 성공하는 경우에 단위당 판매가격을 인상할 수 있는데, 단위당 판매가격이 ₩20 인상될 가능성이 70%이고, ₩40 인상될 가능성이 30%이다. 제품의 품질 향상을 위한 개발비로 지급할 수 있는 최대 금액은 얼마인가? (2019 세무사 유사)

해답

(1) 개발안 성공시 기대이익

2,000개×@₩20×0.7 + 2,000개×@₩40×0.3 = ₩52,000

(2) 개발안 수락시 기대이익

품질 향상을 위한 개발비를 X라 하면, 다음이 성립하여야 개발안을 수락한다.

₩52,000×0.6 + ₩0×0.4 - X≧0

∴ X≦₩31,200(즉 ₩31,200 이하이어야 개발안을 수락한다.)

3. (주)대한은 월드컵에서 우주 축구팀이 우승하면, ₩10,000,000 상당의 경품을 증정하는 이벤트를 실시할 예정이다. 경품 이벤트의 홍보 효과로 인해 (주)대한의 기대현금유입액은 우주 축구팀의 우승 여부에 관계없이 ₩3,000,000이 증가할 것으로 예상된다. (주)대한은 경품 이벤트에 대비하는 보험상품에 가입할 것을 고려하고 있다. 보험상품 가입시 우주 축구팀이 월드컵에서 우승하는 경우, 보험사가 ₩10,000,000의 경품을 대신 지급하게 된다. 보험상품의 보험료는 ₩1,000,000이며, 각 상황에 따른 기대현금흐름은 다음과 같다.

	기대현금흐름(보험료 제외)	
	월드컵 우승 성공	월드컵 우승 실패
보험 가입	₩3,000,000	₩3,000,000
보험 미가입	(-) ₩7,000,000	₩3,000,000

물음

우주 축구팀이 월드컵에서 우승할 가능성이 최소한 몇 퍼센트(%)를 초과하면 (주)대한이 보험상품에 가입하는 것이 유리한가? 단, 화폐의 시간가치는 고려하지 않는다. (2021 회계사)

해답

월드컵 우승 확률을 P라 하면

	기대현금흐름(보험료 제외)	
	우승 성공(P)	우승 실패(1 - P)
보험 가입	₩2,000,000	₩2,000,000
보험 미가입	(-) ₩7,000,000	₩3,000,000

기댓값

보험 가입 : ₩2,000,000×P + ₩2,000,000×(1 - P) ∴ ₩2,000,000

보험 미가입 : - ₩7,000,000×P + ₩3,000,000×(1 - P) ∴ -₩10,000,000P + ₩3,000,000

우승 확률

-₩10,000,000P + ₩3,000,000 < ₩2,000,000

∴ P > 0.1 (즉 10%)

3. 선형계획모형

1) 선형계획모형의 특성

선형계획모형(linear-programming model)[15]이란 의사결정과 관련되는 여러 가지 변수들의 상호작용을 전제로 하고, 제한된 자원을 활용함으로써 이익을 증가시키거나 비용을 감소시키려고 하는 수학적 접근방법이다. 선형계획모형은 작업일정의 계획, 제품배합, 원료의 배합, 선적계획, 수송로의 결정 등 다수의 경영의사결정에 광범위하게 이용되는 기법이다.[16] 이러한 선형계획모형은 결과를 미리 정확하게 예측할 수 있는 대안들을 전부 고려하여, 이 중에서 이익을 극대화하거나 비용을 극소화할 수 있는 방안을 선택하는 의사결정모형이다. 선형계획모형은 기본적으로 ① 의사결정모형을 표현할 수 있는 선형방정식을 설정하고, ② 그러한 방정식의 답을 구하는 두 가지의 과정으로 요약할 수 있으며, 방정식을 설정하는 문제(즉 모형을 설정하는 것)가 답을 구하는 것보다 더욱 중요하다.

경영자는 물론 회계담당자들은 선형계획모형을 다루는데 있어서 문제의 유형을 정확하게 파악하여 모형을 설정하는 과정을 충분히 이해하고 있어야 한다. 즉 문제의 목적과 제약조건 그리고 관련되는 변수 등이 무엇인가를 파악할 수 있어야 한다는 것이다. 그러나 문제를 해결하는 기술적인 과정에 대하여는 그 다지 관심을 기울일 필요가 없다. 이에 대하여는 계량전문가에 의뢰하거나 컴퓨터를 사용하여 용이하게 해결할 수 있기 때문이다.

n개의 의사결정변수와 m개의 제약조건이 있다고 가정할 때, 선형계획모형은 최대화 문제(이익을 극대화하거나 비용을 극소화하는 것)의 경우에 다음과 같이 정형화된다. (단, C_j : 단위당 기여도, X_j : 의사결정계수, A_{ij} : 기술계수, B_i : 이용가능한 자원의 양)

최 대 화 : $z=\sum_{j=1}^{n} C_j X_j$

제약조건 : $\sum_{j=1}^{n} A_{ij} X_j \le B_i$ (단, i=1, 2, ⋯, m)

$X_j \ge 0$ (단, j=1, 2, ⋯, n)

---

15) 경영의사결정을 수행하는데 사용되는 중요한 계량적 기법은 수리계획법이며, 그 중에서도 가장 유용한 기법이 선형계획법이다. 수리계획법에는 이 선형계획법 이외에도 정수계획법, 목표계획법, 비선형계획법, 동적계획법 등이 있다.

16) 경영자는 제한된 자원이 하나가 존재하는 경우도 있고 두 개 이상인 경우도 있는데, 제한된 자원이 하나인 경우에는 제한된 자원의 단위당 이익이 크거나 비용이 작은 대안을 선택하여야 한다. 그러나 제한된 자원이 두 개 이상인 경우에는 분석이 복잡하게 되어 이러한 경우에는 선형계획모형을 이용하여 분석한다. 이처럼 제한된 자원이 존재하는 경우에 기업의 이익을 극대화시키는 방안을 좀 더 체계화시킨 이론이 E. Goldratt의 제약이론(theory of constraints : TOC)이다.

2) 선형계획모형의 적용 [예]

어느 기업에서 X와 Y라는 두 가지 제품을 제조하는데 기계A와 기계B를 사용한다고 하자. 기계A는 24시간 가동할 수 있고 기계B는 20시간을 가동할 수 있다고 하며, X제품의 단위당 공헌이익은 ₩200, Y제품의 단위당 공헌이익은 ₩100이라고 한다. X제품의 판매량은 Y제품의 판매량보다 적거나 같아야 한다는 것이 기업의 기본방침이다. X제품을 제조하는데 기계A는 6시간 필요하고, 기계B는 10시간이 필요하다. Y제품을 제조하는 데에는 기계A만이 4시간 필요하다고 한다. 이익을 극대화하려면 두 가지 제품의 1일 생산량을 각각 얼마로 결정하여야 할 것인가?(문제의 성질에 따라서 선형계획을 이용하는 과정은 조금씩 다르겠으나, 일반적으로 다음과 같이 네 가지 단계로 구분하여 생각하는 것이 편리하다)

⑴ **제1단계** : 목표의 설정 - 목표는 보통 이익을 극대화하거나 비용을 극소화하는 것으로 집약된다. 상기 [예제]의 경우에는 총공헌이익을 극대화할 수 있는 제품배합을 구하는 것이 목적이므로,

총공헌이익의 극대화 = ₩200×X + ₩100×Y

이를 목적함수라고 하며, X는 X제품의 생산량이며, Y는 Y제품의 생산량이다.

⑵ **제2단계** : 변수관계의 결정 - 설정된 목표를 달성하기 위한 제약조건, 즉 여러 가지 변수들의 상호 관계를 명확히 결정한다. 변수간의 관계는 다음과 같이 부등식으로 표시할 수 있다.

기계A의 경우 : $6X + 4Y \leq 24$
기계B의 경우 : $10X \leq 20$
X와 Y의 판매량 관계 : $X - Y \leq 0$
負(-)의 생산은 불가능하므로 : $X \geq 0$, $Y \geq 0$

다음에서 볼 수 있는 세 개의 직선은 이상과 같은 세 가지 제약조건을 표시한 것이다.

⑶ **제3단계** : 가능한 대안의 결정(feasible solution 영역의 결정) - 주어진 변수관계(제약조건)를 고려했을 때, 일단 가능한 해답을 구할 수 있는 대안을 전부 고려해야 한다. 이는 빗금 친 부분으로 표시되어 있다.[17)]

---

17) 선형계획모형의 해법에는 도해법과 심플렉스법이 있다. 도해법은 도표를 사용하여 최적해를 찾아내는 방법이다. 도해법의 기본개념은 제약조건을 그래프상에 표시하여 실행가능해 영역을 도출한 후에, 이 영역의 범위 내에서 목적함수를 최대화 또는 최소화하도록 의사결정변수의 값을 결정하는 것이다. 한편, 심플렉스법은 반복적인 연산과정을 통하여 최적해를 찾아내는 방법으로서 의사결정변수가 3개 이상일 경우에는 이 방법을 사용하여 선형계획문제를 풀어야 한다.

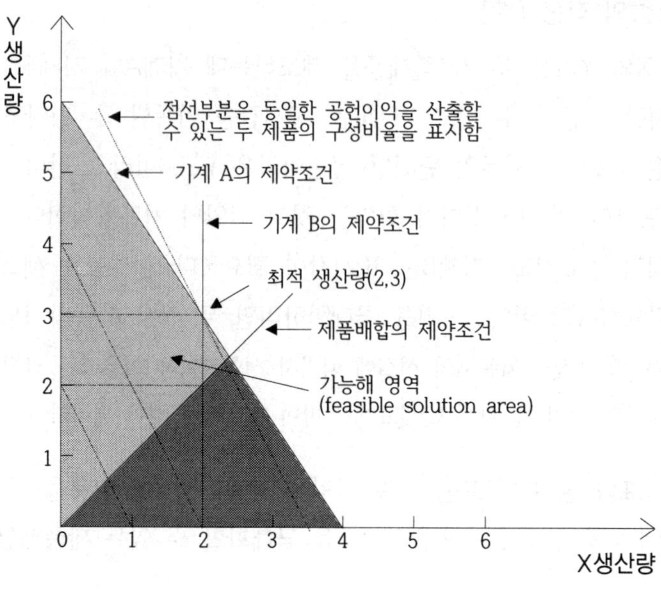

⑷ **제4단계** : 최적해의 선택 - 제3단계에서 표시된 가능한 대안 중에서 1단계의 목적함수를 극대화할 수 있는 제품배합을 선택하여야 하는데, 이는 빗금 친 영역에서 각 선들이 교차하는 점에 위치하고 있다. 이러한 교차점들은 최소한 두 가지의 제약조건을 충족시킬 수 있는 최고한계를 나타내는 것으로서, 이들 점에서는 주어진 자원이 전부 활용되고 있음을 의미한다. 따라서 각 교차점에서의 총공헌이익을 모두 계산하여, 그 중에서 가장 목적함수의 값을 극대화시킬 수 있는 대안을 선택하면 된다.

각 교차점의 총공헌이익을 각각 계산한 결과를 보이면 다음과 같다.

교차점(X, Y)	제품X의 수	제품Y의 수	총공헌이익(200X + 100Y)
(0, 0)	0	0	₩200(0) + ₩100(0) = ₩0
(0, 6)	0	6	₩200(0) + ₩100(6) = ₩600
(2, 3)	2	3	₩200(2) + ₩100(3) = ₩700
(2, 2)	2	2	₩200(2) + ₩100(2) = ₩600

이에서 알 수 있는 바와 같이, X제품은 2개, Y제품은 3개를 각각 생산하는 것이 최적의 해답이다. 그렇다면 최적의 해답이 교차점에 위치하는 이유는 무엇인가? 총공헌이익 ₩200을 달성하기 위한 모든 제품배합을 생각해 보자(200X + 100Y = ₩200). 이 직선은 점(0, 2)과 (1, 0)의 위치를 지나가고 있으며, 여타의 총공헌이익을 표시하는 직선 중에서도 원점(0, 0)과 가장 멀리 떨어져 있는 직선이 이익을 가장 많이 거둘 수 있을 것이다.

직관적으로 보아 교차점(2, 3)을 지나는 점선이 원점과 가장 멀리 떨어져 있는 것으로 보인다. 그러므로 선형계획모형에서 가장 중요한 문제는 모든 제약조건을 만족시키면서도 목표를 달성할 수 있는 제품배합을 발견하는 일이다. 교차점에서 교차점으로 이동한다는 것은 두 가지의 제품생산에 필요한 희소자원과 생산능력을 대체시켜야 한다는 것을 뜻한다. 즉 X제품 1개를 생산하는데 필요한 6시간을 얻기 위하여, Y제품 1과 1/2개를 생산하는데 필요한 기계A의 동일한 사용시간을 희생하여야 한다는 것이다. 12시간을 교환하는 경우를 생각하여 보자. 즉 X제품 2개를 생산하기 위하여 Y제품 3개를 포기하여야 하는 경우에 이익이 있을 것인가? 다음에서 알 수 있듯이 분명히 이익이 있다.

교차점(0, 6)에서의 총공헌이익	₩600
X제품 2개를 더 생산하는 경우의 추가 공헌이익(@₩200)	₩400
Y제품 3개를 포기함으로써 상실하게 되는 공헌이익(@₩100)	(300)
공헌이익 증가액	100
교차점(2, 3)에서의 총공헌이익	₩700

그런데 여기서 한 가지 주의하여야 할 것은, 각 제품의 단위당 공헌이익을 비교하여 무조건 더 큰 공헌이익을 가진 제품의 생산을 증대시키는 것이 이익에 더 도움이 된다고 생각하여서는 안 된다는 것이다. 이와 같은 경우에는 반드시 **제약조건**(예컨대 시간당 생산량)을 함께 고려하여야 한다.

예제

다음 각 상황은 독립적이다.

1. 단위당 판매가격과 단위당 변동비가 각각 ₩500과 ₩300인 A제품과 ₩1,000과 ₩600인 B제품을 생산, 판매하고 있다. 월간 고정비는 ₩5,000이 발생하며 제조에 관한 자료는 다음과 같다.

월간사용가능 기계시간	제품 단위당 사용기계시간		월간사용가능 원재료	제품 단위당 사용원재료	
	A제품	B제품		A제품	B제품
120기계시간	2	6	220단위	6	4

최적의 제품생산배합에 의해 얻을 수 있는 최대의 월간 영업이익은 얼마인가? (2002 회계사)

해답

목적함수 : 극대화 $Z = 200A + 400B - 5{,}000$

제약조건 : $2A + 6B \leq 120$

$6A + 4B \leq 220$

최적해는 $A = 30$, $B = 10$

∴ 최대영업이익 : ₩200×30 + ₩400×10 - ₩5,000 = ₩5,000

2. 태양기업은 A, B, C 쥬스를 생산한다. 각 제품의 상자당 자료는 다음과 같다.

	A쥬스	B쥬스	C쥬스
판매가격	₩2,600	₩2,200	₩2,500
변동비	1,400	1,200	1,420
재료사용량	3kg	2kg	2.4kg

재료 총공급량이 18,000kg으로 제한되어 있고, 각 제품의 최대 판매량은 3,000상자이다. 이익을 최대화하기 위해 각 제품을 몇 상자씩 판매하여야 하는가? (2005 세무사, 2016 회계사 유사, 2020 세무사 유사)

해답

	A쥬스	B쥬스	C쥬스
단위당 공헌이익	₩1,200	₩1,000	₩1,080
단위당 재료사용량	÷ 3kg	÷ 2kg	÷ 2.4kg
kg당 공헌이익	₩400	₩500	₩450
우선 순위	3순위	1순위	2순위
사용량	4,800kg	6,000kg	7,200kg
생산량	1,600상자	3,000상자	3,000상자

* C쥬스 사용량 : 3,000상자×2.4kg = 7,200kg
A쥬스 생산량 : (18,000 - 6,000 - 7,200)kg÷3kg = 1,600상자

3. (주)스피드는 사무용 복합기 A모델과 B모델을 생산하여 판매하고 있으며 두 모델의 단위당 자료는 다음과 같다.

	A모델	B모델
직접재료원가	₩240,000	₩320,000
직접노무원가	100,000	160,000
변동제조간접원가	40,000	80,000
(기계시간당 ₩10,000)		
고정제조간접원가	40,000	40,000
단위당 제조원가	₩420,000	₩600,000
단위당 판매가격	₩520,000	₩800,000

(주)스피드의 최대 조업도는 월 6,000기계시간이며, 현재 시장의 월간수요량은 A모델 800개, B모델 500개이다. 이상의 자료에 근거할 때 (주)스피드가 영업이익을 극대화할 수 있는 제품배합은 무엇인가? (2006 회계사, 2024 회계사 유사, 2013 회계사 유사)

해답

	A모델	B모델
단위당 판매가격	₩520,000	₩800,000
단위당 변동원가	380,000	560,000
단위당 공헌이익	₩140,000	₩240,000
단위당 생산시간	÷ 4시간[1)]	÷ 8시간[2)]
시간당 공헌이익	₩35,000	₩30,000
생산 우선순위	1순위	2순위
최적배합 생산량	800개	350개[3)]

* 1) ₩40,000÷@₩10,000 = 4시간
2) ₩80,000÷@₩10,000 = 8시간
3) (6,000기계시간 - 800개×4시간)÷8시간 = 350개

4. 대한건설은 천안 ↔ 논산간 신고속도로를 개통하고 통행료를 책정하기 위하여 고속도로 이용자의 입장을 반영하고자 한다. 다음 자료를 이용하여 승용차 운전자의 입장에서 새로운 고속도로 통행료로 지불하려고 하는 최대금액을 구하시오. (2003 세무사)

· 종전노선의 천안 ↔ 논산간 거리 : 90Km
· 새로 건설한 고속도로의 천안 ↔ 논산간 거리 : 60Km
· 승용차 운전자들은 5분의 시간가치를 ₩1,000으로 평가한다.
· 승용차의 연비는 평균 10Km/1리터이다.
· 휘발유는 1리터당 ₩1,400이다.
· 승용차의 고속도로상 평균속력은 시속 100Km이다.

해답

	종전노선	신노선	차 이
소요시간	90km/100km = 0.9시간	60km/100km = 0.6시간	0.3시간
거 리	90km	60km	30km

km당 휘발유비용 : ₩1,400÷10km = ₩140/km

신노선 채택시

증분수익 :	소요시간 절감분 (0.3시간×60분)÷5분×₩1,000 =	₩3,600	
	휘발유비용 절감분 30km×@₩140 =	4,200	₩7,800
증분비용 :	통행료		x
증분이익 :			₩7,800 - x

∴ 신노선을 채택하려면 ₩7,800-x > 0 이어야 하므로 x < ₩7,800 이다.

5. 한국대학교에서 매점을 운영하고 있는 安氏는 A, B, C, D 네 가지 종류의 음료수를 자동판매기에 어떻게 배치할 것인가를 고민하고 있다. 자동판매기의 진열칸수는 총 12칸이며, 각각의 음료수는 6칸까지 진열할 수 있고, 최소한 1칸 이상은 진열하여야 한다. 이 네 가지 음료수에 대한 자료이다.

	A	B	C	D
단위당 판매가격	₩400	₩500	₩600	₩700
단위당 변동비	320	400	550	500
진열칸수당 1일 판매량	25	22	5	6

물음

1. 음료수 단위당 공헌이익 및 진열칸수당 공헌이익은 각각 얼마인가?
2. 동업자인 申氏는 [물음1]의 진열칸수당 공헌이익이 가장 큰 음료수를 가장 많이 배치하여야 한다고 주장하였다. 이에 따라 安氏는 네 가지 음료수를 자동판매기에 어떻게 배치하여야 하는가?

해답

1. 자동판매기 진열칸수가 제한되어 있으므로, 진열칸수당 공헌이익의 크기 순서로 배치하여야 한다.

	A	B	C	D
단위당 공헌이익	₩80	₩100	₩50	₩200
진열칸수당 1일 판매량	× 25	× 22	× 5	× 6
진열칸수당 공헌이익	₩2,000	₩2,200	₩250	₩1,200

2. 진열칸수당 공헌이익의 크기순인 B, A, D, C 순서로 많이 배치하여야 한다.

음료수	진열칸수당 공헌이익	진열칸의 할당	1일 공헌이익
A	₩2,000	4	₩8,000
B	2,200	6	13,200
C	250	1	250
D	1,200	1	1,200
			₩22,650

4. 재고관리모형

1) 재고관리모형의 내용

재고자산은 기업이 생산활동이나 판매활동을 위하여 일시적으로 보유하는 자산으로서, 원재료 · 재공품 · 제품 등으로 구성된다. 이러한 재고자산에 대하여 어느 기업이든지 적정한 재고수준을 유지함으로써 불필요한 유지비를 제거하거나, 부식 · 부패 등의 위험을 방지하려고 하는 것은 당연하다. 또한 고객의 주문에 대하여 적기에 배달함으로써 고객상실의 위험을 방지하고자 하는 것도 사실이다. 최적의 재고수준(optimal stock)이란 재고와 관련하여 발생하는 비용을 극소화시킬 수 있는 재고수준이다.

재고관리비용에는 재고주문비용(ordering costs)과 재고유지비용(holding costs)이 있다.[18)]

재고자산을 구매하거나 생산하는데 필요한 구입원가는 재고관리모형에서는 고려하지 않으며 적정한 비용이 아닌 것으로 취급한다. 그것은 어떤 방법을 선택하든 일정기간(예컨대 1년)에 필요한 재고량은 동일한 것이라고 가정하고 있기 때문이다. 재고주문비용과 재고유지비용은 서로 상반되는 방향으로 움직이고 있다. 즉 이자를 포함한 재고유지비용은 주문회수가 감소하거나 주문규모가 증가하면 이에 따라 증가하는 경향이 있으나, 재고주문비용의 경우에는 이와 반대로 감소한다. 재고관리상 가장 중요한 문제는 이와 같은 비용의 총발생액을 극소화시킬 수 있는 최적 주문량을 결정하는 일이다. 이것을 **'경제적 주문량**(economic order quantity : EOQ)'이라고 한다. 즉 경제적 주문량이란 재고주문비용과 재고유지비용을 최소화시키는 주문량을 의미한다.[19)]

---

18) 재고주문비용은 주문에 따르는 구매 또는 생산준비와 관련된 비용, 화물을 하적하거나 해체 또는 검사에 소요되는 비용, 주문에 필요한 문서를 작성하는데 소요되는 비용, 주문을 자주함으로써 추가로 소요되는 구매비용이나 수송비, 주문에 따라 소규모의 제품을 생산하는데 필요한 초과근무시간에 대한 임금, 생산착수비(set-up cost) 등이 포함된다. 한편, 재고유지비용으로는 부식 · 부패에 따르는 위험, 창고유지비, 재산세, 보험료 그리고 재고투자에 따르는 자본비용 등이 있다. 이 중에서 자본비용은 공식적으로 회계자료로 기록되는 것은 아니다.

2) 경제적 주문량과 주문시점의 결정 [예]

어느 기업에서 특정 제품의 생산에 필요한 부품을 외부에서 개당 ₩4,000에 구입하고 있다고 하자. 연간 총 수요량은 1일 20개를 기준으로 하여 5,000개(작업일수 연 250일 가정)이다. 비용에 관한 자료는 아래와 같다.

재고투자에 따르는 자본비용(연 10%×@₩4,000)	₩400
임차료, 보험료, 재산세(개당 연간 비용)	100
연간 재고유지비용(개당)	₩500
1회 재고주문비용(운반비, 사무비, 우편·전화료 등)	₩10,000

다음은 1회 주문량에 따르는 비용을 각각 계산한 것으로서, 이 중에서 각 주문량에 따르는 총비용이 가장 적은 것을 선택하여야 함은 물론이다.

주문량에 따르는 비용 (작업일수 : 연 250일)

	50개	100개	200개	400개	500개
$E/2$	25	50	100	200	250
A/E	100	50	25	12.5	10
$S(E/2)$	₩12,500	₩25,000	₩50,000	₩100,000	₩125,000
$P(A/E)$	1,000,000	500,000	250,000	125,000	100,000
TC	₩1,012,500	₩525,000	₩300,000	₩225,000	₩225,000

(400개·500개: 최소비용)

E	600개	800개	1,000개	5,000개
$E/2$	300	400	500	2,500
A/E	8.3	6.3	5	1
$S(E/2)$	₩150,000	₩200,000	₩250,000	₩1,250,000
$P(A/E)$	83,000	63,000	50,000	10,000
TC	₩233,000	₩263,000	₩300,000	₩1,260,000

E : 1회 주문량, A : 연 수요량, S : 연간 재고유지비용(@₩500)
P : 1회 재고주문비용(@₩10,000), TC : 총비용, $E/2$: 평균 주문량, A/E : 주문횟수
* 매 주문시에 재고수준은 零(0)인 것으로 가정하고, 연 수요량(A)은 5,000개로 가정한 것임

19) 경제적 주문량은 몇 가지 제한적 가정에서 최적 주문량을 계산하는 의사결정모형이다. 가장 단순한 형태의 경제적 주문량 모형에서는 단지 재고주문비용과 재고유지비용만이 있다고 가정하며, 또한 다음과 같은 사항들을 가정한다.
① 재주문점마다 동일한 수량을 주문한다.
② 수요, 재고주문비용, 재고유지비용을 확실히 알고 있다. 또한 구매주문납기 즉 발주에서 제품배달까지의 소요시간도 확실히 알고 있다.
③ 단위당 구입원가는 주문량에 의해 영향을 받지 않는다. 이 가정으로 인해 구입원가는 최적 경제적 주문량 결정과 관련성이 없게 된다. 그 이유는 주문량의 규모에 상관없이 총구매량의 구입원가는 동일할 것이기 때문이다.
④ 재고품절은 발생하지 않는다. 이 가정의 기초는 재고품절원가가 너무나도 크기 때문에 이러한 원가가 발생하는 것을 방지하기 위해 경영자는 적정한 재고를 유지한다는 것이다.
⑤ 구매주문량을 결정할 때 품질원가는 재고주문비용이나 재고유지비용에 영향을 미치는 정도까지만 고려된다.
이러한 가정에서 경제적 주문량 분석은 구입원가, 재고품절원가, 품질원가는 고려하지 않는다.

이에서 알 수 있는 바와 같이, 1회 주문량이 400개와 500개 사이에 있을 때, 비용이 가장 적게 든다. 예컨대 1회 주문량이 450개라면,

평균 주문량, 225개(= 450개÷2)×@₩500 =	₩112,500	(재고유지비용)
주문횟수 11.1회(= 5,000개÷450개)×@₩10,000 =	111,000	(재고주문비용)
	₩223,500	(총비용)

이 금액은 최적 주문량의 경우와 약간 차이가 있으나, 더 중요한 것은 접근법이다. 즉 동일한 접근방법을 이용하여 이를 그래프로 표시하여 보자.

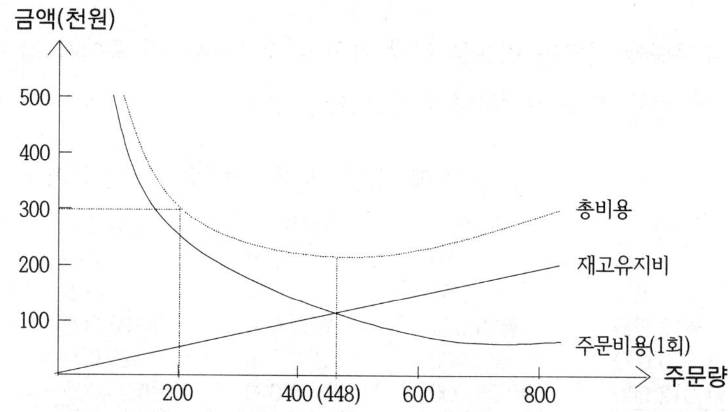

여기에서 특별히 주시할 필요가 있는 것은 재고주문비용의 합계와 재고유지비용의 합계가 최적 주문량에서는 동일하다는 것이다.

또한 이러한 결과는 공식에 의해서도 구할 수 있다. 즉 최적 주문량이란 재고유지비용과 재고주문비용의 합계를 극소화시킬 수 있는 1회 주문량을 의미하는 것이기 때문에, 최적 주문량은 다음과 같은 공식으로 유도되는데, 상기의 [예]에서 제시된 숫자를 이 공식에 대입하여 보면 최적 주문량 즉 경제적 주문량은 448개로 계산된다.

$$TC = \frac{E}{2} \times S + \frac{A}{E} \times P \qquad \frac{dTC}{dE} = \frac{S}{2} - \frac{AP}{E^2} = 0$$

$$E^2 = \frac{2AP}{S} \qquad E = \sqrt{\frac{2AP}{S}}$$

$$EOQ = \sqrt{\frac{2(5{,}000)(10{,}000)}{500}} = \sqrt{200{,}000} \fallingdotseq 448(\text{개})$$

위의 공식에서 알 수 있는 바와 같이, 연 수요량(A)과 1회 재고주문비용(P)이 커지거나 재고 1단위의 연간 유지비용(S)이 감소함에 따라서 경제적 주문량도 증가한다.

지금까지는 경제적 주문량에만 관심을 기울여 왔으나, 주문시점을 결정하는 것도 중요한 것이다. 이 문제는 '주문소요시간'(lead time, 주문을 시작하여 상품이 도착하기까지의 시간)과 '주문소요시간 중의 수요량'을 확실히 알 수 있다면 쉽게 해결할 수 있다. 이를 예시하면 다음과 같다.

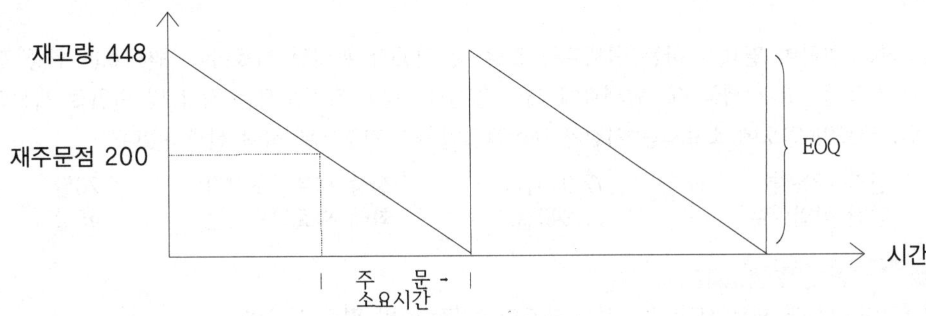

이에서 보면 '재주문점'(reorder point, 자동적으로 주문하여야 할 시점)은 '주문소요시간 중의 예상 사용량'의 크기에 달려 있음을 알 수 있다. 즉 주당 100개를 사용하고 주문간격시간이 2주라면, 재고수준이 200개일 때 448개를 재주문하여야 한다는 것이다.

이상의 [예]에서는 주당 사용량이 100개이고 수요량을 정확하게 알고 있는 것으로 가정하였다. 그러나 실제로 이러한 경우는 매우 드물다. 그것은 주별, 월별 또는 계절별로 수요가 변동하는 것이 보통이기 때문이다. 그러므로 주당 사용량이 100개 이상으로 갑자기 수요가 증가하는 경우에는 적기에 배달하기가 어려운 경우가 발생한다. 따라서 예상되는 최고 사용량을 감안하여 어느 정도의 안전재고(safety stock)를 유지할 필요가 있다. 다음은 앞의 [예]와 상황은 마찬가지이지만, 주당 최고 사용량을 140개로 예상하고 80개(=2주×40개)의 안전재고를 유지하려고 하는 경우에 재주문점의 크기를 나타낸 것이다. 즉 재고수준이 280개일 때 528개를 재주문하여야 한다는 것이다.

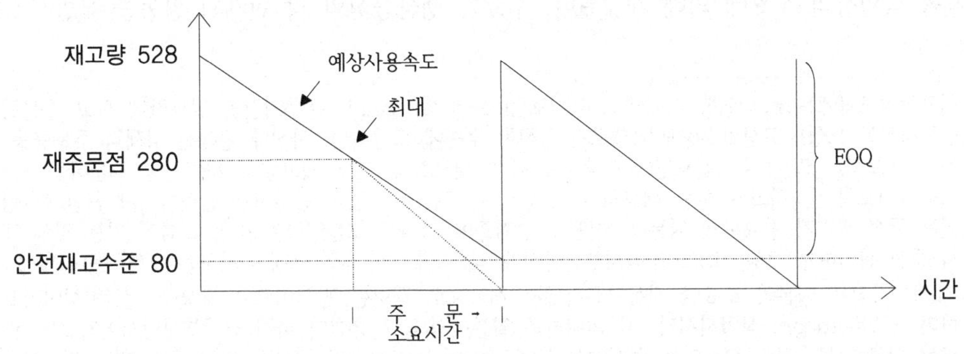

결국 여기에서 재주문점은 안전재고량에다 '주문소요시간 중의 평균 사용량'을 가산하여 계산되고 있다. 이밖에도 재고관리모형은 가정을 달리하여 여러 가지로 개발되어 있으나, 본서에서는 더 이상의 설명은 생략한다.[20)]

예제

제품생산을 위하여 필요로 하는 원재료의 조달 및 사용과 관련된 자료이다. 원재료는 연중 평균적으로 사용된다고 전제할 때, 원재료에 대한 안전재고량과 재주문점은 각각 몇 단위로 계산되는가? 단, 재료의 인도에 소요되는 기간은 정상작업일수를 기준으로 하여 산출되었다.

연간 사용량	72,000단위	정상 재료인도기간	20일
연간 작업일수	240일	최대 재료인도기간	45일

해답 •••

안전재고량 = (최대 재료인도기간 - 정상 재료인도기간)×1일 평균 사용량 :

* 1일 평균 사용량 = 연간 사용량÷연간 작업일수

= (45일 - 20일)×(72,000단위÷240일) = 7,500단위

재주문점 = 안전재고량 + 정상 주문소요기간의 평균 사용량 :

* 정상 주문소요기간의 평균 사용량 = 1일 평균 사용량×정상 재료인도기간

= 7,500단위 + (72,000단위÷240일×20일) = 13,500단위

3) 경제적 주문량과 적시생산방식

적시에 필요한 양 만큼 불량품 없이 제품을 생산한다는 취지의 **적시생산방식**(just-in time system : JIT)이 이상적으로 실현되게 되면 재고수준은 거의 0이 된다. JIT에 대해 구체적으로 살펴보면, 린(lean) 생산이라고도 불리는 JIT는 수요견인(demand-pull) 생산방식으로서 생산라인의 각 부품은 생산라인의 다음 단계에서 필요할 때 그리고 필요한 경우에만 생산된다.[21)] 적시생산라인에서 특정 작업장의 생산활동은 해당 작업장의 산출물에 대한 후속 작업장의 수요에 의해 개시된다. 수요는 생산공정의 각 단계의 활동을 유발시키는

20) 재고관리모형에는 EOQ모형 이외에도 ROP모형(re-order point, 주문기간을 일정하게 하고 주문량을 변동시키는 모형), 고정발주량모형(재고가 일정한 수준에 도달하면, 사전에 정해진 경제적 주문량을 주문하는 모형), 고정발주기간모형(정기적으로 최대 재고량과 현재 재고량의 차이만큼 주문하는 모형), ABC관리모형(관리하고자 하는 대상의 수가 많아서 모든 아이템을 동일하게 관리하기가 곤란 한 경우에는 중점 관리가 필요하게 되는데, 어떤 특정기준에 의해서 그룹핑하여 특정 그룹에 있는 것에 대해서 중점 관리하는 모형), JIT모형(적시생산방식에 의해 재고를 아주 낮게 유지하는 모형) 등이 있다.

21) JIT생산방식은 일본의 도요다 자동차회사에서 처음으로 개발한 방식이므로 도요다 생산방식이라고도 하며, 간판(kanban, 작업지시카드를 의미하는 일본어임)을 사용한다 하여 간판생산방식이라고도 한다. 또한 재고를 보유하지 않는다는 의미에서 무재고(zero inventory) 생산방식이라고도 한다. JIT 사고방식은 '생산량을 늘리지 않고 생산성을 향상시켜야' 하는 과제를 풀기 위하여 생산에 필요한 부품을 필요한 때 필요한 양을 생산공정에 인도하여 '적시에 생산하는 방식'이다.

요인이 된다. 즉 생산공정의 마지막 단계인 제품에 대한 고객수요로부터 시작하여, 거꾸로 올라가며 마지막으로 생산공정의 첫 단계인 원재료에 대한 수요를 유발시킨다. 이와 같은 방법으로 수요는 생산라인을 걸쳐 주문을 이끌어낸다. JIT의 이러한 수요견인 특성은 작업장 사이에 긴밀한 조정을 기할 수 있게 한다. JIT는 가능한 한 낮은 총원가로, 고품질의 제품을 제공하여, 고객수요를 적시에 충족시키는 것을 동시에 이루려는 것을 목표로 하고 있다.22)

[경제적 주문량과 적시생산방식]

EOQ가 생산준비비용이나 재고주문비용 등을 주어진 것으로 간주하는 입장을 취하는 반면, JIT는 생산을 최적화함에 있어서 보다 동적인 견해를 취하여 로트(Lot) 크기를 최적화하려고 하기보다는 생산준비시간을 최소화하고자 한다. (JIT의 간판방식이란 EOQ의 한 변형에 불과하다는 지적은 EOQ와 JIT의 관계를 잘 요약하는 것이다)

JIT에서는 주문량이 작아지고 주문횟수가 증가하게 되므로 주문활동과 관련된 컴퓨터시스템을 도입하여 재고주문비용을 낮추어야 하며, 재고수준이 감소되므로 불량 원자재를 납부받거나 납기가 지연되면 공장 전체의 조업중단사태가 초래될 수 있으므로 JIT를 도입한 기업은 협력업체를 신중하게 선택하여야 한다.23)

예제

대규모 가구제조업을 영위하는 종로기업은 적시(JIT)구매/생산시스템을 채택하고자 한다. 높은 재고수준을 요하는 업종의 특성으로 이 기업의 평균재고액은 ₩75,000,000이다. 종로기업이 JIT시스템을 채택하면 현재 사용 중인 가구 보관창고 2개가 더 이상 필요 없게 되며, 이 가구 보관창고를 다른 기업에 임대할 경우 한 개당 연간 ₩4,000,000의 임대료를 받을 것으로 예상한다. 추가적인 원가절감요인으로 창고 운영비와 재고자산 손해보험료 등 연간 ₩500,000을 절감할 수 있으며, 재고수준 감소에 따라 재고자산 파손비와 기업의 자금비용으로 각각 평균 재고액의 1%, 5%를 원가절감할 수 있다. 그러나 JIT시스템은 가구의 주문횟수를 증가시켜 주문원가가 ₩5,000,000이 추가적으로 발생

---

22) JIT의 성공은 고객으로부터 제조기업으로 또 공급업자로의 정보흐름의 속도에 달려 있다. 원활한 정보흐름을 가능하게 하는 것은 전사적 자원관리(enterprise resource planning : ERP)이다. ERP는 자료를 수집하여 기업의 모든 사업활동을 지원해 주는 응용소프트웨어에 공급해주는 단일의 데이터베이스이다. 즉 ERP의 효과 때문에 JIT을 지원하기 위해서는 ERP가 핵심적이다.

23) JIT는 전통적인 재고관리모형이 지닌 한계점에서 시작한다. 전통적인 재고관리모형은 적정주문을 통하여 재고자산을 보유하는 모형이다. 이에 반해, JIT는 적절한 시기에 적당량의 제품을 제공함으로써 '재고'의 개념을 없애고 그에 따른 비용도 감소시켜 낮은 비용으로 높은 생산성을 얻을 수 있도록 하는 것이다. 즉 JIT는 재고주문비용(예 전화요금)이 증가하나, 재고를 보유하지 않으므로 재고유지비용은 발생되지 않거나 최소화된다는 것이다. 한편, 재고자산과 관련된 새로운 개념으로 VMI(vendor managed inventory)이 있다. VMI는 재고보충 업무권한을 공급자(vendor)에게 이관하여 공급자가 납품처의 재고수준을 관리하도록 하여 생산성과가 향상되도록 지원하는 새로운 재고관리모형이다. 즉 공급자가 고객의 수요변화에 빠르게 대응하기 위하여 수요정보와 재고정보를 판매자와 공유하고 이를 바탕으로 효율적인 재고보충에 대한 책임을 지는 프로그램이다.

한다. 또한 수요가 일시적으로 증가할 경우 수요에 감당하지 못하여 연간 200단위의 재고부족원가가 예상된다. 재고자산의 단위당 공헌이익은 ₩20,000이다. 종로기업이 JIT시스템을 채택할 경우 절감할 수 있는 원가를 구하시오. (2003 세무사)

해답

증분수익 :	임대료수익 ₩4,000,000×2개 =	₩8,000,000	
	창고 운영비 등 절감	500,000	
	재고자산 파손비 절감 ₩75,000,000×0.01 =	750,000	
	기업의 자금비용 절감 ₩75,000,000×0.05 =	3,750,000	₩13,000,000
증분비용 :	주문원가 증가	₩5,000,000	
	재고부족원가 증가 200단위×@₩20,000 =	4,000,000	9,000,000
증분이익 :			₩4,000,000

JIT생산방식을 도입하면 재고자산이 거의 없게 되므로 선입선출법, 후입선출법, 평균법 등의 원가흐름 가정이 필요 없게 된다. 또한 원재료나 부품의 구입·처리·보관 등의 활동과 생산설비가 각각의 제품라인에서 사용되고 그 원가가 각 제품의 직접비로 분류되므로 원가의 추적가능성이 높아진다. 그리고 원재료가 구입과 동시에 공정에 투입되므로 원가흐름이 단순해진다. 따라서 JIT에서는 재공품 계정을 별도로 설정하지 않고 원재료계정과 가공비계정을 설정하여 각각의 원가를 집계한 다음 제조가 완료되어 제품이 완성되면 바로 제품계정으로 대체한다. 이어서 제품이 생산 즉시 판매된 경우에는 원재료계정과 가공비계정에 집계된 제조원가는 제품계정을 거치지 않고 직접 매출원가계정으로 대체된다. 이를 **역류원가계산**(backflush costing)이라고도 한다. 그러나 역류원가계산은 재고자산이 존재할 경우 외부보고를 위해서는 사용할 수 없는 방법이므로, 이의 적용에 있어서 신중해야 한다.

형성평가

[문 1] A제품만을 제조 · 판매하고 있으며, 기초에 작성한 연간 추정포괄손익계산서는 다음과 같다.

	단위당 금액	총 액
매출액	₩5,000	₩20,000,000
매출원가	4,000	16,000,000
매출총이익	1,000	4,000,000
판매관리비	375	1,500,000
순이익	625	2,500,000

매출원가 및 판매관리비에는 각각 고정비가 ₩4,000,000과 ₩700,000이 포함되어 있다. 이 상황에서 외부의 甲기업으로부터 A제품 500단위를 개당 @₩3,800에 매입하겠다는 특별주문을 받았다. 만일 판매관리비에 있어서 추가부담이 발생하지 않는다고 가정할 때, 甲기업의 특별주문을 수락한다면 추가로 얻을 수 있는 손익은 어떻게 계산되겠는가? 단, 기초의 추정포괄손익계산서는 甲기업의 특별주문을 고려하지 않고 작성된 것이다.

[문 2] A제품을 생산 · 판매하고 있는데, 1개월간의 생산능력과 단위당 원가자료이다.

월간 최대생산능력 : 25,000단위

단위당 원가

실제생산량이 20,000단위일 경우 : ₩24,000

실제생산량이 24,000단위일 경우 : 22,500

A제품을 월평균 20,000단위로 생산 · 판매하고 있었으나, 이번 달에 외부로부터 특별히 4,000단위의 추가주문을 받았다. 이 특별주문의 단위당 판매가격은 ₩18,000으로 제시되었으며, 주문의 수락이 기존의 생산 및 판매에 미치는 영향은 전혀 없다. 주어진 특별주문의 수락으로 인하여 이익은 얼마만큼 증감 변동이 있겠는가?

[문 3] (주)대한은 제품A를 생산하며, 연간 최대생산능력은 10,000단위이다. (주)대한은 20×1년 초에 제품A의 예상수요량인 9,500단위를 생산 · 판매하기로 하고 종합예산을 편성하였다. 제품A의 단위당 판매가격과 원가 예산은 다음과 같다.

항 목	단위당 금액
판매가격	₩40
직접재료원가	12
직접노무원가	5
제조간접원가	8
변동판매비	2

단위당 제조간접원가에는 단위당 변동원가 ₩5와 단위당 고정원가 ₩3(10,000단위 기준)이 포함되어 있다. 예산편성 직후에 (주)대한은 (주)민국으로부터 제품A 1,000단위를 단위당 ₩30에 공급해 달라는 특별주문을 받았다. (주)민국의 특별주문량 1,000단위는 전량 수락하거나 거절해야 한다. (주)대한이 (주)민국에 제품A를 판매할 경우에는 단위당 변동판매비의 50%를 절감할 수 있다. 한편, (주)대한은 (주)만세로부터 제품A와 동일한 제품을 단위당 ₩25에 필요한 만큼 공급받을 수 있다. (주)대한이 (주)민국의 주문을 수락하면 (주)대한의 예산영업이익은 얼마나 증가 또는 감소하는가? 단, (주)대한은 이익을 극대화 하고자 한다. (2019 회계사)

[문 4] (주)세무의 최대생산능력은 5,000개이다. 정규시장에 1개당 ₩200에 4,000개 판매할 것으로 예상된다. 한 번에 50개씩 묶음(batch) 생산하며, 4,000개 생산하는 경우 원가는 다음과 같다.

생산량에 따라 변하는 변동원가	₩240,000
묶음수에 따라 변하는 변동원가	80,000
고정원가	400,000
	₩720,000

1개당 ₩130에 1,500개를 구입하겠다는 특별주문을 받았다. 특별주문에 대해서는 100개씩 묶음 생산하며, 특별주문은 전량을 수락하거나 거절해야 한다. 이 특별주문을 수락하는 경우 (주)세무의 이익은 얼마나 증가 또는 감소하는가? (2019 세무사)

[문 5] 단위당 판매가격이 ₩90인 사무용 가방을 다음과 같이 생산하고 있다.

단위당 직접재료비	₩17
단위당 직접노무비	18.75(₩15/시간)
단위당 제조간접비	11.25(단위당 변동제조간접비 ₩6.25)
단위당 변동판매관리비	10
고정판매관리비	100,000

기업은 모든 노동시간을 투입하여 4,000단위를 판매하고 있다. 기업은 최대 6,000단위까지 판매할 수 있다. 기업은 알아본 결과 단위당 ₩68에 사무용 가방을 안정적으로 공급하여 주는 곳을 알아냈으며, 외부구입할 경우 단위당 변동판매관리비 ₩5으로 감소할 것이다.

기업은 다음과 같은 원가자료를 이용하여 이동용 가방을 생산할 수 있음을 알게 되었다. 외부로부터 8,750단위의 주문이 있었다.

단위당 판매가격	₩50
단위당 직접재료비	8
단위당 직접노무비	7.5
단위당 제조간접비	6.5(단위당 변동제조간접비 ₩4.5)
단위당 변동판매관리비	5

물음 (1998 회계사)

1. 기존 사무용가방을 생산할 경우의 공헌이익은 얼마인가?
2. 1) 이동용가방의 생산을 고려할 경우의 생산수량은 변화가 있겠는가? 기업 이익을 극대화하기 위한 이동용가방, 사무용가방의 생산량과 외부구입 사무용가방의 수량은 각각 얼마인가?
   2) 생산량은 구성에 변화가 있다면 그로 인한 이익의 변동은 얼마나 되는가?
3. 1) 해외에서 이동용가방의 수출을 200개 주문해 왔다. 이때의 이동용가방, 사무용가방의 생산수량과 외부구입수량은 얼마인가?
   2) 대안의 선택에 있어서 증가이익은 새로운 대안의 선택으로 인한 이익의 증가분과 그 대안의 선택으로 인해 상실하게 되는 이익이 있다. 위 대안의 선택 결과 상실된 기회이익은 얼마인가?
4. 외부로부터 사무용가방의 추가주문이 300단위 있었다. 이로 인한 생산에 변화가 있는가? 있다면 그로 인한 이익의 증가는 얼마나 되는가?

[문 6] 국내에서 대형램프와 소형램프를 판매하는 기업의 판매 및 생산과 관련된 자료이다.

	대 형	소 형
단위당 판매가격	₩3,200	₩2,100
단위당 변동제조원가		
직접재료비	1,200	1,000
직접노무비	600	200
변동제조간접비	200	100
단위당 고정제조간접비	300	300
단위당 총원가	₩2,300	₩1,600
연간 예상 수요량	15,000단위	25,000단위

대형램프는 100단위씩, 소형램프는 200단위씩 배치(batch) 단위로 생산되며, 1배치당 소요되는 기계시간은 10시간이다. 기업이 이용가능한 기계시간은 연 3,000시간이다.

물음 (2003 세무사)

1. 기업의 이익극대화를 위한 최적생산량은?
2. 대형램프 5,000단위에 대한 특별주문 제의가 들어왔다. 이를 수락시 기회비용은?
3. 대형램프 5,000단위를 단위당 ₩3,700에 특별주문을 받은 경우 특별주문 수락시 증가 또는 감소이익 계산하여 특별주문 수락여부 결정하시오.

[문 7] (주)한국은 고품질 팩스기계를 제작 판매하고 있다. 이 기업은 두 가지 모델 FM12와 FM34를 생산하고 있으며, 20×5년 7월 중 예상되는 생산 및 판매와 관련된 자료는 다음과 같다. 직접노무시간당 평균 임률은 ₩20이며, 기업의 월간 최대조업도는 14,000직접노무시간이다.

항 목	제 품	
	FM12	FM34
단위당 원가		
직접재료원가	₩300	₩375
직접노무원가	400	500
변동제조간접비 및 판매관리비	500	625
고정제조간접비 및 판매관리비	400	500
계	₩1,600	₩2,000
단위당 판매가격	₩2,000	₩2,500
예상판매량	400대	200대

물음 (2005 세무사)

1. 20×5년 7월 중 예상하지 못했던 새로운 고객이 기업에 FM34를 대당 ₩2,000의 할인된 가격에 40대를 구입할 수 있는지를 문의해 왔다. 만약 기업이 이 제안을 수락한다면 이로 인해 기업의 이익은 얼마나 증가 또는 감소하는가? 단, 특별주문은 판매가격 이외의 모든 원가는 위의 자료와 동일하다고 가정한다.
2. 20×5년 7월 중 예상하지 못했던 새로운 고객이 기업에 FM34를 대당 ₩2,000의 할인된 가격에 60대를 구입할 수 있는지 문의해 왔다. 만약 기업이 이 제안을 수락한다면 이로 인해 기업의 이익은 얼마나 증가 또는 감소하는가? 단, 특별주문은 판매가격 이외의 모든 원가는 위의 자료와 동일하다고 가정한다. 또 월간 최대조업도는 증가시킬 수 없다.

3. 20×5년 7월 중 예상하지 못했던 새로운 고객이 기업에 FM34를 대당 ₩2,000의 할인된 가격에 60대를 구입할 수 있는지 문의해 왔다. 만약 기업이 이 제안을 수락한다면 이로 인해 기업의 이익은 얼마나 증가 또는 감소하는가? 단, 특별주문은 판매가격 이외의 모든 원가는 위의 자료와 동일하다고 가정한다. 또 기업은 정규시간 이외의 초과시간을 이용하여 작업함으로써 월간 최대조업도를 증가시킬 수 있으며, 초과시간을 이용하는 경우 직접노무원가는 시간당 ₩30으로 증가하며 변동제조간접비와 판매관리비도 정상생산시보다 50% 증가한다고 가정한다.

[문 8] (주)TM은 선풍기 모터를 생산 · 판매하고 있다. 20×1년에는 2,800대를 생산하였고, 20×2년에는 3,584대를 생산하였다. 두 개 연도 모두 단위당 판매가격은 ₩800, 단위당 직접재료비는 ₩135으로 동일하다. 다음은 20×1년과 20×2년 실제원가에 기초한 선풍기 모터의 포괄손익계산서를 일부 요약한 것이다. 선입선출법을 가정한다.

	20×1년	20×2년
매출액	₩2,400,000	₩2,480,000
변동비		
변동매출원가		
기초재고	145,500	85,500
당기제품제조원가	798,000	1,021,440
기말재고	(85,500)	(228,000)
변동판매관리비	180,000	186,000
공헌이익	₩1,362,000	₩1,415,060
고정비		
고정제조간접비	459,200	459,200
고정판매관리비	720,000	720,000
영업이익	₩182,800	₩235,860

물음 (2007 회계사)

1. 20×2년 변동원가계산에 의한 영업이익을 전부원가계산에 의한 영업이익으로 전환하시오.
2. 20×2년 변동원가계산에 의한 영업이익을 초변동원가계산(super-variable costing)에 의한 영업이익으로 전환하시오.
3. (주)TM이 20×2년 초에 표준원가계산제도를 시행하였다고 하자. 차이분석결과 제조간접비의 조업도차이는 ₩39,360(F), 예산차이는 ₩87,000(U)이다. 20×2년의 기준조업도는 3,200대이다. 변동제조간접비는 직접작업시간을 기준으로 배부한다. 변동제조간접비의 수량표준은 1.5시간, 표준배부율은 ₩17이다.
   1) 20×2년의 고정제조간접비 예산은 얼마인가?
   2) 20×2년 변동제조간접비 실제발생액은 얼마인가?
4. 20×2년 말 (주)TM은 선풍기 모터 850대를 단위당 ₩450에 구입하겠다는 특별주문을 받다. 이 주문의 수락여부를 판단하기 위하여 생산 및 판매활동을 분석한 결과 다음과 같은 사실이 밝혀졌다. (주)TM은 이 주문을 수락할 수 있는 여유생산능력이 충분하다. (주)TM의 경영진은 이 주문으로부터 총 ₩50,000 이상의 이익이 있으면 수락하려고 한다. 이 주문의 수락여부를 결정하시오. (소수점 넷째자리에서 반올림함)

① 고정제조간접비 가운데 ₩84,000은 배치원가이며, 고정판매관리비 가운데 ₩415,400도 배치원가이다. 배치크기는 다음과 같다.

항 목	배치당 제품수량
고정제조간접비	224대
고정판매관리비	50대

② 이와 같은 특별주문의 경우 고정판매관리비의 배치크기는 150대이다. 이 주문으로부터 발생하는 변동판매관리비는 정상 판매시보다 단위당 ₩20씩 절감할 수 있다. 이 주문을 수락하면 그에 대한 반발로 일부 고객(수요량 30대)이 이탈한다.

[문 9] (주)한국은 일반형과 고급형으로 분류되는 두 종류의 정수기를 생산·판매하고 있다. 일반형과 고급형 정수기 1단위를 생산하는데 소요되는 기계시간은 각각 1시간과 2시간이다. 이 기업이 매월 사용가능한 최대 기계시간은 총 6,000시간이다. (주)한국이 20×1년 3월에 대해 예측한 일반형과 고급형 정수기의 판매가격, 원가 및 시장수요량에 관한 자료는 다음과 같다.

항 목	일반형	고급형
단위당 판매가격	₩42	₩64
단위당 변동원가	26	40
단위당 고정원가	6	6
단위당 총원가	32	46
시장수요량	2,500단위	1,500단위

(주)한국은 20×1년 3월의 판매예측에 포함하지 않았던 한 고객으로부터 고급형 정수기 500단위를 단위당 ₩74의 가격에 20×1년 3월 중에 구입하고자 하는 특별주문을 받다. (주)한국이 이 고객의 특별주문을 수락할 경우 해당 제품의 단위당 변동원가에 미치는 영향은 없다. (주)한국이 이 고객의 특별주문을 수락할 경우, 20×1년 3월 영업이익은 얼마만큼 증가하게 될 것인가? (2014 회계사, 2025 세무사 유사)

[문 10] 절단공정과 가공공정을 거쳐 완성품이 되며, 위의 공정을 거친 제품은 수요량이 크고 단위당 ₩1,300에 팔린다. 절단공정에서는 작업폐물이 500개(5%)가 나오고 가공공정에서는 950개(10%)의 작업폐물이 나온다.

	절단공정	가공공정
월 생산능력	10,000개	15,000개
월 완성량	9,500	8,550
단위당 변동비	₩550	₩120
고정비	₩3,000,000	₩475,000

물음 (2000 회계사)

1. 각 공정에서의 작업폐물의 단위당 원가를 각각 산출하시오.
2. 절단공정의 작업폐물 1단위가 합격품으로 바뀐다면 이 기업의 이익은 얼마인가?
3. 절단공정의 작업폐물이 나오는 비율을 5%에서 3%로 개선할 수 있는 방안이 있다. 이를 수행하면 ₩220,000이 든다. 이 방안을 수행하겠는가?
4. 외부에서 5,000개를 @₩1,000에 가공공정에 공급하겠다고 한다. 이는 절단공정에서 만든 품질과 차이가 없다고 가정한다. 이를 수락하겠는가?

[문 11] 볼펜을 제조하는데 필요한 부품A를 연간 200,000단위로 자가제조하고 있는데, 이에 소요되는 단위당의 원가는 다음과 같다.

직접재료비	₩4
직접노무비	16
변동제조간접비	8
고정제조간접비	10

부품A를 외부에서 주문할 수도 있는데, 그 경우의 단위당 구입원가는 ₩36으로 제시되고 있다. 만일 부품A을 자가제조하지 않고 외부에서 구입한다면 유휴생산설비는 이용가치가 없게 되지만, 현재 발생하고 있는 고정비 중에서 60%는 계속적으로 발생한다.

물음 (2015 세무사 유사, 2012 세무사 유사, 2011 세무사 유사)

1. 부품A를 자가제조할 것인지 또는 외부구입할 것인지를 결정하기 위한 관련원가의 차이분석을 수행하시오.
2. 부품A의 자가제조와 관련하여 고려되는 관련원가는 얼마인가?

[문 12] 제품K를 전문적으로 제조하는 업체로서, 그 과정에서 소요되는 부품X를 단위당 ₩200의 원가로서 자체 생산하고 있다.

직접재료비	₩100
직접노무비	40
변동제조간접비	20
고정제조간접비	40
	₩200

(연간 생산량 10,000단위를 기준으로 하여 계산)

고정제조간접비 중에서 단위당 ₩10은 회피가능원가이며, 나머지 ₩30은 부품X의 생산설비에 대한 감가상각비를 포함한 회피불능원가이다. 만일 부품X를 외부에서 구입한다면 단위당 ₩220에 구입할 수 있으며, 부품X의 공장시설을 연 ₩250,000에 임대할 수 있다. 부품X의 연간 제조수량 및 수요량이 10,000단위(정상조업도)라고 할 때, 부품X를 자가제조하는 것이 외부에서 구입하여 사용하는 것보다 단위당 어떠한가?

[문 13] 두 개의 제조부문 A, B와 두 개의 보조부문 S , S 를 두고 있다. 각 보조부문에서 생산한 용역의 사용비율은 다음과 같으며, 보조부문 S , S 에서 발생한 변동비는 각각 ₩200,000과 ₩400,000이다.

제공 \ 사용	S_1	S_2	A	B	용역생산량
S_1	-	40%	20%	40%	10,000단위
S_2	20%	-	40	40	20,000

물음 (2023 회계사 유사, 2015 회계사 유사, 2011 회계사 유사)

1. 보조부문 S_2의 용역을 자가제조하는 대신에 외부구입한다면, 몇 단위의 S_2의 용역을 구입하여야 하겠는가? 단, 제조부문의 생산량은 항상 일정하다고 가정한다.
2. 보조부문 S_2의 용역을 자가제조하는 대신에 외부구입한다면, 절감되는 변동비는 얼마이겠는가? 단, 외부구입에 필요한 경비는 고려하지 않는다.

3. 보조부문 S_2에서 필요로 하는 용역량을 다른 기업에서 단위당 ₩25에 제공하겠다고 할 때, 수락여부를 결정하시오.

[문 14] 주요부품 A, B, C, D를 사용하여 단일 제품만을 생산·판매하고 있다. 이들 부품은 자가제조될 수도 있고 외부구입할 수도 있다. 이들 부품의 자체생산에 활용할 수 있는 총기계시간은 600시간이며, 변동제조원가만이 회피가능원가이다. 이때 각 부품별 소요량을 자가제조 또는 외부구입 중 어느 방법으로 조달하여야 하겠는가?

	부품A	부품B	부품C	부품D
단위당 직접재료비	₩20	₩30	₩50	₩70
단위당 직접노무비	10	20	20	20
단위당 변동제조간접비	6	10	10	10
단위당 총변동제조원가	₩36	₩60	₩80	₩100
부품 단위당 소요기계시간	2시간	3시간	1시간	3시간
소요량	150단위	100단위	300단위	100단위
부품 단위당 외부구입가격	₩40	₩75	₩90	₩95

[문 15] 정석산업의 수원공장은 두 개의 공장-P, Q를 가지고 있다. P공장에서는 제품A를 생산하며, Q공장에서는 제품A를 가공하여 제품B와 제품C를 생산한다. 다음은 각 제품의 단위당 판매가격과 수요량 및 단위당 원가자료이다.

	제품A	제품B	제품C
단위당 판매가격	₩660	₩1,445	₩1,735
월간 수요량	1,000개	1,000개	400개
단위당 원가			
직접재료비	₩330	₩300	₩420
A대체원가	-	600	600
직접노무비	60	40	80
변동제조간접비	45	30	60
고정제조간접비	165	110	220
계	₩600	₩1,080	₩1,380
변동판매관리비	₩30	₩45	₩45
고정판매관리비	20	20	20

P공장의 월간 최대 기계가동시간은 2,400시간이며 Q공장의 월간 최대 기계가동시간은 1,600시간이다. 제품의 단위당 기계시간은 제품A 3기계시간, 제품B 2기계시간, 제품C 4기계시간이다. 만약 Q공정에서 소요되는 제품A를 외부 구입한다면 단위당 구입가격 ₩660 이외에 단위당 ₩10의 운송비가 추가로 소요된다. P공장의 고정제조간접비는 월간 ₩132,000을 월간 예상생산량을 기준으로 배분한 것이다. Q공장의 고정제조간접비는 월간 ₩88,000을 예상 기계가동시간을 기준으로 배분한 것이다. 기업의 마케팅부장은 매월 P공장에서 제품A 800개를 생산하여 300개는 즉시 판매하고, 나머지 500개를 Q공장에 대체하여 제품B 200개와 제품C 300개로 추가가공하여 판매할 것으로 예상하고 있다. 고정판매관리비 월간 ₩16,000은 월간 예상판매량을 기준으로 배부한다.

물음 (2005 회계사, 2014 세무사 유사)

1. 월간 총공헌이익을 극대화하기 위한 각 제품의 생산 및 판매량을 구하라.

2. Q공장은 생산설비의 제약으로 인해 제품B와 제품C 중 한 가지만 생산할 수 있다고 가정한다. 만약 기업이 제품C를 수요량만큼 생산한다면 [물음1]의 결과에 비해 이익이 감소하지 않는 제품C의 최저 판매가격은 얼마가 되는가?
3. P공장은 위의 정규가동시간 외에 초과가동은 불가능하지만 Q공장은 위의 정규시간 외의 초과시간을 활용하여 월간 400시간을 추가 가동할 수 있다. 이때 각 제품의 단위당 직접노무비는 50% 증가하며 단위당 변동제조간접비는 40%가 증가한다. 기업은 초과가동하는 것이 바람직한가? 그때 제품B와 제품C의 최적 생산량은 얼마가 되는가?

[문 16] (주)한국의 생산부문은 부품생산, 조립, 가공처리 세 부문으로 구성되어 있다. (주)한국은 각 부문마다 노동력과 기계를 투입하여 제품 X와 제품 Y를 생산한다. 아래의 자료는 두 제품을 생산하는데 이용가능한 생산부문의 직접노무시간과 기계작업시간이다. 개별 부문의 여유시간은 타 부문으로의 재배치가 불가능하며, 직접노무시간과 기계작업시간 상호 간에도 대체가 불가능하다.

구 분	생산부문		
	부품생산	조 립	가공처리
직접노무시간	15,000	14,000	10,000
기계작업시간	45,000	40,000	32,100

각 제품의 생산에 필요한 생산부문별 단위당 직접노무시간 및 기계작업시간은 다음과 같다.

구 분	제품 X			제품 Y		
	부품생산	조 립	가공처리	부품생산	조 립	가공처리
직접노무시간	1	1	1	2	1.5	2
기계작업시간	3	2	2.2	4	3	3

(주)한국의 연간 예상 시장수요량은 제품 X가 8,000단위, 제품 Y가 4,000단위이다. 예상 시장수요량에 맞추어 (주)한국이 자체적으로 제품을 생산할 경우 연간 총원가는 다음과 같다.

원가항목		제품 X	제품 Y
직접재료원가		₩1,000,000	₩800,000
직접노무원가		800,000	600,000
변동제조간접원가		120,000	150,000
고정제조간접원가	회피 가능	100,000	50,000
	회피 불가능	80,000	70,000
변동판매관리비		40,000	80,000
고정판매관리비		60,000	40,000
설비기회원가*		60,000	60,000

* 설비를 사용하지 않고 대체용도로 이용할 때 얻을 수 있는 최대이익

물음 (2021 회계사)

1. (주)한국이 제품 X와 제품 Y의 예상 시장수요량을 차질 없이 생산할 수 있는지 판단하고 그 이유를 설명하시오.
2. 제품 X와 제품 Y의 단위당 판매가격은 각각 ₩295와 ₩467.5이고, 생산량은 모두 판매 가능하다. 최대 공헌이익을 달성하기 위한 각 제품의 생산량을 구하고, 해당 생산량 하에서 영업이익을 계산하시오.

※ 아래의 (물음 3), (물음 4), (물음 5)는 상호 독립적이다.

3. 만일 가공처리 부문에서 작업시간이 기존에 비해 절반으로 단축되는 최신 기계를 도입하면 공헌이익이 얼마나 변동하는지 설명하시오.
4. 개별 부문 내에서만 직접노무시간과 기계작업시간 상호 간에 대체가 가능하다고 가정한다. 기계작업시간 1시간은 직접노무시간 3시간에 해당한다. 최대 공헌이익을 달성하기 위한 제품 X와 제품 Y의 최적생산배합을 구하고 그 근거를 제시하시오.
5. (주)한국은 제품 X에 대한 외부주문생산도 고려하고 있다. 외부주문생산 시 고정원가로서 납품업체의 선정과 납품검사 등과 같은 납품관리비가 ₩50,000 발생한다. 단, 제품 생산에 사용되는 생산설비는 대체용도가 존재한다.
   1) 제품 X의 외부주문생산을 고려하던 중 한 납품업체가 제품 X의 연간 예상 시장수요량 8,000단위 전부를 단위당 ₩250에 공급하겠다고 제안하였다. 이 제안의 수락 여부를 계산근거를 바탕으로 제시하시오. 단, 외부주문생산으로 인한 제품 Y의 생산량 변동은 고려하지 않는다.
   2) 외부주문생산과 자체생산, 두 의사결정이 무차별하게 되는 제품 X의 생산량을 계산하시오.

[문 17] 기업의 간부들은 세 가지 제품에 대한 수익성을 검토하고 있는데, 제품배합을 여러 가지로 변경시키는 제안에 대하여 대안들을 분석하고 있다. 요약포괄손익계산서와 관련 자료는 다음과 같다.

	P제품	Q제품	R제품	계
매출액	₩67,500	₩30,000	₩12,000	₩109,500
변동비	38,250	15,450	13,000	66,700
공헌이익	₩29,250	₩14,550	(₩1,000)	₩42,800
고정비	5,000	4,000	3,600	12,600
영업이익	₩24,250	₩10,550	(₩4,600)	₩30,200
판매량	4,500개	1,500개	2,000개	
단위당 판매가격	₩15	₩20	₩6	
단위당 변동매출원가	8	9	5	
단위당 변동영업비	0.5	1.3	1.5	

물음 (2000 세무사, 2014 회계사 유사)

1. R제품 생산중단시 당기순손익에 미치는 영향은?
2. R제품 생산중단시 250개의 Q제품 판매량이 감소한다면 당기순손익에 미치는 영향은?
3. R제품의 가격은 ₩7으로 인상할 경우 판매량이 1,000개 감소한다면 당기순손익에 미치는 영향은?
4. R제품의 생산에 사용하던 설비를 S제품 생산에 그대로 이용할 수 있다. 이때 S제품의 생산판매량은 2,000개, 단위당 판매가격은 ₩5, 단위당 총변동원가는 ₩4.5이 된다. R제품 생산을 중단하고 S제품을 생산하게 되는 경우 당기순손익에 미치는 영향은?

[문 18] A·B·C 세 가지의 연산품을 제조하는 기업으로서 A·B제품은 세 가지의 제품이 분리되는 시점에서 판매가 이루어지지만, C제품은 추가가공을 수행하여 판매하고 있다. 5월 중 이들 제품의 제조와 관련된 자료이다.

결합원가	₩8,500,000
생산량	A-200kg, B-300kg, C-500kg
분리점에서의 판매가격	A-₩15,000/kg, B-₩20,000/kg
C제품의 추가가공비	₩4,500,000
추가가공 후 C제품의 판매가격	₩25,000/kg

C제품의 전부에 대한 추가가공도 5월 중에 완료되었으며, 결합원가의 배분은 순실현가치법에 의하여 수행한다. 만일 B제품은 5월 중에 전부 판매되고 5월 말 시점에서 A·C제품의 월말재고량이 각각 50kg·100kg으로 존재하고 있다면, 5월 중 매출총이익은 얼마가 되겠는가? 단, 어느 제품의 경우이든 5월의 월초재고는 없다. (2014 회계사 유사)

[문 19] 원유를 정제하여 분리점에서 A·B·C 제품을 생산하고 있다. 12월 중 ₩10,000,000의 결합원가를 투입하여 세 가지 제품을 다음과 같이 생산하였다.

A제품	B제품	C제품
30,000갤론	10,000갤론	5,000갤론

제품 A·B·C는 분리점에서 판매될 수도 있고, 추가가공하여 완제품으로 판매될 수도 있다. 이들에 관련된 자료는 다음과 같다.

		추가가공시	
제품	분리점에서의 단위당 판매가격	추가가공비	단위당 판매가격
A	₩300	₩13,000,000	₩1,000
B	500	12,000,000	1,500
C	1,000	6,000,000	2,000

이때 가장 이익이 크게 발생하는 대안을 선택한다면, 12월 중의 매출총이익은 얼마로 계산되겠는가? 단, 12월의 월초재고는 없고, 12월 중에 생산된 제품은 어느 단계에서든 전부 당월에 판매되며, 결합원가의 제품별 배부는 순실현가치법에 의하는 것을 전제로 한다.

[문 20] 결합공정을 통해서 甲, 乙, 丙, 丁(부산물)의 네 가지 제품을 생산하고 있으며, 결합공정에서의 발생원가는 ₩1,000,000이다. 모든 제품은 분리점에서 즉시 판매가 가능하나, 甲제품은 추가가공하여 슈퍼甲으로 판매되고 있다. 제품별 정보는 다음과 같다. 단, 부산물의 순실현가치는 주산품에 배분될 결합원가에서 차감된다.

제 품	생산량	단위당 판매가격	추가가공비
슈퍼甲	500개	₩1,000	₩100,000
乙	200	3,500	-
丙	300	3,000	-
丁	100	0	-

물음 (2001 회계사)

1. 결합원가를 제품별 순실현가치에 비례하여 배분한다고 할 때, 각 제품의 단위당 원가를 산출하시오.

2. 생산된 제품은 당기에 전부 판매된다고 한다. 각 제품별 매출총이익률을 계산하시오. 단, 기초재고는 존재하지 않는다.
3. 다음의 각 독립된 상황에서 각 제품의 추가가공이 유리한지 불리한지 의사결정을 하시오
   1) 甲제품을 단위당 ₩900에 구입하겠다는 주문을 받았다. 이때 甲을 추가가공하는 것이 유리한가?
   2) 乙을 추가가공하면 슈퍼乙의 생산이 가능하다. 슈퍼乙의 판매가격은 단위당 ₩5,000이며 투입량의 20%만큼 감손이 발생한다. 추가가공비는 ₩200,000이 소요된다. 乙을 추가가공하는 것이 유리한가?
   3) 丙을 추가가공하면 슈퍼丙이 된다. 슈퍼丙은 단위당 ₩3,000에 판매되며 투입량의 120%에 해당하는 생산량이 나온다. 추가가공비는 ₩100,000이 소요된다. 丙을 추가가공하는 것이 유리한가?
4. 丁을 추가가공하면 판매가격이 단위당 ₩500인 슈퍼丁(부산물)을 생산할 수 있다. 이때 소요되는 추가가공비는 ₩30,000이다. 당사는 丁을 추가가공할 것인가? 이러한 의사결정이 위 [물음3]의 의사결정에 어떠한 영향을 미치는지 설명하시오.
5. 당사에는 甲, 乙, 丙의 세 개의 사업부가 있다. 각 사업부의 성과는 각각 제품 甲, 乙, 丙의 매출액 대비 영업이익에 의해서 평가된다고 한다. 슈퍼丁(부산물)을 추가가공함에 따른 매출액은 본사에 귀속되고 추가가공비는 甲, 乙, 丙 각 사업부에 균등하게 1/3씩 배부하며 결합원가는 각 제품의 순실현가치를 기준으로 배부한다. 슈퍼丁의 단위당 판매가격은 ₩500이고 추가가공비가 ₩30,000이라면, 이때 위 [물음2]와 비교할 경우 각 사업부는 丁제품의 추가가공에 대해 찬성할 것인가?

[문 21] 하나의 공정에서 두 가지의 연산품 A · B를 생산하고 있다. 10월 중에 발생한 결합원가는 ₩400,000이고, 분리점 이후에 A · B를 판매가능한 제품상태로 전환시키는데 필요한 추가활동은 다음과 같이 진행되었다.

	수 량	추가가공비
A제품	1,500단위	₩3,000,000
B제품	1,375	4,125,000

제품의 최종 판매가능상태에서 단위당 판매가격은 A제품 ₩5,000, B제품 ₩7,000이다. 만일 10월의 생산량 중에서 A제품 500단위와 B제품 200단위를 판매하였다면, 이 판매로 인한 매출총이익은 얼마로 계산되는가? 단, 결합원가를 순실현가치법에 의하여 제품별로 배부하고 있다.

[문 22] (주)대한은 결합제품 A, B, C를 생산 · 판매하고 있다. 공정1에서 반제품이 생산되는데 그 중 일부는 제품A라는 이름만 붙여 외부에 판매되며, 또 일부는 공정2를 거쳐 제품B가 생산되고, 나머지는 공정3을 거쳐 제품C와 폐물F가 생산된다. 20×1년 생산 및 원가자료는 다음과 같다.

(1) 공정1의 기초재공품은 100kg(완성도 40%), 당기투입량은 1,300kg이며, 당기완성량은 1,000kg, 기말재공품은 300kg(완성도 60%), 나머지는 공손이다. 공정1에서 재료비와 가공비는 모두 공정 전반에 걸쳐 균등하게 발생한다. 공정1에서 품질검사는 완성도 70%에서 이루어지며, 품질검사를 통과한 정상품의 6%를 정상공손으로 간주한다. 20×1년 공정1의 기초재공품원가는 ₩28,000이며, 당기투입원가는 ₩1,149,500이다. 원가흐름은 선입선출법을 가정한다.

(2) 제품A는 200kg이 생산되고 추가가공비는 발생하지 않다. 공정2에서는 제품B가 300kg 생산되며 추가가공비는 ₩152,000 발생하다. 공정3에서는 제품C가 400kg, 폐물F가 100kg이 생산되며 추가가공비는 ₩200,000 발생하다. 폐물F는 공정3의 특성상 발생한 것이며, 공정1, 2와는 관계 없다. 공정2와 3에서 재료의 투입은 이루어지지 않으며, 재공품과 공손 및 감손은 없다.

(3) 폐물F는 폐기처리하는데 kg당 ₩150의 비용이 소요되며, 부산물과 폐물에 대한 회계처리는 생산기준법(순실현가치)을 적용하고 있다. 20×1년 각 제품의 판매 관련 자료는 다음과 같다.

	kg당 가격	판매비(총액)
제품A	₩2,100	₩70,000
제품B	2,100	240,000
제품C	2,800	108,000
합 계	₩7,000	₩418,000

물음 (2014 세무사)

1. 20×1년 공정1에서 결합제품에 배부되어야 할 결합원가는 얼마인가?
2. [물음1]에서 산출된 결합원가가 ₩1,000,000이라고 가정한다. 순실현가치법을 이용하여 제품A, B, C의 제품원가를 각각 산출하시오.

[문 23] (주)세무는 공정이 정상인지에 대하여 조사 여부를 결정하고자 한다. 공정의 조사비용은 ₩20,000이며, 조사 후 공정이 비정상 상태일 때 교정비용은 ₩30,000이다. 공정이 비정상인데 조사하지 않으면 손실 ₩90,000이 발생한다. 공정이 정상일 확률은 60%, 비정상일 확률은 40%이다. 공정상태에 대해 완전한 예측을 해주는 완전정보시스템이 있다면 그 완전정보를 얻기 위해 지불가능한 최대금액은? (2019 세무사, 2025 세무사 유사)

[문 24] (주)대한은 연속된 공정 A와 B를 거쳐서 완제품을 생산한다. 완제품의 단위당 판매가격은 ₩50이다. 직접재료원가 이외의 운영원가는 모두 고정원가로 간주한다. 20×1년에 공정별 생산 및 원가자료는 다음과 같다.

항 목	공정A	공정B
시간당 생산능력	15단위	10단위
연간 이용가능시간	2,000시간	2,000시간
연간 생산량	20,000단위	20,000단위
단위당 직접재료원가	₩10	₩10
연간 고정운영원가	₩120,000	₩140,000

(주)대한은 공정B의 종료단계에서 품질검사를 실시한다. 당기 중에 공정B에서 불량품 100단위가 생산되었다면, 불량품 100단위로 인해 영업이익은 얼마나 감소하는가? 단, (주)대한의 기초 및 기말 재고자산은 없으며, 불량품은 전량 폐기된다. (2019 회계사)

[문 25] (주)대한은 단일 제품을 생산하며 20×1년의 판매가격 및 원가자료는 다음과 같다.

항 목	단위당 금액
판매가격	₩50
변동제조원가	20
변동판매비	5

고정제조원가와 고정판매비는 각각 ₩20,000과 ₩10,000이다. (주)대한의 경영자는 판매촉진을 위해 인터넷 광고를 하려고 한다. 인터넷 광고물 제작에는 ₩5,000의 고정판매비가 추가로 지출된다. 인터넷 광고를 하지 않을 경우 판매량은 1,200단위와 1,800단위 사이에서 균등분포를 이루고, 인터넷 광고를 하면 판매량은 1,500단위와 2,000단위 사이에서 균등하게 분포한다. (주)대한이 인터넷 광고를 함으로써 기대영업이익은 얼마나 증가 또는 감소하는가? (2019 회계사)

[문 26] (주)세무는 3가지 제품 A, B, C를 생산·판매하고 있다. 각 제품의 단위당 판매가격, 단위당 직접제조원가는 다음과 같다.

구 분	제품 A	제품 B	제품 C
단위당 판매가격	₩100	₩150	₩200
단위당 직접재료원가	15	42	54
단위당 직접노무원가	25	15	30

(주)세무의 생산 및 판매와 관련한 기타정보는 다음과 같다.

1. 직접노무시간당 임률은 ₩10이다.
2. 변동제조간접원가는 직접노무시간을 기준으로 각 제품에 배부하는데, 변동제조간접원가 배부율은 직접노무시간당 ₩12이다.
3. 월간 총고정원가는 ₩560,000이다.
4. 변동판매관리비는 각 제품 매출액의 10%이다.
5. 제품 A, B, C를 생산하기 위하여 동일한 기계를 활용하고 있다. 기계시간당 각 제품의 생산량은 제품 A 100개, 제품 B 20개, 제품 C 15개이다. (주)세무가 이용가능한 총기계시간은 월간 500시간이다.
6. 제품 A, B, C의 월간 예상수요량은 각각 15,000개, 8,000개, 5,000개이다.
7. 당월에 생산된 제품은 모두 당월에 판매된다.

물음 (2023 세무사)

1. (주)세무는 생산 및 판매와 관련한 모든 정보를 활용하여 기업의 이익을 최대화하고자 한다.
   (1) 제품 A, B, C 각각에 대해 제품단위당 공헌이익을 계산하시오.
   (2) 제품 A, B, C 각각에 대해 월간 최적 생산량을 계산하시오.
2. (주)세무는 이익을 최대화하는 생산량을 결정한 이후에 외국의 거래처로부터 제품 B 8,000개를 구입하겠다는 특별주문을 받았다. 이 특별주문은 부분적으로 수락할 수 없으며, 전량을 수락 또는 거절하여야 한다. 이 특별주문을 수락할 경우 특별주문에 따른 변동판매관리비는 발생하지 않고 대신에 고정판매관리비 ₩40,000이 추가로 발생하며, 이외에 기존 제품의 단가나 원가구조는 달라지지 않는다.
   (1) 특별주문을 수락하는 경우, 이로 인해 발생하는 기회원가(opportunity cost)를 계산하시오.
   (2) 특별주문을 수락하기 위한 제품 B의 단위당 최소판매가격을 계산하시오.
3. 위에 제시된 상황에서 (주)세무는 제품 A에 대한 월간수요가 불확실하여 이에 합리적으로 대처하고자 한다. (주)세무는 제품 A의 월간수요량이 5,000개(불황) 또는 15,000개(호황)이며, 그 가능성이 각각 40%, 60%라고 생각하고 있다. (주)세무는 제품 A를 자동화 생산방식으로 생산할 수 있으며, 반자동화 생산방식, 수작업 생산방식으로도 생산할 수 있다. 제품 A에 대한 생산방식과 월간수요에 따른 기업 전체의 이익은 다음과 같다.

	월간수요 5,000개(불황)	월간수요 15,000개(호황)
자동화 생산방식	₩65,000	₩160,000
반자동화 생산방식	90,000	100,000
수작업 생산방식	75,000	80,000

(주)세무는 미래의 불확실성을 줄이고자 외부의 마케팅 전문컨설팅사에 의뢰하여 제품 A에 대한 수요를 파악하고자 한다. 외부 전문컨설팅사에서는 마케팅 전문지식을 활용하여 불황(R1) 또는 호황(R2)이라는 예측자료를 제공한다.

(1) (주)세무가 선택할 수 있는 제품 A의 생산방식 중 고려대상에서 제외해도 되는 생산방식은 무엇인가? 그리고 그 판단의 근거를 서술하시오.

(2) 외부의 전문컨설팅사에서 제공하는 정보가 완전정보라면, 완전정보의 기대가치를 계산하시오.

(3) 과거의 자료에 의하면 이 외부 전문컨설팅사에서 불황(R1)이라고 예측을 하였는데 실제로 불황일 가능성은 80%이고, 예측과는 달리 호황일 가능성은 20%였다. 또한 과거의 자료에 의하면 이 외부 전문컨설팅사에서 호황(R2)이라고 예측하였는데 실제로 호황일 가능성은 80%이고, 예측과는 달리 불황일 가능성은 20%였다. (주)세무가 외부 전문컨설팅사로부터 불황(R1) 예측자료를 받을 경우 제품 A의 최적생산방식은 반자동화 생산방식이며, 이때의 기대이익은 ₩92,727인 것으로 분석되었다. 다음 물음 ①과 ②에 답하시오.

① (주)세무가 외부 전문컨설팅사로부터 호황(R2) 예측자료를 받을 경우 제품 A의 최적생산방식을 기술하고, 기대이익을 계산하시오.

② (주)세무가 외부 전문컨설팅사로부터 이 정보를 구입하기 위해 지불할 수 있는 최대금액, 즉 불완전정보의 기대가치를 계산하시오.

[문 27] (주)세무는 단일 제품을 생산 · 판매하는데 단위당 변동원가는 ₩225이고 공헌이익률은 40%이다. 당기 예상판매량은 2,000단위부터 6,000단위 사이에서 균등분포를 이룬다. 당기 총고정원가가 ₩630,000일 때 ₩120,000 이상의 이익을 얻을 확률은? (2019 세무사, 2025 세무사 유사, 2024 세무사 유사)

정답 및 해설

[문 1] 특별주문

단위당 판매가격 : @₩3,800

단위당 변동비 : (₩12,000,000 + ₩800,000)÷(₩20,000,000÷@₩5,000) = @₩3,200

* 변동비와 고정비의 구분

	변동비	고정비	계
매출원가	₩12,000,000	₩4,000,000	₩16,000,000
판매관리비	800,000	700,000	1,500,000

단위당 공헌이익 : (@₩3,800 - @₩3,200)×500단위 = ₩300,000(이익 증가)

[문 2] 특별주문

변동원가율

$$\frac{\text{총원가의 증가}}{\text{생산량의 증가}} = \frac{@₩22,500\times24,000\text{단위} - @₩24,000\times20,000\text{단위}}{24,000\text{단위} - 20,000\text{단위}} = ₩15,000/\text{단위}$$

단위당 공헌이익 : @₩18,000 - @₩15,000 = ₩3,000/단위

총공헌이익의 증가액 : @₩3,000×4,000단위 = ₩12,000,000

[문 3] 특별주문

증분수익 :	매출액	1,000단위×@₩30 =		₩30,000
증분비용 :	자가생산	500단위×(@₩22 + @₩1) =	₩11,500	
	외부구입	500단위×(@₩25 + @₩1) =	13,000	24,500
증분이익 :				₩5,500

* @₩12 + @₩5 + @₩5 = @₩22,　@₩2×50% = @₩1

[문 4] 특별주문

단위당 변동비 : ₩240,000÷4,000개 = @₩60

묶음당 변동비 : ₩80,000÷(4,000개÷50개) = @₩1,000

증분수익 :	매출액	1,500개×@₩130 =		₩195,000
증분비용 :	변동원가	1,500개×@₩60 + 15묶음×@₩1,000 =	₩105,000	
	500개 포기 기회비용*		60,000	165,000
증분이익 :				₩30,000

* 500개 포기 기회비용 : 500개×@₩200 - 500개×@₩60 - (500개÷50개)×@₩1,000 = ₩60,000

[문 5] 특별주문

1. 사무용 가방의 단위당 공헌이익

@₩90 - @(₩17 + ₩18.75 + ₩6.25 + ₩10) = @₩38

∴ 공헌이익 : @₩38×4,000단위 = ₩152,000(단, 외부구매하여 판매하는 것은 제외함)

최대 6,000단위까지 판매할 수 있으므로, 추가로 외부로부터 2,000단위 구매하여 판매한다면, 최대 공헌이익은 ₩152,000 + @(₩90 - ₩68 - ₩5)×2,000단위 = ₩186,000이 된다.

2. 1)

	사무용가방	이동용가방
단위당 공헌이익	₩38*	₩25*
단위당 노동시간	₩18.75÷₩15 = ₩1.25	₩7.5÷₩15 = ₩0.5
시간당 공헌이익	₩38÷₩1.25 = ₩30.4	₩25÷₩0.5 = ₩50

* @₩90 - @(₩17 + ₩18.75 + ₩6.25 + ₩10) = @₩38
@₩50 - @(₩8 + ₩7.5 + ₩4.5 + ₩5) = @₩25

∴ 기업은 이익극대화를 위해서 사무용가방보다는 이동용가방의 시간당 공헌이익(제약조건 단위당 공헌이익)이 더 크므로, 이동용가방을 생산하면 된다.

가용노동시간 : @₩1.25×4,000단위 = 5,000시간

이동용가방 생산량 : 8,750단위(4,375시간)
* 8,750단위×@₩0.5/시간 = 4,375시간

사무용가방 생산량 : (5,000시간 - 4,375시간)÷@₩1.25 = 500단위

외부구입 사무용가방 수량 : 6,000단위 - 500단위 = 5,500단위

2)

이동용가방 생산에 따른 이익 증가 : @₩50×4,375시간 =	₩218,750
사무용가방 생산에 따른 이익 감소 : @₩30.4×4,375시간 =	(133,000)
외부구입 증가에 따른 이익 증가 : @(₩90 - ₩68 - ₩5)×(5,500단위 - 2,000단위) =	59,500
	₩145,250

3. 1) 이동용가방 생산량 : 8,950단위(4,475시간)
* 8,750단위 + 200단위 = 8,950단위
8,950단위×@₩0.5/시간 = 4,475시간

사무용가방 생산량 : (5,000시간 - 4,475시간)÷@₩1.25 = 420단위

외부구입 사무용가방 수량 : 6,000단위 - 420단위 = 5,580단위

2) 상실된 기회이익 : 사무용가방 생산 감소에 따른 이익 감소액
= @₩38×(500단위 - 420단위) = ₩3,040

4. 사무용가방보다는 이동용가방의 시간당 공헌이익(제약조건 단위당 공헌이익)이 더 크므로 이로 인한 생산량의 변화는 없으나, 사무용가방의 외부구입수량이 300단위 증가하므로 이익은 @(₩90 - ₩68 - ₩5)×300단위 = ₩5,100 증가한다.

[문 6] 특별주문

1. 최적생산량

	대형램프	소형램프
단위당 판매가격	₩3,200	₩2,100
단위당 변동비		
직접재료비	1,200	1,000
직접노무비	600	200
변동제조간접비	200	100
단위당 공헌이익	₩1,200	₩800
단위당 기계시간	÷ 0.1시간1)	÷ 0.05시간2)
기계시간당 공헌이익	₩12,000	₩16,000
생산 우선순위	2순위	1순위
최적생산량	15,000단위	25,000단위
(생산시간)	(1,500시간)	(1,250시간)

* 1) 10시간÷100단위 = 0.1시간
2) 10시간÷200단위 = 0.05시간

∴ 소형램프의 기계시간당 공헌이익이 대형램프보다 더 크므로 먼저 소형램프를 생산하고 남은 기계시간으로 대형램프를 생산한다. 총기계시간 3,000시간이 소형램프 25,000단위, 대형램프 15,000단위를 생산하기에 충분하다.

2. 특별주문 수락시 특별주문에 필요한 생산시간 : 5,000단위×0.1시간 = 500시간

구 분	투입시간	기회비용
유휴시설 이용	250	₩0
대형램프 생산 감소	250	250시간×@₩12,000 = ₩3,000,000
계	500	₩3,000,000

∴ 소형램프보다 대형램프의 시간당 공헌이익이 더 작으므로 대형램프의 생산을 감소하는 것이 유리하다. 기회비용은 대형램프 생산 감소에 따른 공헌이익 감소액이 된다.

3. 특별주문

증분수익 :	매출 증가	5,000단위×@₩3,700 =	₩18,500,000
증분비용 :	변동비	5,000단위×@₩2,000 =	10,000,000
	기회비용		3,000,000
증분이익 :			₩5,500,000

* @₩1,200 + @₩600 + @₩200 = @₩2,000

∴ 증분이익이 ₩5,500,000이므로 특별주문을 수락한다.

[문 7] 특별주문

<기본분석>

각 제품의 단위당 직접노동시간

FM12 : @₩400÷@₩20 = 20시간

FM34 : @₩500÷@₩20 = 25시간

현재 조업도

FM12 : 400대×20시간 = 8,000시간

FM34 : 200대×25시간 = 5,000시간

유휴생산시간 : 14,000시간 - 13,000시간(= 8,000시간 + 5,000시간) = 1,000시간

1. 특별주문량 생산소요시간 : 40대×25시간 = 1,000시간
   유휴생산시간(1,000시간) 이내이므로 정상 판매분 포기 등의 조치는 불필요하다.

매출 증가 :	40대×@₩2,000 =	₩80,000
변동원가 증가 :	40대×(@₩375 + @₩500 + @₩625) =	60,000
이익 증가 :		₩20,000

∴ 특별주문을 수락하면 이익이 ₩20,000 증가한다.

2. 특별주문량 생산소요시간 : 60대×25시간 = 1,500시간
   유휴생산시간을 500시간(= 1,500시간 - 1,000시간) 초과하므로 정상 판매분의 일부를 포기하여야 한다. 어느 제품을 포기할 것인지는 제한된 자원인 직접노동시간당 공헌이익의 크기를 고려하여 작은 것부터 포기한다.

	FM12	FM34
단위당 판매가격	₩2,000	₩2,500
단위당 변동원가		
직접재료원가	₩300	₩375
직접노무원가	400	500
변동제조간접비와 판매관리비	500	625
계	₩1,200	₩1,500
단위당 공헌이익	₩800	₩1,000
단위당 직접노동시간	÷ 20시간	÷ 25시간
직접노동시간당 공헌이익	₩40	₩40

직접노동시간당 공헌이익이 같으므로 무차별이다. 즉 어느 제품을 포기하더라도 500시간×@₩40 = ₩20,000의 이익이 감소한다.

매출 증가	: 60대×@₩2,000 =	₩120,000
변동원가 증가	: 60대×(@₩375 + @₩500 + @₩625) =	90,000
정상판매 포기에 따른 공헌이익 감소	: 500시간×@₩40 =	20,000
이익 증가	:	₩10,000

∴ 특별주문을 수락하면 이익이 ₩10,000 증가한다.

3. 특별주문량 생산소요시간 : 60대×25시간 = 1,500시간

초과시간(500시간)에 생산해야 할 FM34는 '500시간÷25시간 = 20대'이다. 즉 60대 중 40대는 정상시간 내에, 나머지 20대는 초과시간에 생산한다. FM34를 초과시간에 생산하는 경우 단위당 변동원가는 다음과 같다.

@₩375 + (25시간×@₩30) + (@₩625×1.5) = @₩2,062.5

매출 증가	: 60대×@₩2,000 =	₩120,000
변동원가 증가-정상시간 내	: 40대×(@₩375 + @₩500 + @₩625) =	60,000
변동원가 증가-초과시간	: 20대×@₩2,062.5 =	41,250
이익 증가	:	₩18,750

∴ 특별주문을 수락하면 이익이 ₩18,750 증가한다.

[문 8] 특별주문

1. 변동원가계산과 전부원가계산의 영업이익 차이 요약(20×2년도)

변동원가계산하의 영업이익	₩235,860
- 기초재고에 포함된 고정제조간접비(300대×₩164/대)	49,200
+ 기말재고에 포함된 고정제조간접비(800대×₩128.125/대)	102,500
전부원가계산하의 영업이익	₩289,160

* 1) 재고수량

20×1년 : ₩798,000÷2,800대 = ₩285/대, ₩85,500÷₩285/대 = 300대

20×2년 : ₩1,021,440÷3,584대 = ₩285/대, ₩228,000÷₩285/대 = 800대

2) 고정제조간접비(단위당 원가)

20×1년 : ₩459,200÷2,800대 = ₩164/대

20×2년 : ₩459,200÷3,584대 = ₩128.125/대

2. 변동원가계산과 초변동원가계산의 영업이익 차이 요약(20×2년도)

변동원가계산하의 영업이익	₩235,860
+ 기초재고에 포함된 변동가공비(300대×₩150/대)	45,000
- 기말재고에 포함된 변동가공비(800대×₩150/대)	120,000
초변동원가계산하의 영업이익	₩160,860

* 변동가공비(단위당 원가)
20×1년 : ₩798,000÷2,800대 = ₩285/대, @₩285 - @₩135 = @₩150
20×2년 : ₩1,021,440÷3,584대 = ₩285/대, @₩285 - @₩135 = @₩150
단위당 직접재료비 ₩135(문제 제시)

[참조] 초변동원가계산과 변동원가계산의 영업이익 차이 요약(20×2년도)

초변동원가계산하의 영업이익	x
- 기초재고에 포함된 변동가공비(300대×₩150/대)	₩45,000
+ 기말재고에 포함된 변동가공비(800대×₩150/대)	120,000
변동원가계산하의 영업이익	₩235,860

∴ x - ₩45,000 + ₩120,000 = ₩235,860
x = ₩160,860

3. 제조간접비 차이분석

원가행태	제조간접비 실제발생액	실제투입물에 대한 변동예산 (실제작업시간)	실제산출물에 대한 변동예산 (실제생산량에 허용된 표준작업시간)	실제산출물에 대한 배부액 제조간접비 표준
변동제조간접비	y		3,584대×1.5시간×₩17/시간 = ₩91,392	3,584대×1.5시간×₩17/시간 = ₩91,392
고정제조간접비	₩459,200	3,200대×SP = x	3,200대×SP = x	3,584대×SP = x´
	y + ₩459,200	x	₩91,392 + x	₩91,392 + x´

예산차이 ₩87,000(불리) 조업도차이 ₩39,360(유리)
총차이 ₩47,640(불리)

* 3,200대×SP - 3,584대×SP = - ₩39,360, SP(고정제조간접비 표준배부율) = ₩102.5/대

1) 20×2년의 고정제조간접비 예산(x) : 3,200대×₩102.5/대 = ₩328,000
2) 20×2년의 변동제조간접비 실제발생액(y) :
(y + ₩459,200) - (₩328,000 + ₩91,392) = ₩87,000
∴ y = ₩47,192

4. 특별주문

증분수익 :	매출액	850대×@₩450 =	₩382,500	
	공헌이익	30대×(@₩800 - @₩285 - @₩60) =	(13,650)	₩368,850
증분비용 :	변동제조원가	850대×@₩285 =	242,250	
	변동판매관리비	850대×(@₩60 - @₩20) =	34,000	
	배치원가	4배치×₩5,250 + 6배치×₩6,700 =	61,200	337,450
증분이익 :				₩31,400

* 1) ₩1,021,440÷3,584대 = ₩285/대
2) 매출액 ₩2,480,000÷단위당 판매가격 ₩800 = 3,100대(판매량)
변동판매관리비 총액 ₩186,000÷3,100대 = @₩60(단위당 변동판매관리비)
3) 850대÷224대≒4배치
850대÷150대≒6배치
₩84,000÷(3,584대÷224대) = ₩5,250
₩415,400÷(3,100대÷50대) = ₩6,700

∴ 특별주문시에 증분이익이 ₩50,000보다 작은 ₩31,400이므로 특별주문을 거절한다.

[문 9] 특별주문

기존 여유 생산시간 : 6,000시간 - 2,500단위×1시간 - 1,500단위×2시간 = 500시간
일반형 단위당 공헌이익 : @₩42 - @₩26 = @₩16(1순위)
고급형 단위당 공헌이익 : (@₩64 - @₩40)÷2시간 = @₩12(2순위)
∴ 고급형 정수기 증분이익 : 500단위×(@₩74 - @₩40) - 500시간×@₩12 = ₩11,000

[문 10] 작업폐물 및 외부구입

1. 작업폐물의 단위당 원가

	절단공정		가공공정	
단위당 전공정비	-		₩550 + ₩300 =	₩850
단위당 변동비		₩550		120
단위당 고정비	₩3,000,000÷10,000개 =	300	₩475,000÷9,500개 =	50
		₩850		₩1,020

2. 작업폐물의 합격품 전환

증분수익 :	매출 증가	1개×90%×@₩1,300 =	₩1,170
증분비용 :	변동비 증가		120
증분이익 :			₩1,050

3. 작업폐물비율 개선시

증분수익 :	매출 증가	10,000개×(5%-3%)×90%×@₩1,300 =		₩234,000
증분비용 :	추가가공비	10,000개×(5%-3%)×@₩120 =	₩24,000	
	추가비용		220,000	244,000
증분이익 :				₩(10,000)

∴ 개선방안을 수행하지 않는다.

4. 외부구입

증분수익 :	매출 증가	5,000개×90%×@₩1,300 =		₩5,850,000
증분비용 :	추가가공비	5,000개×@₩120 =	₩600,000	
	구입비용	5,000개×@₩1,000 =	5,000,000	5,600,000
증분이익 :				₩250,000

∴ 수락한다. 즉 외부구입한다.

[문 11] 자가제조 및 외부구입

1. 관련원가의 차이분석

구 분	관련원가의 크기		
① 외부구입	@₩36×200,000단위 =		₩7,200,000
② 자가제조			
직접재료비	4×200,000단위 =	₩800,000	
직접노무비	16×200,000단위 =	3,200,000	
변동제조간접비	8×200,000단위 =	1,600,000	
고정제조간접비	4*×200,000단위 =	800,000	6,400,000
③ 관련원가의 차이(자가제조가 유리) :			₩800,000

* 자가제조시에는 고정비의 성격으로서 발생하지만, 외부구입시에는 발생하지 않는 부분 (@₩10×40% = @₩4)

2. 자가제조와 관련하여 고려되는 관련원가는 ₩6,400,000이다.

[문 12] 자가제조 및 외부구입

총원가의 비교

자가제조
@₩200×10,000단위 = ₩2,000,000(제조원가)

외부구입	
구입가격 : @₩220×10,000단위 =	₩2,200,000
임대료수입 :	(250,000)
고정제조간접비(회피불능원가) : @₩30×10,000단위 =	300,000
	₩2,250,000

∴ 자가제조하는 것이 외부구입하는 것보다 연간 ₩250,000(= ₩2,250,000 - ₩2,000,000)의 원가절감을 초래하며, 이는 단위당 ₩25(= ₩250,000÷10,000단위)의 원가를 절감할 수 있다.

단위당 원가의 비교

자가제조	
변동원가	₩160
고정원가	10*
제조원가	₩170

외부구입	
구입가격 :	₩220
임대료수입 : ₩250,000÷10,000단위 =	(25)
	₩195

* 외부구입하는 경우에는 발생하지 않는 회피가능 고정제조간접비만 포함시킨다.

∴ 자가제조하는 것이 외부구입하는 것보다 단위당 ₩25(= @₩195 - @₩170)의 원가를 절감할 수 있다.

[문 13] 자가제조 및 외부구입

1. 제조부문에서 필요로 하는 용역량

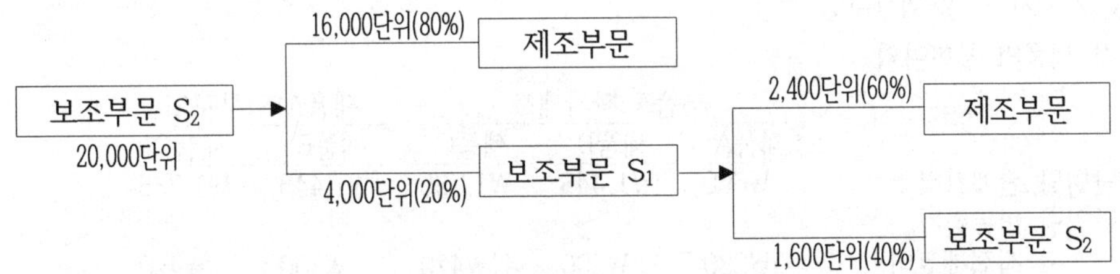

∴ 제조부문에서 필요로 하는 용역량은 18,400단위(= 16,000단위 + 2,400단위)이다.

2. S_2부문 폐쇄시 변동비 절감액

S_2부문의 변동비	₩400,000
S_1부문의 변동비(₩200,000×40%)	80,000
	₩480,000

3. 자가제조 또는 외부구입의 의사결정

S_2부문의 용역량 구입비용(18,400단위×@₩25)	₩460,000
S_2부문 폐쇄시 절감액	480,000
	₩20,000

∴ S_2부문을 폐쇄한 후에, 외부구입하는 것이 ₩20,000 유리하다.

[문 14] 자가제조 및 외부구입

1. 총 소요기계시간

150단위×2시간 + 100단위×3시간 + 300단위×1시간 + 100단위×3시간 = 1,200시간

2. 제약조건 단위당 증분이익

	부품A	부품B	부품C	부품D
단위당 외부구입가격	₩40	₩75	₩90	₩95
단위당 총변동제조원가				
단위당 직접재료비	20	30	50	70
단위당 직접노무비	10	20	20	20
단위당 변동제조간접비	6	10	10	10
계	₩36	₩60	₩80	₩100
부품 단위당 공헌이익	₩4	₩15	₩10	(₩5)
부품 단위당 소요기계시간	÷ 2	÷ 3	÷ 1	
기계시간당 증분이익	₩2	₩5	₩10	

∴ 현재 사용가능한 기계기간이 600시간이므로 제한된 자원인 기계시간당 증분이익이 큰 부품C를 생산하고, 기계시간당 증분이익이 적은 부품A는 외부구입하는 것이 유리하다.

	부품C	부품B	부품A	부품D
단위당 필요기계시간	1	3	2	3
총소요량(단위)	× 300	× 100	× 150	× 100
기계시간당 증분이익(시간)	300	300	300	300
누적기계기간	300	600	900	1,200

∴ 부품C의 제약 단위당 이익이 가장 크므로 부품C를 필요량만큼 우선적으로 자가제조한다(300단위×1시간 = 300시간). 그 다음으로 부품B를 필요한 만큼 자가제조한다(100단위×3시간 = 300시간). 따라서 더 이상 생산할 기계시간이 없으므로 부품A와 부품D는 외부구입한다.

[문 15] 자가제조 및 외부구입

1. 각 제품의 공헌이익

	제품A 자가제조			제품A 외부구입	
	제품A	제품B	제품C	제품B	제품C
단위당 판매가격	₩660	₩1,445	₩1,735	₩1,445	₩1,735
단위당 변동원가					
직접재료비	₩330	₩300	₩420	₩300	₩420
A대체원가	-	465	465	670	670
직접노무비	60	40	80	40	80
변동제조간접비	45	30	60	30	60
변동판매관리비	30	45	45	45	45
계	₩465	₩880	₩1,070	₩1,085	₩1,275
단위당 공헌이익	₩195	₩565	₩665	₩360	₩460

∴ 제품A의 외부구입 후 제품B, 제품C로의 추가가공은 운송비 부담으로 인해 자가제조에 비해 불리하다. 따라서 외부구입은 P공장의 가동(자가제조) 후에도 Q공장의 생산능력에 여유가 있는 경우에만 선택된다. Q공장에서 제품B 또는 제품C의 선택여부는 제약조건인 기계시간당 추가가공 공헌이익의 크기에 따라 결정된다.

		제품B	제품C
단위당 판매가격		₩1,445	₩1,735
제품A 즉시 판매가격		(660)	(660)
단위당 추가수익	(1)	₩785	₩1,075
단위당 추가변동원가			
직접재료비		₩300	₩420
직접노무비		40	80
변동제조간접비		30	60
변동판매관리비		45	45
계	(2)	₩415	₩605
단위당 추가공헌이익	(3)	₩370	₩470
단위당 소요기계시간		÷ 2	÷ 4
기계시간당 추가공헌이익		₩185	₩117.5
우선순위		①	②

∴ 제품C보다 제품B의 기계시간당 추가공헌이익이 더 크므로 우선한다. 또 제품A를 즉시 판매할 것인가 제품B로 추가가공할 것인가 여부는 위와 같은 분석에서 단위당 추가공헌이익이 0보다 크므로 추가가공이 유리하다. 따라서 최대 공헌이익을 얻기 위해서는 P공장을 완전가동하여 제품A를 2,400시간÷3시간 = 800개 생산하고 이를 Q공장으로 대체하여 제품B를 생산한다. 이로써 Q공장도 완전가동(800개×2시간 = 1,600시간) 상태가 된다(따라서 더 이상 제품A를 외부구입할 수 없다). 또한 제품A 800개 생산하여 제품B 800개로 추가가공하는 경우의 최대 공헌이익은 800개×@₩565 = ₩452,000이다.

[주의]
제품A 800개를 즉시 판매하고 제품A 800개를 외부구입하여 제품B로 추가가공하는 경우의 공헌이익은 800개×@₩195 + 800개×@₩360 = ₩444,000이다. 즉 운송비 추가부담(800개×@₩10 = ₩8,000) 만큼 이익이 감소한다.

2. 제품C를 수요량 400개만큼 생산하면 [물음1]에 비해 제품B 800개의 생산판매에 따른 이익이 감소하고, 대신 P공정에서 생산한 제품A 800개 중 제품C를 위한 400개를 제외한 나머지 400개를 즉시 판매할 수 있으므로 그에 따른 이익이 증가한다. 제품C의 판매가격을 x라고 하면

제품C 매출 증가	400개×x =	400x
제품C 변동비 증가	400개×@₩1,070 =	₩428,000
제품A 즉시 판매에 따른 공헌이익 증가	400개×@₩195 =	78,000
제품B 판매 포기에 따른 공헌이익 감소	800개×@₩565 =	452,000
이익 증가		400x-₩802,000

∴ 이익 증가가 ₩0보다 크게 되는 x > @₩2,005이다. (₩802,000÷400개 = @₩2,005) 따라서 이익이 감소하지 않는 제품C의 최저 판매가격은 @₩2,005이다.

[주의]
제품A 400개를 즉시 판매하고 제품C 400개를 생산하면 공헌이익은 400개×@₩195 + 400개×(@₩2,005 - @₩1,070) = ₩452,000으로 [물음1]의 결과와 같아진다.

3. 초과시간에 대한 우선순위도 기계시간당 공헌이익의 크기로 결정한다. 다만 현재 P공장이 완전가동 상태이므로 초과생산에 소요되는 제품A는 모두 외부구입하여야 한다.

	제품B	제품C
단위당 판매가격	₩1,445	₩1,735
단위당 변동원가		
직접재료비	₩300	₩420
제품A 외부구입원가	670	670
직접노무비	60	120
변동제조간접비	42	84
변동판매관리비	45	45
계	₩1,117	₩1,339
단위당 공헌이익	₩328	₩396
단위당 소요기계시간	÷ 2	÷ 4
기계시간당 공헌이익	₩164	₩99
우선순위	①	②

* 직접노무비 : 정규분×(1 + 50%)
제품B : @₩40×150% = @₩60
제품C : @₩80×150% = @₩120
변동제조간접비 : 정규분×(1 + 40%)
제품B : @₩30×140% = @₩42
제품C : @₩60×140% = @₩84

∴ 제품C보다 제품B의 기계시간당 공헌이익이 더 크므로, 여전히 제품B가 우선한다. 400시간을 초과가동하면 400시간÷2시간 = 200개의 제품B를 추가 생산할 수 있다. 이로써 공헌이익은 200개×@₩328 = ₩65,600이 증가하므로 초과가동은 바람직하다.

[문 16] 자체생산 및 외부주문생산

1. 예상 시장수요량 생산 여부

생산부문	예상 시장수요량을 생산하는데 필요한 직접노무시간			이용가능시간	비 고
	제품 X	제품 Y	합 계		
부품생산	8,000시간 (= 8,000단위×1시간)	8,000시간 (= 4,000단위×2시간)	16,000시간	15,000시간	제한자원
조 립	8,000시간 (= 8,000단위×1시간)	6,000시간 (= 4,000단위×1.5시간)	14,000시간	14,000시간	
가공처리	8,000시간 (= 8,000단위×1시간)	8,000시간 (= 4,000단위×2시간)	16,000시간	10,000시간	제한자원

생산부문	예상 시장수요량을 생산하는데 필요한 기계작업시간			이용가능시간	비 고
	제품 X	제품 Y	합 계		
부품생산	24,000시간 (= 8,000단위×3시간)	16,000시간 (= 4,000단위×4시간)	40,000시간	45,000시간	
조 립	16,000시간 (= 8,000단위×2시간)	12,000시간 (= 4,000단위×3시간)	28,000시간	40,000시간	
가공처리	17,600시간 (= 8,000단위×2.2시간)	12,000시간 (= 4,000단위×3시간)	29,600시간	32,100시간	

∴ 부품생산부문 직접노무시간과 가공처리부문 직접노무시간이 제한자원이므로, 제품 X, Y의 예상 시장수요량을 차질 없이 생산할 수 없다.

2. 최대 공헌이익 달성 생산량 및 영업이익

	제품 X	제품 Y
단위당 판매가격	₩295	₩467.5
단위당 직접재료원가	125	200
단위당 직접노무원가	100	150
단위당 변동제조간접원가	15	37.5
단위당 변동판매관리비	5	20
단위당 공헌이익	₩50	₩60
부품생산시간당 공헌이익	₩50 = ₩50÷1시간 (1순위)	₩30 = ₩60÷2시간 (2순위)
가공처리시간당 공헌이익	₩50 = ₩50÷1시간 (1순위)	₩30 = ₩60÷2시간 (2순위)
생산량	8,000단위	1,000단위*
사용하는 부품생산시간	8,000시간(= 8,000단위×1시간)	2,000시간(= 1,000단위×2시간)
사용하는 가공처리시간	8,000시간(= 8,000단위×1시간)	2,000시간(= 1,000단위×2시간)

* ₩1,000,000÷8,000단위 = @₩125　　₩800,000÷4,000단위 = @₩200
₩800,000÷8,000단위 = @₩100　　₩600,000÷4,000단위 = @₩150
₩120,000÷8,000단위 = @₩15　　₩150,000÷4,000단위 = @₩37.5
₩40,000÷8,000단위 = @₩5　　₩80,000÷4,000단위 = @₩20

* Min[3,500단위(= 7,000시간÷2시간), 1,000단위(= 2,000시간÷2시간)]

∴ 영업이익 : 8,000단위×@₩50 + 1,000단위×@₩60 - ₩300,000(고정제조간접원가) - ₩100,000(고정판매관리비)
* 고정제조간접원가 : ₩100,000 + ₩80,000 + ₩50,000 + ₩70,000 = ₩300,000
고정판매관리비 : ₩60,000 + ₩40,000 = ₩100,000
= ₩60,000

3. 최신 기계 도입 및 공헌이익 변동

최신 기계를 도입함으로써 작업시간이 기존에 비해 절반으로 단축된다고 [물음]에서 제시했으므로, 작업시간은 기계작업시간을 의미하는 것임을 알 수 있다. 하지만 가공처리부문의 기계작업시간이 기존에 비해 절반으로 단축되어도 가공처리부문 기계작업시간은 제한부문(제약자원)이 아니므로, 생산량은 변하지 않는다. 따라서 공헌이익 변동액은 ₩0이다.

4. 최대 공헌이익 달성 최적생산배합

[주의] 기계작업시간 1시간은 직접노무시간 3시간에 해당한다. 따라서 제품 X의 경우, 부품생산부문은 기계작업시간 3시간을 직접노무시간 기준으로 환산하면 직접노무시간 9시간에 된다. 그러므로 '직접노무시간 1시간 + 기계작업시간 3시간을 직접노무시간 기준으로 환산한 9시간'의 결과인 10시간에 8,000단위를 곱하면 80,000시간이 되는 것이다. 제품 Y의 경우, 부품생산부문은 기계작업시간 4시간을 직접노무시간 기준으로 환산하면 직접노무시간 12시간에 된다. 그러므로 '직접노무시간 1시간 + 기계작업시간 4시간을 직접노무시간 기준으로 환산한 12시간'의 결과인 16시간에 4,000단위를 곱하면 56,000시간이 되는 것이다.

생산부문	예상 시장수요량을 생산하는데 필요한 직접노무시간 (기계작업시간을 직접노무시간 기준으로 환산)			이용가능시간
	제품 X	제품 Y	합 계	
부품생산	80,000시간 = 8,000단위×(1시간 + 3시간×3)	56,000시간 = 4,000단위×(2시간 + 4시간×3)	136,000시간	150,000시간 = 15,000시간 + 45,000시간×3
조　립	56,000시간 = 8,000단위×(1시간 + 2시간×3)	42,000시간 = 4,000단위×(1.5시간 + 3시간×3)	98,000시간	134,000시간 = 14,000시간 + 40,000시간×3
가공처리	60,800시간 = 8,000단위×(1시간 + 2.2시간×3)	44,000시간 = 4,000단위×(2시간 + 3시간×3)	104,800시간	106,300시간 = 10,000시간 + 32,100시간×3

∴ 제한자원이 없는 상황이 되므로, 제품 X 8,000단위, 제품 Y 4,000단위를 생산한다.

5. 자가제조 및 외부구입

(1) 제품 X 외부주문생산 제안 수락시

증분수익	
직접재료원가 감소	₩1,000,000
직접노무원가 감소	800,000
변동제조간접원가 감소	120,000
고정제조간접원가(회피가능) 감소	100,000
설비기회원가	60,000
	₩2,080,000
증분비용	
납품관리비 발생	₩50,000
외부구입비용	2,000,000 = 8,000단위×@₩250
	₩2,050,000

증분이익 : ₩2,080,000 - ₩2,050,000 = ₩30,000>0

∴ 제안을 수락해야 한다.

(2) 제품 X 외부주문생산 제안 수락시 (제품 X의 생산량을 x로 가정)

증분수익	
직접재료원가 감소	@₩125x
직접노무원가 감소	100x
변동제조간접원가 감소	15x
고정제조간접원가(회피가능) 감소	₩100,000
설비기회원가	60,000
	₩240x + ₩160,000
증분비용	
납품관리비 발생	₩50,000
외부구입비용	@₩250x
	₩50,000 + @₩250x

증분이익 : ₩110,000 - @₩10x = 0, x = 11,000단위

∴ 제품 X의 생산량이 11,000단위일 때, 두 의사결정이 무차별하게 된다.

[문 17] 제품품목의 유지 또는 폐기

1. R제품 생산중단시

증분수익 :	변동비 감소	₩13,000
증분비용 :	매출액 감소	12,000
증분이익 :		₩1,000

∴ 당기순이익이 ₩1,000만큼 증가한다.

2. R제품 생산중단으로 250개의 Q제품 판매량 감소시

증분수익 :	R제품 변동비 감소	₩13,000	
	Q제품 변동비 감소 250개×@₩10.3 =	2,575	₩15,575
증분비용 :	R제품 매출액 감소	12,000	
	Q제품 매출액 감소 250개×@₩20 =	5,000	17,000
증분이익 :			₩(1,425)

* @₩9 + @₩1.3 = @₩10.3

∴ 당기순이익이 ₩1,425만큼 감소한다.

3. R제품 가격 인상으로 판매량 1,000개의 감소시

증분수익 :	매출 증가	1,000개×@₩7 - 2,000개×@₩6 =	₩(5,000)
증분비용 :	변동비 증가	1,000개×@₩6.5 - 2,000개×@₩6.5 =	6,500
증분이익 :			₩1,500

* @₩5 + @₩1.5 = @₩6.5

∴ 당기순이익이 ₩1,500만큼 증가한다.

4. R제품 생산중단하고 S제품 생산으로 설비 전환시

증분수익 :	R제품 변동비 감소	₩13,000	
	S제품 매출액 증가 2,000개×@₩5 =	10,000	₩23,000
증분비용 :	R제품 매출액 감소	12,000	
	S제품 변동비 증가 2,000개×@₩4.5 =	9,000	21,000
증분이익 :			₩2,000

∴ 당기순이익이 ₩2,000만큼 증가한다.

[문 18] 즉시 판매 또는 가공

1. 결합원가의 배분(순실현가치법) :

(200kg×₩15,000/kg) + (300kg×₩20,000/kg) + (500kg×₩25,000/kg - ₩4,500,000)

= ₩3,000,000 + ₩6,000,000 + ₩8,000,000 = ₩17,000,000

A제품 : ₩8,500,000×(₩3,000,000÷₩17,000,000) = ₩1,500,000

B제품 : ₩8,500,000×(₩6,000,000÷₩17,000,000) = ₩3,000,000

C제품 : ₩8,500,000×(₩8,000,000÷₩17,000,000) = ₩4,000,000

2. 매출총이익의 계산

	①	②	③ = ②÷①	④	⑤	⑥ = ④×⑤	⑦ = ④×③	⑧ = ⑥ - ⑦
제품	생산량	총원가	단위당 원가	매출량	판매가격	매출액	매출원가	매출총이익
A	200kg	₩1,500,000	₩7,500	150kg	@₩15,000	₩2,250,000	₩1,125,000	₩1,125,000
B	300kg	3,000,000	10,000	300kg	20,000	6,000,000	3,000,000	3,000,000
C	500kg	8,500,000*	17,000	400kg	25,000	10,000,000	6,800,000	3,200,000
		₩13,000,000				₩18,250,000	₩10,925,000	₩7,325,000

* ₩4,000,000(결합원가 배분) + ₩4,500,000(추가가공비)

각 제품의 매출량(A, C의 월말재고량 차감 후) : A-150kg, B-300kg, C-400kg

[문 19] 즉시 판매 또는 가공

1. 추가가공의 초과이익

제품	분리점에서의 판매수익[1]	추가가공시의 판매수익(순액)[2]	추가가공의 초과이익
A	₩9,000,000	₩17,000,000	₩8,000,000
B	5,000,000	3,000,000	(2,000,000)
C	5,000,000	4,000,000	(1,000,000)
	₩19,000,000	₩24,000,000	₩5,000,000

* 1) 분리점에서 각 제품의 생산량×분리점에서 각 제품의 단위당 판매가격

2) (추가가공 후 각 제품의 단위당 판매가격×각 제품의 생산량) - 각 제품의 추가가공비

∴ A제품은 추가가공하고, B · C제품은 분리점에서 그대로 판매하는 것이 유리하다.

2. 최적대안에 따른 매출총이익의 계산

제품	최적대안	판매수익	결합원가	매출총이익
A	추가가공	₩17,000,000		
B	분리점 판매	5,000,000	₩10,000,000	
C	분리점 판매	5,000,000		
		₩27,000,000	₩10,000,000	₩17,000,000

[문 20] 즉시 판매 또는 가공

1. 단위당 원가

제품	순실현가치	배분율	결합원가 배분	추가가공비	총원가	단위당 원가
슈퍼甲	₩400,000[1)]	20%	₩200,000	₩100,000	₩300,000	₩600
乙	700,000	35	350,000	-	350,000	1,750
丙	900,000	45	450,000	-	450,000	1,500
소계	₩2,000,000	100%	₩1,000,000	₩100,000	₩1,100,000	
丁			0[2)]	-	-	
합계			₩1,000,000	₩100,000	₩1,100,000	

* 1) 500개×@₩1,000 - ₩100,000 = ₩400,000
2) 丁(부산물)은 순실현가치가 ₩0이므로, 주산품에 배분될 결합원가에서 차감할 금액도 ₩0이 된다.

2. 매출총이익률

	슈퍼甲	乙	丙	丁
매출액	₩500,000	₩700,000	₩900,000	-
매출원가	300,000	350,000	450,000	-
매출총이익	₩200,000	₩350,000	₩450,000	-
매출총이익률	40%	50%	50%	-

3. 추가가공 유리/불리

1) 甲을 슈퍼甲으로 추가가공할 경우

증분수익 :	500개×(@₩1,000-@₩900) =	₩50,000
증분비용 :		100,000
증분이익 :		₩(50,000)

∴ 甲을 추가가공하는 것이 불리하다.

2) 乙을 슈퍼乙로 추가가공할 경우

증분수익 :	(200개×0.8*)×@₩5,000-200개×@₩3,500 =	₩100,000
증분비용 :		200,000
증분이익 :		₩(100,000)

* 감손율이 20%이므로 수율(1-감손율)은 80%이다.

∴ 乙을 추가가공하는 것이 불리하다.

3) 丙을 슈퍼丙으로 추가가공할 경우

증분수익 :	(300개×1.2*)×@₩3,000-300개×@₩3,000 =	₩180,000
증분비용 :		100,000
증분이익 :		₩80,000

* 수율이 120%이다.

∴ 丙을 추가가공하는 것이 유리하다.

4. 추가가공

1) 丁을 슈퍼丁으로 추가가공할 경우

증분수익 :	100개×@₩500 =	₩50,000
증분비용 :		30,000
증분이익 :		₩20,000

∴ 丁을 추가가공하는 것이 유리하다.

2) 丁의 순실현가치 ₩20,000은 주산품에 배분될 결합원가에서 차감하게 되어 주산품 甲, 乙, 丙에 배분할 결합원가는 ₩20,000이 감소한 ₩980,000이 되지만 결합원가는 매몰원가로서 추가가공 여부 의사결정에 영향을 미치지 아니하므로 [물음3]의 결론이 변하지 않는다.

5. 1) 제품별 단위당 원가

제품	순실현가치	배분율	결합원가 배분	추가가공비	총원가
슈퍼甲	₩400,000	20%	₩196,000	₩100,000	₩296,000
乙	700,000	35	343,000	-	343,000
丙	900,000	45	441,000	-	441,000
소계	₩2,000,000	100%	₩980,000	₩100,000	₩1,080,000
丁			20,000	30,000	50,000
합계			₩1,000,000	₩130,000	₩1,130,000

2) 영업이익

	사업부甲	사업부乙	사업부丙
매출액	₩500,000	₩700,000	₩900,000
- 매출원가	296,000	343,000	441,000
= 매출총이익	₩204,000	₩357,000	₩459,000
- 추가가공비	10,000	10,000	10,000
= 영업이익	₩194,000	₩347,000	₩449,000
영업이익률	38.8%	49.57%	49.89%

∴ 丁을 추가가공하면 세 개 사업부의 영업이익률이 모두 감소하므로 丁제품의 추가가공에 대하여 모두 반대할 것이다.

[문 21] 즉시 판매 또는 가공

제품별 결합원가의 배분

제품	총판매가치[1)]	추가가공비	순실현가치	비율	결합원가 배분[2)]
A	₩7,500,000	₩3,000,000	₩4,500,000	45%	₩180,000
B	9,625,000	4,125,000	5,500,000	55	220,000
			₩10,000,000	100%	₩400,000

* 1) 제품별 단위당 판매가격×생산수량

2) A제품 : ₩400,000×45% = ₩180,000, B제품 : ₩400,000×55% = ₩220,000

∴ A제품의 단위당 제조원가 : (₩180,000 + ₩3,000,000)÷1,500단위 = @₩2,120

B제품의 단위당 제조원가 : (₩220,000 + ₩4,125,000)÷1,375단위 = @₩3,160

매출총이익의 계산

제품	단위당 판매이익		판매량		금 액
A	(@₩5,000 - @₩2,120)	×	500단위	=	₩1,440,000
B	(@₩7,000 - @₩3,160)	×	200단위	=	768,000
					₩2,208,000

[문 22] 즉시 판매 또는 가공

1. 결합원가

		품질검사 70%	검사시점 통과
완성품(기초)	100kg	───────▶	예
완성품(당기)	900kg	───────▶	예
기말재공품	300kg	─▶	아니오

* 공손 : 100kg + 1,300kg - (100kg + 900kg) - 300kg = 100kg
  정상공손 : (100kg + 900kg)×6% = 60kg
  비정상공손 : 100kg(공손) - 60kg(정상공손) = 40kg

완성품 환산량 : 100kg×(1 - 40%) + 900kg + 300kg×60% + 60kg×70% + 40kg×70% = 1,210kg

단위당 원가 : ₩1,149,500÷1,210kg = @₩950

완성품원가 : ₩28,000 + @₩950×[100kg×(1 - 40%) + 900kg + 60kg×70%] = ₩979,900

기말재공품원가 : @₩950×300kg×60% = ₩171,000

비정상공손원가 : @₩950×40kg×70% = ₩26,600

∴ 공정 I 에서 결합제품에 배부되어야 할 결합원가 : ₩979,900

2. 결합원가 ₩1,000,000 가정

제품별 결합원가의 배분

제품	총판매가치[1)]	추가가공비	판매비	순실현가치	비율	결합원가 배분[2)]
A	₩420,000	-	₩70,000	₩350,000	25%	₩250,000
B	630,000	₩152,000	240,000	238,000	17	170,000
C	1,120,000	200,000	108,000	812,000	58	580,000
				₩1,400,000	100%	₩1,000,000

* 1) 제품A : @₩2,100×200kg = ₩420,000　제품B : @₩2,100×300kg = ₩630,000
  제품C : @₩2,800×400kg = ₩1,120,000
  2) 제품A : ₩1,000,000×25% = ₩250,000　제품B : ₩1,000,000×17% = ₩170,000
  제품C : ₩1,000,000×58% = ₩580,000

제품제조원가

제품A : ₩250,000 + ₩0 = ₩250,000

제품B : ₩170,000 + ₩152,000 = ₩322,000

제품C : ₩580,000 + ₩200,000 + ₩15,000* = ₩795,000

* 폐물F는 공정3에서만 발생하고 음(-)의 순실현가치를 가지므로 결합원가를 배분하지 않는다. 다만 폐물F가 제품C 생산과 연관이 있으므로 제품C의 제조원가에 포함한다.
  폐물F의 처리비용 : 100kg×₩150/kg = ₩15,000

[문 23] 계량적 접근방법

	정상(60%)	비정상(40%)	기대비용
검사(O)	₩20,000	₩20,000 + ₩30,000	₩20,000×60% + ₩50,000×40% = ₩32,000
검사(X)	-	₩90,000	₩0×60% + ₩90,000×40% = ₩36,000

완전정보하의 기대비용 : ₩0×60% + ₩50,000×40% = ₩20,000

완전정보의 기대가치 : ₩32,000 - ₩20,000 = ₩12,000

[문 24] 계량적 접근방법

단위당 공헌이익 : @₩50 - (@₩10 + @₩10) = @₩30

영업이익의 감소 = 공헌이익의 감소 + 단위당 변동비

= 100단위×@₩30 + 100단위×@₩20 = ₩5,000

[문 25] 계량적 접근방법

	광고 전	광고 후
단위당 판매가격	₩50	₩50
단위당 변동비	25	25
단위당 공헌이익	₩25	₩25
고정비	₩30,000	₩35,000

* ₩20,000 + ₩10,000 = ₩30,000, ₩20,000 + ₩10,000 + ₩5,000 = ₩35,000

광고 전 영업이익 = 판매량×@₩25 - ₩30,000

1,200단위일 때의 광고 전 영업이익 : 1,200단위×@₩25 - ₩30,000 = ₩0

1,800단위일 때의 광고 전 영업이익 : 1,800단위×@₩25 - ₩30,000 = ₩15,000

1,200단위와 1,800단위 사이의 영업이익 : (₩0 + ₩15,000)÷2 = ₩7,500

₩7,500 = 판매량×@₩25 - ₩30,000

∴ 광고 전 영업이익 ₩7,500일 때의 판매량 : 1,500단위

광고 후 영업이익 = 판매량×@₩25 - ₩35,000

1,500단위일 때의 광고 후 영업이익 : 1,500단위×@₩25 - ₩35,000 = ₩2,500

2,000단위일 때의 광고 후 영업이익 : 2,000단위×@₩25 - ₩35,000 = ₩15,000

1,500단위와 2,000단위 사이의 영업이익 : (₩2,500 + ₩15,000)÷2 = ₩8,750

₩8,750 = 판매량×@₩25 - ₩35,000

∴ 광고 후 영업이익 ₩8,750일 때의 판매량 : 1,750단위

∴ 영업이익 증가액 : ₩8,750(판매량 1,750단위의 영업이익) - ₩7,500(판매량 1,500단위의 영업이익)

= ₩1,250

[문 26] 관련원가(특별주문 및 계량적 접근방법)

1. 이익 최대화

(1) 제품단위당 공헌이익

	제품 A		제품 B		제품 C	
단위당 판매가격		₩100		₩150		₩200
단위당 변동원가		80		90		140
직접재료원가		15		42		54
직접노무원가		25		15		30
변동제조간접원가	2.5시간×@₩12 =	30	1.5시간×@₩12 =	18	3시간×@₩12 =	36
변동판매관리비	@₩100×10% =	10	@₩150×10% =	15	@₩200×10% =	20
단위당 공헌이익		₩20		₩60		₩60

* @₩25÷직접노무시간당 임률 ₩10 = 2.5시간
  @₩15÷직접노무시간당 임률 ₩10 = 1.5시간
  @₩30÷직접노무시간당 임률 ₩10 = 3시간

(2) 월간 최적 생산량

	제품 A	제품 B	제품 C
단위당 공헌이익	₩20	₩60	₩60
기계시간당 제품생산량	100개	20개	15개
기계시간당 공헌이익	₩2,000	₩1,200	₩900
생산우선순위	1	2	3
예상 수요량	15,000개	8,000개	5,000개
기계시간(500시간) 배분	150시간	350시간	-
생산량	15,000개	7,000개	-

2. 이익 최대화 후 특별주문

(1) 특별주문 수락 시의 기회원가

이익을 최대화하는 생산량은 제품 A 15,000개와 제품 B 7,000개이다. 이에 특별주문 수락 시 정규시장의 제품 B 7,000개와 제품 A 5,000개의 판매를 포기해야 한다.

※ 제품 B 1,000개 추가 생산을 위한 필요기계시간 : 1,000개÷20개 = 50시간

필요기계시간 50시간 포기 시 제품 A 생산량 감소 : 50시간×100개 = 5,000개

기회원가 : 제품 B 판매 포기분 7,000개×@₩60 = ₩420,000

제품 A 판매 포기분 5,000개×@₩20 = ₩100,000

∴ 기회원가 ₩520,000

(2) 특별주문 수락 시 단위당 최소판매가격

증분수익 :			₩8,000개×P
증분비용 :	변동원가 증가 ₩75×8,000개 =	₩600,000	
	고정원가 증가	40,000	
	기회원가 발생	520,000	1,160,000
증분이익 :			₩8,000개×P - 1,160,000

* ₩42 + ₩15 + ₩18 = ₩75

∴ 단위당 최소판매가격 ₩145

[별해] 단위당 최소판매가격 : ₩75 + (₩40,000÷8000개) + (₩520,000÷8,000개) = ₩145

3. 생산방식 및 정보의 기대가치

(1) 고려대상에서 제외해도 되는 생산방식 및 판단 근거

수작업 생산방식은 의사결정 시에 제외가능하다. 불황인 경우에는 반자동화 생산방식의 이익이 가장 크고, 호황인 경우에는 자동화 생산방식의 이익이 가장 큰 상황이기 때문에, 자동화 생산방식과 반자동화 생산방식의 경우 외부 전문컨설팅사의 마케팅 전문지식을 활용하여 선택 가능한 대안으로 고려하여야 하나, 수작업 생산방식의 경우 불황인 경우에도 호황인 경우에도 모두 반자동화 생산방식의 이익보다 작은 상황이므로 고려대상에서 제외가 능하다.

대 안	월간수요 5,000개 불황(0.4)	월간수요 15,000개 호황(0.6)	기대이익
자동화 생산방식	₩65,000	₩160,000	₩122,000
반자동화 생산방식	90,000	100,000	96,000
수작업 생산방식	75,000	80,000	78,000

* ₩65,000×0.4 + ₩160,000×0.6 = ₩122,000

₩90,000×0.4 + ₩100,000×0.6 = ₩96,000

₩75,000×0.4 + ₩80,000×0.6 = ₩78,000

즉 3개의 대안 중 수작업 생산방식이 다른 2개의 생산방식보다 기대이익이 작은 상황에 있으므로 고려할 필요가 없는 대안임을 기술하는 것이 핵심이다. [보충설명] 해당 질문에 대해 '불황인 경우에는 반자동화 생산방식의 이익이 가장 크고, 호황인 경우에는 자동화 생산방식의 이익이 가장 크므로, 어떠한 상황에서도 수작업 생산방식은 선택하지 않는다' 라고는 기술하지 말아야 한다. 현재 기업은 미래가 불황일지 호황일지 알 수 없는 상황이며, 위험중립형 투자자로 기대이익이 가장 높으리라 예상되는 생산방식을 선택한다면 수작업 생산방식도 선택 가능한 대안이 될 수도 있다. 만약 수작업 생산방식의 불황 시의 이익이 ₩75,000이고 호황 시의 이익이 ₩80,000이라고 한다면, '불황인 경우에는 반자동화 생산방식의 이익이 가장 크고, 호황인 경우에는 자동화 생산방식의 이익이 가장 큰 상황'이라고 하면 되는 것이다.

(2) 완전정보의 기대가치

각 생산방식에 따른 기대이익

대 안	월간수요 5,000개 불황(0.4)	월간수요 15,000개 호황(0.6)	기대이익
자동화 생산방식	₩65,000	₩160,000	₩122,000
반자동화 생산방식	90,000	100,000	96,000

완전정보하의 기대가치 : ₩90,000×0.4 + ₩160,000×0.6 = ₩132,000

기존정보하의 기대가치 : ₩122,000

완전정보의 기대가치 : ₩132,000 - ₩122,000 = ₩10,000

(3) 불완전정보의 기대가치

각 정보가 제공될 확률

제공정보	월간수요 5,000개 불황(0.4)		월간수요 15,000개 호황(0.6)		각 정보가 제공될 확률
	조건부확률	결합확률	조건부확률	결합확률	
불황 예측	0.8	0.8×0.4 = 0.32	0.2	0.2×0.6 = 0.12	0.32 + 0.12 = 0.44
호황 예측	0.2	0.2×0.4 = 0.08	0.8	0.8×0.6 = 0.48	0.08 + 0.48 = 0.56

사후확률 (각 정보가 제공되었을 때 각 상황이 발생할 확률)

제공정보	월간수요 5,000개 불황(0.4)	월간수요 15,000개 호황(0.6)
불황 예측	0.32÷0.44	0.12÷0.44
호황 예측	0.08÷0.56	0.48÷0.56

각 정보를 제공받았을 때 의사결정

불황으로 예측하는 정보를 제공받았을 때

대 안	불황(0.32÷0.44)	호황(0.12÷0.44)	기대이익
자동화 생산방식	₩65,000	₩160,000	₩90,909
반자동화 생산방식	90,000	100,000	92,727

* ₩65,000×0.32÷0.44 + ₩160,000×0.12÷0.44 = ₩90,909
₩90,000×0.32÷0.44 + ₩100,000×0.12÷0.44 = ₩92,727

∴ 의사결정 : 반자동화 생산방식

호황으로 예측하는 정보를 제공받았을 때

대 안	불황(0.08÷0.56)	호황(0.48÷0.56)	기대이익
자동화 생산방식	₩65,000	₩160,000	₩146,429
반자동화 생산방식	90,000	100,000	₩98,571

* ₩65,000×0.08÷0.56 + ₩160,000×0.48÷0.56 = ₩146,429
₩90,000×0.08÷0.56 + ₩100,000×0.48÷0.56 = ₩98,571

∴ ① 자동화 생산방식, 기대이익 ₩146,429

불완전정보하의 기대가치

0.44(불황으로 예측하는 정보를 제공받을 확률)×₩92,727 + 0.56(호황으로 예측하는 정보를 제공받을 확률)×₩146,429 ≒₩122,800

불완전정보의 기대가치

∴ ② 불완전정보의 기대가치 : ₩122,800 - ₩122,000 = ₩800

[문 27] 계량적 접근방법

단위당 판매가격 : @₩225÷(1 - 40%) = @₩375

단위당 공헌이익 : @₩375 - @₩225 = @₩150

@₩150×목표 판매량 - ₩630,000 = ₩120,000

∴ 목표 판매량 : 5,000단위

이익 획득 확률 : (5,000단위 - 6,000단위)÷(2,000단위 - 6,000단위) = 25%

제11장

가격정책과 원가정보

기업이 공통적으로 직면하고 있는 제품의 가격결정에 대해 살펴보고자 한다. 제품의 가격결정은 단순히 판매 또는 재무에 관한 의사결정뿐만 아니라 기업의 모든 활동에 대한 의사결정과 관련되어 있기에 매우 중요하다. 이러한 제품의 가격결정에 있어서 원가는 가장 중요한 요소이기는 하나, 원가란 확실하게 정의하기가 어려운 유동적인 개념이다. 지금부터는 원가개념을 가격결정에 어떻게 적용할 수 있는가를 살펴보고자 하는데, 크게 제품의 판매가격 결정과 기업내 이전가격 정책으로 나누어 살펴보고자 한다.

제1절 제품의 판매가격 결정

기업이 생산하는 모든 제품에 대하여 동일한 방법으로 판매가격을 결정하는 것은 아니다. 대부분의 제품 판매가격 결정은 일상적인 기업활동에서 판매하는 표준제품에 대한 것이며, 그밖에 목표원가에 의한 가격결정 등이 있다.

1. 원가-가산 가격결정방법

표준제품의 가격결정시 가장 중요한 개념은 '모든 제조원가 및 판매관리비를 충당하고, 동시에 주주들에게 합리적인 이익을 보장해줄 수 있도록 판매가격이 결정되어야 한다는 것'이다. 표준제품의 가격결정은 원가-가산 가격결정방법을 이용하고 있다.

원가-가산 가격결정방법에 의하면 **기준원가**(cost base)를 먼저 계산하고, 이 기준원가에 일정한 **이익**을 가산(mark up, 즉 이익 가산액)하여 목표판매가격(즉 예정판매가격)을 결정한다. (제2장 참조)

원가-가산 가격결정방법도 제품원가계산에 이용되는 원가계산접근법에 따라 달라진다. 이에는 전부원가접근법과 공헌이익접근법이 있으며, 이 중 어느 방법으로도 가격계산을 할 수 있다.

전부원가접근법과 공헌이익접근법 모두 원가-가산 개념을 이용하고 있다는 점에서는 같으나, 원가정보의 처리와 가격계산서의 구조가 다르다. 그러나 어느 방법을 이용하여도 동일한 판매가격에 도달할 수 있다는 점에 주의하여야 한다.

목표판매가격 결정시 원가-가산 가격결정방법의 도움을 많이 받고 있으나, 이를 너무 완고하게 적용해서는 안 된다. 그 이유는 판매가격과 조업도의 관계를 무시하는 경향이 있기 때문이다. 이 방법이 제시하는 목표판매가격이 그대로 제품판매가격이 되는 일은 드물며, 실제로 최종 판매가격은 최저가격보다는 더 큰 것이 일반적이다.

전부원가접근법		공헌이익접근법	
직접재료비	×××	직접재료비	×××
직접노무비	×××	직접노무비	×××
변동제조간접비	×××	변동제조간접비	×××
고정제조간접비	×××	변동판매관리비	×××
전부원가	×××	변동비	×××
이익 가산액	×××	이익 가산액	×××
목표판매가격	×××	목표판매가격	×××

(1) 전부원가접근법

이 접근법에서는 특정 제품을 1단위 생산하는데 발생하는 전부원가를 기초로 하여 가격결정을 한다. 즉 전부원가를 기준원가로 하며, 판매관리비는 기준원가에 포함시키지 않는다. 따라서 판매관리비는 적정이익과 함께 목표판매가격을 결정하기 위한 이익 가산액 속에 포함된다. 이 접근법에서는 기준원가에 판매관리비를 포함시키지 않는데, 그 이유는 판매관리비는 일반적으로 여러 제품과 관련을 맺고 있기 때문에, 이들 원가를 합리적으로 각 제품에 배분한다는 것은 매우 어렵기 때문이다.

예제

단일 제품에 대해 전부원가접근법을 사용하여 판매가격을 설정하고 있다. 내년도 예상생산 · 판매량 50,000개에 대한 원가자료를 다음과 같이 추정하다.

	단위당 변동비	고정비
제조원가	₩23	₩350,000
판매관리비	2	200,000

물음

목표판매가격의 결정을 위하여 전부원가의 50%에 해당하는 이익 가산액을 기준원가에 가산하는 것을 판매가격정책으로 채택하다. 단위당 목표판매가격은 얼마인가?

해답

단위당 변동제조원가	₩23
단위당 고정제조원가(₩350,000÷50,000개)	7
단위당 전부원가	₩30
단위당 이익 가산액(전부원가의 50%)	15
단위당 목표판매가격	₩45

(2) 공헌이익접근법

이 접근법에서는 특정 제품을 1단위 생산하는데 발생하는 변동비만을 기초로 하여 가격결정을 한다. 즉 기준원가는 제품과 관련된 변동비만으로 되어 있으며, 여기에는 변동제조원가뿐만 아니라 변동판매관리비도 포함된다. 따라서 기준원가에는 고정비가 포함되지 않으므로, 이 경우에 이익 가산액은 목표이익과 더불어 고정비도 충분히 충당할 수 있도록 결정되어야 한다. 이 접근법에서는 기준원가에 고정비를 포함시키지 않는데, 그 이유는 고정비 배부자체가 자의적인 기준에 의하여 배부된다는 문제점이 있기 때문이다.

예제

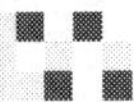

단일 제품에 대해 공헌이익접근법을 사용하여 판매가격을 설정하고 있다. 전 [예제]의 자료를 이용한다.

물음

목표판매가격의 결정을 위하여 변동비의 80%에 해당하는 이익 가산액을 기준원가에 가산하는 것을 판매가격정책으로 채택하다. 단위당 목표판매가격은 얼마인가?

해답

단위당 변동제조원가	₩23
단위당 변동판매관리비	2
단위당 변동비	₩25
단위당 이익 가산액(변동비의 80%)	20
단위당 목표판매가격	₩45

(3) 이익 가산율의 결정

원가-가산 가격결정에서 가장 중요한 요소는 기준원가에 가산될 이익 가산액의 비율(즉 이익 가산율)이다. 즉 적정한 이익률을 어떻게 결정하느냐가 가장 중요하다. 전부원가접근법과 공헌이익접근법에서 원가의 일부가 이익 가산율 속에 포함되어 있다는 것을 알 수 있다. 그렇다면 목표판매가격의 결정에 적용될 정당한 이익 가산율을 어떻게 결정하여야 하는가? 이익 가산율은 여러 가지 요소들을 모두 고려하여 결정하여야 하지만, 주로 목표투자수익률(ROI, 제14장 참조)을 기초로 하여 이익 가산율을 결정한다. 즉 먼저 목표투자수익률을 결정한 다음에, 이 목표투자수익률을 달성할 수 있는 이익 가산율을 설정한다. 전부원가접근법과 공헌이익접근법이 이용될 경우에 각각의 산식을 보면 다음과 같다.

㉠ 전부원가접근법

$$\text{이익 가산율} = \frac{\text{목표이익} + \text{판매관리비}}{\text{전부원가}} = \frac{(\text{목표투자수익률} \times \text{투자액}) + \text{판매관리비}}{\text{조업도} \times \text{단위당 전부원가}}$$

㉡ 공헌이익접근법

$$\text{이익 가산율} = \frac{\text{목표이익} + \text{고정비}}{\text{변동비}} = \frac{(\text{목표투자수익률} \times \text{투자액}) + \text{고정비}}{\text{조업도} \times \text{단위당 변동비}}$$

예제 

단일 제품 10,000개를 생산 · 판매하기 위하여, ₩2,000,000의 투자액이 소요된다. 연간 판매량을 기준으로 하여 고정제조간접비를 배부하고 있으며, 법인세차감전 목표투자수익률은 25%라고 가정한다. 단일 제품의 생산 · 판매와 관련되는 원가자료는 다음과 같다.

	단위당 변동비	고정비
제조원가	₩100	₩1,200,000
판매관리비	40	750,000

물음 (2013 세무사 유사)

1. 전부원가접근법에 의한 단위당 목표판매가격은 얼마인가?
2. 공헌이익접근법에 의한 단위당 목표판매가격은 얼마인가?

해답

1. 전부원가접근법

㉠ 이익 가산율

$$= \frac{(25\% \times ₩2{,}000{,}000) + (10{,}000\text{개} \times @₩40) + ₩750{,}000}{10{,}000\text{개} \times (@₩100 + @₩120^{*})} = \frac{₩1{,}650{,}000}{₩2{,}200{,}000} = 75\%$$

* ₩1,200,000÷10,000개

㉡ 단위당 판매가격

단위당 전부원가(@₩100 + @₩120)	₩220
이익 가산액(75%×@₩220)	165
목표판매가격	₩385

2. 공헌이익접근법

㉠ 이익 가산율

$$= \frac{(25\% \times ₩2{,}000{,}000) + ₩1{,}200{,}000 + ₩750{,}000}{10{,}000\text{개} \times (@₩100 + @₩40)} = \frac{₩2{,}450{,}000}{₩1{,}400{,}000} = 175\%$$

㉡ 단위당 판매가격

단위당 변동비(@₩100 + @₩40)	₩140
이익 가산액(175%×@₩140)	245
목표판매가격	₩385

2. 목표원가에 의한 가격결정방법

지금까지는 표준제품이 이미 개발되어 원가계산은 끝났고, 제품가격만 결정하면 판매할 수 있는 상황을 가정하였다. 즉 생산원가를 기초로 한 제품의 가격결정방법을 살펴보았다. 그러나 그 순서가 반대되는 경우가 많다. 즉 기업이 어떤 제품에 대해 시장가격을 미리 결정하고 이에 알맞은 제품을 개발해야 되는 경우이다. 이 방법은 **목표원가**를 사전에 설정해 놓고, 그 다음에 **목표가격**의 범위 내에서 판매될 수 있는 제품을 개발할 수 있느냐 하는 것이 문제가 된다.[1] 이러한 문제는 다음과 같은 순서로써 해결된다.

특정 기업이 특정 제품의 가격범위를 사전에 설정하여 놓고, 그 다음에 그 제품개발을 시작한다. 구성부품들은 품목별로 총원가와 사전에 설정한 목표원가와의 일치여부를 검토한 후에 그것에 맞추어 설계한다. 만일 총원가와 목표원가가 일치하지 않으면, 그 부품을 재설계하고 다시 원가계산을 해야 한다. 이러한 경우에 예상되는 총원가와 목표원가가 일치할 때까지 그 부품의 특성이 변경되거나 제거된다. 이런 상황에서 의사결정자에게 원가와 조업도 간의 관계를 계속적으로 알려주고, 필요한 경우에는 관련원가를 분리하여 주고, 원가정보에 대해 해석을 하여줌으로써 경영관리에 크게 도움을 줄 수 있다.[2]

예제 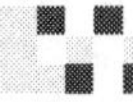

단위당 판매가격 ₩385으로 판매할 새로운 제품의 생산을 고려하고 있다. 연간 10,000개의 제품을 생산하는데, 이때 ₩2,000,000의 투자액이 소요된다. 법인세차감전 목표투자이익률은 25%이며, 제품과 관련되어 발생할 연간 판매관리비는 ₩1,150,000이다. 제품 단위당 목표원가를 계산하시오.

---

1) 목표원가(target cost)는 경쟁시장의 상황을 고려하여 도출된 것이므로 표준기술 및 공정을 전제로 추정된, 소위 현실적으로 달성가능한 원가(즉 추정 또는 견적원가) 보다는 낮은 것이 일반적이다. 이처럼 장기추정원가를 가격결정의 기준으로 삼는 가운데 허용원가(= 추정매출액 - 목표이익)를 계산하는 절차를 목표원가계산이라 한다. 즉 시장에서의 정보수집을 토대로 목표시장에서 통용될 수 있는 가격(즉 원가의 상한치를 의미)을 먼저 구한 후에 역으로 가격에서 기업이 목표로 삼는 이윤을 차감한 후에 허용원가를 구하는 소위 시장지향적 접근방식을 따른다.

2) 표준제품의 개발 후에 제품판매가격을 결정하는 기존의 방법에서는 제품개발 담당자는 특정한 목표원가를 달성할 필요가 없기 때문에 오직 기술적인 관점에서 제품을 개발하고 설계하였다. 그러나 목표원가가 적용되는 기업에서의 제품개발 담당자는 사전에 설정한 목표원가를 달성하여야 하므로 기술적인 관점과 함께 목표원가를 고려하면서 제품을 개발하고 설계하여야 한다.

해답

예상매출액(10,000개×@₩385)		₩3,850,000
목표이익 및 판매관리비 :		
목표이익(25%×₩2,000,000)	₩500,000	
판매관리비	1,150,000	(1,650,000)
목표원가(10,000개 생산)		₩2,200,000
단위당 목표원가(₩2,200,000÷10,000개)		₩220

∴ 제품 단위당 목표원가 ₩220 이하로 생산할 수 있는 경우에만, 새로운 제품을 생산하여야 할 것이다.

3. 제품수명주기에 의한 가격결정방법

기존의 제품원가계산방법은 생산단계에서의 정확한 원가측정을 강조해 왔고, 그 이전 단계나 그 이후 단계에서 발생하는 원가들은 무시하는 경향이 있었다. 그러나 최근에는 다년간의 제품수명주기에 걸쳐 제품의 목표가격과 목표원가를 고려하고 있다. 이를 **제품수명주기원가계산**(product life-cycle costing)이라 한다. 이때 제품수명주기는 최초의 연구개발로부터 시작하여 그 제품에 대한 고객서비스 및 지원이 더 이상 제공되지 않을 때까지이다. 최근 신제품의 개발속도가 빨라지고 있고 제품수명주기 또한 짧아지고 있다. 이때 발생하는 원가 중에서 연구개발이나 설계 등의 원가가 차지하는 비중이 점점 커지게 되었고 이에 기업경영자 입장에서는 제품의 제조원가뿐만 아니라 연구개발이나 설계 등의 원가도 중요하게 관리하여야 하는 원가가 되었다. 따라서 기업의 경영자는 제품의 연구개발부터 폐기에 이르기까지 제품수명주기 전체에 걸쳐서 발생하는 원가를 이해하고 총체적인 관점에서 관리하여야만 한다.[3)]

3) 제품의 원가와 품질을 제품의 수명주기 전체(연구개발 및 설계주기, 생산주기, 판매후 서비스 및 폐기주기 등)에 걸쳐서 관리하는 것을 제품수명주기원가계산이라 한다. 제품의 수명주기란 제품을 최초로 개발하는 때로부터 소비자에게 더 이상 판매되지 않아 제품 생산이 중단되고 폐기되는 단계 전체이다.

① 연구개발 및 설계주기 : 시장조사 등을 통하여 고객욕구 변화를 파악하고 신제품을 개발하여 생산공정까지를 설계하는 단계로서, 제품의 수명주기 전체에 걸쳐서 발생하는 원가의 80~85%가 이 주기에서 결정되는 것이다.

② 생산주기 : ①이 끝나고 나면 제품생산이 시작되고 제품을 생산하여 원가가 발생하게 되는데, 제품의 수명주기 전체에 걸쳐서 가장 많은 원가가 발생되는 단계이다. 전통적인 원가관리회계에서는 이 생산주기의 원가를 절감하는 것에 초점을 맞추어 표준원가 등 여러 가지 관리회계기법들이 만들어졌다.

③ 판매후 서비스와 폐기주기 : 제품이 판매된 후부터 제품이 폐기되기까지 원가가 발생하는 단계이다. 그러나 전통적인 원가관리회계는 ②인 제조원가에 초점이 맞추어져 있으므로 이 단계에서의 원가들이 고려되지 못한다. 최초에 시장경쟁이 치열해져서 신제품의 개발속도가 빨라지게 되고 제품의 수명주기 또한 짧아지고 있다. 이에 경영자는 제품수명주기 전체에 걸쳐서 발생하는 원가를 이해하고 총체적인 관점에서 관리하여야만 한다.

예제

신제품 개발에 앞서 개발단계에서 제품의 수익성을 검토하려고 한다. 신제품과 관련하여 2년의 연구개발기간이 소요되며, 연구개발원가와 디자인원가로 각각 ₩240,000, ₩160,000이 발생할 것으로 예상된다. 그 이후에는 다음과 같은 비용이 발생할 것으로 예상되며, 4년에 걸쳐서 총 4,000단위가 판매될 것으로 예상된다.

	총고정비	단위당 변동비
제조원가(생산원가)	₩100,000	₩25
마케팅원가	70,000	24
유통원가	50,000	16
고객서비스원가	80,000	30

물음

1. 단위당 판매가격을 ₩480으로 설정하려고 하는 경우에, 제품수명주기 영업이익을 얼마로 계산되는가?
2. 신제품을 개발하여 총 ₩860,000의 이익을 얻으려 한다면, 단위당 판매가격은 얼마로 책정하여야 하는가?

해답

1. 제품수명주기 영업이익 계산

매출액	₩1,920,000	(= 4,000단위×@₩480)
-원 가		
연구개발원가	₩240,000	
디자인원가	160,000	
제조원가(생산원가)	200,000	(= ₩100,000 + 4,000단위×@₩25)
마케팅원가	166,000	(= ₩70,000 + 4,000단위×@₩24)
유통원가	114,000	(= ₩50,000 + 4,000단위×@₩16)
고객서비스원가	200,000	(= ₩80,000 + 4,000단위×@₩30)
계	₩1,080,000	
= 영업이익	₩840,000	

[참조]

원가는 경영활동에 따라 연구개발원가, 디자인원가, 제조원가(생산원가), 마케팅원가, 유통원가, 고객서비스원가로 구분할 수 있다. 이처럼 경영활동별로 구분한 원가는 원가정보의 이용목적에 따라 다양하게 활용된다. 즉 재무보고를 위한 원가계산이 목적이라면 제조원가(생산원가)만을 제품원가에 포함시키면 되고, 제품의 가격결정이나 수익성분석이 목적이라면 특정 제품과 관련된 연구개발원가부터 고객서비스원가까지 모든 원가를 고려해야 할 것이다.

2. 목표이익 달성을 위한 단위당 판매가격 결정

제품수명주기원가	₩1,080,000
목표이익	860,000
제품수명주기수익	₩1,940,000
예상판매량	÷ 4,000단위
단위당 판매가격	₩485

제2절 이전가격 결정

여러분이 어떤 제품을 구입할 때는 과거 경험에 의거해서 볼 때, 특정 기업이 특별히 가격이 저렴하였기 때문에 그 기업을 선호하는 경향이 있다. 이처럼 동일한 제품에 대해서도 판매가격이 다른 이유는 일반적으로 판매가격은 경쟁에 의하여 결정되는 것이기 때문이다. 경쟁은 모든 제품에 대하여 존재하고 있지만, 제품의 가격은 특별히 광고가 되지 않기 때문에 소비자는 자기가 생각하는 가격의 제품을 구입하고자 여기 저기를 기웃거리게 되는 것이다.

기업경영에 있어서도 구입과 관련되는 과정은 이와 동일하다. 즉 제품이나 재료를 구입하고자 할 때는 여러 제조업자로부터 판매가격을 제시받아, 그 중에서 가장 저렴한 가격을 제시한 사람에게 주문을 수행하는 과정을 필연적으로 겪는다. 이처럼 가장 저렴한 가격을 선택하고자 하는 구입자의 의사가 있기 때문에, 동시에 가장 저렴한 가격을 제공하고자 하는 판매자의 의사가 있게 되는 것이다. 원가란 바로 이러한 판매자의 최하한 가격을 결정하는 역할을 한다.

기업 내의 한 부문이 동일한 기업 내 다른 부문으로부터 재화나 용역을 구입하고자 할 때는 **이전가격**(transfer price, 대체가격)이라고 칭하는 특수형태의 판매가격이 형성된다. 때로 이전가격은 다른 판매가격처럼 경쟁에 의해 결정되기도 하지만, 일반적으로 다른 고려사항을 감안하여 이전가격이 형성되는 것이 보통이다. **이전가격**이란 '동일 기업 내의 한 부문에서 다른 부문으로 재화나 용역이 이전(매각)될 때에 형성되는 판매가격'이라고 정의할 수 있다. 특별히 그 명칭을 이전가격이라고 칭한 것은, 그 가격의 결정방법이 일반적인 판매가격의 결정과는 차이가 있기 때문에 그를 구분하기 위해서이다.[4)]

1. 이전가격의 결정 필요성

이전가격을 어떻게 결정할 것인가-그 내용을 살펴보기 이전에 한 가지 [예]를 들어서 이전가격의 결정 필요성을 살펴보고자 한다.

---

4) 기업 전체적인 관점에서 보면 내부거래시의 이전가격을 얼마로 할 것인가는 아무런 문제가 되지 않는다. 왜냐하면 이전되는 재화나 용역의 이전가격은 이를 제공하는 공급사업부에서는 수익이지만, 수요사업부에서는 원가이므로 기업 전체적으로 볼 때 이전거래로 인한 손익은 발생하지 않기 때문이다. 그러나 각 사업부의 성과평가측면에서는 이전거래시의 이전가격을 얼마로 할 것인지가 매우 중요하게 다루어진다. 그 이유는 한 기업 내의 각 사업부 사이에서 재화나 용역이 이전될 때 이전가격이 어떻게 결정되느냐에 따라 각 사업부의 이익이 크게 달라질 수 있기 때문이다. 즉 재화나 용역의 이전가격은 공급사업부에서는 수익이 되고 수요사업부에서는 원가이므로 이들 두 사업부의 성과측정에 영향을 미치게 된다.

(주)장안의 완구부서를 담당하는 K부장은, 최근 (주)숭실에서 어린이용 자전거를 과거의 어떤 것보다 더 튼튼하고 저렴하게 생산하고 있다는 소식을 듣고 확인해 본 결과, 기술에 있어서는 그다지 별다른 것이 없으나 주재료로서 플라스틱을 사용하였다는 사실을 발견하였다. K부장은 (주)장안의 완구부서에서도 이를 생산할 결심을 하고 일단 재료로 사용되는 플라스틱을 구입하기로 하였다. 플라스틱을 생산하는 공급자는 수 없이 많이 있었지만, 우선 (주)장안의 플라스틱제조부서에서 제조되는 플라스틱을 사용할 것을 고려하였다. (주)장안은 최근에 플라스틱제조부서를 신설하여 자동화된 공장을 완성하고 필요한 양의 플라스틱을 충분히 제조할 수 있는 기반을 갖추고 있었다. 따라서 현재로서는 여유시설이 충분히 있기 때문에, 만일 (주)장안의 플라스틱제조부서에 생산을 의뢰한다면 저렴한 가격으로 구입할 수 있으리라 믿었다. 더욱이 플라스틱제조부서의 입장에서는 변동원가를 초과하는 가격이면 양(+)의 공헌이익을 가져다 줄 것이기 때문에 플라스틱제조부서의 이익을 증대시킬 수 있을 것이고, 이 경우 자동화된 공장에서 생산이 이루어지기 때문에 변동원가의 발생도 평균 수준 이하가 될 것으로 생각되었다.

이에 K부장은 플라스틱제조부서의 B부장과의 논의과정에서, 완구부서에서 어린이용 자전거의 주재료로 플라스틱을 사용하여 개선할 필요성이 있다는 점과 그를 위해서는 플라스틱제조부서의 협력이 무엇보다도 중요하다는 사실을 역설하였다. B부장은 즉시 이에 찬성하였으며, 새로운 공장의 가동으로 당장 이익을 실현할 수 있다는 사실에 한껏 만족해하였다. 더욱이 완구부서와의 계약으로 판매가 이루어진다면 외부에 대해 판매수수료를 별도로 지급하지 않아도 되기 때문에 수익성은 더 높아질 것이고, 또한 매매거래는 단순한 장부기장으로서 종료할 것이기 때문에 외상거래의 문제나 외상매출금의 회수문제에도 전혀 신경을 쓸 필요가 없다고 생각하였다. 그렇더라도 플라스틱가격에 있어서는, 완구부서에서 외부시장으로부터 구입할 때 지불할 가격만큼은 지불해 줄 것을 바라고 있었다. 그것은 다른 어떤 외부공급자보다도 더 높은 질의 플라스틱을 제공함과 동시에 필요한 장소까지의 배달도 신속정확하게 해 줄 수 있다고 자신하였기 때문이다.

이때 K부장과 B부장과 논의과정에서는 가격에 대해서는 아무런 협약없이 끝났다. 완구부서의 K부장은 플라스틱의 규격명세와 최초 구입년도에 구입할 추정수량을 발송해 주겠다고 요청하였으며, B부장은 그에 따라 적절한 가격을 제시해 주겠다고 약속하였다.

기업의 입장에서는 플라스틱에 대하여 기업내 이전가격을 결정할 필요성이 생겼다. 즉 플라스틱제조부서에서 판매수익으로 기록할 금액과 완구부서에서 재료원가로 기록할 금액의 기준을 마련해 두어야 한다. 이때 완구부서에서는 가장 저렴한 이전가격(원가)을 요구할 것이며, 반대로 플라스틱제조부서에서는 수익의 증대를 위하여 가장 높은 이전가격(판매수익)을 요구할 것임은 지극히 당연한 사실이다. 만일 두 부문이 단일 기업에 소속된 부서가 아니고 별개의 독립된 기업이었다면, 완구부서에서는 여러 플라스틱제조기업으로부터 입찰을 받아서 그 중 가장 낮은 입찰가격(공급가격)을 제시한 공급자로부터 플라스틱을 구입하였을 것이다.

1) 이전가격 결정의 참여자

상기 [예]에서 플라스틱제조부서가 완구부서의 요청에 따라서 플라스틱을 제조한다는 것은 분명 기업의 입장에서는 유익한 일이다. 그렇게 하게 되면 이미 언급한 바와 같이 판매수수료가 절약되고 외상채권의 대손가능성이 제거되며, 유휴시설을 이용할 수 있는 등의 장점이 있기 때문이다. 그렇다고 하여 완구부서와 플라스틱제조부서의 관리자가 이전가격에 대하여 동시에 찬성한다는 것을 의미하지는 않는다.

기업경영자는 이전가격을 결정하는데 있어 양 부문 간에 대립이 발생하지 않도록 신중을 기하여야 한다. 기업을 수개의 부문으로 분할하는 이유는 부문관리자에게 의사결정에 관한 책임을 부여하고 좀 더 빠른 시간 내에 부문정보에 입각한 의사결정을 할 수 있도록 하는데 있다. 이러한 측면에서 볼 때 부문관리자의 독립적인 의사결정이 존중되어야 하겠지만, 기업경영자는 부문관리자들이 판매조건에 쉽게 동의하여 이전가격의 결정에 너무 많은 시간이 소요되지 않도록 하는데 최선을 다하여야 한다.

따라서 주어진 [예]에서 이전가격을 결정하는 데에는, 다음과 같이 서로 다른 목표를 가진 세 부류의 관리자가 관여하고 있다.

⑴ 구매부문의 관리자

구매사업부의 입장에서는 자기 사업부의 이익을 극대화하기 위해서 필요한 부품을 기업의 다른 사업부에서 대체하든 외부에서 구입하든 가능한 한 낮은 가격으로 구입하려고 할 것이다. 따라서 주어진 [예]에서, 완구부서의 관리자(완구부장)는 플라스틱의 가격(원가)을 최소화시킴으로써 완구부서의 이익을 극대화시키고자 한다. 외부공급자로부터 플라스틱을 구입할 수도 있지만, 그렇게 되면 더 높은 가격을 지불하면서도 품질이 나쁜 플라스틱을 공급받거나 또는 정해진 시간에 플라스틱의 인도가 이루어지지 않는 불상사가 생길 수도 있다.

⑵ 판매부문의 관리자

공급사업부의 입장에서는 자기 사업부의 이익을 극대화하기 위해서 완성한 부품을 기업의 다른 사업부로 대체하든 외부로 판매하든 가능한 한 높은 가격으로 판매하려고 할 것이다. 따라서 주어진 [예]에서, 플라스틱제조부서의 관리자(플라스틱제조부장)는 공장의 가동으로 공헌이익을 극대화시킴으로써 자기 부문의 이익을 극대화시키고자 한다. 현재 자동화된 공장은 유휴시설을 가지고 있기 때문에, 완구부서의 요청에 따라 플라스틱을 제조한다하더라도 외부고객에 대한 판매를 일부 또는 전부 중단할 필요가 없다. 따라서 공헌이익을 증대시킴으로써 이익의 증대를 유도할 수 있다. 이를 위해서는 가능한 한 다량의 플라스틱을 높은 가격으로 판매하도록 하여야 한다.

⑶ 기업의 경영자

기업경영자의 입장을 보면, 완구부서로 하여금 새로운 어린이용 자전거를 개발하여 가능한 한 많은 판매를 수행함으로써 기업이익을 증대시키고, 플라스틱제조부서에 대해서는 새로운 공장시설에서 플라스틱을 제조하는데 소요되는 관련원가가 외부공급자로부터 구입하는데 소요되는 원가보다 훨씬 낮을 것이기 때문에 플라스틱을 계속 생산하여 완구부서에 공급해 주기를 바라고 있다. 만일 플라스틱제조부서가 너무 높은 가격을 제시한다면, 완구부서에서는 그 보다 더 낮은 가격을 제시하는 외부공급자를 찾아 계약을 체결하리라는 것은 너무나 당연한 사실이다.

2) 이전가격 결정시 고려할 기준

이전가격을 결정하는 것은 매우 어려운 일이다. 따라서 이전가격을 결정할 때에는 다음과 같은 세 가지 기준을 신중하게 고려해야 한다.

① 목표일치성기준 : 각 사업부의 경영자는 자기 사업부의 목표뿐만 아니라 기업 전체의 목표도 극대화할 수 있는 방향으로 이전가격을 결정하여야 한다. 즉 각 사업부의 경영자가 기업 전체의 이익이 극대화되는 범위 내에서 자기 사업부의 성과가 극대화되도록 이전가격을 결정하여야 한다.

② 성과평가기준 : 각 사업부의 성과를 공정하게 평가하는데 도움이 될 수 있도록 이전가격을 결정하여야 한다.

③ 자율성기준 : 각 사업부의 경영자는 자기 사업부의 이익을 향상시킬 수 있도록 자기 사업부와 관련된 의사결정을 자율적으로 내릴 수 있는 권한이 주어져야 한다.[5]

3) 이전가격의 결정방법

부문 목표를 달성할 수 있는 이전가격의 결정을 위하여 대부분의 기업에서는 이전가격 정책을 수립하는데, 이때에 이전가격을 결정하는 방법으로는 크게 다음과 같이 두 가지로 구분할 수 있다.

---

5) 각 사업부의 경영자가 자기 사업부의 목표를 극대화시키는 대안을 선택할 수 있도록 의사결정권의 자율성을 최대한 보장해 주어야 한다. 의사결정권한이 각 사업부의 경영자에게 크게 위임된 상황에서는 각 사업부가 결정한 이전가격이 기업 전체적인 관점에서 볼 때 최적이전가격이 아닌 경우가 발생할 수도 있다. 즉 자율성기준을 지나치게 강조하게 되면 목표일치성이 달성되지 못하는 경우가 있다. 이처럼 개별 사업부 입장에서는 최적의사결정이지만 기업 전체적인 관점에서는 최적의사결정이 되지 않는 상황을 준최적화(sub-optimization) 현상이라고 한다.

(1) 시장가격을 기준으로 한 이전가격의 결정

이는 부문관리자가 마치 독립적인 기업을 경영하고 있는 것과 같은 상황에서 부문간에 이전되는 재화나 용역의 가격을 결정하는 방법이기 때문에, 상당히 이상적인 방법으로 간주되고 있다. 즉 이전가격 결정의 기준으로서 시장가격을 사용하게 되면, 기업내 부문의 수익성은 마치 그것이 독립적인 기업의 자격으로 영업활동을 수행했을 때 나타나는 수익성과 같이 취급될 수 있다는 것이다. 그렇기 때문에 이 방법을 사용하여 이전가격을 결정하게 되면, 특정 부문과 비슷한 활동을 수행하는 다른 기업과의 수익성 비교가 용이하게 된다.

그러나 외부의 시장가격이 존재하지 않는 경우가 있을 수도 있는데, 그와 같은 경우에는 이전가격의 결정기준으로서 시장가격이 사용될 수 없다. 또한 시장가격이 존재한다 하더라도 경쟁적이지 못한 경우라면, 달리 말하여 독점가격의 성격을 지니고 있는 경우라면 마찬가지로 부적절한 기준이 되고 만다. 따라서 시장가격을 기준으로 하여 결정된 이전가격이라 하더라도 때로는 기업의 목표에 부합되는 것이 되지 못하는 경우도 있다.

(2) 원가를 기준으로 한 이전가격의 결정

이는 원가를 기준으로 하여 이전가격을 결정하는 방법인데, 현재 사용하고 있는 제품원가계산방법에 따라 원가의 개념을 네 가지로 분류할 수 있다.

	실제원가	표준원가
전부원가	1	2
변동원가	3	4

어떠한 기준을 사용하든 간에, 이전가격의 결정은 한 부문에서 다른 부문으로 재화나 용역의 이전이 이루어지는 기업에 있어서는 반드시 필요한 과제라고 하였다.

2. 시장가격기준 이전가격의 결정

만일 기업외부에 경쟁시장이 존재하고 있어 부문간 이전되는 재화의 가격이 공식적으로 형성된다면, 바로 그 외부시장가격이 가장 바람직한 이전가격이 된다. 그러나 외부시장가격을 이전가격의 기준으로 삼는다 하더라도 그에 대한 일부 수정이 필요하게 되는데, 즉 판매비용 · 선적비용 · 신용조회비용 · 대금회수비용 등은 전혀 부담할 필요가 없기 때문에 이들 비용을 외부시장가격에서 차감하여야 한다. 이렇게 외부판매시에 소요되는 비용을 차감한 시장가격을 할인시장가격(discount-off market price)이라고 지칭하기도 한다.

시장가격기준 이전가격이 효과적으로 결정되기 위해서는, 기업내 판매부문과 구매부문이 거의 비슷한 협상력을 가지고 있어야 한다. 판매부문은 협상가격이 너무 낮은 경우에 구매부문에 대한 공급을 거절할 수 있고, 반대로 구매부문은 협상가격이 너무 높은 경우에 판매부문 대신 외부공급자로부터 구입할 수 있는 권한을 가지고 있어야 한다. 즉 개별부문은 독립된 기업의 자격으로 제품 · 가격 · 공급자 · 고객(소비자) 등을 임의로 선택할 수 있는 자유를 가지고 있어야 한다는 것이다. 따라서 기업경영자는 부문관리자들에게 가능한 한 독립적인 의사결정 권한을 부여하면서, 동시에 그들로 하여금 그 결과에 대해서도 책임을 질 수 있도록 유도하는 것이 필요하다. (책임회계, 제14장 참조)

이처럼 시장가격을 기준으로 이전가격을 결정하는 경우에는 부문관리자들이 독립적인 기관으로서 행동한다는 것을 가상하기 때문에, 그들이 자기 부문이나 또는 기업 전체를 위해서 적절하면서도 수익성 높은 의사결정을 수행할 수 있도록 정확한 원가자료를 제시해 주어야 한다. 만일 판매부서에서 생산해 내는 제품이 기업 내 · 외부 어느 쪽에 대하여도 판매가 가능한 상황이라면, 이 두 가지 대안 중에서 자기 부문에게 더 큰 이익을 가져다 줄 수 있는 대안을 선택하여야 하며, 구매부문은 기업 내 · 외부 중 어느 쪽에서라도 더 저렴하게 제품이나 재료를 구입할 수 있는 대안을 선택할 수 있어야 한다.

예제

A부문에서는 기계의 톱니바퀴를 제조하여 외부에 판매하고 있는데, 이는 동일 기업내 B부문에서도 필요로 하고 있는 제품이다. 이 톱니바퀴 1단위의 제조에 소요되는 원가는 아래와 같이 추정되고 있다.

변동원가	₩4,000
고정원가	2,000
단위당 제조원가	₩6,000

이 경우 외부의 한 공급자가 B부문에 대하여 동일한 종류의 톱니바퀴를 단위당 ₩5,000에 판매를 제의해 왔다고 가정해 보자. 톱니바퀴를 제조하는 A부문에서는 가능한 한 많은 톱니바퀴를 가능한 한 높은 가격으로 판매하기를 희망하고 있지만, 만일 현재의 생산설비가 톱니바퀴의 제조에 사용되지 않고 있는 유휴시설이라면, A부문에서는 이 시설을 그대로 내버려두는 것보다는 비록 제조원가에는 미달하지만 외부의 공급자가 제시한 단위당 ₩5,000에라도 제조하여 B부문에 공급하는 것이 훨씬 바람직하다. 그렇게 함으로써 톱니바퀴 단위당의 공헌이익은 ₩1,000(판매가격 - 변동원가 = ₩5,000 - ₩4,000)이 되어, 그만큼 A부문의 이익증대에 기여하게 될 것이기 때문이다.

만일 A부문에서 단위당 ₩5,000의 가격으로 제조하여 판매하기를 거절한다면, 변동원가와 판매수익은 零(0)이 될 것이지만 고정원가의 부담은 계속될 것이기 때문에 A부문의 이익은 그 만큼 침식당하게 된다. 그러나 A부문이 현재 유휴시설 없이 모든 시설을 가동하여 톱니바퀴를 제조하고 있고 외부용역과 장기계약을 체결하여 이를 단위당 ₩7,000에 판매하기로 하였다면, A부문이 B부문의 수요를 충족시키기 위해서는 현재 가동 중인 시설의 일부를 B부문 톱니바퀴 제조용으로 전환시켜야 한다는 문제가 발생한다. 이는 A부문 입장에서 보나 기업 전체의 수익성 측면에서 보나 결코 바람직한 일은 아니다. 따라서 이와 같은 경우에는 B부문에서 단위당 ₩5,000의 가격으로 외부공급자에게서 톱니바퀴를 구입하는 것이 최상의 정책이라고 할 수 있다. 외부공급자에게 지급하는 단위당 ₩5,000의 금액을 절약하고자 단위당 ₩7,000의 판매수익을 포기하면 안된다는 것이다.

이 [예제]에 있어서의 핵심은, 경쟁시장이 존재하고 있으면서 동시에 개별 부문이 그들의 의사대로 재화나 용역의 매매를 수행할 수 있는 권한을 가졌을 때, 부문관리자가 자기의 목표를 달성하기 위하여 수행하는 의사결정은 기업 전체의 목표와도 부합한다는 사실에 있다. 판매부문이 유휴시설을 가지고 있을 때는 양(+)의 공헌이익이 생성되는 한, 매매가격을 낮추어 제조활동을 수행하는 것이 바람직하다. 그러나 반대로 공급에 비하여 수요가 많은 가운데 판매부문의 제조시설이 완전 가동하고 있는 상황이라면, 외부공급자의 공급가격이 판매부문의 판매가격보다 낮은 한 구매부문에서는 외부공급자로부터 구입하는 것이 바람직하다 할 것이다. 그러나 구매부문이 제품이나 재료를 외부공급자로부터 자유로이 구입할 수 있는 조건이 구비되어 있지 않을 때에는 어떻게 되겠는가? 이와 같은 상황에서는 최고경영층에서 부문관리자들 간의 이해상충을 중재해 주어야만 한다. 최고경영층은 이러한 중재활동을 가능한 회피하려고 하는데, 그 이유는 최고경영층이 부문의사결정에 관여한다는 것은 결국 기업 독립부문의 결정 목적에 위배되는 처사이기 때문이다.

여기에서 최고경영층이 이전가격의 결정과정에서 어쩔 수 없이 중재활동을 수행해야 하는 몇 가지 간단한 상황을 보기로 한다.

≪중재에 의한 이전가격의 결정≫

첫째, 경쟁시장의 부재로 인하여 이전가격의 결정기준으로서 시장가격이 사용되지 못하는 경우를 들 수 있다. 즉 부문간에 이전되는 제품이 질적인 측면, 디자인 측면, 신용조건 측면 등에서 시장에 있는 제품과 달리 취급되기 때문에 이에 대한 경쟁시장이 존재하지 않을 수도 있다. 이 경우 부문관리자들은 상호 간의 협상을 통하여 이전가격을 결정하지만, 준용할만한 시장가격이 존재하지 않기 때문에 부득이 중재를 필요로 하게 된다.

둘째, 경영자들이 기업의 비밀 재료나 비밀 작업공정을 노출시키지 않기 위하여, 외부공급자로부터 제품이나 재료를 구입하기를 기피하는 경우를 들 수 있다. 이러한 상황에서는 구매부문이 어쩔 수 없이 기업내 판매부문으로부터 구입을 해야 하기 때문에 구매부문의 협상력은 자연 약화될 수밖에 없고, 그로 인해 판매부문과 구매부문의 관리자는 이전가격을 쉽게 결정할 수 없게 된다. 여기에 최고경영층의 중재가 필요하게 된다.

셋째, 기업외부의 공급자가 과다한 재고를 처분하거나 유휴시설을 가동시킬 목적으로 일시적으로 터무니없이 낮은 공급가격을 제시한 경우를 들 수 있다. 이 경우 기업의 판매부문에서 유휴시설이 존재한다면 외부공급자의 경쟁에 대처하기 위하여 공급가격을 훨씬 낮추어야 하는데, 경영자의 입장에서는 이와 같은 일시적인 시장가격의 변동을 고려하지 아니하고 장기적인 시장가격을 중심으로 이전가격을 결정하도록 중재할 수가 있다.

이러한 중재활동이 너무 흔히 발생하게 되면 부문관리자는 독립성을 상실하게 되고 동시에 개별부문의 이익을 증대시키고자 하는 유인을 상실하게 되기 때문에, 이전가격의 결정에 있어서는 가능한 한 최고경영층의 중재가 개입되지 않도록 유의하여야 한다.

3. 원가기준 이전가격의 결정

원가를 기준으로 하여 이전가격을 결정하는 것은 보통 다음과 같은 상황에서이다.

① 시장가격이 존재하지 않는 경우 : 부문간에 이전되는 재화(제품)가 일부 완성된 것(반제품)이기 때문에, 그 상태로는 시장에서 매매가 이루어지지 아니하는 경우이다. 따라서 이러한 상황에서는 시장가격이 형성되지 않는다.

② 시장가격을 확정하기가 곤란하여 부문관리자들 간에 논쟁이 있는 경우

③ 이전되는 제품이 외부에 노출되기를 꺼려하는 비밀 재료를 사용하거나 또는 비밀 제조공정을 거쳐 생산되는 것일 경우

이상의 상황에서는 원가를 기준으로 하여 이전가격을 결정하는데, 이때 기준으로 사용하는 원가의 개념으로는 다음과 같은 것을 들 수가 있다.

1) 표준원가와 실제원가

비능률적인 영업활동으로 인하여 판매부문에서 발생하는 비정상적인 원가를 구매부문에 이전시키지 않도록 하기 위해서는, 판매부문에서 그들이 제조하는 제품의 원가계산을 실제원가보다는 표준원가에 의하여 수행하여야 한다. 이렇게 표준원가를 사용하게 되면 판매부문 관리자는 부문수익성을 증대시키는 방안으로 영업비를 절감하려 노력할 것이다.

이전가격 결정의 기준으로서 표준원가를 사용하는 것은 판매부문이 표준원가제도를 채택하고 있는 경우에만 가능하다. 평소에 표준원가제도를 사용하고 있지 않다가 이전가격을 결정할 목적으로 일시적으로 표준원가를 산출한다는 것은 시간적·경제적으로 소비가 많은 일이다. 만일 표준원가의 사용이 불가능한 경우라면 그 대체적인 방안으로서 실제원가를 사용하여야 한다.

표준원가이든 실제원가이든 일단 기준으로 사용할 원가가 확정되면, 이에 보통 일정이윤을 가산하여 이전가격으로 결정한다. 이때의 일정 이윤폭이란 판매부문에서 기업외부에 대하여 판매를 수행할 때에 보통 원가에다 가산하는 이윤폭을 의미하는 것으로서, 만일 판매부문에서 외부고객에게 전혀 판매를 수행하지 않는다면 동종산업 또는 기업 전체의 평균이윤폭을 대신 사용할 수도 있다.

2) 전부원가와 변동원가

구매부문의 입장에서 보면, 이전가격이란 전액 변동원가에 해당하는 것이다. 즉 단위당 이전가격이 구매부문에서는 단위당 변동원가가 된다. 그러나 실제 이전가격의 구성을 보면 변동원가와 고정원가 그리고 이윤까지도 포함한 금액으로 되어 있다.

(1) 전부원가의 문제점

만일 전부원가를 이전가격으로 결정한다면, 구매부문에서는 기업 전체의 이익에 배치되는 의사결정이 이루어질 수 있다.

예제 

부문A에서 부문B에 대하여 어떤 제품을 단위당 ₩5,000의 이전가격으로 판매를 수행하고 있으며, 이 이전가격의 구성은 다음과 같다고 가정해 보자.

변동원가 표준	₩3,000
고정원가 표준	1,000 (정상조업도를 가정)
이 윤	1,000
이전가격/단위	₩5,000

또한 구매부문에서는 이전된 제품에다 추가가공을 수행하여 최종제품으로서 판매를 수행하는데 추가가공에 소요되는 단위당 변동원가를 ₩2,000이라고 가정하면, 최종제품의 변동원가는 모두 단위당 ₩7,000으로 계산될 것이다. 이 상태에서 만일 B부문이 외부고객으로부터 단위당 ₩6,000의 가격으로 최종제품을 생산해 줄 것을 요청받았다면, B부문은 당연히 이 주문을 거절할 것이다. 그것은 아래에서 보는 바와 같이 B부문에서 이전가격을 전액 변동원가로 취급했을 때, 1단위 판매로 인해 ₩1,000의 손실이 발생하는 것으로 계산되기 때문이다.

<B부문의 이익계산(단위당)>

판매가격(주문가격)	₩6,000
변동원가	(2,000)
이전원가	(5,000)
공헌이익	₩(1,000)

기업 전체의 입장에서 볼 때에는, 오히려 단위당 ₩1,000의 이익이 발생하는 것으로 계산된다.

<기업 전체의 이익계산(단위당)>

판매가격(주문가격)	₩6,000
변동원가-B부문	(2,000)
변동원가-A부문	(3,000)
공헌이익	₩1,000

상기 [예]가 암시하는 것은 구매부문에서 이전가격을 전액 변동원가로 취급하여 의사결정을 수행하다 보면, 기업 전체의 이익에는 오히려 역효과를 초래할 수도 있다는 사실이다. 주로 제조만을 수행하는 부문과 주로 제품을 시장에 판매하는 부문이 분리되어 있는 기업에 있어서는 이와 같은 종류의 의사결정시에 신중을 기하여야 한다.

⑵ 변동원가의 사용

이러한 문제점을 해결하기 위한 방안은 판매부문에서 구매부문으로 제품을 이전할 때에, 전부원가에다 정상이윤을 가산한 금액을 이전가격으로 하는 대신에 변동원가만을 이전가격으로 결정하는 방법이 있다. 그렇게 하면 구매부문에서는 자연히 기업 전체의 입장에서 계산되는 변동원가를 파악할 수 있게 되고, 따라서 의사결정상의 오류도 비교적 적게 범할 수 있게 된다.

예제

전 [예제]에서 판매부문의 변동원가만을 이전가격으로 하는 경우에, B부문에서 위의 분석을 다시 수행한다면 그 결과는 다음과 같다.

<B부문의 이익계산(단위당)>

판매가격(주문가격)	₩6,000
변동원가-B부문	(2,000)
이전가격	(3,000)
공헌이익	₩1,000

이렇게 되면 부문B에서는 외부고객의 주문을 쾌히 수락하여 생산을 수행할 것이고 그 결과 부문B의 의사결정은 기업 전체의 이익목표와 부합된다고 할 수가 있는 것이다. 판매부문으로 하여금 변동원가만을 이전가격으로 결정하도록 요구하는 이유는, 내부거래에 있어서는 이익이 생성될 수가 없다는 이론적 근거에서이다.

⑶ 변동원가의 문제점

변동원가만을 이전가격으로 결정하게 되면, 판매부문에서는 공헌이익이 零(0)으로 되기 때문에 이와 같은 거래를 원치 않을 것이며, 더욱이 대부분의 판매가 내부거래로서만 이루어진다면 결과적으로는 판매부문이 계속적으로 손실을 발생시키고 있는 것과 같이 되어 판매부문 관리자의 사기는 크게 저하될 것임이 분명하다. 따라서 판매부문에서는 외부고객에 대한 판매를 통하여 공헌이익을 얻을 수만 있다면, 생산시설이 허용하는 한 판매를 수행하는 것이 바람직하다.[6)]

6) 어떠한 이전가격이 판매부문과 구매부문이 동시에 기업 전체의 목표와 조화를 이룰 수 있도록 유도할 수 있을까? 최소수준의 이전가격과 최대수준의 이전가격 사이의 이전가격이 목표일치를 촉진시킬 것이다. 즉 판매부문이 부과할 의사가 있는 최소금액(최소수준의 이전가격)과 구매부문이 지급한 의사가 있는 최대금액(최대수준의 이전가격)과의 차액을 어떤 공정한 기준으로 분리시킨 금액을 구매부문이 이전가격으로 선택하는 것이다. 이때의 공정한 기준은 바로 예산변동원가가산 이전가격이다. 여기서 가산이란 이전가격을 변동원가 이상으로 결정함을 의미한다. 그러나 주목해야 할 것은 각 부문이 더 유리한 이전가격을 받기 위해 변동원가를 과대계상할 여지가 있다는 것이다.

예제 

전 [예제]의 부문A에서 생산되는 제품을 외부고객에게는 단위당 ₩5,000에 판매할 수 있다고 가정한다면, 기업 전체의 이익에 기여하는 A부문의 공헌이익은 단위당 ₩2,000이 되어 부문A의 이익과 기업의 이익은 전부 향상될 수 있을 것이고 이와 더불어 부문B에서도 계속 단위당 ₩6,000씩에 판매를 수행하여 앞서 계산한 바와 같이, 단위당 ₩1,000의 공헌이익을 생성시킬 수 있는 것이다.

<A부문의 이익계산(단위당)>

판매가격(외부판매)	₩5,000
변동원가	(3,000)
공헌이익	₩2,000

변동원가를 이전가격으로 결정할 때 나타날 수 있는 문제점은 다음과 같다.

① 판매부문(부문A)에서는 변동원가에 의한 가격만으로 고정원가를 회수할 수 없기 때문에 항상 손실을 기록하는 반면에, 구매부문(부문B)에서는 항상 이익을 실현할 수 있다. 따라서 부문간의 이익배분이 합리적으로 이루어지지 않는다.

② 이전가격으로 결정되는 변동원가의 크기가 장기에 걸쳐 변동적일 수 있다. 이와 같은 상황에서 판매부문은 구매부문에 대하여 미래의 변동원가 추이를 표시하는 변동원가 계획표(variable or marginal cost schedule)를 별도로 제공하여야 한다. 특히, 구매부문이 여럿 존재하고 있고 판매부문의 변동원가는 그들 구매부문의 개별 수요를 총괄한 상태에서 결정된다면, 이전가격으로 선정되는 변동원가의 결정은 더욱 어렵게 된다.

③ 판매부문에서는 자기부문의 이익증대를 위하여 변동원가를 과대 계상할 수 있는 여지가 있다. 그렇게 하여야만 변동원가에 의한 이전가격을 높이 책정할 수 있기 때문이다.

4. 협상가격에 의한 이전가격의 결정

제품의 완전경쟁시장이 존재하지도 않고(부분적인 경쟁시장의 존재) 동시에 원가기준 이전가격의 결정 자체가 지니고 있는 한계점을 깊이 인식하고 있는 상황에서는, 판매부문과 구매부문 간의 협상을 통하여 이전가격을 결정하는 것이 가장 바람직한 방법이 된다. 이는 비록 이론적인 근거는 부족할지는 몰라도, 실무적인 측면에서는 가장 보편적으로 실행되고 있는 이전가격의 결정방법이 되고 있는지도 모른다. 이와 같은 협상과정은 먼저 판매부문에서 제품의 가격 · 품질 · 인도조건 등을 제시하고, 구매부문에서는 이를 (i) 그대로 수락할 것인가? (ⅱ) 더 낮은 이전가격과 보다 양질의 제품을 요구할 것인가? (ⅲ) 거절하고 외부공급자와 계약을 체결할 것인가? 등에 관한 의사결정을 수행하는 순서로 이루어지는 것이 일반적이다.

협상가격에 의한 이전가격의 결정은 다음과 같은 조건이 충족되고 있는 경우에 성공적으로 수행될 수 있다.

(1) 제품에 대한 부분적인 외부시장의 존재 : 따라서 판매부문이나 구매부문의 모두에 있어서 일방적(독립적)인 협상력은 행사할 수 없게 된다.
(2) 시장정보의 공유 : 양 부문이 시장에 관해 동일한 정보를 입수하고 있다.
(3) 구입 또는 판매대상의 자유선택권 부여 : 제품에 대한 시장이 부분적으로 존재하고 있는 관계로 기업 내·외부 공급자 중 누구로부터 구입할 것이며, 또한 기업 내·외부 구매자 중 누구에게 판매할 것인가를 자유로이 선택할 수 있다.
(4) 최고경영층의 중재가능 : 시장가격기준 이전가격의 결정에서 잠시 언급한 바와 같이, 부문간의 협상이 원활히 이루어지지 못하고 있는 경우에는 부문의 독립성을 박탈하지 않는 범위 내에서 최고경영층이 중재활동을 수행할 수도 있다.

한편, 이 방법에 의한 이전가격의 결정도 다른 방법과 마찬가지로 나름대로의 문제점을 내포하고 있다.

(1) 관련 부문관리자들이 이전가격의 결정에 소비하는 시간이 너무 많다.
(2) 협상과정에서 부문간의 대립이 야기될 수 있다.
(3) 부문별 업적평가가 순전히 부문관리자의 협상력에 의존하게 된다.
(4) 최고경영층이 협상과정을 주시하고 중재역할을 수행하는데 부수적인 시간의 소비를 필요로 한다.

5. 이전가격 결정방법의 일반원칙

지금까지 살펴본 바와 같이, 이전가격의 결정기준으로서 어떤 가격을 사용하든 간에 기업경영자의 입장에서는 어느 정도의 문제점을 인식할 수 있다. 모든 기준을 충족시키는 이전가격 결정방법은 없다. 시장상황, 이전가격결정시스템의 목적과 목표일치성, 관리적 노력, 하위사업단위의 성과평가, 하위사업단위의 자율성기준 등을 동시에 고려해야 하기 때문이다.

그러나 내부거래가 필연적으로 존재하고 있는 가운데 이익이나 투자수익률의 크기에 따라 부문간 관리자의 업적을 평가하는 기업에 있어서는, 이전가격의 결정이란 불가피한 것이라 하겠다. 다만, 시장가격을 기준으로 한 이전가격이 원가를 기준으로 한 이전가격보다는 의사결정에 있어서 오류를 유발하는 확률이 적기 때문에, 만일 시장가격이 존재한다면 그를 이전가격의 결정기준으로 선택하는 것이 다소 바람직하다 할 것이다.

이전가격 결정방법의 일반원칙

항 목	시장가격 이전가격	원가기준 이전가격	협상가격
• 목표일치성 달성	시장이 경쟁적일 때 가능	종종 가능하나 언제나 가능한 것은 아님	가능함
• 하위단위 성과평가시 유용	시장이 경쟁적일 때 유용	이전가격이 전부원가를 초과하지 않으면 어려움. 다소 자의적임	유용하나 이전가격이 협상력에 따라 영향을 받음
• 경영노력에 대한 동기부여	동기부여함	예산원가에 근거하면 가능함. 실제원가에 근거하면 원가를 통제할 유인이 적음	동기부여함
• 자율성 유지	시장이 경쟁적일 때 가능	규칙에 근거하기 때문에 불가능함	하위단위간 협상에 근거하기 때문에 가능함
• 기타 요소	시장이 존재하지 않거나 시장이 불완전할 수 있음	제품 또는 용역의 전부원가를 결정할 때 유용함. 적용하기가 쉬움	협상에 시간이 많이 소요되고, 상황변화에 따라 주기적인 검토가 필요함

예제

다음 각각의 상황은 독립적이다.

1. 분권화된 사업부 甲과 乙을 이익중심점으로 설정하고 있다. 사업부甲에서 생산되는 제품A는 사업부乙에 대체하거나 외부시장에 판매할 수 있으며, 관련원가자료가 다음과 같이 제시되어 있다. 사업부乙은 제품A를 주요부품으로 사용하여 완제품을 생산하고 있으며, 공급처는 자유로이 선택할 수 있다. 현재 사업부甲은 100,000단위의 제품A를 생산하여 전부 외부시장에 판매하고 있으며, 사업부乙에서는 연간 50,000단위의 제품A를 단위당 ₩42의 가격으로 외부공급업자로부터 구입하고 있다. 만일 사업부甲이 제품A를 사업부乙에 사내대체한다면 단위당 ₩8의 판매관리비를 절감할 수 있다고 할 때, 제품A의 사내이전가격은 어느 가격범위에서 결정되어야 하겠는가?
   (2001 세무사, 2012 회계사 유사)

   단위당 외부 판매가격 ₩45
   단위당 변동비 30(변동판매관리비 포함)
   연간 고정비 1,000,000
   연간 최대생산능력 100,000단위

해답

외부시장(수요)이 있다 = 기회비용이 있다 = 유휴생산능력이 없다.

최소 이전가격 :

(@₩30 - @₩8) + [100,000단위(@₩45 - @₩30) - 50,000단위(@₩45 - @₩30)]÷50,000단위
= @₩37(@₩45 - @₩8)

최대 이전가격 : Min(NRV = ?, 외부구입가격 @₩42) = @₩42

∴ ₩37과 ₩42사이

2. 분권화된 사업부A와 사업부B를 이익중심점으로 설정하고 있다. 사업부A는 중간제품을 생산하고 있는데, 연간 생산량의 20%를 사업부B에 대체하고 나머지는 외부시장에 판매하고 있다. 사업부A의 연간 최대생산 능력은 10,000단위로서, 전량을 외부시장에 판매할 수도 있다. 사업부A에서 생산되는 중간제품의 변동제조원가는 단위당 ₩450이며, 외부판매와 관련된 변동판매관리비는 단위당 ₩10이 발생한다. 고정비는 생산량·판매량에 상관없이 항상 일정한 금액으로 유지된다. 사업부A는 그동안 사업부B에 대체해 오던 2,000단위의 중간제품을 내년도부터 단위당 ₩750의 가격으로 외부시장에 판매할 수 있게 되었다. 또한 사업부B는 중간제품을 외부공급업자로부터 단위당 ₩820의 가격으로 구입할 수 있다. 서울기업은 사업부 경영자들에게 판매처 및 공급처를 자유로이 선택할 수 있는 권한을 부여하고 있다. 만일, 사업부A가 사업부B에 대체해 오던 중간제품 2,000단위를 외부시장에 판매하고 사업부B는 외부공급업자로부터 구입한다면, 기존의 정책에 비하여 기업 전체의 입장에서는 어떤 변화가 초래되겠는가? (2000 세무사)

해답

최소 이전가격 :

@₩450 + [10,000단위(@₩750 - @₩460) - 8,000단위(@₩750 - @₩460)]÷2,000단위
= @₩740(@₩750 - @₩10)

최대 이전가격 : Min(NRV = ?, 외부구입가격 @₩820) = @₩820

∴ 대체하는 것이 단위당 ₩80씩 유리하므로 2,000단위를 외부구입시 기업 전체의 순이익은 ₩160,000만큼 감소한다.

3. (주)강북의 남동부문 제품과 관련된 자료는 다음과 같다.

중간시장에서의 판매가격	₩50,000
단위당 변동원가	36,000
단위당 고정원가	6,000
생산능력	1,000개

남동부문은 생산가능한 제품을 모두 중간시장에서 외부고객에게 판매하고 있다. 한편, 기업 내 다른 부문인 동서부문은 동일한 제품을 외부공급업자로부터 매기 400개를 대량구매에 따른 가격할인을 받아 개당 ₩48,000에 구입하고 있다. 남동부문이 동서부문에 판매를 하게 되면 제품 단위당 ₩6,500의 판매수수료 및 운송비용을 절감할 수 있다. 기업 전체적 입장에서 가능한 대체가격의 하한선과 이러한 대체거래로 인한 매기 기업 전체이익의 증가분은 얼마인가? (2024 회계사 유사)

해답

(@₩36,000 - @₩6,500) + (@₩50,000 - @₩36,000) = @₩43,500

@₩43,500 < 대체가격 < @₩48,000

(@₩48,000 - @₩43,500)×400개 = ₩1,800,000(대체시 이익 증가분)

4. (주)세무는 분권화된 A사업부와 B사업부가 있다. A사업부는 반제품을 최대 3,000단위 생산할 수 있으며, 현재 단위당 판매가격 ₩600으로 2,850단위를 외부에 판매하고 있다. B사업부는 A사업부에 반제품 300단위를 요청하였다. A사업부 반제품의 단위당 변동원가는 ₩300(변동판매관리비는 ₩0)이며, 사내대체를 하여도 외부판매가격과 단위당 변동원가는 변하지 않는다. A사업부는 사내대체를 전량 수락하든지 기각하여야 하며, 사내대체 수락시 외부시장 판매를 일부 포기하여야 한다. A사업부가 사내대체 전 이익을 감소시키지 않기 위해 제시할 수 있는 최소 사내대체가격은? (2016 세무사, 2025 세무사 유사)

해답

<사내대체 전>

[2,850단위×@₩600] - [2,850단위×@₩300] = 2,850단위×@₩300

<사내대체 후>

[2,700단위×@₩600 + 300단위×x] - [2,700단위×@₩300 + 300단위×@₩300] = 2,850단위×@₩300

∴ x(단위당 최소 사내대체가격) = @₩450

5. (주)세무는 사업부 A와 B를 이익중심점으로 두고 있다. 사업부 A는 부품 S를 생산하여 사업부 B에 대체하거나 외부에 판매할 수 있으며, 사업부 B는 완제품 생산을 위해 필요한 부품 S를 사업부 A에서 구입하거나 외부에서 구입할 수 있다. 부품 S 1,000단위를 대체하는 경우 사업부 A의 단위당 최소대체가격은 ₩160이다. 부품 S 1,000단위를 내부대체하면 대체하지 않는 것에 비해 회사 전체 이익이 ₩50,000 증가한다. 이 경우 부품 S 1,000단위에 대한 사업부 B의 단위당 최대대체가격(M)과 대체로 인하여 증가하는 이익을 두 사업부가 균등하게 나눌 수 있는 대체가격(E)의 합(M + E)은? (2023 세무사, 2025 회계사 유사)

해답

₩50,000 = [x(단위당 최대대체가격) - @₩160(단위당 최소대체가격)]×1,000단위

∴ x(단위당 최대대체가격, M) : @₩210

E(단위당 최대대체가격과 대체로 인한 증가이익을 두 사업부가 균등하게 나눌 수 있는 대체가격)

(@₩210 + @₩160)÷2 = @₩185

∴ M + E : @₩210 + @₩185 = @₩395

형성평가

[문 1] 단일 제품을 생산·판매하고 있으며, 내년도 예상판매량 10,000개에서의 원가자료를 추정하였다. 원가-가산 가격결정방법을 이용하고 있으며, 목표판매가격을 결정하기 위한 정책으로 이익가산액을 전부원가에 대해 50% 또는 변동비에 대해 100%로 설정하고 있다.

	단위당 변동비	고정비
제조원가	₩130	₩700,000
판매관리비	20	100,000

물음

1. 전부원가접근법하의 제품 단위당 판매가격을 계산하시오.
2. 공헌이익접근법하의 제품 단위당 판매가격을 계산하시오.

[문 2] 제품X를 생산하기 위하여 설비자산에 ₩10,000,000을 투자하였는데, 최소한 이 투자액의 30%를 투자이익으로 획득하고자 계획하고 있다. 내년도에 예상되는 제품 X의 판매량은 1,000단위이며, 이의 생산 및 판매와 관련된 자료이다. 계획하는 대로 제품을 판매하고자 한다면, 제품X의 단위당 판매가격을 얼마로 결정하여야 하겠는가?

변동제조원가	₩5,000/단위
고정판매관리비	2,000/단위
고정제조간접비	1,000/단위

[문 3] 신제품을 개발하려고 한다. 시장조사 결과 단위당 판매가격을 ₩1,500으로 결정하면 10,000개의 제품이 판매될 것으로 예상된다. 목표이익률은 매출액의 30%이고 신제품 개발과 설비구입으로 ₩4,000,000의 고정비가 발생할 것으로 예상된다면 단위당 변동비는 얼마로 하여야 하는가?

[문 4] 1개월에 20,000개의 비누제품을 제조·판매하는데 소요되는 단위당 원가이다. 비누제품의 단위당 정상판매가격은 ₩600이다.

	제조원가	판매비용
변동원가	₩300	₩150
고정원가	50	90

현재 작년도에 제조된 2,000단위의 재고품을 보유하고 있으며, 이를 최소의 가격으로 외부에 판매처분하고자 한다. 만일 이들 재고품을 일정기한 내에 판매하지 못할 경우에는 전량을 폐기처분하여야 하는데, 그 과정에서도 단위당 ₩50의 비용이 소요된다. 재고품을 외부시장에서 판매처분한다고 할 때, 단위당 수취하여야 할 최저판매가격은 얼마인가?

[문 5] 분권화된 사업부A와 사업부B를 운영하고 있다. 사업부A는 중간제품을 생산하며, 사업부B는 중간제품을 조립하여 최종제품을 생산하고 있다. 중간제품과 최종제품은 모두 외부시장에서 판매되고 있으며, 사업부들은 이익중심점으로 운영되고 있다. 중간제품의 이전가격은 장기적인 평균시장가격으로 결정되었다.

최종제품의 추정판매가격	@₩300
중간제품의 장기평균판매가격	200
사업부B에서 최종제품을 생산하기 위한 변동비	150
사업부A에서의 변동비	120

사업부B의 경영자는 다음과 같은 결과를 놓고 고심하고 있다.

최종제품의 판매가격		@₩300
이전가격	@₩200	
최종제품을 생산하기 위한 변동비	150	350
공헌이익(손실)		(@₩50)

물음

1. 사업부A에 유휴생산능력이 없다고 가정한다. 기업 전체의 관점에서 사업부A는 사업부B로 중간제품을 이전하여야 하는가? 사업부A와 사업부B가 모두 수용가능한 이전가격의 범위를 구하시오. 이 경우 시장가격이 과연 올바른 이전가격인가?
2. 사업부A의 최대생산능력이 월 1,000단위이며, 현재 이중 800단위만을 시장에서 단위당 ₩200에 판매할 수 있다고 가정한다. 사업부A는 유휴생산능력이 존재함에도 불구하고, 외부판매가격을 인하하지는 않을 것이라고 한다. 기업 전체의 관점에서 사업부A는 사업부B로 200단위를 이전하여야 하는가? 사업부A와 사업부B가 모두 수용가능한 이전가격의 범위를 구하시오. 최종제품의 시장수요는 충분하지만 판매가격이 불확실하다면 적절한 이전가격은 얼마인가?
3. [물음2]에서 사업부A가 200단위까지의 이전가격을 ₩150으로 결정하였다고 가정한다. 만일 내부이전이 이루어진다면, 기업 전체에 대한 공헌액은 얼마나 될 것인가? 당신이 사업부B의 경영자라면 ₩150에 구매하겠는가?

[문 6] (주)갑은 분권화된 사업부1과 사업부2를 이익중심점(이익책임단위)으로 설정하고 있다. 사업부1은 반제품A를 생산하여 사업부2에 이전(대체)하거나 외부시장에 판매할 수 있다. 사업부2가 제품B를 생산하려면, 반제품A를 사업부1로부터 구입하여야 하며 외부시장에서 구입할 수는 없다. 반제품A와 제품B에 관한 단위당 자료는 다음과 같다.

사업부1(반제품A의 생산 · 판매)		사업부2(제품B의 생산 · 판매)	
외부판매가격	₩25	외부판매가격	₩80
변동원가	10	변동가공원가	30
		변동판매관리비	5

만약 사업부1이 유휴생산능력을 보유하고 있지 않다면, 두 사업부간 이전거래(대체거래)가 이루어지는 반제품A의 단위당 사내이전가격(사내대체가격)은 얼마인가? (2012 회계사)

[문 7] 분권화된 사업부 A와 사업부 B를 운영하고 있다. 甲부품을 생산하고 있는 사업부A는 최대생산량이 연간 100,000단위이면서 현재 100,000단위의 전량을 생산하여 외부판매하고 있다. 동일 기업내의 사업부B는 甲부품을 사용하여 완제품을 생산하고 있으나, 현재는 甲부품 소요량의 전부를 외부에서 단위당 ₩1,600에 구입하여 사용하고 있다.

단위당 변동비	₩1,000	단위당 판매관리비	₩50 (외부판매시에 발생)
단위당 고정비	200	단위당 외부판매가격	1,600

물음

1. 사업부A와 사업부B는 甲부품을 사내에서 상호이전할 것을 검토하고 있다. 사업부A의 입장에서 사업부B로 이전할 수 있는 甲부품의 단위당 사내이전가격은 얼마이겠는가?
2. 사업부B가 외부에서 구입할 수 있는 甲부품의 가격이 단위당 ₩1,500이라면, 기업 전체의 입장에서는 甲부품에 대하여 어떤 의사결정이 이루어지겠는가?

[문 8] 분권화된 기업으로서, 각 사업부에 대해서는 독자적인 의사결정 권한과 그에 따르는 책임을 부여하고 있다. 사업부 중 A사업부는 X제품을 생산하고 있으며, 생산된 제품은 반제품의 형태로 시장에서 판매할 수도 있고, B사업부로 대체시켜 완성품으로 추가가공할 수도 있다. 두 가지 대안 중에서 어떤 방안이 유리하며, 그 때의 두 대안 간의 이익차이는 얼마로 나타나는가?

B사업부에의 이전가격 : ₩7,000(단위당)

	A사업부	B사업부(추가가공)
시장의 판매가격	₩8,000(반제품)	₩14,000(완성품)
변동생산원가	6,000(단위당)	5,500(단위당)

[문 9] 컴퓨터기업의 사업부는 보드를 제작하는 사업부와 조립하는 사업부로 구성되어 있으며, 보드제작사업부와 조립사업부는 이익중심점으로 각각의 의사결정을 하는 성과평가제도를 쓰고 있다. 보드사업부의 생산능력은 5,000단위인데, 현재 80%의 조업도인 4,000단위를 생산하여 전부 조립사업부로 대체하고 있다. (이전가격은 제시하지 않음) 조립사업부는 보드를 외부시장에서도 구입 가능한데 가격은 ₩800이다.

<보드사업부의 원가자료>

직접재료비(4,000단위, 단위당 ₩250)	₩1,000,000
직접노무비(4,000단위, 단위당 ₩100)	400,000
변동제조간접비(4,000단위, 단위당 ₩50)	200,000
고정제조간접비	650,000

보드부문의 생산량 4,000단위는 모두 조립부문에 대체되고 있으며 외부시장에는 판매하고 있지 않고 있다. 그런데 최근에 부문은 외부구입업체로부터 최대생산능력의 50%에 해당하는 2,500단위를 ₩600에 공급해 달라는 주문을 받았다. 이 주문을 전량 수락하거나 거부해야 한다. 또한 주문된 보드는 기존의 보드와는 조금 다르나 동일한 작업시간에 소요된다. 주문된 보드의 직접재료비는 단위당 ₩200이고 직접노무비는 단위당 ₩80이며, 변동제조간접비는 단위당 ₩50이다.

물음 (1999 회계사)

1. 이 기업은 기업 전체의 관점에서 보드부문 경우 2,500단위의 주문은 수락해야 하는가?
2. 기업의 올바른 의사결정을 유도하는 이전가격의 범위는?
3. 조립부문의 경영자는 보드의 이전가격을 제조간접비를 모두 배부한 후의 총원가(full cast)를 결정하자고 제안하였다. 보드사업부는 제조간접비를 생산량에 기초하여 엔진에 배부하고 있다. 조립부문 경영자의 제안에서 엔진의 이전가격을 구하시오.
4. 세금효과를 고려하여 다음에 답하시오.
   조립부문은 10%의 법인세가 부과되는 국가에 위치하고 있으며 보드부문은 법인세가 부과되지 않는 국가에 위치하고 있다고 가정한다. 컴퓨터기업이 전체적인 관점에서 법인세 지급액을 최소화하기 위해서는 이전가격을 얼마로 결정해야 하는가? 단, 양 국가의 국세청에서는 총원가보다는 크거나 같고 컴퓨터기업이 생산하는 것과 유사한 보드의 시장가격보다는 작거나 같은 이전가격만을 용인해 준다고 한다.

[문 10] 다음 물음에 답하시오. 특별한 가정이 없는 한 각 물음은 상호 독립적이다.

<기본 자료>

(주)세무의 부품사업부는 두 종류의 부품 S와 D를 생산 판매하는 이익중심점이며, 각 부품의 단위당 판매가격과 단위당 변동제조원가에 대한 예상 자료는 다음과 같다.

	부품 S	부품 D
판매가격	₩500	₩800
직접재료원가	100	190
직접노무원가	80	160
변동제조간접원가	170	250

부품사업부의 연간 총 고정제조간접원가는 ₩6,200,000으로 예상되며, 판매관리비는 발생하지 않는 것으로 가정한다. 부품 종류에 관계없이 직접노무시간당 임률은 ₩400으로 일정하다. 해당 부품을 생산하기 위해서는 매우 숙련된 기술자가 필요하고, 관계 법률에 의하여 노무자 1인당 제공할 수 있는 노무시간이 제한되어 있어서 부품사업부가 부품 생산을 위해 최대 투입할 수 있는 연간 총 직접노무시간은 14,000시간이다. 한편, 부품사업부가 생산하는 부품 S와 D의 연간 예상 시장수요는 각각 30,000단위, 25,000단위이며, 현재로서는 경쟁업체가 없는 상황이므로 부품사업부가 부품 S와 D를 생산하기만 한다면, 시장수요를 충족시킬 수 있을 것으로 예상된다. 부품사업부는 재고자산을 보유하지 않는 정책을 적용하고 있다.

물음 (2022 세무사)

1. 부품사업부가 달성할 수 있는 연간 최대 총 공헌이익은 얼마인가?
2. <기본 자료>와 같이 예상한 직후에 새로 수집한 정보에 의하면, 기존 설비와 기존인력을 이용하여 부품 S와 D 외에 부품 H를 생산하는 것도 가능하다는 것을 알았다. 부품 H의 연간 예상시장수요는 4,000단위이며, 부품 H 한 단위를 제조하기 위해서는 직접재료원가 ₩130, 직접노무원가 ₩200, 변동제조간접원가 ₩140이 소요될 것으로 예상된다. 현재 부품 H의 판매가격은 아직 미정이다. 부품사업부의 이익을 증가시키기 위해서는 부품 H의 단위당 판매가격은 최소한 얼마를 초과해야 하는가? (단, 부품 H의 직접노무시간당 임률도 ₩400이며, 부품 H를 생산하는 경우에도 부품 S와 D에 대한 기존 연간 예상시장수요량은 동일하다.)
3. (주)세무에는 부품사업부 외에 별도의 이익중심점인 완성사업부가 있다. 완성사업부에서는 그동안 부품사업부가 생산하는 부품 S와 유사한 부품 K를 외부에서 구입하여 완제품 생산에 사용하였다. <기본 자료>와 같은 상황에서 완성사업부가 부품사업부에 부품 K 8,000단위를 공급해줄 것을 제안하였다. 부품사업부가 부품 K를 생산하기 위해서는 단지 부품 S 생산에 사용하는 직접재료 하나만 변경하면 되며, 이 경우 단위당 직접재료원가 ₩10이 추가로 발생한다. 부품사업부가 자기 사업부의 이익을 감소시키지 않으면서 완성사업부의 제안을 수락하기 위한 최소대체가격은 얼마인가? (단, 내부대체하는 경우에도 부품 S와 D에 대한 기존 연간예상시장수요량은 동일하다.)
4. <기본 자료>와 같이 예상한 직후에 그 동안 거래가 없던 (주)대한으로부터 부품 S를 단위당 ₩420에 10,000단위 구입하겠다는 특별주문을 받았다. 이 특별주문은 전량을 수락하든지 또는 거절해야 한다. 이 특별주문을 수락하는 경우에도 부품 S와 D에 대한 기존 연간 예상시장수

요량은 동일하다. (주)대한의 특별주문을 전량 수락하는 경우 부품사업부의 영업이익은 얼마나 증가 또는 감소하는가? (단, <기본자료>와 달리 부품사업부가 부품 생산에 최대 투입할 수 있는 연간 총 직접노무시간은 17,000시간이라고 가정한다.)

[문 11] (주)대한은 원재료를 수입하여 배터리 제조에 필요한 A형, B형 및 C형 부품을 생산 판매하고 있으며, 생산한 물량은 모두 판매할 수 있다. 다음은 20×1년의 영업 및 생산 관련 자료이며, 당해 생산제품은 전량 판매되었다. 직접고정원가는 해당 제품을 생산하지 않게 되면 전액 회피가능한 원가이며, 간접고정원가는 매출액을 기준으로 각 부품에 배부하였다.

구 분	A형	B형	C형
매출액	₩120,000	₩80,000	₩200,000
변동원가	52,000	50,000	104,000
직접고정원가	16,000	5,600	12,800
간접고정원가	15,480	10,320	25,800
생산량	4,000개	2,000개	4,000개
원재료소비량	4,000g	2,000g	10,000g

(주)대한은 지난 수년간 A형, B형 및 C형 부품의 생산량 비율을 유지해왔고, 앞으로도 이러한 정책을 유지할 방침이다. 다만, 예상판매량이 손익분기점 이하인 경우 해당 부품의 생산을 중단한다. 이 경우에도 생산중단 부품을 제외한 나머지 부품들의 생산량 비율은 그대로 유지한다.

물음 (2022 회계사)

1. (주)대한의 최고경영자는 최근 B형 부품의 판매량 감소 때문에 걱정을 많이 하고 있으며, 상황에 따라 이 부품의 생산중단까지도 생각하고 있다.
   1) B형 부품의 손익분기점 수량은 몇 개인가?
   2) B형 부품에 대한 생산 중단 여부를 판단하고, 그 이유를 간단히 제시하시오.
2. 만일 B형 부품의 예상판매량이 800개라면 A형 및 C형 부품의 손익분기점 수량은 각각 몇 개인가?
3. 만일 B형 부품의 판매량 감소가 국제정세 불안에 따른 해외공급망 문제로 원재료 수급이 원활하지 못해 발생한 현상이라면, (주)대한이 안정적인 부품생산을 위해 취할 수 있는 방안을 제시하시오.
4. (주)대한은 20×2년에 원재료를 10,000g밖에 조달할 수 없을 것으로 전망된다. 이러한 경우 공헌이익을 최대로 달성하고자 한다면 각 부품을 몇 개씩 생산해야 하며, 이때의 공헌이익은 얼마인가?

※ 위 [물음]과 관계없이 다음 [물음]에 답하시오.

(주)민국은 부품생산부문과 완성품생산부문을 분권화된 조직으로 운영하고 있다. (주)민국은 부품이 개발되면 이를 활용하여 완성품을 제조하고 판매할 계획이다. 완성품의 단위당 판매가격은 ₩200으로 예상되고, 완성품 1단위 생산에는 부품 1단위가 필요하다. 이 부품을 외부로 판매하는 것은 불가능하다.

(주)민국은 각 부문의 목표와 기업전체의 목표를 일치시키는 사내대체가격을 얼마로 결정할 지 고민 중이다. 생산 판매를 중단하는 경우 총고정원가는 회피가능하다. (주)민국의 부문별 원가구조는 다음과 같다.

구 분	부품 생산부문	완성품 생산부문	기업 전체
단위당 변동원가	₩30	₩70	₩100
총고정원가	₩40,000	₩60,000	₩100,000

5. (주)민국의 완성품 판매량이 2,000개일 때, 사내대체가격의 최저치와 최고치는 각각 얼마인가?
6. 완성품의 판매량이 500개일 때, (주)민국의 두 부문 사이에 자율적인 사내대체를 유도하는 사내대체가격은 존재하는가? 존재한다면 범위를 구하고, 그렇지 않다면 그 이유와 함께 해결방안을 서술하시오.

[문 12] (주)세무는 이익중심점으로 지정된 A, B 개의 사업부로 구성되어 있다. A사업부는 부품을 생산하고, B사업부는 부품을 추가가공하여 완제품을 생산하여 판매한다. A사업부의 부품 최대생산능력은 5,000단위이고, 단위당 변동원가는 ₩100이다. A사업부는 부품의 단위당 판매가격을 ₩200으로 책정하여 외부에 3,000단위 판매하거나 단위당 판매가격을 ₩180으로 책정하여 외부에 4,000단위 판매할 수 있을 것을 기대한다. 다만, A사업부가 외부시장에서 2가지 판매가격을 동시에 사용할 수는 없다. 이 같은 상황에서 B사업부가 A사업부에게 부품 2,000단위를 내부대체해 줄 것을 요청하였다. 2,000단위를 전량 대체하는 경우 A사업부의 단위당 최소대체가격은? (2019 세무사)

[문 13] 구미(주)는 A사업부에서 중간재를 생산하고 B사업부에서 완제품을 생산하고 있다. A사업부는 중간재를 외부에 판매하거나 B사업부에 대체할 수 있다. 관련 자료는 다음과 같다.

A사업부의 중간재 제조원가	₩900
B사업부의 추가변동원가	600

A사업부의 경영자는 다음의 두 가지 대안을 고려 중이다. 대안 1은 중간재 1,000단위를 단위당 ₩1,400에 전량 외부판매하는 것이고, 대안 2는 중간재 600단위를 단위당 ₩1,600에 외부판매하고 나머지 400단위를 B사업부에 적절한 가격으로 대체하는 것이다. A사업부의 경영자가 두 가지 대안을 동일하게 판단할 수 있도록 하려면 B사업부에의 대체가격은 얼마가 되어야 하는가?

[문 14] (주)대덕은 A사업부와 B사업부를 운영하고 있다. A사업부는 매년 B사업부가 필요로 하는 부품 1,000개를 단위당 ₩2,000에 공급한다. 동 부품의 단위당 변동원가는 ₩1,900이며 단위당 고정원가는 ₩200이다. 다음연도부터 A사업부가 부품 단위당 공급가격을 ₩2,200으로 인상할 계획을 발표함에 따라, B사업부도 동 부품을 외부업체로부터 단위당 ₩2,000에 구매하는 것을 고려하고 있다. B사업부가 외부업체로부터 부품을 단위당 ₩2,000에 공급받는 경우 A사업부가 생산설비를 다른 생산활동에 사용하면 연간 ₩150,000의 현금운영원가가 절감된다.

물음 (2006 회계사, 1994 회계사 유사)

1. A사업부가 부품을 B사업부에 공급하는 경우, 대체가격(transfer price)은 얼마인가? (단, 대체가격은 대체시점에서 발생한 단위당 증분원가와 공급사업부의 단위당 기회원가의 합계로 결정한다.)
2. B사업부가 부품을 외부업체로부터 공급받는 경우, (주)대덕의 연간 영업이익 증가(감소)는 얼마인가?

[문 15] (주)대한의 분권화된 사업부 A와 사업부 B는 이익중심점으로 설정되어 있다. 사업부 A에서 생산되는 제품 X는 사업부 B에 대체하거나 외부시장에 판매할 수 있다. 사업부 B는 제품 X를 주요부품으로 사용하여 완제품을 생산하고 있으며, 공급처는 자유롭게 선택할 수 있다. 현재 사업부 A는 10,000단위의 제품 X를 전부 외부시장에 판매하고 있으며, 사업부 B는 현재 연간 5,000단위의 제품 X를 단위당 ₩84의 가격으로 외부공급업자로부터 구입하고 있다. 사업부 A에서 생산되는 제품 X와 관련된 자료는 다음과 같다.

단위당 외부판매가격	₩90
단위당 변동원가(변동판매관리비 포함)	₩60
연간 고정원가	₩2,000,000
연간 최대생산능력	10,000단위

최근 (주)대한은 사업부 B의 생산에 필요한 5,000단위의 제품 X의 사내대체를 검토하였다. 사내대체를 할 경우, 사업부 A가 단위당 ₩20의 변동판매관리비를 절감할 수 있다면 사업부 A가 사내대체를 수락할 수 있는 최소 대체가격은 얼마인가? (2024 회계사)

[문 16] 청과사업부와 주스사업부를 두고 있는 기업의 비용 관련 자료는 다음과 같다.

	청과사업부	주스사업부
변동비	₩100/kg	₩200/ℓ
고정비	₩12,500,000	₩10,000,000

주스 ℓ당 판매가격은 ₩2,100이고 청과세척 후 kg당 시장판매가격은 ₩600이다. 청과사업부는 매년 50,000kg을 매입하여 세척 후 그대로 시장에 팔 수도 있고 주스사업부에 공급하여 kg당 0.5ℓ의 주스생산에도 대체할 수 있다. 기업은 양 사업부간의 대체가격에 대해서 고민하고 있다.

물음 (2006 세무사)

1. 청과사업부는 50,000kg 전량을 주스사업부에 대체한다면 기업 전체의 이익은 얼마가 되겠는가?
2. 기업이 대체가격을 청과사업부의 전부원가의 200%로 하는 경우와 시장가격으로 하는 경우로 구분하여 각 사업부의 관리자에게 영업이익의 5%를 인센티브로 지급하는 정책을 실시하려고 한다. 각 상황별로 각 사업부의 관리자에게 지급할 인센티브를 계산하시오.

정답 및 해설

[문 1] 단위당 목표판매가격

1. 전부원가접근법

단위당 변동제조원가	₩130
단위당 고정제조원가	70*
단위당 전부원가	₩200
단위당 이익 가산액(50%×@₩200)	100
단위당 목표판매가격	₩300

* ₩700,000÷10,000개

2. 공헌이익접근법

단위당 변동제조원가	₩130
단위당 변동판매관리비	20
단위당 변동비	₩150
단위당 이익 가산액(100%×@₩150)	150
단위당 목표판매가격	₩300

[문 2] 단위당 판매가격

$$1{,}000\text{단위} = \frac{@₩3{,}000\times1{,}000\text{단위} + ₩10{,}000{,}000\times30\%}{x - @₩5{,}000}$$

∴ x = ₩11,000/단위

[문 3] 단위당 변동비

목표매출액(10,000개×@₩1,500)	₩15,000,000
목표이익(10,000개×@₩1,500×30%)	(4,500,000)
총목표원가	10,500,000
고정비	(4,000,000)
목표원가(10,000개에 대한)	6,500,000
예상생산량	÷ 10,000개
제품 단위당 목표원가	₩650

[문 4] 최저 판매가격

① 2,000단위의 재고품 전량을 폐기처분하는 경우에는 ₩100,000(= @₩50×2,000단위)의 처분비용이 발생한다. 이 금액은 외부판매가 전혀 이루어지지 않은 최악의 상태에서도 어쩔 수 없이 부담하여야 하는 회피불능손실이 된다.

② 정상적인 가격으로서의 외부판매가 불가능한 재고품이고, 판매가 이루어지지 않는다 하더라도 폐기처분비용이 발생하는 것이 전제되어 있기 때문에 최저의 단위당 판매가격은 다음과 같이 결정되어야 한다.

최저판매가격(단위당) : 변동판매비용 - 폐기처분비용 = @₩150 - @₩50 = @₩100

처분손실 : (@₩100 - @₩150)×2,000단위 = - ₩100,000(폐기처분시와 동일)

③ 두 대안에서 제조원가나 고정판매비용은 고려되지 않았다. 그것은 이들 요소가 어느 대안에서든 동일하게 발생하였거나 발생하는 것이 전제되기 때문이다.

[문 5] 이전가격

1. 아니다. 공헌이익접근법은 기업 전체에 긍정적인 결과를 보여준다.

최종제품의 판매가격		@₩300
사업부A의 변동비	@₩120	
사업부B의 변동비	150	(270)
공헌이익(손실)		@₩30

그러나 만약 사업부A에 유휴생산능력이 없다면, 어떠한 이전도 결과적으로 중간재 시장으로의 제품의 진입을 초래할 것이다. 이 외부시장에서의 판매는 기업 전체에 더 큰 공헌이익을 가져온다.

@₩200(중간제품의 판매가격) - @₩120(사업부 A의 변동비) = @₩80(공헌이익)

이전가격의 일반규칙은 다음과 같이 적용된다. : @₩120 + (@₩200 - @₩120) = @₩200, 이것은 시장가격이다. 시장가격은 올바른 의사결정을 유도하는 이전가격이다. 만약, 최종제품을 계속해서 판매하는 데에 참작할 만한 정상적인 상황이 없다면, 사업부B로 이전해서는 안 된다. 따라서 사업부B는 최종제품의 생산을 중단하거나 원가를 줄여야 한다.

2. 사업부A가 ① 유휴생산능력을 보유하고 있고 ② 800단위를 @₩200에 구입할 수 있는 중간재 시장이 없고 ③ @₩200의 가격이 유지되어야 한다면, 일반규칙은 다음과 같이 적용된다. : @₩120 + (₩0) = @₩120, 이것은 변동비이다. 이런 경우 사업부B는 단위당 ₩30의 공헌이익 @₩300 - (@₩120 + @₩150)이 발생하기 때문에, 사업부A로부터 구입하려고 할 것이다.
3. 사업부B는 ₩0의 공헌이익을 보여줄 것이다. 그러나 기업 전체적으로는 이전된 200단위에 대해 단위당 ₩30의 공헌이익이 발생할 것이다. @₩120과 @₩150사이에서는 어떤 이전가격도 기업 전체적으로 볼 때, 바람직한 이전을 유도할 것이다. 여기에서 단위당 ₩30의 공헌이익을 사업부A와 사업부B에 어떻게 분배하여야 하는가?에 관한 동기부여적인 문제가 발생할 수도 있다. 만약 이전가격이 @₩150을 초과한다면, 사업부B는 내부 구매할 어떤 유인도 가지지 못할 것이다.

[문 6] 이전가격

사업부1(공급사업부)의 최소 이전가격 : @₩25(외부판매가격)

사업부2(구매사업부)의 최대 이전가격 : @₩80 - @₩30 - @₩5 = @₩45

∴ 사내이전가격은 @₩25와 @₩45사이에서 결정되어야 한다.

[문 7] 이전가격

1. 사업부A에서 사업부B에 제시 가능한 이전가격

최고 이전가격 : B사업부의 외부구입가격 = @₩1,600

최저 이전가격 = 증분생산원가 + 기회비용* = 외부판매시의 판매수익

= @₩1,000 + @(₩1,600 - ₩1,000 - ₩50)* = @₩1,600 - @₩50 = @₩1,550

* 내부이전시에는 외부판매가 불가능해지기 때문에(유휴시설이 없음), 외부판매시에 얻게 되는 공헌이익이 내부이전시의 기회비용으로 계산된다.

∴ 사내이전가격의 범위는 단위당 ₩1,550~₩1,600이 된다.

2. 단위당 판매수익(사업부A) : @₩1,600 - @₩50 = @₩1,550
   단위당 외부구입가격(사업부B) : @₩1,500
   ∴ 사업부A에서는 현재대로 甲부품을 외부에 판매하고, 사업부B에서는 외부시장으로부터 구입하는 것이 기업의 입장에서는 단위당 ₩50만큼 유리하게 된다.

[문 8] 대안 간의 비교

	반제품 형태로 외부판매	추가가공 후 완성품으로 외부판매
단위당 판매가격	₩8,000	₩14,000
단위당 변동비		
A사업부	6,000	6,000
B사업부		5,500
단위당 공헌이익	₩2,000	₩2,500

∴ B사업부에서 X제품을 추가가공하여 외부판매하는 경우가 단위당 ₩500의 공헌이익을 더 많이 생성시킨다. 이처럼 기업 전체의 공헌이익을 계산하는 과정에서는 기업내의 사업부 간에 합의된 내부이전가격은 전혀 고려되지 않는다.

[문 9] 특별주문 및 이전가격

1.

증분수익 :	2,500단위×@₩600 =			₩1,500,000
증분비용 :	회피가능원가	2,500단위×@₩330[1] =	₩825,000	
	기회원가	1,500단위×(@₩800-@₩400[2]) =	600,000	1,425,000
증분이익 :				₩75,000

   * 1) @₩200 + @₩80 + @₩50
   2) @₩250 + @₩100 + @₩50

   ∴ 증분이익 > 0이므로 특별주문을 수락하는 것이 유리하다.

2. 0≤Q≤2,500
   ① 공급사업부의 최소 이전가격 : @₩400
   ② 수요사업부의 최대 이전가격 : @₩800
   ∴ @₩400≤X≤@₩800 ⇒ 자가제조하여 내부이전이 유리하다.

   2,501≤Q≤ 5,000
   ① 공급사업부의 최소 이전가격 : @₩400 + (₩75,000÷2,500단위) = @₩430
   ② 수요사업부의 최대 이전가격 : @₩800
   ∴ @₩430≤X≤@₩800 ⇒ 내부이전하여 특별주문을 수락하는 것이 유리하다.

3. X = @₩400 + (₩650,000÷4,000단위) = @₩562.5

4. 제약조건 : @₩562.5≤X≤@₩800 : 세금의 최소화를 위하여 세율이 낮은 국가의 현지법인이 많은 이익을 배분할 것이다. 따라서 세금이 부과되지 않는 국가의 공급사업부인 보드사업부의 이익을 극대화하기 위해서는 위 제약조건에서 이전가격은 @₩800에 결정하여야 한다.

[문 10] 특별주문 및 이전가격 등

1. 연간 최대 총 공헌이익 ₩8,500,000

	부품 S	부품 D
단위당 판매가격	₩500	₩800
단위당 직접재료원가	100	190
단위당 직접노무원가	80	160
단위당 변동제조간접원가	170	250
단위당 공헌이익	₩150	₩200
단위당 투입 직접노무시간	₩80/₩400 = 0.2시간	₩160/₩400 = 0.4시간
직접노무시간당 공헌이익	₩150/0.2시간 = ₩750	₩200/0.4시간 = ₩500
생산우선순위	1순위	2순위

	부품 S	부품 D	합 계
직접노무시간	30,000단위×0.2시간 = 6,000시간	14,000시간 - 6,000시간 = 8,000시간	14,000시간
생산량 = 판매량	30,000단위	8,000시간/0.4시간 = 20,000단위	
최대 총 공헌이익	30,000단위×@₩150 = ₩4,500,000	20,000단위×@₩200 = ₩4,000,000	₩8,500,000

2. 최소 단위당 판매가격 @₩720

	부품 H
단위당 판매가격	x
단위당 직접재료원가	₩130
단위당 직접노무원가	200
단위당 변동제조간접원가	140
단위당 공헌이익	x - ₩470
단위당 투입 직접노무시간	₩200/₩400 = 0.5시간
직접노무시간당 공헌이익	(x - ₩470)/0.5시간

∴ (x - ₩470)/0.5시간 = ₩500(이 금액은 부품 D의 직접노무시간당 공헌이익임)

x = @₩720

3. 단위당 최소대체가격 @₩460

	부품 S	부품 D	합 계
직접노무시간	8,000단위×0.2시간 = 1,600시간	1,600시간	-
생산량 = 판매량	8,000단위	1,600시간/0.4시간 = 4,000단위	
최대 총 공헌이익	1,600단위×(x - ₩150 - ₩10)	4,000단위×₩200 = ₩800,000	-

∴ 8,000단위×(x - ₩100 - ₩10 - ₩80 - ₩170) = ₩800,000

x = @₩460

4. 특별주문 및 영업이익 증가 ₩200,000

	부품 S	부품 D	합 계
최대 판매량	30,000단위	25,000단위	
직접노무시간	30,000단위×0.2시간 = 6,000시간	25,000단위×0.4시간 = 10,000시간	16,000시간

여유시간 : 17,000시간 - 16,000시간 = 1,000시간

특별주문에 투입된 직접노무시간 : 10,000단위×0.2시간 = 2,000시간

특별주문 수익	10,000단위×@₩420 =	₩4,200,000
특별주문 변동비	10,000단위×@(₩100 + ₩80 + ₩170) =	(3,500,000)
포기되는 부품 D 공헌이익	(2,000시간 - 1,000시간)×@₩500 =	(500,000)
영업이익 영향		₩200,000 증가

[문 11] 특별주문 및 이전가격 등

1. B형 부품의 손익분기점 수량 및 생산 중단 여부
   1) B형 부품의 손익분기점 수량
      전체 부품(A형 부품+B형 부품+C형 부품)의 손익분기점 수량
      A형 부품 : B형 부품 : C형 부품 = 4,000개 : 2,000개 : 4,000개 = 2 : 1 : 2
      총매출액 : ₩120,000 + ₩80,000 + ₩200,000 = ₩400,000
      총변동원가 : ₩52,000 + ₩50,000 + ₩104,000 = ₩206,000
      총공헌이익 : ₩400,000 - ₩206,000 = ₩194,000
      단위당 공헌이익 : ₩194,000÷(4,000개 + 2,000개 + 4,000개) = ₩19.4/개
      총고정원가 : ₩16,000 + ₩5,600 + ₩12,800 + ₩15,480 + ₩10,320 + ₩25,800 = ₩86,000
      ∴ 손익분기 총생산량 : ₩86,000÷@₩19.4 = 4,432.99개≒4,433개
         전체 부품(A형 부품+B형 부품+C형 부품)의 손익분기 총생산량은 4,433개이므로, A형 부품 생산량은 1,773.2개(= 4,433개×2/5), B형 부품 생산량은 886.6개(= 4,433개×1/5), C형 부품 생산량은 1,773.2개이다. 따라서 B형 부품의 손익분기점 수량은 887개이다.

      [참조]
      B형 부품의 단위당 공헌이익 : (₩80,000 - ₩50,000)÷2,000개 = ₩15/개
      B형 부품의 총고정원가 : ₩5,600 + ₩10,320 = ₩15,920
      B형 부품의 손익분기점 수량 : ₩15,920÷@₩15 = 1,062개
   2) B형 부품의 생산 중단 여부
      전체 부품(A형 부품+B형 부품+C형 부품)을 고려할 때, B형 부품의 손익분기점 수량은 887개이고, B형 부품만을 고려할 때의 손익분기점 수량은 1,062개이다. 따라서 B형 부품의 생산 및 판매량이 2,000개이므로 생산을 계속해야 한다.
      ∴ B형 부품은 생산 중단하면 안 된다.
2. B형 부품의 예상 판매량이 800개라면 손익분기점인 887개 또는 1,062개에 미달하므로 B형 부품의 생산을 중단한다.
   A형 부품 : C형 부품 = 4,000개 : 4,000개 = 1 : 1
   총매출액 : ₩120,000 + ₩200,000 = ₩320,000
   총변동원가 : ₩52,000 + ₩104,000 = ₩156,000
   총공헌이익 : ₩320,000 - ₩156,000 = ₩164,000
   단위당 공헌이익 : ₩164,000÷(4,000개 + 4,000개) = ₩20.5/개
   총고정원가 : ₩16,000 + ₩12,800 + ₩15,480 + ₩10,320 + ₩25,800 = ₩80,400
   ∴ 손익분기 총생산량 : ₩80,400÷@₩20.5 = 3,921.95개≒3,922개
      (A형 부품+C형 부품)의 손익분기점 총생산량은 3,922개이므로, A형 부품 생산량은 1,961개(= 3,922개×1/2), C형 부품 생산량은 1,961개이다. 따라서 (A형 부품+C형 부품)의 손익분기점 수량은 각각 1,961개이다.
3. 부품생산방안
   ① 수입선 다변화
   ② 국내의 신규 공급망 구축
   ③ 재고 비축

4. 원재료 조달 제약

		A형 부품	B형 부품	C형 부품
단위당 공헌이익	원재료	(₩120,000 - ₩52,000)÷4,000g = @₩17	(₩80,000 - ₩50,000)÷2,000g = @₩15	(₩200,000 - ₩104,000)÷10,000g = @₩9.6
	부　품	(₩120,000 - ₩52,000)÷4,000개 = @₩17	(₩80,000 - ₩50,000)÷2,000개 = @₩15	(₩200,000 - ₩104,000)÷4,000개 = @₩24
우선순위		1순위	2순위	3순위
원재료소비량(전망)		4,000g	2,000g	4,000g
생산량(전망)		4,000개	2,000개	1,600개

∴ A형 부품 4,000개, B형 부품 2,000개, C형 부품 1,600개를 생산하면, 이때 부품 공헌이익으로 ₩136,400[= (4,000개×@₩17) + (2,000개×@₩15) + (1,600개×@₩24)]을 달성할 수 있게 된다.

← 원재료를 10,000g밖에 조달할 수 없을 것으로 전망된다면, 각 유형의 부품을 생산할 때 A형 부품 1개당 1g(= 4,000g÷4,000개), B형 부품 1개당 1g(= 2,000g÷2,000개), C형 부품 1개당 2.5g(= 10,000g÷4,000개)이 소비되므로, 1순위인 A형 부품 4,000개(4,000g)과 2순위인 B형 부품 2,000개(2,000g)을 우선적으로 생산하고, 나머지 4,000g(= 10,000g - 4,000g - 2,000g)으로 3순위인 C형 부품 1,600개(= 4,000g÷2.5g)을 생산하게 된다.

5. 대체가격(판매량이 2,000개일 때)

최소대체가격 : @₩30 + (₩40,000÷2,000개) = @₩50

최대대체가격 : @₩200 - @₩70 - (₩60,000÷2,000개) = @₩100

6. 대체가격(판매량이 500개일 때)

최소대체가격 : @₩30 + (₩40,000÷500개) = @₩110

최대대체가격 : @₩200 - @₩70 - (₩60,000÷500개) = @₩10

∴ 자율적인 사내대체를 유도하는 사내대체가격은 존재하지 않는다.

최대대체가격(@₩10) < 최소대체가격(@₩110)

해결방안 : 완성품 판매가격 인상을 하거나, 생산비용을 절감한다.

[문 12] 내부대체시 대체가격

<내부대체하지 않을 경우 최적 판매량>

3,000단위×(@₩200 - @₩100) = ₩300,000

4,000단위×(@₩180 - @₩100) = ₩320,000

∴ 최적 판매량 4,000단위

<내부대체시 기회비용>

내부대체시 외부 판매량은 3,000단위이므로, 기회비용은 ₩20,000(= ₩320,000 - ₩300,000)이다.

<내부대체시 최소대체가격>

@₩100 + (₩20,000÷2,000단위) = @₩110

[문 13] 이전가격

(@₩1,400 - @₩900)×1,000단위 = ₩500,000(대안 1의 공헌이익)

[(@₩1,600 - @₩900)×600단위] + [(x - @₩900)×400단위] ← 대안 2의 공헌이익

₩500,000 = [(@₩1,600 - @₩900)×600단위] + [(x - @₩900)×400단위]

∴ x(B사업부에의 이전가격) = @₩1,100

[문 14] 이전가격

1. @₩1,900 + (₩150,000÷1,000개) = @₩2,050(대체가격)
2. (@₩2,050 - @₩2,000)×1,000개 = ₩50,000(영업이익 증가)

[문 15] 이전가격

사내대체시 외부시장 판매 포기에 따른 공헌이익 감소분

(@₩90 - @₩60)×5,000단위 = ₩150,000

단위당 최소 대체가격 : (@₩60 - @₩20) + (₩150,000÷5,000단위) = @₩70

[문 16] 이전가격

1. 내부대체시 기업 전체의 이익

매출액	50,000kg×0.5ℓ/kg×@₩2,100 =	₩52,500,000
비 용		
청과사업부 변동비	50,000kg×@₩100 =	5,000,000
고정비		12,500,000
주스사업부 변동비	50,000kg×0.5ℓ/kg×@₩200 =	5,000,000
고정비		10,000,000
영업이익		₩20,000,000

2. 대체가격과 인센티브

대체가격이 전부원가의 200%인 경우

	청과사업부		주스사업부	
매출액	(₩5,000,000 + ₩12,500,000)×200% =	₩35,000,000	50,000kg×0.5ℓ/kg×@₩2,100 =	₩52,500,000
비 용				
변동비	50,000kg×@₩100 =	5,000,000	50,000kg×0.5ℓ/kg×@₩200 =	5,000,000
고정비		12,500,000		10,000,000
대체원가		-	(기회비용, 청과사업부의 매출액)	35,000,000
영업이익		₩17,500,000		₩2,500,000
인센티브율		× 5%		× 5%
인센티브		₩875,000		₩125,000

대체가격이 시장가격인 경우

	청과사업부		주스사업부	
매출액	50,000kg×@₩600 =	₩30,000,000	50,000kg×0.5ℓ/kg×@₩2,100 =	₩52,500,000
비 용				
변동비	50,000kg×@₩100 =	5,000,000	50,000kg×0.5ℓ/kg×@₩200 =	5,000,000
고정비		12,500,000		10,000,000
대체원가		-	(기회비용, 청과사업부의 매출액)	30,000,000
영업이익		₩12,500,000		₩7,500,000
인센티브율		× 5%		× 5%
인센티브		₩625,000		₩375,000

제12장
자본예산

지금까지 기업의 경영자가 직면하는 의사결정 중에서 단기간의 의사결정에 유용한 정보를 제공하는 기법(CVP분석 및 관련원가분석, 제9장~제10장 참조)에 대해서만 살펴보았다. 지금부터는 장기간의 의사결정에 유용한 자본예산(capital budgeting, 또는 투자예산)에 대해 살펴보고자 한다.

자본예산이란 장기간에 걸친 자원배분에 대한 선택문제, 즉 유망한 투자기회를 인식하고 그에 대해 평가하며 그중 일정한 기준을 충족시키는 투자안을 선택하는 과정과 그 기법을 의미하는 것이다. 이러한 장기적인 자원배분에는 거액의 자본지출이 뒤따르게 되며, 일단 투자안이 선택·실시되면 그 기업의 성격 및 신축성에 영향을 미치기 때문에 자본예산은 신중하게 다루어져야 한다. 먼저 회계담당자의 역할에 유의하면서, 자본예산 정책 수립 및 투자안의 현금흐름 예측을 살펴본 다음, 투자안에 대한 체계적인 평가 및 선택기법으로 개발된 네 가지 기본모형을 소개하고, 이를 토대로 투자안의 성격(증분분석, 투자우선순위 방법)·자금조달방법 및 그 이용가능 정도·투자위험 등 보다 전문적 중요사항을 고려하는 복잡한 모형을 살펴보고자 한다.

제1절 자본예산 정책

새로운 공장건설이나 설비도입과 같은 대규모 자본지출계획에 대한 타당성 검토는 장기계획 수립과정의 일부분이므로 대개는 최고경영자에 의해 이루어지며, 장기계획수립은 기업의 전략적 계획을 토대로 하는 것이기 때문에 투자안에 대한 평가기준은 전략적 계획과의 합치여부에 두게 된다. 이렇게 하여 일단 채택된 투자계획에서 편성되는 자본예산은 연차 종합예산(master budget, 제13장 참조) 편성의 제약조건이 되는데, 초기투자단계에서는 신규투자로 인하여 현금흐름 및 자산·부채구성이 영향을 받게 되며 그 다음으로는 최대생산능력·제조원가예산·구매예산·손익예산 등이 영향을 받는다.

자본예산에 포괄되는 투자계획은 기존 구식기계의 일상적인 대체로부터 새로운 공장의 건설 또는 신제품의 도입에 이르기까지 그 규모나 성격에 따라 매우 다양하며, 이렇게 다양하면서 서로 다른 종류의 투자를 효율적으로 수행하려면 미리 공식적인 자본예산 정책을 수립해 놓는 것이 바람직하다. 예컨대 유형별 · 금액별로 자본지출이 인가되는 기업 수준을 명시하며, 투자안 평가에 이용되는 자본예산모형 및 평가기준을 확정하고, 사후통제 및 업적평가과정을 공식화해야 한다. 그렇다고 모든 투자계획마다 최고경영자가 일일이 검토할 필요는 없다. 상대적으로 중요성이 낮은 투자계획이라면 회계시스템상 재평가의 필요성이 인식되지 않는 한, 일상업무처럼 중간관리자에게 권한과 책임을 위양하는 편이 좋다. 이들은 일상업무의 부담 때문에 모든 대안에 대해 완벽한 분석을 수행할 수 없는 경우도 적지 않겠지만, 공식적 평가과정을 완전하게 거치는데 소요되는 비용이 그 효익보다 더 크기 때문에 최적의 투자선택이 아닐 위험이 초래될 수도 있다. 그 반면에 현재 설비자산의 내용연수 연장을 위한 투자나 새로운 공장 건설 · 설비 도입 또는 신제품 도입 등 대규모 투자계획은 최고경영자에 의해 검토되어야 하는데, 최고경영자의 부담을 경감시키기 위해서는 투자안의 평가 및 채택, 사후통제 및 업적평가의 전 과정에서 최고경영자를 보좌할 수 있는 자본예산 전문부서가 별도로 존재할 필요가 있다.

제2절 자본예산 및 투자안의 현금흐름 예측

1. 현금흐름의 유용성 및 시점별 분석

자본예산은 그 재무적 효과가 장기간에 걸쳐서 나타나므로 화폐의 시간적 가치([보론] 참조)가 의사결정에 영향을 미치는 중요한 요소로 고려된다. 따라서 장기간의 의사결정에 유용한 정보를 제공할 때에는 화폐의 시간적 가치가 고려될 수 있도록 재무적 효과가 발생하는 시점까지도 정확하게 파악하여야 한다. 이러한 재무적 효과가 발생하는 시점을 정확하게 파악하는데 가장 적합한 분석방법이 현금흐름(cash flow) 예측이다. 현금흐름은 회계상의 이익은 아니다. 왜냐하면 회계상의 순이익은 감가상각방법이나 원가흐름의 가정 등 회계처리방법에 따라 순이익이 발생하는 시점이 달라지는 반면에 현금흐름은 투자를 통한 실제 산출물로 발생하는 시점이 일정하기 때문이다. 따라서 장기간의 의사결정에 유용한 정보를 제공할 때에는 재무적 효과가 발생하는 시점이 인위적인 회계상의 순이익이 아니라 그 발생하는 시점의 현금흐름을 사용하는 것이 바람직하며, 대부분의 투자안 선택기법은 주로 현금흐름을 이용하여 장기간의 의사결정에 유용한 정보를 제공한다.

예제

(주)민국은 기존 컴퓨터를 ₩100,000에 처분하고 최신 컴퓨터를 ₩2,000,000에 구입하고자 한다. 최신 컴퓨터는 4년간 사용할 수 있으며 잔존가치는 취득원가의 10%로 예상된다. 기존 컴퓨터의 순장부금액은 상각이 완료되어 ₩0이고 최신 컴퓨터는 4년간 사용 후 장부금액으로 판매할 수 있다. 최신 컴퓨터를 구입하게 되면 업무혁신으로 인해 매년 ₩800,000의 인건비가 절약될 것으로 기대하고 있으며 순운전자본은 ₩100,000이 증가할 것으로 예상한다.

물음

1. 법인세가 없을 때, 기업의 현금흐름을 시점별로 분석하시오.
2. 법인세율이 40%라고 가정할 때, 기업의 현금흐름을 시점별로 분석하시오.

해답

[사전지식] 현금흐름을 기초로 한 투자안의 선택에 유용한 정보를 제공하려면 우선 현금흐름을 추정해야 하는데, 투자진행시점에 따라서 ① 투자개시 시점, ② 투자기간 중, ③ 투자종료 시점으로 구분하여 추정하는 것이 편리하다.

1. 법인세가 없는 경우

① 투자개시 시점

최신 컴퓨터의 취득원가	₩2,000,000	유출
순운전자본 증가액	100,000	유출
기존 컴퓨터의 처분금액	100,000	유입

* 투자개시 시점에서의 현금흐름은 유형자산의 취득원가뿐만 아니라 투자에 따른 추가 운전자본 증가액이 고려되어야 한다. 새로운 유형자산을 가동하여 제품을 생산할 경우 재고자산이 증가하거나 매출채권이 증가하게 되는데, 이렇게 투자로 인하여 추가로 증가하는 운전자본은 유형자산의 취득원가와 함께 현금유출액으로 보아야 한다.

② 투자기간 중

인건비 절감액 : 매년 ₩800,000 유입

* 투자기간 중에는 일반적으로 기간별 현금유출액과 현금유입액의 차이를 계산하여야 한다. 이를 순현금흐름이라고 하는데, 순현금흐름 계산시에 주의할 점은 감가상각비와 같이 현금흐름이 수반되지 않은 비용은 현금유출액 계산시에 제외하여야 한다. 즉 순현금흐름 계산시에는 현금흐름이 수반되지 않은 감가상각비가 현금유출액에 포함되지 않지만, 회계상의 이익 계산시에는 감가상각비를 비용으로 인식하기 때문에 감가상각비만큼 차이가 난다.

③ 투자종료 시점

최신 컴퓨터의 잔존가치	₩200,000	유입
순운전자본 회수액	100,000	유입

* 투자종료 시점에서의 현금흐름은 유형자산 처분으로 인한 현금유입액과 운전자본의 회수액을 합하여 계산한다. 유형자산의 가동을 종료하고 제품 생산을 중단하면 재고자산이 모두 판매되고 매출채권 잔액이 회수되는 형식으로 운전자본이 회수되므로 이를 투자종료 시점에서의 현금유입액에 포함하여야 한다.

2. 법인세율이 40%인 경우

① 투자개시 시점

최신 컴퓨터의 취득원가	₩2,000,000	유출
순운전자본 증가액	100,000	유출
기존 컴퓨터의 처분금액	100,000	유입
기존 컴퓨터의 처분에 의한 이익의 세금효과	40,000	유출

* (₩0 - ₩100,000)×40% = ₩40,000

* 법인세가 존재하는 경우에 법인세 납부액만큼 현금유출이므로 세후 순현금흐름 계산시에는 세전 순현금흐름에서 법인세 납부액을 차감하여야 한다.
* 유형자산 처분시에 유형자산처분이익(손실)에 대한 법인세 절감액(증가액)이 처분금액에서 추가로 차감(가산)되어야 한다. 유형자산처분손실이나 유형자산처분이익 자체는 현금흐름과 무관한 손익이므로 처분금액만을 고려하면 되지만 유형자산처분손실이나 유형자산처분이익이 발생함에 따른 법인세 감세효과는 고려하여야 한다.

② 투자기간 중

인건비 절감액(세금 고려) ₩800,000×(1 - 40%) = ₩480,000 유입

감가상각비의 감세효과 ₩450,000×40% = ₩180,000 유입

* (₩2,000,000 - ₩200,000)÷4년 = ₩450,000
* 세후 순현금흐름 계산시에 주의할 점은 감가상각비 감세효과를 고려하여야 한다는 점이다. 순현금흐름 계산시에 감가상각비는 현금흐름이 수반되지 않은 비용이므로 현금유출액 계산시에 제외하여야 한다. 그러나 회계상으로는 감가상각비가 비용으로 계상되어 회계상 세전 순이익을 감소시키므로 감가상각비에 법인세율을 곱한 금액만큼 법인세 납부액을 감소시키는 효과를 가져오는데, 이를 감가상각비의 감세효과라고 한다.

③ 투자종료 시점

최신 컴퓨터의 잔존가치 ₩200,000 유입

순운전자본 회수액 100,000 유입

2. 현금흐름 원천

자본예산편성모형에 이용되는 현금흐름 원천에는 다음의 세 종류가 있다. 첫째 최초 투자(initial investment), 둘째 영업(operation), 셋째 투자회수(dis-investment)가 있다.[1)]

(1) 최초 투자

새로운 생산 또는 용역 설비를 도입하는 데는 보통 토지·건물 및 설비(설치비용 포함)를 구입하게 되며, 이러한 시설을 가동하기 위해서 직원을 고용하고 훈련·배치시키는 비용이 추가적으로 발생한다. 또한 시설을 가동하기 위한 준비로서 일정수준의 재고와 최소한의 현금을 준비해야 하며, 재화나 용역이 외상으로 판매되는 경우에는 외상매출금 형태의 투자가 불가피하다. 실제로 이러한 투자지출은 상당기간에 걸쳐 지속되는 것이지만, 여기서는 설비투자시점에 일괄적으로 발생하는 것으로 가정한다.

최초 투자와 관련되는 고려사항으로 법인세상의 투자세액공제제도가 있다. 이 제도에서는 특정 자산에 대한 최초 투자액의 일정비율을 그 자산이 사용되는 기간의 법인세 납부액에서 차감할 수 있게 되어 있는데, 이 차감액은 세무회계상의 감가상각가능액(=취득원가-잔존가치)에 전혀 영향을 미치지 않는다. 이처럼 투자비용을 감소시킴으로써 특정 자산에 대한 자산을 촉진시키려는 의도를 갖고 있는 이 제도는 투자자가 과세소득을 갖고 있기만 하면 누구나 이용가능하다.

---

1) (앞에서 언급한 바와 같이) 투자진행시점에 따라서 ① 투자개시 시점, ② 투자기간 중, ③ 투자종료 시점으로 구분하여 추정하기도 한다.

⑵ 영업

실제로 영업과정에서 발생하는 연간 현금유입과 현금유출을 예측하는 데는 현금예산을 작성하는데 이용되는 방법과 거의 유사한 절차가 사용되지만, 여기서는 설명의 편의상 특별한 언급이 없는 한 다음의 사항을 가정하기로 한다.

① 영업활동으로 인하여 발생하는 현금유입액(영업현금 유입액)은 매년 일정하다.
② 감가상각비만이 유일한 현금유출이 수반되지 않는 비용이며, 기타 영업비용은 인식시점에서 지출된다.

이러한 가정을 토대로 하면, 법인세차감전 순현금흐름(감가상각 및 법인세차감전 이익) 및 법인세차감후 순현금흐름은 다음과 같이 산출된다.

영업현금 유입액 - 영업현금 유출액 = 법인세차감전 순현금흐름(감가상각 및 법인세차감전 이익)
법인세차감전 순현금흐름 - 법인세 납부액 = 법인세차감후 순현금흐름

여기서 법인세 납부액이란 감가상각비가 과세소득을 산출하는 과정에서 차감되므로, 법인세 납부액은 다음과 같이 산출된다.

(법인세차감전 순현금흐름 - 감가상각비)×법인세율 = 법인세 납부액

즉 감가상각비는 법인세액을 (감가상각비×법인세율) 만큼 감소시키기 때문에 절세수단이 되는데, 세무회계상 인정된 감가상각방법 중 어느 방법을 선택하느냐에 따라 법인세 지급액 및 그 시기·순현금흐름에 영향을 미치고, 따라서 투자안의 타당성 분석에 영향을 미치게 된다. 예를 들어, 가속상각방법(정률법, 연수합계법, 이중체감법 등)과 정액법은 다음과 같은 차이를 발생시킨다.

〈정액법과 비교해 본 가속상각방법의 영향〉

	전반부	후반부	합 계
법인세차감전 순현금흐름	동일	동일	동일
감가상각비	크다*	적다+	동일
과세소득	적다+	크다*	동일
법인세 납부액	적다+	크다*	동일
법인세차감후 순현금흐름	크다*	적다+	동일
순현가·내부수익률			크거나 높다*

*: 가속상각방법에 의한 값이 정액법보다 큰 경우
+: 가속상각방법에 의한 값이 정액법보다 작은 경우

따라서 양(+)의 최저필수수익률 또는 최소용인할인율을 갖고 있는 대부분의 투자안 분석의 경우, 가속상각방법은 법인세 지급을 이연시키는 효과를 갖고 있다는 점에서 세무회계상 훨씬 유리한 방법이라 할 수 있다. 그러나 법인세율의 인상이 예정되어 있다던가 적자를 실현하고 있는 기업에서 손실이연기간이 종료되어 더 이상의 손실공제를 할 수 없는 경우에는 이러한 결론이 타당치 않게 된다.

(3) 투자회수

투자기간이 종료되면 실물자산은 잔존가치로 판매되거나 아니면 폐기처분되며 보유현금·외상매출금·재고 등에 대한 투자액은 회수되어지므로, 이러한 현금유입액은 법인세차감후 현금흐름에 가산되어야 한다.

예제 

새 설비를 도입하려는 투자계획을 심사 중이다. 5년의 내용연수를 갖고 있는 이 감가상각자산은 ₩10,000,000이며, 이 설비의 운용에는 ₩2,000,000의 운전자본이 필요한 것으로 추정된다. 이 자산은 투자세액공제대상이 되지 않으며 잔존가치는 ₩1,000,000으로 예측된다. 이 설비의 운용으로 인한 연간 기대현금유입은 ₩12,000,000, 기대현금유출은 ₩8,000,000으로 추정된다. 현행 법인세율은 48%이며, 세무회계상의 감가상각방법으로 연수합계법을 사용하고 있고, 자본비용은 연 12%로 산출되다.

해답

투자안의 연간 현금흐름과 순현재가치를 산출해 보면 다음과 같다. 이 투자안의 순현재가치는 ₩548,788으로 양(+)의 값을 갖고 있으므로 이 투자계획은 채택되어진다. 만일 정액법을 사용한다하더라도, 순현재가치는 ₩314,731.2으로 계산되므로 동일한 결론(즉 투자계획 채택)이 도출된다.

	투자시점	1년	2년	3년	4년	5년
최초 투자						
유형자산	(₩10,000,000)					
운전자본	(2,000,000)					
영 업						
현금유입		₩12,000,000	₩12,000,000	₩12,000,000	₩12,000,000	₩12,000,000
현금유출		(8,000,000)	(8,000,000)	(8,000,000)	(8,000,000)	(8,000,000)
세차감전 현금흐름		₩4,000,000	₩4,000,000	₩4,000,000	₩4,000,000	₩4,000,000
법인세*		(480,000)	(768,000)	(1,056,000)	(1,344,000)	(1,632,000)
세차감후 현금흐름		₩3,520,000	₩3,232,000	₩2,944,000	₩2,656,000	₩2,368,000
투자회수						
유형자산 잔존가치						1,000,000
운전자본						2,000,000
순현금흐름		₩3,520,000	₩3,232,000	₩2,944,000	₩2,656,000	₩5,368,000
₩1의 현재가치(r=0.12)		0.8929	0.7972	0.7118	0.6355	0.5674
현재가치	12,548,788	₩3,143,008	₩2,576,550	₩2,095,539	₩1,687,888	₩3,045,803
순현재가치	₩548,788					

* 법인세 지급 명세표					
세차감전 현금흐름	₩4,000,000	₩4,000,000	₩4,000,000	₩4,000,000	₩4,000,000
감가상각비(연수합계법)	(3,000,000)	(2,400,000)	(1,800,000)	(1,200,000)	(600,000)
과세소득	₩1,000,000	₩1,600,000	₩2,200,000	₩2,800,000	₩3,400,000
법인세(48%)	₩480,000	₩768,000	₩1,056,000	₩1,344,000	₩1,632,000

※ 정액법으로 상각하였을 경우의 순현재가치

	투자시점	1년	2년	3년	4년	5년
최초 투자						
유형자산	(₩10,000,000)					
운전자본	(2,000,000)					
영 업						
현금유입		₩12,000,000	₩12,000,000	₩12,000,000	₩12,000,000	₩12,000,000
현금유출		(8,000,000)	(8,000,000)	(8,000,000)	(8,000,000)	(8,000,000)
세차감전 현금흐름		₩4,000,000	₩4,000,000	₩4,000,000	₩4,000,000	₩4,000,000
법인세*		(1,056,000)	(1,056,000)	(1,056,000)	(1,056,000)	(1,056,000)
세차감후 현금흐름		₩2,944,000	₩2,944,000	₩2,944,000	₩2,944,000	₩2,944,000
투자회수						
유형자산 잔존가치						1,000,000
운전자본						2,000,000
순현금흐름		₩2,944,000	₩2,944,000	₩2,944,000	₩2,944,000	₩5,944,000
₩1의 현재가치(r= 0.12)		0.8929	0.7972	0.7118	0.6355	0.5674
현재가치	12,314,731.2	₩2,628,697.6	₩2,346,956.8	₩2,095,539.2	₩1,870,912	₩3,372,625.6
순현재가치	₩314,731.2					
* 법인세 지급 명세표						
세차감전 현금흐름		₩4,000,000	₩4,000,000	₩4,000,000	₩4,000,000	₩4,000,000
감가상각비(정액법)		(1,800,000)	(1,800,000)	(1,800,000)	(1,800,000)	(1,800,000)
과세소득		₩2,200,000	₩2,200,000	₩2,200,000	₩2,200,000	₩2,200,000
법인세(48%)		₩1,056,000	₩1,056,000	₩1,056,000	₩1,056,000	₩1,056,000

한편, 자본지출계획이 일단 승인되면, 다음과 같은 이유에서 실제 투자의 진행과정 및 결과를 점검하는 제도가 마련되어야 한다. 이런 제도가 설정되면

① 투자계획의 관리자는 예산범위 내에서 예정대로 최초 투자 단계를 완료하게 되며,

② 만일 중대한 환경변화가 발생하는 경우 투자계획을 재평가할 필요성을 신속하게 감지할 수 있으며,

③ 이미 실행된 투자계획의 오류를 식별케 함으로써 다음 투자계획의 작성 및 평가과정을 개선시켜주며,

④ 투자계획을 제안하고 관리하고 있는 담당자에게 그 결과에 대한 책임을 지게 함으로써 투자계획의 질을 향상시킬 수 있다.

이 경우 최초 투자 단계에서는 PERT기법이 유용한 통제수단으로 이용될 수 있는데 예산과 실제의 지출, 계획된 일정과 영업준비 완료에 소요된 실제의 일정이 비교된다. 그러나 일단 영업이 시작된 이후의 단계로 접어들면, 예산에 편성된 투자계획상의 현금흐름과 실제의 현금흐름으로 그 비교대상이 바뀌게 된다.

제3절 자본예산편성의 기본모형

자본예산편성의 기본모형을 이용하면 투자안이 현금흐름이나 순이익에 미치는 영향을 모형에 입각하여 예측할 수 있으므로 그 투자안의 타당성을 객관적으로 평가할 수 있으며, 그 예측치를 각 투자단계에서의 비용지출에 대한 통제나 사후업적평가의 토대로 사용할 수 있는 이점이 있다. 자본예산편성의 기본모형에서는 크게 나누어 화폐의 시간적 가치([보론] 참조)를 고려한 **할인모형**과 고려하지 않은 **비할인모형**의 두 가지가 있다. 최근에 이르러서는 할인모형을 이용하는 기업의 수가 현저하게 증가하는 추세에 있지만, 비할인모형도 아직까지 많이 이용되고 있다. 그러나 한 투자안이 갖고 있는 서로 다른 여러 특성을 평가하기 위해서는, 둘 또는 그 이상의 모형을 혼합 사용하는 경우도 적지 않다.

비할인모형 (non-discounting model)	회수기간법(payback period) 회계적 이익률법(accounting rate of return)
할인모형 (discounting model)	내부수익률법(internal rate of return) 순현재가치법(net present value)

이하에서는 각 모형의 용도와 한계점을 설명하고자 한다.

1. 비할인모형

(1) 회수기간법

회수기간법(payback period method)이란 회수기간에 의하여 투자안을 평가하는 기법이다. 여기서 회수기간이란 영업활동 결과로 얻는 순현금유입액으로 최초 투자액(initial investment)을 회수하는데 걸리는 기간이다. 회수기간법은 회수기간이 짧을수록 우수한 투자안이라는 기본적 사고가 내포되어 있다.[2)]

2) [저자 주] 회수기간법에서, 연간 순현금유입액이 매년 균등하다는 것은 일반적인 가정이 아니다. 회수기간을 구할 때에는 현금흐름이 매 기간 말 시점에서 발생하는 것이 아니라 연중 평균적으로 발생한다고 가정한다. 최초 투자액을 모두 회수하는 시점이 회계기간의 중간일 수도 있다.

① 매년 순현금유입액이 일정한 경우

회수기간은 최초 투자액을 연간 순현금유입액으로 나누어 구한다.

$$\text{회수기간}(P \div S) = \frac{\text{최초 투자액}(P)}{\text{연간 순현금유입액}(S)}$$

예제 

(주)장안에서 ₩60,000,000짜리 신형버스를 구입하는 투자안의 타당성을 평가하려는데, 내용연수가 5년인 신형버스를 구입·운용하면 매년 ₩20,000,000의 순현금유입이 예상된다. 단, 법인세효과는 고려하지 않는다고 가정한다.

∴ 회수기간 : 3년(= ₩60,000,000÷₩20,000,000)

② 매년 순현금유입액이 일정하지 않은 경우

회수기간은 연간 순현금유입액의 누적액이 최초 투자액과 같게 되는 시점까지의 기간이 된다.

예제 

최초 투자액이 ₩60,000,000인 투자안의 예상 순현금유입액은 다음과 같다. 단, 법인세효과는 고려하지 않는다고 가정한다.

기간	순현금유입액	순현금유입액의 누적액
1	₩30,000,000	₩30,000,000
2	10,000,000	40,000,000
3	40,000,000	80,000,000
4	10,000,000	90,000,000

∴ 회수기간 : 2와 1/2년(= 2.5년) 또는

$$2\text{년} + \frac{₩60,000,000 - ₩40,000,000}{₩40,000,000} = 2.5\text{년}$$

③ 총기간법

회수기간의 변형으로 사용되는 총기간(bail - out factor)이란, 영업활동 결과로 얻는 순현금유입액 이외의 현금유입을 포함한 모든 현금유입액으로 최초 투자액을 회수하는데 걸리는 기간이다. 회수기간법은 영업활동에서 얻은 순현금유입액만을 고려하는데 비해, 총기간법은 내용연수 이전에 투자자산을 처분함으로써 얻는 금액까지 인식하고 있다.

예제 

(주)장안 [예제]의 경우 신형버스를 구입시점으로부터 2년 초에 매각하면 ₩40,000,000을 받을 수 있는 경우, 총기간은 1년(= ₩60,000,000÷₩60,000,000)이 된다. 단, 법인세효과는 고려하지 않는다고 가정한다.

첫해의 영업활동에서 얻은 순현금유입액	₩20,000,000
2년 초에 신형버스의 매각 금액	40,000,000
최초 투자액	₩60,000,000

④ 평가

불확실한 상황에서는 짧은 회수기간을 갖는 투자안이 보다 바람직하므로, 쉽게 계산·이해될 수 있다는 점에서 회수기간법은 오랫동안 가장 널리 이용되는 투자안 평가모형이다. 그러나 그것이 유일한 평가기준으로 사용되는 경우에는, 수익성이 무시되고 회수기간 및 그 이후 순현금유입액의 시간적 차이를 고려하지 않는다는 두 가지 결정적인 단점을 가지고 있다.

㉠ 수익성의 경우

투자안	최초 투자액	순현금유입액				
		1년	2년	3년	4년	5년
A	(₩100,000)	₩50,000	₩50,000	₩0	₩0	₩0
B	(100,000)	50,000	50,000	50,000	50,000	50,000

㉡ 회수기간내 현금흐름의 시간적 차이 경우

투자안	최초 투자액	순현금유입액				
		1년	2년	3년	4년	5년
C	(₩200,000)	₩40,000	₩60,000	₩100,000	₩60,000	₩40,000
D	(200,000)	100,000	60,000	40,000	60,000	40,000

먼저, ㉠의 경우 두 투자안의 회수기간은 똑같이 2년이나, 회수기간이후 A투자안은 순현금유입액이 없는데 비해 B투자안은 매년 ₩50,000의 유입액이 있기 때문에 B투자안이 더 유리한 것이다. ㉡의 경우에도 회수기간은 모두 같은 3년이라도, D투자안이 초기에 대부분의 최초 투자액을 회수하고 있기 때문에 C투자안보다 바람직한 것이다. 왜냐하면 초기에 회수된 자금은 다른 투자안이나 가장 안전한 정부채권에 투자함으로써 별도 수익을 올리거나 또는 투자자에게 반환될 수 있기 때문이다. 이러한 결점을 보완하기 위해서 때로는 회수기간이 3년 이내이어야 한다든가 투자자산의 내용연수가 회수기간의 2배 이상 되어야 한다는 등, 특정한 회수기간이나 내용연수를 한정하여 사용하기도 한다.

(2) 회계적 이익률법

회계적 이익률법(accounting rate of return method : ARR)은 회수기간법이 무시하고 있는 수익성을 평가하는데 사용되는 기법으로서, 회계적 이익률에 의하여 투자안을 평가하는 기법이다.3)

① 잔존가치가 없는 경우

투자안이 실시되는 경우 그 투자에서 얻게 되는 평균 순이익을 최초 투자액 또는 평균 투자액으로 나누어 구한다. 여기에서 유의할 점은 현금유출을 수반하지 않는 비용인 감가상각비가 고려된다는 사실이다. 따라서 평균 순이익은 평균 순현금유입액보다 연간 감가상각비만큼 작게 된다.

$$\text{회계적 이익률} = \frac{\text{평균 순이익}}{\text{최초 투자액 또는 평균 투자액}}$$

* 평균 투자액[= (최초 투자액 + 잔존가치)÷2]

예제

(주)장안 [예제]의 경우 내용연수 5년이고 잔존가치는 ₩0이라고 가정하자. (정액법 사용) 단, 법인세 효과는 고려하지 않는다고 가정한다.

• 연간 감가상각비 : ₩12,000,000(= ₩60,000,000÷5년)
• 평균 순이익 :
₩8,000,000(연평균 순현금유입액 ₩20,000,000 - 연간 감가상각비 ₩12,000,000)
• 평균 투자액 : ₩30,000,000(= ₩60,000,000÷2)

해답

(1) 최초 투자액 기준 회계적 이익률 : 13.3%(= ₩8,000,000÷₩60,000,000)
(2) 평균 투자액 기준 회계적 이익률 : 26.7%(= ₩8,000,000÷₩30,000,000)

참조 평균 장부금액 기준 회계적 이익률 : 14.8%(= ₩8,000,000÷₩54,000,000)
* 기말 장부금액(연간 감가상각비 차감 후의 금액) : ₩48,000,000
평균 장부금액 : ₩54,000,000[= (₩60,000,000 + ₩48,000,000)÷2]

② 잔존가치가 있는 경우

평균 순이익과 평균 투자액이 잔존가치가 없는 경우보다 크므로, 회계적 이익률은 커진다. 또한 최초 투자액 대신에 평균 투자액을 사용하면 회계적 이익률은 보다 높게 된다.

3) [저자 주] 회계적 이익률법은 현금흐름이 아닌 재무제표상의 순이익을 기준으로 회계적 이익률을 산출하여 투자안을 평가하는 기법이다. 회계적 이익은 발생주의에 근거하여 산출된 순이익을 의미하므로 내용연수 동안의 현금흐름 증가액에서 감가상각비와 법인세가 차감된 후의 금액을 사용한다.

예제

(주)장안 [예제]의 경우 내용연수 5년이고 잔존가치가 ₩10,000,000이라고 가정하자. (정액법 사용) 단, 법인세효과는 고려하지 않는다고 가정한다.

- 연간 감가상각비 : ₩10,000,000[= (₩60,000,000 - ₩10,000,000)÷5년]
- 평균 순이익 :
  ₩10,000,000(연평균 순현금유입액 ₩20,000,000 - 연간 감가상각비 ₩10,000,000)
- 평균 투자액 : ₩35,000,000[= (₩60,000,000 + ₩10,000,000)÷2]

해답

(1) 최초 투자액 기준 회계적 이익률 : 16.7%[= ₩10,000,000÷₩60,000,000]
(2) 평균 투자액 기준 회계적 이익률 : 28.6%[= ₩10,000,000÷₩35,000,000]

③ 평가

회계적 이익률법은 분명히 수익성을 측정하고 있다는 장점을 가지고 있지만, 다음에 제시된 두 투자안의 비교에서도 볼 수 있듯이 순현금유입액의 시간적 차이를 무시하고 있다는 단점을 내포하고 있다. 이 경우 F투자안이 조기에 회수된다는 점에서 더 바람직한 것이지만, 최초 투자기준 회계적 이익률은 모두 30%로 나타나고 있다.

투자안	최초 투자액	순현금유입액				
		1년	2년	3년	4년	누적액
E	(₩1,000,000)	₩550,000	₩550,000	₩550,000	₩550,000	₩2,200,000
F	(1,000,000)	1,000,000	1,000,000	100,000	100,000	2,200,000

투자안	회계적 이익률
E	$\frac{₩550,000^{1)} - ₩250,000^{2)}}{₩1,000,000} = 30\%$
F	$\frac{₩550,000^{1)} - ₩250,000^{2)}}{₩1,000,000} = 30\%$

* 1) ₩2,200,000÷4년 = ₩550,000
2) ₩1,000,000÷4년 = ₩250,000 (정액법, 내용연수 4년, 잔존가치 ₩0 가정)

이러한 단점에도 불구하고 회계적 이익률법은 간편한 측정치라는 이유에서 계속 이용되고 있다. 특히 자세한 정보를 알 수 없는 기업 외부의 이용자들에게는 유용한 도구가 될 수 있다. 결론적으로, 투자안이 하나인 경우에는 이 투자안의 회계적 이익률이 목표이익률을 초과하면 채택하고, 투자안이 여러 개인 경우에는 목표이익률을 초과하는 투자안 중에서 가장 높은 회계적 이익률을 가진 투자안을 선택하면 한다.

예제

(주)만세는 취득원가가 ₩800,000인 기계장치를 구입하려고 한다. 이 기계장치를 취득하면 법인세차감전 현금유입액이 매년 ₩200,000만큼 증가할 것으로 예상된다. 내용연수는 5년이고 잔존가치는 취득원가의 10%이며 정액법으로 상각하고 있다. 단, 법인세율은 30%이고 요구수익률은 연 10%이다.

물음

1. 회수기간법(연간 순현금흐름액 ₩183,200 가정)에 의한 회수기간은?
2. 회계적 이익률(평균 투자액 기준)은?

해답

1. 회수기간

구 분	0년	1년	2년	3년	4년	5년
기계장치의 취득가액	(₩800,000)					
영업현금흐름						
세차감후 현금유입액[1]		₩140,000	₩140,000	₩140,000	₩140,000	₩140,000
감가상각비의 감세효과[2]		43,200	43,200	43,200	43,200	43,200
기계장치의 잔존가치						80,000
	(₩800,000)	₩183,200	₩183,200	₩183,200	₩183,200	₩263,200

* 1) ₩200,000×(1 - 30%) = ₩140,000
2) (₩800,000 - ₩80,000)÷5년 = ₩144,000
₩144,000×30% = ₩43,200

$$\therefore\ 4년 + \frac{₩800,000 - ₩183,200 \times 4년}{₩183,200} = 4.37년$$

2. 회계적 이익률

연간 감가상각비 : (₩800,000 - ₩80,000)÷5년 = ₩144,000

평균 순이익 = 현금유입액 - 감가상각비 : ₩200,000 - ₩144,000 = ₩56,000

평균 투자액 : (₩800,000 + ₩80,000)÷2 = ₩440,000

∴ [₩56,000×(1 - 30%)]÷₩440,000 = 8.91%

2. 할인모형

(1) 내부수익률법

내부수익률(internal rate of return : IRR)이란 투자에서 얻게 되는 순현금유입액의 현재가치를 최초 투자액과 같게끔 할인해 주는 할인율로서, 외부에서 투자자금을 차입한다고 가정한 경우 손실을 보지 않고 부담할 수 있는 최고의 이자율이란 성격을 가지고 있다. 이 내부수익률을 구하기 위해서는 최초 투자액(P)과 매년 순현금유입액(S)을 알고 있어야 하는데, 이들의 관계식은 다음과 같다.

$$P=\frac{S_1}{(1+r)^1}+\frac{S_2}{(1+r)^2}+\cdot\cdot\cdot\cdot+\frac{S_i}{(1+r)^i}+\cdot\cdot\cdot\cdot+\frac{S_n}{(1+r)^n}$$

내부수익률 계산은 일반적으로 투자는 기초에 행해지며 현금유입은 기말에 일괄적으로 이루어진다고 가정하고, 보통의 **현재가치표**나 기말지급연금(annuity in arrears)의 현재가치표를 사용한다.

① 매년 순현금유입액이 일정한 경우

위의 식은 다음과 같이 변형된다.

$$P=S\left[\frac{1}{r}\left\{1-\frac{1}{(1+r)^n}\right\}\right] \text{ 또는 } P=\sum_{i=1}^{n}\frac{S_i}{(1+IRR)^i}$$

등식은 보다 간단해졌지만 이 식 자체의 계산은 그리 쉬운 편이 아니므로, 기말지급연금의 현재가치표를 사용하여 내부수익률을 구한다. 즉 최초 투자액을 매년 순현금유입액으로 나누어 얻은 값은 연금현재가치표에 표시된 연금 1의 현재가치와 동일한 것이므로, 현재가치표에서 주어진 기간 n의 行에서 P÷S의 값과 가장 근사한 값을 갖고 있는 列의 할인율이 내부수익률이 된다. 물론 보간법(interpolation method)이나 아주 상세한 연금현재가치표를 사용하여 보다 정확한 값을 구할 수도 있다.

예제

(주)장안 [예제]의 경우 P=₩60,000,000, S=₩20,000,000, n=5이다. 따라서 P÷S=3이 된다. 현재가치표에서 n=5인 행의 값 중 가장 근사한 값 2.99061이 표시된 열의 할인율 20%가 바로 내부수익률이다.[4)]

② 매년 순현금유입액이 일정하지 않은 경우

이 경우에는 시행착오방법(trial and error method) 이외의 다른 방법이 없다. 일단 임의로 적당하다고 인정되는 할인율을 선정하고, 현재가치표를 이용하여 각 기간 현금유입액의 현재가치를 계산하여 그 합계를 구한다. 그 현재가치의 합계액이 최초 투자액과 같은 경우 그 할인율이 바로 내부수익률이 되나, 같지 않은 경우 현재가치의 합계액이 최초 투자액보다 크면 임의로 선정된 할인율을 크게 하고 최초 투자액보다 작으면 더 작은 할인율을 임의로 선정하여 다시 현재가치를 계산한다. 이와 같은 과정을 반복하여 계산한 현재가치의 합계액이 최초 투자액과 같게 되는 할인율이 내부수익률이 된다.

4) 본 [예제]의 연금 현재가치를 [Excel 산식]를 이용하여 계산하면, =(1-(PV(20%,5,,-1)))/20%=2.99061이다.

예제

(주)대한에서 내용연수 3년인 설비를 구입 · 운영하는데, 최초 투자액 ₩18,000,000(연초 투자)이 들며 그 운용으로 인한 순현금유입액이 첫 해에 ₩8,000,000, 둘째 해에 ₩6,000,000, 마지막 해에 ₩10,000,000일 것이라고 추정되는 경우, 이 투자안의 내부수익률을 계산하는 과정을 보면 다음과 같다.[5]

<1단계> 임의로 r= 18%를 선정하여 계산해 본다.

최초 투자액		1년	2년	3년	현가의 합계액
	순현금유입액	₩8,000,000	₩6,000,000	₩10,000,000	
(₩18,000,000)	1의 현가계수	0.84746	0.71818	0.60863	₩17,175,060
	현재가치	₩6,779,680	₩4,309,080	₩6,086,300	

<2단계> 최초 투자액보다 적으므로 18%보다 적은 할인율, 예컨대 r= 14%를 선정하여 계산해 본다.

최초 투자액		1년	2년	3년	현가의 합계액
	순현금유입액	₩8,000,000	₩6,000,000	₩10,000,000	
(₩18,000,000)	1의 현가계수	0.87719	0.76947	0.67497	₩18,384,040
	현재가치	₩7,017,520	₩4,616,820	₩6,749,700	

<3단계> 최초 투자액보다 크므로 14%보다 큰 할인율, 예컨대 r= 16%를 선정하여 계산해 본다.

최초 투자액		1년	2년	3년	현가의 합계액
	순현금유입액	₩8,000,000	₩6,000,000	₩10,000,000	
(₩18,000,000)	1의 현가계수	0.86207	0.74316	0.64066	₩17,762,120
	현재가치	₩6,896,560	₩4,458,960	₩6,406,600	

<4단계> r= 16%의 경우 현가의 합계액이 최초 투자액보다 약간 적지만, 보간법을 사용치 않는 경우에는 가장 유사한 값이므로 16%가 바로 내부수익률이 된다.

[검증 : 보간법]

$$14\% + \frac{₩18,384,040 - ₩18,000,000}{₩18,384,040 - ₩17,762,120} \times (16\% - 14\%) = 15.235\%$$

③ 역회수기간법

매년 순현금유입액이 일정하며 내용연수가 적어도 회수기간의 2배 이상인 경우, 회수기간의 역수인 역회수기간(payback reciprocal) 즉 매년 순현금유입액을 최초 투자액으로 나눈 값은 내부수익률의 개략치로서 사용될 수 있다. 왜냐하면 최초 투자액이 ₩160,000이고 매년 순현금유입액이 ₩40,000이라 추정되는 투자안을 [예]로 들어 비교한다면, 내용연수가 클수록 내부수익률은 역회수기간 내에 거의 근접 · 일치하고 있기 때문이다.

5) 본 [예제]의 현재가치를 [Excel 산식]를 이용하여 계산하면, =PV(18%,1,,-1) = 0.84746, =PV(18%,2,,-1) = 0.71818, =PV(18%,3,,-1) = 0.60863, =PV(16%,1,,-1) = 0.86207, =PV(16%,2,,-1) = 0.74316, =PV(16%,3,,-1) = 0.64066, =PV(14%,1,,-1) = 0.87719, =PV(14%,2,,-1) = 0.76947, =PV(14%,3,,-1) = 0.67497이다.

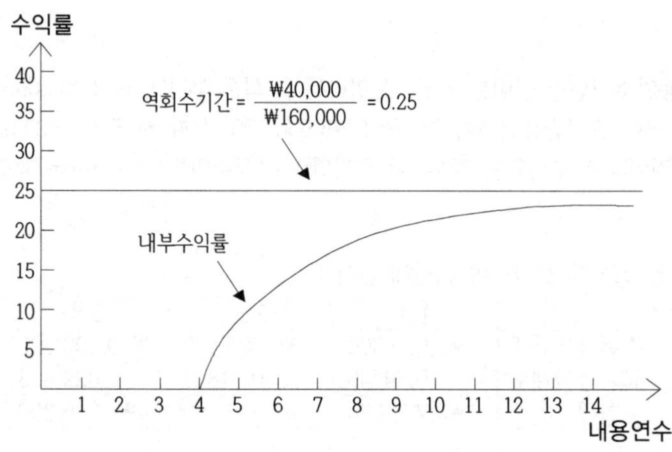

④ 평가

내부수익률법은 수익성뿐만 아니라 현금흐름의 시간적 차이를 동시에 고려한다는 점에서 회수기간법이나 회계적 이익률법보다 더 나은 평가모형이다. 이들 세 가지 모형은 동일한 투자안에 대해 서로 다른 평가를 내릴 수 있다.

다음에 제시된 바와 같이, 회수기간법은 투자안A가 최초 투자액만을 회수하고 있음에도 불구하고 그것을 가장 유리하다고 평가하며, 회계적 이익률법은 총이익률이 가장 큰 투자안B를 가장 바람직한 것으로 평가한다. 앞서 지적했듯이 이 두 모형은 현금흐름의 시간적 차이를 무시하고 있지만, 내부수익률법은 이를 고려하여 투자안C를 가장 좋은 투자안으로 평가한다. 왜냐하면 투자안C의 총이익액은 투자안B보다 약간 적지만 그 현금유입이 투자안B보다 조기에 발생하기 때문에, 그 자금을 부채의 상환 또는 주주에의 배당 등 여러 대체적인 용도에 사용함으로써 상대적인 이익을 거둘 수 있기 때문이다.

투자안	현금유입액			회수기간법		회계적 이익률법		내부수익률법	
최초 투자액	1년	2년	3년	회수기간	순위	이익률	순위	수익률	순위
A(₩20,000)	₩20,000	₩0	₩0	1.0년	1	0	3	0	3
B(20,000)	0	0	25,000	2.8년	3	0.083	1	0.077	2
C(20,000)	8,000	8,000	8,000	2.5년	2	0.067	2	0.097	1

* 회수기간법 - 투자안A : 20,000÷20,000 = 1.0년
회계적 이익률법(최초 투자액 기준) - 투자안B : [(25,000÷3) - (20,000÷3)]÷20,000 = 0.083
내부수익률법 - 투자안C : $20{,}000 = [8{,}000 \div (1+r) + 8{,}000 \div (1+r)^2 + 8{,}000 \div (1+r)^3]$ ∴ $r = 0.097$

내부수익률법도 그 나름대로의 문제점을 가지고 있다. 가장 먼저 그 계산이 간단치 않다는 점이다. 다음으로 내용연수기간 중 대규모 보수공사가 예정되어 있는 투자안처럼 순현금유입기간이 순현금유출기간과 중복되는 경우에는 둘 또는 그 이상의 내부수익률이 계산되는 경우가 있을 수 있다. 마지막으로는 지금까지 보아온 세 가지 모형에서 공통적으로 볼 수 있는 현상으로, 투자규모의 상대적 크기(후술함)를 고려하지 않고 있다.

(2) 순현재가치법

지금까지 논의해 온 세 가지 모형은 그 자체에 공통적인 채택 - 거부결정기준을 가지고 있지 않다. 즉 회수기간 · 회계적 이익률 · 내부수익률에 대한 정보만을 제공할 뿐이어서, 투자안을 채택할 것인가 거부할 것인가를 결정하는 의사결정자는 회수기간이 3년 미만 또는 회계적 이익률이 20% 이상 또는 내부수익률이 20% 이상 등과 같은 별도의 결정기준을 가지고 판단을 내려야 한다는 후속과정이 필요하다는 것이다.

그러나 순현재가치법(net present value : NPV)은 투자안의 현재가치 계산과정에서 할인율이란 형태의 결정기준을 내포하고 있다. 즉 투자안의 순현재가치는 투자에서 얻게 되는 순현금유입액을 주어진 할인율로 할인한 현재가치의 합계액에서 최초 투자액을 차감하여 얻어진다.

$$NPV=\sum_{i=1}^{n}\frac{S_i}{(1+r)^i}-P$$

예제

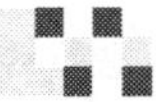

(전술한 [예제]로서), 내용연수 3년인 설비 구입 · 운영에 관한 (주)대한의 [예제]를 이용한다.
할인율 r = 14%인 경우에는 NPV = ₩384,040(= ₩18,384,040 - ₩18,000,000)이며, r = 16%의 경우에는 NPV = (₩237,880)(= ₩17,762,120 - ₩18,000,000), r = 18%의 경우에는 NPV = (₩824,940)(= ₩17,175,060 - ₩18,000,000)이므로, r의 값이 주어지면 NPV값의 크기에 따라 자동적으로 채택 - 거부여부가 결정된다. 내부수익률법과 순현재가치법은 투자안의 수익성과 화폐의 시간적 가치를 동시에 고려하고 있다는 점에서 개념적으로 유사하다. 또한 상호관련이 없는 투자안을 평가하는 경우 내부수익률법과 순현재가치법은 동일한 결론을 얻게 된다. 예컨대, 주어진 [예제]의 경우 할인율이 14%로 주어지면 모두 그 투자안을 채택할 것이고, 할인율이 18%라면 모두 거부할 것이며, 16%의 할인율의 경우 내부수익률 계산에 상세한 현재가치표가 사용되어진다면 정확한 내부수익률은 16% 미만(즉 15.2212%)이므로 모두 거부하게 될 것이다.[6)]

내부수익률법이나 순현재가치법은 계산형태나 계산에 필요한 정보의 양적 측면에서 서로 차이가 있다. 내부수익률법은 매년 순현금유입액의 합계가 최초 투자액과 같게끔 할인해 주는 할인율을 결정하는 것임에 비해, 순현재가치법은 특정한 할인율로 순현금유입액을 할인한 값의 합계액에서 최초 투자액을 차감하는 형식이다. 따라서 순현재가치법은 시행착오

6) Excel 수식-재무-IRR에서 =IRR(A1:A4)를 입력하면, 내부수익률은 15.2212%로 산출된다.

	A
1	-18,000,000
2	8,000,000
3	6,000,000
4	10,000,000

방법이 전혀 불필요하다는 계산상의 이점이 있을 뿐만 아니라, 순현금유출기간이 순현금유입기간과 중복되는 경우에도 복수의 순현재가치가 얻어질 가능성이 전혀 없는 것이다. 다만 사전에 용인될 수 있는 최소할인율이 결정되어야 하나, 내부수익률법이 사용되는 경우에도 투자안의 채택-거부결정에는 동일한 최저필수수익률이 필요하므로 이점을 단점으로 볼 수는 없다.

예제 

(주)만세는 취득원가가 ₩800,000인 기계장치를 구입하려고 한다. 이 기계장치를 취득하면 법인세차감전 현금유입액이 매년 ₩200,000만큼 증가할 것으로 예상된다. 내용연수는 5년이고 잔존가치는 취득원가의 10%이며 정액법으로 상각하고 있다. 단, 법인세율은 30%이고 요구수익률은 연 10%이다.

물음 (2024 세무사 유사)

1. 내부수익률(시행착오법과 보간법)은?
2. 순현재가치는?

해답

1. 내부수익률

① 시행착오법

$$₩800,000 = \frac{₩183,200}{(1+r)} + \frac{₩183,200}{(1+r)^2} + \frac{₩183,200}{(1+r)^3} + \frac{₩183,200}{(1+r)^4} + \frac{₩263,200}{(1+r)^5}$$

∴ $r = 7.36\%$(기각)

② 보간법

－₩800,000＋₩183,200×4.100(7%·5년의 연금현가)＋₩80,000×0.713(7%·5년의 현가)＝₩8,160

－₩800,000＋₩183,200×3.993(8%·5년의 연금현가)＋₩80,000×0.681(8%·5년의 현가)＝－₩14,002

$$\therefore\ 7\% + \frac{₩8,160}{₩8,160 + ₩14,002} \times (8\% - 7\%) = 7.36\%(\text{기각})$$

2. 순현재가치

－₩800,000＋₩183,200×3.791(10%·5년의 연금현가)＋₩80,000×0.621(10%·5년의 현가)
＝－₩55,809(기각)

---

(3) 최저필수수익률 또는 최소용인할인율로서의 자본비용

할인모형을 사용하기 위해서는 사전에 용인될 수 있는 **최소기준율**을 설정할 필요가 있다. 최소기준율을 내부수익률법에서는 최저필수수익률 또는 거부율(cut-off rate), 순현재가치법에서는 최소용인할인율 또는 할인율(discount rate)이라 한다. 이 최소한의 기준율을 설정하는 일은 매우 복잡하며, 그 설정방법에 대해서는 아직 논의 중이다. 이 주제를 상세히 다루는 것은 본서의 범위를 넘어서는 것이고, 또한 관리회계에서는 최저기준율을

설정하기 보다는 이용하는 편이어서 여기에서는 다만 주요개념만을 간략히 제시하고자 한다. (보다 자세한 내용은 재무관리 서적을 참고하길 바란다)

최소기준율을 결정하기 위해서는 투자자가 기대하는 미래현금흐름액과 무위험자산의 수익률(보통 국공채수익률로 정의한다), 투자자가 인식하는 위험의 정도를 알고 있어야 한다. 이 최소기준율은 국공채의 수익률을 하한으로 하여 위험이 증가함에 따라 상승하게 된다. 왜냐하면 투자자는 위험에 노출되는 정도가 클수록 그 보상으로서 더 큰 수익을 원하기 때문이다. 영리기업의 경우에 다음과 같은 조건이 충족된다면, **가중평균자본비용**(WACC)을 최소기준율로 사용할 수 있다.

첫째, 자본시장이 잘 발달되어 있다.
둘째, 자본구조상 장기부채 · 우선주 · 보통주의 구성비율이 일정하다.
셋째, 순영업현금유입액에 대한 현금배당이 일정하다.
넷째, 채택된 투자안으로 인하여 투자자들이 기업에 대해 느끼는 위험 정도가 영향을 받지 않는다.

가중평균자본비용이란 모든 장기자본의 조달원천을 고려한 것으로, 법인세차감후 기준의 장기부채비용 및 우선주비용과 보통주비용을 자본구조상의 비중에 따라 가중평균한 것이다.

$$Kc = Kd \times Pd + Kp \times Pp + Ke \times Pe$$

Kc : 가중평균자본비용
Kd : 장기부채의 법인세차감후 이자율
Kp : 우선주의 미래현금배당 기대액을 1주당 공정가치와 같게끔 할인해 주는 할인율
Ke : 보통주의 미래현금배당 기대액을 1주당 공정가치와 같게끔 할인해 주는 할인율
Pd : 자본구조상 장기부채의 구성비율
Pp : 자본구조상 우선주의 구성비율
Pe : 자본구조상 보통주의 구성비율

이러한 가중평균자본비용은 그 기업이 현재 조달하고 있는 자본에 대한 이자율이란 성격을 가지고 있으므로, 이것보다 같거나 작은 수익률을 가진 투자안을 채택하는 것은 그 기업의 증권가격에 부정적인 영향을 미치게 되기 때문에 가중평균자본비용이 투자안 평가의 적절한 기준이 된다. 보통주 비용 계산에서 수익액이 아니라 배당액을 사용하는 것은, 자본예산모형에서 순이익 대신 현금흐름을 사용하는 것과 똑같은 이유 - 즉 투자안에 투자하는 기업이건 기업에 투자하는 투자자이건 모두 최종적인 관심사는 현금유입액이기 때문이다.

예제 1

자본구조가 장기부채 20%, 우선주자본 20%, 보통주자본 및 이익잉여금 60%로 구성되어 있다. 현행 법인세율은 40%이며, 이 기업은 장기부채에 대해 이자율 10%(법인세차감전)를 부담하고 있다. 우선주 1주당 연 ₩6,000을 배당하고 있으며 보통주에 대해서는 현재 현상유지정책을 취하고 있기 때문에, 앞으로도 1주당 연 ₩4,000을 현금배당할 방침을 갖고 있다. 현재 우선주 공정가치는 1주당 ₩50,000이며 보통주는 주당 ₩25,000으로 평가되고 있다. 가중평균자본비용을 산출하시오.

해답

이러한 상황에서 가중평균자본비용을 구하기 위해서는 먼저 장기부채비용, 우선주비용, 보통주비용을 계산해야 한다.

① 법인세차감후 기준의 장기부채비용 : 법인세법상 지급이자는 비용처리가 가능하므로 법인세차감전 기준의 명목이자율에 (1 - 법인세율)을 곱한 실제이자율이 장기부채비용이다.

$Kd = 0.10 \times (1 - 0.4) = 0.06$

② 우선주비용 : 우선주비용이란 우선주 주주에게 지급될 모든 미래현금배당액을 현행 우선주 공정가치와 같게끔 할인해 주는 할인율이다. 배당액이 영구적으로 고정되어 있는 경우, 연간 현금배당액 D와 공정가치 Po사이에 다음 관계가 성립된다.

$Po = D \div Kp$

이 식은 다음과 같이 변형된다.

$Kp = D \div Po$

$Kp = ₩6,000 \div ₩50,000 = 0.12$

③ 보통주비용 : 보통주비용이란 보통주 주주에게 지급될 모든 미래현금배당액을 현행 보통주 공정가치와 같게끔 할인해 주는 할인율이다. 만일 1주당 현금배당액이 일정 수준으로 유지된다면 등식이 그대로 이용된다.

$Ke = D \div Po$

그러나 보통주주가 기업의 성장에서 오는 현금배당액의 증가를 기대하고 있다면 위의 식을 이용할 수 없다. 이 문제를 해결하는 하나의 방법은 일정한 현금배당 성장률(g)을 가정하는 것인데 이 경우 식은 다음과 같이 변형된다.

$Ke = (D \div Po) + g$

그러나 본 [예제]의 경우에 현금배당 성장률에 대해 제시된 자료는 없다.

$Ke = ₩4,000 \div ₩25,000 = 0.16$

④ 가중평균자본비용 :

$Kc = 0.06(0.20) + 0.12(0.20) + 0.16(0.60) = 0.132$

∴ 기업이 영위하는 사업에서 가중평균자본비용 이상의 수익을 올릴 수 있다면 장기부채비용과 주주자본비용을 충당할 수 있어 채권자와 주주 모두를 만족시킬 수 있다. 따라서 투자안의 타당성 평가에 순현재가치법을 사용하는 경우 그 투자안이 채택되기 위해서는 13.2%로 할인한 순현재가치가 양(+)의 값을 가져야 하며, 내부수익률법을 사용하는 경우에는 그 투자안의 내부수익률이 13.2% 이상이어야 한다.

예제 2

A사업부와 B사업부는 자본시장에서 위험이 유사한 것으로 평가받고 있다. 부채에 대한 이자비용은 15%이며, 주식시장에서의 자기자본비용은 18%이다. 법인세율이 30%이고 부채와 자본에 관한 자료가 다음과 같을 때 가중평균자본비용을 산출하시오.

부채의 공정가치　₩100,000　자본의 공정가치　₩500,000

해답

[15%×(1 - 30%)×₩100,000 + 18%×₩500,000]÷[₩100,000 + ₩500,000] = 16.75% 또는
[15%×(1 - 30%)×₩100,000÷(₩100,000 + ₩500,000)] + [18%×₩500,000÷(₩100,000 + ₩500,000)]
= 16.75%

제4절 증분분석

지금까지는 자본예산편성과 관련된 모형들을 고찰하였다. 앞의 논의를 토대로 하여 투자안의 성질, 자금조달방법 및 그 이용가능정도, 투자위험 등을 고려해 보기로 하자.

앞에서 살펴본 바와 같이, 할인모형이 비할인모형보다는 여러 가지 관점에서 바람직한 투자안 평가방법이므로, 이하의 모든 논의는 할인모형만을 사용한다. 앞에서 다룬 투자안 분석은 신규투자를 전체적으로 채택할 것인가 거부할 것인가에 관한 것이었으며, 주로 투자로 인한 현금흐름 증감액과 내재기회원가(imputed opportunity cost)의 성격을 가진 할인율 또는 거부율을 고려대상으로 하였다. 그러나 증분분석(incremental analysis) 방법은 신규투자 이외에도 원가절감 투자안의 타당성 평가라든가, 채택된 투자계획의 최적투자규모를 결정하는 데에도 이용될 수 있다.[7)]

1. 원가절감 투자안의 평가

신규투자이든 기존 설비의 내용연수 연장투자이든 간에 투자로 인하여 현금유입이 증대되는 것이 보통이다. 그러나 영업규모는 그대로 유지한 채 현금유출만을 절감시키려는 투자가 수행해지기도 한다. 이러한 원가절감 투자계획은 투자결과 현금유입이 증대되지 않기 때문에, 최초 투자액과 투자로 인한 현금절감액을 비교할 수밖에 없다.

7) 일반적으로 투자안을 평가할 때에 순현재가치(NPV)에 따라 분석한다. 투자안을 평가할 때에 총액분석법이나 증분분석법을 이용한다. 총액분석법은 세 가지 이상의 투자안이 있는 경우에도 사용가능하고 투자안 간의 관련수익과 관련원가를 따로 구분할 필요가 없으나 투자안마다 순현재가치를 모두 산출해야 하는 번거로움이 있다. 반면에 증분분석법은 하나의 순현재가치만 구하면 되지만 세 개 이상의 투자안이 있는 경우에는 적용이 곤란하고 투자안 간의 관련수익과 관련원가를 분석해야 한다는 단점이 있다.

예제

현재 잔존가치가 없으며 감가상각이 완료된 제화기계를 가동시키고 있다. 이 기계는 정비상태가 양호하며 앞으로 3년간 더 사용할 수 있다고 평가되는데, 연간 가동비용은 무려 ₩25,000,000에 이르고 있다. 이런 상황에서 경영진은 동일한 작업성능을 가진 새 기계를 구입하는 방안을 검토하고 있다. 3년의 내용연수를 가지고 있고 잔존가치가 없는 이 새 기계의 구입비용은 ₩18,000,000이며, 연간 가동비용은 ₩13,000,000으로 예상된다. 세무회계상의 감가상각방법으로 이중체감법을 사용하고 있으나, 이중체감법으로 계산한 감가상각비가 정액법으로 산출한 금액보다 작은 경우에는 정액법의 금액으로 계상하고 있다. 현행 법인세율은 40%이며, 자본비용은 14%로 가정한다.

해답 ···

이러한 원가절감 투자안은 아래에서 계산된 바와 같이 ₩4,698,000의 순현재가치를 가지고 있으므로, 경영진은 새 기계를 구입하는 방법을 채택할 것이다.

	투자시점	1년	2년	3년
최초 투자	(₩18,000,000)			
원가절감				
구기계의 가동비용		₩25,000,000	₩25,000,000	₩25,000,000
신기계의 가동비용		(13,000,000)	(13,000,000)	(13,000,000)
세차감전 원가절감액		₩12,000,000	₩12,000,000	₩12,000,000
법인세 증가액*		0	3,200,000	4,000,000
세차감후 원가절감액		₩12,000,000	8,800,000	8,000,000
₩1의 현재가치($r = 0.14$)		0.8772	0.7695	0.6750
현재가치	22,698,000	₩10,526,400	₩6,771,600	₩5,400,000
순현재가치	₩4,698,000			

* 법인세 증가액 명세표

	1년	2년	3년
세차감전 현금흐름	₩12,000,000	₩12,000,000	₩12,000,000
감가상각비	12,000,000	4,000,000	2,000,000*
과세소득	₩0	₩8,000,000	₩10,000,000
법인세(40%)	₩0	₩3,200,000	₩4,000,000

* 3년째 이중체감법상 감가상각비는 ₩1,333,333(₩2,000,000×2/3)이므로, 정액법상의 감가상각비로 계상

그러나 이러한 채택 결정은, 첫째 기존 기계를 계속 가동한다. 둘째 새 기계를 구입하여 가동한다는 두 가지 대안만이 존재하는 경우에나 성립한다. 왜냐하면 영리기업의 경우 기존 기계의 가동을 중지하고 그 부문을 포기하는 제3대안이 존재할 수 있기 때문이다. 대개의 경우 이 제3대안의 가능성은 회계시스템에서 이익저하라든가 지속적인 현금유출 등의 위험경고신호가 포착되지 않는 한 고려의 대상이 되지 않으나, 그러한 징후가 있는 경우에는 모든 현금유입과 현금유출에 대한 철저한 분석을 수행하여 제3대안의 타당성을 진지하게 평가해야 하는 것이다.

2. 투자규모의 최적화

실제 투자안의 타당성을 평가하는 경우 경영진은 그 투자안의 채택-거부 결정과 함께, 여러 가능한 투자규모 중 최적투자규모를 결정해야만 한다. 왜냐하면 투자규모가 달라짐에

따라 최초 투자액, 투자로 인한 영업현금흐름, 순현재가치 등이 달라지게 되기 때문이다. 보통 이러한 최적투자규모 결정에는 한계수익과 한계비용이 일치하는 규모에서 이윤이 극대화된다는 경제학적 원리가 채용되어, 투자증가액과 그로 인한 순현금유입 증가액의 현재가치가 일치하는 규모를 최적투자규모로 결정하게 된다.[8)]

<투자규모의 변화에 따른 순현재가치 분석>

최초 투자액 (1)	투자로 인한 현금흐름의 현가 (2)	투자의 순현가 (3) = (2) - (1)	투자 증가액 (4)	투자증가로 인한 현가 증가액 (5)	투자증가로 인한 순현가 (6) = (5) - (4)
₩40,000	₩60,000	₩20,000	₩40,000	₩60,000	₩20,000
50,000	75,000	25,000	10,000	15,000	5,000
60,000	87,000	27,000	10,000	12,000	2,000
70,000*	97,000*	27,000*	10,000*	10,000*	0 *
80,000	105,000	25,000	10,000	8,000	(2,000)
90,000	110,000	20,000	10,000	5,000	(5,000)
100,000	114,000	14,000	10,000	4,000	(6,000)
110,000	118,000	8,000	10,000	4,000	(6,000)
120,000	120,000	0	10,000	2,000	(8,000)

* 최적투자규모

이 경우 내재기회원가로 할인한 순현가(제3란)가 零(0)이 되는 ₩120,000의 투자규모가 최적규모라는 결론을 내리기 쉬우나, 제5 · 6란에서 제시된 증분분석에서 보는 바와 같이 최적규모는 ₩70,000일 때이다. 이 규모를 넘어서면 투자증가액은 負의 순현가를 가지게 된다. 즉 ₩80,000의 규모에서는 ₩10,000(= ₩80,000 - ₩70,000) 만큼의 투자증가로 인한 현가 증가액이 ₩8,000(= ₩105,000 - ₩97,000)에 불과하여, ₩10,000 추가투자의 순현가는 - ₩2,000(= ₩8,000 - ₩10,000)이 되어 버린다.

제5절 투자우선순위 방법

복수의 내부수익률이 산출되는 경우를 예외로 한다면, 순현재가치법과 내부수익률법은 동일한 채택 - 거부 결정을 내린다고 앞에서 언급한 바 있다. 그러나 그러한 경우는 상호독립적인 투자안들을 평가할 때에 국한되며, 평가대상 투자안들이 상호배타적인(mutually exclusive) 경우나 자본할당(capital rationing)이 불가피한 경우에는 두 방법이 서로 다른 결론에 도달하는 경우가 있다.

8) 한계란 특정 경제 행위를 1단위 추가하는 것을 의미한다. 따라서 한계수익은 특정 경제 행위를 1단위 더해서 추가되는 수익을 의미하며, 한계비용은 특정 경제 행위를 1단위씩 더해서 늘어나는 비용을 의미한다. (제9장 제1절 참조)

1. 상호배타적인 투자

상호배타적인 투자란, 예를 들어, 동일한 토지를 서로 다른 대체적인 용도로 사용하려는 경우와 같이 하나를 채택하면 자동적으로 다른 하나를 거부하게 되는 투자이다. 따라서 최소투자기준을 충족시키는 둘 또는 그 이상의 투자안 중에서, 가장 좋은 것을 선택할 수 있게끔 해주는 평가기준의 선택으로 귀착된다. 이 경우 보통의 경우처럼 순현재가치나 내부수익률 기준에 따라 순위를 정할 수 있지만, 불행하게도 때에 따라서는 두 기준이 서로 상충하는 결론을 내리게 되는 수도 있다. 이런 현상은 순현재가치법과 내부수익률법 사이에 다음의 두 가지 기본적인 차이점이 존재하기 때문에 발생한다.

첫째, 순현재가치법은 투자규모(investment size)를 명백히 고려하고 있으나, 내부수익률법은 투자규모에 관계없이 수익률만 고려하고 있을 뿐이다.

둘째, 순현재가치법은 투자로 인한 순현금유입액이 할인율로 재투자된다고 가정하고 있으나, 내부수익률법은 그 투자안의 내부수익률로 재투자된다고 가정하고 있다.

(1) 투자규모

12%의 자본비용을 가지고 있는 기업에서 다음과 같은 두 가지 투자안을 검토 중이다.

투자안	최초 투자액	투자로 인한 순현금유입액	내부수익률(순위)	순현재가치(순위)
A	(₩10,000,000)	₩4,000,000/년, 4년간	0.22 (1)	₩2,149,400 (2)
B	(48,000,000)	16,000,000/년, 4년간	0.16 (2)	3,597,600 (1)

두 투자안은 모두 내부수익률법의 최저필수수익률을 초과하는 수익률을 가지고 있으며, 순현재가치법의 순현재가치는 모두 양(+)의 값을 가지고 있다. 따라서 두 투자안이 상호독립적인 경우라면 모두 채택될 수 있다. 그러나 상호배타적인 경우에는 내부수익률법은 투자안A를, 순현재가치법은 투자안B를 채택하게 된다.

만일 투자자의 진정한 기회원가가 12%라면 투자안B가 투자안A보다 더 유리하다고 결론을 내릴 수 있다. 왜냐하면 투자안A를 채택하게 되면 상대적인 여유자금 ₩38,000,000을 다른 투자기회에 투자할 수 있으나, 이 여유자금이 단지 12%의 수익률로만 투자된다면 여유자금의 순현재가치는 零(0)이 될 것이기 때문이다.

(2) 투자내용연수

앞 [예]와 유사하나(12%의 자본비용), 투자내용연수(investment life)가 상호배타적인 투자안을 평가하는 [예]를 보기로 하자.

투자안	최초 투자액	투자로 인한 순현금유입액				내부수익률 (순위)	순현재가치 (순위)
		1년	2년	3년	4년		
C	(₩10,000,000)	₩12,000,000	₩0	₩0	₩0	0.20 (1)	₩714,300 (2)
D	(10,000,000)	0	5,000,000	5,000,000	5,000,000	0.14 (2)	722,500 (1)

이 경우에도 상호독립된 투자라면 어느 방법을 사용해도 모두 채택결정이 내려지나, 상호배타적인 경우에는 내부수익률법은 투자안C를, 순현재가치법은 투자안D를 채택할 것이다. 그러나 순현재가치법은 투자로 인한 순현금유입액이 할인율로 재투자되고 내부수익률법은 그 투자안의 내부수익률로 재투자된다는 가정을 하고 있기 때문에, 이 두 투자안의 상대적인 우위는 투자로 인한 현금유입액의 사용용도가 어떠한가에 따라 결정된다.

만일 투자자의 기회원가가 두 투자안 모두 투자내용연수 동안 12%로 일정하고 그 현금유입액이 다른 곳에 투자되는 경우의 수익률도 12%에 불과하다면, 투자안C의 경우 1년 말에 회수된 ₩12,000,000의 순현재가치는 零(0)이기 때문에 당연히 투자안D이 선택되어야 한다. 이처럼 회수된 현금유입액의 투자기회에 대한 고려가 필수적이지만, 이것까지 고려하면 너무 복잡해지고 경우에 따라서는 가변적인 것이기에 일률적인 분석은 불가능하다.

2. 자본할당

자본할당(capital rationing)[9]이란 기업의 투자기준을 충족시키는 투자안에 투자하여야 할 투자자금의 합계가 가용투자자금을 초과하는 경우에 발생한다. 이론적으로는 자본할당현상은 발생할 수 없다. 왜냐하면 기업이 현재의 최저필수수익률 또는 할인율에서 채택가능한 모든 투자계획에 조달한 충분한 자금을 가질 수 없는 경우라면, 그 최저필수수익률 또는 할인율이 너무 낮게 산출되었다는 것을 의미하기 때문이다. 그러나 실제로는 경영자가 임의로 결정을 내린다거나 적기에 필요한 자금을 조달하는 데에는 조달비용이 상승하는 경우가 많기 때문에, 자본할당현상이 발생할 수 있다.

자본할당 문제는 상호배타적인 투자안들의 평가문제와 유사한 성격을 가지고 있다. 경영진은 기업의 최소투자기준을 충족시키는 투자안들에서 가장 나은 투자안을 선정해야 하는데, 일반적으로 다음 세 가지 방법이 널리 사용된다.

첫째, 순위(ranking) 결정에 의한 방법
둘째, 시행착오방법(trial and error)
셋째, 수리계획법(mathematical programming)(제10장 특수의사결정에서 설명되어짐)

---

9) 일반적인 할당의 의미는 제한적 자원, 재화나 용역의 분배나 소비를 조절하는 것이다. 자본할당은 기업이 신규 투자나 프로젝트를 수행하는 비용/투자금액을 제한하는 것이다.

(1) 순위 결정에 의한 방법

일정한 기준에 따라 투자안들의 우선순위를 정하고, 가장 높은 것부터 순차적으로 선정하면서 그 투자 합계가 가용투자자금 규모에 달할 때까지 투자해 나가는 방법이다. 순위를 결정하는 일반적인 기준으로 내부수익률이나 현가지수(present value index : PVI)가 사용된다. 때로 '수익성 지수(profitability index)'라 불리기도 하는 현가지수는 다음의 산식에 의해 산출된다.

$$\text{PVI} = \frac{\text{투자로 인한 연간 순현금흐름 또는 현금유입액의 현재가치}}{\text{최초 투자액}}$$

이 산식에서 유의할 것은, 서로 투자규모가 다른 투자안들을 비교하기 위해서는 분자에 순현재가치가 아닌 현재가치가 사용된다는 점이다. 이 현가지수기준에 의하면 채택가능한 투자안은 그 이상의 현가지수를 가지고 있어야 한다.[10] 예를 들어, 전술한 제화기업 원가절감 투자안 [예제]의 경우, 현가지수는 1.261(=₩22,698,000÷₩18,000,000)인 것이다.

예제

금년도에 최대 ₩40,000,000의 자본을 투자하려고 한다. 최소투자기준인 내부수익률 12%를 충족시키는 6가지 투자안을 선정하였는데, 이 6가지 투자안에는 총 ₩78,200,000(최초 투자액 합계)의 자금이 소요될 것이라 예상되었다.

	투 자 안					
	A	B	C	D	E	F
최초 투자액	(₩6,000,000)	(₩25,000,000)	(₩15,000,000)	(₩7,200,000)	(₩5,000,000)	(₩20,000,000)
순현금흐름	₩3,900,000	₩5,000,000	₩3,750,000	₩1,200,000	₩2,500,000	₩3,000,000
투자내용연수	2	11	8	14	3	19
순현가(r=0.12)	₩591,400	₩4,688,500	₩3,528,500	₩753,800	₩1,004,500	₩2,097,400
현가지수	1.0986	1.1875	1.2352	1.1047	1.2009	1.1048
내부수익률	0.20	0.16	0.18	0.14	0.22	0.14

* 투자안A의 계산근거
₩3,900,000×0.8929 + ₩3,900,000×0.7972≒₩6,591,400
₩6,591,400 - ₩6,000,000 = ₩591,400
₩6,591,400 ÷ ₩6,000,000≒1.0986

만일 내부수익률을 기준으로 투자안들의 우선순위를 결정한다면 다음과 같은 결론이 도출된다. 여기서 투자안D보다 높은 내부수익률을 가지고 있는 투자안B와, 동일한 수익률을 가지고 있는 투자안F는 가용투자 잔액 ₩14,000,000(E, A, C에의 투자 후)을 초과하는 투자규모를 가지고 있기 때문에 채택될 수 없으며, 투자안D까지 선정되고 남은 잔액 ₩6,800,000은 12%의 기회원가로 투자된다고

10) 수익성지수(=현금유입액÷현금유출액)은 투자금액 단위당 현금유입액의 현재가치를 나타내는 일종의 효율성 지표로서, NPV>0이면 PI>1이고, NPV<0이면 PI<1이 된다. 이는 규모가 서로 다른 여러 가지 투자안이 있는 경우에 투자할 수 있는 자금여력에 제한이 있다면 효율성을 고려하여 수익성지수가 가장 큰 투자안에 우선순위를 두어야 한다는 개념이다.

가정되고 있으므로 그 순현재가치는 零(0)이 된다.

우선순위	투자안	내부수익률	최초 투자액	총투자액(누적)	순현재가치
1	E	0.22	₩5,000,000	₩5,000,000	₩1,004,500
2	A	0.20	6,000,000	11,000,000	591,400
3	C	0.18	15,000,000	26,000,000	3,528,500
4	D	0.14	7,200,000	33,200,000	753,800
	잔액	0.12	6,800,000	40,000,000	0
				계	₩5,878,200

만일 투자우선순위 선정기준이 현가지수라면 다음과 같은 결과가 도출된다. 투자안F보다 높은 현가지수를 가지고 있는 투자안B는 그 투자규모가 사용할 수 있는 가용투자 잔액 ₩20,000,000(C, E에의 투자 후)을 초과하기 때문에 고려대상이 되지 못한다. 이렇게 선정된 세 가지 투자조합의 순현재가치 합계는 내부수익률기준보다 높은 ₩6,630,400에 이른다.

우선순위	투자안	현가지수	최초 투자액	총투자액(누적)	순현재가치
1	C	1.2352	₩15,000,000	₩15,000,000	₩3,528,500
2	E	1.2009	5,000,000	20,000,000	1,004,500
3	F	1.1048	20,000,000	40,000,000	2,097,400
				계	₩6,630,400

이에서 본 바와 같이, 내부수익률 기준과 현가지수 기준에 따른 투자조합의 우선순위와 그 순현재가치 합계가 서로 다른 것은 두 방법의 재투자 가정이 서로 다르기 때문이다. 내부수익률기준의 순위결정에서는, 투자규모는 무시된 채 투자안F처럼 수익률이 높으면서 장기의 투자내용연수를 가지고 있는 투자안보다는 투자안E나 투자안A처럼 수익률이 높으면서도 단기의 투자내용연수를 가지고 있는 투자안이 높이 평가된다. 그러나 만일 재투자가 최저필수수익률 또는 할인율로 수행해진다는 근거가 확실한 경우에는, 현가지수기준의 순현재가치가 더 크다는 점에서 내부수익률법보다 더 나은 투자안 선택방법이 된다고 할 수 있다. 그러나 자본할당 현상이 앞으로 지속되는 한, 즉 최저필수수익률 또는 할인율이 진정한 기회원가를 반영하지 못하는 한, 상기 결론의 신빙성은 약한 것이다. 한편, 현가지수는 투자규모가 순위결정에 미치는 영향을 제거하기 위하여 현가가치를 최초 투자액으로 나눈 것이므로, 현가지수기준도 내부수익률기준에 있어서처럼 투자규모를 무시하고 있다.

(2) 시행착오방법

이처럼 두 투자기준은 모두 투자규모를 적절하게 고려하고 있지 않기 때문에 그 선정결과가 최적화되지 않는 경우도 있다. 예컨대 위의 상황에서 순현재가치의 극대화를 선정기준으로 삼으면 투자안B(투자액 ₩25,000,000)와 투자안C(투자액 ₩1,500,000)가 선정되는데, 이 투자안 조합은 자금한도(₩40,000,000)란 제약조건을 충족시키면서도 그 순현재가치 합계는 ₩8,217,000(=₩4,688,500+₩3,528,500)으로 현가지수기준보다 높게 된다. 그러나 이 시행착오방법은 매력적인 투자안 조합의 수가 증가할수록 비현실적인 것으로 된다는 단점을 가지고 있다.

(3) 분할투자의 가능성

지금까지는 분할투자(divisible investment)가 불가능하다는 것을 전제로 설명을 진행시켜 왔다. 즉 투자안은 그 투자규모 전체로서 거부되거나 채택되었다. 그러나 내부수익률은 그대로 유지된 채 일부만의 분할투자가 가능한 경우에는 현가지수기준으로도 최적화를 달성할 수 있다.

예제 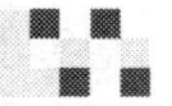

분할투자가 가능한 경우 위 [예제]의 상황을 다시 살펴보면 다음과 같은 최적투자조합이 얻어진다.

㉠ 내부수익률 기준

우선순위	투자안	내부수익률	투자비율(%)	최초 투자액	총투자액(누적)	순현재가치
1	E	0.22	100	₩5,000,000	₩5,000,000	₩1,004,500
2	A	0.20	100	6,000,000	11,000,000	591,400
3	C	0.18	100	15,000,000	26,000,000	3,528,500
4	B	0.16	56	14,000,000	40,000,000	2,625,600
					계	₩7,750,000

* ₩14,000,000÷₩25,000,000 = 56%

㉡ 현가지수 기준

우선순위	투자안	현가지수	투자비율(%)	최초 투자액	총투자액(누적)	순현재가치
1	C	1.2352	100	₩15,000,000	₩15,000,000	₩3,528,500
2	E	1.2009	100	5,000,000	20,000,000	1,004,500
3	B	1.1875	80	20,000,000	40,000,000	3,750,800
					계	₩8,283,800

* ₩20,000,000÷₩25,000,000 = 80%

그러나 현실의 세계에서 분할투자가 가능한 경우란 드물기 때문에, 이 방식은 비교적 실용성이 희박한 편이다.

제6절 자금조달방법을 고려한 투자방법

투자안을 평가함에 있어 투자결정과 자금조달방법을 분리하는 것은 매우 중요하다. 이들을 분리하지 않는다면 경영진은 값비싼 조달방법을 무모하게 선택하는 결정을 내리게 되거나, 아니면 기업의 최소투자기준을 충족시키지 못하는 투자안을 채택하기 쉽다. 이러한 상황은 리스(lease)의 타당성을 평가하는 경우에 발생하기 쉬운데, 리스 또는 구입의 의사결정은 다음과 같은 두 가지 단계를 거쳐 이루어진다.

첫째, 투자계획을 채택할 것인가? 아니면 거부할 것인가?

둘째, 리스할 것인가? 아니면, 채택된 투자안의 자금조달방법으로 내부자금의 사용, 신주발행, 신규사채의 발행을 택할 것인가?

(1) 법인세를 무시하는 경우

만일 채택된 투자안의 자금조달방법으로서 외부차입이 결정되었다면 다음 단계로 적절한 차입수단을 선정하여야 한다. 법인세를 무시하는 경우에는 이자율이 가장 낮은 수단을 선택하면 된다.

예제

최초 투자액 ₩60,000,000이며, 연 ₩35,000,000의 현금유입이 4년간 지속되리라 추정되고 있는 투자안을 평가하고 있다. 이 투자안을 자본비용 18%로 할인해 본 결과, 순현재가치는 ₩34,153,500[=(₩35,000,000×2.6901) - ₩60,000,000]으로 계산되어 채택하기로 결정되었다. 투자지출을 하기 전에 경영진은 리스기업으로부터 투자대상과 동일한 시설을 연 ₩20,000,000의 리스료를 받고 4년간 리스하여 줄 수 있다는 제안을 받았는데, 리스기업은 리스가 더 유리하다는 점을 증명하기 위해 다음과 같은 분석을 제시하였다.

리스료 지급전 현금흐름	₩35,000,000
연간 리스료	(20,000,000)
리스료 지급후 현금흐름	₩15,000,000
₩1의 현재가치(n=4, r=0.18)	× 2.6901
순현재가치	₩40,351,500
리스료의 이익(₩40,351,500 - ₩34,153,500)	₩6,198,000

리스기업의 설명만을 들으면 리스가 더 유리하다는 결론을 내릴 수 있을 것이다. 그러나 리스가 자금조달의 한 형태인 것을 감안한다면, 사채발행이나 외부차입 등 대체적인 조달방법과 비교해 볼 필요성이 있으므로 리스가 유리하다는 판단은 성급한 결론인 것이다.

일반적으로 리스의 순현재가치는 재무레버리지(financial leverage, 후술함) 작용 때문에, 구입하는 경우의 순현재가치보다 높게 된다. 리스에 내재하는 이자율이 그 기업의 할인율보다 낮은 경우에는 특히 그러하다. 위의 경우 할인율 18%이지만 리스의 내재이자율은 13%[11]에 불과한 것이다.

따라서 일반 투자안의 채택이 결정되면 그 다음 단계로서 자금조달방법을 결정하는 순서를 취해야 한다. 이 13%의 리스 내재이자율과 은행이자율 등 다른 조달방법의 이자비용을 비교해야 한다. 위 [예제]의 기업은 신용이 높이 평가되어 은행으로부터 10%의 이자율로서도 차입이 가능하다면 차입이 훨씬 유리한 방법인 것이다. 한편, 투자안의 채택여부 결정단계에서는 부채비용과 전체 자본비용과의 차이에서 생성되는 재무레버리지 효과가 고려되어서는 안된다.

11) 본 [예제]의 경우, P=₩60,000,000, S=₩20,000,000, n=4이다. 따라서 $P \div S$=3이 된다. 현재가치표에서 n=4인 행의 값 중 가장 근사한 값 2.97447이 표시된 열의 할인율 13%가 바로 내부수익률이다.

⑵ 법인세를 고려하는 경우

법인세를 고려하게 되면 상황은 복잡해진다. 예컨대, 차입이자율이 리스 내재이자율보다 높더라도 차입이 더 유리하게 되는 경우가 있을 수 있다. 이는 리스가 채택되는 경우에는 오직 리스료만이 비용으로 처리되는데 비해, 외부차입을 통한 구입의 경우에는 부채의 이자비용이 과세소득 산출시 비용처리가 가능하고, 가속상각방법이 사용된다면 법인세 납부액을 이연시키는 효과를 갖고 있으므로 법인세 납부시점과 납부액에서 차이가 생기기 때문이다.

예제

전 [예제]에다 다음 조건을 추가하여 다시 한 번 생각해 보자.

첫째, 법인세율은 40%이며 감가상각방법으로는 연수합계법이 사용된다.

둘째, 자본비용 18%는 법인세차감후 기준이다.

셋째, 리스방법 이외에도 외부차입방법이 가능하다. 외부차입의 경우 원금은 4년에 걸쳐 분할상환되고 연간 지급이자는 원금 잔액에 대해 14%로 지급된다.

이 경우 리스방법과 외부차입방법의 현재가치를 비교해 보면 다음과 같다.

① 리스의 경우

리스료 지급전 현금흐름	₩35,000,000
연간 리스료	(20,000,000)
리스료 지급후 현금흐름	₩15,000,000
법인세(40%)	(6,000,000)
리스료 · 세차감후 현금흐름	₩9,000,000
₩1의 현재가치($n=4$, $r=0.18$)	× 2.6901
순현재가치	₩24,210,900

② 외부차입의 경우

	투자시점	1년	2년	3년	4년
리스료 지급전 현금흐름		₩35,000,000	₩35,000,000	₩35,000,000	₩35,000,000
이자비용(원금 잔액의 14%)		(8,400,000)	(6,300,000)	(4,200,000)	(2,100,000)
원금 및 세차감전 현금흐름		₩26,600,000	₩28,700,000	₩30,800,000	₩32,900,000
(-) 원금		(15,000,000)	(15,000,000)	(15,000,000)	(15,000,000)
법인세*		(1,040,000)	(4,280,000)	(7,520,000)	(10,760,000)
순현금흐름		₩10,560,000	₩9,420,000	₩8,280,000	₩7,140,000
₩1의 현재가치($r=0.18$)		0.8475	0.7182	0.6086	0.5158
순현재가치	₩24,437,064	₩8,949,600	₩6,765,444	₩5,039,208	₩3,682,812

* 법인세 지급 명세표

원금 및 세차감전 현금흐름	₩26,600,000	₩28,700,000	₩30,800,000	₩32,900,000
감가상각비(연수합계법)	(24,000,000)	(18,000,000)	(12,000,000)	(6,000,000)
과세소득	₩2,600,000	₩10,700,000	₩18,800,000	₩26,900,000
법인세(40%)	₩1,040,000	₩4,280,000	₩7,520,000	₩10,760,000

외부차입의 경우 총지급액 ₩81,000,000(=₩60,000,000+₩8,400,000+₩6,300,000+₩4,200,000+₩2,100,000)이 리스의 ₩80,000,000(=₩60,000,000+₩20,000,000)보다 더 많음에도 불구하고, 차입이 더 유리하다는 결론을 내릴 수 있다. 왜냐하면 차입의 경우 더 많은 이자를 부담함으로써 법인세액이 약간 경감되고 가속상각법에 의해 법인세 지급이 차기 이후로 이연되는 효과에 의하여, 총지급액이 더 많다는 약점을 충분히 상쇄시키고도 남기 때문이다. 주어진 [예제]는 의도적으로 리스방법이 불리한 경우를 가정한 것이지만, 실제 리스방법이 외부차입에 의한 구입이나 외부자금에 의한 구입보다 더 유리한 경우가 많다. 왜냐하면 리스기업이 양질의 정비서비스와 함께 「규모의 경제」 이점을 살려 리스 관련 비용을 대폭 낮춤으로써 리스 내재이자율이 기타 방법의 경우보다 낮은 경우가 있으며, 때로는 일부 제조기업에서 정책상 그들의 설비를 판매하지 않고 전적으로 임대하는 경우가 있으므로 리스 이외의 다른 방법으로는 그 설비를 이용할 수 없기 때문이다.

(3) 결합레버리지도 및 자본조달분기점 분석

CVP분석에서 살펴본 바 있는 영업레버리지도(DOL, 제9장 제6절 참조)에 재무레버리지도(DFL)를 곱하여 **결합레버리지도**(DCL)를 산정한다. 재무레버리지란 기업이 자본조달의 결과로 재무고정비(이자비용)를 부담하는 정도를 의미한다.[12)]

$$\text{결합레버리지도} = \text{영업레버리지도} \times \text{재무레버리지도}$$

$$\text{결합레버리지도} = \frac{\text{매출액} - \text{변동비}}{\text{매출액} - \text{변동비} - \text{고정비}} \times \frac{\text{매출액} - \text{변동비} - \text{고정비}}{\text{매출액} - \text{변동비} - \text{고정비} - \text{이자비용}}$$

자본조달분기점(financial break-even point : FBEP) 분석이란 재무레버리지 효과를 응용한 분석으로서, 자본조달방법이 주당이익(=세후 순이익÷발행주식 수)에 미치는 영향을 이해하는데 유용하다. 기업은 자본조달방법으로 두 가지 방안을 고려하고 있다. 제1안은 추가로 보통주를 발행하여 자금을 조달하는 방안이며, 제2안은 타인자본으로 자금을 조달하는 방안이다. 즉 제1안은 기존의 발행주식 수 이외에 추가로 자금을 조달하는 만큼의 발행주식 수가 증가하게 되며, 제2안은 기존의 이자비용 이외에 추가로 자금을 조달하는 만큼의 이자비용이 증가하게 된다. 미래에 예상되는 영업이익이 자본조달분기점에 미달할 경우에는 타인자본을 전혀 사용하지 않는 제1안이 유리하며, 미래에 예상되는 영업이익이 자본조달분기점을 초과할 경우에는 타인자본을 사용하는 제2안이 유리하다.

$$\text{자본조달분기점} = \frac{\text{제1안 발행주식 수} \times \text{제2안 이자비용} - \text{제2안 발행주식 수} \times \text{제1안 이자비용}}{\text{제1안 발행주식 수} - \text{제2안 발행주식 수}}$$

12) 타인자본, 즉 부채가 존재하는 경우 고정적인 금융비용의 지급으로 인해 영업이익의 변동 및 세후 순이익의 변동을 확대시키게 되는데 이를 재무레버리지 효과라고 한다. 재무레버리지 효과는 금융비용 규모가 클수록 확대되기 때문에 차입금 의존도가 큰 기업일수록 그 효과가 더 크게 나타난다.

예제 1

A기업의 포괄손익계산서는 다음과 같다. 결합레버리지도는 얼마인가?

매출액(100,000개×@₩20)	₩2,000,000
변동비(100,000개×@₩12)	(1,200,000)
고정비	(600,000)
영업이익	₩200,000
이자비용	(80,000)
세전 순이익	₩120,000

해답

$$\text{결합레버리지도} = \frac{₩2{,}000{,}000 - ₩1{,}200{,}000}{₩2{,}000{,}000 - ₩1{,}200{,}000 - ₩600{,}000} \times \frac{₩2{,}000{,}000 - ₩1{,}200{,}000 - ₩600{,}000}{₩2{,}000{,}000 - ₩1{,}200{,}000 - ₩600{,}000 - ₩80{,}000} ≒ 6.67$$

한편, A기업은 새로운 시설을 도입하려고 한다. 새로운 시설을 도입하여 생산하면 고정비는 현재보다 1.5배 증가하지만 단위당 변동비는 ₩12에서 ₩8으로 감소한다. 새로운 시설을 도입하기 위하여 다음과 같은 두 가지 자금조달방법을 고려하고 있다.

① 타인자본으로 자금을 조달하면 이자비용이 ₩50,000 증가한다.

② 보통주 발행으로 자금을 조달하면 발행주식이 1,000주 증가한다.

매출액이 현재와 동일한 상태라고 가정하고, 새로운 시설을 도입하여 가동할 경우 각 자금조달방법에서의 결합레버리지도를 산정하면 다음과 같다.

타인자본으로 자금조달	
매출액(100,000개×@₩20)	₩2,000,000
변동비(100,000개×@₩8)	(800,000)
고정비(₩600,000×1.5)	(900,000)
영업이익	₩300,000
이자비용(₩80,000 + ₩50,000)	(130,000)
세전 순이익	₩170,000

$$\text{결합레버리지도} = \frac{₩2{,}000{,}000 - ₩800{,}000}{₩2{,}000{,}000 - ₩800{,}000 - ₩900{,}000 - ₩130{,}000} ≒ 7.06$$

보통주 발행으로 자금조달	
매출액(100,000개×@₩20)	₩2,000,000
변동비(100,000개×@₩8)	(800,000)
고정비(₩600,000×1.5)	(900,000)
영업이익	₩300,000
이자비용(₩80,000)	(80,000)
세전 순이익	₩220,000

$$\text{결합레버리지도} = \frac{₩2{,}000{,}000 - ₩800{,}000}{₩2{,}000{,}000 - ₩800{,}000 - ₩900{,}000 - ₩80{,}000} ≒ 5.45$$

∴ 타인자본으로 자금조달시의 결합레버리지도는 7.06이고, 보통주 발행으로 자금조달시의 결합레버리지도는 5.45이다. 따라서 타인자본으로 자금조달시의 결합레버리지도가 보통주 발행으로 자금조달시의 결합레버리지도보다 더 높다. 결국 A기업은 미래 영업이익이 상당히 증가하지 않는 한 타인자본보다는 보통주 발행으로 자금을 조달하는 것이 더 유리하다.

예제 2

B기업의 총자본은 ₩15,000,000으로, 자본금이 ₩10,000,000(발행주식 수 20,000주)이고 타인자본이 ₩5,000,000(평균 이자율 연 12%)이다. B기업은 신규투자를 계획하고 있는데, 여기에 소요되는 자금은 ₩5,000,000이다. 이 투자가 이루어지면 연간 영업이익은 ₩4,000,000이 될 것이다. 만일 보통주를 발행하여 자금을 조달한다면 주당 ₩1,000씩 발행이 가능하며, 타인자본으로 자금을 조달한다면 연 12%의 이자율로 조달할 수 있다. 자본조달분기점 및 최적 자금조달 방안은? (단, 법인세율은 40%이다)

해답

보통주 발행시의 주당이익

$$\text{주당이익(EPS)} = \frac{(₩4,000,000 - ₩600,000)(1-0.4)}{20,000\text{主} + 5,000\text{主}} = ₩81.6$$

* 보통주 신규 발행수 : ₩5,000,000÷@₩1,000 = 5,000主
이자비용 : ₩5,000,000×0.12 = ₩600,000

타인자본 조달시의 주당이익

$$\text{주당이익(EPS)} = \frac{(₩4,000,000 - ₩1,200,000)(1-0.4)}{20,000\text{主}} = ₩84$$

* 이자비용 : (₩5,000,000 + ₩5,000,000)×0.12 = ₩1,200,000

자본조달분기점 산정 및 최적 자금조달 방안 결정

$$\frac{(20,000\text{主} + 5,000\text{主})\times ₩1,200,000 - 20,000\text{主}\times ₩600,000}{(20,000\text{主} + 5,000\text{主}) - 20,000\text{主}} = ₩3,600,000$$

또는 $\frac{(x - ₩600,000)(1-0.4)}{20,000\text{主} + 5,000\text{主}} = \frac{(x - ₩1,200,000)(1-0.4)}{20,000\text{主}}$ 이므로, x = ₩3,600,000이다.

∴ 미래에 예상되는 영업이익이 자본조달분기점인 ₩3,600,000을 초과하면 재무레버리지 효과를 극대화하기 위해 적극적으로 타인자본을 조달하는 것이 유리하다. 그러나 미래에 예상되는 영업이익이 자본조달분기점인 ₩3,600,000에 미달하면 보통주를 발행하는 것이 유리하다.

(4) 위험을 고려한 투자결정

현실에서 투자안과 관련된 현금흐름을 확실하게 알 수 있다는 가정이 성립되는 경우란 거의 존재하지 않으므로, 보다 현실적인 투자안 평가를 위해서는 위험에 대한 분석이 필요하게 된다.

자본예산과 관련된 위험은 세 가지 관점 즉 개별적인 투자 관점, 기업의 투자포트폴리오 관점, 기업의 분산 투자자 관점에서 평가할 수 있다.

- 만일 어떤 투자안이 기업의 영업상 중요한 비중을 가지고 있으며 그 기업에 대한 투자자들이 분산되지 않는 경우, 즉 투자자들이 투자자금의 상당 부분을 한 기업 또는 특정 산업에 집중 투자하고 있는 경우에는 개별적인 투자의 관점에서 위험을 평가할 수 있다.

- 그러나 어떤 기업에 대한 투자자들이 분산되고 있지 않으면서 그 기업이 수 개의 투자계획을 동시에 진행시킬 수 있을 정도의 대규모 기업인 경우에는, 기업의 투자포트폴리오 관점에서 위험분석이 수행해질 수 있다. 즉 개별 투자안은 그 기업의 전체 투자포트폴리오 관점에서 평가된다는 것이다. 따라서 하나의 투자안 그 자체로는 상당히 위험성이 높다하더라도 기업의 투자포트폴리오 관점에서는 전체 위험을 감소시키는 경우도 있는데, 특히 어떤 투자안의 기대수익과 기업의 투자포트폴리오 내의 다른 투자안들과의 상관관계가 낮은 경우에 그런 현상이 야기된다.
- 최근에 들어와 투자자들이 분산되었다고 가정하고, 이들 분산 투자자의 관점에서 기업의 투자안을 평가할 수 있다.

위험분석을 이처럼 간략하게 제시한 것은, 위험을 고려한 투자결정이 실제의 자본예산편성에서 차지하는 중요성에 대해 주의를 환기시키기 위한 것뿐이다. (보다 자세한 내용은 재무관리 서적을 참고하길 바란다)

▮ 보론 ▮ 화폐의 시간적 가치

기업 경영에서 투자 및 차입활동이 연속적으로 이루어진다. 투자란 현금이 창출될 수 있는 미래 효익을 기대하여 이루어지는 것이고, 차입이란 미래 일정 화폐액을 상환하겠다는 약속하에서 일정금액을 수취하는 것이다. 이러한 거래내용에 포함되어 있는 공통적인 성격은 **화폐의 시간적 가치**(time value of money, 이자요소)가 고려되고 있다는 것이다. 이 중에서 현재가치 및 연금 현재가치에 대해서만 살펴보고자 한다.

1. 현재가치

현재가치(present value)란, 「미래 일정액을 산출하기 위하여 현재 시점에서 투자(차입)되어야 하는 금액」으로 정의할 수 있다. 현재가치는 미래 기간에 발생하는 이자요소를 제거하는 것이기 때문에 항상 미래가치보다는 적은 금액으로 계산된다. 현재가치를 빨리 파악하기 위해서는 「현재가치표」를 사용하는 것이 바람직하다. 「현재가치표」란 미래가치 ₩1을 산출하기 위하여 현재 시점에서 투자(차입)하여야 하는 금액을, 이자율과 기간과의 상관관계로 표시하고 있는 표이다. 「현재가치표」는 본서 [부록]에 제시되어 있으며, 그 중 일부를 발췌하여 예시하면 다음과 같다.

현재가치표

기간	4%	5%	6%
1	0.96154	0.95238	0.94340
2	0.92456	0.90703	0.89000
3	0.88900	0.86384	0.83962
4	0.85480	0.82270	0.79209
5	0.82193	0.78353	0.74726

「현재가치표」는 다음 공식에 의하여 계산된 수치를 사용하여 만들어진 것이다.

$$P=\frac{1}{(1+r)^n}=(1+r)^{-n}$$

단, P : 1의 현재가치
r : 이자율
n : 기간

지금 5%의 이자율에 의해 4의 기간에 투자(차입)한 금액이 ₩1이 되기 위한 현재의 투자(차입)액을 결정하려고 한다. 이때 구하고자 하는 것은 ₩1의 현재가치로서, 그의 계산에 고려하여야 할 요소는 이자율(5%)과 기간(4)의 수치이다. 이 [예]에서 (5% - 4기간)의 난을 찾으면 구하고자 하는 ₩1의 현재가치인 ₩0.82270이 주어지게 된다.

2. 연금 현재가치

지금까지 투자(차입)가 최초 1의 기간에 걸쳐서만 이루어진다는 것을 전제로 하였다. 그러나 실제로는 일정기간 단위로 일정금액을 연속적으로 수취(지급)하는 경우가 있을 수 있다. 예를 들면, 분할상환조건부 자금의 차입, 할부매출, 일정기간 단위로 일정금액씩 인출되는 투자기금의 설정 등이 그것이다. 이와 같은 상황에서 적용되는 개념이 연금(annuity)의 가치이다.[13] 이때 연금의 현재가치란 「복리에 의한 이자가 계산된다는 전제하에서, 미래 일정기간 단위로 일정횟수에 걸쳐 일정금액을 계속적으로 인출할 수 있도록 하는 현재 시점에서의 단일가치」로 정의할 수 있다. 즉 미래 일정기간 단위로 일정횟수 동안 일정액씩 지급되는 연금 현재가치를 의미한다.

(1) 연도 말 지급 연금 현재가치

연도 말 지급 연금 현재가치를 계산하는 방법의 하나로서, 미래 지급되는 연금의 개별 현재가치를 산정하여 그들의 합을 구하는 방법이 있다. 예를 들어, 5년간에 걸쳐서 연도 말에 ₩1씩 수취되는 연금에 대한 현재가치는 이자율이 6%임을 가정할 때에 다음과 같이 계산할 수 있다.

	연도 말 수취(₩1)				
1년 초의 현재가치	1	2	3	4	5
₩0.94340	← ₩1				
0.89000	←	₩1			
0.83962	←		₩1		
0.79209	←			₩1	
0.74726	←				₩1
₩4.21237	(6%, 5년간의 연도 말 지급 연금 현재가치)				

이 계산 결과가 의미하는 것은 만일 현재 시점에서 ₩4.21237을 투자하고 이에 대한 복리이자를 계산하여 원금에다 가산한다고 할 때, 향후 5년간에 걸쳐 연도 말에 ₩1씩 인출할 수 있다는 것이다. 그러나 이와 같은 계산 방식은 연금지급횟수가 많아질수록 계산이 복잡해지면서 동시에 오류를 범하기가 쉽다. 따라서 다음 공식에 의하여 계산된 수치를 사용하여 만들어진 「연도 말 지급 연금 현재가치표」를 이용하면 편리하다.

$$Po = \frac{1 - \frac{1}{(1+r)^n}}{r}$$

13) 모든 연금가치(미래가치 및 현재가치)의 계산에서는, ① 일정기간 단위로 수취(지급)되는 연금액이 동일하여야 하고, ② 그와 같이 수취(지급)되는 시간 간격이 일정하여야 하며, ③ 수취(지급)가 이루어지는 시간 간격 단위로 연금에 대한 복리계산이 계속 이루어진다는 것을 전제로 한다.

단, Po : 1의 연금 현재가치(연도 말 지급)
r : 이자율
n : 기간

「연도 말 지급 연금 현재가치표」는 본서 [부록]에 제시되어 있으며, 그 중 일부를 발췌하여 예시하면 다음과 같다.

연금 현재가치표 - 연도 말 지급

기간	4%	5%	6%
1	0.96154	0.95238	0.94340
2	1.88609	1.85941	1.83339
3	2.77509	2.72326	2.67301
4	3.62990	3.54595	3.46511
5	4.45182	4.32948	4.21236 *

* 전 [예]에서 계산된 금액과 거의 일치한다.

5년간의 연도 말에 ₩3,000씩 투자한다면, 주어진 기간에 누적된 금액의 현재가치는 얼마가 될 것인가? 이는 다음과 같이 원금에 대하여 계산되는 이자율이 얼마인가에 따라 달라진다.

4%인 경우 : ₩3,000×4.45182(연도 말 지급 연금 현재가치) = ₩13,355.46

5%인 경우 : ₩3,000×4.32948(연도 말 지급 연금 현재가치) = ₩12,988.44

이때 「연도 말 지급 연금 현재가치표」에서 주어지는 수치는 현재가치 계수로서, 주어진 이자율에 의해 주어진 기간에 연도별로 ₩1씩 투자하였을 때 누적되는 금액을 현재가치로 할인한 수치가 된다. 따라서 연금 현재가치를 구할 때는 앞에서와 같이 이 수치에다 기간별 투자액을 곱하면 된다.[14)]

---

14) 현재가치, 정상연금의 현재가치 (6%, 5년 가정)

► 「화폐의 시간적 가치 [표] (부록)」

[현재가치]

n \ r	5%	6%
5	0.78353	0.74726

[정상연금의 현재가치]

n \ r	5%	6%
5	4.32948	4.21236

► 「EXCEL 산식」

[현재가치]

$$P=\frac{1}{(1+r)^{n}}=(1+r)^{-n}$$ = PV(6%,5,,-1) = 0.74726

[정상연금의 현재가치]

$$Po=\frac{1-\frac{1}{(1+r)^{n}}}{r}$$ = (1-(PV(6%,5,,-1)))/6% = 4.21236

► 「일반용 계산기(= 쌀집 계산기)」

(6%, 5년)의 현재가치 계수는 1÷1.06 = = = = = 을 하면 0.74726이 된다. (6%, 5년)의 정상연금의 현재가치 계수는 1÷1.0.6 = = = = = 을 하면 0.74726이 되고 -1 = 을 하고 ÷0.06 = 을 하면 -4.21236이 된다. 다만, -4.21236에서 음(-)의 부호는 무시한다.

(2) 연도 초 지급 연금 현재가치

연도 말 지급의 경우에는 최초의 연금지급액에 대해서도 할인이 이루어지기 때문에, 연금지급횟수와 할인기간의 수가 동일하였다. 다음의 표는 이 내용을 보인 것이다.

연도 말 지급 연금 현재가치(이자율 : 6%, 연금지급액 : ₩1, 기간 : 5년)

	(현재) 20×0. 1/1	20×1. 1/1	20×2. 1/1	20×3. 1/1	20×4. 1/1	20×5. 1/1(미래)
연금지급일 : 12/31		₩1	₩1	₩1	₩1	₩1
	1차연도 (할인)	2차연도 (할인)	3차연도 (할인)	4차연도 (할인)	5차연도 (할인)	
연금 현재가치(1/1)	₩4.21	₩3.47	₩2.67	₩1.83	₩0.94	

그러나 연도 초 지급의 경우에는 최초의 연금지급액에 대해서 할인이 이루어지지 않기 때문에, 연금지급횟수에 비하여 할인기간의 수가 하나 적게 된다. 이를 예시하면 다음 표와 같다.

연도 초 지급 연금 현재가치(이자율 : 6%, 연금지급액 : ₩1, 기간 : 5년)

	(현재) 20×0. 1/1	20×1. 1/1	20×2. 1/1	20×3. 1/1	20×4. 1/1	20×5. 1/1(미래)
연금지급일 : 1/1	₩1	₩1	₩1	₩1	₩1	
	1차연도 (할인)	2차연도 (할인)	3차연도 (할인)	4차연도 (할인)	5차연도 (미할인)	
연금 현재가치(1/1)	₩4.47	₩3.67	₩2.83	₩1.94	₩1.00	

연도 초 지급 연금 현재가치를 계산할 때도 개별 연금지급액의 현재가치를 산정하여 그들의 합을 구하는 방법을 사용할 수도 있지만, 계산을 간단히 하기 위하여 「연도 말 지급 연금 현재가치표」를 이용하는 것이 일반적이다. 연도 말 지급 연금 현재가치를 연도 초의 것으로 전환시키는 경우에는, 연도 초 지급조건하에서의 연금지급횟수보다 한 기간 적은 횟수의 연도 말 지급 연금 현재가치를 구하여 이에다 최초 연금지급액을 가산하면 된다.

· 연도 말 지급 연금 현재가치(이자율 : 6%, 기간 : 4년)	3.46511
· 최초 연금지급액	(+) 1.00000
· 연도 초 지급 연금 현재가치(이자율 : 6%, 기간 : 5년)	4.46511

연도 초에 연금의 수취(지급)가 이루어지는 상황(예 리스계약, 보험계약, 청약 등)이 연도 말 수취(지급) 못지않게 흔히 발생하고 있다. 이상 언급한 여러 가지의 화폐의 시간적 가치를 고려하는 방법은, 주어진 내용 그대로 또는 경우에 따라서는 일부 변형된 형태로서 실제의 회계문제에 적용될 수 있다.

형성평가

[문 1] 20×1년 신규 투자안에 대해 검토하고 있다. 신규 투자안의 내용연수를 5년으로 판단하고 있으며, 정액법으로 감가상각하고자 한다. 기업의 가중평균자본비용은 15%이다. 투자와 관련된 사항은 다음과 같다.

(1) 최초 투자액은 ₩10,000이며 일시에 지출된다.

(2) 신규 투자를 한다면 기존 사업을 매각하려고 한다. 기존 사업의 장부금액은 ₩700이며 매각대금은 ₩500이다.

(3) 신규 투자안의 향후 기대되는 추정손익계산서는 다음과 같다.

	20×1년	20×2년	20×3년	20×4년	20×5년
매출액(현금)	₩14,000	₩15,500	₩18,000	₩23,000	₩19,000
매출원가	5,000	6,500	8,800	10,500	11,000
판매관리비(감가상각비 포함)	3,000	3,500	4,000	4,500	5,000
감가상각비	2,000	2,000	2,000	2,000	2,000

(4) 신규 투자를 위해 초기 운전자금 ₩4,000이 필요하며, 법인세율은 29.7%이다.

(5) 신규 투자안의 투자종료 후 처분금액은 ₩500이다.

물음 •••

1. 기존 사업을 매각한다면, 기존 사업의 매각으로 인한 순현금유입액은 얼마인가?
2. 투자시점의 순현금유출액은 얼마인가?
3. 연도별 세후 순영업현금흐름은 얼마인가?

[문 2] 취득원가 ₩40,000,000의 오락설비 1대를 구입하고자 계획하고 있다. 이 설비의 내용연수는 5년, 잔존가치는 ₩0이며, 감가상각의 방법으로는 정액법을 사용한다. 구입설비가 가져다 줄 연도별 순현금유입(수입)액이 평균 ₩12,000,000에 달할 것으로 예상하고 있다. (감가상각비 및 법인세를 차감하기 이전의 현금유입을 전제한 것임) 단, 기업이 요구하고 있는 최소한의 투자수익률은 연 12%이다. 법인세효과는 고려하지 않는다고 가정한다.

할인율($n=5$)	연금 1의 현재가치	1의 현재가치
12%	3.6048	0.5674
14%	3.4331	0.5194
16%	3.2743	0.4761
18%	3.1272	0.4371

물음 •••

1. 오락설비의 최초 투자액을 회수하는데 소요되는 회수기간은 얼마로 계산되는가?
2. 오락설비의 최초 투자액에 대한 회계적 이익률은 얼마로 계산되는가?
3. 오락설비의 투자로 인한 내부수익률은 얼마로 계산되는가? 단, 보간법을 이용한다.

[문 3] 녹즙차를 제조판매하기 위해 ₩20,000,000을 투자하여 영업을 시작하였다. 투자한 자산의 내용연수는 10년이고 잔존가치는 없으며 매년 법인세차감후 현금기준의 순이익이 ₩2,500,000씩 발생한다. 기업의 내부필수수익률은 10%이며, ₩1에 대한 10년간의 현재가치는 0.386이고 10년 후의 연금현재가치는 6.145이다.

물음 (1994 세무사)

1. 자본회수기간법에 의한 회수기간은?
2. 최초 투자액과 평균 투자액의 회계적 이익률은?
3. 내부수익률에 의한 연금현가계수는 얼마인가?
4. 순현재가치는?

[문 4] (주)세무는 온라인 교육을 확대하기 위해 새로운 온라인 강의설비를 ₩280,000에 구입할 것을 검토하고 있다. 이 설비는 향후 5년에 걸쳐서 강사료, 시설관리비 등에서 ₩330,000의 현금절감효과를 가진다. 현금절감액은 연중 균일하게 발생하지만, 연도별 현금흐름은 다음과 같이 균일하지 않다. 이러한 상황에서 설비투자에 대한 회수기간은? (2021 세무사)

연 도	1	2	3	4	5
현금절감액	₩100,000	₩80,000	₩60,000	₩50,000	₩40,000

[문 5] 사용 중인 기계 1대를 새로운 것으로 대체시킬 계획을 수립하고 있다. 새로운 기계의 취득에 소요되는 원가 총액(부대비용 포함)은 ₩700,000이며, 내용연수는 사용 중인 기계의 잔여 내용연수와 동일한 10년으로 추정되고 있다. 또한 사용 중인 기계의 장부금액은 ₩400,000으로서 현재 시점에서의 예상처분금액은 ₩150,000이다. 두 가지 기계를 사용하여 연간 10,000단위의 제품생산을 수행하였을 때 차이가 발생하는 원가만을 제시한 것이다. 이 수준의 연간 제품생산은 향후에도 지속될 것으로 전제하고 있다.

	구기계	신기계
노무비 발생액	₩100,000	₩80,000
감가상각비	40,000	70,000
기타현금지출비용	180,000	90,000

내용연수의 종료 후에 두 기계의 잔존가치는 없으며, 감가상각은 어느 경우이든 정액법으로 수행한다. 기대수익률은 연 10%이다. $i = 10\%$, $n = 10$을 전제로 한 현재가치 계수이다.

연금 1의 현재가치	1의 현재가치
6.145	0.621

새로운 투자의사결정에 따르는 순현재가치는 얼마로 계산되는가?

[문 6] 생산원가의 절감을 목적으로 새로운 기계장치 1대를 도입하고자 한다. 도입시점에서 지출되는 투자금액의 회수기간은 5년으로 예상되고 있으며, 기계장치의 사용으로 인한 연도별 현금유입(법인세차감후) 추정액이다. 기계장치의 연도별 감가상각비가 ₩5,000,000이라고 할 때, 기계장치의 취득원가는 얼마이겠는가?

1차년도~3차년도 : ₩10,000,000/연간
4차년도~6차년도 : ₩8,000,000/연간

[문 7] 취득원가가 ₩10,000,000인 자산을 구입하였다. 이 자산의 경제적 내용연수는 4년이며 잔존가치는 없다. 구입시점에서의 시장이자율은 8%이고 법인세율은 40%이며, 이들 비율은 향후 4년 동안은 변동이 없을 것으로 판단된다. 8%의 이자율에 대한 현재가치 계수이다.

		$n=1$	$n=2$	$n=3$	$n=4$
$i=8$	:	0.926	0.857	0.794	0.735

이 자산을 내용연수 동안 정액법으로 상각하는 경우와 연수합계법으로 상각하는 경우에, 감가상각으로 인한 법인세 절약효과의 현재가치 차이는 얼마인가? 단, 백원 단위까지 계산하시오.

[문 8] 1월 초에 제품생산에 필요한 기계장치를 자기자금으로 구입할 것인가 또는 리스계약을 통하여 임차사용할 것인가를 결정하고자 한다.

(1) 구입시의 취득원가 : ₩10,000,000(잔존가치 : 10%)
(2) 리스이용시의 연간 리스료 : ₩4,000,000(매년 말 지급)
(3) 기계장치의 내용연수 : 5년
(4) 법인세율 : 40%
(5) 자본비용(필수수익률)은 연 20%이며, 그에 따른 현재가치 계수이다.

$i=20\%$	1의 현재가치	정상연금 1의 현재가치
$n=3$	0.579	2.106
$n=5$	0.402	2.991

물음

1. 만일 기계장치를 3년간 임차하여 사용할 경우(운용리스), 3년간의 현금유출액을 현재가치로 계산하면 얼마인가?
2. 5년간의 리스계약(운용리스)을 체결하여 기계장치를 임차사용하고자 한다. 이 방안을 채택하는 경우에, 자기자금으로 구입하는 경우와 비교하여 순현금흐름의 현재가치에 어떤 차이가 발생하겠는가?

[문 9] 신제품의 생산을 위한 기계장치를, 외부차입금으로 구입할 것인지 또는 리스기업으로부터 임차사용할 것인지를 결정하고자 한다. 외부로부터 자금을 차입하는 경우에는 10%의 이자를 매년도 말에 지급하여야 하며, 차입금은 3차연도 말에 일시불로 상환하여야 한다. 또한 임차사용시의 기한은 3년이며, 임차료는 계약시점에서부터 시작하여 매 연도 초에 지급한다.

기계장치의 구입가격	₩27,000,000(구입시)
내용연수	3년
잔존가치	0(없음)
감가상각	정액법에 의함
연간 임차료	₩10,000,000(임차사용시)

차입금에 의한 직접구입 또는 임차사용의 여부에 관계없이 기계장치의 수선유지비는 연간 ₩500,000씩 발생하며, 법인세율은 40%이고 자본비용은 6%임을 가정한다. 6%의 이자율에 대한 현재가치 계수는 아래와 같다.

		$n=1$	$n=2$	$n=3$
$i=6$	:	0.943	0.890	0.840

물음

기계장치의 두 가지 조달방안 중에서 어떤 방안을 선택하는 것이 바람직하며, 그 선택안의 순현금유출액은 나머지 선택안에 비하여 얼마나 유리하게 나타나는가?

[문 10] C기업의 총자본은 ₩20,000,000이다. 이 중 자본금이 ₩18,000,000(발행주식 수 16,000주)이고 타인자본이 ₩2,000,000(평균 이자율 연 10%)이다. C기업은 신규투자를 계획하고 있는데, 여기에 소요되는 자금은 ₩5,000,000이다, 이 투자가 이루어지면 연간 영업이익은 ₩5,000,000이 될 것이다. 만일 보통주를 발행하여 자금을 조달한다면 주당 ₩1,000씩 발행이 가능하며, 타인자본으로 자금을 조달한다면 연 10%의 이자율로 조달할 수 있다. 단, 법인세율은 40%이다.

물음

1. 보통주 발행시의 주당이익은 얼마인가?
2. 타인자본 조달시의 주당이익은 얼마인가?
3. 자본조달분기점을 산정한 다음, 최적의 자금조달방안을 결정하시오.

[문 11] (주)소망의 식품사업부는 소금, 후추 및 인공감미료를 생산하여 판매하고 있다. 기초 및 기말재고는 없으며, 제품별 수익과 원가자료는 다음과 같다.

(단위 : 백만원)

구 분	소 금	후 추	인공감미료	합 계
매출액	200	300	500	1,000
매출원가				
직접재료원가	60	100	140	300
직접노무원가	40	60	100	200
제조간접원가	50	40	45	135
합 계	150	200	285	635
매출총이익	50	100	215	365
판매관리비	68	90	142	300
영업이익(손실)	(18)	10	73	65

제조간접원가 중에서 ₩85,000,000은 작업준비원가이며, 나머지 ₩50,000,000은 공장감가상각비이다. 작업준비원가는 배치(batch)의 수에 따라 발생하며, 공장감가상각비는 회피불가능원가로서 매출액을 기준으로 각 제품에 배부된다. 판매관리비 중에 45%는 변동원가이고 나머지는 회피불가능원가이다.

물음 (2022 회계사)

1. 각 제품의 제조간접원가에 포함되어 있는 작업준비원가는 얼마인가?

(단위 : 백만원)

구 분	소 금	후 추	인공감미료
작업준비원가			

2. (주)소망의 경영진은 소금제품 부문의 지속적인 적자로 인하여 소금생산라인 폐지를 검토하고 있다. 손실이 발생하고 있는 소금생산라인을 폐지하면 인공감미료의 판매량이 35% 증가하며, 인공감미료 배치(batch)의 수는 30% 증가한다고 한다. 소금생산라인을 폐지할 지 판단하고, 그 계산근거를 제시하시오.

3. 소금 생산을 중단하는 경우, 경영진이 이익변화 이외에 추가로 고려해야 할 사항은 무엇인지 서술하시오.

4. (주)소망의 연구개발부서는 신제품을 개발하고자 한다. 신제품 생산에 따른 경제성을 분석하기 위해 판매부서와 원가부서에서 수집한 관련 자료는 다음과 같다.

   신제품을 생산하기 위해서는 기존 기계 이외에 새로운 기계가 필요하다. 신기계의 취득원가는 ₩30,000,000, 내용연수는 3년, 잔존가치는 취득원가의 10%이다. 신기계는 연수합계법으로 감가상각하며, 내용연수 종료시점에 잔존가치로 처분한다.

   3년 동안의 연간 예상판매량은 다음과 같다.

연 도	연간 예상판매량
1차년도	7,000개
2차년도	10,000개
3차년도	15,000개

   신제품의 단위당 판매가격은 ₩6,000이며, 단위당 변동원가는 ₩2,000이다.

   신제품을 생산하기 위한 연간 고정원가는 신기계의 감가상각비를 포함하여 ₩35,000,000이다.

   (주)소망의 자본비용(최저요구수익률)은 10%이다. ₩1의 현가계수는 다음과 같다.

기간(년)	1	2	3
현가계수	0.9091	0.8264	0.7513

   1) 신제품 판매로부터 예상되는 공헌이익을 연도별로 계산하시오.
   2) 순현재가치법(NPV)을 이용하여 (주)소망의 신제품 생산을 위한 제품라인의 증설 여부를 판단하고, 그 계산근거를 제시하시오. 다만, 법인세는 고려하지 않는다.
   3) 순현재가치법(NPV)을 이용하여 (주)소망의 신제품 생산을 위한 제품라인의 증설 여부를 판단하고, 그 계산근거를 제시하시오. 다만, 법인세율은 20%이다.
   4) 제품라인의 증설 여부와 관련한 의사결정 시 고려해야 할 비계량적 요인을 제시하시오.

정답 및 해설

[문 1] 기존 사업 매각 및 신규 투자

1. 기존 사업의 매각으로 인한 순현금유입액 = 매각대금 + 유형자산처분손실의 법인세효과
   ₩500 + (₩700 - ₩500)×0.297 = ₩559.4
2. 투자시점의 순현금유출액 = 현금유출액 - 현금유입액
   [₩10,000 + ₩4,000(운전자금)] - ₩559.4([물음1]에서) = ₩13,440.6
3. 각 연도별 세후 순영업현금흐름

	20×1년	20×2년	20×3년	20×4년	20×5년
매출액(현금)	₩14,000	₩15,500	₩18,000	₩23,000	₩19,000
매출원가	5,000	6,500	8,800	10,500	11,000
판매관리비(감가상각비 포함)	3,000	3,500	4,000	4,500	5,000
영업이익	6,000	5,500	5,200	8,000	3,000
법인세(29.7%)	1,782	1,633.5	1,544.4	2,376	891
법인세차감후 순이익	4,218	3,866.5	3,655.6	5,624	2,109
감가상각비	2,000	2,000	2,000	2,000	2,000
세후 순영업현금흐름	6,218	5,866.5	5,655.6	7,624	4,109

[문 2] 자본예산편성의 모형

1. 회수기간 : ₩40,000,000÷₩12,000,000 = 3.3년
2. 회계적 이익률 : (₩12,000,000 - ₩8,000,000*)÷₩40,000,000 = 10%
   * ₩40,000,000÷5년 = ₩8,000,000
3. 내부수익률 :
   ① 순현금유입액의 현재가치
   i = 14%인 경우 : 3.4331×₩12,000,000 = ₩41,197,200
   i = 16%인 경우 : 3.2743×₩12,000,000 = ₩39,291,600
   ② 보간법

$$14\% + \frac{₩41,197,200 - ₩40,000,000}{₩41,197,200 - ₩39,291,600} \times (16\% - 14\%) = 15.26\%$$

[문 3] 자본예산편성의 모형

〈투자안의 현금흐름〉

	0	1	2	…	10
영업활동 현금흐름		₩2,500,000	₩2,500,000	…	₩2,500,000
신기계 구입	(₩20,000,000)				

1. 회수시간 : ₩20,000,000÷₩2,500,000 = 8년
2. ① 평균 현금흐름 : ₩2,500,000
   ② 평균 감가상각비 : ₩20,000,000÷10년 = ₩2,000,000
   ③ 평균 회계적 이익 : ₩2,500,000 - ₩2,000,000 = ₩500,000
   * 회계적 이익은 현금흐름에서 감가상각비를 차감하여 계산한다.
   ④ 평균 투자액 : (₩20,000,000 + ₩0)÷2 = ₩10,000,000

최초 투자액에 대한 회계적 이익률 : ₩500,000÷₩20,000,000 = 2.5%

평균 투자액에 대한 회계적 이익률 : ₩500,000÷₩10,000,000 = 5%

3. 연금현가계수 : ₩20,000,000(투자액)÷₩2,500,000(연간 순현금흐름) = 8
4. 순현재가치 : -₩20,000,000 + ₩2,500,000×6.145(10%, 10년 연금현가) = -₩4,637,500

[문 4] 회수기간

기간	현금절감액	미회수액
1	₩100,000	₩180,000 (= ₩280,000 - ₩100,000)
2	80,000	100,000 (= ₩180,000 - ₩80,000)
3	60,000	40,000 (= ₩100,000 - ₩60,000)
4	50,000	10,000

∴ 회수기간 : 3년 + (₩40,000÷₩50,000) = 3.8년

[문 5] 순현재가치

사용 중인 기존 기계에 의한 현금유출액의 현재가치(10년간)

노무비	₩100,000×6.145 =	₩614,500
기타비용	₩180,000×6.145 =	1,106,100
		₩1,720,600

새로운 기계에 의한 현금유출액의 현재가치(10년간)

노무비	₩80,000×6.145 =	₩491,600
기타비용	₩90,000×6.145 =	553,050
취득시점의 일시지출	₩550,000*×1.0 =	550,000
		₩1,594,650

* ₩700,000(새로운 기계의 취득원가) - ₩150,000(기존 기계의 처분액) = ₩550,000

∴ 순현재가치 : ₩172,060,000 - ₩159,465,000 = ₩12,595,000(새로운 투자안이 유리)

[문 6] 취득원가

연간 순현금흐름이 일정하지 않는 경우에서의 회수기간은 연간 현금흐름의 합계가 최초 투자액과 같게 되는 시점까지의 기간이 된다. 이때 취득된 자원의 감가상각비는 고려하지 않는다.

₩10,000,000×3년 + ₩8,000,000×2년 = ₩46,000,000

[문 7] 상각방법에 따른 법인세 절약효과

정액법과 연수합계법에 의한 연도별 감가상각비의 차액을 계산하고, 법인세율과 현가계수를 고려하여 현재시점의 가액으로 환산한다.

기간	감가상각비			법인세효과의 현재가치	
	정액법	연수합계법	차 액		
1	₩2,500,000	₩4,000,000	₩1,500,000	₩1,500,000 ×0.4×0.926 =	₩555,600
2	2,500,000	3,000,000	500,000	500,000 ×0.4×0.857 =	171,400
3	2,500,000	2,000,000	(500,000)	(500,000)×0.4×0.794 =	(158,800)
4	2,500,000	1,000,000	(1,500,000)	(1,500,000)×0.4×0.735 =	(441,000)
					₩127,200

∴ 정액법보다는 연수합계법으로 감가상각하는 경우에, 연도별 감가상각비에 의한 법인세 절약효과가 ₩127,200(현재가치)의 금액만큼 유리하게 나타난다.

[문 8] 구입 또는 리스

1. 임차사용시의 현금유출액

   임차료 - 임차료의 법인세 감면효과 : ₩4,000,000 - ₩4,000,000×0.4 = ₩2,400,000

   현금유출액의 현재가치 : ₩2,400,000×2.106 = ₩5,054,400

2. 임차사용시 현금유출액의 현재가치 : (임차료 - 임차료의 법인세 감면효과)×연금현가계수

   (₩4,000,000 - ₩4,000,000×0.4)×2.991 = ₩7,178,400

   자기자금에 의한 구입시 현금유출액의 현재가치

i) 기계장치의 취득원가	₩10,000,000
ii) 감가상각비의 감면효과	(2,153,520)[1]
iii) 기계장치의 잔존가치	(402,000)[2]
∴ 순현금유출액의 현재가치	₩7,444,480

   * 1) (₩10,000,000×0.9×1년/5년)×0.4×2.991 = ₩2,153,520
     2) ₩10,000,000×0.1×0.402 = ₩402,000

   ∴ 임차사용시의 현금유출액이 자기자금에 의한 구입시의 현금유출액보다 ₩266,080만큼 적다. 따라서 임차사용이 유리하다.

[문 9] 구입 또는 리스

구입(차입)시의 순현금유출액

	1차연도	2차연도	3차연도	
일시 상환액			₩27,000,000	
감가상각비 절세효과[1]	(₩3,600,000)	(₩3,600,000)	(₩3,600,000)	
이자비용(절세효과 차감)[2]	1,620,000	1,620,000	1,620,000	
	₩1,980,000	₩1,980,000	₩25,020,000	
현가 계수	× 0.943	× 0.890	× 0.840	계
	(₩1,867,140)	(₩1,762,200)	₩21,016,800	₩17,387,460

* 1) ₩27,000,000÷3년×0.4 = ₩3,600,000
  2) ₩27,000,000×0.1×(1 - 0.4) = ₩1,620,000

임차사용시의 순현금유출액

	0차연도	1차연도	2차연도	3차연도	
지급임차료	₩10,000,000	₩10,000,000	₩10,000,000		
임차료 절세효과*		(4,000,000)	(4,000,000)	(₩4,000,000)	
	₩10,000,000	₩6,000,000	₩6,000,000	(₩4,000,000)	
현가 계수	× 1.0	× 0.943	× 0.890	× 0.840	계
	₩10,000,000	₩5,658,000	₩5,340,000	(₩3,360,000)	₩17,638,000

* 임차료의 절세효과는 임차료 지급 후 1년이 경과한 시점에서 나타난다.
  ₩10,000,000×0.4 = ₩4,000,000

∴ 구입(차입)시의 순현금유출액이 ₩250,540(₩17,638,000 - ₩17,387,460)만큼 적게 나타난다. 따라서 외부차입금으로 구입하는 것이 유리하다.

[문 10] 자본조달분기점

보통주 발행시의 주당이익

$$\text{주당이익(EPS)} = \frac{(₩5,000,000 - ₩200,000)(1 - 0.4)}{16,000주 + 5,000주} ≒ ₩137.14$$

* ₩5,000,000÷@₩1,000 = 5,000주, ₩2,000,000×0.1 = ₩200,000

타인자본 조달시의 주당이익

$$\text{주당이익(EPS)} = \frac{(₩5,000,000 - ₩700,000)(1-0.4)}{16,000\text{주}} = ₩161.25$$

* (₩2,000,000 + ₩5,000,000)×0.1 = ₩700,000

자본조달분기점 산정 및 최적 자금조달 방안 결정

$$\frac{(16,000\text{주} + 5,000\text{주}) \times ₩700,000 - 16,000\text{주} \times ₩200,000}{(16,000\text{주} + 5,000\text{주}) - 16,000\text{주}} = ₩2,300,000$$

또는 $\frac{(x - ₩200,000)(1-0.4)}{16,000\text{주} + 5,000\text{주}} = \frac{(x - ₩700,000)(1-0.4)}{16,000\text{주}}$ 이므로, x = ₩2,300,000이다.

∴ 미래에 예상되는 영업이익이 자본조달분기점인 ₩2,300,000을 초과하면 타인자본 조달이 유리하고, 미래에 예상되는 영업이익이 자본조달분기점인 ₩2,300,000에 미달하면 보통주 발행이 유리하다.

[문 11] 생산라인 폐지 및 신제품 개발 등

1. 작업준비원가

제조간접원가 : ₩135,000,000 = ₩85,000,000(작업준비원가) + ₩50,000,000(공장감가상각비)

공장감가상각비 배부율 : ₩50,000,000÷₩1,000,000,000 = 0.05

	소 금	후 추	인공감미료
제조간접원가	₩50,000,000	₩40,000,000	₩45,000,000
- 공장감가상각비	₩200,000,000×0.05 = ₩10,000,000	₩300,000,000×0.05 = ₩15,000,000	₩500,000,000×0.05 = ₩25,000,000
= 작업준비원가	₩40,000,000	₩25,000,000	₩20,000,000

2. 소금생산라인 폐지시

증분수익

소금 작업준비원가 ₩40,000,000

인공감미료 공헌이익 증가 68,635,000 = ₩500,000,000 - ₩140,000,000 - ₩100,000,000 - (₩142,000,000×0.45)]×0.35

증분비용

소금 공헌이익 69,400,000 = ₩200,000,000 - ₩60,000,000 - ₩40,000,000 - (₩68,000,000×0.45)

인공감미료 작업준비원가 6,000,000 = ₩20,000,000×0.3

증분이익 ₩33,235,000

∴ 폐지한다.

3. 고려사항

① 고객에 대한 회사의 평판

② 종업원의 해고로 인한 사기저하

③ 협력업체와의 관계

4. 신제품 개발

1) 예상 공헌이익

	1차년도	2차년도	3차년도
공헌이익	₩28,000,000	₩40,000,000	₩60,000,000

* 1) 7,000개×(@₩6,000 - @₩2,000)
2) 10,000개×(@₩6,000 - @₩2,000)
3) 15,000개×(@₩6,000 - @₩2,000)

2) 증설 여부(법인세 미고려)

0차년도	1차년도	2차년도	3차년도
-₩30,000,000			₩3,000,000
	₩28,000,000	₩40,000,000	₩60,000,000
	-(₩35,000,000 - ₩13,500,000)	-(₩35,000,000 - ₩9,000,000)	-(₩35,000,000 - ₩4,500,000)
-₩30,000,000	₩6,500,000	₩14,000,000	₩32,500,000

* ₩3,000,000(잔존가치)
₩30,000,000×(1 - 0.1)×3년/6년 = ₩13,500,000
₩30,000,000×(1 - 0.1)×2년/6년 = ₩9,000,000
₩30,000,000×(1 - 0.1)×1년/6년 = ₩4,500,000

∴ 순현재가치법(NPV) : (₩6,500,000×0.9091) + (₩14,000,000×0.8264)
+ (₩32,500,000×0.7513) - ₩30,000,000 = ₩11,896,000
→ 증설한다.

3) 증설 여부(법인세율 20% 고려)

0차년도	1차년도	2차년도	3차년도
-₩30,000,000			3,000,000
	(₩28,000,000 - ₩21,500,000)×(1-0.2)	(₩40,000,000 - ₩26,000,000)×(1-0.2)	(₩60,000,000 - ₩30,500,000)×(1-0.2)
	₩13,500,000×0.2	₩9,000,000×0.2	₩4,500,000×0.2
-₩30,000,000	₩7,900,000	₩13,000,000	₩27,500,000

* ₩3,000,000(잔존가치)
₩35,000,000(고정원가) - ₩13,500,000(감가상각비) = ₩21,500,000
₩35,000,000(고정원가) - ₩9,000,000(감가상각비) = ₩26,000,000
₩35,000,000(고정원가) - ₩4,500,000(감가상각비) = ₩30,500,000

∴ 순현재가치법(NPV) : (₩7,900,000×0.9091) + (₩13,000,000×0.8264)
+ (₩27,500,000×0.7513) - ₩30,000,000 = ₩8,585,840
→ 증설한다.

4) 비계량적 요인
① 회사의 핵심사업 영역 강화 여부
② 고객과의 관계에서 회사의 평판
③ 시장점유율 제고 여부

제13장

종합예산

제1절 계획기능으로서 예산

관리회계의 기능은 크게 계획과 통제의 두 가지로 분류할 수 있다. (제1장 참조) 이 중 계획기능이란 결국 기업의 목표를 달성하기 위한 예산의 수립과정을 의미하는 것이다. 즉 계획과정은 다음 세 가지 단계로 구성되어 있다.

① 기업목표의 설정 : 최고경영층에 의하여 기업의 전반적인 목표가 설정되고 설정된 목표가 부문관리자들에게 하달된다.

② 부문계획의 작성 : 기업의 부문관리자들은 기업의 전반적인 목표를 달성하는데 필요한 부문계획을 수립한다.

③ 예산의 수립 : 각 부문의 개별 계획을 총괄적으로 반영하고 있는 전반적인 예산을 수립한다.

따라서 예산(budget)이란 기업의 사업계획을 숫자를 통하여 공식적으로 표현한 것이라고 할 수 있다. 이와 같은 예산의 수립과정은 상당히 복잡하지만 반면에 상당히 체계적이기 때문에, 몇 가지 단계를 인식하면 쉽게 이루어 질 수 있다. 원가-효익 측면에서 예산의 수립이 그만한 가치가 있다고 인정되는 것은 다음과 같은 기능(장점)을 지니고 있기 때문이다.

(1) 계획기능

이미 언급한 바와 같이 예산이란 기업의 부문계획을 반영하고 있는 것이기 때문에, 예산의 수립은 부문관리자들이 좀 더 능률적이고 효율적인 방법으로 그들의 부문계획을 수행할 수 있도록 인도하는 역할을 한다.

(2) 조정기능

기업의 목표를 달성하기 위해서 경영자들은 필연적으로 생산·판매·재무 등의 기능을 조정하여야 한다. 예산의 수립은 바로 이러한 과정에서, 기업의 부문관리자들이 상호의견을 교환하여 기업목표를 가장 효율적으로 달성할 수 있는 방법을 모색하도록 유도하는 기능을 갖는다. 따라서 각 부문계획 또는 기업 기능 간의 이해차이나 목표의 대립을 해소시킬 수 있다.

(3) 의사전달기능

예산의 수립은 개별 부문관리자들에게 다른 부문관리자들이 의도하고 있는 바를 전달하는 기능을 가질 뿐만 아니라, 동시에 그들의 부문계획 달성을 위하여 이용가능한 자원에는 어떤 것이 있는가 하는 것도 검토할 수 있게 해 준다. 또한 예산의 수립이 확정되었다는 그 자체가, 기업내 자원의 배분에 관한 권한뿐만 아니라 부문목표를 달성하는데 필요한 독립적인 행동까지도 취할 수 있는 권한을 부문관리자들에게 부여하는 기능을 갖는다.

(4) 업적평가기능

예산이란 부문관리자들의 기대를 수치로 표현한 것이니 만큼, 실제로 활동결과(업적)와 이를 비교함으로써 부문관리자의 업적을 평가할 수 있는 기초자료가 되는 셈이다. 업적평가를 합리적으로 수행하기 위해서는 실제가치와 비교할 수 있는 기대가치를 설정할 필요가 있는데, 이와 같은 기대가치에 해당하는 실제적인 자료가 바로 예산이 되는 것이다.

제2절 종합예산의 체계와 예산기간

종합예산(master budget)이란, "계획과정을 통하여 도출되는 것으로서, 수익 · 비용 · 순이익 · 현금흐름 및 재무상태 등에 관한 최고경영층의 기대를 계량화하여 수치로 표시한 일련의 예산체계"라고 정의할 수 있다. 이러한 종합예산들의 일부 내용은 기업에서 표준원가계산제도를 채택하고 있는 경우에 표준원가의 설정을 위한 기초자료로도 사용될 수 있기 때문에, 업적평가회계 측면에서는 가장 기본적인 전제라고도 할 수 있다. 이와 같은 종합예산은 크게 (1) 영업예산(operating budget)과 (2) 재무예산(financial budget)으로 구성되어 있다.

영업예산이란 영업활동의 결과를 기대가치로 표시한 것으로서, 다음에서 보는 바와 같이 기대매출액 · 생산량 · 제조원가 · 기말재고자산원가 · 매출원가 · 판매관리비 등으로 구성되어 있으며, 이들은 최종적으로 예산포괄손익계산서에 반영되어 나타난다. 한편, **재무예산**은 영업활동의 결과가 현금 잔액(cash balance)에 미치는 영향을 나타내는 것으로서, 현금예산의 수립과정을 통하여 예산기간 중 현금의 필요 차입량과 잉여액을 분석하고 그 결과 기업의 재무상태를 예산재무상태표에 요약하는 과정이라고 할 수 있다.

종합예산의 내용은 기업이 영위하는 사업의 성격에 따라 달라진다고 할 수 있지만, 일반적으로 비제조기업의 경우가 제조기업의 경우보다 훨씬 간단하다. 따라서 제조기업의 예산체계를 이해하면 비제조기업의 예산체계는 쉽게 이해할 수 있을 것이다. 종합예산(제조기업의 경우) 체계를 제시하면 다음과 같다.

제조기업의 종합예산체계

A. 영업예산
1. 판매예산
2. 제조예산
3. 제조원가예산
   직접재료비예산
   직접노무비예산
   제조간접비예산
4. 기말재고자산예산
5. 매출원가예산
6. 판매관리비예산
7. 예산포괄손익계산서

B. 재무예산
1. 현금예산
2. 예산재무상태표

대부분의 기업은 종합예산의 대상기간을 1년으로 설정하고, 이를 다시 월별예산으로 분할하여 사용하고 있다. 따라서 매월 말에 예산과 실제 영업활동의 결과를 비교함으로써 영업활동의 문제점을 파악할 수 있으며, 이를 단계적으로 수정해 나감으로써 연도 말까지 부문관리자들이 기업의 목표를 달성하는데 기여할 수 있게 된다.

종합예산의 대상기간은 보통 1년을 기준으로 하지만, 1년간의 예산을 설정하는 방법은 다음과 같이 두 가지로 구분할 수 있다.

첫째, 매 영업연도별로 별도의 예산수립과정을 거쳐 12개월간의 종합예산을 수립하는 방법이다. 따라서 새로운 예산, 즉 차기 영업연도의 예산은 금번 영업연도가 종료하기 전 1~2개월 시점에서 작성되는 것이 일반적이다. 이 방법에서는 한번 예산이 확정되면 변동은 거의 불가능하며, 또한 예산기간이 종료하는 시점까지는 별도의 예산이 추가되지 않기 때문에 "확정예산(fixed budget)"이라고 한다.

둘째, 1년간의 종합예산을 수립하되 1개월이 종료하면 차기 1개월분의 예산을 추가로 삽입하여, 항상 종합예산이 12개월간의 예산을 포괄할 수 있도록 하는 방법이다. 이처럼 지난 기간 만큼에 대한 미래기간의 예산을 추가적으로 삽입하는 과정을 반복하기 때문에, 이를 "회전예산(rolling budget)"이라고 한다. 이 방법에서는 지난 1개월간의 영업성과를 분석하여 차기 11개월간의 종합예산을 수정하고, 동시에 그 이후 1개월간의 예산을 별도 수립하여 추가시키게 된다. 이의 장점으로는 예산수립과정을 반복함으로써 연속적인 계획과정을 유도할 수 있으며, 어느 시점에서든 미래 12개월간의 종합예산을 항상 볼 수 있다는 점에 있다.

위의 두 가지 예산수립방법 중 어떤 방법을 사용하든 그 본질적인 과정(예산수립과정)은 동일하다. 다만 차이가 있다면, 종합예산의 내용에 포괄되는 기간단위가 다소 다르다는 점뿐이다.

제3절 종합예산의 수립

종합예산이 어떻게 수립되는가 - 종합예산의 내용별로 수립과정을 검토하기 위하여 [공통예제]를 사용하기로 한다.[1] 편의상 예산수립기간은 1년을 대상으로 하였으나, 대부분의 기업이 월별 또는 분기별 예산을 수립하고 있다는 점은 별도로 기억해 두기 바란다. 다만, 예산의 수립방법은 대상기간의 장단에 불구하고 동일하기 때문에 편의상 1년을 대상으로 하였다.

공통예제

(주)경기는 두 가지 제품 A와 B를 생산하고 있다. 이들 제품의 생산에는 그다지 많은 시간을 소비하지 않기 때문에, 재고자산으로서의 재공품은 거의 무시할 정도로 소액이다. 따라서 계획 및 예산의 수립과정에서는 이를 전혀 고려하지 않는다. 공학적 방법으로 동 제품의 제조과정을 조사해 본 결과, 제품별 직접재료비 · 직접노무비에 관한 자료를 다음과 같이 얻을 수 있었다.

제조원가 자료

A제품 (@₩570)
- 직접재료비 : 재료 No.101 … 8kg×₩15/kg = ₩120
- 직접노무비 : 직접작업시간 … 3시간×₩80/시간 = ₩240
- 제조간접비 : 직접작업시간을 기준으로 배부 … 3시간×₩70/시간 = ₩210

B제품 (@₩421)
- 직접재료비 : 재료 No.102 … 11kg×₩11/kg = ₩121
- 직접노무비 : 직접작업시간 … 2시간×₩80/시간 = ₩160
- 제조간접비 : 직접작업시간을 기준으로 배부 … 2시간×₩70/시간 = ₩140

---

1) 현재까지 대부분의 예산편성모형은 산출물기준(생산량, 판매량 또는 매출액)인 소수의 원가동인을 사용해 왔다. 부분적으로는 ABC에 대한 관심으로 인하여 예산에도 활동기준원가동인을 폭넓게 사용하고 있다. 따라서 미래의 원가에 대하여 예산편성에 활동기준을 적용하는 일은 자연스러운 일이다. 활동기준예산편성(activity-based budgeting : ABB)은 재화나 용역을 생산하고 판매하는데 필요한 활동의 예산원가에 초점을 둔다. 이때에도 ABC나 ABB를 설치하고 운용하는데 소요되는 비용보다 효익이 큰지 여부를 살펴보아야 한다. 본서에서는 ABB에 대한 설명을 생략한다.

예산기간의 기초 재무상태표 및 기말재고량은 다음과 같다고 가정한다.

기초 재무상태표

자 산		
현 금		₩100,000
외상매출금		600,000
직접재료		
No.101 : 9,000kg×@₩15	₩135,000	
No.102 : 10,000kg×@₩11	110,000	245,000
제 품		
A : 1,400단위×@₩570	798,000	
B : 2,000단위×@₩421	842,000	1,640,000
유형자산	14,800,000	
감가상각누계액	(3,700,000)	11,100,000
자산총계		₩13,685,000
부채 및 자본		
외상매입금 - 직접재료의 구입		₩400,000
미지급법인세		20,000
자본금 - 보통주		8,000,000
이익잉여금		5,265,000
부채 및 자본총계		₩13,685,000

기말 재고량(추정)

	No.101	No.102		A제품	B제품
직접재료	8,600kg	14,800kg	제 품	1,700단위	1,500단위

이 외의 추가정보는 종합예산의 수립과정을 내용별로 설명하면서 추가하고자 한다.

(1) 판매예산

판매예산(sales budget)이란 예산기간의 예상판매량과 예상매출액을 동시에 표시하는 예산으로서, 예상매출액은 예상판매량에다 예상판매가격을 곱하여 계산한다. [공통예제]의 모든 매출은 외상매출인 것으로 가정하여 판매예산을 수립하면 다음과 같다. 종합예산의 수립과정에서 판매예산은 그 **출발점**이 된다. 차후에 설명하는 제조예산이나 제조원가계산은 바로 판매예산에서 추정된 판매량을 근거로 하여 이루어지며, 더욱이 예상매출액은 판매관리비예산의 수립이나 예산포괄손익계산서의 작성 등에 이용되는 기초자료가 된다.

제품	예상판매량		예상판매가격		예상매출액
A	7,000단위	×	₩1,100	=	₩7,700,000
B	8,000	×	900	=	7,200,000
	15,000단위				₩14,900,000

판매예산의 수립은 다음과 같은 두 가지 방법에 의해 이루어지는 것이 보통이다.

① 역사적 자료의 분석을 통한 예상판매량이나 매출액의 추정
② 동 제품의 취급대리점을 통한 예상판매량 및 매출액의 추정

이 중 두 번째 방법에서는 예산기간 중의 예상판매량이나 매출액을 일일이 대리점에 문의한 후, 그 결과를 종합하여 예산을 수립하는 자료로 삼는다. 어떤 방법을 사용하여 판매예산을 수립하든, 판매예산 자체는 경제여건의 변화 · 가격정책 · 판매촉진계획 · 경쟁자의 태도 등에 의해 영향을 받는다.

⑵ 제조예산

판매예산이 수립되면 이어서 추정된 판매량을 근거로 제조예산(production budget)을 수립한다. 제조예산의 기본적인 내용은, 판매량을 충족시킴과 동시에 기말제품재고량을 적절한 수준에서 유지시키기 위해 필요한 「예산기간 중의 예상생산량」을 파악하는데 있다. 따라서 생산량예산이라고도 한다. 이처럼 생산량을 파악하여 제조예산을 수립하기 위해서는 다음과 같은 산식을 반드시 기억하고 있어야 한다.

예상생산량 = 예상판매량 + 기말제품재고량 - 기초제품재고량

이 관계는 수량으로 표시할 수도 있고 화폐액으로 표시할 수도 있는데, 여기에서는 수량이 필요한 관계로 수량에 국한시켜 표시하였다.

[공통예제]의 제조예산은 기본적으로 판매예산에서 추정된 예상판매량을 기초로 하여 작성되고 있다.

	A제품	B제품	비 고
예상판매량	7,000단위	8,000단위	판매예산
+ 기말제품재고량	1,700	1,500	추정자료
= 합계	8,700	9,500	
- 기초제품재고량	1,400	2,000	기초 재무상태표
= 예상생산량	7,300단위	7,500단위	

여기에서 추정 기말제품재고량은 경영자의 판단에 의해 결정된 수치로서, 이의 결정시에는 다음과 같은 비용(원가)의 합이 최소가 될 수 있도록 고려하여야 한다.

① 재고자산(제품)의 유지비용
② 고객의 요구가 있으나 재고부족으로 인하여 판매가 불가능하게 됨으로써 부담하게 되는 손실
③ 재고자산(제품)의 주문비용

(3) 제조원가예산

제조예산을 근거로 하여 예상생산량을 생산하기 위해 직접재료비 · 직접노무비 · 제조간접비에 대한 제조원가예산(manufacturing cost budget)을 수립할 수 있다.2)

① 직접재료비예산

직접재료비예산은 ⓐ A제품과 B제품을 제조하는데 필요한 직접재료의 수량과 금액 및 ⓑ 예산기간 중 구입할 필요가 있는 직접재료의 수량과 금액을 동시에 결정하는 역할을 한다. 즉 다음에서 제시되는 직접재료비예산의 Ⅰ은 예산기간 중의 예상생산량을 제조하는데 소요되는 직접재료의 수량 및 금액을 표시하고 있으며, 직접재료비예산의 Ⅱ는 동 기간 중의 제품제조에 필요한 직접재료를 보충하고서도 기말재료재고량을 적절한 수준에서 유지하기 위해서는 예산기간 중 어느 정도의 직접재료를 구입하여야 할 것인가를 수량과 금액의 양면으로 표시하고 있다. 이들의 관계를 산식으로 표시하면 다음과 같다.

직접재료의 구입량(Ⅱ) = 직접재료의 사용량(Ⅰ) + 직접재료의 기말재고량 - 직접재료의 기초재고량

이들 수량을 금액으로 표시하기 위해서는 경영자들이 추정한 직접재료의 단위당 가격을 이에다 곱하면 된다.

직접재료의 사용량(Ⅰ)

	A제품	B제품	계	비 고
예상생산량	7,300단위	7,500단위		제조예산
×단위당 직접재료사용량	× 8kg	× 11kg		제조원가자료
= 직접재료사용량	58,400kg	82,500kg		
×단가/kg	× ₩15	× ₩11		제조원가자료
= 직접재료사용액	₩876,000	₩907,500	₩1,783,500	

직접재료의 구입량(Ⅱ)

	No.101	No.102	계	비 고
직접재료사용량	58,400kg	82,500kg		Ⅰ.에서 산출
+ 기말재료재고량	8,600	14,800		추정자료
= 합계	67,000kg	97,300kg		
- 기초재료재고량	9,000	10,000		기초 재무상태표
= 직접재료구입량	58,000kg	87,300kg		
×단가/kg	× ₩15	× ₩11		제조원가자료
= 직접재료구입액	₩870,000	₩960,300	₩1,830,300	

2) 제조원가예산을 편성할 때는 일반적으로 사전에 표준원가를 설정하여, 변동제조원가는 단위당 표준원가를 이용해서 예산수립하고 고정제조간접비는 일정한 금액으로 결정된다.
직접재료비예산 = 예상생산량×제품 단위당 직접재료비
직접노무비예산 = 예상생산량×제품 단위당 직접노무비
제조간접비예산 = 예상생산량×제품 단위당 변동제조간접비 + 고정제조간접비

② 직접노무비예산

직접노무비의 경우도 직접재료비예산의 경우와 마찬가지로 생산량예산에 의거하여 수립될 수 있는 것으로, 직접작업시간예산과 작업시간단위당 임률을 곱하여 계산한다. 이처럼 직접노무비예산을 수립하는 과정에서, 기업은 예산기간 중의 제품생산에 필요한 종업원수와 그들에게 지급할 임금 및 급여의 총액을 산출할 수 있게 된다.

	A제품	B제품	계	비 고
예상생산량	7,300단위	7,500단위		제조예산
×단위당 직접작업시간	× 3시간	× 2시간		제조원가자료
=직접작업시간예산	21,900시간	15,000시간	36,900시간	
×임률/직접작업시간	× ₩80	× ₩80		제조원가자료
=직접노무비예산	₩1,752,000	₩1,200,000	₩2,952,000	

③ 제조간접비예산

제조간접비예산은 다음에서 보는 바와 같이 간접비요소를 변동원가와 고정원가로 구분하여 수립하여야 한다.

(1) 항목	(2) (추가자료) 직접작업시간당 제조간접비 배부율		(3) 직접작업시간표준*		(4) 총원가
간접노무비	₩10	×	36,900시간	=	₩369,000
소모품비	10	×	36,900	=	369,000
수선비	8	×	36,900	=	295,200
기 타	2	×	36,900	=	73,800
변동제조간접비예산					₩1,107,000
감독자 급여					₩361,000
감가상각비					790,000
재산세					160,000
기 타					165,000
고정제조간접비예산					₩1,476,000
제조간접비예산					₩2,583,000

* 제조간접비 예정배부율 = ₩2,583,000÷36,900 직접작업시간 = ₩70/직접작업시간
예상조업도 : 36,900(= 21,900 + 15,000) 직접작업시간을 기초로 함

위의 [표]에서 직접작업시간당 제조간접비 배부율과 고정제조간접비는 제조간접비의 역사적 자료를 분석하여 결정된 것이며, 마지막으로 계산된 제조간접비 예정배부율은 예산기간 중 제조된 제품의 원가계산에 사용될 직접작업시간당 제조간접비 배부율이다.[3)]

3) 제조간접비예산의 총액은 개별 제조간접비가 원가동인으로 가정된 직접작업시간에 따라 어떻게 변화하는가에 달려있다. 개별 변동제조간접비 및 고정제조간접비는 기업의 운영부서에서 제공하는 자료를 바탕으로 구해진다. 이 금액을 구하는 출발점은 현재와 과거의 원가이다. 기업은 내년도의 개선계획, 원가동인(직접작업시간) 및 투입물의 원가를 바탕으로 내년도에 발생할 것으로 기대되는 원가를 조정해 나간다.

(4) 기말재고자산예산

제조원가예산 - 직접재료비예산 · 직접노무비예산 · 제조간접비예산 - 이 완성된 후에는 기말재고자산의 수량과 금액에 대한 예산을 수립할 수 있다. 기말재고자산예산은 직접재료 및 제품에 대하여 별도로 수립하여야 한다.

직접재료			비 고
No.101	8,600kg×₩15/kg =	₩129,000	직접재료비예산
No.102	14,800kg×₩11/kg =	162,800	직접재료비예산
직접재료의 기말재고원가		₩291,800	
제 품			
A	1,700단위×₩570/단위 =	₩969,000	제조예산
B	1,500단위×₩421/단위 =	631,500	제조예산
제품의 기말재고원가		₩1,600,500	

[참조] 제품의 단위당 원가

A제품			B제품		
직접재료비	8kg×₩15/kg =	₩120	직접재료비	11kg×₩11/시간 =	₩121
직접노무비	3시간×₩80/시간 =	240	직접노무비	2시간×₩80/시간 =	160
제조간접비	3시간×₩70/시간 =	210	제조간접비	2시간×₩70/시간 =	140
단위당 원가		₩570	단위당 원가		₩421

계산된 기말재고자산의 원가를 사용하여 매출원가예산을 수립하고, 최종적으로 예산포괄손익계산서를 작성할 수 있게 된다.

(5) 매출원가예산

제조원가예산과 기말재고자산예산을 근거로 하여 다음과 같은 매출원가예산(cost of goods sold budget)을 수립하는데, 결국 이는 직접재료비예산 · 직접노무비예산 · 제조간접비예산 · 기말재고자산예산의 네 가지로 구성되는 셈이다.

			비 고
직접재료사용액		₩1,783,500	
기초재료재고액	₩245,000		기초 재무상태표
당기재료구입액	1,830,300		직접재료비예산
계	₩2,075,300		
기말재료재고액	(291,800)		기말재고자산예산
직접노무비		2,952,000	직접노무비예산
제조간접비		2,583,000	제조간접비예산
당기제품제조원가		₩7,318,500	
기초제품재고액		1,640,000	기초 재무상태표
계		₩8,958,500	
기말제품재고액		(1,600,500)	기말재고자산예산
매출원가예산		₩7,358,000	

(6) 판매관리비예산

판매관리비예산(selling and administrative expense budget)은 판매비 및 관리비를 원가행태에 따라 변동원가 · 고정원가로 분류하여 예산을 편성한다. 따라서 고정원가는 예산기간에 고정적인 것으로 간주하지만, 변동원가는 매출액에 대한 변동비율을 별도로 산출하여 예산을 수립한다. 이때 매출액에 대한 변동비율의 추정도 경영자들이 과거의 역사적 자료를 분류하여 이루어지는 것이다.

(1) 항목	(2) (추가자료) 매출액에 대한 비율		(3) 예상매출액		(4) 총원가
판매수수료	0.07	×	₩14,900,000	=	₩1,043,000
여　비	0.02	×	14,900,000	=	298,000
오락비	0.01	×	14,900,000	=	149,000
변동판매관리비예산					₩1,490,000
판매원 급여					₩2,100,000
수선유지비					400,000
보험료					250,000
재산세					400,000
광고비					2,210,000
고정판매관리비예산					₩5,360,000
판매관리비예산					₩6,850,000

이에 포함되는 판매비 중의 많은 항목이 예산기간 중의 판매량 추정에 영향을 미치고 있기 때문에, 판매관리비예산은 판매예산과 동시에 수립되는 것이 보편적인 현상으로 되어 있다.

(7) 예산포괄손익계산서

지금까지 설명한 개별 예산의 내용을 전부 집계하여 하나의 [표]에 요약한 것이 예산포괄손익계산서(budgeted statement of comprehensive income)이다. 법인세율은 30%로 가정하여 예산포괄손익계산서를 작성하고, 예산기간 중의 당기순이익예산을 계산해 보이면 다음과 같다.

예산포괄손익계산서

		비 고
매출액	₩14,900,000	판매예산
매출원가	(7,358,000)	매출원가예산
매출총이익	₩7,542,000	
판매관리비	(6,850,000)	판매관리비예산
법인세비용차감전순이익	₩692,000	
법인세(30%)	(207,600)	
당기순이익	₩484,400	

(8) 현금예산

주어진 개별 예산을 참고하여 기업 내의 현금유출·입을 분석하는 과정을 표시한 예산체계가 **현금예산**(cash budget)이다. 현금예산을 수립하는 목적의 하나는, 부문관리자가 어느 시점에서 현금의 차입이 필요한가를 분석하는데 필요한 자료를 제공하고자 하는데 있다. 기업이 1년의 기간에 걸쳐 영업활동을 수행하는 동안 특히 현금의 수요가 급증하는 시기가 도래할 수 있다. 이러한 경우에 현금의 부족 또는 고갈을 초래하게 되면 그로 인해 부담하게 되는 손실이 커지는 만큼 사전에 현금의 필요량과 시기를 파악하여 준비해 두는 지혜가 필요하다. 여기에 현금예산의 의의가 존재하는 것이다.

또 한 가지 현금예산을 수립하는 목적으로는, 실제 필요량 이상의 현금을 보유하게 되는 시점을 파악하여 잉여 현금액으로 다른 수익성 투자를 수행함으로써 기업이익을 증대시키고자 하는데 있다. 이러한 목적에 더 큰 의미를 부여하고 있는 기업에서는, 월별 현금예산의 수립도 불충분하다고 하여 주별 또는 일별 현금예산을 수립하기도 한다. 따라서 현금예산의 수립기간은 경영자의 정보욕구에 따라 결정되는 것이라고 할 수 있다.

현금예산을 수립하는 출발점은 기초현금 잔액이 되고 있으며, 이에다 기초 외상매출금의 회수액과 당기 매출액의 현금회수액이 가산되어 예산기간 중 사용가능한 총현금액을 계산하고 있다. 이 경우 현금회수액의 크기는 여러 가지 요인에 따라 결정된다고 볼 수 있는데, 이러한 요인으로는 신용판매와 대금회수의 시간간격·예상 대손발생액·예상되는 자산·주식·사채 등의 매각 등과 같은 것들이 있다.

기말현금 잔액 = 기초현금 잔액 + 현금유입액 - 현금유출액

[공통예제]의 경우에는, 기초 외상매출금 잔액은 예산기간 중 전액 회수가능하고, 기중에 이루어진 신용판매액에 대해서는 91%를 같은 기간내에 회수가능한 것으로 가정한다. 따라서 예산기간 중의 외상매출금 중 기말 잔액으로 남는 부분은 총 외상매출금의 9%가 되는 셈이다. <현금예산의 (1)>

한편, 같은 기간 중의 예산현금지급액은 제조원가예산·판매관리비예산 및 기초 외상매입금 잔액에 따라 그 크기가 결정된다. [공통예제]의 경우에 이들의 내용을 구분해서 살펴보면 다음과 같다.

① 직접재료와 관련된 현금지급액 : 기초 외상매입금 잔액은 예산기간 중 전액 현금으로 지급하고, 기중에 구입하는 직접재료에 대해서는 그 원가 중 90%를 현금으로 지급하는 것으로 가정한다. 따라서 예산기간 중의 직접재료비 구입원가 10%는 외상매입금 기말 잔액으로 남게 된다. <현금예산의 (2)>

② 직접노무비예산 : <직접노무비예산>에서 계산된 금액을 전액 현금으로 지급한다.

③ 제조간접비예산 : 발생한 기간에 전액 현금으로 지급한다. 그러나 <제조간접비예산>에서 계산된 제조간접비예산액에서 감가상각비는 차감하여야 하는데, 그 이유는 감가상각비란 실제 현금지출을 수반하지 않는 제조간접비 항목이기 때문이다. <현금예산의 (3)>

④ 판매관리비예산 : 같은 기간 중에 전액 현금으로 지급한다. <판매관리비예산>

⑤ 법인세 지급액 : 법인세 ₩207,600 중 75%에 해당하는 ₩155,700과 기초 재무상태표의 미지급법인세 ₩20,000을 합한 금액인 ₩175,700을 현금으로 지급한다. 따라서 기말 미지급법인세는 ₩51,900(=₩207,600×25%)이 된다. <현금예산의 (4)>

			비 고
기초현금 잔액		₩100,000	기초 B/S
+현금유입액			
외상매출금 회수액		14,159,000[(1)]	
=현금사용가능액		₩14,259,000	
-현금지출액			
직접재료비	₩2,047,270[(2)]		
직접노무비	2,952,000		직접노무비예산
제조간접비	1,793,000[(3)]		
판매관리비	6,850,000		판매관리비예산
법인세	175,700[(4)]		
계		13,817,970	
=기말현금 잔액		₩441,030	

※ 산출근거

		비 고
(1) 외상매출금 기초 잔액	₩600,000	기초 재무상태표
기중 외상매출금	14,900,000	판매예산
계	₩15,500,000	
외상매출금 기말 잔액	(1,341,000)	기중 외상매출금의 9%
외상매출금 회수액	₩14,159,000	
(2) 외상매입금 기초 잔액	₩400,000	기초 재무상태표
직접재료 구입액	1,830,300	직접재료비예산
계	₩2,230,300	
외상매입금 기말 잔액	(183,030)	기중 재료구입액의 10%
직접재료 현금지급액	₩2,047,270	
(3) 총 제조간접비	2,583,000	제조간접비예산
감가상각비	(790,000)	제조간접비예산
제조간접비 현금지급액	₩1,793,000	
(4) 미지급법인세 기초 잔액	₩20,000	기초 재무상태표
법인세(20×1년분)	207,600	예산포괄손익계산서
계	₩227,600	
미지급법인세 기말 잔액	(51,900)	법인세예산의 25%
법인세 현금지급액	₩175,700	

(9) 예산재무상태표

예산재무상태표(budgeted financial position statement)란 기말 현재 [공통예제]의 예산 재무상태를 나타내는 표로서, 기초 재무상태표를 근거로 하고 영업예산과 현금예산의 수립과정에서 산출된 각 계정의 변동내용을 고려하여 작성되는 것이다.

예산재무상태표

			비 고
자 산			
현 금		₩441,030	현금예산
외상매출금		1,341,000	현금예산
직접재료		291,800	기말재고자산예산
제 품		1,600,500	기말재고자산예산
유형자산	₩14,800,000		
감가상각누계액	(4,490,000)[(1)]	10,310,000	
자산총계		₩13,984,330	
부채 및 자본			
외상매입금 - 직접재료의 구입		₩183,030	현금예산
미지급법인세		51,900	현금예산
자본금 - 보통주		8,000,000	기초 재무상태표
이익잉여금		5,749,400[(2)]	
부채 및 자본총계		₩13,984,330	

※ 산출근거

(1) ₩3,700,000 + ₩790,000(감가상각비) = ₩4,490,000

(2) ₩5,265,000 + ₩484,400(당기순이익) = ₩5,749,400

제4절 종합예산의 수립 - 종합예제 -

지금까지 살펴본 종합예산의 수립 절차를 T계정으로 요약하여 보면 다음과 같다.[4)]

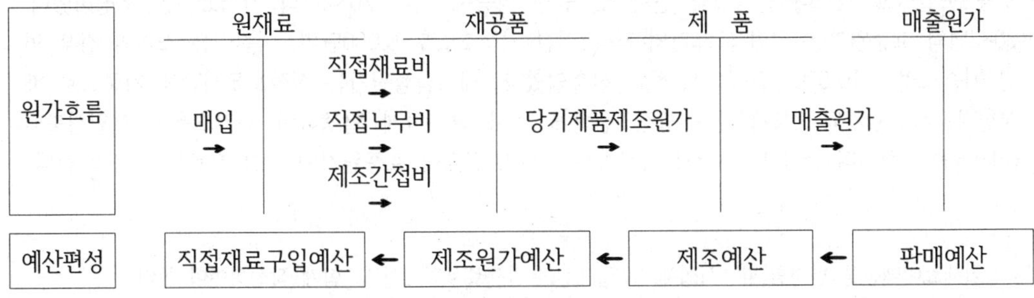

4) 종합예산의 수립(편성) 절차는 제품원가계산 절차와 정반대이다. 제품원가계산은 생산활동이 이루어지는 순서(원재료 등의 구입부터 제품의 판매까지)로 이루어지지만, 종합예산의 수립(편성)은 판매예산, 제조예산, 제조원가예산, 직접재료구입예산 등의 순서로 이루어진다.

다음에서 보는 바와 같이, 종합예산의 출발점은 판매예산이 되고 있으며, 기타의 모든 예산은 전부 이와 관련이 되어 있음을 명확히 파악할 수 있다.

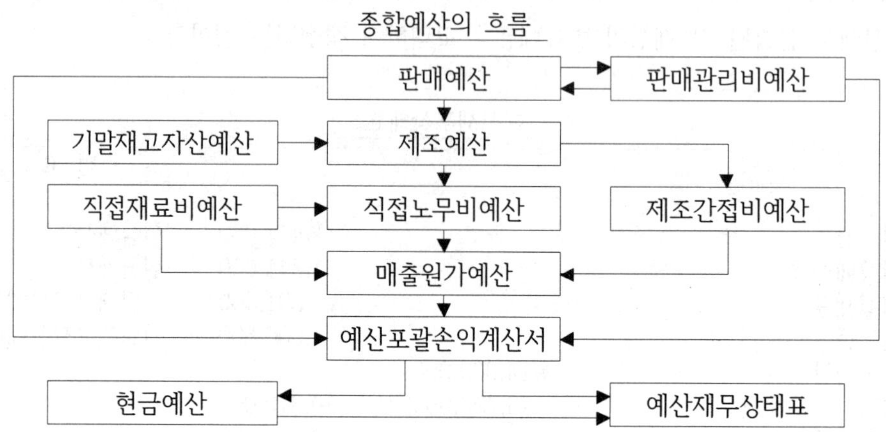

종합예산의 첫 단계는 차기 회계연도의 판매예측을 통하여 판매예산을 수립하는 것이다. 판매예산을 수립한 후에는 판매예산을 토대로 제조예산을 작성하고 제조원가별(직접재료비[5], 직접노무비, 제조간접비) 예산을 작성한다. 제조원가예산이 완성된 후에는 기말재고자산예산과 매출원가예산을 편성한다. 이처럼 편성된 판매예산, 매출원가예산, 판매관리비예산으로부터 예산포괄손익계산서를 작성한 다음, 매출채권의 회수 및 매입채무의 지급에 대한 계획을 수립하여 현금예산을 편성하고 이를 토대로 예산재무상태표를 작성함으로써 일련의 종합예산 편성과정을 마치게 된다.[6]

종합예제 1

20×1년 초에 설립된 (주)청연은 성인용 스키와 어린이용 스키를 생산하여 판매한다. 성인용 스키는 나무를, 어린이용 스키는 플라스틱을 원재료로 사용하여 생산된다. 회사는 표준종합원가계산제도를 도입하고 있으며 플라스틱 단가 및 임률 상승에 따라 20×2년의 가격표준을 조정하였다. 20×2년의 표준원가는 성인용 스키의 경우 연간 기준조업도 6,000단위, 어린이용 스키의 경우 연간 기준조업도 10,000단위에 기준하여 산출되었다. 제조간접원가는 직접노무시간을 기준으로 배부한다. 재료원가와 전환원가는 공정 전반에 걸쳐 균등하게 발생하며 원가흐름은 선입선출법(FIFO)을 가정한다. 성인용 스키와 어린이용 스키의 단위당 표준원가에 관한 자료는 다음과 같다.

---

5) 직접재료비예산을 편성할 때, 직접재료구입예산(=원재료구입예산)도 함께 작성하여야 한다.

6) 본서의 제1편에서 설명되어진 제품원가계산은 과거 활동의 재무적 결과를 보고하는데 중점을 두고 있지만, 여기에서 설명하고 있는 종합예산의 편성은 미래 활동의 재무적 결과를 예측하는데 중점을 두고 있다. 따라서 과거의 실제자료를 이용한 재무제표를 결산재무제표라고 한다면, 미래의 예측자료를 이용하는 재무제표를 예산재무제표 또는 추정재무제표라고 하는 것이다.

1) 성인용 스키

구 분	수량표준	가격표준	
		20×1년	20×2년
원재료(나무)	50g	₩3/g	₩3/g
직접노무원가	3시간	₩100/시간	₩120/시간
변동제조간접원가	3시간	₩50/시간	₩50/시간
고정제조간접원가	3시간	₩40/시간	₩40/시간

2) 어린이용 스키

구 분	수량표준	가격표준	
		20×1년	20×2년
원재료(플라스틱)	20g	₩1/g	₩2/g
직접노무원가	2시간	₩100/시간	₩120/시간
변동제조간접원가	2시간	₩40/시간	₩40/시간
고정제조간접원가	2시간	₩30/시간	₩30/시간

3) 판매관리비(20×1년과 20×2년 동일)

구 분	성인용 스키	어린이용 스키
단위당 변동판매관리비	₩150	₩120
고정판매관리비(총액)	₩840,000	₩840,000

물음 (2019 회계사)

1. (주)청연은 20×1년 말에 20×2년의 종합예산을 편성하고 있다. 20×1년 이후에는 겨울스포츠 인구의 감소에 따라 성인용 스키는 매년 전년 대비 10%씩, 어린이용 스키는 매년 전년 대비 5%씩 판매량이 감소될 것으로 예상된다. 재고정책은 매년 동일하다. 제품 생산 및 판매에 관한 자료는 다음과 같다.

<판매예측>

구 분	성인용 스키	어린이용 스키
20×1년 판매량	5,000단위	8,000단위
20×2년 판매량	?	?
20×3년 판매량	?	?
단위당 판매가격	₩1,200	₩600

<재고정책>

① 원재료 : 나무와 플라스틱의 기말재고는 차기 예상판매량의 20%를 생산할 수 있는 수량을 확보한다.

② 재공품 : 차기 예상판매량의 10%를 기말재고로 보유하며, 기말재공품의 완성도는 성인용 스키의 경우 40%, 어린이용 스키의 경우 50%이다.

③ 제품 : 차기 예상판매량의 10%를 기말재고로 보유한다.

위 자료를 바탕으로 다음 [물음]에 답하시오.

1) 20×2년의 제품별 판매예산을 수립하시오.

구 분	성인용 스키	어린이용 스키
예상판매량		
단위당 판매가격		
예산매출액		

2) 20×2년의 원재료별 구매예산을 수립하시오.

구 분	나 무	플라스틱
당기투입량(g) 기말재고 계 기초재고 구매량 구입단가(₩)		
원재료 구매예산		

3) 20×2년의 제조원가예산을 제품별로 수립하시오.

구 분		성인용 스키	어린이용 스키
직접재료원가	나 무 플라스틱		
직접노무원가 변동제조간접원가 고정제조간접원가			
합 계			

4) 20×2년 어린이용 스키에 대해 원가차이를 조정하기 전의 재공품과 제품의 기말재고 예산 및 매출원가 예산을 수립하시오.

구 분	어린이용 스키
기말재공품 기말제품 매출원가	

2. ([물음1]과 관계없이) 20×2년 성인용 스키의 생산량은 6,000단위이며 생산량은 전량 판매되고, 기초 및 기말 재고자산은 없다고 가정한다. (주)청연의 경영자는 중국의 한 업체로부터 성인용 스키 6,000단위 전량을 주문자상표부착방식(OEM)으로 구입하여 판매할 것을 검토하고 있다. OEM방식으로 판매할 경우 변동판매관리비는 20% 감소하지만 고정판매관리비는 변하지 않는다. 또한 유휴생산능력을 감축함으로써 성인용 스키의 고정제조간접원가는 기존의 40%만 발생할 것으로 예상된다. 현재의 영업이익을 감소시키지 않고 지급할 수 있는 단위당 외부구입가격의 최대금액은 얼마인가?

3. (주)청연은 20×4년 초, 여름스포츠 사업에 착수하여 보급형과 고급형 두 종류의 서핑보드를 생산 및 판매하며, 표준종합원가계산제도를 도입하였다. 보급형과 고급형 서핑보드는 모두 동일한 원재료(나무)를 사용한다. 원재료는 공정 초에 모두 투입되고, 전환원가는 공정 전반에 걸쳐 균등하게 발생한다. 제조간접원가 배부기준은 기계시간이고, 기준조업도는 매월 100,000기계시간이다. 20×4년 6월의 서핑보드 생산과 관련된 자료는 다음과 같다(괄호 안은 전환원가 완성도를 의미함).

구 분	물 량	
	보급형 서핑보드	고급형 서핑보드
월초재공품	2,000단위(70%)	1,000단위(80%)
당월완성량	10,000단위	21,000단위
월말재공품	3,000단위(80%)	800단위(50%)

6월에 실제 발생한 직접노무시간은 38,000시간이고 실제기계시간은 89,000시간이며, 실제고정제조간접원가는 ₩2,050,000이었다. 당기 중에 공손이나 감손은 발생하지 않았다.

보급형 및 고급형 서핑보드의 표준원가로 평가된 기초재공품 금액 중 제조간접원가는 다음과 같다.

구 분	제조간접원가	
	완성도	금액
보급형 서핑보드	70%	₩70,000
고급형 서핑보드	80%	₩160,000

(주)청연은 20×4년 초에 서핑보드의 단위당 표준원가를 설정하였으며, 표준원가는 매월 동일하게 적용된다. 서핑보드의 부분적인 표준원가 자료는 다음과 같다.

구 분	보급형 서핑보드		고급형 서핑보드	
	수량표준	가격표준	수량표준	가격표준
직접재료원가	80g	₩3/g	60g	₩3/g
직접노무원가	1시간	₩100/시간	1.2시간	₩100/시간
변동제조간접원가	?	₩30/시간	?	₩30/시간
고정제조간접원가	?	₩20/시간	?	₩20/시간

1) 보급형 서핑보드와 고급형 서핑보드의 제품 단위당 표준원가는 각각 얼마인가?

2) 6월의 직접노무원가와 변동제조간접원가의 능률차이를 각각 구하시오.

3) 고정제조간접원가의 예산차이와 조업도차이를 구하시오.

해답 •••

1. 종합예산 수립

제품별 판매예산(성인용 스키는 매년 전년 대비 10%씩, 어린이용 스키는 매년 전년 대비 5%씩 판매량이 감소될 것으로 예상된다.)

	성인용 스키			어린이용 스키		
	20×1년	20×2년	20×3년	20×1년	20×2년	20×3년
예상판매량(단위)	5,000	4,500	4,050	8,000	7,600	7,220
×단위당 판매가격(₩)	1,200	1,200	1,200	600	600	600
= 예산매출액(₩)	6,000,000	5,400,000	4,860,000	4,800,000	4,560,000	4,332,000

* 5,000단위×(1 - 10%) = 4,500단위
4,500단위×(1 - 10%) = 4,050단위
8,000단위×(1 - 5%) = 7,600단위
7,600단위×(1 - 5%) = 7,220단위

생산예산(차기 예상판매량의 10%를 기말제품으로 보유한다.)

	성인용 스키			어린이용 스키		
	20×1년	20×2년	20×3년	20×1년	20×2년	20×3년
예상판매량(단위)	5,000	4,500	4,050	8,000	7,600	7,220
+ 기말제품재고량(단위)	450	405		760	722	
= 합계(단위)	5,450	4,905		8,760	8,322	
- 기초제품재고량(단위)	0	450	405	0	760	722
= 당기생산량(단위)	5,450	4,455		8,760	7,562	

\# 20×1년 초에 설립된 회사이다. 따라서 20×1년 초의 재고자산은 없다.
직접재료 : 성인용 스키 - 나무, 어린이용 스키 - 플라스틱
예상생산량 = 당기생산량 = 당기완성량

* 4,500단위×10% = 450단위
4,050단위×10% = 405단위
7,600단위×10% = 760단위
7,220단위×10% = 722단위

제조예산(차기 예상판매량의 10%를 기말재공품으로 보유한다.)

	성인용 스키			어린이용 스키		
	20×1년	20×2년	20×3년	20×1년	20×2년	20×3년
당기생산량(단위)	5,450	4,455		8,760	7,562	
+ 기말재공품재고량(단위)	450	405		760	722	
= 작업대상량(단위)	5,900	4,860		9,520	8,284	
- 기초재공품재고량(단위)	0	450	405	0	760	722
= 당기착수량(단위)	5,900	4,410		9,520	7,524	

* 4,905단위 - 450단위 = 4,455단위
8,322단위 - 760단위 = 7,562단위

완성품 환산량 예산(기말재공품의 완성도 : 성인용 스키 40%, 어린이용 스키 50%)

	성인용 스키			어린이용 스키		
	20×1년	20×2년	20×3년	20×1년	20×2년	20×3년
당기완성량(단위)	5,450	4,455		8,760	7,562	
+ 기말재공품 수량(단위)	180	162		380	361	
= 합계(단위)	5,630	4,617		9,140	7,923	
- 기초재공품 수량(단위)	0	180	162	0	380	361
= 당기착수량(단위)	5,630	4,437		9,140	7,543	

* 450단위×40% = 180단위
405단위×40% = 162단위
760단위×50% = 380단위
722단위×50% = 361단위

원재료별 구매예산(차기 예상판매량의 20%를 기말재료재고로 확보한다.)

	성인용 스키			어린이용 스키		
	20×1년	20×2년	20×3년	20×1년	20×2년	20×3년
당기착수량(단위)	5,630	4,437		9,140	7,543	
당기투입량(g)	281,500	221,850		182,800	150,860	
+ 기말재료재고량(g)	45,000	40,500		30,400	28,880	
= 사용가능량(g)	326,500	262,350		213,200	179,740	
- 기초재료재고량(g)	0	45,000	40,500	0	30,400	28,880
= 당기재료구매량(g)	326,500	217,350		213,200	149,340	
×단위당 원가(@₩/g)	3	3		1	2	
= 원재료 구매예산(₩)	979,500	652,050		213,200	298,680	

* 5,630단위×50 g = 281,500 g, 4,437단위×50 g = 221,850 g
9,140단위×20 g = 182,800 g, 7,543단위×20 g = 150,860 g
4,500단위×50 g×20% = 45,000 g, 4,050단위×50 g×20% = 40,500 g
7,600단위×20 g×20% = 30,400 g, 7,220단위×20 g×20% = 28,880 g

제품별 제조원가예산

	성인용 스키				어린이용 스키			
	20×1년	표준단가	20×2년	표준단가	20×1년	표준단가	20×2년	표준단가
당기착수량(단위)	5,630		4,437		9,140		7,543	
직접재료원가(₩)	844,500	150	665,550	150	182,800	20	301,720	40
직접노무원가(₩)	1,689,000	300	1,597,320	360	1,828,000	200	1,810,320	240
변동제조간접원가(₩)	844,500	150	665,550	150	731,200	80	603,440	80
고정제조간접원가(₩)	675,600	120	532,440	120	548,400	60	452,580	60
계	4,053,600	720	3,460,860	780	3,290,400	360	3,168,060	420

* 5,630단위×@₩150 = ₩844,500, 4,437단위×@₩150 = ₩665,550
5,630단위×@₩300 = ₩1,689,000, 4,437단위×@₩360 = ₩1,597,320
5,630단위×@₩150 = ₩844,500, 4,437단위×@₩150 = ₩665,550
5,630단위×@₩120 = ₩675,600, 4,437단위×@₩120 = ₩532,440
9,140단위×@₩20 = ₩182,800, 7,543단위×@₩40 = ₩301,720
9,140단위×@₩200 = ₩1,828,000, 7,543단위×@₩240 = ₩1,810,320
9,140단위×@₩80 = ₩731,200, 7,543단위×@₩80 = ₩603,440
9,140단위×@₩60 = ₩548,400, 7,543단위×@₩60 = ₩452,580

판매관리비예산

	성인용 스키				어린이용 스키			
	20×1년	표준단가	20×2년	표준단가	20×1년	표준단가	20×2년	표준단가
예상판매량(단위)	5,000		4,500		8,000		7,600	
변동판매관리비(₩)	750,000	150	675,000	150	960,000	120	912,000	120
고정판매관리비(₩)	840,000		840,000		840,000		840,000	
계	1,590,000		1,515,000		1,800,000		1,752,000	

* 5,000단위×@₩150 = ₩750,000, 4,500단위×@₩150 = ₩675,000
8,000단위×@₩120 = ₩960,000, 7,600단위×@₩120 = ₩912,000

기말재고자산예산 및 매출원가예산(20×2년, 원가차이 조정 전)

	성인용 스키				어린이용 스키			
	기말재공품	기말제품	매출원가		기말재공품	기말제품	매출원가	
			20×1년	20×2년			20×1년	20×2년
수 량(단위)	405	405	450	4,050	722	722	760	6,840
완성품 환산량(단위)	162	405	450	4,050	361	722	760	6,840
×표준단가(₩)	780	780	720#	780	420	420	360#	420
=원 가(₩)	126,360	315,900	324,000	3,159,000	151,620	303,240	273,600	2,872,800
			3,483,000				3,146,400	

* 405단위×40%×@₩780 = ₩126,360, 722단위×50%×@₩420 = ₩151,620
# 성인용 스키의 예상판매량 4,500단위는 450단위(20×1년 말 재고의 20×2년 판매량)와 4,050단위(20×2년 생산의 20×2년 판매량)의 합계이며, 어린이용 스키의 예상판매량 7,600단위는 760단위(20×1년 말 재고의 20×2년 판매량)와 6,840단위(20×2년 생산의 20×2년 판매량)의 합계이다. 따라서 20×2년 매출원가예산을 수립할 때 20×1년 말 재고의 20×2년 판매량에 대해 성인용 스키의 경우는 @₩720을, 어린이용 스키의 경우는 @₩360을 적용하였다.

2. 허용가능한 단위당 외부구입가격의 최대금액

	단위당 원가	자체생산	관련원가	주문자상표부착방식
변동제조원가	₩660	₩3,960,000	₩3,960,000	
고정제조간접원가	120	720,000	432,000	
변동판매관리비	150	900,000	180,000	
고정판매관리비		840,000		
외부구입물량				6,000단위
단위당 외부구입가격				×@₩762
계			₩4,572,000	₩4,572,000

* 50 g ×₩3/ g + 3시간×₩120/시간 + 3시간×₩50/시간 = @₩660
6,000단위×@₩660 = ₩3,960,000
6,000단위×@₩120 = ₩720,000, 6,000단위×@₩120×(1 - 40%) = ₩432,000
6,000단위×@₩150 = ₩900,000, 6,000단위×@₩150×20% = ₩180,000
@₩660 + @₩120×(1 - 40%) + @₩150×(1 - 80%) = @₩762 또는 ₩4,572,000÷6,000단위 = @₩762

* 외부구입 의사결정시에, '자체 브랜드를 키울 기회가 상실될 수 있다. 학습능력 구축의 기회가 상실될 수 있다. 시장의 지배적 지위를 고려해야 한다. 전략적 핵심사업이 타사에 종속될 위험이 있다.'를 고려하여야 한다.

3. 표준종합원가계산

완성품 환산량

보급형 서핑보드	물량흐름	직접재료원가	전환원가
기초재공품 수량	2,000(70%)		
당기착수량	11,000		
계	13,000		
완성량			
기초재공품	2,000(30%)	0	600
당기투입	8,000	8,000	8,000
기말재공품 수량	3,000(80%)	3,000	2,400
계	13,000		
완성품 환산량		11,000	11,000
기초재공품(₩)			70,000
단위당 원가*			50
가격표준(₩)			50
수량표준(시간)			1

고급형 서핑보드	물량흐름	직접재료원가	전환원가
기초재공품 수량	1,000(80%)		
당기착수량	20,800		
계	21,800		
완성량			
기초재공품	1,000(20%)	0	200
당기투입	20,000	20,000	20,000
기말재공품 수량	800(50%)	800	400
계	21,800		
완성품 환산량		20,800	20,600
기초재공품(₩)			160,000
단위당 원가*			200
가격표준(₩)			50
수량표준(시간)			4

* 2,000단위(기초재공품 수량)×70%(완성도) = 1,400단위, ₩70,000(기초재공품 금액 중 제조간접원가)÷1,400단위 = @₩50
  1,000단위(기초재공품 수량)×80%(완성도) = 800단위, ₩160,000(기초재공품 금액 중 제조간접원가)÷800단위 = @₩200

단위당 표준원가

보급형	수량표준	가격표준	표준원가
직접재료원가	80 g	₩3	₩240
직접노무원가	1시간	₩100	₩100
변동제조간접원가	1시간	₩30	₩30
고정제조간접원가	1시간	₩20	₩20
계			₩390

고급형	수량표준	가격표준	표준원가
직접재료원가	60 g	₩3	₩180
직접노무원가	1.2시간	₩100	₩120
변동제조간접원가	4시간	₩30	₩120
고정제조간접원가	4시간	₩20	₩80
계			₩500

직접노무원가의 능률차이

	보급형			고급형			합 계		
	실제원가	변동예산	표준배부액	실제원가	변동예산	표준배부액	실제원가	변동예산	표준배부액
완성품 환산량	11,000	11,000	11,000	20,600	20,600	20,600	31,600	31,600	31,600
수량표준(시간)			1			1.2			
직접노무시간			11,000			24,720	38,000	38,000	35,720
가격표준(₩)		100	100		100	100		100	100
원 가(₩)			1,100,000			2,472,000		3,800,000	3,572,000
								능률차이 228,000(불리)	

* 실제 발생한 직접노무시간 38,000시간(문제 제시됨)

변동제조간접원가의 능률차이

	보급형			고급형			합 계		
	실제원가	변동예산	표준배부액	실제원가	변동예산	표준배부액	실제원가	변동예산	표준배부액
수량표준(시간)			1			4			
기계시간			11,000			82,400	89,000	89,000	93,400
가격표준(₩)		30	30		30	30		30	30
원 가(₩)			330,000			2,472,000		2,670,000	2,802,000
								능률차이 13,200(유리)	

* 20,600단위×4시간 = 82,400시간(기계시간), 실제기계시간 89,000시간(문제 제시됨)

고정제조간접원가의 예산차이와 조업도차이

	실제발생액			예 산			표준배부액		
	보급형	고급형	합 계	보급형	고급형	합 계	보급형	고급형	합 계
완성품 환산량	11,000	20,600		11,000	20,600		11,000	20,600	31,600
수량표준(시간)							1	4	
기계시간							11,000	82,400	93,400
가격표준(₩)							20	20	
원 가(₩)			2,050,000			2,000,000	220,000	1,648,000	1,868,000

예산차이 50,000(불리) 조업도차이 132,000(불리)

총차이 182,000(불리)

* 실제고정제조간접원가 ₩2,050,000(문제 제시됨)
기준조업도 100,000시간×@₩20 = ₩2,000,000(예산)

종합예제 2

20×1년의 예산과 관련하여 다음과 같은 관련 자료를 추정하였다.[7] 단, 법인세는 무시한다.

(1) 판매(실적 및 예상)

구 분	4월(실적)	5월(예상)	6월(예상)	7월(예상)
판매량	10,000단위	15,000단위	18,000단위	12,000단위
매출액	₩200,000	₩300,000	₩360,000	₩240,000

(2) 모든 판매는 외상으로 이루어지며, 매출액의 40%는 판매된 그 달에 회수되고 58%는 그 다음 달에 회수된다. 매출액의 2%는 판매시점에서 대손충당금으로 설정하며, 매출할인은 없다.

(3) 월간 생산량 15,000단위에 대한 단위당 표준원가는 ₩12이다.

직접재료비(재료A, 1단위×@₩4)	₩4
직접노무비(직접노동시간 0.2시간×@₩10)	2
변동제조간접비(직접노동시간 0.2시간×@₩5)	1
고정제조간접비(월 ₩75,000÷월간 직접노동시간 3,000시간×0.2시간)	5
	₩12

(4) 판매관리비

변동비 : 단위당 @₩2(단, 대손상각은 제외)

고정비 : 월간 ₩20,000

(5) 모든 매입은 즉시 현금으로 지급되며, 매입할인은 없다.

(6) 고정제조간접비 중 ₩20,000과 고정판매관리비 중 ₩5,000은 현금지출을 수반하지 않는 비용이며, 이외의 모든 제조원가 및 판매관리비는 발생하는 대로 현금으로 지급된다.

(7) 5월 초 현금 잔액은 ₩15,000이다.

(8) 이 기업은 다음 달 판매량의 20%에 해당되는 제품을 월말에 재고로 보유하고, 다음 달 생산에 필요한 재료A의 50%를 월말에 보유하는 재고정책을 취하고 있으며, 5월 초 재고도 이 정책에 따른 것이다.

(9) 기초재공품과 기말재공품은 없다.

(10) 조업도차이는 그 달의 매출원가에서 조정한다.

7) Morse & Roch, *Cost Accounting*, 3rd ed., pp.412-413 인용.

물음 (2012 세무사 유사)

1. 5월 및 6월의 예상생산량을 파악하시오.
2. 5월의 제조원가계산을 편성하고, 조업도차이를 계산하시오.
3. 5월의 재료구매예산(직접재료비예산)을 수량 및 금액으로 편성하시오.
4. 5월의 예산포괄손익계산서를 작성하시오.
5. 5월의 현금예산을 편성하시오.

해답

1. 예상생산량

	5월	6월	7월
예상판매량	15,000단위	18,000단위	12,000단위
+ 월말재고량	3,600[1)]	2,400	
= 합계	18,600	20,400	
- 월초재고량	3,000[2)]	3,600	
= 예상생산량	15,600단위	16,800단위	

* 1) 다음 달 판매량의 20%임(즉 3,600단위 = 18,000단위×0.2)
2) 3월 말에도 4월 예상판매량의 20%(즉 3,000단위 = 15,000단위×0.2)를 기말재고로 확보했을 것으로 가정함

2. 예산제조원가(5월)

변동제조원가	
직접재료비(15,600단위×1단위×@₩4)	₩62,400
직접노무비(15,600단위×0.2시간×@₩10)	31,200
제조간접비(15,600단위×0.2시간×@₩5)	15,600
계	₩109,200
고정제조간접원가*	75,000
총제조원가	₩184,200

* 조업도차이

고정제조간접비 예산액	₩75,000
고정제조간접비 예정예산액(15,600단위×@₩5)	78,000
고정제조간접비 예상 과대배부액	(₩3,000)

3. 재료구매예산(직접재료비예산)

	5월	6월
예상생산량	15,600단위	16,800단위
직접재료사용량	15,600[1)]	16,800
+ 월말재료량	8,400[2)]	
= 합계	24,000단위	
- 월초재고량	7,800[3)]	
= 직접재료구입량	16,200단위	
직접재료매입액	₩64,800[4)]	

* 1) 제시된 자료에 의해, 제품 1단위를 제조하는데 재료A가 1단위 소요됨
2) 16,800단위×50%
3) 15,600단위×50%
4) 16,200단위×@₩4 = ₩64,800

4. 예산포괄손익계산서

매출액		₩300,000
매출원가		(177,000)*
매출총이익		₩123,000
판매관리비		(56,000)
대손상각비(₩300,000×0.02)	₩6,000	
변동판매관리비(15,000단위×@₩2)	30,000	
고정판매관리비	20,000	
당기순이익		₩67,000

* (15,000단위×@₩12) - ₩3,000(고정제조간접비 예상 과대배부액) = ₩177,000

5. 현금예산

월초 잔액(5월 초 현재)		₩15,000
+ 현금유입액		236,000
4월 매출채권 회수액(₩200,000×0.58)	₩116,000	
5월 매출채권 회수액(₩300,000×0.40)	120,000	
= 현금이용가능금액		251,000
- 현금유출액		211,600
원재료매입액(구매예산)	₩64,800	
직접노무비(제조원가예산)	31,200	
변동제조간접비(제조원가예산)	15,600	
고정제조간접비(₩75,000 - ₩20,000)(자료 3 및 6)	55,000	
변동판매관리비(자료 4)	30,000	
고정판매관리비(₩20,000 - ₩5,000)(자료 4 및 6)	15,000	
= 월말 잔액		₩39,400

종합예제 3

(주)한국은 20×1년 2월의 예산을 편성하고자 한다. (주)한국이 20×1년에 생산할 제품S의 단위당 표준원가와 예산편성을 위한 자료는 다음과 같다.

구 분	표준수량	표준가격	구 분	표준수량	표준가격
직접재료원가	2kg	₩10/kg	변동제조간접원가	4시간	₩15/시간
직접노무원가	4시간	₩10/시간	고정제조간접원가	4시간	₩5/시간

단위당 변동판매관리비는 ₩20, 고정판매관리비는 ₩400,000으로 예상된다. 고정제조간접원가 예산은 ₩1,100,000이며, 고정제조간접원가 표준배부율은 월간 기대조업도인 직접노무시간 220,000시간을 기준으로 산정한다. 고정제조간접원가에는 ₩700,000의 감가상각비가 포함되어 있으며, 고정판매관리비에는 ₩100,000의 대손상각비가 포함되어 있다.

제품S의 단위당 예상판매가격은 ₩200이며, 예상판매수량은 1월 44,000개, 2월 45,000개, 3월 46,000개, 4월 47,000개이다. 제품의 월말 재고는 다음 달 예산 판매량의 10% 수준을 유지하고, 직접재료의 월말 재고는 다음 달 예산 사용량의 20% 수준을 유지한다. 예산편성 시 월말 재공품은 없다고 가정한다.

모든 재고자산의 매입과 매출은 외상거래로 이루어진다. 매출액의 60%는 판매한 달에, 나머지 40%는 판매한 다음 달에 현금으로 회수한다. 외상매입금의 70%는 매입한 달에, 나머지 30%는 매입한 다음 달에 현금으로 지급한다. 재료 매입액을 제외한 제조원가 및 판매관리비는 발생한 달에 전액 현금으로 지급한다.

물음 (2024 회계사)

1. 2월의 제품 생산량과 직접재료 구입량을 각각 계산하시오.
2. 2월의 현금유입액과 현금유출액을 각각 계산하시오.

해답

1. 2월의 제품 생산량과 직접재료 구입량

	1월	2월	3월	4월
판매예산	44,000개	45,000개	46,000개	47,000개
+월말 제품재고예산	4,500	4,600	4,700	
=판매가능제품예산	48,500개	49,600개	50,700개	
-월초 제품재고예산	4,400	4,500	4,600	
=제품생산예산	44,100개	45,100개	46,100개	
직접재료사용예산	88,200kg	90,200kg	92,200kg	
+월말 직접재료재고예산	18,040	18,440		
직접재료사용가능예산	106,240kg	108,640kg		
-월초 직접재료재고예산	17,640	18,040		
=직접재료구입예산	88,600kg	90,600kg		

* 44,100개×2kg/개 = 88,200kg　45,100개×2kg/개 = 90,200kg　46,100개×2kg/개 = 92,200kg
88,200kg×20% = 17,640kg　90,200kg×20% = 18,040kg　92,200kg×20% = 18,440kg

2. 2월의 현금유입액과 현금유출액

		계	1월	2월	3월	4월
매출액예산						
1월	44,000개	₩8,800,000	₩5,280,000	₩3,520,000		
2월	45,000개	9,000,000		5,400,000	₩3,600,000	
3월	46,000개	9,200,000			5,520,000	₩3,680,000
직접재료구입예산						
1월	88,600개	886,000	620,200	265,800		
2월	90,600개	906,000		634,200	271,800	
직접노무원가예산						
1월	44,100개	1,764,000	1,764,000			
2월	45,100개	1,804,000		1,804,000		
변동제조간접원가예산						
1월	44,100개	2,646,000	2,646,000			
2월	45,100개	2,706,000		2,706,000		
고정제조간접원가예산						
1월	₩1,100,000	400,000	400,000			
2월	₩1,100,000	400,000		400,000		
변동판매관리비예산						
1월	44,000개	880,000	880,000			
2월	45,000개	900,000		900,000		
고정판매관리비예산						
1월	₩400,000	300,000	300,000			
2월	₩400,000	300,000		300,000		
현금유입예산			₩5,280,000	₩8,920,000	₩9,120,000	
현금유출예산			6,610,200	7,010,000	271,800	
현금 잔액			-₩1,330,200	₩1,910,000		

* 44,000개×@₩200 = ₩8,800,000　₩8,800,000×60% = ₩5,280,000　₩8,800,000×40% = ₩3,520,000
45,000개×@₩200 = ₩9,000,000　₩9,000,000×60% = ₩5,400,000　₩9,000,000×40% = ₩3,600,000
46,000개×@₩200 = ₩9,200,000　₩9,200,000×60% = ₩5,520,000　₩9,200,000×40% = ₩3,680,000
88,600kg×@₩10 = ₩886,000　₩886,000×70% = ₩620,200　₩886,000×30% = ₩265,800
90,600kg×@₩10 = ₩906,000　₩906,000×70% = ₩634,200　₩906,000×30% = ₩271,800
44,100개×4시간×@₩10 = ₩1,764,000　45,100개×4시간×@₩10 = ₩1,804,000
44,100개×4시간×@₩15 = ₩2,646,000　45,100개×4시간×@₩15 = ₩2,706,000
₩1,100,000(고정제조간접원가) - ₩700,000(감가상각비) = ₩400,000
44,000개×@₩20 = ₩880,000　45,000개×@₩20 = ₩900,000
₩400,000(고정판매관리비) - ₩100,000(대손상각비) = ₩300,000

종합예제 4

다음 각각의 상황은 독립적이다.

1. (주)은마의 20×5년 1월 매출액은 ₩500,000이고, 2월과 3월 매출은 직전 월에 비하여 각각 10%와 20%씩 증가할 것으로 예상된다. 매출은 현금매출 70%와 외상매출 30%로 구성되며, 외상매출은 판매된 달에 60%, 그 다음 달에 40%가 회수된다. 이에 따라 (주)은마의 현금예산표상 20×5년 3월의 현금유입액을 계산하면 얼마인가? (2005 회계사, 2011 회계사 유사, 2017 세무사 유사)

해답

월별 현금매출액과 외상매출액

월	매출액		현금매출액	외상매출액
1		₩500,000	₩350,000	₩150,000
2	₩500,000×110% =	550,000	385,000	165,000
3	₩550,000×120% =	660,000	462,000	198,000

3월 현금유입액

현금매출액	₩462,000
2월 외상매출 회수액 ₩165,000×40% =	66,000
3월 외상매출 회수액 ₩198,000×60% =	118,800
	₩646,800

2. 백설기업의 9월 초 현금 잔액은 ₩55,000이다. 6월부터 8월까지 발생한 매입과 매출거래는 다음과 같다.

월	매 입	매 출
6	₩550,000	₩600,000
7	600,000	700,000
8	400,000	650,000

매출대금은 당월에 80%, 다음 달에 18%를 회수하고 나머지는 회수하지 못할 것으로 예측하고 있다. 매입대금은 매입한 달에 50%를 지급하여 2%의 현금할인 혜택을 받고 나머지는 다음 달 10일까지 지급하고 있다. 9월 중에는 매입이 ₩600,000, 매출은 ₩800,000이 되며 일반경비로 ₩250,000을 현금지출할 것으로 예상하고 있다. 9월 말의 현금 잔액은 얼마로 추정되는가? (1992 회계사 수정, 2022 세무사 유사)

해답

9월 초 현금 잔액		₩55,000
9월 중의 현금유입액		
8월 ₩650,000×0.18 =	₩117,000	
9월 ₩800,000×0.8 =	640,000	757,000
9월 중의 현금유출액		
8월 ₩400,000×0.5 =	₩200,000	
9월 ₩600,000×0.5×(1 - 0.02) =	294,000	
경비	250,000	(744,000)
9월 말 현금 잔액		₩68,000

3. 상품매매기업인 (주)세무의 20×1년 2분기 월별 매출액 예산은 다음과 같다.

	4월	5월	6월
매출액	₩480,000	₩560,000	₩600,000

(주)세무의 월별 예상 매출총이익률은 45%이다. (주)세무는 월말재고로 그 다음 달 매출원가의 30%를 보유하는 정책을 실시하고 있다. (주)세무의 매월 상품매입 중 30%는 현금매입이며, 70%는 외상매입이다. 외상매입대금은 매입한 달의 다음 달에 전액 지급된다. 매입에누리, 매입환출, 매입할인 등은 발생하지 않는다. 상품매입과 관련하여 (주)세무의 20×년 5월 예상되는 현금지출액은 얼마인가? (2014 세무사, 2024 세무사 유사, 2022 세무사 유사, 1995 세무사 유사)

해답

	4월	5월	6월
매출액	₩480,000	₩560,000	₩600,000
매출원가 = 매출액×(1 - 0.45)	264,000	308,000	330,000

현금지출액 : (₩264,000×0.7 + ₩308,000×0.3)×0.7 + (₩308,000×0.7 + ₩330,000×0.3)×0.3
= ₩288,420

4. (주)한국은 단일의 제품 A를 생산 · 판매하고 있다. 이 기업이 20×1년 3월에 대한 예산을 수립할 목적으로 수집한 자료의 일부는 다음과 같다.

(1) 20×1년 3월, 4월 및 5월에 대한 제품 A의 월별 판매예측은 다음과 같다.

	3월	4월	5월
예상판매량	100단위	120단위	140단위

(2) 제품을 1단위 생산하는데 소요되는 직접재료원가는 ₩20이며, 이는 계속 유지될 것으로 예상된다.

(3) 이 기업은 20×1년 2월 말 현재 재고자산으로 제품 100단위를 생산할 수 있는 직접재료와 40단위의 제품을 보유하고 있다.

(4) 20×1년 3월부터 이 기업은 제품의 경우 다음 달 예상판매량의 50%에 해당하는 제품을 월말에 재고로 보유하며, 직접재료의 경우 다음 달 생산에 필요한 직접재료의 80%를 월말에 재고로 보유하는 재고정책을 취하고 있다.

(5) 직접재료의 매입은 즉시 현금으로 지급된다.

(6) 월초재공품과 월말재공품은 없다.

(주)한국의 20×1년 3월 직접재료 매입예산 금액은 얼마인가? (2014 회계사, 2005 세무사 유사)

해답

40단위 + 3월 생산제품수량 = 100단위 + 120단위×50%

∴ 3월 생산제품수량 : 120단위

4월 생산제품수량 : 120단위×50% + 140단위×50% = 130단위

100단위 + 3월 재료구입수량 = 120단위 + 130단위(4월 생산제품수량)×80%

∴ 3월 재료구입수량 : 124단위

3월 직접재료 매입예산 금액 : 124단위×₩20 = ₩2,480

5. 대한기업은 주요 원재료를 사용하여 제품을 생산하고 있다. 제품 1단위를 생산하기 위해서는 주요 원재료가 3kg 소요된다. 20×1년 말의 재고자산 종류별 실제 재고수량과 20×2년도의 분기별 예상판매량은 다음과 같다.

20×1년 말 현재 재고수량		20×2년 분기별 예상판매량	
재고자산	수 량	분 기	수 량
원재료	4,000kg	1	8,000단위
재공품	없음	2	9,000
제 품	2,500단위	3	7,000
		4	9,000
			33,000단위

대한기업의 재고정책에 의하면, 각 분기 말 제품 재고수량은 다음 분기 예상판매량의 30% 수준으로 유지한다. 또한 각 분기 말 원재료 재고수량은 일정하게 4,000kg씩 유지하며 재공품 재고는 없다. 20×2년 2분기 중에 구입하여야 할 원재료의 물량은 얼마인가? (2007 세무사, 2015 세무사 유사)

해답

9,000단위(예상판매량) + 7,000단위×30%(분기 말 제품재고량) - 9,000단위×30%(분기 초 제품재고량) = 8,400단위(예상생산량)

원재료구입량을 x라 하면

4,000kg(분기 초 원재료재고액) + x = 8,400단위(예상생산량)×3kg(원재료사용량) + 4,000kg(분기 말 원재료재고액)

∴ x(원재료 구입량) : 25,200kg

형성평가

[문 1] 한국화공은 제품A를 생산·판매하는 기업이며, 다음은 3분기 기업의 예산편성을 위한 자료들이다.

(1) 정상조업도 1,000병을 기준으로 한 제품A의 병당 변동표준원가는 다음과 같다.

직접재료원가(직접재료 2.5ℓ,@₩1,200)	₩3,000
직접노무원가(노무시간 2시간,@₩2,500)	5,000
변동제조간접원가	1,800

(2) 기업의 연간 고정제조간접원가는 ₩14,400,000으로 예상되며, 매월 균등하게 발생한다. 월간 고정제조간접원가는 당월 생산량에 균등하게 배부한다. 대손상각비를 포함하지 않은 변동판매관리비는 병당 ₩1,500이며, 고정판매관리비는 매월 ₩4,500,000으로 예상된다.

(3) 직접재료원가와 변동가공원가는 가공 과정에서 평균적으로 발생한다. 고정제조간접원가에는 월 ₩400,000의 감가상각비가 포함되어 있으며, 고정판매관리비에는 판매촉진비 ₩120,000, 개발비상각비 ₩80,000, 임차료 ₩50,000 등이 포함되어 있다.

(4) 월말 제품재고는 다음 달 예산매출량의 10%를 유지하고 있으며, 월말 직접재료의 재고는 다음 달 예산소비량의 20%수준을 유지하고 있다. 월말재공품은 없는 것으로 한다.

(5) 모든 재고자산의 매입과 매출은 외상거래로 이루어진다. 매출액의 50%는 판매한 달에 회수되고, 매출이 발생한 다음 달에 48%가 회수된다. 나머지는 매출 발생 다음 달에 대손상각비로 인식한다. 외상매입금은 매입한 달에 80%를 지급하며 이중 절반에 대하여 5%의 매입할인을 받는다. 나머지 20%는 다음 달에 지급한다.

(6) 제품 A의 병당 판매가격은 ₩20,000이며, 월별 예산매출량은 다음과 같다.

6월	7월	8월	9월
800병	900병	1,000병	1,200병

(7) 법인세율은 20%이며, 6월 말 현금 잔액은 ₩254,000이다.

물음 (2005 회계사, 2015 회계사 유사)

1. 7월 중 직접재료의 예산매입액은 얼마인가?
2. 선입선출법을 이용하는 경우, 7월의 예산매출총이익과 예산영업이익은 각각 얼마인가?
3. 매년 3월에 일괄 납부하는 법인세를 제외하고 모든 비용은 발생한 달에 지급하는 것을 원칙으로 한다. 그러나 7월 중 미지급비용의 잔액은 월초에 비하여 ₩102,880 증가할 것으로 예상된다. 7월 말 예상 현금 잔액은 얼마인가?

[문 2] 제품의 단위당 판매가격이 ₩5,000이라면, 당기의 예상매출액으로 추정하는 금액은?

(1) 예산직접재료비 : ₩12,000,000

(2) 제품 단위당의 원재료 소비량 : 2kg

(3) 원재료 1kg당 구입가격 : ₩600

(4) 재고자산 자료 :

	기초재고	기말재고
원재료	2,000kg	8,000kg
제 품	1,000단위	2,000단위

[문 3] 5월 중의 재료구입예산은 몇 kg이 되는가? (2021 세무사 유사)

(1) 제품의 예상판매량 : 5월-3,000단위, 6월-4,500단위, 7월-5,000단위

(2) 제품 단위당의 재료소비량 : 10kg

(3) 제품은 다음 달 예상판매량의 20%를 보유하고, 재료는 다음 달 예산사용량의 20%를 보유한다.

[문 4] 3월 중에 5,000단위의 A제품을 판매할 계획을 수립하고 있으며, 관련 재고자산 현황이다. A제품 1단위를 생산하는데 소요되는 재료량은 X : 10kg, Y : 6kg이다. 3월의 직접재료비로 추정하는 금액은 얼마인가?

	3월 초(실제)	3월 말(예상)	구입가격
제품A	200단위	300단위	-
재료X	3,000kg	4,000kg	₩2,000/kg
재료Y	2,000kg	1,000kg	₩4,000/kg

[문 5] 4월의 현금예산 수립에 관한 자료가 다음과 같을 때, 4월 말의 현금 잔액은 얼마로 예상되는가?

(1) 3월의 매출액(실제) : ₩15,000,000
4월의 매출액(예산) : 20,000,000
매출액은 전액 외상매출에 의한 것이며, 대금은 판매한 달에 40%, 그 다음 달에 60%를 현금 수취한다.

(2) 3월 말의 현금 잔액 : ₩1,200,000

(3) 2월의 매입액(실제) : ₩20,000,000
3월의 매입액(실제) : 18,000,000
4월의 매입액(예산) : 15,000,000
매입액은 1/2이 현금매입이고 1/2은 외상매입한 것이며, 외상매입의 대금은 매입한 다음 달에 60%, 그 다음 달에 40%를 현금 지급한다.

[문 6] 6월 중의 영업활동과 관련된 예산편성 자료이다. 단, 비용항목은 발생과 동시에 즉시 현금으로 지급한다.

매출액	₩14,000,000
매출총이익률	30%
월중 외상매출금 증가액	₩400,000
월중 외상매입금 변동액	0
월중 재고자산의 증가액	200,000

<추가자료>

· 판매관리비 총액은 매월 ₩1,420,000에 매출액의 15%를 가산한 금액으로 발생한다.
· 변동판매관리비에는 매출액의 1%인 기대신용손실(대손상각비) 측정액이 포함되어 있다.
· 고정판매관리비에는 월 ₩800,000의 감가상각비가 포함되어 있다.

물음

6월 중의 영업활동과정에서 지출해야 할 현금액은 얼마로 추정되는가?

[문 7] (주)대한의 20×2년 1월부터 4월까지의 예상 상품매출액은 다음과 같다.

1월 : ₩4,000,000	2월 : ₩5,000,000	3월 : ₩6,000,000	4월 : ₩7,000,000

(주)대한은 20×1년 동안 월말 재고액을 다음 달 예상 매출원가의 10%(이하 재고비율)로 일정하게 유지하였다. 만약 20×2년 초부터 재고비율을 20%로 변경 유지한다면, 20×2년 3월 예상 상품매입액은 재고비율을 10%로 유지하는 경우에 비해 얼마나 증가하는가? 단, (주)대한의 매출총이익률은 30%로 일정하다고 가정한다. (2021 회계사)

[문 8] (주)대한은 20×1년 1월 초 설립된 상품매매기업으로 단일상품을 구입하여 판매하고 있다. (주)대한은 20×1년 1월 초에 1분기 현금예산을 편성 중이며, 월별 매출예상액은 다음과 같다.

1월 : ₩100,000	2월 : ₩150,000	3월 : ₩110,000

(주)대한의 매출총이익률은 40%로 일정하며, 상품 매입대금은 매입한 달에 현금으로 지급한다. 상품의 월말 재고량은 다음 달 예상 판매량의 20%를 유지한다. (주)대한의 매출액 중 30%는 판매한 달에 회수되고 70%는 판매한 다음 달에 회수된다. 매출 및 매입 관련 에누리, 환입(환출), 할인 등은 발생하지 않는다. (주)대한이 20×1년 2월에 판매관리비로 ₩9,000을 현금으로 지급한다면, 20×1년 2월 한 달간 예상되는 현금유입액과 현금유출액의 차이는 얼마인가? 단, 3개월 동안의 판매가격 및 구매단가는 불변이다. (2025 회계사)

[문 9] (주)세무의 20×1년도 2/4분기 판매량 예산이다. 월말 제품재고는 다음 달 판매량의 10%를 보유하는 정책을 유지하고 있으며, 제품 단위당 직접노무시간은 4월 3시간, 5월 3시간, 6월에는 4시간 소요될 것으로 예상하고 있다. 시간당 임금이 4월에 ₩50, 5월부터 매월 ₩5씩 상승한다고 할 때, 6월의 직접노무원가예산은? (단, 7월의 판매량 예산은 5,000단위이다.) (2020 세무사)

4월 : 3,000단위	5월 : 4,000단위	6월 : 4,000단위

[문 10] 20×1년 초에 설립된 (주)대한은 A제품만을 생산 판매하고 있다. 20×1년 중에 15,000단위를 생산하여 12,000단위를 판매하였는데, 이와 관련된 자료는 다음과 같다.

단위당 판매가격	₩1,500
제조원가	
단위당 직접재료원가	₩300
단위당 직접노무원가	350
단위당 변동제조간접원가	100
총고정제조간접원가	4,500,000
판매관리비	
단위당 변동판매관리비	₩130
총고정판매관리비	2,000,000

한편, (주)대한은 20×2년 중에 20,000단위를 생산하여 22,000단위를 판매하였는데, 직접재료원가를 제외한 다른 원가(비용)요소가격과 판매가격의 변동은 없었으나 직접재료원가는 원자재 가격의 폭등으로 단위당 ₩20 상승하였다. 또한 (주)대한은 재고자산의 단위원가 결정방법으로 선입선출법을 채택하고 있으며, 기말제품을 제외한 기말직접재료 및 기말재공품을 보유하지 않는 재고정책을 취하고 있다.

물음 (2015 세무사)

1. 변동원가계산에 의한 20×2년도 영업이익을 측정하기 위한 손익계산서를 작성하시오.
2. 전부원가계산에 의한 20×2년도 영업이익과 기말재고자산(금액)을 각각 계산하시오.
3. 20×2년도의 단위당 판매가격 및 원가(비용), 총고정제조간접원가와 총고정판매관리비가 20×3년도에도 동일하게 유지될 것으로 예상되는 상황에서 (주)대한은 20×3년도에 A제품 23,000단위를 생산하여 18,000단위를 판매할 계획이다. (주)대한의 A제품은 모두 신용으로 판매되고 있는데, 신용매출의 75%는 판매한 연도에 현금으로 회수되고 25%는 다음 연도에 회수된다. 한편, (주)대한은 직접재료 구입액의 40%를 구입한 연도에 현금으로 지급하고 나머지 60%는 다음 연도에 지급하고 있으며, 직접재료원가를 제외한 모든 원가(비용)는 발생한 연도에 현금으로 지급하고 있다. 단, 총고정제조간접원가 중 ₩1,500,000은 감가상각비에 해당된다. 이러한 현금 회수 및 지급 정책이 영업 첫 해인 20×1년도부터 일관되게 유지되고 있다면, 20×3년도 영업활동에 의한 순현금흐름을 계산하시오.
4. 전부원가계산, 변동원가계산과 비교하여 초변동원가계산의 유용성과 한계점을 간략하게 각각 기술하시오.

정답 및 해설

[문 1] 종합예산

1. 7월 중 직접재료의 예산매입액

	6월	7월	8월
예상매출량	800병	900병	1,000병
+ 월말제품재고량(익월 매출량×10%)	90	100	120
- 월초제품재고량(당월 매출량×10%)	80	90	100
= 예상생산량	810병	910병	1,020병
직접재료사용량(병당 2.5ℓ)	2,025ℓ	2,275ℓ	2,550ℓ
+ 월말직접재료재고량(익월 사용량×20%)	455	510	
- 월초직접재료재고량(당월 사용량×20%)	405	455	
= 직접재료구입량	2,075ℓ	2,330ℓ	
직접재료매입액(@₩1,200/ℓ)	₩2,490,000	₩2,796,000	

※ 단위당 표준제조원가

	6월	7월
변동제조원가	₩9,800	₩9,800
고정제조간접비	1,481	1,319
	₩11,281	₩11,119

* ₩14,400,000÷12개월 = ₩1,200,000
₩1,200,000÷810병≒@₩1,481(6월)
₩1,200,000÷910병≒@₩1,319(7월)

2. 7월의 예산매출총이익과 예산영업이익

매출액(900병×@₩20,000)		₩18,000,000
매출원가		(10,021,680)
월초재고(90병×@₩11,281)	₩1,015,290	
당월제조원가(910병×@₩11,119)	10,118,290	
월말재고(100병×@₩11,119)	(1,111,900)	
매출총이익		7,978,320
판매관리비		(6,170,000)
대손상각비(전월 매출액×0.02)	₩320,000	
변동판매관리비(900병×@₩1,500)	1,350,000	
고정판매관리비	4,500,000	
영업이익		₩1,808,320

* 전월 매출액 : 800병×@₩20,000 = ₩16,000,000

3. 7월 말 예상 현금 잔액

월초 잔액(7월 초 현재)		₩254,000
+ 현금유입액		16,680,000
6월 매출채권 회수액(₩16,000,000×0.48)	₩7,680,000	
7월 매출채권 회수액(₩18,000,000×0.5)	9,000,000	
= 현금이용가능금액		16,934,000

(계속)

- 현금유출액		15,334,000
6월 원재료 매입액(₩2,490,000×0.2)	₩498,000	
7월 원재료 매입액(₩2,796,000)×(0.8 - 0.4×0.05)	2,180,880	
직접노무비(910병×@₩5,000)	4,550,000	
변동제조간접비(910병×@₩1,800)	1,638,000	
고정제조간접비(₩1,200,000 - ₩400,000*)	800,000	
변동판매관리비(900병×@₩1,500)	1,350,000	
고정판매관리비(₩4,500,000 - ₩80,000*)	4,420,000	
미지급비용 증가(문제에서 제시됨)	(102,880)	
= 월말 잔액		₩1,600,000

* 비현금흐름의 비용임

[문 2] 예상매출액

예상생산량

예산직접재료비 = 재료소비량(X)×단위당 재료구입가격

₩12,000,000 = X×@₩600

∴ X = 20,000kg

재료소비량 = 제품 단위당의 재료소비량×제품의 예상생산량(Y)

20,000kg = 2kg×Y

∴ Y = 10,000단위

예상매출액

예상판매량 : 10,000단위 + 1,000단위 - 2,000단위 = 9,000단위

예상매출액 : 9,000단위×@₩5,000 = ₩45,000,000

[문 3] 재료구입예산

	5월	6월
예상판매량	3,000단위	4,500단위
+ 월말재고량[1)]	900	1,000
= 합계	3,900단위	5,500단위
- 월초재고량[2)]	600	900
= 예상생산량	4,500단위	6,400단위

* 1) 다음 달의 예상판매량의 20%
2) 해당 월의 예상판매량의 20%

재료사용량	45,000kg	(4,500단위×@10kg)
+ 월말재고량	12,800	(6,400단위×@10kg×0.2)
= 합계	57,800kg	
- 월초재고량	9,000	(4,500단위×@10kg×0.2)
= 재료구입량	48,800kg	

[문 4] 직접재료비 추정액

3월 중 A제품의 예상생산량 : 5,000단위 + 300단위 - 200단위 = 5,100단위

재료X : 5,100단위×10kg×@₩2,000 =	₩102,000,000
재료Y : 5,100단위×6kg×@₩4,000 =	122,400,000
	₩224,400,000

[*주의*]
재료 X, Y의 월초 및 월말재고는 직접재료비의 계산과는 아무런 관련성이 없다. 그것은 요구하고 있는 것이 재료구입원가가 아닌 재료소비원가이기 때문이다.

[문 5] 현금 잔액

3월 말(4월 초)의 현금 잔액		₩1,200,000
4월 중의 현금유입액		
3월 : ₩15,000,000×0.6 =	₩9,000,000	
4월 : ₩20,000,000×0.4 =	8,000,000	17,000,000
4월 중의 현금유출액		
2월 : ₩10,000,000×0.4 =	₩4,000,000	
3월 : ₩9,000,000×0.6 =	5,400,000	
4월 : ₩15,000,000×1/2 =	7,500,000	(16,900,000)
4월 말의 현금 잔액		₩1,300,000

[문 6] 현금예산

현금지출의 총추정액 = 상품매입대금의 현금지급액 + 판매관리비의 현금지급액 = ₩12,580,000

상품매입대금의 현금지급액

매출원가	₩14,000,000×0.7 =	₩9,800,000
재고자산의 증가액		200,000
당기매입액(현금지급액)*		₩10,000,000

* 외상매입금의 변동이 없기 때문에 당기 매입액의 전액이 현금지급액으로 계산된다.

판매관리비의 현금지급액

총예상액	₩1,420,000 + ₩14,000,000×0.15 =		₩3,520,000
- 비현금지출비용			
대손상각비	₩14,000,000×0.01 =	₩140,000	
감가상각비		800,000	(940,000)
= 판매관리비(현금지급액)			₩2,580,000

[문 7] 예상 상품매입액

월별 매출원가

3월 : ₩6,000,000×(1 - 30%) = ₩4,200,000

4월 : ₩7,000,000×(1 - 30%) = ₩4,900,000

3월 매입액(재고비율을 10%로 유지하는 경우)

상 품

기초 ₩4,200,000×10% =	420,000	판매	4,200,000
매입 (∵ 역산)	4,270,000	기말 ₩4,900,000×10% =	490,000
	4,690,000		4,690,000

3월 매입액(재고비율을 20%로 유지하는 경우)

상 품			
기초 ₩4,200,000×20% =	840,000	판매	4,200,000
매입 (∵ 역산)	4,340,000	기말 ₩4,900,000×20% =	980,000
	5,180,000		5,180,000

∴ ₩4,340,000(재고비율 20% 유지하는 경우) - ₩4,270,000(재고비율 10% 유지하는 경우) = ₩700,000 증가

[문 8] 매출예상액 및 현금유입액과 현금유출액의 차이

	매출원가		기말재고액		기초재고액		상품매입액
1월	₩100,000×60% = ₩60,000	+	₩90,000×20% = ₩18,000			=	₩78,000
2월	₩150,000×60% = ₩90,000	+	₩66,000×20% = ₩13,200	-	₩18,000	=	₩85,200
3월	₩110,000×60% = ₩66,000						

2월 현금 유출액 : ₩85,200 + ₩9,000 = ₩94,200

2월 현금 유입액 : ₩150,000×30%(2월 매출) + ₩100,000×70%(1월 매출) = ₩115,000

차이 : ₩20,800

[문 9] 직접노무원가예산

제품(6월 생산량 예산)			
기초 4,000단위×10% =	400단위	판매	4,000단위
생산 (∵ 역산)	4,100	기말 5,000단위×10% =	500
	4,500단위		4,500단위

∴ 6월의 직접노무원가 예산액 : 4,100단위×4시간×(@₩50 + @₩5 + @₩5) = ₩984,000

[문 10] 변동원가계산, 전부원가계산, 현금흐름 예산

1. 변동원가계산

매출액(22,000단위×@₩1,500)		₩33,000,000
변동원가		
변동매출원가		(16,880,000)
기초제품재고액(3,000단위×@₩750)	₩2,250,000	
당기제품제조원가(20,000단위×@₩770)	15,400,000	
기말제품재고액(1,000단위×@₩770)	(770,000)	
변동판매관리비(22,000단위×@₩130)		(2,860,000)
공헌이익		₩13,260,000
고정원가		(6,500,000)
고정제조간접원가	₩4,500,000	
고정판매관리비	2,000,000	
영업이익		₩6,760,000

* 20×1년 단위당 변동제조원가 : ₩300 + ₩350 + ₩100 = ₩750
20×2년 단위당 변동제조원가 : ₩320 + ₩350 + ₩100 = ₩770

2. 전부원가계산

20×1년 단위당 고정제조간접원가 : ₩4,500,000÷15,000단위 = ₩300

20×1년 단위당 제조원가 : ₩300 + ₩350 + ₩100 + ₩300 = ₩1,050

20×2년 단위당 고정제조간접원가 : ₩4,500,000÷20,000단위 = ₩225

20×2년 단위당 제조원가 : ₩320 + ₩350 + ₩100 + ₩225 = ₩995

20×2년 기말제품수량 : 3,000단위 + 20,000단위 - 22,000단위 = 1,000단위

∴ 20×2년 전부원가계산 영업이익 = ₩6,760,000 - 3,000단위×@₩300 + 1,000단위×@₩225
= ₩6,085,000

기말재고자산 : 3,000단위×@₩995 = ₩2,985,000

[검증]
매출액 : ₩33,000,000
제품매출원가 : 3,000단위×@₩1,050 + 19,000단위×@₩995 = ₩22,055,000
판매관리비 : 22,000단위×@₩130 + ₩2,000,000 = ₩4,860,000
영업이익 : ₩33,000,000 - ₩22,055,000 - ₩4,860,000 = ₩6,085,000

3. 20×3년도 영업활동 순현금흐름 예산

현금유입				₩28,500,000
매출	20×2년 매출	₩33,000,000×25% =	₩8,250,000	
	20×3년 매출	₩27,000,000×75% =	20,250,000	
현금유출				24,474,000
직접재료원가	20×2년 매입	20,000단위×@₩320×60% =	₩3,840,000	
	20×3년 매입	23,000단위×@₩320×40% =	2,944,000	
직접노무원가		23,000단위×@₩350 =	8,050,000	
변동제조간접원가		23,000단위×@₩100 =	2,300,000	
고정제조간접원가		₩4,500,000 - ₩1,500,000 =	3,000,000	
변동판매관리비		18,000단위×@₩130 =	2,340,000	
고정판매관리비			2,000,000	
영업활동 순현금흐름				₩4,026,000

* 매출액 : 18,000단위×@₩1,500 = ₩27,000,000
  감가상각비 ₩1,500,000

4. 초변동원가계산의 유용성과 한계점

① 유용성

- 재고자산 보유를 최소화하여 불필요한 제품생산량을 최소화하고, 판매에만 집중할 수 있게 한다.
- 혼합원가의 구분이 불필요하다.

② 한계점

- 장기의사결정에 부적합하다.
- 운영비용의 중요성을 간과한다.

제14장

책임회계와 성과평가

제1절 책임회계제도 및 책임중심점

1. 책임회계제도의 의의

소규모 기업에 있어서는 한 개인에 의해 모든 의사결정이 이루어질 수 있지만, 기업 규모가 복잡해지고 취급하는 업무의 양이 다양해짐에 따라 한 개인이 주요 의사결정을 독자적으로 수행할 수는 없게 된다. 대규모 기업에서는 대폭적으로 의사결정 권한을 하부 부문에 위양하고 동시에 그에 따르는 책임을 부여하고 있다. 이러한 기업 내에서 회계담당자의 역할은 부문관리자들이 기업의 목표나 계획을 얼마나 충실하게 달성하고 있는가를 평가할 수 있는 적절한 회계제도를 구비하고 관련 보고서를 작성하는데 있다고 할 수 있다. 특별히 이를 위하여 마련된 회계제도를 **책임회계제도**(responsibility accounting system)라고 한다. 즉 책임회계제도란 모든 부문의 경영자들이 그들의 경영활동과 발생원가를 효과적으로 관리하는데 필요한 회계보고서의 작성을 목적으로 하는 회계제도로 정의할 수 있다. 이처럼 책임회계를 정의할 때 발생하는 수익(책임중심점이 산출해 내는 재화나 용역의 화폐적 측정치)과 원가(책임중심점에 투입되는 유·무형자원의 화폐적 측정치)를 책임단위별로 집계하고 보고할 기업상의 구조가 필요하게 되는데, 이를 **책임중심점**(responsibility center)이라고 한다. 책임중심점은 재료·노동력·기타의 용역 등과 같은 유·무형자원을 투입하여 생산활동을 수행하고 재화나 용역과 같은 결과를 산출해 낸다. 이렇게 생산된 재화나 용역은 동일 기업내 다른 책임중심점으로 이전되거나 또는 외부의 고객에게 제공된다. (제11장 이전가격 참조)

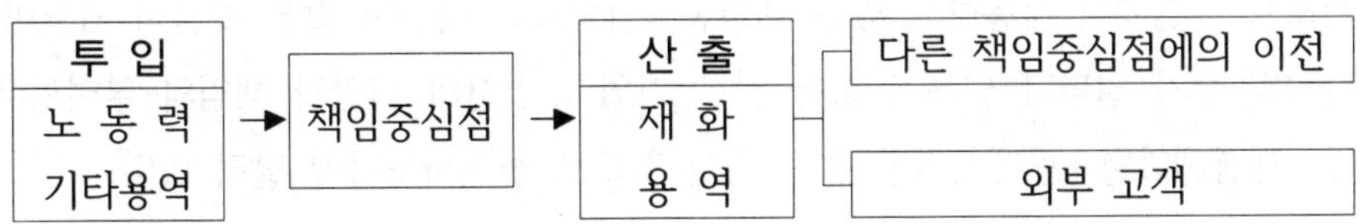

결국 책임회계를 달리 표현하자면, 책임중심점별로 투입되는 유·무형자원과 외부 고객에게 이전되는 산출 결과를 원가 및 수익으로 측정하여 보고하는 회계라고 할 수 있다. 이 경우 기업내 각 책임중심점에 집계·보고되는 수익 및 원가(비용)항목은 각 책임중심점 관리자가 관리권한을 가지고 있으면서 동시에 책임을 부여받고 있는 항목에 국한시켜야 한다. 책임회계제도가 효율적으로 수행되기 위해서는 책임중심점의 구분이 필수적으로 선행되어야 하고, 책임중심점을 효과적으로 구분하기 위해서는 기업에 부여하는 권한과 책임의 종류 및 내용을 회계담당자가 누구보다도 명확하게 이해하고 있어야 한다.

2. 책임중심점의 유형

책임중심점은 특정 부문의 경영관리자가 얼마나 큰 재무적 성과를 달성했는가를 회계보고서로 나타내는 단위이다. 책임중심점과 관련하여서 다음의 두 가지는 미리 전제가 되고 있어야 한다.

① 부문관리자의 업적은 재무적 성과 이외에 다른 형태의 측정수단 - 예로서, 품질의 향상·종업원의 사기앙양 등 - 에 의해서도 평가될 수 있다. 다만, 책임중심점과 관련된 부문관리자 업적의 평가는 이 중에서 재무적 성과에 국한시킨다는 것이다.

② 부문관리자의 재무적 성과는 얼마나 「관리가능한 요소」를 적절히 관리하였는가 하는 것으로 평가한다. 만일 부문관리자가 전혀 관리할 수 없는 요소가 있는 경우에는, 그 요소로 인해 야기되는 원가차이는 부문관리자의 업적평가에 포함시켜서는 안 된다. 예를 들어, 특정 부문에서 사용되는 노동임률이 전사적인 노동협약에 의해 결정된 것이라면 부문관리자는 동 임률을 관리할 수 있는 능력을 가지지 못하게 되고 따라서 그에 대한 책임은 전혀 부담할 필요가 없게 된다. 그러나 만일 불필요한 과잉작업시간이 발생하여 이에 대한 급여가 별도로 지급되었다면, 이는 부문관리자가 관리할 수 있었음에도 불구하고 발생한 것이기 때문에 업적평가에 포함시켜야 하는 원가요소가 된다. 책임회계제도는 이와 같은 관리가능요소와 관리불가능요소를 구별하여 관리가능요소에 의한 결과만을 부문관리자의 재무적 업적평가에 포함시키는 것을 그 내용으로 한다.

일반적으로 기업에서 사용하고 있는 책임중심점으로는 다음과 같은 것들이 있으며, 이들 책임중심점의 수가 얼마나 되는가 하는 것은 기업이 권한의 위양과 책임의 부여형태를 경영기능별·제품계열별·판매지역별 중 어떠한 것으로 선택하느냐에 달려 있다.

1) 원가중심점

원가중심점(cost center, 원가 또는 비용에 대한 관리권한 소유)이란 기업에서 재화나 용역의 생산과 관련하여 발생하는 원가(비용)를 관리하는 조직상의 단위이다. 이의 관리자는 1단위의 재화나 용역을 생산하기 위하여 인적 자원 · 기계 · 원재료 등을 어떻게 적절히 결합시킬 것인가를 우선 결정함으로써 관련원가를 통제한다. 따라서 수익(판매활동)이나 투자활동(추가적인 기계나 재료의 구입)에 관한 관리권한은 전혀 가지지 못한다. 원가중심점(비용중심점)의 업적은 경영활동을 얼마나 능률적이며 효율적으로 관리하였는가 하는 것으로 평가한다. 이 경우 「능률적인 관리」와 「효율적인 관리」의 개념은 다음과 같이 비교할 수 있다.

- 능률적 관리(effectiveness) : 비재무적 성과를 지칭하는 것으로서, 그 예로는, 재화나 용역의 정상적인 품질관리 · 생산일정 준수 · 종업원의 사기앙양 등을 들 수 있으며 이와 같은 「능률」을 보고하기 위해서는 별도 보고제도를 마련할 필요가 있다.
- 효율적 관리(efficiency) : 재무적 성과를 지칭하는 것으로서, 책임회계제도에 의해 측정되고 보고되는 것이다. 이 경우의 「효율」은 원가중심점의 영업활동 결과 발생한 실제원가를 예상원가와 비교함으로써 측정한다. 따라서 실제원가가 예상원가보다 적을 경우에는 효율적인 통제가 이루어졌다고 할 수 있다. 그러나 그 반대의 경우에는 원가중심점 관리자의 재무적 성과는 거의 없다고 할 수 있다.

원가중심점은 책임중심점 유형 중에서 가장 널리 사용되는 것이다. 제조기업의 경우에는 생산부문이나 제조부문이 바로 원가중심점이 되며, 상품매매기업의 경우에는 소비자 고충처리부문이나 상품배달부문(상품을 소비자에게 정확히 인도하는 것을 주 임무로 하되, 원가중심점이라는 측면에서 볼 때는 실제 발생하는 배달비용을 예상되는 배달비용보다 낮은 수준에서 유지시키도록 노력하여야 한다) 등이 원가중심점이 된다. (제조부문에 대한 성과평가는 '제7장'에서 살펴본 바와 같이, 표준원가와 실제원가를 비교하여 이루어짐) 이들 부문의 활동이 간접적으로 수익에 영향을 미치고 있기는 하지만, 원가중심점 관리자는 그들 부문의 실제발생한 원가에 대해서만 관리권한을 가지고 있을 뿐이다.

2) 수익중심점

수익중심점(revenue center, 수익과 동 수익의 실현과정에서 발생하는 비용에 대한 관리권한 소유)이란 매출액의 실현에 대해 기본적인 책임을 부담하고 있는 조직상의 단위이다. 따라서 재화나 용역의 생산비용이나 투자활동에 대해서는 관리권한을 가지지 못하는 것이 원칙이지만, 생산되는 재화나 용역의 판매비용에 대해서는 수익과 관련되는 관계로 일부 관리권한을 가질 수 있다. 이 부문관리자의 재무적 성과는 실제 실현된 수익을 예상수익과 비교하고, 동시에 수익실현과정에서 실제 발생한 판매비용을 예상판매비용과 비교함으로써 측정할 수 있다. 수익중심점의 [예]로서는 재화나 용역을 판매하는 지역별 판매대리점을 들 수 있다.

3) 이익중심점

이익중심점(profit center, 수익 · 비용에 대한 관리권한 소유)은 수익 · 생산비용 및 판매비용 전반에 대한 책임을 부담하고 있지만 투자활동에 대한 관리권한은 전혀 가지지 못하고 있는 조직상의 단위이다. 따라서 이익중심점 관리자는 제품의 생산 및 판매활동 모두를 동시에 고려하고 있어야 한다. 만일 책임중심점의 재무적 성과가 수익과 비용의 차이를 측정하는 것이라면 이때의 책임중심점은 바로 이익중심점이다. 수익중심점의 경우와 비교해 보았을 때 이익중심점 관리자의 관심은 훨씬 광범위하다고 볼 수 있는데, 그것은 제품을 효율적으로 생산할 책임을 추가적으로 부담하고 있기 때문이다. 이익중심점 관리자의 재무적 성과는 수익과 비용을 대비하여 예상이익을 달성하였는가의 여부에 의해 평가할 수 있다. 이익중심점의 [예]로서는 기업 제품의 하나 또는 일부에 대한 생산 및 판매활동을 동시에 수행하는 부문을 들 수 있는데, 이 경우 부문관리자는 제품의 판매가격 · 판매전략 · 생산계획 등을 총괄적으로 결정하고 수립하는 역할을 수행한다. 또한 부문에의 투자활동에 대해서도 제안을 수행하기는 하지만, 그와 같은 투자활동에 대한 최종적인 의사결정은 일반적으로 기업의 최고경영층에 의해 이루어지고 있다.

4) 투자중심점

투자중심점(investment center, 수익 · 비용 · 자산에의 투자활동에 대한 관리권한 소유)이란 수익 · 비용뿐만 아니라 자산의 사용에 대한 관리권한까지 가지고 있는 조직상의 단위이다. 즉 신용조건을 설정하여 매출채권의 양을 결정하고 재고정책을 수립하여 재고자산에의 투자액을 확정시키며, 넓은 의미에 있어서는 제품의 생산과 판매에 필요한 설비를 구입할 수도 있다. 따라서 이 부문관리자는 단순한 이익뿐만 아니라 자산에 투자된 금액과 그로 인한 이익의 관계까지 항상 고려하고 있어야 한다. 투자중심점 관리자의 재무적 성과는 부문의 투자수익률(return on investment : ROI)을 실제치와 예상치로 비교함으로써 측정한다. 이 경우 투자수익률은 총자산수익률(이익÷총자산) 또는 영업자산수익률(영업이익÷영업자산) 등으로 계산될 수 있는데, 한 가지 문제가 되는 것은 투자중심점에서 사용하는 자산의 평가이다. 예를 들어, 재화나 용역의 생산을 위해 투자중심점에서 사용하는 유 · 무형자산을 어떻게 평가할 것인가 하는 점에서 상당한 논란이 일고 있다. 이처럼 투자중심점의 수익률 계산에서 의사의 대립이 존재하고 있기는 하지만, 오늘날의 기업에서 투자중심점의 수가 점점 증가하고 있는 것은 그 만큼 투자중심점의 결정 자체가 기업관리 측면에서 유용한 결과를 가져오고 있다는 반증이라고 하겠다. (제5절에서 설명되어짐)

3. 관리가능요소의 식별

전술한 바와 같이, 책임회계제도란 각 책임중심점의 관리자에게 비용 · 수익 및 투자활동 결과를 보고하되 관리자가 관리가능한 항목에 대해서만 보고를 수행하는 것을 그 내용으로 한다. 이 경우 비용 · 수익 · 투자액 중 관리가능요소를 판단하는 기준은, 책임중심점의 관리자가 독립적인 의사결정을 수행하여 과연 실제발생액을 상당한 수준까지 변동시킬 수 있는가의 여부에서 찾을 수 있다.[1)] 예를 들면, 판매기능 관리자가 광고의 종류와 양을 결정할 수 있는 권한을 가지고 있을 때 발생하는 광고비는 관리가능요소로 간주할 수 있으나, 차량운반구에 대한 감가상각비는 판매기능 관리자가 관리권한을 가지지 못하는 관리불가능요소가 된다. 그러나 한 가지 명심할 것은 관리가능성이란 반드시 100% 관리를 의미하지는 않는다는 사실이다. 전 [예]에서 광고비는 판매기능 관리자가 관리할 수 없는 것이며, 다만 광고횟수를 조절함으로써 광고비를 부분적으로 관리할 수 있을 뿐이다. 따라서 관리가능이란 결코 완전무결한 관리를 의미하는 것은 아니며, 의사결정에 따라 상당한 수준의 변동이 있을 수 있다면 이를 관리가능한 것으로 간주한다. 이와 같은 관리가능성의 개념을 전제로 하여 어떤 항목이 관리가능한 것인가? 그렇지 않은가?를 결정하는 데에는 다음과 같은 두 가지 요소가 영향을 미치고 있다.

1) 보고책임의 시간간격

경제적 관점에서 볼 때 책임보고가 이루어지는 시간간격이 길면 길수록 모든 요소는 변동할 수 있기 때문에 관리가능한 것으로 될 수 있지만, 반대로 시간간격이 단축될수록 관리가능요소의 범위는 점점 축소하게 된다. 예를 들어, 경제적인 규모의 공장시설이 장기적으로 건설되고 있다고 할 때, 건설 중인 공장시설의 원가는 관리가능한 것이 되지만 일단 건설이 완료되면 건설에 소요된 원가를 전혀 변동시킬 수 없기 때문에 관리불가능한 것으로 된다.

---

1) 원가요소를 관리가능요소와 관리불가능요소로 분류하는 목적은 원가를 철저히 관리하여 원가절감을 하기 위한 것이다. 원가계산에 있어서, 관리가능원가(controllable costs)란 원가의 발생이 경영관리자에 의해 관리될 수 있는 원가를 말한다. 관리불가능원가(uncontrollable costs)에 대응하는 개념이다. 원가의 관리가능 여부는 경영관리자와 시간간격의 장단에 따라 다르다. 어느 계층의 경영관리자로서는 관리불가능한 원가이지만 그보다 상위의 경영관리자에게는 관리가능할 수가 있고 또 단기간으로는 관리가 불가능한 것도 장기간이면 관리가 가능하게 된다. 따라서 시간간격을 한정하지 않고 경영관리자를 특정하지 않는다면 관리불가능한 원가란 거의 없지만, 일반적으로는 단기적으로 특정 개인 또는 계층에 의해 합리적으로 관리할 수 있는 원가를 관리가능원가라고 하는 것이다.

2) 부문관리자에게 부여된 권한의 크기

특정 부문의 관리자에게 얼마나 폭 넓은 의사결정 권한이 위양되었는가에 따라 관리가능성의 여부가 달라질 수 있다. 이미 언급한 바와 같이, 권한의 위양이란 경영자의 경영철학이나 기업이 영위하는 경영활동의 다양성에 따라 그 크기가 결정되어질 수 있다. 이렇게 하여 하부 부문에 위양된 의사결정 권한의 범위는 그에 따르는 책임과 주어진 권한내에서 관리가능한 요소의 범위를 동시에 결정해 주는 역할을 하게 된다. 그렇다면 최대한의 권한위양이 이루어지는 경우에는 반드시 완전무결한 관리를 기대할 수 있는 것인가? 반드시 그렇지만은 않다는 것을 다음의 [예]를 통해 보기로 하자.

생산기능 관리자는 생산에 사용되는 직접재료의 수량에 대해서 책임을 부담하고 있으며, 구매기능 관리자는 직접재료의 구입가격에 대하여 책임을 지고 있다. 이를 피상적으로 보면 책임의 한계는 분명히 구분되어 있는 것처럼 보인다. 그러나 생산에 사용되는 직접재료의 수량은 구입되는 재료의 품질에 의해 상당한 영향을 받으며, 반대로 구입재료의 가격은 생산기능 관리자의 제품생산계획에 의해 영향을 받게 된다. 즉 구입재료의 품질이 불량한 경우에는 소비재료의 수량이 상대적으로 증가하게 되고, 생산기능 관리자가 장기적인 제품생산계획을 세우지 못하면 직접재료의 재고부족 → 성급한 주문 → 구입에 따르는 할인 혜택의 수혜불가로 인해 결국 직접재료의 구입가격은 상승하게 된다. 이처럼 생산기능 관리자의 생산계획 의사결정은 직접재료의 구입가격에 영향을 미치고, 구매기능 관리자의 품질 의사결정은 생산에 사용되는 직접재료의 수량에 영향을 미치기 때문에, 최상의 권한위양이 이루어진다 하더라도 항상 완전무결한 관리가 보장된다고 할 수가 없다.

4. 책임회계 [예시]

하부 부문에 대한 의사결정 권한의 위양과 책임의 부여가 어떠한 형태로 이루어졌는가는 기업의 **조직도**(조직구조, organization structure)를 통하여 파악할 수 있다. 각 부문관리자의 회계보고서에는 자신이 책임을 부담하고 있는 수익과 비용을 반영시켜 표시하되, 실제발생액과 예산액을 비교하여 원가차이를 도출해 낼 수 있도록 작성되어야 한다. 이와 같은 차이에 의해서 어느 정도 부문관리자의 재무적 성과를 측정할 수 있게 된다.[2)]

기업의 조직도를 [예시]하여 책임회계제도가 어떻게 이루어지고 있으며, 각 부문관리자의 회계보고서가 어떻게 작성되는가 하는 것을 살펴보기로 한다.

---

2) 대부분의 기업에 있어서 각 구성원은 예산액에 표시된 계획에 책임을 지게 함으로써 경영활동에서의 비능률을 제거하고자 노력한다. 경영자들은 실제발생액과 예산액을 비교함으로써 현재 취해야 할 행동과 미래에 취해야 할 행동에 대한 계획을 수립할 수 있다.

1) 책임회계제도의 전제

책임회계제도가 효율적으로 수행되기 위해서는 다음과 같은 상황이 전제되고 있어야 한다.

① 개별 책임중심점에 부여된 권한과 책임의 한계가 분명하게 설정되어 있어야 한다.(이는 보통 조직도를 통해 이루어짐)
② 책임중심점 관리자는 스스로 달성하여야 할 목표를 명확히 파악하고 있어야 한다.
③ 책임중심점 관리자가 관리가능한 원가·수익·투자활동만을 동 관리자의 업적보고서에 포함시켜야 한다.
④ 각 책임중심점의 업적보고서에는 실제발생액과 예상액의 차이를 명백히 표시함으로써 경영자가 이에 대하여 관심을 가질 수 있도록 유도하여야 한다.
⑤ 책임중심점 관리자는 그들의 업적평가와 관련이 있는 부문(책임중심점) 목표의 설정에 직접적으로 참여하여야 한다.

2) 책임회계보고서의 작성 [예]

다음은 경영기능별로 권한의 위양이 이루어져 있는 K기업의 조직도이다. 이에서 보면 최고경영자인 사장 아래에 판매담당·생산담당·재무담당 부사장이 각각 1명씩 있어 사장에 대하여 보고책임을 수행하고 있다. 판매기능은 제품계열별로 관리자를 선임하여 수행하고 있으며, 생산기능은 기계부·조립부·완성부의 세 가지 부문에서 담당하고 있다. 또한 재무기능은 기업의 자금조달 업무와 회계업무를 포괄하는 것으로 되어 있다.

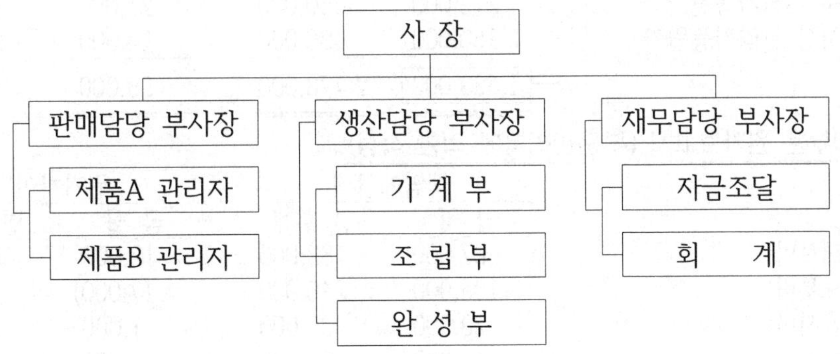

여기에서는 하부 부문의 관리자가 작성하는 보고서와 최고경영자인 사장에게 보고되는 보고서가 어떻게 유기적으로 관련성을 가지고 있는가를 살펴볼 필요가 있다. 이러한 필요성에 의거, K기업의 조립부 관리자가 작성한 보고서의 내용이 사장에게 보고되는 최종적인 책임회계보고서에 반영되기까지의 과정을 간단히 보이면 다음과 같다.

K기업 (책임회계보고서)

(단위 : 원)

A. 경영기능별 원가보고서 (사장용)

	책임예산액		원가차이	
	금 월	연 누계	금 월	연 누계
사장 사무실 유지비용	316,000	660,000	(130,000)	(190,000)
판매기능				
부사장 관리가능원가	842,000	1,690,000	(31,000)	54,000
사장 관리가능원가	240,000	430,000	20,000	30,000
생산기능				
부사장 관리가능원가	1,523,000	2,778,000	55,000	88,000
사장 관리가능원가	450,000	880,000	22,000	24,000
재무기능				
부사장 관리가능원가	675,000	1,340,000	68,000	71,000
사장 관리가능원가	300,000	710,000	15,000	25,000
계	4,346,000	8,488,000	136,000	273,000

B. 생산기능 원가보고서 (생산담당 부사장용)

	책임예산액		원가차이	
	금 월	연 누계	금 월	연 누계
부사장 사무실 유지비용	105,000	240,000	(10,000)	(10,000)
기계부문				
부문 관리가능원가	361,000	730,000	11,000	(2,000)
부사장 관리가능원가	250,000	324,000	7,000	(1,000)
조립부문				
부문 관리가능원가	245,000	529,000	9,000	20,000
부사장 관리가능원가	200,000	319,000	3,000	13,000
완성부문				
부문 관리가능원가	212,000	450,000	21,000	41,000
부사장 관리가능원가	150,000	186,000	14,000	27,000
계	1,523,000	2,778,000	55,000	88,000

C. 조립부문 원가보고서 (부문관리자에 의한 작성)

	책임예산액		원가차이*	
	금 월	연 누계	금 월	연 누계
직접재료비	87,000	182,000	12,000	18,000
직접노무비	105,000	246,000	(7,000)	1,000
수선유지비	20,000	31,000	1,000	(3,000)
소모품비	12,000	26,000	1,000	15,000
재작업	21,000	44,000	2,000	25,000
계	245,000	529,000	9,000	20,000

* 원가차이란의 (　　)는 불리한 차이를 말함.

위의 세 가지 원가보고서[A. 경영기능별 원가보고서(사장용), B. 생산기능 원가보고서(생산담당 부사장용), C. 조립부문 원가보고서(부문관리자에 의한 작성)] 중에서 최하위 조직인 조립부문에서 작성된 원가보고서 (C)는 동 부문의 관리자에 의해 관리가능한 항목만으로 구성되어 있다. 이것은 원가중심점의 관리자가 작성하는 원가보고서에는 관리가능한 원가만을 표시하게끔 되어 있는데, 위의 [예]에서는 생산기능을 담당하고 있는 3개 부문 -기계·조립·완성부문- 이 바로 원가중심점이 되고 있기 때문이다. 조립부문에서 발생하는 원가라 하더라도 관리자 자신의 급여 등과 같이 조립부문의 관리자가 직접 관리할 수 없는 원가는 동 부문의 원가보고서에 표시되지 않고, 그를 관리할 수 있는 경영계층의 보고서상에 포함되어 나타난다. 세 가지 원가보고서의 비교에서 한 가지 주목할 점은, 조립부문 원가보고서 (C)의 원가총계는 부사장용 원가보고서 (B)에 조립부문의 관리가능원가로 구분표시되고 있으며, 또한 사장용 경영기능별 원가보고서 (A)에는 생산담당 부사장의 관리가능원가로 구분 표시되고 있다는 사실이다. 이처럼 책임회계보고서는 권한위임의 유형에 따라 여러 경영계층에서 다른 양식으로 작성이 되지만, 각 보고서에 포함되는 내용은 하위부문 관리자의 관리가능원가와 동 부문의 관리가능원가로 구분하여 표시된다는 특징을 가지고 있다. 위의 [예]에서는 오직 예산금액과 원가차이만이 표시되고 있으며 실제발생액은 표시되지 않고 있다. 이것은 경영자의 관심을 원가차이에 집중시켜 그들로 하여금 원가차이를 제거하는데 노력을 경주할 수 있도록 하기 위한 것이다, 그러나 이것은 책임회계보고서 작성의 한 [예]에 지나지 않는 것으로, 실제에 있어서는 예산액·실제발생액 및 그 둘의 차이를 동시에 표시하여 작성하는 것이 일반적인 관습이라고 할 수 있다.

5. 책임예산편성과 인간행위

계획과 통제의 목적은 기업 구성원의 행위에 영향력을 행사하여, 공동목표인 기업목표를 달성하기 위해 그들의 노력을 집중시킬 수 있도록 하는데 있다. 이 중 계획이란 기업목표를 설정하고 그를 달성할 수 있는 최선의 방법을 선택하는 기능이며, 통제란 각 행위의 결과를 주시하여 필요한 경우 계획을 수정하고 계획을 수행하기 위해 사용하고 있는 방법까지도 변경시키는 기능을 의미한다는 것은 이미 설명한 바 있다. (제1장 참조) 따라서 이들 계획과 통제기능이 개인의 행위에 중대한 영향을 미치고 있음은 말할 필요도 없다. 이와 같은 관점에서 책임회계제도를 이상적인 것으로 발전시키고 기업목표를 달성하기 위해서, 경영관리자는 동기부여(motivation)와 목표의 조화(goal congruence)라는 두 가지의 요소를 항상 고려하여야 한다.

1) 동기부여

동기부여는 어떤 행위에 있어 그 행위의 목표 달성을 위한 의지를 불어넣는 동기를 만들어 주는 것이다. 동기부여란 “기업목표의 달성을 향하여 개인의 행위를 유도하고 자극하는 내적인 힘(inner force)”이다. 즉 동기부여란 개인의 내면에 존재하는 힘으로서, 목표 달성을 위한 방향으로 개인의 행위를 유도하는 역할을 한다. 이처럼 동기부여란 내적인 것이기 때문에 그 자체가 영향을 받을 수는 있어도 외부요인에 의해 직접 변경되지는 않는다. 이것은 동기부여 자체의 변경이란 개인의 내면에서만 발생할 수 있기 때문이다. 따라서 경영관리자가 할 수 있는 것은 종업원에게 동기부여의 강도나 방향 설정에 영향을 줄 수 있을 뿐이다. 이렇게 개인의 행위를 기업목표의 달성을 향하여 집중시킬 수 있도록 동기부여에 영향을 줄 수 있는 것은 바로 보상제도로서, 경영관리자는 이와 같은 보상제도를 변경시키는데 항상 주의를 기울여야 한다.

2) 목표의 조화

기업의 구성원 개개인은 나름대로의 목표를 가지고 있으며 이들 목표는 기업의 계획기능에 의해 설정된 목표와 일치할 수도 있고 그렇지 않을 수도 있다. 개인목표를 추구하는 과정에서 기업의 목표가 함께 수행된다면, 이 경우에는 개인목표와 기업목표 간에는 목표의 조화가 있다고 할 수 있다. 그러나 그 반대의 경우에는 개인목표와 기업목표는 서로 상충하는 것으로서 이는 대부분 경영자나 관리회계담당자 등이 수립하는 통제시스템 -책임예산편성과 업무평가 등- 이 불충분하기에 나타나는 결과이다. 통제시스템의 입안에는 관리회계담당자의 역할이 상당히 중요하기 때문에, 통제시스템의 불충분으로 목표의 조화가 이루어지지 않는 경우에는 관리회계담당자가 그 시기 · 원인 등을 면밀히 분석하여 통제시스템을 변경시킬 수 있도록 추천을 수행하는 등 노력을 기울여야 한다.

3) 책임예산편성의 기능

예산편성의 과정과 그 결과 편성된 예산의 내용은 경영관리자에게 기업목표를 달성하기 위한 동기를 부여하는데 중요한 역할을 한다. (제13장 참조) 책임예산편성은 일반적으로 다음과 같은 세 가지 기능을 가진다.

① 경영기능(생산 · 판매 · 재무기능 등) 상호 간의 활동을 조정한다.

② 기업목표를 부문(책임중심점)관리자에게 확인시키는 역할을 한다.

③ 책임중심점 관리자의 업무평가방법을 충분히 이해할 수 있도록 한다.

책임예산제도에 따른 최대한의 효과를 달성하기 위해서는 부문관리자를 그들 자신의 예산편성에 직접 참여시켜야 한다. 그렇다고 부문관리자들이 직접 그들 자신의 예산을 확정시킨다는 것을 의미하는 것은 아니다. 다만, 예산기간에 그들이 합리적으로 수행하여야 할 과제에 대하여 그들의 상급 경영자들과 의견을 교환할 기회를 가진다는 의미이다. 이렇게 함으로써 최고경영층에서도 개별 관리자의 목표를 확인하고 평가할 수가 있기 때문에 목표의 조화는 쉽게 이루어질 수 있게 된다. 결국, 참여적 책임예산편성은 관리자의 동기부여를 촉진시킬 뿐만 아니라, 개인목표와 기업목표의 조화까지지도 함께 수행하는 기능을 가지고 있다.

제2절 고정예산과 변동예산

예산(budget)은 기업에 있어서 기본적인 요소이다. 원가중심점이나 수익 및 이익중심점의 성과를 평가하기 위해서는 고정예산이나 변동예산에 대한 이해가 선행되어야 한다. 따라서 여기에서는 각 책임중심점에 대한 성과평가를 설명하기에 앞서 고정예산과 변동예산에 대해서 살펴보고자 한다.

예산은 미래의 일정기간에 대한 기업의 계획을 숫자를 통하여 공식적으로 표현한 것이며, 그 계획을 실행하기 위하여 필요한 일들을 조정하는데 도움이 된다. 이러한 예산은 재무적, 비재무적인 측면을 모두 포함하며 기업이 다음 회계연도에 수행할 청사진으로서의 역할을 한다. 기업은 주기적으로 실제결과와 예산상 성과를 추적하고 있다. 차이가 발생하면 그 차이가 발생한 이유를 찾아내어 개선시킨다. 차이는 계획수립과 통제기능이 함께 작동한다. 예산이 계획을 수립하는데 도움이 된다는 점을 알았으므로, 예산(특히 변동예산)이 어떻게 차이를 평가하는데 이용되고 통제기능을 도울 수 있는 지를 살펴본다. 또한 차이는 성과를 평가하고 동기를 부여하는데 사용된다.[3)]

예산은 그 설정방법에 따라 **고정예산**(static budget)과 **변동예산**(flexible budget)으로 분류할 수 있다. 고정예산 또는 종합예산(master budget)은 예산기간 초에 계획된 특정의 조업도에 근거하고 있다. 종합예산은 고정예산이라고 불리는데 그 이유는 해당기간의 예산이 단 하나의 조업도에 근거하여 수립되기 때문이다. (제13장 참조) 고정예산에 의한 포괄손익계산서의 작성순서는, 먼저 단위당 예산판매가격과 예산매출량을 바탕으로 매출액을 결정한다. 그리고 단위당 예산변동비, 예산매출량 및 예산고정제조간접비를 이용하여 변동예

3) 예산과 표준은 어떠한 관계에 있는가? 예산은 광범위하게 쓰이는 용어이다. 예산생산물(투입물)가격, 예산생산량 그리고 예산원가에 표준이 필요한 것은 아니다. 그러나 예산생산물가격과 예산생산량을 얻기 위하여 표준이 사용될 때는 표준과 예산이 혼용되어 쓰이기도 한다.

산을 산출한다. 변동예산은 예산기간의 실제조업도수준에 근거하여 예산수익과 예산원가를 계산한다. 또한 변동예산에 의한 포괄손익계산서의 작성순서는, 먼저 단위당 예산판매가격과 실제매출량을 바탕으로 매출액을 결정한다. 그리고 단위당 예산변동비, 실제매출량 및 예산고정제조간접비를 이용하여 변동예산을 산출한다.

예제

백설기업은 단일 제품을 생산·판매하고 있다. 제품 단위당 예산 및 실제의 제조원가에 관한 자료는 다음과 같다. 예산자료는 20×0년 말에 작성된 20×1년 4월의 고정예산이다. 실제자료는 20×1년 4월에 달성한 결과이다. 모든 기초 및 기말재고는 없다고 가정한다. 원가동인의 관련범위는 0개에서 12,000개이다.4)

예산자료(제품 단위당)

단위당 판매가격 : ₩120

매출량 : 12,000개

직접재료비 : 2kg×₩30/kg = ₩60

직접노무비 : 노동시간 … 0.8시간×₩20/시간 = ₩16

변동제조간접비 : 기계시간을 기준으로 배부 … 0.4시간×₩30*/시간 = ₩12

* 총예산액 : ₩1,728,000
총기계시간 : 57,600기계시간(= 0.4기계시간×12,000개×12개월)
변동제조간접비 배부율 : ₩1,728,000÷57,600기계시간 = @₩30

고정제조간접비 : 기계시간을 기준으로 배부 … 0.4시간×₩57.5*/시간 = ₩23

* 총예산액 : ₩3,312,000(월 ₩276,000)
총기계시간 : 57,600기계시간(= 0.4기계시간×12,000개×12개월)
고정제조간접비 배부율 : ₩3,312,000÷57,600기계시간 = @₩57.5

실제자료(제품 단위당)

단위당 판매가격 : ₩125

매출량 : 10,000개

직접재료비 : 2.22kg×₩28/kg = ₩62.16

* 직접재료의 구입량과 사용량은 같다고 가정한다.

직접노무비 : 노동시간 … 0.9시간×₩22/시간 = ₩19.8

변동제조간접비 : 기계시간을 기준으로 배부 … 0.45시간×₩29*/시간 = ₩13.05

* 총예산액 : ₩1,566,000
총기계시간 : 54,000기계시간(= 0.45기계시간×10,000개×12개월)
변동제조간접비 배부율 : ₩1,566,000÷54,000기계시간 = @₩29

고정제조간접비 : 기계시간을 기준으로 배부 … 0.45시간×₩63.33*/시간≒₩28.5

* 총예산액 : ₩3,420,000(월 ₩285,000)
총기계시간 : 54,000기계시간(= 0.45기계시간×10,000개×12개월)
고정제조간접비 배부율 : ₩3,420,000÷54,000기계시간 = @₩63.33

---

4) 본 [예제]는 원가회계(제12판, C. T. Horngren 외 2인 공저, 장명 외 3인 옮김, 시그마프레스) 제7장과 제8장에서 활용된 내용을 요약 발췌한 것임을 밝힌다.

물음 (2012 회계사 유사, 2022 회계사 유사)

1. 고정예산 및 실제발생액에 의한 포괄손익계산서를 각각 작성하고, 고정예산차이를 산출하시오.
2. 고정예산에서 12,000개를 예상하였으나 10,000개만을 생산 · 판매하였다. [물음1]의 결과인 고정예산차이 중에서 어느 정도가 판매예측의 오류로 인한 것이며, 어느 정도가 10,000개를 생산 및 판매하는 것에서 발생하였는지를 분석하기 위하여 변동예산을 작성하게 된다. 변동예산에 의한 포괄손익계산서를 작성하시오.
3. [물음1]과 [물음2]의 결과를 이용하여, 변동예산을 이용한 차이분석(변동예산차이, 매출조업도차이, 고정예산차이)을 수행하시오.
4. 변동예산에 의한 각 원가요소별(직접재료비차이, 직접노무비차이, 변동제조간접비차이, 고정제조간접비차이) 차이분석을 수행하시오.
5. [물음4]의 결과를 이용하여, 변동예산차이의 요인을 구분하시오. 그리고 제품당 영업이익으로 계산한 영업이익과 실제 영업이익의 차이금액에 대한 분석을 수행하시오.

해답

1. 고정예산 및 실제발생액에 의한 포괄손익계산서

<고정예산에 의한 포괄손익계산서>

매출액	12,000개×@₩120 =		₩1,440,000	
변동비			(1,056,000)	
직접재료비	12,000개×2kg×@₩30 =	₩720,000		
직접노무비	12,000개×0.8시간×@₩20 =	192,000		
제조간접비	12,000개×0.4시간×@₩30 =	144,000		
공헌이익			384,000	
고정비			(276,000)	
영업이익			₩108,000	고정예산차이 ₩93,100 (불리)

<실제발생액에 의한 포괄손익계산서>

매출액	10,000개×@₩125 =		₩1,250,000	
변동비			(950,100)	
직접재료비	10,000개×2.22kg×@₩28 =	₩621,600		
직접노무비	10,000개×0.9시간×@₩22 =	198,000		
제조간접비	10,000개×0.45시간×@₩29 =	130,500		
공헌이익			299,900	
고정비			(285,000)	
영업이익			₩14,900	

고정예산차이는 실제발생액과 고정예산의 차이로서, 실제매출량 10,000개에 대한 수익 및 원가를 12,000개에 대한 예산상의 수익 및 원가와 비교하는 것이다. 고정예산차이 ₩93,100(불리)은 단순히 실제발생 영업이익인 ₩14,900에서 고정예산 영업이익인 ₩108,000을 차감한 결과이다.

2. 변동예산에 의한 포괄손익계산서

변동예산은 실제매출량이 10,000개로 알려진 20×1년 4월에 작성된다. 변동예산은 만일 10,000개가 실제매출량이라는 사실이 정확하게 예측되었더라면 20×0년 말에 작성했었을 예산이다. 고정예산과 변동예산의 유일한 차이는, 고정예산은 계획된 매출량인 12,000개에 대한 예산이고, 변동예산은 실제매출량인 10,000개에 대한 예산이라는 점이다. 고정예산이 12,000개에서 10,000개로 조정되었다고 보면 된다. 10,000개에 대한 변동예산을 작성하는데 있어서 모든 원가는 생산되는 제품량에 대하여 변동원가 또는 고정원가로 가정되었다.

<변동예산에 의한 포괄손익계산서>

매출액	10,000개×@₩120 =		₩1,200,000
변동비			(880,000)
직접재료비	10,000개×2kg×@₩30 =	₩600,000	
직접노무비	10,000개×0.8시간×@₩20 =	160,000	
제조간접비	10,000개×0.4시간×@₩30 =	120,000	
공헌이익			320,000
고정비			(276,000)
영업이익			₩44,000

* 1) 예산판매가격은 고정예산을 작성할 때 사용되었던 제품당 ₩120으로 동일하다.
2) 예산변동비는 고정예산을 작성할 때 사용되었던 제품당 ₩88(직접재료비 ₩60, 직접노무비 ₩16, 변동제조간접비 ₩12)으로 동일하다.
3) 예산고정비(예산고정제조간접비)는 고정예산의 ₩276,000과 동일하다. 그 이유는 실제로 생산된 10,000개는 ₩276,000의 고정예산을 발생시키는 0개에서 12,000개의 관련범위 내에 있기 때문이다.

3. 변동예산을 이용한 차이분석

고정예산차이 ₩93,100(불리)은 변동예산차이 ₩29,100(불리)과 매출조업도차이 ₩64,000(불리)으로 나누어진다. (U : 불리, F : 유리)

	실제발생액 (1)	변동예산차이 (2) = (1) - (3)	변동예산 (3)	매출조업도차이 (4) = (3) - (5)	고정예산 (5)
매출량	10,000개	0개	10,000개	2,000개 U	12,000개
매출액	₩1,250,000	₩50,000 F	₩1,200,000	₩240,000 U	₩1,440,000
변동비					
직접재료비	621,600	21,600 U	600,000	120,000 F	720,000
직접노무비	198,000	38,000 U	160,000	32,000 F	192,000
제조간접비	130,500	10,500 U	120,000	24,000 F	144,000
계	950,100	70,100 U	880,000	176,000 F	1,056,000
공헌이익	299,900	20,100 U	320,000	64,000 U	384,000
고정비	285,000	9,000 U	276,000	0	276,000
영업이익	₩14,900	₩29,100 U	₩44,000	₩64,000 U	₩108,000

변동예산차이 ₩29,100(불리)　　매출조업도차이 ₩64,000(불리)

고정예산차이 ₩93,100(불리)

* 1) 변동예산차이란 실제발생액과 변동예산과의 차이이다. 변동예산차이는 모두 10,000개를 기준으로 하여 실제의 수익 및 원가와 예산상의 수익 및 원가를 비교한다. 변동예산차이 중 매출액만을 비교하였을 때 즉 매출액에 대한 변동예산차이는 실제판매가격(@₩125)과 예산판매가격(@₩120)의 차이에서 발생하기 때문에 매출가격차이라고 한다. 매출가격차이는 ₩50,000 유리로 나타났다.
2) 변동예산과 고정예산의 차이를 매출조업도차이라고 한다. 실제매출량 10,000개와 고정예산에서 기대했던 예산매출량인 12,000개의 차이에 의하여 발생한다. 즉 영업이익의 매출조업도차이는 예산의 12,000개 대신에 실제 10,000개가 판매되었기 때문에 발생하는 예산공헌이익(= 예산판매가격 - 예산변동비)의 변화를 측정한다.
3) 매출조업도차이는 다시 매출배합차이와 매출수량차이로 세분된다. (후술함) 본 [예제]는 단일 제품을 생산 판매하고 있기에 매출배합차이가 발생하지 않는다.

4. 변동예산에 의한 각 원가요소별 차이분석

차이의 원인이 복합적일 수 있으므로, 차이를 개별적으로 분리하여 해석해서는 안 된다. 또한 유리한 차이는 항상 좋고 불리한 차이는 항상 나쁘다고 말할 수 없다.

1) 직접재료비차이

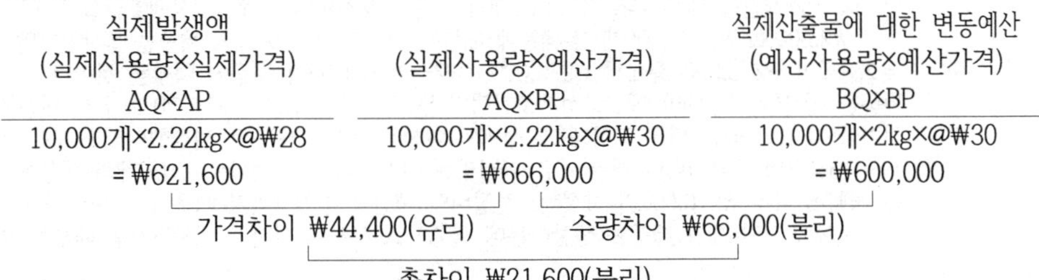

2) 직접노무비차이

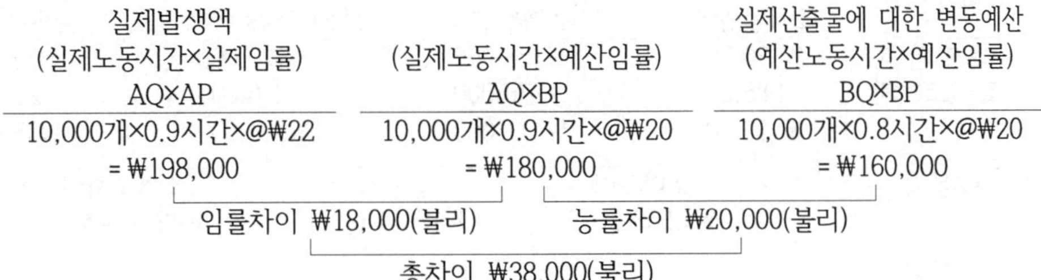

3) 변동제조간접비차이

실제발생액 (실제기계시간×실제배부율) AQ×AP	실제투입물에 대한 변동예산 (실제기계시간×예산배부율) AQ×BP	실제산출물에 대한 변동예산 (예산기계시간×예산배부율) BQ×BP
10,000개×0.45×@₩29 = ₩130,500	10,000개×0.45×@₩30 = ₩135,000	10,000개×0.4×@₩30 = ₩120,000

소비차이 ₩4,500(유리) 능률차이 ₩15,000(불리)

총차이 ₩10,500(불리)

* 1) 인과관계기준에 따라 기계시간을 조업도(원가배부기준)로 선택하였다.
  2) 변동제조간접비에는 조업도차이가 없다.

4) 고정제조간접비차이

실제발생액 (실제기계시간×실제배부율) AQ×AP	예산 (매출수량 차이에도 불구하고 고정예산과 동일함) 기준조업도×BP	실제산출물에 대한 배부액 (예산기계시간×예산배부율) BQ×BP
10,000개×0.45×@₩63.33 = ₩285,000	12,000개×0.4×@₩57.5 = ₩276,000	10,000개×0.4×@₩57.5 = ₩230,000

소비차이 ₩9,000(불리) 조업도차이 ₩46,000(불리)

총차이 ₩55,000(불리)

* 1) 고정제조간접비에는 능률차이가 없다. 그 이유는 일정한 금액의 고정제조간접비는 주어진 예산기간에 기계시간이 얼마나 효율적으로 사용되었는지에 의하여 영향을 받지 않기 때문이다. 그렇다고 고정제조간접비를 발생시키는 자원을 효율적 또는 비효율적으로 사용하는 것과 관계가 없다는 의미는 아니다.
  2) 고정제조간접비차이 ₩55,000은 정상원가계산(제5장 **참조**)의 과소배부되는 제조간접비이다.
  3) 예산고정제조간접비 ₩276,000은 고정예산의 금액과 같고 관련범위 내의 변동예산의 금액과 같다. 고정제조간접비항목의 변동예산은 예산기간 초에 작성된 고정예산의 금액이다. 고정제조간접비에 대해서는 실제매출량과 예산매출량 사이의 차이에 대하여 아무런 조정이 필요하지 않다. 고정제조간접비는 관련범위 내에서는 매출량 수준의 변화에 영향을 받지 않는다.

4) 고정제조간접비는 기계시간당 ₩57.5 또는 제품당 ₩23의 예산배부율로 실제산출물의 생산에 허용된 예산기계시간에 배부된다. 즉 1,000개의 제품을 생산한다면 예산고정제조간접비 ₩276,000 중에서 ₩23,000(@₩23×1,000개)이 제품에 배부될 것이며, 10,000개의 제품을 생산한다면 예산고정제조간접비 ₩276,000 중에서 ₩230,000(@₩23×10,000개)이 제품에 배부될 것이다. 12,000개의 제품을 생산한 경우에만 예산고정제조간접비 ₩276,000(@₩23×12,000개) 모두가 제품에 배부될 것이다. 중요한 점은 비록 고정제조간접비의 예산을 ₩276,000으로 편성했더라도 모든 원가가 반드시 매출량에 배부되어야 하는 것은 아니라는 사실이다. 그 이유는 12,000개의 제품을 생산하려는 계획에 따라 ₩276,000의 고정제조간접비의 예산을 수립하였기 때문이다. 만일 12,000개보다 적게 생산한다면 해당 제품을 생산하는데 필요하고 사용된 설비의 예산원가를 배부할 뿐이다.

[참조]

원가행태	제조간접비 실제발생액	실제투입물에 대한 변동예산 (실제기계시간)	실제산출물에 대한 변동예산 (실제생산량에 허용된 예산기계시간)	실제산출물에 대한 배부액 (예산제조간접비)
변동제조간접비	₩130,500	₩135,000	₩120,000	₩120,000
고정제조간접비	285,000	276,000	276,000	230,000
	₩415,500	₩411,000	₩396,000	₩350,000

<3분법>
소비차이 ₩4,500(불리) / 능률차이 ₩15,000(불리) / 조업도차이 ₩46,000(불리)

<2분법>
예산차이 ₩19,500(불리)

총차이 ₩65,500(불리)

5. 변동예산차이 분석

판매가격		₩50,000	유리
직접재료비	(가격차이 ₩44,400 유리 + 수량차이 ₩66,000 불리)	21,600	불리
직접노무비	(임률차이 ₩18,000 불리 + 능률차이 ₩20,000 불리)	38,000	불리
변동제조간접비	(소비차이 ₩4,500 유리 + 능률차이 ₩15,000 불리)	10,500	불리
고정제조간접비	(소비차이 ₩9,000 불리)	9,000	불리
변동예산차이		₩29,100	불리

* 변동예산차이에 포함되지 않는 또 다른 차이인 고정제조간접비 조업도차이는 어느 곳에 위치하는가? 예산고정제조간접비가 ₩276,000인데 비하여 고정제조간접비 중 ₩230,000(=10,000개×0.4×@₩57.5)만이 예산이익으로 계산한 영업이익 ₩90,000을 결정하는데 고려된다. ₩46,000(=₩276,000 - ₩230,000)의 불리한 고정제조간접비 조업도차이와 (고정제조간접비 조업도차이를 제외한 모든 차이의 결과인) ₩29,100의 불리한 변동예산차이를 함께 고려하여 실제 영업이익 ₩14,900을 다음과 같이 표현할 수 있다.

예산판매가격에 의한 매출액(@₩120×10,000개)		₩1,200,000
(-) 표준원가로 평가한 매출원가(@₩111×10,000개)		1,110,000
직접재료비(@₩60×10,000개)	₩600,000	
직접노무비(@₩16×10,000개)	160,000	
변동제조간접비(@₩12×10,000개)	120,000	
고정제조간접비(@₩23×10,000개)	230,000	
제품당 예산이익으로 계산한 영업이익(@₩9×10,000개)		90,000
(-) 조업도차이		46,000
변동예산에 의한 영업이익([물음2] 결과표)		44,000
(-) 영업이익 변동예산차이		29,100
실제 영업이익		₩14,900

예산(budget)과 **활동기준원가**(ABC)는 어떠한 관계를 하고 있는가? ABC는 근본적인 원가대상으로서 개별 활동에 초점을 맞춘다. ABC는 다양한 활동의 원가를 원가계층으로 분류한다. (제5장 **참조**) 지금까지 논의된 차이분석에 대한 기본원칙과 개념은 ABC에도 적용될 수 있다. 예산수립에 있어서 활동기준에 따라 예산이 수립되면 조업도에 근거한 전통적인 방법의 예산보다는 정확한 예산이 수립될 것이고 책임중심점의 성과를 평가할 기준으로서도 더욱 타당할 것이다.

예제

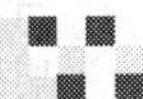

백설기업은 다양한 형태의 제품을 생산·판매하고 있다. 다양한 제품을 만들기 때문에 백설기업은 ABC를 이용한다. 기업은 甲제품을 배치로 생산한다. 甲제품에 관한 정보는 다음과 같다.

	고정예산	실제원가
① 생산 및 판매량	180,000개	151,200개
② 배치크기(batch size)	150	140
③ 배치수(①÷②)	1,200	1,080
④ 배치당 재료취급 노동시간	5시간	5.25시간
⑤ 총재료취급 노동시간(③×④)	6,000	5,670
⑥ 재료취급 노동시간당 노무원가	₩14	₩14.5
⑦ 총재료취급 노무원가(⑤×⑥)	₩84,000	₩82,215
⑧ 배치당 작업준비시간	6시간	6.25시간
⑨ 총작업준비시간(③×⑧)	7,200	6,750
⑩ 작업준비시간당 변동제조간접원가	₩20	₩21
⑪ 변동작업준비간접원가(⑨×⑩)	₩144,000	₩141,750
⑫ 총고정작업준비간접원가	216,000	220,000

* 1) 재료취급 노무원가는 직접원가이면서 배치수준원가이다.
2) 작업준비원가는 제조간접원가이다. 작업준비원가는 작업준비시간에 따라 변동원가와 고정원가로 구성되어 있다.
3) 배치수준원가란 제품이나 용역의 각 단위보다는 제품 또는 용역의 집단에 관련된 활동에 소비된 자원이다.

물음 (2006 회계사 유사)

1. 재료취급 노무원가의 가격차이와 수량차이를 산출하시오.
2. 변동작업준비간접원가의 소비차이와 능률차이를 산출하시오.
3. 고정작업준비간접원가의 소비차이와 조업도차이를 산출하시오.

해답

1. 재료취급 노무원가차이

배치수 : 151,200개÷150개 = 1,008배치

재료취급 노동시간 : 1,008배치×배치당 5시간 = 5,040시간

재료취급 노동시간에 대한 변동예산 : 5,040시간×@₩14 = ₩70,560

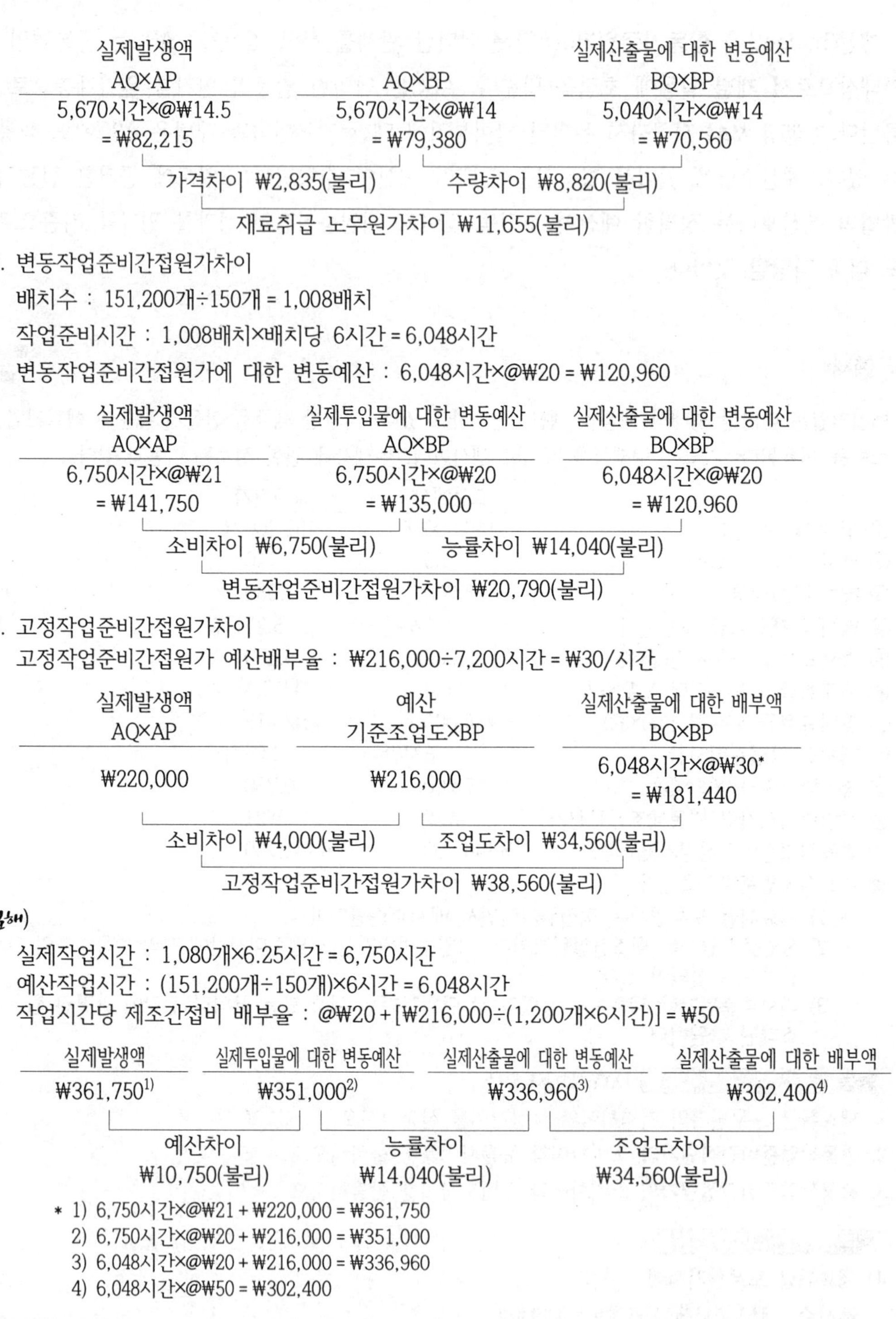

실제발생액		실제산출물에 대한 변동예산
AQ×AP	AQ×BP	BQ×BP
5,670시간×@₩14.5 = ₩82,215	5,670시간×@₩14 = ₩79,380	5,040시간×@₩14 = ₩70,560

가격차이 ₩2,835(불리)　　수량차이 ₩8,820(불리)

재료취급 노무원가차이 ₩11,655(불리)

2. 변동작업준비간접원가차이

배치수 : 151,200개÷150개 = 1,008배치

작업준비시간 : 1,008배치×배치당 6시간 = 6,048시간

변동작업준비간접원가에 대한 변동예산 : 6,048시간×@₩20 = ₩120,960

실제발생액	실제투입물에 대한 변동예산	실제산출물에 대한 변동예산
AQ×AP	AQ×BP	BQ×BP
6,750시간×@₩21 = ₩141,750	6,750시간×@₩20 = ₩135,000	6,048시간×@₩20 = ₩120,960

소비차이 ₩6,750(불리)　　능률차이 ₩14,040(불리)

변동작업준비간접원가차이 ₩20,790(불리)

3. 고정작업준비간접원가차이

고정작업준비간접원가 예산배부율 : ₩216,000÷7,200시간 = ₩30/시간

실제발생액	예산	실제산출물에 대한 배부액
AQ×AP	기준조업도×BP	BQ×BP
₩220,000	₩216,000	6,048시간×@₩30* = ₩181,440

소비차이 ₩4,000(불리)　　조업도차이 ₩34,560(불리)

고정작업준비간접원가차이 ₩38,560(불리)

별해)

실제작업시간 : 1,080개×6.25시간 = 6,750시간

예산작업시간 : (151,200개÷150개)×6시간 = 6,048시간

작업시간당 제조간접비 배부율 : @₩20 + [₩216,000÷(1,200개×6시간)] = ₩50

실제발생액	실제투입물에 대한 변동예산	실제산출물에 대한 변동예산	실제산출물에 대한 배부액
₩361,750[1)]	₩351,000[2)]	₩336,960[3)]	₩302,400[4)]

예산차이 ₩10,750(불리)　　능률차이 ₩14,040(불리)　　조업도차이 ₩34,560(불리)

* 1) 6,750시간×@₩21 + ₩220,000 = ₩361,750
2) 6,750시간×@₩20 + ₩216,000 = ₩351,000
3) 6,048시간×@₩20 + ₩216,000 = ₩336,960
4) 6,048시간×@₩50 = ₩302,400

제3절 원가중심점의 성과평가

1. 표준원가 차이분석

원가중심점(비용중심점)은 비용의 발생에 대해서 책임을 지는 중심점이다. 대표적인 원가중심점으로는 표준원가중심점이 있다. 표준원가중심점에서는 사전에 설정된 표준원가를 기초로 예산을 수립하고 이를 토대로 성과평가를 하게 되어 성과평가가 비교적 객관적인 기준에 의해서 이루어진다.[5] 표준원가 차이분석에 대해서는 제7장을 복습하길 바란다.

원가차이의 구성체계

<table>
<tr><td colspan="2">가격차이</td><td colspan="2">수량차이</td><td>직접재료비 총차이</td><td rowspan="4">원가차이</td><td rowspan="5">실
제
원
가</td></tr>
<tr><td colspan="2">임률차이</td><td colspan="2">능률차이</td><td>직접노무비 총차이</td></tr>
<tr><td>소비차이</td><td colspan="2">능률차이</td><td rowspan="2">조업도차이</td><td rowspan="2">제조간접비 총차이</td></tr>
<tr><td colspan="3">예산차이</td></tr>
<tr><td colspan="6">표준원가</td></tr>
</table>

* 가정 : 실제원가 > 표준원가

2. 배합차이와 수율차이

원가차이를 발생시키는 요소 중에는 제7장에서 설명한 분석방법으로서는 해명하기가 곤란한 것들이 있다. 화학 · 약품 · 고무 등의 제조업에 있어서는 여러 종류의 원재료나 노동력을 투입하여 동일한 제품을 계속적으로 생산하는데, 이때 각 생산요소(원재료나 노동력)의 **표준배합비율**(투입되는 생산요소의 상대적 비율)과 **표준수율**(생산요소의 투입량에 대한 제품산출량의 비율)을 미리 정해준다.

원가차이의 구성체계

<table>
<tr><td colspan="2" rowspan="2">가격차이</td><td colspan="2">배합차이</td><td>수율차이</td><td rowspan="2">직접재료비 총차이</td><td rowspan="6">원가차이</td><td rowspan="7">실
제
원
가</td></tr>
<tr><td colspan="3">수량차이</td></tr>
<tr><td colspan="2" rowspan="2">임률차이</td><td colspan="2">배합차이</td><td>수율차이</td><td rowspan="2">직접노무비 총차이</td></tr>
<tr><td colspan="3">능률차이</td></tr>
<tr><td>소비차이</td><td colspan="2">능률차이</td><td colspan="2" rowspan="2">조업도차이</td><td rowspan="2">제조간접비 총차이</td></tr>
<tr><td colspan="3">예산차이</td></tr>
<tr><td colspan="7">표준원가</td></tr>
</table>

---

5) 표준원가중심점은 실제조업도(생산량)에서 표준투입량을 달성할 책임이 있으므로 능률차이에 대해 책임을 진다. 능률차이는 실제생산량을 위한 표준투입량과 실제투입량의 크기로 측정된다. 또한 지출권한을 가지고 있는 비용에 대해서는 예산의 가격범위 내에서 지출이 이루어지도록 통제할 책임이 있으므로 해당 비용의 가격차이나 소비차이도 책임을 진다. 한편, 실제조업도가 기준조업도를 초과하거나 미달해서 발생하는 조업도차이는 매출량 예측이 정확하지 못했거나 기업외부의 시장상황이 변화해서 발생하는 것으로 표준원가중심점은 조업도차이를 책임지지 않는다.

* 배합차이와 수율차이는 각 제품을 어떻게 구성해서 제조하고 판매했느냐의 차이로 발생한다.
  [예] 설탕 4g과 밀가루 12g을 투입하여 빵 1단위를 생산한다면, 설탕의 배합비율은 25%이고 밀가루의 배합비율은 75%이다. 한편, 설탕 4g과 밀가루 12g을 투입한 결과 16g이 아닌 14g의 빵이 생산된다면, 수율은 87.5%(= 14g÷16g)이다.

배합차이와 수율차이를 도표로 나타내면 다음과 같다.

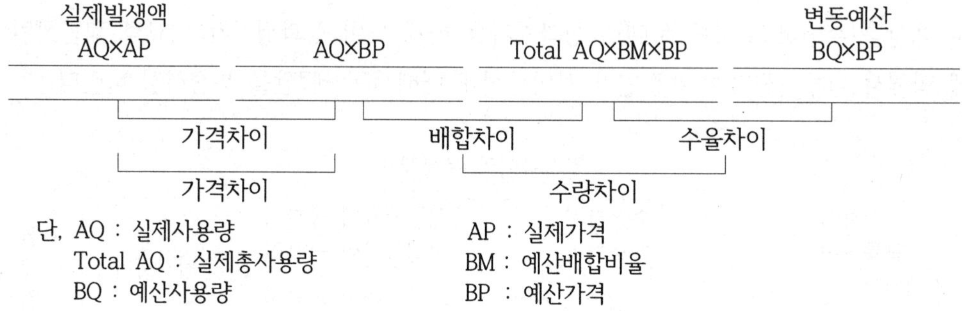

단, AQ : 실제사용량　　　　AP : 실제가격
Total AQ : 실제총사용량　　BM : 예산배합비율
BQ : 예산사용량　　　　BP : 예산가격

(1) 직접재료비의 배합차이와 수율차이

복수의 원재료를 투입하여 제품을 생산하는 경우에 직접재료비 수량차이는 다시 배합차이(mix variance)와 수율차이(yield variance)로 분해할 수 있다. 직접재료비 배합차이는 실제배합비율과 표준배합비율의 차이로서, 원재료의 배합비율은 다르지만 실제 총투입량은 일정하게 유지된다고 가정한다. 또한 직접재료비 수율차이는 실제수율과 표준수율의 차이로서, 원재료의 총투입량은 다르지만 표준배합비율은 일정하게 유지된다고 가정한다.

예제 1

대한공업은 재료A, 재료B, 재료C를 배합하여 단일 제품을 생산하고 있으며, 표준원가계산을 채택하고 있다.

(1) 제품 생산에 대한 표준재료조합

구 분	표준소비량	가격표준
재료A	25단위/제품 1개	₩200/단위
재료B	15단위/제품 1개	₩100/단위
재료C	10단위/제품 1개	₩300/단위

(2) 당기제품 생산량 : 100개(기초와 기말의 재공품은 없다고 가정)

(3) 당기재료 실제소비량(구입량과 실제소비량이 동일하다고 가정)과 실제구입가격

구 분	실제소비량	실제구입가격	실제소비액
재료A	2,800단위	₩220/단위	₩616,000
재료B	1,600	₩90/단위	144,000
재료C	900	₩330/단위	297,000
합 계	5,300단위	-	₩1,057,000

물음 (2003 세무사 수정, 2009 회계사 유사, 2022 세무사 유사)

설정한 표준원가를 기초로 변동예산과 실제원가의 차이를 가격차이와 수량차이로 분해하고, 수량차이를 다시 배합차이와 수율차이로 구분하시오.

해답

배합비율[재료A - 25단위(50%), 재료B - 15단위(30%), 재료C - 10단위(20%)]

	실제발생액 AQ×AP	AQ×BP	Total AQ×BM×BP	변동예산 BQ×BP
재료A	2,800단위×@₩220 = ₩616,000	2,800단위×@₩200 = ₩560,000	5,300단위×0.5×@₩200 = ₩530,000	100개×25단위×@₩200 = ₩500,000
재료B	1,600단위×@₩90 = ₩144,000	1,600단위×@₩100 = ₩160,000	5,300단위×0.3×@₩100 = ₩159,000	100개×15단위×@₩100 = ₩150,000
재료C	900단위×@₩330 = ₩297,000	900단위×@₩300 = ₩270,000	5,300단위×0.2×@₩300 = ₩318,000	100개×10단위×@₩300 = ₩300,000
	₩1,057,000	₩990,000	₩1,007,000	₩950,000

가격차이 ₩67,000(불리)　　배합차이 ₩17,000(유리)　　수율차이 ₩57,000(불리)

별해)

배합차이 : (실제투입량×실제배합비율 - 실제투입량×예산배합비율)×표준원가

재료A	: [2,800단위 - 5,300단위×0.5]×@₩200 =	₩30,000	불리
재료B	: [1,600단위 - 5,300단위×0.3]×@₩100 =	1,000	불리
재료C	: [900단위 - 5,300단위×0.2]×@₩300 =	48,000	유리
		₩17,000	유리

수율차이 : (실제투입량×예산배합비율 - 표준투입량×예산배합비율)×표준원가

재료A	: [5,300단위×0.5 - (100개×25단위)]×@₩200 =	₩30,000	불리
재료B	: [5,300단위×0.3 - (100개×15단위)]×@₩100 =	9,000	불리
재료C	: [5,300단위×0.2 - (100개×10단위)]×@₩300 =	18,000	불리
		₩57,000	불리

예제 2

만세공업은 재료A, 재료B, 재료C를 배합하여 단일 제품을 생산하고 있으며, 표준원가계산을 채택하고 있다.

(1) 제품 생산에 대한 표준재료조합

구 분	표준사용량	가격표준	금액표준
재료A	5kg	₩500/kg	₩2,500
재료B	4kg	₩800/kg	₩3,200
재료C	1kg	₩600/kg	₩600

(2) 표준재료조합은 10kg 사용시 정상품인 완성품 9kg이 생산되며, 재료의 재고는 없다고 가정한다. 5월 한 달 동안 재료A, 재료B, 재료C가 실제로 총 9,500kg이 사용되었고 정상품인 완성품은 8,100kg이 산출되었다.

(3) 당기재료 실제사용량과 실제구입가격

구 분	실제사용량	실제구입가격	실제사용액
재료A	5,500kg	₩550/kg	₩3,025,000
재료B	3,000	₩900/kg	2,700,000
재료C	1,000	₩620/kg	620,000
합 계	9,500kg	-	₩6,345,000

물음 (1992 세무사)

설정한 표준원가를 기초로 변동예산과 실제원가의 차이를 가격차이와 수량차이로 분해하고, 수량차이를 다시 배합차이와 수율차이로 구분하시오.

해답

[사전지식]

표준재료조합 10kg을 사용하는 경우 9kg의 완성품이 생산되므로 수율은 90%(= 9kg÷10kg)이다. 따라서 표준투입량을 x라 하면 x×90% = 8,100kg이 성립한다. 그러므로 x(표준투입량)은 9,000kg이다. 표준재료조합 9,000kg의 재료A, 재료B, 재료C의 표준사용량은 다음과 같다.

재료A : 9,000kg×5kg÷10kg = 4,500kg

재료B : 9,000kg×4kg÷10kg = 3,600kg

재료C : 9,000kg×1kg÷10kg = 900kg

배합비율[재료A - 4,500kg(50%), 재료B - 3,600kg(40%), 재료C - 900kg(10%)]

	실제발생액 AQ×AP	AQ×BP	Total AQ×BM×BP	변동예산 BQ×BP
재료A	5,500kg×@₩550 = ₩3,025,000	5,500kg×@₩500 = ₩2,750,000	9,500kg×0.5×@₩500 = ₩2,375,000	4,500kg×@₩500 = ₩2,250,000
재료B	3,000kg×@₩900 = ₩2,700,000	3,000kg×@₩800 = ₩2,400,000	9,500kg×0.4×@₩800 = ₩3,040,000	3,600kg×@₩800 = ₩2,880,000
재료C	1,000kg×@₩620 = ₩620,000	1,000kg×@₩600 = ₩600,000	9,500kg×0.1×@₩600 = ₩570,000	900kg×@₩600 = ₩540,000
	₩6,345,000	₩5,750,000	₩5,985,000	₩5,670,000

가격차이 ₩595,000(불리)   배합차이 ₩235,000(유리)   수율차이 ₩315,000(불리)

---

(2) 직접노무비의 배합차이와 수율차이

직접재료비와 마찬가지로 직접노무비도 복수의 노동력을 투입하여 제품을 생산하는 경우에 직접노무비 능률(= 시간)차이는 다시 배합차이와 수율차이로 분해할 수 있다. 직접노무비 배합차이는 실제배합비율과 표준배합비율의 차이로서, 노동력의 배합비율은 다르지만 실제 총투입량(시간)은 일정하게 유지된다고 가정한다. 또한 직접노무비 수율차이는 실제수율과 표준수율의 차이로서, 노동력의 총투입량(시간)은 다르지만 표준배합비율은 일정하게 유지된다고 가정한다.

예제

(주)장안은 인터넷 서비스 제공에 있어서 전문가와 비전문가를 함께 채용하고 있다. 이들에 대한 1분당 표준임금과 그에 따른 서비스 1회의 표준원가는 다음과 같다.

	표준시간	표준임률	표준원가
표준임금			
전문가	3분	1분당 ₩300	₩900
비전문가	7분	1분당 ₩100	700
단위당 표준원가			₩1,600

이 기업은 지난 1주일 간 500회의 서비스를 제공하였으며, 이에 따라 실제로 발생된 임금은 다음과 같다.

	실제시간	실제임률	실제원가
실제임금			
전문가	1,200분	1분당 ₩400	₩480,000
비전문가	4,000분	1분당 ₩130	520,000
실제임금 총액			₩1,000,000

물음 (2002 회계사 수정, 2014 회계사 유사, 2018 회계사 유사)

설정한 표준원가를 기초로 변동예산과 실제원가의 차이를 임률차이와 능률차이로 분해하고, 능률차이를 다시 배합차이와 수율차이로 구분하시오.

해답

배합비율[전문가 - 3분(30%), 비전문가 - 7분(70%)]

	실제발생액 AQ×AP	AQ×BP	Total AQ×BM×BP	변동예산 BQ×BP
전문가	1,200분×@₩400 = ₩480,000	1,200분×@₩300 = ₩360,000	5,200분×0.3×@₩300 = ₩468,000	500회×3분×@₩300 = ₩450,000
비전문가	4,000분×@₩130 = ₩520,000	4,000분×@₩100 = ₩400,000	5,200분×0.7×@₩100 = ₩364,000	500회×7분×@₩100 = ₩350,000
	₩1,000,000	₩760,000	₩832,000	₩800,000

임률차이 ₩240,000(불리) 배합차이 ₩72,000(유리) 수율차이 ₩32,000(불리)

* 1,200분 + 4,000분 = 5,200분

별해)

배합차이 : (실제투입량×실제배합비율 - 실제투입량×예산배합비율)×표준원가

전문가	: [1,200분 - 5,200분×0.3]×@₩300 =	₩108,000	유리
비전문가	: [4,000분 - 5,200분×0.7]×@₩100 =	36,000	불리
		₩72,000	유리

수율차이 : (실제투입량×예산배합비율 - 표준투입량×예산배합비율)×표준원가

전문가	: [5,200분×0.3 - (500회×3분)]×@₩300 =	₩18,000	불리
비전문가	: [5,200분×0.7 - (500회×7분)]×@₩100 =	14,000	불리
		₩32,000	불리

제4절 수익 및 이익중심점의 성과평가

수익중심점은 수익에 대하여 책임을 지는 중심점이고, 이익중심점은 수익뿐만 아니라 제조원가나 판매관리비 등 수익창출활동을 위해 발생한 원가까지 책임을 지는 중심점이다. 판매부서의 경영자는 매출액과 판매관리비에 대해서 책임을 지게 된다. 이때 실제발생액과 고정예산액의 차이가 매출가격이나 매출량으로 인한 것인지 아니면 시장점유율이나 시장규모 때문에 발생한 것인지에 대해 상세한 정보를 알고자 할 것이다.

판매부문의 성과평가 중에서 수익 및 이익중심점의 성과평가는 **매출총차이**(total sales variance)로 평가한다. 수익 및 이익중심점은 고정원가에 대한 책임은 없으므로, 매출총차이는 공헌이익을 기준으로 계산한다. 매출총차이란 매출가격이나 매출량의 차이에 의해 발생하는 것으로 보며, 실제공헌이익과 고정예산공헌이익의 차이로서 측정한다. 이때 실제공헌이익은 실제매출가격에서 표준(예산)변동비를 차감한 금액 즉 실제매출가격에 근거한 공헌이익이고, 고정예산공헌이익은 예산매출가격에서 표준(예산)변동비를 차감한 금액 즉 예산매출가격에 근거한 공헌이익이다.[6]

매출총차이는 매출가격의 변동에 의한 **매출가격차이**(selling price variance)와 매출량의 변동에 의한 **매출조업도차이**(sales volume variance)로 구분한다.[7] 매출가격차이란 실제매출가격과 예산매출가격 차이로 인한 공헌이익의 차이를 의미하는데, 이때 매출량으로는 실제매출량을 적용한다.[8] 매출조업도차이란 실제매출량과 예산매출량의 차이로 인한 공헌이익의 차이를 의미하는데, 이때 매출가격으로는 예산매출가격을 적용한다.[9]

---

6) 여기서 주의할 점은 실제공헌이익이 실제매출가격에서 실제변동비를 차감하여 계산된 금액이 아닌 표준(예산)변동비를 차감하여 계산된 금액이라는 점이다. 이렇게 계산하는 이유는 실제변동비와 표준(예산)변동비의 차이는 제조부문의 책임이므로 원가변화의 효과를 배제하고 판매부문에 책임이 있는 매출가격과 매출량의 변동으로 인한 차이만을 파악하기 위해서이다. 즉 표준(예산)변동비를 사용하는 이유는 실제변동비와 표준(예산)변동비의 차이는 원가중심점의 성과이므로, 수익 및 이익중심점의 성과를 평가할 때 그 효과를 배제하기 위해서이다.

7) 매출액과 공헌이익으로 매출가격차이와 매출조업도차이를 계산하므로 유리한 차이 또는 불리한 차이가 원가차이분석과는 반대로 나타난다는 점에 주의하여야 한다.
 · 실제 성과 금액 > 예산 금액 → 이익 증가 → 유리한 차이
 · 실제 성과 금액 < 예산 금액 → 이익 감소 → 불리한 차이

8) 실제매출액과 변동예산상 매출액의 차이는 매출액에 대한 변동예산 차이이다. 매출액에 대한 변동예산 차이가 매출가격차이로 인하여 발생하므로, 매출액에 대한 변동예산 차이는 전액 매출가격차이가 된다.

9) (제2절에서 언급한 바와 같이) 예산매출량을 기준으로 편성된 예산이 고정예산이며, 실제매출량을 기준으로 조정된 예산이 변동예산이다. 두 예산의 차이는 예산매출량과 실제매출량의 차이로 인하여 발생되므로, 고정예산상 영업이익과 변동예산상 영업이익의 차이에 대한 책임은 판매부서에 있다. 공헌이익에 대한 매출조업도차이와 영업이익에 대한 매출조업도차이는 같으므로, 판매부서의 성과평가는 주로 공헌이익에 대한 매출조업도차이 분석을 활용하게 된다.

매출조업도차이는 다시 **매출배합차이**와 **매출수량차이**로 세분된다.[10] 매출배합차이는 예산매출가격이 그대로 유지된다고 가정할 때, 실제매출량에서 실제매출배합과 예산매출배합의 차이로 인한 공헌이익의 차이로서 측정한다. 매출수량차이는 예산매출배합이 그대로 유지된다고 가정할 때, 예산매출가격에서 실제매출량과 예산매출량의 차이로 인한 공헌이익의 차이로서 측정한다.

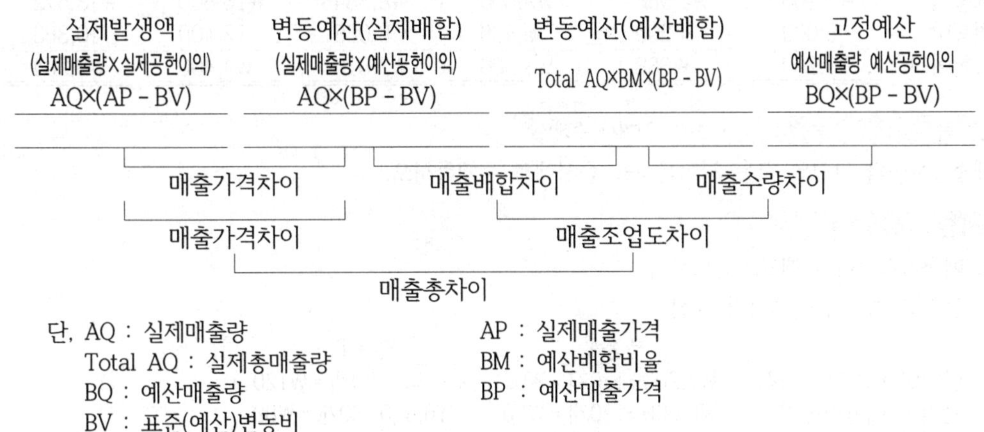

한편, 매출수량차이는 다시 **시장점유율차이**와 **시장규모차이**로 세분된다.[11] 시장점유율차이는 실제시장규모에서 실제시장점유율과 예산시장점유율의 차이에 따른 예산공헌이익의 차이로서 측정한다. 시장규모차이는 예산시장점유율이 그대로 유지된다고 가정할 때, 실제시장규모와 예산시장규모의 차이에 따른 예산공헌이익의 차이로서 측정한다.

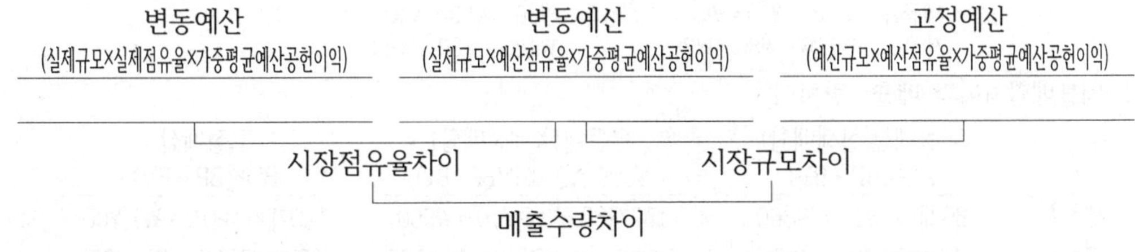

10) 기업이 여러 종류의 상호 대체적인 제품을 생산하여 판매하는 경우의 예산을 편성할 때, 각 제품의 매출량에 대한 예산뿐만 아니라 각 제품의 상대적 판매비율에 대한 예산(즉 예산배합비율)도 편성하게 된다. 이때 매출조업도차이를 매출배합차이와 매출수량차이로 세분화할 수 있다. 매출조업도차이를 매출배합차이와 매출수량차이로 세분하는 방법은, 앞에서 살펴본 수량(능률)차이를 배합차이와 수율차이로 세분하는 방법과 유사하다.

11) 특정 산업에 속해 있는 기업의 매출량은 그 기업의 시장점유율이나 시장규모에 따라 달라진다. 예를 들어, 시장규모가 일정하다고 가정할 때, 시장점유율이 증가하게 되면 매출량은 증가하게 될 것이다. 기업의 시장점유율이 일정하다고 가정할 때, 시장규모가 증가하는 경우에 마찬가지로 매출량은 증가하게 될 것이다. 시장점유율차이와 시장규모차이를 파악하기 위해서는 제품 단위당 가중평균예산공헌이익을 알아야 한다. 제품 단위당 가중평균예산공헌이익은 판매하고 있는 제품의 총예산공헌이익을 총예산매출량으로 나누어 계산한다.

예제 1

제품 A와 T를 생산하고 있다. 단위당 판매가격은 A제품 ₩60, T제품 ₩120이다. 7차년도의 예산과 실제성과는 다음과 같다. 단, 예산 시장규모는 800개이고 실제 시장규모는 500개이다.

	제품A		제품T		합 계	
	예 산	실 제	예 산	실 제	예 산	실 제
매출량	120개	86개	80개	74개	200개	160개
매출액	₩7,200	₩4,988	₩9,600	₩8,584	₩16,800	₩13,572
변동비	6,000	4,300	6,400	6,068	12,400	10,368
공헌이익	₩1,200	₩688	₩3,200	₩2,516	₩4,400	₩3,204

물음 (1987 회계사 수정)

매출총차이와 관련된 모든 차이분석을 순서대로 수행하시오.

해답

1. 매출가격차이와 매출조업도차이

단위당 예산과 실제가격 계산

	제품A	제품T
단위당 예산매출가격	₩7,200÷120개 = ₩60	₩9,600÷80개 = ₩120
단위당 예산변동비	₩6,000÷120개 = ₩50	₩6,400÷80개 = ₩80
단위당 실제매출가격	₩4,988÷86개 = ₩58	₩8,584÷74개 = ₩116

	실제발생액 AQ×(AP - BV)	변동예산(실제배합) AQ×(BP - BV)	고정예산 BQ×(BP - BV)
제품A	86개×@₩8 = ₩688	86개×@₩10 = ₩860	120개×@₩10 = ₩1,200
제품T	74개×@₩36 = ₩2,664	74개×@₩40 = ₩2,960	80개×@₩40 = ₩3,200
	₩3,352	₩3,820	₩4,400

매출가격차이 ₩468(불리)　　매출조업도차이 ₩580(불리)

* 제품A : ₩58 - ₩50 = ₩8　　₩60 - ₩50 = ₩10
제품T : ₩116 - ₩80 = ₩36　　₩120 - ₩80 = ₩40

2. 매출배합차이와 매출수량차이

	변동예산(실제배합) AQ×(BP - BV)	변동예산(예산배합) Total AQ×BM×(BP - BV)	고정예산 BQ×(BP - BV)
제품A	86개×@₩10 = ₩860	160개×0.6*×@₩10 = ₩960	120개×@₩10 = ₩1,200
제품T	74개×@₩40 = ₩2,960	160개×0.4*×@₩40 = ₩2,560	80개×@₩40 = ₩3,200
	₩3,820	₩3,520	₩4,400

매출배합차이 ₩300(유리)　　매출수량차이 ₩880(불리)

매출조업도차이 ₩580(불리)

* 86개 + 74개 = 160개
120개 + 80개 = 200개
예산배합비율 : 제품A - 60%[= 120개÷200개], 제품T - 40%[= 80개÷200개]
제품A : ₩60 - ₩50 = ₩10　　제품T : ₩120 - ₩80 = ₩40

* [저자 주] 실제매출량을 예산매출배합비율로 환산한 판매량
160개×0.6 = (86개 + 74개)×120개÷(120개 + 80개) = 96개
160개×0.4 = (86개 + 74개)×80개÷(120개 + 80개) = 64개

별해)

실제매출배합비율

제품A : 86개÷160개 = 53.75%

제품T : 74개÷160개 = 46.25%

예산매출배합비율

제품A : 120개÷200개 = 60%

제품T : 80개÷200개 = 40%

매출배합차이

실제매출량×(실제매출배합비율 - 예산매출배합비율)×제품 단위당 예산공헌이익

제품A : 160개×(53.75% - 60%)×@₩10 = -₩100 불리

제품T : 160개×(46.25% - 40%)×@₩40 = ₩400 유리

∴ 제품A ₩100 불리 + 제품T ₩400 유리 = ₩300 유리

매출수량차이

(실제매출량 - 예산매출량)×예산매출배합비율×제품 단위당 예산공헌이익

제품A : (160개 - 200개)×0.6×@₩10 = -₩240 불리

제품T : (160개 - 200개)×0.4×@₩40 = -₩640 불리

∴ 제품A ₩240 불리 + 제품T ₩640 불리 = ₩880 불리

3. 시장점유율차이와 시장규모차이

변동예산 (실제규모×실제점유율×가중평균예산공헌이익)	변동예산 (실제규모×예산점유율×가중평균예산공헌이익)	고정예산 (예산규모×예산점유율×가중평균예산공헌이익)
160개×@₩22[1] = ₩3,520	125개[2]×@₩22 = ₩2,750	200개[2]×@₩22 = ₩4,400

시장점유율차이 ₩770(유리)　　시장규모차이 ₩1,650(불리)

매출수량차이 ₩880(불리)

* 1) 총예산공헌이익÷총예산매출량 = 제품 단위당 가중평균예산공헌이익

(120개×@₩10+80개×@₩40)÷200개 = ₩22/개

2) 200개÷800개 = 25%

500개×25% = 125개

별해)

실제시장점유율 : 160개÷500개 = 32%

예산시장점유율 : 200개÷800개 = 25%

시장점유율차이

실제시장규모×(실제시장점유율 - 예산시장점유율)×제품 단위당 가중평균예산공헌이익

500개×(32% - 25%)×@₩22/개 = ₩770 유리

시장규모차이

(실제시장규모 - 예산시장규모)×예산시장점유율×제품 단위당 가중평균예산공헌이익

(500개 - 800개)×25%×@₩22/개 = ₩1,650 불리

[저자 주]

	예산 합계	실제 합계
매출량	200개	160개
매출액	₩16,800	₩13,572
변동비	12,400	10,368
공헌이익	₩4,400	₩3,204

실제공헌이익 ₩3,204이 예산공헌이익 ₩4,400보다 ₩1,196만큼 불리하게 나왔다. 이는 실제시장규모가 예산시장규모보다 적었기 때문이다. 다만, 실제시장점유율은 예산시장점유율 25%보다 높은 32%이었다.

예제 2

전자계산기를 제조하는 기업으로 제품 D와 T를 생산하고 있다. 올해 시장규모는 D제품 200,000개, T제품 300,000개, 총 500,000개로 예상하고 있다. 두 제품에 대한 당기 예산자료는 다음과 같다.

	제품D	제품T
기초재고	1,500개	1,000개
단위당 판매가격	₩38	₩35
직접재료비	10	12
변동가공비	5	6
변동판매비	3	4
매출량	18,000개	27,000개
기말재고	1,000개	2,500개

그러나 당기의 실제 시장규모는 D제품이 180,000개, T제품이 270,000개로 전체 시장규모가 총 450,000개에 그쳤다. 실제 판매자료는 다음과 같다.

	제품D	제품T
기초재고	1,500개	1,000개
단위당 판매가격	₩36	₩40
직접재료비	9	10
변동가공비	5	6
변동판매비	3	4
매출량	15,300개	22,950개
기말재고	1,000개	2,500개

고정가공비와 고정판매비 발생액은 ₩300,000이다. 매출총차이와 관련된 모든 차이분석을 순서대로 수행하시오. (2001 회계사 수정, 2022 회계사 유사, 2016 회계사 유사, 2020 세무사 유사, 2014 세무사 유사)

해답

1. 매출가격차이와 매출조업도차이

	실제발생액 AQ×(AP - BV)	변동예산(실제배합) AQ×(BP - BV)	고정예산 BQ×(BP - BV)
제품D	15,300개×@₩18 = ₩275,400	15,300개×@₩20 = ₩306,000	18,000개×@₩20 = ₩360,000
제품T	22,950개×@₩18 = ₩413,100	22,950개×@₩13 = ₩298,350	27,000개×@₩13 = ₩351,000
	₩688,500	₩604,350	₩711,000

매출가격차이 ₩84,150(유리)　　매출조업도차이 ₩106,650(불리)

* 제품D : ₩36 - (₩10 + ₩5 + ₩3) = ₩18　　₩38 - (₩10 + ₩5 + ₩3) = ₩20
　제품T : ₩40 - (₩12 + ₩6 + ₩4) = ₩18　　₩35 - (₩12 + ₩6 + ₩4) = ₩13

2. 매출배합차이와 매출수량차이

	변동예산(실제배합) AQ×(BP - BV)	변동예산(예산배합) Total AQ×BM×(BP - BV)	고정예산 BQ×(BP - BV)
제품D	15,300개×@₩20 = ₩306,000	38,250개×0.4*×@₩20 = ₩306,000	18,000개×@₩20 = ₩360,000
제품T	22,950개×@₩13 = ₩298,350	38,250개×0.6*×@₩13 = ₩298,350	27,000개×@₩13 = ₩351,000
	₩604,350	₩604,350	₩711,000

매출배합차이 ₩0　　매출수량차이 ₩106,650(불리)

매출조업도차이 ₩106,650(불리)

* 15,300개 + 22,950개 = 38,250개
18,000개 + 27,000개 = 45,000개
예산배합비율 : 제품D - 40%[= 18,000개÷45,000개], 제품T - 60%[= 27,000개÷45,000개]
제품D : ₩38 - (₩10 + ₩5 + ₩3) = ₩20 제품T : ₩35 - (₩12 + ₩6 + ₩4) = ₩13

* [저자 주] 실제매출량을 예산매출배합비율로 환산한 판매량
38,250개×0.4 = (15,300개 + 22,950개)×18,000개÷(18,000개 + 27,000개) = 15,300개
38,250개×0.6 = (15,300개 + 22,950개)×27,000개÷(18,000개 + 27,000개) = 22,950개

별해)

실제매출배합비율
제품D : 15,300개÷38,250개 = 40%
제품T : 22,950개÷38,250개 = 60%

예산매출배합비율
제품D : 18,000개÷45,000개 = 40%
제품T : 27,000개÷45,000개 = 60%

매출배합차이
실제매출량×(실제매출배합비율 - 예산매출배합비율)×제품 단위당 예산공헌이익
제품D : 38,250개×(0.4 - 0.4)×@₩20 = ₩0
제품T : 38,250개×(0.6 - 0.6)×@₩13 = ₩0
∴ 제품D ₩0 + 제품T ₩0 = ₩0

매출수량차이
(실제매출량 - 예산매출량)×예산매출배합비율×제품 단위당 예산공헌이익
제품D : (38,250개 - 45,000개)×0.4×@₩20 = ₩54,000 불리
제품T : (38,250개 - 45,000개)×0.6×@₩13 = ₩52,650 불리
∴ 제품D ₩54,000 불리 + 제품T ₩52,650 불리 = ₩106,650 불리

3. 시장점유율차이와 시장규모차이

변동예산 (실제규모×실제점유율×가중평균예산공헌이익)	변동예산 (실제규모×예산점유율×가중평균예산공헌이익)	고정예산 (예산규모×예산점유율×가중평균예산공헌이익)
38,250개×@₩15.8[1] = ₩604,350	40,500개[2]×@₩15.8 = ₩639,900	45,000개[2]×@₩15.8 = ₩711,000

시장점유율차이 ₩35,550(불리) 시장규모차이 ₩71,100(불리)
매출수량차이 ₩106,650(불리)

* 1) 총예산공헌이익÷총예산매출량 = 제품 단위당 가중평균예산공헌이익
(18,000개×@₩20+27,000개×@₩13)÷45,000개 = ₩15.8/개
2) 45,000개÷500,000개 = 9%
450,000개×9% = 40,500개

별해)

실제시장점유율 : 38,250개÷450,000개 = 8.5%
예산시장점유율 : 45,000개÷500,000개 = 9%

시장점유율차이
실제시장규모×(실제시장점유율 - 예산시장점유율)×제품 단위당 가중평균예산공헌이익
450,000개×(0.085 - 0.09)×@₩15.8/개 = ₩35,550 불리

시장규모차이
(실제시장규모 - 예산시장규모)×예산시장점유율×제품 단위당 가중평균예산공헌이익
(450,000개 - 500,000개)×0.09×@₩15.8/개 = ₩71,100 불리

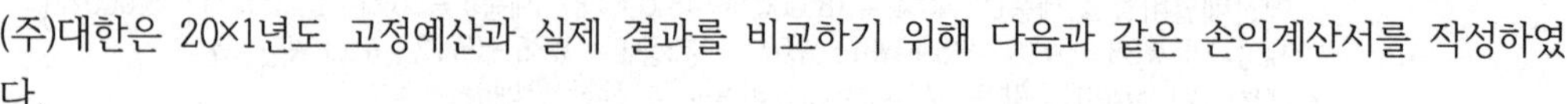

예제 3

(주)대한은 20×1년도 고정예산과 실제 결과를 비교하기 위해 다음과 같은 손익계산서를 작성하였다.

구 분	고정예산	실제 결과
판매량	10,000개	12,000개
매출액	₩500,000	₩624,000
변동원가		
제조원가	₩250,000	₩360,000
판매관리비	50,000	84,000
공헌이익	₩200,000	₩180,000
고정원가		
제조원가	₩15,000	₩19,000
판매관리비	25,000	25,000
영업이익	₩160,000	₩136,000

(주)대한의 경영자는 20×1년도 실제 판매량이 고정예산 판매량보다 20% 증가하였으나, 영업이익은 오히려 15% 감소한 원인을 파악하고자 한다. 단, (주)대한은 20×1년도에 12,000개를 생산 판매할 수 있는 용량을 확보하고 있다. 차이분석을 수행하시오. (2018 회계사, 2016 회계사 유사)

해답

구 분	실제 결과	변동예산	고정예산
판매량	12,000개	12,000개	10,000개
매출액	12,000개×@₩52 = ₩624,000	12,000개×@₩50 = ₩600,000	10,000개×@₩50 = ₩500,000
변동원가			
제조원가	12,000개×@₩30 = ₩360,000	12,000개×@₩25 = ₩300,000	10,000개×@₩25 = ₩250,000
판매관리비	12,000개×@₩7 = ₩84,000	12,000개×@₩5 = ₩60,000	10,000개×@₩5 = ₩50,000
공헌이익	₩180,000	₩240,000	₩200,000
고정원가			
제조원가	₩19,000	₩15,000	₩15,000
판매관리비	25,000	25,000	25,000
영업이익	₩136,000	₩200,000	₩160,000

① 고정예산차이

답 ₩136,000 - ₩160,000 = (-)₩24,000(불리)

② 변동예산차이

답 ₩136,000 - ₩200,000 = (-)₩64,000(불리)

③ 매출가격차이

답 ₩624,000 - 12,000개×₩500,000÷10,000개 = 12,000개×(@₩52 - @₩50) = ₩24,000(유리)

④ 매출조업도차이

답 ₩200,000 - ₩160,000 = ₩40,000(유리)

또는 (12,000개 - 10,000개)×₩200,000÷10,000개 = ₩40,000(유리)

AQ×(AP - BV)	AQ×(BP - BV)	BQ×(BP - BV)
12,000개×(@₩52 - @₩30) = ₩264,000	12,000개×(@₩50 - @₩30) = ₩240,000	10,000개×(@₩50 - @₩30) = ₩200,000

매출가격차이 ₩24,000(유리)　　매출조업도차이 ₩40,000(유리)

별해)

당기 예산 자료		실제 판매 자료		[힌트]
매출액	₩500,000	매출액	₩624,000	₩624,000÷12,000개 = @₩52
변동원가	300,000	변동원가	444,000	₩500,000÷10,000개 = @₩50
매출량	10,000개	매출량	12,000개	₩300,000÷10,000개 = @₩30

<고정예산에 의한 포괄손익계산서>

매출액	10,000개×@₩50 =	₩500,000
변동원가	10,000개×@₩30 =	(300,000)
공헌이익		200,000
고정원가		(40,000)
영업이익		₩160,000

<변동예산에 의한 포괄손익계산서>

매출액	12,000개×@₩50 =	₩600,000
변동원가	12,000개×@₩30 =	(360,000)
공헌이익		240,000
고정원가		(40,000)
영업이익		₩200,000

<실제발생액에 의한 포괄손익계산서>

매출액	12,000개×@₩52 =	₩624,000
변동원가	12,000개×@₩37 =	(444,000)
공헌이익		180,000
고정원가		(44,000)
영업이익		₩136,000

매출조업도차이 ₩40,000(유리) (고정예산 ↔ 변동예산)
변동예산차이 ₩64,000(불리) (변동예산 ↔ 실제발생액)
고정예산차이 ₩24,000(불리)

매출가격차이와 매출조업도차이

실제발생액	변동예산(실제배합)	고정예산
12,000개×(@₩52 - @₩30) = ₩264,000	12,000개×(@₩50 - @₩30) = ₩240,000	10,000개×(@₩50 - @₩30) = ₩200,000

매출가격차이 ₩24,000(유리) 매출조업도차이 ₩40,000(유리)

매출배합차이와 매출수량차이

변동예산(실제배합)	변동예산(예산배합)	고정예산
12,000개×(@₩50 - @₩30) = ₩240,000	12,000개×(@₩50 - @₩30) = ₩240,000	10,000개×(@₩50 - @₩30) = ₩200,000

매출배합차이 ₩0 매출수량차이 ₩40,000(유리)

매출조업도차이 ₩40,000(유리)

시장점유율차이와 시장규모차이

변동예산 (실제규모×실제점유율×예산공헌이익)	변동예산 (실제규모×예산점유율×예산공헌이익)	고정예산 (예산규모×예산점유율×예산공헌이익)
?	?	?

시장점유율차이 시장규모차이

매출수량차이 ₩40,000(유리)

예제 4

(주)대한은 20×1년도 실제 결과와 고정예산를 비교하기 위해 다음과 같은 손익계산서를 작성하였다.

구 분	실제 결과	고정예산
판매량	30,000개	25,000개
매출액	₩1,560,000	₩1,250,000
변동원가		
제조원가	₩900,000	₩625,000
판매관리비	210,000	125,000
공헌이익	₩450,000	₩500,000
고정원가		
제조원가	₩47,500	₩37,500
판매관리비	62,500	62,500
영업이익	₩340,000	₩400,000

(주)대한은 20×1년 시장규모를 250,000개로 예측했으나, 실제 시장규모는 400,000개로 집계되었다. (주)대한은 20×1년도 실제 판매량이 고정예산 판매량보다 증가하였으나, 영업이익은 오히려 감소한 원인을 파악하고자 한다. 차이분석을 수행하시오. (2022 회계사)

해답

구 분	실제 결과	변동예산	고정예산
판매량	30,000개	30,000개	25,000개
매출액	30,000개×@₩52 = ₩1,560,000	30,000개×@₩50 = ₩1,500,000	25,000개×@₩50 = ₩1,250,000
변동원가			
제조원가	30,000개×@₩30 = ₩900,000	30,000개×@₩25 = ₩750,000	25,000개×@₩25 = ₩625,000
판매관리비	30,000개×@₩7 = ₩210,000	30,000개×@₩5 = ₩150,000	25,000개×@₩5 = ₩125,000
공헌이익	₩450,000	₩600,000	₩500,000
고정원가			
제조원가	₩47,500	₩37,500	₩37,500
판매관리비	62,500	62,500	62,500
영업이익	₩340,000	₩500,000	₩400,000

① 매출가격차이

답 ₩1,560,000 - 30,000개×₩1,250,000÷25,000개 = 30,000개×(@₩52 - @₩50) = ₩60,000(유리)

② 시장점유율차이

답 실제시장점유율 : 30,000개÷400,000개 = 7.5%

예산시장점유율 : 25,000개÷250,000개 = 10%

예산공헌이익 : ₩500,000÷25,000개 = @₩20

시장점유율차이 : 400,000개×(7.5% - 10%)×@₩20 = (-)₩200,000(불리)

③ 시장규모차이

답 (400,000개 - 250,000개)×10%×@₩20 = ₩300,000(유리)

실제규모×실제점유율×예산공헌이익	실제규모×예산점유율×예산공헌이익	예산규모×예산점유율×예산공헌이익
400,000개×7.5%×@₩20 = ₩600,000	400,000개×10%×@₩20 = ₩800,000	250,000개×10%×@₩20 = ₩500,000

시장점유율차이 ₩200,000(불리)　　시장규모차이 ₩300,000(유리)

별해)

당기 예산 자료		실제 판매 자료		[힌트]
매출액	₩1,250,000	매출액	₩1,560,000	₩1,560,000÷30,000개 = @₩52
변동원가	750,000	변동원가	1,110,000	₩1,250,000÷25,000개 = @₩50
매출량	25,000개	매출량	30,000개	₩750,000÷25,000개 = @₩30

<고정예산에 의한 포괄손익계산서>

매출액	25,000개×@₩50 =	₩1,250,000
변동원가	25,000개×@₩30 =	(750,000)
공헌이익		500,000
고정원가		(100,000)
영업이익		₩400,000

<변동예산에 의한 포괄손익계산서>

매출액	30,000개×@₩50 =	₩1,500,000
변동원가	30,000개×@₩30 =	(900,000)
공헌이익		600,000
고정원가		(100,000)
영업이익		₩500,000

<실제발생액에 의한 포괄손익계산서>

매출액	30,000개×@₩52 =	₩1,560,000
변동원가	30,000개×@₩37 =	(1,111,000)
공헌이익		450,000
고정원가		(110,000)
영업이익		₩340,000

매출조업도차이 ₩100,000(유리)

변동예산차이 ₩160,000(불리)

고정예산차이 ₩60,000(불리)

매출가격차이와 매출조업도차이

실제발생액	변동예산(실제배합)	고정예산
30,000개×(@₩52 - @₩30) = ₩660,000	30,000개×(@₩50 - @₩30) = ₩600,000	25,000개×(@₩50 - @₩30) = ₩500,000

매출가격차이 ₩60,000(유리)　　매출조업도차이 ₩100,000(유리)

매출배합차이와 매출수량차이

변동예산(실제배합)	변동예산(예산배합)	고정예산
30,000개×(@₩50 - @₩30) = ₩600,000	30,000개×(@₩50 - @₩30) = ₩600,000	25,000개×(@₩50 - @₩30) = ₩500,000

매출배합차이 ₩0　　매출수량차이 ₩100,000(유리)

매출조업도차이 ₩100,000(유리)

시장점유율차이와 시장규모차이

변동예산 (실제규모×실제점유율×예산공헌이익)	변동예산 (실제규모×예산점유율×예산공헌이익)	고정예산 (예산규모×예산점유율×예산공헌이익)
400,000개×7.5%×@₩20 = ₩600,000	400,000개×10%×@₩20 = ₩800,000	250,000개×10%×@₩20 = ₩500,000

시장점유율차이 ₩200,000(불리)　　시장규모차이 ₩300,000(유리)

매출수량차이 ₩100,000(유리)

제5절 투자중심점의 성과평가

책임중심점의 개념은 부문관리자들의 책임범위를 정하여 주고 업적평가의 틀을 제공해 주기 때문에 매우 중요하다. 그 중에서도 투자중심점의 성과평가는 사업부 경영자(즉 사업부문관리자)가 그들이 관리하고 있는 자산을 얼마나 효율적으로 이용하였는가를 기준으로 하는데, 투자중심점의 성과측정치로는 투자수익률(ROI)과 잔여이익(residual income : RI) 및 경제적 부가가치(economic value added : EVA) 등이 있다.

1. 투자수익률

일정한 투자액에 대하여 창출된 이익의 비율을 투자수익률이라 한다. 이러한 투자수익률의 개념에 대한 이해를 돕기 위하여, 다음과 같은 자금흐름모형을 이용하기로 하자. 기업 설립시에 현금은 주식발행에 의한 자본금과 사채 · 장기차입금 등의 비유동부채 등에 의하여 조달된다. 이처럼 조달된 현금의 일부분은 유 · 무형자산 및 기타자산을 구입하는 데에 사용되고, 일부분은 일상적인 영업활동에 사용된다. 영업활동의 과정을 살펴볼 때, ₩1의 현금은 현금의 집결지를 떠나 재고자산에 투자되고, 이 재고자산이 판매되어 외상매출금으로 변한 다음 외상매출금이 현금으로 회수됨으로써 현금의 집결지로 되돌아오게 된다. 그리고 최초에 집결지를 떠난 ₩1이 되돌아 올 때에는 추가적인 이익이 붙게 되는데, 현금 ₩1에 대한 이 추가적인 이익의 비율을 **이익률**이라 한다. 투자수익률은 이러한 이익률 이외에 또 다른 요소 즉 **회전수**(turnover)에 의하여 영향을 받게 된다. 회전수란 현금 ₩1이 영업활동상에서 집결지를 떠나 다시 되돌아오는 순환을 일정기간에 몇 번이나 반복했는가를 말해주는 측정치이다. 위와 같이 이익률과 회전수를 곱하면 일정기간의 투자수익률이 된다.

$$\text{투자수익률} = \text{이익률} \times \text{회전수}$$

투자수익률의 계산식에서, '이익률은 영업이익÷매출액이고, 회전수는 매출액÷영업자산이다'라고 한다면, 결국 투자수익률은 다음과 같은 식이 된다.[12)]

$$\text{투자수익률} = \frac{\text{영업이익}}{\text{영업자산}} = \frac{\text{영업이익}}{\text{매출액}} \times \frac{\text{매출액}}{\text{영업자산}} = \text{매출액영업이익률} \times \text{자산회전율}$$

12) 영업자산은 현금 · 외상매출금 · 유형자산 · 기타 기업에서 영업활동에 사용하기 위하여 보유하고 있는 모든 자산이다. 미래에 사용할 목적으로 보유하고 있는 토지나 건물 등은 영업자산이 아니다. 현재 영업에 사용하기 위한 토지나 건물 등이 영업자산이다.

과거에는 경영자들이 회전수는 무시하고 이익률에만 관심을 기울였으며, 경영자의 업적은 어느 정도까지 이익률에 의하여 평가되었다. 그러나 영업자산에 대한 과대투자는 영업비용의 과대지출액만큼 수익성에 중대한 영향을 미친다. 따라서 투자수익률에 의한 업적평가는 경영자로 하여금 수익과 비용뿐만 아니라 영업자산에 대한 투자규모에도 효율적인 통제를 하도록 요구하게 되었다. 결국 경영자는 매출액의 증가 · 비용의 감소 · 영업자산에의 적정투자 등에 의하여 투자수익률을 증가시킬 수 있다.

예제

A사업부와 B사업부로 구성되어 있는데, 각 사업부의 당기 자료는 다음과 같다. 각 사업부의 투자수익률 및 '매출액영업이익률×자산회전율'을 계산하시오. (2012 세무사 유사)

	A사업부	B사업부
영업자산	₩2,400	₩4,000
매출액	4,800	8,000
영업이익	480	720

해답

1. 투자수익률
   A사업부 : ₩480÷₩2,400 = 20%　　B사업부 : ₩720÷₩4,000 = 18%
2. 매출액영업이익률
   A사업부 : ₩480÷₩4,800 = 10%　　B사업부 : ₩720÷₩8,000 = 9%
   자산회전율
   A사업부 : ₩4,800÷₩2,400 = 2회　　B사업부 : ₩8,000÷₩4,000 = 2회
   매출액영업이익률×자산회전율
   A사업부 : 10%×2회 = 20%　　B사업부 : 9%×2회 = 18%

투자중심점의 업적을 투자수익률에 의하여 평가하게 되면 다음과 같은 장점을 얻을 수 있다.

첫째, 규모와 업종이 서로 다른 경우라 하더라도 투자수익률이라는 단일 수치에 의하여 업적평가가 가능하다.

둘째, 주주들이 기업 전체의 업적을 투자수익률에 의하여 평가할 경우에 각 투자중심점들과 기업 전체의 목표를 일치시킬 수 있다.

셋째, 순이익 수치에 의한 업적평가시에는 과대투자가 유발될 수 있으나, 투자수익률에 의하여 업적을 평가하게 되면 최적투자를 촉진시킬 수 있다.

한편, 투자수익률은 다음과 같은 단점도 있다.

첫째, 기업 전체의 투자수익률을 증가시키는 행동이 다른 투자중심점의 투자수익률을 감소시키는 경우를 발생시킬 수도 있다. 그래서 경우에 따라서는 기업 전체의 평균투자수익률보다 높은 투자안이 거부될 수도 있다. [예]를 들어 두 개의 사업부로 구성된 기업을 가정하고, 각 사업부의 투자수익률에 관한 자료가 다음과 같다고 가정하자.

	A사업부	B사업부	계
영업자산	₩2,400	₩4,000	₩6,400
영업이익	480	720	1,200
투자수익률	20%	18%	18.75%

이 경우 A사업부에서 ₩1,000를 들여 ₩190의 영업이익이 보장되는 설비투자를 고려하고 있다고 하자. 이러한 투자안을 수락할 경우에 기업 전체의 투자수익률은 (₩1,200 + ₩190)÷(₩6,400 + ₩1,000) = 18.78%가 되어 0.03%p(= 18.78% - 18.75%)만큼 증가하게 되지만, A사업부의 투자수익률은 (₩480 + ₩190)÷(₩2,400 + ₩1,000) = 19.7%가 된다. 즉 이 투자안을 수락하면 A사업부의 투자수익률은 오히려 0.3%p(= 20% - 19.7%)만큼 감소한다. 따라서 A사업부에서는 기업 전체의 투자수익률을 증가시키는 투자안이라도 자기부서의 투자수익률을 감소시키기 때문에 거절할 수도 있다.13)

둘째, 투자중심점 투자액이 서로 다른 경우 업적평가가 왜곡될 수도 있다. 앞의 [예]에서 A사업부가 B사업부보다 높은 투자수익률을 나타내고 있으므로 업적이 더 좋다고 평가될 수 있다. 그러나 이러한 평가는 잘못된 것이다. 이러한 경우에는 기업 전체의 자본비용을 고려하여 두 부서의 업적이 평가되어야 한다. [예]를 들어 기업 전체의 자본비용이 12%라면, (₩720 - ₩480)÷(₩4,000 - ₩2,400) = 15%로 오히려 B사업부의 업적이 A사업부보다 더 좋다고 평가할 수 있다. 즉 B사업부는 A사업부보다 ₩1,600이 더 많은 영업자산을 가지고 ₩240이 더 많은 영업이익을 획득하였는데, 이는 기업 전체의 자본비용을 초과하기 때문에 오히려 기업 전체의 수익성에 더 많은 공헌을 하였다고 할 수 있다.

셋째, 투자수익을 계산시 유형자산을 순장부금액으로 평가하고, 재무회계에 의한 감가상각방법을 이용할 경우 경영자들로 하여금 신규투자를 회피하도록 유도할 수 있다. 이러한 경우에는 장부금액을 사용하거나, 감가상각방법으로 이중체감법 등을 사용하면 된다.

넷째, 물가수준이 상승하는 경우 수익은 현행가치에 의하여 평가되고, 영업자산과 감가상각비는 취득원가에 의하여 평가되므로 명목상 투자수익률이 증가할 수 있다.

13) 투자수익률로 투자중심점의 성과를 평가할 때, 기업 전체의 이익목표와 자기부서의 이익목표 사이에 목표불일치란 각 사업부 경영자가 자기부서의 이익을 극대화하는 의사결정을 하는 과정에서 기업 전체의 이익을 극대화하는 의사결정과 다른 의사결정을 하는 상태를 말하며, 준최적화라고 한다.

2. 잔여이익

앞에서 설명한 투자수익률에 의한 업적평가방법은 장점도 있지만, 여러 가지 단점들도 가지고 있음을 알 수 있다. 투자수익률의 단점들은 투자수익률이 비율로 계산되기 때문에 나타나는 것이다. 이러한 단점은 잔여이익에 의하여 투자중심점의 업적을 평가함으로써 해소될 수 있다.14) 잔여이익(RI)이란 영업이익에서 영업자산에 기업의 자본비용을 곱한 수치를 차감한 나머지이다.

잔여이익 = 영업이익 - 영업자산×자본비용

기업의 **자본비용**은 기업의 투자에서 최소한 획득해야 할 수익률이다. 이를 최저필수수익률 또는 할인율이라고 하였다. (제12장 참조) 앞에서 설명된 [자료]를 이용하여 잔여이익을 계산하여 보자.

	A사업부	B사업부	계
영업자산	₩2,400	₩4,000	₩6,400
영업이익	480	720	1,200
- 영업자산×자본비용*	288	480	768
= 잔여이익	₩192	₩240	₩432

* 자본비용은 12%로 가정함.

이러한 잔여이익이 투자수익률의 단점을 어떻게 해소시킬 수 있는가? 먼저 투자수익률에 의한 성과평가시의 첫 번째 단점은, A사업부에서 영업이익이 ₩190이고 투자액이 ₩1,000인 투자안을 거절할 수 있다는 것이었다. 왜냐하면 그와 같은 투자안을 수락하면 투자수익률의 하락을 가져오기 때문이다. 이 경우 잔여이익에 의하여 성과평가를 하게 되면, 투자안 수락시 기업 전체의 잔여이익은 (₩1,200 + ₩190) - (₩6,400 + ₩1,000)×0.12 = ₩502가 되고, A사업부의 잔여이익은 (₩480 + ₩190) - (₩2,400 + ₩1,000)×0.12 = ₩262가 된다. 즉 기업 전체의 잔여이익과 A사업부의 잔여이익이 모두 증가하므로 이 투자안은 A사업부에 의하여 채택된다. 따라서 투자수익률에 의한 성과평가에서 야기될 수도 있는 문제가 잔여이익을 사용함으로써 해소될 수 있다.

또한 잔여이익에 의한 성과평가시에는 투자규모, 즉 영업자산 규모가 서로 다른 투자중심점들의 성과평가시에도 기업 전체의 수익성에 공헌한 정도에 따라서 업적을 비교할 수 있다. 이 경우 B사업부가 A사업부보다 기업 전체의 잔여이익에 ₩240 - ₩192 = ₩48만큼 더 공헌하였다고 평가될 수 있다. 이때의 수치는 (₩720 - ₩480) - (₩4,000 - ₩2,400)×0.12 = ₩48과 일치한다.

---

14) 투자수익률이 갖고 있는 준최적화의 문제점을 극복하기 위하여 잔여이익의 개념이 도입되었다.

이처럼 잔여이익을 사용하면 투자수익률의 경우에 나타나는 문제점 중 몇 가지를 해소할 수 있다. 그러나 잔여이익의 경우에도 단점을 가지고 있다.

첫째, 잔여이익 계산에 사용되는 자본비용을 어떻게 설정하는가에 따라 각 투자중심점의 업적이 달라질 수 있다. 예를 들어, 위와 같은 경우 기업의 자본비용이 15%이면 두 투자중심점의 잔여이익이 동일하게 되고, 15%를 초과하는 경우 B사업부보다 A사업부의 잔여이익이 더 커지게 된다.

둘째, 투자수익률의 일부 단점은 해소된다 하더라도 잔여이익 역시 재무적인 측정치라는 측면에선 투자수익률과 유사한 문제점을 지니게 된다. 이러한 문제점을 해결하기 위해서 최근에는 투자중심점의 성과평가방안으로 재무적인 측정치와 더불어 비재무적 측정치(후술함)를 조화 있게 사용하고 있다.

예제

다음 각 [문제]는 독립적이다.

1. (주)세무는 전자제품을 생산 판매하는 회사로서, 세 개의 사업부 A, B, C는 모두 투자중심점으로 설계 운영되고 있다. 회사 및 각 사업부의 최저필수수익률은 20%이며, 각 사업부의 20×1년도 매출액, 영업이익 및 영업자산에 관한 자료는 다음과 같다.

	사업부 A	사업부 B	사업부 C
매출액	₩400,000	₩500,000	₩300,000
영업이익	32,000	30,000	21,000
평균영업자산	100,000	50,000	50,000

현재 사업부 A는 ₩40,000을 투자하면 연간 ₩10,000의 영업이익을 추가로 얻을 수 있는 새로운 투자안을 고려하고 있다. 이 새로운 투자에 소요되는 예산은 현재의 자본비용 수준으로 조달할 수 있다. 투자수익률 혹은 잔여이익을 이용하여 각 사업부를 비교 평가하시오. (2014 세무사 수정)

해답

① (투자안 고려 전) 투자수익률로 각 사업부를 평가하는 경우, 사업부 B가 가장 우수하다.
사업부 A : ₩32,000÷₩100,000 = 32%
사업부 B : ₩30,000÷₩50,000 = 60% → 가장 우수
사업부 C : ₩21,000÷₩50,000 = 42%

② (투자안 고려 전) 잔여이익으로 각 사업부를 평가하는 경우, 사업부 B가 가장 우수하다.
사업부 A : ₩32,000 - ₩100,000×0.2 = ₩12,000
사업부 B : ₩30,000 - ₩50,000×0.2 = ₩20,000 → 가장 우수
사업부 C : ₩21,000 - ₩50,000×0.2 = ₩11,000

③ (투자안 고려 후) 투자수익률로 사업부 A를 평가하는 경우, 사업부 A의 투자수익률은 30% [= (₩32,000 + ₩10,000)÷(₩100,000 + ₩40,000)]가 되며, 이 투자안을 고려하면 사업부 A의 투자수익률은 2%p(= 32% - 30%)만큼 감소하게 된다.

④ (투자안 고려 후) 잔여이익으로 사업부 A를 평가하는 경우, 사업부 A의 잔여이익은 ₩14,000[= (₩32,000 + ₩10,000) - (₩100,000 + ₩40,000)×0.2]이 되며, 이 투자안을 고려하면 사업부 A의 잔여이익은 ₩2,000(= ₩14,000 - ₩12,000)만큼 증가하게 된다.

2. (주)한국의 투자중심점인 A사업부의 지난해 영업과 관련된 자료는 다음과 같다.

매출액	₩1,000,000
총변동원가	300,000
공헌이익	700,000
총고정원가	500,000
영업이익	200,000
평균영업자산	625,000

A사업부가 새로운 투자기회를 고려하지 않는다면, A사업부의 당기 성과와 평균영업자산은 지난해와 동일한 수준을 유지할 것이다. 그러나 당기에 A사업부가 고려 중인 투자안에 연간 평균 ₩120,000만큼 투자하게 되면, 이 새로운 투자안으로부터 예상되는 연간 수익, 원가 및 공헌이익률 관련 자료는 다음과 같다.

매출액 ₩200,000　　총고정원가 90,000　　공헌이익률 60%

투자안의 채택 여부를 결정할 때 회사 전체와 각 사업부에 적용되는 최저필수수익률은 15%이다. 만약 A사업부가 새로운 투자안을 채택한다면, A사업부의 올해 예상되는 잔여이익은 얼마인가? (2016 회계사)

해답

투자안 영업이익 : ₩200,000(투자안 매출액)×60% - ₩90,000(투자안 총고정원가) = ₩30,000

투자안 채택시의 잔여이익 : (₩200,000 + ₩30,000) - (₩625,000 + ₩120,000)×15% = ₩118,250

3. 경제적 부가가치

경제적 부가가치(EVA)[15]란 기업이 고유의 영업활동을 통해 창출한 순기업가치의 증가분을 의미하며, 세후 영업이익에서 투하자본(= 자산총액 - 유동부채, 혹은 영업자산 - 유동부채)에 대한 자본비용을 차감한 잔여이익으로 정의된다.

경제적 부가가치 = 세후 영업이익 - 투하자본×가중평균자본비용

EVA는 채권자와 주주라는 자본제공자의 자본과 위험부담에 대한 비용 및 세금을 영업이익으로부터 차감한 순수한 잔여이익을 의미하며, 최종적인 위험의 부담자인 주주에게 귀속되는 금액이다. 따라서 EVA가 陽(+)이면 자본제공자의 기회비용을 초과하여 경제적으

15) EVA는 미국의 컨설팅 회사인 Stern Stewart & Co.에서 개발한 지표이다. EVA는 당기순이익 위주의 전통적인 성과평가방법과는 달리 자본의 효율성까지도 고려하여 경영자의 성과가 주주의 부와 일치하도록 함으로써 경영자로 하여금 기업가치 극대화에 기업의 역량을 집중하도록 자극한다. 즉 사업부의 경영자는 EVA를 높이기 위해서 동일한 투자액으로는 더 많은 영업이익을 획득하고, 동일한 영업이익을 획득한다면 투자액이 적은 투자안을 선택하여 자본비용이 낮은 자본을 활용하도록 동기부여된다.

로 새로운 가치를 창출하였다는 것을 의미하며, 陰(-)이면 그렇지 못하였다는 것을 의미한다.

세후 영업이익이란 기업의 본연의 영업활동에서 창출한 영업이익에서 법인세 등의 세금을 차감한 이익을 의미하고, 자본비용은 투자자들이 제공한 투하자본에 대한 비용으로 외부차입에 의한 타인자본비용 이외에도 주주가 제공한 자기자본에 대한 비용이 포함된 총자본비용이다. 일반적으로 자기자본은 타인자본보다 위험에 대한 프리미엄이 높기 때문에 자기자본비용은 타인자본비용보다 높게 나타난다. (제12장 **참조**)

전통적으로 기업의 영업성과 파악 또는 경영자에 대한 성과평가 및 보상의 기준으로 포괄손익계산서의 당기순이익이 중시되어 왔으며, 경영자도 따라서 당기순이익의 증감에만 관심을 기울여 왔다. 그러나 포괄손익계산서의 당기순이익은 발생주의회계가 갖는 문제점을 제외하더라도 타인자본에 대한 이자비용만을 고려하여 산출된 손익이다. 그러므로 기업이 일정기간 경영활동에 투입한 자기자본에 대한 비용이 반영되어 있지 않다. 기업이 당기순이익에만 근거하여 영업의 성과를 측정·평가하게 되면 지분투자자들의 기대수익에 미치지 못하는 당기순이익이 발생하였음에도 불구하고 긍정적인 평가를 받는 불합리한 경우가 발생될 수 있다. 이에 반하여 EVA를 영업성과의 측정도구로서 사용하게 되면, 기업의 목표는 투자자들이 제공한 타인자본비용과 자기자본비용의 합인 총자본비용 이상의 이익을 실현하는 것으로 설정된다. 경제적 부가가치는 주주자본비용의 기회비용적 성격을 명확히 설정할 수 있게 하고 아울러 세후 영업이익에서 자본비용을 차감한 잔여이익은 기업의 최종적인 위험부담자인 주주에게 귀속시킴으로써 기업의 궁극적인 목표인 주주의 부의 극대화로 연결시키는 도구가 된다.

EVA의 계산은 위의 잔여이익과 매우 유사하며, 위의 [예]를 사용하면 영업이익이 세후 영업이익과 동일하고 자본비용 12%가 가중평균자본비용으로서 자기자본에 대한 내용도 고려한 개념이라면 잔여이익은 경제적 부가가치와 동일할 것이다. 그러나 EVA계산에 있어 중요한 개념인 세후 영업이익과 자본비용은 회계수치를 현금주의에 근접하도록 수정하여 결정하였다는 점에서 근본적인 차이가 있다.

예제 1

A사업부와 B사업부로 구성되어 있다. 각 사업부의 당기 자료는 다음과 같다.

	A사업부	B사업부
영업자산	₩100,000	₩400,000
매출액	400,000	800,000
영업이익	40,000	80,000
유동부채	20,000	40,000

물음 (2023 회계사 유사, 2024 세무사 유사, 2021 세무사 유사)

1. 각 사업부의 투자수익률을 계산하시오.
2. 각 사업부의 잔여이익을 계산하시오. 단, 각 사업부에 대한 자본비용은 10%이다.
3. A사업부와 B사업부는 자본시장에서 위험이 유사한 것으로 평가받고 있다. 부채에 대한 이자비용은 15%이며, 주식시장에서의 자기자본비용은 18%이다. 법인세율이 30%이고 부채와 자본에 관한 자료가 다음과 같을 때 가중평균자본비용을 계산하시오.

부채의 장부금액(공정가치와 동일)	₩100,000
자본의 장부금액	400,000
자본의 공정가치	500,000

4. [물음3]의 가중평균자본비용과 법인세율을 이용하여 경제적 부가가치를 계산하시오.

해답

1. 투자수익률
   A사업부 : ₩40,000÷₩100,000 = 40%
   B사업부 : ₩80,000÷₩400,000 = 20%
2. 잔여이익
   A사업부 : ₩40,000 - ₩100,000×10% = ₩30,000
   B사업부 : ₩80,000 - ₩400,000×10% = ₩40,000
3. 가중평균자본비용
   [15%×(1 - 30%)×₩100,000 + 18%×₩500,000]÷[₩100,000 + ₩500,000] = 16.75%
4. 경제적 부가가치
   A사업부 : ₩40,000×(1 - 30%) - (₩100,000 - ₩20,000)×16.75% = ₩14,600
   B사업부 : ₩80,000×(1 - 30%) - (₩400,000 - ₩40,000)×16.75% = - ₩4,300

예제 2

(주)한국은 직접재료A 및 직접재료B를 가공하여 제품X, 제품Y 및 제품Z를 생산 판매하고 있다. 각 제품은 서로 다른 공장에서 생산된다. (주)한국은 내년의 예산을 수립하고 있다. 올해의 기말재고자산은 없다. 내년에 생산하는 제품은 내년에 전량 판매된다고 가정한다. 예산과 관련된 자료는 아래와 같다. [물음]은 각각 독립적이다.

구 분	제품X	제품Y	제품Z
생산량(판매량)	1,400단위	1,000단위	1,200단위
제품 단위당 판매가격	₩3,000	₩6,000	₩4,000
제품 단위당 직접재료A 소비량	8kg	6kg	5kg
제품 단위당 직접재료B 소비량	30kg	20kg	10kg
제품 단위당 직접노무시간	50시간	40시간	20시간
제품 단위당 기계가동시간	60시간	50시간	40시간
고정제조간접원가	₩60,000	₩140,000	₩244,000
고정판매관리비	₩190,000	₩400,000	₩560,000
평균영업자산	₩15,000,000	₩20,000,000	₩10,000,000

- 직접재료A와 직접재료B의 1kg당 원가는 각각 ₩10 및 ₩30이다.
- 직접노무시간 시간당 원가는 ₩10이다.
- 변동제조간접원가는 기계가동시간 시간당 ₩2씩 배부된다.
- 변동판매관리비는 매출액의 5%이다.
- 법인세율은 20%이다.
- 투자액 또는 투하자본의 측정 지표로 평균영업자산을 이용한다.

물음 (2025 회계사)

1. 공장별로 손실이 발생하지 않기 위한 최소한의 판매량을 각각 계산하여, 그 합계를 제시하시오. (단, 각 제품은 자연수 단위로만 판매된다.)
2. 판매량의 배합은 고정되어 있다고 가정할 때, 회사 전체 수준에서 손실이 발생하지 않기 위한 최소한의 제품Z 판매량을 답하시오. (단, 각 제품은 자연수 단위로만 판매된다.)
3. (주)한국은 제품Y에 대한 광고의 실행 여부를 고려하고 있다. ₩1,262,000의 광고비를 지출하면 현재 예산을 기준으로 제품Y의 판매량이 30% 증가할 것으로 예상된다. 광고를 실행할 때, 제품Y를 생산하는 공장의 세전 증분손익을 계산하시오.
4. 각 제품(X, Y, Z)의 영업이익을 산출한 다음, 각 제품(X, Y, Z)의 투자수익률(ROI)을 백분율(%)로 답하시오.
5. (주)한국의 최저필수수익률이 10%일 때, 각 제품(X, Y, Z)의 잔여이익(RI)을 계산하시오.
6. (주)성공컨설팅은 주요 회사들이 적용하는 성과측정 지표인 경제적 부가가치(EVA)의 도입을 (주)한국에 권유하였다. 은행과 보험회사로부터 타인자본을 조달한 (주)한국의 자본비용 관련 자료는 아래와 같다. 가중평균자본비용을 산출한 다음, 각 제품(X, Y, Z)의 경제적 부가가치(EVA)를 계산하시오.

구 분	시장가치	세전 자본비용
은행 조달 타인자본	₩12,000,000	5.00%
보험회사 조달 타인자본	₩30,000,000	6.25%
자기자본	₩18,000,000	9.00%

※ 다음 자료를 고려하여 [물음7]에 답하시오.

(주)한국은 직접재료B를 대신하여 새롭게 출시된 직접재료C의 사용을 고려하고 있다. 직접재료C의 1kg당 원가는 ₩40이다. 직접재료B를 대신하여 직접재료C를 사용하면, 기계가동시간 및 고정제조간접원가가 감소할 것으로 예상된다. 그에 따라 추가로 평균 영업자산의 감소도 예상된다. 관련 자료는 아래와 같다.

구 분	제품X	제품Y	제품Z
제품 단위당 직접재료C 소비량	26kg	16kg	9kg
제품 단위당 기계가동시간 감소시간	25시간	35시간	5시간
고정제조간접원가 감소액	₩3,000	₩40,000	₩20,000
평균영업자산 감소액	₩1,500,000	₩1,500,000	₩200,000

7. (주)한국은 직접재료B를 대신하여 직접재료C를 사용하면 제품X에 대한 성과가 어떻게 변하는지를 확인하고자 한다. 직접재료 변경 시 투자수익률(ROI), 잔여이익(RI) 및 경제적 부가가치(EVA)를 계산하시오. (단, 투자수익률(ROI)은 백분율(%)로 답하시오.)

해답

1. 최소한의 판매량

1) 제품별 단위당 변동원가

구 분	제품X	제품Y	제품Z
직접재료A	8kg×₩10 = ₩80	6kg×₩10 = ₩60	5kg×₩10 = ₩50
직접재료B	30kg×₩30 = ₩900	20kg×₩30 = ₩600	10kg×₩30 = ₩300
직접노무원가	50시간×₩10 = ₩500	40시간×₩10 = ₩400	20시간×₩10 = ₩200
변동제조간접원가	60시간×₩2 = ₩120	50시간×₩2 = ₩100	40시간×₩2 = ₩80
변동판매관리비	₩3,000×5% = ₩150	₩6,000×5% = ₩300	₩4,000×5% = ₩200
계	₩1,750	₩1,460	₩830

2) 제품별 원가구조

구 분	제품X	제품Y	제품Z
단위당 판매가격	₩3,000	₩6,000	₩4,000
단위당 변동원가	1,750	1,460	830
단위당 공헌이익	1,250	4,540	3,170
고정제조간접원가	60,000	140,000	244,000
고정판매관리비	190,000	400,000	560,000

3) 제품별 손익분기점 판매량

제품X : (₩60,000 + ₩190,000)÷@₩1,250 = 200단위

제품Y : (₩140,000 + ₩400,000)÷@₩4,540≒119단위

제품Z : (₩244,000 + ₩560,000)÷@₩3,170≒254단위

∴ 200단위 + 119단위 + 254단위 = 573단위(최소한의 판매량 합계)

2. 최소한의 제품Z 판매량

1) 매출배합

구분	제품X	제품Y	제품Z
비율	1,400단위÷200단위 = 7	1,000단위÷200단위 = 5	1,200단위÷200단위 = 6

2) 묶음당 공헌이익 : @₩1,250×7 + @₩4,540×5 + @₩3,170×6 = ₩50,470

3) 제품Z 손익분기점 묶음수량

(₩1,594,000÷₩50,470)×6≒190단위(최소한의 제품Z 판매량)

* ₩60,000 + ₩190,000 + ₩140,000 + ₩400,000 + ₩244,000 + ₩560,000 = ₩1,594,000

3. 제품Y에 대한 광고 및 세전 증분손익

증분수익		₩1,362,000
공헌이익 증가	1,000단위×30%×₩4,540 = ₩1,362,000	
증분비용		(1,262,000)
광고비	₩1,262,000	
증분이익		₩100,000

4. 투자수익률(ROI)

1) 제품별 영업이익

제품X : 1,400단위×@₩1,250 - (₩60,000 + ₩190,000) = ₩1,500,000

제품Y : 1,000단위×@₩4,540 - (₩140,000 + ₩400,000) = ₩4,000,000

제품Z : 1,200단위×@₩3,170 - (₩244,000 + ₩560,000) = ₩3,000,000

2) 제품별 투자수익률

제품X : ₩1,500,000÷₩15,000,000 = 10%

제품Y : ₩4,000,000÷₩20,000,000 = 20%

제품Z : ₩3,000,000÷₩10,000,000 = 30%

5. 잔여이익(RI)

제품X : ₩1,500,000 - ₩15,000,000×10% = ₩0

제품Y : ₩4,000,000 - ₩20,000,000×10% = ₩2,000,000

제품Z : ₩3,000,000 - ₩10,000,000×10% = ₩2,000,000

6. 경제적 부가가치(EVA)

타인자본 + 자기자본 = ₩12,000,000 + ₩30,000,000 + ₩18,000,000 = ₩60,000,000

가중평균자본비용 : 5%×(1 - 20%)×(₩12,000,000÷₩60,000,000) + 6.25%×(1 - 20%)×(₩30,000,000÷₩60,000,000) + 9%×(₩18,000,000÷₩60,000,000) = 6%

제품X : ₩1,500,000×(1 - 20%) - ₩15,000,000×6% = ₩300,000

제품Y : ₩4,000,000×(1 - 20%) - ₩20,000,000×6% = ₩2,000,000

제품Z : ₩3,000,000×(1 - 20%) - ₩10,000,000×6% = ₩1,800,000

7. 직접재료C 사용시 성과측정 지표 변화

1) 단위당 변동원가 변경

구 분	제품X(직접재료B 사용)	제품X(직접재료C 사용)
직접재료A	8kg×₩10 = ₩80	8kg×₩10 = ₩80
직접재료B 또는 C	30kg×₩30 = ₩900	26kg×₩40 = ₩1,040
직접노무원가	50시간×₩10 = ₩500	50시간×₩10 = ₩500
변동제조간접원가	60시간×₩2 = ₩120	(60시간 - 25시간)×₩2 = ₩70
변동판매관리비	₩3,000×5% = ₩150	₩3,000×5% = ₩150
계	₩1,750	₩1,840

2) 원가구조 변경

구 분	제품X(직접재료B 사용)	제품X(직접재료C 사용)
단위당 판매가격	₩3,000	₩3,000
단위당 변동원가	1,750	1,840
단위당 공헌이익	1,250	1,160
고정제조간접원가	60,000	60,000 - 3,000 = 57,000
고정판매관리비	190,000	190,000
평균 영업자산	15,000,000	15,000,000 - 1,500,000 = 13,500,000

3) 투자수익률(ROI)

제품X(직접재료C 사용) : 1,400단위×@₩1,160 - (₩57,000 + ₩190,000) = ₩1,377,000

제품X(직접재료C 사용) : ₩1,377,000÷₩13,500,000 = 10.2%

4) 잔여이익(RI)

제품X(직접재료C 사용) : ₩1,377,000 - ₩13,500,000×10% = ₩27,000

5) 경제적 부가가치(EVA)

제품X(직접재료C 사용) : ₩1,377,000×(1 - 20%) - ₩13,500,000×6% = ₩291,600

예제 3

(주)한국은 당기 초부터 고객에 대한 신용매출기간을 3개월에서 6개월로 연장하는 판매촉진정책을 실시하였다. 그 결과 당기에는 전기에 비해 매출액과 세후 이익이 모두 증가하였고, 재고자산과 매출채권은 각각 ₩4,500과 ₩3,500만큼 증가하였다. 회사가 제시한 비교손익계산서와 법인세율 및 자본비용은 다음과 같다.

항 목	당 기	전 기	증 감
매출액	₩275,000	₩250,000	10% 증가
차감			
매출원가	192,500	175,000	
판매관리비	55,000	50,000	
이자비용	1,400	1,400	
세전 이익	₩26,100	₩23,600	
법인세비용	9,135	8,260	
세후 이익	₩16,965	₩15,340	10.6% 증가
법인세율	35%	35%	
자본비용	15%	15%	

물음 (2010 회계사 수정)

새로운 판매촉진정책의 실시로 인하여 당기의 경제적 부가가치는 전기에 비해 얼마만큼 증가(혹은 감소)하였는가? 단, 세후 영업이익에 대한 추가적인 조건은 없으며 재고자산과 매출채권 이외에 투하자본의 변동은 없다고 가정한다.

해답

매출액 증가 : ₩275,000 - ₩250,000 = ₩25,000

매출원가 증가 : ₩192,500 - ₩175,000 = ₩17,500

판매관리비 증가 : ₩55,000 - ₩50,000 = ₩5,000

세후 이익 증가액 : (₩25,000 - ₩17,500 - ₩5,000)×(1 - 35%) = ₩1,625

투하자본 증가액 : ₩4,500 + ₩3,500 = ₩8,000

경제적 부가가치 증가액 : ₩1,625×(1 - 35%) - ₩8,000×15% = ₩425

예제 4

(주)한국은 기업가치를 극대화하는 투자의사결정을 유인하기 위해 사내 사업부의 성과를 EVA(경제적 부가가치)로 평가하고 이에 비례하여 보너스를 지급하는 성과평가 및 보상시스템을 구축하여 실행하고 있다. 20×1년 초 (주)한국의 K사업부는 설비자산(취득원가 ₩5,400,000, 내용연수 3년, 잔존가치 ₩0)을 구입하여 가동하는 투자안을 검토하고 있다. 이 투자안의 실행을 통해 달성할 것으로 예상되는 연도별 EVA는 다음과 같다.

구 분	20×1	20×2	20×3
EVA	₩464,000	₩446,000	₩388,000

<기타 자료>

- EVA는 연도별 영업이익에서 투자대상 설비자산의 기초 장부금액에 요구수익률을 곱한 금액을 차감하여 계산한다.
- 20×1년 초 설비자산 구입 이외의 모든 현금 흐름은 전액 연도 말에 발생한다고 가정하고 모든 세금효과는 무시한다.
- 연도 말 발생하는 순현금흐름과 영업이익의 차이는 투자 대상 설비자산에 대한 감가상각비 외에는 없다. 감가상각방법은 정액법에 의한다.
- 요구수익률은 9%이며 현가계수는 다음과 같다.

기간	1	2	3
현가계수	0.9174	0.8417	0.7722

물음 (2016 회계사)

1. 설비자산에 투자할 때 향후 3년간 달성할 수 있는 EVA의 현재가치를 구하시오. 단, 십원 단위 미만은 절사한다. (예 ₩1,999은 ₩1,990으로 표시한다)
2. 주어진 자료에 의할 때 연도별 순현금흐름을 구하시오. 단, 20×1년 초 설비자산 취득에 따른 현금유출액은 해당연도에 포함한다.
3. 설비자산 투자에 따른 현금흐름의 순현재가치를 구하시오. 단, 십원 단위 미만은 절사한다.

해답

1. EVA 현재가치 : ₩464,000×0.9174 + ₩446,000×0.8417 + ₩388,000×0.7722 = ₩1,100,680
2. 연도별 순현금흐름

   EVA = 영업이익 - 설비자산 기초 장부금액×9%

   영업이익 = EVA + 설비자산 기초 장부금액×9%

   매년 감가상각비 : ₩5,400,000÷3년 = ₩1,800,000

   [연도별 영업이익]

   20×1년 영업이익 : ₩464,000 + ₩5,400,000×9% = ₩950,000

   20×2년 영업이익 : ₩446,000 + ₩3,600,000×9% = ₩770,000

   * ₩5,400,000 - ₩1,800,000 = ₩3,600,000

   20×3년 영업이익 : ₩388,000 + ₩1,800,000×9% = ₩550,000

   * ₩3,600,000 - ₩1,800,000 = ₩1,800,000

   [연도별 순현금흐름]

   20×1년 : - ₩5,400,000 + ₩950,000 + ₩1,800,000 = - ₩2,650,000

   20×2년 : ₩770,000 + ₩1,800,000 = ₩2,570,000

   20×3년 : ₩550,000 + ₩1,800,000 = ₩2,350,000

   * 세후 순현금흐름 계산시에 주의할 점은 감가상각비 감세효과를 고려하여야 한다는 점이다. 순현금흐름 계산시에 감가상각비는 현금흐름이 수반되지 않은 비용이므로 현금유출액 계산시에 제외하여야 한다. 그러나 회계상으로는 감가상각비가 비용으로 계상되어 회계상 세전 순이익을 감소시키므로 감가상각비에 법인세율을 곱한 금액만큼 법인세 납부액을 감소시키는 효과를 가져오는데, 이를 감가상각비의 감세효과라고 한다. (제12장 자본예산 참조)

   * 단, 주어진 [자료]에서 '모든 세금효과는 무시한다.'라는 문구에 유의하여야 한다.
3. - ₩5,400,000 + ₩2,750,000×0.9174 + ₩2,570,000×0.8417 + ₩2,350,000×0.7722 = ₩1,100,680

   * ₩950,000 + ₩1,800,000 = ₩2,750,000

제6절 비재무적 성과평가지표

기업 경영자의 중요한 업무 중의 하나는 기업목표 달성에 도움이 되는 효율적인 성과평가지표를 선택하는 것이다. 앞에서 설명한 바 있는 **재무적 성과평가지표**(투자수익률, 잔여이익, 경제적 부가가치 등)가 새로운 경영환경에서는 적절하지 않을 수 있다. 즉 새로운 경영환경에서 요구되는 새로운 경영기법에 대한 성과평가지표로서 재무적 성과평가지표는 적절하지 않을 수 있다는 것이 새로운 **비재무적인 성과평가지표**를 요구하는 이유이다.

재무적 성과평가지표의 대안으로 등장한 비재무적 성과평가지표는 현장에서의 성과를 직접적으로 평가하는 것을 목표로 한다. 비재무적 성과평가지표에는 품질관리 · 원재료관리 · 재고관리 · 기계작업관리 · 물류관리지표 등이 속한다. 이들 각종 지표들에 대한 공통점은 현장에서 직접적으로 파악할 수 있다는 점 외에도, 각종 지표들의 개선은 현장작업자들의 직접적인 대응을 요구한다는 점 및 각종 지표들의 계속적인 추세관리를 통하여 지표들의 개선을 이룰 수 있다는 점 등이다. 그러나 이들 비재무적 성과평가지표의 개선으로 기업의 궁극적인 목적인 재무적 성과의 개선을 이룰 수 있는가? 에 대해서는 그럴 수도 있다는 개연성은 있으나, 아직까지는 확인되지 않은 주장이다.

지금부터 대표적인 비재무적 성과평가지표에 대해 살펴보고자 한다.

1) 품질관리지표

새로운 경영환경에서 제품의 품질은 기업경쟁력의 핵심요인이다. 제품의 품질을 유지하기 위하여 경영자는 하자보수 신청 · 소비자 불만 · 제품의 불량률 등을 끊임없이 관리하여야 한다. 더 나아가 경영자는 이들에 대한 문제파악에만 그치지 말고, 즉각적인 대응조치가 기업경쟁력 개선에 필수적이라는 사실을 명심하여야 한다. 특히 경영자는 재작업에 주의를 집중하여야 하며, 재작업 없이 작업이 수행될 때 불필요한 자원낭비가 방지될 수 있는 것이다. 또한 경영자는 품질을 종합적으로 관리하기 위하여, 위의 각종 문제 즉 하자보수 · 소비자의 불만 해소 · 제품의 불량 수정 · 재작업 등을 망라한 품질원가를 계산하기도 한다.[16)]

---

16) 품질원가(cost of quality)란 제품의 품질에 문제가 발생하지 않도록 예방하거나 품질에 하자가 발생하는지를 검사하고 품질에 문제가 발생한 경우 이를 해결하기 위하여 발생하는 모든 원가이다. 품질원가는 다양한 형태로 발생하게 되는데 크게 예방원가(㉠ 품질을 고려한 개발비용, 품질을 위한 작업자 훈련비용, 공급자인증, 고객욕구의 증가 등), 평가원가(㉠ 원재료 검사비용, 검사장비 유지수선비용, 제품품질 검사비용, 품질검사부서 인건비 등), 내부실패원가(㉠ 결함에 의한 공정중단손실, 폐품원가, 재가공원가 등), 외부실패원가(㉠ 반품 및 제품회수비용, 서비스를 위한 방문비용, 제품손해 배상비용, 판매기회상실로 인한 기회비용 등)의 네 가지 유형으로 구분된다. 경영자는 위의 품질원가들이 제품의

2) 원재료관리지표

기존의 표준원가계산에서 원재료는 가격 및 수량차이의 차이분석을 통하여 관리되어 왔다. 그러나 새로운 경영환경에서는 고품질 · 짧은 주문소요시간(lead time) · 완벽한 공손통제 등이 원재료의 중요한 관리요소로 인식되고 있다. 원재료의 경우 주문소요시간은 원재료 주문에서 원재료 입고까지의 시간인데, 특히 적시생산방식(JIT)을 채택한 기업의 경우 최소한의 원재료 주문소요시간이 확보되어야 한다. 기존의 표준원가계산에서 공손 및 감손 등의 원재료에 대한 관리는 원재료 수량차이를 통하여 이루어졌다. 그러나 원재료의 수량표준 설정이 어느 정도의 공손 및 감손이 인정되고 있으나, 새로운 경영환경에서는 공손 및 감손이 전혀 인정되고 있지 않다. 따라서 기업은 계속적으로 무공손 및 무감손을 위하여 노력하여야 한다. (제6장 및 제10장 참조)

3) 재고관리지표

전통적으로 기업은 재고고갈에 대한 대비로 안전재고를 유지하여 왔다. (제10장 참조) 그러나 새로운 경영환경에서는 높은 재고유지비용의 인식으로 현실적으로는 가능한 한 적은 재고수준을 유지하고자 한다. (이상적으로는 무재고를 인식하고자 함) 이를 위해 기업은 재고자산 종류별 재고자산회전율을 관리하고 있다. 따라서 재고자산회전율의 개선을 위해서 기업들은 계속적인 노력을 기울여야 한다.

4) 기계작업관리지표

새로운 경영환경 중의 하나인 설비자동화 환경에서는 기계가동가능시간을 최대한 확보하여 기계가동불능시간(작업준비, 기계고장, 기계정비)을 최소화하여야 하며, 기계가동률을 극대화하기 위해서는 제약이론(제10장 참조)[17]에 의한 기계운전에 대한 제약을 제거하기 위한 노력을 하여야 한다. 또 하나의 주요지표가 작업준비시간이다. 작업준비시간은 기업의 가치사슬(value chain)[18]에 있어서 비부가가치활동에 해당하기 때문에 이는 최소화하여야

수명주기 전체에 걸쳐서 어떻게 발생하는지를 검토하여 이 금액이 최소화되도록 관리하여야 한다. 이를 위해서 품질원가보고서를 작성 이용하게 되며, 이를 전사적 품질관리시스템(total quality control : TQC)이라 한다. 이에 대한 [예제]는 [형성평가] 문제를 참고하길 바란다.

17) 제약이론(theory of constraints : TOC)은 1984년에 E. Goldratt이 기업소설인 「목표(The Goal)」에서 제창한 이론으로서, 기업은 나름대로의 존재목적(지속적인 이익창출)이 있다는 전제에서 출발하고 있다. 제약이론은 기업이 목표를 달성하기 위해서는 지속적인 프로세스 개선이 필요한데, 현실적으로 기업이 프로세스를 개선해 나가는 데에는 여러 가지 제약이 존재하므로 이러한 제약요인을 집중적으로 관리하고 개선하여 기업의 목표를 달성해야 한다는 것이다. 즉 기업의 생산활동과 관련된 내부적 제약요인을 집중적으로 관리하고 개선하여 생산활동의 최적화를 추구하는 기법이라고 할 수 있다.

18) Porter, M. E.가 「경쟁우위(Competitive Advantage)」에서 주창한 내용으로서, 기업전략에 상관없이 원가를 제대로 파악하는 것이 중요하다고 하였다. 경영자들은 경쟁우위를 확보 유지하기 위하여 가치사슬을 분석하고, 이러한 분석을 위하여 원가정보의 활용방법을 연구해야 한다는 것이다. 이때 가치사

한다. 여기서 가치사슬이란 제품이나 용역에 가치를 부여하는 기업의 제반 기능으로, 이에는 연구개발 · 제품설계 · 제조활동 · 판매활동 · 운송 · 소비자 고충처리 등이 속한다.

5) 물류관리지표[19)]

제품을 생산하는 이유는 생산된 제품을 소비자의 손에 신속히 전달하기 위함이다. 생산된 제품의 신속한 전달을 측정하기 위한 지표에는 여러 가지가 있는데, 특히 주요지표로서 운송순환시간과 제조순환기간이 있다. 여기서 운송순환시간이란 제품의 주문에서 소비자의 손에 배달하기까지에 소요되는 시간이며, 원재료를 완제품으로 전환시키는데 소용되는 시간이 제조순환시간이다.

제7절 균형성과표

기업의 생존과 장기적인 발전을 도모하기 위해, 기업의 사명(비전)과 전략을 실행으로 옮기는데 필요한 도구가 **균형성과표**(balanced score card : BSC)이다. 즉 BSC는 실행의 결과를 나타내는 재무적 성과평가지표(투자수익률 등)와 이를 보완하면서 미래의 재무적 성과에 영향을 주는 비재무적 성과평가지표를 함께 반영하여, 기업의 과거성과를 측정하고 현재와 미래의 기업가치를 평가하는 전략적 성과평가기법이다. 지식 · 핵심역량 · 고객만족도 등의 무형자산에도 비중을 두는 조화로운 경영전략을 세우고, 모든 분야의 균형적이고 핵심적인 성과평가지표를 토대로 성과평가시스템을 구축하자는 것이 BSC의 핵심이다. 여기서 비재무적 성과평가지표가 의미 있는 이유는 '계량화하기 힘든 부분의 자료를 이용해 기존의 성과평가시스템이 접근하지 못한 부분을 반영함으로써 기업가치 창출의 정확한 요소를 밝혀낸다.'는 것을 나타낸다.[20)]

슬이란 한 기업의 제품이나 용역에 유용성을 부여하는 일련의 가치창출활동인데, 원재료를 구입한 후 그것을 가공하여 최종제품을 만들어 고객에게 인도할 때까지 서로 연결된 가치창출활동군을 의미한다.

19) 기업들은 물류관리(physical distribution management)의 효율성을 높이기 위해 기업의 물자, 정보, 자금 등을 가치사슬에 따라 원활히 움직이도록 관리하고, 그 과정에서 일련의 부가가치를 창출시키는 공급사슬(=공급망)을 공급자, 유통채널, 소매업체, 소비자와 관련하여 관리해야 한다. 즉, 제품 생산을 위한 원자재 및 부품의 조달단계에서 최종 소비자에게 판매될 때까지의 모든 과정을 연결시켜 관리하는 것, 즉 공급사슬관리(supply chain management : SCM)가 중요하다.

20) 1990년대 들어, 재무회계 평가지표에 기초한 성과평가지표가 진부하다는 판단에 의해, D.P. Norton and R. S. Kaplan는 새로운 성과평가모형을 개발하는 프로젝트를 추진하여, 경영자로 하여금 주요한 네 가지 관점으로 경영을 보게 하는 성과평가모형인 BSC를 개발하였다. BSC라는 이름은 하나의 보고서에 장 · 단기성과를 동시에 평가하기 위해 재무적 · 비재무적 성과평가지표들을 균형있게 배치한데서 유래한다. BSC의 네 가지 관점은 서로 강하게 연관되어 있다. 예를 들어 재무적 목표를 달성하려면 고객 측면에서 세운 목표를 달성해야 하며 그러려면 내부 경영 프로세스나 학습과 성장목표도 달성해야 한다. 네 가지 지표는 서로 원인과 결과가 되어 상호 균형 및 연계 방식에 영향을 미치게 된다. 이것이 바로 BSC의 최대 강점이다.

1. BSC의 기초개념

기존에 주요한 성과평가지표로서 활용되던 각종 재무적 성과평가지표는 결과에만 초점을 맞춘 나머지, 실제 기업이 수립한 전략이 제대로 운용되고 있는가에 대한 정보를 제공해 주지는 못했다. 즉 기업의 경쟁우위 확보에 필요한 역량을 창출해내는 과정에 대해서는 검토하지 못하고, 단지 결과적으로 나타나는 수치에만 관심을 쏟았던 것이다. 그러나 점차 기업경영에 있어 정보나 지식 등과 같은 무형자원의 중요성이 커짐에 따라, 기존의 재무적 성과평가지표 외에 다양하고 복합적인 비재무적 성과평가정보를 측정할 수 있는 성과평가지표의 개발이 요구되었다. 즉 기존에 사용되어 온 재무자료 외에 무형자산도 측정해야 할 필요가 생겼으며, 그에 알맞은 정보를 제공하기 위해 과학적이고도 통계적인 수치가 개발되었는데, 이를 **핵심성과지표**(key performance indicators : KPI)라 한다. 이는 모든 경영 단위의 자료를 개발하여 정보화하고, 이를 지식으로 바꾸는 하나의 매트릭스이다. 이 매트릭스는 최적의 문제해결이나 의사결정 그리고 각 고객의 요구에 맞는 경영을 가능하게 해 준다.

결국 BSC는 기존의 재무적 성과평가지표를 포함하고 또한 미래성과를 창출하는 성과동인에 대한 성과평가지표로 보완하고 있다. 즉 BSC란 기업이 추구하는 전략적 방향과 목표, 이것을 달성하기 위한 내부 경영, 목표 달성여부를 객관적으로 평가할 수 있는 지표들을 하나의 통합적인 관계망으로 포착하는 도구이다. 최근 점점 더 많은 경영자들이 비재무적 성과평가지표를 파악하면서, 새로운 경쟁전략을 강화하기 위해 기업의 성과측정시스템을 바꾸고 있다.

2. BSC의 관점

1) BSC의 네 가지 관점

BSC는 기업 구성원들로 하여금, 그들의 사업단위들이 어떻게 현재와 미래 고객들을 위해 가치를 창조할 것인지 그리고 미래성과를 향상시키는데 필요한 사람과 시스템·절차에 대한 투자와 내부역량들을 어떠한 방법으로 조합해야 하는지를 측정 가능케 해준다. 또한 재무적인 관점으로서 단기적인 성과에 관심을 기울이는 한편, 또 다른 관점에서는 장기적으로 뛰어난 재무적 성과를 이룰 가치동인(value driver)을 명확하게 규명해 준다. 즉 BSC의 **네 가지 관점**(재무적, 고객, 내부 경영 그리고 학습과 성장의 관점)을 통해 경영자는 기업내 전 계층에 자기 기업의 전략을 효과적으로 전파하고, 이를 개별 차원의 목표와 연결시킬 수 있다.

① **재무적 관점**(financial perspective) : 기존의 전통적 성과평가시스템에서 주장하던 요소들과 다를 것이 없으며, 달성된 성과를 정량화된 수치로 표현하는 데에 재무적 측정지표들을 이용하는 것이 효과적이다. 재무적 측정지표들은 매출이나 수익성 측면에서 어느 정도의 성과를 달성했는지를 나타낸다. 이의 대표적인 측정지표로는 투자수익률 · 잔여이익 · 경제적 부가가치 등이 있다.

② **고객의 관점**(customer perspective) : 고객은 기업의 입장에서 보면 수익의 원천이다. 목표로 삼은 고객과 세부시장을 규명한 후, 고객과 세부시장에 대한 목표와 측정지표를 규정한다. 고객관점에서의 목표 및 측정지표에는 세부시장에서 고객에게 전달하고자 하는 고유한 가치명제가 포함되어야 한다. 즉 가치명제를 고객이 가치가 있다고 평가하는 독특한 욕구와 잠재욕구로 규정한 후, 이를 목표 및 측정지표에 반영해야 한다는 것이다. 이의 대표적인 측정지표로는 시장점유율 · 고객확보율 · 고객수익성 · 고객유지율 · 고객만족도 등이 있다.

③ **내부 경영의 관점**(internal business perspective) : 재무적 목표와 고객 목표를 최대한으로 달성하는데 초점을 둔다. 또한 기존의 경영 프로세스 개선뿐만 아니라 프로세스의 통합과 미래에 제공할 서비스를 위한 프로세스 개발에도 관심을 두고 있다. 이의 대표적인 측정지표로는 프로세스의 시간 · 프로세스의 품질 · 프로세스 원가 등이 있다.

④ **학습과 성장의 관점**(learning and growth perspective) : 장기적인 성장과 가치창조를 위해 필요한 목표와 측정지표를 개발한다. 여기서는 앞의 세 가지 관점에서 설정한 목표를 성취하는데 필요한 조직 학습과 성장 역량을 측정하는데 관심을 둔다. 이의 대표적인 측정지표로는 종업원 교육수준 · 종업원의 만족도 · 종업원 이직율 · 정보시스템 이용도 · 종업원 제안 채택율 등이 있다.

2) BSC 관점들의 연계성

BSC는 재무적 관점(과거)뿐만 아니라 고객의 관점(외부)과 내부 경영의 관점(내부) 그리고 학습과 성장의 관점(미래)이라는 네가지 관점에서 기업의 경영을 평가하려는 분석기법이다. 학습과 성장이 기업의 내부 경영을 개선하는데 필수적이며, 내부 경영의 개선은 고객 만족도를 높이는데 필요하고, 고객 만족의 증가는 궁극적으로 재무적 성과 향상으로 이어진다는 점을 기본 전제로 한다. 따라서 학습과 성장의 발전이 내부 경영 프로세스를 어떻게 개선하고, 이러한 개선이 더 높은 고객 만족과 시장점유율로 연결되며, 궁극적으로 재무적 성과를 어떻게 향상시키는지를 면밀히 살펴볼 필요가 있다.

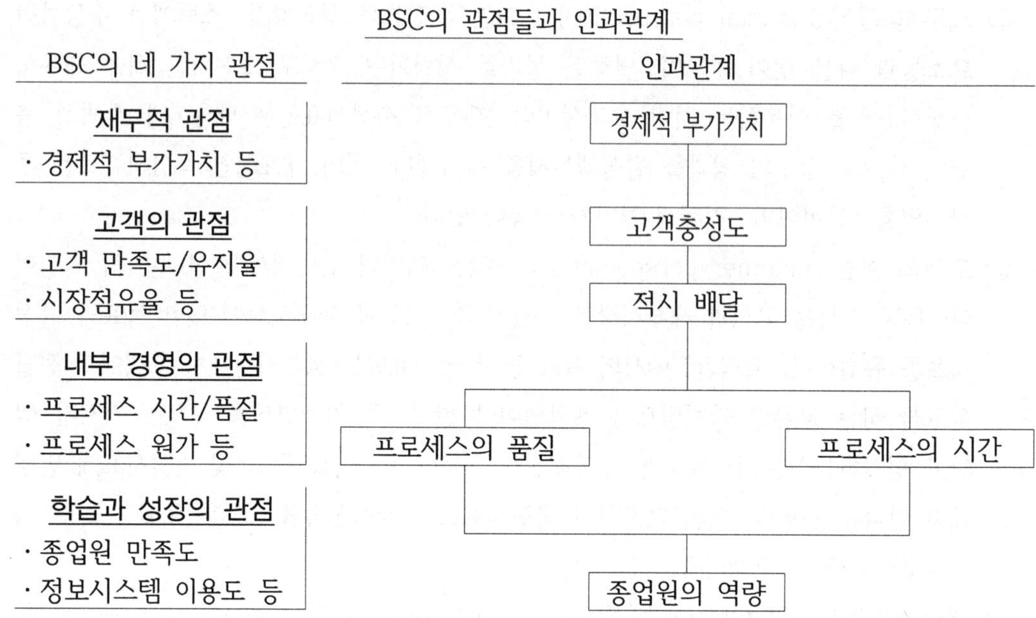

3. BSC [예시]

어느 한 제조기업의 '원가경쟁력을 높여 시장점유율 향상과 성장성을 높인다.'라고 하는 전략을 달성하기 위한 BSC를 [예시]한 것이다. 구체적으로, BSC의 구성은 기업의 사명 및 그 전략을 네 가지 관점으로 구분하여 구체적인 목표를 제시하고 각각에 대한 중점추진방안과 그 측정지표를 설정한다. 즉 BSC에서 기업의 사명과 전략은 네 가지 관점에서의 목표들로 표현되고, 각 목표의 달성 정도는 세부지표에 의해 측정되며 전략적 중요도에 따라 세부지표에 가중치가 주어져 종합지표가 산출된다. 그리고 각 지표의 현재 수준은 향후 도달하고자 하는 목표 수준과 비교된다.

다음에 제시하는 BSC [예시]를 구체적으로 표현하면, 「종업원의 기능 향상 - 피연수인원의 확대」는 「품질 및 생산성의 향상 - 수율 증가」를 가져오고, 「품질 및 생산성의 향상 - 수율 증가」는 「고객만족 증가 - 고객만족도 향상」을 가져오며, 「고객만족 증가 - 고객만족도 향상」은 궁극적으로 「주주가치 증가 - 매출 증가 및 영업이익 증가」를 가져온다. 이와 같은 측정지표 간의 인과관계를 통해 전략을 수행해 나가는 과정을 보여주는 표를 **전략지도** 또는 **전략체계도**(strategy map)라고 한다. 또한 이와 같은 점에서 측정지표들은 전략 수행에 도움이 되도록 관점별 목표 달성 여부를 잘 보여주는 핵심성과지표(KPI)들로 구성되어야 할 것이다.

BSC - 제조기업(예시)

목 표		측정지표	중점추진방안	목표성과	실제성과
재무적 관점	주주가치 증가	생산성향상에 의한 영업이익 증가 성장에 의한 영업이익 증가 매출 증가	원가절감 고객과의 유대관계 강화 신규고객 개발		
고객의 관점	시장점유율 증가 고객만족 증가	시장점유율 신규 고객수 고객만족도 조사	향후의 고객욕구 파악 신규시장 개척 고객지향적인 영업 강화		
내부 경영 관점	생산설비능력 개선 품질 및 생산성 향상 고객배송시간 단축	개선된 설비생산율 수 율 배송시간	설비개선팀 조직 및 가동 공정문제점 파악 및 품질개선 배송과정 개선		
학습과 성장의 관점	종업원의 기능 향상 종업원의 조직목표 이해 정보시스템 향상	피연수인원 확대 종업원 이해도 조사 공정개선사항 즉시 반영도	연수프로그램 운영 관리자의 지속적인 지도 비-온라인 자료처리부분 제거		

예제

(주)한국은 균형성과표(BSC)를 활용하여 경영진을 평가하여 보상한다. 이를 위해 각 경영자에게 지급할 보너스는 다음 네 가지 성과측정치와 연계하여 최종적으로 결정한다.

① 고객만족도지수(CSI) ② 종업원만족도지수(ESI)

③ 지역사회기여도지수(CCI) ④ 재무성과지수(FPI)

이 기업은 매년 여론조사기관에 의뢰하여 고객, 종업원 및 지역주민을 대상으로 설문조사를 실시한 결과에 입각하여 고객만족도지수(CSI), 종업원만족도지수(ESI), 지역사회기여도지수(CCI)를 산출하게 되며, 이들은 모두 %지수이다. 재무성과는 해당 회계연도의 영업현금흐름(CFFO)을 활용하며, 이를 %지수인 재무성과지수(FPI)로 전환하기 위해 다음 산식을 이용한다.

$$FPI = -300 + 0.075 \times CFFO$$

경영진은 고객만족도, 종업원만족도 및 지역사회기여도의 개선을 위해 각 영역별로 매년 추가로 지출할 금액을 결정한다. 경영진은 각 영역(고객, 종업원 및 지역사회)에 대해 추가적 지출을 전혀 하지 않는 경우 2012 회계연도의 영업현금흐름(CFFO)을 ₩4,800으로 예상하고 있다. 각 영역별 추가 지출액은 해당 영역의 지수를 개선할 뿐만 아니라 기업의 영업현금흐름(CFFO)을 증가시킬 것으로 기대된다. 이 기업이 2012 회계연도 중 영역별로 ₩100, ₩200, ₩300, ₩400, ₩500, ₩600 중 하나의 금액을 추가로 지출할 경우, 해당 영역에서 (ⅰ) 예상되는 달성가능한 지수와 (ⅱ) 당기 영업현금흐름(CFFO)의 증가액은 다음과 같다.

지출액	고 객		종업원		지역사회	
	CSI	CFFO	ESI	CFFO	CCI	CFFO
₩100	60%	₩240	75%	₩140	40%	₩150
200	75%	320	80%	260	50%	300
300	80%	420	85%	300	60%	450
400	85%	500	90%	360	70%	600
500	90%	580	95%	400	80%	800
600	95%	660	100%	420	90%	800

예를 들어, 이 기업이 2012 회계연도 중 종업원관련활동에 ₩600을 추가로 지출하게 되면 종업원만족도지수(ESI)는 100%를 달성할 수 있으며, 영업현금흐름은 ₩420만큼 증가하지만 순영업현금흐름은 ₩180(= ₩600 - ₩420)만큼 감소할 것으로 예상된다. 2012 회계연도 중 각 영역에 지출가능한 금액은 최대 ₩600이며, 세 영역에 대해 지출가능한 총금액은 ₩1,800이다. (주)한국은 각 경영자의 보너스를 결정하기 위한 최종 BSC점수로 네 가지 지수인 고객만족도지수(CSI), 종업원만족도지수(ESI), 지역사회기여도지수(CCI) 및 재무성과지수(FPI)를 산출평균한 값을 이용한다.

물음 (2012 회계사)

1. (주)한국의 경영진은 2012 회계연도 재무성과지수를 극대화하고자 한다고 가정하자.
   1) 이 경우 경영진이 각 영역별로 추가로 지출하여야 하는 금액을 결정하시오.
   2) 이 경우 예상되는 BSC점수를 계산하시오.
2. (주)한국의 경영진은 자신들이 수행하게 될 2012 회계연도 보너스를 극대화하고자 한다고 가정하자.
   1) 이 경우 경영진이 각 영역별로 추가로 지출하여야 하는 금액을 결정하시오.
   2) 이 경우 예상되는 BSC점수를 계산하시오.

해답

1. 1) 재무성과지수를 극대화하기 위한 추가지출 금액

고 객				종업원				지역사회			
CSI	CFFO	지출액	차액	ESI	CFFO	지출액	차액	CCI	CFFO	지출액	차액
60%	₩240	₩100	₩140	75%	₩140	₩100	₩40	40%	₩150	₩100	₩50
75%	320	200	120	80%	260	200	60	50%	300	200	100
80%	420	300	120	85%	300	300	0	60%	450	300	150
85%	500	400	100	90%	360	400	- 40	70%	600	400	200
90%	580	500	80	95%	400	500	- 100	80%	800	500	300
95%	660	600	60	100%	420	600	- 180	90%	800	600	200

구 분	지출액	순영업현금흐름 증가액
고 객	₩100	₩240 - ₩100 = ₩140
종업원	200	₩260 - ₩200 = 60
지역사회	500	₩800 - ₩500 = 300
		₩500

2) 예상 BSC점수

재무성과 : - ₩300 + 0.075×(₩4,800 + ₩500) = 97.5(즉 0.975)

BSC점수 : (0.6 + 0.8 + 0.8 + 0.975)÷4 = 0.79375

2. 1) 보너스를 극대화하기 위한 추가지출 금액

고 객				종업원				지역사회			
CSI	CFFO	지출액	차액	ESI	CFFO	지출액	차액	CCI	CFFO	지출액	차액
60%	₩240	₩100	₩140	75%	₩140	₩100	₩40	40%	₩150	₩100	₩50
75%	320	200	120	80%	260	200	60	50%	300	200	100
80%	420	300	120	85%	300	300	0	60%	450	300	150
85%	500	400	100	90%	360	400	- 40	70%	600	400	200
90%	580	500	80	95%	400	500	- 100	80%	800	500	300
95%	660	600	60	100%	420	600	- 180	90%	800	600	200

구 분	지출액	순영업현금흐름 증가액
고 객	₩600	₩660 - ₩600 = ₩60
종업원	500	₩400 - ₩500 = (100)
지역사회	600	₩800 - ₩600 = 200
		₩160

* 종업원만족도지수는 차선책으로 100%(- ₩180의 차액)가 아닌 95%(- ₩100의 차액)를 선택한다. 종업원만족도지수 100%를 선택하게 되면, 순영업현금흐름 증가액이 (₩160이 아닌) ₩80이 되기 때문이다.

2) 예상 BSC점수

재무성과 : - ₩300 + 0.075×(₩4,800 + ₩160) = 72(즉 0.72)

BSC점수 : (0.95 + 0.95 + 0.9 + 0.72)÷4 = 0.88

※ ※

형성평가

[문 1] A사업부에서는 두 개의 부문으로 영업활동을 수행하고 있는데, 특정 기간에 대한 이들 부문의 재무성과이다.

	제1부문	제2부문	계
매출액	₩10,000,000	₩15,000,000	₩25,000,000
- 변동비	5,000,000	6,000,000	11,000,000
= 공헌이익(Ⅰ)	₩5,000,000	₩9,000,000	₩14,000,000
- 통제가능 고정비	3,000,000	2,000,000	5,000,000
= 공헌이익(Ⅱ)	₩2,000,000	₩7,000,000	₩9,000,000
- 추적가능 고정비	2,000,000	3,000,000	5,000,000
= 공헌이익(Ⅲ)	₩0	₩4,000,000	₩4,000,000
- 공통비 배분액*			1,000,000
= 영업이익			₩3,000,000

* 고정비 중에서 통제불능 및 추적불능 고정원가를 일정 기준에 의하여 각 사업부별로 배분한 결과임.

물음 (2012 회계사 유사)

1. 타 부문에 비교하여 A사업부 경영자의 성과를 평가하고자 한다. 성과평가의 기준이 되는 이익 금액은 얼마인가?
2. A사업부를 폐쇄한다면, 기업 전체에 미치는 영향은 어떻게 나타나겠는가?

[문 2] 甲과 乙의 두 가지 부문을 운영하면서 상품매매활동을 수행하고 있다. 매월 동일한 수준의 영업활동 규모를 유지하고 있으며, 월간 영업활동에 대한 평균 추정자료이다.

	甲부문	乙부문	계
매출액	₩8,000,000	₩12,000,000	₩20,000,000
- 변동비	3,200,000	8,400,000	11,600,000
= 공헌이익	₩4,800,000	₩3,600,000	₩8,400,000
- 부문고정비	2,000,000	4,000,000	6,000,000
= 부문공헌이익	₩2,800,000	(₩400,000)	₩2,400,000
- 공통고정비	400,000	600,000	1,000,000
= 영업이익(손실)	₩2,400,000	(₩1,000,000)	₩1,400,000

<추가자료>

(1) 매출액을 기준으로 하여 공통고정비를 부문별로 배부하고 있으며, 어느 부문을 제거하더라도 그 부문의 고정비 중에서 1/4은 고정적으로 발생한다.

(2) 乙부문을 제거하면 甲부문의 판매량이 10% 감소하게 되지만, 甲부문의 제거 여부는 乙부문에 아무런 영향을 미치지 않는다.

물음

1. 현재 영업손실을 나타내고 있는 乙부문을 제거할 경우, 기업 전체의 월간 영업이익에는 어떤 영향이 초래되겠는가?
2. 乙부문의 수익성을 제고시키기 위해서 연간 ₩6,000,000의 비용을 투입하여 판매촉진활동을 전개할 경우에, 乙부문의 판매량은 10% 증가한다. 그 결과 乙부문의 월간 영업이익은 어떻게 변동되겠는가?

[문 3] 다음 자료를 이용한다. 부문관리자의 통제가능원가는 얼마로 집계되는가?

매출액	₩25,000,000
매출원가	13,000,000
판매관리비	6,000,000

(1) 매출원가의 70%는 변동제조원가이며, 고정제조원가는 전부 생산설비의 감가상각비이다.

(2) 변동판매관리비는 매출액의 10%이다. 한편, 고정판매관리비 중에서 60%는 매장임차료이고, ₩1,000,000은 기업 전체의 공통비를 당해 부문에 배부한 할당액이다. 고정판매관리비의 나머지는 광고비로서 지출된 것이다.

(3) 매장임차료는 매년 부문관리자가 영업실적에 따라 계약체결하고, 광고비는 부문관리자가 연 ₩1,000,000의 범위내에서 그 지급여부 및 금액의 크기를 결정하고 있다.

[문 4] 단일 제품을 생산·판매하고 있는 (주)장안의 4월 한 달에 관한 자료는 다음과 같다. 판매관리비는 없다고 가정한다.

	실제결과	변동예산차이	변동예산	매출조업도차이	고정예산
생산량 및 판매량	10,000개	?개	?개	?개	(⑨)개
매출액	(①)	₩1,000(불리)	(⑤)	?	₩38,540
변동제조원가	(②)	?	(⑥)	?	(⑩)
공헌이익	(③)	?	(⑦)	?	(⑪)
고정제조간접비	(④)	?	₩9,500	?	(⑫)
영업이익	₩5,000	?	(⑧)	?	(⑬)

단일 제품 1개당 실제 판매가격 : ₩4
단일 제품 1개당 실제 변동제조원가 : ₩2.5
단일 제품 1개당 예산공헌이익 : ₩1.65

물음

1. 제시된 [표]를 완성하시오.
2. 실제 영업이익 ₩5,000이 예산상 영업이익과 다른 이유를 설명하고, 판매부문과 생산부문의 책임을 구체적으로 계산해 보시오.

[문 5] 다음 물음에 답하시오. 특별한 가정이 없는 한 각 물음은 상호 독립적이다.

<기본 자료>

(주)세무는 제품 A를 생산 판매하고 있다. (주)세무는 안정적 시장환경을 가지고 있어 매년 4,500단위의 제품 A 생산 판매량을 기준으로 예산을 편성하고 있으며, 매 연도에 실제 생산된 제품 A는 각 연도에 모두 판매된다. 다음은 (주)세무의 20×1년 초 예산편성을 위한 기초자료이다.

단위당 판매가격	₩200
단위당 변동매출원가	
직접재료원가	40
직접노무원가	25
변동제조간접원가	15
단위당 변동판매관리비	50
고정제조간접원가(총액)	₩135,000
고정판매관리비(총액)	78,000

물음 (2022 세무사)

1. 다음은 20×1년 변동원가계산을 기준으로 한 (주)세무의 실제 공헌이익손익계산서(일부)이며, 동 기간 동안 제품 A 4,200단위를 생산 판매하였다. ① 매출조업도차이, ② 변동예산차이는 각각 얼마인가? (단, 금액 뒤에 유리 또는 불리를 반드시 표시하시오.)

매출액	₩924,000
변동원가	
변동매출원가	344,400
변동판매관리비	201,600
공헌이익	₩378,000
고정원가	
고정제조간접원가	140,000
고정판매관리비	80,000
영업이익	₩158,000

2. <기본 자료>와 [물음1]의 자료를 같이 이용한다. (주)세무는 표준원가를 이용하여 예산을 편성하며, 제조간접원가는 직접노무시간을 기준으로 배부한다. 20×1년 제품 A의 단위당 표준직접노무시간은 1시간이다. 20×1년 제조간접원가의 능률차이는 ₩1,500(불리), 소비차이는 ₩3,500(불리)으로 나타났다. 20×1년 ① 실제 발생한 직접노무시간, ② 변동제조간접원가 실제발생액은 각각 얼마인가?
3. <기본 자료>와 같은 상황에서 20×1년 초 (주)세무는 기존 제품라인에 제품 B를 추가할 것을 고려하고 있다. 제품 B를 추가 생산 판매하더라도 제품 A의 단위당 예산판매가격과 예산변동원가는 동일하게 유지될 것으로 예측된다. 제품 B의 단위당 예산공헌이익은 ₩80이며, 제품 A와 B의 예산판매량 기준 배합비율은 7 : 3이다. 이 경우 제품 A의 예산상 손익분기점 수량은 4,067단위이다. 제품 B의 추가생산 판매로 인해 예산상 고정원가는 얼마나 증가하는가?
4. <기본 자료>와 같은 상황에서 제품 A의 직접재료 수량표준은 2kg이다. 20×1년 초 직접재료의 기초재고는 700kg이며, 기말재고는 차기연도 예산판매량의 10%를 생산할 수 있는 직접재료수량을 보유하고자 한다. 20×1년 초 (주)세무의 기초재공품은 150단위(가공원가 완성도 30%)이다. 기말재공품은 100단위(가공원가 완성도 20%)를 보유하고자 한다. 직접재료는 공정초에 모두 투입되며, 가공원가는 전체공정에 걸쳐 균등하게 발생한다. 20×1년 (주)세무의 직접재료구입예산(금액)은 얼마인가?

[문 6] (주)한국연수원은 다양한 강좌를 개설하여 운영하고 있다. 이와 관련하여 연수원 관리자는 연수원 운영에 대한 월별 예산편성과 성과보고서 작성을 위해 다음 두 가지 원가동인을 식별하였다.

(1) 매월 개설된 강좌 수
(2) 매월 개설된 모든 강좌에 등록된 학생의 수

(주)한국연수원에서 매월 예상하는 원가 및 비용 관련 자료는 다음과 같다.

구 분	강좌당 변동비	학생당 변동비	월 고정비
강사료	₩3,000	-	-
강의실 소모품비	-	₩260	-
임차료와 보험료	-	-	₩6,300
기타일반관리비	145	4	4,100

20×1년 2월 초 3개의 강좌가 개설되며 총 45명의 학생이 등록할 것으로 예상된다. 또한 각 강좌에 등록한 학생 1인당 평균 ₩800의 수익이 예상된다. 20×1년 2월에 실제로 3개의 강좌가 개설되었으나, 3개의 강좌에 실제로 등록한 학생 수는 총 42명이었다. (주)한국연수원의 20×1년 2월 실제 운영결과는 다음과 같다.

구 분	실제 결과
총수익	₩32,400
강사료	9,000
강의실 소모품비	8,500
임차료와 보험료	6,000
기타 일반관리비	5,300

물음 (2017 회계사)

20×1년 2월 말 작성한 성과보고서에 포함되는 영업이익 변동예산차이(유리 또는 불리)는?

[문 7] (주)강남은 석유정제물 A와 B를 혼합하여 완성품甲을 제조·판매하는데, 이를 제조하기 위한 표준원가는 다음과 같다.

50리터의 석유정제물(A)	(@₩0.1)	₩5
50리터의 석유정제물(B)	(@₩0.3)	₩15
100리터의 표준배합(甲)	(@₩0.2)	₩20

투입량 100리터마다 완성품인 甲 80리터를 산출하여야 한다. 생산담당자는 최소원가로 최대량의 완성품을 생산하여야 할 의무가 있다. 그는 완성품이 규정된 품질을 충족시키는 한 어떤 일정한 범위 내에서 원재료의 배합을 변경시킬 수 있는 권한을 가지고 있다. 지난 주에 제품甲 400,000리터가 실제로 생산되다. 이와 같은 제조에 사용된 원재료는 A 280,000리터와 B 240,000리터이다. 이 기간에 가격변동은 없었다.

물음

재료배합차이와 재료수율차이는 각각 얼마인가?

[문 8] 동남컨설팅의 모든 컨설팅용역은 책임연구원 1명과 보조연구원 2명이 수행하고 있다. 동남컨설팅의 컨설팅용역 수행에 관한 20×1년 1월과 2월의 예산과 실제 자료는 다음과 같다.

구 분	책임연구원 1명당	보조연구원 1명당
시간당 예산공헌이익	₩100,000	₩50,000
매월 예산투입시간	140시간	180시간
1월 실제투입시간	?	171시간
2월 실제투입시간	?	153시간

동남컨설팅의 모든 연구원이 컨설팅용역을 수행하는데 실제 투입한 총시간은 20×1년 1월과 2월에 각각 450시간씩인 것으로 파악되었다.

물음 (2011 회계사)

컨설팅용역 수행에 투입된 시간에 의할 경우, 공헌이익을 기준으로 계산한 책임연구원과 보조연구원의 1월과 2월 매출배합차이는 각각 얼마인가?

[문 9] 기업은 두 종류의 제품을 생산한다. 20×2년의 예산 및 실제자료는 다음과 같다. 20×1년 후반기에 시장조사기업이 20×2년의 시장규모를 800,000개로 추산하다. 20×2년의 실제 시장규모는 700,000개이었다.

	고정예산			실제결과		
	A제품	B제품	합 계	A제품	B제품	합 계
매출(개)	20,000	60,000	80,000	25,200	58,800	84,000
공헌이익	₩10,000,000	₩24,000,000	₩34,000,000	₩11,970,000	₩24,696,000	₩36,666,000

물음 (2025 회계사 유사, 2016 회계사 유사)

1. 매출배합차이와 매출수량차이를 계산하시오.
2. 시장점유율차이와 시장규모차이를 계산하시오.

[문 10] 나이스안테나(주)는 20×6년 중에 경쟁업체 제품에 비하여 수신능력이 우수하고 크기가 작은 GPS 안테나를 개발하였으며, 20×7년부터 이 제품을 휴대폰 단말기 제조업체에 판매할 계획이다. 당사의 컨트롤러는 신설되는 안테나사업부에 표준원가계산제도를 적용하고자 한다. 20×7년 초에 안테나의 표준원가를 설정하기 위해 생산 및 판매활동에 대한 예산자료를 수집하다.

항 목	예산자료
직접재료비	GPS 안테나는 단일공정에서 생산된다. 안테나 1개를 생산하기 위해서는 공정 초에 15g의 실리콘(실리콘 1g당 표준가격은 ₩20)을 투입하여 가공한다. 공정의 50% 시점에서 품질검사를 실시하는데, 기술팀의 제안에 따라 합격품의 10%를 정상공손으로 간주한다. 모든 공손품은 발생 즉시 폐기된다. 품질검사를 통과한 직후 합격품 1개당 2개의 전극(전극 1개당 표준가격은 ₩50)이 부착된다.
직접노무비	GPS 안테나 1개를 생산하기 위해서는 1.5시간의 직접노무시간이 필요하다. 직접노무비 표준임률은 시간당 ₩40이다. 직접노무비는 공정 중에 균등하게 발생한다.
제조간접비	제조간접비 배부기준은 직접노무시간이다. 변동제조간접비 표준배부율은 직접노무비 표준임률의 50%로 예상된다. 20×7년의 고정제조간접비 예산은 ₩9,600이고, 예정생산량은 기준조업도 수준인 320개이다. 제조간접비는 공정 중에 균등하게 발생한다.
판매활동	20×7년 당사 제품의 전체 시장규모는 2,000개로 추정되며, 예정생산량을 전부 판매할 수 있을 것으로 보고 있다. 개당 예상 판매가격은 ₩650이고, 판매활동과 관련하여 변동비는 단위당 ₩15, 고정비는 ₩1,500이 발생할 것으로 예상된다.

물음 (2007 회계사, 2021 회계사 유사)

1. 다음 양식을 참고하여 안테나사업부의 제품 단위당 표준원가를 설정하시오. 표준원가는 원가요소별로 수량표준과 가격표준이 제시되고, 정상공손이 반영되어야 한다.
(답안양식 예시)

원가항목	수량표준	가격표준	개당 표준원가
×××	×××	×××	×××

2. [물음1]에서 구한 표준원가를 이용한다. 20×7년 중에 350개를 완성하였으며, 공손품이 발생하였다. 기말재공품의 (가공비)완성도는 80%이었다. 다음은 완성품 환산량을 계산한 결과의 일부

이다. 표준원가계산에 의하여 (1) 기말재공품원가와 (2) 비정상공손원가를 구하시오. 단, 정상공손원가는 합격품에 배부하고 비정상공손원가는 기타비용으로 처리한다.

구 분	물량단위	완성품 환산량		
		실리콘	전 극	가공비
완성품	350개	350개	?	350개
정상공손품	?	?	?	?
비정상공손품	?	?	?	?
기말재공품	50개	?	?	?
계	450개	?	?	?

3. [물음1] 및 [물음2]와 관계없이 표준원가는 다음과 같으며, 판매활동에 관한 예산은 주어진 자료를 활용한다. 20×7년 실제 판매량은 300개이었고, 개당 판매가격은 ₩700이었다. 판매활동과 관련하여 변동비는 단위당 ₩17, 고정비는 ₩1,400이 발생하였다. 연말 시장조사기관의 보고에 의하면 실제 시장규모는 2,500개이었다.

항 목	개당 표준원가
직접재료비	₩350
직접노무비	50
변동제조간접비	50
고정제조간접비	50
계	₩500

안테나사업부에 대해 다음을 계산하시오. 단, 모든 차이에는 유리 혹은 불리 여부가 표시되어야 한다.

1) 매출가격차이와 매출수량차이
2) 시장점유율차이와 시장규모차이

[문 11] (주)국세는 사무용 복사기와 가정용 복사기를 판매한다. (주)국세는 20×1년 복사기 시장규모가 800,000대일 것으로 예측했으나, 실제 시장규모는 700,000대로 집계되다. 20×1년 예산과 실제 결과에 대한 자료가 다음과 같다.

<20×1년 예산>

제품종류	판매단가	단위당 변동원가	판매수량 및 비율	
			수 량	비 율
사무용	₩1,200	₩700	20,000대	25%
가정용	900	500	60,000대	75%
합 계			80,000대	100%

<20×1년 실제 결과>

제품종류	판매단가	단위당 변동원가	판매수량 및 비율	
			수 량	비 율
사무용	₩1,100	₩625	25,200대	30%
가정용	820	400	58,800대	70%
합 계			84,000대	100%

물음 (2011 세무사, 2020 세무사 유사)

(주)국세의 시장점유율차이는 얼마인가?

[문 12] (주)한국컨설팅은 20×1년 8월 초 첫 3주간에 걸쳐 매주 토요일마다 개인투자자를 대상으로 투자설명회를 기획하고 있다. (주)한국컨설팅은 투자전문기관과의 계약을 통해 강사 및 콘텐츠를 제공받을 계획이며, 3주간 매주 토요일의 투자설명회 개최횟수와 투자전문기관에 대한 보수 지급방법과 관련하여 다음의 4가지 대안을 고려 중이다.

대안	일별 투자설명회 개최횟수	전체 투자설명회와 관련된 투자전문기관에 대한 보수 지급방법
1	오전 1회	고정보수 ₩4,000,000 지급
2	오전 1회	고정보수 ₩1,200,000에 투자설명회 수익총액*의 30%를 가산한 금액 지급
3	오전 1회와 오후 1회	고정보수 ₩5,600,000 지급
4	오전 1회와 오후 1회	고정보수 ₩2,000,000에 투자설명회 수익총액*의 30%를 가산한 금액 지급

* 투자설명회 수익총액 = 1인당 참가비×참가인원수

(주)한국컨설팅이 투자전문기관에 지급하는 보수 이외의 기타 예상원가는 다음과 같다.

구 분	예상원가
소모성 경비	투자설명회 참가자 1인당 ₩100
지원인력 인건비	투자설명회 1회당 ₩520,000
강연장 임차료	3일간의 투자설명회에 대해 ₩1,200,000
기타관리비	3일간의 투자설명회에 대해 ₩480,000

(주)한국컨설팅은 현재 기획 중인 3일간의 투자설명회 강연장 확보를 위해 투자설명회 개시 한 달 전에 해지불능 조건으로 임차계약을 체결하여야 한다. 위에서 언급한 지원인력의 업무는 매회의 투자설명회가 끝나게 되면 종료된다. (주)한국컨설팅이 개최하는 투자설명회 1회당 참가가능인원은 총 1,200명이며 1인당 참가비는 ₩3,000이다. 투자설명회 참가인원수는 다음과 같이 추정되었다. 만약 3주간 매주 토요일마다 매일 1회 오전 투자설명회만 개최하는 경우 참가인원 수는 회당 1,000명으로 예상되며, 매일 2회 투자설명회를 개최하는 경우 오전에는 회당 700명, 오후에는 회당 900명이 참가할 것으로 예상된다.

물음 (2016 회계사)

1. (주)한국컨설팅이 8월 초 첫 3주간에 걸쳐 매주 토요일마다 오전 1회 투자설명회를 개최하기로 투자전문기관과 계약을 체결한다고 하자. 이 경우 (주)한국컨설팅이 전체 투자설명회에 대해 고정보수 ₩4,000,000을 지급하는 방법([대안 1])과 고정보수 ₩1,200,000에 투자설명회 수익총액의 30%를 가산하여 지급하는 방법([대안 2]) 중 어느 보수 지급방법이 (주)한국컨설팅에 유리한가?
2. (주)한국컨설팅이 8월 초 첫 3주간에 걸쳐 매주 토요일마다 오전과 오후 2회 투자설명회를 개최하기로 투자전문기관과 계약을 체결한다고 하자. 이 경우 (주)한국컨설팅이 전체 투자설명회에 대해 고정보수 ₩5,600,000을 지급하는 방법([대안 3])과 고정보수 ₩2,000,000에 투자설명회 수익총액의 30%를 가산하여 지급하는 방법([대안 4]) 중 어느 방법을 선택하는 지에 관계없이 동일한 수준의 이익을 창출해주는 참가인원수를 계산하고, 이 인원수를 초과하는 경우 두 보수 지급방법 중 어느 방법이 (주)한국컨설팅에 유리한가?
3. (주)한국컨설팅이 8월 초 첫 3주간에 걸쳐 매주 토요일마다 개최하는 투자설명회로부터 예상되는 이익을 극대화하기 위해 위에서 언급한 4가지 대안 중 어느 대안을 선택하여야 하는가? 이 경우 예상되는 최대이익은 얼마인가?

[문 13] (주)대한은 사업부 A와 B로 구성되어 있고, 각 사업부는 이익중심점으로 운영된다. 사업부 A는 동일한 기계를 이용하여 성능이 다른 두 종류의 제품 X와 Y를 생산하며, 각 제품과 관련된 자료는 다음과 같다.

항 목	제품X	제품Y
단위당 판매가격	₩40	₩7
단위당 직접재료원가	₩5	₩2
단위당 기타 변동제조원가	(단위당 1시간, 시간당 ₩10) ₩10	(단위당 0.2시간, 시간당 ₩10) ₩2
연간 외부수요량	20,000단위	30,000단위

<주> 상기 표에서 시간은 기계시간을 의미함

사업부A의 연간 고정제조간접원가는 ₩200,000이고, 연간 이용 가능한 기계시간은 25,000시간이다. 사업부B는 제품Q를 생산한다. 제품Q 1단위를 생산하기 위해서는 외부업체로부터 특수부품S 1단위를 단위당 ₩40에 구매해야 한다. 제품Q와 관련된 자료는 다음과 같다.

항 목		제품Q
단위당 판매가격		₩100
단위당 직접재료원가	특수부품S	40
	일반부품G	10
단위당 기타 변동제조원가		20
연간 외부수요량		3,000단위

사업부B의 연간 고정제조간접원가는 ₩30,000이다. 사업부B는 외부수요를 충족할 만큼 충분한 생산능력을 갖추고 있다.

최근에 (주)대한의 생산기술부서는 제품Q를 생산하기 위해 특수부품S 1단위 대신에 제품X 1단위를 투입할 수 있으며, 이러한 부품 교체가 제품Q의 단위당 판매가격, 단위당 일반부품G의 원가, 단위당 기타 변동제조원가, 외부수요량에 미치는 영향은 없다고 보고하였다. (주)대한은 생산기술부서의 보고를 토대로 특수부품S를 사업부A의 제품X로 교체하는 방안을 고려하고 있다.

물음 (2019 회계사)

1. 특수부품S를 사업부A의 제품X로 교체할 경우, 기업 전체의 영업이익은 얼마나 증가 또는 감소하는가?
2. 특수부품S를 사업부A의 제품X로 교체할 경우, 사업부A가 현재의 영업이익을 감소시키지 않기 위해 사업부B에 제시할 수 있는 제품X의 단위당 최소판매가격은 얼마인가?

[문 14] 단일 제품 K를 생산하고 있다.

	변동원가	고정원가
직접재료비	₩20,000,000	-
직접노무비	15,000,000	-
제조간접비	7,000,000	₩4,200,000
판매관리비	3,000,000	4,800,000
	₩45,000,000	₩9,000,000

당기 중에 300,000단위의 제품 K를 생산하였으며, 이 제품은 단위당 ₩200으로 외부에 판매되고 있다. 투자액은 연초와 연말에 각각 ₩50,000,000과 ₩70,000,000이며, 투자에 대한 연간 수익률을 평균투자액의 15%로 확보하는 것을 목표로 하고 있다.

물음

1. 투자수익률은 얼마인가?
2. 잔여이익 또는 잔여손실은 얼마인가?
3. 내년도에 350,000단위의 제품 K를 생산하고자 한다. 내년 제품 K 생산과 관련된 총원가의 예상발생액은 얼마인가? 단, 현재의 제조여건과 투자액의 변동은 없다고 가정한다.

[문 15] A부문이 한 해 동안 영업한 결과를 다음과 같이 집계하다. A부문은 원가 ₩3,000,000의 기계장치 1대를 새로 구입한 것을 계획하고 있는데, 이 기계가 구입되면 A부문에서의 연간 발생비용은 ₩1,200,000만큼 감소될 것으로 기대되고 있다. 기계의 감가상각은 정액법에 의하여 수행하되, 잔존가치는 없으며 내용연수는 5년이다.

매출액	₩10,000,000
변동원가	6,000,000
A부문 고정원가	1,000,000
평균투자액	2,000,000
투자액에 대한 요구수익률	연 12%

물음

1. 새로운 기계장치의 구입이 있기 이전에, A부문의 투자수익률은 얼마인가?
2. 새로운 기계장치의 구입이 있기 이전에, A부문의 잔여이익은 얼마인가?
3. 새로운 기계장치의 구입이 이루어질 때, 이 투자안에 대한 회계적 이익률은 얼마인가?
4. 새로운 기계장치의 구입이 이루어질 때, 이 투자액에 대한 회수기간은 얼마인가?

[문 16] 단일 종류의 A제품을 생산하고 있는데, A제품의 단위당 판매가격은 정상조업도를 기준으로 하여 설정하고 있다. 기준이 되는 정상조업도의 수준은 과거에도 거의 변동이 없었으며, 향후에도 재료비·노무비 등의 원가요소나 A제품 수요의 급격한 변화가 없는 한 일정하게 유지될 수 있을 것이다. 또한 판매가격의 설정시에는 투하자본에 대한 요구수익이 순이익으로 확보될 수 있도록 가격정책을 수립하고 있다. 정상조업도 수준에서 이와 같은 가격설정을 위한 자료는 다음과 같다. 투하자본에 대한 요구수익을 확보하기 위하여 일정액의 매출액을 실현하여야 한다.

직접재료비(단위당)	₩3,000
직접노무비(단위당)	₩3,600
고정제조간접비(연간)	₩1,500,000
정상조업도(생산량)	연간 1,000개
투하자본	₩1,350,000
투하자본에 대한 요구수익률	연 25%

물음

1. 요구수익률을 확보하는데 필요한 연간 순이익은 얼마인가?
2. 연간 매출액순이익률은 얼마의 크기로 계산되는가?
3. A제품의 단위당 판매가격은 얼마인가?

[문 17] 이익중심점으로 영업하고 있는 두 개 사업부를 운영하고 있다.

	A사업부	B사업부
영업자산	₩200,000	₩1,000,000
유동부채	50,000	300,000
영업이익	40,000	150,000

이 기업의 자금원천은 공정가치 ₩700,000 및 이자율 10%인 장기부채와 공정가치 ₩700,000 및 자본비용 14%인 자기자본의 두 가지이다. 법인세율은 40%이다. 이 기업은 각 사업부가 동일 위험에 직면하기 때문에 동일한 가중평균자본비용을 적용한다.

물음 (2010 세무사 유사)

1. 가중평균자본비용은 얼마인가? 그리고 경제적 부가가치를 계산하시오.
2. 각 사업부의 투자수익률 및 잔여이익은 각각 얼마인가? (단, 각 사업부에 대한 요구수익률은 10%라고 가정한다)

[문 18] 교육기자재 도매업을 하고 있다. 지점에 근무하는 사업부장은 고객을 다음과 같이 A, B C로 구분하여 관리한다.

	고객A	고객B	고객C	계
매출액	₩6,000	₩4,000	₩5,000	₩15,000
- 매출원가	4,500	3,000	3,750	11,250
= 매출총이익	₩1,500	₩1,000	₩1,250	₩3,750
- 영업비용				
운반비용	70	70	25	165
주문처리비용	80	130	30	240
감가상각비	50	60	40	150
임차료	100	140	160	400
고객유지비	140	150	20	310
포장비용	60	200	25	285
일반관리비	120	80	100	300
본사 관리비	180	120	150	450
계	800	950	550	2,300
= 영업이익	₩700	₩50	₩700	₩1,450
투하자본	₩3,900	₩2,000	₩6,100	₩12,000

<추가자료>

· 운반비용의 원가동인은 각 고객에 대한 수송비로서 고객당 선적횟수에 비례한다.
· 주문처리비는 각 고객으로부터 들어오는 구매주문서수에 비례한다.
· 감가상각비는 전액 제품수송을 위한 특수기계의 감가상각비이며, 각 고객별로 각기 다른 기계를 사용하나 해당 고객이 없을 경우 당 기계의 처분가치는 없다.
· 지점은 연간 일시불로 창고 임차료를 지불하며, 창고내의 각 고객에 대한 제품의 점유면적비율로 각 고객에게 배분한다.
· 지점은 각 고객에 대한 매출액의 일정비율로 고객유지비를 책정하며, 이 비용은 각 고객별로 각기 사용된다.
· 각 고객에 대한 제품 발송시 소요되는 상자수에 비례하여 배분된다.
· 지점영업을 위한 고정지출비용으로 각 고객별 매출액을 기준으로 배부한다.
· 본점 영업비를 각 지점에 일정액을 배부하며 지점에서는 각 고객당 매출액 비율로 배분한다.

물음 (2000 회계사)

다음은 서로 독립적이다.

1. 고객B의 영업이익이 타 고객보다 적어서 지점사업부장은 고객B와의 거래를 중단하려 한다. 이때 고객B에게 해당하는 창고 임대면적만큼을 당 지점이 임대할 수 있다고 할 때 사업부의 영업이익이 감소하지 않기 위한 최소한의 임대료는?
2. 고객B와 동일한 수익 및 원가구조를 가지는 고객D의 추가를 고려하고 있다. 단 추가적인 기계의 취득은 필요하지 않고 제품보관을 위한 임차료만 추가적으로 ₩120이 소요된다고 할 때 고객D를 추가할 것인가?
3. 고객D에 대한 의사결정과 관계없이 다른 고객E를 받아들일 것을 고려하고 있다.
   1) 사업부의 성과평가가 투자자본에 대한 투자수익률(ROIC : return of invested capital)로 이루어지고 있는데 당 지점은 고객E를 받아드릴 것인가? 고객E를 받아들이면 지점의 총영업이익은 ₩1,800이 되고 고객E에 대한 투하자본은 ₩3,200이다.
   2) 또 이 결정은 기업 전체에 어떤 영향을 미치겠는가? 단 기업 전체의 최저필수수익률은 10%이다.
4. 각 고객별로 잔여이익을 구하여라. 단 최소필수수익률은 [물음3]의 가정을 사용하라.
5. 고객A에 대한 투하자본의 구성은 타인자본비용 12%로 총자본 중 35%를 차지하고 자기자본비용 10%로 총자본 중 65%이다. 법인세율이 40%일 때 고객A의 매출액 ₩100당 경제적 부가가치는 얼마인가?

[문 19] 다음의 <기본 자료>를 이용하여 [물음]에 답하시오.

<기본 자료> (주)세무의 부품사업부는 세 종류의 부품 A, B 및 C를 생산 판매하는 이익중심점이며, (주)세무의 부품사업부가 부품 생산에 이용 가능한 직접노무시간은 연간 최대 1,800시간이다. 예산편성에 적용되는 법인세율은 20%의 단일세율이다. 부품별 판매량은 수요량과 동일하다는 가정 하에 내년도 예산 작성에 필요한 연간 매출 및 생산에 관련된 원가는 다음과 같다. (단, 별도의 언급이 없는 한, 단위당 판매가격, 단위당 변동제조원가, 총 고정제조간접원가, 부품 단위당 노무시간은 일정하게 유지된다.)

	부품 A	부품 B	부품 C	사업부 전체
단위당 판매가격	₩400	₩800	₩400	
판매량(수요량)	250단위	250단위	500단위	1,000단위
매출액	₩100,000	₩200,000	₩200,000	₩500,000
직접노무시간	500시간	700시간	600시간	1,800시간
단위당 직접재료원가	₩160	₩380	₩196	
단위당 직접노무원가	70	98	42	
단위당 변동제조간접원가	70	98	42	

부품사업부의 변동제조간접원가는 직접노무시간에 비례하여 발생하고, 연간 총 고정제조간접원가는 ₩84,600(감가상각비 ₩28,200 포함)으로 예상되며, 판매비와 관리비는 발생하지 않는 것으로 가정한다. 부품 종류에 관계없이 직접노무시간당 임률은 ₩35으로 일정하다. 한편, 부품사업부가 부품 A, B 및 C를 생산하기만 하면 전량 판매될 것으로 예상된다.

물음 (2024 세무사)

각 [물음]은 상호독립적이다. <기본 자료>를 참고하여 다음 [물음]에 답하시오.

1. 사업본부장은 성과평가를 감안하여 내년도 사업부 세후목표영업이익을 ₩51,888으로 설정하고자 한다. (단, 부품사업부의 연간 총 직접노무시간은 2,000시간까지 확대할 수 있으며, 매출배합비율은 <기본 자료>와 동일하다고 가정한다.)
   1) 내년도 사업부의 현금흐름분기점을 달성할 수 있는 매출액을 계산하시오. (단, 부품 사업부는 법인세의 환급을 신청할 수 있다고 가정한다.)
   2) 내년도 사업부의 세후목표영업이익 ₩51,888을 달성하기 위해 사업부의 매출액을 얼마만큼 증가시켜야 하는가?
2. 사업본부장은 사업부 전체 매출액을 ₩50,000 증액하여 예산을 다시 편성하기로 하였다. 최초의 예산매출액 수준(₩500,000)에서 안전한계율(margin of safety ratio)과 영업레버리지도(degree of operating leverage)를 계산하고, 이를 이용하여 매출액이 10% 증가한 경우에 예상되는 사업부의 세후현금흐름을 구하시오. (단, 부품사업부의 연간 총 직접노무시간은 2,000시간까지 확대할 수 있으며, 매출배합비율은 <기본 자료>와 동일하다고 가정한다.)
3. (주)세무의 부품사업부는 예산편성 직후에 그 동안 거래가 없던 (주)국세로부터 부품 A의 성능이 개선된 부품 D를 단위당 ₩800에 구매하겠다는 특별주문을 받았다. 이 특별주문은 전량 수락하든지 또는 거절해야 한다. 이 특별주문을 수락한 경우에도 기존부품에 대한 연간 예상수요량은 동일하다. (주)국세의 주문을 수락하면 부품 A와 부품 B의 생산에 각각 투입하던 노무시간 500시간과 70시간을 부품 D의 생산을 위한 노무시간으로 전환해야 한다. 부품 D의 단위당 직접재료원가는 ₩450이며, 단위당 노무시간은 2시간이다. 상기 주문을 수락한 경우 부품사업부의 세후영업이익이 얼마나 증가 또는 감소하는지를 계산하시오. (단, 감소의 경우 금액 앞에 '(-)'를 표시하시오.)
4. (주)세무에는 부품사업부 외에 별도의 이익중심점인 완성사업부가 있다. 완성사업부에서는 그 동안 부품사업부가 생산하는 부품 B와 유사한 부품 H를 외부에서 구입하여 완제품 생산에 사용하였다. <기본 자료>와 같은 상황에서 완성사업부가 부품사업부에 부품 H 50단위를 공급해 줄 것을 제안하였다. 부품사업부가 부품 H를 생산하기 위해서는 단지 부품 B 생산에 사용하는 직접재료 하나만 변경하면 되며, 이 경우 단위당 직접재료원가 ₩20이 추가로 발생한다. 부품사업부가 자기 사업부의 이익을 감소시키지 않으면서 완성사업부의 제안을 수락하기 위한 단위당 최소대체가격을 계산하시오. (단, 내부 대체하는 경우에도 부품 A, B와 C에 대한 기존 연간 예상시장수요량은 동일하다.)
5. (주)세무에는 부품사업부 외에 이익중심점인 완성사업부가 있다. 부품사업부가 생산방식을 변경하여 원가절감을 이루어 낸다는 가정 하에, 완성사업부는 완제품 Y 500단위 생산에 소요되는 부품 C 500단위를 단위당 변동제조원가에 ₩120을 가산하여 부품사업부로부터 공급받기로 협약하였다. 부품사업부는 이를 이행하기 위하여 부품 C의 기존 생산방식을 125단위를 1묶음(batch)으로 하는 묶음생산방식으로 변경하는 것을 검토하고 있다. 부품사업부가 부품 C를 묶음생산방식으로 생산할 경우, 직접노무시간은 80%의 누적평균시간 학습곡선모형을 따르며, 부품 C 125단위 생산과 관련된 원가는 다음과 같다.

	총원가
직접재료원가 (₩196/단위)	₩24,500
직접노무원가 (₩35/직접노무시간)	5,250
변동제조간접원가 (₩35/직접노무시간)	5,250
합 계	₩35,000

부품사업부가 부품 C를 묶음생산방식으로 생산하기로 결정하고 연간 생산계획을 수립하던 중, 완성사업부는 완제품 Y에 장착이 가능한 동일한 사양의 부품을 외부공급업자로부터 단위당 ₩380에 구입이 가능하다는 사실을 파악하였다. (주)세무의 완성사업부가 완제품 Y 생산에 필요한 부품 500단위 전량을 외부공급업자로부터 구입할 경우, 부품사업부의 묶음생산방식에 의해 생산된 부품 C를 공급받는 경우에 비하여 완성사업부의 세전영업이익이 얼마나 증가 또는 감소하는지를 계산하시오. (단, 감소의 경우 금액 앞에 '(-)'를 표시하시오.)

[문 20] (주)한국의 엔진사업부는 단일의 제품을 생산·판매하는 투자중심점이다. (주)한국의 최근 몇 해 동안의 투자수익률(ROI)은 평균 20%이며, 자본비용(즉, 최저필수수익률)은 15%이다. 다음은 20×1 회계연도 (주)한국의 엔진사업부에 관한 예산자료이다.

엔진사업부의 연간 총고정원가	₩200,000
제품 단위당 변동원가	₩100
제품의 연간 생산·판매량	1,000단위
엔진사업부에 투자된 평균영업자산	₩500,000

(주)한국의 CEO는 엔진사업부 경영자의 성과평가 측정치로 투자수익률 혹은 잔여이익을 고려 중이다. 만약 투자수익률이 채택되는 경우, 엔진사업부 경영자가 불리한 평가를 받지 않기 위해서는 20×1 회계연도에 20% 이상의 투자수익률을 달성하여야 한다. 만약 잔여이익이 채택되는 경우, 20×1 회계연도에 엔진사업부가 음(-)의 잔여이익을 창출하게 되면 유리한 성과평가를 받을 수 없게 된다.

물음 (2015 회계사)

(주)한국이 엔진사업부의 성과평가 측정치로 투자수익률 혹은 잔여이익을 사용하게 되는 각각의 경우에 대해, 엔진사업부 경영자가 20×1 회계연도에 불리한 평가를 받지 않기 위해 책정하여야 하는 제품 단위당 최소평균판매가격은 얼마인가?

[문 21] 품질원가의 측정을 위해 품질관련 활동원가를 계산하고 있다.

활 동	활동원가(또는 비용)
품질방침기획 및 선포활동	₩10
제품품질검사 및 시험활동	60
선적 전에 발견된 부적합품 재작업활동	20
원부자재 공급사 평가활동	70
반품 재작업활동	30
반품 재검사활동	80
예방적 설비보수 및 유지활동	40
품질교육 및 훈련활동	90
미래 판매기회상실에 따른 기회비용	50

물음 (2001 회계사, 2019 세무사 유사, 2011 세무사 유사)

나열된 품질관련 활동원가 중 예방원가에 포함되어야 할 금액은?

[문 22] 제조물 책임(Product Liabilities)법에 의해 국내기업들은 제품결함관련 손해배상의 부담을 안게 되었다. 그 결과 경영자들은 품질경쟁력을 높이기 위한 방안을 신중히 검토하고, 품질관리와 신제품개발에 총력을 기울여야하는 상황에 직면하게 되었다. 두 가지 형태의 냉장고를 생산·

판매하고 있는 기업도 이러한 상황을 고려하여 품질관리에 대한 전면적인 검토를 하게 되었다. 즉, 경영자는 두 가지 냉장고의 품질을 믿을 수 없어 품질관리를 위하여 원가를 계산하여 전사적 품질관리를 시도하게 되었다. 품질원가에 대한 전반적인 자료를 수집한 결과 일반적으로 품질원가는 네 가지 범주로 구분된다는 것을 파악하고, 품질원가를 요약하여 품질원가보고서를 작성하기로 하였다. 각 냉장고와 관련된 자료를 요약하면 다음과 같다.

구 분	A형	B형
생산 및 판매수량	10,000개	5,000개
단위당 판매가격	₩2,000	₩1,500
단위당 변동원가	₩1,200	₩800
설계개선에 소요된 시간	6,000시간	1,000시간
단위당 품질검사시간	1시간	0.5시간
재작업수량비율	4%	10%
냉장고당 재작업원가	₩500	₩400
고객의 요구에 따른 수선비율	3%	8%
냉장고당 수선원가	₩400	₩500
불량품으로 인하여 상실된 추정매출수량	-	300개
손해배상 추정액	₩100,000	₩50,000

품질관리와 관련하여 설계 개선에 참가한 직원과 품질검사원의 임률은 각각 다음과 같다.

설계개선에 참가한 직원	₩75(시간당)
품질검사원	40(시간당)

물음 (2002 회계사)

1. 기업의 품질원가를 네 가지 범주로 구분하여 A형과 B형 냉장고에 대한 품질원가와 매출액 대비 범주별 원가비율을 나타내는 품질원가보고서를 작성하시오(비율은 %로 나타내고, 소숫점 셋째자리에서 반올림하시오).
2. 기업의 매출액 대비 각 범주별 품질원가의 비율에 기초하여 냉장고 A형과 B형에 대한 품질원가를 비교 설명하시오.

[문 23] (주)대전은 20×1년 품질과 관련된 원가를 분류한 결과 다음과 같은 항목을 파악하다.

활 동	활동원가(또는 비용)
반품 재작업	₩100
사후처리(A/S)	150
불량재공품 재작업	100
품질교육	100
설계개선작업	200
완성품 검사	50
고객불량품 피해 손해배상	150

(주)대전의 원가담당자는 위의 항목들을 예방원가, 평가원가, 내부실패원가, 외부실패원가로 재분류한 후 구체적으로 분석한 결과, 현재 예방원가에 사용된 자원의 50%만큼을 추가로 투입하는 경우 내부실패원가를 50%, 외부실패원가를 40%씩 절감할 수 있다고 주장하다.

물음 (2010 세무사, 2020 회계사 유사, 2023 세무사 유사)

원가담당자의 주장을 수용하는 경우 이익은 얼마나 증가하는가?

[문 24] (주)세무는 에어컨을 제조하는데, 에어컨의 품질원가를 파악하기 위해 다음의 자료를 수집하였다. 예방원가, 평가원가, 내부실패원가, 외부실패원가는 각각 얼마이며, 품질원가 총액은 얼마인가? (2021 회계사)

생산판매량	6,000개
판매단가	₩1,500
단위당 변동원가	₩800
제품설계시간	1,000시간
제품설계 노무임률	₩80
단위당 시험검사시간	0.5시간
시험검사 노무임률	₩60
재작업율	10%
단위당 재작업원가	₩400
보증수리비율	5%
단위당 수리원가	₩500
품질로 인해 상실된 추정판매량	400개

[문 25] (주)한야의 영업팀은 활동원가에 근거하여 고객의 수익성을 평가한다. 당기에 주문처리와 고객관리를 위해 수행한 활동 및 원가자료는 다음과 같다. 긴급주문처리를 위해서는 통상적인 주문처리원가에 추가하여 1회당 ₩100의 원가가 발생한다.

활동 및 원가항목	원 가
주문처리	₩70/1회 주문
긴급주문처리를 위한 추가원가	₩100/1회 긴급주문
고객상담	₩450/1회 상담
고객관계관리	₩80,000/고객 1인

상기 원가 이외에 매출원가는 매출액의 80%에 해당한다. 당기 중에 (주)한야의 주요 고객인 A와 관련하여 매출액 ₩500,000, 주문처리횟수 300회(이중 70%는 긴급주문임), 고객상담횟수 140회가 발생하다. 고객관계관리는 모든 고객에게 공통으로 적용된다. 기업이 고객A로부터 얻은 손익은 얼마인가? (2010 회계사)

[문 26] (주)세무는 한국에 있는 사업부(국내사업부)와 말레이시아에 있는 사업부(해외사업부)로 구성되어 있으며, 국내사업부에서는 단일 제품인 제품A를 생산하고 있다. 20×1년도 원가와 관련된 자료는 다음과 같으며, 재고의 변화는 없다고 가정한다.

1) 국내사업부는 제품A를 생산하여 국내에서 연간 20,000단위(단위당 판매가격 ₩10,000)를 안정적으로 판매하며, 해외사업부로 일정 단위를 대체하여 해외에서 판매할 수도 있다. 제품A와 관련된 원가자료는 다음과 같다.

단위당 변동제조원가	₩6,000	단위당 변동판매관리비	₩600
연간 고정제조원가	50,000,000	연간 최대조업도	25,000단위

2) 국내사업부는 제품A를 해외사업부로 대체하는 경우에, 단위당 변동판매관리비는 ₩600에서 ₩200으로 감소되는 것으로 파악하였다.

3) 해외사업부는 제품A를 한국에서 수입하여 현지에서 재가공 없이 연간 5,000단위(단위당 판매가격 ₩12,000)를 안정적으로 판매 가능하다. 다만, 해외사업부는 제품A를 현지에서 판매하기 위해서 국내사업부로부터 대체받는 가격의 20%에 해당하는 관세를 말레이시아 정부에 납부하였는데, 관세는 모두 해외사업부에서 부담한다.

4) 해외사업부는 제품A에 대한 재고를 보유하지 않기 때문에 고정원가는 발생하지 않는다. 한편, 해외사업부는 제품A를 국내사업부로부터 대체받아 판매하지 못할 경우 국내의 다른 공급업자로부터 단위당 ₩9,600(관세 포함)에 구입하여 판매할 수도 있다.
5) 국내사업부와 해외사업부의 책임자는 각 사업부 경영에 관해 자율적 의사결정을 할 수 있는 권한을 갖고 있으며, 사업부의 성과는 경제적 부가가치(EVA)에 의해 평가하도록 규정되어 있다. 국내사업부의 투하자본은 ₩100,000,000이며, 경제적 부가가치를 계산함에 있어서 적용하는 가중평균자본비용은 6%이라고 가정한다.
6) 국내사업부와 해외사업부의 법인세율은 각각 20%와 10%의 단일비례세율을 적용하며, 주어진 자료 외에는 추가되는 수익과 비용은 없다고 가정한다.

물음 (2019 세무사)

1. 국내사업부가 제품A를 국내에서만 판매할 경우 경제적 부가가치 ₩2,960,000을 달성하기 위한 목표판매수량은 몇 단위인가?
2. 해외사업부의 책임자는 국내사업부의 책임자에게 외부에서 구입할 수 있는 가격인 단위당 ₩8,000(관세 불포함)에 5,000단위를 해외사업부로 대체해 줄 것을 제안하였다. 다만, 국내사업부가 해외사업부의 제안을 받아들여 25,000단위(최대조업도)를 안정적으로 생산하기 위해서는 현재 제조설비에 ₩20,000,000 추가 투자를 해야 하는 것으로 분석되었다. 추가시설 투자로 인해 투하자본은 ₩120,000,000으로 변동되고, 투하자본 증가에 따라 제품A를 해외사업부로 대체하는 기간에 국내사업부는 연간 ₩3,000,000의 고정제조원가가 추가 발생하는 것으로 분석되었다. 국내사업부의 책임자가 해외사업부로 5,000단위 대체하기로 결정하는 경우 국내사업부의 세후 영업이익과 경제적 부가가치의 증감은 각각 얼마인가?
3. 경제적 부가가치에 의해 사업부의 성과평가를 하는 경우 국내사업부의 입장에서 해외사업부로 5,000단위를 대체함에 있어서 받고자 하는 단위당 최소대체가격은 얼마인가? (단, 국내외 판매환경에는 변화가 없으며, 투하자본의 증가액과 연간 고정제조원가의 증가액은 [물음2]와 동일하다고 가정한다.)

[문 27] (주)매봉은 두 개의 보조부문(전력부, 창고부)과 두 개의 제조부문(조립부, 도색부)을 가진 공장을 건설하여 여러 제품들을 생산해서 판매할 계획을 세우고 있다. 연간 보조부문에서 제조부문으로 제공하는 용역의 양과 보조부문 원가에 대한 정보는 아래와 같다. 공장 건설단계에서는 보조부문의 고정원가를 유발시키는 자산(설비, 시설 등)의 규모를 자유로이 선택할 수 있으며, 고정원가도 제공용역의 규모에 비례하여 조정할 수 있다.

사용부문 \ 제공부문	보조부문		제조부문	
	전력부	창고부	조립부	도색부
전력부	-	30kwh	40kwh	30kwh
창고부	$40m^2$	-	$100m^2$	$60m^2$

구 분	전력부	창고부
변동원가	₩6,800	₩40,000
고정원가(감가상각비)	11,200	11,000
합 계	₩18,000	₩51,000

물음 (2018 회계사)

1. (주)매봉은 공장건설 계획 단계에서 제품수익성 예측과 분석을 위해 보조부문의 원가를 제조부문에 배부하고자 한다.
   1) 상호배부법을 사용하여 보조부문의 원가를 배부할 경우, 조립부와 도색부에 배부될 금액은 얼마인가?

2) (주)매봉이 아직 공장건설 계획 단계에 있을 때, 전력부를 통해 자체 조달하고자 했던 전력을 외부에서 공급해주겠다는 제안을 받았다. (주)매봉이 전력 1kwh당 지불할 용의가 있는 최대 금액은 얼마인가? 외부구입 필요 물량과 원가계산을 통해 그 산출내용을 보이시오.

2. (주)매봉의 제조부문의 작업은 조립부를 먼저 거친 뒤 도색부의 작업을 거쳐 제품이 완성된다. [물음2]에서는 (주)매봉은 제품M 한 가지만 제조하고 있으며, 제품수요에 특별한 제약이 없는 것으로 가정한다. 제품 판매가격은 ₩100이다. 또한 보조부문의 원가는 없는 것으로 가정한다. (주)매봉은 각 제조부문의 작업이 종료된 후에 품질검사를 실시하고 있으며, 발견된 불량품은 추가적인 비용과 처분가치 없이 폐기된다. 아래 표에 나타난 바와 같이, 두 제조부문의 연간 생산가능시간은 각각 6,000시간이며, 두 제조부문에서 투입하는 재료원가는 제품 단위당 각각 ₩50과 ₩20이다. 두 제조부문의 원가는 재료원가를 제외하고는 모두 고정원가로서, 각각 연간 총 ₩720,000과 ₩1,080,000이다.

구 분	조립부	도색부
연간 생산가능시간	6,000시간	6,000시간
제품 단위당 재료원가	₩50	₩20
연간 고정원가	720,000	1,080,000

1) 조립부와 도색부의 시간당 생산능력(capacity)이 각각 20단위와 15단위일 때, 조립부의 작업과정에서 발생하는 불량품이 연간 1,000단위라고 하자(도색부에서는 추가적인 불량이 발생하지 않는 것으로 가정함). (주)매봉이 조립부의 불량을 완전히 차단하기 위해 연간 지출할 용의가 있는 최대금액은 얼마인가?

2) 위와 같이 조립부와 도색부의 시간당 생산능력(capacity)이 각각 20단위와 15단위일 때, 도색부의 작업과정에서 발생하는 불량품이 연간 600단위라고 하자(조립부에서는 불량이 발생하지 않는 것으로 가정함). (주)매봉이 도색부의 불량을 완전히 차단하기 위해 연간 지출할 용의가 있는 최대금액은 얼마인가?

3) 이제 조립부와 도색부의 시간당 생산능력(capacity)이 각각 20단위와 24단위일 때, 조립부의 작업과정에서 발생하는 불량품이 연간 1,000단위라고 하자(도색부에서는 추가적인 불량이 발생하지 않는 것으로 가정함). (주)매봉이 조립부의 불량을 완전히 차단하기 위해 연간 지출할 용의가 있는 최대금액은 얼마인가?

4) 위와 같이 조립부와 도색부의 시간당 생산능력(capacity)이 각각 20단위와 24단위일 때, 도색부의 작업과정에서 발생하는 불량품이 연간 600단위라고 하자(조립부에서는 불량이 발생하지 않는 것으로 가정함). (주)매봉이 도색부의 불량을 완전히 차단하기 위해 연간 지출할 용의가 있는 최대금액은 얼마인가?

5) 위와 같이 조립부와 도색부의 시간당 생산능력(capacity)이 각각 20단위와 24단위라고 하자. 최근 (주)양재는 (주)매봉에게 6,000단위의 조립 작업을 해주겠다는 제안을 했다. (주)매봉에서 조립 작업에 필요한 재료를 제공하면 (주)양재가 이를 단위당 ₩20에 조립 작업을 해주겠다는 것이다. (주)매봉이 (주)양재의 제안을 받아들일 것인지 계산근거와 함께 답하시오. 본 의사결정 시에 제조공정의 불량품 발생가능성은 고려하지 않는다.

6) 현재 (주)매봉은 각 제조부문의 작업이 종료된 후에 품질검사를 실시하고 있는데, 위의 (1)의 경우로 판단하면 조립부 작업 종료 후 실시하고 있는 품질검사의 연간 원가(고정원가)는 얼마 이하인 것으로 추정할 수 있는가?

[문 28] (주)세무는 두 개의 제조부문과 보조부문인 수선부문을 운영하고 있다. 제조부문 P1은 제품 X를 생산하고 제조부문 P2는 제품 Y를 생산한다.

-수선부문의 원가예산은 다음과 같다.

수선부문의 원가 = ₩276,000 + ₩8×수선시간

-제조부문 P1에서 생산되는 제품 X와 P2에서 생산되는 제품 Y에 대한 원가자료는 다음과 같으며, 이는 수선부문의 원가가 배부되기 전의 원가이다.

	제품 X	제품 Y
단위당 직접재료원가	₩300	₩100
단위당 직접노무원가	₩400	₩200
(단위당 직접노무시간×임률)	(2시간×₩200)	(1시간×₩200)
단위당 변동제조간접원가	₩40	₩52
고정제조간접원가(총액)	₩520,000	₩980,000

-수선시간은 직접노무시간에 비례하여 발생한다. 제품 X에 직접노무시간당 1시간의 수선시간이 소요되고, 제품 Y에는 직접노무시간당 1.5시간의 수선시간이 소요된다.

-수선부문이 제공 가능한 최대수선시간은 60,000시간이고, 각 제조부문별 조업도는 다음과 같다.

	P1	P2
최대조업도	10,000개	25,000개
실제조업도	8,000개	20,000개

-(주)세무는 시장 수요에 맞춰 제품을 생산하며 실제 생산된 제품은 전량 판매된다.

물음 (2024 세무사)

각 [물음]은 상호독립적이다. 다음 [물음]에 답하시오.

1. (주)세무는 실제배부율과 단일배부율을 사용하여 보조부문의 원가를 배부한다. 단, 보조부문의 고정원가와 수선시간당 변동원가는 실제와 예산이 동일하다.

   1) P1과 P2가 수선부문으로부터 배부 받을 원가를 각각 계산하시오.

	P1	P2
수선부문으로부터 배부 받을 원가	①	②

   2) 제품 X와 Y의 단위당 제조원가를 계산하시오.

	제품 X	제품 Y
단위당 제조원가	①	②

   3) 제조부문 P1의 부문장은 외부수선용역업체로부터 수선부문이 제공하고 있는 용역을 시간당 ₩12에 제공하겠다는 제안을 받았다. 제조부문 P1의 부문장이 이 제안을 수락할 경우, 제조부문 P1이 부담하는 원가와 회사 전체가 부담하는 원가는 얼마나 증가 또는 감소하는지 각각 계산하시오. (단, 감소의 경우 금액 앞에 '(-)'를 표시하시오.)

	P1	회사 전체
원가의 증가 또는 감소액	①	②

2. (주)세무는 예정배부율과 이중배부율을 사용하여 보조부문의 원가를 배부한다. 단, 제조부문의 예정조업도는 최대조업도와 동일하다.

   1) (주)세무는 보조부문의 미사용 원가(costs of unused capacity)를 제조부문에 부담시키지 않고 별도로 파악하고 있다. P1과 P2가 수선부문으로부터 배부받을 각각의 원가와 제조부문에 배부되지 않는 보조부문의 미사용 원가를 계산하시오.

P1이 배부 받을 원가	P2가 배부 받을 원가	제조부문에 배부되지 않는 보조부문의 미사용 원가
①	②	③

2) (주)세무는 현재 제품 Y를 개당 ₩1,900에 판매하고 있다. 거래처로부터 제품 Y 6,000개를 납품해달라는 특별주문을 받았다. 특별주문은 전량을 수락하거나 거절해야 한다. 이 특별주문과 관련하여 손실을 발생시키지 않기 위한 제품 Y의 단위당 최소 판매가격을 계산하시오.

[문 29] (주)종로피자는 20×1년 6월 '치즈피자' 판매 방법으로 '치즈피자' 2개를 구매하면 1개를 공짜로 끼워주는 '치즈피자 2buy1' set별 판매방식을 결정하고, 다음과 같이 예산을 수립하였다. '치즈피자 2buy1' set별 판매 이외의 낱개 '치즈피자' 판매는 하지 않는다.

<예산자료>

- '치즈피자' 1개의 판매가격은 ₩10,000이다.
- '치즈피자' 1개의 단위당 표준원가는 직접재료원가 ₩1,200, 직접노무원가 ₩1,000, 제조간접원가 ₩3,000, 판매관리비 ₩1,000으로 구성되어 있다.
- 제조간접원가의 고정원가 비중은 30%이며 판매관리비의 고정원가 비중은 80%이다. 생산과 판매에 대한 월별 기준조업도는 12,000개이다.
- 법인세율은 30%이다.

물음 (2017 회계사)

1. 6월 세후 이익 ₩7,000,000을 달성하기 위해 '치즈피자 2buy1'을 몇 set 판매해야 하는가?
2. (주)종로피자는 '치즈피자' 판매와 함께 '간단피자'도 추가로 제조 판매할 계획을 수립하였다. '치즈피자 2buy1' 1set와 '간단피자' 1개 비율로 판매될 것으로 예상된다. '간단피자'의 1개당 예상 판매가격은 ₩5,000이고 1개당 예상 변동원가는 '치즈피자' 1개당 변동원가에 비해 20% 작다. 이러한 상황에서 (주)종로피자의 '치즈피자'와 '간단피자'의 손익분기점 매출액은 각각 얼마인가? ('간단피자'의 추가 생산에도 불구하고, 총고정원가는 변동이 없다고 가정한다.)
3. 다음은 추가 자료이다.

   <추가자료>

   - (주)종로피자는 강남빌딩에 매장을 개설하고자 한다. (주)종로피자는 월 매출액의 30%를 월 임차료로 지급하는 방침을 가지고 있다.
   - (주)종로피자가 임차하려는 강남빌딩의 주인은 상가면적 ㎡당 ₩10,000의 월 임대료를 받는 것을 원칙으로 하고 있다. (주)종로피자가 임차하려는 상가 1층의 면적은 총 1,000㎡이다.
   - 부동산 중개인은 상가면적 ㎡당 ₩5,000과 월 매출액의 20%를 월 임대료로 지불하는 중재안을 제시하였다.

   1) (주)종로피자가 강남빌딩 주인의 제안을 받아들이려면 매월 '치즈피자 2buy1' 몇 set와 '간단피자' 몇 개 이상을 팔아야 하는가? (판매가격, 변동원가, 고정원가, 매출배합비율은 [물음1]과 동일하다.)

   2) ① 부동산 중개인의 제안을 받아들이기 위해서는 (주)종로피자는 매월 '치즈피자 2buy1' 몇 set와 '간단피자' 몇 개 이상을 팔아야 하는가? ② (주)종로피자는 매월 '치즈피자 2buy1' 8,000set와 '간단피자' 8,000개를 판매할 것으로 예상하고 있다면, 부동산 중개업자의 제안을 받아들여야 하는가?

4. (주)종로피자의 '치즈농장 사업부', '치즈피자 사업부'의 수익 및 비용자료는 다음과 같다.

(단위 : 백만원)

	치즈농장 사업부		치즈피자 사업부	
		업종평균		업종평균
매출액	4,000	5,200	6,000	4,800
영업비용	3,700	4,800	4,400	4,100
영업이익	300	400	1,600	700
투하자본	3,400	3,100	5,400	5,100

1) 듀폰분석(DuPont Analysis) 방법을 이용하여 '치즈농장 사업부', '치즈피자 사업부'의 투자수익률(ROI)을 업종평균과 비교 분석하시오. 단, 유동부채는 없다고 가정한다.
2) 듀폰분석(DuPont Analysis)에 의해 분해되는 투자수익률(ROI)의 두 구성요소간의 관계 때문에 ROI 개선에 한계가 있다는 주장에 대한 논거를 설명하시오. 또한 ROI의 두 구성요소간의 관계변화를 통해 ROI를 개선시킬 수 있는 방안을 설명하시오.

[문 30] (주)한국은 결합공정인 제1공정과 추가적인 제2공정을 통해 제품을 생산한다. 다음은 표준원가계산시스템을 사용하는 (주)한국이 20×4년 3분기 예산편성을 위해 수집한 자료이다.

(1) (주)한국은 3분기 중 직접재료X 1단위를 제1공정에서 가공하여 연산품A 2단위와 연산품B 4단위를 생산한다. 아울러 (주)한국은 연산품B 2단위와 직접재료Y 1단위를 제2공정에 투입하여 연산품C 1단위를 생산한다. 모든 공정에서 공손품 및 부산물은 발생하지 않는다. 주어진 자료 이외의 수익과 비용은 고려하지 않는다.

(2) 제1공정에서 직접재료X 1단위를 가공하기 위한 표준변동원가 관련 자료는 다음과 같다.

직접재료X 1단위당 표준구매가격	₩600
직접재료X 1단위당 표준직접노동시간	3시간
직접노동시간당 표준임률	₩200
직접재료X 1단위당 표준변동제조간접원가	₩400

(3) 제2공정에서 연산품C 1단위를 생산하기 위한 표준변동원가 관련 자료는 다음과 같다.

직접재료Y 1단위당 표준구매가격	₩200
연산품C 1단위당 표준직접노동시간	2시간
직접노동시간당 표준임률	₩200
연산품C 1단위당 표준변동제조간접원가	₩600

(4) (주)한국의 표준변동판매관리비는 연산품A 1단위당 ₩200이며 연산품C 1단위당 ₩0이다. 예산고정판매관리비는 매월 ₩500,000이다.

(5) 월초 및 월말 재고자산은 없다.

(6) 연산품A와 C 1단위당 판매가격은 각각 ₩2,000과 ₩3,000이다. 연산품A와 C의 월별 예상판매량은 다음과 같다.

구 분	7월	8월	9월
연산품A	200단위	300단위	250단위
연산품C	200단위	300단위	250단위

물음 (2014 회계사, 2015 회계사 유사, 2016 회계사 유사)

1. 순실현가능가치법을 활용하여 결합원가를 배부할 경우, 연산품A와 C의 8월 중 제품별 매출총이익을 각각 계산하시오.

2. 균등매출총이익률법을 활용하여 결합원가를 배부할 경우, 연산품A와 C에 대한 8월 중 결합원가 배부액을 각각 계산하시오.
3. 상기 예산자료와 함께 현금흐름과 관련된 다음 사항을 추가로 가정한다.

연산품A와 C는 외상거래로만 판매된다. 매출액의 70%는 판매된 달에 현금으로 회수되며 다음 달에 25%가 현금으로 회수된다. 나머지 5%는 현금으로 회수되지 않는다. 직접재료X와 Y의 구매대금은 구매한 달에 전액 현금으로 지급하고, 직접노무원가 및 변동제조간접원가도 해당 월에 전액 현금으로 지급한다. 고정판매관리비에는 매월 ₩55,000의 감가상각비가 포함되어 있고, 나머지 고정 및 변동판매관리비는 해당 월에 전액 현금으로 지급한다.

   1) 8월 중 (주)한국의 순현금흐름액을 계산하시오.
   2) (주)한국은 8월 말 현재 현금 잔액을 최소한 7월 말 현금 잔액과 동일하게 유지하려 한다. 이를 위해 (주)한국이 8월 중 생산하여 판매해야 하는 연산품C의 최소판매량을 계산하시오. 단, 연산품A는 생산된 달에 전량 판매된다.
4. (주)한국은 9월 중 실적자료를 사용하여 직접재료X를 가공하는 제1공정에 대한 원가차이를 분석하였다. (주)한국은 9월 중 예산안에 따라 연산품C 250단위를 생산할 만큼의 직접재료X를 구입하였으나, 연산품C의 실제 생산량 및 판매량은 220단위였다. 다음 [물음]에 답하시오.
   1) 직접재료 구입시점에서 분리한 직접재료원가 가격차이가 ₩5,000(유리)일 경우, 직접재료X 1단위당 실제 구입가격을 계산하시오.
   2) 직접노무원가 능률차이는 ₩22,000(불리), 임률차이는 ₩8,800(유리)였다. 직접재료X 1단위당 실제직접노동시간과 직접노동시간당 실제임률을 각각 계산하시오.
5. 표준원가계산시스템에 근거한 원가중심점 성과평가제도가 가질 수 있는 잠재적인 문제점을 지적하고, 이를 해결할 수 있는 방안을 다음 양식에 따라 간략히 작성하시오.

	문제점	해결방안
①		
②		
③		

[문 31] (주)한국은 흑설탕을 대량생산하는 업체로서, 재고자산을 선입선출법으로 평가하고 있다. 제품에 대한 품질검사는 공정의 50% 및 100% 시점에서 각각 실시한다. 현 생산체제하에서 정상공손은 두 검사 시점에서 각각 합격품의 5%를 인정한다. 원재료 M1은 공정의 초기시점에 전량이 투입되고, 원재료 M2는 공정의 진척도가 70%인 시점부터 100% 시점까지 균등하게 투입된다. 또한 원재료 M3는 두 번째 검사를 통과한 후 포장용으로 생산완료시점에 투입된다. 당기의 생산 및 원가자료는 다음과 같다.

<생산자료>

구 분	수량(단위)	진척도
기초재공품	5,000	20%
당기투입	38,000	
완성품	?	
1차공손품	4,500	50%
2차공손품	3,500	100%
기말재공품	5,000	85%

<원가자료>

구 분	원가(₩)
기초재공품원가	62,500
당기투입원가	
원재료 M1	380,000
M2	108,000
M3	1(단위당)
가공원가	156,000

물음 (2011 회계사)

1. 다음 물음에 답하시오.
   1) 당기의 완성품 수량을 구하시오.
   2) 1차 및 2차 검사시점의 정상공손수량을 각각 구하시오.
2. 다음 물음에 답하시오.
   1) 각 원재료 및 가공원가에 대해서 당기의 완성품 환산량 및 완성품 환산량 단위당 원가를 각각 구하시오.
   2) 정상공손원가를 물량기준에 따라 재배분하여 원가계산을 할 때 완성품원가와 기말재공품원가는 재배분 전에 비해 각각 얼마씩 증가 또는 감소하는가? (단, 1차검사시점에서 발생한 정상공손원가는 ₩23,485, 2차검사시점에서 발생한 정상공손원가는 ₩25,025으로 가정한다.)
3. 당사는 원가절감을 위해 50% 시점의 검사작업을 제거할 지 검토하고 있다. 본 검사는 생산완료시점에서도 동시에 수행할 수 있지만 검사의 정확도는 다소 떨어진다. 다음에 제시되는 자료에 근거하여 진척도 50% 시점에서의 검사작업 제거 여부를 할인율 10%하에서 순현가법을 사용하여 판단하시오. (단, 법인세율을 비롯한 모든 세율은 40%로 가정한다. 단일현금 1원의 현가계수는 $n=1$일 때 0.909, $n=2$일 때 0.826, $n=3$일 때 0.751이다.)

<자료>
당사는 검사기기를 7년 전 ₩550,000에 구입하였다. 검사기기의 내용연수는 10년이고, 잔존가치는 ₩50,000으로 추정되며 정액법으로 감가상각한다. 본 검사기기는 3년 후 폐기될 것으로 예상되는데, 검사기기를 현재 처분한다면 ₩75,000을 받을 수 있다. 처분시 처분손익의 세금효과는 1년 후에 계상한다. 만일 50% 시점의 검사작업을 제거하는 경우 해당 검사인력의 노무원가가 연간 ₩60,000 절감되는 반면 ₩40,000의 공손품 추가원가가 발생한다.

4. [물음3]의 자료와는 관계없이 만일 공정 50% 시점에서의 검사작업을 제거하기로 했다고 가정할 때, 이로 인해 발생할 수 있는 원가관리상의 문제점은 무엇인지 품질원가와 관련하여 답하시오.

[문 32] 다음의 <공통자료>를 이용하여 [물음]에 답하시오.

<공통자료> (주)대한은 제1공정에서 생산된 반제품X를 전량 제2공정으로 투입하여 최종 완제품Y를 생산·판매하고 있다. (주)대한은 실제원가에 의한 공정별 원가계산(process costing)을 사용하고 있다. 직접재료는 각 공정의 시작시점에서 전량 투입되고, 전환원가는 공정 전반에 걸쳐 균등하게 발생한다고 가정한다. (주)대한은 완제품Y를 단위당 ₩500에 외부에 전량 판매하고 있으며 외부 수요는 충분하다. (주)대한은 20×0년까지 생산활동을 수행하고 20×1년 초에 20×1년의 공정별 생산활동 및 원가를 다음과 같이 예상하였다(괄호 안의 숫자는 전환원가의 완성도를 의미함). 제1공정과 제2공정 모두 공손이나 감손은 발생하지 않는다고 가정한다.

① 제1공정 : 가중평균법

구 분	물량단위	직접재료원가	전환원가
기초재공품	5,000(40%)	₩350,000	₩197,000
당기투입	17,000	1,850,000	623,000
당기완성품	20,000		
기말재공품	?(25%)		

② 제2공정 : 가중평균법

구 분	물량단위	전공정원가	직접재료원가	전환원가
기초재공품	3,500(10%)	₩255,000	₩330,000	₩480,000
당기투입	?	?	2,396,000	3,200,000
당기완성품	15,000			
기말재공품	?(40%)			

물음 (2023 회계사)

※ 다음 각 [물음]은 독립적이다.

1. (주)대한의 20×1년도 실제 생산은 <공통자료>의 예상과 동일하게 이루어졌다고 가정한다.
   (1) 제1공정에서 생산된 반제품X의 완성품원가와 기말재공품원가를 계산하시오.
   (2) (주)대한은 20×1년도 원가분석 과정에서 제1공정의 기말재공품의 전환원가 완성도(25%)를 잘못 산정하였으며, 추가로 검토한 결과 실제는 80%인 것으로 확인하였다고 가정한다. (주)대한이 이러한 오류를 수정할 경우 20×1년 완제품Y의 완성품원가와 제2공정 기말재공품원가가 각각 증가, 동일 또는 감소하는지 밝히고 그 이유를 서술하시오.
2. 20×1년 초에 외부공급업체인 (주)민국은 (주)대한의 제1공정에서 생산된 것과 동일한 반제품 20,000개를 단위당 ₩150에 공급할 수 있다고 제안하였다. (주)민국의 제안을 수락하면 제1공정의 기초재공품은 전량 처분가치 없이 폐기되나, 제1공정의 설비는 타사에 임대하여 연간 ₩1,500,000의 수익을 얻을 수 있다. (주)대한이 20×1년 초에 예상한 반제품X 20,000개 생산에 필요한 총원가는 다음과 같다. (주)민국의 제안을 수락하지 않는 경우와 비교하여, (주)대한이 (주)민국의 제안을 수락할 경우 증분이익(손실)은 얼마인지 계산하시오.

항 목	변동원가	고정원가	합 계
기초재공품원가	₩427,000	₩120,000	₩547,000
당기투입원가	1,773,000	580,000	2,353,000

3. 현재 (주)대한은 품질검사를 실시하지 않고 있다. 과거의 경험에 비추어보면, 20×1년에 최종생산되는 완제품Y 15,000개 중 500개는 품질 문제로 반품될 것으로 예상된다. 반품된 제품은 전량 처분가치 없이 폐기되며, 이때 반품 1단위당 ₩100의 폐기비용이 추가로 발생한다. 전년도까지 반품된 제품들을 분석한 결과, 모든 불량은 제2공정의 후반부에서 발생한 것으로 파악되었다. 따라서 제2공정의 80% 시점에서 품질검사를 실시하여 불량품 발생요인을 통제하면, 불량품은 발생하지 않는다. 불량품 발생요인을 통제하기 위해서 추가로 임차해야 하는 장비S의 연간 리스료는 ₩315,000이며, 그 외 추가로 발생하는 원가는 없을 것으로 예상하였다. 품질검사를 실시하지 않고 생산하는 경우와 비교하여, (주)대한이 품질검사를 실시할 경우 증분이익(손실)은 얼마인지 계산하시오.
4. (주)대한의 20×1년도 실제 생산 시 <공통자료>의 예상과 달라진 사항은 다음과 같다.
   - 제2공정 종료시점에 품질검사를 신설하여, 검사를 통과한 합격품은 그대로 외부에 판매되나 불합격한 공손품은 전량 제3공정으로 투입된다.
   - 신설된 품질검사와 관련하여 추가로 발생하는 비용은 없다고 가정한다.
   - 추가로 신설된 제3공정은 공손품의 재작업만을 수행하며, 재작업을 마친 제품은 외부에 정상적으로 판매된다.
   - 제3공정에서는 직접재료는 투입되지 않고 전환원가(재작업원가)만 공정 전반에 걸쳐 균등하게 발생한다.

실제 생산 및 판매에 관한 정보는 다음과 같다.

- 20×1년 중 제2공정의 실제 전환원가는 당초 예상보다 ₩82,000 더 많이 발생하였다.
- 제2공정 완성품 실제 수량은 15,000개로 예상과 동일하다.
- 20×1년 중 제2공정에서 제3공정으로 투입된 물량은 1,000개이다.
- 제3공정의 20×1년 기초 및 기말재고는 없다.
- 20×1년 중 제3공정에서 발생한 전환원가(재작업원가)는 ₩38,000이었다.
- 20×1년 중 제3공정에서 재작업을 마치고 정상제품으로 판매된 물량 중 50개의 제품이 품질 문제로 반품되었으며, 반품된 제품들은 추가작업 없이 ₩15,000의 폐기비용을 부담하고 전량 폐기되었다.

(1) (주)대한의 제2공정 완성품원가, 기말재공품원가, 공손품원가를 계산하시오.

(2) (주)대한의 생산 및 판매과정에서 발생하는 내부실패원가와 외부실패원가를 계산하시오.

[문 33] 스타 카페는 음료, 샌드위치를 판매하고 있다(제조와 동시에 판매하므로 재고는 없음). 스타 카페는 5월 중 음료, 샌드위치에 대하여 전통적 원가방식 및 ABC 원가방식을 이용하여 손익분석을 실시한다. 전통적 원가방식에서 제조판매활동원가는 재료원가에 비례 배분하며, 관리활동원가(고정원가)는 직접노동시간에 비례 배분한다. 5월 중 스타 카페 자료는 다음과 같다.

<자료 1>

	음 료	샌드위치
판매가격	₩1,000	₩2,000
5월 중 판매개수	5,000개	1,000개
단위당 재료원가	₩300	₩500
주문횟수	3,000회	1,000회
직접노동시간	150시간	50시간
전산작업횟수	200회	300회
회의횟수	5회	5회

<자료 2>

	활 동	원가동인	발생원가
제조판매활동원가	주문접수활동	주문횟수	₩200,000
	판매기록활동	주문횟수	400,000
	재료처리활동	직접노동시간	400,000
	제조판매활동원가 계		₩1,000,000
관리활동원가(고정원가)	전산활동	전산작업횟수	₩500,000
	회의활동	회의보고횟수	500,000
	관리활동원가(고정원가) 계		₩1,000,000

물음 (2018 회계사)

1. 5월 스타 카페의 영업이익을 전통적 원가방식과 ABC 원가방식으로 구분하여 산정하시오.
2. 스타 카페는 경쟁 카페의 등장으로 경쟁이 심화됨에 따라 6월 이후에는 음료의 판매가격을 ₩900으로, 샌드위치의 판매가격을 ₩1,800으로 각각 조정하는 것을 계획하고 있다. 스타 카페는 6월 제품별 판매가격의 조정에도 불구하고 제품별 단위당 이익은 5월과 동일하게 유지되는 것을 목표로 한다. 6월 제품별 단위당 목표이익 달성을 위해 필요한 제품별 단위당 목표원가를 전통적 원가방식과 ABC 원가방식으로 구분하여 산정하시오(스타 카페의 6월 총 영업이익 규모는 고려하지 않음).

3. 스타 카페는 7월을 맞이하여 아이스크림 판매를 추가로 검토하고 있다. 아이스크림 판매와 관련된 활동의 종류는 음료, 샌드위치와 동일하며, 구체적인 내용은 <자료 3>과 같다. 음료, 샌드위치 관련 자료는 5월과 동일하다. 아이스크림을 추가로 판매해도 관리활동원가(고정원가)는 변화가 없으며, 제조판매활동의 단위당 원가도 동일하다.

<자료 3>

	아이스크림
판매가격	₩1,100
7월 중 판매개수	2,000개
단위당 재료원가	₩500
주문횟수	3,000회
직접노동시간	200시간
전산작업횟수	300회
회의횟수	30회

1) ABC 원가방식을 적용하여 아래 <표>와 같이 나타내시오.

	음 료	샌드위치	아이스크림
매출액			
재료원가			
제조판매활동원가			
관리활동원가(고정원가)			
영업이익			

2) 카페 지배인은 영업이익에 의해 성과평가를 받는다. 위 (1)의 제품별 영업이익 분석 결과를 참고하여 카페 지배인은 아이스크림 제품의 유지 또는 중단에 대해 어떤 결정을 내려야 하는지 설명하시오.

[문 34] (주)한국은 여행용 물품을 제조하여 판매하는 회사이며, 세 개의 제조사업부 X, Y, Z는 각각 이익중심점으로 운영된다. 사업부 X는 여행용 가방, 사업부 Y는 텐트, 사업부 Z는 스포츠용품을 제조하여 판매한다. (주)한국은 효율적인 재고관리를 위해 제품에 전자태그를 부착하는 방안을 검토 중이다. 전자태그는 (주)서울로부터 공급받으며, 제품 한 단위당 전자태그 한 개를 부착한다. 전자태그 도입에 관한 검토 자료는 다음과 같다. 전자태그는 단위당 ₩2이며, 이와 별개로 전자태그 시스템 관리를 위한 고정비가 연간 ₩10,000으로 예상된다. 전자태그 시스템 관리를 위한 고정비는 사업부 X, Y, Z에 대한 공통원가로, 사업부별 사용량에 따라 전액 사업부에 배부할 계획이다. 각 사업부 관리자는 공통원가 배부액을 반영한 이익에 기초하여 성과급을 받으며, 전자태그 도입을 수락하거나 거절할 수 있다.

구 분	사업부 X	사업부 Y	사업부 Z
전자태그 도입 전 영업이익	₩40,000	₩65,000	₩80,000
전자태그 도입 후 재고관리원가 총 예상 절감액	₩3,400	₩4,900	₩5,800
전자태그 단위당 원가	₩2	₩2	₩2
전자태그 예상 사용량	200개	300개	500개

물음 (2021 회계사)

1. (주)한국이 사업부 X, Y, Z의 관리자에게 전자태그의 도입을 제안하는 경우, 각 사업부의 관리자가 동 제안을 수락할 것인지를 다음 표의 형태로 제시하시오.

구 분	사업부 X	사업부 Y	사업부 Z
증분수익			
증분원가			
증분이익			
의사결정			

2. 위의 [물음1]에서 일부 사업부가 전자태그 사용을 거부한 경우에도 여전히 나머지 사업부가 전자태그 사용을 수락할 것인지를 계산근거와 함께 기술하시오. 단, 전자태그 사용을 거부하는 사업부가 있어도 전자태그의 단위당 변동원가와 총고정원가는 변하지 않는다.
3. 위의 [물음1]과 [물음2]의 결과를 통해 공통원가 배부방식이 각 사업부 관리자의 의사결정에 영향을 미치게 됨을 알 수 있다. 이와 관련하여 구체적으로 어떤 문제점이 발생했는지를 설명하시오.
4. 회사 전체의 이익극대화 관점에서 다음에 답하시오.
   1) (주)한국이 전자태그를 도입하는 것이 타당한지를 계산근거와 함께 기술하시오.
   2) 사업부 X, Y, Z가 모두 전자태그 도입을 수락하도록 하는 방안을 계산근거와 함께 기술하시오.

[문 35] (주)한국은 단일공정을 통해 단일제품 X를 생산하여 판매하고 있다. 회사는 전부원가계산에 의한 표준원가계산제도를 채택하고 있으며, 분리계산법을 적용하고 있다.

물음 (2021 회계사)

본 문제는 네 가지의 [물음]으로 이루어져 있으며, 각 [물음]에 따라 답하시오.

20×1년 제품 단위당 표준원가를 설정하기 위한 생산 및 판매활동 예산자료는 다음 <자료 1>과 같다.

<자료 1>

<생산활동 예산자료>

- 직접재료원가 : 제품 1단위를 생산하기 위해서는 5kg의 직접재료가 공정의 50% 시점에서 전량 투입되어 가공된다. 직접재료 1kg당 표준가격은 ₩10이다. 제품에 대한 공손검사는 공정의 60% 시점에서 이루어지며, 검사를 통과한 합격품의 10%에 해당하는 공손수량은 정상적인 것으로 간주한다. 공손품은 발생 즉시 처분가치 없이 전량 폐기된다.
- 직접노무원가 : 직접노무인력은 숙련공과 미숙련공으로 구분된다. 제품 1단위를 생산하는데 숙련공 직접노무시간 2시간과 미숙련공 직접노무시간 2시간이 필요하다. 숙련공과 미숙련공의 표준임률은 각각 시간당 ₩12과 ₩8이다. 직접노무원가는 공정 전반에 걸쳐 균등하게 발생한다.
- 제조간접원가 : 제조간접원가는 직접노무시간을 기준으로 배부한다. 변동제조간접원가 표준배부율은 직접노무원가 표준임률의 50%이다. 20×1년 고정제조간접원가 예산은 ₩24,000이며, 연간 기준조업도는 2,400직접노무시간이다. 제조간접원가는 공정 전반에 걸쳐 균등하게 발생한다.

<판매활동 예산자료>

- 20×1년 제품 X의 전체 시장규모는 2,000단위로 추정되며, 예산생산량을 전부 판매가능하다. 제품 단위당 판매가격은 ₩250이며, 변동판매관리비는 단위당 ₩30이다. 고정판매관리비는 ₩3,000이 발생할 것으로 예상된다.

물음

1. <자료 1>을 이용하여 아래 양식을 완성하시오.

구 분	표준수량	표준가격	표준원가
직접재료원가			
직접노무원가			
변동제조간접원가			
고정제조간접원가			
제품 단위당 표준원가			
제품 단위당 정상공손원가 허용액			
정상품 단위당 표준원가			

(주)한국의 20×1년 실제 생산 및 원가자료는 다음 <자료 2>와 같다.

<자료 2>

- 기초재공품 : 100단위(전환원가 완성도 80%)
  완성품 : 800단위
  공손수량 : 100단위
  기말재공품 : 100단위(전환원가 완성도 40%)
  판매량 : 600단위
  기초제품재고는 없다.
- 실제직접재료구입원가는 ₩48,000(= 6,000kg×₩8)이며, 당기에 실제사용직접재료원가는 ₩40,000이었다. 직접재료 가격차이는 구입시점에서 분리한다. 기초직접재료는 없으며, 직접재료는 외상으로 매입하였다.
- 직접노무인력별 실제직접노무시간과 실제직접노무원가는 다음과 같다.

구 분	실제직접노무시간	실제직접노무원가
숙련공	2,100시간	₩23,100
미숙련공	1,900시간	₩17,100
합 계	4,000시간	₩40,200

- 실제변동제조간접원가는 ₩21,000이었고, 실제고정제조간접원가는 ₩25,000이었다.

물음

2. <자료 1>과 <자료 2>를 이용하여 다음 물음에 답하시오. 전기와 당기의 단위당 표준원가는 동일하다. 단, 원가차이에 대해 유리한 차이는 F, 불리한 차이는 U로 표시하시오.
   1) 정상공손수량과 비정상공손수량을 각각 계산하시오.
   2) 기초재공품원가, 완성품원가, 비정상공손원가, 기말재공품원가를 각각 계산하시오.
   3) 다음 물음 ①과 ②에 답하시오.
      ① 직접재료원가의 구입가격차이와 수량차이를 각각 계산하시오.
      ② 위 ①에서 계산된 직접재료원가차이를 원가요소별 비례배부법을 통해 배분할 경우, 이를 조정하기 위한 분개를 각각 제시하시오.
   4) 직접노무원가의 임률차이, 배합차이, 수율차이를 각각 계산하시오.
   5) 변동제조간접원가의 소비차이와 능률차이, 고정제조간접원가의 예산차이와 조업도차이를 각각 계산하시오.

※ [물음1] 및 [물음2]와 관계없이, 다음 [물음]에 답하시오.

3. (주)한국의 단위당 표준원가는 다음과 같다.

<표준원가 자료>

항 목	단위당 표준원가
직접재료원가	₩100
직접노무원가	50
변동제조간접원가	50
고정제조간접원가	40
합 계	₩240

판매활동 예산은 <자료 1>에 주어진 판매활동 예산자료를 이용한다.

물음

20×1년 실제판매량은 500단위이었으며, 단위당 판매가격은 ₩300이었다. 판매활동과 관련하여 단위당 변동원가는 ₩20, 고정원가는 ₩2,000이 발생하였으며, 실제시장규모는 2,500단위이었다. (주)한국의 20×1년 시장점유율차이와 시장규모차이를 각각 계산하시오.

※ [물음1], [물음2], [물음3]과 관계없이, 다음 [물음]에 답하시오.

4. (주)한국은 20×1년 초에 취임한 CEO의 성과평가 목적으로 재무지표와 비재무지표를 고려하고 있다. CEO 취임 전과 후의 관련 자료는 다음과 같다.

(단위 : 억원)

구 분	CEO 취임 전(20×0년)	CEO 취임 후(20×1년)
매출액	200	300
변동원가	120	180
공헌이익	80	120
고정원가	50	50
순이익	30	70
시장규모	600	1,200

물음

1) 20×1년 CEO의 성과를 재무지표만을 이용하여 평가하고, 그 근거를 제시하시오.
2) 20×1년 CEO의 성과를 재무지표와 함께 비재무지표를 이용하여 평가하고, 그 근거를 제시하시오.
3) (주)한국은 CEO의 성과를 평가하기 위해 위 2)의 방법을 선택하였다. 그 이유에 대해 설명하시오.

[문 36] 표준원가계산제도를 도입하고 있는 (주)세무가 20×1년에 생산할 제품 A의 단위당 표준원가와 2/4분기 예산편성을 위한 자료는 다음과 같다. 물음에 답하시오.

1) 단위당 표준수량과 표준가격 및 표준원가

원가항목	표준수량	표준가격	표준원가
직접재료원가	2kg	₩500	₩1,000
직접노무원가	3시간	60	180
변동제조간접원가	3시간	40	120
고정제조간접원가	3시간	100	300
합 계			₩1,600

2) 단위당 변동판매관리비는 ₩100이며 고정판매관리비는 매월 ₩800,000으로 예상된다.
3) 고정제조간접원가는 매월 ₩1,800,000으로 일정하게 발생한다. 고정제조간접원가 표준배부율을 산정하는데 사용한 기준조업도는 18,000시간이다.
4) 고정제조간접원가에는 월 ₩600,000의 감가상각비가 포함되어 있으며 고정판매관리비에는 월 ₩50,000의 무형자산상각비가 포함되어 있다.
5) 제품 A의 월별 판매수량과 매출액

구 분	3월	4월	5월	6월
판매수량	3,500단위	4,500단위	5,500단위	5,000단위
매출액	₩7,000,000	₩9,000,000	₩11,000,000	₩10,000,000

6) 월말 제품재고는 다음 달 예산 판매수량의 10%를 유지하고, 월말 직접재료의 재고는 다음 달 예산 사용량의 20% 수준을 유지한다. 월말 재공품은 없는 것으로 한다.
7) 모든 재고자산의 매입과 매출은 외상거래로 이루어진다. 매출액의 60%는 판매한 달에, 나머지 40%는 판매한 다음 달에 현금으로 회수한다. 외상매입금은 매입한 달에 70%를, 나머지 30%는 매입한 다음 달에 현금으로 지급한다. 그리고 재료 매입액을 제외한 제조원가와 판매관리비는 발생한 달에 전액 현금으로 지급한다.
8) 원가차이 중 가격차이, 능률차이, 예산차이는 발생하지 않고 고정제조간접원가 조업도차이는 매출원가에서 조정하는 것으로 가정한다.
9) 3월 말 현금 잔액은 ₩2,500,000이다.

물음 (2018 세무사)

본 문제는 네 가지의 [물음]으로 이루어져 있으며, 각 [물음]에 따라 답하시오.

1. 다음 물음에 답하시오.
   1) 4월의 제조(생산량)예산을 구하시오.
   2) 4월의 재료매입예산액을 구하시오.
2. 표준원가자료를 반영하여 다음 물음에 답하시오.
   1) 변동원가계산에 의한 4월의 예산 손익계산서를 작성하시오.
   2) 전부원가계산에 의한 4월의 매출원가를 구하시오.
3. 4월 말 예산 현금 잔액을 구하시오.

※ [물음4]는 [물음1], [물음2], [물음3]과 독립적이다.

4. (주)세무는 추가적인 자본조달을 통해 새롭게 설비를 확정하였다. 설비확장을 위해 투하된 자금은 ₩25,000,000으로 이 중 20%는 이자율 연 12%인 장기부채로 조달하였으며 나머지는 주식을 발행하여 조달하였다. 신규투자로 인한 세전 영업이익이 ₩4,800,000 발생하였다. 자기자본비용이 15%, 법인세율이 25%일 때, 신규투자의 경제적 부가가치를 구하시오. (단, 장기부채 및 자기자본의 장부가치와 시장가치는 동일하다. 가중평균자본비용 계산시 소수점 네 자리 이하는 버린다. [예 0.1136 → 0.1131])

정답 및 해설

[문 1] 책임회계와 성과평가

1. 사업부 경영자의 성과를 평가하기 위한 원가배분은, 원가의 통제가능성을 기초로 이루어져야 한다. 따라서 A사업부 경영자의 성과평가를 위한 이익개념은 통제가능 고정원가까지를 고려한 공헌이익(Ⅱ : ₩9,000,000)이 되어야 한다. 추적가능 고정원가는 사업부의 존재와는 관련이 있어도 경영자가 통제가능한 요소가 아니기 때문에, 경영자의 성과평가과정에서는 배제시킨다. 또한 통제불능 및 추적불능 고정원가는 경영자의 능력이나 사업부의 존재와는 아무런 관련이 없이 발생하는 것이기 때문에, 성과평가과정에는 당연히 산입시키지 않는다.
2. 사업부 경영자의 성과를 평가하기 위한 원가배분은, 원가의 통제가능성과 추적가능성을 동시에 고려하여 이루어져야 한다. 따라서 A사업부 경영자의 능력과 관련이 있는 통제가능 고정원가 및 A사업부의 존재와 관련이 있는 추적가능 고정원가를 전부 고려한 공헌이익(Ⅲ : ₩4,000,000)이 A사업부의 성과이익이 된다. 이것은 A사업부를 폐쇄시켰을 때, 기업 전체의 입장에서 상실되는 이익과 동일한 의미가 된다.

[참조]

성과평가와 특수의사결정에 유용한 여러 가지 이익측정치를 나타내기 위해서는 다음과 같은 세 가지 유형의 원가분류 방법이 사용되고 있다.

㉠ 원가발생 행태에 따라 원가를 변동원가와 고정원가로 분류한다.
㉡ 경영자의 통제가능성에 따라 통제가능원가와 통제불능원가로 분류한다.
㉢ 각 사업부에의 추적가능성에 따라 직접원가와 공통원가로 분류한다.

[문 2] 책임회계와 성과평가

1. 기업 전체의 월간 영업이익

乙부문의 제거에 따르는 기업 전체의 월간 영업이익의 증가분과 감소분을 비교한다. 이 경우 공통고정비는 고려하지 않는다. 그 이유는 공통고정비는 어느 부문에 배부되든 기업 전체의 입장에서는 항상 일정하게 발생하는 비관련원가이기 때문이다.

월간 영업이익의 증가		
乙부문의 고정비 감소	: ₩4,000,000×3/4 =	₩3,000,000
월간 영업이익의 감소		
乙부문의 공헌이익 감소	: 乙부문의 공헌이익 전체 =	(₩3,600,000)
甲부문의 공헌이익 감소	: ₩4,800,000×10% =	(480,000)
월간 영업이익의 순감소액	:	₩1,080,000

2. 乙부문의 포괄손익계산서를 별도로 작성하여, 乙부문의 영업이익 변동결과를 파악한다.

매출액	₩12,000,000×1.1 =	₩13,200,000
- 변동비	8,400,000×1.1 =	9,240,000
= 공헌이익		₩3,960,000
- 부문고정비	₩4,000,000 + ₩6,000,000×1/12 =	4,500,000
= 부문공헌이익		(₩540,000)
- 공통고정비		622,642*
= 영업손실		(₩1,162,642)

* ₩1,000,000×[₩13,200,000÷(₩8,000,000 + ₩13,200,000)] = ₩622,642

∴ 乙부문의 영업손실은 기존의 ₩1,000,000에서 ₩1,162,642으로 증가하기 때문에, 결과적으로 영업이익이 ₩162,642만큼 감소하는 결과가 된다.

[문 3] 책임회계와 성과평가

부문관리자의 통제가능원가 : ①+② = ₩12,000,000

① 변동원가 : ₩9,100,000(= ₩13,000,000×0.7) + ₩2,500,000(= ₩25,000,000×0.1) = ₩11,600,000

② 통제가능 고정원가 : ₩6,000,000 - (₩2,500,000 + ₩3,500,000×0.6 + ₩1,000,000) = ₩400,000

매장임차료는 부문관리자의 계약에 의하여 지출되지만, 부문의 존재와 관련되는 추적가능 고정원가이지 부문관리자의 통제가능원가에 속하지 않는다. 또한 기업 전체의 공통비 배부액은 추적불능 및 통제불능 고정원가에 해당된다.

[문 4] 변동예산

1. 분석

	실제결과	변동예산차이	변동예산	매출조업도차이	고정예산
생산량 및 판매량	10,000개	?개	10,000개	600개	9,400개
매출액	₩40,000	₩1,000(불리)	₩41,000	₩2,460(유리)	₩38,540
변동제조원가	25,000	500(불리)	24,500	1,470(불리)	23,030
공헌이익	₩15,000	₩1,500(불리)	₩16,500	990(유리)	₩15,510
고정제조간접비	10,000	500(불리)	9,500	0	9,500
영업이익	₩5,000	₩2,000(불리)	₩7,000	990(유리)	₩6,010

* ① @₩4×10,000개 = ₩40,000　② @₩2.5×10,000개 = ₩25,000
③ ₩40,000 - ₩25,000 = ₩15,000　④ ₩15,000 - ₩5,000 = ₩10,000
⑤ ₩40,000 + ₩1,000 = ₩41,000
⑥ ₩41,000÷10,000개 = @₩4.1　@₩4.1 - 단위당 예산변동제조원가 = @₩1.65
∴ 단위당 예산변동제조원가 = @₩2.45　@₩2.45×10,000개 = ₩24,500
⑦ ₩41,000 - ₩24,500 = ₩16,500　⑧ ₩16,500 - ₩9,500 = ₩7,000
⑨ ₩38,540÷@₩4.1 = 9,400개　⑩ @₩2.45×9,400개 = ₩23,030
⑪ ₩38,540 - ₩23,030 = ₩15,510
⑫ 고정제조간접비는 조업도에 관계없이 일정하므로, 변동예산과 고정예산의 금액은 동일하다.
⑬ ₩15,510 - ₩9,500 = ₩6,010

2. 실제 영업이익

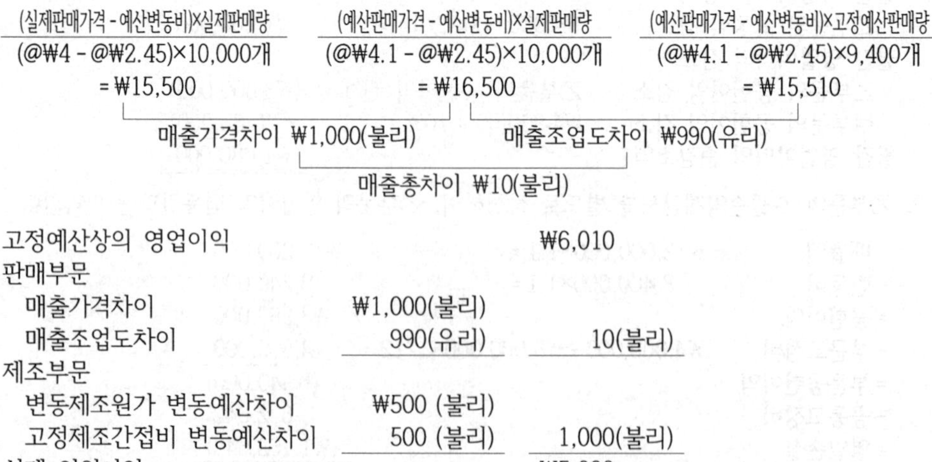

(실제판매가격 - 예산변동비)×실제판매량	(예산판매가격 - 예산변동비)×실제판매량	(예산판매가격 - 예산변동비)×고정예산판매량
(@₩4 - @₩2.45)×10,000개 = ₩15,500	(@₩4.1 - @₩2.45)×10,000개 = ₩16,500	(@₩4.1 - @₩2.45)×9,400개 = ₩15,510

매출가격차이 ₩1,000(불리)　매출조업도차이 ₩990(유리)
매출총차이 ₩10(불리)

고정예산상의 영업이익		₩6,010
판매부문		
매출가격차이	₩1,000(불리)	
매출조업도차이	990(유리)	10(불리)
제조부문		
변동제조원가 변동예산차이	₩500 (불리)	
고정제조간접비 변동예산차이	500 (불리)	1,000(불리)
실제 영업이익		₩5,000

[문 5] 변동예산

1. ① 매출조업도차이

단위당 표준변동원가 : ₩40 + ₩25 + ₩15 + ₩50 = ₩130

매출조업도차이 : (예산판매가격 - 단위당 표준변동원가)×(실제판매량 - 예산판매량)

= (@₩200 - @₩130)×(4,200단위 - 4,500단위) = (-)₩21,000 불리

[별해]

고정예산(4,500단위) 공헌이익 : 4,500개×(@₩200 - @₩130) = ₩315,000

변동예산(4,200단위) 공헌이익 : 4,200개×(@₩200 - @₩130) = ₩294,000

매출조업도차이 : ₩294,000 - ₩315,000 = (-)₩21,000 불리

② 변동예산차이

변동예산 영업이익 : 4,200단위×(@₩200 - @₩130) - ₩135,000 - ₩78,000 = ₩81,000

실제 영업이익 - 변동예산 영업이익 : ₩158,000 - ₩81,000 = ₩77,000 유리

[참조]

	실제결과	변동예산차이	변동예산	매출조업도차이	고정예산
생산량 및 판매량	4,200단위	?단위	4,200단위	300단위	4,500단위
매출액	₩924,000		₩840,000		₩900,000
변동원가	546,000		546,000		585,000
공헌이익	378,000		294,000		315,000
고정원가	220,000		213,000		213,000
영업이익	₩158,000	₩77,000(유리)	₩81,000	₩21,000(불리)	₩102,000

2. ① 능률차이 : (4,200단위×1시간 - 실제 직접노무시간)×@₩15 = (-)₩1,500(불리)

∴ 실제 직접노무시간 = 4,300시간

② 소비차이 : (4,300시간×@₩15 + ₩135,000) - 제조간접원가 실제발생액 = (-)₩3,500(불리)

∴ 제조간접원가 실제발생액 = ₩203,000

변동제조간접원가 실제발생액 : ₩203,000 - 고정제조간접원가 실제발생액 ₩140,000

= ₩63,000

※ 실제 직접노무시간 4,300시간×단위당 배부액 @₩15 = ₩64,500

허용 직접노무시간 4,200시간×단위당 배부액 @₩15 = ₩63,000

4,200단위×₩135,000/4,500단위 = ₩126,000

3. set 구성 : 제품 A 7단위 + 제품 B 3단위

set당 공헌이익 : 7단위×@₩70 + 3단위×@₩80 = ₩730

제품 A의 예산상 손익분기점 수량 : 고정원가/₩730×7단위 = 4,067단위

∴ 고정원가 = ₩424,130

고정원가 증가 : ₩424,130 - ₩213,000(= ₩135,000 + ₩78,000) = ₩211,130

4. 직접재료구입예산 : 9,100kg÷2kg×@₩40 = ₩182,000

직접재료(2kg당 1단위)			
기초	700	제조	8,900
구입	9,100	기말	900
	9,800		9,800

재공품(단위당 2kg)			
기초	150	완성	4,500
제조	4,450	기말	100
	4,600		4,600

제품(단위당 2kg)			
기초	0	판매	4,500
완성	4,500	기말	0
	4,500		4,500

* 기말 4,500단위×10%×2kg = 900kg

150단위 + 제조 ?단위 = 4,500단위 + 100단위 ∴ 제조 4,450단위

제조 4,450단위×2kg = 8,900kg

[문 6] 변동예산

영업이익(실제) : ₩32,400 - ₩9,000 - ₩8,500 - ₩6,000 - ₩5,300 = ₩3,600

영업이익(변동예산) : 42명×(@₩800 - @₩260 - @₩4)-3강좌×(@₩3,000 + @₩145) - ₩6,300 - ₩4,100 = ₩2,677

영업이익 변동예산차이 : ₩3,600 - ₩2,677 = ₩923(유리)

[문 7] 원가중심점

1. 배합차이 : (실제투입량×실제배합비율 - 실제투입량×예산배합비율)×표준원가

재료A : [280,000리터 - 520,000리터×0.5]×@₩0.1 = ₩2,000(불리)

재료B : [240,000리터 - 520,000리터×0.5]×@₩0.3 = 6,000(유리)

₩4,000(유리)

* 배합비율 : 50리터÷(50리터 + 50리터) = 50%

2. 수율차이 : (실제투입량×예산배합비율 - 표준투입량×예산배합비율)×표준원가

재료A : [520,000리터×0.5 - (400,000리터÷0.8)×0.5]×@₩0.1 = ₩1,000(불리)

재료B : [520,000리터×0.5 - (400,000리터÷0.8)×0.5]×@₩0.3 = 3,000(불리)

₩4,000(불리)

[문 8] 원가중심점

실제투입시간

	보조연구원	책임연구원
1월	2명×171시간/명 = 342시간	450시간 - 342시간 = 108시간
2월	2명×153시간/명 = 306시간	450시간 - 306시간 = 144시간

예산 매출배합

매월 예산총투입시간 : 1명×140기간 + 2명×180시간 = 500시간

보조연구원 : 360시간÷500시간 = 0.72

책임연구원 : 140시간÷500시간 = 0.28

매출배합차이

	보조연구원	책임연구원
1월	(342시간 - 450시간×72%)×@₩50,000 = ₩900,000(유리)	(108시간 - 450시간×28%)×@₩100,000 = (₩1,800,000)(불리)
2월	(306시간 - 450시간×72%)×@₩50,000 = (₩900,000)(불리)	(144시간 - 450시간×28%)×@₩100,000 = ₩1,800,000(유리)

[문 9] 수익중심점

1. 매출배합차이와 매출수량차이

실제매출배합비율 : A제품 : 25,200개÷84,000개 = 30%, B제품 : 58,800개÷84,000개 = 70%

예산매출배합비율 : A제품 : 20,000개÷80,000개 = 25%, B제품 : 60,000개÷80,000개 = 75%

제품 단위당 예산공헌이익

A제품 : ₩10,000,000÷20,000개 = ₩500, B제품 : ₩24,000,000÷60,000개 = ₩400

매출배합차이(₩2,100,000 유리 + ₩1,680,000 불리 = ₩420,000 유리)

실제매출량×(실제매출배합비율 - 예산매출배합비율)×제품 단위당 예산공헌이익

A제품 : 84,000개×(0.3 - 0.25)×@₩500 = ₩2,100,000 유리

B제품 : 84,000개×(0.7 - 0.75)×@₩400 = ₩1,680,000 불리

매출수량차이(₩500,000 유리 + ₩1,200,000 유리 = ₩1,700,000 유리)

(실제매출량 - 예산매출량)×예산매출배합비율×제품 단위당 예산공헌이익

A제품 : (84,000개 - 80,000개)×0.25×@₩500 = ₩500,000 유리

B제품 : (84,000개 - 80,000개)×0.75×@₩400 = ₩1,200,000 유리

2. 시장점유율차이와 시장규모차이

실제시장점유율 : 84,000개÷700,000개 = 12%

예산시장점유율 : 80,000개÷800,000개 = 10%

제품 단위당 가중평균예산공헌이익 : ₩34,000,000÷80,000개 = ₩425/개

시장점유율차이

실제시장규모×(실제시장점유율 - 예산시장점유율)×제품 단위당 가중평균예산공헌이익

700,000개×(0.12 - 0.10)×@₩425/개 = ₩5,950,000 유리

시장규모차이

(실제시장규모 - 예산시장규모)×예산시장점유율×제품 단위당 가중평균예산공헌이익

(700,000개 - 800,000개)×0.10×@₩425/개 = ₩4,250,000 불리

[문 10] 수익중심점

1. 제품 단위당 표준원가

원가항목	수량표준	가격표준	개당 표준원가
직접재료비			
실리콘	16.5g	₩20	₩330
전 극	2개	50	100
직접노무비	1.575시간	40	63
변동제조간접비	1.575시간	20	31.5
고정제조간접비	1.575시간	20	31.5
계			₩556

* 15g + (15g×10%) = 16.5g
1.5시간 + (1.5시간×50%×10%) = 1.575시간
₩9,600÷(320개×1.5시간) = ₩20/시간

2. 표준종합원가계산

공손 수량 : 50개(= 450개 - 350개 - 50개)

정상공손 수량 : (350개 + 50개)×10% = 40개

비정상공손 수량 : 50개 - 40개 = 10개

	[1단계]	[2단계] 완성품 환산량		
	물량흐름 파악	재료(실리콘)	재료(전극)	가공비
당기완성품 수량				
기초재공품	0개(60%)	0개	0개	0개
당기투입	350	350	350	350
정상공손 수량	40 (50%)	40	0	20
비정상공손 수량	10 (50%)	10	0	5
기말재공품 수량	50 (80%)	50	50	40
계	450개	450개	400개	415개

[3단계] 총제조원가의 집계

				계
기초재공품원가				₩0
당기총제조비용	₩135,000	₩40,000	₩49,800	224,800
계	₩135,000	₩40,000	₩49,800	₩224,800

[4단계] 환산량 단위당 원가

완성품 환산량	÷450개	÷400개	÷415개
환산량 단위당 원가	₩300	₩100	₩120

[5단계] 총제조원가의 배분

(1차 배분)

완성품원가	350개×@₩300 + 350개×@₩100 + 350개×@₩120 =	₩182,000
정상공손원가	40개×@₩300 + 20개×@₩120 =	14,400
비정상공손원가	10개×@₩300 + 5개×@₩120 =	3,600
기말재공품원가	50개×@₩300 + 50개×@₩100 + 40개×@₩120 =	24,800
계		₩224,800

(2차 배분)	배분 전 원가	정상공손원가 배분	배분 후 원가
완성품원가	₩182,000	₩12,600	₩194,600
정상공손원가	14,400	(14,400)	0
비정상공손원가	3,600		3,600
기말재공품원가	24,800	1,800	26,600
계	₩224,800		₩224,800

* 1) 환산량 단위당 원가
  재료(실리콘) : 15g×@₩20 = ₩300
  재료(전극) : 2개×@₩50 = ₩100
  가공비 : 1.5시간×(@₩40 + @₩20 + @₩20) = ₩120
  2) 정상공손원가를 완성품과 기말재공품에 350 : 50 비율로 배분(당기합격수량 기준으로 배분)
  ₩14,400×[350개÷(350개 + 50개)] = ₩12,600
  ₩14,400×[50개÷(350개 + 50개)] = ₩1,800

3. 수익중심점의 성과평가(판매부문)

1) 매출가격차이와 매출수량차이

실제발생액	변동예산	고정예산
300개×@₩700 = ₩210,000	300개×@₩650 = ₩195,000	
매출가격차이 ₩15,000(유리)		
	300개×@₩185 = ₩55,500	320개×@₩185 = ₩59,200
	매출수량차이 ₩3,700(불리)	

* 개당 예산공헌이익 : @₩650 – (@₩350 + @₩50 + @₩50 + @₩15) = ₩185

2) 시장점유율차이와 시장규모차이

실제발생액	변동예산	고정예산
300개×@₩185 = ₩55,500	2,500개×16%×@₩185 = ₩74,000	320개×@₩185 = ₩59,200
시장점유율차이 ₩18,500(불리)	시장규모차이 ₩14,800(유리)	
매출수량차이 ₩3,700(불리)		

* 320개(예정생산량)÷2,000개(추정 전체 시장규모) = 16%

[문 11] 수익중심점

실제점유율 : 84,000대÷700,000대 = 0.12

예산점유율 : 80,000대÷800,000대 = 0.1

예산가중평균공헌이익 : (@₩1,200 - @₩700)×0.25 + (@₩900 - @₩500)×0.75 = @₩425

∴ 시장점유율차이 : 700,000대×(0.12 - 0.1)×@₩425 = ₩5,950,000(유리)

[문 12] 이익중심점

1. 대안 1, 2 매출액 : @₩3,000×1,000명×3회 = ₩9,000,000

   대안 1, 2 공헌이익 : (@₩3,000 - @₩100)×1,000명×3회 = ₩8,700,000

   강연장 임차료 + 기타관리비 = ₩1,680,000

   대안 1 이익 : ₩8,700,000 - (₩4,000,000 + ₩520,000×3회 + ₩1,680,000) = ₩1,460,000

   대안 2 이익 : ₩8,700,000 - (₩1,200,000 + ₩9,000,000×0.3 + ₩520,000×3회 + ₩1,680,000) = ₩1,560,000

   ∴ 대안 2의 이익이 대안 1의 이익보다 ₩100,000 더 크므로 대안 2를 선택한다.

2. 오전 및 오후 참석자 수를 A라 할 경우

   1일 오전 1회와 오후 1회 개최시 매출액 : @₩3,000×A, 공헌이익 : @₩2,900×A

   @₩2,900×A - (₩5,600,000 + ₩520,000×6회 + ₩1,680,000) = ₩2,900×A - (₩2,000,000 + @₩3,000×A×0.3 + ₩520,000×6회 + ₩1,680,000)

   ∴ 참석자 수(A)가 4,000명을 초과하면 대안 3이 유리하다.

3. 2회 설명회 개최시 매출액 : @₩3,000×3회×(700명 + 900명) = ₩14,400,000

   공헌이익 : @₩2,900×3회×(700명 + 900명) = ₩13,920,000

   대안 1 : ₩1,460,000

   대안 2 : ₩1,560,000

   대안 3 : ₩13,920,000 - (₩5,600,000 + ₩520,000×6회 + ₩1,680,000) = ₩3,520,000

   대안 4 : ₩13,920,000 - (₩2,000,000 + ₩14,400,000×0.3 + ₩520,000×6 + ₩1,680,000) = ₩2,800,000

   ∴ 대안 3을 선택하며, 그때의 최대이익은 ₩3,520,000이다.

[문 13] 이익중심점

1. 기업 전체 이익 증감

   <제품별 기계소요시간당 공헌이익>

	제품X	제품Y
단위당 판매가격	₩40	₩7
단위당 변동원가	15	4
단위당 공헌이익	₩25	₩3
단위당 기계소요시간	÷ 1시간	÷ 0.2시간
기계소요시간당 공헌이익	₩25	₩15
우선순위	1순위	2순위

   * @₩5 + @₩10 = @₩15　　@₩2 + @₩2 = @₩4

   <최적제품배합>

	필요시간	잔여시간
제품X : 20,000단위×1.0시간 =	20,000	5,000
제품Y : 25,000단위×0.2시간 =	5,000	-

<기업 전체 이익 증감>

증분수익 :	특수부품S 구입비 절감	3,000단위×@₩40 =		₩120,000
증분비용 :	제품X 변동원가	3,000단위×@₩15 =	₩45,000	
	제품Y 판매 감소	15,000단위×@₩3 =	45,000	90,000
증분이익 :				₩30,000

* 특별주문에 필요시간은 3,000시간이므로, 제품Y 15,000단위(= 3,000단위÷0.2시간)를 감소해야 한다.

2. 단위당 최소판매가격

증분수익 :	특수부품S 구입비 절감	3,000단위×@₩x =		₩3,000x
증분비용 :	제품X 변동원가	3,000단위×@₩15 =	₩45,000	
	제품Y 판매 감소	15,000단위×@₩3 =	45,000	90,000
증분이익 :				₩3,000x - ₩90,000 ≥0

∴ x = ₩30

[문 14] 투자중심점

1. 투자수익률 : ₩6,000,000*÷[(₩50,000,000 + ₩70,000,000)÷2] = 10%
   * (300,000단위×@₩200) - (₩45,000,000 + ₩9,000,000) = ₩6,000,000
2. 잔여손실 : ₩6,000,000 - (₩60,000,000×15%) = - ₩3,000,000
3. 총원가 : ₩9,000,000[1)] + 350,000단위×₩150/단위[2)] = ₩61,500,000
   * 1) ₩60,000,000×15% = ₩9,000,000
   2) ₩45,000,000÷300,000단위 = ₩150/단위

[문 15] 투자중심점

1. 투자수익률 : [₩10,000,000 - (₩6,000,000 + ₩1,000,000)]÷₩2,000,000 = 150%
2. 잔여이익 : ₩3,000,000 - (₩2,000,000×0.12) = ₩2,760,000
3. 회계적 이익률 : (₩1,200,000[1)] - ₩600,000[2)])÷₩3,000,000 = 20%
   * 1) 투자로 인하여 순현금유출액의 감소를 초래하는 것은 결국 순이익의 증가를 초래함
   2) ₩3,000,000(최초투자액)×1년/5년 = ₩600,000
4. 회수기간 : ₩3,000,000÷₩1,200,000 = 2.5년

[문 16] 투자중심점

1. 요구수익률(투하자본의 25%)을 확보하는데 필요한 연간 순이익
   25% = x÷₩1,350,000
   ∴ x = ₩337,500
2. 매출액순이익률

변동비	₩6,600,000	(= ₩6,600×1,000개)
고정비	1,500,000	
총원가	₩8,100,000	
목표순이익(요구수익)	337,500	(= ₩1,350,000×25%)
목표매출액	₩8,437,500	

∴ 매출액순이익률 : ₩337,500÷₩8,437,500 = 0.04(4%)

3. A제품의 단위당 판매가격 : ₩8,437,500÷1,000개 = ₩8,437.5

[문 17] 투자중심점

1. 가중평균자본비용 및 경제적 부가가치

가중평균자본비용 : [₩700,000×10%×(1 - 0.4) + ₩700,000×14%]÷[₩700,000 + ₩700,000] = 10%

경제적 부가가치

A사업부 : ₩40,000×(1 - 0.4) - (₩200,000 - ₩50,000)×10% = ₩9,000

B사업부 : ₩150,000×(1 - 0.4) - (₩1,000,000 - ₩300,000)×10% = ₩20,000

2. 투자수익률 및 잔여이익

투자수익률

A사업부 : ₩40,000÷₩200,000 = 20%

B사업부 : ₩150,000÷₩1,000,000 = 15%

잔여이익(단, 각 사업부에 대한 요구수익률은 10%라고 가정한다)

A사업부 : ₩40,000 - ₩200,000×10% = ₩20,000

B사업부 : ₩150,000 - ₩1,000,000×10% = ₩50,000

[문 18] 투자중심점

1. 고객B를 포기할 경우

증분수익 :	영업비 절감액	₩70 + ₩130 + ₩150 + ₩200 =	₩550		
	임대수익		x	₩550 + x	
증분비용 :	매출총이익 감소			1,000	
증분이익 :				x - ₩450	> 0

∴ X≥₩450 이어야 한다.

2. 고객D를 추가할 경우

증분수익	매출총이익 증가			₩1,000	
증분비용 :	영업비 증가	₩70 + ₩130 + ₩150 + ₩200 =	₩550		
	임차료		120	670	
증분이익 :				₩330	> 0

∴ 고객D를 추가하여야 한다.

3. 투자수익률과 의사결정

1) 지점사업부장의 의사결정

고객E 추가 전 ROIC : ₩1,450÷₩12,000 = 12.08%

고객E 추가 후 ROIC : ₩1,800÷₩15,200 = 11.84%

∴ 지점 입장에서는 고객E를 추가할 경우, 추가 전보다 ROIC가 하락하므로 고객E를 받아들이지 않는다.

2) 기업 전체의 입장

고객E의 ROIC는 ₩350÷₩3,200 = 10.94%로서 최저필수수익률 10%를 초과하므로 기업 전체의 입장에서는 고객E를 받아들여야 하나, 지점에서는 고객E를 받아들이지 않는 준최적화 현상이 발생한다.

4. 잔여이익 : 영업이익 - 투하자본×최저필수수익률

고객A : ₩700 - ₩3,900×10% = ₩310

고객B : ₩50 - ₩2,000×10% = (₩150)

고객C : ₩700 - ₩6,100×10% = ₩90

5. 가중평균자본비용 : 12%×(1 - 40%)×35% + 10%×65% = 0.0902(9.02%)
   경제적 부가가치 : ₩700×(1 - 40%) - ₩3,900×0.0902 = ₩68.22
   매출액 ₩100당 경제적 부가가치 : ₩68.22÷₩6,000×₩100 = ₩1.137

[문 19] 이익중심점 및 성과평가

<기본분석>

	부품 A	부품 B	부품 C
단위당 판매가격	₩400	₩800	₩400
단위당 변동원가	300	576	280
단위당 공헌이익	₩100	₩224	₩120
단위당 직접노무시간	÷ 2시간	÷ 2.8시간	÷ 1.2시간
직접노무시간당 공헌이익	₩50	₩80	₩100
우선순위	3순위	2순위	1순위

* 단위당 변동원가
  부품 A : ₩160 + ₩70 + ₩70 = ₩300　　부품 B : ₩380 + ₩98 + ₩98 = ₩576　　부품 C : ₩196 + ₩42 + ₩42 = ₩280

단위당 직접노무시간
  부품 A : 500시간÷250단위 = 2시간　또는　₩70÷₩35(임률) = 2시간
  부품 B : 700시간÷250단위 = 2.8시간　또는　₩98÷₩35(임률) = 2.8시간
  부품 C : 600시간÷500단위 = 1.2시간　또는　₩42÷₩35(임률) = 1.2시간

공헌이익률
  부품 A : ₩100÷₩400 = 25%　　부품 B : ₩224÷₩800 = 28%　　부품 C : ₩120÷₩400 = 30%

공헌이익 : ₩100×250단위 + ₩224×250단위 + ₩120×500단위 = ₩141,000

가중평균공헌이익률
  (@₩100×250단위 + @₩224×250단위 + @₩120×500단위)÷(₩100,000 + ₩200,000 + ₩200,000) = 0.282

1. 현금흐름분기점 매출액 및 세후목표영업이익 달성을 위한 매출 증가액
   1) 현금흐름분기점 매출액(S)
      0.282×S - (₩84,600 - ₩28,200) - (0.282×S - ₩84,600)×0.2 = ₩0　　∴ S = ₩175,000
   2) 세후목표영업이익 달성을 위한 매출 증가액
      (0.282×S - ₩84,600)×(1 - 0.2) = ₩51,888　　∴ S = ₩530,000
      ∴ 내년도 매출액 ₩530,000 - 금년도 매출액 ₩500,000 = ₩30,000 증가
2. 매출액 증액 후 추가 분석
   영업이익 : ₩141,000(공헌이익) - ₩84,600(고정원가) = ₩56,400
   안전한계율 : ₩56,400(영업이익)÷₩141,000(공헌이익) = 40%
   영업레버리지도 : ₩141,000(공헌이익)÷₩56,400(영업이익) = 2.5
   매출액이 10% 증가할 경우의 영업이익 : ₩56,400×(1 + 10%×2.5) = ₩70,500
   세후현금흐름 : ₩70,500×(1 - 20%) + ₩28,200 = ₩84,600
3. 특별주문 수락 후 추가 분석
   주문수량 : (500시간 + 70시간)÷2시간 = 285단위
   단위당 증분원가 : @₩450 + @₩35×2시간 + @₩35×2시간 = @₩590
   기회원가 : 500시간(부품 A 포기)×@₩50 + 70시간(부품 B 포기)×₩@80 = ₩30,600
   영업이익 : 285단위×@₩800 - (285단위×@₩590 + ₩30,600) = ₩29,250 증가
   세후영업이익 : ₩29,250×(1 - 20%) = ₩23,400 증가

4. 대체가격 후 추가 분석

기회원가 : (50단위×2.8시간)×@₩50 = ₩7,000

단위당 기회원가 : ₩7,000÷50단위 = @₩140(부품 A 포기)

단위당 최소대체가격 : (@₩380 + @₩20) + @₩98 + @₩98 + @₩140 = @₩736

5. 학습효과 후 추가 분석

500단위에 대한 총시간

누적생산량(x)	누적평균시간(y)	총누적시간(xy)	비 고
125	150시간	150시간	125단위×1.2시간 = 150시간
250	120시간	240시간	250단위×0.96시간 = 240시간
500	96시간	384시간	500단위×0.768시간 = 384시간

500단위에 대한 변동제조원가

@₩196×₩500단위 + @₩35×384시간 + @₩35×384시간 = ₩124,880

부품사업부로부터의 구입가격 : ₩124,880 + @₩120×500단위 = ₩184,880

외부공급업자로부터의 구입가격 : @₩380×500단위 = ₩190,000

세전영업이익 : ₩184,880 - ₩190,000 = - ₩5,120 감소

[문 20] 투자중심점

[투자수익률 사용]

1,000단위×(단위당 최소 평균판매가격 - @₩100) - ₩200,000 = ₩500,000×20%

∴ 단위당 최소 평균판매가격 = @₩400

[잔여이익 사용]

1,000단위×(단위당 최소 평균판매가격 - @₩100) - ₩200,000 = ₩500,000×15%

∴ 단위당 최소 평균판매가격 = @₩375

[문 21] 품질원가

예방원가 : ₩10 + ₩70 + ₩40 + ₩90 = ₩210

[**참조**]

평가원가 : 제품품질검사 및 시험활동 = ₩60

내부실패원가 : 선적 전에 발견된 부적합품 재작업활동 = ₩20

외부실패원가 : 반품 재작업활동, 반품 재검사활동, 미래 판매기회상실에 따른 기회비용
= ₩30 + ₩80 + ₩50 = ₩160

[문 22] 품질원가

1. 품질원가보고서

구 분	A형	B형
매출액	10,000개×@₩2,000 = ₩20,000,000	5,000개×@₩1,500 = ₩7,500,000
예방원가	2.25% 1)	1% 5)
설계개선비용	6,000시간×@₩75 = ₩450,000	1,000시간×@₩75 = ₩75,000
검사원가	2% 2)	1.33% 6)
품질검사비용	10,000개×1시간×@₩40 = ₩400,000	5,000개×0.5시간×@₩40 = ₩100,000
내부실패원가	1% 3)	2.67% 7)
재작업원가	10,000개×4%×@₩500 = ₩200,000	5,000개×10%×@₩400 = ₩200,000

외부실패원가	1.1% 4)	6.13% 8)
수선비용	10,000개×3%×@₩400 = ₩120,000	5,000개×8%×@₩500 = ₩200,000
상실된 공헌이익	-	300개×(@₩1,500 - @₩800) = ₩210,000
손해배상 추정액	₩120,000	₩50,000

* 1) ₩450,000(범주별 원가)÷₩20,000,000(매출액) = 2.25%
2) ₩400,000÷₩20,000,000 = 2%　　3) ₩200,000÷₩20,000,000 = 1%
4) ₩220,000÷₩20,000,000 = 1.1%
5) ₩75,000(범주별 원가)÷₩7,500,000(매출액) = 1%
6) ₩100,000÷₩7,500,000 = 1.33%　　7) ₩200,000÷₩7,500,000 = 2.67%
8) ₩460,000÷₩7,500,000 = 6.13%

A형 냉장고 품질원가 합계액 : ₩450,000 + ₩400,000 + ₩200,000 + ₩120,000 + ₩120,000 = ₩1,290,000
B형 냉장고 품질원가 합계액 : ₩75,000 + ₩100,000 + ₩200,000 + ₩200,000 + ₩210,000 + ₩50,000 = ₩835,000

2. B형은 A형에 비하여 상대적으로 예방원가와 검사원가를 적게 지출하다. 이로 인하여 B형은 내부실패원가가 2.67%, 외부실패원가가 6.13%로 A형에 비하여 많이 발생하다.

[문 23] 품질원가

	예방원가	평가원가	내부실패원가	외부실패원가
반품 재작업				₩100
사후처리(A/S)				150
불량재공품 재작업			₩100	
품질교육	₩100			
설계개선작업	200			
완성품 검사		₩50		
고객불량품 피해 손해배상				150
계	₩300	₩50	₩100	₩400

예방원가	50% 추가 투입	₩300×50% =	(₩150)
내부실패원가	50% 절감	₩100×50% =	50
외부실패원가	40% 절감	₩400×40% =	160
증분이익			₩60

[문 24] 품질원가

제품설계	1,000시간×@₩80 =	₩80,000	(예방원가)
시험검사	6,000개×0.5시간×@₩60 =	180,000	(평가원가)
재작업	6,000개×10%×@₩400 =	240,000	(내부실패원가)
보증수리	6,000개×5%×@₩500 =	150,000	(외부실패원가)
추정손실	400개×(@₩1,500 - @₩800) =	280,000	(외부실패원가)
계		₩930,000	

	예방원가	평가원가	내부실패원가	외부실패원가
제품설계	₩80,000			
시험검사		₩180,000		
재작업			₩240,000	
보증수리				₩150,000
추정손실				280,000
계	₩80,000	₩180,000	₩240,000	₩430,000

∴ 총액 ₩930,000(= ₩80,000 + ₩180,000 + ₩240,000 + ₩430,000)

[문 25] 활동원가에 근거한 수익성 평가

고객A로부터 매출액			₩500,000
고객A로부터의 비용			₩585,000
매출원가	₩500,000×80% =	₩400,000	
주문처리		42,000	
일반주문	300회×@₩70 = ₩21,000		
긴급주문	300회×70%×@₩100 = ₩21,000		
고객상담	140회×@₩450 =	63,000	
고객관계관리		80,000	
고객A로부터 얻은 손실			(₩85,000)

[문 26] 경제적 부가가치와 대체가격

1. 단위당 공헌이익 : @₩10,000 - (@₩6,000 + @₩600) = @₩3,400
   ₩2,960,000 = [(@₩3,400×목표판매수량) - ₩50,000,000]×(1 - 0.2) - ₩100,000,000×6%
   ∴ 목표판매수량 : 18,000단위
2. 단위당 변동비 감소 : @₩6,000 + @₩600 = @₩6,600 → @₩6,000 + @₩200 = @₩6,200
   세후 영업이익 증감 : [5,000단위×(@₩8,000 - @₩6,200) - ₩3,000,000]×(1 - 0.2) = ₩4,800,000
   경제적 부가가치 증감 : ₩4,800,000 - ₩20,000,000×6% = ₩3,600,000
3. [5,000단위×(최소대체가격 - @₩6,200) - ₩3,000,000]×(1 - 0.2) - ₩20,000,000×6% = ₩0
   ∴ 최소대체가격 : @₩7,100

※ 기업 전체의 세후 영업이익을 극대화시키는 단위당 대체가격은?(5,000단위 대체수량 기준)
@₩6,200 + (₩3,000,000÷5,000단위) = @₩6,800

관세를 고려하지 않는 경우 @₩6,800 : ₩23,400,000(= ₩0 + ₩23,400,000)

	한 국		말레이시아	
매출액	5,000단위×₩6,800 =	₩34,000,000	5,000단위×₩12,000 =	₩60,000,000
변동비	5,000단위×₩6,200 =	31,000,000	5,000단위×₩6,800 =	34,000,000
고정비		3,000,000	관세	-
공헌이익		₩0		₩26,000,000
세금		-	공헌이익×10% =	(2,600,000)
세후 이익		₩0		₩23,400,000

관세를 고려하지 않는 경우 @₩8,000 : ₩22,800,000(= ₩4,800,000 + ₩18,000,000)

	한 국		말레이시아	
매출액	5,000단위×₩8,000 =	₩40,000,000	5,000단위×₩12,000 =	₩60,000,000
변동비	5,000단위×₩6,200 =	31,000,000	5,000단위×₩8,000 =	40,000,000
고정비		3,000,000	관세	-
공헌이익		₩6,000,000		₩20,000,000
세금	공헌이익×20% =	(1,200,000)	공헌이익×10% =	(2,000,000)
세후 이익		₩4,800,000		₩18,000,000

관세를 고려하는 경우 @₩6,800 : ₩17,280,000(= ₩0 + ₩17,280,000)

	한 국		말레이시아	
매출액	5,000단위×₩6,800 =	₩34,000,000	5,000단위×₩12,000 =	₩60,000,000
변동비	5,000단위×₩6,200 =	31,000,000	5,000단위×₩6,800 =	34,000,000
고정비		3,000,000	관세	6,800,000
공헌이익		₩0		₩19,200,000
세금		-	공헌이익×10% =	(1,920,000)
세후 이익		₩0		₩17,280,000

* ₩34,000,000×20% = ₩6,800,000(관세)

관세를 고려하는 경우 @₩8,000 : ₩15,600,000(= ₩4,800,000 + ₩10,800,000)

	한 국		말레이시아	
매출액	5,000단위×₩8,000 =	₩40,000,000	5,000단위×₩12,000 =	₩60,000,000
변동비	5,000단위×₩6,200 =	31,000,000	5,000단위×₩8,000 =	40,000,000
고정비		3,000,000	관세	8,000,000
공헌이익		₩6,000,000		₩12,000,000
세금	공헌이익×20% =	(1,200,000)	공헌이익×10% =	(1,200,000)
세후 이익		₩4,800,000		₩10,800,000

* ₩40,000,000×20% = ₩8,000,000(관세)

∴ ₩23,400,000 - ₩17,280,000 = ₩6,120,000

[문 27] 보조부문비 배부 및 성과평가

1. 보조부문의 원가를 제조부문에 배부

1) 조립부 : ₩42,000, 도색부 : ₩27,000

	보조부문		제조부문		계
	전력부	창고부	조립부	도색부	
배부 전	₩18,000	₩51,000	-	-	₩69,000
전력부	(30,000)	9,000	₩12,000	₩9,000	
창고부	12,000	(60,000)	30,000	18,000	
배부 후	-	-	₩42,000	₩27,000	₩69,000

* [연립방정식] 보조부문(전력부, 창고부) 간에는 다음과 같은 연립방정식이 성립한다.
전력부 = ₩18,000 + 0.2×창고부 … ①
창고부 = ₩51,000 + 0.3×전력부 … ②
②를 ①에 대입하여 연립방정식을 풀이해 보면,
전력부 = ₩18,000 + 0.2×(₩51,000 + 0.3×전력부)
0.94×전력부 = ₩282,000
∴ 전력부 = ₩30,000, 창고부 = ₩60,000
[전력부의 원가를 창고부, 조립부, 도색부에 배부한 금액]
창고부 : ₩30,000×0.3 = ₩9,000
조립부 : ₩30,000×0.4 = ₩12,000
도색부 : ₩30,000×0.3 = ₩9,000
[창고부의 원가를 전력부, 조립부, 도색부에 배부한 금액]
전력부 : ₩60,000×0.2 = ₩12,000
조립부 : ₩60,000×0.5 = ₩30,000
도색부 : ₩60,000×0.3 = ₩18,000

2) 외부구입 필요 물량 및 kwh당 최대 지불 용의 금액

외부 구입량 : 100kwh×(1 - 0.3×0.2) = 94kwh

* 30kwh÷(30kwh + 40kwh + 30kwh) = 30%
40㎡÷(40㎡ + 100㎡ + 60㎡) = 20%

전력부 비용 절감		₩18,000
창고부 비용 절감	₩51,000×0.2 =	10,200
외부구입시 증분이익		₩28,200

* 40㎡÷(40㎡ + 100㎡ + 60㎡) = 20%

kwh당 최대 지불 금액 : ₩28,200÷94kwh = @₩300

2. 연간 지출할 용의가 있는 최대금액
   1) 1,000단위×@₩50 = ₩50,000
   2) 600단위×@₩100 = ₩60,000
   3) 1,000단위×(@₩100 - @₩20) = ₩80,000
   4) 600단위×@₩100 = ₩60,000
   5) (주)양재의 제안을 받아들인다.

증분수익 :	매출 수익 증가	6,000단위×@₩100 =		₩600,000
증분비용 :	재료원가 증가	6,000단위×@₩70 =	₩420,000	
	외부 조립 비용 증가	6,000단위×@₩20 =	120,000	540,000
증분이익 :				₩60,000

   6) 품질검사의 연간 원가≤₩50,000

[문 28] 보조부문비 배부 및 성과평가

1. 실제배부율과 단일배부율을 사용하여 보조부문원가의 배분
   1) P1과 P2가 수선부문으로부터 배부 받을 원가
      제조부문별 실제수선시간
      P1 : 8,000개×2시간×1시간 = 16,000시간
      P2 : 20,000개×1시간×1.5시간 = 30,000시간
      수선부문 실제배부율
      16,000시간 + 30,000시간 = 46,000시간
      (₩276,000 + ₩8×46,000시간)÷46,000시간 = ₩14/시간
      수선부문으로부터 배부 받을 원가
      P1 : @₩14×16,000시간 = ₩224,000(①)
      P2 : @₩14×30,000시간 = ₩420,000(②)
   2) 제품 X와 Y의 단위당 제조원가
      단위당 직접재료원가, 단위당 직접노무원가, 단위당 변동제조간접원가는 [문제]에서 제시됨
      단위당 고정제조간접원가
      제품 X : ₩520,000÷8,000개 = @₩65
      제품 Y : ₩980,000÷20,000개 = @₩49
      수선부문원가
      제품 X : ₩224,000÷8,000개 = @₩28
      제품 Y : ₩420,000÷20,000개 = @₩21
      단위당 제조원가
      제품 X : @₩300 + @₩400 + @₩40 + @₩65 + @₩28 = @₩833(①)
      제품 Y : @₩100 + @₩200 + @₩52 + @₩49 + @₩21 = @₩422(②)
   3) 외부수선용역업체로부터의 용역 제공 제안
      외부구입가격 : @₩12×16,000시간 = ₩192,000
      원가절감액
      P1 : @₩14×16,000시간 = ₩224,000
      회사 전체(변동원가부문) : @₩8[문제 제시됨]×16,000시간 = ₩128,000

원가의 증가 또는 감소액

P1 : ₩192,000(외부구입가격) - ₩224,000 = - ₩32,000 감소(①)

회사 전체(변동원가부문) : ₩192,000(외부구입가격) - ₩128,000 = ₩64,000 감소(②)

2. 예정배부율과 이중배부율을 사용하여 보조부문원가의 배분

1) P1과 P2가 배부 받을 원가 및 제조부문에 배부되지 않는 보조부문의 미사용 원가

예정조업도 : 10,000개×2시간×1시간 + 25,000개×1시간×1.5시간 = 57,500시간

실제조업도 : 8,000개×2시간×1시간 + 20,000개×1시간×1.5시간 = 46,000시간

미사용활동시간 : 57,500시간 - 46,000시간 = 11,500시간

예정배부율

변동원가 : (@₩8×57,500시간)÷57,500시간 = @₩8

고정원가 : ₩276,000(문제 제시됨)÷57,500시간 = @₩4.8

P1이 배부 받을 원가 : (@₩8 + @₩4.8)×16,000시간 = ₩204,800(①)

P2가 배부 받을 원가 : (@₩8 + @₩4.8)×30,000시간 = ₩384,000(②)

제조부문에 배부되지 않는 보조부문의 미사용 원가 : @₩4.8×11,500시간* = ₩55,200(③)

* 57,500시간 - 46,000시간 = 11,500시간

2) 제품 Y의 단위당 최소판매가격

여유조업도 : 25,000개 - 20,000개 = 5,000개

특별주문 포기수량 : 6,000개 - 5,000개 = 1,000개

제품 Y의 단위당 변동원가 : @₩100 + @₩200 + @₩52 + 수선원가(@₩8×1시간×1.5시간)
= @₩364

제품 Y의 단위당 공헌이익 : @₩1,900 - @₩364 = @₩1,536

제품 Y의 단위당 최소판매가격 : @₩364 + (@₩1,536×1,000개)÷6,000개 = @₩620

[문 29] 손익분기점 및 성과평가

1. 판매량

치즈피자 단위당 변동비 : @₩1,200 + @₩1,000 + @₩3,000×0.7 + @₩1,000×0.2 = @₩4,500

치즈피자 고정비 : (@₩3,000×0.3 + @₩1,000×0.8)×12,000개 = ₩20,400,000

세후 이익 ₩7,000,000을 달성하기 위한 판매량을 Q라 하면

[(@₩10,000×2set - @₩4,500×3개)Q - ₩20,400,000]×(1 - 0.3) = ₩7,000,000

∴ Q≒4,677 (치즈피자를 4,677set 판매해야 한다)

2. 손익분기점 매출액

치즈피자 2buy1 공헌이익 : @₩10,000×2set - @₩4,500×3개 = @₩6,500

간단피자 단위당 공헌이익 : @₩5,000 - @₩4,500×(1 - 0.2) = @₩1,400

set당 공헌이익 : @₩7,900(= @₩6,500 + @₩1,400)

손익분기점 판매량을 Q라 하면

@₩7,900Q - ₩20,400,000 = @₩0

∴ Q≒2,583

치즈피자 2buy1 손익분기점 매출액 : @₩10,000×2set×2,583set = ₩51,660,000

간단피자 손익분기점 매출액 : @₩5,000×2,583개 = ₩12,915,000

3. 판매량 및 제안 거절 의사결정

   1) 강남빌딩 주인이 원하는 임차료 : @₩10,000×1,000㎡ = ₩10,000,000

   종로피자의 이익 : @₩7,900Q - (₩20,400,000 + ₩10,000,000)

   종로피자가 강남빌딩 주인이 원하는 임차료 제안을 받아들이려면, 다음과 같은 식이 성립해야 한다.

   @₩7,900Q - (₩20,400,000 + @₩10,000,000) ≥ 0

   ∴ Q ≥ 3,849 (최소 치즈피자 2buy1 3,849set와 간단피자 3,849개를 판매해야 한다)

   2) 부동산 중개인이 원하는 중재안 : @₩10,000×2set + @₩5,000 = @₩25,000

   ① 종로피자가 부동산 중개인이 원하는 중재안을 받아들이려면, 다음과 같은 식이 성립해야 한다.

   @₩7,900Q - (₩20,400,000 + @₩5,000×1,000㎡ + @₩25,000×Q×0.2) ≥ 0

   ∴ Q ≥ 8,759

   ② 종로피자의 목표 판매량 치즈피자 2buy1 8,000set와 간단피자 8,000개 판매로는 부동산 중개인이 원하는 중재안을 감당하기 어려우므로 제안을 거절해야 한다.

4. ROI(금액 단위 : 백만원)

   [기본지식] 투자수익률(ROI) = 영업이익÷투하자본

   1) 치즈농장 사업부 ROI : ₩300÷₩3,400 = 8.8%, 업종평균 : ₩400÷₩3,100 = 12.9%

   치즈피자 사업부 ROI : ₩1,600÷₩5,400 = 29.6%, 업종평균 : ₩700÷₩5,100 = 13.7%

   ∴ 치즈농장 사업부는 업종평균에 못 미치는 성과를 내었고, 치즈피자 사업부는 업종평균을 초과한 성과를 달성하였다.

   2) ROI 계산을 위해서는 영업이익과 투하자본 두 요소가 필요한데, 투하자본이 적어도 효과적인 운용을 통하여 영업이익을 많이 낼 수 있으므로 ROI 개선에 한계가 있지 아니하며, ROI 개선을 위하여 투하자본 대비 효율적인 영업을 통하여 ROI를 높일 수 있다.

   ※ 듀폰분석(DuPont Analysis)이란 자기자본이익률(ROE = 당기순이익÷자본총계 = 매출액순이익률×총자산회전율×재무레버리지)를 구성요소별로 나누어 분석하는 기법이다. 듀폰시스템이라고도 하며, 이는 1920년대에 화학업체인 듀폰에 근무하던 Donaldson Brown이 처음 고안하고 사용하여 붙여진 이름이다. 듀폰분석은 기업이 어떠한 방식으로 이윤을 남기는지 분석하는데 효과적인 기법이다.

$$\text{자기자본이익률} = \frac{\text{당기순이익}}{\text{자본총계}} = \frac{\text{당기순이익}}{\text{매출액}} \times \frac{\text{매출액}}{\text{자산총계}} \times \frac{\text{자산총계}}{\text{자본총계}}$$

[문 30] 연산품 및 성과평가

[사전지식]

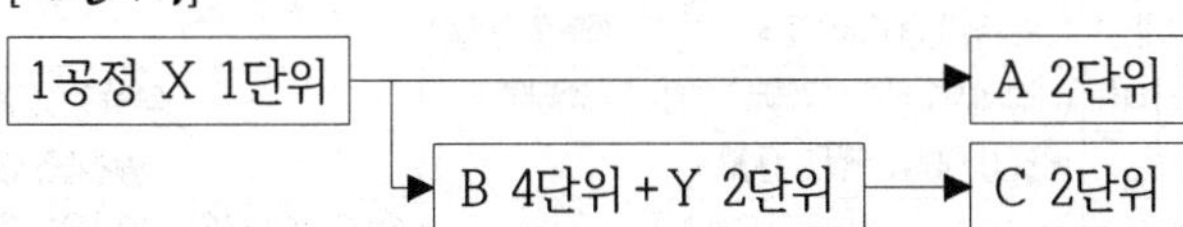

B 2단위 + Y 1단위 = C 1단위이므로, B 4단위 + Y 2단위 = C 2단위도 성립한다.

1. 제품별 매출총이익

   8월 중에 A 300단위와 C 300단위를 생산하려면 X 150단위가 필요하다.

X 결합원가 : (₩600 + ₩200×3시간 + ₩400)×150단위 = ₩240,000

C 1단위 생산시 추가가공원가 : ₩200 + ₩200×2시간 + ₩600 = ₩1,200

A 1단위당 변동판매관리비 : ₩200

	순실현가능가치	비율	결합원가 배부
A	300단위×@₩2,000 - ₩0 - 300단위×@₩200 = ₩540,000	50%	₩240,000×50% = ₩120,000
C	300단위×@₩3,000 - 300단위×@₩1,200 - ₩0 = ₩540,000	50%	₩240,000×50% = ₩120,000
계	₩1,080,000		₩240,000

* 순실현가능가치 = 매출액 - 추가가공원가 - 변동판매관리비

∴ 8월 매출총이익

A : ₩600,000(매출액) - ₩120,000(결합원가 배분) = ₩480,000

B : ₩900,000(매출액) - ₩360,000(추가가공원가) - ₩120,000(결합원가 배분) = ₩420,000

2. 매출총이익률 : (₩360,000 + ₩540,000)÷(₩600,000 + ₩900,000) = 60%

	매출액	매출총이익	추가가공원가	결합원가
A	₩600,000	₩600,000×0.6 = ₩360,000	-	₩240,000
C	₩900,000	₩900,000×0.6 = ₩540,000	₩360,000	-

∴ A 결합원가 배부액 ₩240,000

C 결합원가 배부액 ₩0

3. 현금흐름

1) 순현금흐름액

매출액	A	7월 판매	200단위×@₩2,000×0.25 = ₩100,000	₩1,300,000
		8월 판매	300단위×@₩2,000×0.7 = 420,000	
	C	7월 판매	200단위×@₩3,000×0.25 = 150,000	
		8월 판매	300단위×@₩3,000×0.7 = 630,000	
변동비	A 판매관리비, C 추가가공원가		₩60,000 + ₩360,000 =	420,000
고정비	결합원가, 고정판매관리비		₩240,000 + ₩500,000 - ₩55,000 =	685,000
계				₩195,000

* 300단위×@₩200 = ₩60,000　　300단위×@₩1,200 = ₩360,000

고정판매관리비에는 매월 ₩55,000의 감가상각비가 포함되어 있다고, [물음3]에서 제시되어 있음.

2) C의 최소판매량을 Q라 하면,

A의 판매량 Q(A와 C의 판매비율 동일)

X의 구입량 0.5Q(C 1단위 생산에 X 0.5단위 필요)

Y의 구입량 Q(C 1단위 생산에 Y 1단위 필요)

매출액	A	7월 판매	₩100,000	@₩3,500Q + ₩250,000
		8월 판매	Q×@₩2,000×0.7 = @₩1,400Q	
	C	7월 판매	₩150,000	
		8월 판매	Q×@₩3,000×0.7 = @₩2,100Q	
변동비	X, Y 원가, A 판매관리비		0.5Q×@₩1,600 + Q×@₩1,200 + Q×@₩200 =	@₩2,200Q
고정비	고정판매관리비		₩500,000 - ₩55,000 =	₩445,000
계				@₩1,300Q - ₩195,000

* X : @₩600 + 3시간×@₩200 + @₩400 = @₩1,600

Y : @₩200 + 2시간×@₩200 + @₩600 = @₩1,200

∴ 8월의 현금 잔액이 최소한 7월 잔액보다 같거나 크려면 @₩1,300Q - ₩195,000≧0이어야 한다. 따라서 Q≧150단위이므로 C의 최소판매량은 150단위이다.

4. 원가차이 분석

1) C 250단위 생산 → X 125단위 구입

실제구입수량×실제가격	실제구입수량×표준가격
125단위×? = ₩70,000	125단위×₩600 = ₩75,000

구입가격차이 ₩5,000(유리)

∴ 1단위당 실제구입가격 : ₩70,000÷125단위 = ₩560

2) C 220단위 생산 → X 110단위 구입

실제발생액(AQ×AP)	AQ×SP	실제산출물에 의한 변동예산(SQ×SP)
440단위×₩180 = ₩79,200	440단위×₩200 = ₩88,000	110단위×3시간×₩200 = ₩66,000

임률차이 ₩8,800(유리) 능률차이 ₩22,000(불리)

* ₩88,000÷₩200 = 440단위(∵ 역산)

∴ 1단위당 실제직접노동시간 : 440단위÷110단위 = 4시간

직접노동시간당 실제임률 : ₩79,200÷440단위 = ₩180

5. 원가중심점 성과평가제도

	문제점	해결방안
①	객관적인 표준원가의 설정이 어렵고 표준원가의 설정시 시간과 비용이 많이 소요된다.	균형성과표 등의 기법을 이용하여 비재무적 측정치에 대한 중요성을 강조하고, 표준원가의 설정 및 예외에 의한 관리에 실무자들을 참여시켜서 현실적인 원가통제 및 능동적인 성과평가를 수행해야 한다.
②	예외에 의한 관리를 할 경우 어느 정도의 원가차이를 중요한 것으로 볼 것인지를 규정하는 것이 매우 주관적이다.	
③	표준원가는 주로 재무적 측정치를 강조하고, 비재무적 측정치(품질, 납기, 사후서비스 등)를 무시하는 경향이 있다.	

[참조] 투자중심점 성과평가제도

	문제점	해결방안
①	투자중심점의 투자수익률(ROI) 극대화 노력이 준최적화현상을 발생시켜 기업 전체적으로는 이익의 감소를 초래할 수 있다.	투자안의 현금흐름을 기준으로 성과평가를 할 수 있도록 하고, 하위부서의 의사결정이 기업 전체의 목표와 일치하도록 조정하며, 성과평가시 잔여이익법이나 경제적 부가가치법 등의 대체안을 이용하여 투자수익률의 단점을 보완하여야 한다.
②	회계이익을 기준으로 성과를 평가하기 때문에 회계기준 변경을 통하여 성과를 조작할 수 있다.	
③	단기적인 성과를 강조하므로 장기적인 관점에서의 의사결정이 이루어지지 않을 수 있다.	

[문 31] 종합원가계산 및 품질원가

1. 완성품 수량 및 정상공손수량

1) 당기 완성품 수량

(5,000단위 + 38,000단위) - (4,500단위 + 3,500단위 + 5,000단위) = 30,000단위

2) 정상공손수량

1차검사시점 : 당기 검사 합격수량(30,000단위 + 3,500단위 + 5,000단위)×5% = 1,925단위

2차검사시점 : 당기 검사 합격수량(30,000단위)×5% = 1,500단위

2. 완성품 환산량 및 정상공손원가 배분

1) 완성품 환산량 및 완성품 환산량 단위당 원가

구 분		물량(진척도)		원재료 M1	원재료 M2	원재료 M3	가공비
완성품	기초재공품	5,000단위(1 - 20%)		0	5,000	5,000	4,000
	당기투입	25,000		25,000	25,000	25,000	25,000
1차	정상공손	1,925	(50%)	1,925	0	0	962.5
	비정상공손	2,575	(50%)	2,575	0	0	1,287.5
2차	정상공손	1,500	(100%)	1,500	1,500	0	1,500
	비정상공손	2,000	(100%)	2,000	2,000	0	2,000
	기말재공품	5,000	(85%)	5,000	2,500	0	4,250
완성품 환산량				38,000	36,000	30,000	39,000
당기투입원가				₩380,000	₩108,000	₩30,000	₩156,000
완성품 환산량 단위당 원가				@₩10	@₩3	@₩1	@₩4

2) 정상공손원가 배분(물량기준에 따라 재배분함) (단, 1차검사시점에서 발생한 정상공손원가는 ₩23,485, 2차검사시점에서 발생한 정상공손원가는 ₩25,025으로 가정한다.)

	완성품(30,000단위)	2차공손품(3,500단위)	기말재공품(5,000단위)
1차 정상공손원가 ₩23,485	₩18,300	₩2,135	₩3,050
	915	(915)	
2차 정상공손원가 ₩25,025	25,025		
계	₩44,240		₩3,050

* ₩3,050 - ₩2,135 = ₩915
* ₩23,485×[30,000단위÷(30,000단위 + 3,500단위 + 5,000단위)] = ₩18,300
₩23,485×[3,500단위÷(30,000단위 + 3,500단위 + 5,000단위)] = ₩2,135
₩23,485×[5,000단위÷(30,000단위 + 3,500단위 + 5,000단위)] = ₩3,050

∴ 따라서 완성품원가는 ₩44,240, 기말재공품원가는 ₩3,050만큼 증가한다.

3. 50% 시점에서의 검사작업 제거 여부

1) 검사작업을 제거할 경우 순현가

	0	1	2	3
처분가액	₩75,000			
처분손실의 세금효과		₩125,000×40%		
원가 절감액		₩20,000×(1 - 40%)	₩20,000×(1 - 40%)	₩20,000×(1 - 40%)
계	₩75,000	₩62,000	₩12,000	₩12,000

* (₩550,000 - ₩50,000)÷10년×7년 = ₩350,000(감가상각누계액)
₩550,000 - ₩350,000 = ₩200,000(장부금액)
₩200,000(장부금액) - ₩75,000(처분가액) = ₩125,000(처분손실)
* ₩60,000(검사인력의 노무원가) - ₩40,000(공손품 추가원가) = ₩20,000(원가 절감액)

순현가 : ₩75,000 + ₩62,000×0.909 + ₩12,000×0.826 + ₩12,000×0.751 = ₩150,282

2) 검사작업을 유지할 경우 순현가

	0	1	2	3
감가상각비의 감면효과		₩50,000×40%	₩50,000×40%	₩50,000×40%
폐기시 절세효과				₩50,000×40%
계		₩20,000	₩20,000	₩40,000

순현가 : ₩20,000×0.909 + ₩20,000×0.826 + ₩40,000×0.751 = ₩64,740

∴ 따라서 검사작업을 제거하는 경우의 증분 순현가가 ₩85,542(= ₩150,282 - ₩64,740)이므로 검사작업을 제거하는 것이 유리하다.

4. 품질원가

검사작업을 제거할 경우 품질원가 중 통제원가(검사원가)는 감소하나 이로 인해 각종 내, 외부 실패원가의 증가를 초래할 수 있다. 따라서 이러한 품질원가의 상충관계를 적절히 고려하여 전체 품질원가를 최소화할 수 있는 수준에서 적절한 품질관리가 이루어져야 한다.

[문 32] 종합원가계산, 특별주문, 품질원가

1. 20×1년

(1) 완성품원가와 기말재공품원가

[제1공정]	[1단계] 물량흐름 파악	[2단계] 완성품 환산량 직접재료원가	전환원가	계
기초재공품 수량	5,000개(40%)			
당기투입 수량	17,000			
계	22,000개			
당기완성품 수량	20,000개	20,000개	20,000개	
기말재공품 수량	2,000 (25%)	2,000	500	
계	22,000개	22,000개	20,500개	
[3단계] 총제조원가의 집계				
기초재공품원가		₩350,000	₩197,000	₩547,000
당기총제조비용		1,850,000	623,000	2,473,000
계		₩2,200,000	₩820,000	₩3,020,000
[4단계] 환산량 단위당 원가				
완성품 환산량		÷22,000개	÷20,500개	
환산량 단위당 원가		₩100	₩40	

완성품원가 : 20,000개×(@₩100 + @₩40) = ₩2,800,000

기말재공품원가 : 2,000개×@₩100 + 500개×@₩40 = ₩220,000

(2) 기말재공품의 전환원가 완성도 산정 오류

제1공정 기말재공품의 전환원가 완성도가 25%가 아닌 80%일 때에 제2공정에 미치는 영향으로는, 제1공정 완성품원가의 감소 및 기말재공품원가의 증가뿐만 아니라 제2공정 전공정대체원가의 감소, 완성품Y 완성품원가의 감소, 기말재공품원가의 감소 등이 있다.

2. 외부구입의사결정(기초재공품원가와 고정원가는 비관련원가)

증분수익	임대수익		₩1,500,000
	변동원가 감소		1,773,000
증분비용 :	구입비용	20,000개×@₩150 =	(3,000,000)
증분이익 :			₩273,000

3. 품질검사의사결정(장비리스료 지출시 폐기비용 절감 및 불량 500개 판매가능)

증분수익	매출	500개×@₩500 =	₩250,000
	폐기비용 절감	500개×@₩100 =	50,000
증분비용 :	리스료		(315,000)
증분이익 :			(₩15,000)

4. 재작업

(1) 완성품원가, 기말재공품원가, 공손품원가

[제2공정]	[1단계]	[2단계] 완성품 환산량			
	물량흐름 파악	전공정원가	직접재료원가	전환원가	
기초재공품 수량	3,500개(10%)				
당기투입 수량	20,000				
계	23,500개				
당기완성품 수량	15,000개	15,000개	15,000개	15,000개	
공손품 수량	1,000	1,000	1,000	1,000	
기말재공품 수량	7,500 (40%)	7,500	7,500	3,000	
계	23,500개	23,500개	23,500개	19,000개	
[3단계] 총제조원가의 집계					계
기초재공품원가		₩255,000	₩330,000	₩480,000	₩1,065,000
당기총제조비용		2,800,000	2,396,000	3,282,000	8,478,000
계		₩3,055,000	₩2,726,000	₩3,762,000	₩9,543,000
[4단계] 환산량 단위당 원가					
완성품 환산량		÷23,500개	÷23,500개	÷19,000개	
환산량 단위당 원가		₩130	₩116	₩198	

완성품원가 : 15,000개×(@₩130 + @₩116 + @₩198) = ₩6,660,000

기말재공품원가 : 7,500개×@₩130 + 7,500개×@₩116 + 3,000개×@₩198 = ₩2,439,000

공손품원가 : 1,000개×(@₩130 + @₩116 + @₩198) = ₩444,000

(2) 내부실패원가, 외부실패원가

내부실패원가 : 제3공정 재작업원가 ₩38,000

외부실패원가 : 반품으로 인한 손실 + 반품 폐기비용 = 50개×@₩500 + ₩15,000 = ₩40,000

[문 33] 전통적 원가방식과 ABC 원가방식, 성과평가

1. 영업이익 산정

전통적 원가방식

	음 료	샌드위치	계
매출액	₩5,000,000	₩2,000,000	₩7,000,000
재료원가	1,500,000	500,000	2,000,000
제조판매활동원가	750,000	250,000	1,000,000
관리활동원가(고정원가)	750,000	250,000	1,000,000
영업이익	₩2,000,000	₩1,000,000	₩3,000,000

* 제조판매활동원가는 재료원가(₩1,500,000 : ₩500,000)에 비례 배분하며, 관리활동원가(고정원가)는 직접노동시간(150시간 : 50시간)에 비례 배분한다.
* 음료
  5,000개×@₩1,000 = ₩5,000,000
  5,000개×@₩300 = ₩1,500,000
  ₩1,000,000×[₩1,500,000÷(₩1,500,000 + ₩500,000)] = ₩750,000
  ₩1,000,000×[150시간÷(150시간 + 50시간)] = ₩750,000
* 샌드위치
  1,000개×@₩2,000 = ₩2,000,000
  1,000개×@₩500 = ₩500,000
  ₩1,000,000×[₩500,000÷(₩1,500,000 + ₩500,000)] = ₩250,000
  ₩1,000,000×[50시간÷(150시간 + 50시간)] = ₩250,000

ABC 원가방식

		음 료	샌드위치	계
매출액		₩5,000,000	₩2,000,000	₩7,000,000
재료원가		1,500,000	500,000	2,000,000
제조판매활동원가	주문접수	150,000	50,000	200,000
	판매기록	300,000	100,000	400,000
	재료처리	300,000	100,000	400,000
관리활동원가(고정원가)	전산	200,000	300,000	500,000
	회의	250,000	250,000	500,000
영업이익		₩2,300,000	₩700,000	₩3,000,000

* 음료
주문접수활동 : ₩200,000×[3,000회÷(3,000회 + 1,000회)] = ₩150,000
판매기록활동 : ₩400,000×[3,000회÷(3,000회 + 1,000회)] = ₩300,000
재료처리활동 : ₩400,000×[150시간÷(150시간 + 50시간)] = ₩300,000
전산활동 : ₩500,000×[200회÷(200회 + 300회)] = ₩200,000
회의활동 : ₩500,000×[5회÷(5회 + 5회)] = ₩250,000

* 샌드위치
주문접수활동 : ₩200,000×[1,000회÷(3,000회 + 1,000회)] = ₩50,000
판매기록활동 : ₩400,000×[1,000회÷(3,000회 + 1,000회)] = ₩100,000
재료처리활동 : ₩400,000×[50시간÷(150시간 + 50시간)] = ₩100,000
전산활동 : ₩500,000×[300회÷(200회 + 300회)] = ₩300,000
회의활동 : ₩500,000×[5회÷(5회 + 5회)] = ₩250,000

2. 목표원가

전통적 원가방식

	음 료	샌드위치
제품별 단위당 이익	₩2,000,000÷5,000개 = ₩400	₩1,000,000÷1,000개 = ₩1,000
목표원가	₩900 - ₩400 = ₩500	₩1,800 - ₩1,000 = ₩800

* 음료 영업이익 : ₩2,000,000(해답 1번 **참조**), 샌드위치 영업이익 : ₩1,000,000(해답 1번 **참조**)
음료 단위당 판매가격 : ₩900[문제 제시됨], 샌드위치 단위당 판매가격 : ₩1,800[문제 제시됨]

ABC 원가방식

	음 료	샌드위치
제품별 단위당 이익	₩2,300,000÷5,000개 = ₩460	₩700,000÷1,000개 = ₩700
목표원가	₩900 - ₩460 = ₩440	₩1,800 - ₩700 = ₩1,100

* 음료 영업이익 : ₩2,300,000(해답 1번 **참조**), 샌드위치 영업이익 : ₩700,000(해답 1번 **참조**)

3. 영업이익 산정

1) ABC 원가방식

		음 료	샌드위치	아이스크림
매출액		₩5,000,000	₩2,000,000	₩2,200,000
재료원가		1,500,000	500,000	1,000,000
제조판매활동원가	주문접수	150,000	50,000	150,000
	판매기록	300,000	100,000	300,000
	재료처리	300,000	100,000	400,000
관리활동원가(고정원가)	전산	125,000	187,500	187,500
	회의	62,500	62,500	375,000
영업이익		₩2,562,500	₩1,000,000	- ₩212,500

* '아이스크림을 추가로 판매하면 관리활동원가(고정원가)는 변화가 없으며, 제조판매활동의 단위당 원가도 동일하다.'라고 하였다. 제조판매활동의 단위당 원가를 계산하면 다음과 같다.
  주문접수활동 : ₩200,000÷4,000회(주문횟수) = @₩50
  판매기록활동 : ₩400,000÷4,000회(주문횟수) = @₩100
  재료처리활동 : ₩400,000÷200시간(직접노동시간) = @₩2,000
* 음료
  주문접수활동 : 3,000회×@₩50 = ₩150,000
  판매기록활동 : 3,000회×@₩100 = ₩300,000
  재료처리활동 : 150시간×@₩2,000 = ₩300,000
  전산활동 : ₩500,000×[200회÷(200회 + 300회 + 300회)] = ₩125,000
  회의활동 : ₩500,000×[5회÷(5회 + 5회 + 30회)] = ₩62,500
* 샌드위치
  주문접수활동 : 1,000회×@₩50 = ₩50,000
  판매기록활동 : 1,000회×@₩100 = ₩100,000
  재료처리활동 : 50시간×@₩2,000 = ₩100,000
  전산활동 : ₩500,000×[300회÷(200회 + 300회 + 300회)] = ₩187,500
  회의활동 : ₩500,000×[5회÷(5회 + 5회 + 30회)] = ₩62,500
* 아이스크림
  2,000개×@₩1,100 = ₩2,200,000
  2,000개×@₩500 = ₩1,000,000
  주문접수활동 : 3,000회×@₩50 = ₩150,000
  판매기록활동 : 3,000회×@₩100 = ₩300,000
  재료처리활동 : 200시간×@₩2,000 = ₩400,000
  전산활동 : ₩500,000×[300회÷(200회 + 300회 + 300회)] = ₩187,500
  회의활동 : ₩500,000×[30회÷(5회 + 5회 + 30회)] = ₩375,000

2) 스타 카페 지배인은 영업이익에 의해 성과평가를 받는다. 아이스크림의 영업이익이 0보다 적은 영업손실 ₩212,500이므로, 아이스크림 제품의 생산을 중단해야 한다. 즉 생산 판매할 제품 목록에 아이스크림을 추가할 필요가 없다.

[문 34] 사업부 및 성과평가

1. 사업부별 의사결정(수락 방안)

	사업부 X	사업부 Y	사업부 Z
증분수익	₩3,400[1)]	₩4,900[1)]	₩5,800[1)]
증분원가	2,400[2)]	3,600[3)]	6,000[4)]
증분이익	₩1,000	₩1,300	- ₩200
의사결정	수락	수락	거절

* 1) 전자태그 도입 후 재고관리원가 예상 절감액
  2) 200개×@₩2 + ₩10,000×(200개÷1,000개) = ₩2,400
  3) 300개×@₩2 + ₩10,000×(300개÷1,000개) = ₩3,600
  4) 500개×@₩2 + ₩10,000×(500개÷1,000개) = ₩6,000

2. 사업부별 사용 수락 여부

[물음1] 결과, 사업부 Z는 전자태그 사용을 거부하고, 나머지 사업부 X, Y 전자태그 사용을 수락하게 된다.

사업부	증분이익	의사결정
X	₩3,400 - 200개×@₩2 + ₩10,000×(200개÷500개) = - ₩1,000	거부
Y	₩4,900 - 300개×@₩2 + ₩10,000×(300개÷500개) = - ₩1,700	거부

3. 전자태그 시스템 관리를 위한 고정비(₩10,000)는 회사 전체적인 관점에서는 고정비로써, 전자태그 사용량에 영향을 받지 않는다. 하지만, 사용량을 기준으로 각 사업부에 공통원가를 배부하므로, 각 사업부 입장에서는 공통원가 배부액이 다른 사업부의 사용량에 영향을 받게 된다. 회사 전체적인 관점에서 의사결정시의 시스템 관리 고정비와 성과평가시 각 사업부에 배부되는 시스템 관리 고정비가 달라지므로, 준최적화(목표불일치)가 발생하게 된다.

4. 이익극대화 관점

1) 전자태그 도입시

증분수익		₩14,100
재고관리원가 절감액	₩3,400 + ₩4,900 + ₩5,800 = ₩14,100	
증분비용		12,000
전자태그 구입원가	(200개 + 300개 + 500개)×@₩2 = ₩2,000	
전자태그 시스템 관리비	₩10,000	
증분이익		₩2,100

∴ (주)한국의 관점에서는 전자태그를 도입하는 것이 타당하다.

2) 사업부별 의사결정(수락 방안)

전자태그 시스템 관리비는 각 사업부에서 통제할 수 없는 원가이므로, 이를 제외한 증분이익을 기준으로 성과평가한다.

	사업부 X	사업부 Y	사업부 Z
증분수익	₩3,400[1)]	₩4,900[1)]	₩5,800[1)]
증분원가	400[2)]	600[3)]	1,000[4)]
증분이익	₩3,000	₩4,300	₩4,800
의사결정	수락	수락	수락

* 1) 전자태그 도입 후 재고관리원가 예상 절감액
2) 200개×@₩2 = ₩400
3) 300개×@₩2 = ₩600
4) 500개×@₩2 = ₩1,000

[문 35] 표준원가 및 성과평가

1. 단위당 표준원가

구 분	표준수량	표준가격	표준원가
직접재료원가	5kg	₩10	₩50
직접노무원가	4시간[1)]	10[2)]	40
변동제조간접원가	4시간	5[3)]	20
고정제조간접원가	4시간	10[4)]	40
제품 단위당 표준원가			₩150
제품 단위당 정상공손원가 허용액			11[5)]
정상품 단위당 표준원가			₩161

* 1) 직접노무원가 : 2시간(숙련공 직접노무시간) + 2시간(미숙련공 직접노무시간) = 4시간
2) 직접노무원가 : (@₩12×2시간 + @₩8×2시간)÷(2시간 + 2시간) = @₩10
3) 변동제조간접원가 : (@₩12×2시간×50% + @₩8×2시간×50%)÷(2시간 + 2시간) = @₩5
4) 고정제조간접원가 : ₩24,000÷2,400직접노무시간(기준조업도) = @₩10
5) 가공원가 : @₩40(직접노무원가) + @₩20(변동제조간접원가) + @₩40(고정제조간접원가) = @₩100
6) 단위당 정상공손원가 허용액 :
[@₩50(직접재료원가) + @₩100(가공원가)×60%(품질검사시점)]×10%(합격품 비율) = @₩11

2. 표준원가계산

	[1단계] 물량흐름 파악		[2단계] 완성품 환산량 직접재료원가	가공원가
기초재공품 수량	100단위(80%)			
당기투입 수량	900			
계	1,000단위			
기초재공품 완성량	100단위(20%)		0단위	20단위
당기투입 완성량	700		700	700
정상공손 수량	70	(60%)	70	42
비정상공손 수량	30	(60%)	30	18
기말재공품 수량	100	(40%)	0	40
계	1,000단위		800단위	820단위

[3단계] 총제조원가의 집계			계
기초재공품원가			?
당기총제조비용	₩40,000	₩82,000	₩122,000
계			?

[4단계] 환산량 단위당 원가		
완성품 환산량	÷800단위	÷820단위
환산량 단위당 원가	₩50	₩100

1) 정상공손수량 : 70단위(= 700단위×10%), 비정상공손수량 : 30단위(= 100단위 - 70단위)

2) 원가

계정과목	원 가	계산근거
기초재공품원가	₩14,100	= 100단위×@₩50 + 80단위×@₩100 + 100단위×@₩11
완성품원가	128,800	= 800단위×@₩161 = 800단위×(@₩50 + @₩100 + @₩11)*
비정상공손원가	3,300	= 30단위×@₩50 + 18단위×@₩100
기말재공품원가	4,000	= 40단위×@₩100

* 완성품 단위당 원가는 단위당 표준원가 @₩150과 단위당 정상공손원가 허용액 @₩11([= @₩50 + @₩100×60%]×10%)의 합계액인 @₩161이다.

제조(재공품)

기초재공품	14,100	완성품원가	128,800
투입(표준)	122,000	비정상공손원가	3,300
		기말재공품원가	4,000

3) 직접재료원가 차이

① 구입가격차이와 수량차이

AQ′(실제구입수량)×AP	AQ′(실제구입수량)×SP
6,000kg×@₩8	6,000kg×@₩10
= ₩48,000	= ₩60,000

구입가격차이 ₩12,000(유리)

AQ(실제소비수량)×SP	SQ×SP
(₩40,000÷@₩8)×@₩10	800단위*×5kg×@₩10
= ₩50,000	= ₩40,000

수량차이 ₩10,000(불리)

* 기초재고액 0단위 + 투입(생산)량 ?단위 = 완성(판매)량 600단위 + 기말재고액 200단위
∴ 투입(생산)량 : 800단위

② 원가요소별 비례배부법

[사전지식]

원가요소별 비례배부법은 표준원가로 기록되어 있는 직접재료, 비정상공손, 재공품, 제품, 매출원가의 계정 잔액에 포함되어 있는 해당 원가요소의 비율을 기준으로 원가차이를 배부하는 방법이다. 이를 위해 아래 사항에 유의하여야 한다.

㉠ 직접재료원가 구입가격차이는 직접재료계정뿐만 아니라 직접재료원가 수량(능률)차이계정에도 배부해야 한다. 구입가격차이를 조정하기 위해서는 직접재료 구입수량이 포함되어 있는 모든 계정을 고려해야 한다. 직접재료계정과 직접재료원가 수량(능률)차이계정에도 구입수량 중 일정물량이 포함되어 있기에 배부대상이다.

㉡ 직접재료원가 수량(능률)차이는 배부받은 직접재료원가 구입가격차이를 포함해서 배부해야 한다. 직접재료원가 구입가격차이를 직접재료원가 수량(능률)차이에 배부하면, 직접재료원가 수량(능률)차이 금액에 직접재료원가 구입가격차이를 조정한 후의 금액을 직접재료원가 수량(능률)차이 배부비율에 따라 배부한다.

Ⅰ : 기초재공품 100단위가 매출원가에만 포함되는 경우

배부기준	직접재료	수량(능률)차이[1]	비정상공손	재공품	제 품	매출원가
조정 전 잔액[2]	10,000	10,000	1,500	0	11,000	27,500
구입가격차이 배부비율	10,000/60,000	10,000/60,000	1,500/60,000	0	11,000/60,000	27,500/60,000
수량차이 배부비율	-	-	1,500/40,000	0	11,000/40,000	27,500/40,000

* 1) 구입가격차이 ₩12,000(유리), 수량차이 ₩10,000(불리)
  2) ₩40,000(실제사용직접재료원가)÷@₩8 = 5,000kg
  (6,000kg - 5,000kg)×@₩10 = ₩10,000(직접재료)
  200단위×(@₩50 + 10%×100%×@₩50) = ₩11,000(제품)
  (600단위 - 100단위)×(@₩50 + 10%×100%×₩50) = ₩27,500(매출원가)
  (판매된 600단위 중 100단위는 기초재공품완성품이다. 원가요소별 비례배부법은 원가차이를 당기 발생액을 기준으로 조정한다. 따라서 당기 발생액 중 매출원가에 포함되는 표준직접재료원가를 기준으로 직접재료원가 차이를 배부해야 하기 때문에, 판매량 600단위에서 기초재공품완성품인 100단위를 차감한다.)

차이 배부	직접재료	수량(능률)차이	비정상공손	재공품	제 품	매출원가
조정 전 잔액	10,000	10,000	1,500	0	11,000	27,500
구입가격차이 배부금액	(-) 2,000	(-) 2,000	(-) 300	0	(-) 2,200	(-) 5,500
수량차이 배부금액	-	(-) 8,000	(+) 300	0	(+) 2,200	(+) 5,500
조정 후 잔액	8,000	0	1,500	0	11,000	27,500

(차) 직접재료원가 구입가격차이	12,000	(대) 직접재료	2,000
		직접재료원가 수량차이	2,000
		비정상공손원가	300
		제 품	2,200
		매출원가	5,500
(차) 비정상공손원가	300	(대) 직접재료원가 수량차이	8,000
제 품	2,200		
매출원가	5,500		

Ⅱ : 기초재공품 100단위가 제품과 매출원가에 나누어 포함되는 경우

배부 기준	직접재료	수량(능률)차이[1]	비정상공손	재공품	제 품	매출원가
조정 전 잔액[2]	10,000	10,000	1,500	0	9,625	28,875
구입가격차이 배부비율	10,000/60,000	10,000/60,000	1,500/60,000	0	9,625/60,000	28,875/60,000
수량차이 배부비율	-	-	1,500/40,000	0	9,625/40,000	28,875/40,000

* 1) 구입가격차이 ₩12,000(유리), 수량차이 ₩10,000(불리)
  2) (200단위 - 100단위×(200단위÷800단위))×(@₩50 + 10%×100%×@₩50) = ₩9,625
  (600단위 - 100단위×(600단위÷800단위))×(@₩50 + 10%×100%×@₩50) = ₩28,875

(당기제조된 제품 800단위 중 100단위는 기초재공품완성품이다. 기초재공품완성품이 제품과 매출원가에 비례적으로 25단위[= 100단위×(200단위÷800단위)], 75단위[= 100단위×(600단위÷800단위)]씩 배부되었다고 가정하여 배부비율을 계산한다. 원가요소별 비례배부법은 원가차이를 당기 발생액을 기준으로 조정한다. 따라서 당기 발생액 중 제품, 매출원가에 포함되는 표준직접재료원가를 기준으로 직접재료원가 차이를 배부해야 하기 때문에, 제품 200단위, 판매량 600단위에서 기초재공품완성품을 각각 25단위, 75단위 차감한다.)

차이 배부	직접재료	수량(능률)차이	비정상공손	재공품	제 품	매출원가
조정 전 잔액	10,000	10,000	1,500	0	9,625	28,875
구입가격차이 배부금액	(-) 2,000	(-) 2,000	(-) 300	0	(-) 1,925	(-) 5,775
수량차이 배부금액	-	(-) 8,000	(+) 300	0	(+) 1,925	(+) 5,775
조정 후 잔액	8,000	0	1,500	0	9,625	28,875

(차) 직접재료원가 구입가격차이	12,000	(대) 직접재료	2,000
		직접재료원가 수량차이	2,000
		비정상공손원가	300
		제 품	1,925
		매출원가	5,775
(차) 비정상공손원가	300	(대) 직접재료원가 수량차이	8,000
제 품	1,925		
매출원가	5,775		

4) 직접노무원가 차이

	실제발생액 AQ×AP	AQ×BP	Total AQ×BM×BP	변동예산 BQ×BP
숙련공	₩23,100	2,100시간×@₩12 = ₩25,200	2,000시간×@₩12 = ₩24,000	820단위×2시간×@₩12 = ₩19,680
비숙련공	₩17,100	1,900시간×@₩8 = ₩15,200	2,000시간×@₩8 = ₩16,000	820단위×2시간×@₩8 = ₩13,120
	₩40,200	₩40,400	₩40,000	₩32,800

임률차이 ₩200(유리)　배합차이 ₩400(불리)　수율차이 ₩7,200(불리)

* 820단위 ← [2단계] 가공원가의 완성품 환산량

5) 변동제조간접원가 차이 및 고정제조간접원가 차이

변동제조간접비 차이

실제발생액 (실제조업도×실제배부율)	실제투입물에 대한 변동예산 (실제조업도×표준배부율)	실제산출물에 대한 변동예산 (표준조업도×표준배부율)
₩21,000	4,000시간×₩5/시간 = ₩20,000	820단위×4시간×₩5/시간 = ₩16,400

소비차이 ₩1,000(불리)　능률차이 ₩3,600(불리)

고정제조간접비 차이

실제발생액 (실제조업도×실제배부율)	예산 (기준조업도×표준배부율)	실제산출물에 대한 배부액 (표준조업도×표준배부율)
₩25,000	2,400시간×₩10/시간 = ₩24,000	820단위×4시간×₩10/시간 = ₩32,800

예산차이 ₩1,000(불리)　조업도차이 ₩8,800(유리)

3. 시장점유율차이와 시장규모차이

항 목	단위당 표준원가
판매가격	₩250
직접재료원가	100
직접노무원가	50
변동제조간접원가	50
변동판매관리비	30
공헌이익	₩20

* [예산] 시장규모 2,000단위, 판매량 600단위, 판매가격 @₩250, 변동판매관리비 @₩30
  [실제] 시장규모 2,500단위, 판매량 500단위, 판매가격 @₩300, 변동판매관리비 @₩20

변동예산	변동예산	고정예산
(실제규모×실제점유율×가중평균예산공헌이익)	(실제규모×예산점유율×가중평균예산공헌이익)	(예산규모×예산점유율×가중평균예산공헌이익)
2,500단위×20%×@₩20 = ₩10,000	2,500단위×30%×@₩20 = ₩15,000	2,000단위×30%×@₩20 = ₩12,000

시장점유율차이 ₩5,000(불리)　　시장규모차이 ₩3,000(유리)

매출수량차이 ₩2,000(불리)

* 600단위÷2,000단위 = 30%
  500단위÷2,500단위 = 20%

4. CEO의 성과평가
   1) 20×0년도와 20×1년도의 고정원가가 50억원으로 동일한 상태에서 공헌이익이 80억원에서 120억원으로 40억원 상승했다. 판매량이 증가했으므로, 성과가 개선된 것으로 평가한다.
   2) 20×0년도에 비해 20×1년도의 시장규모가 600단위에서 1,200단위로 2배 증가했다. 이에 따라 공헌이익은 2배 증가해야 하지만, 1.5배(= 120억원÷80억원) 밖에 증가하지 못했다. 성과가 안 좋아진 것으로 평가한다.
   3) 시장규모 증감으로 인한 공헌이익의 증감은 (주)한국 CEO가 통제할 수 없는 요소이다. 하지만, 시장점유율로 인한 공헌이익 증감은 CEO가 통제할 수 있는 요소이다. (주)한국은 시장규모의 확대로 인해 공헌이익이 2배 증가해야 하지만, 시장점유율이 30%에서 20%로 감소하여 공헌이익이 1.5배만 증가한 것임을 알 수 있다. 따라서 통제가능요소에 대하여만 책임을 부담시키는 책임회계제도에 따라, '2)'의 방법을 선택한 것이다.

[문 36] 표준원가 및 성과평가

1. 4월의 제조(생산량)예산 및 4월의 재료매입예산액
   1) 4월 생산량 : 4,500단위×90% + 5,500단위×10% = 4,600단위

4월	
4,500단위×10%	4,500단위×90%
	5,500단위×10%

   2) 5월 생산량 : 5,500단위×90% + 5,000단위×10% = 5,450단위

5월	
5,500단위×10%	5,500단위×90%
	5,000단위×10%

   4월 재료매입량 : [4,600단위(4월 생산량)×80% + 5,450단위(5월 생산량)×20%]×2kg = 9,540kg

   4월 재료매입예산액 : 9,540kg×@₩500 = ₩4,770,000

2. 예산 손익계산서 및 매출원가

1) 4월의 예산 손익계산서

매출액(자료 제시됨)		₩9,000,000
변동원가		(6,300,000)
변동매출원가(4,500단위×@₩1,300)	₩5,850,000	
변동판매관리비(4,500단위×@₩100)	450,000	
공헌이익		₩2,700,000
고정원가		(2,600,000)
고정제조간접원가	₩1,800,000	
고정판매관리비	800,000	
영업이익		₩100,000

* 단위당 제조원가 : @₩1,000 + @₩180 + @₩120 = @₩1,300

2) 4월의 매출원가

표준매출원가	4,500단위×@₩1,600* =	₩7,200,000
조업도차이(불리) 조정	(18,000시간 - 4,600단위×3시간)×@₩100 =	420,000
매출원가		₩7,620,000

* 단위당 원가 : @₩1,300 + 3시간×₩1,800,000÷18,000시간 = @₩1,600

3. 4월 말 예산 현금 잔액

4월 초 현금(문제 제시됨)			₩2,500,000
4월 중 매출채권 회수			8,200,000
3월 매출	₩7,000,000×40% =	₩2,800,000	
4월 매출	₩9,000,000×60% =	5,400,000	
4월 중 매입채무 지급			(4,479,000)
3월 매입	₩3,800,000*×30% =	₩1,140,000	
4월 매입	₩4,770,000*×70% =	3,339,000	
직접노무원가	4,600단위×@₩180 =		(828,000)
변동제조간접원가	4,600단위×@₩120 =		(552,000)
고정제조간접원가	₩1,800,000 - ₩600,000 =		(1,200,000)
변동판매비	4,500단위×@₩100 =		(450,000)
고정판매비	₩800,000 - ₩50,000 =		(750,000)
4월 말 현금			₩2,441,000

* 3월 제품생산량 : 3월 판매량×90% + 4월 판매량×10% = 3,500단위×90% + 4,500단위×10% = 3,600단위
  3월 재료매입액 : (3,600단위×80% + 4,600단위×20%)×2kg×@₩500 = ₩3,800,000
  4월 재료매입예산액 : (4,600단위×80% + 5,450단위×20%)×2kg×@₩500 = ₩4,770,000(1번 해답 참조)

4. 경제적 부가가치

[사전지식]

설비확장 투하자금 ₩25,000,000(이 중 20%는 연 이자율 12%인 장기부채로 조달, 80%는 주식 발행하여 조달), 신규투자로 인한 세전 영업이익 ₩4,800,000 발생, 자기자본비용 15%, 법인세율 25%이다.

가중평균자본비용 : 12%×(1 - 0.25)×20% + 15%×80% = 13.8%

경제적 부가가치 : ① - ② = ₩150,000

① 세후 영업이익 : ₩4,800,000×(1 - 0.25) = ₩3,600,000

② (총자산 - 유동부채)×가중평균자본비용 : ₩25,000,000×13.8% = ₩3,450,000

부 록

K-IFRS 재무제표 [양식]
일반기업회계기준 재무제표 [양식]
중소기업회계기준 재무제표 [양식]
화폐의 시간적 가치

한국채택국제회계기준(K-IFRS)

재무상태표

제×기 20××년 ×월 ×일 현재
제×기 20××년 ×월 ×일 현재

기업명 (단위 : 원)

과 목	제×(당)기		제×(전)기	
	금 액		금 액	
자 산				
유동자산		×××		×××
현금및현금성자산				
매출채권 및 기타채권				
기타금융자산				
재고자산				
기타자산				
비유동자산		×××		×××
대여금 및 수취채권				
기타금융자산				
관계기업투자				
투자부동산				
유형자산				
무형자산				
기타자산				
자산총계		×××		×××
부 채				
유동부채		×××		×××
매입채무				
기타금융부채				
충당부채				
미지급법인세				
기타부채				
비유동부채		×××		×××
금융부채				
퇴직급여부채				
기타부채				
부채총계		×××		×××
자 본				
납입자본				
기타자본요소				
이익잉여금				
자본 총계		×××		×××
부채및자본총계		×××		×××

포괄손익계산서(성격별)

제×기 20××년 ×월 ×일부터 20××년 ×월 ×일까지
제×기 20××년 ×월 ×일부터 20××년 ×월 ×일까지

기업명 (단위 : 원)

과 목	제×(당)기		제×(전)기	
	금 액		금 액	
매출액		×××		×××
제품과 재공품의 변동				
원재료와 소모품의 사용액				
종업원급여				
감가상각비와 기타 상각비 등				
영업손익		×××		×××
금융수익				
기타수익				
금융비용				
기타비용				
법인세비용차감전순손익		×××		×××
법인세비용		(×××)		(×××)
계속영업손익		×××		×××
중단영업손익		×××		×××
당기순손익		×××		×××
기타포괄손익		×××		×××
기타포괄손익공정가치측정금융자산평가손익				
해외사업장환산손익				
파생상품평가손익				
재평가잉여금				
재측정요소				
기타포괄손익과 관련된 법인세		(×××)		(×××)
세후기타포괄손익		×××		×××
총포괄손익		×××		×××
주당손익		×××		×××
기본주당계속사업손익				
기본주당순손익				
희석주당계속사업손익				
희석주당순손익				

포괄손익계산서(기능별)

제×기　20××년 ×월 ×일부터　20××년 ×월 ×일까지
제×기　20××년 ×월 ×일부터　20××년 ×월 ×일까지

기업명　　　　　　　　　　　　　　　　　　　　　　　　(단위 : 원)

과　　　　목	제×(당)기		제×(전)기	
	금　　액		금　　액	
매출액		×××		×××
매출원가		(×××)		(×××)
매출총이익		×××		×××
판매비				
관리비				
영업손익		×××		×××
금융수익				
기타수익				
금융비용				
기타비용				
법인세비용차감전순손익		×××		×××
법인세비용		(×××)		(×××)
계속영업손익		×××		×××
중단영업손익		×××		×××
당기순손익		×××		×××
기타포괄손익		×××		×××
기타포괄손익공정가치측정금융자산평가손익				
해외사업장환산손익				
파생상품평가손익				
재평가잉여금				
재측정요소				
기타포괄손익과 관련된 법인세		(×××)		(×××)
세후기타포괄손익		×××		×××
총포괄손익		×××		×××
주당손익		×××		×××
기본주당계속사업손익				
기본주당순손익				
희석주당계속사업손익				
희석주당순손익				

자본변동표

제×기 20××년 ×월 ×일부터 20××년 ×월 ×일까지
제×기 20××년 ×월 ×일부터 20××년 ×월 ×일까지

기업명 (단위 : 원)

구 분	납입자본	자본유지조정	기타포괄손익누계액	일반적립금	이익잉여금	총 계
20××.×.×(보고금액)	×××	×××	×××	×××	×××	×××
회계정책변경 누적효과					×××	×××
전기오류수정					×××	×××
수정후 이월이익잉여금					×××	×××
임의적립금의 이입액				(×××)	×××	
연차배당					(×××)	(×××)
기타 이익잉여금처분액	×××	×××		×××	(×××)	
처분후 이월이익잉여금					×××	×××
분기배당					(×××)	(×××)
유상증자(감자)	×××					×××
자기주식 취득	(×××)					(×××)
기타포괄손익의 대체			(×××)		×××	
총포괄손익			×××		×××	×××
20××.×.×	×××	×××	×××	×××	×××	×××
20××.×.×(보고금액)	×××	×××	×××	×××	×××	×××
회계정책변경 누적효과					×××	×××
전기오류수정					×××	×××
수정후 이월이익잉여금					×××	×××
임의적립금의 이입액				(×××)	×××	
연차배당					(×××)	(×××)
기타 이익잉여금처분액	×××	×××		×××	(×××)	
처분후 이월이익잉여금					×××	×××
분기배당					(×××)	(×××)
유상증자(감자)	×××					×××
자기주식 취득	(×××)					(×××)
기타포괄손익의 대체			(×××)		×××	
총포괄손익			×××		×××	×××
20××.×.×	×××	×××	×××	×××	×××	×××

[또는]

구 분	납입자본			기타자본요소		이익잉여금	총 계
	자본금	자본잉여금	자본유지조정	기타포괄손익누계액	일반적립금		
20××. ×. ×.(보고금액)	×××	×××	×××	×××	×××	×××	×××
변동내용	×××	×××	×××	×××	×××	×××	×××
20××. ×. ×.	×××	×××	×××	×××	×××	×××	×××

현금흐름표(직접법)

제×기 20××년 ×월 ×일부터 20××년 ×월 ×일까지
제×기 20××년 ×월 ×일부터 20××년 ×월 ×일까지

기업명 (단위 : 원)

과 목	제×(당)기		제×(전)기	
	금 액		금 액	
영업활동 현금흐름		×××		×××
고객으로부터 수취한 현금				
공급자에게 지급한 현금				
기타영업활동으로 수취한 현금				
기타영업활동에서 지급한 현금				
영업에서 창출된 현금				
이자 수취				
배당금 수취				
이자 지급				
법인세 납부				
투자활동 현금흐름		×××		×××
금융자산 취득				
금융자산 처분				
유형자산 취득				
유형자산 처분				
무형자산 취득				
무형자산 처분				
재무활동 현금흐름		×××		×××
차입금 차입				
차입금 상환				
주식 발행				
배당금 지급				
외화표시 현금및현금성자산의 환율변동효과		×××		×××
현금및현금성자산의 증가(감소)		×××		×××
기초의 현금및현금성자산		×××		×××
기말의 현금및현금성자산		×××		×××

현금흐름표(간접법)

제×기 20××년 ×월 ×일부터 20××년 ×월 ×일까지
제×기 20××년 ×월 ×일부터 20××년 ×월 ×일까지

기업명 (단위 : 원)

과 목	제×(당)기 금액		제×(전)기 금액	
영업활동 현금흐름		×××		×××
법인세비용차감전순이익				
가감 :				
영업현금흐름과 관련없는 손익 제거				
영업활동과 관련된 자산·부채의 증감				
영업에서 창출된 현금				
이자 수취				
배당금 수취				
이자 지급				
법인세 납부				
투자활동 현금흐름		×××		×××
금융자산 취득				
금융자산 처분				
유형자산 취득				
유형자산 처분				
무형자산 취득				
무형자산 처분				
재무활동 현금흐름		×××		×××
차입금 차입				
차입금 상환				
주식 발행				
배당금 지급				
외화표시 현금및현금성자산의 환율변동효과		×××		×××
현금및현금성자산의 증가(감소)		×××		×××
기초의 현금및현금성자산		×××		×××
기말의 현금및현금성자산		×××		×××

연결재무상태표

제×기 20××년 ×월 ×일 현재
제×기 20××년 ×월 ×일 현재

기업명 (단위 : 원)

과 목	제×(당)기		제×(전)기	
	금 액		금 액	
자 산				
유동자산		×××		×××
현금및현금성자산				
매출채권 및 기타채권				
기타금융자산				
재고자산				
기타자산				
비유동자산		×××		×××
대여금 및 수취채권				
기타금융자산				
관계기업투자				
투자부동산				
유형자산				
무형자산				
기타자산				
자산총계		×××		×××
부 채				
유동부채		×××		×××
매입채무				
기타금융부채				
충당부채				
미지급법인세				
기타부채				
비유동부채		×××		×××
금융부채				
퇴직급여부채				
기타부채				
부채총계		×××		×××
자 본				
지배기업소유주지분				
납입자본				
기타자본요소				
이익잉여금				
비지배지분				
자본총계		×××		×××
부채및자본총계		×××		×××

연결포괄손익계산서(성격별)

제×기 20××년 ×월 ×일부터 20××년 ×월 ×일까지
제×기 20××년 ×월 ×일부터 20××년 ×월 ×일까지

기업명 (단위 : 원)

과 목	제×(당)기		제×(전)기	
	금 액		금 액	
매출액		×××		×××
제품과 재공품의 변동				
원재료와 소모품의 사용액				
종업원급여				
감가상각비와 기타 상각비 등				
영업손익		×××		×××
금융수익				
기타수익				
금융비용				
기타비용				
법인세비용차감전순손익		×××		×××
법인세비용		(×××)		(×××)
계속영업손익		×××		×××
중단영업손익		×××		×××
당기순손익		×××		×××
기타포괄손익		×××		×××
기타포괄손익공정가치측정금융자산평가손익				
해외사업장환산손익				
파생상품평가손익				
재평가잉여금				
재측정요소				
기타포괄손익과 관련된 법인세		(×××)		(×××)
세후기타포괄손익		×××		×××
총포괄손익		×××		×××
당기순이익의 귀속		×××		×××
지배기업소유주지분				
비지배지분				
총포괄이익의 귀속		×××		×××
지배기업소유주지분				
비지배지분				
주당손익		×××		×××
기본주당계속사업손익				
기본주당순손익				
희석주당계속사업손익				
희석주당순손익				

연결포괄손익계산서(기능별)

제×기 20××년 ×월 ×일부터 20××년 ×월 ×일까지
제×기 20××년 ×월 ×일부터 20××년 ×월 ×일까지

기업명 (단위 : 원)

과 목	제×(당)기		제×(전)기	
	금 액		금 액	
매출액		×××		×××
매출원가		(×××)		(×××)
매출총이익		×××		×××
판매비				
관리비				
영업손익		×××		×××
금융수익				
기타수익				
금융비용				
기타비용				
법인세비용차감전순손익		×××		×××
법인세비용		(×××)		(×××)
계속영업손익		×××		×××
중단영업손익		×××		×××
당기순손익		×××		×××
기타포괄손익		×××		×××
기타포괄손익공정가치측정금융자산평가손익				
해외사업장환산손익				
파생상품평가손익				
재평가잉여금				
재측정요소				
기타포괄손익과 관련된 법인세		(×××)		(×××)
세후기타포괄손익		×××		×××
총포괄손익		×××		×××
당기순이익의 귀속		×××		×××
지배기업소유주지분				
비지배지분				
총포괄이익의 귀속		×××		×××
지배기업소유주지분				
비지배지분				
주당손익		×××		×××
기본주당계속사업손익				
기본주당순손익				
희석주당계속사업손익				
희석주당순손익				

연결자본변동표

제×기 20××년 ×월 ×일부터 20××년 ×월 ×일까지
제×기 20××년 ×월 ×일부터 20××년 ×월 ×일까지

기업명 (단위 : 원)

구 분	납입자본	자본유지조정	기타포괄손익누계액	일반적립금	이익잉여금	합 계	비지배지분	총 계
20××.×.×(보고금액)	×××	×××	×××	×××	×××	×××	×××	×××
회계정책변경 누적효과					×××	×××	×××	×××
전기오류수정					×××	×××	×××	×××
수정후 이월이익잉여금					×××	×××	×××	×××
임의적립금의 이입액				(×××)	×××			
연차배당					(×××)	(×××)		(×××)
기타 이익잉여금처분액	×××	×××		×××	(×××)			
처분후 이월이익잉여금					×××	×××	×××	×××
분기배당					(×××)	(×××)		(×××)
유상증자(감자)	×××					×××		×××
자기주식 취득	(×××)					(×××)		(×××)
기타포괄손익의 대체			(×××)		×××			
총포괄손익			×××		×××	×××		×××
20××.×.×	×××	×××	×××	×××	×××	×××	×××	×××
20××.×.×(보고금액)	×××	×××	×××	×××	×××	×××	×××	×××
회계정책변경 누적효과					×××	×××	×××	×××
전기오류수정					×××	×××	×××	×××
수정후 이월이익잉여금					×××	×××	×××	×××
임의적립금의 이입액				(×××)	×××			
연차배당					(×××)	(×××)		(×××)
기타 이익잉여금처분액	×××	×××		×××	(×××)			
처분후 이월이익잉여금					×××	×××	×××	×××
분기배당					(×××)	(×××)		(×××)
유상증자(감자)	×××					×××		×××
자기주식 취득	(×××)					(×××)		(×××)
기타포괄손익의 대체			(×××)		×××			
총포괄손익			×××		×××	×××		×××
20××.×.×	×××	×××	×××	×××	×××	×××	×××	×××

연결현금흐름표(직접법)

제×기 20××년 ×월 ×일부터 20××년 ×월 ×일까지
제×기 20××년 ×월 ×일부터 20××년 ×월 ×일까지

기업명 (단위 : 원)

과 목	제×(당)기		제×(전)기	
	금 액		금 액	
영업활동 현금흐름		×××		×××
고객으로부터 수취한 현금				
공급자에게 지급한 현금				
기타영업활동으로 수취한 현금				
기타영업활동에서 지급한 현금				
영업에서 창출된 현금				
이자 수취				
배당금 수취				
이자 지급				
법인세 납부				
투자활동 현금흐름		×××		×××
종속기업 취득				
금융자산 취득				
금융자산 처분				
유형자산 취득				
유형자산 처분				
무형자산 취득				
무형자산 처분				
재무활동 현금흐름		×××		×××
차입금 차입				
차입금 상환				
주식 발행				
배당금 지급				
외화표시 현금및현금성자산의 환율변동효과		×××		×××
현금및현금성자산의 증가(감소)		×××		×××
기초의 현금및현금성자산		×××		×××
기말의 현금및현금성자산		×××		×××

연결현금흐름표(간접법)

제×기 20××년 ×월 ×일부터 20××년 ×월 ×일까지
제×기 20××년 ×월 ×일부터 20××년 ×월 ×일까지

기업명 (단위 : 원)

과 목	제×(당)기		제×(전)기	
	금 액		금 액	
영업활동 현금흐름		×××		×××
법인세비용차감전순이익				
가감 :				
영업현금흐름과 관련없는 손익 제거				
영업활동과 관련된 자산·부채의 증감				
영업에서 창출된 현금				
이자 수취				
배당금 수취				
이자 지급				
법인세 납부				
투자활동 현금흐름		×××		×××
종속기업 취득				
금융자산 취득				
금융자산 처분				
유형자산 취득				
유형자산 처분				
무형자산 취득				
무형자산 처분				
재무활동 현금흐름		×××		×××
차입금 차입				
차입금 상환				
주식 발행				
배당금 지급				
외화표시 현금및현금성자산의 환율변동효과		×××		×××
현금및현금성자산의 증가(감소)		×××		×××
기초의 현금및현금성자산		×××		×××
기말의 현금및현금성자산		×××		×××

일반기업회계기준
재무상태표

제×기 20××년 ×월 ×일 현재
제×기 20××년 ×월 ×일 현재

기업명 (단위 : 원)

과 목	제×(당)기		제×(전)기	
	금 액		금 액	
자 산				
유동자산		×××		×××
당좌자산				
현금및현금성자산				
단기투자자산				
매출채권				
선급비용				
이연법인세자산				

재고자산				
상품				
제품				
재공품				
원재료				

비유동자산		×××		×××
투자자산				
투자부동산				
장기투자증권				
지분법적용투자주식				

유형자산				
토지				
설비자산				
감가상각누계액				
건설중인자산				

무형자산				
영업권				
산업재산권				
개발비				

기타비유동자산				
이연법인세자산				

자산총계		×××		×××

부 채				
유동부채		XXX		XXX
매입채무				
단기차입금				
당기법인세부채				
미지급비용				
이연법인세부채				

비유동부채		XXX		XXX
사채				
전환사채				
신주인수권부사채				
장기차입금				
퇴직급여충당부채				
장기제품보증충당부채				
이연법인세부채				

부채총계		XXX		XXX
자 본				
자본금		XXX		XXX
보통주자본금				
우선주자본금				
자본잉여금		XXX		XXX
주식발행초과금				
감자차익				
기타자본잉여금				
자본조정		XXX		XXX
주식할인발행차금				
배당건설이자				
자기주식				

기타포괄손익누계액		XXX		XXX
매도가능증권평가손익				
해외사업장환산손익				

이익잉여금(또는 결손금)		XXX		XXX
법정적립금				
임의적립금				
미처분이익잉여금 (또는 미처리결손금)				
자본총계		XXX		XXX
부채및자본총계		XXX		XXX

손익계산서

제×기 20××년 ×월 ×일부터 20××년 ×월 ×일까지
제×기 20××년 ×월 ×일부터 20××년 ×월 ×일까지

기업명 (단위 : 원)

과 목	제×(당)기		제×(전)기	
	금 액		금 액	
매출액		×××		×××
매출원가		×××		×××
기초상품(또는 제품)재고액				
당기매입액(또는 제품제조원가)				
기말상품(또는 제품)재고액				
매출총이익(또는 매출총손실)		×××		×××
판매비와관리비		×××		×××
급여				
퇴직급여				
복리후생비				
임차료				
접대비				
감가상각비				
무형자산상각비				
세금과공과				
광고선전비				
연구비				
경상개발비				
대손상각비				

영업이익(또는 영업손실)		×××		×××
영업외수익		×××		×××
이자수익				
배당금수익				
임대료				
단기투자자산처분이익				
단기투자자산평가이익				
외환차익				
외화환산이익				
지분법이익				
장기투자증권손상차손환입				
유형자산처분이익				
사채상환이익				
전기오류수정이익				

영업외비용		×××		×××
이자비용				
기타의대손상각비				

단기투자자산처분손실				
단기투자자산평가손실				
재고자산감모손실				
외환차손				
외화환산손실				
기부금				
지분법손실				
장기투자증권손상차손				
유형자산처분손실				
사채상환손실				
전기오류수정손실				

법인세비용차감전계속사업손익		×××		×××
계속사업손익법인세비용		×××		×××
계속사업이익(또는 계속사업손실)		×××		×××
중단사업손익		×××		×××
(법인세효과 ×××원)				
당기순이익(또는 당기순손실)		×××		×××
주당손익				
기본주당계속사업손익		×××원		×××원
기본주당순손익		×××원		×××원
희석주당계속사업손익		×××원		×××원
희석주당순손익		×××원		×××원

※ 중단사업손익이 없을 경우

과 목	제×(당)기		제×(전)기	
법인세비용차감전순손익		×××		×××
법인세비용		×××		×××
당기순이익(또는 당기순손실)		×××		×××
주당손익				
기본주당순손익		×××원		×××원
희석주당순손익		×××원		×××원

주석 **포괄손익계산서**

구 분	제×(당)기		제×(전)기	
당기순손익		×××		×××
회계정책변경누적효과*		×××		×××
기타포괄손익		×××		×××
매도가능증권평가손익				
해외사업장환산손익				

당기순이익(또는 당기순손실)		×××		×××

* 회계정책 변경에 대하여 소급적용하지 않고 회계정책 변경의 누적효과를 기초 이익잉여금에 일시에 반영하는 경우

현금흐름표(직접법)

제×기 20××년 ×월 ×일부터 20××년 ×월 ×일까지
제×기 20××년 ×월 ×일부터 20××년 ×월 ×일까지

기업명 (단위 : 원)

과 목	제×(당)기		제×(전)기	
	금 액		금 액	
영업활동으로 인한 현금흐름		×××		×××
매출등 수익활동으로부터의 유입액				
매입 및 종업원에 대한 유출액				
이자수익 유입액				
배당금수익 유입액				
이자비용 유출액				
법인세의 지급				

투자활동으로 인한 현금흐름		×××		×××
투자활동으로 인한 현금유입액				
단기투자자산의 처분				
유가증권의 처분				

투자활동으로 인한 현금유출액				
단기투자자산의 취득				
유가증권의 취득				

재무활동으로 인한 현금흐름		×××		×××
재무활동으로 인한 현금유입액				
단기차입금의 차입				
사채의 발행				

재무활동으로 인한 현금유출액				
단기차입금의 상환				
사채의 상환				

현금의 증가(감소)		×××		×××
기초의 현금		×××		×××
기말의 현금		×××		×××

현금흐름표(간접법)

제×기 20××년 ×월 ×일부터 20××년 ×월 ×일까지
제×기 20××년 ×월 ×일부터 20××년 ×월 ×일까지

기업명 (단위 : 원)

과 목	제×(당)기		제×(전)기	
	금 액		금 액	
영업활동으로 인한 현금흐름		×××		×××
당기순이익(손실)				
현금유출이 없는 비용 등의 가산				
감가상각비				
퇴직급여				

현금유입이 없는 수익 등의 차감				
사채상환이익				

영업활동으로 인한 자산·부채의 변동				
재고자산의 감소(증가)				
매출채권의 감소(증가)				
매입채무의 증가(감소)				
당기법인세부채의 증가(감소)				

투자활동으로 인한 현금흐름		×××		×××
투자활동으로 인한 현금유입액				
단기투자자산의 처분				
유가증권의 처분				

투자활동으로 인한 현금유출액				
단기투자자산의 취득				
유가증권의 취득				

재무활동으로 인한 현금흐름		×××		×××
재무활동으로 인한 현금유입액				
단기차입금의 차입				
사채의 발행				

재무활동으로 인한 현금유출액				
단기차입금의 상환				
사채의 상환				

현금의 증가(감소)		×××		×××
기초의 현금		×××		×××
기말의 현금		×××		×××

자본변동표

제×기 20××년 ×월 ×일부터 20××년 ×월 ×일까지
제×기 20××년 ×월 ×일부터 20××년 ×월 ×일까지

기업명 (단위 : 원)

구 분	자본금	자본 잉여금	자본 조정	기타포괄 손익누계액	이익 잉여금	총 계
20××.×.×(보고금액)	×××	×××	×××	×××	×××	×××
회계정책변경 누적효과					×××	×××
전기오류수정손익					×××	×××
수정후 이월이익잉여금					×××	×××
연차배당					(×××)	(×××)
기타 이익잉여금처분액					(×××)	(×××)
처분후 이월이익잉여금					×××	×××
중간배당					(×××)	(×××)
유상증자(감자)	×××	×××				×××
당기순이익(손실)					×××	×××
자기주식 취득			(×××)			(×××)
해외사업장환산손익				×××		×××
20××.×.×	×××	×××	×××	×××	×××	×××
20××.×.×(보고금액)	×××	×××	×××	×××	×××	×××
회계정책변경 누적효과					×××	×××
전기오류수정손익					×××	×××
수정후 이월이익잉여금					×××	×××
연차배당					(×××)	(×××)
기타 이익잉여금처분액					(×××)	(×××)
처분후 이월이익잉여금					×××	×××
중간배당					(×××)	(×××)
유상증자(감자)	×××	×××				×××
당기순이익(손실)					×××	×××
자기주식 취득			(×××)			(×××)
매도가능증권평가손익				×××		×××
20××.×.×	×××	×××	×××	×××	×××	×××

이익잉여금처분계산서

제×기	20××년 ×월 ×일부터 20××년 ×월 ×일까지	제×기	20××년 ×월 ×일부터 20××년 ×월 ×일까지
처분예정일	20××년 ×월 ×일	처분확정일	20××년 ×월 ×일

기업명 (단위 : 원)

구 분	제×(당)기 금 액		제×(전)기 금 액	
미처분이익잉여금		×××		×××
전기이월미처분이익잉여금				
(또는 전기이월미처리결손금)				
회계정책변경누적효과				
전기오류수정				
중간배당액				
당기순이익(또는 당기순손실)				
임의적립금등의이입액		×××		×××
××적립금				
××적립금				
합계		×××		×××
이익잉여금처분액		×××		×××
이익준비금				
기타법정적립금				
주식할인발행차금상각액				
배당금				
현금배당				
주당배당금(률) 보통주 : 당기 ××원(%)				
전기 ××원(%)				
우선주 : 당기 ××원(%)				
전기 ××원(%)				
주식배당				
주당배당금(률) 보통주 : 당기 ××원(%)				
전기 ××원(%)				
우선주 : 당기 ××원(%)				
전기 ××원(%)				
사업확장적립금				
감채적립금				

차기이월미처분이익잉여금		×××		×××

결손금처리계산서

제×기	20××년 ×월 ×일부터 20××년 ×월 ×일까지	제×기	20××년 ×월 ×일부터 20××년 ×월 ×일까지
처분예정일	20××년 ×월 ×일	처분확정일	20××년 ×월 ×일

기업명 (단위 : 원)

구 분	제×(당)기		제×(전)기	
	금 액		금 액	
미처리결손금		×××		×××
전기이월미처리결손금				
(또는 전기이월미처리결손금)				
회계정책변경누적효과				
전기오류수정				
중간배당액				
당기순이익(또는 당기순손실)				
결손금처리액		×××		×××
임의적립금이입액				
법정적립금이입액				
자본잉여금이입액				
차기이월미처리결손금		×××		×××

중소기업회계기준
대차대조표

제×기 20××년 ×월 ×일 현재
제×기 20××년 ×월 ×일 현재

기업명 (단위 : 원)

과 목	제×(당)기		제×(전)기	
	금 액		금 액	
자 산				
유동자산		×××		×××
당좌자산				
현금및현금성자산				
단기투자자산				
매출채권				
(-) 대손충당금				
선급비용				
미수수익				
미수금				
(-) 대손충당금				
선급금				

재고자산				
상품				
제품				
재공품				
원재료				
저장품				

비유동자산		×××		×××
투자자산				
투자부동산				
장기투자증권				
장기대여금				

유형자산				
토지				
건물				
(-) 감가상각누계액				
구축물				
(-) 감가상각누계액				
기계장치				
(-) 정부보조금				
(-) 감가상각누계액				

차량운반구				
(-) 감가상각누계액				
건설중인자산				

무형자산				
지식재산권				
개발비				
컴퓨터소프트웨어				
광업권				
임차권리금				
영업권				

기타비유동자산				
임차보증금				
장기매출채권				
장기선급비용				
장기미수금				

자산총계		XXX		XXX
부 채				
유동부채		XXX		XXX
단기차입금				
매입채무				
미지급법인세				
미지급비용				
미지급금				
선수금				
선수수익				
예수금				
유동성장기부채				

비유동부채		XXX		XXX
장기매입채무				
사채				
장기차입금				
퇴직급여충당부채				

부채총계		XXX		XXX
자 본				
자본금		XXX		XXX
보통주자본금				
우선주자본금				

자본잉여금		×××		×××
주식발행초과금				
자기주식처분이익				
감자차익				

자본조정		×××		×××
주식할인발행차금				
자기주식				
자기주식처분손실				
감자차손				

이익잉여금(또는 결손금)		×××		×××
법정적립금				
임의적립금				
미처분이익잉여금				
(또는 미처리결손금)				
자본총계		×××		×××
부채및자본총계		×××		×××

손익계산서

제×기 20××년 ×월 ×일부터 20××년 ×월 ×일까지
제×기 20××년 ×월 ×일부터 20××년 ×월 ×일까지

기업명 (단위 : 원)

과 목	제×(당)기		제×(전)기	
	금 액		금 액	
매출액		×××		×××
매출원가		×××		×××
기초상품(또는 제품)재고액				
당기매입액(또는 제품제조원가)				
기말상품(또는 제품)재고액				
매출총이익(또는 매출총손실)		×××		×××
판매비와관리비		×××		×××
급여				
퇴직급여				
복리후생비				
임차료				
접대비				
감가상각비				
무형자산상각비				
세금과공과				
광고선전비				
연구비				
경상개발비				
대손상각비				

영업이익(또는 영업손실)		×××		×××
영업외수익		×××		×××
이자수익				
배당금수익				
임대료				
단기투자자산처분이익				
단기투자자산평가이익				
외환차익				
외화환산이익				
장기투자증권손상차손환입				
유형자산처분이익				
사채상환이익				
전기오류수정이익				

영업외비용		×××		×××
이자비용				
기타의대손상각비				
단기투자자산처분손실				
단기투자자산평가손실				
재고자산감모손실				
외환차손				
외화환산손실				
기부금				
장기투자증권손상차손				
유형자산처분손실				
사채상환손실				
전기오류수정손실				

법인세비용차감전순이익		×××		×××
법인세비용		×××		×××
당기순이익(또는 당기순손실)		×××		×××

자본변동표

제×기 20××년 ×월 ×일부터 20××년 ×월 ×일까지
제×기 20××년 ×월 ×일부터 20××년 ×월 ×일까지

기업명 (단위 : 원)

구 분	자본금	자본잉여금	자본조정	이익잉여금	총 계
20××.×.×(보고금액)	×××	×××	×××	×××	×××
연차배당				(×××)	(×××)
처분후 이월이익잉여금				×××	×××
중간배당				(×××)	(×××)
유상증자(감자)	×××	×××			×××
당기순이익(손실)				×××	×××
자기주식 취득			(×××)		(×××)
해외사업장환산손익			×××		×××
20××.×.×	×××	×××	×××	×××	×××
20××.×.×(보고금액)	×××	×××	×××	×××	×××
연차배당				(×××)	(×××)
처분후 이월이익잉여금				×××	×××
중간배당				(×××)	(×××)
유상증자(감자)	×××	×××			×××
당기순이익(손실)				×××	×××
자기주식 취득			(×××)		(×××)
매도가능증권평가손익			×××		×××
20××.×.×	×××	×××	×××	×××	×××

이익잉여금처분계산서

제×기	20××년 ×월 ×일부터 20××년 ×월 ×일까지	제×기	20××년 ×월 ×일부터 20××년 ×월 ×일까지
처분예정일	20××년 ×월 ×일	처분확정일	20××년 ×월 ×일

기업명 (단위 : 원)

과 목	제×(당)기		제×(전)기	
	금 액		금 액	
미처분이익잉여금		×××		×××
전기이월미처분이익잉여금				
중간배당액				
당기순이익(또는 당기순손실)				
임의적립금등의이입액		×××		×××
××적립금				
××적립금				
합계		×××		×××
이익잉여금처분액		×××		×××
이익준비금				
기타법정적립금				
주식할인발행차금상각액				
배당금				
현금배당				
주식배당				

차기이월미처분이익잉여금		×××		×××

결손금처리계산서

제×기	20××년 ×월 ×일부터 20××년 ×월 ×일까지	제×기	20××년 ×월 ×일부터 20××년 ×월 ×일까지
처분예정일	20××년 ×월 ×일	처분확정일	20××년 ×월 ×일

기업명 (단위 : 원)

과 목	제×(당)기		제×(전)기	
	금 액		금 액	
미처리결손금		×××		×××
전기이월미처리결손금				
중간배당액				
당기순이익(또는 당기순손실)				
결손금처리액		×××		×××
임의적립금이입액				
법정적립금이입액				
자본잉여금이입액				
차기이월미처리결손금		×××		×××

화폐의 시간적 가치

[현재가치]

$$P=\frac{1}{(1+r)^n}=(1+r)^{-n}$$

n \ r	2%	3%	4%	5%	6%	7%	8%	9%	10%	12%	15%
1	.98039	.97087	.96154	.95238	.94340	.93458	.92593	.91743	.90909	.89286	.86957
2	.96117	.94260	.92456	.90703	.89000	.87344	.85734	.84168	.82645	.79719	.75614
3	.94232	.91514	.88900	.86384	.83962	.81630	.79383	.77218	.75131	.71178	.65752
4	.92385	.88849	.85480	.82270	.79209	.76290	.73503	.70843	.68301	.63552	.57175
5	.90573	.86261	.82193	.78353	.74726	.71299	.68058	.64993	.62092	.56743	.49718
6	.88797	.83748	.79031	.74622	.70496	.66634	.63017	.59627	.56447	.50663	.43233
7	.87056	.81309	.75992	.71068	.66506	.62275	.58349	.54703	.51316	.45235	.37594
8	.85349	.78941	.73069	.67684	.62741	.58201	.54027	.50187	.46651	.40388	.32690
9	.83676	.76642	.70259	.64461	.59190	.54393	.50025	.46043	.42410	.36061	.28426
10	.82035	.74409	.67556	.61391	.55839	.50835	.46319	.42241	.38554	.32197	.24718
11	.80426	.72242	.64958	.58468	.52679	.47509	.42888	.38753	.35049	.28748	.21494
12	.78849	.70138	.62460	.55684	.49697	.44401	.39711	.35553	.31863	.25668	.18691
13	.77303	.68095	.60057	.53032	.46884	.41496	.36770	.32618	.28966	.22917	.16253
14	.75788	.66112	.57748	.50507	.44230	.38782	.34046	.29925	.26333	.20462	.14133
15	.74301	.64186	.55526	.48102	.41727	.36245	.31524	.27454	.23939	.18270	.12289
16	.72845	.62317	.53391	.45811	.39365	.33873	.29189	.25187	.21763	.16312	.10686
17	.71416	.60502	.51337	.43630	.37136	.31657	.27027	.23107	.19784	.14564	.09293
18	.70016	.58739	.49363	.41552	.35034	.29586	.25025	.21199	.17986	.13004	.08081
19	.68643	.57029	.47464	.39573	.33051	.27651	.23171	.19449	.16351	.11611	.07027
20	.67297	.55368	.45639	.37689	.31180	.25842	.21455	.17843	.14864	.10367	.06110
21	.65978	.53755	.43883	.35894	.29416	.24151	.19866	.16370	.13513	.09256	.05313
22	.64684	.52189	.42196	.34185	.27751	.22571	.18394	.15018	.12285	.08264	.04620
23	.63416	.50669	.40573	.32557	.26180	.21095	.17032	.13778	.11168	.07379	.04017
24	.62172	.49193	.39012	.31007	.24698	.19715	.15770	.12640	.10153	.06588	.03493
25	.60953	.47761	.37512	.29530	.23300	.18425	.14602	.11597	.09230	.05882	.03038
26	.59758	.46369	.36069	.28124	.21981	.17220	.13520	.10639	.08391	.05252	.02642
27	.58586	.45019	.34682	.26785	.20737	.16093	.12519	.09761	.07628	.04689	.02297
28	.57437	.43708	.33348	.25509	.19563	.15040	.11591	.08955	.06934	.04187	.01997
29	.56311	.42435	.32065	.24295	.18456	.14056	.10733	.08215	.06304	.03738	.01737
30	.55207	.41199	.30832	.23138	.17411	.13137	.09938	.07537	.05731	.03338	.01510
31	.54125	.39999	.29646	.22036	.16425	.12277	.09202	.06915	.05210	.02980	.01313
32	.53063	.38834	.28506	.20987	.15496	.11474	.08520	.06344	.04736	.02661	.01142
33	.52023	.37703	.27409	.19987	.14619	.10723	.07889	.05820	.04306	.02376	.00993
34	.51003	.36604	.26355	.19035	.13791	.10022	.07305	.05339	.03914	.02121	.00864
35	.50003	.35538	.25342	.18129	.13011	.09366	.06763	.04899	.03558	.01894	.00751
36	.49022	.34503	.24367	.17266	.12274	.08754	.06262	.04494	.03235	.01691	.00653
37	.48061	.33498	.23430	.16444	.11579	.08181	.05799	.04123	.02941	.01510	.00568
38	.47119	.32523	.22529	.15661	.10924	.07646	.05369	.03783	.02673	.01348	.00494
39	.46195	.31575	.21662	.14915	.10306	.07146	.04971	.03470	.02430	.01204	.00429
40	.45289	.30656	.20829	.14205	.09722	.06678	.04603	.03184	.02209	.01075	.00373

[미래가치]

$$F=(1+r)^n$$

n \ r	2%	3%	4%	5%	6%	7%	8%	9%	10%	12%	15%
1	1.02000	1.03000	1.04000	1.05000	1.06000	1.07000	1.08000	1.09000	1.10000	1.12000	1.15000
2	1.04040	1.06090	1.08160	1.10250	1.12360	1.14490	1.16640	1.18810	1.21000	1.25440	1.32250
3	1.06121	1.09273	1.12486	1.15763	1.19102	1.22504	1.25971	1.29503	1.33100	1.40493	1.52088
4	1.08243	1.12551	1.16986	1.21551	1.26248	1.31080	1.36049	1.41158	1.46410	1.57352	1.74901
5	1.10408	1.15927	1.21665	1.27628	1.33823	1.40255	1.46933	1.53862	1.61051	1.76234	2.01136
6	1.12616	1.19405	1.26532	1.34010	1.41852	1.50073	1.58687	1.67710	1.77156	1.97382	2.31306
7	1.14869	1.22987	1.31593	1.40710	1.50363	1.60578	1.71382	1.82804	1.94872	2.21068	2.66002
8	1.17166	1.26677	1.36857	1.47746	1.59385	1.71819	1.85093	1.99256	2.14359	2.47596	3.05902
9	1.19509	1.30477	1.42331	1.55133	1.68948	1.83846	1.99900	2.17189	2.35795	2.77308	3.51788
10	1.21899	1.34392	1.48024	1.62889	1.79085	1.96715	2.15892	2.36736	2.59374	3.10585	4.04556
11	1.24337	1.38423	1.53945	1.71034	1.89830	2.10485	2.33164	2.58043	2.85312	3.47855	4.65239
12	1.26824	1.42576	1.60103	1.79586	2.01220	2.25219	2.51817	2.81266	3.13843	3.89598	5.35025
13	1.29361	1.46853	1.66507	1.88565	2.13293	2.40985	2.71962	3.06580	3.45227	4.36349	6.15279
14	1.31948	1.51259	1.73168	1.97993	2.26090	2.57853	2.93719	3.34173	3.79750	4.88711	7.07571
15	1.34587	1.55797	1.80094	2.07893	2.39656	2.75903	3.17217	3.64248	4.17725	5.47357	8.13706
16	1.37279	1.60471	1.87298	2.18287	2.54035	2.95216	3.42594	3.97031	4.59497	6.13039	9.35762
17	1.40024	1.65285	1.94790	2.29202	2.69277	3.15882	3.70002	4.32763	5.05447	6.86604	10.76126
18	1.42825	1.70243	2.02582	2.40662	2.85434	3.37993	3.99602	4.71712	5.55992	7.68997	12.37545
19	1.45681	1.75351	2.10685	2.52695	3.02560	3.61653	4.31570	5.14166	6.11591	8.61276	14.23177
20	1.48595	1.80611	2.19112	2.65330	3.20714	3.86968	4.66096	5.60441	6.72750	9.64629	16.36654
21	1.51567	1.86029	2.27877	2.78596	3.39956	4.14056	5.03383	6.10881	7.40025	10.80385	18.82152
22	1.54598	1.91610	2.36992	2.92526	3.60354	4.43040	5.43654	6.65860	8.14027	12.10031	21.64475
23	1.57690	1.97359	2.46472	3.07152	3.81975	4.74053	5.87146	7.25787	8.95430	13.55235	24.89146
24	1.60844	2.03279	2.56330	3.22510	4.04893	5.07237	6.34118	7.91108	9.84973	15.17863	28.62518
25	1.64061	2.09378	2.66584	3.38635	4.29187	5.42743	6.84848	8.62308	10.83471	17.00006	32.91895
26	1.67342	2.15659	2.77247	3.55567	4.54938	5.80735	7.39635	9.39916	11.91818	19.04007	37.85680
27	1.70689	2.22129	2.88337	3.73346	4.82235	6.21387	7.98806	10.24508	13.10999	21.32488	43.53531
28	1.74102	2.28793	2.99870	3.91013	5.11169	6.64884	8.62711	11.16714	14.42099	23.88387	50.06561
29	1.77584	2.35657	3.11865	4.11614	5.41839	7.11426	9.31727	12.17218	15.86309	26.74993	57.57545
30	1.81136	2.42726	3.24340	4.32194	5.74349	7.61226	10.06266	13.26768	17.44940	29.95992	66.21177
31	1.84759	2.50008	3.37313	4.53804	6.08810	8.14511	10.86767	14.46177	19.19434	33.55511	76.14354
32	1.88454	2.57508	3.50806	4.76494	6.45339	8.71527	11.73708	15.76333	21.11378	37.58173	87.56507
33	1.92223	2.65234	3.64838	5.00319	6.84059	9.32534	12.67605	17.18203	23.22515	42.09153	100.69983
34	1.96068	2.73191	3.79432	5.25335	7.25103	9.97811	13.69013	18.72841	25.54767	47.14252	115.80480
35	1.99989	2.81386	3.94609	5.51602	7.68609	10.67658	14.78534	20.41397	28.10244	52.79962	133.17552
36	2.03989	2.89828	4.10393	5.79182	8.14725	11.42394	15.96817	22.25123	30.91268	59.13557	153.15185
37	2.08069	2.98523	4.26809	6.08141	8.63609	12.22362	17.24563	24.25384	34.00395	66.23184	176.12463
38	2.12230	3.07478	4.43881	6.38548	9.15425	13.07927	18.62528	26.43668	37.40434	74.17966	202.54332
39	2.16474	3.16703	4.61637	6.70475	9.70351	13.99482	20.11530	28.81598	41.14478	83.08122	232.92482
40	2.20804	3.26204	4.80102	7.03999	10.28572	14.97446	21.72452	31.40942	45.25926	93.05097	267.86355

[정상연금의 현재가치]

$$Po = \frac{1 - \frac{1}{(1+r)^n}}{r}$$

n \ r	2%	3%	4%	5%	6%	7%	8%	9%	10%	12%	15%
1	.98039	.97087	.96154	.95238	.94340	.93458	.92593	.91743	.90909	.89286	.86957
2	1.94156	1.91347	1.88609	1.85941	1.83339	1.80802	1.78326	1.75911	1.73554	1.69005	1.62571
3	2.88388	2.82861	2.77509	2.72325	2.67301	2.62432	2.57710	2.53129	2.48685	2.40183	2.28323
4	3.80773	3.71710	3.62990	3.54595	3.46511	3.38721	3.31213	3.23972	3.16987	3.03735	2.85498
5	4.71346	4.57971	4.45182	4.32948	4.21236	4.10020	3.99271	3.88965	3.79079	3.60478	3.35216
6	5.60143	5.41719	5.24214	5.07569	4.91732	4.76654	4.62288	4.48592	4.35526	4.11141	3.78448
7	6.47199	6.23028	6.00205	5.78637	5.58238	5.38929	5.20637	5.03295	4.86842	4.56376	4.16042
8	7.32548	7.01969	6.73274	6.46321	6.20979	5.97130	5.74664	5.53482	5.33493	4.96764	4.48732
9	8.16224	7.78611	7.43533	7.10782	6.80169	6.51523	6.24689	5.99525	5.75902	5.32825	4.77158
10	8.98259	8.53020	8.11090	7.72173	7.36009	7.02358	6.71008	6.41766	6.14457	5.65022	5.01877
11	9.78685	9.25262	8.76048	8.30641	7.88687	7.49867	7.13896	6.80519	6.49506	5.93770	5.23371
12	10.57534	9.95400	9.38507	8.86325	8.38384	7.94269	7.53608	7.16073	6.81369	6.19437	5.42062
13	11.34837	10.63496	9.98565	9.39357	8.85268	8.35765	7.90378	7.48690	7.10336	6.42355	5.58315
14	12.10625	11.29607	10.56312	9.89864	9.29498	8.74547	8.24424	7.78615	7.36669	6.62817	5.72448
15	12.84926	11.93794	11.11839	10.37966	9.71225	9.10791	8.55948	8.06069	7.60608	6.81086	5.84737
16	13.57771	12.56110	11.65230	10.83777	10.10590	9.44665	8.85137	8.31256	7.82371	6.97399	5.95423
17	14.29187	13.16612	12.16567	11.27407	10.47726	9.76322	9.12164	8.54363	8.02155	7.11963	6.04716
18	14.99203	13.75351	12.65930	11.68959	10.82760	10.05909	9.37189	8.75563	8.20141	7.24967	6.12797
19	15.67846	14.32380	13.13394	12.08532	11.15812	10.33560	9.60360	8.95011	8.36492	7.36578	6.19823
20	16.35143	14.87747	13.59033	12.46221	11.46992	10.59401	9.81815	9.12855	8.51356	7.46944	6.25933
21	17.01121	15.41502	14.02916	12.82115	11.76408	10.83553	10.01680	9.29224	8.64869	7.56200	6.31246
22	17.65805	15.93692	14.45112	13.16300	12.04158	11.06124	10.20074	9.44243	8.77154	7.64465	6.35866
23	18.29220	16.44361	14.85684	13.48857	12.30338	11.27219	10.37106	9.58021	8.88322	7.71843	6.39884
24	18.91393	16.93554	15.24696	13.79864	12.55036	11.46933	10.52876	9.70661	8.98474	7.78432	6.43377
25	19.52346	17.41315	15.62208	14.09394	12.78336	11.65358	10.67478	9.82258	9.07704	7.84314	6.46415
26	20.12104	17.87684	15.98277	14.37519	13.00317	11.82578	10.80998	9.92897	9.16095	7.89566	6.49056
27	20.70690	18.32703	16.32959	14.64303	13.21053	11.98671	10.93516	10.02658	9.23722	7.94255	6.51353
28	21.28127	18.76411	16.66306	14.89813	13.40616	12.13711	11.05108	10.11613	9.30657	7.98442	6.53351
29	21.84438	19.18845	16.98371	15.14107	13.59072	12.27767	11.15841	10.19828	9.36961	8.02181	6.55088
30	22.39646	19.60044	17.29203	15.37245	13.76483	12.40904	11.25778	10.27365	9.42691	8.05518	6.56598
31	22.93770	20.00043	17.58849	15.59281	13.92909	12.53181	11.34980	10.34280	9.47901	8.08499	6.57911
32	23.46833	20.38877	17.87355	15.80268	14.08404	12.64656	11.43500	10.40624	9.52638	8.11159	6.59053
33	23.98856	20.76579	18.14765	16.00255	14.23023	12.75379	11.51389	10.46444	9.56943	8.13535	6.60046
34	24.49859	21.13184	18.41120	16.19290	14.36814	12.85401	11.58693	10.51784	9.60857	8.15656	6.60910
35	24.99862	21.48722	18.66461	16.37419	14.49825	12.94767	11.65457	10.56682	9.64416	8.17550	6.61661
36	25.48884	21.83225	18.90828	16.54685	14.62099	13.03521	11.71719	10.61176	9.67651	8.19241	6.62314
37	25.96945	22.16724	19.14258	16.71129	14.73678	13.11702	11.77518	10.65299	9.70592	8.20751	6.62881
38	26.44064	22.49246	19.36786	16.86789	14.84602	13.19347	11.82887	10.69082	9.73265	8.22099	6.63375
39	26.90259	22.80822	19.58448	17.01704	14.94907	13.26493	11.87858	10.72552	9.75696	8.23303	6.63805
40	27.35548	23.11477	19.79277	17.15909	15.04630	13.33171	11.92461	10.75736	9.77905	8.24378	6.64178

[정상연금의 미래가치]

$$Fo = \frac{(1+r)^n - 1}{r}$$

n \ r	2%	3%	4%	5%	6%	7%	8%	9%	10%	12%	15%
1	1.00000	1.00000	1.00000	1.00000	1.00000	1.00000	1.00000	1.00000	1.00000	1.00000	1.00000
2	2.02000	2.03000	2.04000	2.05000	2.06000	2.07000	2.08000	2.09000	2.10000	2.12000	2.15000
3	3.06040	3.09090	3.12160	3.15250	3.18360	3.21490	3.24640	3.27810	3.31000	3.37440	3.47250
4	4.12161	4.18363	4.24646	4.31013	4.37462	4.43994	4.50611	4.57313	4.64100	4.77933	4.99338
5	5.20404	5.30914	5.41632	5.52563	5.63709	5.75074	5.86660	5.98471	6.10510	6.35285	6.74238
6	6.30812	6.46841	6.63298	6.80191	6.97532	7.15329	7.33593	7.52333	7.71561	8.11519	8.75374
7	7.43428	7.66246	7.89829	8.14201	8.39384	8.65402	8.92280	9.20043	9.48717	10.08901	11.06680
8	8.58297	8.89234	9.21423	9.54911	9.89747	10.25980	10.63663	11.02847	11.43589	12.29969	13.72682
9	9.75463	10.15911	10.58280	11.02656	11.49132	11.97799	12.48756	13.02104	13.57948	14.77566	16.78584
10	10.94972	11.46388	12.00611	12.57789	13.18079	13.81645	14.48656	15.19293	15.93742	17.54874	20.30372
11	12.16872	12.80780	13.48635	14.20679	14.97164	15.78360	16.64549	17.56029	18.53117	20.65458	24.34928
12	13.41209	14.19203	15.02581	15.91713	16.86994	17.88845	18.97713	20.14072	21.38428	24.13313	29.00167
13	14.68033	15.61779	16.62684	17.71298	18.88214	20.14064	21.49530	22.95338	24.52271	28.02911	34.35192
14	15.97394	17.08632	18.29191	19.59863	21.01507	22.55049	24.21492	26.01919	27.97498	32.39260	40.50471
15	17.29342	18.59891	20.02359	21.57856	23.27597	25.12902	27.15211	29.36092	31.77248	37.27971	47.58041
16	18.63929	20.15688	21.82453	23.65749	25.67253	27.88805	30.32428	33.00340	35.94973	42.75328	55.71747
17	20.01207	21.76159	23.69751	25.84037	28.21288	30.84022	33.75023	36.97370	40.54470	48.88367	65.07509
18	21.41231	23.41444	25.64541	28.13238	30.90565	33.99903	37.45024	41.30134	45.59917	55.74971	75.83636
19	22.84056	25.11687	27.67123	30.53900	33.75999	37.37896	41.44626	46.01846	51.15909	63.43968	88.21181
20	24.29737	26.87037	29.77808	33.06595	36.78559	40.99549	45.76196	51.16012	57.27500	72.05244	102.44358
21	25.78332	28.67649	31.96920	35.71925	39.99273	44.86518	50.42292	56.76453	64.00250	81.69874	118.81012
22	27.29898	30.53678	34.24797	38.50521	43.39229	49.00574	55.45676	62.87334	71.40275	92.50258	137.63164
23	28.84496	32.45288	36.61789	41.43048	46.99583	53.43614	60.89330	69.53194	79.54302	104.60289	159.27638
24	30.42186	34.42647	39.08260	44.50200	50.81558	58.17667	66.76476	76.78981	88.49733	118.15524	184.16784
25	32.03030	36.45926	41.64591	47.72710	54.86451	63.24904	73.10594	84.70090	98.34706	133.33387	212.79302
26	33.67091	38.55304	44.31174	51.11345	59.15638	68.67647	79.95442	93.32398	109.18177	150.33393	245.71197
27	35.34432	40.70963	47.08421	54.66913	63.70577	74.48382	87.35077	102.72313	121.09994	169.37401	283.56877
28	37.05121	42.93092	49.96758	58.40258	68.52811	80.69769	95.33883	112.96822	134.20994	190.69889	327.10408
29	38.79223	45.21885	52.96629	62.32271	73.63980	87.34653	103.96594	124.13536	148.63093	214.58275	377.16969
30	40.56808	47.57542	56.08494	66.43885	79.05819	94.46079	113.28321	136.30754	164.49402	241.33268	434.74515
31	42.37944	50.00268	59.32834	70.76079	84.80168	102.07304	123.34587	149.57522	181.94342	271.29261	500.95692
32	44.22703	52.50276	62.70147	75.29883	90.88978	110.21815	134.21354	164.03699	201.13777	304.84772	577.10046
33	46.11157	55.07784	66.20953	80.06377	97.34316	118.93343	145.95062	179.80032	222.25154	342.42945	664.66552
34	48.03380	57.73018	69.85791	85.06696	104.18375	128.25876	158.62667	196.98234	245.47670	384.52098	765.36535
35	49.99448	60.46208	73.65222	90.32031	111.43478	138.23688	172.31680	215.71075	271.02437	431.66350	881.17016
36	51.99437	63.27594	77.59831	95.83632	119.12087	148.91346	187.10215	236.12472	299.12681	484.46312	1014.3457
37	54.03425	66.17422	81.70225	101.62814	127.26812	160.33740	203.07032	258.37595	330.03949	543.59869	1167.4975
38	56.11494	69.15945	85.97034	107.70955	135.90421	172.56102	220.31595	282.62978	364.04343	609.83053	1343.6222
39	58.23724	72.23423	90.40915	114.09502	145.05846	185.64029	238.94122	309.06646	401.44778	684.01020	1546.1655
40	60.40198	75.40126	95.02552	120.79977	154.76197	199.63511	259.05652	337.88245	442.59256	767.09142	1779.0903

저 자 | 김 동 필

학 력 | 경영학박사

경 력 | 장안대학교 세무회계과 교수
장안대학교 교무처장(前)
서울시립대학교 경영학부 강사(前)
경기대학교 경영학부 강사(前) 외 다수

저 서 | 원가관리회계(나눔클래스, 제18판, 2025)
고급재무회계(나눔클래스, 제3판, 2025)
재무제표론(나눔클래스, 제12판, 2025)
재무분석과 가치평가(나눔클래스, 제2판, 2025)
회계원리(나눔클래스, 제13판, 2022)
재무회계(나눔클래스, 제12판, 2022)
회계기초(나눔, 제5판, 2016)
회계원리연습(나눔, 제7판, 2014)
회계! 재무제표(세학사, 제4판, 2007)
현대회계학원론(형설출판사, 제7판, 2007)
지식자산정보를 이용한 기업가치평가(2003)
외 다수

저 자 | 차 상 권

학 력 | 경영학박사

경 력 | 남서울대학교 세무학과 교수
칼빈대학교 글로벌문화경영학과 교수(前)
강원대학교 경영회계학부 강사(前)
경희대학교 회계세무학과 강사(前)
덕성여자대학교 글로벌융합대학 회계학전공 강사(前)
중앙대학교 경영학부 강사(前) 외 다수

저 서 | 원가관리회계(나눔클래스, 제18판, 2025)
조건적 보수주의와 주식 과대평가(2020)
외 다수

K-IFRS 원가관리회계

가격 42,000원

18판 발행 2025년 9월 1일
저 자 김동필 · 차상권
발 행 인 김 상 길
발 행 처 나눔클래스
편 집 (주)서울멀티넷
등 록 제2021-000008호

주 소 서울시 성북구 오패산로 38 2층(하월곡동)
홈 페 이 지 www.nanumclass.com
전 화 02-911-2722
팩 스 02-911-2723
ISBN 979-11-94800-04-0(13320)